"十一五"国家重点图书出版规划项目

·经/济/科/学/译/丛·

Monetary Economics
(2nd Edition)

货币经济学

（第二版）

杰格迪什·汉达（Jagdish Handa） 著

彭志文 张伟 孙云杰 梁婧姝 秦丹萍 刘兴坤 译

中国人民大学出版社

·北京·

《经济科学译丛》编辑委员会

学术顾问　高鸿业　王传纶　胡代光
　　　　　范家骧　朱绍文　吴易风
主　　编　陈岱孙
副 主 编　梁　晶　海　闻
编　　委　（按姓氏笔画排序）
　　　　　王一江　王利民　王逸舟
　　　　　贝多广　平新乔　白重恩
　　　　　刘　伟　朱　玲　许成钢
　　　　　张宇燕　张维迎　李　扬
　　　　　李晓西　李稻葵　杨小凯
　　　　　汪丁丁　易　纲　林毅夫
　　　　　金　碚　姚开建　徐　宽
　　　　　钱颖一　高培勇　梁小民
　　　　　盛　洪　樊　纲

《经济科学译丛》总序

中国是一个文明古国,有着几千年的辉煌历史。近百年来,中国由盛而衰,一度成为世界上最贫穷、落后的国家之一。1949年中国共产党领导的革命,把中国从饥饿、贫困、被欺侮、被奴役的境地中解放出来。1978年以来的改革开放,使中国真正走上了通向繁荣富强的道路。

中国改革开放的目标是建立一个有效的社会主义市场经济体制,加速发展经济,提高人民生活水平。但是,要完成这一历史使命绝非易事,我们不仅需要从自己的实践中总结教训,也要从别人的实践中获取经验,还要用理论来指导我们的改革。市场经济虽然对我们这个共和国来说是全新的,但市场经济的运行在发达国家已有几百年的历史,市场经济的理论亦在不断发展完善,并形成了一个现代经济学理论体系。虽然许多经济学名著出自西方学者之手,研究的是西方国家的经济问题,但他们归纳出来的许多经济学理论反映的是人类社会的普遍行为,这些理论是全人类的共同财富。要想迅速稳定地改革和发展我国的经济,我们必须学习和借鉴世界各国包括西方国家在内的先进经济学的理论与知识。

本着这一目的,我们组织翻译了这套经济学教科书系列。这套译丛的特点是:第一,全面系统。除了经济学、宏观经济学、微观经济学等基本原理之外,这套译丛还包括了产业组织理论、国际经济学、发展经济学、货币金融学、公共财政、劳动经济学、计量经济学等重要领域。第二,简明通俗。与经济学的经典名著不同,这套丛书都是国外大学通用的经济学教科书,大部分都已发行了几版或十几版。作者尽可能地用简明通俗的语言来阐述深奥的经济学原理,并附有案例与习题,对于初学者来说,更容易理解与掌握。

经济学是一门社会科学,许多基本原理的应用受各种不同的社会、政治或经济体制的影响,许多经济学理论是建立在一定的假设条件上的,假设条件不同,结论也就不一定成立。因此，正确理解掌握经济分析的方法而不是生搬硬套某些不同条件下产生的结论，才是我们学习当代经济学的正确方法。

本套译丛于1995年春由中国人民大学出版社发起筹备并成立了由许多经济学专家学者组织的编辑委员会。中国留美经济学会的许多学者参与了原著的推荐工作。中国人民大学出版社向所有原著的出版社购买了翻译版权。北京大学、中国人民大学、复旦大学以及中国社会科学院的许多专家教授参与了翻译工作。前任策划编辑梁晶女士为本套译丛的出版做出了重要贡献，在此表示衷心的感谢。在中国经济体制转轨的历史时期，我们把这套译丛献给读者，希望为中国经济的深入改革与发展做出贡献。

《经济科学译丛》编辑委员会

前 言

本书对货币经济学进行了全面阐述,在介绍货币理论的同时,将学术传统、经验形式和计量检验融于一体。然而,本书的重点在于货币理论及其经验检验,并非经济的货币金融制度结构。后者只在解释理论或者说明理论应用局限的必要时候方才引入。同样,引用有关美国、加拿大和英国的经验研究也限于此目的。本书还就金融发达经济体与欠发达及发展中经济体之间的显著差异做了说明。

此外,本书还介绍了货币思想的主要历史范式、货币经济学的观念分歧以及货币理论和政策的各种流派,特别厘清了针对货币政策有效性的不同信念主张。

我们根据经验的相关性和有效性以及直觉理解来安排货币经济学的理论表述,首先引申出理论含义,接着讨论计量检验过程对理论含义的简化与修正,最后解释经验结果。

本书的第1部分包括货币经济学的导论及其传统。对于后者,本书无意穷其究竟,仅仅旨在揭示货币思想演变的脉络,使读者得以领略该领域早期文献的精髓。

第2部分在瓦尔拉斯一般均衡模型的框架下考察微观货币经济学,利用将货币纳入效用函数和生产函数的方法来推导货币需求,然后引出瓦尔拉斯主义的货币中性结论,以及对经济中的货币部门和实体部门进行割裂处理的二分法。

第3部分集中分析货币需求。这一部分除了涉及交易性需求和投机性需求的通常方法之外,还介绍了预防性货币需求模型和缓冲存货货币需求模型。前几章是关于货币需求组成部分的理论分析,后三章是关于经验方面的内容,其中一章还专门讨论了货币总量指标及其检验。

第4部分考察货币供给以及中央银行在决定货币供给和利率方面的角色。该篇比较了货币数量和利率作为操作目标的合意性，并考察了若干重要的政策问题，例如政策制定者的潜在冲突、中央银行的独立性、时间一致性货币政策与相机抉择货币政策的对比以及货币政策的可信性等。

如果货币经济学不能对货币政策及其宏观经济影响进行充分讨论，则其体系就不够完整。正确处理这一主题需要具备宏观经济模型及其货币政策含义的相关知识。第5部分主要分析宏观经济中的货币以及货币政策，内容涵盖古典主义与凯恩斯主义两种范式的主要宏观经济模型及其货币含义。对于盯住通胀缺口和产出缺口的泰勒规则以及新凯恩斯主义经济学也不乏大量论述。

本书的其余篇章处理一些专题。第6部分对利率和利率期限结构进行理论探讨。第7部分讲述无锚货币的叠代模型，并就其理论含义和实证效果与将货币纳入效用函数及生产函数的其他模型进行比较。第8部分阐述货币增长理论，并评估货币数量以及金融机构对产出增长的贡献。为此，带货币的新古典增长理论以及带货币的内生增长理论都有所涉及。

与第一版（2000年）相比

新版对所有章节进行了全面修订，补充了大量新材料。但鉴于过去十年间货币经济学的主要变化发生在货币政策和货币宏观经济学领域，所以有关这些问题的章节集中了大多数新增材料。第12章对中央银行独立性、时间一致性与跨期再优化的对比以及信誉进行了广泛讨论。第13章是全新的一章，研究在货币供给和利率的不同操作目标之下如何决定总需求。第14章讨论古典主义范式，首先列举关于货币、通胀和产出之间关系的特征事实，然后对古典主义范式下的最新模型以及新古典主义模型的有效性进行详细评价。第15章转向凯恩斯主义范式，补充了大量关于泰勒规则和新凯恩斯主义模型的材料，并对其有效性加以讨论。第16章也是全新的，讨论信贷市场在宏观经济中的作用。第17章经扩充后，除了新古典主义的卢卡斯—萨金特—华莱士模型以外，还包括了新凯恩斯主义的简化模型，这些模型推论的有效性也得到了更深入的讨论。第21章讨论叠代模型，为了更加准确地评价此类模型的推论的有效性，首先列举了有关货币尤其是货币需求函数的特征事实。

本书的水平定位和使用方法

本书适用于高年级本科生和研究生的货币经济学课程。它要求学生至少学习过一门宏观经济学或货币银行学的先修课程，也要求一些微分学和统计学的知识。

本书的主题林立、章节众多，经过大量取舍可供一个学期的课程之用，也可以保留较为完整的篇幅供两个或三个学期的课程之用。本书提供了丰富的材料，教师可以根据具体兴趣和课程水平从中选取章节内容以及调整讲授顺序。

对于一个学期的课程，我们建议安排如下。

1. 微观货币经济学（货币需求与货币供给）及政策课程：第1、2、3（可选)、4、5、7—12章。

2. 宏观货币经济学课程：第1、2、13—17章（可能的话，包括第18—20章）。

3. 宏观货币经济学与中央银行政策课程：第1、2、10—19章。

4. 货币经济学高级专题课程：第3、6、16—24章。

完成前三种课程之一者，可以将第4种安排作为进阶课程进一步学习。

麦吉尔大学为研究生开设货币银行学和货币经济学两门前后衔接的课程，各为一学期。前一学期的课程同样面向高年级优秀本科生开放。本书就是在这些课程的讲义的基础上整理而成的。

学生在上前一门课程的过程中几乎总是对货币政策和宏观经济学表现出浓厚的兴趣，希望尽早接触有关分析，而我却希望不要漏掉关于货币需求和货币供给的主要材料。如果能安排两门各一学期的课程，我便可以很大程度上允许学生自主选择课程内容的组织方式。多年来，令双方都满意的组合通常是第一学期讲授介绍性的第1和2章、宏观货币经济学（第13—17章）、利率决定（第19和20章）以及如果有可能的话加上货币增长理论（第24章），接下来第二学期讲授货币需求和货币供给（第4—10章）（不包括关于预防性货币需求和缓冲储备货币需求的第6章）以及中央银行业务（第10—12章）。但有几年我们选择先讲货币需求和货币供给的各章，接着讲宏观货币经济学的章节。这种安排将其他材料与一些更为理论化、更加高深的专题一并纳入另一个学期或另一门课程。专题章节包括第3章（带货币的一般均衡）、第6章（预防性货币需求和缓冲储备货币需求）、第16章（信贷市场）、第17章（带货币的简化宏观经济模型）、第18章（瓦尔拉斯定律与市场间的相互作用）、第21—23章（带货币的叠代模型）以及第24章（带货币的增长理论）。

致 谢

我要感谢我的学生，他们满怀希望地来学习货币经济学，却不得不和这本几易其稿的讲义较劲。许多学生对修订讲义都有所帮助。一如既往，我衷心感谢妻子萨西玛、两个儿子萨尼和里什以及其他家人萨巴西、莫妮卡、赖利、艾文，感谢他们的爱护与支持。

杰格迪什·汉达教授
jagdish.handa@mcgill.ca

目 录

第一部分 导论与传统

第1章 导 论 ··· 3
1.1 货币是什么？货币能做什么？ ································· 5
1.2 货币供给与货币存量 ·· 6
1.3 货币的名义价值和实际价值 ···································· 7
1.4 货币宏观经济学中的货币市场和债券市场 ·················· 7
1.5 货币定义的简史 ·· 7
1.6 货币及相关概念的操作性定义 ································· 11
1.7 充当货币政策操作目标的利率和货币供给 ·················· 14
1.8 金融中介机构与金融资产创造 ································· 14
1.9 经济分析的不同范式 ·· 17
1.10 古典主义范式：古典主义宏观经济模型 ···················· 19
1.11 凯恩斯主义范式与凯恩斯主义宏观经济模型集合 ········ 22
1.12 人们应该相信哪种宏观范式或模型？ ······················· 24
1.13 瓦尔拉斯法则 ·· 25
1.14 货币政策 ·· 26

  1.15 货币中性与债券中性 ………………………………………………… 26
  1.16 货币政策和财政政策的定义 …………………………………………… 28
 结语 ………………………………………………………………………………… 28
 主要结论 …………………………………………………………………………… 29
 复习讨论题 ………………………………………………………………………… 30
 参考文献 …………………………………………………………………………… 31

第2章　货币经济学的传统 ……………………………………………………… 32
  2.1 数量方程 ………………………………………………………………… 34
  2.2 数量论 …………………………………………………………………… 37
  2.3 维克塞尔的纯信用经济 ………………………………………………… 45
  2.4 凯恩斯的贡献 …………………………………………………………… 48
  2.5 弗里德曼的贡献 ………………………………………………………… 57
  2.6 货币供给变动对产出和就业的影响 …………………………………… 62
 结语 ………………………………………………………………………………… 65
 主要结论 …………………………………………………………………………… 67
 复习讨论题 ………………………………………………………………………… 67
 参考文献 …………………………………………………………………………… 68

第二部分　经济中的货币

第3章　经济中的货币：一般均衡分析 ………………………………………… 73
  3.1 经济中的货币和其他有用东西 ………………………………………… 74
  3.2 货币经济的特征性事实 ………………………………………………… 77
  3.3 无货币的效用函数最优化 ……………………………………………… 78
  3.4 货币的支付媒介功能：将货币纳入效用函数 ………………………… 82
  3.5 价格的不同概念 ………………………………………………………… 86
  3.6 货币的使用成本 ………………………………………………………… 86
  3.7 个人对货币和其他有用东西的需求和供给 …………………………… 87
  3.8 厂商对货币和其他有用东西的需求函数和供给函数 ………………… 90
  3.9 经济中货币和其他有用东西的总需求函数和总供给函数 …………… 93
  3.10 名义余额和实际余额的供给 …………………………………………… 94
  3.11 经济的一般均衡 ………………………………………………………… 94
  3.12 货币中性和超中性 ……………………………………………………… 96
  3.13 实体部门和货币部门的二分法 ………………………………………… 99
  3.14 通货膨胀的福利成本 …………………………………………………… 102
 结语 ………………………………………………………………………………… 105
 主要结论 …………………………………………………………………………… 106
 复习讨论题 ………………………………………………………………………… 107
 参考文献 …………………………………………………………………………… 108

第三部分　货币需求

第4章　货币的交易需求 ... 111
- 4.1 货币交易需求的基本存货分析 ... 112
- 4.2 交易余额需求的一些特例 ... 115
- 4.3 通货需求与活期存款需求 ... 116
- 4.4 规模经济和收入分配 ... 117
- 4.5 企业的有效资金管理 ... 118
- 4.6 货币需求和活期存款的利息支付 ... 119
- 4.7 活期存款与储蓄存款 ... 120
- 4.8 技术创新与通货需求、活期存款需求和储蓄存款需求 ... 120
- 4.9 估计货币需求 ... 121
- 结语 ... 123
- 主要结论 ... 124
- 复习讨论题 ... 124
- 参考文献 ... 125

第5章　资产组合选择与货币的投机需求 ... 126
- 5.1 概率、均值和方差 ... 128
- 5.2 财富最大化与预期效用最大化 ... 129
- 5.3 风险偏好、风险中性和风险厌恶 ... 131
- 5.4 资产组合选择的预期效用假说 ... 132
- 5.5 有效机会曲线 ... 134
- 5.6 托宾对无风险资产和风险资产的需求分析 ... 139
- 5.7 预期效用假说和效用函数的特殊形式 ... 143
- 5.8 货币需求函数的易变性 ... 148
- 5.9 在现代经济中资产组合需求的货币余额是正数吗? ... 148
- 结语 ... 150
- 主要结论 ... 150
- 复习讨论题 ... 151
- 参考文献 ... 152

第6章　货币的预防需求和缓冲存货需求 ... 154
- 6.1 交易需求模型扩展到预防需求 ... 156
- 6.2 透支情况下的预防需求 ... 159
- 6.3 无透支情况下货币的预防需求 ... 161
- 6.4 缓冲存货模型 ... 162
- 6.5 缓冲存货规则模型 ... 163
- 6.6 缓冲存货平稳或目标模型 ... 168
- 6.7 预防和缓冲存货模型的实证研究 ... 172

  结语 ·· 176
  主要结论 ··· 178
  复习讨论题 ·· 178
  参考文献 ··· 179

第7章　货币总量 ··· 180
 7.1　货币的恰当定义：理论考察 ·· 181
 7.2　货币作为名义国民收入的解释变量 ·· 182
 7.3　弱可分性 ·· 183
 7.4　简单相加货币总量 ··· 185
 7.5　可变替代弹性和准货币 ·· 186
 7.6　使用者成本 ··· 189
 7.7　指数理论和迪维西亚总量 ··· 190
 7.8　确定性等价货币总量 ·· 191
 7.9　货币总量的判别 ·· 192
 7.10　货币总量的最新研究和政策视角 ··· 198
  结语 ·· 198
  附录 ·· 199
  主要结论 ··· 202
  复习讨论题 ·· 203
  参考文献 ··· 204

第8章　货币需求函数 ·· 206
 8.1　封闭经济货币需求函数的基本函数形式 ·· 207
 8.2　理性预期 ·· 209
 8.3　推导永久收入和估计货币需求偏离的适应性预期 ···································· 216
 8.4　回归预期和外推预期 ·· 218
 8.5　改变货币余额的成本和调整滞后 ··· 219
 8.6　一阶部分调整模型的货币需求 ·· 221
 8.7　带一阶部分调整模型和永久收入适应性预期的货币需求 ·························· 221
 8.8　简述自回归分布滞后模型 ··· 222
 8.9　开放经济中的货币需求 ·· 224
  结语 ·· 232
  主要结论 ··· 232
  复习讨论题 ·· 233
  参考文献 ··· 233

第9章　货币需求函数：估计问题、技术与发现 ······································· 235
 9.1　货币需求估计的历史回顾 ··· 236
 9.2　简述估计中存在的普遍问题 ··· 240
 9.3　经济理论与协整分析之间的关系：入门课程 ··· 243
 9.4　变量的平稳性介绍 ··· 244
 9.5　简述协整与误差修正 ·· 247

9.6	协整、ECM模型与宏观经济理论	250
9.7	协整—误差修正模型方法在货币需求估计上的应用	250
9.8	货币需求函数的一些协整研究	251
9.9	因果关系	253
9.10	创新时期货币需求弹性的说明	253
9.11	创新与寻求稳定的货币需求函数	254
结语		255
主要结论		257
附录		257
复习讨论题		259
参考文献		260

第四部分　货币政策和中央银行业务

第10章　货币供给、利率及货币政策的操作目标　265

- 10.1　货币政策目标及工具　266
- 10.2　货币政策的最终目标、直接目标和工具之间的关系以及货币政策实施的难点　267
- 10.3　货币政策的目标　268
- 10.4　货币总量和利率作为操作目标的理论分析　269
- 10.5　价格水平和通货膨胀率作为目标　274
- 10.6　货币供给的决定　276
- 10.7　货币供给的机械论：货币供给恒等式　282
- 10.8　货币供给的行为理论　284
- 10.9　货币供给的协整和误差修正模型　287
- 10.10　基础货币和利率作为货币工具　288
- 结语　289
- 主要结论　290
- 复习讨论题　290
- 参考文献　292

第11章　中央银行：货币政策的工具与目标　294

- 11.1　中央银行的历史目标　295
- 11.2　中央银行目标的演变　298
- 11.3　货币政策工具　300
- 11.4　金融部门的效率与竞争：竞争性货币供给　307
- 11.5　管制利率与经济运行　310
- 11.6　货币条件指数　311
- 11.7　通货膨胀目标和泰勒规则　312
- 11.8　货币委员会　313

结语 ··· 314
　　主要结论 ·· 315
　　复习讨论题 ··· 315
　　参考文献 ·· 316

第12章　中央银行：政策的独立性　318
　　12.1　多重目标的选择 ·· 319
　　12.2　决策者之间的冲突：理论分析 ······················ 321
　　12.3　中央银行的独立性 ····································· 323
　　结语 ··· 325
　　主要结论 ·· 325
　　复习讨论题 ··· 326
　　参考文献 ·· 326

第五部分　货币政策和宏观经济

第13章　总需求的推导　331
　　13.1　短期宏观经济模型的界限 ····························· 332
　　13.2　开放经济下的外汇部门和浮动利率下汇率的确定 ··· 333
　　13.3　商品部门 ·· 335
　　13.4　货币部门：确定货币政策的适当操作目标 ······· 339
　　13.5　LM 等式的推导 ··· 340
　　13.6　IS-LM 模型中的商品总需求 ························· 342
　　13.7　李嘉图等价定理以及财政政策对 IS-LM 模型中总需求的影响 ··· 344
　　13.8　泰勒规则下 IS-LM 模型中的货币供给 ············ 348
　　13.9　利率操作目标下的短期宏观模型 ··················· 348
　　13.10　利率目标制使货币供给过剩吗？ ·················· 357
　　13.11　对总需求的 IS-LM 和 IS-IRT 分析的缺点 ····· 358
　　13.12　货币政策的操作目标的最佳选择 ················· 359
　　结语 ··· 362
　　附录 ··· 362
　　主要结论 ·· 363
　　复习讨论题 ··· 364
　　参考文献 ·· 366

第14章　宏观经济学中的古典范式　369
　　14.1　短期和长期的定义 ····································· 371
　　14.2　新古典模型中的长期供给方面 ······················ 373
　　14.3　一般均衡：总供求分析 ······························· 376
　　14.4　新古典模型的叠代结构 ······························· 377
　　14.5　瓦尔拉斯均衡分析的基本假定 ······················ 382

14.6　新古典模型中的非均衡和货币的非中性 ·· 383
　14.7　货币供给和价格水平的关系：前人的思想 ·· 386
　14.8　古典和新古典传统、经济自由主义与自由放任 ···································· 387
　14.9　古典范式中的不确定性和预期 ·· 390
　14.10　预期和劳动市场：附加预期的菲利普斯曲线 ······································ 391
　14.11　价格预期和商品市场：卢卡斯供给函数 ·· 398
　14.12　包含供求函数的卢卡斯模型 ·· 401
　14.13　对古典范式模型的规定和区分 ··· 404
　14.14　实际经济周期理论和货币政策 ··· 407
　14.15　米尔顿·弗里德曼和货币主义 ··· 409
　14.16　经验实例 ·· 412
　结语 ·· 414
　主要结论 ··· 416
　复习讨论题 ·· 416
　参考文献 ··· 418

第15章　凯恩斯主义范式 ·· 422
　15.1　凯恩斯模型Ⅰ：不包含有效劳动市场的模型 ·· 426
　15.2　凯恩斯模型Ⅱ：菲利普斯曲线分析 ·· 433
　15.3　新凯恩斯主义经济的组成 ··· 436
　15.4　NK宏观经济学 ··· 442
　15.5　凯恩斯方法和新古典方法中产出和就业的简化方程 ······························ 456
　15.6　NK观点的实证有效性 ··· 458
　结语 ·· 459
　主要结论 ··· 463
　复习讨论题 ·· 464
　参考文献 ··· 467

第16章　宏观经济模型中的货币、债券和信贷 ··· 471
　16.1　信贷区别于债券的特征 ··· 478
　16.2　产品供给和信贷需求 ··· 483
　16.3　将信贷作为单独资产的总需求分析 ··· 484
　16.4　产出水平的决定 ··· 489
　16.5　货币政策和财政政策的影响 ·· 490
　16.6　货币和信贷市场的不稳定性与货币政策 ·· 492
　16.7　债券利率作为外生货币政策工具时的信贷渠道 ···································· 494
　16.8　非正式金融部门与金融发展不充分 ··· 495
　16.9　银行挤兑和信贷危机 ·· 495
　16.10　实证研究结果 ·· 496
　结语 ·· 498
　附录A ··· 499

附录B 500
　　主要结论 502
　　复习讨论题 503
　　参考文献 503

第17章　宏观经济模型和货币中性的观点 506
　　17.1　古典范式的卢卡斯—萨金特—华莱士（LSW）分析 507
　　17.2　卢卡斯—萨金特—华莱士模型的紧凑形式（模型Ⅱ） 511
　　17.3　关于估计方程中政策工具的"卢卡斯批判" 512
　　17.4　验证货币政策的有效性：基于卢卡斯和弗里德曼的供给模型的估计
　　　　 514
　　17.5　区分正负向货币供给冲击的不同影响 518
　　17.6　包括泰勒利率规则的卢卡斯—萨金特—华莱士模型 519
　　17.7　检验货币政策的有效性：凯恩斯主义模型的估计 521
　　17.8　封闭经济条件下新兴凯恩斯主义模型的紧凑形式 524
　　17.9　其他实证检验结果 529
　　17.10　对关于货币中性和理性预期的实证分析的归纳 529
　　17.11　摒弃教条主义 530
　　17.12　长期产出函数和就业函数的滞后现象 533
　　结语 533
　　主要结论 537
　　复习讨论题 537
　　参考文献 540

第18章　瓦尔拉斯法则与各种市场之间的相互作用 542
　　18.1　瓦尔拉斯法则 543
　　18.2　瓦尔拉斯法则与特定经济模型中的市场选择 547
　　18.3　瓦尔拉斯法则和连续性充分就业的假设 549
　　18.4　萨伊定律 549
　　18.5　瓦尔拉斯法则、萨伊定律以及实体部门与货币部门之间的二分法 ... 552
　　18.6　财富效应 552
　　18.7　实际余额效应 553
　　18.8　瓦尔拉斯法则真的是一种法则吗？什么情况下它不成立？ 554
　　18.9　古典主义经济学中理论意义上的供求函数 558
　　18.10　再评价瓦尔拉斯法则 558
　　18.11　重构瓦尔拉斯法则：克洛尔和德雷兹的有效供求函数 559
　　18.12　瓦尔拉斯法则不成立对货币政策的意义 561
　　结语 562
　　主要结论 562
　　复习讨论题 563
　　参考文献 564

第六部分　经济中的利率

第19章　关于利率的宏观经济理论 ····· 569
- 19.1 名义利率和实际利率 ····· 570
- 19.2 IS-LM模型中瓦尔拉斯法则的应用——对债券的超额需求 ····· 571
- 19.3 一般债券超额需求函数的推导 ····· 573
- 19.4 直觉：债券供求与利率决定 ····· 575
- 19.5 直觉：利率的动态决定 ····· 576
- 19.6 债券市场的IS-LM图解 ····· 578
- 19.7 传承古典：可贷资金理论中的利率 ····· 580
- 19.8 传承凯恩斯主义：流动性偏好理论的利率决定 ····· 584
- 19.9 比较利率的流动性偏好理论和可贷资金理论 ····· 585
- 19.10 货币供给对实际利率的中性与非中性 ····· 586
- 19.11 长期（自然）实际利率与财政政策非中性的决定因素 ····· 588
- 19.12 经验证据：费雪方程检验 ····· 589
- 19.13 检验流动性偏好理论和可贷资金理论 ····· 589
- 结语 ····· 592
- 主要结论 ····· 593
- 复习讨论题 ····· 593
- 参考文献 ····· 594

第20章　利率结构 ····· 596
- 20.1 利率的一些概念 ····· 597
- 20.2 利率的期限结构 ····· 598
- 20.3 金融资产价格 ····· 604
- 20.4 经验估计和检验 ····· 606
- 20.5 在固定溢价和理性预期情况下预期假说的检验 ····· 607
- 20.6 长期利率的随机游走假说 ····· 610
- 20.7 预期通货膨胀率期限结构的信息量 ····· 612
- 结语 ····· 614
- 主要结论 ····· 614
- 复习讨论题 ····· 615
- 参考文献 ····· 616

第七部分　货币的叠代模型

第21章　法定货币的基本叠代模型 ····· 621
- 21.1 关于现代经济中的货币的典型事实 ····· 622

21.2 叠代模型中有关货币的常见问题 623
21.3 基本叠代模型 626
21.4 考虑人口不断增长的基本叠代模型 632
21.5 基本叠代模型中的福利 633
21.6 考虑货币供给增加和人口增长的基本叠代模型 635
21.7 货币扩张的无效率（货币转让情况下） 636
21.8 货币扩张和人口增长情况下价格稳定的无效率 639
21.9 时间偏好率为正的情况下叠代模型中的货币需求 640
21.10 存在多种法定货币的情况 641
21.11 叠代模型分析中的黑子、泡沫和市场基准 642
结语 643
主要结论 644
复习讨论题 644
参考文献 645

第22章 叠代模型：铸币税、债券和法定货币中性 647

22.1 法定货币产生的铸币税及其用途 648
22.2 叠代模型框架下的法定货币与债券 653
22.3 关于公开市场业务的华莱士—莫迪利安尼—米勒（W-M-M）定理 655
22.4 货币简化叠代模型分析的扩展 659
22.5 模型Ⅲ：货币非中性的卢卡斯叠代模型 663
22.6 叠代模型是否解释了货币经济的主要方面？ 665
结语 668
主要结论 669
复习讨论题 669
参考文献 670

第23章 货币的叠代模型：使之更加现实 671

23.1 T 期现金先行货币—债券模型 673
23.2 包含消费者支付时间和间接MIUF的扩展叠代模型 680
23.3 包含间接MIPF的企业扩展叠代模型 686
23.4 包含MIUF和MIPF的基本叠代模型 690
结语 692
主要结论 693
复习讨论题 693
参考文献 694

第八部分 增长理论中的货币和金融机构

第24章 货币增长理论 697

24.1 商品货币、实际余额和增长理论 700

24.2 可支配收入中的法定货币余额与增长 …… 702
24.3 静态生产函数中的实际法定货币余额 …… 704
24.4 将货币包含在静态生产函数和效用函数中的新古典模型的重新表述
…… 705
24.5 货币为何以及如何有助于人均产出及其增长率的提高 …… 708
24.6 货币的使用如何改变用于生产的劳动供给 …… 709
24.7 内部货币和外部货币的区别 …… 709
24.8 增长和发展过程中的金融中介 …… 710
24.9 金融系统 …… 711
24.10 货币和金融部门促进增长的重要性：经验证据 …… 714
24.11 包含金融部门的简化的内生技术进步增长模型 …… 718
24.12 投资、金融中介和经济发展 …… 719
结语 …… 720
主要结论 …… 722
复习讨论题 …… 722
参考文献 …… 723

第一部分

导论与传统

第 1 章 导 论

货币经济学包括微观经济学部分和宏观经济学部分。微观货币经济学的基本问题关注货币的适当定义以及货币的需求和供给。宏观货币经济学的基本问题关注货币政策形式及其对经济的影响。

不同时期能够用作货币支付媒介的金融资产大不相同，货币资产之间的替代弹性也不是一成不变，于是货币的适当定义也在不断变化。

货币经济学是短期宏观经济分析的核心部分。宏观经济学的主要范式有古典主义和凯恩斯主义之分。前者研究充分就业均衡状态的竞争性经济，而后者主要研究对均衡状态的偏离。

本章引入的关键概念

- ◆ 货币职能
- ◆ M1、M2 以及更宽泛的货币定义
- ◆ 金融中介
- ◆ 银行的货币创造
- ◆ 宏观经济学古典主义范式
- ◆ 瓦尔拉斯一般均衡模型
- ◆ 新古典学派、传统古典学派、现代古典学派和新兴古典学派模型
- ◆ 宏观经济学凯恩斯主义范式
- ◆ IS - LM 分析

货币经济学是一门关于货币供给、价格、利率及其与经济间反馈的经济学分支。它主要研究货币市场、其他金融市场、利率决定、货币环境对经济主体行为的影响程度以及这种影响的宏观经济含义。它也研究中央银行或者货币当局在现实中如何制定货币政策以及怎样的货币政策才是最优的。

在一个货币经济中，不同经济主体之间发生的所有商品交换几乎都是与货币相交换，而不是与劳动、商品或债券相交换，并且几乎所有的贷款都以货币形式发放，而不是以商品形式发放，以致现代货币经济中的市场交易几乎无不涉及货币。① 因此，货币经济的方方面面都与货币的作用以及货币供应和使用的效率息息相关，货币经济学是一门范围十分宽泛的学科。

货币经济学包括微观经济学部分和宏观经济学部分。另外，货币政策制定和中央银行行为是非常重要的主题，要么自成一格、另行处理，要么纳入货币经济学的微观部分或宏观部分。而"货币当局"经常作为一国中央银行体系的委婉说法。②

货币经济学的微观经济学部分

货币经济学的微观经济学部分主要研究货币的需求和供给以及供求均衡。一些金融机构的行为决定经济中的货币存量及其近似替代物，也决定利率，研究这些金融机构的行为成为货币经济学的基本内容。货币存量的主要供给机构是中央银行和商业银行。商业银行本身是更大范围的金融中介体系的一部分，而金融中介体系决定某些货币组成部分以及也称为准货币的货币替代物。

货币经济学的微观经济学部分有两个主要内容，分别是第4—9章的货币需求和第10章的货币供给。中央银行及其制定的货币政策是第11和12章的内容。

货币经济学的宏观经济学部分：宏观经济中的货币

货币经济学的宏观经济学部分与标准的短期宏观经济理论密不可分。这种紧密联系是因为货币现象对几乎全部主要宏观经济变量都产生普遍的短期影响。受货币供求变化影响的变量包括国民产出、就业、失业率、进出口、汇率和国际收支。而且宏观经济分析中最重要的问题就是货币供给、价格、通货膨胀和利率的变化是否影响上述变量——特别是国民产出和就业，影响的程度和方式又将如何。货币经济学的这部分内容在第13—20章中阐述。

货币的叠代模型不同于传统经济分析对货币的处理，其中货币政策及其经济影响的含义与标准短期宏观经济模型大不相同。虽然叠代模型是货币经济学的重大新发展，但大多数教材都将其排除在外。我们将在第21—23章讨论这类模型。

---

① 即使一个经济初始时没有货币，很快也会发现货币的用处，并以这样或那样的形式创造出货币来。雷德福德（Radford，1945）的经典论文以第二次世界大战期间德国的战俘集中营为例，生动地揭示了货币的演化过程。

② 在美国和加拿大，货币政策完全控制在中央银行手中，因此中央银行单独构成"货币当局"。在英国，货币政策目标由政府决定，政策实施由英格兰银行（中央银行）负责，因此英国的"货币当局"由行使货币政策权力的政府部门和中央银行共同构成。

货币经济学的长期分析相对较少，尽管宏观经济增长理论有时经扩展后包括货币，但由此产生的货币增长理论不过是货币经济学的一小部分。第 24 章讨论货币增长理论。

货币政策分析涉及不同的宏观经济学方法，包括古典主义范式模型（包括瓦尔拉斯模型、古典学派模型和新古典学派模型）以及凯恩斯主义范式模型（包括凯恩斯本人的思想、凯恩斯主义模型和新凯恩斯主义模型）。本章末尾将初步解释其分歧，而详细的阐述则留待第 13—17 章中进行。

1.1 货币是什么？货币能做什么？

1.1.1 货币职能

货币本身不是对一种特定资产的称谓。对于任一既定国家的不同时期或者不同的国家，充当货币职能的资产各不相同，因此货币的定义最好不必拘泥于某一时期经济中存在的特定资产。理论层面的货币由其执行的职能加以定义。这些职能的传统表述如下：

1. 交易媒介或支付媒介。这一职能传统上称为交易媒介。现代交易以信用卡结账，故称其为（最终）支付媒介更为恰当。
2. 价值储藏，有时被描述为价值的临时仓库或者购买力的临时住所。
3. 延期支付标准。
4. 记账单位。

这些职能之中，支付媒介无疑是最基本的货币职能。凡作为货币的资产无不可以直接行使这一职能，或者至少可以方便快捷、成本低廉地转换为一种支付媒介从而间接行使这一职能。发达经济中通常有很多资产都能充当这一角色，不过某些资产要比另外一些资产表现得更好。充当这一角色的特定资产随时间而变化。货币经济发展初期，通货成为唯一或主要的支付媒介。随着银行体系的出现，活期存款开始成为支付媒介。当其他金融机构逐步建立之后，越来越多的金融资产不断加入支付媒介的行列。

1.1.2 货币的定义

如果按照历史上的货币定义，经济中的货币数量就是经济中充当支付媒介的商品的总和。然而，发达货币经济任何时候都有一些其他商品，它们不能直接充当支付媒介，却可以几乎不费成本和周折轻而易举地转换成支付媒介，同时又能作为价值储藏手段。这样的商品本身就是支付媒介的近似替代物。于是，将货币定义局限于支付媒介的狭义职能，还是在定义中包括支付媒介的近似替代物，对此存在大量争议与分歧。[1]

在这一问题的众多答案之中，富有理论意义的是所谓的"纯粹"货币定义，即货币是直接充当支付媒介的商品。在金融发达的经济中，执行支付媒介功能的包括公众持有的通货以及公众在以商业银行为主的金融机构中的可开支票存款。两者之和称为狭义货币，用符号 M1 表示。可开支票存款或活期存款是指可以使用支票或借记卡来提取的存款。被定义为支付媒介的货币的近似替代物称为准货币。

货币存量的经验定义比其理论定义要折中得多。经验上的货币定义可宽可窄，取决于支付媒介的替代物有哪些被包括在内、有哪些被排除在外。经济学家普遍接受的宽泛定义是所谓"弗里德曼货币定义"或"广义货币"。它将货币定义为公众手中的通货加上公众在商业银行的全部存款。后者包括商业银行的活期存款和储蓄存款。"弗里德曼货币定义"通常表示为 M2，它的一些变种记作 M2+、M2++或者 M2A、M2B，诸如此类。不过，现在很多更为宽泛的定义也不乏使用，通常表示为 M3、M4 等。

一种比"弗里德曼定义"更加宽泛的货币口径是 M2 加上准银行机构存款。这些金融机构的存款对储户而言与商业银行存款在功能上并无二致。此类机构包括美国的储蓄贷款协会和互助储蓄银行，加拿大的信用合作社、信托公司和抵押贷款公司以及英国的住房互助会等。加入这些存款后的货币度量用符号 M3、M4 等表示，也可以是 M2A、M2B，或者 M2+、M2++。这些符号定义未必有一定之规，从来都是因地制宜。本章稍后会简要概述不同货币定义的内容以及从中取舍的依据，第 7 章还要对此进行更加全面的讨论。

1.2 货币供给与货币存量

货币不外乎是一种商品，与其他商品一样，其需求和供给是经济主体行为的后果。货币的供给和需求取决于大量因素。货币需求的最重要决定因素是国民收入、价格水平和利率。货币供给的最重要决定因素是各国中央银行的行为。中央银行被授权控制和调节货币存量。

货币存量是货币市场均衡时的货币数量。货币供给是一个行为函数，给出不同利率和收入水平下提供的货币数量。两者并不相同。货币的均衡数量是货币需求与货币供给相等时对应的数量。

当货币供给外生给定时，货币供给与货币存量相等。外生决定因素通常是中央银行政策。在此情形下，货币供给可以影响利率和其他经济变量，但却不受这些变量的影响。货币经济学和宏观经济学中很多理论推导过程都假设这种情形，于是"货币存量"和"货币供给"两个术语经常同义复用。读者不得不从上下文语境中判断这两个概念是区别使用还是同义复用。

---

[1] 参见 Goodhart (1984)。

货币当局控制货币供给。货币当局改变货币供给的政策称为"货币政策"。

1.3 货币的名义价值和实际价值

货币的名义价值是以货币本身作为度量单位。货币的实际价值是其对商品的购买力。因此，1美元钞票的名义价值是1，20美元钞票的名义价值是20。货币的实际价值是一单位货币能够购买的商品和服务数量，也就是经济中流通商品价格水平的倒数。如果 P 表示经济中的平均价格水平，则货币的实际价值等于 $1/P$。我们通常所谓的"货币价值"就是指货币的实际价值。

1.4 货币宏观经济学中的货币市场和债券市场

货币经济学和宏观经济学中的"货币市场"是指货币供求相互作用的市场，市场均衡代表出清。然而，普通英语使用这一词汇时指的是短期债券市场，特别是国库券市场。为了澄清起见，我们用"货币市场共同基金"来涵盖习惯用法的含义，意指持有短期债券的共同基金。有必要说明的是，本书对"货币市场"一词的用法遵循宏观经济学的惯例。也就是，我们用这一术语指代货币的市场，而不是短期债券的市场。

货币经济学和宏观经济学通常将"债券"定义为所有非货币金融资产，包括贷款和股票，于是"债券"、"信贷"和"贷款"作同义对待。这一用法下债券市场、信贷市场和贷款市场均指所有非货币金融资产的市场。本书除第16章外都采取这种术语用法，第16章区分了可转让债券和不可转让贷款。

1.5 货币定义的简史

货币功能多样性无助于准确识别出具体货币资产，反而会引起严重的识别问题，因为各种资产在不同程度上都能履行货币职能。货币的经验测度一直以来都是棘手的难题，并不是最近才凸显出来的。

从易货经济向货币经济演变的早期阶段一般都存在一种以上的商品货币。其中的一种形式是贵金属铸币通货，它的交换价值至少大致上等于铸币金属的价值。这些铸币一般由君主授权方可铸造，一经公布为"法定货币"，售卖者和放贷人不得拒绝接受其支付。

在特定情况下，可信人士或机构出具的本票作为法定货币的补充可以充当支付手段。在 18 世纪和 19 世纪的英国，汇票①就是这样一种补充支付手段。然而，它从未成为普遍接受的支付媒介。18 世纪以后，英国出现私人商业银行②，开始（私人）发行纸币③，后来银行活期存款储户也可以对其开户行签发提款单或支票。不过，直到 20 世纪初，银行活期存款才在厂商和富人中间流行，而它进入寻常百姓家则是 20 世纪发生的事情。活期存款普及之后成为经济中支付媒介的组成部分，其数量最终超过了通货的数量。

19 世纪中叶，英国的经济学家和银行家面临一个问题：除了通货以外，商业银行的活期债务能否作为货币处理？当时商业银行发展尚不成熟，客户多为富人和大厂商。支票在小圈子里充当支付媒介使用，普罗大众则无福享受。在此背景下，有关货币适当定义以及货币政策及监管的争议充斥着 19 世纪中期的英国。这些争议围绕银行活期存款能否作为通货的不完全替代物以及前者是否构成部分货币供给而展开。19 世纪后半期和 20 世纪前半期，英国、加拿大和美国的活期存款和银行都经历了进一步发展，活期存款的相对安全性和使用普及性都得以改善，从而使其获得了对通货的近似替代性。因此，到了 20 世纪 20 年代中期以后，普遍接受的货币定义已经变成公众手中持有的通货加上商业银行的活期存款。这一时期的储蓄存款不能签发支票，储户必须事前通知银行，否则不得擅自提取。于是储蓄存款的流动性远逊于活期存款，从而不能作为支付媒介意义上的货币。直到 20 世纪后半期，标准的货币定义才演变为记作 M1 的狭义货币。

20 世纪中期之前，大多数国家的活期存款不生息，商业银行对储蓄存款付息受到法律或惯例的利率上限约束，但毕竟储蓄存款是生息的。20 世纪 50 年代期间，银行业务变化引起储蓄存款与活期存款之间的替代性日益增加，于是 50 年代关于货币定义的主要争议是储蓄存款是否应该被包括在货币定义之中。然而，20 世纪 60 年代初期，大多数经济学家开始使用 M2 度量货币供给，即 M1 加上商业银行储蓄存款，但不包括其他金融机构的各类存款。由于在 20 世纪五六十年代弗里德曼是这种 M2 定义法的主要支持者，所以它又被称为弗里德曼货币定义（口径）。

美国在 20 世纪 60 年代期间，债券和国库券的市场利率显著高于监管当局为商业银行储蓄存款所设定的利率上限。在放松管制的背景下，非银行金融中介间竞争加剧，导致其原有准货币的性质变得更加接近活期存款，各类其他资产也层出不穷。非银行金融中介的债务对通货及活期存款的替代程度各不相同，有的相对好些，但大多数仍很不完全。两者不断增加的近似性再一次引发论战，这与 19 世纪关于活期存款以及 20 世纪 50 年代关于商业银行储蓄存款的争论如出一辙。加拿大和英国也经历了同样的演变和论争。这些论争的关键问题从来都是：

---

① 汇票是商品买家签发的本票，承诺在未来特定时间向卖家支付特定金额。就此而论，汇票是贸易的产物。贸易过程中买家取得商品却未立即支付，而是获得了相当于商品价值的短期信贷，期限通常为三个月。这一延后为买家赢得了时间，他可以用出售商品的收入支付给原来的卖家。19 世纪时，由信誉良好的公司所签发的汇票能够在金融市场交易或者向银行贴现（即折价出售以补偿利息）。其中一些还几经易手（即被多次出售）。

② 许多银行家过去本是金匠，手头握有保险库，顾客出于安全原因将金币交其保管。如果存放者需要对某人进行支付，则可以书写一纸凭条或信函授权对方从付款人在金匠处的存款中提取一定额度。

③ 20 世纪早期大多数西方国家已经不再允许私人发行货币，代之以中央银行垄断货币发行权。

一种资产究竟与 M1 近似到何种程度才能被纳入货币口径？

1945 年以来货币和准货币的演变

1945 年以来货币定义不断发展演变。起初广泛接受的货币定义是公众持有的通货加上商业银行的活期存款（M1）。这种定义强调货币的支付媒介功能。当时活期存款受到诸多管制，法律或惯例禁止银行对其支付利息，并要求为其保留一定比例的准备金。在这种背景之下，各种活期存款的替代物层出不穷并广为接受，储蓄存款与活期存款的近似程度也日益提高。在加拿大，作为主要存款金融机构的特许银行，其储蓄存款的流动性随之增加，诸如信托公司、信贷协会[①]和抵押贷款协会之类的非货币金融机构的债务流动性也有所提高。在美国，20 世纪 70 年代之前，上述变化主要增加了商业银行定期存款的流动性，互助储蓄银行的存款以及储蓄贷款协会的份额也在一定程度上提高了流动性。在英国，流动性改善主要体现在零售银行和住房互助会的生息存款上。经过了 20 世纪六七十年代的演变发展，大多数研究逐步认可了这些资产作为活期存款相当近似但并不完全的替代物。

在 20 世纪上半个世纪里，关于货币恰当定义的争议不断。随着 M1 近似替代物的发展，20 世纪 50 年代，这一议题又重新成为热点。特别是在其后的四分之一个世纪里，商业银行和非银行金融中介机构的储蓄存款快速增长，其负债与活期存款的近似替代程度不断增加，只是仍未成为直接支付工具。这促使 M2 被接受作为货币的适当定义，尽管对此仍有争议。在 20 世纪最后的四分之一个世纪里，如前所述，层出不穷的金融创新使得许多金融中介机构负债与活期存款的界限日益模糊。M3、M4 等符号所表示的更加宽泛的货币定义逐渐被采用或者至少博得支持。

金融创新

20 世纪 60 年代以来，金融创新突飞猛进。它既包括各类存款服务的技术变化，例如引入自动柜员机、电话银行、使用计算机的在线银行等，也包括诸如货币市场共同基金等新型资产的创造，这些新型资产经常通过银行销售并且可以方便地变现，还包括各类卡基支付工具的普及，先是信用卡，随后是借记卡或银行卡，接着是更为晚近的"电子货币"卡（有时也被称为电子钱包或智能卡）的开发和推广。此外，最近几十年里，不同类型金融中介机构之间的竞争显著增强，它们越来越多地利用电话银行和在线银行提供与活期存款相类似并可以方便地转换为活期存款的负债。诸如此类的众多创新使得活期存款与储蓄存款之间的区别越发模糊，甚至终于发展到这样一种地步，即二者除了名称不同，实质的差别已经微乎其微。同样，银行与其他类型金融中介机构在提供流动性负债方面的差别也变得模糊。这种创新进程仍在持续，不同金融机构提供金融服务的模式将变得日益重叠。

信用卡允许付款人为一项购买进行支付的同时能够从信用卡公司获得借款。由于是借贷关系，大多数经济学家选择不将信用卡债务和授权额度包括在货币定义之中，甚至连准货币都算不上。可是使用信用卡能够减少购买者持有货币的需

[①] 其中一例是加拿大魁北克省的合作银行（caisses populaires）。

要，从而减少货币需求。

借记卡一般绑定银行活期存款账户，使用者通过银行账户的电子转账即可实现支付，而不再需要交付通货或者签发支票。因此，借记卡减少了通货持有数量，也减少了支票支付金额，但并不能减少对银行账户余额的需求。银行账户必须具有足够余额，才能对其进行借记操作。可见，借记卡对存款持有水平的影响极其有限。

电子转账通过互联网在线实现转账功能。它减少了使用支票进行支付的需要，但由于在线银行能够改善现金管理，所以电子转账对银行存款并无影响或者影响甚微。

智能卡存储有一定的现金价值，可以在购买的时候用以支付。鉴于在线银行和借记卡日益流行，智能卡可能主要用于小额支付，例如作为电话卡、图书馆影印卡等。智能卡使持有货币的必要性降低，从而减少货币需求。

所以，借记卡和智能卡形式的金融创新减少了持有的通货而不是活期存款。在线转账形式的金融创新促进了闲置资金投资，以前这些资金的持有形式通常是储蓄存款或较高利率的货币市场基金。储蓄存款需求因而出现减少。

最近几十年间，在货币资产与非货币金融资产（债券和股票）之间进行转换的中介费用大幅削减，互联网应用彻底改变了电子银行领域的面貌，这一切都意味着货币需求的减少。其中部分原因是当个人需要意外支出的时候，能够更加便利并以更低成本将其他资产转换为货币，于是为应付非预期消费支出而持有的预防性货币余额需求就有所减少。

关于货币定义的理论发展和计量成果

1936年凯恩斯引入投机性货币需求作为持有货币的主要动机之一，而1956年米尔顿·弗里德曼对货币数量论进行重新阐发，强调货币作为购买力的临时居所，其功能与耐用消费品或资本品并无二致。第2章就这部分内容展开分析。20世纪五六十年代的大量理论和经验研究指出货币近似替代物随着经济金融发展而不断演变。截至20世纪60年代，这些变化导致货币的功能性定义转向强调价值储藏方面，而不是支付媒介方面，即将货币作为一种与其他资产相对的资产类型。这种侧重点转变的结果是更加关注银行债务与其他金融中介机构债务的近似替代性。

货币定义的这种转变既体现了货币需求分析转向强调价值储藏功能，又得到了大量经验研究的支持。然而，由于各种资产在不同程度上执行货币功能，所以纯理论分析并不能够为货币的经验定义或测度提供某种明确的指引。因此，20世纪60年代之后，出于经验考察和政策评价目的而测度货币存量的研究分别沿不同路线发展。在经验研究方面出现了若干显著不同的路线方法，其中两种如下：

1. 路线之一是将M1加上活期存款的近似替代资产作为货币的度量。近似替代性取决于货币需求函数的价格弹性和交叉价格弹性，或者取决于M1与各种非货币资产之间的替代弹性。第7章讨论的此类研究通常显示在M1、商业银行储蓄存款和准银行金融中介机构存款之间具有相对较高的替代程度，因而支持比M1更宽泛的货币定义，许多研究甚至支持比M2更宽泛的货币定义。

2. 第二种定义货币的主要模式是在一种宏观经济框架下考察其适用性。第9

章将讨论这些分析。按照此种方法，货币定义要能够对名义国民收入和其他相关宏观经济变量的跨时动态给出"最优的"解释或预测。但这些相关变量究竟应该包括哪些，事实表明经济学家对此缺少共识。数量论传统（在米尔顿·弗里德曼和其大部分合作者以及许多其他经济学家的作品中）将名义国民收入作为唯一的相关变量。20世纪五六十年代，通过考察各种货币定义与名义国民收入之间的相关系数，发现最好的货币定义是公众手中的通货加上商业银行存款（包括定期存款）。这就是20世纪60年代广泛使用的弗里德曼货币定义。然而，根据弗里德曼的程序，适用于不同时期不同国家的货币定义显然不同，20世纪七八十年代的经验恰恰证实了这一点。

除此之外，在20世纪60年代关于这一议题的争论中，许多凯恩斯主义传统的研究者认为与货币相关的宏观经济变量应该是名义国民收入和利率，相应的货币定义要比M2宽泛得多，包括某些非银行金融中介机构的存款、各类国库券和政府债券。

20世纪70年代之前，沿上述线索进行的经验研究工作产生了一批成果，其中细节相互冲突之处在所难免，却也不乏共识。那就是在解释相关宏观经济变量方面，M2或者更宽泛的货币定义要比狭义的货币定义表现得更好。20世纪七八十年代间越来越多的经验证据显示，任何一种简单求和的货币总量与名义国民收入之间都不存在稳定的关系，无论是M1、M2，还是更广义的货币，都是如此。针对20世纪七八十年代的数据研究表明：(1)对于各种简单求和的货币总量而言，其需求函数皆不稳定；(2)这些货币总量与名义收入之间并不存在稳定关系。

以上关于简单求和总量的结论促使货币定义转向几种新的函数形式。迪维西亚总量（Divisia aggregate）就是其中之一。不同货币总量的构造方法及其相互比较是第7章的主题。探索货币需求函数的稳定性也刺激了经济计量技术的改进，非平稳时间序列数据的协整分析和误差修正建模应运而生，长期和短期的货币需求函数不断衍生扩展。这些问题将在第9章进一步考察。

20年代80年代之后，M2以及更广义货币的需求函数在经验上又表现出连续不稳定性。于是，对于政策设计和评估而言，某种形式的M1比广义总量更加适合，流行趋势由此逆转。上一回趋势改变发生在20世纪五六十年代，当时M2以及其他广义货币总量正方兴未艾。货币需求函数在经验上的不稳定性更进一步导致了关于货币定义的理论分析和经验考察在20世纪80年代之后都显著减少。

此外，20世纪80年代之后，在货币政策和宏观经济层面，许多中央银行和研究者开始选定利率作为适当的货币政策工具，因此货币的供给和需求不再是宏观经济分析的重点。第13章和第15章将讨论这种转变及其对宏观经济建模和政策分析的含义。

1.6 货币及相关概念的操作性定义

我们已经提及了几种货币定义。其中，M1和M2在不同国家的定义虽然并非完全相同，却也相当一致，而更为宽泛的货币定义则倾向于因地制宜。这些货币变量的通用定义可以概括如下：

M1＝公众手中持有的通货＋可开支票的商业银行存款

M2＝M1＋商业银行储蓄存款

不同的国家会对这些通用定义有所调整，以适合其国情和中央银行体制。另外，随着不同货币资产之间的可替代性日趋增强，各种货币总量的外延通常也会与日俱增。M1 定义的变种经常用诸如 M1、M1＋、M1＋＋之类的术语表示。

为了说明各种货币测度在不同国家实践中的变形，下面给出了主要货币总量在美国的当前定义：

M1＝公众（即排除了美联储、美国财政部和商业银行）范围内流通的通货＋商业银行[1]活期存款（排除了银行间存款、美国政府存款和外国银行存款）＋包括可转让提款单（NOW）在内的其他可开支票存款＋信用合作组织（例如储蓄贷款协会）的股金提款账户＋储蓄机构（例如互助储蓄银行）的活期存款－托收中的现金款项和在途联邦储备金

M2＝M1＋储蓄存款（包括货币市场存款账户）＋10 万美元以下小额定期存款＋货币市场共同基金零售余额

M3＝M2＋10 万美元以上定期存款＋美国居民所持有的存放在本国银行海外分支机构以及英国和加拿大的所有银行中的欧洲美元＋机构持有的货币市场共同基金

注意，M1、M2 和 M3 排除了美国商业银行、美国政府、货币市场基金、外国银行和外国官方机构所持有的金额。

上述关于美国的 M1 和 M2 的详细描述比我们通常对其定义的方式更加复杂。然而，我们通常的定义不失为一种合理的简化。在简化定义中，M1 为公众手中持有的通货加上吸收存款金融机构中的可开支票存款。M2 为 M1 加上这些机构中的（小额或零售）定期存款和储蓄存款。

在加拿大，货币总量测度的定义如下：

M1＝公众手中持有的通货以及特许银行[2]的活期存款

M1＋＝M1＋个人可开支票存款＋特许银行、抵押贷款公司和信用合作社中的非个人可开支票通知存款

M2＝M1＋特许银行中的个人储蓄存款和非个人通知存款

M2＋＝M2＋信托公司、抵押贷款公司和信用合作社（包括合作银行[3]）中的存款

调整后 M2＋＝M2＋金融机构持有的加拿大储蓄债券和共同基金

---

[1] 我们使用"商业银行"一词来指代美国的"存款机构"。

[2] 加拿大的特许银行相当于我们之前讨论的商业银行。

[3] 其实就是魁北克省的信用社。

M3＝M2＋特许银行中的非个人定期存款以及加拿大登记居民的外币存款

在英国，常用符号的定义如下：

M1＝通货＋英国居民[①]持有的零售银行和营造互助会的经常账户（可开支票）英镑存款

M2＝通货＋英国居民持有的零售银行[②]和住宅互助会的英镑存款

M4＝通货＋英国居民持有的中央银行、其他银行和住宅互助会的英镑存款

应注意，比 M2 更广义的货币总量如 M3 和 M4，其定义的国际差异比 M1 和 M2 更甚。就 M3 和 M4 而言，各国定义的唯一共同之处就是它们比 M2 更广义，也就是说，除了 M2 之外，还包括了金融机构持有的其他高流动性资产。这些具体广义总量的可靠性通常取决于一国金融结构的特征。

同样也应注意到通货持有量和 M1 在 M2 以及更广义货币总量中的比例正日益减少。在美国，1995 年年底，经济中的通货金额为 3 790 亿美元，M1 为 1.15 万亿美元，M2 为 3.68 万亿美元，M3 为 4.954 万亿美元。M1 在 M2 中的比例仅为 31%，在 M3 中的比例为 23%。在加拿大，1995 年年底，经济中的通货金额为 268 亿加元，M1 为 627 亿加元，M2＋为 6 184 亿加元。M1 在 M2＋中占比仅为 10%。在英国，1995 年年底，通货持有量为 208 亿英镑，M2 为 4 394 亿英镑，而 M4 为 6 825 亿英镑。[③]

1.6.1 货币基础与货币基础乘数

货币基础有时又称储备基础，货币供给通过货币基础乘数与货币基础发生关系。由于乘数大于 1，所以货币基础又有"高能货币"之称。我们使用符号 M0 来表示货币基础，其通用定义为

M0＝非银行公众持有的通货＋商业银行持有的通货＋商业银行存放于中央银行的准备金

中央银行能够通过公开市场业务和其他手段来控制货币基础，相关内容见第 11 章。对于某种给定的货币定义而言，"货币基础乘数"的定义为 $\partial M/\partial M0$。如果这一乘数的取值为常数，或者是少数变量的函数，中央银行就可以通过改变货币基础来控制货币供给。然而，本章中我们已经提到近几十年来货币需求函数并不稳定，这意味着由于大量的金融创新，货币基础乘数绝非常数，甚至也不是少数变量的稳定函数。于是，中央银行对货币基础的控制并不能保证其对货币供给

---

① "英国居民"意味着不包括公共部门和金融机构。
② 1993 年之后，这些存款包括非生息存款和生息存款。
③ 这些数据引自国际清算银行历年的《十国集团支付体系统计》。

拥有相同程度的控制。

货币基础（相对于货币的）乘数应与货币（相对于名义收入的）乘数相区别，后者的定义是 $\partial Y/\partial M$，Y 代表名义国民收入。由于 $Y \equiv MV$，其中 V 是货币流通速度（参见第2章），所以货币乘数等于 V。这一乘数通常不是常数，但至少是包括利率在内的几个变量的函数。该函数可能稳定，也可能不稳定。

因此，由于货币基础乘数的不稳定，或者货币流通速度的不稳定，抑或兼而有之，中央银行对货币基础的控制不一定保证对名义收入的高度控制。

1.7 充当货币政策操作目标的利率和货币供给

中央银行除了能够控制货币供给之外，还可以对经济中的利率施加控制，或者用利率取代货币供给作为货币政策工具。此处我们真正关心的是由中央银行外生设定的直接政策工具。如果将货币供给作为直接工具，经济中的利率将随中央银行的货币供给变化而变化，从而是内生的。如果将利率作为直接货币政策工具，经济中的货币需求将针对利率变化做出反应。在此情形下，为了保持货币市场均衡，中央银行必须适当调整货币供给来适应货币需求的变化，于是货币供给就成为内生变量。在确定性条件下，如果货币需求函数稳定，则货币供给与利率之间的选择无关紧要，但如果在不确定性条件下，或者货币需求函数不稳定，则二者之间的选择就不可能无关紧要了，于是中央银行就不得不在两者之间进行取舍。

少数发达经济的中央银行放弃货币供给而改用利率作为直接货币政策工具，由此引发了关于宏观经济分析框架适用性的争议，讨论的前沿正是中央银行采用利率作为货币政策工具。最近二十年来这一假设已经被一些新凯恩斯主义模型加以整合吸收。本章后面内容以及第13章和第15章将介绍这些模型，有关问题将专门详细讨论。

1.8 金融中介机构与金融资产创造

金融中介机构实现资产转化（Asset transmutation）

金融中介机构是在最终借款人与最终贷款人之间的融资过程中充当中介的经济组织。最终借款人包括（a）需要借钱为部分或全部消费来筹措资金的消费者、（b）借钱投资于物质资本的厂商、（c）借钱弥补赤字的政府。最终贷款人是这样一些经济主体，其购买商品的支出少于当前收入，从而将当前收入的一部分节省下来，并愿意将部分或全部储蓄借给他人一段时间。家庭将其当前收入的一部分储蓄起来，构成最终贷款人的主要部分。一些从事生产的厂商也未将销售收益全部用于采购当期投入或者以分红形式发给股东，而是将其中一部分进行储蓄（即以留存收益的形式保留部分利润）。它们有时愿意将留存收益的一部分出借给他人。政府在收支净额出现盈余之时也会同样行事。

金融中介机构发行自身债务以交换最终借款人或其他金融中介机构的借款，然后再将款项贷放给其他主体并接受后者的债务。现代经济中，只有一小部分储蓄直接从储蓄者转移给最终借款人。大部分储蓄由储蓄者交付给诸如银行、共同基金、养老基金、保险公司之类的金融中介机构，这些机构再将所得资金转移给厂商和政府，既可以通过购买股票和债券直接转移，也可以通过投资银行之类的其他金融中介机构间接转移。

厂商和政府所发行的金融工具拥有诸如流动性和安全性之类的属性特征，储蓄者对资产特征的偏好差异正是存在上述中介服务的基本原因。金融中介机构出售给储蓄者的债务与其购买的资产在特征方面一般具有相当大的差异，由此形成的机制有时称为资产转化过程。

银行作为金融中介机构，通过吸收活期和定期存款或者发行自己的证券从公众手中借入资金，然后持有其他主体发行的债务。其存在是通过金融中介机构实现资产转化的典型体现。银行的主要债务是存款，一经提示或在临时指示通知之后即可获得偿付，所以存款者几乎是无风险的。简言之，银行存款具有高度的流动性。相比而言，银行持有的资产是政府债券以及对公众的贷款等，难免存在一定的损失风险，而且贷款的可转让程度有限，临时通知很难变现。因此，银行发行的资产比其持有的资产在流动性上高出许多。反过来，银行支付给前者的回报低于银行从后者获取的回报。

金融资产的倍数创造

金融资产皆经由"创设"而生，并无固有的物质形态，不过是这样或那样的经济单位的债务而已。金融资产因特征差异而彼此区别，收益或预期收益、损失风险、可转让性、到期日等资产特征尤为关键。凡购买金融资产者可以被认为是购买一种具体的特征组合，如风险和可转让性等，以换取一定的预期资产收益。金融中介机构通过创造具有差异化特征组合的资产来满足这种需求。对于许多配对资产而言，一些金融中介机构可以将两种原始资产的特征加以组合，从而创造出第三种资产。于是差异化资产的多样性成为金融中介服务不受管制的自然结果。

金融中介机构发行的资产一般对贷款人比对最终借款人更为有利，这样才能促使后者持有金融中介机构的债务。反过来，金融中介机构出售自身债务以获取资金，然后使用所得资金购买其他借款人的债务。由于后者支付的预期净收益更高，所以在这一过程中金融中介机构能够补偿中介服务的成本并赚取利润。

在缺乏管制的经济中，金融中介机构无孔不入，最终导致其债务成倍地扩张。为了说明这一点，设想一个经济，其中所有人都愿意持有一家特定金融中介机构发行的资产 A。[①] 现在假设一位最终贷款人用 100 美元的储蓄交换资产 A。该金融中介机构将这 100 美元转移（贷放）给另外一个人 B，B 通过消费或投资

---

① 例如银行存款。

之类的支出，将100美元又转移给第三人C。最后一人把100美元资金再次换成同一金融中介机构发行的资产。假设这些是给定时期内发生的全部交易，中间没有任何漏损。于是，这家金融中介机构初始时借来100美元，现在已经创造出100美元的债务。在n个时期创造出的金额为$100n$美元，随着时间不断推移，这一金额将趋向于无穷大。这一例子的含义显而易见：只要金融中介机构的债务在经济中被广泛持有，这些债务的倍数创造就不可避免。这种创造的程度受限于循环过程中的漏损。因此，如果C只将50美元存入金融中介机构，而将余下的储存起来，循环过程将有50美元（或者50%）的漏损。金融中介机构在这一期创造的资产将只值50美元，所有时期创造的总资产仅为100美元。

银行符合上述模式。其资金来源是通货存款以及一部分基础准备金。银行从所得通货中留出若干以满足自身的准备金需求，一部分准备金是应某些国家法定要求而保留的，然后将余者贷放出去。公众获得资金后，可能在不同成员之间几经流转或者干脆不经任何流转就再次存入银行。公众也可能留存一些通货以应付自身需求。余者重新回到银行并开始下一轮资产创造过程。公众的通货需求以及银行为其存款保留的通货都是某种形式的漏损。漏损导致存款不可能无限制地创造下去，然而除非首轮的漏损就达到100%，否则势必造成银行债务成倍地扩张。

既然金融资产因创设而产生，那么不受管制的金融体系自然可以存在种类繁多的金融资产，它们彼此的特征略有差别，只是替代的近似程度不同而已。另外，任何对现有资产的管制都倾向于增加不受管制的潜在替代资产的盈利，接下来通常会导致替代资产应运而生。金融资产多样化趋势使得定义和监管货币面临严重问题。进一步讲，一般随着一国的金融发展，金融资产日益丰富，并且准货币资产与充当支付媒介的资产越发近似。因此，有关货币适当定义的问题似乎永不过时，如何恰如其分地重新定义货币，这对货币经济学家而言是持续不断的挑战。

银行作为金融中介机构的独特角色

经济中的金融中介机构并非只有银行一种类型。然而，银行是最为普遍的金融中介机构，其债务被大量需求，因而债务的倍数创造不仅最多而且得到最广泛的认可。银行与其他金融中介机构的不同之处是其债务的可接受性好和流动性高。银行吸收活期和定期存款，活期存款是支付媒介，因而是一种货币。另外一种银行债务——定期存款——是通货和活期存款的非常近似的替代物。比较而言，非银行金融中介机构的债务不能直接充当支付媒介，甚至也不是支付媒介的良好替代物。银行债务在经济中发挥的特殊作用使得银行成为一种独特的金融中介机构类型，于是研究银行的行为及其对货币政策的反应就格外重要。

金融体系的脆弱性

金融体系难免发生危机，在此意义上说，它是脆弱的。其中原因包括银行对部分准备金和资产转化的依赖。银行债务以存款为主，由于只能以准备金（持有通货和中央银行存款）的形式持有债务的一小部分，所以一旦存款者突然同时想要提取大部分存款，那么银行就无法全部兑现。这种银行提取称为"挤兑"，其最生动的体现就是存款者大排长龙等待进入银行取钱。资产转化意味着银行债务比其资产具有更短的到期期限。银行遭遇挤兑的情形之下，如果仓促之间试图变卖资产，那么可能遭受损失，若将资产持有到期或者在更合适的时机出售，则应该获得更多。同样，应注意到银行持有的大部分资产是不可转让的贷款，一时间很难变现。

因此，部分准备金制度以及资产转化依赖于存款者对问题银行的持续流动性和偿付能力的信任。毫无根据的谣言或者纯粹源于其他金融机构的传染蔓延，都可能刺激储户提现。银行兑现提款的能力如果得不到完全信任，稍被怀疑都足以引发"挤兑"，并且其他金融机构也将拒绝援助和借款。不消多时银行就会因之关闭。存款保险和央行承诺有助于保护银行免遭这种不测风险。存款保险通常由公共机构提供，它令储户无须担心其存款安全。中央银行公开承诺充当"最后贷款人"，即便私人贷款者不愿意借贷，中央银行也会向银行发放贷款。这些关于中央银行业务的问题将在第 11 章有所涉及。

1.9 经济分析的不同范式

经济中存在众多市场，货币市场只是其中之一。所以，货币经济学离不开对经济中其他市场的分析。将经济中的货币市场和所有其他市场进行统一分析的方法有两种：

（Ⅰ）经济中各种商品市场的微观经济分析。这些模型种类各异，其中许多模型为了更容易处理整体经济层面分析，就假设每个市场都是完全市场（完全竞争以及市场即时出清）、不存在诸如摩擦和交易成本之类的市场缺陷等。另外一些类型的微观经济模型针对特定市场放弃了这些假设中的一种或几种。

假设经济面临完全竞争的微观经济模型称为瓦尔拉斯主义模型。对于此类模型而言，除非假设全部市场都均衡（即供求相等），否则不太容易把握。一个（子）群组的瓦尔拉斯主义模型确实如此假设，由此提供的微观经济分析框架称为"瓦尔拉斯一般均衡模型"。这类模型的假设包括：完全竞争，不存在摩擦、交易成本和不确定性，以及包括劳动市场在内的全部市场普遍均衡。给定上述假设，这类模型意味着一般均衡状态下的货币是中性的。也就是，货币供给变化不改变包括就业和商品产出在内的实际变量值。这种均衡通常称为模型的"长期状态"。然而，

(i) 对于大多数设定条件而言，在瓦尔拉斯主义模型的失衡或短期均衡状态之下，货币非中性。

(ii) 如果瓦尔拉斯主义模型摒弃掉上述假设中的一种或更多，即使均衡状态下的货币也非中性。这种状态经常被称为"短期"均衡。例如，如果存在不确定性和预期偏误，或者市场不完全，或者存在摩擦和交易成本，那么短期均衡下的货币非中性。

（Ⅱ）商品归入少数分类、在综合层面进行的宏观经济分析。虽然可能存在不同的商品分类方法，但短期宏观经济分析中通用的一种分类方法是，封闭经济

中物品分为四类——商品、货币、债券（非货币金融资产）和劳动，开放经济中物品除以上四类之外，还有外汇。

微观经济模型和宏观经济模型的种类都不一而足，两者之间的关系可能为下述之一：

（A）（Ⅱ）只是（Ⅰ）的约简形式。在这种情况下，宏观经济分析的假设和含义必须与各个市场的微观经济分析相一致。这一方法试图从微观经济理论之中建立宏观经济学的基础。需要说明的是，这么一来，宏观经济模型只能嵌入微观经济基础模型所具备的特性。因此，如果基础模型具有名义工资和（或）价格的刚性、允许市场非瞬间出清，那么衍生而来的宏观经济模型也将如此。① 如果基础模型假设不存在名义工资及价格的刚性并且市场即时出清，那么衍生而来的宏观经济模型也将如此。②

（B）（Ⅱ）不同于（Ⅰ）的约简形式，而且可能比后者更富洞察力。在这种情况下，除了假设经济单位的个性行为，宏观经济模型还要加入微观经济分析所没有的假设，以处理群体行为③、市场联系④以及群体之间的相互作用⑤。如果说宏微观之间有所关联的话，那么是宏观经济学为微观经济分析的恰当设定提供了指南，结果宏观经济学成为相应微观经济学的基础。此外，当经济处于失衡状态或者经济中存在对完全竞争的背离时，那么第（Ⅱ）类模型在研究经济特征时通常更易于处理。

以上每一种分析都既有优势也有劣势。（A）的优势是将宏观经济行为根植于对家庭和厂商的微观经济分析，从而对家庭和厂商的行为假设提供一种合理性检验。然而，使用（A）有两个主要劣势。其一是连续均衡假设往往被推广到全部市场，因而通常假设全部市场同时且一直处于均衡。这一假设在单个市场层面似乎不无道理，可能相对而言不会招致过分反对，但对于整个经济来说，它却一般不是一个充分有效的假设。特别是同步即时均衡假设不利于研究系统病理因素⑥，即系统的一部分发生问题，以致整个系统不再处于一般均衡，甚至连尽快恢复一般均衡的能力可能也受到破坏。⑦ 另一个主要劣势是纯微观经济分析倾向于忽略某些行为。如前所述，一些行为仅适用于大众或群体，而对于孤立的个别经济单位并不适用。⑧

---

① 近二十年以来的新凯恩斯主义宏观经济模型通常属于这一类型。
② 古典学派的现代版本往往属于这一类型。
③ 例如，当研究群体行为而不是某一经济主体行为的时候，"羊群效应"（比如股票市场的传导、恐慌和狂热）可能十分重要。"羊群效应"的存在性在直觉上显而易见，但其正式模型化仍为时不久。
④ 例如，劳动市场和商品市场之间的跨市场外溢效应可能相当重要，比如失业工人削减其产品消费，但针对个别经济主体和单个市场的微观经济分析往往忽视这种效应。
⑤ 例如工会和厂商的卡特尔组织。
⑥ 将经济类比于人体，则不难说明此点。人体不能永葆健康，一旦染病，即便能够康复也未见得立刻就好。因此，仅仅模型化（研究）健康人体的特征，对于诊断病症并无助益，甚至贻害救治。
⑦ 此时，恢复一般均衡状态所需的时间至关重要。除非恢复长期均衡所需的时间也能够具体确定，否则长期均衡的特征便无关紧要。
⑧ 需要注意的是，这些劣势都与非理性经济行为无关。不过，如果行为确实是非理性的，那么将这种行为排除在外，模型就不能反映现实。

瓦尔拉斯一般均衡系统提供了一种基准以表征运行良好的健康经济。就此而言，它极其有用，并且仍不失为宏观经济学研究的核心。这一系统的主要组成部分包括：所有可能商品市场的完备集合、效用最大化的消费者和工人、利润最大化的厂商①、完全竞争和完全有效的市场②、无不确定性或预期偏误、无障碍实现均衡、没有时滞和"虚假交易"③，以及经济即时恢复一般均衡的有效机制④。这一假设集合实际上难以达到，经济学家主要利用它来分析和推导经济长期状态的含义。他们将短期处理为相对长期模型的轻微偏离。此类宏观经济模型是古典主义模型，属于上述（A）类。

完全竞争和最优效率是瓦尔拉斯一般均衡系统的本质属性。因此，当经济的整体或一些局部出现运行不良的时候，该系统无法为研究经济病理提供一个合适的平台。它们的主要竞争对手是凯恩斯主义模型。后者关注经济病理，强调短期经济分析，其长期模型成为短期建模的一种变体。凯恩斯主义模型属于上述（B）类。

1.10 古典主义范式：古典主义宏观经济模型

古典主义模型与瓦尔拉斯一般均衡框架一脉相通，假设市场将工资以及各种商品价格确定于意愿需求与意愿供给相等的水平（即市场"出清"水平）。既然劳动市场是众多市场之一，那么它的出清意味着愿意接受现行工资水平来供给劳动的每个工人都将有工作，而每个厂商都能以现行工资水平雇用到想要的全部工人。在长期分析的背景下，这种状态称为"充分就业"。于是，古典主义模型的一个特征是长期均衡意味着充分就业。⑤ 然而，鉴于此类模型强调劳动市场出清，所以均衡的这一含义经常被曲解并且被表述得似乎是一种假设，但严格来说这并不正确。⑥

尽管关于古典主义模型的分类缺乏共识，但我们在本书中采取以下分类系统。

Ⅰ. 传统古典主义思想

从18世纪中期到1936年凯恩斯出版《就业、利息和货币通论》（简称《通论》）之前，有关宏观经济结构的思想多少有些迥然不同，本书将其冠以"传统古典主义方法（或思想）"之名。这些思想在相当程度上是支离破碎的，不同作

---

① 在不确定性条件下，家庭和厂商就变成追求预期效用最大化。
② 市场如果在受到需求冲击和（或）供给冲击之后立即恢复均衡，则完全有效。注意到这是一个不同于完全竞争的假设，后者定义为买者或卖者都不能影响市场价格的状态。
③ 也就是，以不同于均衡价格和均衡数量的价格和数量成交。
④ 这些条件一般在阿罗—德布鲁模型中加以体现，该模型是瓦尔拉斯一般均衡模型的一种严格表述。
⑤ 古典主义短期模型中，如果存在预期偏误，那么市场出清时的就业水平可能不同于充分就业（长期均衡）水平。
⑥ 充分就业假设与作为均衡状态结果的充分就业并不相同。前者排除了对系统非均衡性质的研究，后者却不必如此。另外，前者回避了短期均衡与长期均衡之间的区别。

者不同时期并无一致。尽管凯恩斯之后的经济学家将其作为一种简约模型加以对待，但这些包罗万象的阐述根本没有一个简约的版本。我们把传统古典主义思想的简约表述称为传统古典主义模型。即使在19世纪和20世纪早期的全盛时期，传统古典主义思想也不曾表现为一种简约模型，然而它的理念却渗透于古典主义范式之中。

传统古典主义模型与货币经济学直接相关的两个组成部分是价格决定的数量论（见第2章）和利率决定的可贷资金理论（见第19章）。它的就业理论是劳动市场分析加上代表充分就业的均衡假设，所以传统古典主义思想库中除了关于长期就业水平变动的理论之外，并没有一种失业理论，或者一种关于就业总量变动的理论。因此，在其理论中，失业和产出都不会背离充分就业水平。然而，传统古典主义思想的另一个组成部分是它关于经济周期的解释。这种解释容许经济对实际冲击或货币冲击做出反应并出现经济活动波动，其中确实隐约可见对充分就业的背离。

传统古典主义方法没能把基于微观经济的就业和产出理论与经济周期解释统一起来，也没能将这二者与数量论和可贷资金理论统一起来。总而言之，这一方法具备了许多宏观经济学的组成部分，却缺少一个统一的宏观经济学框架。它同样缺少一种对商品总需求的显式处理。现在IS曲线包含了这种处理，成为当代宏观经济学的重要基石。

传统古典主义方法中的总需求理论与萨伊定律

传统古典主义方法由于没有包含一种商品总需求决定理论[①]，所以也缺少明确的关于商品市场的宏观经济理论。相反，这种方法使用微观经济术语，即供求分析来研究各种单一商品市场。传统古典主义方法缺乏将全部商品视为整体的总需求理论，取而代之的是明确（但多半是潜在）地假定萨伊定律成立（见第18章）。萨伊定律声称，就总量而言，商品供给创造（即不断产生）其自身需求，那么针对总需求的专门理论便毫无必要或不言自明了。

整个古典主义时期，萨伊定律充斥于经济学家的分析之中。18世纪的亚当·斯密、19世纪早期的大卫·李嘉图、19世纪中期的约翰·斯图亚特·穆勒以及19世纪后期的阿尔弗雷德·马歇尔，都是萨伊定律的拥趸。然而，萨伊定律在具备商品、货币和债券的货币经济中并不成立。其中一个原因是，货币经济中商品的全部卖家不会同等程度上自动成为商品买家，因为卖家通常会将一部分收入储蓄起来，换成货币或债券（包括银行储蓄存款），而不是自动地转化为商品支出。

需要注意的是，现代总需求理论中没有包括萨伊定律，于是它就不再是现代宏观经济学的一部分了。

Ⅱ. 新古典主义模型

后《通论》时期，传统古典主义思想经过改头换面，以一种全新的简约框架得以重申，即所谓的"新古典主义模型"。用来盛装"旧酒"的"新瓶"是IS-

---

① 总需求分析需要乘数概念，20世纪30年代才提出这一概念。

LM 分析框架；新添的"风味"包括：厘清了传统古典主义思想中的一些微妙之处，例如商品需求的财富效应（庇古效应）和实际余额效应（见第 3 章）；增加了一些新的因素，例如投机性货币需求（见第 5 章）以及明确的宏观经济层面的商品市场分析。此外，传统思想的一些特定成分在重新阐发过程中遭到抛弃，例如数量论、可贷资金理论、萨伊定律以及将经济划为实体部门和货币部门的二分法。由此产生的模型不同于零散的传统古典主义思想，而是成为一个统一的宏观经济框架。

20 世纪 40 年代至 70 年代期间，古典主义范式遭到大部分经济学家抛弃，受尽冷落却法脉不绝。这数十年间，流行的范式是凯恩斯主义，然而对古典主义的改良与增补仍在继续。终于到了 20 世纪 70 年代，尽管此时模型汰旧换新，已然面目全非，但古典主义范式毕竟又卷土重来。自那时之后，模型形式又几经衍变，出现了 20 世纪 70 年代的货币主义、现代古典主义模型以及新兴古典主义模型。

Ⅲ. 20 世纪 70 年代的货币主义

20 世纪 70 年代的货币主义方法又称圣路易斯货币主义，以经验分析为主，鉴于其实证研究和理论阐述主要由圣路易斯联邦储备银行的经济学家在 20 世纪 70 年代提出，故此得名。其模型的短期版本缺少充分就业假设，从而意味着经济并非持续充分就业。就货币政策对产出和就业的影响而言，这一流派相对更接近于凯恩斯主义模型，但其经验结果不支持凯恩斯主义关于财政政策有效性的主张，其长期版本模型则属于古典主义范式。

所以，20 世纪 70 年代的货币主义是介于古典主义范式与凯恩斯主义范式之间的一种混合物，由此促成许多经济学家更加容易接受对凯恩斯主义的疏离。然而，它并没有提出任何实质性的新理论，不久之后即被 20 世纪 80 年代初兴起的现代古典主义范式所取代。后者在思想理念上真正继承了古典主义的衣钵。

Ⅳ. 现代古典主义模型

现代古典主义模型是在若干假设之下对古典主义范式的一种表达。其中的关键假设之一是：即便在短期之内劳动市场也会持续出清。而新古典主义模型并不严格包含这一假设。除此之外，这一方法引入了不确定性和理性预期，以此对新古典主义短期模型加以拓展。现代古典主义方法在许多方面更接近于瓦尔拉斯一般均衡模型，而不是传统古典主义和新古典主义的路数。这一方法在 20 世纪七八十年代期间建立基础，至今仍是古典主义范式的主要组成部分。

在长期方面，现代古典主义模型进一步扩展了（分析意义上的）长期定义，除了假设不存在调整成本和刚性之外，还假设不存在预期误差，即使随机误差也不例外，这相当于确定性假设。给定劳动市场出清的条件下，这种长期状态就是充分就业状态。

对于短期而言，现代古典主义模型允许不确定性，但要求预期形成机制满足理性预期假设。第 14 章将讨论现代古典主义模型。这类模型的主要含义之一是：如果预期价格与实际价格不同，即存在预期误差，则经济可能偏离充分就业。然而，如果这些误差是随机的，并且究其性质是暂时的和自我纠正的，那么对充分就业的短期偏离也将是暂时的和自我纠正的。在此情形之下，系统的货币政策和财政政策既不改变短期的产出和失业，也不改变长期的产出和失业。而且因为经济本身具有短期内恢复充分就业的能力，所以根本不需要政策干预。

需要注意的是，由于现代古典主义模型假设劳动市场在短期和长期之内都持续出清，所以即使短期就业可能偏离充分就业（长期均衡）水平，也并不存在非自愿失业①。

现代古典主义模型具有严重的局限性。特别是，一些特征性事实（稍后在1.12节列示）描述了货币政策变动对产出的短期影响（见第14章）。模型没有对此提供令人信服的解释。

概言之，对于长期而言，现代古典主义模型是瓦尔拉斯一般均衡模型的一种简约形式，故其含义与后者相同。关于货币和产出之间的长期关系，它所提供的基准结论与特征性事实相一致。对于短期而言，现代古典主义模型意味着对充分就业的偏离是暂时的和自我纠正的，所以无论短期还是长期，系统的货币财政政策都毫无实际意义。短期模型关于产出和失业的含义与事实不符。

Ⅴ. 新兴古典主义模型

新兴古典主义模型在现代古典主义模型的基础上加入了李嘉图等价假设。该假设是跨期理性和杰弗逊（民主）观念的一种体现。即政府只不过是选民的代表，公众决定自身消费之时也对政府作如是观。于是政府提供之物无非是民之所需，公众将持有的政府债券也视作自身债务。这些假设的含义是公共债务并非公众净财富的一部分，如果政府发行债券为赤字融资，公众会相应地增加等量私人储蓄。后者意味着这种赤字并不影响经济的总需求，因此不改变名义或实际的国内生产总值（对此分析见第14章）。

古典主义范式的全部宏观经济模型之中，新兴古典主义模型由于李嘉图等价假设，故而局限最多。

古典主义范式的主要对手是自成体系的凯恩斯主义范式。

1.11 凯恩斯主义范式与凯恩斯主义宏观经济模型集合

经济比之于人体

古典主义范式与凯恩斯主义范式的根本区别在于：前者关注经济的健康状态②，而后者关注经济的病态，特别是整个系统层面的病态③，即经济受到冲击之后无法完全或快速地恢复④（索洛，1980，1991）。凯恩斯主义范式承认经济

---

① 非自愿失业要求在给定工资水平下劳动供给超出劳动需求。
② 即全部市场均出清的状态。
③ 即经济处于非均衡状态。
④ 即全部市场恢复均衡。

中有时可能会出现市场全部均衡，但并不认为在所有或大多数时间内都能如此。进一步讲，由于经济结构可能不同或者存在群体行为，所以即使经济处于均衡状态，也未必是瓦尔拉斯一般均衡模型中的竞争性均衡。因而，凯恩斯主义范式意味着当经济不在瓦尔拉斯一般均衡状态运行时，政府和中央银行能够通过政策改善经济的实际表现。

我们多处使用类比方法，将经济的均衡状态比之于人体的健康状态，将偏离均衡比之于人体的病态。人体有时完全健康，有时感染微恙，休养几日，无须就诊于专家（医生）；但有时却顽疾缠身，虽可好转，却见效缓慢，倘有医生帮助，尚可加速康复；有时也可能罹患重症，非经专门干预，不得痊愈。当然也可能是不治绝症，但我们并没有将这种极端状态引入类比。我们注意到症候有轻重，病根各不同。可能感染了甲种细菌；也可能是乙种细菌；可能是细菌，也可能是病毒；可能是感染，也可能是肺脏衰竭或心肌阻塞，如此等等。偏离健康状态的可能原因不胜枚举。

我们对比两种范式处理经济病态的方法，并类比之于人体。古典主义范式认为经济偏离健康状态是轻微、暂时和能自我纠正的。经济有机体可能染病，但病情不会恶化或持续，于是看病就医要么毫无必要，要么不值得折腾和花费。相反，凯恩斯主义范式认为经济可能比较严重地偏离一般均衡（健康）状态。经济偏离均衡可能是由于不同的病原或者不同部分的故障。更进一步，经济恢复可能迟滞缓慢，（来自政府和中央银行的）专业救助能够加速调整，或者不经救治就无法康复。

使用人体类比法，我们下面给出两个关于宏观经济表现的基础（并且相当可信的）公理。

$\alpha.$ 经济如同人体，有时运行良好，有时却不尽然。

因此，研究两种状态都有必要，前者为后者的治疗提供参考。

$\beta.$ 经济恰如人体，倘若运行不良，弊病的原因、症状和有效疗法也大不相同。

公理 β 之所以合理，是因为人们没有理由将所有可能的疾病归咎于某种单一的潜在原因，或者将所有潜在原因笼统地归结于某种单一来源。公理 β 的含义之一是凯恩斯主义范式既然关注经济病态，那么就不适合用一个模型或一种基础病原加以概括解释。因此，对于古典主义范式及其模型而言，相互关系要么近乎线性，要么层次分明。而凯恩斯主义范式则不同，如果要实现其应有功能，就不得不使用迥然各异的模型，充其量也只是一组相当松散的模型集合。

重申一下，凯恩斯主义模型本身试图处理经济病态，所以必须灵活多变，实际上也确实如此。如果这些模型要正确处理不同类型的偏离，那么它们就没必要一味强调偏离全面均衡状态的一种类型，或者为解决这些偏离提供一成不变的政策建议，事实上也必须避免这么做。不幸的是，凯恩斯主义范式的这一面往往不为人所知。有关凯恩斯主义模型的表述和讨论经常忽略掉凯恩斯主义范式内在的多样性要求，而试图将各种各样的凯恩斯主义模型勉强归入某种单一形式，或者作为一个统一的模型。这样做的危险是一个处方被当成包医百病的灵药，可其实很多时候并不对症。① 文献中的凯恩斯主义模型种类繁多，从中选取的少数几个将在第15章呈现。

凯恩斯主义模型的常见主题

凯恩斯主义模型普遍关注非自愿失业的潜在可能，它造成实际就业偏离充分就业水平。相应地，这些模型倾向于对劳动市场结构、劳动需求函数、劳动供给函数以及供求是否均衡给予特别关注。在这种关注之下，许多凯恩斯主义模型假设名义工资刚性，其合理性依据通常来自工人与厂商之间的名义工资合同。然而，有些凯恩斯主义模型认为即使名义工资完全可变，也可能出现对一般均衡的偏离。

经济中存在价格刚性或黏性的假设往往被视为凯恩斯主义模型的另一个共同主题。虽然这一假设能够产生对一般均衡的偏离，但潜在偏离未必由这唯一原因引起。因此，凯恩斯主义范式内的模型并不需要也不应该全部以价格刚性为基础。所以，即使价格完全可变，仍可以容纳凯恩斯主义模型处理对一般均衡的偏离。

第15章考察了若干凯恩斯主义模型。其中一些假设宏观经济均衡，而另外一些没有均衡假设。一些模型假设劳动供给函数具有某种特殊形式，而另外一些则假设具有不同形式。一些模型假设某种形式的名义工资刚性，或者隐含以名义工资合同为基础，而另外一些则没有。同样，一些模型假设或隐含着价格水平黏性或刚性，而另外一些则没有。如果比较凯恩斯主义和新凯恩斯主义的模型，可以更加清楚地看到凯恩斯主义范式内部差异化的建模方法。

需要重申的一点是，凯恩斯主义范式的模型多样性尽管令人费解，甚至有时看似相互矛盾，但对于正确研究经济病态却是必要的。将凯恩斯主义模型勉强概括为单一结构是错误的，即使这么做有助于从整体上比较古典主义范式和凯恩斯主义范式。

1.12 人们应该相信哪种宏观范式或模型？

大多数教科书和经济学家认为这是一个合情合理的问题，但我们的上述评论表明这一问题非但不正确，而且对于制定经济政策而言，还可能相当危险。正确的经济研究既需要研究健康状态，也需要研究病态。我们不能乐观地迷信经济总在一般均衡状态运行，所以凯恩斯主义范式的模型就不可以被忽略。同样，我们不能完全地肯定经济永远不会处于一般均衡状态，所以古典主义范式的模型也不可以被忽略。两种范式各有针对和适用，忽视其中任何一种都会导致政策失误，给经济和人民带来高昂的成本。

对于实际的货币政策制定而言，有意义且令人感兴趣的问题不是在古典主义模型与凯恩斯主义模型之间进行先验性的选择，而是一个永恒的主题：经济的当

---

① 这种例子之一是在20世纪30年代"大萧条"的早期阶段，经济学家主要根据传统古典主义思想提出政策处方。这些政策加深了国内生产总值的下降程度，延长了萧条的持续时间，从而动摇了人们对传统古典主义思想的信仰。另一个政策不当的例子是使用凯恩斯主义范式的总需求管理方法来应对1973年和1974年的供给冲击。它引起滞涨并导致人们丧失了对凯恩斯主义范式的信心。

前状态如何？此时哪种模型最适用？对此并无确定答案。于是，对这一问题做出判断从而正确制定货币政策，已然不是一门科学，而是一门艺术，因为它往往依赖于人们对经济性质的先验信念。

人们不愿意背叛信仰，经济学家也几乎不可能放弃他们关于经济性质的观念。即便如此，经济学的基本功用仍需牢记在心，即经济学是一门实证主义科学，其目的是通过理论解释现实世界。理论究其本质是对现实的简化，与漫画颇有相似之处。理论可能有效，也可能无效，可能在解释某一些方面现实的时候表现良好，而在解释另外一些方面的时候则不尽然。直觉和经济计量对于判断理论有效性和相对价值都有其需要和用途。简言之，人们不应该教条主义地相信一种理论可以适用所有目的。

作为实证主义目的的另外一面，经济学的规范含义是指其能够提供改善经济表现的政策建议，并以此为手段增进国民福利的能力。凯恩斯主义范式和古典主义范式对于实现这些功能都不可或缺。

从货币角度判断宏观经济理论有效性或适用性的一种方法是将理论含义与典型经济事实加以比较。

关于货币和产出的一些典型事实

关于货币和产出之间关系的典型事实形成了一些一般性结论，而这些结论是建立在直觉和经验研究基础上的。其中一些如下：

1. 长期来看，货币供给与价格水平之间存在大致一对一的关系。
2. 长期来看，通货膨胀与产出增长之间的关系不显著。
3. 长期来看，货币增长率与名义利率之间的相关关系很强。
4. 货币供给和利率的变化对总需求具有强烈影响。
5. 短期（几年）来看，货币供给增加或者利率降低，引起总需求增加，从而增加产出。这一效应达到峰值之后逐步衰减，因而货币政策的产出效应呈现"驼峰模式"，产出增加最大值出现的时滞超过一年，有时长达两年以上。
6. 扩张性货币政策对价格的影响比对产出的影响具有更长的时滞，货币冲击对产出的影响主要不是通过价格变动来实现的。
7. 紧缩性货币政策初始时显著减少产出，这种情况经常持续一年以上甚至有时长达数年。如果通货膨胀逐步受到抑制而不是迅速降低，产出成本往往更大。如果政策信誉良好，则产出成本会有所降低。

用分析术语讲，货币在短期是非中性的，但在长期是中性的。无论货币政策改变的是货币供给还是利率，这些结论均成立。第14章就货币政策对产出的影响提供了一个更为详尽的典型事实清单。

1.13 瓦尔拉斯法则

对于封闭经济而言，两种范式的标准模型都假设四种物品：商品、货币、债券（即所有非货币金融资产）和劳动。于是，每种物品对应一个均衡，四种物品应该有四个均衡表述，以图形表示就是四条曲线。然而，瓦尔拉斯法则（见第18章）保证，四个市场之中任何三者均衡都意味着第四个也同时均衡，因此其中一个市场无须做显式研究。这意味着使用图形表示只需要刻画三个方程或三条曲线。当前宏观经济分析通常选取货物市场（IS方程或曲线）、货币市场（如果货币政策工具是货币供给，则用LM方程或曲线；如果货币政策工具是利率，则用IR方程或曲线）以及总供给函数（AS方程或曲线），或者代之以某种价格—产出调整方程。第14和15章将对此加以说明。在这一程序中，债券市场被排除在外，不做显式分析，所以通常不描绘债券市场曲线，但它确实仍被隐含表示并且能够从其他曲线之中推导出来。①

1.14 货币政策

货币分析的标准假设是中央银行通过外生地控制货币供给来对经济施加控制。因为货币市场分析产生了LM方程或曲线②，所以适用于这种情形的总需求分析称为IS-LM分析。然而，对于特定类型的经济体而言，控制总需求的一种更确切的方式是控制经济中的利率，而不是货币供给。包括美国、加拿大和英国在内的若干发达经济体的中央银行现在似乎更加依赖于利率而不是货币供给作为货币政策的直接工具。③ 对于这些经济体而言，LM曲线不再适用。于是，其在分析中引入了IRT（利率目标）曲线来代替LM曲线，它与IS曲线一起决定模型中的总需求。IS-LM和IS-IRT分析安排在第13章。

如果中央银行设定利率作为外生政策工具，那么它必须愿意以该利率供给所有需求的货币数量。中央银行经过自主决定或者允许商业银行向其借款，相应地改变货币基础，从而满足货币需求。在此情形下，货币供给对经济而言是内生的。

1.15 货币中性与债券中性

货币（以及信贷或债券）中性的命题是指货币供给和货币政策的改变对产出、就业以及其他许多实际变量的取值均无影响。对于短期而言，大多数模型都意味着非中性。然而，正如后面第13和15章所示，这种非中性的原因在两种范式之间大不相同，甚至经常在同种范式的不同模型之间也不尽相同。需要强调的

---

① 第19章将对此进行说明。
② 原书为IS方程或曲线，疑有误。——译者注
③ 欧洲中央银行也是如此，其声称将利率作为货币政策直接工具，但同时监管货币总量。

是，无论古典主义范式还是凯恩斯主义范式，在大多数模型的长期分析之中，货币和信贷都是中性的。这与1.12节以及第14章中所列举的典型经济事实相一致。

现实世界的经济之中，货币和信贷（非货币金融变量）在短期内通常非中性。货币和信贷的可得性突然改变是产出和就业波动的最重要的原因之一。货币危机、信贷危机和汇率危机发源于金融部门并向经济的实体部门扩散，显著地体现出了这种非中性。

一个实例：2007年美国次贷危机

"次贷危机"发源于2007年的美国，其影响遍及美国及世界经济的实体部门，令人信服地说明了经济中的货币和信贷皆非中性。这里提及的次级贷款是指向信用风险较高的借款人所发放的抵押贷款，信用风险高低是相对于借款人的收入和可提供的抵押品而言的。然而，当房屋价格快速上升的时候，这种抵押贷款对于借款人和贷款人而言都似乎不失为一种不错的赌博。2002年至2006年间，房屋价格迅猛攀升，终于越过某一点成为"泡沫"①。这些抵押贷款经过打包处理，以"资产支持法人债券"的形式在金融市场出售，并为美国和其他国家的各类金融机构广泛持有，其中以投资银行最为显著。这些债券被视为高流动性的安全投资，并反过来用以支持金融机构向公司发行短期商业债券。美国的房价泡沫在2006年开始崩溃，随后房屋价格不断下跌，对抵押贷款违约的担忧导致抵押贷款支持的公司债券需求锐减，对该市场提供的贷款也大幅缩减。② 这一过程也提高了对风险的普遍关注，从而增加了其他类型债券的风险溢价（又称风险再定价），于是家庭和厂商在债券支出方面获取资金的能力普遍降低，并且外部融资成本增加了。③ 这使得家庭购买房屋更加困难④，也使得一些公司的短期业务融资更加困难⑤，生产受到拖累而减少，美国经济陷入衰退。美国联邦储备系统、欧洲中央银行以及许多其他国家的中央银行针对信贷市场危机做出了反应，出台了持续增加货币供给和降低利率的措施。到了2007年8月，虽然金融市场的"次贷危机"对实体经济部门的影响仍存在巨大的不确定性，但经济学家、市场分析师、政府和中央银行的官员都普遍认为，必须实施适当的和积极的货币政策，否则金融危机势必导致美国经济衰退并将蔓延至世界范围。

次贷危机对经济活动的影响、相应的货币反应以及经济学界、中央银行家和其他人士的评论，都清楚地表明：

---

① 价格超过市场供求基本因素所能支持的水平，即为泡沫。
② 高风险抵押贷款支持的债券相对于银行和其他经济主体的金融资产而言，不过是很小的比例，但贷款人并不清楚具体企业的资产组合中究竟持有多少此类债券，这种潜在风险使得继续提供信贷的风险增加。
③ 这不只发生在美国，许多欧洲国家和其他国家由于其银行和公司持有美国次级抵押贷款支持债券，或者因为传染，导致其重新评估资产组合的风险，并且也提高风险溢价。
④ 抵押贷款可获得性降低的一个直接后果是，房屋需求减少，房屋建造也随之减少。
⑤ 问题不是发行商业票据为日常业务融资的公司变得更加不值得信赖，而是包括银行在内的投资者因担心公司资产组合中包含不可靠的抵押贷款，从而对所有商业票据都谨慎对待。商业票据受到抵押贷款支持债券的支持，银行担心持有商业票据会恶化自身的偿付能力和盈利水平，甚至连同业拆借也更不情愿。

- 经济的消费和生产部门高度依赖信贷部门，所以经济中的信贷供给不是中性的。
- 信贷供给并不独立于货币供给和利率，而后两者是货币政策工具，所以货币政策也不是中性的。

总而言之，切实可行的短期经济模型需要包括有关信贷和货币市场及其与消费和生产部门联系的假设，这对于说明非中性的含义是十分必要的。然而，只有少数模型这么做。第16章的做法是给出了关于营运资金的短期贷款供给与生产的联系的假设，以及这些贷款与货币供给的联系的假设。

1.16 货币政策和财政政策的定义

货币经济学主要关注的政策问题是货币政策对经济的影响。货币政策是指政策引致的货币供给变化或（和）利率变化。货币政策假定由中央银行或货币当局所控制，两种术语用做同义。瓦尔拉斯一般均衡模型和现代古典主义模型（第14章）意味着，即使在短期之中，系统性或可预期的措施对于使产出增加或失业减少也不存在正效应（弗里德曼，1977；卢卡斯，1996）。不过，随机性政策存在短期暂时效应。凯恩斯主义模型通常意味着存在短期政策收益。

财政政策是指利用政府支出、税收和赤字（或盈余）作为政策以改变经济。虽然政府赤字能够通过增加货币供给来获得融资（相反盈余伴随着货币供给减少），但宏观经济学定义的财政政策是指货币供给保持不变，政府必须通过增加向公众出售债券的数量，以借款为赤字融资。同样，财政盈余被假定为需要通过中央银行购买和赎回债券，并不改变经济中流通的货币供给。之所以对财政政策做如此定义，目的是为了将财政变量改变的效应与货币供给改变的效应隔离开来。需要重申的是，财政政策根据定义仅指依靠债券融资的财政政策。

现实世界的财政政策和货币政策纠缠在一起，这种情况在一些国家比在另外一些国家更加严重。然而，为分析起见，两者必须被作为相互独立的概念加以对待。因此，依靠货币融资的扩张性财政政策——通过增加货币供给为赤字融资——被认为包括两个组成部分：一是扩张性（债券融资）财政政策，二是扩张性货币政策。

结　语

货币执行的两个主要功能是支付媒介和储值手段，前者对于货币在经济中发挥交易功能至关重要。能够执行这些功能的资产种类繁多，其流动性特征和相互替代性都随时间而不断变化。资产类型的创新以及现有金融资产属性的改变都意味着发挥货币功能的金融资产随时间而变。

通货曾一度被认为是货币的唯一形式，但到了20世纪初期，通货和活期存款被认为是仅有的货币组成部分，于是当时认为适当的货币度量是M1。到了20世纪60年代，货币度量扩展到包括商业银行的定期存款和储蓄存款，因而适当的货币度量变成了M2。在随后的几十年里，准银行的负债与银行的活期存款和定期存款变得日益近似，货币度量进一步扩展，将准银行金融中介机构的存款也包括在内。

近年来，银行业电子化发展迅猛，引发整个行业出现快速的技术变革，一些新的业务形式层出不穷，例如自动柜员机、通过电脑或电话在家办理银行业务以及使用智能卡进行支付等。毫无疑问，经验上适当的货币度量已经发生变化，并将继续发生变化。在这种转变时期，货币需求函数往往变得不稳定，对于某些货币定义来说尤其如此。于是，有关适当货币度量的争议已经不限于M1和M2这些简单的求和总量，而是涉及更为复杂的形式。

本章还介绍了宏观经济学的两个主要范式：古典主义和凯恩斯主义。每种范式都包括若干模型。古典主义范式通常关注经济的一般均衡，并且内部各模型之间彼此相关。凯恩斯主义模型关注经济对一般均衡状态的偏离。因为现实世界的经济偏离一般均衡的原因众多，凯恩斯主义模型集合比古典主义模型集合更加多样化。了解两种范式对于正确理解经济并且制定合适的货币政策都是必要的。

在古典主义范式和凯恩斯主义范式的模型之中，总需求决定的阐述方式均采用IS-LM形式的宏观经济分析。然而，一些中央银行试图通过设定利率而不是货币供给控制经济的总需求，IS-LM分析技术对于这样的经济并不适用。当前许多中央银行的实践确实如此。在这种情形下，总需求由IS方程以及中央银行所设定的利率来共同决定。

主要结论

※ 货币的适当定义不断演变。当前广泛使用的几种货币定义包括M1、M2以及更宽泛的货币总量。

※ 所有的货币定义都包括公众手中持有的通货和商业银行的活期或支票存款。

※ 银行是金融中介机构的一种类型，与其他类型金融中介机构的差别在于，以支票存款和储蓄存款形式存在的银行债务是经济中最具流动性的资产。

※ 金融资产因创设而存在，所以一旦金融体系不受监管，多样性、差异化的资产就会应运而生。

※ 宏观经济学的两个主要范式是古典主义范式与凯恩斯主义范式。

※ 古典主义范式主要关注竞争性经济的一般均衡。

※ 凯恩斯主义范式主要关注竞争性经济对一般均衡的偏离。由于偏离的原因不一而足，所以解释的模型也有所差别。

※ IS-LM分析假设中央银行使用货币供给而不是利率作为货币政策工具，

并且货币供给水平由外生给定。然而，对于中央银行外生设定利率的经济而言，LM方程或曲线进而IS-LM分析并不适合用于进行宏观经济分析。这种经济更为适合的分析框架是IS-IRT模型。

※ 对于现实世界的经济而言，货币和信贷在短期内非中性。出于分析目的而言，货币和信贷在长期是中性的。

复习讨论题

1. 你所在的经济中有哪些不同方法来定义货币？选取另外一个国家，对两国常用的货币总量进行比较。解释其中的差异以及产生这些区别的原因。

2. 银行能创造货币吗？如何创造？需要哪些条件？银行与其他金融中介机构有何区别？为什么中央银行对银行业务的监管更加严厉？

3. 为什么我们会发现支票账户和储蓄账户的种类很多，而不是只有一种？

4. 金融中介机构存在的原因是什么？为什么通常最终贷款人不是直接放贷给最终借款人？

5. 古典主义范式的潜在主题有哪些？这些主题在该范式内部的不同模型中如何体现？

6. 解释古典主义范式内的不同模型并比较之。就你所在的经济而言，哪种模型更容易被接受？

7. 解释萨伊定律并为其提供合理依据。针对一个拥有商品、货币和债券的货币经济来讨论萨伊定律的有效性。

8. 讨论以下表述："现代古典主义方法并不假设充分就业。事实上，它允许就业偏离充分就业水平。"如果你同意这一表述，那么这种偏离的性质是什么？传统古典主义、新古典主义以及20世纪70年代的货币主义都在模型中出现过对充分就业的偏离，试将这些偏离的性质与现代古典主义偏离的性质加以比较。

9. 凯恩斯主义范式的潜在主题有哪些？这些主题适合用单一模型研究，还是适合用一组模型研究，抑或适合用若干组不同模型研究？为什么？

10. 为了解释经济在经济周期中的表现以及制定合适的货币政策，你会使用古典主义范式还是凯恩斯主义范式，还是有时使用前者有时使用后者？对照经济周期的不同阶段，解释你的答案。

11. 即使假设中央银行外生控制货币供给，那么仅仅使用IS-LM方程或曲线来决定封闭经济或开放经济的实际产出也并不正确，为什么？根据瓦尔拉斯法则的含义构造你的答案。

12. 对于你所选定的一个国家而言，就货币供给的外生性或者内生性进行宏观经济分析的正确假设是什么？这一假设的理由何在？

13. 中央银行在决定使用货币供给还是利率作为首要或外生货币政策工具时，应该考虑哪些经济因素？

14. 为什么IS-LM分析不适用于中央银行外生设定利率的经济？在这种情

形中货币供给如何决定？

15. "20世纪70年代的货币主义是介于古典主义范式和凯恩斯主义范式之间的一种折中。"试对此加以讨论。

16. "在现代古典主义框架之下，需求管理政策无论在短期还是长期都无用武之地。"为什么？试讨论之。

参考文献

Friedman, M. "Nobel prize lecture: inflation and unemployment." *Journal of Political Economy*, 85, 1977, pp. 451 – 473.

Goodhart, C. A. E. *Monetary Theory and Practice. The UK Experience.* London: Macmillan, 1984.

Lucas, R. E., Jr. "Nobel lecture: monetary neutrality." *Journal of Political Economy*, 104, 1996, pp. 661 – 682.

Radford, R. A. "The economic organisation of a P. O. W. camp." *Economica*, 12, 1945, pp. 189 – 201.

Solow, R. M. "On theories of unemployment." *American Economic Review*, 70, 1980, pp. 1 – 11.

Solow, R. M. "Cowles and the tradition of economics." In *Cowles Fiftieth Anniversary, Four Essays and an Index of Publications*. Cowles Foundation, 1991, pp. 81 – 104.

第 2 章 货币经济学的传统

当前货币理论的传统可以归纳为两个不同的思想集合：古典主义和凯恩斯主义。这一传统既包括货币经济学的微观方面，又包括货币经济学的宏观方面。

传统古典主义经济学的货币方面可以概括为决定价格水平的数量论以及决定利率的可贷资金理论。数量论的表述几经演变，若干种（至少三种）明显不同的方法被用于分析货币在经济中的角色。这些相当多样化的方法得出的共同结论是：均衡状态时货币供给变化导致价格水平等比例变化，但不改变经济中的产出和失业。这些方法之中，由克努特·维克塞尔（Knut Wicksell）提出的一种在几个方面都堪称凯恩斯宏观经济学分析方法的先驱。

凯恩斯主义方法抛弃了数量论，并将对货币部门和价格水平的分析整合纳入了完整的宏观经济模型。对于货币部门，它详细阐述了持有货币的动机，进而产生了货币需求的现代分析方法。

本章引入的关键概念
- 恒等式与理论
- 数量方程
- 数量论
- 维克塞尔纯信用经济
- 交易性货币需求
- 投机性货币需求

- ◆ 预防性货币需求
- ◆ 传导机制
- ◆ 直接传导机制
- ◆ 间接传导机制
- ◆ 贷款渠道
- ◆ 持久收入

关于货币对经济中的价格和名义国民收入的决定作用，历史上的讨论源远流长，可追溯至古希腊时代的亚里士多德，早在17世纪中期就出现了正式的理论表述。当前的货币理论沿着两条不同的脉络演化而来：数量论传统与凯恩斯主义传统。前者已经成为古典主义思想的一部分。这种传统既体现在货币经济学的微观方面，也体现在货币经济学的宏观方面。

所谓数量论，是指从18世纪中期到1936年凯恩斯出版《通论》之前关于货币供给与价格水平之间关系的思想的统称。它构成传统古典主义经济学的基础部分。数量论的具体形式是一种不断演变的传统，若干种（至少三种）不同的方法被用以分析货币在经济中的作用。这些相当多样化的方法得出的共同结论是：长期均衡时货币供给变化导致价格水平等比例变化，但不改变经济中的产出或失业。数量论的三种推导方法分别是：根据数量方程（参见下述这种方法的费雪（1911）版本）得到的推导方法、根据英国剑桥传统的货币需求（参见下述这种方法的庇古（1917）版本）得到的推导方法以及根据更宽泛的宏观经济分析（参见下述维克塞尔（1907）方法）得到的推导方法。其中，货币需求方法启发了凯恩斯对货币需求进行详细阐述，而维克塞尔的方法启发了凯恩斯以及当代新凯恩斯主义在一般宏观经济框架下决定价格水平。

凯恩斯主义方法抛弃了数量论思想的某些方面，而将另外一些方面以新的不同形式加以发展。凯恩斯对货币需求的论述不仅吸收了早期剑桥方法，而且重新阐发了持有货币的动机。有关动机的处理最终产生了现代货币需求动机理论的所谓四种动机：交易动机、投机动机、谨慎动机和缓冲动机。凯恩斯主义强调货币是一种可以替代债券的资产。受之影响，弗里德曼将货币作为资产以分析其需求，从而将这一货币需求分析方法引入古典主义范式。凯恩斯主义宏观经济分析根据消费、投资和乘数来分析商品市场，并将商品市场分析作为宏观经济学的核心内容。这种做法沿袭了维克塞尔的传统。凯恩斯主义方法也将对货币部门的分析整合纳入了完整的宏观经济模型之中。

本章简要回顾了货币经济学的传统，从古典经济学时期的大卫·休谟、欧文·费雪、A.C.庇古和克努特·维克塞尔，到1936年以后的约翰·梅纳德·凯恩斯和米尔顿·弗里德曼。在思想的演变过程中，有关货币需求的理论分析和经验研究在20世纪逐渐兴起，成为货币经济学的主要内容。本章首先介绍了凯恩斯和弗里德曼在货币需求方面的贡献，接着对数量论的三种方法进行评述，最后回顾了货币供给变化影响总需求和产出的传导渠道。

2.1 数量方程

市场中买卖双方交换商品所涉及的支出可以用两种不同的方式进行核算：

A. 一个买家的支出必定始终等于付给卖家的货币数量，从而对于一个由买家和卖家共同组成的群体而言，成员的全部支出一定始终等于该群体所使用的货币数量乘以每单位货币被重复使用的次数。① 货币在交易过程中被重复使用的平均次数记为货币流通速度 V，支出为 Y，使用中的货币存量为 M，则有 $Y \equiv MV$，此处的"$\equiv$"表示一个恒等式，而不只是一种均衡条件。

B. 购买商品的支出同样可以计算为交易商品的物理数量乘以单位商品的平均价格。② 则支出 Y 始终等于商品购买量 y 乘以价格水平 P，即 $Y \equiv Py$。

显而易见，两种不同的支出核算方式一定得到同样的金额。两种测度如下：

$$Y \equiv MV$$
$$Y \equiv Py$$

因此，

$$MV \equiv Py \tag{1}$$

此处，

y 表示（商品的）实际产出；
P 表示价格水平（即商品的平均价格水平）；
Y 表示产出的名义价值（$\equiv$名义收入）；
M 表示货币供给；
V 表示指定时期内货币（M）相对于产出（y）的流通速度。

方程（1）完全由恒等式推导而来，因而也是一个恒等式。在任何条件集合之下，它都是有效的，因为它可以概括为如下表述：对于给定的时期和给定的人群，支出总是一定的，只不过计算方法有别而已。（1）式对于任何个人或任何人群均成立。③ 如果将其应用于整个经济的总量水平，恒等式两端以及四个变量指的就是经济中的全部支出。通常情况下正是如此。但如果将其应用于整个世界经济，总支出以及四个变量则是对世界经济而言的。

（1）式称为数量方程，其中所谓"方程"只为区别于数量论，而数量论与数

---

① 因此，一个人向卖者甲购买了价值 100 美元的商品并对其支付了 100 美元。假设甲反过来又从另一个卖者乙处购买了价值 100 美元的商品。于是总支出为 200 美元，用来为支出提供资金的货币数量只有 100 美元，但它被付出了两次。现在假设前一个卖者向卖者乙只购买了价值 50 美元的商品，则总支出就是 150 美元；使用的货币数量仍为 100 美元，但它平均只被付出了 1.5 次。

② 由于通常交易商品的种类不一，所以将商品的物理形式作为一个集合加以度量并考虑这种混合或复合商品的单位价格水平显然存在问题，于是无论是这种商品的"数量"或"产出"，抑或其平均价格 P，都应被视为指数。

③ 恒等式有成立与否之说。比较而言，关于现实世界的命题或关系则称为有效或无效。

量方程在内涵和用途上都大不相同。稍后我们将看到，数量论不是一个恒等式，而数量方程也不是一种关于经济中的价格、收入甚至货币流通速度的决定理论。

一种关系或表述如果在任何情况下都有效，则称其为恒等式或同义反复。恒等式通常用以定义或度量某种关系中的术语。如此这般，(1)式以两种不同方式定义（度量）支出，一种为 MV，另一种为 Py，因而(1)式是一个恒等式。恒等式不同于均衡条件，后者仅在均衡时成立，反之则不然，即非均衡时并不成立。进一步讲，对于现实世界的任一特定经济体而言，某种理论可能适用，也可能不适用，或者该理论在某些状态（例如均衡状态）有效，而在另外一些状态则无效。然而恒等式之所以成立（或不成立），是因其变量和逻辑的定义方式，于是成立与否无法通过参照现实世界加以检验。一种理论通常包括一些恒等式，但也一定包括行为条件——关于经济体或经济主体行为的表述，并且还往往包括关于市场的均衡条件。

需要注意的是，流通速度 V 取决于分析的时期长度。鉴于 Y 是一种流量，而 M 是一种存量，所以分析的时期越长，Y 越大但 M 不变。因而，时期越长，V 越大。

数量方程对通胀率持续高企的政策含义

数量方程可以改写为增长率的形式：

$$M''+V''\equiv P''+y''$$

其中 $''$ 表示相应变量的变化率（也称增长率）。上式移项得

$$\pi\equiv M''+V''-Y''$$

其中 π 为通货膨胀率，等价于 P''。这一恒等式表明通货膨胀率总是等于货币增长率加上流通速度增长率减去产出增长率。其他条件不变的情况下，货币增长率越高，通货膨胀率也就越高，而产出增长率越高，通货膨胀率就越低。需要注意的是，流通速度同样随时间变化，如果加快则促进通货膨胀，减慢则抑制通货膨胀。①

在正常的经济状况下，货币流通速度在一年之中难免有变化，却也不至于超过几个百分点。同样，大多数经济体的实际产出增长率通常也不过几个百分点而已。就数量方程而言，我们只需考虑两者之差（$V''-y''$）。正常情况下，无论货币流通速度还是产出都随时间而增加，但其增长率差异可能非常小，通常仅为很小的个位数。加入上述信息之后，数量方程意味着高（较大的个位数甚至更高）且持续（数年之久）的通货膨胀率只能来自于高且持续的货币增长率。年通胀率达两位数（10个百分点以上）或三位数（100个百分点以上）甚至更高的恶性通货膨胀尤其如此。经验方面，即使在低通胀率条件下，货币供给增长与通货膨胀率之间的长期相关系数仍接近1。

重申一下，长期通货膨胀的根源通常是货币供给增长，并且即使通货膨胀在

---

① 最近几十年里，银行网点的扩张以及自动柜员机（ATMs）的普及都倾向于加快货币流通速度。

短期内居高不下，其根源也仍是居高不下的货币增长率。因此，如果货币当局希望将通货膨胀率大幅削减至低水平，就必须采取政策以实现货币供给增长的相应减少。

2.1.1 数量方程的一些变体

数量方程有几种主要的变体。其中一类集中关注交易的商品或者商品的交易，因而对方程（1）的右端进行修正。另一类对支付媒介进行区分（例如分为通货和活期存款）或者改变货币总量，从而对方程（1）的左端进行修正。我们分别列出这些变体的若干形式。第一类变体如下（ⅰ）和（ⅱ）所示。第二类变体如（ⅲ）所示。

（ⅰ）数量方程推导之商品法

核算支出的一种方法是，当期经济售出的商品数量 y 乘以它们的平均价格水平 P。因此，数量方程可以写成

$$M \cdot V_{My} \equiv P_y \cdot y \tag{2}$$

其中，

V_{My} 表示为商品交易 y 提供资金的货币余额 M 在指定时期内的收入流通速度；

P_y 表示经济中当期生产商品的平均价格（价格水平）；

y 表示经济中的实际总产出或总收入。

方程（2）经常也写为：

$$M \cdot V_{My} \equiv Y \tag{3}$$

由方程（3）可得，流通速度 V_{My} 等于比率 Y/M。

（ⅱ）数量方程推导之交易法

如果分析的重点不是经济中的商品数量，而是交易次数，那么支出可以被看为经济中全部商品（不论是否为当期生产）的交易次数 T 乘以每次交易支付的平均价格 P_T。此时的流通速度是为所有这些交易提供资金的货币余额在各期的转手率。于是，数量方程就变成

$$M \cdot V_{MT} \equiv P_T \cdot T \tag{4}$$

其中，

V_{MT} 表示为交易 T 提供资金的货币余额 M 在各期的交易流通速度；

P_T 表示交易的平均价格；

T 表示期内的交易次数。

为了说明 y 和 T 以及 P_y 和 P_T 之间的区别，假设我们正做一笔交易：按每件 10 美元的价格购买 10 件衬衫。这笔交易的总成本是 100 美元。此时，商品数量 y 是 10，其平均价格 P_y 是 10，而交易次数 T 是 1，其平均价格 P_T 是 100 美元。

（ⅲ）用货币基础表示的数量方程

货币基础[①]包括公众（家庭和厂商）手中的通货、金融中介机构持有的通货以及金融中介机构在中央银行的存款。由于中央银行能够通过公开市场业务操纵货币基础，它对货币基础的控制比对 M1 和 M2 的控制更加有效，所以有些时候需要关注货币基础的流通速度 $V_{M0,y}$。这一流通速度不仅取决于非银行公众的行为，而且取决于厂商和金融中介机构的行为。用货币基础表示的数量方程为

$$M0 \cdot V_{M0,y} \equiv P_y \cdot y \tag{5}$$

其中，

$M0$ 表示货币基础数量；

$V_{M0,y}$ 表示每期货币基础的收入流通速度。

可见，数量方程是一种用途广泛的工具。需要注意的是，它的所有版本都是恒等式。它究竟以哪种形式来表述，取决于将要进行哪种分析。关于使用数量方程的目的用途与实际选用变体之间的相互作用，货币经济学中不乏其例。

2.2 数量论

数量论拥有深厚而多变的传统，可以追溯至 18 世纪。其主张是：经济在长期均衡时，货币供给变化导致价格水平等比例变化，但非均衡状态不一定如此。

数量论在 19 世纪一直占据主流地位，尽管更多地是作为一种方法而不是一种严谨的理论，因作者和时期的不同而显著变化。20 世纪初，欧文·费雪和 A. C. 庇古的著作对数量论的形式提出了两种版本，如下所述。与这两位作者的贡献完全不同的第三种版本来自克努特·维克塞尔，稍后将有论及。

2.2.1 数量论推导之交易法

欧文·费雪在 1911 年出版的《货币购买力》一书中，试图从数量方程出发来推导出数量论，从而为后者提供一种严谨的基础。他认识到数量方程是一个恒等式，但在附加若干假设之后，能将其转化为一种价格决定理论。其理论相当大的一部分旨在清楚明确地阐述数量方程，下面将给出他所使用的一种数量方程版本。

费雪在通货和公众的银行活期存款之间进行了区分。在他写作的年代，常用的支付工具是通货，支票使用尚不普及，所以这种区分适合当时的经济环境。但在现代经济中，我们将 M1 作为适当的货币变量，这种区分便不再适用。另外，

[①] 货币基础有时又称为准备基础或高能货币。

费雪版本的数量论是用交易次数而非购买商品数量来表示的。[①] 然而，凯恩斯强调的是国民收入或产出，而不是总交易。受此影响，国民收入或产出的数据被详加统计并且易于获取，交易次数的数据却缺乏统计，公众一般难以获取。因此，下面将费雪用交易次数表达的数量方程和数量论改写为用购买商品数量表达的形式。改写后的数量方程形式为

$$MV \equiv Py \tag{6}$$

为了把数量方程转变成数量论，费雪提出了关于经济行为的两个命题。它们是：

(i)"钞票"（通货）和存款的流通速度取决于……技术条件，与流通中的货币数量没有可发现的关系。流通速度是平均"周转"率，取决于无数个别周转率。而这些……取决于个人习惯。……平均周转率……将取决于人口密度、商业惯例、交通便利以及其他技术条件，但与钞票和存款的数量无关，也与价格水平无关。

(ii)（除了过渡时期以外）交易量与货币流通速度一样，独立于货币数量。通货膨胀既不能增加农场和工厂的产量，也不能提高货车和货轮的速度。生意的多寡取决于自然资源和技术条件，而不取决于货币数量。生产、运输和销售的整个体系都是关于物理能力和技术的事情，没有一项取决于货币数量。

(Fisher, 1911)

因此，费雪的结论是：

假如我们选用交易方程的话，它不过是一种"不言而喻"的等价关系：方程的一边是所有购买中花费的货币，另一边是购进的商品。然而，如果具备额外的知识，比如认为（流通速度与货币和价格）无关的话，那么数量方程就可以用来说明价格通常直接随 M 变化而变化的事实，即可以说明数量论。

(Fisher, 1911，斜体格式及括号内的字句为原文所无[②])

费雪版本的数量方程转化为数量论的必要条件是：当货币当局增加货币数量时，货币流通速度和商品数量保持不变。费雪无疑正确地认识到了这一点。这些条件以及上述命题（i）、（ii）都是经济判断，依赖于有关人类行为的假设，可能有效也可能无效。根据前面最新表述的数量方程形式，这些条件用符号表示是：$\partial y/\partial M = 0$ 以及 $\partial V/\partial M = 0$。这意味着货币供给量增加之后，价格将与货币供给等比例上升。也就是说，价格水平相对于货币供给的弹性为1。[③]

---

① 费雪版本的数量方程为 $CV_C + DV_D \equiv P_T T$，其中 C 是通货，V_C 是通货的流通速度，D 是活期存款，V_D 是存款的流通速度。总支出等于 $(CV_C + DV_D)$。费雪断言"银行准备金与银行存款之间保持大致确定的关系"以及"个人、工厂和公司在其持有的钞票（通货）和存款余额之间保持大致确定的关系"。因此，C 和 D 将保持同比例变化。费雪的交易方法中另一种支出测度是 $P_T T$，其中 P_T 是交易的平均价格，T 是全部商品交易的平均次数。

② 以上引文中符号有所变换并使用斜体，下文同此例。

③ 从费雪的观点中可以推导出这一关系。将数量方程 $MV \equiv Py$ 对 M 求导，可得 $V + M \cdot \partial V/\partial M = y \cdot \partial P/\partial M + P \cdot \partial y/\partial M$，其中表示实际产出的 y 替代了符号 Q。费雪的观点是均衡时 $\partial V/\partial M = 0$ 且 $\partial y/\partial M = 0$。因此，均衡时 $(M/P) \cdot (\partial P/\partial M) = 1$，数量论命题得证。

费雪指出上述论断在"过渡"（作"失衡"解）时期未必适用，所以他的论断适用于比较货币供给一次性增加前后的均衡状态。当时关于产出和其他实际变量（包括流通速度）的主流理论是传统古典主义方法和瓦尔拉斯模型，两者都意味着均衡状态时实际变量独立于 M 和 P 之类的货币变量。费雪的论断正是在这些理论的基础之上推导而来的。

费雪的假设（ⅱ）表明主流理论是其经济观点的组成部分。20世纪初，关于经济中产出和就业的主流理论是使用微观经济分析区别处理各个市场的瓦尔拉斯模型。① 这一分析意味着劳动市场在均衡时出清，从而实现充分就业。除了短暂的失衡阶段以外，产出倾向于维持在充分就业水平。而且，这一充分就业产出水平独立于货币供给和价格。费雪的论断认为货币供给变化不会影响商品的均衡产出，因而与当时的实体经济理论相一致，事实上就是后者的推论。这一论断后来受到凯恩斯和凯恩斯主义者的挑战，理由是经济中持续存在需求不足。到了20世纪八九十年代，现代古典主义经济学家重新肯定了该论断。最近二十年间，新凯恩斯主义者又对其加以否定。② 另外，应注意到费雪对数量论命题施加了限定条件，即"过渡时期除外"。对这一条件的解释涉及由货币供给外生变化引致的失衡。货币政策有无必要关键取决于过渡（从一种长期均衡状态到货币供给变化之后的另一种长期均衡状态）是否瞬间完成。

费雪的假设（ⅰ）认为流通速度与货币供给变化无关，这同样是靠不住的。货币流通速度与厂商和家庭的行为不直接相关，于是若单纯考虑流通速度的话，费雪的这种简单化观点不失合理性。然而，流通速度是支出与货币持有量之比，如果像凯恩斯主义者那样，从支出和货币需求的决定因素出发来分析流通速度的决定因素，而且经济不是持续处于充分就业的一般均衡的话，费雪的论断就更容易受到质疑了。这些决定因素包括利率和产出，所以利率和产出的变化既能改变货币需求，又能改变货币流通速度。

不过，根据定义，经济中的货币流通速度等于实际收入除以实际货币存量，所以它是一个实际变量。现代古典主义经济学家与费雪一样，将流通速度作为实际变量，认为它和其他实际变量一样在经济长期均衡状态时独立于货币供给和价格水平。因此，现代古典经济学家同意费雪的两个假设在经济处于全部市场都出清的一般均衡状态时成立。现代古典主义经济学家的模型具有持续充分就业的含义，仍然坚持费雪的数量论命题，即货币供给增加将导致价格水平同比例上升，而货币流通速度保持不变。

凯恩斯主义者认为持续充分就业不是经济的常态，因而质疑持续长期一般均衡（产生充分就业）假设的经验有效性。他们还主张货币需求依赖于利率，而利率依赖于流动性偏好和货币供给。于是，对凯恩斯主义者而言，货币流通速度和产出都不独立于货币供给。因此，无论对于不同均衡状态的比较，还是对于失衡状态而言，凯恩斯主义者都否认数量论的有效性。

---

① 参见第1章。
② 参见第14和17章有关这些学派的更多论述。

流通速度的决定因素：流通速度恒定还是流通速度函数稳定

货币市场均衡意味着货币需求等于货币供给。因此，在这种均衡状态下，货币流通速度能够被重新定义为名义收入除以货币需求。正如本章下节将要解释的，货币需求取决于多种变量，其中最重要的是名义收入和利率。当收入增加时，货币持有的规模经济意味着货币需求不会以同样的速率增加，所以货币流通速度加快。利率是持有货币而非生息金融资产的成本，所以利率上升时，货币需求减少，流通速度提高。因此，货币流通速度随收入增加而提高，也随利率上升而提高。

最近几十年以来，金融创新产生了大量能够替代 M1 和 M2 的资产，从而减少了 M1 和 M2 的需求。除此之外，为了应付不期而至的开支需要，人们往往持有大量的预防性货币余额。电话银行和电子银行的出现已经降低了这种需求。各种经纪成本的下降进一步强化了这种趋势，货币和其他金融资产之间的转换更为便利，个人能够以更少的货币余额和更多的生息金融资产来管理其支出。这些发展减少了对 M1 和 M2 的需求，因此它们的流通速度在近几十年间显著上升。以美国为例，1991 年 M1 的流通速度约为 6.3，2000 年升至约 8.8。

表 2—1 列出了加拿大、英国和美国的货币流通速度。货币流通速度等于名义国民收入除以货币供给，并不是一个常数。实际上，甚至在一天或一月这么短的时期内它都会有所变化。

费雪并没有假设货币流通速度恒定不变。他的假设是流通速度作为一个实际变量在经济处于一般均衡状态时独立于货币供给和价格水平。从经验角度来看，实际经济中的货币流通速度无论在短期还是长期都不是一个常数。它在经济中不断地变化。一些估计认为美国货币流通速度的年均变化率约为 3% 到 4%。

总而言之，费雪没有假设货币流通速度是一个常数，现实经济中它也确实不是一个常数。经济理论把它作为一个经济变量，取决于经济中的其他经济变量。当它的决定因素改变时，流通速度随之变化。本章后续部分将更加详细地讨论货币流通速度的决定因素。

表 2—1	货币流通速度变化				
	美国的 M1 和 M2 的流通速度（十亿美元）①				
	Y②	M1	M2	V1 (Y/M1)	V2 (Y/M2)
1991	5 803.075	916.0	3 472.7	6.34	1.67
1995	7 397.650	1 150.7	3 680.0	6.43	2.01
2000	9 816.975	1 112.3	4 962.2	8.83	1.98

---

① 表 2—1 中 M1、M2、M2+ 和 M4 的数据来源于各年度国际清算银行公布的《十国集团支付体系统计》。
② 名义 GDP（表 2—1 中的 Y）数据来源于 2006 年 9 月国际货币基金组织的《世界经济展望数据库》。

续前表

	加拿大的 M1 和 M2+的流通速度（十亿加元）				
	Y	M1	M2+	V1 (Y/M1)	V2 (Y/M2+)
1991	679.921	45.622	534.989	14.90	1.27
1995	810.426	62.674	618.447	12.93	1.31
2000	1 076.577	114.919①	713.503	9.37	1.51
	英国的 M2 和 M4 的流通速度（十亿英镑）				
	Y	M2	M4	V2 (Y/M2)	V4 (Y/M4)
1991	558.160	278.3	502.1	2.01	1.11
1995	719.747	437.0	622.6	1.65	1.16
2000	953.227	600.3	885.0	1.59	1.08

关于利率的费雪方程：名义利率与实际利率之间的区别

费雪对货币理论的另一个贡献是区分了名义利率和实际利率。相关论述被概括为所谓费雪方程。

市场上对贷款索要的利率就是市场利率或名义利率，用符号 R 表示。假如理性贷款人预期通货膨胀率为 π^e，那么他就有必要考虑从贷款中赚取的实际利率 r。然而，名义利率 R 通常由金融市场决定。在完全资本市场中，预期实际利率 r^e 与名义利率 R 之间的事前关系②如下所示：

$$(1+r^e)=(1+R)/(1+\pi^e) \tag{7}$$

其中，π^e 为预期通货膨胀率。如果存在实际债券（即承诺每期的实际回报率）和名义债券（即承诺每期的名义回报率），则完全市场中两者之间的关系是

$$(1+R) = (1+r)(1+\pi^e) \tag{8}$$

当 r^e 和 π^e 的取值较小时，$r^e\pi^e \to 0$，于是（7）式简化为

$$r^e = R - \pi^e \tag{9}$$

该式表明投资者预期获得的实际收益等于名义利率减去预期通货膨胀造成的货币余额购买力损失。（8）式相应地简化为 $R = r + \pi^e$。（8）式和（9）式称为费雪方程。

名义债券持有人从贷款中实际（事后）得到的收益率（r^a）相应地可表示为

---

① 该数据来源于 2001 年 3 月 2 日加拿大银行的《每周金融统计》。
② 费雪方程的一种解释如下：投资者将 1 美元投资于"名义债券"（即支付名义利率 R）将在期末获得 $(1+R)$ 美元。如果他购买的是"实际债券"（即支付实际利率 r），则将在期末获得 $(1+r)$ 的实际商品。给定当期期初的通胀预期，这一实际数量在期末的预期名义价值等于 $(1+r)(1+\pi^e)$ 美元。如果两种债券的名义收益相等，即 $(1+R)=(1+r)(1+\pi^e)$，则投资者无论选择名义债券还是实际债券都是一样的。完全资本市场中的所有投资者都照此行为，从而保证这一关系成立。

$$r^a = R - \pi \tag{9'}$$

上述方程中的符号定义如下：

R 表示名义利率；

r^a 表示名义债券的实际（事后）收益率；

r 表示实际利率；

r^e 表示预期实际收益率；

π 表示实际通货膨胀率；

π^e 表示预期通货膨胀率。

如果实际通货膨胀率未能被完全预期，那么名义债券的实际收益率 r^a 与预期实际利率 r^e 将有所不同，并且可能是正的，也可能不是正的。事实上，在加速通货膨胀的年份里经常出现负的实际利率。例如在 20 世纪 70 年代，名义债券的实际收益率就经常为负，而且经常持续为负。①

费雪的直接传导机制

关于货币供给的外生变动通过何种机制传导为总需求和价格的内生变动，费雪认为货币供给增加会导致货币持有人扩大商品支出。下面的引文列出了费雪的观点，涉及从货币供给变动到名义总支出变动的非均衡因果关系链。费雪首先假设某个人的货币持有量翻倍，接下来会发现：

> 价格没有变动，他持有的通货和存款数量翻了一番，为方便起见，他将这些通货和存款都留在手边。稍后他会试图通过购买商品把多余的通货和存款花掉。然而花掉的钱不过是从他手中转移到另外某个人手中，并没有减少社会的货币数量，而只是增加了其他人的盈余……每个人都想把这些相对无用的超额货币换成商品，这种意愿势必驱使商品价格上涨。这一过程将持续下去，直至价格翻番，并在产出和流通速度的初始水平上重新恢复均衡。

（Fisher，1911，斜体格式为后加）

货币供给变动导致总支出变动的费雪机制即所谓的货币政策直接传导机制。对比而言，间接传导机制是，货币供给变动导致利率变动，利率变动反过来引起投资变动，投资变动接着造成总支出变动。后一种机制在 20 世纪 30 年代被纳入凯恩斯主义和新古典主义宏观经济模型，前一种机制由米尔顿·弗里德曼和 20 世纪 70 年代的货币主义模型所复兴。现代古典主义模型一般忽略直接传导机制，而与凯恩斯主义模型一样包括了间接传导机制。然而，直接传导机制对于支出接近收入的穷人而言，依然是很重要的，特别是对于某些经济而言，增加货币供给是为了给财政赤字融资，增发货币从一开始就落入某些人手中，这些人习惯于把额外资金都用来买东西。

---

① 然而，在理性预期假设下，预期误差将完全是随机的，并且与预期形成时的信息条件无关，这意味着实际利率不可能持续为负。

2.2.2 数量论推导之现金余额（剑桥）法

另一种常见的推导数量论的方法是从货币供求角度考察价格的决定。在倡导这种方法的经济学家之中，最为著名的一些来自英国的剑桥大学，其中包括阿尔弗雷德·马歇尔、A.C. 庇古以及约翰·梅纳德·凯恩斯的早期（1936年之前）作品。下面对这一方法的阐述遵循了庇古在其论文《货币价值》（1917）中的思路。

庇古和费雪一样将通货或法币定义为货币，但他通常关心的是所谓"法定货币所有权"。他将这些所有权定义为包括通货和银行活期存款，相当于现代的M1概念。他认为一个人持有通货和活期存款，

> 是为了便利日常交易，以及应付突发意外引起的不时之需或者某些不可或缺的必需品涨价。*出于便利和安全两个目的，人们通常选择持有通货和活期存款。*
>
> （Pigou，1917，斜体格式为后加）

通货和活期存款的实际需求，

> 取决于人们选择以此形式保有资源的平均比例。该比例取决于持有此类凭证所获得的便利以及所规避的风险。持有此类凭证意味着，本可以为将来生产商品的资源却被备而不用，从而造成实际收入损失。甚至根本不去投资而将资源即时消费也能获得满足，持有此类凭证意味着放弃了这种满足。
>
> （Pigou，1917）

因此，庇古认为个人所关注的不是货币需求本身，而是货币需求与其全部资源的关系。这些资源可以解释为存量意义的财富，也可以解释为流量意义的收入或支出。我们采取后者，将收入作为庇古所谓"资源"的代理变量。另外，根据庇古的理论，货币需求对资源的比率是其利益功用的函数，即取决于投资的内部收益率或者减少消费所放弃的边际满足程度。将投资的内部（实际）收益率表示为 r，假设在均衡时它近似度量了由于不消费所放弃的满足感，于是，货币余额需求（M^d）相对于名义总支出（Y）的比率由下式给出：

$$M^d/Y = k(r) \quad k'(r) < 0 \tag{10}$$

其中 k 表示一个函数，M^d/Y 随 r 的增加而减少，或者用庇古的话说，"资源用于生产的吸引力越弱，两相比较之下，用于货币的吸引力就越强，变量 k 就越大"。所以，$\partial k/\partial r < 0$。于是，货币余额需求 M^d 可表示为

$$M^d = k(r)Y \tag{11}$$

现金余额法中的价格水平决定

假设给定货币供给 M，货币市场中（11）式成立，则均衡条件要求

$$M = k(r)Y \tag{12}$$

Y 可以改写为 Py，P 表示价格水平，y 表示商品的实际数量，

$$M = k(r)Py \tag{13}$$

假设产出 y 在均衡时处于充分就业水平 y^f，$y = y^f$，则（11）式变为

$$M = k(r)Py^f$$

其中，$\partial y^f / \partial P = 0$ 以及 $\partial y^f / \partial M = 0$。此外，庸古假设①均衡收益率（$r^*$）取决于资本边际生产率（MPK），而资本边际生产率被认为是独立于货币供给和价格水平的，即 $\partial r^* / \partial P = 0$ 以及 $\partial r^* / \partial M = 0$。因此，均衡状态下，

$$M = k(r^*)Py^f \tag{14}$$

从而，均衡状态时有

$$P = M / [k(r^*) \cdot y^f] \tag{15}$$

这意味着

$$\partial P / \partial M = 1 / [k(r^*) \cdot y^f]$$

以及

$$E_{P \cdot M} = (M/P) \cdot (\partial P / \partial M) = 1$$

其中，$E_{P \cdot M}$ 是 P 对 M 的弹性。由于这一弹性等于 1，所以在比较静态均衡中，价格水平随货币供给等比例变化。因此，（14）式建立了庸古版本的数量论命题。

现金余额法对数量论的表述从货币市场的需求、供给和均衡入手，然后进一步推广至对经济的长期一般均衡分析。严格来说，只有引入产出和利率的决定，从而建立整体模型，才能成为一种价格水平理论。关于产出和利率这两个变量的决定，庸古及其遵循数量论传统的同行所信奉的观点就是后来被广泛接受的传统古典主义思想。如第一章所述，这些思想意味着这两个变量的长期均衡值与货币的供求无关，从而货币市场均衡方程（11）就转化为数量论的表述。相对于他们的写作年代而言，庸古和现金余额法的本质缺陷主要不在于对货币需求的阐发，而在于当时（传统古典主义）的宏观经济分析无法说明总需求的决定以及在短期均衡和失衡状态下总需求对产出的影响。这一缺陷正是凯恩斯对数量论以及更一般的传统古典主义方法的主要攻击点。

现金余额法中的流通速度

关于庸古分析中的流通速度 V，我们从（11）式中可得

$$\begin{aligned} V &= Y/M \\ &= 1/[k(r)] \end{aligned} \tag{16}$$

鉴于在（16）式中流通速度取决于利率，所以在庸古的货币市场分析语境中

---

① 庸古在《货币价值》中隐含着这么做，与其关于经济的均衡收益率取决于资本边际生产率的观点完全一致。

流通速度不是常数。然而，假定均衡利率和资本边际生产率与货币供给无关，流通速度的均衡水平等于 $[1/k(r^*)]$，同样独立于货币供给。流通速度独立于货币供给并不意味着它不随时间变化，因为流通速度仍然取决于其他变量，例如银行业务和支付习惯，而这些变量经常随时间变化。另外，流通速度独立于货币供给只对均衡而言，非均衡时未必如此。然而，庇古和其他剑桥学派的经济学家往往习惯于将 k 作为常数对待，即使它是一个函数且 $k'(r)<0$，于是不论是否处于均衡状态，流通速度都成了常数。

现金余额法对货币需求分析的影响

19世纪和20世纪初期的货币理论有两个方面为货币理论在20世纪的进一步发展奠定了基础，如下所述：（Ⅰ）现金余额法从分析货币需求和货币市场均衡入手来阐述数量论。这一思想后来被米尔顿·弗里德曼（他在这方面的贡献将在本章后面提及）所继承，从此数量论成为分析货币需求和货币市场的基本框架。（Ⅱ）现金余额法从货币的特征或职能的角度来分析货币需求，即

1. 提供交易便利；
2. 提供安全保障，以备因临时急用或价格上涨而产生的不时之需。

前者与货币的交易媒介职能有关，后者与货币的价值储藏职能有关。凯恩斯在1936年将持有货币的这些原因重新表述为交易动机和谨慎动机，并另外加入了投机动机。

2.3 维克塞尔的纯信用经济

克努特·维克塞尔是一位瑞典货币经济学家，写作年代在19世纪后期和20世纪头25年，他恪守古典主义传统，自认是数量论的拥趸。他对数量论的处理别具一格，与当时的英美传统迥然不同，后者以费雪、庇古以及1930年之前凯恩斯在其古典主义时期的著作为代表。此外，维克塞尔的分析是构成现代宏观经济分析的基本要素。过去20年间，由于若干发达经济的中央银行采用利率作为首要的货币政策工具，故而适用的分析框架必须以利率而不是货币供给作为外生给定变量，于是维克塞尔思想的重要性进一步凸显。这种情形之下，货币供给变为内生。这些假设与维克塞尔所提出的在本质上是一样的。新凯恩斯主义分析融合了这些假设，所以有时又被称作新维克塞尔主义分析。

维克塞尔试图捍卫数量论作为价格决定理论的正当性，并转而批判另外一种替代理论——完全成本定价理论。后者认为单个厂商根据生产成本确定产品价格，并将利润加成包含在内，总体价格水平不过是单个厂商定价的平均而已。经济中的货币供给量适应这一价格水平而调整，因而决定于价格水平，而不是决定价格水平。维克塞尔认为这种完全成本定价理论并不正确，并且指出此类厂商定价决定商品的相对价格，而不是价格水平。在其分析中，价格水平取决于经济中的货币量与国民产出的相对关系，因为商品是与货币交换，而不是相互交换。

维克塞尔（1907）在重新阐述数量论的时候，力图将关注焦点转移至货币供给变动向价格水平变动的传导机制上。他对使用铸币或法币的经济以及纯信用经济的这一机制都有详细说明。后一种分析更为与众不同，也更加清楚地解释了维克塞尔的传导机制。当前经济的未来发展趋势可能更接近于纯信用经济，所以下面对其进行讨论。

用现代宏观经济学的术语来说，维克塞尔关于纯信用经济的分析本质上是一种短期分析，因为在其分析中假设商品生产过程的资本存量、技术和劳动力都固定不变。这种对短期的关注与费雪和庇古不同，后两者的数量论表述都依赖于长期产出的决定。另外，维克塞尔假设经济是一种纯信用经济，即公众不持有通货，所有交易由支票支付，支票凭银行活期账户开具，银行对活期存款不持有准备金。由于银行不持有准备金，银行发放的每一笔贷款都由借款人或其指定收款人重新存入银行，银行只要愿意就可以贷放任何数量，而无破产之虞。他进一步假设银行确定市场利率水平之后，厂商希望借入多少，银行就愿意贷出多少。维克塞尔把银行向公众贷款的名义利率称为货币利率或市场利率。银行设定市场利率，并满足该利率水平下的贷款需求。在这些假设条件下，经济中的货币供给量严格等于银行发放的信贷量，因为这些贷款全部存放于银行之中。于是，只有贷款需求因银行利率的外生改变而变动之时，货币供给才会相应变动。需要指出的是，在维克塞尔的纯信用经济中，利率由银行外生设定，而货币供给取决于这一利率以及公众对贷款的需求。因此，货币供给内生于经济。

在维克塞尔（1907）的理论中，关键因素是强调经济中的储蓄和投资。（新）投资的资金来源是储蓄加上银行信贷的变动量。维克塞尔将能使储蓄与投资相等的利率称为正常利率。由于维克塞尔的纯信用经济是一种封闭经济，且不存在政府部门，所以储蓄与投资相等意味着正常利率就是宏观经济的均衡利率。此外，如果市场利率等于正常利率，则银行发放的信贷就不会变动，从而货币供给不变。因为经济中的信贷量和货币供给量稳定不变，所以价格水平将保持不变。总而言之，市场利率等于正常利率，则产品市场处于均衡。而且由于稳定的产出和货币供给，所以正常利率将伴随着稳定的价格水平。

厂商借款以为增加实物资本而提供资金。资本的边际生产率决定了厂商投资的内部收益率，维克塞尔称之为自然利率。厂商生产函数中资本的边际生产率递减，因此，在劳动力和技术不变的条件下，自然利率随着经济中资本的增加而降低。

为了弄清楚该模型的机制，首先假设初始时经济处于均衡位置，具有稳定的货币供给和价格，市场利率或贷款利率等于自然利率，同时也等于正常利率或均衡利率。接着假设银行确定的市场利率保持不变，而资本的边际生产率可能由于技术进步、发现新矿藏或实际工资率下降等原因而上升。厂商现在可以通过增加资本存量和产量来增加利润。为此，他将增加实物资本投资，并将增加向银行借贷以筹集资金。这将引起经济中信贷量和货币供给量的扩张。

维克塞尔进一步对上述分析加以补充，将经济中的生产分为资本品和消费品两个行业。随着实物资本投资需求的增加，生产要素从消费品行业流入资本品行业，从而前者的产出减少。同时，对劳动和其他生产要素的竞争将驱使工人收入上升，导致消费品需求增加，进而推高价格。最终，价格水平将上升，尽管在货币供给变化之后会经历一个时滞。将生产区分为资本品行业和消费品行业的分析方法在现代宏观经济模型中已不多见。

累积性价格上升（通货膨胀过程）

在上述过程中，最初银行将市场利率调至自然利率以下，或者自然利率上升超过市场利率，只要市场利率低于自然利率，厂商就会继续增加向银行借贷以为进一步增加投资而筹措资金，因而价格就会继续上升。这构成一种累积性价格上升过程。除非银行不再继续增加对厂商的贷款或信贷，否则这种价格上升就不会停止。对于封闭的纯信用经济而言，并不存在一种机制迫使银行停止信贷扩张。

然而，开放经济中银行系统保有黄金储备以支付国际收支赤字，黄金外流对累积性价格上升提供了一种限制。在这种情形下，当价格持续上升时，对外贸易赤字增加，银行的黄金储备减少，从而银行将其贷款利率提高至自然利率水平以阻止黄金外流。如果银行将黄金作为储备的一部分，并且公众持有金币作为某些交易的流通通货，那么情况就更是如此。在后一种情形中，当价格上升时，公众的通货需求也会增加，黄金将从银行储备流至公众手中。黄金储备向公众和海外流动所造成的损失，迫使银行提高贷款利率以适应自然利率，从而限制其对厂商的贷款。这就阻止了信贷和货币供给的累积性增加，从而阻止了累积性价格上升。

银行武断地将市场利率降至自然利率以下也会引发这种累积性过程，由此导致的调整与上述自然利率外生提高的情形相似。然而，维克塞尔认为，银行家足够保守以至于不会改变市场利率，除非是对黄金持有量的变化或者正常利率的外生变化做出反应。因此，按照维克塞尔的观点，这种累积性价格上升过程往往是资本边际生产率外生变化的结果，这种外生变化会对经济产生重大影响，经济中信贷结构的调整反应将是逐步的甚至可能不断反复。例如，如果银行有时过度调整市场利率，信贷结构调整就会反复进行。

维克塞尔使数量论重新回归现代宏观经济学

维克塞尔对纯信用经济的处理，使数量论明确重归现代宏观经济分析的方向。这种分析的若干特征与现代宏观经济学和货币经济学紧密关联。其中，维克塞尔关注短期产品市场的储蓄与投资之间的均衡，这也是后来凯恩斯主义方法以及短期宏观经济学的 IS-LM 模型框架所关注和强调的。维克塞尔声称是货币数量论的支持者，但他将数量论的关注焦点从单纯的货币部门（比如庞古版本的数量论）转向储蓄—投资过程。这么做，他将产品市场置于分析的核心，为当代宏观经济学的形成开辟了道路。这后来以 IS 关系的形式出现在现代宏观经济学之中。

维克塞尔将现代货币经济学的一个基本内容引入了宏观经济学，即贷款的媒介是货币而非实物资本，所以贷款利率与实物资本生产率是不同的概念。它们即使在均衡时相等，在非均衡时也通常不等。对于分析金融机构特别是中央银行对经济中的利率以及国民收入和就业的影响而言，这些思想具有开创性贡献。

维克塞尔关于纯信用经济的分析同样强调利率和金融机构在经济扰动传导中的作用。因为金融机构控制市场利率，削减市场利率能够刺激投资、贷款和货币供给的扩张，进而导致价格和名义国民收入出现累积性上升。此外，维克塞尔假设银行体系通过设定利率而不是通过控制货币供给来对经济施加外生的货币约束。在20世纪末之前，无论是古典主义还是凯恩斯主义的宏观经济理论都没有沿用这一假设，而是一直将货币供给作为外生给定的货币政策变量。20世纪70年代之后，大多数发达经济体的货币需求函数被证明是不稳定的，因而也意味着LM曲线不稳定，于是许多中央银行开始选用利率作为货币政策变量并设定的利率水平，而允许经济针对设定的利率内生决定货币供给。20世纪90年代初以后，这种实践逐渐在新凯恩斯主义学派的理论中得以反映。维克塞尔毫无疑问是此类分析的先驱。

然而，与凯恩斯主义者不同，维克塞尔没有特别关注累积性过程中的国民产出的变化，这一点与费雪和庇古如出一辙。维克塞尔虽然讨论了国民产出在这一过程中的失衡与暂时变化，但并未动摇经济最终归于充分就业的古典主义信念，所以整个讨论一般在均衡产出水平不变的隐含背景下展开。给定这一背景，维克塞尔主张货币供给增加迟早会伴随着价格水平等比例上升。凯恩斯的《通论》（1936）对产出水平不变的隐含假设提出了质疑，于是总需求变动引起产出和失业的变动成为可能。如果将这一可能纳入维克塞尔的累积性过程，那么将意味着一旦市场利率低于（高于）自然利率，累积性过程就会出现产出和价格都增加（减少）的情形。

因此，尽管维克塞尔名义上坚称遵循传统古典主义方法和数量论，但他对宏观经济的理论分析不同于后者，在很多方面都颇具现代意义。其一，在关于储蓄和投资的理论分析方面，维克塞尔是凯恩斯主义和现代短期宏观经济分析的先驱。其二，他的纯信用经济假设预言了支付系统的当代发展。其三，他假设金融系统外生设定利率而不是货币供给量，成为当代中央银行实践和最近20年新凯恩斯主义模型分析的先导。

然而，维克塞尔的分析相对于当代货币经济学而言，仍不免存在若干缺陷。其一，虽然维克塞尔确实将均衡处理为通过名义利率使储蓄等于投资，但他并未提出一种关于总需求的理论，也没有分析总需求变动对产出和就业的影响。这些问题后来由凯恩斯加以解决。其二，维克塞尔没有区分实际利率和名义利率，这后来由费雪方程加以阐明。其三，他没有过多关注货币需求的分析，在这一方面凯恩斯作出了十分突出的贡献，奠定了货币需求现代处理方式的基础。

2.4 凯恩斯的贡献

凯恩斯对宏观经济学的贡献

凯恩斯的《通论》（1936）在宏观经济学和货币理论的发展史上具有里程碑

式的意义。在《通论》之前，经济理论中并不存在宏观经济学这一学科分支，正是凯恩斯的非凡贡献开辟了一门崭新学科。这些贡献也改变了人们对经济活动的认知方式，强调经济对长期均衡（充分就业）的背离，建立了宏观经济学的凯恩斯主义范式（参见第15章）。

由于这本书的创新贡献非常之多，经济学家对哪项贡献最为重要存在争议[①]。从现代观点来看，凯恩斯强调总需求是短期总产出和就业的主要决定因素，这对经济理论和政策似乎具有持久影响。现在的宏观经济理论表述无不包括总需求的决定以及IS曲线所刻画的总需求与投资及财政政策的关系。这一贡献的基础是传统古典主义时期不为人知的乘数概念。凯恩斯对货币政策的影响反映在中央银行利用货币供给量或（和）利率来控制总需求，从而将通货膨胀和产出维持在合意的水平。

同样，从现代观点来看，凯恩斯强调厂商依据对未来需求的预期做出生产和投资的决策，家庭依据预期收入做出消费决策。这些决策通常是在不确定性条件下做出的，此时关于未来并不具有完全的信息。一旦形势有变，需求及收入的前景发生改变，厂商和家庭对此做出反应，异质性的商品及劳动市场也会随之调整价格和工资，通常前者快于后者，结果导致相对于有效（瞬时调整）市场能够保证的长期均衡（充分就业）产出水平，经济在大多数情况下都生产得或多或少。因此，经济通常可能或多或少地偏离充分就业。这为稳定经济的货币和财政政策提供了相机抉择的空间。这种机会空间目前表现为对货币政策泰勒规则的支持。

与数量论的假设不同，《通论》断言经济通常无法实现充分就业。在20世纪30年代大萧条以及许多衰退的背景下，这显然是无可否认的事实。凯恩斯认为实际就业水平低于充分就业水平的时候，产出和就业取决于商品的总需求，总需求又取决于货币供给，所以货币不是中性的。第二次世界大战后西方经济经历了长期的繁荣，人们同样普遍认识到增长旺盛的总需求能够推动产出和就业超出充分就业水平。当前中央银行追求泰勒类型的规则，正是上述认识的体现。泰勒规则中产出缺口可正（产出超过充分就业水平）可负，利率的适当增减可望减少产出缺口。

凯恩斯的早期（1936年前）著作显示他以一种积极创新的方式倡导剑桥学派版本的数量论。在1930年出版的《货币论》两卷本中，他还详细考察了货币存量变动的效应，虽然这种考察依然主要遵循数量论的传统。凯恩斯在《货币论》中利用储蓄和投资来推导数量论，方法与维克塞尔的著作一致。凯恩斯在《通论》中扩展了这种储蓄—投资方法，却摒弃了数量论以及更一般的传统古典主义方法。

本章主要考察凯恩斯在《通论》中对货币需求的贡献。首先回顾一下，庇古将货币余额需求的基本原因归纳为提供便利性的"目标"以及提供安全性的"目标"。凯恩斯将"目标"重新表述为持有货币余额的"动机"，并分为交易动机、谨慎动机和投机动机。当然，交易动机大致上相当于庇古的提供便利性的"目

---

① 萨缪尔森（1946）在为凯恩斯写的讣文中对其贡献有非常深刻的洞察。

标"，而谨慎动机大致上相当于庇古的提供安全性的"目标"。凯恩斯的独创性更多地体现在投机动机以及对该动机引发的货币余额的需求分析上。

2.4.1 凯恩斯的交易性货币需求

凯恩斯把交易动机定义为

交易动机即当前的个人交易和企业交换对现金的需要。

(Keynes，1936，第13章，第170页)

交易动机进一步分为"收入动机"和"业务动机"，前者是家庭希望能够在获得收入当期以外的时间进行支出，后者是厂商希望能够在销售产品获得收入之外的其他时间进行支付（凯恩斯，1936，第15章，第195～196页）。凯恩斯并未对交易动机和谨慎动机进行深入分析，只是"假定它们会吸收一定量现金，且除了对收入水平做出反应之外，对利率变化本身不是十分敏感"（凯恩斯，1936，第171页）。凯恩斯的这一假设事实上比庇古的假设更具约束性。庇古假设货币需求出于"提供便利"和"提供安全"的目标，取决于投资回报和放弃消费的效用损失。将货币余额的交易需求和预防需求加总后记作 M^{tr}，名义收入记作 Y，凯恩斯假设

$$M^{tr} = M^{tr}(Y) \tag{17}$$

其中，M^{tr} 随 Y 增加而增加。

上述方程中单纯交易性余额的流通速度是比率 (Y/M^{tr})。凯恩斯遵循庇古的简化推理模式，表述如下：

当然没有理由假设 $V (=Y/M^{tr})$ 是常数。其值取决于银行业务和产业组织的性质、社会习惯、不同阶层之间的收入分配以及持有闲置现金的有效成本。尽管如此，如果我们考虑的是短期，并且有把握假设这些因素无一发生实质性变化，那么我们不妨将 V 作为近似常数处理。

(Keynes，1936，第201页)

这种推理意味着 Y/M^{tr} 是一个常数 k，独立于收入和利率。于是凯恩斯的交易性货币需求为

$$M^{tr} = kY \tag{18}$$

交易性货币需求的现代分析并不采取凯恩斯关于流通速度不变的简化假设，而是应用存货模型，将这种需求作为利率的函数。有关分析见第4章。

2.4.2 凯恩斯的预防性货币需求

凯恩斯将谨慎动机作为持有货币的第二种动机，并将其定义如下：

> 为了安全起见，把全部资产一部分以现金的形式保存起来。
>
> （Keynes，1936，第13章，第170页）

《通论》的第15章又给出了关于这种动机的另一定义：

> 为了应付突然需要支付现款的偶然事件以及意外的有利的购买机会，也为了持有货币价值不变的资产。
>
> （Keynes，1936，第15章，第196页）①

也就是说，谨慎动机源自未来收入以及消费需要和购买的不确定性。这些情况都要求持有货币以应付突如其来的货币支付，此时货币被作为具有特定价值的一种资产。突发情况可能是失业导致的收入骤减，也可能是生病治疗引起的消费支出激增。

不确定条件下，个体会对未来的支付、收入的数量和时间形成主观预期，并根据预期决定货币余额和其他资产的最优数量。预期支出日期越远，投资收益越大，个体就越有可能将短期闲置资金投资于债券而削减货币持有量。相反，近期需要的概率越大，个体就越有可能增加货币持有量，而减少债券持有量。

尽管凯恩斯提出并阐述了持有货币的预防动机，但他并没有对预防性货币需求进行理论推导。相反，他将预防性货币需求和交易性货币需求合二为一、不加区分。然而，有关货币需求的后续发展确实针对预防性货币需求以及与其相关的缓冲存货性需求提出了若干模型（参见第6章）。

2.4.3 凯恩斯的个人投机性货币需求

凯恩斯的第三种持有货币的动机是：

> 投机动机，即相信自己对将来的行情具有比一般人更精确的估计并企图从中谋利。
>
> （Keynes，1936，第13章，第170页）

凯恩斯在稍前的篇幅里对这种动机解释如下：

> 如果存在着有组织的债券交易市场，那么，该动机产生于不确定性的存在和利率的未来值；其原因在于：不同的人对前景的估计具有差异，而一个持有与以市场价格所表示的主流看法不同的看法的人有充分的理由持有具有流动性的资金，以便当他的看法正确时……那些相信将来的利息率会高于现行市场利息率的人便有理由来持有具有流动性的现金，而那些对将来的利息率看法相反的人便会有动机来获取短期借款，以便购买长期债券。市场价格被决定于"空头"的出售量等于"多头"的购买量之点。
>
> （Keynes，1936，第13章，第169-170页）

---

① 凯恩斯在第13章第169页提出了谨慎动机的另一种定义。这一定义不同于以上所引第15章的内容。关于谨慎动机的现代解释见引文之后的正文部分。

出于这一动机,个人在持有不生息的货币和回报不确定的债券之间进行选择,以最大化他的投资组合收益。给定投资于债券的金额或持有的货币余额,他关心在下一个决策周期开始时投资组合的到期价值,即投资资本加上累积利息。假设这一价值不确定,凯恩斯提出了一种相当简单的预期函数形式:个人预期在其下一个决策周期开始时存在一个特定的利率,从而每一种类型的债券都有一个特定的预期价格,不存在价格分布。[①] 如果预期债券价格加上累积利息高于当前价格,持有债券预期可获得净收益,假定货币不生息,从而净收益为零,于是个人将全部资金投资于债券而非货币。如果预期未来债券价格比当前价格低得多,以至于持有债券获得净损失[②],那么他会将全部资金投资于货币余额,因为持有货币没有损失。相应地,一个特定的人可能持有债券,也可能持有货币,但不会同时持有债券和货币。

因为个人关于未来利率的看法往往不同,一些人预期债券价格上涨,债券市场术语称之为"多头",这些人选择增持债券。而另外一些人预期债券价格下跌,被称为"空头",这些人选择减持债券。一旦债券价格上涨超过一些多头预期,他们会认为债券价格已经上涨太多,便转而看空。债券市场上多头占优势就会推动债券价格上涨和利率下降。这种变动促使越来越多的多头(想买入并持有债券)转变为空头(想抛售债券并持有货币),直到债券价格达到均衡,此时债券需求恰好等于供给。因此,空头的投机性货币余额需求随债券价格上涨而增加,或者换言之,随利率下降而增加,于是投机性货币需求总量与利率负相关。

现代货币和宏观经济理论已然放弃了这种推理逻辑,转而根据资产组合选择进行分析,由资产组合选择分析推导而出的货币需求有了一个更好听的名字:"货币的资产组合需求"(portfolio demand for money)。这一方法将在第 5 章加以阐述。

托宾对凯恩斯个人投机性货币需求的形式化

托宾(1958)[③] 对凯恩斯投机性货币需求分析的形式化已经成为经典,详述如下。

托宾沿袭凯恩斯的分析,假设只有两种资产:货币和债券,个人可以将资金投资于其中,构成资产组合。假设货币具有已知的零收益,因而就收益标准差为零这一意义而言,货币是无风险的。债券是统一公债(consol),在美国也称为"永续(perpetuity)债券",没有偿还期,发行人永远不需要赎回,只需要无限期地支付息票。

---

① 这种简化后来被货币经济学所摈弃,20 世纪 50 年代后采用资产组合选择分析投机性货币需求,见后面的第 5 章。
② 如果资本损失大于利息收入,则持有债券将面临净损失。
③ 这篇论文的详细分析将在第 5 章投机性货币需求部分给出。
④ 证明用到数学公式:$x>0$ 时,$\sum_{t=1}^{\infty}\frac{1}{(1+x)^t}=\frac{1}{x}$。许多债券具有有限的偿还期,比如 n 年,则相应的公式为 $\sum_{t=1}^{n}D^t=\sum_{t=0}^{n}D^t-1=\frac{1-D^{n+1}}{1-D}-1$,此处 $D=1/(1+x)$。由于 $x>0$,所以当 $t\to\infty$ 时,$D^{n+1}\to 0$。

完全资本市场中,永续债券的市场价格等于其当前的贴现价值。因此,给定每期名义息票支付额为 c,以市场贷款利率 x 贴现,则永续债券的价格 p_b 如下所示:④

$$p_b = \frac{c}{1+x} + \frac{c}{(1+x)^2} + \cdots = c\left(\sum_{t=1}^{\infty} \frac{1}{(1+x)^t}\right) = c\left(\frac{1}{x}\right) = \frac{c}{x}$$

于是,永续债券的价值等于(永久)息票利率除以市场利率。给定息票价值,市场利率上升将降低债券价格,并意味着资本损失。对于息票利率等于市场贴现率的特例,即 $c=x$,债券的市场价值等于1,即 $p_b=1$。现在假设市场利率是每年 R,永续债券有望永久获得每年 R 的息票支付。鉴于永久息票额为 R,上述数学公式意味着:在市场利率为 R 的条件下,永续债券的现值等于 $R/R=1$。

以下分析中假设永续债券的息票支付额设定为 R,当前价格为1美元。另外,假设个人预期永续债券的未来市场收益率是 R^e,这种预期以概率1出现,独立于当前收益 R。因为 R 为息票支付额,永久贴现率预期为 R^e,所以永续债券下一年的预期价值为 R/R^e。因此,永续债券的预期资本损益 G 等于

$$G = R/R^e - 1$$

持有成本为1美元的永续债券,预期收益等于息票 R 与资本利得 G 之和。由下式给出:

$$R + G = R + R/R^e - 1$$

如果收益 $(R+G)$ 大于零,前面又假设货币零收益,那么债券收益就大于货币收益,所以理性个人将只买债券。① 相反,如果债券收益为负,那么货币将是收益更高的资产,所以个人将只持有货币。

从持有债券向持有货币的转变将在 $R+G=0$ 时发生。这一条件用来推导当前收益 R 的临界水平 R^c,即

$$R^c + R^c/R^e - 1 = 0$$

这意味着

$$R^c = R^e/(1+R^e)$$

对于给定的 R^e,如果当前利率 R 高于 R^c,$(R+G)>0$,则只购买债券;如果当前利率 R 低于 R^c,$(R+G)<0$,则只持有货币。因此,在图 2—1 中,个人货币需求是不连续的阶梯函数(AB, CW);在 R^c 以上,理性个人的资产组合 W 全部以债券形式持有,货币需求为0,如 AB 所示;在 R^c 以下,W 全部以货币余额形式持有,需求函数为 CW。

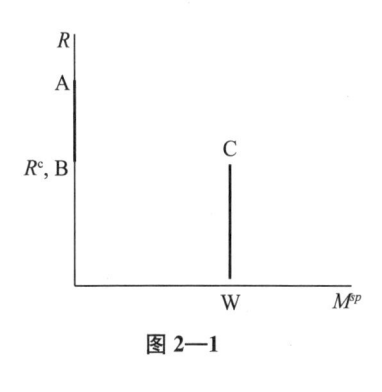

图 2—1

---

① 风险没有纳入这种选择,因为个人的预期是如此坚定,以至于预期收益的主观标准差为 0。风险由预期收益的标准差度量,零标准差意味着个人相信持有债券无任何风险。

2.4.4　凯恩斯的投机性货币总需求函数

凯恩斯认为债券市场上有大量预期各不相同的投资者，利率越低，越多的投资者将预期它会上升，利率越高，越多的投资者将预期它会下降。因此，在利率高的时候，很多投资者会预期利率下降，很少投资者会持有货币。在利率稍低一些的时候，预期利率下降的投资者减少，持有货币的投资者增加。于是，货币总需求随利率降低而增加，如图2—2中连续向下倾斜的曲线 M^{sp} 所示。凯恩斯的分析表明：投机性货币需求负向取决于利率，故而投机性货币需求函数可表示为

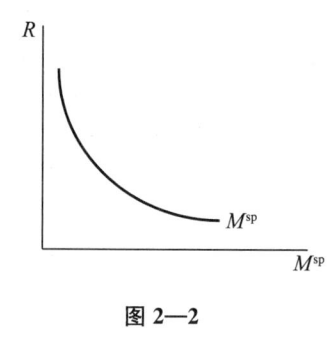

$$M^{sp} = L(R) \tag{19}$$

图 2—2

其中，M^{sp} 表示投机性货币需求；

R 表示市场利率或名义利率。

凯恩斯称函数 $L(R)$ 为流动性偏好程度，L 即表示"流动性"（liquidity）。

需注意到在凯恩斯的分析中，个人在货币和债券之间分配金融财富 FW。因此，除了利率之外，金融财富 FW 当然是需求的决定因素之一。从而，（19）式需要修正为

$$M^{sp} = L(R, FW)$$

经济中还有其他的可能性，即作为价值储藏手段，货币、债券与商品之间可以相互替代。① 分析若将这种可能性包括在内的话，就需要在总财富中增加相应的财富变量，将投机性货币需求函数作为债券收益以及商品收益的函数。② 凯恩斯分析的这种扩展引出来下一节将要讲到的弗里德曼货币需求函数。就目前而言，我们继续用（19）式作为凯恩斯投机性货币需求的设定形式，忽略财富作为投机性债券需求的决定因素以达到简化之目的。

2.4.5　凯恩斯的货币总需求

凯恩斯认为：

个人为了上述三种目的而持有的货币额在实际上却构成一笔笼统的款

---

① 在凯恩斯多空分析的语境中，通货膨胀预期可能导致债券收益低于预期通胀率，意味着资金从债券和货币流向商品。
② 进一步全面的分析同样不得不考察 W 的决定因素。具体而言，一如前面讨论永续债券时所见，金融财富是利率 R 的函数。

项；对于这一笔款项，甚至在个人的头脑中未必有严格区分的界线。持有同一笔款项可以主要出于一种目的，而兼顾另一种目的。由此可见，一种同样好的，也许是更好的研究方式是把在一定情况下的个人对货币的需求总量看成是一次性的决策。当然，决策是许多不同的动机共同造成的后果。

(Keynes，1936，第195页，斜体格式为后加)

因此，由于交易动机和谨慎动机，所以货币总需求 M 正向取决于收入水平 Y，而由于投机动机，所以负向取决于利率 R。用符号表示，就是

$$M^d = M^{tr} + M^{sp} = M(Y, R)$$

然而，

虽然个人所决定的满足交易动机和谨慎动机的现款数量与他所持有的满足投机动机的现款数量并不完全无关，然而，为了安全第一，我们可以近似地将这两种现款持有量当做彼此独立无关的事物。

(Keynes，1936，第199页)

于是，作为一种近似，货币余额的需求函数 M^d 如下给定：

$$M^d = M^{tr} + M^{sp}$$
$$= kY + L(R) = kPy + L(R) \qquad (20)$$

其中，$k > 0$ 且 $L(R) < 0$。

2.4.6 流动性陷阱

凯恩斯认为，一旦利率低至某一水平，债券市场参与者更愿意持有货币而不是债券，在现行债券价格下愿意抛售而不是购入债券，此时的投机性货币需求就会变得"不受限制"（无限弹性）。根据凯恩斯的推理，一旦形成一种广泛一致的意见，认为利率不会进一步下降，只可能上升，那么就会出现流动性陷阱。在这一利率下，关于债券价格的普遍意见是不会上升、只会下降，从而可能造成债券持有人的资本损失，现行利率仅仅是对这种资本损失风险的补偿。在这种情况下，公众愿意以现行价格出售全部债券以换取货币余额，于是货币当局能够以现行债券价格和利率从公众手中购买任何数量的债券，反过来说，能够任意增加公众的货币持有量。所以，一旦经济落入流动性陷阱，货币当局不能再通过增加货币供给来降低利率。

与流动性陷阱的理论分析形成对照的是，凯恩斯断言"虽然这种极端情况在将来可能成为重要的事态，但迄今为止，我还没看到具体的实例"。需要注意的是，做出这一断言的时候正值西方历史上最严重的萧条期间。如果流动性陷阱在当时不存在，那么在经济活动更加正常的时期就更难以存在。因此，在凯恩斯看来，流动性陷阱更多地是货币经济学的求知欲，而与实践缺乏关联。相应地，凯恩斯确实没有在流动性陷阱的假设基础上建立宏观经济模型，但早些年有关凯恩斯主义经济学的某些解释或批评则不然。

按照凯恩斯自己对投机性货币需求的分析，经验上不存在流动性陷阱的表述是绝对不正确的。在他的分析中，只要债券市场上的主导意见是看涨市场利率而不是看跌的话，就会出现流动性陷阱。这种意见在债券市场上并不鲜见，所以流动性陷阱也不会无处可觅。进一步来讲，这种意见能够存在于任何利率水平，而并不局限于低利率甚至是个位数的利率水平。另外，除非市场主导意见改变，即预期利率可能下行[1]，否则流动性陷阱会持续存在。一旦利率顺应市场意见调整到位，预期就可能反转，所以流动性陷阱通常只是短期存在，其存在时间太短，因而不足以影响投资和宏观经济。因此，虽然流动性陷阱在正常的债券市场日常运行中可能会不时出现，但它的存在对宏观经济而言可能无足轻重。

凯恩斯的推理强调持有债券可能面临资本损益，所以才出现流动性陷阱。但有另外一种论点强调，接近零的名义利率不足以补偿个人持有债券的麻烦和不便，若持有货币余额则会避免这些麻烦和不便，于是才出现了流动性陷阱。第4章关于交易性货币需求的分析支持了这种论点。即利率若低于在债券和货币之间进行转换的经纪费用，则持有债券无利可图，只会持有货币。也就是说，在足够低的利率范围里，货币需求的利率弹性将为零。近年来，个别国家的短期利率接近0，日本就是其中之一。一些经验研究确实声称，日本低利率时期的货币需求利率弹性比其他时期高得多（例如，参见 Bae et al.，2006）。

2.4.7 凯恩斯和早期凯恩斯主义者对财政政策而非货币政策的偏好

货币需求的易变性

凯恩斯在分析投机性货币需求时，将其作为债券及股票市场上多空主观预期的函数。这种预期在20世纪30年代非常易变，时至今日仍表现出相当的易变性，股市日常波动、周期性股价"崩盘"或暴涨早已司空见惯。鉴于预期的易变性，凯恩斯断言投机性货币需求函数将非常易变，即函数经常变动。由于凯恩斯认为投机性货币需求是货币总需求的重要组成部分，所以货币总需求也会非常易变。这将导致经济中的总需求、价格和产出具有相当程度的不稳定性，并且实施货币政策会引发投资者预期改变，从而也会面临严重风险。因此，凯恩斯更加支持将财政政策作为经济稳定政策，而不是货币政策。直到20世纪50年代末之前，这也是凯恩斯主义者的普遍态度。

《拉德克利夫报告》：货币作为流动性资产之一

早期（20世纪四五十年代）的凯恩斯主义者偏好财政政策，而反对货币政策。1958年英国的《拉德克利夫报告》[2] 进一步助长了这种风气。该报告认为

---

[1] 当然，如果利率已经为零，那么就很难再这样预期。
[2] 这是英国议会委员会的报告，反映了20世纪50年代后期英国关于货币政策的主流凯恩斯主义观点。它认为货币供给变动对产出的影响不显著，但这一结论最终未能获得经验证实。

货币只是众多流动性资产之一，流动性资产的主要部分是贸易贷款，经济处在"泛滥的流动性"之中，所以货币供给变动不能用做改变经济总需求的有效政策工具。对于 20 世纪 50 年代的凯恩斯主义者而言，凯恩斯本人认为货币政策效应不可靠（因为货币需求函数的不稳定性），《拉德克利夫报告》又进一步巩固了这一信念。《拉德克利夫报告》指出货币供给只是流动性总供给的一小部分，真正决定总需求的因素是流动性总供给，但货币政策不能显著改变流动性总供给。①

因此，鉴于货币政策无效或其影响不可靠的上述观念，20 世纪 40 年代到 60 年代的凯恩斯主义者将总需求管理的重点放在财政政策上。他们主张积极使用财政赤字和盈余以保证总需求，从而获得高的产出和就业水平。

20 世纪 60 年代里，在弗里德曼有关货币需求函数的观点和经验发现的推动之下，反对使用货币政策的上述两种理由都遭到抛弃。凯恩斯主义者和新古典主义者（以及稍后 20 世纪 70 年代的货币主义者），逐渐形成了一种共识，那就是货币政策对经济有着强烈的影响。而当时的货币政策指的是货币供给变动。这一成就要部分归功于米尔顿·弗里德曼的贡献。

2.5 弗里德曼的贡献

弗里德曼在货币经济学和宏观经济学领域建树卓著，特别是在货币政策的经济角色方面，更是影响深远。他相信货币政策对产出和就业具有强烈的影响，但存在长短不一的明显时滞。他"重新表述"数量论的经典论文就是其众多贡献之一。

2.5.1 弗里德曼对货币数量论的"重新表述"

米尔顿·弗里德曼（1956）在其题为"货币数量论：一种重新表述"的论文中，试图改变数量论的焦点，使之与直到 20 世纪 50 年代中期的货币理论发展不脱节。在这些发展之中，有三个重要方面值得注意。首先是凯恩斯主义宏观经济学的发展，它将价格水平的决定置于一个具有广泛基础的宏观经济模型之中，包括了产品市场、货币市场和劳动市场，而货币市场的分析仅限于设定货币市场的需求、供给和均衡。这一发展认为，在低于充分就业状态运行的经济中，商品总需求变动会影响价格水平，货币供给变动不仅影响价格，而且影响产出。第二个方面的发展是凯恩斯强调投机性货币需求，从而强调了货币在个人配置财富时作为临时价值储藏工具的角色。第三个方面的发展是将货币需求理论与一般商品需求理论相整合，将货币处理为消费者效用函数中的消费品以及厂商生产函数中的

---

① 之后数十年的货币分析和经验研究并不支持《拉德克利夫报告》的结论。

投入品（Patinkin，1965）。

  弗里德曼认为数量论只不过是提出了"货币是重要的"这一命题，并不等同于那种更具体的表述，即货币变动将导致价格水平等比例变动。弗里德曼所谓"货币是重要的"，意味着货币供给变动能够导致名义变量变动，甚至有些时候能够导致诸如产出和就业之类的实际变量变动。

  弗里德曼重新表述了数量论，将数量论主要限定于货币需求理论方面。对于消费者而言，实际货币余额需求与其他消费品需求并无不同，实际余额不过是消费者效用函数中的一种商品而已。弗里德曼将实际余额的这一角色视同于一种资产，货币、股票、债券和实物资产的实际价值都是保有财富的替代形式，都可纳入个人效用函数。对于厂商而言，实际余额同实物资本一样是耐用品，两者均作为生产函数的投入。因此，弗里德曼的结论是，货币需求分析只是消费品和资本品需求理论的一种特例。

  弗里德曼进一步认为，人们想要货币并不是由于货币本身的缘故，而是因为它具有对商品的购买力，所以应该考虑货币的实际价值而非名义价值。货币对商品的实际购买力需要剔除通货膨胀的影响，所以通货膨胀率是持有实际余额而不是持有商品的机会成本。因此，货币需求取决于（预期）通胀率。

  货币既然可以作为一种价值储藏工具，那么就与其他资产一样，它的需求也一定取决于其他资产的收益。这些收益也要考虑其实质价值而非名义价值，这样才能反映出个人对购买力的关注。因此，在通货膨胀时期，个人会将资产的名义收益率扣减掉通货膨胀率。

  弗里德曼还认为，根据他的消费理论（消费的永久收入假说），个人会将其终生财富在商品以及实际余额的流动性服务之间进行配置。终生财富（w）是个人的人力及非人力财富，其中人力财富（HW）的定义是劳动收入的当前贴现值，非人力财富（NHW）由个人的金融资产和实物资产构成。由于这些资产的当前价值是已知的，而未来的劳动收入则不确定，不确定性对人力财富和非人力财富的影响程度大不相同，所以对商品需求和货币需求的影响也不同。弗里德曼用人力财富与非人力财富的比率作为个人财富不确定性程度的代理变量。

  因此，在弗里德曼看来，个人实际余额需求的主要决定因素是其他资产（债券、权益和实物资产）的实际收益、通货膨胀率、实际财富以及人力财富与非人力财富之比。这一需求函数用符号表示为

$$m^d = M^d/P = m^d(r_1, \cdots, r_n, \pi, w, HW/NHW) \tag{21}$$

其中，m^d＝以实际形式表示的货币余额需求；

   M^d＝以名义形式表示的货币余额需求；

   P＝价格水平；

   r_i＝第 i 种资产的实际收益；

   π＝通货膨胀率；

   w＝以实际形式表示的财富；

   HW/NHW＝人力财富与非人力财富之比。

永久收入是货币需求尺度的决定因素

由于人力财富和总财富的数据不可得,所以弗里德曼用永久收入 y^p 作为总财富的代理变量。这些变量之间的理论关系表述如下:

$$y^p = rw \tag{22}$$

其中,r 是预期未来平均实际利率。永久收入 y^p 可解释为预期未来平均实际收入。与其消费函数理论相一致,弗里德曼用适应性预期(过去收入的几何滞后)而不是理性预期来估计 y^p。这些步骤将在第8章中讨论。

由于需求函数是从消费者效用函数推导而来的,而效用函数代表个人偏好,所以偏好改变会导致需求函数改变。弗里德曼在需求函数中加入了一个表示"品味或偏好"的变量 u,以考察偏好的改变。弗里德曼在论文中,用 y^p 取代 w,用各种收益率作为 r 的代理变量,增加了表示"品味或偏好"的变量 u,于是实质余额的需求函数变为

$$m^d = M^d/P = m^d(r_1, \cdots, r_n, \pi, y^p, HW/NHW, u) \tag{23}$$

需要注意的是,货币需求本质上是从货币作为一种资产的观念引申而来的,即货币是一种价值储藏工具,而货币需求函数中永久收入是作为财富的代理变量出现的。

弗里德曼论货币流通速度

因为货币流通速度 V 等于 Y/M,而且 M 在均衡时等于 M^d,所以:

$$V = \frac{y}{m^d(r_1, \cdots, r_n, \pi, y^p, HW/NHW, u)} \tag{24}$$

方程右侧的分子和分母都是实际变量,故而两者之比率也是一个实际变量。对于弗里德曼而言,上面的方程意味着流通速度虽不是一个常数但却是一个实际变量,它取决于替代资产的实际收益和其他变量。除了引入永久收入取代当前收入作为方程右边的决定因素之外,方程(24)与凯恩斯主义传统并无二致。弗里德曼与凯恩斯的根本分歧在于流通速度函数的稳定性:弗里德曼断言流通速度是某些变量的函数,且流通速度函数是稳定的;而对于凯恩斯而言,流通速度函数依赖于预期债券的收益,由于主观概率的易变性,所以流通速度函数具有潜在的不稳定性,它可能会以不可预期的方式发生变动。

弗里德曼论货币供给

关于货币供给,弗里德曼断言货币供给函数独立于货币需求函数。进一步来说,前者的一些重要决定因素,包括政治因素和心理因素,都不是后者的决定因素。因此,货币需求函数与货币供给函数相互独立,并且能够从数据中识别出来。

弗里德曼与凯恩斯一样,假设中央银行决定货币供给,于是在宏观经济分析中货币供给被看做外生变量。这当然是一个实践问题。其有效性取决于中央银行

的行为。20 世纪 90 年代中期以来，许多中央银行使用利率作为主要货币政策工具，而放任货币供给在设定的利率水平之上由经济内生决定。在 20 世纪 90 年代中期之前，外生货币供给是短期宏观经济模型和 IS-LM 分析无可争议的基石，而在 20 世纪 90 年代中期之后兴起的新凯恩斯主义模型则倾向于假设中央银行设定利率，于是在这些模型中货币供给成了内生的。

2.5.2 弗里德曼论通货膨胀、货币中性和货币政策

弗里德曼在经验研究的基础之上断言：通货膨胀时时处处都是一种货币现象。这一著名论断虽然并没有准确解释低通胀率的决定（例如较小个位数的通胀率），但却很好地解释了长期通胀时期持续的高通胀率。将持续的高通胀率归因于高货币供给增长率，个中原因在前面讨论数量方程时已有所论述。

弗里德曼坚称货币在长期之中是中性的，但却强烈支持货币短期非中性的观点，并且指出实际上美国经济史对此提供了非常显著和令人信服的证据（弗里德曼和施瓦茨，1963，特别是第 407-419 页，712-714 页，739-740 页；弗里德曼，1958）。他还区分了通胀率的预期变动和非预期变动，并且认为未预期到的通胀率提高的初始效应会持续两到五年，在此之后初始效应会开始逆转，从而未预期到的货币供给和通胀的增加对产出、就业和实际利率的效应持续时间能够长达十年（弗里德曼，1968）。对弗里德曼而言，货币供给变动对产出和失业具有强烈的影响①，主要的萧条和衰退往往与严重的货币收缩相联系②。反之，美国的主要通货膨胀通常与战争有关③，战争期间大规模的财政赤字是通过货币供给增加来融资的。

然而，弗里德曼主张并且表明货币供给变动影响产出的时机不可预测，相应的时滞也较长且变化不定（弗里德曼，1958）。他的结论认为美国经济的主要不稳定性是由货币不稳定性所引致的，或者至少因货币不稳定性而大幅增强了。于是，他主张相机抉择的货币政策可能造成不可预期的结果，从而不应该实施之。他声称：

> 历史给我们上的第一课也是最重要的一课是：货币政策能够防止货币本身成为经济波动的主要来源……应该避免政策的剧烈摇摆。过往的经验中，货币当局有时按照错误的方向行动。……更常见的是虽然行动往往太迟，但方向并没错，却因走得太远而过犹不及……我自己的政策处方……是保证特定货币总量以稳定的速度增长……精确的增长率和精确的货币总量都是次要的问题，首要问题是要采用某种公开宣布和众所周知的增长率。
>
> （Friedman，1968，第 12-16 页）

---

① 弗里德曼的这些观念与许多前凯恩斯主义（传统古典主义）经济学家一脉相承。
② 美国在 1929 年到 1933 年大萧条期间，货币供给减少超过四分之一，原因是公众持有通货与货币供给的比率上升、银行准备金与货币供给的比率上升以及银行破产。
③ 对美国而言，内战、第一次世界大战、第二次世界大战、朝鲜战争和越南战争都是如此。

2.5.3 弗里德曼和凯恩斯论货币需求

弗里德曼推导货币需求函数的主要思路是将货币视为一种实际资产，作为其他财富持有形式的一种替代。而凯恩斯的分析则将货币需求视为对名义货币余额的需求。弗里德曼的分析也意味着货币需求取决于财富或永久收入，而在凯恩斯的分析中则取决于当前收入。然而，弗里德曼相信实践中货币需求不会变成无限弹性，因此同意凯恩斯关于实践中不存在流动性陷阱的论断。另外，弗里德曼认为货币需求函数是稳定的，而凯恩斯提出在对债券未来收益缺乏完全信息的条件下概率具有主观性质，并据此推导出投机性货币需求和总货币需求具有易变性。在这一点上，弗里德曼本人以及其他人使用20世纪五六十年代的数据所得出的经验发现更加支持弗里德曼关于货币需求函数稳定性的结论，而不是凯恩斯的结论（参见第9章）。

弗里德曼进一步断言货币需求函数和货币流通速度函数甚至比消费函数更加稳定。[1] 20世纪60年代末之前，凯恩斯主义分析热衷于支持财政政策，而不是货币政策，其中的关键就在于消费函数的稳定性。弗里德曼的论断意味着货币政策对经济至少具有同样强烈的影响。弗里德曼议程的成功使得到了20世纪60年代初凯恩斯主义者已经接受了这一观念，即货币政策对总需求具有强烈且相当可靠的影响。于是在20世纪60年代出现了一种综合，即所谓的新古典凯恩斯主义综合。这种综合反映为普遍使用IS-LM模型分析货币政策对总需求的宏观影响。此后，这些学派之间的分歧则体现在总需求变动对产出和失业的进一步影响上。

总体而言，弗里德曼的货币需求分析不是对数量论的详细说明或重新表述，尽管弗里德曼声称如此，但正如帕廷金（1969）所指出的，如果称其为凯恩斯主义货币需求函数的一种表述，或者货币需求之资产组合方法的一种表述，则也许更为恰当。而后者是20世纪50年代的热门话题，参见托宾（1958）的论文。[2]

在宏观经济理论和货币需求理论方面，弗里德曼本质上是一个凯恩斯主义者，但在实施货币政策方面，他是一个保守主义者（帕廷金，1981）。在宏观经济学方面，他的理论和实证贡献表明货币供给变动对名义产出和实际产出都有强烈的效应。在货币政策方面，弗里德曼主张不应该实施积极的货币政策。这种主张的理由部分在于其根深蒂固的政治保守主义，部分在于他的经验发现显示货币供给变动对经济的影响具有较长且变化不定的时滞。第14章将深入讨论弗里德曼的宏观经济理论和政策建议。

---

[1] 弗里德曼后来在与David Meiselman合作发表的论文中试图确立这一关系。
[2] 20世纪50年代芝加哥大学的另一位经济学家帕廷金更加清楚准确地表述了芝加哥传统，并认为弗里德曼更接近凯恩斯主义传统，而不是数量论传统。他指出在20世纪四五十年代期间凯恩斯主义货币思想对芝加哥学派产生了强烈影响，特别是体现在对货币需求的资产组合方法和弗里德曼本人分析的强调之上。

2.6 货币供给变动对产出和就业的影响

标准短期宏观经济模型承认货币供给对于决定名义国民收入具有重要作用。如本章所见，19世纪和20世纪初关于这一主题的主流理论是数量论。古典主义理论在产出和利率的决定上隐含接受了数量论，认为长期均衡的产出和利率均不受货币供求影响。然而，正如休谟和十八九世纪的其他经济学家所指出的那样，非均衡过程中货币供给扩张增加了可供消费和投资的资金来源，从而能够显著影响产出和其他实际变量。

凯恩斯的《通论》和大萧条的影响使人们认识到，具体国家的实践中，产出不可能一直处于充分就业水平。这意味着数量论和传统古典主义经济学的关键背景假设之一必须被抛弃。该假设即劳动市场以一种确保资源持续充分就业的方式运行，从而确保产出始终处于充分就业水平。凯恩斯主义分析表明：在低于充分就业的状态出现时，政策制定者能够通过改变货币供给影响实际产出和失业。本章前面已指出，米尔顿·弗里德曼的理论贡献同样支持这一命题，他与安娜·施瓦茨的实证研究也印证了这种可能性。这一命题成为20世纪60年代凯恩斯主义——新古典综合理论——的一部分。

20世纪70年代的时候，现代古典主义宏观经济学派认为不可能存在非暂时性失衡或低于充分就业的均衡状态，也不承认系统性货币政策的非中性。然而，最近二十年来，随着新凯恩斯主义的复兴，这一结论受到挑战。当前关于这些问题的共识似乎是：

● 货币政策（即货币供给变动或利率变动）在长期是中性的，但在短期则不是。

● 经验上，货币政策对产出和就业的影响具有时滞，并且通常先于对价格和通货膨胀的影响。

● 作为推论，货币政策往往对产出和就业造成显著影响，而不是首先导致市场价格变动。

货币政策影响产出的传导机制：传统

货币供给增加影响名义国民收入的机制在历史上是一个备受争议的问题。大卫·休谟（1752）指出这一机制具有双重性质。他首先假设每个人持有的货币突然增加，然后分析其影响国民收入和支出的传导渠道，如下所述：

> 骄奢成性的地主很快将手头货币挥霍一空，而一贫如洗的农民勉强聊以为生，除此之外再无能为力，也毫无希望，更不敢奢求。借款人增加超过放贷人增加的局面仍不会改变，于是利率也不会降低。

（Hume，《论利息》，1752）

然而，如果增加的货币供给落入少数人手中：

那么聚少成多，将是一笔不小的金额，这些钱要追求安全的收益，或买地或生息……放贷人的增加超过借款人的增加，则利率降低……但在新增金银被消化掉并流通于整个国家之后……［利率将回到之前的水平。］

(Hume，《论利息》，1752)

这样一来，休谟强调了货币供给增加的两条影响渠道。其中一条是通过增加商品支出，主要由那些消费几乎耗尽其全部收入的人做出。现在将这一渠道称为直接传导渠道。另外一条间接传导渠道是通过增加可贷资金数量来发挥作用的。第二条渠道主要在货币供给的初始增量最终汇集到放贷人手中时起作用，放贷人大致上相当于现代的金融机构。各渠道的相对重要性取决于经济结构和新增货币余额的分散程度。

欧文费雪主要强调直接传导渠道，如下所述：

［假设一个人持有的货币翻番。］价格尚没变化，他为便利起见而手头持有货币和存款，现在货币和存款的数量也翻番。接着他试图通过购物将多余的货币和存款花掉。……社会中的每个人都想拿这些相对有用的额外货币去交换商品，而这么做的意愿必然抬高商品价格。

(Fisher，1911)

2.6.1　直接传导渠道

货币供给增加带来非意愿货币余额，然后直接用于商品支出，这一传导渠道称为直接传导渠道。数量论的追随者多强调这一渠道，米尔顿·弗里德曼和20世纪70年代的货币主义学派便是如此。然而，在这一方面，现代古典主义学派并没有沿袭20世纪70年代货币主义者的做法，他们的模型中采用的是间接传导机制。其中部分原因是出于现代经济的特性。在现代经济中，货币供给增量不会直接分配给家庭，而是经常通过公开市场操作首先进入金融市场。

2.6.2　间接传导渠道

凯恩斯主义传统和IS-LM宏观经济模型忽略了直接传导渠道。这些模型的封闭经济版本假设总支出由消费、投资和政府支出所组成。在这些模型中，消费取决于实际收入，投资取决于利率，而政府支出是外生给定的。总支出的各个主要组成部分之中没有一个直接决定于货币的可得性，所以货币增量不会直接用于任何组成部分的支出。货币供给增加首先降低利率，利率下降促使投资增加，投资增加通过商品市场乘数推动名义国民收入增长，从而对经济产生影响。货币供给增加经由利率和投资引起国民支出和收入增加的传导模式被称为间接传导渠道。

现在，中央银行改变货币供给主要依赖公开市场操作。公开市场操作改变经济中的利率，或者设定利率。新古典主义和现代古典主义学派在其分析中同样做如此假定。因此，当前的宏观经济政策和模型包括了间接传导渠道，而没有包括直接传导渠道。

2.6.3 不完全金融市场与信贷渠道

在完全资本市场中，放贷人对借款人具有充分信息，有关贷款风险和风险补偿的全部可得信息都在贷款利率中得以反映，放贷人只需考虑利率即可。然而，如果缺乏充分信息的话，放贷人将对向特定借款人发放贷款设有限制。与金融市场的不完全相关的传导渠道被称为贷款渠道或信贷渠道。

就经济中的总借款而言，一部分以银行对客户发放贷款的形式进行，银行客户既有厂商也有家庭，一部分以供货商对采购商发放贸易贷款或商业贷款的形式进行，还有一部分是家庭向小厂商放贷。在这些贷款中，利率通常只是决定贷款的因素之一。另一个因素是放贷人对借款人信用能力的看法，信用能力决定了借款人发行债券的风险，所以如果放贷人对任意给定借款人限额配给贷款，或者只贷给某一特定类型的借款人，那么他就能降低风险。有鉴于直接贷款的这一方面，一些经济学家区分了通过债券市场（包括股票市场）的资金流和通过贷款或信贷的资金流，从而将债券和贷款（信贷）区分为两种不完全替代的不同资产（Bernanke and Blinder，1988；Kashyap and Stein，1993，1997）。给定直接贷款的具体特征，通常放贷人从贷款中获得的收益要高于债券，因为有偿付能力的借款人也许无法进入债券市场获取资金。

在将信贷同债券区分开来的模型中，商品的总需求和产出既对货币供给变动做出反应，也对贷款供给变动做出反应。对于金融发达的经济而言，虽然一些经济学家相信贷款或信贷渠道在货币政策效应中是一个重要的独特因素（Hubbard，1995；Kashyap and Stein，1993，1997），但大多数经济学家对金融发达经济中信贷渠道的相对重要性都持怀疑态度（Miron et al.，1994）。

第 16 章分析了信贷市场。第 1 章和第 16 章也提及美国 2007 年在资产支持公司债券市场所发生的信贷危机。这场危机提供了一个引人注目的案例，显示了信贷市场和货币市场对经济实体部门的影响，也暴露了货币当局应对信贷紧缩的有限能力。

2.6.4 开放经济中的货币效应传导渠道

目前为止，我们已经讨论了通过债券利率和贷款利率起作用的直接渠道、间接渠道和信贷渠道。另外一个渠道通过关于总需求和通胀率的预期变动来产生影响。费雪利率方程认为名义利率包括了预期通胀率，正因为如此，通胀预期才起作用。对于现代开放经济而言，还有一个渠道是通过汇率变动起作用的。

因此，货币政策对总需求和产出的影响以不同方式发生，其中最为重要的是：
- 由于支出超额货币余额的直接传导；
- 通过债券利率实现的间接传导；
- 通过贷款或信贷的数量及其利率实现的间接传导；
- 通过通胀率预期实现的间接传导；
- 通过汇率实现的间接传导。

通胀预期渠道考虑了货币政策对前瞻性经济主体未来通胀预期的影响，从而经常用来区分预期到的货币政策和未预期到的货币政策对产出的影响。汇率渠道在开放经济中起作用，是因为货币政策使国内利率（影响国内经济的净资本流入）和总需求（改变汇率、价格和净出口）发生变动。第13章讨论这些效应。第16章讨论贷款渠道和信贷渠道。

需要注意的是，在货币政策影响总需求和产出的时滞方面，每种渠道都有其独特的模式。除此之外，不同国家之中各个渠道的相对重要性不尽相同，时滞结构也不相同，货币政策的总影响至少在短期中也不同。

2.6.5　金融欠发达经济中各渠道的相对重要性

一些国家主要是欠发达国家存在大量非正式的金融部门和巨额法律关系不明的资金。后者又称为"黑钱"。这两者强化了贷款和直接传导渠道的重要性。黑钱不能存入正式的金融机构成为可贷资金，也不能直接用于购买公开交易的债券。通常它的用途是购买商品，购买商品可以全部或部分用货币进行支付。如果黑钱持有人发放贷款，则往往主要依赖个人认知，包括对借款人信用能力的了解在内，对利率的考虑只是次要的。这些因素降低了（以市场利率为基础的）间接渠道相对于直接渠道和贷款渠道的重要性，因为货币供给的一些增量可能渗透到非正式部门，一些增量最终成为黑钱。因此，对于发达经济而言，（通过债券利率）间接传导的渠道可能更重要，而对于欠发达国家而言，直接传导渠道和贷款渠道可能相当重要。

结　语

从18世纪到20世纪初的数量论传统是众多伟大经济学家超过一个世纪的思想的结晶。数量论的中心主题是货币供给变动导致均衡状态的价格和名义国民收入发生等比例变动，围绕这一主题有大量的变种。弗里德曼声称，整个传统古典主义时期（直至凯恩斯），数量论都是一种活着的传统，而不是一种僵化的教条。这无疑是正确的，但经济学界并不把弗里德曼的货币理论视为数量论的一个方面，这与他本人的想法有所不同。因此，现在数量论应该被看做一种历史教条，而不是当代学说，它已不再是一种活着的传统。

弗里德曼还认为数量论是一种货币需求理论，而不是一种价格水平理论。从经济思想史的视角来看，经济学界并没有接受这种对数量论的重新定位。普遍的共识仍然将其作为一种价格决定理论，而不只是一种货币需求理论，即均衡时货币供给变动导致价格水平同比例上升，但不影响产出和就业。

从很多方面来看，弗里德曼（1956）对货币需求函数的阐述并非对数量论历史教条的阐述[①]，而是对20世纪50年代之前的货币理论思想及其发展的一种综合。具体而言，弗里德曼沿袭凯恩斯主义者的做法，强调货币是一种暂时的价值储藏工具，从而是众多资产中的一种。这意味着对凯恩斯分析的价值储藏部分给予了过度强调，却没有根据地淡化了货币的交易职能。

弗里德曼1956年有关数量论的论文，其独特之处在于断言货币需求函数和流通速度函数是稳定的。这是对凯恩斯以及20世纪50年代凯恩斯主义观点的根本背离，凯恩斯主义将货币仅仅作为流动性资产的一种，并且认为由于债券收益的概率建立在心理基础之上，所以货币需求函数是高度易变的。弗里德曼在两种观点的争锋中胜出，这足以使整个经济学界接受货币和货币政策至关重要的观念，即使凯恩斯主义者也不例外。

克努特·维克塞尔分析货币供给变动对经济的影响时，将储蓄—投资过程置于核心位置，这一贡献影响深远。数量论的某些传统版本将货币分析孤立出来，或者使用实体部门和货币部门的两分法。与之不同的是，维克塞尔将货币分析同商品市场和债券市场的分析统一起来，这一方法为之后的凯恩斯主义和新古典主义宏观经济模型指引了方向，同样也预示了最近二十年以来将利率作为货币政策操作目标的宏观经济分析。

凯恩斯认为用数量论表示货币交易需求在本质上是没有问题的。货币余额作为一种资产，本身不用于消费或生产，个人持有的目的是为交易提供资金，从而货币余额具有商品存货的所有特征，而持有后者的目的是用于生产或销售。后来鲍莫尔和托宾（参见第4章）利用存货需求的基本理论阐述了货币余额的交易需求。这一分析是第4章的主题。

凯恩斯提出的货币持有动机及其分析是剑桥学派思想的延续和精炼，但与之不同的是加入了货币投机需求。凯恩斯强调货币投机需求，货币理论为之耳目一新。从前文中不难看出，究其本质，该观点只是将货币价值储藏职能的某些方面加以正式化。所谓价值储藏职能，即货币作为一种资产，是众多的财富持有形式之一。弗里德曼（1956）对这一方法的后续发展提出了一种简洁的表述。至于货币和其他金融资产需求的风险承担问题，后来有人利用资产组合选择的预期效用理论提出了正式严谨的分析。这一分析将在第5章给出。关于预防性货币需求和缓冲存货性货币需求的分析将在第6章给出。

货币需求的理论分析从凯恩斯开始进入快速发展阶段，20世纪80年代之后逐渐失去活力，90年代之后经验估计的创新也趋于停滞。从20世纪80年代开始，这一主题的新进展就相对很少了。

---

① 帕廷金（1969）一针见血地指出，弗里德曼（1956）"为我们提供了一种最为简洁精致的现代凯恩斯主义货币理论表述，却误导性地冠以'数量论——一种重新表述'的标题"（帕廷金，1969，第61页）。

主要结论

※ 数量论在其演变历史中出现了若干种方法。它们主张，长期均衡时，货币供给变动将导致价格水平的同比例变动，但不会影响产出和失业。

※ 数量论不排除货币供给变动在非均衡时影响产出和就业的可能性。

※ 维克塞尔将（从货币到总需求的）传导机制由直接传导机制转变为间接传导机制。此外，他设想银行系统决定利率，从而使货币供给变成内生的。

※ 凯恩斯扩展了持有货币的原因，包括交易动机、谨慎动机和投机动机。

※ 弗里德曼虽然表面上宣称提供了一种关于数量论的"重新表述"，但实际上是对新古典主义和凯恩斯主义的货币需求思想提供了一种综合版本。然而，他用永久收入代替当前收入作为货币需求尺度的决定因素，这一点既不属于数量论，也不属于凯恩斯主义传统。

※ 凯恩斯和凯恩斯主义者将货币市场和价格水平的分析纳入一般宏观经济模型，而不是将其作为商品市场分析的一种附属。他们还在货币需求中引入债券作为货币的一种替代资产，从而使债券市场成为宏观经济分析的一个组成部分。

※ 货币供给变动影响总需求有若干个潜在的传导机制。它们的基本分类是直接传导机制和间接传导机制。

※ 贷款渠道是否区别于通过利率起作用的间接传导渠道，以及贷款渠道对于现代金融发达经济是否重要，这些问题仍然存在争议。

※ 过去货币政策的首要操作目标是货币供给，但现在变成了利率，所以在设定利率的情况下，货币供给变成了内生的。

复习讨论题

1. 讨论如下表述：
"数量论和数量方程是一回事，因为它们彼此包含有对方的含义。"
"数量论假设了流通速度的稳定性。"

2. 比较数量论中的费雪交易法和庇古现金余额法。两者之间有相似性吗？有的话是什么？或者，它们应该被当做完全不同的方法加以对待吗？

3. 既然庇古已经阐明了持有货币的两种"目标"，那么凯恩斯关于三种动机的阐述是革命性的改变，还是仅仅是对货币需求分析的一种扩展，以便反映出债券市场和股票市场日益不容忽视并且对宏观经济越来越重要？请讨论之。

4. 比较庇古、凯恩斯和弗里德曼在货币需求利率弹性方面的贡献。

5. 讨论如下表述：维克塞尔的纯信用经济分析属于凯恩斯主义传统而不是数量论传统，因此他的分析应被看做货币经济学中凯恩斯主义的先驱。

6. 讨论如下表述：弗里德曼的货币需求分析属于凯恩斯主义传统而不是数量论传统，因此他的分析应被看做对货币经济学中凯恩斯主义思想的一种表述或小幅修正。

7. 根据凯恩斯的货币持有动机理论，货币总需求能否合理地分成三个可加的部分？如果不能，那么理由是什么？

8. 在凯恩斯看来，货币需求中的投机需求是易变的。这使得货币需求和货币乘数具有易变性，从而使得货币政策成了一种不可靠的稳定化工具。凯恩斯认为这种易变性的原因是什么？你认为这种易变性在现代经济中存在吗？随着时间的推移，这种易变性是增强了还是减弱了？

9. 在弗里德曼看来，货币需求函数是高度稳定的。这使得货币—收入乘数也是高度稳定的，因此货币供给变动对名义国民收入有着强烈的影响。弗里德曼认为货币需求稳定的原因是什么？从不具备凯恩斯所说的易变性类型这一意义上讲，近年来的货币需求函数是稳定的吗？请讨论。从近几十年来许多国家的情况来看，货币需求函数因金融创新而不断变化。这些变化是否已使弗里德曼的论断不再成立？或者，这种不稳定性是否与弗里德曼和凯恩斯所想的不同？

10. 凯恩斯和弗里德曼的货币需求函数有何异同？弗里德曼的分析属于哪一传统，凯恩斯主义、数量论还是传统古典主义？讨论弗里德曼关于货币流通速度的观点，并写出他的货币流通速度函数。

11. 讨论如下表述：弗里德曼对凯恩斯主义流动性偏好理论特别是投机动机的批评，更集中于货币需求的稳定性，而不是货币需求的利率弹性。

12. 货币需求取决于什么？当期收入、财富或是永久收入？或者它并不直接取决于这些变量，而是取决于家庭的消费支出和厂商的产出？倘若如此，那么为什么货币需求通常被设定为收入的函数？

13. 凯恩斯和弗里德曼关于货币供给外生性或内生性的观点是什么？他们观点的理由是什么？维克塞尔关于货币供给外生性或内生性的观点是什么？他观点的理由是什么？

参考文献

Bae, Y., Kakkar, V. and Ogaki, M. "Money demand in Japan and non-linear cointegration." *Journal of Money, Credit and Banking*, 38, 2006, pp. 1659–1667.

Bernanke, B. S., and Blinder, A. S. "Credit, money and aggregate demand." *American Economic Review*, 78, 1988, pp. 415–439.

Fisher, I. *The Purchasing Power of Money*. New York: Macmillan, 1911, Chs 1–4, 8.

Friedman, M. "The quantity theory of money-a restatement." In M. Friedman, ed., *Studies in the Quantity Theory of Money*. Chicago: Chicago University Press, 1956, pp. 3–21.

Friedman, M. "The role of monetary policy." *American Economic Review*, 58, 1968, pp. 1-17.

Friedman, M. "The supply of money and changes in prices and output" (1958). Reprinted in M. Friedman, *The Optimum Quantity of Money and Other Essays*. Chicago: Aldine, 1969.

Friedman, M., and Schwartz, A. *The Monetary History of the United States*, 1867-1960. Princeton, NJ: Princeton University Press, 1963.

Hubbard, R. G. "Is there a credit channel for monetary policy?" *Federal Reserve Bank of St Louis Review*, 77, 1995, pp. 63-77.

Hume, D. *Of Money* (1752). Reprinted in *The Philosophical Works of David Hume*. 4 volumes. Boston: Little, Brown and Co., 1854.

Hume, D. *Of Interest* (1752). Reprinted in *The Philosophical Works of David Hume*. 4 volumes. Boston: Little, Brown and Co., 1854.

Kashyap, A. K., and Stein, J. C. "Monetary policy and bank lending." *NBER Working Paper No. 4317*, 1993.

Kashyap, A. K., and Stein, J. C. "The role of banks in monetary policy: A survey with implications for the European monetary union." *FRB of Chicago Economic Perspectives*, 21 (5), 1997.

Keynes, J. M. *Treatise on Money*. 2 volumes. New York: Harcourt, Brace, 1930.

Keynes, J. M. *The General Theory of Employment, Interest and Money*. London and New York, 1936, Chs 13, 15.

Miron, J. A., Romer, C. D. and Weil, D. N. "Historical perspectives on the monetary transmission mechanism." In N. G. Mankiw, ed., *Monetary Economics*. Chicago: University of Chicago Press, 1994.

Patinkin, D. *Money, Interest and Prices*. 2nd edn. New York: Harper & Row, 1965, Chs 2, 5-8.

Patinkin, D. "The Chicago tradition, the quantity theory, and Friedman." *Journal of Money, Credit and Banking*, 1, 1969, pp. 46-70.

Patinkin, D. *Essays on and in the Chicago Tradition*. Durham, NC: Duke University Press, 1981.

Pigou, A. C. "The value of money." *Quarterly Journal of Economics*, 32, 1917, pp. 38-65.

Samuelson, P. "Lord Keynes and the General Theory." *Econometrica*, 14, 1946, pp. 187-200.

Tobin, J. "Liquidity preference as behavior towards risk." *Review of Economic Studies*, 25, 1958, pp. 65-86.

Wicksell, K. "The influence of the rate of interest on prices." *Economic Journal*, 17, 1907, pp. 213-220.

第二部分

经济中的货币

第 3 章 经济中的货币：一般均衡分析

本章的核心内容是从微观经济学角度分析经济中的货币。它将实际余额作为一种与商品和劳动一样的有用东西，并将所有有用东西的供求作为一个整体，在此背景下推导各自的需求。这么做的工具是瓦尔拉斯一般均衡模型，它可以决定有用东西的相对价格和绝对价格，并考察价格的性质。具体而言，本章严格地分析了货币中性和超中性的问题，这些问题广受争议但至关重要。

虽然本章的分析以微观经济学为基础，但其结论既适用于货币的微观经济学，也适用于货币的宏观经济学。因此，本章可以紧接着第 2 章讲授，作为货币经济学中瓦尔拉斯模型传统的进一步阐述，或者也可以放在第 12 章之后讲授，作为第 13 章至第 17 章讨论宏观货币经济学的前奏。

本章的分析是正式研究货币基础理论的开始。

本章引入的关键概念

- ◆ 经济中"有用东西"的定义
- ◆ 作为一种有用东西的货币
- ◆ 实际余额需求
- ◆ 一般等价物
- ◆ 货币的使用成本
- ◆ 效用函数中的货币（MIUF）
- ◆ 生产函数中的货币（MIPF）
- ◆ 相对价格与绝对价格

- 零阶齐次性
- 货币中性
- 货币超中性
- 实体部门与货币部门的两分法
- 实际余额效应

本章把实际余额看做经济学中所谓的"有用东西"（good），并以此视角分析之。我们将"有用东西"定义为被更多而不是更少地需求的东西，这与经济学中以偏好为基础的分析相一致。然后列举出货币经济中关于货币的特征性事实。货币经济中除了货币，还有劳动、商品和债券等其他的有用东西。之后我们用三个模型来推导货币需求。如果模型含义与特征性事实不符，则拒绝接受这一模型。货币经济学中如此，宏观经济学中亦如此。

本章将货币需求作为瓦尔拉斯（一般均衡）模型中的一个组成部分来加以推导。瓦尔拉斯模型构成了对经济中的市场和个别价格决定进行微观经济分析的基础，也构成了现代古典主义和新古典主义宏观经济模型的基础，同时还形成了与凯恩斯主义宏观经济学相区别的标准。因此，本章不仅为货币分析的微观经济方面（货币的供求）做了准备，也为货币经济学的宏观经济方面（宏观经济模型中的货币和货币政策）做了铺垫。前者将在第 4 章至第 10 章中讨论，后者将在第 13 章至第 17 章中讨论。因此，对宏观经济方面更感兴趣的读者，可以在完成本章之后直接跳至第 13 章到第 18 章。

3.1 经济中的货币和其他有用东西

"有用东西"的定义

为了判断是否可以把货币看做一种"有用东西"（goods），我们需要对"有用东西"加以定义。根据个人或家庭的行为分析，"有用东西"可以被定义为：在其他条件不变时，多比少好而不是少比多好的东西。一种有用东西也许可以买卖，也可能无法买卖。在一片喧闹之中，安静可能是一种有用东西，但它也许无法买卖。[①] 从与市场经济的相关度的视角来看，我们只需要考虑以某种价格或其他对价进行交易的有用东西。另外，需要注意的是，经济分析不问有用东西为什么多比少好。因此，无须考虑有用东西在某种意义上对个人有益还是有害，或者个人作为社会自然环境中的生物存在体是否天性如此，再或者影响个人获取意愿的任何其他因素。举一些奇怪的例子，钻石、香烟、毒品、用于犯罪活动的劳动时间、枪支弹药等，这些都被微观经济分析视为有用东西。货币也是如此，尽管它不能被"直接消费"，而且它的组成部分（如特定国家的通货和活期存款）之

---

① 但某些情况下可以买卖，例如隔音公寓比普通公寓索要更高的租金。

所以构成货币，仅仅是因为社会经济环境接受它作为支付媒介。钻石和许多其他商品同样如此，其需求之所以存在，并非因为它们或其服务能够"直接用于消费或生产"，而是因为社会经济环境为它们或其服务创设了效用。个人持有钻石或实际余额的愿望，就构成了将其作为效用函数中有用东西的充足理由。持有和使用货币必须付出成本的事实，只是进一步确认了将货币作为一种个人的有用东西的做法，却不是这么做的严格必要条件。

就厂商视角而言，投入（一种有用东西）是多比少更能增加（或减少）产出的东西。经济理论不问为何如此，因而不考虑一种有用东西是否"直接"进入生产过程，或者多比少更能增加产出是否是厂商运营环境所致。厂商持有实际余额的意愿就构成了将货币作为一种生产投入的充足理由，因而也构成一种对厂商而言的有用东西。

宏观经济分析中的货币和其他商品

对于宏观经济建模而言，有用东西被分成四类，即商品或产品、劳动或其反面闲暇、货币以及债券。其中，"债券"包括所有非货币金融资产。[①] 与其他有用东西相比，货币的流动性最高，因而充当支付媒介。本章假定商品、劳动和债券是流动性相对较差的有用东西，不能直接用来交换商品。

曾在19世纪广为流行、自20世纪30年代以来又不断增强的一种思想倾向认为，应该把货币需求当做从许多有用东西中选择一种的需求来分析。这种方法主张：对于个人或厂商持有的实际余额需求的决定而言，其分析框架应与一般商品需求决定的分析框架相同，那就是个人或家庭的效用最大化以及厂商的利润最大化。这一方法是当前货币理论的主流方法，它的弗里德曼（1956）版本已经在第2章中有所阐述。该方法有三种形式化方式：不受时间影响分析、单期分析或跨期分析。

推导货币需求的不同方法

有三种主要方法来推导货币需求和货币在经济中的角色。它们是：

1. 货币产生效用，因而可以纳入效用函数。同样，货币也可以纳入生产函数。另外一种情况是，虽然货币不直接作为效用函数和生产函数的组成部分，但它能节约支付过程的劳动时间，所以可以间接纳入效用函数和生产函数。这一方法的两种情形都将在本章讨论。

2. 货币不直接或间接进入效用函数和生产函数，但被特定类型交易所需要，于是现金先行分析就成为适当的处理方法。这一现金先行方法将在第23章讨论。

3. 货币不直接或间接进入效用函数和生产函数，并且不以现金先行的方式用做支付媒介。然而，货币是一种可用于跨期转移购买力的资产。这种方法用于第21和22章提出的叠代模型中。

这三种方法中最常用的是第一种，货币可以处理为效用函数和生产函数的一

[①] 就直觉而言，商品是直接用于消费或生产的有用东西。金融资产是纸面或簿记的商品索取权，用于提供流动性服务或从现在向未来转移购买力。

个组成部分。

效用函数和生产函数中的货币

本章首选的货币分析方法是将货币置于个人效用函数和厂商生产函数之中，其依据是货币经济中商品（债券）不能同其他商品或债券相交换，只能同货币相交换，货币充当支付媒介。这一方法被称为效用函数中的货币（MIUF）方法以及生产函数中的货币（MIPF）方法。许多经济学家反对这种方法，因为实际余额不直接产生满足或增加产量。这种方法的一种间接路线是交易法，开始时不将货币纳入效用函数和生产函数，然而实际余额使消费者节省了采购和交易时间，因而增加了闲暇，使厂商节省了劳动力资源。由这些观点产生的间接效用函数和间接生产函数，将在本章第 3.3.2 节和第 3.6.2 节简要介绍。

不过，许多经济学家更愿意彻底摈弃上述分析思路，有些人选择用世代交叠框架来分析货币。这种方法将在第 21 章至第 23 章讨论。

作为耐用品的货币

从经济意义上讲，金融资产是耐用品。货币的经济耐用性是一个颇令人费解的概念，所以需要加以厘清。

货币需求被认为是个人在一个时期内对持有平均货币余额的需求，经常被称为"持有名义余额的需求"。这种需求不同于个人在该时期内各个时点上所持有的货币量，它是这些货币量的加权平均，权重就是特定货币量被持有的时长。①

然而，一个人持有这件耐用品可能是为了交易，也可能不是。他可能把它作为一种转移工具，将财富或实际购买力从这周转移到下周。② 这种用途就是一种价值储藏。③ 为方便起见，货币理论一般把货币作为支付媒介的需求归类于交易性货币需求，而把货币作为（相对于其他资产的）价值储藏的需求归类于投机性或资产组合货币需求。但是，任何特定单位的货币余额都兼具这两种职能，所以交易性余额和投机性余额的划分只能被视为出于分析目的，而不一定适用于现实世界。本章内容将限于对货币总需求做一般性阐述。

---

① 举一个例子，假设一个人在一周开始的时候持有 100 美元，然后在这一周中以连续平均速度支出。他在这个月持有的平均货币余额（即货币需求）为 50 美元（=100/2），这显然不同于周初的货币余额 100 美元，也不同于周末的货币余额 0 美元。假设一周中每天支出 100/7(14.29) 美元，那么他将持有 85.71 美元（=100－14.29）6 天，持有 71.42 美元（=85.71－14.29）5 天，依此类推。这些数额的加权平均（即由持有天数作为权重）为 42.86 美元。所以连续情形和离散情形计算的平均数略有不同。我们以后采用连续平均支出假设，也就意味着加权平均余额为 50 美元。在这一假设下，一个人被认为应该平均需要 50 美元的货币余额（一件耐用品），然后利用其为一周的购买提供融通。关于这一点也可参见第 4 章。

② 一个人从周初到周末始终持有 50 美元的却从来不花一分，这个时候才会出现不带任何交易用途的纯粹价值储藏。之后他会将这一金额保留至下一周开始，这很像冰箱之类的耐用消费品，不仅这周能用，下周开始时还能用。因此，对于纯粹的价值储藏功能而言，个人可以在一周之内始终保有未插电的冰箱或 50 美元的货币余额，并不想去使用冰箱的服务或融通支出。实践中，无论冰箱还是货币余额都不会在一周内完全备而不用，它们都是一边提供服务，一边充当价值储藏工具。第 4 章将把货币的交易用途与价值储藏角色结合起来进行分析。

③ 弗里德曼将货币用于短期价值储藏的职能称为购买力寄存。

3.2　货币经济的特征性事实

本书前面部分已多次指出,货币的本质角色是充当支付媒介。只有能够作为价值储藏的工具,至少从收入货币到向别人支付之间的短期间隔内能够储藏价值,才能够执行支付媒介的职能。债券的宏观经济定义是非货币金融资产。此类资产也可以作为价值储藏工具,由于其通常提供的回报高于货币,所以往往是比货币更好的价值储藏工具。一个将货币纳入其中的理论一定要符合现代经济中有关货币的主要特征性事实。这样的特征性事实有哪些?下面我们将简要列举关于货币的一些特征性事实。

1. 商品、劳动和债券只能同货币交换,不能互相交换。

2. 提供劳动的收入或者其他方式的增值都是以货币形式获得的,同时购买商品和债券都必须以货币支付。因为这两种行为不在同时发生,所以每一时期(足够长以至于将收入收支都包括在内的时期)都需要持有货币。货币作为价值储藏工具的性质,同样促使货币从一个时期被持有到下一个时期。因此,在货币经济中,每一时期的货币需求都为正。①

3. 不管货币的回报比债券的回报是高还是低,货币的需求都为正。事实上,货币的回报通常低于债券的回报,但货币需求仍然为正。货币作为支付媒介的需求为正,同时风险债券和无风险债券的需求也都为正。②

4. 将商品囤积居奇或用于生产其他商品能够获得回报。不管货币的回报比商品的回报是高还是低,货币的需求都为正。即使预期通货膨胀率为正,货币需求也为正。

5. 个人的货币需求是总支出或消费支出的函数,不是储蓄的函数。具体而言,货币需求可以大于储蓄,也可以小于储蓄,在给定时期内几乎不可能等于储蓄。

6. 包括获取收入和购买商品在内的各时期中,货币的流通速度为正,但不是常数。

学生应该设身处地体会前五点的有效性。多数学生的支出等于或高于其收入。因此,他们是在逆储蓄,并通过发行债券(向父母借钱、从大学或政府获得贷款等)为逆储蓄融资。尽管他们的储蓄为零或负,但持有的货币数量却为正(事实上通货和活期存款的数量都为正)。第14、21和23章更加详细地列举了经济中关于货币的特征性事实。

宏观经济学和货币经济学的若干模型都将货币作为其中的变量,并假设指定货币是一种无风险、零收益的资产。然而,货币的本质属性既不是无风险,也不

---

① 这意味着任何涉及一个以上时期的模型中,所有时期的货币都需要具有严格正的需求,包括分析的第一期和最后一期在内。

② 如果一个模型的含义不允许货币需求和债券需求同时为正,那么必然是债券需求为零。

是零收益。在模型中引入一种无风险、零收益的资产,并称之为"货币",并不意味着将货币真正纳入模型。除非符合前面所列举的特征性事实,否则"货币"不过是这样一种资产的错误命名而已。简言之,我们的目的是利用这些事实去对那些包括所谓"货币"资产的模型加以辨别(拒绝或接受)。

下一节给出了一个号称将货币包括在内的常用宏观经济模型,但其关于货币需求的含义与特征性事实不一致,所以我们认为该模型中其实并无货币,从而不能将其作为货币经济的有效模型。第21到23章将讨论一些带"货币"的叠代模型。第21和22章详细阐述了这种方法的基准模型,这一基准模型同样不符合关于货币的特征性事实。

3.3 无货币的效用函数最优化

如前所述,货币的基本职能是支付媒介。执行这一职能的前提是其可以充当价值储藏工具,至少在短期内可以储藏价值。什么样的消费者行为模型才能将这些职能适当地包括在内?本节使用标准两时期模型就这一问题展开讨论,模型假设经济中有商品、货币和债券,无不确定性。

假设第1个时期中个人效用函数具有常见的两时期效用函数形式:

$$U(c_1, n_1, c_2, n_2) \tag{1}$$

其中,c_i和n_i分别表示第i个时期的商品消费和劳动供给。$U(\cdot)$是新古典序数效用函数,具有连续的一阶和二阶偏导数。应注意到效用函数中并没有出现货币。简单起见,假设效用函数具有常见的时间可分形式。于是

$$U(c_i, c_2) = u(c_1, n_1) + \frac{1}{1+\rho} u(c_2, n_2) \tag{2}$$

其中,ρ是时间偏好率,u是当期效用函数。对于所有的i,$\frac{\partial u_i}{\partial c_i} > 0$且$\frac{\partial u_i}{\partial n_i} < 0$。

在各时期中,个人用其名义收入加上(从前一时期)"继承"的货币和债券来购买商品、货币和债券。商品在本期内全部消费完,而货币和债券持有到下一时期。货币不付息,而债券每期支付名义利率R。第1个时期的个人预算约束是①

$$P_1 c_1 + M_1 + B_1 = P_1 w_1 n_1 + M_0 + (1+R_0) B_0 \tag{3}$$

其中,M是名义货币余额,B是债券的名义价值,w是外生给定的实际工资。在第2个时期开始时,个人一个时期留存的货币余额为M_1(不生息),留存的债券为B_1(利率为R),收入为y_2。两期模型中不存在遗产动机,个人不会在第2个时期购买货币和债券,因为这一个时期结束之后货币和债券将不再有用。于是

---

① 因为理性个人要么消费掉所有禀赋,要么将储蓄转换为货币以备将来使用,所以我们将这一约束表示为等式。

第 2 个时期的预算约束中不会出现对这两种资产的购买。令 $M_2=B_2=0$，第 2 期预算约束为①

$$P_2 c_2 = P_2 w_2 n_2 + M_1 + (1+R_1)B_1 \tag{4}$$

既然个人不能发行货币，那么

$$M_1 \geqslant 0 \tag{5}$$

从（4）式中解出 B_1 并代入（3）式，两时期的合并预算约束为②

$$P_1 c_1 + \frac{P_2 c_2}{1+R_1} + M_1 - \frac{M_1}{1+R_1} = P_1 w_1 n_1 + \frac{P_2 w_2 n_2}{1+R_1} + M_0 + (1+R_0)B_0 \tag{6}$$

整理得

$$P_1 c_1 + \frac{P_2}{1+R_1} c_2 + \frac{R_1}{1+R_1} M_1 = P_1 w_1 n_1 + \frac{P_2}{1+R_1} w_2 n_2 + M_0 + (1+R_0)B_0 \tag{7}$$

除以 P_1 并用 $1/(1+r_1)$ 替换 $P_2/[P_1(1+R_1)]$ 后得

$$c_1 + \frac{c_2}{1+r_1} + \frac{R_1}{1+R_1} \frac{M_1}{P_1} = w_1 n_1 + \frac{w_2 n_2}{1+r_1} + \frac{M_0}{P_1} + \frac{(1+R_0)B_0}{P_1} \tag{8}$$

其中，$1/(1+r_t) = P_{t+1}/[P_t(1+R_t)]$，$r_t$ 是 t 期的实际利率，P_{t+1}/P_t 是通货膨胀率。

用 m 替换 M/P（实际货币余额），用 b 替换 B/P（债券的实际价值），化简后（8）式重新表述为③

$$c_1 + \frac{c_2}{1+r_1} + \frac{R_1}{1+R_1} m_1 = w_1 n_1 + \frac{w_2 n_2}{1+r_1} + \frac{P_0}{P_1} m_0 + (1+r_0) b_0 \tag{9}$$

t 期之初货币和债券的实际价值是 t 期的"禀赋"，用 a_1 替换 $(P_0/P_1)m_0+(1+r_0)/b_0$，则有

$$c_1 + \frac{c_2}{1+r_1} + \frac{R_1}{1+R_1} m_1 = w_1 n_1 + \frac{w_2 n_2}{1+r_1} + a_1 \tag{10}$$

个人在约束条件（10）式之下最大化（2）式，所以拉格朗日乘子为 λ 的拉格朗日函数为④

$$L = u(c_1, n_1) + \frac{1}{1+\rho} u(c_2, n_2) + \lambda \left(w_1 n_1 + \frac{w_2 n_2}{1+r_1} + a_1 - c_1 - \frac{c_2}{1+r_1} - \right.$$

---

① 因为一个人不会从 $t+1$ 期末剩余的未支出货币余额或未消费商品中获得效用，所以效用最大化意味着约束条件是一个等式。
② 因为理性个人将在两时期内消费掉所有禀赋，所以我们将这一约束表示为等式。
③ 注意到 $[(1+R_0)P_0/P_1]b_0 = (1+r_0)b_0$。
④ 注意到 $[(1+R_0)P_0/P_1]b_0 = (1+r_0)b_0$。

$$\left. \frac{R_1}{1+R_1} m_1 \right) \tag{11}$$

约束条件为 $m_1 \geq 0$。

一阶条件为

$$\frac{\partial L}{\partial c_1} = \frac{\partial u(c_1, n_1)}{\partial c_1} - \lambda = 0 \tag{12}$$

$$\frac{\partial L}{\partial n_1} = \frac{\partial u(c_1, n_1)}{\partial n_1} + \lambda w_1 = 0 \tag{13}$$

$$\frac{\partial L}{\partial c_2} = \frac{1}{1+\rho} \frac{\partial u(c_2, n_2)}{\partial c_2} - \frac{\lambda}{1+r_1} = 0 \tag{14}$$

$$\frac{\partial L}{\partial n_2} = \frac{1}{1+\rho} \frac{\partial u(c_2, n_2)}{\partial n_2} + \frac{\lambda w_2}{1+r_1} = 0 \tag{15}$$

$$\frac{\partial L}{\partial m_1} = -\lambda \frac{R_1}{1+R_1}, \quad m_1 \geq 0, \quad m_1 \frac{\partial L}{\partial m_1} = 0 \tag{16}$$

这些条件的前四个与经济中不带货币（尽管可以有债券）的模型一致，所以它们的解提供了消费和劳动供给的最优时间路径，这一路径独立于模型中是否存在货币。在这一模型中，货币不仅是中性的（即模型中实际变量的实际值不随货币的名义数量变动而变动），而且是"严格中性"[①] 的，因为模型中实际变量（消费和劳动供给）的最优实际值不仅不随货币数量变动而变动，而且也不因经济中有无货币而变动。也就是说，这一模型中消费的时间路径与有债券而无支付媒介的经济是一样的。经济学家对货币中性的经验有效性已经争议不小，更没有人会同意严格超中性的命题，因为现实货币经济中的实际变量值确实经常显著不同于易货经济或者有债券但无支付媒介的经济。[②] 如果效用函数中再加入两个时期的劳动供给，那么这一点将变得更加明显。[③] 在这一扩展中，甚至每一期的劳动供给和闲暇都不因货币存在与否而有所改变，所以货币经济中的闲暇需求与易货经济中的应该完全一样。这在现实经济中显然同样不成立。

再看上述一阶条件中的最后一个，如果 $R_1 > 0$，则 $-R_1/(1+R_1) < 0$。因为由（11）式可知 $\lambda > 0$，则 $-\lambda R_1/(1+R_1) < 0$，所以由松弛条件得 $m_1 = 0$。这种情形下，债券收益高于货币，货币不支付正回报，于是个人将持有债券而不持有货币。但如果 $R_1 < 0$，则 $-\lambda R_1/(1+R_1) > 0$，所以个人将持有尽可能多的货币。如果他能够借贷，那么他的货币持有额等于储蓄加上借贷。在这种情况下，货币余额的收益高于债券，于是个人将持有货币而不持有债券。结论概括如下：

如果 $R_1 > 0$，则 $m_1 = 0$。

如果 $R_1 \leq 0$，则 $m_1 \geq 0$。[④]

因为 R_1 是债券市场利率，如果 $R_1 \leq 0$，个人就没有动机去放贷，所以任何储蓄都将以货币形式持有。然而，通常情形下 $R_1 > 0$，个人在时期 1 不持有货币，

---

① 中性和超中性的定义在本章稍后部分给出。
② 关于这一点的更详细的讨论在第 24 章给出。
③ 这一点留给学生做练习。
④ 等式在储蓄为零时成立。

在时期 2 也不持有货币，但在时期 1 持有等于其储蓄的债券，在时期 2 不持有债券。学生可以考虑自己的货币需求行为模式，他们的收入往往低于支出，通过发行债券（向父母借钱、从大学或政府贷款等）来为逆储蓄融资。但无论如何，他们确实持有货币。因此，对于他们而言，当 $b_1<0$ 时，$m_1>0$。这样的行为与本节模型的上述含义相悖。

前面模型分析推导出的几个含义显然在货币经济中（实证）不成立，将这一模型的含义与前一节列出的货币经济特征性事实相比较，就会一目了然。其中之一是严格超中性结果。第二个是各期货币需求不都为正：模型中个人或持有货币或持有债券，但不会同时持有两种；对于 $R_1>0$ 这种更现实的情形而言，个人始终不持有货币。这在货币经济中显然也不成立，货币经济中的每个人无论是否持有债券，但确实在每一时期都持有货币。对这一结果的解释是，上述模型中货币和债券执行完全一样的职能，两者都是价值储藏工具，但都不是支付媒介。然而，在货币经济中货币是支付媒介，债券则不是，所以货币与债券的性质不同。上述模型没有抓住这种区别，在该模型中实际上不存在支付媒介，所谓"货币"只是纯粹的价值储藏工具，与债券无异，不妨称之为无息债券。之所以出现货币的支付媒介功能，是因为各时期内存在多种不同的商品及其贸易。而这一条件在上述模型中并不具备。

上述模型的第三个无效含义是 $R_1>0$ 时 $m_1=0$。货币经济中个人以货币形式获取劳动服务的收入，购买商品或将储蓄投资于债券时需要向别人支付，现实情况是这笔钱从收取到支付之间总有时间间隔存在，期间个人总是持有货币的，所以无论时期 1 还是时期 2 的货币需求都不为零，即使债券收益超过货币收益也是如此。上述模型的第四个无效含义是个人在最后一期的货币持有量 $m_2=0$。而在现实的货币经济中，个人在生命的最后时期也要持有货币，因为从其用劳动供给换回货币到为了消费而购买商品，这两者之间总是或多或少有时间间隔，也就是说，即使没有遗赠动机，他们也要为支付媒介功能而持有货币。事实上，货币理论的挑战据说就是表明，即使债券收益超过货币收益，也要持有货币。还有就是每一期都要持有货币，即使是货币作为价值储藏工具不再有用的最后一期，也得如此。上述模型就没能解决这些挑战。

与大学生有关的是逆储蓄的时期 1 中出现的另外一个无效的模型含义。这种情况下模型意味着货币需求等于 0。大多数大学生的行为和环境是这样的，他们购买商品的花费超过收入，因而在逆储蓄和积累债务（即债券持有量为负），但他们的合意货币持有量始终为正。老年人处在生命周期的另一端，一生的最后时光里也始终要购买商品，为了进行支付也都要持有正的合意的货币余额。

既然上述模型的几个核心含义在货币作为支付媒介的经验实证上都无效，那么下一节将取而代之以另外两个模型，这两个模型中货币作为支付媒介确实具有正的需求。我们将使用具有异质性商品和劳动供给的单期模型，来说明每一期都出现货币需求不是因为人们将货币作为跨期转移购买力（价值储藏）的一种工具。这一分析同样适用于两时期或多时期，第 24 章在叠代模型的背景下就会用到这些版本。本章所用的模型都是将货币纳入效用函数和将货币间接纳入效用函数的模型。另一种方法是现金先行模型。这种方法不会在本章出现，但会在第 24 章的叠代模型背景下提出。

3.4 货币的支付媒介功能：将货币纳入效用函数

正如本章引言所讨论的，货币余额可以直接或间接地作为效用函数的一个变量。鉴于文献对于这种做法不无争议，所以本节阐述了这么做的一些理由，所用篇幅可能比一般货币经济学教科书中的要略长一些。

上一节末尾讨论过，把货币作为支付媒介进行研究不需要多时期分析。多时期分析往往主要关注货币作为价值储藏工具的角色，将其与债券归为一类，而贬低它作为支付媒介的角色。因此，我们将采用单期分析。另外，我们将货币纳入效用函数，其核心是引入货币作为支付媒介的流动性服务。这些服务只出现于货币经济中，而在易货经济中则没有，因为在货币经济环境下，商品和债券只能同货币相交换，而不能同其他商品和债券相交换。这种环境之下，个人在货币经济中买卖商品，在达到满足之前总是偏好更多而不是更少的实际余额，所以由货币持有量所提供的支付媒介服务就成为效用函数的一个变量。这些服务是一种实际的有用东西，因而可以用持有的实际余额量来作为代理变量。相应地，有些资产在当期不能产生便利交易的流动性服务，这类资产就被排除在效用函数之外，例如股票和长期债券。然而，短期债券、储蓄存款和定期存款在现代经济中确实具有一定的流动性，所以经常被作为准货币。这就引发了货币定义的问题。这一问题在第1章中得到了部分解决，在论述货币总量的第7章还将更全面地处理。就目前而言，"货币"可以被理解为具有流动性的金融资产，如果进一步简化的话，可以理解为 M1。

3.4.1 效用函数中的货币（MIUF）

这一小节提出了把货币纳入效用函数的公理基础。人们对有用东西的品味或偏好不同，他们的收入或财富也不同。微观经济理论定义的"理性"个人具有一致且可传递的偏好。① 这些术语的定义由以下效用理论的公理给出。

公理（1）：一致性偏好。

如果一个人对有用东西组合 A 的偏好甚于另一组合 B，那么他将总是选择 A，而不是 B。

公理（2）：传递性偏好。

如果一个人对 A 的偏好甚于 B，且对 B 的偏好甚于第三个有用东西组合 C，则其对 A 的偏好甚于 C。

---

① 有时候为了便于分析，还要加上另外一条公理，那就是一个人不会对任何有用东西达到餍足。也就是说，对于各种有用东西，他始终觉得多比少好。有鉴于前面对有用东西的定义，这一公理意味着对一个人而言，有用东西始终是有用东西，不管他拥有的这种东西是多还是少。

这是商品需求理论中的两个公理，货币理论通常还要加上第三个。

公理（3）：实际余额是一种有用东西。

对于不直接用于消费或生产的金融产品而言，持有的目的是为了现在或将来交换其他有用东西，一个人关心的是其对商品的交换价值，即对商品的实际购买力，而不是名义数量。①

一致性和传递性公理保证了个人对有用东西的偏好能够单调排序，并用效用函数或偏好函数来表示。公理（3）保证了如果金融资产作为这种效用函数中的有用东西，则应该以其购买力而非名义数量来测度。将货币（以及其他金融资产）直接纳入效用函数有其合理依据。首先，效用函数反映偏好；其次，既然对金融资产的需求是多比少好，那么它就应像其他有用东西那样被包括在效用函数之中。

给定这些公理，个人的当期效用函数设定如下：

$$U(\cdot) = U(x_1, \cdots, x_k, n, m^h) \tag{17}$$

其中，x_k = 第 k 种商品的数量，$k=1, \cdots, K$；n = 按小时计的劳动供给；m^h = 个人或家庭为了获得流动性服务而持有的平均实际余额量。

应注意到（17）式有 $K+2$ 种有用东西，分别是 K 种商品、劳动和实际余额。

公理（1）到（3）只是将 $U(\cdot)$ 设定为序数效用函数。② 对于所有 k，$U_k = \partial U / \partial x_k > 0$，$U_n = \partial U / \partial n < 0$，$U_m = \partial U / \partial m^h > 0$；假设 $U(\cdot)$ 的所有二阶偏导数都为负。也就是说，各种商品和实际余额的边际效用均为正，工作时长的边际效用为负。

完整的 MIUF 模型将在下一小节之后给出。

3.4.2 间接效用函数中的货币（MIIUF）

有人认为货币对个人不直接产生消费服务，但可以节省支付时间。这种论断的前半部分意味着上一小节的前两个偏好公理只适用于商品和闲暇，不适用于实际余额。

本小节概述的模型在直接效用函数之中并没有包括实际余额，但隐含了它便利商品买卖的用途。该模型假定只有消费品和闲暇产生效用。因此，单期效用函数 $U(\cdot)$ 为

$$U(\cdot) = U(c, L) \tag{18}$$

---

① 因此，有 100 张银行票据，每张面值 1 美元，其名义数量或价值是 100 美元。假设一个人希望以货币余额形式持有一定量的实际购买力，并且在一个特定的价格集合下，他的这一需求等于 100 美元。如果商品价格翻番，那么这个人的货币余额需求就不再是 100 美元，而是 200 美元了，这样才能保持以实际购买力度量的需求不变。

② 在不存在任何其他可测度特征的条件下，效用函数如果能够给出一致且可传递的偏好顺序，那么可称之为序数效用函数，它的递增单调变换都是一致的。也就是说，如果 $U(x_1, \cdots, x_s)$ 是个人效用函数，则 $F[U(x_1, \cdots, x_s)]$（$\partial F / \partial U > 0$）也是可以采纳的效用函数，且两者隐含的 $x_i (i=1, \cdots, s)$ 的需求函数完全一样。

其中，c＝消费；L＝闲暇。

假设 U_c，$U_L>0$，U_{cc}，$U_{LL}>0$。消费需要购买消费品，购买需要花费时间。这个购买时间可以分为两个部分，其一是选择所购商品，其二是以卖方接受的方式进行支付。前者对于大多数人来说往往是一种享受，可以视为所购商品的一个方面，或者视为闲暇的一个用途，或者在后续分析中忽略不计。第二个组成部分是支付系统的一个方面。如果买家的支付媒介不足以为其购买进行支付，那么他必须花时间从银行之类的地方取得支付媒介，或者找到一个卖家愿意接受买方能够提供的商品或劳动服务作为支付，后者是以物易物所花费的时间。这两个组成部分显然都需要花费时间。对于货币经济中买方的所有购买行为而言，其都需要一定数量的货币去购买他所希望购买的全部商品。他可以足额持有这一数量，也可以只持有其中一定比例。如果他持有的货币少于所需数量，那么就得在支付过程中投入一定时间，以完成剩余支付。这一目的所需的时间量和持有货币量的不足正相关。用于此目的的时间是令人厌烦的，会产生负的边际效用，不妨称之为"支付时间"，即完成对所购商品的支付所需要的时间。它经常也被称为"购买时间"或"交易时间"。

闲暇等于一天减去工作时间和支付时间之后的剩余时间。因此，

$$L = h_0 - n - n^T \tag{19}$$

其中，h_0＝可用于闲暇、工作和交易的最长时间；n＝用于工作的时间；n^T＝支付时间，即以卖方接受的方式进行支付所花费的时间。①

假设在给定的支付和金融环境下，"支付或交易时间函数"为

$$n^T = n^T(m^h, c) \tag{20}$$

其中，$\partial n^T/\partial c>0$ 且 $\partial n^T/\partial m^h \leq 0$。由（19）式和（20）式得，$\partial U/\partial n^T = (\partial U/\partial L)(\partial L/\partial n^T)<0$。也就是说，支付时间的增加使闲暇减少，从而减少了效用。但因为增加持有和利用的实际余额数量能够减少支付时间，所以 $\partial U/\partial m^h = (\partial U/\partial n^T)(\partial n^T/\partial m^h)>0$。

方程（20）设定了利用平均实际余额 m^h 支付商品数量 c 所花费的时间。货币经济中商店只接受货币支付，如果一个人试图不用货币去支付任何正水平的商品，那么所需的时间将会变得无穷大。也就是说，当 $m^h \to 0$ 时，$n^T \to \infty$。对于正的实际余额水平而言，$\partial n^T/\partial m^h \leq 0$。其中原因在于货币是货币经济中最为广泛接受的支付媒介，所以任何以其他方式支付的企图都意味着需要搜寻特殊的供货商，这势必将增加支付时间。② 然而，一旦实际余额超过某一界限，比如 $m^h \geq$

---

① 因为交易时间减少了闲暇，而闲暇具有正的边际效用，所以这一模型中的交易时间具有负的边际效用。手头有足够的货币去支付合意水平的购买，这当然是赏心乐事。可若没有足够货币去支付购买的话，可能就得费尽周折去寻找愿意以物易物的卖家。这种情况下交易时间自然是难免的，交易时间的负边际效用也是十分合理的。

② 我们用一个"岛屿寓言"来说明这一点。商品的卖家住在不同的岛上，每个卖家只有一单位商品可供出售。假设所有的卖家都愿意接受货币作为购买商品的支付手段，而只有一些卖家愿意用他的商品来交换其他支付手段（债券、欠条或其他商品）。另外，假设每个买家需要购买 c 单位商品，但不知道那些只愿意接受货币支付的卖家住在哪个岛上，所以不得不在所有的岛屿之间随机地搜寻。买家需要找到 c 个岛（因为每个岛上只能买到 1 单位商品），这些岛上的卖家都愿意接受买家所携带的支付手段。为了买到 c 单位的商品，一个买家如果携带足够货币余额的话，需要访问 c 个岛，如果携带的货币余额少于 c 单位的话，则需要访问更多的岛，花费更多时间在搜寻过程上。

αc,其中 α 是适用于这个人的货币流通速度的倒数,那么再增加实际余额就不可能进一步减少支付时间。所以,超过这一界限的话,$\partial n^T / \partial m^h = 0$。

支付时间函数的比例形式为

$$n^T / c = \phi(m^h / c) \tag{21}$$

其中,$-\infty < \phi' \leqslant 0$,$\phi'$ 为 ϕ 对 m^h / c 的一阶导数。当 $\phi' \to 0$ 时,实际余额出现饱和状态。(21)式意味着 $\partial \phi / \partial m^h \leqslant 0$。将这一支付时间函数代入上述效用函数后得

$$U(\cdot) = U(c, h_0 - n - c\phi(m/c)) \tag{22}$$

(22)式可以重新表述为间接效用函数:

$$V(\cdot) = V(c, n, m^h) \tag{23}$$

其中,$\dfrac{\partial V}{\partial m^h} = \dfrac{\partial U}{\partial L}\left[-c \dfrac{\partial \phi}{\partial m^h}\right]$。因为 $\dfrac{\partial U}{\partial L} > 0$ 而 $\dfrac{\partial \phi}{\partial m^h} \leqslant 0$,$\dfrac{\partial V}{\partial m^h} \geqslant 0$,所以间接效用函数(23)式将实际余额作为一个变量,它的一般形式和性质与本章前面所用的直接效用函数相类似(尽管不是完全相同[①])。如前所述,直接效用函数中引入货币的理由就是在货币经济环境中,当其他条件不变时,一个人会偏好更多而不是更少的货币。而有的经济学家更喜欢把货币纳入效用函数的理由与支付时间联系在一起,于是他们就会用后者取代前者。尽管两种理由都可接受,但是考虑到直接效用函数与间接效用函数的相似性,以及使用前者的相对简易性,所以我们为方便起见,还是使用直接效用函数。

3.4.3 将货币纳入效用函数的经验证据

与那些没有将货币纳入效用函数的模型相比,将货币直接或间接地纳入效用函数,似乎对货币需求以及货币与产出之间的关系,提供了最现实的结果(参见本章关于货币的特征性事实的描述以及第 14 章和第 21 章)。

更直接地说,估计效用函数本身需要一种效用函数的具体形式,其中之一是不变替代弹性函数(参见第 7 章)。

$$U(c_t, m_t) = [\alpha c_t^{1-v} + (1-\alpha) m_t^{1-v}]^{1/(1-v)} \quad 0 < 1, v > 0, v \neq 1 \tag{17'}$$

对于 $v = 1$

$$u(c_t, m_t) = c_t^\alpha m_t^{1-\alpha} \tag{17''}$$

其中 (17″) 式是柯布—道格拉斯形式,c 和 m 之间的替代弹性为 1。[②] 霍尔曼

[①] 例如,当 $m \to 0$ 时,直接效用函数有 $\partial U / \partial m \to \infty$,而间接效用函数则无须如此。举一个例子,假设某种条件下,无货币交易时间达到一个有限常数 ck,所以当 $m \to 0$ 时,有 $\partial \phi / \partial m \to ck$,则当 $m \to 0$ 时,并没有 $\partial V / \partial m \to \infty$,$m \to 0$。间接效用函数在货币持有量 $m \geqslant c$ 时会出现餍足。然而,从间接效用函数中推导出的这些条件可以施加于直接效用函数之上。

[②] Walsh(2003,ch. 2)对把货币作为变量之一的效用函数提出了更多的扩展形式。

（Holman，1998）根据 1889 年至 1991 年美国数据所估计的 v 在 1.0 左右，α 在 0.95 左右，在更短的时期也不能拒绝 $v=1$。从货币需求的估计中可以推导出这些参数的其他估计，这将在第 9 章中有所涉及。在任何一种情形中，经验研究都没有拒绝货币作为效用函数一部分的观点。

3.5 价格的不同概念

价格就像温度、距离等一样，需要以某种尺度来度量。度量价格的尺度称为记账单位（unit of account）。特定社会中充当支付媒介的有用东西可能实际上被用做该社会的记账单位，也可能不被用做记账单位，或者仅在特定目的上才被用做记账单位。①

以记账单位来度量的单个有用东西的价格称为记账价格（accounting prices）。② 如果记账单位是货币，那么价格就隐含着用货币形式表示，有时候则更直接地称之为"金钱价格"、"货币价格"、"绝对价格"或"以货币表示的价格"。

如果用货币来度量价格，则名义货币单位本身的价格一定是 1，因为 1 美元钞票用其自身来度量的价格就是 1。因此，名义余额的价格是常数 1，不能改变。但（1 单位）实际余额的价格是价格水平本身。

所谓"价格水平"或"一般价格水平"，指的是经济中一组典型商品的加权平均价格。实践中的价格水平用一种指数来衡量，该指数的计算方法由后面的方程（34）给定。

3.6 货币的使用成本

对于单期分析而言，使用一种耐用品或资产所提供的服务，其成本是期间的租金或使用成本。这一成本等于利息加上折旧，再减去有用东西在此期间的资本价值增益。这一概念同样适用于利用货币服务来便利商品交换。

---

① 在本国货币出现恶性通货膨胀的经济中，一种或多种外国货币或者黄金经常被用做记账单位。

② 从严格的观点来看，货币价格是记账价格。然而，经济学中约定俗成的惯例是，只有本身不属于经济系统中有用东西的单位才称为记账单位，只有以这种单位来度量的价格才称为记账价格。这种记账单位的一个例子是英国的基尼。基尼没有现实世界的物理对应物。传统上 1 基尼的价值等于 1.05 英镑，过去用于对应旧的 21 先令，而 1 英镑值 20 先令。假设一纸政令或法律将其贬值一半，即 1 基尼等于 0.525 英镑。因为基尼没有现实存在，在经济中不会被需求和供给，所以货币单位英镑表示的基尼价值折半之后不会影响经济中的行为。各种货币价格（即以货币表示的有用东西的价格）将保持不变。但以基尼计算的各种记账价格将翻番。所有记账价格的这种变动，或者换言之，非有用东西充当的记账单位的价值变动，不影响有用东西的需求量、供给量或货币价格。因为非有用东西充当的记账单位只是簿记工具，并不影响经济行为，所以这种结果一点都不令人感到意外。

实际余额的使用成本等于持有实际余额而不是完全低流动性资产所放弃的利率。① 也就是说，实际余额的使用成本 ρ_m 为②

$$\rho_m = (R - R_m)P \tag{24}$$

而且每单位名义余额的使用成本 ρ'_M 为

$$\rho'_M = (R - R_m) \tag{24'}$$

其中，ρ_m＝每单位实际余额的名义使用成本；R＝低流动性资产的名义利率或市场利率；R_m＝对名义余额支付的名义利率；P＝价格水平；m＝实际余额。

在（24）式和（24'）式中，$(R-R_m)$ 是持有 1 美元名义余额所放弃的利息。对于实际余额量 m 而言，Pm 是 m 单位实际余额的名义价值，而 $(R-R_m)Pm$ 是这些余额的总租金成本。

3.7 个人对货币和其他有用东西的需求和供给

3.7.1 推导需求函数和供给函数

为了推导个人对所有有用东西的需求函数和供给函数，需要最大化：

$$U(x_1, \cdots, x_K, n, m^h) \tag{25}$$

约束条件为

$$\sum_k p_k x_k + (R - R_m)Pm^h = A_0 + Wn \quad k = 1, \cdots, K \tag{26}$$

其中，P_k＝第 k 种商品的价格；P＝价格水平；W＝名义工资率；A_0＝商品和金融资产的初始禀赋的名义价值。

在约束条件（26）式之下，（25）式最大化的一阶条件为

$$U_k - \lambda p_k = 0 \quad k = 1, \cdots, K \tag{27}$$

$$U_n + \lambda W = 0 \tag{28}$$

$$U_m - \lambda(R - R_m)P = 0 \tag{29}$$

$$\sum_k p_k x_k + (R - R_m)Pm^h = A_0 + Wn \tag{30}$$

其中，λ 为拉格朗日乘子。方程（27）式到（30）式构成的系统包括 $K+3$ 个方

---

① 这是设定货币使用成本的通常方式。然而，现实世界里的货币使用成本经常还有其他组成部分，例如获取现金余额所花费的时间等。第 4 章讨论货币的交易需求时会更明确地考虑这些。

② 一个时期内一单位第 i 种耐用品的使用成本是 $(r+d-\pi_i)p_i$。其中 r 是市场利率，d 是商品折旧率，π_i 是第 i 种商品的价格增长率，p_i 是第 i 种商品的价格。将这一公式应用于货币的情形，d 为 0，完全金融市场中利率 r 包括了全部商品的通货膨胀率 π，名义余额的价格为 1。

程和 $K+3$ 个内生变量 $x_1, \cdots, x_K, n, m^h$ 和 λ。外生变量为 $p_1, \cdots, p_K, W$，R, R_m 和 P。

假设（27）式到（30）式的方程组存在唯一解，且满足最大化的充分条件，那么 $K+3$ 个内生变量的解具有一般形式：

$$x_k^{dh} = x_k^{dh}(p_1,\cdots,p_K,W,(R-R_m)P,A_0) \quad k=1,\cdots,K \tag{31}$$

$$n^s = n^s(p_1,\cdots,p_K,W,(R-R_m)P,A_0) \tag{32}$$

$$m^{dh} = m^{dh}(p_1,\cdots,p_K,W,(R-R_m)P,A_0) \tag{33}$$

其中，上标 d 和 s 分别代表需求函数和供给函数，上标 h 代表家庭。

3.7.2 价格水平

价格水平与 $p_1, \cdots, p_K$ 之间的关系由指数公式给出：

$$P_t = \left[\sum_k p_{kt} x_{k0}\right] / \left[\sum_k p_{k0} x_{k0}\right] \tag{34}$$

其中，下标 t 表示时期 t，下标 0 表示构造价格指数的基期。x_{k0}，$k=1,\cdots,K$，是对用于构造价格指数的第 k 种商品赋予的权重，通常决定于基期购买的商品数量。

根据（34）式构造价格指数的一个常见例子是消费者价格指数（CPI）。对于这种指数，x_{k0} 是经济在基年用于消费而购买的商品数量。

另一个常用的价格指数是 GDP（国内生产总值）平减指数。它将国内生产总值中所包括的商品作为（34）式中所用的复合商品组合，权重由其占国内生产总值的比重来决定。国内生产总值平减指数既包括资本品，也包括消费品，但消费者价格指数不包括资本品。因为我们关注的通常是经济的总产出，所以出于这一目的，GDP 平减指数更适合代表理论上的价格水平概念。①

我们主要关心价格指数的齐次性。方程（34）式具有的性质是，价格水平对所有价格而言是一阶齐次的，所以如果所有价格都翻一番，那么价格水平也翻一番。也就是说，

$$\alpha P_t = (\alpha p_{1t},\cdots,\alpha p_{Kt}) \quad \alpha > 0 \tag{35}$$

3.7.3 需求函数和供给函数的零阶齐次性

如果名义变量 $p_1, \cdots, p_K$，W 和 A_0 同比例增加，它们的值分别代之以 $\alpha p_1, \cdots, \alpha p_K$，$\alpha W$ 和 αA_0，那么对个人需求函数和供给函数将有何影响？我们现在来确定这一效应。首先，需要注意的是，（35）式中这样做意味着 P 也将代之以 αP。其次，预算约束（26）式中这样做，相当于每一项都乘以 α，结果为

---

① 消费者价格指数和国内生产总值平减指数都有特定的局限和缺陷，许多宏观经济学教科书对此都有描述。

$$\sum_k \alpha p_k x_k (R - R_m) \alpha Pm = \alpha A_0 + \alpha Wn \tag{26'}$$

将（26'）式等号两侧的 α 约去后，又回到了（26）式。所以在（26'）式的约束条件下最大化（25）式，与在（26）式的约束条件下最大化（25）式，两者的一阶条件和内生变量值的解都相同。前者由（27）式到（30）式给出，后者由（31）式到（33）式给出。因此，从 $(p_1, \cdots, p_K, W, A_0)$ 等比例增加至 $(\alpha p_1, \cdots, \alpha p_K, \alpha W, \alpha A_0)$，商品和实际余额的需求量以及劳动供给都不受影响。规范地说，（31）式到（33）式给出的需求函数和供给函数对 $p_1, \cdots, p_K, W, A_0$ 而言是零阶齐次的。[1] 对于任意 $\alpha > 0$，这一性质包含在下列方程组中：

$$x_k^{dh} = x_k^{dh}(\alpha p_1, \cdots, \alpha p_K, \alpha W, (R - R_m)\alpha P, \alpha A_0) \quad k = 1, \cdots, K \tag{36}$$
$$n^s = n^s(\alpha p_1, \cdots, \alpha p_K, \alpha W, (R - R_m)\alpha P, \alpha A_0) \tag{37}$$
$$m^{dh} = m^{dh}(\alpha p_1, \cdots, \alpha p_K, \alpha W, (R - R_m)\alpha P, \alpha A_0) \tag{38}$$

（38）式给出了家庭的实际余额需求，本章稍后还会推导厂商的实际余额需求（m^{df}），（38）式中的上标 h 就是为了对两者加以区分。

3.7.4 相对价格和计价标准

令 $\alpha = 1/P$，则由（31）式到（33）式可得

$$x_k^{dh} = x_K^{dh}(p_1/P, \cdots, p_K/P, W/P, (R - R_m), A_0/P) \quad k = 1, \cdots, K \tag{39}$$
$$n^s = n^s(p_1/P, \cdots, p_K/P, W/P, (R - R_m), A_0/P) \tag{40}$$
$$m^{dh} = m^{dh}(p_1/P, \cdots, p_K/P, W/P, (R - R_m), A_0/P) \tag{41}$$

其中，$x_k = $ 第 k 种商品的相对价格；$W/P = $ 劳动的相对价格（实际工资率）；$A_0/P = $ 初始禀赋的实际价值。

方程（39）式到（41）式表明，商品和实际余额的需求以及劳动供给只取决于相对价格（而不是绝对价格）和初始禀赋的实际价值。这些相对价格是由用于计算价格水平的商品组合来定义的。这一商品组合在这里被用做衡量各种有用东西实际成本的计数工具或计价标准。

在（39）式到（41）式中，如果我们规定 α 等于 $1/p_i$ 而不是 $1/P$，其中 p_i 是一种特定有用东西 i 的价格，那么有用东西 i 可以充当计价标准。在这种情况下，相应的相对价格 p_k/p_i 和 W/p_i 是用作为计价标准的有用东西 i 来表示的，而不是用价格指数中的复合商品组合来表示的。

如果我们想以劳动单位来表示有用东西的购买成本，则令 $\alpha = 1/W$。所谓"劳动单位"就是购买一单位有用东西所需要的（平均工资为 W 的工人的）工时数。这么一来，第 k 种有用东西的相对价格为 p_k/W。劳动变成了计价标准。19

---

[1] 直接从一阶条件中也可以证明这一点。为了实现这一目的，将（27）式和（29）式除以（28）式，在所得的方程组中，用 $(\alpha p_1, \cdots, \alpha p_K, \alpha W, \alpha A_0)$ 取代 $(p_1, \cdots, p_K, W, A_0)$ 不会引起任何变动。另外，如上文所讨论的，这一代换不改变（30）式的预算约束本身，因此（27）式到（30）式的一阶条件及其解（31）式到（33）式都保持不变。

世纪和 20 世纪初期的许多古典经济学家,包括凯恩斯在《通论》里,都用这种方式来表示相对价格。这其中一部分原因是,在 20 世纪 30 年代之前,价格指数的构造、发布和使用都还不常见。但还有一部分原因是,传统古典经济学家对商品市场和劳动市场的分析完全以实际项而非名义项进行,因而货币因素被排除在其分析之外。然而,20 世纪 40 年代以来,以劳动作为计价标准的分析就被弃而不用,现在的标准做法是用 CPI 或 GDP 平减指数作为分母来表示相对价格。

3.8 厂商对货币和其他有用东西的需求函数和供给函数

将实际余额纳入效用函数有两种方法,与此相对应,将实际余额纳入生产函数也有直接和间接两种方法。

3.8.1 生产函数中的货币(MIPF)

假设生产第 k 种商品的典型厂商的生产函数设定如下:

$$x_k = F(n, \kappa, m^f) \tag{42}$$

其中,x_k=厂商生产的第 k 种商品的数量,$k=1,\cdots,K$;$n=$工人的数量;$\kappa=$可变实物资本存量;$m^f=$厂商持有的实际余额。

把厂商的实际余额作为一种投入品纳入生产函数的理由是,持有实际余额能让厂商在给定劳动和资本数量的条件下生产出更大的产出。厂商如果没有持有实际余额,那么在向雇员和供应商支付或者销售产出的时候会遇到很大麻烦。如果不用货币来应付收支的话,厂商就必须动用一部分劳动和资本,以某种方式安排直接以商品收支,这种资源转移减少了配置于生产活动的劳动和资本的数量,从而减少了厂商的产出。另外,厂商持有的实际余额越多,就越容易应付收支,需要从生产过程转移到交换过程的劳动和资本就越少。因此,在一个需要用货币交换商品的经济中,实际余额在厂商生产函数中的作用就像一种投入品,更多的实际余额导致更大的产出,所以实际余额的边际生产率为正。我们将假设这一边际生产率递减,就像劳动和资本一样。

因此,假设方程(42)式中的一阶偏导数 F_n、F_k 和 F_m 都为正,二阶偏导数 F_{nn}、F_{kk} 和 F_{mm} 都为负。厂商还可能有固定资本存量,意味着它也有一定的固定生产成本。

3.8.2 间接生产函数中的货币(MIIPF)

货币有时候被认为不直接增强厂商的生产能力,所以不应该被纳入生产函数。然而,正如间接效用函数一样,我们可以设定一个生产函数,货币不直接出现在其中,而是间接地进入。

假设厂商的产出取决于资本和直接用做生产投入的那部分劳动。然而,厂商必须用一些工人从事与购买投入和销售产出有关的交易活动,购买的投入包括劳动、原材料和中间产品。在极端情形中,货币经济中的厂商不持有任何余额,不得不说服工人和其他投入的供给者接受它所生产的商品作为支付手段,也不得不用同样的商品向所有者支付利润。如果它是一家公司,就必须以这种商品的形式分配利润,为了将留存利润转化为投资,不得不用生产的一些商品去交换投资品。任何企图这么做的厂商都无法在现代经济中立足。在不那么极端的情形中,如果厂商只持有少量、相对不足的货币,那么就不得不多雇工人,利用捉襟见肘的货币持有量来完成所需的购销交易。因此,持有实际余额可以减少用于支付过程的工人,使厂商优化劳动配置。

这些论据意味着生产函数为

$$x_k = x_k(\kappa, n_1) \tag{43}$$

其中,两者的偏导数都为正,并且,$x_k=$第 k 种商品的产量;$\kappa=$实物资本存量;$n_1=$直接用于生产的劳动;厂商总的雇佣量为 n,其中 $n=n_1+n_2$,所以

$$n_1 = n - n_2 \tag{44'}$$

其中,n_2 为用于支付活动的厂商雇佣量。因而 $\partial n_1/\partial n_2 < 0$。

对于履行交易所用的劳动而言,因为支付数量与购买投入和销售产出有关,所以厂商产出 x_k 可以作为支付数量的代理变量,于是货币经济中"支付技术函数"的一般形式为

$$n_2 = n_2(m^f, x_k) \tag{44''}$$

其中,m^f 是厂商持有的实际余额,$\partial n_2/\partial m^f \leq 0$ 且 $\partial n_2/\partial x_k > 0$。$n_2(\cdot)$ 的具体形式取决于经济中的交易支付技术,并随技术变迁而改变。诸如薪酬直接存入工人账户、采用电子转账支付供货商之类的金融系统创新,会减少给定产出水平下用于交易的实际余额需求,从而改变交易技术函数。

由(43)式、(44')式和(44'')式可得

$$\frac{\partial x_k}{\partial m^f} = \frac{\partial x_k}{\partial n_1} \frac{\partial n_1}{\partial n_2} \frac{\partial n_2}{\partial m^f} \geq 0$$

(44'')式的一个具体形式是

$$n_2/x_k = \Phi(m^f/x_k) \tag{45}$$

其中,$\phi' = \partial \phi/\partial (m^f/x_k) \leq 0$。对于这一函数,当 $\phi' = 0$ 时,厂商的实际余额相对于其产出达到"饱和"。由(43)式到(45)式可得

$$x_k = x_k(\kappa, n - x_k \cdot \phi(m^f/x_k)) \tag{46}$$

上式可以重新表述为间接生产函数:

$$x_k = f(\kappa, n, m^f) \tag{47}$$

其中，如前所示，$\partial x_k/\partial m^f \gtreqless 0$。因此，厂商利用货币增加了产出，在没有达到饱和点之前，货币的边际产量始终是正的。到目前为止，使用货币使厂商减少了用于交易的劳动，从而增加了直接用于生产的劳动。给定雇佣数量的条件下，这将增加厂商的产出。

即使不假设实际余额直接增加厂商产出，上述分析也提供了将货币纳入生产函数的理由。给定这一结果，我们在后续分析中将使用直接生产函数（42）式。

3.8.3 厂商的利润最大化

假设所有（产出和投入）的市场都是完全竞争的，厂商在其中运营并使利润最大化。它的利润由下式给出：

$$\Pi = p_k F(n, \kappa, m^f) - Wn - \rho_\kappa \kappa - \rho_m m^f - F_0 \tag{48}$$

其中，Π＝利润；ρ_κ＝可变实物资本的名义使用成本；F_0＝固定生产成本；前面已经推导出实际余额的名义使用成本 ρ_m 为 $(R-R_m)P$。资本的使用成本类似于一单位实物资本（例如一台机器）的每期租金价值。完全市场中实物资本的名义使用成本由下式给出：

$$\rho_\kappa = (R + \delta_\kappa - \pi_\kappa) p_\kappa \tag{49}$$

其中，δ_κ＝资本品的折旧率；π_κ＝资本品的价格上涨率；p_κ＝资本品的价格。

由于资本折旧率在我们的后续分析中没有任何特别作用，所以令 $\delta_\kappa = 0$。因此，在我们的分析中，资本的名义使用成本为

$$\rho_\kappa = (R - \pi_\kappa) p_\kappa$$

因此，

$$\Pi = p_k F(n, \kappa, m^f) - Wn - (R-\pi_\kappa)\rho_\kappa \kappa - (R-R_m)Pm^f - F_0 \tag{50}$$

关于 n、κ 和 m^f 的利润最大化一阶条件为

$$p_k F_n - W = 0 \tag{51}$$
$$p_k F_\kappa - (R-\pi_\kappa)\rho_\kappa = 0 \tag{52}$$
$$p_k F_m - (R-R_m)P = 0 \tag{53}$$

3.8.4 厂商对货币和其他有用东西的需求函数和供给函数

用价格水平 P 去除（51）式到（53）式的各个一阶条件，这些条件式变为

$$p_k/P \cdot F_n = W/P \tag{54}$$
$$(p_k/P) \cdot F_k = (R-\pi_\kappa)(\rho_\kappa/P) \tag{55}$$
$$(p_k/P) \cdot F_m = (R-R_m)m^f \tag{56}$$

解（54）式到（56）式的方程组得

$$n^d = n^d(p_k/P, w, (R-\pi_\kappa)(\rho_\kappa/P), (R-R_m)) \tag{57}$$

$$\kappa^d = \kappa^d(p_k/P, w, (R-\pi_\kappa)(\rho_\kappa/P), (R-R_m)) \tag{58}$$

$$m^{df} = m^{df}(p_k/P, w, (R-\pi_\kappa)(\rho_\kappa/P), (R-R_m)) \tag{59}$$

其中，w 是实际工资率 W/P。上标 d 表示需求，上标 f 表示典型厂商。将（57）式到（59）式代入生产函数（47）式，得到商品的供给函数：

$$x^s = x^s(p_1/P, \cdots, p_K/P, w, (R-\pi_\kappa)(\rho_\kappa/P), (R-R_m)) \tag{60}$$

一阶条件（54）式到（56）式意味着，（57）式到（60）式对 p_k（$k=1,\cdots,K$）、W 和 P 而言是零阶齐次方程。也就是说，这些变量的等比例增加不会改变厂商的投入需求和产出供给。需要注意的是，这一结果要求使用成本 $(R-\pi_\kappa)$ 和 $(R-R_m)$ 不变，这两者的变动将改变厂商的投入需求和产出供给。

虽然实物资本由厂商生产，又由厂商使用，但它终归是一种商品，所以其供求函数的性质与其他商品的完全一样。

3.9 经济中货币和其他有用东西的总需求函数和总供给函数

方程（39）式到（41）式表明的是一个典型消费者的供求函数。我们把所有消费者的供求函数加总，用相关符号代表各自的总量，由（39）式到（41）式得到

$$x_k^d = x_k^d(p_1/P, \cdots, p_K/P, W/P, (R-R_m), A_0/P) \quad k=1,\cdots,K \tag{61}$$

$$n^s = n^s(p_1/P, \cdots, p_K/P, W/P, (R-R_m), A_0/P) \tag{62}$$

$$m^{dh} = m^{dh}(p_1/P, \cdots, p_K/P, W/P, (R-R_m), A_0/P) \tag{63}$$

其中，x_k^d 代表第 k 种商品的总需求；n^s 代表劳动的总供给；m^{dh} 代表家庭对实际余额的需求；A_0 代表所有消费者的总初始禀赋。

也把经济中所有企业的（57）式到（59）式加总，仍采取用相关符号代表各自的总量。得到商品的供给函数、劳动的需求函数和企业的实际余额：

$$x_k^s = x^s(p_1/P, \cdots, p_K/P, W/P, (R-\pi_\kappa)(\rho_\kappa/P), (R-R_m)) \quad k=1,\cdots,K \tag{64}$$

$$x_k^s = x_k^s(p_1/P, \cdots, p_K/P, W/P, (R-\pi_\kappa)(\rho_\kappa/P), (R-R_m)) \tag{65}$$

$$x_k^d = x_k^d(p_1/P, \cdots, p_K/P, W/P, (R-\pi_\kappa)(\rho_\kappa/P), (R-R_m)) \tag{66}$$

$$n^d = n^d(p_1/P, \cdots, p_K/P, W/P, (R-\pi_\kappa)(\rho_\kappa/P), (R-R_m)) \tag{67}$$

$$m^{df} = m^{df}(p_1/P, \cdots, p_K/P, W/P, (R-\pi_\kappa)(\rho_\kappa/P), (R-R_m)) \tag{68}$$

把（63）式到（68）式加总，得到整个经济对实际余额的总需求 m^d 为

$$m^d = m^d(p_1/P, \cdots, p_K/P, W/P, (r-\pi_\kappa)(\rho_\kappa/P), (r-r_m), A_0/P) \tag{69}$$

方程（61）式和（64）式，（65）式和（66）式分别是经济中商品的需求函数和供给函数，（65）和（66）式分别是实物资本的需求函数和供给函数；（67）式和（62）式分别是劳动的需求函数和供给函数，（69）式是整个经济对实际余额的需求函数。对于完整的经济模型来说，我们仍然缺少经济中实际余额的供给方程。

3.10 名义余额和实际余额的供给

经济中名义余额的供给可能是内生的（也就是说，是模型中某些其他变量的函数），也可能是外生的。具体到某一个国家来说，究竟是属于哪种情况，取决于中央银行对名义货币供给的控制程度和它偏好使用货币供给还是利率作为货币政策的主要工具。直到20世纪90年代中期，在一般均衡模型中常见的假设是，中央银行运用货币供给作为实施货币政策的主要手段，其数量可以被看做是外生的（参见第10章）。本章和本书的大部分章节都采用这种假定。如果用 M 代表外生供给的货币存量，这一假定就意味着

$$M^s = M \tag{70}$$

因此，经济中的实际余额供给数量 m^s（$=M^s/P$）为

$$m^s = M/P$$

由于价格水平 P 由模型内生决定，因此，实际余额的供给 m^s 就是一个内生变量，尽管假定名义货币供给是外生决定的。也就是说，虽然中央银行控制名义货币供给，但经济中的实际余额还是由经济自己来决定。

3.11 经济的一般均衡

上述分析表明了所有市场的均衡条件。

消费品市场，商品 $k=1, \cdots, K$：

$$x_k^d(p_1/P, \cdots, p_K/P, W/P, (R-R_m), A_0/P) = x_k^s(p_1/P, \cdots, p_K/P, w, (R-\pi_\kappa)(\rho_\kappa/P), (R-R_m)) \tag{71}$$

实物资本市场：

$$x_k^d(p_1/P, \cdots, p_K/P, W/P, (R-\pi_\kappa)(\rho_\kappa/P), (R-R_m)) = x_k^s(p_1/P, \cdots, p_K/P, W/P, (R-\pi_\kappa)(\rho_\kappa/P), (R-R_m)) \tag{72}$$

劳动市场：

$$n^d(p_1/P, \cdots, p_K/P, W/P, (R-\pi_\kappa)(\rho_\kappa/P), (R-R_m)) = n^s(p_1/P, \cdots, p_K/P, W/P, (R-R_m), A_0/P) \tag{73}$$

货币市场：

$$m^{\mathrm{d}}(p_1/P,\cdots,p_K/P,W/P,(R-\pi_\kappa)(\rho_\kappa/P),(R-R_m),A_0/P) = M^s/P \tag{74}$$

此外，根据（34）式，价格水平定义为：

$$P_t = \left[\sum_k p_{kt} x_{k0}\right] / \left[\sum_k \rho_{k0} x_{k0}\right] \tag{75}$$

（71）式到（75）式构成了含有（$K+4$）个内生变量 $p_1,\cdots,p_K$，W，$\rho_\kappa(=R-R_\kappa)$，P 和 $\rho_m(=R-R_m)$ 的（$K+4$）个方程组。我们根据一般的假定推断，既然方程的数目等于内生变量的数目，那么对于这一体系而言，就存在唯一解。

上述的均衡方程（71）式到（74）式对 $p_1,\cdots,p_K$，W，A_0 和 M^s 是零阶齐次的。因此，只要初始禀赋的实际值和实际余额保持不变，所有价格从而 P 的一次性按比例上涨，不会改变经济中需求、供给和交易的数量。这些变量的实际值不受影响，不论是消费者还是企业，在这些变化中都不会变得更好或更糟。

因此，只要不改变初始禀赋的实际值，也不引致通货膨胀预期，导致所有价格一次性按比例上涨的货币供给的一次性增加——从而货币供给的增长率不变——对经济就不会产生任何实际影响。

3.11.1 初始禀赋在一般均衡分析中作用

初始禀赋可能以商品、货币或其他金融资产（债券）的形式存在，所以有

$$A_0 = \sum_k p_k \bar{x}_{k,0} + \overline{M}_0 + p_b \bar{b}_0 \tag{76}$$

其中，$\bar{x}_{k,0}$ 是第 k 种商品的初始禀赋；$\overline{M}_0$ 是留存的名义余额；$\bar{b}_0$ 是留存的市场价格为 p_b 的实际债券。初始禀赋 A_0 的实际值 a_0 为

$$a_0 = A_0/P = \sum_k (p_k/P)\bar{x}_{k,0} + \overline{M}_0/P + (p_b/P)\bar{b}_0 \tag{76'}$$

所有商品价格的变化，不一定意味着上期保留下来的名义余额或债券价格也按比例变化。如果它们不是按比例变化，商品价格水平的变化，就会改变初始禀赋的实际值。

3.11.2 实际余额效应

如果货币供给不变，P 上升会减少实际余额的初始禀赋，使个人变得更穷，并导致对商品需求的收入效应。在通常情况下，这种收入效应会减少对商品和实际余额的需求，增加劳动的供给。实际货币存量变化对商品和其他物品的总需求产生的这种影响，叫做实际余额效应。注意，价格水平的变化或货币供给的变化，

都能产生这种效应,但货币供给与价格水平按同比例变化时,不会产生这种效应。

实际余额效应是一种重要的分析机制,它把商品部门与货币部门联系在一起(帕廷金,1965)。举例来说,假定货币供给增加。价格变动前,货币供给增加实际余额的实际值,从而增加初始禀赋的实际值。这将导致对商品的需求增加,从而在商品市场上出现过度需求,推动价格上涨。因此,实际余额效应提供了货币供给变动引起价格水平变动的机制。

或者,假定经济处于一般均衡状态。一种减少商品总需求的经济冲击,将降低价格水平,并也许会增加失业。但是,这种价格降低,将增加实际余额,继而有助于商品需求增加。这种商品需求的增加,会持续到实际余额恢复到其初始均衡水平为止。这将要求价格水平也恢复到其初始水平。因此,实际余额效应作为一种恢复均衡的机制,把货币市场与商品市场联系在一起。它的这种作用,否定了对实体部门和货币部门所做的二分法分析,本章后面还会讨论。

然而,经验上实际余额效应作为消费的一个决定性因素是没有什么实际意义的,因此,实际货币部门对二分法的否定必须依靠其他基础。实际余额效应和与其相关的庇古效应将更广泛地在第 14 章和第 18 章展示。

3.11.3 债券市场和利率

初始禀赋也包括我们称之为债券的非货币资产。在宏观经济学中,债券(包括股票)价格与商品价格水平和通货膨胀率之间的关系,仍不十分清楚。通常认为,债券的实际值对价格水平 P 是零阶齐次的。然而,这只是为了方便起见,它的有效性没有得到一致认同。所以,除了实际余额效应,很可能还存在"债券效应"——也就是说,债券实际值的变动(比如说,由价格水平变动引起)对商品需求产生的收入效应。

前面的一般均衡分析,并没有考虑债券市场。债券(被认为不具有流动性)是把购买力从现在转移到将来的一种机制。对它进行分析需要一个跨时框架,因此前面的单期分析,不适于分析债券的供求。债券的收益是利率 R,它不由上述静态模型所决定,只能被看做外生因素,就像经济中交易的债券数量一样。不过,上述模型确实决定了实物资本和实际货币余额的使用成本。

在宏观经济背景下对债券市场的进一步考察见第 17—20 章。

3.12 货币中性和超中性

3.12.1 货币中性

如果货币供给的一次性变动,不影响经济中变量(包括实际余额)的实际值,那么,就存在货币中性。另一种表达方式是,货币是一层面纱,虽然和无货币的以物易物经济相比,货币的存在带来了很大的不同,但它的变动没有任何实际影响。上一节证明,如果下面的条件得到满足,一般均衡中货币供给的变动是中性的:

1. 所有价格按相同比例增加;
2. 初始禀赋的实际值不变;
3. 对所有货币余额都支付利息;
4. 不存在对价格进一步变动的预期。

因此,在这些条件下,货币供给的一次性增加,不管有多大,实际上是可以忽略的,因为它没有实际影响。

3.12.2 货币超中性

如果货币供给的持续变动不产生任何实际影响的话,就存在货币超中性。

货币供给持续增加通常导致持续的通货膨胀,而且这种通货膨胀必定会被所有人或大多数人预期到。放款者希望利率随预期通货膨胀率上浮,以便补偿贷放资金因通货膨胀而损失的购买力。因此,在完善的货币和资本市场上,利率和预期通货膨胀率之间的(费雪)关系为

$$R = r + \pi^e \tag{77}$$
$$R_m = r_m + \pi^e \tag{78}$$

其中,π 代表通货膨胀率;π^e 代表预期通货膨胀率;r 代表(债券支付的)实际利率;r_m 代表实际余额的实际利率。

并且

$$(R - R_m) = (r - r_m)$$

从而即使存在持续预期的通货膨胀,也不影响实际余额的实际使用成本。

假定在持续不断的通货膨胀时期,$\pi^e = \pi$(也就是说,通货膨胀完全被预期到)。我们有

$$R = r + \pi$$
$$R_m = r_m + \pi$$

由于资本品也是商品,进一步假定资本品价格的上升幅度与经济中所有其他商品价格的上升幅度相同。故有 $\pi_\kappa = \pi$。这意味着,在所有相关方程中 $(r - \pi_\kappa)$ 都可以用 r 来替代。在这些假定下,在(71)式到(75)式中,$(R - R_m)$ 可以由 $(r - r_m)$ 代替,$(R - \pi_\kappa)$ 可以由 r 代替。

如果初始禀赋的名义值随通货膨胀率上升,那么,所有价格(包括工资)的通货膨胀率都相同,不会改变一般均衡解。因此,引起持续通货膨胀并同时使初始禀赋的名义值随通货膨胀率上升的持续的货币供给增加,不会改变经济中的供求,从而也不会改变产出、就业、实际利率和实际余额。因此,一般均衡中存在

货币超中性的条件是

1. 所有价格同比例上升；
2. 初始禀赋的实际值不变；
3. 对所有货币余额支付的利率皆为 R_m；
4. 预期通货膨胀率等于现实通货膨胀率，因而通货膨胀预期没有误差。

3.12.3　偏离货币中性和超中性的几个原因

货币非中性的原因包括以下几个：

- 货币的某些组成部分，例如通货和许多形式的活期存款不向其持有者支付利息，即对于上述货币的组成部分而言，$R_m=0$，这会影响对它们的需求。结果，通货膨胀率的变动，就会引起使用货币的成本变化，从而改变其需求。所以，持续通货膨胀会改变方程组（71）式到（75）式的解，从而使该方程组所决定的实际产出、就业、实际利率和其他内生变量的实际值都因此发生改变。换句话说，如果货币供给的一部分或全部不支付利息，货币中性和超中性以及通货膨胀就不存在。

- 货币中性要求初始禀赋的实际值不变。但在非均衡状态下，该值通常会改变。货币供给的增加和通货膨胀的升高，是否会改变初始禀赋的实际值，取决于货币进入经济的方式和经济结构。如果货币供给通过公开市场操作进入经济，货币供给的增加将被公众持有的债券名义值的降低所抵消，因而尽管初始禀赋（既包括债券也包括名义余额）的名义值不变，但实际值降低了。这意味着货币超中性不存在。

- 初始禀赋实际值的恒定性，要求债券价格与（商品）价格水平的比率相对于货币供给的变动及其引起的其他经济变动保持不变。注意，"债券"包括所有非货币金融资产，因而"债券价格"包括股票市场价格。经济学还没有公认的理论能证明债券和股票的相对价格与货币供给变化之间存在要求的这种不变性。根据日常经验，在影响期和短期，不存在这种不变性。另外，我们还需要实物资本和耐用消费品（包括住房）的价格相对于价格水平而言保持不变，以确保货币中性。这在影响期和短期能否存在也很值得怀疑。因此，初始禀赋实际值（经济的财富）对于货币供给变动的不变性，在短期内是很值得怀疑的。它也许存在于长期。

- 有时价格、收入或工资是刚性或黏性的。比如，商品供应商不断改变价格清单的成本是非常高的，因而推迟价格变动符合利润最大化要求。劳动合同期间的名义工资是固定的。

- 许多收入形式，如退休金、社会保障金、失业保险金等，不经常改变或不随通货膨胀率改变。

- 此外，经济中充满不确定性，特别是对某些变量而言，比如投资收益率，它们受到未来事件的影响，这些变量的预期实际值可能不与通货膨胀率同步变化。

这些问题在论述凯恩斯经济学的第 15 章会更详细地讨论。

非均衡条件下的货币非中性

在调整阶段或非均衡阶段，若货币供给的增加未导致所有商品的绝对价格和名义工资率等比例增加，商品的相对价格和初始禀赋的实际值将会改变，从而将对经济产生实质性影响。因此，货币在经济的非均衡状态中是非中性的。实际上，很难确认非均衡是否是一种过渡状态，是否能迅速调整到均衡状态，以至于它的影响小到可以忽略的地步。现代古典学派假定，经济转向均衡状态的速度如此之快，以至于只注意均衡状态就足够了。凯恩斯学派则相信，经济可能长时期停留在低于充分就业的非均衡状态中，因此非均衡状态不能忽略，并且应该称其为就业不足均衡。在这种状态下，货币是非中性的。

在非均衡和经济周期分析中，19世纪的古典经济学家认为，资本品和消费品的价格并不总是同比例变动。为了说明他们的思想，考虑一下第2章中维克塞尔对纯信用经济中货币供给增加效应的分析。假定银行降低市场利率。这使得企业用银行贷款来增加投资变得有利可图。投资的增加，扩大了对资本品的需求，并推动了它们的价格上升，但对消费品价格没什么影响。也就是说，在这一阶段，ρ_k/P 提高了。此外，资本品产量的增加，要求该产业增加就业，改变了资本品和消费品行业间的产出和就业结构。一旦投资增加，工人花掉他们增加的收入，消费品价格就会上升，那么，在这种波动的后一阶段，ρ_k/P 将会下降，回落到其初始均衡值。所以，ρ_k/P 的波动是货币影响经济这种调整过程的核心，这些波动引起不同行业的产出和总就业水平的波动。这种分析不仅限于维克塞尔，它也是传统古典经济学的一个部分，在19世纪和20世纪初的经济周期研究中有重要作用。后来，它在以 IS-LM 模型为基础的宏观经济学研究中消失了，因为这类模型没有区分消费品行业和资本品行业。

对偏离货币中性和超中性的总体评价

从上述分析中看出，可以列出一大堆理由，说明货币中性为什么不存在，至少在短期是如此。因此，至少在短期的非均衡阶段，甚至是货币供给一次性增加的均衡阶段，货币不可能是中性的。如果货币供给持续地和有变化地增加，货币就更不可能是中性的了。

因此，在现实生活中，货币供给增加和通货膨胀确实具有实际影响。然而，这些对中性的偏离究竟是不重要的和暂时的（就像新古典和现代古典学派所说），还是非常重要的（就像凯恩斯学派所说），很难确定。不过，预期通货膨胀率持续较高的经济，确实会采取契约或制度安排来最小化通货膨胀对经济中的实际变量（如商品的相对价格、实际工资等）的影响，使对货币中性的偏离程度缩小。当未预期到的通货膨胀率很大时，偏离货币中性的程度较大。这往往发生在货币供给增长率和通货膨胀率周期波动的阶段。

3.13 实体部门和货币部门的二分法

如前所述，在一般均衡状态下，货币中性与供求函数的以下性质有关：所有供求函数对所有绝对价格和初始禀赋的变化都是零阶齐次的。传统古典经济学家有时在阐述他们的观点时认为，实体部门和货币部门是分开的。这种二分法是说，经济中内生变量的实际值与名义货币供给和价格水平无关，因而这些内生变量的实际值不是由后者决定的。

上面的说法只在均衡状态下成立时，我们称之为二分法的弱式；当它在均衡状态和非均衡状态下都成立时，我们称之为二分法的强式。下面的内容修正了瓦尔拉斯一般均衡方程组，产生出实体部门与货币部门二分法的强式。

3.13.1 实体部门与货币部门的强式二分法和独立性

经济中实体部门的一般均衡方程组（71）式到（74）式，把货币存量看做初始禀赋的组成部分，把价格水平看做一个变量。修正这些方程，以表明实际变量完全独立于货币供给和价格水平，就要求把初始禀赋中的金融部分从这些方程中排除出去，并从中消去价格水平。对于前者，假定初始禀赋只是商品禀赋。也就是说，不用（76）式来描述初始禀赋，而是令

$$A_0 = \sum_k p_k x_{k,0} \tag{79}$$

其中，$x_{k,0}$ 是第 k 种商品的初始禀赋，从而在该体系中没有留存的货币余额和债券。

为了从相关方程中消去价格水平，让第一种商品作为计价标准，从而使经济中的所有价格都用这种商品来测度。这意味着用 p_1 而不是用 P 去除所有的绝对价格，方程（71）式到（74）式的零阶齐次性允许这样做。在此之前，先把（79）式改写为

$$a_0 = A_0/p_1 = \sum_k (p_k/p_1) x_{k,0} \tag{79'}$$

用第一种商品作为计价标准意味着 $p_1=1$，因而 $p_1=1$（用货币表示的这种计价标准商品的价格）不可能由该模型决定。相应地，根据瓦尔拉斯法则（见第17章），如果除了一个市场以外，所有的市场都处于均衡状态，那么剩下的这个市场也一定处于均衡状态，我们可忽略作为计价标准商品的均衡条件。我们还把实际余额的使用成本 $\rho_m=(R-R_m)$ 这一变量从我们的体系中消掉，以便与历史上有关这一问题的争论相一致，即把所有与货币有关的变量都从该体系中清除掉。最终得到的体系如下。

修正后的商品市场方程，对于 $k=2,\cdots,K$：

$$x_k^d(p_2/p_1,\cdots,p_K/p_1,W/p_1,a_0) = c^s(p_2/p_1,\cdots,p_K/p_1,W/p_1,\rho_\kappa/p_1) \tag{80}$$

修正后的实物资本品市场方程：

$$x_k^d(p_2/p_1,\cdots,p_K/p_1,W/p_1,\rho_\kappa/p_1) = x_k^s(p_2/p_1,\cdots,p_K/p_1,W/p_1,\rho_\kappa/p_1) \tag{81}$$

修正后的劳动市场方程：

$$n^d(p_2/p_1,\cdots,p_K/p_1,W/p_1,\rho_k/p_1) = n^s(p_2/p_1,\cdots,p_K/p_1,W/p_1,a_0) \tag{82}$$

应注意到（80）式至（82）式假设不存在留存的货币余额和债券，因而对于有货币和债券初始禀赋留存的经济来说，这些方程不成立。而现实经济中是存在这些留存的。这个方程组构成了有（K+1）个内生实际变量（p_2/p_1,…,p_K/p_1,W/p_1,ρ_k/p_1）的（K+1）个方程。像前面的分析一样，既然这是一个单期分析而不是跨时分析，债券的利率 R 在该模型中是给定的。这些方程中不包含货币供给和价格水平。假定有解，（80）式到（82）式就可以解出内生变量的实际值，即使不知道经济中名义余额的数量或价格水平。因此，这些方程表现出该二分法的强式。其中，实体部门决定其商品的相对价格、供求数量和产出，以及经济中的就业。这种决定与该经济的货币供给或价格水平无关，因而它们的改变不能影响经济中的实体部门。

3.13.2 强式二分法和价格水平的决定

（80）式到（82）式决定的相对价格可以代入货币市场方程，用 a_0 代替 A_0/p_1，并去掉 ρ_m，修正的货币市场方程：

$$m^d(p_1/p_1,\cdots,p_K/p_1,W/p_1,\rho_\kappa/p_1,a_0) = M^s/P \tag{83}$$

既然左边 m^d 函数的所有变量的实际值，都是由方程（80）式到（82）式决定的，与货币供给和价格水平无关，那么（83）式就可以改写为

$$P = [1/m^d(\cdot)]M^s \tag{84}$$

方程（84）式决定价格水平，从而货币市场均衡对于价格水平的决定是必要的，但对于实际变量值的决定并非必要。

事实上，传统古典经济学家使用的是货币数量论，不是（83）式表述的比较一般的货币需求函数。因此，他们对（83）式的修正式是

$$M^s = m_y Y = m_y P y^f$$

其中，y^f 由经济中的实体部门预先决定，M^s 是外生的，因而数量论决定经济中的价格水平。

方程（84）意味着，价格水平与货币供给按比例变动。这是数量论的核心命题。所以，数量论与关于实体部门和货币部门二分法的传统古典观点是一致的，经济学家们的思想是相互支持的。

3.13.3 强式二分法和货币流通速度的决定

请注意，对于这种二分法的瓦尔拉斯体系，货币流通速度 v 为

$$v = Y/M = y/m = y/m^d(\cdot)$$

由于二分法的瓦尔拉斯体系把 y 和 m^d 作为实际变量来决定,与货币供给和价格水平无关,故在该体系中,均衡流通速度也是一个实际变量,也与货币供给和价格水平无关,正如欧文·费雪所说的那样(见前面的第 2 章)。

3.13.4 强式二分法和价格水平的不确定性

一个需要指出的重要问题是,强式二分法体系产生了价格的不确定性:商品需求和(或)供给的变动,不能迫使这些商品的市场改变这些商品的绝对价格,因为绝对价格在这些函数中不是变量。换句话说,价格水平的任意变动,也不会改变任何实际的供给或需求,不会改变它们的均衡解。因此,在这种经济中,任何任意给定的价格水平与实体部门都是相容的。而且,货币供给的增加既不会增加个别商品的需求,也不会增加商品的总需求,不会推动个别价格和价格水平上涨,因此我们也就没有了价格上涨的机制。

3.13.5 实际余额效应和对二分法的总体评价

由于货币余额实际上起着价值储藏的作用,要从一个时期保留到另一个时期,必然是个人和整个经济初始禀赋的一部分。也就是说,把方程组(71)式到(73)式改写成(80)式到(82)式是不合理的。因此,货币经济在实体部门和货币部门间不存在二分法,基于二分法得到的结论应当予以抛弃。

联结货币部门和实体部门的一个关键因素是实际余额效应。这种联系在非均衡阶段发挥作用,是通过实际余额变动影响货币需求而起作用的。它主要是一种在瓦尔拉斯体系的非均衡阶段起作用的机制,在该体系的静态均衡描述中并不重要,这就使后者看上去像是暗含着二分法,尽管二分法并不存在。在讨论瓦尔拉斯法则和经济部门相互作用的第 18 章,我们将再次回到这个问题上来。

3.14 通货膨胀的福利成本

通货膨胀的福利成本来源于以下几个方面。它们是:
1. 通货膨胀对货币需求的影响;
2. 通货膨胀给政府带来的铸币税收入;
3. 通货膨胀对产出和失业率的影响;
4. 通货膨胀对经济决策的相对价格信息量的影响;
5. 由于合同中刚性名义付款导致的通货膨胀福利成本。

下面的内容将讨论这些。它们表明，通货膨胀的整体净成本的评估很难计算。然而，以上类别中的大多数，除了第3类，都会导致福利损失。人们普遍认为通货膨胀高于一个非常小的百分数时，就会带来净福利损失，通货膨胀保持在这一百分数时，价格会在产品质量得到改进和引入新产品的环境下保持稳定。所以，政策制定者倾向于将目标定为使通货膨胀率和价格稳定基本一致。德里费尔等（Driffill et al., 1990）和吉尔曼（1995）提供了通货膨胀的成本调查。

3.14.1 来源于通货膨胀对货币需求影响的通货膨胀福利成本

我们的分析和前面的章节显示，货币需求和名义利率负相关，对于利率，费雪方程表明，完善的资本市场中，名义利率上升是由预期通货膨胀率导致的。因此，预期通货膨胀率能减少所持有的实际货币余额。因此，实际货币余额与通货膨胀率的关系表现为一条向下倾斜的曲线，通货膨胀率是持有货币的机会成本（即名义利率）的一部分。直观地说，第4章表明，持有越少的货币，需要去银行将非货币性金融资产转化为货币的次数越多，这意味着更多的不便和更多的个人努力。

本章的分析基于效用函数中的实际货币余额，因此，持有较少的实际货币余额意味着比持有较多的实际货币余额有更少的效用。这意味着，如果没有创造货币的成本，持有货币不需要支付利息，那么实际货币余额的需求曲线下的面积可作为衡量利率上升时的消费者剩余损失。对于这个分析，绘制的实际余额需求曲线和名义利率负相关。图3—1显示了实际余额 m^d 的需求曲线。对于货币是中性的经济（因此不会改变产出），并假设持有货币余额不需要支付利息，贝利（1956）测量了持有少量货币余额在名义利率 R_1 水平下比零利率水平下损失的部分福利成本，即需求曲线 m^d 下面的部分 $0R_1Am_0$，这部分测量了由于名义利率的正效应而导致的消费者剩余的损失。当通货膨胀率为 π_1 时，名义利率上升到 R_2，货币需求下降到 m_2，此时的福利成本是货币需求曲线下 R_1R_2BA 这部分。这样的对通胀成本的估计差异很大。吉尔曼（1995）调查了通胀的福利损失和成本，他得出结论，对美国来说，通货膨胀率每增加1个百分点，GNP将会增加0.85到3个百分点。

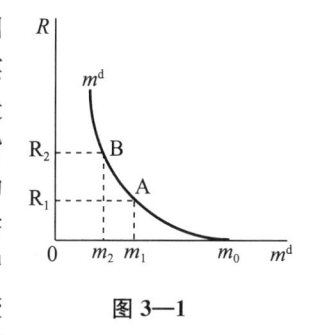

图3—1

福利损失实际来自于债券利率引起的通胀与货币引起的通胀之差。出于这个目的，可以画出用于测量持有少量余额的福利成本的货币需求相对于债券与货币利率差的曲线。如果这个利率差为零，就不会有这种损失。使这种差异为零的一个办法是使预期通缩率等于实际利率。然而，即使这样，通缩率仍会导致经济中其他经济成本的增加。另一种方法是，使货币余额支付的利息等于债券支付的利息，这将十分困难而且会导致持有通货十分昂贵，虽然安排内部资金不会很难（即银行中的存款）。

Walsh（2003）做了一个全面的调查，对通货膨胀的福利成本做了分析性和实证性的研究。

3.14.2 通货膨胀给政府带来的铸币税收入

与政府依靠发债券进行融资相比，政府直接地或者通过中央银行创造货币得到收入，能够使其向私人部门购买资源时无须支付债券利息，并且当债券到期时无须偿还借款。在简化假设下，通货膨胀率等于货币供给增加的比率，政府从通货膨胀 π_1 和实际余额 m_1 中取得的收入将为 $\pi_1 m_1$。该铸币税（即从创造货币中取得的收入）将会对应减少一定数量的税收收入需求。税收收入通常强加于经济，并表现出其自身的扭曲性和福利成本。一些经济学家宣称通货膨胀的福利成本超过税收成本。然而，这个结论可能适用于发达经济体，其具有非常发达的和低成本的税收征管系统。它可能并不适用于贫穷的发展中国家，因为其征收足够的税收收入是困难且昂贵的。

第22章深入讨论了通胀导致的铸币税作为税收收入机制的一个叠代模型。

3.14.3 通胀对产出和失业率的影响

从短期来看，通货膨胀对失业有影响。这种影响往往被某种形式的菲利普斯曲线所反映，在以通货膨胀为纵轴、失业率为横轴的直角坐标系中，该曲线是一条向下倾斜且凸向原点的曲线。本书中探讨的菲利普斯曲线包括原始的菲利普斯曲线（见第15章），加入预期的菲利普斯曲线（见第14章）和新凯恩斯主义菲利普斯曲线（见第15章）。然而对于哪一种在短期内有效具有争议。如果通胀减少短期内的失业，那么它将增加产出，这将构成通胀增益。但是，这个增益是短暂的，并且需要被调整，这种调整是通过随后的通货紧缩引起的产出减少实现的。

从长远来看，大多数宏观经济理论声称产出和失业是独立于通货膨胀的。然而，恶性通货膨胀（即非常高的通胀水平）会导致经济在短期和长期内错位，并且严重减少产出和增加失业。

3.14.4 通货膨胀对经济决策的相对价格信息量的影响

市场经济中，商品相对价格对消费和生产起到了重要的引导作用。因为通货膨胀通常并不总是同比例提高所有价格，所以它会产生相对价格的变化，从而会导致在采购和生产方面发生代价昂贵的错误。在劳动市场，产品的相对价格的变化会导致行业间和公司间的名义工资以不同的比例增加并引起劳资纠纷及罢工导致的生产下降。这些都意味着生产中经济资源的配置不当，并会成为通货膨胀福利成本的一部分。

3.14.5　由于合同中刚性名义付款导致的通货膨胀福利成本

通货膨胀会导致预期发生错误,因此总是存在意料之外的部分。因为通货膨胀的这部分是未预期到的,因此在涉及未来支付并以名义量签订的合同中,它不能被准确地纳入。这些付款者受益于通胀的意外增加,而那些接受付款的人却从中遭受损失。这可以被归类为一种分配效应,它对生产、消费和投资会产生真正的影响。此外,某些类型的合同以名义量签订,将支付条件设置在当前的价格水平,并不考虑对预期通货膨胀的补偿。原则上通胀指数化可以补偿通货膨胀,但是,通胀指数化并不常见。

某些类型的合同持续时间极长。其中有退休金合同、抵押贷款合同、长期债券合同等,因此预期到的通胀和未预期到的通胀的影响,随着时间的推移可以持续积累很长时间——从而在长期中产生赢家和输家。政府往往是通胀的受益者,因为它在名义收入上设定利率征收税款,它随着通货膨胀率上升而上升。它还支付养老金,这通常不完全随通货膨胀变动,所以实际的养老金在下降。它也有一个数额巨大的长期名义债券债务总额,承诺按名义票面利率支付,因此这样的息票的真正价值随通货膨胀下降。

结　语

本章既是对货币供求进行微观分析的基础,也是对货币的宏观经济作用进行分析的基础。前者的进一步讨论是在第4—10章,后者的进一步讨论是在第13—17章。

本章的分析遵循MIUF和MIPF模型的传统。这种方法把货币看做效用函数中与其他物品一样的物品、生产函数中与其他投入品一样的投入品。它把实际余额纳入效用函数,因为对于货币经济中给定的个人来说,实际余额的数量越多越好。更独特的方法则是第21—23章要考察的叠代模型,它把实际余额排除在直接和间接效用函数、生产函数之外。

对于一次性价格上涨,货币在本章推导出的新古典主义模型中具有中性,只要:
- 所有价格都同比例上涨(包括工资);
- 初始禀赋的实际值保持不变;
- 预期通货膨胀率保持不变。

在该模型中,对于价格水平持续上涨,货币还具有超中性,只要:
- 所有价格按同比例增长;
- 初始禀赋实际值不变;

- 预期通货膨胀率等于现实通货膨胀率；
- 债券、实物资本和货币的名义收益率都按通货膨胀率上升。

这些都是十分苛刻的条件。对于某一既定的现实经济，偏离中性和超中性是否显著，取决于该经济的具体特征。

现代古典经济学家常常接受这种中性，有时甚至是超中性，他们认为其与现实比较接近，尽管很勉强但可以接受。凯恩斯经济学家觉得这根本不可接受，他们认为货币在现实生活中不是中性的。他们的理由将在第15章予以讨论，另外还包括下列思想，即商品和劳动市场不可能很快出清。这些讨论及其货币政策含义，将在第13—17章的宏观经济学中做进一步分析。

中性的性质不同于实体部门和货币部门的二分法的性质。二分法强式使得即使在非均衡状态下，实体部门也完全独立于货币部门，因此货币供给的变动，即使在非均衡状态下也不会影响相对价格和就业。强式二分法因此并不适用于货币经济。联系货币部门和实体部门的纽带是实际余额效应。联系整个金融部门和实体部门的纽带是财富效应，它是通过债券和货币余额实际价值变动起作用的。这些概念，以及中性和二分法将在第18章介绍瓦尔拉斯法则、萨伊定律和各部门之间的相互关系时详细讨论。

虽然经验证据支持长期中货币对于产出存在中性，但也表明了货币政策对产出和失业的影响会持续几年的时间，甚至一个商业周期。第1章和第14章提供了这些影响的典型事实。现在大多数经济学家相信短期观测的货币非中性不能用完全竞争和完全信息的瓦尔拉斯模型解释。他们将短期的实际效应归因于市场不完善、交错重叠的名义工资合同和各类成本调整。这些问题和模型都将在第15章阐述。

第1章和第14章中的货币和产出关系的典型事实，也指出只有在价格或通货膨胀调整滞后时，货币供给才会增加产出，因此，货币供应量的大部分影响不会通过市场对价格的提前调整来传导。这就要求在使用本章的一般均衡模型时，要十分慎重。因此，一般均衡模型的贡献在于解释长期的而不是短期的或是商业周期波动。

本章还推导了实际余额的一般需求函数，同时考察了它的性质，它是瓦尔拉斯体系的一部分。我们在接下来的三章里，将针对凯恩斯的持有货币的三种动机展开分析。

主要结论

※ 货币可以作为个人效用函数和企业生产函数的一个参数，不管是直接地还是间接地。

※ 作为支付媒介的货币余额的使用成本不是价格水平，而是它的租金成本，表现为持有货币余额而放弃的利息。

※ 实际余额的需求和所有其他商品的供求函数，对所有价格和每个人的初始禀

赋的名义值是零阶齐次的。后者要求初始禀赋的名义值对所有价格是一阶齐次的。

※ 从供求函数中除去初始禀赋，就会产生瓦尔拉斯一般均衡模型中的实体部门和货币部门的二分法。

※ 把初始禀赋保留在分析中，会使实际余额效应和财富效应成为联系货币部门和实体部门的纽带。在非均衡状态下，金融部门和实体部门是相互作用的。

※ 在现实中不存在的苛刻条件下，货币可能是中性的，甚至可能是超中性的。特别是，所有价格的上涨通常不会伴随有初始禀赋名义值的同比例增加。

※ 在初始禀赋的各种成分中，货币余额、最低工资率、养老金、债券和股票的价格，实际上不大可能对所有价格都是一阶齐次的。

※ 在短期内，经济中货币不是中性的，但是货币经济学的真正问题不是黑白之分，而是经济中偏离中性的程度和持续时间问题。

复习讨论题

1. 定义货币中性。

至少提出一项证据，表明在瓦尔拉斯一般均衡中存在货币中性。

在瓦尔拉斯模型中可能出现非均衡吗？如果可能，货币中性也存在于瓦尔拉斯模型的非均衡中吗？如果不存在，为什么常常用瓦尔拉斯模型来确定货币中性？

2. 根据瓦尔拉斯模型，讨论以下陈述：如果名义工资和价格是完全浮动的，那么，不论是货币供给的一次性增加，还是货币增长率的上升，都不会影响一般均衡中的产出水平。

3. 讨论瓦尔拉斯一般均衡分析中，货币中性和超中性与古典主义二分法的关系。它们是互相包容的吗？

4. 讨论货币中性（和超中性）与货币数量论的关系。它们是互相包容的吗？

5. 在一位数的但是不变的通货膨胀率下，偏离货币中性的重要性有多大？在一位数的但是变动的且高度不确定的通货膨胀率下，偏离货币中性的重要性有多大？

6. 在恶性通货膨胀情况下，存在货币中性吗？请讨论。

7. 讨论：如果所有价格（包括工资）是浮动的，货币必定是中性的。

8. 为什么初始禀赋在个人的效用分析中如此重要？假定这种分析中没有初始禀赋，这对于货币中性和二分法以及货币在宏观经济中的作用的分析有何影响？

9. 假定典型个人有下列效用函数

$$U(c, n, m^h) = U(c + m^h - h(n))$$

其中，$\partial h/\partial n > 0$，$\partial^2 h/\partial n^2 < 0$。$c$ 是对商品的购买，n 是劳动的供给，m^h 是个人持有的实际余额，$h(n)$ 表示由于提供劳动而导致的工作厌恶或者缺失的休闲时间。再假定每一时期，他或她收到一份外生给定的以名义值计算的养老金，

还从他或她的劳动供给中获得收入。推导此人的相关供求函数（陈述任何你需要的假定）。若所有价格按比例上涨，这些函数会保持不变吗？如果不是，怎样才能使它们不变？

10. 假设典型企业的生产函数为

$$F(K,L,m^f)=AK^{\alpha}L^{\beta}m^{f\gamma}$$

其中，$F(\cdot)$ 是公司生产函数，K 是资本存量，L 是雇佣量，m 是实际余额的持有量。推导该企业的相关供求函数（陈述任何你所需要的假定）。定义货币的使用者成本。说明劳动和资本的边际生产率取决于实际余额的使用者成本。

假定金融创新使企业实际余额的边际生产率变成现在的 λ 倍。它对企业的劳动和资本需求函数有何影响？

11. "把货币纳入效用和生产函数很难与瓦尔拉斯一般均衡模型相调和。""各种物品的异质性、生产和贸易的专门化、种种需要的供求不一致性，是现实经济的部分特征，在这种经济中，将货币纳入效用和生产函数提供了一种方法，可以把货币所起的支付媒介这种作用的种种好处上升到理论。"请讨论这些陈述。

参考文献

Bailey, M. J. "The welfare costs of inflationary finance." *Journal of Political Economy*, 64, 1956, pp. 93–110.

Burstein, M. L. *Modern Monetary Theory*. London: St Martin's Press, 1986.

Click, R. W. "Seigniorage in a cross-section of countries." *Journal of Money, Credit and Banking*, 30, 1998, pp. 154–171.

Driffill, J., Mizon, G. E. and Ulph, A. "Costs of inflation." In B. Friedman and F. Hahn, eds, *The Handbook of Monetary Economics*, Vol II. New York: North-Holland, 1990, pp. 1012–1066.

Friedman, M. "The quantity theory of money-a restatement." In M. Friedman, ed., *Studies in the Quantity Theory of Money*. Chicago: Chicago University Press, 1956, pp. 3–21.

Gillman, M. "Comparing partial and general equilibrium estimates of the welfare costs of inflation." *Contemporary Economic Policy*, 13, 1995, pp. 60–71.

Holman, J. A. "GMM estimation of money-in-the-utility-function model: the implications of functional forms." *Journal of Money, Credit and Banking*, 30, 1998, pp. 679–698.

Patinkin, D. *Money, Interest and Prices*, 2nd edn. New York: Harper & Row, 1965, Chs. 2, 5–8.

Walsh, C. E. *Monetary Theory and Policy*. Cambridge, MA: MIT Press, 2003.

第三部分

货币需求

第 4 章　货币的交易需求

凯恩斯依交易动机而取名货币的交易需求，但没有提供其决定理论。特别的，他曾假定这种需求线性地取决于当期收入，不取决于利率。

后来，鲍莫尔和托宾在 20 世纪 50 年代做出了贡献，建立了货币的交易需求理论。他们认为，这种需求不仅取决于收入，还取决于债券的利率。此外，在持有货币上存在规模经济。

货币的交易需求，是在有关债券收益、收入和支出的数量和期限结构的确定性假设条件下推导出来的。

本章引入的关键概念

- ◆ 货币的交易需求
- ◆ 货币需求的规模经济
- ◆ 实际余额需求对价格水平的弹性
- ◆ 实际余额需求对收入的弹性
- ◆ 实际余额需求对利率的弹性
- ◆ 实际余额需求对其使用成本的弹性
- ◆ 有效资金管理

本章讨论交易余额需求理论的主要内容，并在分析过程中遵循了凯恩斯的思路，即假定个人持有的货币可以分为几部分，其中一部分完全用于满足交易的需求。

第 2 章曾经指出，许多古典经济学家和凯恩斯曾简单地假定，交易余额需求对名义收入的弹性是 1。特别是，如果价格水平或实际收入/支出翻一番（二者不能同时翻番），交易余额的需求也会增加一倍。几乎没有任何分析支持这一陈述，但它在很大程度上仍是一个重要假定。

20 世纪 50 年代的发展，是站在人们持有货币余额和其他资产，以使融通交易的成本最小化这样的角度，对货币余额的交易需求进行的缜密分析。这种分析表明，货币的交易需求与利率负相关，它对实际支出水平的弹性小于 1。鲍莫尔（Baumol，1952）和托宾（Tobin，1956）沿着这一思路进行了创新性的分析。下文主要内容源于鲍莫尔对该主题的论述。

20 世纪 50 年代以来的发展，不仅没有否定鲍莫尔和托宾的交易需求的分析，而且还拓展了它。其中，最重要的是对收支时间的不确定性的分析。在这种不确定性情况下，货币需求通常被认为是预防性货币需求，这是第 6 章的主题。

4.1 货币交易需求的基本存货分析

本节介绍了鲍莫尔（Baumol，1952）关于货币交易需求的基本存货分析。分析讨论了对两种资产——"货币"和"债券"——的选择，其鉴别特征是，货币是购买商品的支付媒介而债券则不是，因此商品交易针对货币而不针对债券。在该模型中没有不确定性，因此债券收益率是确定的。真实世界中这类债券对应的是付息储蓄存款或像国库券一样的无风险短期金融资产。长期债券的收益不确定，因此没有被鲍莫尔的分析所包含。鲍莫尔其他的假定条件是：

1. 持有货币不支付利息。债券持有的名义利率为 R。持有债券或货币没有自我服务成本，但是存在资产从一种状态向另一种状态转换的转换成本。债券可以是储蓄存款或者是其他金融资产。

2. 个人收支的时间安排或数量，不存在不确定性。

3. 个人试图在给定时期内，均匀地花费数额为 Y 的支出，并拥有满足这一支出所需的资金。因此，在该模型中货币是支付媒介，所有支出都为货币形式。

4. 个人试图在给定的时期内，把他的债券均匀地多次兑换成现金 W。每次取款，他都必须缴纳"手续（债券—货币转换）费"，它由两部分组成，即每次取款的固定成本 B_0 和取每一美元的可变成本 B_1。经纪人佣金、银行收费以及自己（或个人）为从债券中取出现金损失的时间和便利等，都属于这种手续费。取出 W 的总成本为 (B_0+B_1W)。

由于个人一开始拥有 Y 美元，并在该时期内持续均匀地将其支出，那么，他在该期间以债券 B 和现金 M 形式持有的平均资金，只有 $Y/2$。因此，$M+B=Y/2$。另外，由于个人每次都兑换现金 W，并均匀地将其支出，所以其平均交易余额 M 为 $W/2$。如图 4—1 和图 4—2 所示。在图 4—1 中，对于单期支出而言，三角形 $OY1$ 代表该时期内不同时点上还未花费的支出。$1YA$ 代表被支出的数量。在该时期，$0Y1$ 等于 $Y/2$，以货币或债券的形式持有。图 4—2 只说明持有货币时的情形。假定该时期（4个星期）被分成4周，每周周初兑换 W 美元，在一周中均匀地用完。那么，在该时期，平均货币余额只有 $W/2$。因此，从图 4—1 和图 4—2 中可知，该时期的平均债券持有量为 $(Y/2-W/2)$。

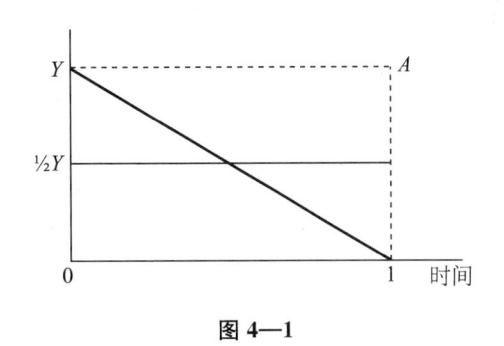

图 4—1

图 4—2

由于总支出 Y 以多个 W 的形式从债券中取出，所以取款的次数 n 为 (Y/W)。从债券中取出 Y 的成本为取款成本乘以取款次数，即 $[(B_0+B_1 W)n]$。此外，持有现金而非债券所放弃的利息为 RM。由于 $M=W/2$，所以该利息成本等于 $RW/2$。以此方式获得资金 Y 的总机会成本 C，等于从投资中取出 Y 的成本加上由于持有平均货币余额（$W/2$）而放弃的利息。因此有

$$C=RM+(B_0+B_1)n= RW/2+B_0 \cdot Y/W+B_1 Y \tag{1}$$

如果个人理性地试图用最少的成本满足 Y，他就会将持有交易余额的成本 C 最小化。为此，令（1）式对 W 的导数为零，有

$$\partial C/\partial W=R/2-B_0 \cdot Y/W^2=0 \tag{2}$$

从而

$$W=[2B_0 \cdot Y/R]^{1/2} \tag{3}$$

以及

$$M^{tr}=W/2=(B_0/2)^{1/2}Y^{-1/2}R^{-1/2} \tag{4}$$

其中，我们加入了上标 tr，以强调（4）式中描述的只是货币的交易需求，不包括从投机和其他动机中产生的货币需求。方程（4）被称为存货分析中的平方根

公式，具有柯布-道格拉斯函数那种易于辨认的形式。在现有分析下，该式表明了个人在成本最小化条件下的交易余额需求。这一需求函数明显不同于凯恩斯主义的交易余额需求函数，尤其是表明了交易余额需求取决于名义利率。该需求函数的种种性质，反映了它对实际支出水平、利率和价格变化的反应，这将在下文予以讨论。

手续费是因提供商品（例如"货物和服务"）经纪服务而收取的费用。因而令 $B_0 = P \cdot b_0$，$B_1 = P \cdot b_1$。其中，b_0 和 b_1 是以实际值计算的手续费，而 B_0 和 B_1 是以名义值计算的手续费，P 为价格水平。用这种方式表示手续费成本的原因是，从严格意义上说，从有收益资产中提取现金的经济服务，其本身就是一种物品，因而所有物品价格翻倍时，手续费也必然翻倍。因此，B_0 和 B_1 必定以相同的比率 P 增加。

因此，方程（4）可以重写为

$$M^{tr,d} = (b_0/2)^{1/2} P y^{1/2} R^{-1/2} \tag{5}$$

从而

$$M^{tr,d}/P = m^{tr} = (b_0/2)^{1/2} y^{1/2} R^{-1/2}$$

因此，货币的交易需求对 y，R 和 P 的弹性为

$$E_{m \cdot y} = 1/2$$
$$E_{m \cdot R} = -1/2$$
$$E_{M \cdot P} = 1$$
$$E_{m \cdot P} = 0$$

在（5）式中，由于实际交易余额需求对实际收入的弹性仅为 $1/2$，所以，实际交易余额的增长比率小于个人实际收入的增长比率，原因在于，从债券中提取现金的成本存在着规模经济。货币的交易需求对名义利率的弹性为 $-1/2$：利率越高，以交易余额形式持有资金的成本越高，对于这种余额的需求越少。实际余额的交易需求对所有价格的弹性（$E_{m \cdot P}$）为零，与第 3 章推导出的一般货币需求一致。(5) 式含蓄地指出，名义余额的交易需求弹性（$E_{M \cdot P}$）为 1。

名义余额需求对名义收入的弹性

关于名义余额需求对名义收入 Py 的弹性，我们现在可以深入了解一下其含义。由于 $Y = Py$，实际收入 y 或价格 P 不管谁发生变动，都会引起名义收入变动。于是在通货膨胀率接近于 0 时，$E_{M \cdot Y}$ 可以近似地等于 $E_{m \cdot y}$，从上面的分析中可知其为 $1/2$。通货膨胀率越高，属于单位弹性的 $E_{M \cdot P}$ 的作用就越明显，因此在恶性通货膨胀时期，$E_{M \cdot Y}$ 接近于 1。因此，$E_{M \cdot Y}$ 不是一个常数，它在 0.5 到 1 之间变动，取决于研究时期内实际收入增长率与通货膨胀率的相对大小，一般情况下，各时期的产出和价格水平都会改变。因此，如果两者的变动率大致相同，鲍莫尔的模型就意味着，$E_{M \cdot Y}$ 的估计值应大致处于 0.5 到 1 这一范围的中点上。实际上，对于通胀率较低的发达经济体而言，我们通常会发现，这一弹性的估计值接近于其可能范围的中间值（0.75）。然而，我们应该

预期到的是高通胀率（双倍或更高）的经济将有更高的 $E_{M\cdot Y}$ 估计值。在恶性通货膨胀极限情况下，$E_{M\cdot Y}$ 的估计值应该接近于 1。这些暗示，如果实际产出和价格的增长率不同，那么，名义交易余额需求相对于名义收入的弹性的估计值会在不同样本期间内各不相同。

4.2　交易余额需求的一些特例

上述分析讨论了为了融通交易而在持有货币和持有有收入资产（债券）之间进行选择的问题。在进行这种选择时，如果个人能从持有债券中获利的话，他可能只买债券；如果不能，他会只持有货币，因而表示实际余额需求的方程（5）不适用于他。为了对这种可能性进行分析，我们需要推导持有货币和（或）债券的利润函数。

如我们在图 4—1 中展示的，在鲍莫尔的假定下，个人在某一时期均匀地花费他的收入 Y，因此平均持有 $Y/2$ 的货币或债券。所以，他持有的平均名义债券价值 B 等于 $(Y/2-M)$，其中，如前所述，$M=W/2$。个人持有这些债券按利率 R 获得利息。持有货币或债券的利润，等于从持有债券获得的利息，减去从债券中提取现金的手续费。也就是说，综合利用货币和债券的利润 π 为

$$\begin{aligned}\pi &= 债券的利息收入-手续费\\ &= R\cdot B-(B_0+B_1W)n\\ &= R\{Y/2-M\}-\{B_0Y/2M+B_1Y\}\end{aligned} \quad (6)$$

求（6）式对 M 的最大值，得到一阶最大化条件为

$$\partial\pi/\partial M=-R+B_0Y/2M^2=0 \quad (7)$$

因此，与（4）式一样，

$$M^{tr}=(B_0/2)^{1/2}Y^{1/2}R^{-1/2} \quad (4)$$

此外，

$$B^{tr}=Y/2-(B_0/2)^{1/2}Y^{1/2}R^{-1/2} \quad (8)$$

其中，B 的上标 tr 强调的是，这种债券需求仅仅是出于交易目的的。因此，从（6）式可推导出：

$$\begin{aligned}\pi &= R\{Y/2-(B_0/2)^{1/2}Y^{1/2}R^{-1/2}\}-\{(B_0/2)Y/[(B_0/2)^{1/2}Y^{1/2}R^{-1/2}]+B_1Y\}\\ &= RY/2-(B_0/2)^{1/2}Y^{1/2}R^{1/2}-\{(B_0/2)^{1/2}Y^{1/2}R^{1/2}\}-B_1Y\\ &= RY/2-2(B_0/2)^{1/2}Y^{1/2}R^{1/2}-B_1Y\end{aligned} \quad (9)$$

简化式子，我们可以得到

$$\pi=RY/2-2RM-B_1Y=(R/2-B_1)Y-2RM \quad (10)$$

最后一个方程有一个简单直观的解释：由于持有货币的利息成本和把债券转换成

Y 的可变成本的存在，持有债券和货币的总利息收入减少了。此外，由于右侧第二项非正，第一项就意味着，不管收入水平如何，持有债券都不会有利可图，除非 $R>2B_1$。

在方程（10）式中，如果 $R=0$ 或总手续费超过持有债券获得的收入，π 就是非正数。如果手续费比较高，后一种情况就可能发生。注意，这里的手续费，既包括金融机构收取的费用，也包括债券转换为现金时发生的任何其他成本。后者包括来自于银行和其他相关金融机构的时间和不便——有时也称为"皮鞋成本"（shoe-leather costs）。在缺少金融机构的地区，比如说在欠发达国家甚至发达国家中的乡村，这种成本会相当高。对于银行拒绝为其开立账户的个人，或不符合银行为开设这种账户而设置的条件（如可接受的担保或者最低存款余额）的个人，这些成本起着决定性作用。在这些情况下，人们发现，持有债券无利可图，因而只持有货币。

如果收入和（或）利率极低的话，在交易过程中持有债券的利润，也可能是非正数。对于较穷的个人，或在金融体系及其规章对债券支付的利率加以限制的地方，这种考虑很重要。在这种情况下，个人对债券的需求也会是零。

在持有债券的利润为非正数的情况下，即 $\pi\leq0$，债券需求为零，名义余额的最优交易需求为

$$M^{tr}=Y/2 \tag{11}$$

它具有单位收入弹性和零利率弹性。

从（11）式可知，实际余额的交易需求函数 m^{tr} 为

$$m^{tr}=Y/2 \tag{12}$$

从而，$E_{m\cdot y}=1$，$E_{m\cdot r}=0$。在 19 世纪和 20 世纪初甚至储蓄存款的手续费也非常高，然而大多数个体的收入却很低，因此比起存货模型所暗示的货币需求函数，货币需求函数更接近（11）式。也就是说，货币需求的收入弹性接近于 1，而不是 0.5，且利率弹性也接近于零而不是 -0.5。

即使在现代，几乎所有经济体中都会有一些人（经常是低收入者）符合这样的需求函数。国家或当地金融系统越不发达，人们的收入越低，这一因素就越重要。存货需求公式（5）对欠发达经济体和农村地区，甚至对一些发达经济体的人口，具有有限的有效性。

4.3 通货需求与活期存款需求

上述分析没有真正解决令人感兴趣的通货（纸币和硬币）与活期存款的相对需求问题。对此，我们需要考虑的不是"债券"转换为货币这两种形式所需的成本，而是就进行支付的成本、便利和安全方面比较持有、使用通货和持有、使用活期存款。在使用通货还是活期存款的选择中，活期存款确实有一个

正的使用成本,因为它要求我们到银行取存款,而银行一般会对支票的存取收取费用;而使用通货支付就没有任何这类费用。此外,最普遍的活期存款形式不支付利息。于是,通货具有较低的使用成本,个人为了实现最优化,只持有通货,不持有活期存款。在许多欠发达国家,特别是缺少银行服务的乡村里,情况确实如此。

然而,在大部分发达国家和发展中国家的城市,情况就不同了,很多人不持有活期存款,因此在通货和活期存款的选择中,肯定还有其他相关考虑。对于大多数人来说,主要的一个原因是,持有活期存款比持有通货安全。以通货形式持有或携带大笔款项,人们主要担心被盗和被抢,这是 18 世纪和 19 世纪欧洲存款银行业产生和发展的主要原因,现在仍然是决定活期存款与通货的相对需求的主要因素。人们越是关注持有通货的安全性和便利性,对通货余额的相对需求就越小。以盗窃和抢劫率非常低的日本为例,普通人一般不拥有活期存款账户,他们使用通货进行大部分交易。相反,在美国,携带大笔通货的人非常担心他们的人身安全和款项安全,因此喜欢用活期存款来满足他们的大部分交易需求。

4.4 规模经济和收入分配

收入分配

考虑下面两种情况:

(A) n 个人组成的经济,一个人拥有全部国民收入 Y,其他人的收入为零。由于收入为零,后者发现持有货币和债券不会带来任何收入。

(B) n 个人组成的经济,每个人拥有相同的收入 Y/n。

从(5)式中可知,交易余额的名义需求为:

对于(A),

$$M_A^r = (B_0/2)^{1/2} Y^{1/2} R^{-1/2} \tag{13}$$

对于(B),

$$M_B^r = n\{(B_0/2)^{1/2}(Y/n)^{1/2}R^{-1/2}\} = n^{1/2} M_A^r \tag{14}$$

由于 $n \geqslant 2$,$M_B^r > M_A^r$。因此,收入的平均分配导致较高的实际余额需求。

一个更现实的场景既不是(A)也不是(B),而是存在一定数量有正收入的贫穷个体的经济,但是这些个体并不觉得持有债券是有利可图的。他们货币需求的收入弹性为 1。在这种情况下,经济将有两种类型的个体,一种适用通常的鲍莫尔货币需求函数,而另一种适用 $M = Y/2$。这样不平等的收入分配,在这种情况下,无论比(A)还是(B)都要产生更多的货币需求。在极限的情况下,想象这样一个场景,人人收入平等,但却由于太穷而不能通过持有债券获利。这暗示着最高的货币需求将等于 $Y/2$。

因此，假设所有个体都有足够的收入，从而认为持有债券是有利可图的，鲍莫尔模型暗示，经济收入分配越不平等，实际余额的需求也就越小。然而，如果不平等的收入分配导致一些个体只持有货币，那么这个结果将不会发生。

发展经济学

下面的分析提供了一个交易持有货币的规模经济效应的例子。假设其他条件不变的情况下，根据存货分析模型，人口的一小部分 α 有足够的收入持有交易余额，而占比 $(1-\alpha)$ 的穷人并没有发现出于交易目的持有债券有利可图。在该人口规模下，单位资本的总交易货币需求由下式给出：

$$M^{tr} = \alpha(B_0/2)^{1/2} Y_A^{1/2} R^{-1/2} + (1-\alpha) \cdot Y_B/2 \tag{15}$$

其中 Y_A 是每一个较富裕的人的收入，Y_B 是每个穷人的收入。持有这些货币有一个介于 $1/2$ 和 1 之间的收入弹性。随着手续费 B_0 下降，由于金融发展或（和）每个穷人个体收入充分增加，α 上升。这将增加经济中整体交易持有货币的利率弹性，并减少其收入弹性。因此，经济和金融发展会导致收入弹性降低和利率弹性增加。

此外，请注意我们前面的结果，对于一个给定的利率，如果手续费高，收入低，就像许多发展中国家，特别是大城市周边一样，持有债券将是无利可图的，因而，货币需求的收入弹性为 1，利率弹性为 0。在这样的背景下，货币需求的平均弹性比 $1/2$ 更接近 1，正如鲍莫尔模型所暗示的。这个结果在通胀背景下将加强，因为名义货币需求的价格弹性为 1。

4.5 企业的有效资金管理

上面分析的是个人的情况，这种分析也可以应用到企业身上。在企业拥有许多子企业的情况下，对该企业来说，最优选择是集中货币管理还是分散货币管理？这里，集中货币管理指的是整个企业只有一个账户，总财务处在考虑每次取款数量时，将所有的子企业视为一个整体，然后将该款项各子企业中进行分配。分散货币管理指的是在任何时候，各子企业的账户和取款的决定都是各自分开的。

举例来说，一家企业总收入为 Y，有 n 个相同的子企业，每个子企业收入为 Y/n。如果是集中资金管理，只有一个活期存款账户，通过该账户对债券进行投资，那么，它的最低交易成本余额可由（13）式得出。如果是分散资金管理，每个子企业都有自己的活期存款账户和债券，它的交易余额可以由（14）式得出。子企业的数目越多，后者的数量就越大。

由于集中资金管理意味着交易余额较低，也就意味着利润较高。因此，在其他条件相同的情况下，有效率的企业将选择集中管理它的资金。然而，还有其的因素，使得企业选择部分分散的银行账户，其中包括便利、簿记和安全方面的因素。许多企业认为，只要让子企业定期或在达到预定的水平时，向一个总账户转移货币余额，就可以采用分散资金管理。因此，便利和安全原因在集中程度选择上发挥着重要的作用，就像在通货和活期存款的选择上一样。

近几十年来，电子转移越来越高的效率和投资资金的手续费用的降低，使大公司在短时期（如一天）内投资其盈余资金有利可图。它们期望的一天结束时持有的活期存款可能会是零。不可预知的取款或存款仍然会发生，但这些可能会被银行预先安排的透支额度所覆盖。在这样一个背景下，实际持有的活期存款基本上是随机的。这样的公司仍然可以有正的货币需求，但其大部分都是周转现金或零用现金，并且将在很大程度上取决于对不可预知的和不均衡的收入和支出的考虑，而不是鲍莫尔模型中考虑的因素。

4.6 货币需求和活期存款的利息支付

现在很多类型的活期存款账户都支付利息。为了正确地考察这种情况，我们假定有两种资产，活期存款和债券，两者都支付利息。由于通货不付利息，在本节，我们把它排除在货币定义之外，所以货币等于活期存款。这一模型的其他假定与原来一样，其中包括购买商品只能以活期存款账户开出的支票进行支付。像以前一样，假定债券支付利率 R，而活期存款的利率假定为 R_D。

同以前的分析一样，活期存款的平均数量 D 为 $W/2$，债券的平均数量为 $(Y/2-D)$。使用货币和债券的利润 π 为

$$\pi = R\{Y/2 - D\} + R_D D - \{B_0 Y/2D + B_1 Y\} \tag{16}$$

由此得到的一阶最大化条件为

$$\partial\pi/\partial D = -R + R_D + B_0 Y/2D^2 = 0 \tag{17}$$

因此，

$$D^{tr} = (B_0/2)^{1/2} Y^{1/2} (R - R_D)^{-1/2} \tag{18}$$

$$B = Y/2 - (B_0/2)^{1/2} Y^{1/2} (R - R_D)^{-1/2} \tag{19}$$

其中：

$$E_{D \cdot (R-R_D)} = -1/2 \tag{20}$$

$$E_{D \cdot R} = -1/2\{R/(R-R_D)\} \tag{21}$$

现在，交易余额的需求取决于利差 $(R-R_D)$，活期存款的交易需求对利差的弹性为 $-1/2$。然而，仅对债券利率而言（即如果债券利率升高，而活期存款利率不变），该弹性就变成了 $[-1/2\{R/(R-R_D)\}]$——活期存款的利率越高，对这种余额的需求弹性也就越高。由于这些弹性是不同的，所以债券收益变动对货币需求的影响，将取决于活期存款的利率是否也相应变动。

4.7 活期存款与储蓄存款

正如本章开始所解释的，储蓄存款可以看做一种"债券"，因为它支付利息，且不能用来直接对他人进行支付。所以，必须要将资金从储蓄账户转移到支票账户，它才能以支票形式支付。在银行业务自动化、电话和电子支付出现以前，人们不得不前往银行的分支机构，把资金从储蓄账户转移到支票账户，或是取出通货。这一过程带来的时间耗费和不便，是鲍莫尔模型中手续费的一部分。银行自动化的普及和这种转移的条件和费用的普遍降低，大大减少了这种类型的手续费。坐在家里用电脑就可以把资金在账户间进行电子转移，使得这种成本微不足道。

直到20世纪60年代，商业银行在处理这种转账时，还要收取其他费用，包括从储蓄存款中提款时需要一定时间的预先通知。这种通知要求事实上已经消失了。结果，从成本和延迟时间角度来看，用储蓄存款和用活期存款进行支付现在相差无几。

在下面的分析中，假定储蓄存款是唯一的一种债券，储蓄存款的数量表示为 S。S 替代了第4.2节中的 B，那里所说的最优比率 D/S 由下式给定：

$$D/S = 1/(Y/2D-1) \tag{22}$$
$$= 1/\{1/2(B_0/2)^{-1/2}Y^{1/2}R^{-1/2}-1\} \tag{23}$$

因而活期存款随着手续费的减少而下降。用极限来说，当 $B_0 \to 0$ 时，$D/S \to 0$。

从历史上看，随着活期存款和储蓄存款的手续费差异缩小，以活期存款形式持有的余额比例也在下降，目前美国和加拿大 M_2 的这一比例不到10%。随着越来越多的人习惯于使用电话和家用电脑在银行账户间进行转移，这一比例还会进一步降低。

银行自动化的普及也减少了通货和活期存款、通货和储蓄存款之间转换的手续费。因此，像鲍莫尔模型表明的那样，相对于持有的活期存款和储蓄存款而言，这些银行设施减少了人们持有的通货。因此，这些银行设施导致通货和活期存款减少，从而 M1 的数量大幅下降。

4.8 技术创新与通货需求、活期存款需求和储蓄存款需求

近几十年来，金融部门出现了大量各种形式的创新，下面列举出五大类。

1. 新形式的金融资产的创造，以及某些现有资产的流动性的提高。这包括制度创新，如有息的活期存款和可开支票的储蓄存款，它们直到20世纪70年代才得到普及。还包括银行设立的货币市场共同基金和其他共同基金，购买和出售

这种基金只收取少量的手续费，而且只需要一个短期通知就可以转换为活期存款。这种货币市场共同基金（尤其是银行出售的）到了20世纪90年代才得以流行。这些创新活动改变了通货、活期存款和储蓄存款的交易需求函数。

2. 对存取机制和各种类型资产操作的技术创新。这包括使用自动柜员机（主要在20世纪80年代）和使用电话和电脑在账户间进行资金转移，其出现于20世纪90年代后期，但在21世纪才得到广泛应用。借记卡就属于这种性质。相对于支票而言，它们减少了存款的手续费，因此降低了交易的需求。

3. "电子钱包"或"智能卡"的发展。它像硬币或钞票一样存储名义额，并可以在交易现场把这种数额的一部分或全部转移给另一个人，无须第三方银行或信用卡公司的介入。某些形式的电话卡就是一例。暂且不管技术上的差别，只就经济性质而言，这种卡类似于硬币和纸币，既体现了价值，又可以让持有人把部分或全部价值转移给另一个人，并且在这样做时对其他人来说是匿名的。还有一个不太重要的差别是，使用大面额钞票存在"找零"的问题，而智能卡能够以确切的数额转账。更重要的差别在于，智能卡内置了使用者鉴别程序，能够在很大程度上防止可能的盗窃。而通货在被持有者使用时，没有对所有权的任何鉴别，因此智能卡更加安全。这一特性使得智能卡备受欢迎，使用它们在很大程度上可以替代通货和支票账户。通货和智能卡组成了携带价值的"钱包"，只是前者不具有电子性，后者具有，应当恰当地把它们合并在一起称为对"钱包"的总需求，与活期存款需求、储蓄存款需求等相对应。

4. 数字卡的发展。使用数字卡进行支付，要求银行等第三方的介入，使用网络验证、授权和结算交易。这更像是支票或借记卡（而电子钱包更像是通货），并且融合了支票、信用卡和借记卡的优点。它们留下了交易的记录，对于簿记和安全考虑是十分重要的。

5. 在线支付的发展，允许将款项直接从一个银行账户支付给收款人。前面对货币的交易需求的分析表明，在线支付减少了货币和非货币形式活期存款的使用费，并减少了对它们的需求。

因此，在过去几十年里，金融行业大量和不间断的创新，已经减少了通货、活期存款和储蓄存款需求，因而也改变了M1和M2和更宽泛的货币定义的需求函数。

4.9 估计货币需求

货币需求的存货模型意味着可选择的对数线性形式的交易性货币需求的估计函数是：

$$\ln M^{tr,d} = \beta_0 + \beta_y \ln y + \beta_R \ln R + \beta_P \ln P \tag{24}$$

$$\ln m^{tr,d} = \beta_0 + \beta_y \ln y + \beta_R \ln R \tag{25}$$

该模型中 $\beta_Y=1/2$，$\beta_R=-1/2$，$\beta_P=1$。但是，如果估计函数被设定为

$$\ln M^{tr,d}=\alpha_0+\alpha_Y\ln Y+\alpha_R\ln R \tag{26}$$

α_Y 的估计值应位于 1/2 和 1 之间，这个值越大意味着通货膨胀率相对于实际产出的增长率就越高。而且，在收入、利率以及使用费使大多数市民出于交易目的持有债券变得无利可图的经济中，实际收入和名义收入的弹性接近于 1。

利率上升会产生两方面的影响。第一，正如上述存货需求模型所示，它使个体更频繁地在货币和金融资产之间进行交易。第二，对一些个体而言，他们之前并没有在货币和金融资产之间进行交易，是由于这样做没有任何盈利，但利率上升使这项交易变得有利可图，所以对整体人口而言增加了货币交易需求的利率弹性。因此，这种弹性应该是非线性的。同样的考虑适用于低水平时收入的增加，收入增加导致的收入弹性也是非线性的。

在将上述存货分析运用于从资产余额中收集到的数据时，需要注意的是该理论明确了被持有的平均货币余额，但这些数据经常在结束日（或其他阶段）才收集。此外，金融发达的经济体，电子转移资金手续费几乎为零，通常有一天和隔夜贷款市场。在该市场中，公司使用有效的现金管理程序可以在一天结束时投资过剩的资金余额，借给资金缺乏的其他人。对于流动账户，银行自己监控顾客在每一天结束时的账户状态并且出清过剩的账户余额，把它们投资在隔夜货币市场基金上。在这种情况下，客户需要确保他们只保留了最低期望水平的余额；任何高于或低于该余额的金额都会通过隔夜或日常贷款市场或者通过货款安排借入或贷出。因此，拥有大量结余和低交易成本的客户，在简单存货分析下，某所期望的最低交易余额在一天结束时将为零。在其他模型中，由企业持有的金额是随机的，且具有零均值。

在更现实的环境中，客户往往是一个人而不是一个公司，客户持有正的余额，但这将取决于体制的安排，例如最低补偿余额，银行有时要求它们的客户维持该余额以代替银行费用。这样的考虑和存货模型更适用于家庭而不是大公司的货币交易需求。

需要注意的是，货币余额的数据并不区分交易动机或投机动机或其他动机。因此，上述的交易需求弹性只对整体货币需求弹性提供粗略的指导。此外，近几十年的金融创新改变了货币的需求函数，因此，估计的弹性在不同样本区间各不相同。大量的实证研究（见第 9 章）证实了这一发现。

实证研究结果

一般来说，鲍莫尔和托宾的交易需求分析暗示在具有发达金融部门的发达经济体中利息的货币需求弹性将为负。毫无疑问，这一点已经通过对整体货币需求的实证研究被证实（见第 9 章）。

前面交易需求的分析暗示实际余额的实际收入弹性为 1/2，利率弹性为 $-1/2$ 且名义货币余额的价格弹性为 1。此外，对个体而言，如果收入和利率相对较低，而手续费相对较高，从而持有债券无利可图，那么，相对于实际收入来说，实际结余的收入弹性为 1，其利率弹性为零，且名义货币余额的价格弹性为

1。因此，决定维持交易余额包含下列两个决定：（1）是否持有非货币计息金融资产；（2）如何在货币与非货币计息的金融资产间分配金融财富。随着收入从低水平基础上开始增长或者金融部门的发展导致手续费下降，实际余额的收入弹性的平均估计值会从一个接近1的数下降为一个接近1/2的数。对整体货币需求的实证研究通常估计货币需求的收入弹性小于1（见第9章）。

对于不同收入的一般收入分配，交易余额的利率弹性在低利率时要比在高利率时更低，因为更多的个体发现不持有债券是有利可图的，因此，他们之中很多人的货币需求的利率弹性为零。随着利率上升，越来越多的人发现持有债券或债券和货币之间的替代品是有利可图的，这样利率弹性就会增加到1/2左右。因此，货币需求相对于利率和交易需求的利率弹性是非线性的。穆里根和萨拉·马丁（2000）使用一个国家的截面样本，证实了整体货币需求的这种非线性关系，低的收入水平其利率弹性也低。对于发展中经济体，随着收入增加，越来越多的人发现使用银行服务和在无息货币和有息资产之间进行转换是有利可图的，因此，货币需求的利率弹性应当上升，名义货币余额的收入弹性应该下降。

由于交易货币需求是整体货币需求的一个组成部分，在实证估计中它并不能分离成其组成部分，对货币需求的实证结果将留到第9章再做详细考虑。

结　语

交易需求存货分析的基本结论是：假设在交易性资产组合中有一部分是有利润的债券（包括储蓄存款），家庭在持有活期存款上将有规模经济，并对利率具有负的利率弹性。该弹性依活期存款是否支付利息以及利差的大小而有所不同。

总办公室和分支机构之间以及企业分支机构和银行之间的电子转移和集中控制的创新，已经减少了因集中引起的不便，从而促进了集中资金管理。此外，它们减少了公司的手续费。在极限情况下，随着每笔交易的边际手续费趋近于零，活期存款的需求也趋近于零。因此，公司持有的交易余额相对于它们的收入有所下降。对于发达的金融市场中具有有效资金管理的大企业来说，这类余额的变化主要取决于随机因素。

还有一个因素也可能导致持有正的活期存款，那就是银行有时要求的最低补偿余额，它经常用来代替交易费用。这种银行业惯例，再加上分支机构的数量和规模，是决定企业和个人持有最低货币余额的主要因素。

以上讨论表明，经济中交易余额的总需求由三部分构成，它们是：

1. 家庭和企业的需求。这些家庭和企业发现，投资于付息非货币资产（"债券"）的资金管理无利可图，因而只持有货币。这部分需求实际上在任何经济中都存在，但只有在银行业和其他金融设施不发达的经济体中，这部分需求的比重才很大。

2. 家庭和企业的交易余额。这些家庭和企业发现，这种金融管理有利可图，而且鲍莫尔模型适用。

3. 最优化的富裕个人和大企业的需求。对于这些个人和企业来说，手续费中的可变部分几乎为零。交易余额由鲍莫尔模型以外的因素决定。相关的因素包括第一中的个人以通货进行支付的要求、某些必须使用通货（如购买汽车票）的交易以及银行为保持活期存款账户所要求的最低货币余额等。

近些年的电子、管理和制度创新，已经模糊了活期存款和各种准货币间的差别，因而也改变了前者的交易需求。电子或智能钱包等手段的发明和使用，减少了为小额支出持有的纸币和硬币的需求，因而也减少了通货需求。

存货需求函数是鲍莫尔模型的核心。他是在相当特殊和严格的假定下推导出来的。如本章所示，放宽这些假定，就会改变推导出的需求弹性。不过，一般来说，定性结论不变：从总量上看，实际交易余额的需求随实际支出的增长而增长，但增长比例小于后者，随着可替代资产收益率的下降而降低；如果所有价格按比例波动，它将保持不变。

主要结论

※ 实际货币余额交易需求相对于实际收入的弹性只有 1/2，相对于价格水平的弹性为零。

※ 名义货币余额交易需求相对于实际收入的弹性只有 1/2，相对于价格水平的弹性为 1。因此，其相对于名义收入的弹性在 1/2 到 1 之间。

※ 有效和集中的现金管理将减少货币的交易需求。

※ 金融创新减少了对货币的需求，随着时间推移，也导致了交易需求函数的不稳定。

复习讨论题

1. 阐述鲍莫尔对货币交易需求的存货分析。

2. 比较用来推导货币交易需求的成本最小化和利润最大化的方法。对货币交易需求而言，什么样的见解是在利用利润最大化的方法能看到而利用成本最小化的方法看不到的？

3. "在 19 世纪和 20 世纪初的西方，或其他经济体，凯恩斯的交易需求函数可能不会是不切实际的。"讨论这种说法。

4. "对于一个给定的国家或国家之间，在不同的样本期间，货币交易需求的名义收入弹性不同。"讨论这种说法。

5. 解释为什么总有一定比例的家庭不持有支票账户，尽管它们在交易中确实使用现金。

6. 如果活期存款支付利息，用鲍莫尔模型推导交易货币需求的收入弹性和利率弹性。

7. 为什么在货币使用费用比支票账户更低的情况下，现代社会仍使用支票？讨论这个问题。

8. 假定企业有 25 家子企业，如果（a）每家子企业单独管理其资金，（b）总部集中管理现金，推导该企业的交易余额需求、收入弹性和利率弹性。

9. 交易需求模型如何考虑安全性因素/成本？在一个相对不安全的城市环境中，以下情况对通货需求意味着什么？（a）与相对安全的环境比较；（b）如果可以使用能够鉴别使用者的智能卡。这些因素影响活期存款的需求吗？在这些情况下，通货与活期存款的比例会受到怎样的影响。

10. 近几十年来，金融创新减少了对 M1 的交易需求，交易需求模型能用来解释这是为什么吗？

11. 是否像斯普兰克尔（Sprenkle, 1969）所说的，交易需求模型无用？倘若如此，怎样解释经济中对 M1 的需求或对活期存款的需求？

参考文献

Bar-Ilan, A. "Overdrafts and the demand for money." *American Economic Review*, 80, 1990, pp. 1201–1216.

Baumol, W. J. "The transactions demand for cash: an inventory theoretic approach." *Quarterly Journal of Economics*, 66, 1952, pp. 545–556.

Mulligan, C., and Sala-i-Martin, X. "Extensive margins and the demand for money at low interestrates." *Journal of Political Economy*, 108, 2000, pp. 961–991.

Sprenkle, C. M. "The uselessness of transactions demand models." *Journal of Finance*, 24, 1969, pp. 835–847.

Tobin, J. "The interest-elasticity of transactions demand for cash." *Review of Economics and Statistics*, 28, 1956 pp. 241–247.

第 5 章 资产组合选择与货币的投机需求

本章在阐述货币需求时,把货币视为资产组合中的一种资产;可替代持有货币的其他资产,包括收益率不确定的债券和股票。这一主题起源于凯恩斯对投机性货币需求的论述,但现在被看做资产组合选择分析的一部分,而这两种方法之间有很大的差异。凯恩斯的方法在第 2 章已介绍过,目前已被本章所讲的资产组合选择方法所取代。

本章引入的关键概念

- 资产组合选择
- 货币作为一种无风险资产
- 正态概率分布及其矩量
- 预期效用假说
- 冯·诺依曼-摩根斯坦效用函数
- 风险厌恶
- 有效机会曲线
- 不变的绝对风险厌恶
- 不变的相对风险厌恶
- 二次效用函数

凯恩斯向学术界介绍了投机性货币需求。这是把货币需求作为一种持有财富的资产而对货币产生的需求,而不是出于交易目的或预防目的而对货币产生的需求。用现代术语来说,它或许更适合叫做货币的资产需求或资产组合需求。不过,我们仍然沿用过去的叫法,还是称其为货币的投机需求。

投机性货币需求出现的根源,在于各种可替代性资产的收益具有不确定性。不过,货币的投机需求不是唯一与经济的不确定性有关的货币需求,货币的预防需求也是如此,它与收入和消费需要的不确定性有关。下一章将讨论预防需求。

本章考察的资产是货币和债券。其中,这里所说的"债券"像以往一样,指的是非货币金融资产,因此包括公司股票和其他投资。不过,我们的分析将也扩展到实物资产。一般来说,在发达经济体中,实物资产在可替代性方面的作用并不突出,但是对一个欠发达经济体或者是难以获取金融资产的群体而言,就显得相当重要了。本章的分析就是基于金融资产与非金融资产之间的选择来进行的。

通常,债券这样的资产是把购买力从现在转移到未来的靠不住的工具。在一个购买力经常受到通货膨胀和其他事件困扰而遭受损失的世界里,很少有(如果有的话)哪种资产的收益可预先知晓。这种收益的不确定性不是金融资产的唯一属性或特征。从交易的可接受性、兑付期或流通性、可转换性和兑换为货币的成本等不同角度,可以看出金融资产的种类繁多,变化多端。① 即使在一个不确定的世界里,财富非常有限的小投资者,对金融资产需求的主要决定因素,也很可能与资产收益的不确定性有关。学生们自己也常常是这样,宁可选择由货币余额和储蓄存款构成的收益微薄的资产组合,也不选择有较高收益的风险资产。

选择风险资产的一个重要影响因素,是相关信息的缺乏程度以及获取这些信息的成本,而这些相关信息则是指对过去和未来收益决定因素的了解。相对于掌握更多的信息所能增加的预期收益而言,获取这些信息需要付出的时间、精力和货币成本是相当高的。虽然本章的分析没有考虑在资产收益预期的形成过程中可用信息的质和量,但没有理由假定,人们对金融资产的选择,不受他们能够获得的可靠信息的质和量的显著影响,这些信息包括他们对每种资产的了解,也包括对所有资产的总体情况的了解。

然而,大型资产组合投资的管理者,不论是个人、企业还是金融机构,确实把及时获得相关信息当做日常事务的一部分。对他们来说,资产的不可分割性问题不那么重要,因为与资产组合的规模相比,一种金融资产的每单位成本相对很小。对从事生产和贸易的大企业和金融机构来说,资产转换和信息收集工作,由企业的雇员来完成,而它们实际上是固定成本,因而资产间的可变转换成本相对较小。因此,决定大型资产组合投资的短期结构的关键因素,是可获得资产的预期收益,而不是资产的不可分割性、缺乏信息或明显可变的资产转换成本。

资产组合选择理论解释了资产收益或资产到期价值与投资者的最佳资产组合之间的关系。有好几种资产组合选择理论。最常见的一种利用了资产组合选择分析,尤其是其以预期效用假说(EUH)为基础的均方差版本。本章的分析就是基于这种假说。注意这种分析的前提是假定已经做出了消费储蓄决定并且已经考虑到资产之间最理想的财富分配问题。

---

① 因此,即使资产收益的不确定性全都消失了,具有不同特征和收益的各种资产依然存在。

个人关心的是其资产组合的收益,或者是投资期满时其未折现的最终财富。这一主题的早期研究——如托宾(Tobin,1958,1965)——一般都遵循这一思路。然而,把资产作为价值储藏手段的古典思想,强调资产的最终净价值等于初始财富与资产的收益之和。此外,在解释个人在购买保险或参与赌博的一般行为时,有些经济学家,比如弗里德曼和萨维奇(Friedman and Savage,1948)、阿罗(Arrow,1971)等,主要分析的是个人的最终财富,即资产的最终净价值。现在这已是货币经济学分析的一般模式了,我们也将使用这一模式。

第5.1节回顾了单个资产收益和总资产收益的均值与方差之间的统计关系。第5.2节考察了在不确定性情况下,个人资产组合选择的目标。在5.3节讨论了风险厌恶、中性和偏好概念。第5.4节分析了预期效用最大化对冒险态度的含义。

第5.5节推导出与资产组合选择有关的有效机会曲线。该曲线与微观经济学消费者理论中的预算线相对应。第5.6节阐述了托宾对货币的资产组合需求的著名分析,该分析把货币作为债券的一种替代物。第5.7节把我们的分析扩展到预期效用函数的三种常见的具体形式上,即不变的绝对风险厌恶形式、不变的相对风险厌恶形式和二次形式。

虽然本章的目的在于推导货币的资产组合需求,但在第5.8节和第5.9节,通过提出在具有发达的金融市场的现代经济中,是否真的存在对 M_1 或 M_2 的稳定的货币需求函数(或甚至是正的资产组合需求)这样的问题,增添了一些异端观点。这是一个合理的问题,因为凯恩斯是根据不发达的金融体系提出的投机性货币的需求。特别是,普通投资者几乎不可能轻易接触到短期债券和货币市场共同基金。在发达经济中,如今,这样的投资工具广泛存在,并且银行和经纪公司的手续费也较低,因而投机性货币需求成分在 M2 中的重要性现在看来是值得怀疑的,尽管 M2 和更宽泛的货币定义似乎还包括着它。

5.1 概率、均值和方差

金融资产的投资者拥有其资产过去收益情况的信息,也可能对现在甚至将来资产的收益情况、资产发行者的情况、经济运行情况等,有一些了解。理性个人利用这些知识以及直觉,估计出每一种收益出现的可能性[1],从而得到有关个人对可获得资产收益的主观概率分布。[2]

把个人的选择建立在概率分布基础上,从分析的角度看是困难的,除非该分布能用少量变量来表明。大多数分布可以利用分布的矩量来描述,如预期收益、标准

---

[1] 在实验中,个人总是要不断地更新他的信息,从而使他对任何一种现实收益出现的概率,都能计算出一个唯一数值,而不仅仅是一个区间。然而,在现实生活中,这种可能性也许是编造的,或含糊不清或很精确,这取决于投入的资金和掌握的信息。

[2] 请注意,在凯恩斯新的货币投机需求分析中,如第2章所述,个人具有单值预期:他明确地预期到一个特定的收益要发生,因此他关于这一收益的主观概率为1。此外,该预期收益与现实收益无关。也就是说,假定个人的预期收益对于市场中现实利率的变动具有"无弹性预期"的性质。

差或方差、偏度等。对于正态分布来说，描述整个分布只需要知道预期收益和标准差。因此，个人如果只是在具有正态分布的结果的资产间进行选择，他不必分别考虑每一种结果的概率，只需要在做出决定时，知道他们的预期收益和标准差就可以了。对于其他分布，这并不一定正确，个人可能还需要了解其他矩量的情况。

我们的分析只考察资产和资产组合到期价值分布的前两个矩量——期望值和标准差。仅限于这两个矩量的分析，也称为均值—方差分析。这种分析通常在正态分布的假设下进行。对于任意资产 i，令其预期收益为 v_{ki}，相伴概率为 p_{ki}。资产 i 的收益分布 (v_{ki}, p_{ki}) 的前两个矩量为

$$\mu_i = \sum_k p_{ki} v_{ki} \tag{1}$$

$$\sigma_i^2 = \sum_k p_{ki} (v_{ki} - \mu_i)^2 \tag{2}$$

其中，p_{ki} 代表资产 i 的结果 k 的主观概率；v_{ki} 代表资产 i 的结果 k；μ_i 代表资产 i 的各种结果，即预期收益的数学期望；σ_i^2 代表资产 i 的各种结果的方差（$=\sigma_{ii}$）；σ_i 代表资产 i 的各种结果的标准差。

资产组合的预期收益及其标准差可计算如下：

$$\mu = \sum_i \mu_i x_i \tag{3}$$

$$\sigma^2 = \sum_i \sum_j \sigma_{ij} x_i x_j = \sum_i \sum_j \rho_{ij} \sigma_i \sigma_j x_i x_j \tag{4}$$

其中，μ 代表资产组合结果的期望值；σ 代表资产组合结果的标准差；ρ_{ij} 代表第 i 种和第 j 种资产之间结果的相关系数；σ_{ij} 代表资产 i 和资产 j 结果的协方差；x_i 代表第 i 种资产的数量。

$$\sigma_{ij} = \rho_{ij} \sigma_i \sigma_j$$
$$\sigma_{ii} = \sigma_i^2$$
$$\rho_{ii} = 1$$

5.2 财富最大化与预期效用最大化

假定个人知道他对每种资产收益的主观概率分布，以及在其资产组合中他能持有的每种组合。对于他的资产组合的目标，有两个假说。

5.2.1 假说1：预期财富最大化

个人使其最终财富（W）[①] 的期望值（EW）（或预期最终财富的效用$U(EW)$）

[①] 最终财富指的是个人预期持有资产的时期结束时所获得的财富。

最大化。①

支持这一法则的观点认为，在不变的条件下，经过无数次的试验或无限长的时间，资产组合的净值会达到最大。对于在无限长的时间里持有相同资产的个人来说，这种假说似乎还可以接受。但是，绝大多数投资者似乎关心的是当期或较短时期内的资产价值。而且，对资产价值的各种预期也总是不断变化的，因而支持这一法则的主要理由站不住脚。

对于这一法则的应用，还有其他观点和反例，其中，最著名的反例就是圣彼得斯堡悖论。② 历史上，该悖论用来反对预期财富假说在明显偏离均值情况下的有效性。另一更强烈③、更有吸引力的反对观点是从理性或者说是现代理性预期假说角度形成的。该假说认为，如果信息能够影响未来财富的数量，那么，个人就会利用所有可能获得的信息。④ 因此，如果未来财富的概率分布具有非零标准差，理性个人就会在其决策时予以考虑，且不服从预期财富最大化法则（上面的假说1），因为该法则意味着不考虑标准差的相关信息。⑤

注意，从分析的角度看，预期财富（EW）的最大化，等同于预期财富效用（$U(EW)$）的最大化，因为 EW 是 $U(EW)$ 的一个可接受的单调变换。因此，反对前者的理由，也适用于后者。鉴于有各种观点反对这种假说[EW 或 $U(EW)$ 的最大化]，故资产组合选择理论很少使用它，我们接下来也不再讨论它。

5.2.2 假说2：预期效用假说（EUH）⑥

个人使其最终财富的预期效用最大化。

这一假说现在建立于冯·诺依曼—摩根斯坦公理集之上。这些公理确保了效用函数是"基数"⑦ 的。个人将最大化 N-M（冯·诺依曼—摩根斯坦）效用函

---

① 预期财富（EW）的最大化，等同于预期财富效用（$U(EW)$）的最大化，因为 EW 是 $U(EW)$ 的一个可接受的单调变换。

② 圣彼得斯堡悖论指的是这样的游戏。假定A投掷硬币，直到出现人头为止。如果人头出现在第 n 次投掷中，他付给B 2^{n-1} 美元。对B的支付 y 的期望值（Ey）无穷大，因为：
$$Ey=\{(1/2)\cdot 2^0+(1/2)^2\cdot 2^1+(1/2)^3\cdot 2^2+(1/2)^n\cdot 2^{n-1}+\cdots\}\to\infty$$
但几乎没有人愿意支付很高的价格来争取这个机会充当游戏中的B，这就驳斥了预期财富假说。

③ 虽然圣彼得斯堡悖论在历史上和现在都是用来支持预期效用假说的，但注意，在实验中，一般为充当B而支付的数量，通常远远低于预期效用假说常用的效用函数所表明的数量，因而也使人怀疑这些函数或预期效用假说本身的经验有效性。

④ 这一观点也可以用来反对这样的理论，它先验地禁止个人在做出决定时，考虑主观收益分布的第三个和第四个矩量。

⑤ 此外，理性预期假说的应用中，个人在做出选择时需要同时考虑到其他所有的信息。其中包括财富增长的限制性因素、不变的预期以及破产的可能性等。

⑥ 这一假说最早由丹尼尔·贝努里在17世纪提出。它的现代的公理形式出现在冯·诺依曼和摩根斯坦（von Neumann and Morgenstern, 1946）合著的《对策论》（*The Theory of Games*）中。

⑦ 经济学对于效用函数的基数性有两种主要观点。一种（经常被称为马歇尔观点）由19世纪末期效用分析的早期倡导者（如门格尔、杰文斯和马歇尔）提出。它要求收入的边际效用具有不变性。这种假设的有效性值得怀疑，所以到了20世纪30年代，马歇尔基数效用观点在效用分析中被抛弃了。另一种基数效用观点是冯·诺依曼—摩根斯坦（N-M）观点，建立在一组公理之上。直观地说，它们要求一种结果概率的边际效用具有不变性。

数 $U(W)$ 的期望值 $EU(W)$，而不是最大化 $U(W)$ 和 $U(EW)$。这些公理和预期效用定理可以在许多高级微观经济学教材中找到。

根据预期效用假说，个人对资产的选择，是以最终财富期望效用的最大化为依据做出的，即最大化 $E(U(W))$，而且是以他的最终财富 W 的概率分布为基础的，而不是以预期财富效用的最大化为依据做出的，即最大化 $U(EW)$，这仅仅以它的第一个矩量（预期财富）为基础。这个假说使得在其他条件不变的情况下，个人希望期望财富越多越好成为恰为合理的假定。资产组合选择分析运用标准差（或方差）来表现资产组合的风险程度，同时假定其他条件不变的情况下，个人厌恶风险，认为风险越小越好。这样的个人被认为是风险厌恶者，并且对风险持厌恶态度。

5.3 风险偏好、风险中性和风险厌恶

资产组合选择理论通常用资产组合收益的标准差或方差，或其中一个变量的某种函数形式来衡量持有资产的风险。类似地，资产组合的风险可以用财富的标准差 σ（或方差 σ^2）来衡量。

个人对待风险的态度可以分为以下几类。

1. 风险厌恶。如果一个人在购买一项风险资产前，希望它有更高的期望值，即 $\partial U(EW)/\partial EW > 0$，并且厌恶风险（$\partial U/\partial \sigma < 0$），那么，他就是一个风险规避者。反过来说，如果这个人已经拥有了一项风险资产，他很愿意以低于其期望值的价格把它出售。这也就意味着，他可能愿意向保险公司这样的机构支付一定的保险费来达到规避风险的目的。

风险规避者厌恶风险的程度，可能是递增的、递减的或是不变的。这些术语在本章的稍后部分讲解。

2. 风险偏好。如果一个人在购买风险资产时，愿意接受较低的期望值，并且在他已经拥有了该项资产时，他希望以高于期望值的价格出售它，那么，他就是一个风险偏好者。在市场上购买彩票，如果仅仅基于对预期收益和风险的估计，不包括赌博的乐趣和兴奋的话，就可以将其作为一种风险偏好情况来分析，因为预期收益往往低于彩票的成本。

3. 风险中性。如果一个人购买或出售一项资产的价格正好就是它的期望值，他就是一个风险中性者。

风险偏好者和风险中性者的存在确实是一种有趣的现象。不过经济学上选择更为合理的风险规避者作为假定。这是资产组合选择理论的一般假定，也是本章在分析投机货币需求时所用的假定。

5.3.1 风险规避者的无差异曲线

假定风险规避者选择了一种资产组合，其预期净价值和净价值标准差有一特

定组合。现假定在其他条件相同的情况下，净价值的标准差增大了。由于他不喜欢风险，故他发现自己的境况因风险增大而变差了。所以，如果他对他开始选定的组合与风险更高的组合之间保持无差异的话，他的净价值的期望值就必须同时增加。因此，无差异曲线——对他来说无差异的点 (μ, σ) 的轨迹——必定向上倾斜，如图 5—1（a）、5—1（b）和 5—1（c）所示，预期净价值和风险都沿无差异曲线增加。图 5—1（a）中的无差异曲线表示随着风险增加，风险厌恶程度递增，即 $\partial^2 \mu / \partial \sigma^2 > 0$；图 5—1（b）表示随着风险的增加，风险厌恶程度递减，即 $\partial^2 \mu / \partial \sigma^2 < 0$；图 5—1（c）表示风险厌恶程度保持不变，即 $\partial^2 \mu / \partial \sigma^2 = 0$。当资产组合的风险增加时，风险厌恶程度递增这一假定，似乎是对投资行为最现实的一个假定，本章将对此假定进一步运用。

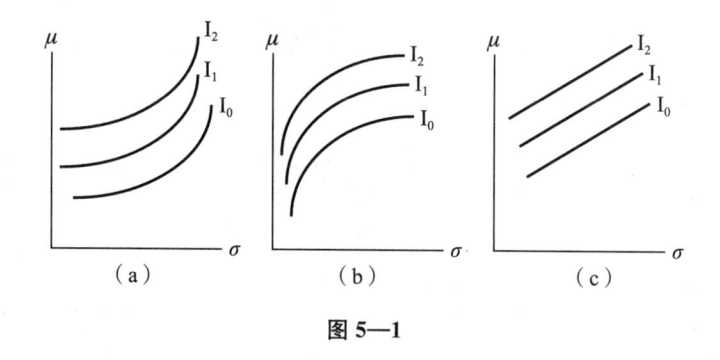

图 5—1

厌恶风险的人，在给定风险水平下，喜欢更高水平的预期净价值。因此，他希望处于更高的无差异曲线上，比如他会愿意处在 I_1 上，而不愿意处在 I_0 上。

5.4 资产组合选择的预期效用假说

预期效用假说和对风险的反应

令有关最终财富 W 的个人 N‐M 效用函数为 $U(W)$。假定财富的边际效用 $U'(W)$ 是正数，但在所有财富水平上是递减的，$U'(W) > 0$，$U''(W) < 0$，其中，$U'(W) = \partial U / \partial W$，$U''(W) = \partial^2 U / \partial W^2$。在图 5—2 中，这一效用函数用曲线 $U(W)$ 表示，且凹向原点。横轴表示财富 W，纵轴表示财富的 N‐M 效用。个人的初始财富为 W_0。

假定提供给个人不确定机会 L（L 代表"彩票"），它有两种结果 W_1 和 W_2，两者与 W_0 的距离相等，概率都为 $1/2$。如果他接受用彩票换 W_0，他可能赢得 $(W_2 - W_0)$ 或输掉 $(W_0 - W_1)$，两者的绝对值相等。彩票的期望值是 EL：

$$EL = [1/2 W_1 + 1/2 W_2]$$

且它的预期效用 $EU(L)$ 为

$$EU(L)=[1/2U(W_1)+1/2U(W_2)]$$

图 5—2 表明 $U(W_0)>EU(L)$，因而个人喜欢确定的财富 W_0，而不喜欢有风险的彩票 L，即使 EL 等于 W_0，所以，这个人是一个风险规避者。只要他在彩票结果的相关区间内具有递减的边际效用，该结果就成立。

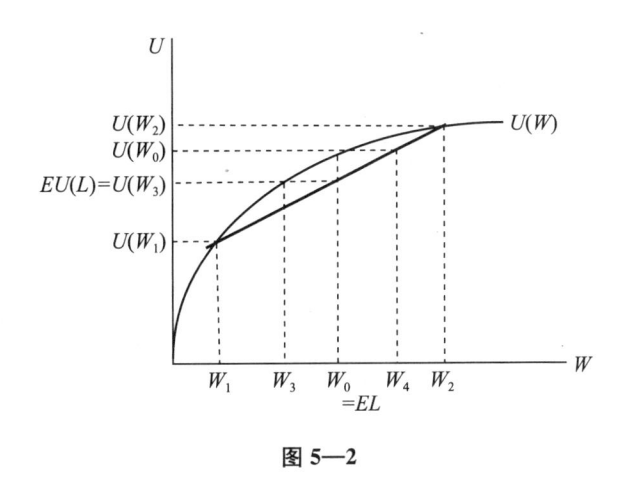

图 5—2

图 5—2 还表明了个人愿意购买彩票的最大支出数额。对于他的确定的初始财富 W_0，他的初始效用为 $U(W_0)$。为了说服他用这笔财富买彩票，彩票的期望价值 EL 必须使得 $EU(L)=U(W_0)$。在图 5—2 中，这将是 $EL=W_4$ 时的彩票。因此，(W_4-W_0) 可以看做个人（他还没有拥有彩票）能接受彩票的风险而获得的风险溢价。换句话说，如果已经拥有了 $EL=W_0$ 的彩票，他会愿意以最低的确定价格 W_3 将其出售，因为 $EU(L)=U(W_3)$ ——通过支付保险费 (W_0-W_3) 来消除彩票的风险。

因此，在给定的财富区间里，对于该区间内的彩票或收益不确定的资产，边际效用递减的个人是风险规避者。可以用同样的方式表明，在给定的财富区间里，对于该区间内的收益不确定的资产，边际效用递增的个人是风险偏好者。此外，在给定的财富区间里，对于该区间内的收益不确定的资产，边际效用不变的个人是风险中性者。这些考虑使得弗里德曼和萨维奇（Friedman and Savage, 1948）认为，既购买保险以防止某些风险又购买获得巨额收益的概率非常小的彩票的个人，必定有一线段是边际效用递减的，而在其后更高的财富水平上，这部分线段则是边际效用递增的。后来的发展对此做了修正，认为效用函数应当用 $(W-W^c)$ 来定义，其中，W 是最终财富，W^c 是他现有的或平常的财富水平。

之后在货币需求分析的资产组合选择理论中，对于个人偏好有三个假定：(a) $U(W)$ 是冯·诺依曼—摩根斯坦效用函数；(b) $U'(W)>0$；(c) $U''(W)<0$。正如上面我们所呈现的，最后一个假设确保了投资者是风险规避者。

5.5 有效机会曲线

5.5.1 资产组合的期望值和标准差

为了简化,假定概率分布为正态分布,因而,只有预期净价值及其标准差与个人决策有关。此外,假定在个人的资产组合中,只有两种资产 X_1 和 X_2。于是,他的最终财富(资产组合在相关时期末的价值)的概率分布的前两个矩量为

$$\mu = \mu_1 x_1 + \mu_2 x_2 \tag{3'}$$
$$\sigma^2 = \sigma_1^2 x_1^2 + 2\rho_{12}\sigma_1\sigma_2 x_1 x_2 + \sigma_2^2 x_2^2 \tag{4'}$$

其中,x_1 为资产 X_1 的数量;x_2 为资产 X_2 的数量;μ 代表最终财富的期望值;σ^2 为最终财富的方差。

持有两种资产的预算约束为

$$x_1 + x_2 = W \tag{5}$$

其中,W 是个人的初始财富,两种资产的价格被标准化为 1,以避免频繁使用价格符号。

5.5.2 无风险资产和风险资产的机会曲线

假定市场提供一种无风险资产 S,$\mu_S > 0$,$\sigma_S = 0$;一种风险资产 X_2,$\mu_2 > \mu_S$,$\sigma_2 > 0$。在这一情况下,任何风险资产组合的机会曲线都是线性的,如图 5—3 的 SB 线所示。直观地说,如果个人只持有 S,他的收益为 $\mu_S W$,$\sigma_S = 0$。如果他只持有 X_2,他的资产组合的收益为 $\mu_2 W$。如果他的财富一半为 S,一半为 X_2,他的收益为 $\mu = (1/2\mu_S W + 1/2\mu_2 W)$,$\sigma = \sigma_2 W/2$。

如果无风险资产 M(比如"货币")的收益为零——从而 $\mu_M = 0$,那么,机会曲线将是从原点到 B 点的直线。

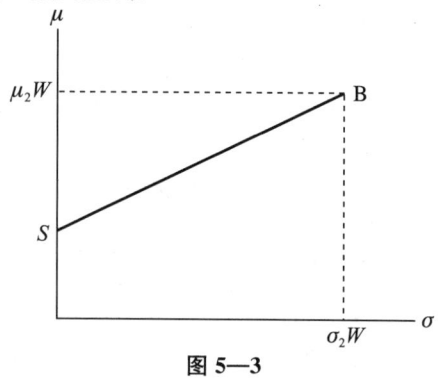

图 5—3

5.5.3 风险资产的机会曲线

假定市场只提供两种风险资产 X_1 和 X_2，$\sigma_1>0$，$\sigma_2>0$。定义 $x_1^*=x_1/W$，$x_2^*=x_2/W=(1-x_1^*)$，其中 x_1^* 为第一种资产在持有财富中的比例。以下给出了 μ 和 σ 之间机会曲线的三种情况。

完全正相关情况

在这种情况下，$\rho_{12}=1$：

$$\sigma^2=\sigma_1^2 x_1^2+2\rho_{12}\sigma_1\sigma_2 x_1 x_2+\sigma_2^2 x_2^2 \tag{6}$$

因此，

$$\sigma=\sigma_1 x_1+\sigma_2 x_2$$

又由于 $\mu=\mu_1 x_1+\mu_2 x_2$，因此，在资产组合中，这两种资产之间完全正相关，在这种情况下，该资产组合的预期收益 μ 与其标准差 σ 的关系是线性的，如图5—4（a）的AB线所示。

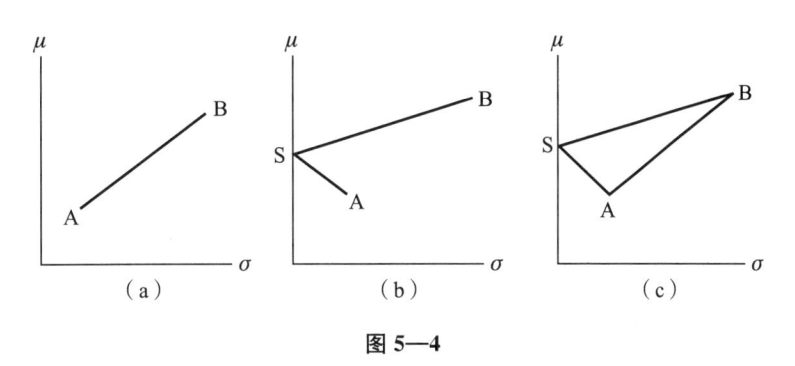

图 5—4

端点 A 代表整个资产组合中仅包含第一种资产的情况，即 $x_1=1$，$x_2=(1-x_1)=0$，$\mu=\mu_1$，$\sigma=\sigma_1$。端点 B 代表整个资产组合中仅包含第二种资产的情况，即 $x_1=0$，$x_2=(1-x_1)=1$，所以有

$$\mu=\mu_2=k_2+k_1\sigma_2$$

它和 $\sigma=\sigma_2$ 一起，对应图5—4（a）中的点 B。

完全负相关情况

在这种情况下，$\rho_{12}=-1$：

$$\sigma^2=\sigma_1^2 x_1^2-2\sigma_1\sigma_2 x_1 x_2+\sigma_2^2 x_2^2 \tag{6'}$$

因此，

$$\sigma=\sigma_1 x_1-\sigma_2 x_2$$

因而对于 $\sigma=0$，我们有 $x_1/x_2=\sigma_2/\sigma_1$。我们可以定义第三种资产 X_3 为

$$\sigma_3=0$$
$$\mu_3=\{(\mu_1\sigma_2+\mu_2\sigma_1)W\}/(\sigma_1+\sigma_2)$$

在图 5—4（b）中，只包含 X_3 的资产组合由点 S 表示。

假定资产组合由 X_1、X_2 和 X_3 组成。联立如下两式：

$$\sigma(X_1,X_3)=0$$
$$\mu(X_1,X_3)=\mu_1X_1+\mu_3X_3$$

可以知道，只包含 X_1 和 X_3 的资产组合，将产生机会曲线 AS，如图 5—4（b）所示。

同理，只包含 X_2 和 X_3 的资产组合，将产生机会曲线 SB，如图 5—4（b）所示。ASB 代表两种完全负相关的风险资产组合的机会曲线。

$-1<\rho_{12}<1$ 时的机会曲线

在通常情况下，两种资产都会有一定风险，ρ_{12} 处于 -1 和 1 之间，这样的机会曲线是非线性的，处于图 5—4（c）中由 ASB 包围起来的区域里。ρ_{12} 越接近 1，这条曲线越接近线段 AB。当 ρ_{12} 不等于 1 时，分散化的资产组合可以减少风险，机会曲线向 ASB 移动。

三种风险资产的机会曲线

现假定有三种风险资产 X_1、X_2 和 X_3。X_1 和 X_2 的组合，X_1 和 X_3 的组合以及 X_2 和 X_3 的组合的机会曲线，在图 5—5（a）中分别表示为 AB、AE 和 BE。进一步考察 AB 上点 a 和 BE 上点 b 的组合，产生了曲线 ab。同样，如果我们取 AB、AE 和 BE 上所有其他点的组合，在图 5—5（b）中，机会曲线将是曲线 ADB 所包围的区域。一般情况下，不止三种资产的机会曲线有相似的形状。

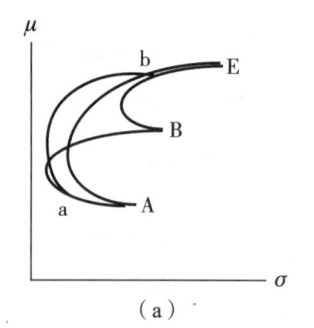

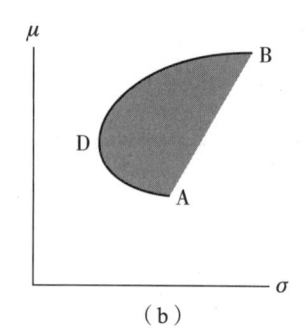

图 5—5

无风险资产和几种风险资产的机会曲线

进一步考察个人持有一种无风险资产和两种风险资产的组合的可能性。个人可以持有只包含风险资产的各种组合，或是持有这样一种组合，它包括无风险资

产和几种风险资产。假定当全部财富都投入无风险资产时，资产组合的有效机会曲线由图 5—6 中的 SGB 所示。这一曲线有两部分，即线段 GB 和线段 SG。如果个人选择 GB 上的一点，他仅持有风险资产，对无风险资产的需求为零。如果个人选择 SG 上的一点，他的资产组合中既包括无风险资产，也包括风险资产的某种组合。而 S 点表示他仅持有无风险资产。当他分散持有更多数量的风险资产时，他向点 G 移动，点 G 代表只有风险资产的组合。注意，从点 S 向点 G 的移动，表示的是点 G 所代表的一组资产的投资数量增加，而这一组资产的相对构成没有变化。

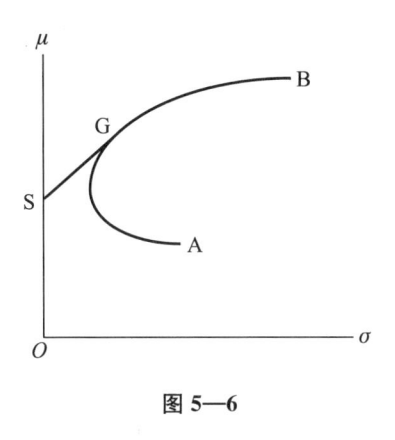

图 5—6

5.5.4 有效机会曲线

风险规避者只关心 (μ, σ) 组合中被称为有效机会曲线的部分，它在给定的 σ 值下具有最高可能的 μ。在图 5—7 中，观察 X_1 和 X_2 组合的机会曲线 ADB，$-1 < \rho_{12} < 1$，AD 线段上的点和 DB 线段上的点相比是这两种资产的无效率的组合。举例来说，在给定 σ_0 的情况下，DB 上的点 b 给出的 μ 就比 AD 上的点 a 给出的 μ 高。因此，AD 会被风险规避者所抛弃，而风险规避者的有效机会曲线为 DB，它是非凸向原点的。

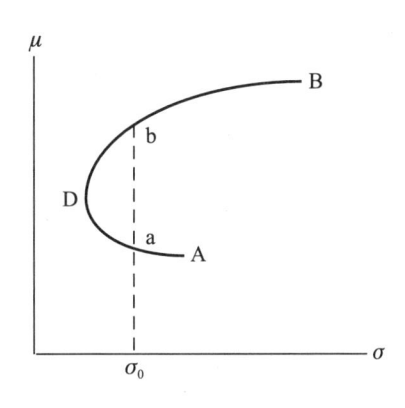

图 5—7

5.5.5 最优选择

上面两小节分析了风险规避者的无差异曲线和他能获得的机会。由于这种人偏好更高的无差异曲线,所以他愿意处于他的机会曲线所能接触到的最高的无差异曲线上。这样的无差异曲线将与有效机会曲线相切,个人的预期净价值与风险的最佳组合由切点来决定。图5—8和图5—9中的点 a 和点 b 就是这样的点。

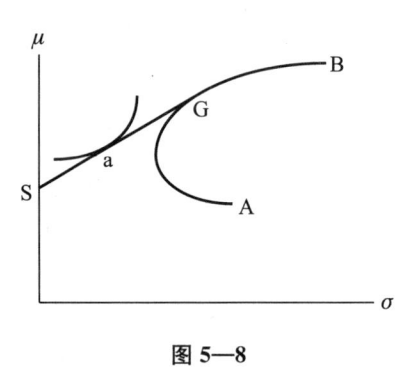

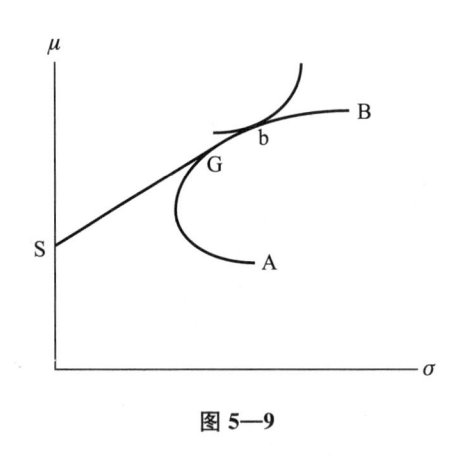

图5—8

图5—9

几种无风险资产和风险资产的需求以及货币的投机需求

更常见的情况是有两种无风险资产 X_1 和 X_2($\mu_1>0$, $\mu_2>\mu_1$, $\sigma_1=\sigma_2=0$)和许多风险资产。由于 $\mu_2>\mu_1$,且两种资产的标准差都为零,理性的个人将选择 X_2 不选择 X_1,因此他对较低收益的 X_1 的需求为零。举例来说,如果银行的活期存款和储蓄存款都是无风险的,且在正常情况下储蓄存款比活期存款支付更高的利率,那么,对活期存款——以及通货——的投机需求在这种分析中将为零。同样,如果货币市场共同基金的预期收益比银行的储蓄存款高,并且因其具有极短的兑付期而被认为是无风险的,那么,对储蓄存款的投机需求也将为零。

图 5—8 中的最优点 a 是无风险资产和点 G 代表的一组风险资产的组合。图 5—9中的最优点 b 只是风险资产 A 和 B 的组合，没有持有无风险资产 S。使个人处于机会曲线的 GB 线段上的偏好变化，将改变对风险资产 A 和 B 的相对需求，但仍不会产生对无风险资产 S 的正需求。然而，由于个人风险厌恶程度的增加（这将改变无差异曲线），或是由于风险资产风险程度的增加或预期净价值的减少（这将改变有效机会曲线），初始最佳选择不包括无风险资产的个人，会部分或全部地转向无风险资产。

最优资产组合的易变性

在第 2 章中我们曾讨论过，凯恩斯认为个人对货币和债券的需求取决于主观条件——信息不充分以及群体效应影响的结果，因此，他们的需求函数往往是易变的。在资产组合选择分析中，金融恐慌时期可能同时提高个人的谨慎程度（也就是对风险的厌恶程度）和资产的风险。后者将会导致机会曲线下移，风险的边际收益也会降低。这种恐慌时期会出现风险资产需求的剧烈下降和无风险资产需求的猛增。这种需求增加在一定时期具有自我增强性质，因为它是以风险资产的需求为代价的，而风险资产价格的下跌会导致风险资产持有者的资产损失。如果这也会导致风险资产的未来预期净价值下降和预期风险上升，机会曲线就会进一步降低，偏好既定情况下的最佳组合将包含更多的无风险资产和更少的风险资产。这一风险资产净价值下跌和无风险资产需求上升的过程，被证明在一定时期内具有累积性。

在金融资产情况好转或是繁荣时期，将会出现与以上情况相反的情况。也就是说，随着资产价格上升，会出现无风险资产需求的下降和风险资产需求的增加。这种需求改变在一定时期内也具有累积性。

5.6 托宾对无风险资产和风险资产的需求分析

在上述分析的早期形式中，詹姆斯·托宾（Tobin，1958，pp.65－86）分析了货币这种无风险资产的需求（货币的收益率为零，也就是说，其最终价值为 1，标准差为零）与债券这种风险资产的需求（债券的收益率是正数，标准差是正数）。用图 5—10 来说明这种分析，不过不同的一点是，我们将储蓄存款假定为无风险资产，并且有正的但仍是无风险的收益率。该图的纵轴表示最终财富的期望值 μ，横轴表示财富的标准差 σ。如果个人把他的全部财富投资于货币，他将处于点 S。如果全部投资于债券，他将处于点 B。有效机会曲线为 SB。在该图的下半部分，把纵轴上的任意一点视为 1。0 到 01 线段间任一点的距离表明财富投资于债券的比例。从原点向下到点（1，$\sigma_B W$）的线段为 0X。

如果个人选择了点 A，他将购买 σ_A，如图 5—10 的下半部分所示，意味着他持有债券的比例为 0a，持有储蓄存款的比例为 a1。

我们可以用图 5—10 来观察机会曲线或无差异曲线变动的效应。我们考虑前者的三种情况。

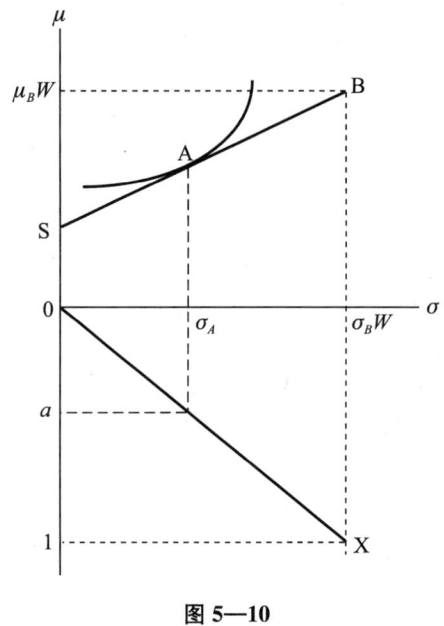

图 5—10

1. 这种情况是资产组合由一种有正收益的无风险资产和一种有更高收益的风险资产构成。假定税务当局对资产组合的正收益征收一次性总付税，投资者发生亏损时不能抵扣，因此机会曲线平行下移，如在图 5—11 中从 SB 下移至 S'B'。在这种假定条件下，图 5—11 中所画的无差异曲线的特定形状，导致最佳购买的风险增加到 $0\sigma_{a'}$，因而投资于债券的比例提高到 $0a'$，它大于初始比例 $0a$。

由于 S'B' 平行于 SB，预期收益和风险的边际替代率（$\partial\mu/\partial\sigma$）不变。因此，它们之间没有发生替代效应，唯一起作用的效应是"收入效应"（在资产组合选择理论中其实是财富效应），它可能有正反两方面的作用，因而税后风险的最佳需求可能大于也可能小于税前的比例。在图 5—11 中我们看到，在 $\sigma_{a'}$ 点，净效应是风险的需求增加了，由于资产的风险没有变，对风险需求的上升就导致了对债券需求的上开。如图 5—11 的下半部分所示，债券的需求增加了，而无风险资产的需求减少了。这种情况说明，强烈希望保持最终财富数额不变的个人，在资产的税后收益减少的情况下，不得不比以前购买更多的债券。然而，请注意，无差异曲线和新的机会曲线的切点——也就是最优点——会向左移动到点 A 的位置，也就意味着减少对债券的购买。

2. 这种情况仍是由一种有正收益的无风险资产 S 和一种有更高收益的风险资产构成的资产组合。假定税务当局对正收益征收 50% 的税，对负收益退 50% 的税，从而通过只持有债券，μ 和 σ 的最大数量降低到图 5—12 中 B' 点所示的值，机会曲线变为 S'B'，图 5—12 下半部分的相关线段为 OX'。

这种情况与前例类似，只是之前初始组合位于点 B' 的左侧，而现在最优组合有更大的可能性在点 B' 的位置，而点 B' 是全部为风险资产的组合。但是我们假设 μ 和 σ 是最优购买选择与以前一样。这一组合就如图 5—12 中的点 A' 所示，

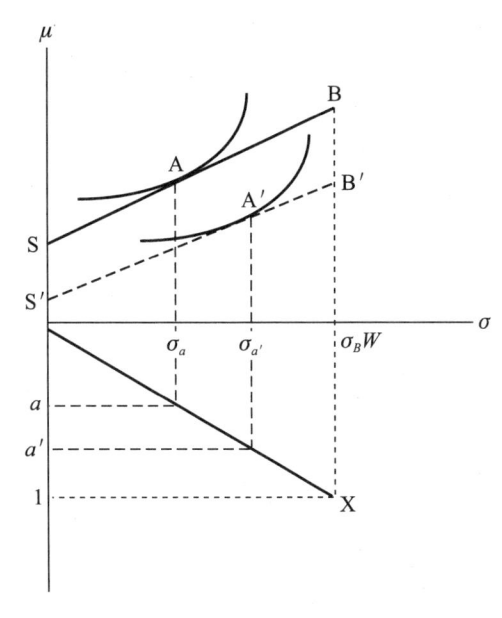

图 5—11

该点意味着持有更高比例的（如 a' 所示）债券和更低比例的无风险资产。因而，虽然税收减少了债券的税后收益，最优组合的 μ 和 σ 不变，但是投资于债券的数量增加了，这是因为债券的收益和风险都更低了。由于机会曲线 $S'B'$ 的斜率与 SB 相同，所以替代效应为零。因此，收入效应单独决定了货币和债券的期望持有量的变化。

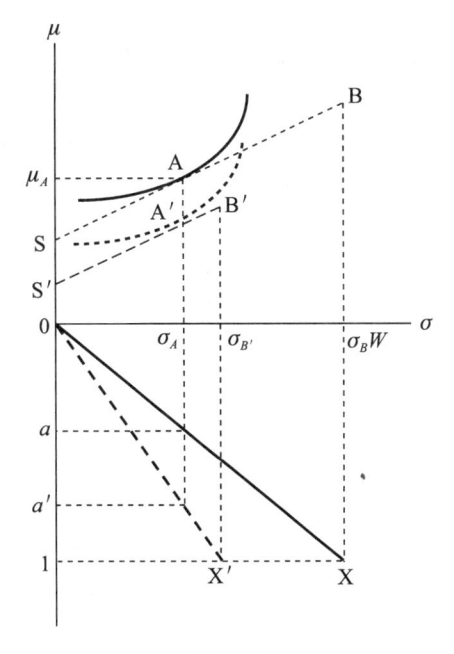

图 5—12

第 5 章　资产组合选择与货币的投机需求

3. 对于第三种情况，像托宾一样，我们假定无风险资产的收益率为零。如图 5—13 所示，初始机会曲线为 0B。此外，假定税务当局对投资的平均收益率征收 50％的税，投资者发生亏损时不能抵扣，因而税后机会曲线就变为 0B′。这种情况下，收入效应和替代效应都会发生作用。最优点为点 A′，最佳风险资产购置为 $0\sigma_{a'}$，这意味着债券投资的比例降到 $0a'$。该比例小于初始比例 $0a$，与图 5—11 和图 5—12 所示的情形相反。在这种情况下，无差异曲线的性质意味着对无风险资产的需求增加。

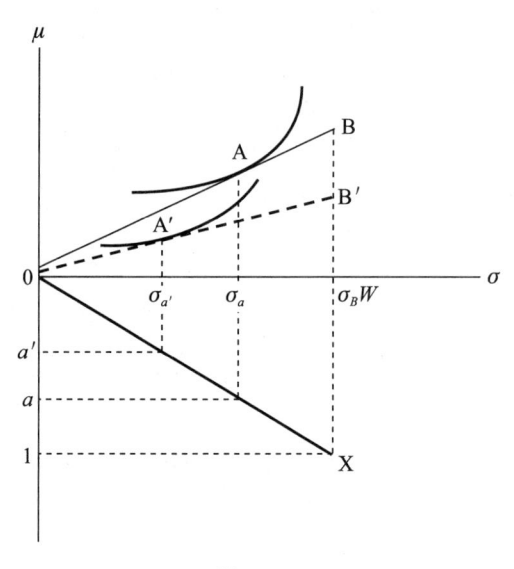

图 5—13

图 5—11 和图 5—13 的区别在于，机会曲线的斜率（$\partial\mu/\partial\sigma$）在后者中改变了，而在前者中没变。在图 5—13 中，征税降低了承担风险的边际收益率——用 $\partial\mu/\partial\sigma$ 测度，因而替代效应开始起作用，导致通过购买债券获得的最佳风险数量减少。虽然收入效应可能在另一方向上起作用，但图 5—13 假定两种效应的作用方向相同，或支持购买较小风险的替代效应超过了相反方向的收入效应。由于在点 A′的购买风险较小，但债券的风险没有变，所以该图的下半部分表明，个人对债券的投资比例较小。

图 5—11 和图 5—13 说明了如何使用一般效用函数来推导货币和风险资产的需求，假定货币的收益为零或正，无风险。这种分析是图解，表明货币需求将取决于预期收益和标准差以及财富分配。由于税收变化，或更一般地，由于对未来风险和收益的看法的变化（如债券和股票市场上周期性出现的情况），机会曲线发生改变，从而改变货币需求。

由于上述分析仅用无差异曲线来表示偏好，其基本效用函数可以看做是序数形式的，而不是冯·诺依曼和摩根斯坦所说的基数形式。目前的资产组合选择分析通常是数学化的，建立在预期效用假说之上。它也往往使用特殊的基数效用函数。下一节将讨论这类分析。

5.7 预期效用假说和效用函数的特殊形式

5.7.1 预期效用假说和风险厌恶的测度

从上述无差异曲线分析中看出,风险厌恶的恰当测度似乎应是 $\partial \mu / \partial \sigma$。然而,这一测度并不直接与财富是其变量的效用函数形式有关,而我们希望找到一种与其相关的测度。

第5.4节的分析把效用函数 $U(W)$ 的斜率与风险厌恶联系在一起,阐明边际效用递减就意味着风险厌恶,因此风险厌恶的一种测度可能是 $U''(W)$,它是财富的边际效用的变化。然而,$U''(W)$ 对于效用函数的容许变换来说不是不变的,我们在下面阐明这一点。

冯·诺依曼—摩根斯坦（N-M）效用函数的基数性

N-M效用函数建立于一组公理之上,这些公理表明,对于服从这些公理的人来说,效用函数只存在一种线性变换。也就是说,对于这种人,给定一个效用函数 $U(W)$,我们就可以构建另一个效用函数 $V(W)$,其中

$$V(W) = a + bU(W) \quad b > 0 \tag{7}$$

由 $U(W)$ 构建 $V(W)$,a 和 b 可以是任意值,$b>0$。对于具有 $U(W)$ 的个人来说,$V(W)$ 是同样有效的效用函数,且两者的无差异曲线完全相同。然而,它们的偏导数的值是不同的,因为

$$V'(W) = bU'(W) \tag{8}$$
$$V''(W) = bU''(W) \tag{9}$$

其中,"'"代表一阶导数,"''"代表二阶导数。注意,根据有关风险规避者偏好的假定,$U'>0$,$V'>0$,且 $U''<0$,$V''<0$。上述方程意味着

$$V''(W)/V'(W) = U''(W)/U'(W) \tag{10}$$

因此,N-M效用函数的容许变换不改变 U''/U'。这一性质使得这个比率比单独的 U'' 更适合测度给定的效用函数 $U(W)$ 的风险厌恶程度。

风险厌恶的测度

在 (10) 式中,$U'>0$,$U''<0$,$U''/U'<0$,因而风险厌恶程度一般用 $[-U''/U']$ 测度。$[-U''/U']$ 被称为风险厌恶的绝对程度。

由于 U' 和 U'' 不大可能与财富按比例地增减,所以 $[-U''/U']$ 会受到财富数量的影响。为了确保风险厌恶程度不取决于财富水平,另一个常用的风险厌恶程度的测度为 $[W \cdot U''/U']$。这一测度不取决于财富水平和任意常数 a 和 b。

$[-W \cdot U''/U']$ 被称为风险厌恶的相对程度。

任何效用函数都可以计算风险厌恶的绝对程度和相对程度。虽然没有任何先验的理由可以指望其中一个对任何给定的个人效用函数是不变的，但具有这种恒定性的效用函数，从分析的角度看是非常便于使用的，因而在经济分析中很常见。我们将逐个检验它们，然后，我们讨论二次效用函数，它的风险厌恶的绝对程度和相对程度不是不变的，有时也被用于投机需求分析。

5.7.2 不变的绝对风险厌恶（CARA）

不变的绝对风险厌恶（CARA）要求：

$$-U''(W)/U'(W)=\gamma \quad \gamma \geqslant 0 \tag{11}$$

从而

$$U''(W)=-\gamma U'(W) \tag{11'}$$

其中，γ 是绝对风险厌恶的不变程度。由于 $U''(W)$ 是二阶导数，对（11'）式两边同时积分，得到效用函数本身，但包括两个积分常数。对（11）式积分两次得到的效用函数为

$$U(W)=a-b\exp(-\gamma W) \tag{12}$$

假定 W 服从正态分布，如前所述，均值为 μ，标准差为 σ，该效用函数的期望值为

$$EU(W)=a-b[\exp(-\gamma\mu+1/2\gamma^2\sigma^2)] \tag{13}$$

由于 $b>0$，$\gamma \geqslant 0$，最大化预期效用函数（13）式等同于最小化 $[\exp(-\gamma\mu+1/2\gamma^2\sigma^2)]$ 或最大化

$$(\mu-1/2\gamma\sigma^2) \tag{14}$$

在（14）式中，把（3）式 $\mu=\sum_i \mu_i x_i$ 和（4）式 $\sigma^2=\sum_i\sum_j \rho_{ij}\sigma_i\sigma_j x_i x_j$ 代进来，决策问题改写为

$$\max\{\sum_i \mu_i x_i - 1/2\gamma(\sum_i\sum_j \rho_{ij}\sigma_i\sigma_j x_i x_j)\} \quad i,j=1,\cdots,n$$
$$\text{st.} \sum_i x_i = W \tag{15}$$

应注意，x_i 是第 i 种资产的数量，而不是其在财富中所占的比例。（15）式是资产组合选择分析中最简单的决策框架之一，这也是在这种分析中使用它的原因。请注意，它的主要假定是：绝对风险厌恶程度是不变的，最终财富 W 的概率分布是正态的，个人偏好满足 N-M 公理。下面的分析将（15）式应用于两种风险资产的情况。

CARA 和两种风险资产间的选择

假定就（15）式而言，个人的选择是在不同数量的两种风险资产 X_1 和 X_2

间进行，因此 $n=2$。该决策问题写为

$$\max(\mu_1 x_1 + \mu_2 x_2) - \{1/2\gamma(\sigma_{11}x_1^2 + 2\sigma_{12}x_1 x_2 + \sigma_{22}x_2^2)\}$$
$$\text{st. } x_1 + x_2 = W \tag{16}$$

这一问题的拉格朗日函数 L 为：

$$L = (\mu_1 x_1 + \mu_2 x_2) - \{(1/2)\gamma(\sigma_{11}x_1^2 + 2\sigma_{12}x_1 x_2 + \sigma_{22}x_2^2)\} + \lambda[x_1 + x_2 - W] \tag{17}$$

其中，λ 为拉格朗日乘数。这一问题最大化的一阶条件为

$$\partial L/\partial x_1 = \mu_1 - \gamma(\sigma_{11}x_1 + \sigma_{12}x_2) + \lambda = 0$$
$$\partial L/\partial x_2 = \mu_2 - \gamma(\sigma_{22}x_2 + \sigma_{12}x_1) + \lambda = 0$$
$$\partial L/\partial \lambda = x_1 + x_2 - W = 0$$

这些条件得到这两种资产的最佳持有量为

$$x_1 = k_1 + k_2 W \tag{18}$$
$$x_2 = -k_1 + (1-k_2)W \tag{19}$$

其中

$$k_1 = (\mu_1 - \mu_2)/\gamma(\sigma_{11} - 2\sigma_{12} + \sigma_{22})$$
$$k_2 = (\sigma_{22} - \sigma_{12})/(\sigma_{11} - 2\sigma_{12} + \sigma_{22})$$

因而每种资产的需求都随着财富的增加而增加，但当初始财富 W 增加时，这两种资产在资产组合中的比例发生改变。这些需求函数取决于预期收益、方差和协方差。

CARA 和无风险资产特例

假设 X_1 是一种无风险资产，$\sigma_1 = 0$，而 X_2 仍是一种风险资产，注意，$\sigma_{11} = \sigma_{12} = 0$。把它们代入需求函数（18）式和（19）式，意味着

$$x_1 = W - (\mu_2 - \mu_1)/(\gamma \sigma_{22}) \tag{20}$$
$$x_2 = (\mu_2 - \mu_1)/(\gamma \sigma_{22}) \tag{21}$$

其中，x_2 不取决于初始财富，因此初始财富的任何增加，都只会增加无风险资产的持有量，即 $W \geq (\mu_2 - \mu_1)/(\gamma \sigma_{22})$，$\partial x_1/\partial W = 1$，$\partial x_2/\partial W = 0$。当财富的增加超出（21）式所规定的数额时，以风险资产形式持有的财富保持不变，因此当投资者变得更富裕时，最佳资产组合中无风险资产的比例将提高。这与大多数投资者的行为模式大相径庭：当他们的财富增加时，他们一般增加对风险资产的持有。金融市场上提供着各种各样的无风险资产，比如 M1、储蓄存款、货币市场共同基金等，而 CARA 则说明，当财富增加到一定水平时，财富的增加量将会投入到无风险资产的持有量上去，因此风险资产在财富中所占的比例就会上升。这使得 CARA 很不适用于资产组合分配行为，当资产组合中有至少一种无风险资产和不止一种风险资产时也不适用。

因此，虽然 CARA 对于分析来说非常方便，但对于包含一种无风险资产的资产组合选择行为以及对 M_1、M_2 和其他货币性资产的投机性货币需求方程的推导来说，就不是很适用。CARA 也不适合用于推导风险资产的投资组合需求。

对资产组合选择来说，CARA 作为效用函数的局限性

更一般地说，CARA 假定，当投资者变得富裕时，他越来越不愿意承担风险，投资低风险资产的比例越来越大。直观地看投资者的行为，似乎情况相反：在财富有限时，投资者显得比较谨慎，而当财富增加时，他们更愿意去冒险。因此，对于在资产之间进行选择，CARA 似乎是不合理的，它在这一领域的应用，主要是因为它便于分析。不变的相对风险厌恶（CRRA）在这方面比较接近现实，我们接下来对它进行分析。

5.7.3 不变的相对风险厌恶（CRRA）

相对风险厌恶可表述为

$$RRA = [-W \cdot U''/U'] \tag{22}$$

CRRA 要求

$$[-W \cdot U''/U'] = \beta \tag{23}$$

对这一方程的两边积分两次得到效用函数：

$$U(W) = a - bW^{1-\beta} \quad b > 0, \beta \neq 1 \tag{24}$$

$$= \ln W \quad \beta = 1 \tag{25}$$

其中，a 和 b 是积分常数。

在（25）式中，$U(W) = \ln W$，这在分析上非常易于处理，也是冯·诺依曼—摩根斯坦效用函数最常见的形式。它的绝对风险和相对风险厌恶程度为

$$ARA = 1/W$$

$$RRA = 1$$

因而当投资者变得富裕时，风险厌恶的绝对程度降低。这对于 CRRA 效用函数的一般形式也是如此。

CRRA 与风险资产之间的选择

如果只存在风险资产，在预算约束下最大化 CRRA 效用函数得到的第 i 种风险资产的需求函数为

$$x_i/W = k_i \mu \quad i = 1, 2, \cdots, n \tag{26}$$

其中，$k_i = k_i(\beta, \boldsymbol{\mu}, \boldsymbol{\sigma}_{ij})$。

黑体标示的变量表示的是相关变量的向量（Cuthbertson，1985，Ch.3）。在（26）式中，随着财富增加，风险资产和无风险资产在资产组合中的比例保持不

变,因此每种资产的需求对预期财富的弹性是一样的。

CRRA 和货币总需求函数

但是,如果第一种资产是无风险的,而其他资产全是有风险的,无风险资产的需求函数为

$$x_1/W = 1 - \sum_i (x_i/W) = 1 - \sum_i k_i \mu_i \quad i=2,\cdots,n \tag{27}$$

资产需求函数(26)式和(27)式对于 W 是一阶齐次的,因而当投资增加时,资产组合中无风险资产和每种风险资产的比例保持不变。换句话说,个人对每种资产的资产组合需求对其财富的弹性为1。然而,人们直觉总会觉得在金融发达的经济体中,个人对货币甚至对存款的需求不会随着财富的增加而成比例地上升,因此 CRRA 不适用于推导对 M1 的资产组合需求。不过对于比如 M2、M3 等,可能就不是这样了,CRRA 还是起着一定的作用的。因此,CRRA 在估计 M1、M2 以及更宽的货币总量的需求函数时,随着资产总量的不同会发生很大的变化,而且将不适用于它们共同的部分 M1。不过,本章的下一部分将会讨论到,事实上,在现代经济中对 M1 的资产组合需求可能为零。

5.7.4 二次效用函数

除了 CARA 和 CRRA,资产组合选择理论常用的第三种效用函数为

$$U(W) = a + bW - cW^2 \quad a,b,c > 0 \tag{28}$$

因此

$$EU(W) = a + b\mu - cE(W^2) \tag{29}$$

其中,根据 σ^2 的定义有

$$\begin{aligned}\sigma^2 &= E(W-\mu)^2 = E(W^2 - 2W\cdot\mu + \mu^2) \\ &= EW^2 - 2EW\cdot\mu + \mu^2 \\ &= E(W^2) - 2\mu^2 + \mu^2 \\ &= E(W^2) - \mu^2\end{aligned}$$

所以

$$E(W^2) = \mu^2 + \sigma^2 \tag{30}$$

因而根据(29)式和(30)式得到

$$EU(W) = a + b\mu - c\mu^2 - c\sigma^2 \quad a,b,c > 0 \tag{31}$$

个人使(31)式对 μ 和 σ 最大化。为了推导资产需求函数,把 μ 和 σ 的方程代入(31)式,然后令由此得到的预期效用函数对资产数量取最大值。由于二次效用函数不具有 CRRA 的性质,当财富增加时,资产比例不会保持不变。

二次效用函数式是 W 的二次多项式,这样的多项式变换,是由收益概率分

布的前两个矩量构成的预期效用函数。更高次的多项式也可以用做效用函数,这将把概率分布的其他矩量引入预期效用函数。尽管这是合意的,但一般来说它们太难进行分析了。

二次效用函数的局限性

由于效用函数必须有正的财富边际效用,其必须满足 $\partial U/\partial W = b - 2cW > 0$,也即 $W < 2c/b$。这一条件严格限制了二次效用函数的适用范围。

而且,对于(28)式中的二次效用函数,风险厌恶的绝对程度被写为

$$ARA = -U''(W)/U'(W) = 2c/(b-2cW)$$

由于 $(b-2cW) > 0$,所以它是正数,随 W 增加而增加,因此当投资者变得富裕时,他变得更加厌恶风险。这种程度的增加——而不是减小——使得二次效用函数甚至比 CARA 更缺乏吸引力,尽管如上所述,后者也有其局限性。

总之,CARA 和二次效用函数都不适合用于分析货币和债券的资产组合需求,而 CRRA 更为适合。

5.8 货币需求函数的易变性

注意,货币的投机需求及其自变量的系数,取决于资产预期最终价值的均值、标准差和相关系数,而所有这些中,重要的是主观预期的未来值而非过去的现实值。凯恩斯(Keynes,1936,Ch.13)认为,预期债券收益和股票价格,取决于市场参与者的心理,他们对未来的看法基于很有限的信息以及群体本能。金融市场上的这些因素,不管是现在还是凯恩斯时代都一样明显,正如日复一日的股票市场指数所清楚地显示的那样。

这意味着债券和股票的需求函数是不断变动的,因此它们无法被正确估计,或者,如果估计的话,这种估计也将是毫无价值的——除非变动的性质能被指明,并相应做出调整。如果我们遵循第 2 章所讲的凯恩斯对于货币投机需求的"多头"和"空头"的分析,这一需求函数一定也是易变的。

经验研究(见第 9 章)一般不会脱离总体实际余额而单独估计投机需求。虽然这些研究有时显示出总体货币需求函数在长期内具有不稳定性,但它们没有显示出凯恩斯所说的那种由于预期的突然变化而导致的高度易变性。此外,估计函数的突然变化,通常归因于交易技术的创新。

5.9 在现代经济中资产组合需求的货币余额是正数吗?

在金融部门发达的现代经济中,存在着大量像通货和活期存款一样无风险的

金融资产,或者对经济中的个人来说,它们在风险程度上接近于通货和活期存款。这些金融资产包括各种类型的储蓄存款、定期存款、定期大额存单（CDs）和期限很短的货币市场工具。由于它们的收益比 M1 高,而风险并不比 M1 大,所以 M1 不是有效机会曲线的一部分,不属于投机需求。同样,只要 M2 中储蓄存款部分的预期收益还没有被经济中的其他无风险资产超过,就只存在对这些存款的资产组合需求。

经济中存在各种各样的无风险资产,它们的名义值没有风险,但它们却不能直接作为交易媒介流通,因而不是狭义货币的一部分。在这样的经济中,对 M1（它是交易媒介,但只付很低的利息）的投机需求是不存在的,或仅限于那些无法以足够低的成本获得其他无风险资产的个人。因此,投机需求模型一般只适用于金融机构和市场不发达的（且对狭义货币的投机需求是正数的）经济,而该经济中其他无风险资产不存在,或收益不高于货币。然而,这种模型似乎不再适用于现代发达经济中的一般家庭、企业和金融机构持有的 M1。对此,虽然有可能存在大量的对某种形式的储蓄存款和货币市场工具的投机需求,但不一定存在明显的对通货和活期存款的投机需求。

从西方经济中金融部门的总体发展过程看,自 20 世纪 50 年代以来,伴随着银行数目的激增,从储蓄账户到支票账户的转账特别是在银行中变得更加容易,使得储蓄存款的净收益（超过转账成本的部分）不断增加,储蓄与 M1 的比例也不断提高,M2/M1 比率相应提高。20 世纪 80 年代自动柜员机的使用和普及加速了这一变换,因此如今,在金融体系发达的经济中,M1 相对于 M2 而言显得非常小。

近些年,在北美和欧洲国家,通过商业银行买卖各种类型的共同基金,几乎已不需要通知和多少手续费。其中,货币市场基金,由于投资于一个月或几个月到期的国库券,实际上是无风险的,且收益率比同一家金融机构的大多数储蓄存款都高。上述分析意味着,M2（不包括这种货币市场基金）与更宽的货币定义的比率也在下降。

在之前的章节中,对货币（包括 M1）以及债券的交易需求分析做了总结论述,并说明了对这些资产的正需求。分析也表明,买卖债券的交易中的佣金与名义利息率成为需求的决定性因素。在本章中,对这些资产的资产组合需求做出描述时,忽视了这两个因素。一些模型只是简单地将交易与资产组合需求联系起来。但我们仍可以直观地检验货币的中间费用以及资产的佣金对货币和债券的资产组合需求的作用。

首先,我们考察资产组合交换中货币的支付媒介的作用。在这部分中,债券交易与货币是相对的,但并不直接与商品相对立,一种债券与另一种债券并不同时出现在交易中。而延期可能是由制度政策或者是投资者在交易中资金不到账时不行动的惯性造成的。货币在买与卖的交接过程中保持不变,因此在交易过程中,无论是在管理上还是资产组合的交换上,都保持着正的余额。此外,债券的交换包括两个交易过程,每个过程都有交易费,而货币与债券的交换只包括一次交易过程,因此如果只是很短的持有期限,更适合持有货币而不是债券。

综上所述，货币的资产组合需求将取决于均值—方差分析中的风险和回报系数、风险资产之间交换时使用的支付系统，以及交换产生的中间费用。不管怎样，在一些付息的无风险资产面前，不付息货币的资产组合需求很可能变小，相比金融体系而言，这种需求在小的投资者身上显得更为重要。

结　语

凯恩斯使货币的投机需求函数成为学术问题，而弗里德曼在新古典货币需求分析中加入了对作为购买力的暂时储蓄的货币的需求。货币的这一作用占据货币需求分析的中心舞台达几十年之久，用来说明货币需求取决于利率。本章所讨论的分析性成果有多种变体，表明投机动机在货币经济学中很重要。

本章推导的投机余额的需求函数，其变量包括财富（不是当期收入）和可获得资产的预期收益（不是现实收益）。这种函数在不变的环境中可能是稳定的，但在债券和股票市场多变、金融管制变化、支付机制发生改变等时期，则是不稳定的。

此外，这种分析能否适用于现代经济中的货币需求，需要认真思考。凯恩斯的分析只是建立在货币（仅有的有流动性和无风险的资产）和无偿还期债券的基础上。在这种情况下，无偿还期债券最终价值的不确定性，产生了经济中的货币需求。但是，自凯恩斯时代以来，发达国家已经创造了各种各样的支付正利率的无风险资产。这样，能够获得这些资产的经济单位，愿意为了投机目的把它们当做购买力的暂时储藏来持有，而不持有通货和活期存款（它们不付利息或只付比无风险储蓄账户低得多的利息）。因此，对M1——甚至对包括储蓄存款（它面临着货币市场基金的竞争）的更宽的货币定义——的需求，肯定来自于交易和预防动机，而不是投机动机。交易需求动机在第4章中讲过了，预防需求分析将在第6章讲。

主要结论

※ 在货币的投机需求分析中，货币余额被看做一种资产，而其他资产的收益是不确定的。

※ 资产组合选择分析使用冯·诺依曼—摩根斯坦效用函数，使最终财富的期望效用最大化。

※ 风险厌恶者财富的边际效用是递减的。

※ 不变的绝对风险厌恶效用函数的作用在于便于分析，但对于货币需求的财富弹性，它的含义似乎是不合理的。

※ 不变的相对风险厌恶效用函数的作用在于便于分析，并表明货币需求的

财富弹性为 1。

※ 在现代金融发达的国家里，有许多无风险且收益较高的可供选择的资产，因而 M1 甚至 M2 的投机需求可能是零。

复习讨论题

1. 利用预期效用假说，比较凯恩斯的货币投机需求理论和托宾的资产组合选择理论。

2. 托宾的理论所说的潜在易变性是凯恩斯所说的由货币的投机需求造成的吗？

3. "债券和股票的收益越是易变，货币的需求越大。"你能从托宾的流动偏好模型中推导出这一命题吗？这是否对有息货币和无息货币都适用？

4. 在现代金融发达的国家里，如果 M1 的投机需求为零，某些更宽的货币总量的投机需求是否也为零？如果不是，M1 和更宽的货币总量的投机需求大小的确切决定因素是什么？

5. 假定有一种被称为货币的无风险资产和两种风险资产，分析个人对货币的资产需求。货币需求函数的一般形式是什么？此外假定两种资产有完全负相关的收益，推导这种情况下的货币需求函数。利用图示给出答案。

6. 假定只有两种资产，即货币（$\mu_m = 0$，$\sigma_m = 0$）和债券（$\mu_b > 0$，$\sigma_b > 0$），个人具有 CARA 效用函数，从而他最大化

$$EU(W) = \mu_t - 1/2 \gamma_t \sigma_t^2$$

现假定 γ 波动，$\gamma_t = \gamma_0 + \eta_t$，$\gamma_{t+1} = \gamma_0 - \eta_t$，推导个人的投机需求函数 M_t^{SP} 和 M_{t+1}^{SP}。

7. 再次假定只有两种资产，即货币（$\mu_m = 0$，$\sigma_m = 0$）和债券（$\mu_b > 0$，$\sigma_b > 0$），个人具有 CARA 效用函数，从而他最大化

$$EU(W) = \mu_t - 1/2 \gamma_t \sigma_t^2$$

现假定 σ 波动，$\sigma_t = \sigma_0 + \varepsilon_t$，$\sigma_{t+1} = \sigma_0 - \varepsilon_t$，推导个人的投机需求函数 M_t^{SP} 和 M_{t+1}^{SP}。

8. 在上述两个问题中，你们国家的 η 和 ε 的决定因素可能是什么？在经济周期中，它们可能如何变化？

9. 利用你对上面问题的回答，讨论凯恩斯所断言的货币投机需求的高度易变性。该断言仍然有效吗？请讨论。

10. 假定个人拥有二次效用函数：

$$U(W) = a + bW + cW^2$$

其中 W 代表财富。

（1）推导作为风险厌恶者的有关 a、b、c 的限制条件。

(2) 推导有关 μ 和 σ 的预期效用函数。

(3) W 在什么范围内时，这个效用函数是合适的？给出财富效用的合理假定。

11. 以一个两资产模型为例。其中，货币支付正的给定利率 R_m，债券支付收益率 R，其期望值为 μ_b，标准差为 σ_b。用图示阐明下列两种资产持有比例的效应：

(1) 政府对债券的超额收益 $(R-R_m)$ 征税，如果收益为负数，就相应退税。

(2) 政府对债券的正的超额收益 $(R-R_m)$ 征税，但收益为负数时不退税。

(3) 如果 $R_m=0$，说明对以上情况的影响。

12. 以一个两资产模型为例。其中，货币支付正的给定利率 R_m，债券支付收益率 R，其期望值为 μ_b，标准差为 σ_b。政府对债券的超额收益 $(R-R_m)$ 征税，如果收益为负数，就相应退税。下列情况对债券购买将产生什么影响：

(1) 税收收入不返还给投资者。

(2) 税收收入作为一次性总付转让返还给投资者。

13. 货币的投机需求是提高还是降低货币总需求的利息弹性？什么情况下较宽的货币总量比较窄的货币总量（特别是M1）有更高的利息弹性？

14. 评估在推导货币总量的需求函数方面，CARA效用函数和CRRA效用函数的有效性和局限性。讨论在什么情况下预期财富的M1和M2的需求弹性有效？现今的收入中预期财富的M1和M2的需求弹性是多少？

15. 货币的投机需求是提高还是降低货币总需求的收入弹性？什么情况下较宽的货币总量比较窄的货币总量（特别是M1）有更高的收入弹性？

16. "在现代经济中，资产组合选择理论与货币需求没有多大关系。"请讨论。

17. "流动性偏好作为一种面对风险的行为，是对短期证券——而不是货币——的需求。"这句话表明了托宾对货币需求的分析。利用托宾或其他任何人的分析，阐明在什么条件下，上述陈述成立。如果这一陈述是准确的，我们将如何修正货币需求？

参考文献

Arrow, K. J. "The theory of risk aversion." In K. J. Arrow, *Essays in the Theory of Risk-Bearing*. Chicago: Markham, 1973.

Chang, W. W., Hamberg, D. and Hirata, J. "Liquidity preference as behavior toward risk is a demand for short-term securities-not money." *American Economic Review*, 73, 1983, pp. 420-7.

Curthbertson, K. *The Supply and Demand for Money*. London: Blackwell, 1985.

Friedman, M., and Savage, L. J. "The utility analysis of choices involving risk." *Journal of Political Economy*, 56, 1948, pp. 279–304.

Handa, J. "Decisions under imperfect knowledge: the certainty equivalence theory as an alternative to the Von Neumann-Morgenstern theory of uncertainty." *Erkenntnis*, 20, 1983, pp. 295–328.

Keynes, J. M. *The General Theory of Employment, Interest and Money*. London: Macmillan, 1936, Chs. 13, 15.

Tobin, J. "Liquidity preference as behavior towards risk." *Review of Economic Studise*, 25, 1958, pp. 65–86.

Tobin, J. "The theory of portfolio selection." In F. H. Hahn and F. P. R. Brechling, eds, *The Theory of Interest Rates*. London: Macmillan, 1965.

第6章 货币的预防需求和缓冲存货需求

凯恩斯提出了持有货币的谨慎动机，但没有进行任何分析。这种需求来自于收入和所需支出的不确定性。

本章将通过对交易需求和投机需求的延伸，来分析预防需求。货币需求的额外来源是缓冲存货，它是由收入、商品和债券调整的滞后引发的。

本章引入的关键概念
- 消费支出和收入的不确定性
- 货币的预防需求
- 货币的缓冲存货需求
- 透支和备用信贷安排
- 货币需求对货币供给变化的依赖性

无论是第4章分析货币的交易需求时，还是在第5章分析货币的投机需求时，都没有论及将来的收入或支出需求的不确定性。而这种不确定性充斥于整个经济，个人可以通过预防性储蓄来应对它，部分或全部预防性储蓄是以预防性货币余额的形式持有的。

预防性储蓄是收入的一部分，节省下来以备未来收入和支出需要的不确定性。如果这些变量的未来值是完全已知的，那么它将为零。预防性财富或储蓄类似于财富中由于不确定性而持有的部分。这种财富可能以各种资产形式持有，其中之一就是货币。为这种目的而持有的货币余额构成了货币的预防需求。储蓄和预防货币余额是完全不同的概念，储蓄意味着携带购买力从一个时期到下一个时期，预防性货币余额是在任何时段支付意外支出的手段。

预防性财富显然受到经济和金融环境以及个人自身因素的影响。经济环境（包括被解雇的可能性或失业后寻找工作的可能性、收入增长、社会福利等）是个人未来收入不确定性的决定因素之一。金融机构提供了诸如信用卡、透支、商业贷款等工具，使个人可以推迟突然出现的支付和减少持有预防性资产的需求。个人的自身因素影响他的支出需求、支出时间、推迟支出或通过信用卡和其他透支方式暂时满足支出需求的可能性。货币的预防需求取决于以上因素以及能够发挥预防性财富作用的各类资产的相对流动性和交易成本。

由于货币的投机需求强调的是各类资产收益的不确定性，而为简化起见，在分析货币的预防需求时，假定这些收益都是已知的，因此也就是确定的。根据这一假定，货币的预防需求分析，是针对收入和支出的数量和时间安排具有不确定性的情况，对交易需求存货分析的扩展。这种收入的不确定性用收入分布的矩量来描述，并假定其为正态分布，因而仅考虑该时期收入的均值和方差。

第 4 章讲的交易需求的存货分析所暗含的一般需求函数形式为

$$m^{\text{trd}} = m^{\text{trd}}(b, R, y) \tag{1}$$

其中，m^{trd} 代表实际余额的交易水平；b 代表实际手续费；R 代表名义利率；y 代表实际收入/支出。

在不确定的情况下，假定收入呈正态分布，y 是其均值和标准差的函数。因此，针对货币的预防需求（其中包含交易需求），（1）式修改为

$$m^{\text{prd}} = m^{\text{prd}}(b, R, \mu_y, \sigma_y) \tag{2}$$

其中，m^{trd} 表示货币的预防需求；μ_y 表示收入的数学期望；σ_y 表示收入的标准差。

此外，在不确定的情况下，风险厌恶的程度以及解决这种不确定性的可能机制和替代物，也都是决定货币需求的重要因素。也就是说，（2）式需要修改为

$$m^{\text{prd}} = m^{\text{prd}}(b, R, \mu_y, \sigma_y, \rho, \Omega) \tag{3}$$

其中，ρ 代表风险厌恶程度；Ω 代表预防性货币余额的替代物。

在 Ω 当中，有信用卡、银行透支、贸易信贷等。在有些情况下，一个人可以先用信用卡支付任何预防需求，然后等获得收入时再支付信用卡上的欠款，因而他的货币预防需求将是零。

注意，在（3）式中，如果个人是风险中性的，$\rho=0$，（3）式将简化为

$$m^{\text{prd}} = m^{\text{prd}}(b, R, \mu_y, \Omega) \tag{4}$$

上述论据意味着，这些决定因素的值给定时，货币预防需求的值是唯一的。这些模型将在 6.1 节到 6.3 节中讨论。我们所说的缓冲存货模型与这些模型有些不同。在缓冲货币模型中，因为货币的交易成本比其他资产低，货币作为一种"缓冲"或退路而被持有，使得收入将以货币的形式持有，直到累积到足够大的数额，能够调整其他资产或收入—支出流为止。货币的现实持有量因而表现出短

期的波动，意味着短期货币需求函数和流通速度是不稳定的，尽管只在一个特定的范围内。这种短期波动有两种常见的格局：一种是围绕着长期理想水平波动，另一种是在一个区间内波动，该区间的上、下限由长期因素决定。Milbourne（1988）进行了缓冲存货模型的研究。

本章的第 6.1 节到第 6.3 节讨论预防需求模型，用的是 Whalen（1966）、Sprenkle 和 Miller（1980）的研究成果，指出了货币预防需求的确定水平，而不是围绕理想水平或在最佳区间内的波动。第 6.4 节到第 6.7 节讨论了一些缓冲存货模型。

经济主体可能是个人、家庭或企业，尽管学术界对于企业、个人或（经济）主体三个词语有不同的偏好。在分析能够被正确理解的前提下，下文中我们将交替使用个人、企业和主体这三个词语。

6.1 交易需求模型扩展到预防需求

下面对货币预防需求的考察基于惠伦（Whalen，1966）的分析。与交易需求的存货分析模型一样，假定个人在持有货币和持有债券之间选择。货币具有完全流动性，不支付任何利息。债券无流动性，按利率 r 支付利息。货币和债券间的相互转换，需要有手续费。另外，与第 4 章的交易需求模型相比增加的一点是，为了应付未预期到的交易，以短期的方式出售债券以获得货币，或不得不推迟进行这桩交易，都会有额外的"惩罚"成本。因此，融通交易的成本中现在包括三种成分：手续费、放弃的利息收入和惩罚成本。如第 4 章所述，个人被认为均匀地从债券中取出 W 数量的货币。

与使用货币相关的成本函数为

$$C = RM + B_0 Y/W + \beta p(N > M) \tag{5}$$

其中，C 代表持有预防（包括交易）余额的名义成本；M 代表持有的货币余额；B_0 代表每次提取货币的名义手续费；Y 代表总（不确定）的名义和收入/支出；W 代表每次从有息债券中提取的货币数量；N 代表净支付（支出减收入）；$p(N>M)$ 代表 $N>M$ 的概率；β 代表缺乏货币余额的名义惩罚成本。

由于个人的收支情况具有不确定性，并需要用货币支付消费，所以每当他因货币不足而不能进行购买时，他都会遭到损失（"惩罚"）。这种损失可能是为了获得必要的货币余额而不得不在计划外出售债券，也可能是在获得足够的货币余额以前不得不推迟购买，因此，这种损失有货币和非货币两部分。其中 p 表示 $N>M$ 的概率，（5）式表明了货币余额不足的惩罚成本为 $\beta p(N>M)$。

假定个人持有的货币余额 M 等于 $k\sigma$，其中 σ 为净支付 N 的标准差，因此

$$M = k\sigma \tag{6}$$

我们需要知道由于净支付 N 大于货币余额持有量 $k\sigma$ 而出现惩罚的概率 $p(N>k\sigma)$。根据切比雪夫不等式，变量 N 偏离其均值（我们假定它为零）超过

其标准差 σ 的 k 倍的概率为

$$p(-k\sigma > N > k\sigma) \leqslant 1/k^2$$

因此，$p(N>M)$ 为（其中 $M=k\sigma$）

$$p(N>M) \leqslant 1/k^2 \quad k \geqslant 1^{①} \tag{7}$$

其中，根据（6）式可知

$$k = M/\sigma \tag{8}$$

假定个人是风险规避型，他把自己的货币持有量根据 $p(N>M)$ 的最大值来定。在这种情况下，

$$p(N>M) = 1/(M/\sigma)^2 = \sigma^2/M^2 \tag{9}$$

(5) 式和（9）式意味着

$$C = RM + B_0 Y/W + \beta\sigma^2/M^2$$

因此，由于 $M=W/2$，正如鲍莫尔的分析一样：

$$C = RM + \frac{1}{2} B_0 Y/W + \beta\sigma^2/M^2 \tag{10}$$

注意，上述方程的前两项与鲍莫尔分析的一样，第三项则来自于支出的不确定性。为了使持有货币的成本最小化，令 C 对 M 的偏导数等于零：

$$\partial C/\partial M = R - \frac{1}{2} B_0 Y/M^2 - 2\beta\sigma^2/M^3 = 0 \tag{11}$$

乘以 M^3 得

$$RM^3 - \frac{1}{2} B_0 MY - 2\beta\sigma^2 = 0 \tag{12}$$

方程（12）是一个 M 的三次函数，一般情况下很难解。为了进一步简化，我们有两种可能的简化假定：

（1）如果货币持有量短缺没有惩罚成本，$\beta=0$；如果不存在这种货币短缺的风险，$\sigma=0$。不论是 $\beta=0$ 还是 $\sigma=0$，（12）式都会简化成第 4 章鲍莫尔的交易余额需求函数，即

$$M^{tr} = \left(\frac{1}{2} B_0\right)^{1/2} Y^{1/2} R^{-1/2}$$

然而，$\beta=0$ 或 $\sigma=0$ 这种简化假设，消除了预防需求因素，因而对于预防需求分析而言，我们选择下面的简化。

（2）假定 $\beta, \sigma > 0$，手续费为零，因而 $B_0=0$。^{②} 假定

$$RM^{pr3} - 2\beta\sigma^2 = 0$$

---

① 这个假设是为了确保 $p(N>M)$ 的最大值小于或等于 1。
② 在鲍莫尔的模型中假设 $B_0=0$ 是暗示货币的交易需求为 0，因此，这个假设将交易需求排除在此模型之外了。

因而

$$M^{pr} = (2\beta)^{1/3} R^{-1/3} (\sigma^2)^{1/3} \tag{13}$$

（13）式的特别意义在于，货币的预防需求取决于净收入的方差 σ^2，不一定取决于收入的自身水平。相比之下，在鲍莫尔的分析中，货币的交易需求取决于收入或预期收入水平。在（13）式中，由于从（12）式到（13）式的简化消除了手续费（$1/2B_0Y/M$）这一项，收入/支出 Y 的平均水平就被从货币需求函数中排除了。因此，这一简化排除了与支出水平有关的货币交易需求，（13）式就被认为体现了货币的预防需求（不包括交易需求）。与此相一致，上标 pr 加到了（13）式的货币符号上。

从（13）式可知，预防需求的利率弹性为 $-1/3$，而不是 $-1/2$。

现假定该时期内的收入与支付的时间格局不变，但其数量与该时期的总支出 Y 同比例变动。在这种情况下，对于净支付的正态分布，收入与支出的方差随 Y^2 的增加同比例增加，即

$$\sigma^2 = \alpha Y^2 \tag{14}$$

其中 α 为常数，其值取决于收入与支出的既定时间频率。根据（13）式和（14）式，我们有

$$M^{pr} = (2\alpha\beta)^{1/3} R^{-1/3} Y^{2/3} \tag{15}$$

预防性货币余额对收入或支出额的弹性为 $2/3$。

然而，如果收入与支出总额不变，但它们的数字随 Y 成比例增加，从而随着 Y 增加而变动更加频繁，σ^2 将与 Y 按比例变化，所以有 $\sigma^2 = \alpha'Y$。这种情况下的货币需求为

$$M^{pr} = (2\alpha'\beta)^{1/3} R^{-1/3} Y^{1/3} \tag{16}$$

现在，预防性货币余额的收入弹性仅为 $1/3$。

在现实生活中，支出是会变化的，或是以（15）式和（16）式所示的方式或是以其他方式，表明货币预防需求的收入弹性处于 $2/3$ 到 $1/3$ 之间，取决于收入与支出如何变化。此外，请注意，由于交易需求在（12）式到（13）式的简化过程中被排除在模型之外，（15）式和（16）式没有关于交易需求弹性的任何信息，所以这些方程只说明了预防货币余额的需求。如果我们能从（12）式中解出 M，这种解可能提供了交易目的和预防目的的综合货币需求，但没有保证这种解会有 $1/2$、$1/3$ 或 $2/3$ 的收入弹性。此外，即使像（15）式和（16）式只考虑预防需求，如果净支付分布不是正态分布，或个人在该时期的交易时间和数量同时变化[①]，现实弹性也不一定是 $1/3$ 或 $2/3$。经济中 M1（通货和活期存款）的实际余额需求的实际收入弹性，经验估计值小于 1，但也不会低到 $1/3$ 的程度。因此，（16）式中的 $1/3$ 的收入弹性很不现实，但这也不奇怪，毕竟它排除了交易需求，

---

① 惠伦在其文章的附录中也说到了上述模型的两种变体。

还假定个人交易的数量不变。不过，它的利率弹性（−1/3）比交易模型中的值（−1/2）更接近经验估计值。

为了考察预防余额需求对价格水平的弹性，首先指出 β 是名义惩罚成本。令它等于 $\beta^r P$，其中，β^r 为实际惩罚成本，P 为价格水平。又假定价格水平上升会成比例地增加所有收入和支出的数量，但它们的时间安排不变。因此，由于 $Y=Py$，其中 Py 为名义支出，y 是它的实际值，则 $\sigma^2=\alpha P^2 y^2$，因而（15）式变为

$$m^{pr}=M^{pr}/P=(\alpha\beta^r)^{1/3}R^{-1/3}y^{2/3} \tag{17}$$

因此，实际预防余额需求对价格水平是零阶齐次的。实际余额的这种零阶齐次在（16）式中是不存在的，它的名义余额的价格弹性仅为 2/3。

6.2　透支情况下的预防需求

上述惠伦模型假定个人不能自动进行透支。对大型（有时甚至是小型）企业来说，情况常常并非如此。对于许多在银行安排了透支或信用贷款的个人，或使用有透支限额性质的信用卡的个人来说，情况也不是这样。下面这种情况及对其变化的分析来自斯普兰克尔和米勒（Sprenkle and Miller, 1980）。他们分析了三种情况，即无限额透支、限额透支和无透支。这些情况适用于企业和家庭。不过，斯普兰克尔和米勒认为无限额透支情况特别适用于大企业，而无透支情况与家庭的关系最密切。

斯普兰克尔和米勒假定，经济主体（在这种情况下指的是企业，但也可以看做家庭）能从银行那里透支，并打算使持有预防余额的成本最小化。如果持有的货币余额超过所需，他将放弃该资金投资于债券可以获得的利率 R；如果持有的预防余额不足，它就必须为透支支付利率 ρ，但从持有的债券余额上获得利率 R，从而使透支的净损失仅为 $(\rho-R)$[①]。我们假定 $\rho>R$。因此持有预防余额成本 C 为

$$C=R\int_{-\infty}^{A}(A-Z)f(Z)dZ+(\rho-R)\int_{A}^{\infty}(Z-A)f(Z)dZ \tag{18}$$

其中，A 代表期初的预防余额；Z 代表支出少于收入；$f(Z)$ 代表 Z 的概率分布，且 $f(\infty)=0$；R 代表债券名义利率；ρ 代表透支收取的名义利率。

斯普兰克尔和米勒把 Z 作为一种预测误差，$E(Z)=0$，因而该时期的收入支出应当相等。方程（18）涉及在期初决定 A 的数量，以囊括透支费用的可能性，而在鲍莫尔的货币交易需求分析中，货币余额定期从债券中取得，没有透支。求（18）式对 A 的最小化，得到

---

① $(\rho-R)$ 对应于惠伦所说的支出时因缺乏资金而遭受惩罚的成本。

$$dC/dA = R\int_{-\infty}^{A} f(Z)dZ - (\rho - R)\int_{A}^{\infty} f(Z)dZ \tag{19}$$

令 $F(Z)$ 为 Z 的累积概率分布，$F(\infty)=1$，(19) 式变为

$$dC/dA = R - \rho[1-F(A)] = 0 \tag{20}$$

从而

$$F(A^*) = (\rho - R)/\rho \tag{21}$$

其中，A^* 是 A 的最优值；$F(A^*)$ 是最优现金持有量，至少等于现金需求量的累积概率。

为了推导最优预防货币持有量，当现实透支额为正数时，预防余额为零。因此，预防余额 M^{pr} 仅为

$$M^{pr} = \int_{-\infty}^{A^*} (A^* - Z)f(Z)dZ \tag{22}$$

假定均值为零的正态分布，可知

$$M^{pr} = A^* F(A^*) + \sigma f(A^*) \tag{23}$$

其中 σ 是 Z 的标准差。在正态分布情况下，通过透支（O）借款的平均数量为

$$O = -A^*[1-F(A^*)] + \sigma f(A^*) \tag{24}$$

从（21）式和（23）式可知

$$\partial M^{pr}/\partial \rho = [\{1-F(A^*)\}F(A^*)]/\rho f(A^*) > 0 \tag{25}$$

$$\partial M^{pr}/\partial R = -F(A^*)/\rho f(A^*) < 0 \tag{26}$$

因而当债券的利率 R 上升和透支利率 ρ 下降时，M^{pr} 下降（且透支借款增加）。直观地看，这似乎是合理的，因为 R 的上升和 ρ 的下降，增加了持有预防余额的机会成本。

推导（23）式预防货币的利率弹性没有简单的方法，排除首先确定概率分布 $f(A)$ 和 $F(A)$。从（23）式可清楚地知道，这一需求取决于这些分布，因而取决于它们的矩量。在假定正态分布的情况下，这种需求将取决于支出的均值和方差，如第 6.1 节所述。

方程（23）说明了货币的预防需求，且不包括交易需求。为了在确定性情况下，把上述分析与鲍莫尔的交易需求分析相比较，现在对上述分析添加确定性假定。不确定性情况下的假定为 $E(Z)=0$。在确定性情况下，Z 为已知。如果 $Z \leqslant 0$（也就是收入每次都超过支出），(18) 式中的 C 就为零，这就是从中推导出的货币需求。但是，如果在该时期的不同时点支出大于收入，则 $Z>0$，个人将愿意在一开始就持有足够的交易余额，以避免在 $\rho > r$ 的情况下使用成本较大的透支。因此，在确定性情况下，货币的预防需求（不包括交易需求）在本分析中将为零。

6.3 无透支情况下货币的预防需求

如果经济主体不允许透支，总成本中包括不持有债券而损失的利息和透支的成本，并假定该成本等于或小于不得不推迟支出的成本，则

$$C = R\int_{-\infty}^{A}(A-Z)f(Z)\mathrm{d}Z + \beta\int_{A}^{\infty}f(z)\mathrm{d}Z \tag{27}$$

其中，β 为透支的惩罚成本，右边的第二积分项为透支的概率，因此（27）式中的第二项是透支的成本。最小化（27）式意味着

$$F(A^*)/f(A^*) = \beta/R \tag{28}$$

由于 β 为持有货币余额不足的惩罚成本，它相当于第 6.2 节分析中的 $(\rho - R)$，其中 ρ 为银行对透支余额收取的利率。在目前的分析中，如果银行不鼓励客户透支，它们会把 ρ 和 β 设定得相当高。因而对于客户来说，β 的最优值可能成为在别处寻找资金或推迟支出的惩罚成本。

斯普兰克尔和米勒从（28）式中推导出了 M1 对利率 R 的反应，其中，R 是持有 M1 的成本：

$$\partial M1^{pr}/\partial R = \{F(A^*)^2\}/[R \cdot f(A^*) - \beta f'(A^*)] < 0 \tag{29}①$$

其中，f' 是 f 对 A^* 的偏导数，货币是 M1（不包括已支付利率 R 的资产）。以上分析与第 6.2 节的分析类似，惩罚率 β 对应于透支利息收费 ρ。

如果货币被定义得非常宽泛，如 M3，包括 M1 的最强替代物，R_s 为这些替代物的利率，斯普兰克尔和米勒的推导表明：

$$\partial M3^{pr}/\partial R_s = [F(A^*)\{1 - F(A^*)\}]/[\rho f(A^*) - \beta f'(A^*)] > 0 \tag{30}$$

（29）式和（30）式的偏导数符号之所以不同，是因为（29）式中的 R_s 是 M1 的可替代资产的收益，因而是持有 M1 的部分成本，而（30）式中的 R_s 是 M3 中一种（短期）资产的收益。

以上两种情况（无限额透支和无透支）说明了斯普兰克尔和米勒分析的基本原理，对于限额透支这种中间情况，我们在这里就不讨论了。这两种分析意味着，在收入和支出的时间不确定的情况下，有正的预防性货币需求。这一需求的一般形式为

$$M^{pr} = M^{pr}(R, \rho, \beta, f(z)) \tag{31}$$

预防余额对债券利率 R 的弹性是负数。然而，在没有进一步阐明支出的概率分布的情况下，无法推导 M1 和 M2 的利率弹性和收入弹性。②

---

① 从（27）式推导出（28）式和（29）式的过程，见斯普兰克尔和米勒（1980）。
② 斯普兰克尔和米勒用一些数字例子，阐释了上述分析给出的货币需求。

6.4 缓冲存货模型

缓冲存货模型的理论分析，扩展了在净支出（支出减收入）不确定的情形下，货币交易需求的存货分析，就如同第 6.1 节到第 6.3 节中预防需求模型的情况一样。然而，虽然这种预防性货币需求分析决定了预防余额的最优数量，但是，缓冲存货模型允许余额在有上下限的一个范围内波动，或围绕一个长期理想的货币需求波动。

缓冲存货模型有两种基本形式。其一是个人先验地做出"决策"，现金余额可以在上限（M_{max}）与下限（M_{min}）之间变化。这种情况用图 6—1 来描述。当自发的（也就是独立于债券投资或从债券减资的决策）净收入导致积累的现金余额达到上限（M_{max}）时，个人采取措施，在其他资产上（比如债券）投资一定数量，从而一下子按相应的数量减少现金持有量。

自发的净支出一旦耗尽了全部的现金储备，达到允许的最低水平（M_{min}），就要采取措施，通过卖出部分债券，重新恢复现金余额。该下限可能是零或一个整数，取决于制度性惯例，如银行要求的最低余额等。这种有一个预设范围内的缓冲存货模型，属于（Z, z）——Z 为上限，z 为下限——缓冲存货模型，也称为"规则模型"，其中的规则指的是货币余额达到上限或下限时就要做出调整。

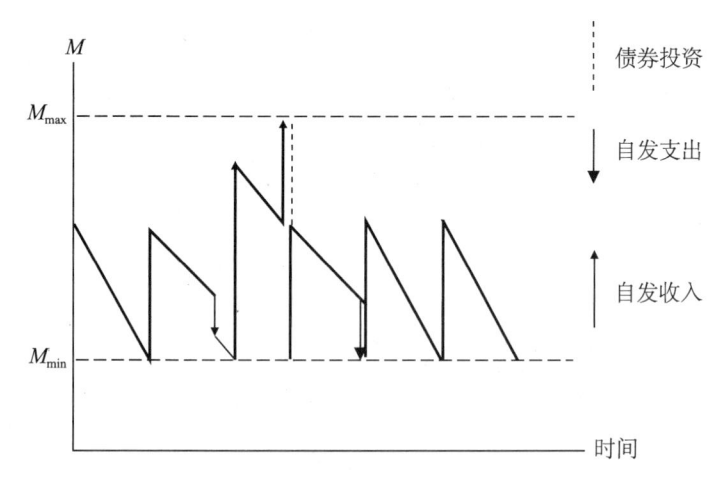

图 6—1

在这种规则模型中，货币余额可能由于净支出的正或负而发生变化，或者由于经济主体采取措施，在货币余额达到上限时减少货币余额，在达到下限时增加货币余额。前者引起的变动被称为货币余额的"自发"或"外生"变动，后者被称为货币余额的"引致"变动。在前一种情况下，即使经济主体的目的不是调整其货币持有量，货币余额也会发生变动。在后一种情况下，经济主体的目的就是要调整货币余额，因为它即将超出既定的范围。

缓冲存货模型的第二种形式是"平稳或目标模型"。其中，目标是要使其他变量（如消费或支出以及债券持有量）的变化平稳。未预期到的收入增加或支出减少，会增加作为"剩余"存货或暂时停留的购买力的货币余额的数量，直到支出和债券持有量得到调整为止。反过来说，未预期到的支出增加或收入减少，暂时通过货币余额的减少来调节，而不是通过立即削减支出或出售债券来解决。把货币持有量当做购买力的剩余储蓄的原因在于，这种货币余额的小额和持续调整的成本，被假定低于支出或债券持有的成本，所以暂时允许这些余额改变是最优的策略，在这个平稳模型中，实际余额围绕理想的长期需求波动但没有规则模型中预设的上下限。这种情况由图6—2来说明。注意，货币余额变动的自发原因和引致原因之间的区别，对于平稳模型和规则模型都适用。

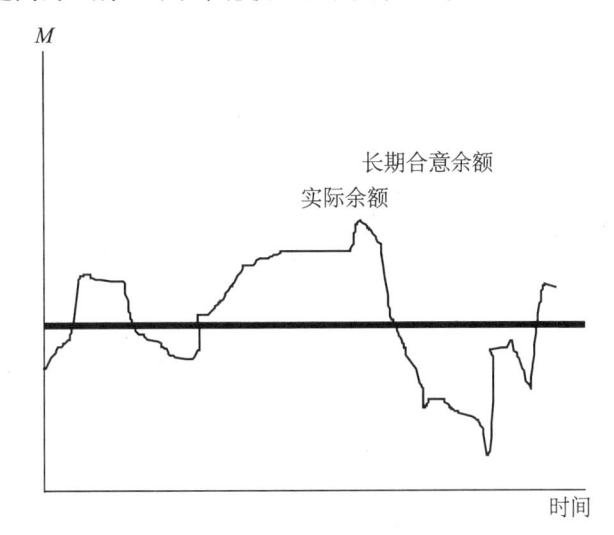

图6—2

每种形式都有许多模型。本章考察缓冲存货模型的两种类型及每个类型中的两个模型。其中，规则模型的两个模型是阿克洛夫和米尔本（Akerlof and Milbourne，1980）模型（简称A‑M模型）以及米勒和奥尔（Miller and Orr，1966）模型（简称M‑O模型）。平稳模型的两个模型是卡思伯森和泰勒（Cuthbertson and Taylor，1987）模型（简称C‑T模型）以及坎尼艾宁和塔卡（Kanniainen and Tarkka，1986）模型（简称K‑T模型）。

6.5 缓冲存货规则模型

6.5.1 阿克洛夫和米尔本的规则模型

我们从阿克洛夫和米尔本（Akerlof and Milbourne，1980）的研究成果开始对缓冲存货模型的分析。与鲍莫尔的交易需求模型一样，阿克洛夫和米尔本[①]假定在期初的一次总额收入为 Y，在整个时期以不变的比率支出 C。不过，不同于鲍莫尔模型的是，阿克洛夫和米尔本假定 $C \leqslant Y$，有储蓄 $S = Y - C$。该时期的储蓄被加入货币余额，直到后者达到设定的上限，此时通过把它们部分地投资于债券而将其减少至 C，因而预计在下一时期开始前它们已被用尽。

将上限设为 Z，下限设为 z，为了简化，后者被认为是零。经济主体希望在每个时期开始时拥有数量 C。因此，每个时期初的理想数量为 C。在第 i 时期之初持有的实际数量为 $C + iS$，$(C + iS) \leqslant Z$。如果在 n 个时期后达到了上限，我们就有

$$C + nS \geqslant Z \geqslant C + (n-1)S \tag{32}$$

从而

$$n \geqslant (Z-C)/S \geqslant (n-1) \tag{33}$$

所以，n 的最大值与最小值为

$$n_{\max} = [(Z-C)/S] + 1 \tag{34}$$
$$n_{\min} = [(Z-C)/S] \tag{35}$$

数量 C 在该时期均匀地支出，因此它相应的平均现金余额数量为 $C/2$。当储蓄 S 在一个时期被加入到货币余额中时，该持有量将从时期初一直持续到时期末，它相应的平均现金余额为 S。所以，每一时期末的货币余额序列为

$$\{C/2, C/2+S, C/2+2S, \cdots, C/2+(n-1)S\} \tag{36}$$

它等于

$$(C/2)\{1, 1+S, 1+2S, \cdots, 1+(n-1)S\}$$

令 n 等于引致转换发生前的时期数。于是，经过 n 个时期，引致调整之间的平均货币余额为

$$M^d = \frac{1}{n}\left[\frac{C}{2} + \left(\frac{C}{2}+S\right) + \left(\frac{C}{2}+2S\right) + \cdots + \left\{\frac{C}{2}+(n-1)S\right\}\right]$$
$$= \frac{C}{2} + \frac{S(n-1)}{2} \tag{37}$$

用（34）式和（35）式消除（37）式中的 n，表明货币余额的最大值和最小值为

$$M_{\max} = Z/2 \tag{38}$$
$$M_{\min} = (Z-S)/2 \tag{39}$$

因此，作为缓冲存货持有的货币余额的平均值 M^b 为

$$M^b = (1/2)(M_{\max} + M_{\min}) = Z/2 - S/4 \tag{40}$$

---

① 以下讨论的模型只是阿克洛夫和米尔本的基本模型。关于更复杂的形式和数字例证，见原文。

从而

$$\partial M^b/\partial Y \cong -(1/4)(\partial S/\partial Y)<0 \tag{41}$$

其中，$\partial S/\partial Y$ 为边际储蓄倾向，是正数，从而 $\partial M^b/\partial Y$ 是负数。这是一个令人惊讶的结果。直观的解释是，随着收入上升，上限值会更快地达到，因此通过引致调整措施减少货币持有量前的时间间隔被缩短了。结果是，在其他条件相同的情况下，较富裕的经济主体比收入较低的经济主体更经常地检查他们的货币和债券持有状况，因而平均持有的货币余额较少。①

然而，由于在上述模型中限值 Z 和 z 被认为是外生的，所以收入 Y 增加对它们的影响不包括在（40）式中。交易需求分析表明，这两个限值都是支出水平的正函数。② 因此，收入增加的影响将有正的和负的元素，最终影响的符号无法确定，除非有一个更加详细的模型。上述模型的另一个局限性在于，它没有区分收入预期到的增加和未预期到的增加。(z, Z) 的概念更适用于后者，而不是前者。

通过假定经济主体在不确定的时间购买耐用品（p 为这种购买的概率），阿克洛夫和米尔本将上述模型扩展到净支出不确定的情况。对于这种情况，阿克洛夫和米尔本的解（其简化假定中包括 $S=sY$，其中 s 是不变的平均储蓄倾向）为

$$M^b \approx Z/2 - s(1+p)(Y/4)<0 \tag{42}$$

其中，p 是支付（为了购买耐用品）的概率。方程（42）意味着

$$\partial M^b/\partial Y = -(s/4)[1+p+Yp'(Y)] \tag{43}$$

其中，$p'=\partial p/\partial Y$。假定 p' 是正数——也就是说，随着收入增加，购买耐用品的概率也增加，（43）式意味着货币余额的收入弹性仍是负数。

阿克洛夫和米尔本模型包括了交易需求和预防需求。经济主体想要用收入 Y 融资进而实现数量为 C 的交易的愿望，产生了交易需求，而支出的不确定性增加了额外的预防需求。然而，这一框架没有恰当地把握交易需求，因为它忽视了 (z, Z) 对总支出的依赖性，且没有区分预期到的和未预期到的收入变化。因此，该模型货币需求的负收入弹性的含义，必须被认为是储蓄（特别是未预期到的储蓄）对货币需求的影响。根据下面讨论的理论和经验模型，这些批评背后的思想会变得更加清晰。

6.5.2 米勒和奥尔的规则模型

米勒和奥尔（Miller and Orr，1966）假定，净收入（净支出的负值）x 在任何时候（比如"一天"）都服从均值为零的随机游走。③ 假定在等于 $1/t$ ($t=24$)

---

① 如果上限 X 为定义相对于收入 Y 而言的 xY，则该结果不成立。
② 如果我们按照鲍莫尔的交易需求分析模式，恰当地应用于现在的情况，Z 和 z 应当是 Y 的非线性函数。
③ 在这个假设下，净支出的变量将拥有稳定性和序列独立性。

的任何时间间隔（比如"一小时"）里，x 都是一系列独立的贝努里实验产生的结果。个人相信，在每一时间间隔（小时）里，他有净收入 x 的主观概率为 p，或者有净支出 x 的概率为 $(1-p)$。因此，在一小时后，货币持有量增加 x 的概率为 p，货币持有量减少 x 的概率为 $(1-p)$。

在由 T 个时期组成的一个决策时期中，现金持有量的均值与标准差为

$$\mu_T = Ttx(p-q) \tag{44}$$
$$\sigma_T^2 = 4Ttpqx^2 \tag{45}$$

其中，x 代表每小时的净收入；μ_T 代表 T 个时期中平均现金持有量；σ_T 代表 T 个时期中现金持有量的标准差；p 代表净收入为正数的概率；q 代表净收入为负数的概率（$=1-p$）；t 代表每个时期（天）中子时间间隔的数目；T 代表计划期界内的时期数目。

为简化起见，M-O 模型假定 p 等于 $1/2$[①]，因此

$$\mu_T = 0 \tag{46}$$
$$\sigma_T^2 = Ttx^2 \tag{47}$$

T 个时期中现金持有量变动的方差（σ_T^2）为 Ttx^2，货币余额日变动的方差 σ^2 为

$$\sigma^2 = \sigma_T^2/T = tx^2 \tag{48}$$

持有和变动现金的成本由两部分构成：持有现金而不是债券的利息成本和有计划变动现金持有量的手续费。每个时期（天）的预期成本为

$$E(TC) = B_0 E(N)/T + RM \tag{49}$$

其中，$E(TC)$ 代表持有和管理现金的每时期的预期成本；M 代表日平均现金余额；$E(N)$ 代表 T 个时期中货币和债券之间交易的预期数目；B_0 代表每次交易的手续费；R 代表每时期（天）债券的利率。

企业根据现金余额的上限 Z 和下限 z 最小化（49）式。M-O 模型表明，在某种特定的假设条件下：

$$E(N)/T \to 1/D(z,Z)$$

其中，D 是在债券和现金间分别进行资产组合转换的时间间隔的平均值，有

$$D(z,Z) = z(Z-z)/tx^2 \tag{50}$$

此外，M-O 模型表明，一天中货币余额的稳定状态分布对于 $p=1/2$ 具有离散三角分布，因此平均货币余额 M 为

$$M = (Z+z)/3 \tag{51}$$

因此，利用 $E(N)/T$ 的最大值，（51）式可以改写为

$$E(TC) = B_0 tx^2/zw + R(w+2z)/3 \tag{52}$$

[①] 在这种情形下，现金持有服从无漂移的随机游走。

其中，$w=Z-z$，w 就是区间的宽度。令（52）式对 z（w 为常数）和 w（z 为常数）的偏导数等于零，得到

$$\partial E(TC)/\partial z = B_0 t x^2/z^2 w + 2r/3 = 0 \tag{53}$$

$$\partial E(TC)/\partial w = -B_0 t x^2/z w^2 + R/3 = 0 \tag{54}$$

得到最优值 z^* 和 w^* 为

$$z^* = (3B_0 t x^2/4R)^{1/3} \tag{55}$$

$$w^* = 2z^* \tag{56}$$

由于 $w=Z-z$，（56）式表明最佳上限 Z^* 为

$$Z^* = 3z^* \tag{57}$$

方程（57）指出区间的上下限间的相对宽度为

$$(Z-z)/z = 2$$

虽然它独立于利率和手续费，但（55）式到（57）式表明，区间的绝对宽度取决于这些变量。

从（57）式可知，在该模型的假定条件下，平均缓冲存货余额 M^b 为

$$M^b = (Z+z)/3 \tag{58}$$

因此，由于 $\sigma^2 = tx^2$，从（55）式、（57）式和（58）式推导出的平均最优缓冲存货货币余额 M^{b*} 为：

$$M^{b*} = \frac{4}{3}\left(\frac{3B_0 t x^2}{4R}\right)^{1/3} = \frac{4}{3}\left(\frac{3B_0 \sigma^2}{4R}\right)^{1/3} \tag{59}$$

在（59）式中，货币的平均需求取决于利率和手续费，就像在交易需求分析的确定性模型中一样，并取决于净支出的方差，就像在预防需求分析中一样。平均货币需求对收入的方差的弹性为 1/3，对利率的弹性为 -1/3，和惠伦（1966）的分析一样。

然而，米勒和奥尔指出，由于在 σ^2 和 Y 之间不存在准确的关系，所以不存在 M^b 对 Y 的准确收入弹性。举例来说，如果我们讨论一个企业的货币需求，Y 是它的销售收入。由于它的所有收入与支出按比例增加，在频率不变的情况下，所导致的收入/销售的成比例增加，会成比例地增加 x，因此 $\sigma^2 = tY^2$。由（59）式可知，收入弹性为 2/3，与惠伦的分析一样。但是，如果每次收入和支出的数量不变，而频率增加了，从而 t 随着 Y 成比例增加，$t=\alpha Y$，我们有 $\sigma^2 = \alpha Y x^2$。由（59）式可知，收入弹性为 1/3，仍与惠伦的分析一样。如果交易数量增加而频率减少，那么，平均缓冲存货余额的收入弹性区间会超出 1/3～2/3 的范围。

M-O 模型扩展了货币的预防需求分析，包括了在上下限间波动的情况，其中的上下限由最优框架推导得出。平均缓冲存货余额的收入弹性是一个范围，而不像鲍莫尔的交易余额那样是一个单一值，这是 M-O 模型在经验分析上更具有吸引力的一个特征。两位学者认为，他们的模型特别适用于解释企业的货币需求。

6.6 缓冲存货平稳或目标模型

6.6.1 卡思伯森和泰勒的平稳模型

单一时期的基本部分调整模型（partial adjustment model，PAM）通常假定，货币余额的调整包括两种成本。一种是现实货币余额偏离其理想数额的成本。另一种是改变当期货币余额的水平，使之与上期数额不同的成本。单一时期一阶PAM[①]假定，成本函数对其两个变量是二次的，如：

$$TC = a(M_t - M_t^*)^2 + b(M_t - M_{t-1})^2 \tag{60}$$

其中，TC代表调整余额总成本的当期贴现值；M代表现实货币余额；M^*代表理想货币余额。

缓冲存货模型（Carr and Darby，1981；Cuthbertson，1985；Cuthbertson and Taylor，1987）假定跨时成本函数不是单一时期成本函数，而是当期和将来时期的这种成本的当期预期值最小化。这意味着要考虑当前和将来时期的这两类成本。对于第一种成本，除了当期货币余额偏离理想余额的成本外，还要考虑将来的现实货币余额偏离理想余额的成本。这一调整使得经济主体在决定当期持有量时要考虑未来的理想余额水平。对于第二种成本，跨时扩展的理由如下：正如上期的货币持有量会影响本期货币余额的调整成本一样，本期的货币余额也会影响下期货币余额的调整，依此类推，因此当期需要考虑这些与本期货币余额有关的未来成本。由此导致的成本函数是跨时且前向的（forword looking）。

对于$i=0, 1, \cdots, T$，(60)式的跨时扩展为

$$TC = \sum_i D^i [a(M_{t+i} - M_{t+i}^*)^2 + b(M_{t+i} - M_{t+i-1})^2] \tag{61}$$

其中，D代表毛贴现率（$=1/(1+r)$）；r代表利率。

在方程（61）中，a是实际货币余额不同于理想货币余额的成本以及各时期间调整余额的成本。b可能是出售债券的手续费，但像我们前面讨论过的，也可能不仅仅是货币成本。经济主体假定对$M_{t+i}(i=0, 1, \cdots, T)$使$TC$最小化。最后时期$T$的欧拉条件为

$$\partial TC/\partial M_{t+T} = 2a(M_{t+T} - M_{t+T}^*) + 2b(M_{t+T} - M_{t+T-1}) = 0$$

因此

$$M_{t+T} = \frac{a}{a+b} M_{t+T}^* + \frac{b}{a+b} M_{t+T-1}$$

[①] 请参见第7章货币需求方程部分的单一时期部分调整模型。

$$= A_1 M^*_{t+T} + B_1 M_{t+T-1} \tag{62}$$

其中，$A_1 = a/(a+b)$，$A_1 + B_1 = 1$。对于 $i < T$，一阶成本最小化条件为

$$\frac{\partial C}{\partial M_{t+i}} = 2a(M_{t+i} - M^*_{t+i}) + 2b(M_{t+i} - M_{t+i-1})$$
$$\quad - 2b(M_{t+i+1} - M_{t+i}) = 0 \tag{63}$$

$$M_{t+i} = \frac{a}{a+2b} M^*_{t+i} + \frac{b}{a+2b} M_{t+i-1} + \frac{b}{a+2b} M_{t+i+1}$$
$$= A_2 M^*_{t+i} + B_2 M_{t+i-1} + B_2 M_{t+i+1}$$

其中，$A_2 + 2B_2 = 1$。在（63）式中，实际货币余额 M 的将来值和过去值以及 M^* 的将来值，影响每个时期的货币需求。方程（63）意味着①

$$M_t = q_1 M_{t+i-1} + (a/b) q_1 \sum_i q_i^i M^*_{t+i} \tag{64}$$

其中，$q_1 + q_2 = (a/b) + 2$，$q_1 q_2 = 1$。我们需要阐明理想货币余额 M^* 的需求函数。如第 2 章和第 3 章推导的，假定它为

$$M^*_{t+i} / p_{t+i} = b_y y_{t+i} + b_r r_{t+i} \tag{65}$$

此外，在不确定性情况下，利用预期算子 E_{t-1} 代表 $t-1$ 时期的预期持有量，令

$$M_t = E_{t-1} M_t + M^u_t + \mu_t \tag{66}$$

其中，把 M^u_t 引进来是要考虑 M^*_{t+i} 预期值的误差，该误差是由（65）式中它的决定因素的未预料的变化引起的。从（64）式到（66）式可知

$$M_t = q_1 M_{t-1} + (a/b) q_1 \sum_i q_i^i \{b_y y_{t+i} + b_R R_{t+i}\} p_t + M^u_t + \mu_t \tag{67}$$

在（67）式中，货币的实际需求取决于收入和利率的未来值和当期值，表明该模型是前向模型。它还取决于货币余额的滞后值，因而包含了后向元素。因此，该模型为前向—后向模型。注意，估算（67）式需要预先确定推导 y 和 R 的

---

① 推导过程见卡思伯森（Cuthbertson，1985，pp.137—138）及卡思伯森和泰勒（Cuthberston and Taylor，1987，pp.187—188）的论述。下面的推导来自卡思伯森（Cuthbertson，1985，pp.137—138）的论述。步骤如下。

（63）式乘以 $(a+2b)$，整理得

$$(a + 2b - bL - bL^{-1}) M = aM$$

其中，L^{-1} 为前向（对应于滞后）算子，因而 $L^{-1} M_t = M_{t+1}$。乘以 L，两边再除以 b，得到：

$$[-L(\frac{a+2b}{b}) + L^2 + 1] M = -\frac{a}{b} M^* - 1$$

$$[-L(\frac{a+2b}{b}) + L^2 + 1] = (1 - q_1 L)(1 - q_2 L)$$
$$= 1 - (q_1 + q_2) L + q_1 q_2 L^2$$

其中，$q_1 + q_2 = (a/b) + 2$，$q_1 q_2 = 1$。假定 $q_2 > 1$，因而 $q_1 < 1$。所以

$$(1 - q_1 L) M = (1 a/b)(1 - q_2 L)^{-1} M^* - 1$$
$$= (1 - a/b)(1 - q_1 L^{-1})^{-1} M^* 1$$

利用泰勒展开式，$(1 - \lambda L)^{-1} = -(\lambda L)^{-1} - (\lambda L)^{-2} - \cdots$，我们有

$$M_t = q_1 M_{t+i-1} + (a/b) q_1 \sum_i q_i^i M^*_{t+1}$$

未来预期值的方法，还要有估测 M^u 的方法。对它们的估测方法在第 7 章讨论。

6.6.2 坎尼艾宁和塔卡（1986）的平稳模型

跨时调整成本函数（61）式的另一种变形，是坎尼艾宁和塔卡（Kanniainen and Tarkka, 1986）使用的[①]，即

$$TC = E_t \sum_i [D^i \{a(M_{t+i} - M^*_{t+i})^2 + b(z_{t+i})^2\}] \quad i = 0,1,2\cdots \quad (68)$$

其中，z_t 是经济主体自身的行为导致的货币余额的"引致"变动，b 假定是债券转换为货币的手续费。其他变量同前，M 为名义货币余额，M^* 为稳态的理想货币余额，D 为贴现因子。这种成本函数之所以可以这样表述，是因为虽然货币持有量的引致变动会产生手续费，但自发变动却不会，因为它源于其他人的行为。在 $t-1$ 时期，名义货币余额对此所做的调整，是由于 t 时期的自发变动和引致变动引起的，因此

$$M_t - M_{t-1} = z_t + x_t \quad (69)$$

其中，z_t 代表货币持有量的引致变动；x_t 代表自发变动。

把（69）式代入（68）式，为使总成本最小化，令由此产生的方程对 m_{t+i}（$i=0,1,2,\cdots$）的一阶偏导数等于零。这一过程产生的欧拉方程为

$$E_t M_{t+i+1} - \beta E_t M_{t+i} + (1+R) E_t M_{t+i-1} = -\alpha E_t M^*_{t+i} + E_t x_{t+i+1} - (1+R) \cdot E_t x_{t+i} \quad (70)$$

其中，α 代表 a/Db；β 代表 $(1/D)\{(a/b)+D+1\}$；$i=0,1,2,\cdots$

注意，（70）式代表大量方程，表明这些模型需要很多信息。为了决定 t 时期的货币需求，经济主体必须拥有对下一时期货币持有量自发变动的预期，以及对下一时期最佳货币余额的预期，后者又需要（$t+2$）时期的信息，依此类推。由于每个时期可获得新的信息，该模型每时期又需要重新计算。

方程（70）是 $E_t M_{t+i}$ 的随机二阶差分方程。它的根为

$$\lambda_1, \lambda_2 = (1/2)[\beta \pm \{\beta^2 - 4(1+R)\}^{1/2}]$$

$\lambda_1 > 0$ 为稳定根，$\lambda_2 < 0$ 为不稳定根。K-T 模型为了排除周期性调整而忽略了后者。利用正根 λ_1，欧拉条件为

$$E_t M_{t+1} = \lambda_1 M_t + [\lambda_1 \alpha/(1+R-\lambda_1)]M^*_t - \sum_i [\lambda_1/(1+R)]^i \cdot$$
$$[E_t x_{t+i-1} - (1+R)E_t x_{t+i}] \quad (71)$$

在（71）式中，（70）式的稳定根 λ_1，给出了自发调整 x_i 对货币需求的影响。不论它是否被预期到，该影响都是一样的。[②] 未来自发变动的影响（对此必须有所

[①] 下列论述取材自坎尼艾宁和塔卡（Kanniainen and Tarkka, 1986）和米泽恩（Mizen, 1994, pp.50—51）的论述。
[②] 该结论与卡尔和达比（Carr and Darby, 1981）、圣多马罗和西特（Santomero and Seater, 1981）的不同。

预期），取决于时间偏好率。如果时间偏好率高，这些预期就只能提前几个时期形成。此外，这些预期的变动会改变货币需求函数。

把（71）式代入（70）式，解出 M_t，注意 $E_t M_t^* = M_t^*$。结果为

$$M_t = \lambda_1 M_{t-1} + \rho M_t^* + \lambda_1 x_t + z_t \tag{72}$$

其中，$\rho = [\lambda_1(a/b)(1+R)/(1+R-\lambda_1)]$，$z_t^*$ 代表净收入和支出的将来变动的加权和。z_t^* 为

$$z_t^* = -(1-\lambda_1)\sum_i \{\lambda_1/(1+R)\}^i E_t x_{t+j} \tag{73}$$

（71）式除以当期价格水平 p_t，上述模型可以被转换成实际值。这样，基于（71）式得到的方程①为

$$\ln m_t = a_0 + (1-\lambda_1)\ln m_t^* + \lambda_1 \ln m_{t-1} + \gamma \ln p_t/p_{t-1}$$
$$+ \lambda_1 x_t/M_{t-1} + z_t/M_{t-1} \tag{74}$$

其中，$m_t = M_t/p_t$，$m_t^* = M_t^*/p_t$。

坎尼艾宁和塔卡把理想需求 m_t^* 描述为 y_t 和 r_t 的对数线性函数，因此

$$m_t^* = \gamma y_t^\rho R_t^\eta \tag{75}$$

关键自发净支出变量 x_t 被定义为

$$x_t = \Delta L_t + \Delta L_t^g + B_t \tag{76}$$

其中，L 代表国内信贷扩张额；L^g 代表政府境外净借款；B 代表经常账户的国际收支盈余。

关于 x_t 的未来值，假定有以下外推模型：

$$E_t x_{t+i} = x_t(1+\theta)^i$$

其中，θ 可能是正数、负数或零。假定 z_{t+i} 与 x_{t+i} 成正比，因而 $z_{t+i} = -\xi X_{t+i}$，坎尼艾宁和塔卡利用（74）式把估计方程描述为

$$\ln m_t = a_0 + (1-\lambda_1)\ln m_t^* + \lambda_1 \ln m_{t-1} + \gamma \ln p_t/p_{t-1}$$
$$+ (\lambda_1 - \xi)x_t/M_{t-1} + \mu_t \tag{77}$$

其中，μ 为随机噪声。注意，当期自发货币注入通过变量 x_t 而使当期货币持有量增加。

卡思伯森和泰勒的估计方程（67）式与坎尼艾宁和塔卡的估计方程（77）式之间的区别，主要体现在不同的成本函数上。方程（77）由（68）式推导而来，它假定只有货币余额的引致变动产生调整成本；而（67）式由（61）式推导而来，它将这种成本与 $t+i$ 时期和 $t+i-1$ 时期的货币余额的差额相联系，

---

① 过程为（72）式的两边减去 M_{t-1}，得到
$$M_t - M_{t-1} = (1-\lambda_1)[\rho/(1-\lambda)M_t^* - M_{t-1}] + \lambda_1 x_t + z_t$$
该方程的两边再同时除以 M_{t-1}，对于 n 的较小值，用近似值 $\ln(1+n) \cong n$ 得到
$$\ln M_t = \ln[\rho/(1-\lambda_1)^{1-\lambda_1} + (1-\lambda_1)\ln M_t^* + \lambda_1 \ln M_{t-1}] + \lambda_1 x_t/M_{t-1} + z_t/M_{t-1}$$

因而其调整成本范围较宽，不仅仅包括手续费。两种模型都是前向（和后向）模型，要求有明确的估计相关变量未来值的方法，还要求有明确的关于净支出和收入的估计方法。这些净支出和收入中有些部分可以预料，有些部分不能预料。

卡思伯森-泰勒模型与坎尼艾宁-塔卡模型在许多方面相似。它们都是典型的平稳缓冲存货模型，其中货币持有量可以不同于理想水平。这些模型说明了货币需求的缓冲存货分析中一些最常见的因素。它们的重要特征是，经济中货币供给的自发注入，在一定时期内被公众被动地吸收进了现实货币持有量中。

讲到现在，我们可以简单提及一下坎尼艾宁和塔卡的经验结论，说明上述分析中一些重要观点的经验发现。他们用其模型估计了五个工业化经济（德国、澳大利亚、美国、芬兰和瑞典）1960—1982年间的情况。其模型估计系数的符号和预料的一样，而且其大小似乎也是合理的。滞后货币变量的大小与其他研究的结果一致。然而，正如他们的 γ 估计值所示，货币余额因价格变动的调整代价很大。他们的缓冲存货方程好于标准（非缓冲存货）货币需求模型：注入变量 x_{t+i} 的系数是正数且很显著，因而支持缓冲存货方法。这些发现还支持这样的假说，即不同来源的货币注入，首先被名义货币持有量吸收，然后被耗散。

6.7 预防和缓冲存货模型的实证研究

虽然交易、投机和预防模型确定了出于不同动机的货币的唯一最优化需求，但缓冲存货模型允许持有的货币在一个范围内波动或是围绕着一条长期最优路径波动。这些模型向前（或向后）寻找，并需要规范的程序来评估相关变量的未来值。它们还需要估计净支出和收入的规范过程。这些净支出和收入一部分是可预料的，另一部分是不可预料的。缓冲存货模型估计目的的另一特点是，在一些时候，经济中未预期到的货币供给被动地吸引了公众。

有两类缓冲存货货币需求的实证研究。其中之一区别了长期（计划或永久）的理想的资金需求和短期（缓冲存货或暂时的）资金需求，并用标准回归技术估计它们的总和。其中，达比（Darby, 1972）、卡尔和达比（Carr and Darby, 1981）以及圣多马罗和西特（Santomero and Seater, 1981）的实证研究，都属于这一类。我们将把该类模型称为缓冲货币需求模型。第二种类型的研究利用协整技术和误差修正模型。由于这些技术将在第 8 章中讨论，且第 8 章阐述了它们对货币需求的发现，因而本章只讨论前一类型的研究。

缓冲货币需求理论

达比（Darby, 1972）提出和测试了一个缓冲货币需求模型。在他建立的模型中，他认为大多数积极的暂时的储蓄都将增加最初资金余额，然后逐渐重新分配给其他资产或被随后短暂的负储蓄耗尽——在调整结束后，货币余额恢复到其长期("永久")所需的水平。因此，货币余额发挥着吸收收入和储蓄冲击的作用。达比建立的模型是缓冲存货模型的一个早期版本，并且限制了其在收入冲击方面的创新。

达比将持有的货币分为两部分，永久的和暂时的，表示如下：

$$M_t = M_t^P + M_t^T \tag{78}$$

达比假设永久的货币余额需求为

$$M_t^P = \alpha_0 + \alpha_y Y_t^P + \alpha_{RL} RL_t + \alpha_{RS} RS_t + \alpha_{RM} RM_t \tag{79}$$

其中，M^P 是永久的实际余额；M^T 是暂时的实际余额；Y^P 是永久的实际收入；Y^T 是暂时的实际收入；RL 是长期名义利率；RS 是短期名义利率；RM 是货币余额的名义收益率。

(79) 式表明永久的实际余额依赖永久实际收入和各种利率。

对于暂时的实际余额 M^T，达比假设：

$$\Delta M_t^T = \beta_1 S_t^T + \beta_2 M_{t-1}^T \quad 0 > \beta_1 > 0, \beta_2 < 0 \tag{80}$$

其中，在 t 期暂时性实际储蓄 S^T 按比例 β_1 增加到 t 期暂时的实际余额中，但 $t-1$ 期的暂时的实际余额按比例 β_2 对 t 期的暂时的实际余额产生负的影响。

在永久的和暂时的收入中，达比运用米尔顿·弗里德曼的思想，其中

$$Y_t = Y_t^P + Y_t^T \tag{81}$$

永久的和暂时的收入彼此不相关，并且永久收入由适应的期望程序产生，此外，

$$S_t^T = Y_t^T - C_t^T \tag{82}$$

暂时的消费 C^T 是一个独立的零均值随机变量，所以在估计方程中 Y_t^T 被 S_t^T 取代。正如上面提及的，β_1 的比例是在此期间暂时性的资金余额积累，并且最终被重新分配到其他资产中。

(78) 式和 (82) 式表明：

$$M_t = \alpha_0(1-\beta) + \beta_1 Y_t^T + \beta M_{t-1} + \alpha_Y Y_t^{P^*} + \alpha_{RL} RL_L^* + \alpha_{RS} RS_t^* + \alpha_{RM} RM_t^* \tag{83}$$

其中，$\beta = (1+\beta_2)$，$Y^{P^*} = (1-\beta)Y_t^P$，$RL_t^* = (1-\beta)RL_t$，$RS_t^* = (1-\beta)RS_t$ 和 $RM_t^* = (1-\beta)RM_t$。

达比发现美国在 1947 年一季度到 1966 年四季度的比例 β_1 大约是 40%，所以，暂时的收入和储蓄对货币余额有强烈的影响。每季度暂时的余额减少的比例 β_2 大约为 20%。这些发现支持了缓冲存货的方法，净利润收入暂时增加资金余额，然后在定期的时间间隔逐步调整，估计的调整速度相对较慢。达比还发现，自 20 世纪 40 年代以来 β_1 和 β_2 逐渐增加。近几十年来，随着金融市场的创新，这种增加还会持续并且越来越显著。

虽然上述模型分析介绍了源自暂时的收入和储蓄的暂时的资金余额，但是它并未涵盖货币供应量预期到的和未预期到的变化的影响，并且因此并未涵盖货币供应的创新。卡尔和达比（Carr and Darby，1981）认为当实际余额没有被价格水平的变化和预期到的货币变化影响时，预期到的货币供应量的变化包含于经济

主体的消费决策中,并且因此而被纳入现行价格水平。然而,未预期到的货币供给变化会改变公众的收入净额,因而能被当做暂时的收入的一个元素。它可能被完全或部分地添加到缓冲余额中,不消费并且不反映在物价水平中。因此,货币供给量未预期到的变化改变真正的余额,而预期到的变化则不会。

把这些参数纳入分析,卡尔和达比假设:

$$M_t^S = M_t^{S*} + M_t^{su} \tag{84}$$

其中,M^S是名义货币供给;M^{S*}是预期的名义货币供给;$M^{su} = M^S - M^{S*}$是未预期到的名义货币供给;短期的理想的需求函数以实际量用部分调整模型刻画:

$$m_t^d - m_{t-1} = \lambda(m_t^* - m_{t-1}) \tag{85}$$

其中,m^d是短期的理想的实际余额需求;m^*是长期的理想的实际余额需求。

因此,短期的理想的实际余额需求为

$$m_t^d = \lambda m_t^* + (1-\lambda) m_{t-1} \tag{86}$$

短期的理想的实际余额需求是长期需求和一期滞后余额的加权平均数。实际持有的资金余额是短期的理想的余额、暂时收入和未预期到的货币供给的总和。因此

$$m_t = \lambda m_t^* + (1-\lambda) m_{t-1} + \beta y_t^T + b M_t^{su} \tag{87}$$

给出长期的理想的需求:

$$m_t^* = \gamma_0 + \gamma_1 y_t^P + \gamma_2 R_t \tag{88}$$

因此

$$m_t = \lambda \gamma_0 + \lambda \gamma_1 y_t^P + \lambda \gamma_2 R_t + (1-\lambda) m_{t-1} + \beta y_t^T + b M_t^{su} \tag{89}$$

永久的和暂时的收入在达比早期的模型中被测量出来;在计算永久收入时,当前季度收入的比重设定为0.025%。在当前的模型中,实际余额需求依赖于暂时的收入和未预期到的货币供给变化。理论论据要求其系数是正的。

1957年1月到1976年4月,卡尔和达比在八个工业国家测试了这种模型(美国、英国、加拿大、法国、德国、意大利、日本和荷兰)。据悉,对所有国家而言,未预期到的货币供给变化系数b是显著的并且在0.7到1之间波动。使用广义最小二乘估计(GLS),系数β对美国而言是显著的且为正数,但是对其他国家而言是不显著的。为了说明,使用GLS估计系数,对美国而言,β的估计值(暂时性收入系数)为0.090,而b(未预期到的货币供给量系数)为0.803;对加拿大,相应的估计值β为0.018,不显著,但是对b的估计值为0.922,是显著的。因此,暂时的收入对货币余额的影响比未预期到的货币供给变化对货币余额的影响要弱很多,在当前季度,后者大多增加到货币余额中,所以价格水平或经济活动的变化的影响是最小的。

圣多马罗和西特(Santomero and Seater,1981)从惠伦模型开始,把搜寻理论的元素引入到缓冲存货模型。他们假设一个个体有缓冲货币余额和活期存款,在对该资产信息不完全的背景下,将寻找可替代的资产——特别是长期资

产和耐用品（不经常购买的），但是寻找更多的信息需要一定的成本。鉴于这种成本，个体不持续执行成本最小化决定去购买这种可替代资产，但会在离散的时间点这样做，同时在决策期的间隔持有缓冲存货。持有资产变化冲击的来源是决策的成本、利率、过去的冲击和交易方差等。圣多马罗和西特认为，在他们的假设下，过多的货币余额是逐渐下降的，而不是在每个决策点都保持不变。

圣多马罗和西特的实证分析如下：

$$M_t = M_t^* + M_t^T \tag{90}$$

其中，M 是短期的理想的实际余额；M^* 是长期（平衡）的理想的实际余额；M^T 是暂时实际余额。

假设 M^* 取决于永久收入和持有货币的成本差别而非其他资产，柯布-道格拉斯形式如下：

$$M_t^* = \alpha Y_t^{p\beta}(R_{1t} - R_{Mt})^\rho \cdots (R_{mt} - R_{Mt})^\rho \tag{91}$$

暂时余额的一般决定因素被刻画为

$$M_t^T = M^T(S_t, S_{t-1}, \cdots, (R_A - R_M), \beta_t) \tag{92}$$

其中，S_t 是 t 时期实际余额的冲击，R_A 是可替代资产（储蓄存款）的名义利率，R_M 是货币的名义利率，β 是惠伦持有余额不足的惩罚成本。(92) 式的更具体的形式为

$$M_t^T = DM_t^* \tag{93}$$

其中，不均衡系数 D 是过去暂时冲击的一个分布式的滞后函数。假定这种冲击有两个来源，其一是收入，另一个是货币供给。D 的具体形式是

$$D = \sum_{j=0}^{N} Z^j \left[\frac{(Y_{t-j} - Y_{t-j}^P) + (M_t^S - M_{t-1}^S)}{Y_{t-j}^P} \right] \tag{94}$$

其中，Y 是现在实际收入；Y^P 是永久性实际收入；M^S 是实际货币供给。

(94) 式假定所有的冲击，不管是来自收入还是来自货币供给变换，对暂时的余额具有相同的影响。此外，货币需求的创新不考虑在内，所以要么不发生要么实际余额立即调整。如果货币需求函数是不稳定的，(94) 式应该修改成包括转移资金需求的形式。

短期余额的估计需求函数如 (90) 式到 (94) 式所暗示的形式是

$$\begin{aligned} M_t^d &= \alpha Y_t^{p\beta}(R_{1t} - R_{Mt})^\gamma \cdots (R_{mt} - R_{Mt})^\rho \\ &\times \left[1 + \sum_{j=0}^{N} Z^j \left(\frac{(Y_{t-j} - Y_{t-j}^P) + (M_t^S - M_{t-1}^S)}{Y_{t-j}^P} \right) \right]^\delta \end{aligned} \tag{95}$$

其中 α、β、$\delta > 0$ 且 γ，$\rho < 0$，且 R_i 是第 i 种资产的名义回报利率。

上述模型估计了美国从 1952 年 2 月到 1972 年 4 月期间的 M1 和 M2，使用科克伦—奥克特（Cochrane-Orcutt）技术来消除一阶序列相关。它假设在估计的过程中，每季度在货币供给量和短期货币需求之间实现均衡。M1 和 M2 的

系数 Z 是显著的并且为正，暂时性收入和货币供给量变化对短期货币需求有一个短期的积极影响，从而显示了缓冲持有货币余额的证据。此外，暂时性余额并不随冲击的大小而呈比例地变化，因此，大的冲击被修正的速度比小的快。M1 和 M2 的持有量在二到三个季度内调整到理想的水平，显示出了较快的调整速度。

预防余额的一个微观搜寻模型

Faig 和 Jerez（2007）使用微观经济学最优化理论为货币需求建模，并把它当做一种应对不确定支出的预防余额需求。他们建立的搜索模型将对个人偏好的冲击纳入其中。个体在未知的偏好冲击前先决定他们的货币余额，偏好冲击大的假定比偏好冲击小的假定要少。在低利率水平下，个人持有足够的余额，因此他们的消费购买不受到流动性约束，但是在高利率水平下，他们愿意让购买受到流动性约束，所以流动性在更高的利率水平中下降。他们对美国 1892 年到 2004 年的情况进行了实证估计，M1 在低利率水平的大萧条期间内的流动性下降，20 世纪 60 年代中期至 20 世纪 80 年代中期，高利率水平下 M1 的流动性上升。金融创新，如信用卡、互联网和银行等，以及使用费的减少（减少了 M1 和其他资产之间的转换成本），意味着家庭可以更好地适应预料之外的支出，即使资金余额不足。这些发展减少了预防余额需求。因此，金融创新和 IT 革命的影响减少了对 M1 的需求并增加了其流动性。

结　语

本章讨论了预防性货币需求的几种基本模型。这种需求是由于支出和收入时间安排的不确定性引起的，因此这种需求的一个主要决定因素是净支出的概率分布。惠伦的分析通过该分布的方差来把握这一点，假设条件为该分布是正态的，并且个人希望保留的货币余额等于该分布方差的一定比例。具体到某个人，货币余额到底会保留多大比例，取决于他的风险厌恶程度。该分析表明，预防需求对利率和收入的弹性不是 1/2，确定的收入和支出时间安排下的交易需求弹性也如此，很可能更低。

预防需求分析还引入了备用信用工具（如透支和商业信用）的利率和缺乏支付手段而遭受的惩罚，它们成为预防需求的决定因素，从而成为货币需求的决定因素。这类工具和惩罚在家庭和企业间是不同的，在大企业和小企业间也不尽相同。此外，不同行业间也常常不同，因此可以想象，货币需求函数在部门间和行业间是不同的。

货币预防需求是货币余额的一个重要部分吗？答案取决于收入和支出的不确定程度，以及资金短缺的相对惩罚成本。斯普兰克尔和米勒的一些数字计算表明，预防性货币余额占交易货币余额的三分之一或更多。此外，随着风险不明显高于 M1 但收益却明显更高的短期资产的不断增加，M1 的投机需求在今天越来越不重要,因此预防需求可能大于投机需求。所以,货币的预防需求研究在近些年显得尤为重要。反过来说,M1 的几种相近的替代物的规模不断增加,意味着个人的预防需求也可以通过持有这些准货币来满足,因此 M1 的预防需求也会很小。

由于货币的预防需求反映了收入和支出不确定性的影响,故经济周期中这种不确定程度的波动,意味着经济周期中预防性货币余额的波动。繁荣时期的高就业水平和收入的不确定性,与衰退期失业产生的较大不确定性相比,意味着对于既定的收入水平,预防性货币需求比较低。通货膨胀率的方差较大意味着净收入的方差较大,因而预防性货币需求较高。在提供国民健康保健(医疗)的情况下,医疗服务不用付款,同时减少了预防储蓄和预防性货币需求。

缓冲存货方法是货币需求建模中非常重要的创新,代表着货币性预防需求背后的那些思想的发展。这种创新在于,不仅仅考虑到了预防需求动机,而且认识到了调整不同类型的存量和流量的成本是不同的,对个人来说,货币余额的调整通常是应对许多冲击的最低成本选择。结果是,货币余额的增减成为应对各种冲击的缓冲器,只有在调整其他存量和利润有利可图时,货币余额才会被调整到长期均衡水平。因此,不仅短期理想货币余额和长期理想货币余额是有区别的,而且短期理想货币余额和现实持有余额也是有区别的。这些概念间的不同之处就在于缓冲存货余额。对于货币供给和收入的正的(未预期到的)冲击,现实货币余额将会大于短期理想货币余额,反之,则小于短期理想货币余额。因此,不同于标准的货币需求模型,缓冲存货模型意味着依赖货币供给冲击的货币需求,从而短期货币需求不是独立于货币供给变化的。

现实余额与短期的理想的余额之间的差别和短期的理想的余额与长期余额之间的差别,为名义收入和利率对货币政策的滞后反应提供了解释,其中后者包括未预期的货币供应量变化。因此,在缓冲存货模型对货币政策的影响方面,这些模型显示,由于货币供给的变动有一部分被消极的货币持有接纳,这些变动对市场利率的影响就变小了,全部的影响要经过一段时间才显现出来。相应地,这种货币供给变动对名义国民收入的全部影响,也要经过几个时期之后才出现,而且会大于短期效应。

虽然规则模型的货币余额在有上下限的范围内波动,米勒和奥尔的最初贡献开创了规则模型的缓冲存货的理念(Miller and Orr,1966),但实证工作往往遵循平稳模型的思想。

卡尔和达比(Carr and Darby,1981)的实证工作提供了相对收入冲击和货币供给冲击影响的比较。收入冲击对货币需求的影响较小,且对许多国家而言是微不足道的,而货币供给冲击的影响是有意义且显著的。

这些发现说明,由于货币供给某些方面的变化导致消极地持有货币,这些变动对市场利率的影响变小了,全部的影响要经过一段时间才显现出来。这已被许多误差纠正模型所报告的经验证据证实。此外,这种货币供给变动对名义国民收入的全部影响,也要经过几个时期之后才出现,而且会大于短期效应。

主要结论

※ 预防性储蓄和预防性货币需求是由于收入或支出的不确定性产生的。

※ 预防性货币需求取决于收入和支出的方差、使用透支工具的可能性和货币持有短缺的惩罚成本。

※ 缓冲存货性货币需求是由于货币比商品、劳动或闲暇的调整成本低而产生的。货币将作为购买力的短期存储,直到一组变量调整到最佳状态为止。

※ 缓冲存货性货币需求的规则模型,允许货币需求在预先确定的上下限区间内波动。

※ 缓冲存货性货币需求的平稳模型表明,现实货币持有量不同于其长期理想水平。

※ 预防性货币持有量和缓冲存货货币持有量随经济周期的阶段、持续时间和失业率的不同而不同。

※ 预防性货币持有量和缓冲存货性货币持有量,还取决于其他高流动性的生息资产的可获得性。从目前来看,这种货币持有量可能不是很重要。

※ 实证证据证实存在缓冲存货性货币余额。因此,货币需求量独立于货币供应量。

复习讨论题

1. "个人持有货币是因为交易时间的不确定性。因此,货币的交易需求理论必须考虑这种不确定性。"讨论这种说法。如何把这种不确定性融进使用交易货币需求的存货分析模型中?给出一个这样的模型。

2. 什么是货币的缓冲存货需求?它与预防性货币需求有何不同?每种需求至少给出一个模型来说明这种差异。

3. 在一个发达经济体中,如果货币投机需求为零,正如一些人声称的,货币的预防需求是否也为零?评估与参考货币总量 M1、M2 以及其他两种更广泛的货币,如果货币的投资和预防需求均为零,那么交易需求会怎样?在你的答案中将家庭和企业考虑在内。

4. "近来有些经验研究似乎表明,货币需求函数可能与货币供给函数无关。"至少写出一种这类研究的方法和结论。

5. 如果在短期,货币需求取决于货币供给的变动,如缓冲存货模型所示,货币需求函数的函数形式是否保持不变?把缓冲存货元素包括进来的货币需求函数的自变量是什么?如何估计该函数?

6. 赞同和反对货币需求的缓冲存货方法的理由各是什么?

7. 鲍莫尔的存货理论方法有一个假定条件是确定性。这种方法在多大程度上是对货币需求的一种令人满意的解释？管理货币存货和管理产品存货有何不同？这种差异是如何影响货币需求对预期到的和未预期到的货币供给变动的调整速度的。

8. 至少说出一种缓冲存货性货币需求的规则模型和平稳模型。它们的货币需求函数的主要区别是什么？

参考文献

Akerlof, G. A., and Milbourne, R. D. "The short-run demand for money." *Economic Journal*, 90, 1980, pp. 885 – 900.

Carr, J., and Darby, M. R. "The role of money supply shocks in the short-run demand for money." *Journal of Monetary Economics*, 8, 1981, pp. 183 – 199.

Cuthbertson, K. *The Supply and Demand for Money*. Oxford: Basil Blackwell, 1985, pp. 30 – 2, 35 – 9, 130 – 143.

Cuthbertson, K., and Taylor, M. P. "The demand for money: a dynamic rational expectations model." *Economic Journal*, 97, 1987, pp. 65 – 76.

Darby, M. R. "The allocation of transitory income among consumers' assets." *American Economic Review*, 62, 1972, pp. 928 – 941.

Faig, M., and Jerez, B. "Precautionary balances and the velocity of circulation of money." *Journal of Money, Credit and Banking*, 39, 2007, pp. 843 – 873.

Kanniainen, V., and Tarkka, J. "On the shock-absorption view of money: international evidence from the 1960's and 1970's." *Applied Economics*, 18, 1986, pp. 1085 – 101.

Milbourne, R. "Disequilibrium buffer stock models: a survey." *Journal of Economic Surveys*, 2, 1988, pp. 187 – 208.

Miller, M. H., and Orr, D. "A model of the demand for money by firms." *Quarterly Journal of Economics*, 80, 1966, pp. 413 – 435.

Mizen, P. *Buffer Stock Models and the Demand for Money*. London: St Martin's Press, 1994, Chs. 1 – 3.

Santomero, A. M., and Seater, J. J. "Partial adjustment in the demand for money: theory and empirics." *American Economic Review*, 71, 1981, pp. 566 – 578.

Sprenkle, C. M., and Miller, M. H. "The precautionary demand for narrow and broad money." *Economica*, 47, 1980, pp. 407 – 421.

Whalen, E. L. "A rationalization of the precautionary demand for cash." *Quarterly Journal of Economics*, 80, 1966, pp. 314 – 324.

第 7 章 货币总量

在货币经济学中,恰当的货币定义是讨论得最持久的一个问题。在 19 世纪,争论的热点是,逐渐广泛使用的活期存款应不应包括在货币定义中。到了 20 世纪 50 年代,货币定义包括活期存款已无争议,但新的问题又出现了:储蓄存款是不是也应包括进来。虽然储蓄存款现在已经成为经常使用的货币定义的组成部分,但对货币总量中是否应包括其他金融资产这样的问题,仍然尚无定论。本章的主题就是货币定义这一永久性难题及其各种解决方案。

本章引入的关键概念

- ◆ 货币总量
- ◆ 简单相加总量
- ◆ 弗里德曼定义货币的标准
- ◆ 弱可分性
- ◆ 货币资产间的替代弹性
- ◆ 可变替代弹性函数
- ◆ 迪维西亚总量
- ◆ 确定性等价总量
- ◆ 货币资产的使用者成本
- ◆ 统计因果关系
- ◆ 圣路易斯货币主义方程

前面章节讨论过几种货币定义。其中，狭义定义（M1）是公众持有的通货加上公众在商业银行中的活期存款。较宽的弗里德曼货币定义（M2）是，M1加上公众在商业银行中的定期存款和储蓄存款。更宽的货币定义（M3）是M2加上准银行中的存款。M1、M2和M3还有几种变体，比它们更宽的货币定义也是一样。较宽的货币定义扩大了资产的范围，包括公众持有的其他种类的流动性资产。这些资产的例子有国库券、货币市场共同基金等。较宽的货币总量把货币概念与"流动性"概念融为一体。

对于任何关于货币的经验研究来说，考虑到可能存在多种货币定义，最首要的问题就是了解货币定义的基础及其相对有效性。这一基础可以是纯理论的（利用货币函数），主要强调的是它作为交换和支付手段的作用。然而，如以前章节所述，这种方法一般会产生多种货币定义。金融资产是创造出来的，是通货的相近替代物。它们通常大量地存在于发达国家不受管制的金融市场中，因此在经验基础上，把其中一些包括进货币定义而把另一些排除出去是必要的。由于货币的任何测度都是一种总量，或其分量资产的一种复合，所以总量理论或复合理论为此提供了一种方法。总量理论要求包括在货币总量中的资产具有弱可分性，从而弱可分性检验为判断将一种资产包括在货币总量中是否合理提供了一种方法。

一旦货币定义中的资产被选定，就必须决定分量资产间的相对权数。在M1、M2、M3（它们都是简单相加总量）的定义中，这些权数之和被主观地设定为1。另外，它们的权数也可以根据其自身的数据加以确定。就后者而言，在使用的各种方法中，包括对可变或不变替代弹性函数的估计和对迪维西亚总量的估计。各种总量还必须经过检验，常用的检验方法在本章后面讲。

第7.1节指出，当通货和活期存款存在几种相近但不完全的替代物时，货币理论无法提出一种唯一的货币定义。所以，本章的其余部分要考察在各种货币的经验测度中进行选择的经验因素。第7.2节讨论米尔顿·弗里德曼定义货币的经验标准。总量理论提供了定义像货币这样的复合变量的一种更严格的标准，第7.3节说明总量的弱可分性标准。第7.4节、第7.5节和第7.8节讨论四种相媲美的总量模型——简单相加总量、可变替代弹性函数和迪维西亚总量以及确定性等价总量。一个还在争论的问题是，如果货币用来提供融通交易的流动性服务，这一成本的恰当测度将是货币的使用成本。第7.6节对此加以定义。最后，第7.9节提出了一些标准，对根据经验推导出来的各种货币总量进行评判。由于迪维西亚总量是比较新的测度方法，有许多吸引人的特性，故将它的推导过程作为本章的附录。

7.1 货币的恰当定义：理论考察

正如在前几章和本章引言讨论过的，"货币"有好几种可能的变体，从中选择恰当的形式也有好几种方法。其中一种直观的方法是强调货币的职能，认为支付手段职能是货币最突出的特性,因此只有执行这种职能的资产才可以进入货币定义。在美国和加拿大,20 世纪 70 年代以前根据这种观点定义的货币是通货加上活期存款(M1),因为其他资产在当时都不能明显地发挥这一职能。然而,20 世纪 70 年代和 80 年代的金融发展促进了各种储蓄存款的创造,它们可开支票,也可以通过自动柜员机取款和付账。到了 20 世纪 90 年代,金融的进一步发展出现了通过电话或远程电脑终端,可以向活期存款账户或第三方转账。因此,近几十年来,在发达国家,储蓄和其他几种类型的账户,也在或多或少地发挥支付手段的职能。所以,定义货币的支付手段标准,现在也支持使用 M2 和 M3 的变体,除了 M1 外,它们不仅包括储蓄,还常常包括其他类型的金融中介机构的负债。

因此,货币定义的先验的理论表述,不能作为货币的测度提供唯一标准,经济学家不得不寻找货币的经验测度方法。米尔顿·弗里德曼及其助手们在 20 世纪 50 年代最早开始做这项工作,我们在下一节讨论。

7.2 货币作为名义国民收入的解释变量

货币定义的经验方法之一与政策问题有关:能对相关宏观经济变量做出最佳解释或预测的货币总量是什么?在 20 世纪 50 年代和 60 年代的几项研究中,米尔顿·弗里德曼及其助手们,将名义国民收入或支出作为相关变量。他们认为,与其他类似总量相比,恰当的货币总量和名义收入的联系将更为紧密。

这一关系通常用线性或对数线性回归来考察,形式如下:

$$Y_t = \alpha_0 + \alpha_1 M_t + \mu_t \tag{1}$$

其中,Y 是名义国民收入,M 是一种货币总量,μ 是扰动项。Y 的最佳预估值可以用能够产生最高 R^2 且估计系数具有平稳性的货币总量来表述。按这种标准,弗里德曼和其他许多经济学家根据数量论,把名义国民收入作为相关宏观经济变量。对 20 世纪 50 年代和 60 年代数据的经验研究结果显示,在美国、加拿大和英国等许多金融发达国家,恰当的货币定义是通货加上商业银行所有的定期存款和储蓄存款——也就是 M2,而不是 M1。

当代凯恩斯主义理论家和强调资产方法的学者,经常增加相关经济变量的数目,除了名义国民收入外,还包括利率。其中的一种应用是估计如下形式的线性或对数线性方程:

$$M_t / Y_t = a_0 + a_1 R_t + \mu_t \tag{2}$$

其中 R 代表名义利率。通过估计(2)式得到的货币定义,通常不同于(1)式描述的弗里德曼标准,因为这两种标准是不一样的。

此外,即使名义收入是需要解释的唯一相关变量,但自 20 世纪 60 年代以来的金融自由化和技术创新,已经导致能"最佳"解释名义国民收入的货币总量发生了变化,其结果取决于具体的国家和研究的时期。结果,根本不存在唯一明确的货币测度,能够在一国或国际上被证明始终是"最好"的。例如,在

20世纪50年代和60年代，弗里德曼指出，大多数研究证明，对于美国和加拿大来说，根据R^2和估计关系的平稳性，与M1相比，M2与名义国民收入联系得更"紧密"。但是，到了20世纪80年代，还是同样的标准，M1却比M2更好。

7.3 弱可分性

从严格的理论角度看，总量是一种复合品，必须满足加总所需要的弱可分性条件。下面对此进行解释。

假定我们有n种物品，X_1，…，X_m，X_{m+1}，…，X_n，用方程$F(\cdot)$把它们联系在一起：

$$x = F(x_1, \cdots, x_m, x_{m+1}, \cdots, x_n) \tag{3}$$

其中，x代表效用（或产出）；x_i代表第i种物品的数量或实际值；$F(\cdot)$代表效用（或生产）函数。

当且仅当$F_i/F_j (i, j = 1, \cdots, m)$不受$X_{m+1}$，…，$X_n$影响时，方程（3）可以写成

$$x = F(f(x_1, \cdots, x_m), x_{m+1}, \cdots, x_n) \tag{4}$$

$F_i = \partial F/\partial x_i$；$F_i/F_j$是$X_i$和$X_j$间的边际替代率（MRS）。一组物品中的每对物品的边际替代率独立于非该组物品的所有其他物品，这种独立性叫做该组物品与整个函数中其他物品的弱可分性。它确保一个数量指数（关于复合品m的）能根据该组物品的数量构建，并且不属于该组的物品，其数量或价格变动不直接改变复合品的指数。如果存在弱可分性，不属于该组的一种物品价格的变动，不直接影响该组物品的需求，而只影响该组物品的总支出，从而影响该组的预算线。

如果满足弱可分性条件，（4）式可以重写为

$$x = F(m, x_{m+1}, \cdots, x_n) \tag{5}$$

其中，

$$m = f(x_1, \cdots, x_m) \tag{6}$$

（6）式中的总量m是一个子效用函数，可以用来构建货币总量的数量或实际值。为了推导x_1，…，x_m的最优值，子效用函数$f(\cdot)$可以在满足配置给m的总支出这个约束下最大化，而不考虑x_{m+1}，…，x_n被购买的价格或数量。

弱可分性与货币总量

如果金融资产X_1，…，X_m是通货、活期存款和准货币资产，且与其他商品是弱可分性的，那么，它们就可以组成一个有效复合货币总量。该总量的数量仅

取决于资产组件的数量。对资产组件部分的相对需求 m 将仅取决于数量指数 m 和价格指数 $X_1, \cdots, X_m$ 的价格,不直接取决于其他资产 $X_{m+1}, \cdots, X_n$ 的数量或价格。如果 $F(\cdot)$ 是个人对所有物品的效用函数,余下的物品 $X_{m+1}, \cdots, X_n$ 将包括其他金融资产、消费品、闲暇和任何其他在个人效用函数中的物品。如果 $F(\cdot)$ 是企业的生产函数,x 是企业的产出,$X_{m+1}, \cdots, X_n$ 将包括企业的其他投入,如劳动力、资本、其他金融资产等。

弱可分性条件可以被物品的各种分组方法所满足,其中的一些组包括另一些组。在这种情况下,前者是更大的总量,把后者(较小的总量)包括进来作为复合品的一个子类,正如 M2 包括 M1 并把它作为自身的一个分量一样。

注意,为了使恰当的货币总量 M 能够满足弱可分性条件,它就必须包括资产 $X_1, \cdots, X_m$,并表示为方程(2)给出的特殊形式 $f(x_1, \cdots, x_m)$。一个 $f(\cdot)$ 函数的错误形式将意味着其中的弱可分性条件不成立。但是,$f(\cdot)$ 的形式通常不能先验地得知,因此经验研究采用了各种各样人为规定的形式,如简单相加总量、可变替代弹性函数、柯布-道格拉斯函数以及其他更灵活的函数形式。就理想情况而言,应用于数据的函数形式应尽可能地灵活,因而数据决定了具体的函数形式。

经验证据

瓦里安(Varian,1983)开创性地研究了如何利用无参数计量经济学方法判断物品间的弱可分性。斯沃福德和惠特尼(Swofford and Whitney,1987)利用瓦里安的方法考察了美国(1970—1985 年)消费品、闲暇和各种货币总量的数据,发现几种货币定义对于消费品和闲暇具有弱可分性,其中最宽的一种定义包括通货、活期存款、支票存款和小额定期存款。包括货币市场共同基金的测度不具有这种弱可分性。相反,消费品和闲暇合在一起与货币性资产具有弱可分性,但如果单独考虑消费品,则不具有这种性质。我们关注的仅仅是前一个结论。它表明 M1 和 M2 是可以接受的货币总量,而比 M2 更宽的测度则不是。因此,就他们研究的时期来看,包括 M2 以外(从而与经济中其他物品不具有弱可分性)的货币性资产的货币定义或指数的表述是错误的。

注意,包括在货币总量中的符合弱可分性标准的资产,在不同的国家和时期很可能不同。另外,考虑到 20 世纪 80 年代和 90 年代货币性资产的大量创新和变化,可以包括在货币总量中的资产一直处于变动中,对于许多国家来说,很可能已经超过了 M2 的范围。

贝朗吉亚和查尔方特(Belongia and Chalfant,1989)利用弱可分性进行了另一种研究。他们首先假定货币性资产与消费品是弱可分的,并在此范畴内检验弱可分性。利用 1983 年 1 月到 1986 年 2 月这一段时期美国的月度数据,他们发现有几组资产与其他物品具有弱可分性。这几组资产包括(C,DD),(C,DD,NOWs),(C,DD,NOWs,MMMF),其中,C 是通货余额,DD 是活期存款,NOWs 是可转让提款单,MMMF 是货币市场共同基金。因此,贝朗吉亚和查尔方特的结论,为进一步分析提供了各种层次的可接受货币总量。弱可分组的这种多样性是很常见的,因而还需要其他标准,如 7.2 节提到的弗里德曼标准和本章后面将会讨论的其他标准,从中选择最有用的总量。

7.4 简单相加货币总量

我们现在从上一节的加总理论转向常用货币总量的实际构建,这些货币总量是资产的名义值(X_i)总量,而不是实际值(x_i)总量。不过,请注意,这种总量包括的任何资产都必须满足总量的可分性标准。

在定义货币时,最常见的货币总量函数形式是简单相加总量:

$$M = X_1 + \sum_i a_i X_i \quad i = 2, 3, \cdots, m, \quad a_i = (1, 0) \tag{7}$$

其中,M 代表货币总量的名义值;X_1 代表 M1(公众持有的通货加上商业银行的活期存款);X_i 代表第 i 种流动性资产的名义值。

在弗里德曼的分析中,如果把第 i 种资产包括进来比排除出去能更好地解释国民收入水平,则 a_i 取值为 1。然而,一般函数形式(7)式不是弗里德曼所独有的,而是 20 世纪 50 年代和 60 年代最常见的形式,也是货币经济学最常见的货币总量函数。

(7)式给定的货币总量假定如下:

(ⅰ)系数 a_i 只能取值 0 或 1,因此所有其他值都被排除了。

(ⅱ)非零系数的资产间具有无限替代弹性,因此被包括进来的资产可以完全替代。

(7)式的一般化形式是一个加权的相加总量,允许 a_i 取 0 和 1 之间的任何正值。在这种情况下,货币总量 M' 可写为

$$M' = X_1 + \sum_i b_i X_i \quad i = 2, 3, \cdots, m \tag{8}$$

其中,$0 \leqslant b_i \leqslant 1$。权数 b_i 有时被称为资产 i 的货币性程度,可基于统计方法推导出来。为了使后者与弗里德曼定义货币的方法保持一致,系数值可通过估计下列随机形式的方程进行经验决定:

$$Y_t = a_0 + \sum_i b_i X_{it} + \mu_t \quad i = 1, 2, \cdots, m \tag{9}$$

其中,Y 是名义国民支出,μ 是随机项且 $0 \leqslant b_i \leqslant 1$。方程(9)仍把货币定义为能"最佳"解释国民支出的变量,资产的权数 b_i 由多元回归推导得到。当货币定义扩展,使之包括货币性程度递减的资产序列时,每种额外资产的系数也会减小。然而,除了弗里德曼选择货币总量的标准外,还有其他标准,它们一般不采用(9)式的形式。

虽然(7)式和(8)式所涉及的都是简单相加总量,但该术语通常与(7)式相关。以后我们也这样使用它。许多经济学家反对它的基本假定,即替代弹性要么是零(包括在内的资产与排除在外的资产间),要么是无限大(在任何一对包括在内的资产间)。使用其他弹性的两种货币总量表述是可变替代弹性函数和

迪维西亚总量，在下两节讲。

7.5 可变替代弹性和准货币

切蒂（Chetty，1969）提出使用以下的可替代弹性（VES）函数来研究货币总量。货币总量名义值的可变替代弹性（VES）函数的形式是

$$M(X_1,\cdots,X_m) = \Big(\sum_{i=1}^{m} a_i X_i^{1+v_i}\Big)^{\frac{1}{(1+v_i)}} \tag{10}$$

如果对于所有 i 有 $v_i = v$，上述函数形式变为不变替代弹性（CES）函数，常用于微观经济学的生产分析。在这种情况下，每对资产间都具有等于 $-1/v$ 的相同的替代弹性。这表明对数据有一种未经证明的限制，因为在一般情况下，对所有的 i，v_i 不大可能都相等，因此不同的两种资产间的替代弹性不会相同，而给定的某对资产间的替代弹性也会随时间而改变。

（10）式具有各种货币性资产的效用（或生产）函数的性质。第一种资产为M1，其他为准货币和流动性资产。（10）式定义的货币总量有时被称为货币性或流动性。部分替代弹性 $\sigma_{i,j}$ 的一般定义，由下面的（11）式和（12）式给出。

$$\sigma_{ij} = \frac{\mathrm{d}\ln(X_i/X_j)}{\mathrm{d}\ln(M_i/M_j)} \tag{11}$$

$$= \frac{(M_i/M_j)\mathrm{d}(X_i/X_j)}{(X_i/X_j)\mathrm{d}(M_i/M_j)} \tag{12}$$

其中，$M_i = \partial M/\partial X_i$。部分替代弹性沿任何给定的无差异曲线（或等量曲线）变化，除了对所有的 i 有 $v_i = v$ 的情况外，在各对资产间可能不同。对任何特定的一对或几对资产来说，它有可能是负数，但把所有资产放在一起来看，替代占据主导地位。

因此，在（10）式中，资产 1 和 i 之间的 $\sigma_{i,j}$ 为

$$\bar{\sigma}_{i,1} = \frac{1}{-v_1 + (v_i - v_1)/\left[1 + \frac{a_i(1+v_i)}{a_1(1+v_1)}\frac{\bar{X}_i^{1+v_i}}{\bar{X}_1^{1+v_1}}\right]} \tag{13}$$

它随资产的数量而变化，从而也随所选择的时期而变化。该弹性的平均值是利用资产数量的平均值计算出来的。

为了推导估计方程，假定个人在满足以下预算约束的情况下使（10）式最大化：

$$\sum_i p_i X_i = A \tag{14}$$

其中，p_i 代表第 i 种资产的价格；A 代表分配于 M1 和其他货币性资产上的支出。

在满足（14）式的情况下使（10）式最大化，得到下列一阶条件，λ 是拉格

朗日乘数：

$$M_i - \lambda p_i = 0 \quad \text{其中 } M_i = \partial M/\partial X_i, i=1,2,\cdots,m \tag{15}$$

$$\sum_i P_i X_i = A$$

对于 $i=2, 3, \cdots$，有

$$\frac{a_i(1+v_i)X_i^{v_i}}{a_1(1+v_1)X_1^{v_1}} = \frac{P_i}{P_1} \tag{16}$$

对于 $i=2, 3, \cdots$，得到

$$\ln X_i = \alpha_i + \frac{1}{v_i}\ln\frac{P_i}{P_1} + \frac{v_1}{v_i}\ln X_1 \tag{17}$$

其中 $a_i = \frac{1}{v_i}\ln\frac{a_1(1+v_1)}{a_i(1+v_i)}$

因此，对于 $i=1, 2, \cdots, m$，对资产 i 的 $m-1$ 个估计方程如下：

$$\ln X_i = a_i + \frac{1}{v_i}\ln\frac{p_i}{p_1} + \frac{v_1}{v_i}\ln X_1 + \mu_i \tag{16'}$$

当 $i>2$ 时，这些方程需要用同步回归技术来估计，从而满足跨方程约束 v_1。然而，如切蒂一样，通常使用单方程回归方法来估计（16'）式。据此，可以从 $\ln(p_i/p_1)$ 的系数中得到 v_i 的估计值。通过这个值与从 $\ln X_1$ 的系数得到的 $\frac{v_1}{v_i}$ 的估计值可求得 v_1 的估计值。从这些值中可以计算出平均部分替代弹性的估计值如（13）式所示。

上述估计方法一个重要且相当复杂的问题是金融资产价格的测度问题。从把货币资产当做耐用品的角度看（最后超过当期），有两种定义它们价格的方式。其中之一是购买价格，另一种是这期间将耐用品租出的使用者成本。切蒂（1969）使用的是前者。切蒂把一种资产的当期价格定义为：在时期末购买1美元资产的折现成本，即在期初的购买价格为 $1/(1+R_i)$。令第 i 种子资产的收益率为 R_i，切蒂的方法把 p_i 写为

$$p_i = 1/(1+R_i) \tag{18}$$

设不支付利息的资产1为 M1，$r_1=0$，意味着 $p_1=1$，且

$$p_i/p_1 = 1/(1+R_i) \quad i=2,3,\cdots \tag{19}$$

经验发现

我们利用切蒂对 1945—1966 年美国的研究，说明基于（17）式和（19）式的一组结论。该研究考察了四种资产，即 $i=1,\cdots,4$，用它们的名义值估计货币总量的名义值 M'。这四种资产是：

X_1 代表通货加上商业银行的活期存款（M1）；

X_2 代表商业银行的定期存款（TD）；

X_3 代表互助储蓄银行的定期存款（TDM）；

X_4 代表储蓄贷款协会股份（SLS）。

切蒂对货币和第 i 种资产间的替代弹性（用 $\sigma_{1,i}$ 表示）的估计是

$$\sigma_{1,2} = \sigma_{M1,TD} = 30.864$$

$$\sigma_{1,3} = \sigma_{M1,TDM} = 35.461$$

$$\sigma_{1,4} = \sigma_{M1,SLS} = 23.310$$

切蒂认为，这些数量表明所有三种准货币资产都可以被视为货币的良好替代物。货币总量 M 的估计形式如下：

$$\hat{M} = [X_1^{0.954} + 1.020 X_2^{0.975} + 0.880 X_3^{0.959} + 0.615 X_4^{0.981}]^{1.026} \tag{20}$$

由于（20）式右边变量的指数都接近于 1，X_2 的系数也是如此，所以切蒂把 M 近似地写为

$$\hat{M} = X_1 + X_2 + 0.880 X_3 + 0.615 X_4 \tag{21}$$

货币总量的收益率 R_m 可以计算为准货币资产利率的相应加权指数，因而可写为

$$R_M = (R_2 + 0.880 R_3 + 0.615 R_4)/(1 + 0.88 + 0.615) \tag{22}$$

切蒂的替代弹性估计，尽管其有效性因（10）式这种先验规定的总量函数形式和没有使用资产使用成本而受到限制，但对于直接估计货币和准货币资产间的替代程度仍然很有价值。他的结论基本上证实了经济学家在 20 世纪 60 年代关于货币和其他几种金融资产间良好的替代关系的一般认识，并从经验上得到了对货币需求函数的估计结果的支持。请注意，自 20 世纪 60 年代以来，美国金融部门的金融自由化和大量的技术创新，已经改变了切蒂所说的替代弹性，还创造了许多新的准货币资产，因此通过估计（17）式得到的货币总量现在已不同于切蒂所推导出来的货币总量。

VES（或 CES）函数估计的是替代弹性，它直接反映了货币和准货币资产间的替代程度，并与恰当货币定义的争论直接相关，而货币需求函数的经验研究估计的是货币需求的资产利率弹性和交叉利率弹性。自身和交叉利率弹性的估计值通常小于 1，它们和切蒂的替代弹性的数量不同，为了能够比较这两个概念，我们需要采取某种方法。

替代弹性与价格弹性的比较

替代弹性不能与价格弹性直接比较，它是后者的一部分，在一般情况下两者难于比较。然而，菲格和皮尔斯（Feige and Pearce, 1977, p.461）对于两资产情形建立了以下关系式：

$$\sigma_{1,2} = \left(\frac{1+R_2}{R_2}\right)[E_{1,2} - E_{2,2}] \tag{23}$$

其中，$\sigma_{1,2}$ 代表资产 1 和资产 2 之间的替代弹性；$E_{2,2}$ 代表资产 2 的自身价格弹性（对它自己的价格）；$E_{1,2}$ 代表资产 1 对资产 2 的收益的交叉价格弹性；R_2 代表资

产 2 的收益率。

为了阐明较大的替代弹性估计值与小于 1 的价格弹性估计值间的一致性，令对于 M1，$i=1$；对于一种准货币资产，$j=2$。然后，如果 $E_{1,2}=-0.4$，$E_{2,2}=1.0$，$R_2=0.04$，（23）式意味着 $\sigma_{1,2}=36.4$，接近于切蒂的替代弹性（Feige and Pearce，1977，p.460）。因而，自身和交叉价格弹性的很小值可以与替代弹性的很大值相一致，切蒂对后者的估计不一定与估计的需求函数中经常出现的自身和交叉价格弹性不一致。

7.6 使用者成本

切蒂规定一单位第 i 种资产在时期末的最终值为 1 美元，其当期价格（等于其贴现值）为 $[1/(1+R_i)]$，其中 R_i 为第 i 种资产本身的收益率。同样，每期收益率为 R^* 的所有非流动性资产的每单位价格为 $[1/(1+R^*)]$，因此，第 i 种资产对非流动性资产的相对价格为 $[(1+R_i)/(1+R^*)]$。

然而，对于耐用品的使用，正确的概念应为在该时期它所提供的服务的使用成本。比较第 i 种流动资产和非流动资产，在该时期使用第 i 种资产的流动性的成本，是持有它而不持有非流动性资产所放弃的收益。在这一时期末，投资于第 i 种资产的每一美元所放弃的收益是 (R^*-R_i)。把这一收益折成现值，得到第 i 种资产的名义和实际（每一美元）使用成本为：

$$\gamma_{it}=\frac{p_{it}(R_t^*-R_{it})}{1+R_t^*} \tag{24}$$

$$\gamma_{it}^*=\frac{(R_t^*-R_{it})}{1+R_t^*} \tag{25}$$

其中，γ_{it} 代表 t 时期第 i 种资产的名义使用成本；γ_{it}^* 代表 t 时期第 i 种资产的每一美元实际使用成本；p_{it} 代表 t 时期第 i 种资产的价格；R_{it} 代表 t 时期第 i 种资产的收益率；R_t^* 代表所有非流动性资产的收益率。

本章进一步的分析假定税率为零，就像在（24）式和（25）式中一样。本章的附录给出了对利息所得征税时的相应方程。

注意，上述对资产提供流动性服务的使用成本的测度假定，它们的利率差异仅仅源于它们所提供的流动性服务的差异。这是不准确的，除非利率由完全竞争条件下的市场所决定，并且对它们没有任何其他或明或暗的收费。管制利率不满足这一条件。另外，资产的市场利率反映的可能是与之相关的服务（比如投资劝告、透支工具等）的差异而不是流动性的差异。还有，除了利率差异外，流动性服务收费的某些部分可能通过固定费用或条件（比如最低货币余额要求、只对月度最低货币余额支付利息、开户费用和月度服务收费等）收取。再者，对于投资者来说，还可能由于重新分配资产或利率信息不完全而产生资产组合调整成本。这些都不能完全由利率差异反映出来。

还请注意，由（24）式或（25）式定义的使用成本函数，可以与切蒂的可变替代弹性函数一起使用，因为他的资产相对成本定义只是其主要假说（也就是使用 VES 函数估计总量函数）的一个子假说，并不是它不可或缺的一部分。

7.7 指数理论和迪维西亚总量

货币总量的另一种方法源自统计指数理论，关注的是数量和价格数据，而不是效用或生产函数，强调指数要具有令人满意的性质。简单相加总量不具有其中的几种性质。具有较多这些性质的总量是迪维西亚总量，由弗朗克索瓦·迪维西亚（Francois Divisia）于 1925 年首先提出。其中一项统计学上令人满意的属性，是指数的分量价格的任何变动只会改变价格指数，而指数的分量数量的任何变动只会改变数量指数，这样计算出的价格指数和数量指数的乘积，等于资产服务支出指数。

T 时期 n 种货币性资产的迪维西亚总量 $x_t(x_{1t}, \cdots, x_{mt})$ 为

$$x_t(x_{1t}, \cdots, x_{mt}) = \prod_{i=1}^{m} x_{it}^{s_{it}} \tag{26}$$

其中，x_t 代表 t 时期的迪维西亚总量；s_{it} 代表第 i 种资产在 t 时期流动性服务支出中所占的份额；$\prod_{1}^{n}$ 代表 $1 \sim n$ 的乘积。

方程（26）具有吸引人的对数线性形式：

$$\ln x_t = \sum_i s_{it} \ln x_{it}, \quad i = 1, \cdots, m \tag{27}$$

另外，(26) 式意味着在计算方面有吸引力的增长方程如下：

$$\dot{x}_t = \sum_{i=1}^{m} s_{it} \dot{x}_{it} \tag{28}$$

其中，变量上的圆点表示其增长率。(28) 式表现出了迪维西亚总量的一个吸引人的特性：总量的增长率是个别资产的加权增长率之和，权数是占流动性服务总支出的份额。(26) 式到 (28) 式中，支出份额 s_{it} 可能保持不变，为 s_i，也可能由于金融部门的各种创新而随时间变化。后一种方法考虑到了这些变化，从而也使得由此得到的迪维西亚总量可至少在一定程度上反映这些创新的影响。

为了考察第 i 种资产在总支出中的份额，从 (24) 式描述的第 i 种资产的名义使用成本开始。第 i 种资产服务名义支出为

$$\gamma_{it} x_{it} = \frac{x_{it} p_{it} (R_t^* - R_{it})}{(1 + R_t^*)} \tag{29}$$

第 i 种资产支出在所有资产的总支出中的份额为

$$s_{it} = \frac{x_{it} p_{it} \dfrac{(R_t^* - R_{it})}{(1 + R_t^*)}}{\sum\limits_{i=1}^{m} x_{it} p_{it} \dfrac{(R_t^* - R_{it})}{(1 + R_t^*)}} \tag{30}$$

$$= \frac{x_{it}p_{it}(R_t^* - R_{it})}{\sum_{i=1}^{m} x_{it}p_{it}(R_t^* - R_{it})} \tag{31}$$

如前所述，迪维西亚总量具有一些吸引人的特征，其中之一是，每种资产所用的权数是它所提供的流动性服务的支出占总支出的份额。

经济理论和恰当的总量形式

然而，从经济理论角度看，恰当的总量函数形式应当反映现实经济行为。理论没有给出这种形式，因此不得不取决于数据本身。没有什么先验的理由说明为什么数据一定要符合迪维西亚形式，这种形式要求在每对资产间存在不变的单位替代弹性。凭直觉，我们预料 M1 和 M2 的分量资产（不是更宽的总量）具有较高的替代弹性。这使得迪维西亚总量不太适合代表以数据为基础的现实总量。针对这一批评的一个解决方法是，把简单相加总量和迪维西亚总量综合在一起。按照这种思路，在构建迪维西亚总量时，把 M1 作为主要的流动资产，其中 M1 是公众持有的通货与商业银行的活期存款的简单相加总量。然后，假定在 M1 与每种其他资产间具有单位替代弹性以构建迪维西亚总量。这种做法之所以吸引人，是因为它利用常识综合了各种总量的简便形式。然而，我们仍不能确定，这种做法而非其他做法（替代弹性很可能不为 1）对于给定数据集来说是否是最恰当的。因此，我们需要构建和使用恰当的统计检验，以判断各种总量的相对有效性。下面我们就讨论这些检验。

7.8 确定性等价货币总量

罗滕伯格（Rotemberg，1991）及罗滕伯格等（Rotemberg et al.，1995）在货币资产的基础上进一步提出了"货币等价"即确定性等价货币总量（CEM）的概念。这也是一个随时间而变化的分量资产的加权平均，但是与迪维西亚总量相比用到的计量方式稍有不同。在满足货币总量弱可分性标准的情况下，CEM 总量的函数形式为

$$\ln \text{CEM}_t = \sum_{i=1}^{m} \theta_{it} \ln x_{it} \quad \theta_{it} = (R_t^* - R_{it})/R_t^* \tag{32}$$

其中，x_i 代表第 i 种资产的数量；R^* 代表某种流动性资产的名义收益率；R_{it} 代表 t 时期第 i 种资产的收益率。

CEM 指数和迪维西亚一样符合对数线性的形式，因此就内含着每个分量资产间的单位替代弹性唯一的假定。然而，CE 指数定义 $\theta_{it} = (R_t^* - R_{it})/R_t^*$，而迪维西亚总量合适地定义使用成本为 $(R_t^* - R_{it})/(1 + R_t^*)$。后者的分母是期末到期初的恰当贴现，因此更为合理。不过，如果将 $\theta_{it} (= (R_t^* - R_{it})/R_t^*)$ 看做使用成本的近似，就会变得与迪维西亚指数相似，而 $R_{it} = 0$ 的资产将会有唯一的

估计值。

迪维西亚指数分配支出份额 s_i（或者时变变量 s_{it}），这些变量必须统一加总，而 CE 指数分配的权数并不必须那样做。CE 总量中，只要货币（和无息活期储蓄）不支付利息，货币数量的权数就为 1。因此，货币（和活期储蓄）的流动性标准化为权数 1 以后，CEM 总量的解释成为明确既定货币的数量，使之能创造与货币总量中的资产相同的流动性服务。伴随时变权重的出现，就像迪维西亚总量中的链式加权一样，CEM 总量也能很好地适应支付环境的改变。虽然 CEM 总量或其他总量的表现仍然是一个开放的经验问题，但简单相加总量和迪维西亚总量仍然是货币总量更为普遍的应用。

7.9 货币总量的判别

虽然经济学家能先验地决定总量的恰当水平，但对于经验分析来说，这通常不是一个令人满意的方法，因为从经验角度看，各种资产的属性因时间和国家而不同。所以货币经济学在选择各种总量方法时有各种经验标准。其中，有许多标准将在本书的其他章节详细讲解，故下文只做简单介绍。在下文中，我们假定进行弱可分性检验，确定哪些资产包括在总量中，并选择总量的函数形式。

7.9.1 货币需求函数的稳定性

如果估计的货币需求函数要用于预测，它就应当具有稳定性。如果函数不稳定，它对于预测未来时期的货币需求和政策制定的价值就很有限。虽然这一要求似乎并不很严格，但它却并非总能得到满足，从而否定了许多估计需求函数。例如，20 世纪 80 年代和 90 年代估计出来的货币需求函数，对于许多国家来说，都显示出高度的不稳定性。

7.9.2 货币总量、政策工具和目标的可控性

如果在制定政策时使用货币总量，中央银行就必须能通过所拥有的政策工具控制它。假定中央银行能控制名义基础货币 M0，它就会关注 M0 和货币总量 M 的关系。M 和 M0 之间的一个简单的线性关系为

$$M = a_0 + a_1 M0$$

其中，M 代表货币总量的名义值；M0 代表基础货币的名义值；a_1 代表货币乘数（$\partial M / \partial M0$）。

如果 a_0 和 a_1 是稳定的,中央银行就只能通过 M0 来控制 M。不同的货币总量具有不同的系数值,它们的稳定性也不同,系数值稳定以及 R^2 值高的货币总量会受到青睐。

一个相关问题是,在出口和失业等问题上,是否存在能被货币当局用做目标或政策指导的货币总量,这样的目标应当与货币当局追求的最终目的具有可预测的关系。实际上,在货币当局看来,控制利率比起控制这些变量,效果要好得多,这也造成了对货币总量不予重视的普遍现象(如第13章所述)。

7.9.3 从货币到收入的因果关系

货币总量 X 如果要用于控制名义国民收入 Y,前者的变动就应当能导致后者的变动。格兰杰-西姆斯(Granger-Sims)因果检验是决定变量间因果关系的统计学方法。这一方法是因果关系的统计决定,如果关于 X 和 Y 的数据显示出 X 对 Y 的影响有一个滞后,就判定存在从变量 X 到 Y 的(统计)因果关系——也就是,X 的变动导致了 Y 的变动。X 的预期未来值对 Y 的影响被排除在外。也就是,这一方法要给出有效的结果,滞后是必需的,超前则绝不能存在。如果不存在滞后,只有从 X 到 Y 的即时影响,该方法也不能生效。

西姆斯(Sims,1972)最初在把统计因果关系的格兰杰方法应用于货币和收入之间的关系时,把单向因果关系定义为:

> 当且仅当因果关系单向地从某些外生变量的过去值和现在值到一个给定的内生变量时,在内生变量对于外生变量过去值、现在值和未来值的回归中,外生变量的未来值才应具有零系数。

(Sims,1972,p.541)

这一检验依赖于决定各变量间滞后格局的回归分析。如果名义国民收入 Y 是内生变量,货币供给 X 和其他变量 Z 是外生变量,相关的回归方程形式为

$$Y_t = \sum_i a_i X_{t-i} + \sum_i b_i Z_{t-i} + \sum_i \gamma_i Y_{t-i} + \sum_j c_j X_{t+j} + \mu_t \tag{33}$$

其中,Z 是 X、Y 以外的变量,μ 是误差项。注意,(33)式不仅包括 M、Z 和 Y 的当期值和滞后值,而且通过 $\sum_j c_j X_{t+j}$ 项包括了 X 的某些未来值。如果 X 的估计系数统计上显著异于零,而其未来项的系数为零,那么从 X 到 Y 的单向格兰杰因果关系就成立。通常还要进行一个相似的回归,X 是因变量,Y 是其中的一个自变量。这种回归的形式为

$$X_t = \sum_i \alpha_i Y_{t-i} + \sum_i \beta_i Z_{t-i} + \sum_i \lambda_i X_{t-i} + \sum_j k_j Y_{t+j} + \mu_t \tag{34}$$

对于这种 X 在左边的回归方程,从 Y 到 X 的单向因果关系要求,Y 的滞后值的系数显著异于零,而其未来值的系数应当是零。

如果 X 的滞后项和未来项都具有不为零的系数,在(33)式中就存在从 X

到 Y 的双向因果关系。如果 Y 的滞后项和未来项都具有非零系数,双向因果关系可以从(34)式中得到证实。我们用一个简单的例子来说明这种说法和格兰杰因果检验的本质,其中:

$$Y_t = a_1 X_t + a_2 X_{t-1} + a_3 X_{t+1} + \mu_t \tag{35}$$

在这种方法中,如果 $a_2 \neq 0$,X 就被认为是 Y 的原因。假定我们把(35)式改写为

$$X_{t-1} = (1/a_2)Y_t - (a_1/a_2)X_t - (a_3/a_2)X_{t+1} - (1/a_2)\mu_t \tag{36}$$

它也可改写为

$$X_t = (1/a_2)Y_{t+1} - (a_1/a_2)X_{t+1} - (a_3/a_2)X_{t+2} - (1/a_2)\mu_{t+1} \tag{37}$$

其中,假定 a_2 为有限值,$1/a_2 \neq 0$,现在,把 X 看做因变量,把 Y 看做一个回归的自变量。因此把 X_t 当做因变量对未来值 Y_{t+1} 回归,将产生 Y_{t+1} 的一个非零的系数值。把这一结论扩展到一般情况表明,一个变量任何未来值的非零系数都意味着从因变量到该变量的相反因果关系。还要注意,即时项 X_t 的系数不提供因果关系方向的任何信息。

把这些观点用于估计(33)式,该式是 X 和 Z 对 Y_t 的回归。如果 X 的滞后值也具有某些非零系数 a_i,就意味着因果关系为从 X 到 Y。对于 X 到 Y 的单向因果关系,所有 c_j 都应当为零,而某些 a_i 应当不为零。对于 Y 和 X 间的双向因果关系,每组系数中的某些系数应当不为零。

利用因果性检验来判别货币总量和利率

不同的货币总量,对于从货币到名义国民收入的单向因果关系,表现也不相同,因此格兰杰-西姆斯检验可被用做选择机制。

注意,如果在变量关系中不存在滞后或超前,比如只存在同期关系的情况,就不能使用格兰杰-西姆斯检验。如果遇到这种情况,后文的检验方法就是有用的。

7.9.4 经济指标的信息含量

一个随机变量相对于另一个随机变量的信息含量,就是前者的预期不确定性(也就是它的变动)减去前者取决于后者的不确定性(变动)。为此,名义收入 Y 和名义货币余额 X 间的随机线性模型为

$$Y_t = a_0 + a_1 X_t + \mu_t \tag{38}$$

其中,μ_t 为白噪声。X 对 Y 的预期信息含量由下式测度:

$$I(Y|X) = \frac{1}{2}\ln\left[\frac{1}{(1-R^2)}\right] \tag{39}$$

其中,R^2 是决定系数。注意,这种检验仅使用了变量的即时值。$I(Y/X)$ 的值较高表明对 X 有较高的信息含量,因此,X 统计量的较高值能更好地解释收

入 Y。

7.9.5 圣路易斯货币方程

第 13 章和第 14 章将介绍名义国民收入 Y 和货币存量 M 之间关系的短期宏观经济 IS‐LM 模型，该方程的简化形式为

$$Y = f(\boldsymbol{M}, \boldsymbol{G}, \boldsymbol{Z})$$

其中，Y 代表名义国民收入；$\boldsymbol{M}$ 代表恰当的货币总量的过去值和现在名义值的向量；$\boldsymbol{G}$ 代表恰当的财政变量的过去值和现在值的向量；$\boldsymbol{Z}$ 代表其他自变量的向量。

圣路易斯货币主义学派（Anderson and Jordan，1968）所推广的上述方程的线性或对数线性形式为

$$Y_t = \sum_i a_i M_{t-i} + \sum_j b_j G_{t-j} + \sum_i c_i Z_{t-i} + \sum_i \gamma_i Y_{t-i} + \mu_t \tag{40}$$

方程（40）经常被称为圣路易斯方程，是决定货币和财政变量对名义收入影响的一种流行方法，用变量的水平值或一阶差分来估计。表述财政变量 G 的方法有多种，其中包括政府支出、财政赤字或它们在充分就业状态下的值。Z 中的变量集往往随不同的研究而变化。

货币总量的形式多种多样，（40）式中的货币总量可以作为其中的一种来表述。对于 Y、G 和 Z 变量的既定变体，为了在这些形式中进行选择，（40）式需要用不同的货币总量进行估计，并检验这些估计的系数符号、显著程度和稳定性。表现"较好"的货币总量（根据决定系数、系数的合理性及其稳定性）被认为优于其他可供选择的货币总量。

由于许多货币当局都把利率政策作为最主要的政策工具，圣路易斯方程的恰当形式也就变为

$$Y_t = \sum_i a_i R_{t-i} + \sum_j b_j G_{t-j} + \sum_i c_i Z_{t-i} + \sum_i \gamma_i Y_{t-i} + \mu_t \tag{41}$$

其中，R 代表相应的名义利率。虽然这个方程可以被用来判定能最好地解释 Y 时的利率，但它的估计值对恰当的货币总量却提供不了任何信息。

7.9.6 比较迪维西亚总量和简单相加总量的证据

理论考察

正如本章前面解释的，在比较静态的背景下，如果两个货币总量是相近替代的，从而具有很高的替代弹性，那么两者的简单相加总量比迪维西亚总量相对更恰当——因而在经验研究上表现得"更好"。如果这两种资产之间替代程度相对

较低,且替代弹性接近于1,那么迪维西亚总量相对更恰当——在经验研究上可能表现得更好。现有的加总程度越高,额外一种资产适合后一种情况的可能性就越大,因而货币总量的定义越宽,迪维西亚总量就越有可能优于简单相加总量。由于经验研究结果取决于资产间替代弹性的现实程度,所以改变这一弹性的金融创新会改变与恰当货币总量有关的结论。事实上,在过去几十年里,金融中介机构和支付技术都有大量创新,导致估计的货币总量需求函数发生变动,从而也改变了货币和国民收入间的关系。在这一过程中,不属于 M1 甚至 M2 的许多资产的流动性都增强了。由于迪维西亚总量按每种资产的支出对资产进行加权,所以流动性增强会表现为随时间变化的权数改变。在标准形式的简单相加总量中,总量中的每种资产的权数都是固定且统一的,总量外的每种资产的权数都固定为零,在流动性格局不断变化的时期,这种权数的刚性是不恰当的。因此,我们预期,在近一个时期内,简单相加总量的表现很可能不如权数随时间变动的迪维西亚总量。

然而,虽然从理论和统计学角度看,在一个不断变化的环境中,迪维西亚总量的表现可能更好,但简单相加总量仍然得到了公众和决策者的认同。后者易于掌握和计算,而前者要求复杂的计算。此外,如果要想使迪维西亚总量对不断变化的流动性格局做出反应,它就必须在每个时期都重新计算使用成本和支出份额。

经验结果

在货币总量的研究方面已经有不少人作出了较突出的贡献,比如戈德菲尔德(Goldfield, 1973)、贾德和斯卡丁(Judd and Scadding, 1982)、罗滕伯格(Rotemberg, 1993)、贝朗吉亚和克里斯特尔(Belongia and Chrystal, 1991)、克里斯特尔和麦克唐纳(Chrystal and MacDonald, 1994)、斯里兰姆(Sriram, 1999)。下面谈到的结论,只是比较简单相加总量(SM)和迪维西亚总量(DM)的众多经验研究中的一小部分。巴尼特等人(Barnett et al., 1984)利用美国 1959—1982 年的季度数据,对货币需求、流通速度、货币和收入间的因果关系、简化型(圣路易斯)收入方程的使用等进行了各种检验。他们指出,就所考虑的全部标准而言,不论简单相加总量还是迪维西亚总量,并非一律好于其他总量,而且没有一个总量始终是最好的。在因果关系检验中,迪维西亚总量比除 M2 以外的简单相加总量表现得好。在货币需求函数中,迪维西亚总量有较高的稳定性。但在简化型收入方程中,SM1 比 DM1 要好。巴尼特等人得到的结论是,无论是 SM1 还是 DM1 都不能在所有标准下胜过对方。但是,在更高的总量层次上,迪维西亚总量比相应的简单相加总量表现得更好。

讨论弱可分性检验时,我们已经提到过贝朗吉亚和查尔方特(Belongia and Chalfant, 1989)的研究。他们利用美国 1976—1987 年的季度数据,在圣路易斯方程和把货币总量与基础货币相联系以描述可控性程度的方程中,检验他们的弱可分组的简单相加总量和迪维西亚总量。在前者的检验中,M1 明显优于更宽的测度。而就可控性检验来看,没有一种测度真正合格。在对 1980—1987 年的数据进行估计后,他们认为,迪维西亚总量优于简单相加总量 M1A。贝朗吉亚

(Belongia，1996）针对简单相加总量和迪维西亚总量，检验了美国 1980—1987 年 1 月—1992 年 4 月货币总量和收入之间的关系。他的发现是，对于这种关系，迪维西亚总量优于简单相加总量，并且如果使用迪维西亚总量，货币—收入关系中的不稳定性就消失了。

上述研究使用了标准估计方法，但没有使用协整技术。尽管下一章会对此进行解释，但我们确实想要在本章中引用一些基于这一技术的结论。克里斯特尔和麦克唐纳（Chrystal and MacDonald，1994）比较了一些国家的简单相加总量和迪维西亚总量，包括美国、英国、加拿大在 20 世纪 70 年代和 80 年代的情况。他们的检验包括圣路易斯方程和因果关系检验，并使用了协整方法。注意，所有这些国家的数据都受到了样本时期金融创新的干扰。我们首先使用圣路易斯方程考察他们的发现。对于美国，虽然 M1 和 M1A 倾向于比迪维西亚总量更好，但后者确实适宜应用于更宽的货币定义。然而 DM2（D 代表迪维西亚）对 SM2（S 代表简单相加）的优势并没有达到明显优越的程度。对于英国，作者认为金融创新严重扭曲了数据，所以在他们的估计中只包括 M0（也就是基础货币）和 M4。虽然 DM4 明显优于 SM4，但选择 DM4 而不选择 M0 的理由并不充分。对于加拿大，虽然 SM1 略好于 DM1，但更宽的迪维西亚总量比简单相加总量更受青睐。

关于因果关系检验，克里斯特尔和麦克唐纳认为，把一种利率包括进他们的协整和误差纠正模型十分重要。对于英国和加拿大，迪维西亚总量和简单相加总量对实际产出几乎没有因果性影响。对于美国，迪维西亚总量的效果很显著，而简单相加总量却不显著。因此，建立在圣路易斯方程和因果关系检验基础上的总体比较，并没有强烈地支持哪一种总量，尽管较宽的迪维西亚总量比同样宽的简单相加总量得到的支持更多一些。对于美国，克里斯特尔和麦克唐纳发现，在金融创新的发展速度加快的 1980 年以后，情况更是如此。通过比较，1980 年以前的美国数据不支持迪维西亚总量。

Gebregiorgis and Handa（2005）利用尼日利亚 1970 年 1 月—2000 年 4 月的数据，在使用成本的概念下，运用协整分析方法，检验了简单相加总量、VES 总量以及迪维西亚总量，以更好地实现工业生产目标。结果与很多发达经济体的情况都相反——尼日利亚的货币表现并不比更宽或更窄的货币差。但是，这也不无道理，绝大多数尼日利亚人没能接触或者说应用到金融机构业务。另外，他们还指出，M1 和 M2 的简单相加总量要比相应的 VES 总量和迪维西亚总量表现得更好。而实际上，DM2 比起通货以及 M1、M2 的简单相加总量或 VES 总量，表现都要差一些。

Lebi 和 Handa（2007）研究了加拿大货币总量中的 M2，并且用到了本章提到的几种检验方法，但在此过程中出现的统计学问题使得难以建立起 M2 的 VES 总量。他们的发现是，大多数检验中迪维西亚总量以及 M2 货币等价指数的表现都较好，并且在信息准则和圣路易斯方程检验下，CEM2 很少能比 DVM2 更优。在货币和收入的格兰杰因果关系检验中占据主导的 SSM2，在圣路易斯方程检验下表现略好。总之，对货币需求函数进行协整分析的计量经济学检验并没有明确地得出结论，究竟在货币总量的选择上哪个更好。最后学者们的结论则是，在面临各种可能的标准时，没有一种货币总量可以起到绝对主导的作用。

总而言之，在总量的所有层次上，所有的相关检验中和所有的时期里，简单相加总量和迪维西亚总量都不比对方更出色。DM1 通常并不明显优于 SM1，并且两种测度值有非常相似的增长率。但是在一般情况下，总量的构成越宽，迪维西亚测度可能就越好。在金融创新时期，M1 和其他资产间的替代弹性提高时尤其如此。当总量扩展到包括替代弹性非常低的资产时，进一步扩展迪维西亚总量则对总量的表现就没有多大意义了。

7.10 货币总量的最新研究和政策视角

本章已经提到过几点，经验证，在最近时期对于货币总量的需求是不稳定的，而这很大程度上是因为货币资产种类以及支付方式的创新变化。这也使得加拿大银行的行长不止一次提到，加拿大银行并非忽视货币总量，而是放弃将其作为有效的政策工具。随着这种结果的出现，许多发达经济体的货币当局开始放弃控制货币总量，转而将利率作为主要的政策工具以实现控制总量需求的目标。

按照这种发展思路，货币经济学的研究方向似乎弱化了估计货币总量的做法，所以 20 世纪 90 年代以来这方面几乎没有突出的新研究出现。此外，不论在货币总量上的关注有多少，重点都从迪维西亚总量或其他复杂的总量转回到简单的一般形式，毕竟这对决策者和公众来说更容易理解。

结　语

本章考察了学术界使用的几种货币总量以及评价其相对适当性的方法。分析任何总量的起点都要在总量中的资产间确立弱可分性。一旦确立了弱可分性，接下来就要选择构建总量——是简单相加总量、可变替代弹性总量，还是迪维西亚总量或是其他某种总量。不过，学术界通常比较简单相加总量与迪维西亚总量，主要是由于可变替代弹性总量的估计不一定可靠。

简单相加总量先验地假定总量中每对分量资产间的替代弹性无穷大，迪维西亚总量先验地假定总量中每对分量资产间的替代弹性为 1。直观地说，如果经验替代弹性较高，前者可能比较正确；如果经验替代弹性较低，后者可能比较正确。这样，在发达的金融部门中，公众的通货余额和活期存款几乎是可以完全替代的，所以它们的简单相加总量更为恰当。事实上，通常在构建迪维西亚总量时，也都使用通货和活期存款的简单相加总量 M1。然而，在欠发达国家，乡村地区缺乏银行设施，银行业务的手续费高昂，乡村的公众通货余额和活期存款的替代弹性可能很有限，在这种背景下，迪维西亚总量可能更合适。

对于金融发达国家来说，由公众持有的通货和商业银行的活期存款构成的简单加总 M1，在构建更宽的迪维西亚总量时往往被认为是一种单一的资产。此外，由于收益通常被认为是零,所以它的租金成本要高于任何有正收益的资产,它在迪维西亚总量中的权数就相应较高。

虽然迪维西亚总量拥有具有较好的理想指数性质这一优点,但它的单位替代弹性这一先验性假定,限制了它对于能相近替代的资产(因而替代弹性远远大于1)总量的有效性,也限制了它对于不能相互替代的资产(因而替代弹性为零)的总量有效性。直观上看金融市场就很明显,有好几种准货币是货币的相近替代物,从数字上看替代弹性非常高。切蒂的估计表明(尽管由于各种理论特别是因其指数性质和计量经济学的原因而受到质疑),许多金融资产具有非常高的替代弹性。

当总量被拓宽以容纳越来越多的资产时,增加的资产很可能对通货余额和活期存款具有不断降低的替代弹性,因此迪维西亚总量(相对于简单相加总量)对于不断拓宽的总量来说,会相应地变得更加重要。对于各类资产,哪种总量方法比较好,一般没有先验的决定方法。

在创新不断改变流动性权数、使用成本和支出份额的动态情况下,迪维西亚总量的优势是:资产的相对权数可以改变,计算出的指数具有简单相加总量不可能具有的灵活性。因此,在金融和技术创新的动态时期,前者很可能比后者表现得更好。但是,在各种类型的经验检验中,它并不总是比简单相加总量好,因此没有令人信服的证据说明前者肯定优于后者。由于缺乏令人信服的证据,以及简单相加总量所具有的大众性和计算简便性,这类总量继续得到政策制定者、公众和许多经济学家的青睐。斯里兰姆(Sriram,1999)在38篇用到协整技术的研究文献中呈现了这三种货币总量的应用,并且根据是处于发达还是发展中的经济体将它们进行了分类。在这38篇研究论文中,发达经济体里只有1/12研究过迪维西亚总量,而发展中的经济体中只有1/24注意到了这个问题。

由上文已知,在不同的检验条件下,不同的总量将会有不一样的表现,因此需要对货币总量进行调整,以适应不同的标准和目标,首先就是选择货币总量的预期用途,或者说,对预期的基础标准建立分级结构。其次,尽管目标并不一致,行业也必须满足同步需要,接纳不同的货币总量。反过来说,寻找更宽的货币总量实现多用途的统一的思路应该被放弃。尽管处于不同的总量水平,货币当局为了制定政策和建议,最恰当的选择仍然是简单相加总量。

附 录

本附录中的符号含义如下:
x　代表复合资产"货币"实际值的迪维西亚指数;
x_i　代表资产 X_i 的实际值;
p　代表复合实际资产"货币"价格水平的迪维西亚指数;
p_i　代表资产 X_i 的价格;

s_i 代表 X_i 的支出份额；

γ_i 代表 X_i 的名义使用成本；

γ_i^* 代表 X_i 的实际使用成本；

R^* 代表在持有期间可能获得的最大收益率，称之为"基准收益率"；

R_i 代表第 i 种资产的税前名义收益率；

τ 代表边际税率；

Π 代表乘积符号。

对于迪维西亚价格和数量总量，我们希望构建一个总体指数 px，其中

$$px = \sum_i p_i x_i \tag{42}$$

px 的变化率为

$$\frac{1}{px}\frac{\mathrm{d}(px)}{\mathrm{d}t} = \frac{\mathrm{d}x}{x} + \frac{\mathrm{d}p}{p} = \frac{\sum_{i=1}^{m}(x_i \mathrm{d}p_i + p_i \mathrm{d}x_i)}{\sum_{i=1}^{m} p_i x_i}$$

$$= \sum_{i=1}^{m} s_i \left[\frac{\mathrm{d}p_i}{p_i} + \frac{\mathrm{d}x_i}{x_i}\right] \tag{43}$$

其中

$$s_i = \frac{p_i x_i}{\sum_{i=1}^{m} p_i x_i} \tag{44}$$

对于迪维西亚总量，我们想加上以下条件：当且仅当分量资产的数量（而不是价格）变化时，总体指数 px 中的数量指数 x 才会变化；当且仅当分量资产的价格（而不是数量）变化时，总体指数 px 中的价格指数 x 才会变化。规范地说，所要求的条件为

$$\frac{\mathrm{d}x}{x} = \sum_{i=1}^{m} s_i \frac{\mathrm{d}x_i}{x_i} \tag{45}$$

$$\frac{\mathrm{d}p}{p} = \sum_{i=1}^{m} s_i \frac{\mathrm{d}p_i}{p_i} \tag{46}$$

求（45）式和（46）式的积分，把基期价格 p_0 和数量 x_0 作为积分常数，得到

$$x_t = x_0 \exp\left[\int_0^t \sum_{i=1}^{m} s_i \frac{\mathrm{d}x_i}{x_i}\right] \tag{47}$$

$$p_t = p_0 \exp\left[\int_0^t \sum_{i=1}^{m} s_i \frac{\mathrm{d}p_i}{p}\right] \tag{48}$$

产生的迪维西亚数量指数为

$$x_t = \prod_{i=1}^{m} x_{it}^{s_{it}} \tag{49}$$

$$\ln x_t = \sum_{i=1}^{m} s_{it} \ln x_{it} \tag{49'}$$

迪维西亚价格指数为

$$p_t = \prod_{i=1}^{m} p_{it}^{s_{it}} \tag{50}$$

$$\ln p_t = \sum_{i=1}^{m} s_{it} \ln p_{it}$$

比较 t 时期和 $t-1$ 时期（$t-1$ 时期当做指数的基期），(47) 式和 (48) 式变为

$$x_t = x_{t-1} \exp\left[\int_{t-1}^{t} \sum_{i=1}^{m} s_i \frac{\mathrm{d}x_i}{x}\right] \tag{47'}$$

$$p_t = p_{t-1} \exp\left[\int_{t-1}^{t} \sum_{i=1}^{m} s_i \frac{\mathrm{d}p_i}{p}\right] \tag{48'}$$

如果我们考虑到每种资产的支出随时间变动的可能性，从而使 s_{it} 和 s_{it-1} 可能不同，那么，对应于 (47') 式和 (48') 式的方程可以近似地写为

$$x_t = x_{t-1} \prod_{i=1}^{m} \left[\frac{x_{it}}{x_{it-1}}\right]_t^{s_{it}^*} \tag{51}$$

$$p_t = p_{t-1} \prod_{i=1}^{m} \left[\frac{p_{it}}{p_{it-1}}\right]^{s_{it}^*} \tag{52}$$

其中

$$s_{it}^* = \frac{1}{2}(s_{it} + s_{it-1}) \tag{53}$$

现在，相关权数为 s_{it}^*，是 t 时期第 i 种资产的支出的平均份额。根据 (51) 式和 (52) 式，迪维西亚价格和数量指数在 t 时期和 $t-1$ 时期之间的变化率为

$$\ln x_t - \ln x_{t-1} = \sum_i s_{it}^* (\ln x_{it} - \ln x_{it-1}) \tag{54}$$

$$\ln p_t - \ln p_{t-1} = \sum_i s_{it}^* (\ln p_{it} - \ln p_{it-1}) \tag{55}$$

回到迪维西亚指数的一般形式，只关注迪维西亚数量指数，t 时期第 i 种资产的税前名义使用成本 γ_{it} 和实际使用成本 γ_{it}^* 为

$$\gamma_{it} = \frac{p_{it}(R_t^* - R_{it})}{1 + R_t^*} \tag{56}$$

$$\gamma_{it}^* = \frac{(R_t^* - R_{it})}{1 + R_t^*} \tag{57}$$

(56) 式表明了持有第 i 种资产的名义使用成本的贴现值。如本章正文中所讨论的，这种使用者成本被定义为每种资产提供的流动性服务流量，这些服务被假定是造成它们的收益差别的唯一原因。分子 $(R_t^* - R_{it})$ 是 1 美元第 i 种资产在持有期间所放弃的时期末收益；R_t^* 是全部非流动性资产的利率。因此，(56) 式中的分母 $(1 + R_t^*)$ 是贴现因子，利用最不具有流动性的资产的收益 R_t^*，把期末

值转换为（期初）现值。(57) 式用 p_t 去除名义使用成本，得到投资于该资产的 1 美元的实际使用者成本。

对资产 i 的支出份额的相应名义和实际值为

$$s_{it} = \frac{x_{it} p_{it} \dfrac{R_t^* - R_{it}}{1 + R_t^*}}{\sum_{i=1}^{m} x_{it} p_{it} \dfrac{R_t^* - R_{it}}{(1 + R_t^*)}} \tag{58}$$

$$= \frac{x_{it} p_{it} (R_t^* - R_{it})}{\sum_{i=1}^{m} x_{it} p_{it} (R_t^* - R_{it})} \tag{59}$$

由（49′）式和（59）式可知，迪维西亚数量指数为

$$\ln x_t = \sum_{i=1}^{m} \ln x_{it} \left[\frac{x_{it} p_{it} (R_t^* - R_{it})}{\sum_{i=1}^{n} x_{it} p_{it} (R_t^* - R_{it})} \right] \tag{60}$$

根据回报率调整税收

如果税收当局在 t 时期对利息收入征收不变税率 τ_t，但不对流动性服务征税，对这一不变税率进行调整后，相应的使用成本方程、对每种资产的支出份额和迪维西亚数量指数，如以下方程所示：

$$\gamma_{it} = \frac{p_{it} (R_t^* - R_{it})(1 - \tau_t)}{1 + R_t^* (1 - \tau_t)} \tag{61}$$

$$\gamma_{it}^* = \frac{(R_t^* - R_{it})(1 - \tau_t)}{1 + R_t^* (1 - \tau_t)} \tag{62}$$

$$s_{it} = \frac{x_{it} p_{it} (R_t^* - R_{it})(1 - \tau_t)}{\sum_{i=1}^{m} x_{it} p_{it} (R_t^* - R_{it})(1 - \tau_t)} \tag{63}$$

$$\ln x_t = \sum_{i=1}^{m} \ln x_{it} \left[\frac{x_{it} p_{it} (R_t^* - R_{it})(1 - \tau_t)}{\sum_{i=1}^{n} x_{it} p_{it} (R_t^* - R_{it})(1 - \tau_t)} \right] \tag{64}$$

主要结论

※ 简单相加总量假定分量资产间能够完全替代，也就是具有无限替代弹性。

※ 可变替代弹性货币总量允许替代弹性在各对分量资产间有所不同，也没有先验地要求每对分量资产具有给定的替代弹性。它允许替代弹性处于零和无穷大之间。

※ 迪维西亚总量假定分量资产间具有单位替代弹性。迪维西亚总量按分量资产的支出占总量支出的份额对每一分量资产进行加权。也有说法称之为链式加权，份额会随着时间而改变，而金融创新将会影响资产流动性的变化。

※ 确定性等价指数与迪维西亚指数一样在分量资产中符合对数线性的形式，不过会给通货分配一个份额。

※ 使用货币性资产的恰当成本是使用者成本。

※ 判别货币总量有几种标准，其中最重要的两种是货币需求函数的稳定性和货币总量在解释名义国民收入方面的表现。

※ 经验证据倾向于支持较宽货币定义中的迪维西亚总量和较窄货币定义中的简单相加总量。

※ 货币存量的变动确实会导致名义国民收入的变动。

复习讨论题

1. 你将如何定义和测度资产的流动性，你的定义与哪种用途有关？把你的定义与其他关于流动性的定义或测度进行比较，说明其优点和缺点。

2. 如果我们只考虑货币的交易需求，货币的定义就会很明确。但是，当考虑到货币的资产需求时，任何想清楚地区分 M1 和其他货币性资产的努力都不是令人满意的。请讨论。

3. 你如何检验不同的准货币对 M1 的可替代性？学术界使用过多种方法，请你至少说出两种方法。你将如何比较这两种方法得到的估计值？

4. 比较各种总量方法对替代弹性施加的先验性限制。

5. 货币存量的滞后值在预测名义 GDP 的方程中非常重要这一证据，能否有助于得到这种结论，即货币存量变动引起名义 GDP 的变动？请讨论。

6. 货币存量的未来值在预测名义 GDP 的方程中非常重要这一证据，能告诉我们货币存量变动与名义 GDP 变动之间的因果关系的方向吗？请讨论。

7. 给定两个变量 Y 和 M，阐述能反映两者间因果关系方向的格兰杰-西姆斯检验。对美国进行的这种检验表明了什么？你如何能检验第三个变量 Z 也引起 Y 和 M 中的一个或两个的变动？

8. "货币需求函数一直在改变，使得它们不适合用于选择某一给定经济体的恰当货币总量。"有些研究曾利用货币需求函数的稳定性判别货币总量，但得出的结论相互矛盾。根据这些矛盾的结果，我们是否应放弃寻找"最优"货币总量的"数据采集"，而坚持一个先验性或理论性的货币定义？

9. 建立你们国家的货币总量的可变替代弹性（VES）函数，推导它的估计方程，估计 VES 总量。

10. 建立你们国家的货币总量的迪维西亚函数，推导它的估计方程，估计迪维西亚总量。你利用哪一种检验来选择你的可变替代弹性和迪维西亚估计值？至少要用两种检验方法。

11. 对你国家的简单相加总量、迪维西亚货币总量和收入间的因果关系方向进行格兰杰-西姆斯检验，解释这种因果关系方向的结果和货币总量的选择。

参考文献

Anderson, L. C., and Jordan, J. L. "Monetary and fiscal actions: a testof their relative importance in economic stabilization." *Federal Reserve Bank of St Louis Review*, 1968, pp. 11–24.

Barnett, W. A. "Economic monetary aggregates: an applicationof index number and aggregation theory."*Journal of Econometrics*, 14, 1980, pp. 11–48.

Barnett, W. A., Offenbacher, E. K., and Spindt, P. A. "The new Divisia monetary aggregates."*Journal of Political Economy*, 92, 1984, pp. 1049–1085.

Belongia, M. T. "Measurement matters: recent results from monetaryeconomics revisited."*Journal of Political Economy*, 104, 1996, pp. 1065–1083.

Belongia, M. T., and Chalfant, J. A. "The changing empirical definition of money: some estimates from a model of the demand for money substitutes." *Journal of Political Economy*, 97, 1989, pp. 387–397.

Belongia, M. T., and Chrystal, K. A. "An admissible monetaryaggregate for the UK."*Review of Economics and Statistics*, 73, 1991, pp. 497–503.

Chetty, V. K. "On measuring the nearness of near-monies."*American Economic Review*, 59, 1969, pp. 270–281.

Chrystal, K. A., and MacDonald, R. "Empirical evidence on the recent behavior and usefulness of simple-sum and weighted measures of the money stock."*Federal Reserve Bank of St Louis Review*, 76, 1994, pp. 73–109.

Donovan, D. J. "Modeling the demand for liquid assets: an application to Canada."*International Monetary Fund Staff Papers*, 25, 1978, pp. 676–704.

Feige, E. L., and Pearce, D. K. "The substitutability of money and near-monies: a survey of the time-series evidence."*Journal of Economic Literature*, 15, 1977, pp. 439–470.

Friedman, B., and Kutner, K. N. "Money, income, prices and interest rates."*American Economic Review*, 82, 1992, pp. 472–493.

Friedman, M., and Schwartz, A. T. *A Monetary History of the United States 1870–1960*. Princeton, NJ: Princeton University Press, 1963a.

Friedman, M., and Schwartz, A. T. "Money and business cycles."*Review of Economics and Statistics*, 45, 1963b, Supp., pp. 32–64. Comments, pp. 64–78.

Gebregiorgis, B. S., and Handa, J. "Monetary aggregation for a developing economy: a case study of Nigeria."*Journal of Developing Areas*, 38, 2005, pp. 119–143.

Goldfeld, S. M. "The demand for money revisited."*Brookings Papers on Economic Activity*, 3, 1973, pp. 577–638.

Judd, J. P., and Scadding, J. L. "The search for a stable money demand function: a survey of the post-1973 literature."*Journal of Economic Literature*, 20, 1982, pp. 993–1023.

Lebi, J., and Handa, J. "Re-examining the choice among monetary aggregates: evidence from the Canadian economy."*ICFAI Journal of Monetary Economics*, 5, 2007, pp. 57–78.

Rotemberg, J. J. "Commentary: monetary aggregates and their uses." In M. T. Belongia, ed.,*Monetary Policy on the 75th Anniversary of the Federal Reserve System*. MA: Kluwer Academic Publishers, 1991, pp. 223–231.

Rotemberg, J. J. "Monetary aggregates, monetary policy and economic activity: commentary."*Federal Reserve Bank of St Louis Review*, 75, 1993, pp. 36–41.

Rotemberg, J. J., Driscoll, J. C., and Porterba, J. M. "Money, outputand prices: evidence from a new monetary aggregate."*Journal of Economic and Business Statistics*, 13, 1995, pp. 67–83.

Serletis, A., and Robb, A. L. "Divisia aggregation and substitutability among monetary assets."*Journal of Money, Credit and Banking*, 18, 1986, pp. 430–446.

Serletis, A., and Molik, T. E. "Monetary aggregates and monetary policy." In Bank of Canada, ed., *Money, Monetary Policy and Transmission Mechanisms*, 1999.

Sims, C. "Money, income and causality."*American Economic Review*, 62, 1972, pp. 540–552.

Sriram, S. S. "Survey of literature on demand for money: theoreticaland empirical work with special reference to error-correction models."*International Monetary Fund Working Paper* No. 64, 1999.

Swofford, J. L., and Whitney, G. A. "Nonparametric tests of utility maximization and weak separability for consumption, leisure and money."*Review of Economics and Statistics*, 69, 1987, pp. 458–464.

Varian, H. R. "Nonparametric tests of consumer behavior."*Review of Economic Studies*, 50, 1983, pp. 99–110.

第8章 货币需求函数

在进行货币需求的经验估计之前需要解决大量问题。其中包括预期收入和永久收入的使用和估计，以及货币需求滞后的处理。对于预期收入，本章讨论了理性预期的使用。永久收入的测度中使用了适应性预期。货币余额的调整成本导致了实际货币余额向合意货币余额调整的滞后。滞后的最简单形式是一阶和二阶（线性）部分调整模型。

本章还将货币需求函数扩展到开放经济，并且研究了货币替代和资本流动性。

本章引入的关键概念

- ◆ 永久收入
- ◆ 预期收入
- ◆ 理性预期
- ◆ 适应性预期
- ◆ 广义自回归模型
- ◆ 卢卡斯供给规则
- ◆ 凯恩斯供给函数
- ◆ 部分调整模型
- ◆ 自回归分布滞后模型
- ◆ 货币替代和资本流动性

第2章讨论的弗里德曼货币需求函数认为永久收入是货币需求的决定因素之

一。其他研究假设个体的计划货币余额是其前一期预期收入的函数。虽然过去和现在的实际国民收入水平数据容易获取,但预期收入和永久收入的数据却不可观测。估计货币需求函数时,这一数据不得不使用代理变量。

第 2 章和第 6 章的理论分析对合意余额需求函数提供了三个基本设定,由于每一时期达到合意水平将产生显著成本,所以实际持有余额不同于合意余额水平。这导致了货币需求函数将部分调整和滞后纳入其中。因为我们的目的是解释实际持有余额,所以需要考虑实际货币持有额与合意水平之间的差异,以及这一过程中发生滞后的处理程序[①]。近年来,这些问题尽管没有得到解决,但随着协整和误差修正估计技术被越来越多地使用,这些问题变得不再重要。

前一章的货币需求分析给出了货币需求函数的自变量,但没有设定具体函数形式。本章首先介绍了封闭经济经验分析中最常用的三种基本函数形式,然后在货币替代框架下研究开放经济的货币需求函数。

第 8.1 节首先介绍了分别使用实际收入、预期收入和永久收入作为尺度变量的三种基本货币需求函数。第 8.2 节提出了理性预期假设以估计预期收入。第 8.3 节提出了适应性预期过程以推导永久收入,第 8.4 节列出了回归和外推过程。第 8.5 节到第 8.8 节提出了部分调整模型和广义自回归模型。第 8.9 节集中分析开放经济的货币需求函数。

8.1 封闭经济货币需求函数的基本函数形式

货币理论给出了决定货币需求的变量,但没有设定货币需求函数的具体形式。前一章货币需求分析表明这一需求取决于收入或财富变量以及替代资产的回报率,前者经常又称为"尺度变量"。因为这些回报率彼此之间密切相关,所以将其中几个包括在同一个回归之中会引起多重共线性(下一章将讨论),通常估计的货币需求方程中只包括一个利率以避免多重共线性。在这种简化之下,用实际收入作为最简单的尺度变量,则货币需求函数为

$$m^d = m^d(y, R)$$

其中,m^d=实际余额需求;y=真实的实际收入;R=名义利率。

假设这一函数形式为线性、对数线性或其他一些非线性形式是没有实质的理论基础的。然而,出于方便估计的考虑,线性和对数线性是最常用的函数形式。这一节比较这些函数形式并指出它们相互间的区别。为简单起见,可能的滞后和预期忽略不计,从而假设货币需求只取决于当前收入和名义利率。

首先,考虑货币需求函数的下述简单具体形式,μ 为随机项。下标 t 非讨论所必需,故省略不写。

$$M/Y = a_0 + a_R R + \mu \tag{1}$$

[①] 就本章对调整滞后和预期的处理而言,卡思伯森(Cuthbertson,1985,Ch. 3)提供了很好的辅助文献。

$$M = a + a_R R + a_y y + a_P P + \mu \tag{2}$$

$$m = a + a_R R + a_y y + \mu \tag{3}$$

（1）式假设货币需求对名义收入的弹性为 1，从而对价格和实际收入的弹性也为 1。（3）式假设货币需求对价格水平的弹性为 1，但对实际收入的弹性不一定如此。（2）式既没有假设对价格水平的弹性为 1，也没有假设对实际收入的弹性为 1。

前面各章讨论过个人的货币余额需求是以实际项而不是名义项表示，（3）式是唯一与此相一致的函数。继续进一步讨论（3）式，当商品与货币互为替代品时，货币需求还将取决于预期通货膨胀率 π^e，于是（3）式将修正为

$$m = a_0 + a_R R + a_y y + a_\pi \pi^e + \mu \tag{4}$$

其他变量可以用相似的方式引入（4）式右侧。如，本章后面在考虑开放经济货币替代时引入的预期汇率贬值。

货币需求函数经常使用对数线性形式来估计。（3）式对应的对数线性形式是

$$\ln m = \ln a_0 + \alpha \ln R + \beta \ln y + \ln \mu \tag{5}$$

（5）式的一个变形是用 $\ln(1+R)$ 替代 $\ln R$，因为 R 通常在 0 到 1 之间，所以 $\ln R$ 是负数，而 $\ln(1+R)$ 是正数。（5）式等价于

$$m = a_0 R^\alpha y^\beta \mu \tag{6}$$

这一函数形式是著名的柯布—道格拉斯函数形式。交易性货币需求的存货分析隐含着这一函数形式，而投机性或预防性需求分析则不然。在（5）式和（6）式中，实际余额需求对 R 的弹性是 α，对 y 的弹性是 β。（6）式的一个变形是

$$\ln m = \ln a_0 + \alpha R + \beta \ln y + \ln \mu \tag{7}$$

（7）式不需要对利率取对数，因为如果 R 的值位于 0 到 1 之间，那么 R 的对数值是负数。然而，注意到（7）式可变形为

$$m = a_0 e^{\alpha R} y^\beta \mu \tag{8}$$

鉴于（6）式和（8）式是不同的，所以不可能表现得一样好，研究者不得不在二者之间做出选择。这么做并没有理论依据，结果是报告哪一个往往取决于两者所用数据的相对经验表现。

8.1.1 货币需求函数中的尺度变量

当前收入作为尺度变量

用当前收入作为尺度变量的实际余额需求函数的线性形式是

$$m_t^d = a_0 + a_y y_t + a_R R_t + \mu_t \quad a_0, a_y > 0, a_R < 0 \tag{9}$$

其中，μ 为随机扰动。若每一个变量和 μ_t 都取对数的话，（9）式可以变成对数线性形式。

预期收入作为尺度变量

另一种常用的货币需求函数是用预期收入替代当前收入。预期收入作为尺度变量的需求函数是

$$m_t^d = a_0 + a_y y_t^e + a_R R_t + \mu_t \quad a_0, a_y > 0, a_R < 0 \tag{10}$$

(10) 式之中，m_t^d 是时期伊始对该时期的计划实际余额，y_t^e 是该时期的预期收入。尽管利率也能以其预期值的形式引入，但实际上很少这么做。当前的做法是在理性预期假设下估计预期收入 y_t^e。

永久收入作为尺度变量

第 2 章讨论过，弗里德曼（1956）对货币需求的理论分析表明，这一需求取决于财富（或其代理变量永久收入）和利率，而不是当前收入或预期收入。在弗里德曼的分析中，包括永久收入在内的实际余额需求函数的基本形式是

$$m_t^d = m^d(y_t^p, R_t)$$

其中，y_t^p 是永久收入，可以解释为未来平均预期收入。这一实际余额需求函数的简化线性（或对数线性）形式是

$$m_t^d = a_0 + a_y y_t^p + a_R R_t + \mu_t \quad a_0, a_y > 0, a_r < 0 \tag{11}$$

因为 y_t^p 的观测值数据通常不存在，所以弗里德曼利用适应性预期假设来推导永久收入。尽管理性预期假设可以作为一种替代方法，但适应性预期似乎更适合于估计永久收入，因为后者可以解释为平均的预期收入值，而不只是当期的预期收入。相应地，(11) 式中的 m_t^d 应该解释为合意实际余额的平均预期量。构造永久收入的适应性预期方法将在 8.3 节中解释。

注意到（9）式和（10）式中的三种尺度变量是不同的，所以它们的估计将得到不同的系数。此外，它们的稳定性质也可能不同。正如本章后面以及第 9 章将讨论的，包括货币和收入在内的若干变量的时间序列往往是非平稳的。适用于这些变量的技术是协整分析，也是一种最大似然向量自回归（VAR）技术。这种估计完全忽略了预期收入和永久收入之间的差别。所以如果用协整技术估计货币需求函数，那么就不需要如前所述应用理性和适应性预期方法。但与之伴随的误差修正估计包含了调整滞后和适应性预期。

8.2 理性预期

8.2.1 理性预期理论

由穆斯（Muth，1961）首先提出的理性预期假设有多种表述形式。其中一

种表述是个体利用所有可用信息以形成关于一个变量未来值的预期。因为个体经常不得不或者有意选择在非常有限的信息条件下运作，所以适当的信息集合有时被设定为最大化利润的信息集合。无论哪种情形，可用信息集合都假定包括适当理论[①]的知识在内，变量的理性预期值就是这一理论的预测值。理性预期假设断言实际值与理论预测值的离差将服从均值为零的随机分布，且与可用信息以及理论预测值都无关。

注意，适当理论通常用包含参数、内生变量的过去值以及外生变量的过去、当前和未来值的函数来决定一个变量的非随机预测。当然，外生变量的未来值对个体而言通常未知，所以就需要它们的理性预期值，并设定它们的适当理论。从实际意义上讲，理性预期假设可以被重新表述为：给定内生变量的过去值，相关外生变量的过去值、当前值以及理性预期未来值的条件下，内生变量的预期值就是适当理论的预测值。

由适当理论预测的 y_t^e 的理性预期值记作 y_t^T，其中上标 T 表示适当理论。因为 y_t^T 已经将个体可用的全部信息考虑在内，所以理性预期假设断言实际值 y_t 与 y_t^T 之间的离差是随机的，均值为零且与可用信息不相关，从而与基于这一信息的 y_t^T 也不相关。下面用一组简单方程将以上表述包含在内，以此表示推导变量 y_t 的理性预期值 y_t^{e*} 的不同假设和步骤。

因为假设理性预期值 y_t^{e*} 由适当理论 T 的预测值 y_t^T 来决定，所以

$$y_t^{e*} = y_t^T \tag{12}$$

因为理性预期假设之下实际值 y_t 与适当理论 T 的预测之差是一个与任意可用信息无关的随机误差，所以

$$y_t = y_t^T + \eta_t \tag{13}$$

其中

$$E\eta_t = 0 \tag{14}$$

$$\rho(y_t^T, \eta_t) = 0 \tag{15}$$

y_t 为实际收入；

y_t^e 为预期收入；

y_t^{e*} 为收入的理性预期值；

y_t^T 为适当理论预测的预期收入；

$E\eta_t$ 为 η_t 的数学期望；

$\rho(y_t^T, \eta_t)$ 为 y_t^T 和 η_t 之间的相关系数。

（12）式和（13）式意味着

$$y_t = y_t^{e*} + \eta_t \tag{16}$$

[①] 从"个体可用信息"到"适当理论知识"的转化是一个巨大的飞跃。前者意味着"主观理论"，可能与别人秉持的有所不同，而后者是关于"客观理论"的，通用于所有的个体，且以正确的知识为基础。还要注意到"适当（relevant）"一词意味深长。它表示对于所考虑的经济或市场而言"正确"的理论。然而，正确理论甚至无从知晓，君不见，不同宏观经济学派对国民收入和通货膨胀的决定各执一词，即使同一个学派内部对结构模型和简化模型的系数实际值也存在意见分歧。

(16) 式取数学期望，由（14）式的 $E\eta_t=0$ 以及（12）式得

$$Ey_t^{e*}=Ey_t=y_t^T \tag{17}$$

如果按通常做法假设 y_t^{e*} 和 y^T 取单一的值，则（17）式变为①

$$y_t^{e*}=Ey_t=y_t^T \tag{18}$$

(18) 式的实证意义在于，可用决定理论函数来估计 y_t，再取其预期值 Ey_t，从而可得理性预期值 y_t^{e*}。② 这一方法将在后续部分加以说明，并将在第 17 章应用于宏观经济分析中。

"适当理论"

应用理性预期假设的一个基本问题是关于"适当理论"这一术语的定义。有的经济学家相信经济倾向于充分就业，即使现在不是这种状态，也存在回复的趋势。对于这些经济学家而言，形成关于总产出预期的适当理论是经济将处于充分就业水平。相应地，充分就业产出就是理性预期产出。于是适当的办法是在充分就业状态求解模型或理论，然后用均衡解来代替预期产出或实际收入。这正是现代古典主义经济学家所采用的方法。

然而，有的经济学家相信即便经济有可能恰好处于充分就业状态，那也不会是一种经常的状态。对于这些经济学家而言，下一期实际收入的理性预期就不会是充分就业产出。理性预期收入所需的理论就是关于预期实际收入水平非随机部分的一种理论。凯恩斯主义经济学家遵循这一思想路线，需要具体设定一种关于所涉时期实际产出预期值的理论。

因此，应用理性预期假设将得到不同的理性预期产出值，这取决于潜在假设是充分就业持续存在还是充分就业经常缺位。虽然概念层面的理性预期假设能够并且业已为古典主义经济学和凯恩斯主义经济学所共用，但即使在一个其他方面都相同的模型语境（如 IS-LM 模型）中，两个学派对预期未来收入的预测也将不同。

进一步深入，（18）式通过应用适当理论来具体决定 y_t^T，从而可用于构造对 y_t^{e*} 的估计。关于产出与货币供给增长率之间关系有两种不同的理论。第一种理论是卢卡斯供给规则，它是现代古典主义宏观经济学的基础。第二种理论是凯恩斯主义理论③。

8.2.2 理性预期的信息要求：一个题外话

关于理性预期的信息要求，文献中存在大量争议。任一给定个体的可用信息随条件不同而显著变化，尤其是个体的教育水平和兴趣，社会开放度，信息运作

---

① 这称为理性预期假设的弱式版本。它的强式版本是 $F(y_t^{e*})=f(y_t)$，其中 F 和 f 设定了相应的概率分布。这一版本要求预期收入分布与实际收入分布只有随机项不同。
② 在纯理论分析中，如果 y^T 是单一取值，则用 y^T 来推导 y^{e*}，如果不是单一取值，则用 Ey^T 来替代 y^{e*}。
③ 这些模型和规则见第 15 章和第 17 章。

技术以及以不充足、不清楚和不准确的信息为基础来行动所造成的损失。个体实际处理的信息量从几乎不存在硬信息①到广泛的知识不等。理性预期假设意味着适用于所有情形，不论可用信息的范围和准确性如何。

怀疑者认为理性预期假设要求未来的可能结果完全在预料之中，假设经济主体能够像高级经济学家和统计学家一样分析未来经济的一般均衡（Arrow，1978）。然而，理性预期的支持者拒绝这种批评并声称：

> 从穆斯的深刻思想中根本不能推导出全知全能的经济主体或经济学家……理性预期是利润最大化预期……如果过去已经证明不能对未来提供完美指引，那么理论和实践就不会是准确的。

(Kantor，1979，p. 1424)

> 然而，假设理性预期认为误差不重要或者不存在是错误的。理性预期的含义是预测误差与进行预测时已知的全部有用信息不相关。

(Kantor，1979，p. 1432)

卢卡斯提供了另外一种关于理性预期的观点，并将其广泛应用于宏观经济学。《经济学人》网站记录了卢卡斯的一次演说：

> （理性预期）没有描述人们用来试图弄清未来的实际过程。我们的行为是适应性的。我们尝试某种行为模式，如果获得成功，就会继续这么做。如果不成功，就会尝试其他。理性预期描述的是已经做对的情况。②

这种解释意味着在弄清未来并按预期采取行动的大部分时间里，理性预期不具备其关键性质，即实际值与预期值之间的误差是随机的这一重要性质。由于理性预期只有在最终才成立（"已经做对时"），所以应该将其限于长期分析，而不适用于短期。关于理性预期的这种解释与相关的宏观经济文献并不一致，其中包括卢卡斯本人对短期宏观经济模型的贡献。它与本章及第 14 章讨论的卢卡斯供给规则的应用和分析也不一致。此后我们将忽略这种解释。

评估理性预期假设的有效性

就概念层面而言，理性预期背后的洞见是不可否认的，那就是个体的预期基于其全部可用信息。然而，可用信息部分来源于对过去和现在的理解，这种理解本身是不完全和不完美的。解释任何一种特定的现象都可以有不同的理论，即使是事后解释也是如此。除此之外，关于未来的知识更是不确定的。这一小节末尾所引用的一段话认为，关于未来，我们甚至不知道我们不知道。未来时期离当下越远，我们对其无知的程度就越加速递增。鉴于此，短期（例如下一个季度等）预测倾向于比长期预测表现更好。但就短期预测而言，持续性预测（即除了随机变异之外，不远的将来类似于不远的过去）确实表现较好，通常比基于任何理论的预测都好。

---

① 例如，许多欠发达或发展中国家几乎没有任何公开发表的关于国民收入和通货膨胀率的可信信息。即使有公开发表的信息，大多数农村甚至城市地区的居民都从未收到或从未去努力获取这些信息。

② http://economistsview.typepad.com/economistsview/2007/09/expect-the-unexp.html，2007 年 9 月 12 日。

在理性预期假设下，从"主观（个人）理论"到"适当理论"假设的跨越是巨大的。这种假设同样可能是无效的。包括 Kantor 在内的理性预期假设的倡导者关注前者，而包括阿罗在内的批评者则关注后者。抛开学理上的争议不谈，经验问题可以归结为根据理性预期采取行动的实用性和可能性。如果对适当理论缺少了解，对内生变量和外生变量的过去值或者外生变量的相关未来值缺少十分可信的信息，那么已知信息的匮乏意味着变量的理性预期值相对于平均预期值的实际误差可能很大[①]，所以以变量的理性预期值作动行为基础可能并不是明智的做法[②]。此时根据理性预期行动的实用性可能非常有限。相反，如果可用信息相当完全，已知主观概率与客观概率大致接近，那么理性预期就可以指导行动。

以下引文对不确定性的本质及其如何限制决策中理性预期的可信度和实用性供了一种有趣的见解：

> 有些事情我们知道，有些事情我们知道自己不知道，但还有些事情我们不知道自己不知道。于是，当我们尽可能综合所有的信息之后声称"哦，这基本上就是我们所了解的情况"时，其实此时只包括了知道的已知之物和未知之数。（随着时间的推移）我们逐渐发现还有更多的东西是不知道的未知之数。换一种说法就是，没有证据证明它是存在的，并不能说明它就是不存在的。
>
> （Donald Rumsfeld 于 2002 年 6 月的一次新闻发布会上所说）

8.2.3 用理性预期假设和卢卡斯供给规则来预测预期收入

卢卡斯供给规则假设现代古典主义模型中劳动市场处于充分就业的长期均衡状态，实际国民收入对其充分就业水平 y^f 的偏离仅仅因为对货币供给实际水平的预测误差。卢卡斯供给规则[③]的一种形式是用适当理论来决定 t 时期的产出 y：

$$y_t^T = y_t^f + \gamma(M_t - M_t^e) \tag{19}$$

其中，y_t^f 为 t 时期的充分就业产出水平；M_t 为 t 时期的名义货币存量；M_t^e 为 t 时期名义货币存量的预期值；M_t^{e*} 为 $t-1$ 时期形成的关于 M_t 的理性预期。

所以，如果将卢卡斯供给规则作为适当理论，那么收入的理性预期决定如下

---

① 这并不表示误差均值不为零，只是意味着误差可能取相对较大的绝对值。
② 如果理性预期的信息基础是相当完全和可信的，那么根据变量的理性预期值来行动就可能是非常明智的做法。如果匮乏的信息只是一种胡乱猜测而不是一种适当的行为基础，那么根据理性预期值来行动就是一种有勇无谋的做法。

信息严重缺乏条件下的"明智"与"利润最大化"是有区别的。我可能对赛马和参赛马匹一无所知，但也能根据可用信息（比如马匹的毛色）来设定参赛马匹表现的主观概率，并根据这些概率来进行利润最大化的投注。而明智可能表示我认识到支持概率的信息是模糊和不完全的，所以压根儿不去赌马。

另外，"怀有"理性预期与按照这些预期采取行动之间也是有区别的。只要所需概率是主观的而不是客观的，那么就一定怀有理性预期。但经验表明个人可能不按这些预期来行动，或者考虑到大量的不确定性、模棱两可和误差，而对这些预期留有余地之后再行动。

③ 卢卡斯供给规则的宏观经济学将在第 14 章讨论。这一规则将产出缺口（$y_t - y_t^f$）设定为价格水平与其预期值之离差的正函数。再加上价格水平是货币供给的函数的假设，就会得出文中所及的具体的卢卡斯供给规则。

$$y_t^{e*} = y_t^f + \gamma(M_t - M_t^e) \tag{20}$$

用（20）式来预测理性预期收入需要用适当理论来决定 M_t^{e*}。适当理论取决于货币当局追求的货币政策[①]。在外生货币供给的情况中，中央银行控制货币供给并且能够基于一种"规则"或函数来决定经济中的货币供给。假设果真如此，则中央银行货币供给规则的适当理论是

$$M_t^T = \Psi_0 + \Psi_1 u_{t-1} + \Psi_2 M_{t-1} \tag{21}$$

其中，u_t 是 t 时期的失业率（或实际产出与充分就业产出之间的产出缺口）。M_t 中的随机误差记为 ξ_t，由（21）式可得 M_t 为

$$M_t = \Psi_0 + \Psi_1 u_{t-1} + \Psi_2 M_{t-1} + \xi_t \tag{22}$$

估计（22）式可得系数 $\Psi_i, i = 0, 1, 2$ 的估计值 $\hat{\Psi}$。这些估计系数可用于估计 EM_t，从而得到如下理性预期值 M_t^{e*}

$$\hat{M}_t^{e*} = E\hat{M}_t = \hat{\Psi}_0 + \hat{\Psi}_1 u_{t-1} + \hat{\Psi}_2 M_{t-1} \tag{23}$$

因为 $M_t - M_t^{e*} = M_t - \hat{\Psi}_0 + \hat{\Psi}_1 u_{t-1} + \hat{\Psi}_2 M_{t-1} = \hat{\xi}_t$，其中 $\hat{\xi}_t$ 是 ξ_t 的估计值，故（19）式意味着

$$y_t = y_t^f + \gamma \hat{\xi}_t + \eta_t \tag{24}[②]$$

（24）式的估计中，y_t^f 被常数项取代，然后由（24）式的估计可得估计值 $\hat{y}_t^f$ 和 $\hat{\gamma}$。于是现在 y_t^e 的理性估计值 y_t^{e*} 可由下式推导出

$$\hat{y}_t^{e*} = \hat{y}_t^f + \hat{\gamma}\hat{\xi}_t \tag{25}[③]$$

用理性预期假设和卢卡斯供给函数来估计货币需求函数的方法

关于理性预期假设的上述说明中，为了估计未预期货币供给的期望值误差，必须估计货币供给函数（22）式；然后把这个值代入（24）式来估计实际产出或实际收入的期望值；接着用这一实际收入的估计值来回归货币需求函数（10）式。因此，用理性预期假设和卢卡斯供给规则来估计货币需求函数，需要对至少三个方程进行逐步估计。（10）式中货币需求系数的估计可信度取决于 y_t^T 模型和货币供给函数辅助方程的正确设定，还取决于各阶段所用数据和估计技术的可信度。显而易见，模型设定和有偏估计中可能产生的误差非常之大。

凯恩斯主义者认为上述估计的一个误差来源是将卢卡斯供给规则设定为收入决定的"适当理论"。他们相信凯恩斯供给函数才是适当理论，其方法如下所述。

[①] 参见第 10、11、13 和 17 章的货币供给理论。
[②] $\hat{\xi}_t$ 是从（22）式的估计中所获得的未预期货币供给的估计值。
[③] 注意，这种方法容许货币供给方程的估计误差均值不为零。然而，它将产出方程中随机误差项的预期值先验地设定为零。不可否认这两个方程的误差处理方式不一致。替代办法是将两个误差项的预期值均先验地设定为零。但这样一来，（25）式就变成 $y_t^{e*} = \hat{y}_t^f$，这会为前面的分析带来其他问题。

8.2.4 用理性预期和凯恩斯供给函数预测预期收入

外生货币供给条件下,凯恩斯主义供给规则①的简单形式是

$$y_t^T = y_{t-1} + \beta(Dy_{t-1}) \cdot M_t \quad \beta \geqslant 0 \tag{26}$$

其中,$Dy_{t-1} = (y_t^f - y_{t-1})$。(26) 式设定实际收入或实际产出取决于实际货币供给,而不只是货币供给的未预期变动。另外,这种影响取决于经济之前的状态,这一状态由滞后的产出缺口②Dy_{t-1}描述。如果之前状态是充分就业,则$Dy_{t-1}=0$,货币供给变动将不改变产出。产出缺口越大,货币供给对产出的影响越大。

这一关系的随机形式为

$$y_t = y_{t-1} + \beta(Dy_{t-1})M_t + \eta_t \tag{27}$$

(27) 式用 M_t 的实际值作为回归元,因而不需要先对货币供给函数的系数或者预期货币供给进行估计③。相应地,用(27)式估计预期收入值时只需估计一个方程,而在卢卡斯供给规则下则需要估计两个方程。接下来,在理性预期假设下,用从(27)式中得到的 β 的估计值进一步估计 y_t^e 的(凯恩斯主义)理性预期值:

$$\hat{y}_t^{e*} = \hat{y}_{t-1} + \hat{\beta}M_t \tag{28}$$

比较(25)式和(28)式。注意,两者都提供了"收入的理性预期值",但是采用了不同的"适当理论"。

用理性预期假设和凯恩斯主义供给函数来估计货币需求函数的方法

继续再看(28)式,现在可以将 y_t 的理性预期值代入货币需求函数(10)式并进行估计。因此,用凯恩斯主义供给函数和理性预期假设来估计货币需求只需要一个两步骤方法。

8.2.5 理性预期——问题与近似

虽然理性预期要求 y_t^e 是基于所有的可用信息得出的,但经济学家的可用信息不同于个人的可用信息。另外,经济学家处理的一般是总量,例如,总货币需求或国民收入,而不是任一特定个人的货币需求或收入,所以适当信息集合

---

① 参见第 15 章和第 17 章对这一概念的讨论和进一步应用。
② 或者产出缺口可以用实际失业率与自然失业率的离差来替代。
③ 如果在 t 期之初 M_t 是未知的且不得不由其估计值代替,那么就会出现问题,这种估计既需要关于货币供给已预期成分的知识,也需要关于货币供给未预期成分的知识。

应该是什么并不一定清楚。进而言之，经济学家对适当理论或者至少是公众信奉的理论存在分歧。① 即便会罕见地对理论的一般形式达成共识，但通常会对下一期的模型系数值和外生变量预期值见仁见智。内生变量的滞后值数据通常是近似的，并且有时候在数据期结束数年之后才经过修订。这些问题和争议使得理性预期的应用备受怀疑和争议。

由于缺少期望收入的直接定量数据以及在实证层面上应用理性预期的种种问题，一些研究者选择用不同的变量来代理 y_t^e。其中的两个例子如下。

1. 用实际收入 y_t 作为 y_t^e 的代理变量，因为在理性预期假设下两者只相差了一个期望值为 0 的随机项。

2. 用自回归模型：

$$y_t = \delta_0 + \delta_1 y_{t-1} + \delta_2 y_{t-2} + \cdots + \mu_t \tag{29}$$

利用 $y_t^e = Ey_t$ 以及（29）式的估计系数来估计 y_t^e。对理性预期做这种近似的理由在于：过去的收入值本身可能是个人和公众适当信息集合的主要部分，并且在适当模型中收入过去值可能是当前收入的最重要的决定因素。

尽管理性预期假设在概念层面上非常有吸引力，但实证应用上的这些近似减少了理性预期假设与替代方法之间的差别，所以除非没有更好的选择，否则不建议使用。

8.3 推导永久收入和估计货币需求偏离的适应性预期

永久收入说明

为了说明适应性预期在货币需求估计中的应用，我们将在货币需求函数中使用永久收入作为收入变量。这一函数如下：

$$m_t^d = a_0 + a_y y_t^p + a_r R_t + \mu_t \quad a_0, a_y > 0, a_r < 0 \tag{11}$$

一般适应性预期模型假设个人根据其当前和过去的实际收入来决定永久收入，所以永久收入 y_t^p 的一般函数就是

$$y_t^p = f(y_t, y_{t-1}, y_{t-2}, \cdots) \tag{30}$$

（30）式的一种简化形式是适应性预期（几何分布滞后）函数。它已被证明是便于操作的，弗里德曼在其关于消费和货币需求的实证著作中就用它来推导永

---

① 这从古典主义和凯恩斯主义两种范式之间以及各范式内部的争议中就可见一斑。不同范式之间的转换不时会发生，20 世纪三四十年代从古典主义范式转向凯恩斯主义范式，之后在 20 世纪七八十年代又从凯恩斯主义范式转向古典主义范式。历史证明了一个事实，那就是经济学家并不知道经济的真实模型，因而也就不知道决定国民收入、通货膨胀率或其他宏观经济变量的适当模型。如果经济学家都不知道真实模型，那么更不能指望公众根据适当经济模型来形成预期。

除此之外，经济学家作为一个群体因其预测失败而声名狼藉。

久收入。y_t^p 的具体函数形式如下

$$y_t^p = \theta y_t + \theta(1-\theta)y_{t-1} + \theta(1-\theta)^2 y_{t-2} + \cdots \tag{31}$$

其中 $0 \leqslant \theta \leqslant 1$，于是永久收入被设定为当前收入和过去收入的加权平均数，越是近期的收入被赋予越大的权重。注意，如果 $\theta=0.4$，这一权重经常用做年度消费数据的近似值，那么权重的递减模式就是 0.4，0.24，0.144，0.086 4，…，所以四年前的收入实际上可以忽略不计。如果实际收入变成了常数，那么永久收入也将逐渐等于这一固定水平的实际收入。

几何分布滞后函数的考伊克（Koyck）变换

对（31）式取滞后一期后，再对各项乘以 $(1-\theta)$，得

$$(1-\theta)y_{t-1}^p = \theta(1-\theta)y_{t-1} + \theta(1-\theta)^2 y_{t-2} + \theta(1-\theta)^3 y_{t-3} + \cdots \tag{32}$$

用（31）式减去（32）式得方程

$$y_t^p = \theta y_t + (1-\theta)y_{t-1}^p \tag{33}$$

（33）式称为考伊克变换。这一变换将永久收入表示成根据当前收入对上一期永久收入值的修正值。

推导货币需求函数的估计形式

将（33）式中的 y_t^p 代入（11）式的货币需求函数中得

$$m_t^d = a_0 + a_y \theta y_t + a_y(1-\theta)y_{t-1}^p + a_R R_t + \mu_t \tag{34}$$

将（34）式中的各项取滞后一期并乘以 $(1-\theta)$ 得

$$(1-\theta)m_{t-1}^d = (1-\theta)a_0 + a_y(1-\theta)y_{t-1}^p + a_R(1-\theta)R_{t-1} + (1-\theta)\mu_{t-1} \tag{35}$$

用（34）式减去（35）式，消去 y_{t-1}^p 后得

$$m_t^d = a_0\theta + a_y\theta y_t + a_R R_t - a_R(1-\theta)R_{t-1} + (1-\theta)m_{t-1}^d + \{\mu_t - (1-\theta)\mu_{t-1}\} \tag{36}$$

其中，a_y，$a_R > 0$ 且 $0 \leqslant \theta \leqslant 1$。以上步骤的目的在于消去变量 y^p，（36）式实现了这一目的。

（36）式的估计形式是

$$m_t^d = \alpha_0 + \alpha_1 y_t + \alpha_2 R_t + \alpha_3 R_{t-1} + \alpha_4 m_{t-1}^d + \eta_t \tag{37}$$

其中，$\alpha_0 = a_0\theta$；$\alpha_1 = a_y\theta$；$\alpha_2 = a_R$；$\alpha_3 = -a_R(1-\theta)$；$\alpha_4 = (1-\theta)$；$\eta_t = \{\mu_t - (1-\theta)\mu_{t-1}\}$。

注意，（37）式中包括了 m 和 R 的滞后项，但没有 y 的滞后项。另外，（37）式中的干扰项是 $\{\mu_t + (1-\theta)\mu_{t-1}\}$，这是一个移动平均误差。

作为误差学习模型的适应性预期

（33）式给出了适应性预期方法的一种形式，这种预期方法还能表示成所谓"误差学习模型"的形式，即

$$(y_t^p - y_{t-1}^p) = \theta(y_t - y_{t-1}^p) \tag{38}$$

它表示根据 t 期实际收入与 $(t-1)$ 期永久收入之间的"误差"来修正永久收入。从（38）式可知，如果 $\theta=0$，则永久收入的估计不会根据当前收入而修正。

评估适应性预期方法的适用性和有效性

如果我们对货币需求函数估计中的理性预期方法和适应性预期方法加以比较的话，就会发现前者在卢卡斯供给规则下至少要估计两个（可能三个，如前所述）方程。然而，这么做的优点是更容易识别变化的来源。但是，适应性预期方法的缺点是如果已估计的货币需求函数参数发生改变，则并不清楚是货币需求函数还是预期收入方程的参数发生了改变。另外，如果收入路径呈单调递增（递减）的话，适应性预期就会导致预期收入相对于实际收入（即 $y_t - y_t^p$）出现持续且递增的负（正）误差，理性的个人就会去修正其预期形成的方法，不再使用适应性预期。适应性预期也无法将个人未来收入变动的任何可用信息考虑在内。

然而，不管其名称如何，适应性预期模型实际是通过几何分布滞后方法提供对未来平均收入水平的一种估计，而不是下一期收入的预期值。理性预期假设方法则对后者提供了一种更适当的估计。于是，两种方法为不同收入概念提供了代理，所以对它们的选择取决于收入变量。如果收入的非随机部分是波动的并且适当尺度变量是永久收入或平均预期收入 y_t^p，那么几何分布滞后就能更好地代表这一平均数，而当前收入的理性预期值 y_t^{e*} 则不然。[①]

8.4 回归预期和外推预期

适应性预期的一种替代方法是回归预期模型，其设定如下

$$y_t^e = y_{t-1} + \delta(y^{LR} - y_{t-1}) \tag{39}$$

其中，y^{LR} 是收入的长期水平。此处的预期是收入将向其长期值运动[②]。

另一种预期模型是外推预期模型，即

$$y_t^e - y_{t-1} = \delta(y_{t-1} - y_{t-2}) \tag{40}$$

这一模型假设预期收入变动与前一期收入变动成一定比例。也就是说，近期变动或引起这些变动的因素可望决定未来变动模式。

适应性预期、回归预期、外推预期或理性预期之中究竟哪一种是更适当的预期方法，取决于个人形成预期的方式。对于永久收入如平均预期收入的建模而言，适应性预期模型似乎是最常用的，而对于下一期预期收入的建模而言，理性预期方法是最常用的。

---

① 然而，永久未来收入的理性预期值仍然会更好。
② 凯恩斯将投机性货币需求中的利率预期设定为如下过程，即个人预期利率向其长期值运动。

8.5 改变货币余额的成本和调整滞后

货币需求向其合意长期值调整过程中经常发生时滞。这些时滞有以下几个原因，包括：1. 习惯性持续和惯性；2. 由于不能确定货币需求决定因素（收入和利率）的变动是暂时还是更持久的，所以对货币余额的调整是缓慢的；3. 货币的或非货币的调整成本。本节主要关注调整成本并从调整成本函数中推导出调整模式。

一阶部分调整模型

调整滞后的原因之一可能是改变货币余额的短期成本。接下来研究这些成本与货币余额调整滞后的关系，令个人合意实际余额为 m_t^*，假设个人瞬时调整至 m_t^* 会面临各种成本。例如：

1. 低于或高于 m_t^* 时所发生的成本。例如，货币余额不足可以阻止一个人进行需要现场支付货币的购买行为。

2. 将实际余额从 m_{t-1} 调整到 m_t 所产生的成本。

这些成本可以采取不同形式。一种简单形式是与二次方成正比，此时第一项中的成本为 $a(m_t-m_t^*)^2$，第二项中的成本为 $b(m_t-m_{t-1})^2$。假设果真如此的话，那么在 t 时期达到合意余额的总调整成本由下式给出：

$$c_t = a(m_t-m_t^*)^2 + b(m_t-m_{t-1})^2 \quad a,b \geqslant 0 \tag{41}$$

个人最小化这一成本，最优化的一阶条件为

$$\partial c_t/\partial m_t = 2a(m_t-m_t^*) + 2b(m_t-m_{t-1}) = 0 \tag{42}$$

从中解出实际余额 m_t 为

$$m_t = \gamma m_t^* + (1-\gamma)m_{t-1} \tag{43}$$

其中，$\gamma = a/(a+b)$。（43）式能够被重新表述为更直观的形式：

$$m_t - m_{t-1} = \gamma(m_t^* - m_{t-1}) \quad 0 \leqslant \gamma \leqslant 1 \tag{44}$$

（43）式和（44）式构成了一阶（即只有滞后一期）部分调整模型（PAM）：t 时期实际余额的调整是部分的、线性的，并且只包括一期滞后。这一模型存在一个重要的缺陷，即如果 m_t^* 具有一个正或负的趋势，那么实际余额对其合意水平的偏离将与时俱增。个人会发现如果放弃一阶部分调整模型，用其他调整机制取而代之，就能避免上述缺陷。① 因此，如果合意余额或实际余额含有强烈的趋势成分，那么一阶部分调整模型就不再适用。② 这些情形中更高阶的部分调整模

---

① 从理性预期视角来看，部分调整模型是回顾性的，没有考虑关于预期合意余额未来变动的可用信息。个人可能发现为了满足合意余额的未来变动而改变当前余额是有利可图的。

② 不管合意余额变动是因为收入变动还是利率变动，一阶部分调整模型中对合意余额变动的反应模式都是一样的。事实上，调整成本会因合意余额变动的来源不同而不同。

型可能更合适。①

二阶部分调整模型

从更复杂的调整成本设置中可以导出高阶部分调整模型。二阶（即包括两期滞后）部分调整模型由以下调整成本函数给出：

$$c_t = a(m_t - m_t^*)^2 + b(m_t - m_{t-1})^2 + k(\Delta m_t - \Delta m_{t-1})^2 \quad a,b,k>0 \quad (45)$$

$$= a(m_t - m_t^*)^2 + b(m_t - m_{t-1})^2 + k(m_t - 2m_{t-1} + m_{t-2})^2 \quad (46)$$

其中 $\Delta m_t = m_t - m_{t-1}$，且 $k(\Delta m_t - \Delta m_{t-1})^2$ 是在前述范围之外的额外调整成本，代表了随时间持续调整余额的成本。最小化（46）式，令 c 对 m 的偏导数等于 0，并解得

$$m_t = \gamma_1 m_t^* + \gamma_2 m_{t-1} + (1 - \gamma_1 - \gamma_2) m_{t-2} \quad (47)$$

其中，$\gamma_1 = a/(a+b+k)$；$\gamma_2 = (b+2k)/(a+b+k)$。

因为（47）式中包括两期滞后，所以它提供了二阶部分调整模型。

误差反馈模型

当实际变动 Δm_t 与合意变动 Δm_t^* 同一个方向时，持续调整成本会减少，那么加上之前两种类型的成本，模型可以得到进一步校准。这种成本函数可以设定为

$$c_t = a(m_t - m_t^*)^2 + b(m_t - m_{t-1})^2 - k\Delta m_t^* (m_t - m_{t-1}) \quad a,b,k>0 \quad (48)$$

在这种情形中，实际余额需求为

$$m_t = m_{t-1} + \gamma_1 (m_t^* - m_{t-1}) + \gamma_2 (m_t^* - m_{t-1}^*) \quad (49)$$

其中，$\gamma_1 = a/(a+b)$，$\gamma_2 = k/2(a+b)$，（49）式是部分调整模型的另一种形式，称为误差反馈模型。

评价部分调整模型的有效性

各种调整成本函数都依赖于个人改变货币余额需要付出成本的观念。如同第 4 章的交易余额存货模型一样，这一成本是货币性成本和非货币性成本之和，且因不同的货币定义而不同。实践中，对于网络银行业务普及的现代金融发达经济体而言，从储蓄存款和其他准货币资产转换为 M1 的成本几乎为零，所以在个人层面不应该存在任何显著的调整滞后。M2 的转换成本同样也非常小，在个人层面可能也不会造成显著后果。相比于个人改变商品存量或劳动供给量的成本而言，货币余额调整成本尤其小。② 只有在这种调整涉及将债券或商品转换为货币资产时，货币总量的调整成本通常才会变得显著。但对于满足 M1 和 M2 的合意需求变动而言，这种调整很少发生，所以使用部分调整模型的实践意义可能值得怀疑，特别是对于狭义货币定义尤其如此。然而，这些模

---

① 适用于将数据去趋势后再用一阶部分调整模型。
② 第 6 章在货币的缓冲存货模型中探讨过这一理念。

型中包含的滞后调整正是当前流行的协整技术中误差修正模型的一部分。

8.6 一阶部分调整模型的货币需求

如果改变货币持有量的调整成本，那么这些成本应该被正确纳入个人决策过程之中，并在纳入成本之后再推导货币持有量的需求。然而，这样做面临分析的困难，所以通常的做法是从调整函数中单独推导需求函数，然后再加以综合。这一方法如下。

假设个人对实际余额的需求取决于当前实际收入 y 和名义利率 R，所以需求函数是

$$m_t^* = a_0 + a_y y_t + a_R R_t + \mu_t \quad a_0, a_y > 0, a_R < 0 \tag{50}$$

其中，μ 是白噪声。m_t^* 是不存在调整成本时的合意实际余额。

进一步，假设一阶部分调整模型为

$$m_t - m_{t-1} = \gamma(m_t^* - m_{t-1}) \quad 0 \leqslant \gamma \leqslant 1 \tag{44}$$

将（44）式代入（50）式并消去 m_t^* 后得

$$m_t = a_0 \gamma + a_y \gamma y_t + a_R \gamma R_t + (1-\gamma) m_{t-1} + \gamma \mu_t \tag{51}$$

其中，a_0，$a_y > 0$，$a_R < 0$ 且 $0 \leqslant \gamma \leqslant 1$。（51）式的估计形式为

$$m_t^d = \beta_0 + \beta_1 y_t + \beta_2 R_t + \beta_3 m_{t-1} + \xi_t \tag{52}$$

其中，$\beta_0 = a_0 \gamma$，$\beta_1 = a_y \gamma$，$\beta_2 = a_R \gamma$，$\beta_3 = (1-\gamma)$ 且 $\xi_t = \gamma \mu_t$。

比较（37）式和（52）式，从中可以发现适应性预期与一阶部分调整模型对货币需求估计方程的影响。两个估计方程中都包括了滞后的货币余额 m_{t-1}，但适应性预期还包括了滞后的利率 R_{t-1}。干扰项也具有不同的性质。

8.7 带一阶部分调整模型和永久收入适应性预期的货币需求

现在假设货币需求取决于永久收入，我们的模型由以下三个方程组成：

$$m_t^* = a_0 + a_y y_t^p + a_R R_t + \mu_t \quad a_0, a_y > 0, a_R < 0 \tag{11}$$

$$y_t^p = \theta y_t + (1-\theta) y_{t-1}^p \tag{33}$$

$$m_t = \gamma m_t^* + (1-\gamma) m_{t-1} \tag{43}$$

其中，（43）式可以重新表述为

$$m_t^* = (1/\gamma) m_t - \{(1-\gamma)/\gamma\} m_{t-1} \tag{53}$$

这一模型意味着估计方程为①

$$m_t = a_0\theta\gamma + a_y\theta\gamma y_t + a_R\gamma R_t - a_R\gamma(1-\theta)R_{t-1} + (2-\gamma-\theta)m_{t-1} \\ -(1-\theta)(1-\gamma)m_{t-2} + \gamma\{\mu_t - (1-\theta)\mu_{t-1}\} \tag{54}$$

其中，a_0，$a_y > 0$，$a_R < 0$ 且 $0 \leqslant \gamma$，$\theta \leqslant 1$。(54) 式的估计形式为

$$m_t^d = \alpha_0 + \alpha_1 y_t + \alpha_2 R_t + \alpha_3 R_{t-1} + \alpha_4 m_{t-1} + \alpha_5 m_{t-2} + \eta_t \tag{55}$$

其中，$\alpha_0 = a_0\theta\gamma$；$\alpha_1 = a_y\theta\gamma$；$\alpha_2 = a_R\gamma$；$\alpha_3 = -a_R\gamma(1-\theta)$；$\alpha_4 = (2-\gamma-\theta)$；$\alpha_5 = -(1-\theta)(1-\gamma)$；$\eta_t = \gamma\{\mu_t - (1-\theta)\mu_{t-1}\}$。

(55) 式提供了比部分调整模型或适应性预期模型更一般的估计方程。因此，这两种模型都内嵌于 (55) 式之中，$\theta = 1$ 时得到部分调整模型，$\gamma = 1$ 时得到适应性预期模型。于是，(55) 式提供了一种方法，可以用来检验是否存在这些过程中的一种或两种。然而，还有一种替代估计方法，那就是使用部分调整模型，并用理性预期来估计预期收入，(55) 式中的方法并不一定比这种替代方法更好。

(54) 式中的结构系数包括 a_0，a_y，a_R，γ，θ。估计方程 (55) 式中的系数包括 α_0，α_1，α_2，α_3，α_4，α_5。于是结构系数只有 5 个，而估计方程系数有 6 个，所以必须对估计方程 (55) 式中的 α_i 施加适当的非线性约束。

前面从理性预期角度对适应性预期提出的批评在这里同样适用。重申一下之前的批评，适应性预期是后向的，忽略了个人关于未来可能存在的可用信息，也忽略了其他变量的信息。除此之外，如果预期参数 θ 发生变化，估计方程 (55) 式就会随之改变，而且不清楚这种改变是来自 γ 的变动还是 θ 的变动，或者来自需求函数系数的变动。比较而言，使用理性预期的方法是首先估计 y_t^p，然后用部分调整模型估计需求函数，这种做法能够更清楚地揭示出货币需求函数改变的来源。

8.8 简述自回归分布滞后模型

现在假设实际余额需求取决于实际收入的当前值和滞后值以及实际余额需求自身的滞后值，即具有以下形式：

$$m_t = a_0 y_t + a_1 y_{t-1} + a_2 y_{t-2} + \cdots + b_1 m_{t-1} + b_2 m_{t-2} + \cdots \tag{56}$$

这一方程代表了一般的自回归分布滞后 (ARDL) 模型，y_{t-i} 可以表示为 $L^i y_t$，其中 L^i 是滞后算子，它可以表示对一个变量进行以下数学运算

$$\begin{aligned} a_0 y_t + a_1 y_{t-1} + a_2 y_{t-2} + \cdots &= a_0 y_t + a_1 L y_t + a_2 L^2 y_t + \cdots \\ &= y_t(a_0 + a_1 L + a_2 L^2 + \cdots) \\ &= a(L) y_t \end{aligned} \tag{57}$$

---

① 这一方法是：(11) 式中各项取滞后一期并乘以 $(1-\theta)$，称为 $(11')$。从 (11) 中减去 $(11')$ 并将所得方程记为 $(11'')$。将 (33) 式代入 $(11'')$ 式以消去 y_t^p，方程左侧剩下 $m_t^* - (1-\theta)m_{t-1}^*$，方程右侧的项只含 y_t，不再含 y_t^p。现在用 (43) 式代换 $m_t^* - (1-\theta)m_{t-1}^*$ 后重新整理得 (54) 式。

其中 $a(L)$ 是关于 L 的多项式 $(a_0+a_1L+a_2L^2+\cdots)$。因此，（56）式可以重写为

$$m_t=a(L)y_t+b(L)m_t \tag{58}$$

其中

$$a(L)=a_0+a_1L+a_2L^2+\cdots$$
$$b(L)=b_1L+b_2L^2+\cdots$$

因此

$$m_t-b(L)m_t=a(L)y_t$$
$$m_t=[\{1-b(L)\}^{-1}\cdot a(L)]y_t \tag{59}$$

所以，m_t 变成了只包括 y_t 及其滞后项的函数，不再包括其自身的滞后值，后者不再出现在解释项中。(59)式是自回归分布滞后模型的简化形式。

一个示例：简单自回归分布滞后模型

作为一个演示，考虑（59）式的最简单例子，令 $a(L)=a_0$ 且 $b(L)=b_1L$。(56)式简化为

$$m_t=a_yy_t+b_1m_{t-1} \tag{60}$$

在这种情形下，（59）式简化为

$$m_t=\{1-b_1L\}^{-1}\cdot a_yy_t \tag{61}$$

$E(b_1L)$ 是 b_1L 的均值，$(1-b_1L)^{-1}$ 在 $E(b_1L)=0$ 这一点的泰勒展开式为

$$\{1-b_1L\}^{-1}=\{1+b_1L+b_2L^2+\cdots$$

因此，(61)式变成

$$m_t=\{1+b_1L+b_2L^2+\cdots\}a_yy_t \tag{62}$$
$$=a_yy_t+a_yb_1y_{t-1}+a_yb_2y_{t-2}+\cdots \tag{63}$$

（60）式和（65）式互为数学变形，所以它们的经济意义是一样的。尽管(63)式由（60）式推导而来，且（60）式中包括了内生变量的滞后值，但是(63)式表示的货币需求函数不包括内生变量的滞后值。反过来，我们也可以从不包括货币滞后项的（63）式出发，来推导出等价的（60）式。因此，比较（60）式和（63）式以及一般情形的（59）式和（56）式，就会发现不可能将包括内生变量滞后值和其他自变量的货币需求方程与只包括自变量当前值和滞后值的货币需求方程区别开来。

加入适当干扰项的一般自回归分布滞后模型现在常用于货币分析，它也属于向量自回归模型（VAR）的范畴①。它与现在流行的协整和误差修正估计之间的

---

① 在货币政策分析所用的某些向量自回归模型中，干扰项被解释或模型化为政策措施，从而容许对不同政策选择的动态跨期影响进行推导。向量自回归模型的这种功能使其在货币政策动态分析中相当流行。

关系将在第 9 章的附录中讨论。

8.9 开放经济中的货币需求

本书截至目前一直集中讨论封闭经济的货币需求。这是研究货币需求的一般模式。然而，经济日益开放，商品和金融资产的流动越来越自由，开放经济中的经济主体不仅可以买卖国内金融资产，而且可以参与国外金融市场，所以研究货币需求的文献中出现了一类特定的主题，即分析开放经济的货币需求。

对于开放经济的资产组合投资而言，本国货币的金融替代品除了本国债券之外，还包括外国的货币和债券，所以本国货币需求的决定因素应该不仅包括国内资产的回报率，而且包括国外资产的回报率。既然这些资产中包括了外国货币持有额，所以研究开放经济的货币需求就需要格外注意本国货币与外国货币之间的替代。在某些开放经济中，外国货币被广泛交易，外国通货部分地充当国内交易媒介，对于这些经济而言，货币替代尤为重要。需要注意的是，在关于开放经济的本国货币与外国货币之间替代的文献中，用的是"通货（currency）"而不是"货币（money）"一词。本章将沿用这种做法。

货币替代（CS）可以被定义为本国货币与外国货币之间的替代，即"货币—货币替代"。替代还可以存在于本国货币与外国债券之间以及本国货币与本国债券之间，即"货币—债券替代"。将本国货币、外国货币、本国债券和外国债券的名义价值分别记为 M、M^*、B 和 B^*，货币替代由 $\partial M/\partial M^*$ 来测度，而各种货币—债券替代由 $\partial M/\partial B$、$\partial M/\partial B^*$、$\partial M^*/\partial B$ 和 $\partial M^*/\partial B^*$ 来测度，或者也可以由其相应的弹性来测度。

Giovannini 和 Turtleboom（1994）、Mizen 和 Pentecost（1996）以及 Sriram（1999）对货币替代文献进行了综述。

8.9.1 货币替代理论

货币替代程度的大小既取决于资产选择的考虑——毕竟 M 和 M^* 都是资产组合中的资产[①]，又取决于两种货币在国内经济中充当支付媒介的相互替代。因此，分析货币替代程度的适当方法就是资产组合或资产方法以及交易方法。

对于资产或资产组合方法而言，适当理论就是第 5 章讲述的资产组合选择理论，它将 M 和 M^* 都作为资产组合中的一种资产。这一理论根据各种货币的预期收益和风险来决定货币之间的替代。因此如果两种货币的回报相同，那么它们将是完全替代品。如果风险相等的条件下一种货币的回报显著高于另一种货币的回

---

① 如果本国货币和外国货币都不付息，那么它们之间的替代只能是因为预期汇率的变动，而在正常情况下预期汇率变动只是外国债券总回报 v^* 的一小部分。

报,那么它们将是很差的替代品。这一风险占优恒等式不能普遍应用于实践。注意,如果某种类型的债券是无风险的,则具有更高回报的债券将优于货币,于是货币的资产组合需求为零。

对于支付媒介需求的交易方法而言,决定替代资产之间替代程度的是在日常交换和支付中的普遍接受度。如果外国货币确实在本国经济中充当支付媒介,那么关于支付媒介总量(即 M 与 M^* 之和)的经典需求分析是第4章所讲的鲍莫尔—托宾存货分析。这种方法中,因为本国债券和外国债券不能充当支付媒介,所以它们与本国货币的替代性相对较低,而 M 和 M^* 之间的替代性则高得多。进一步地,$(M+M^*/\rho)$ 的需求①是国内支出或国内生产总值的函数,前者为后者提供融通服务。在融通的交易量或支出量既定的条件下,一种支付媒介的增加意味着另一种支付媒介的减少,所以交易需求分析意味着 $\partial M/\partial(M^*/\rho)<0$。也就是说,在 M 和 M^* 都能充当支付媒介的经济中,$\partial M/\partial(M^*/\rho)$ 将是负且显著的。在极限情形中,如果国内居民对接受本国货币或外国货币的支付感到无差异,则 $E_{M,M^*}=-1$,其中 $E_{M,M^*}=(M^*/M)(\partial M/\partial M^*/\rho))$。在一些开放经济中,与本国货币用于国内支付相比,外国货币用于国内支付会涉及显著的额外成本,此时上述弹性的绝对值很小甚至为零。如果这一成本足够高,则 $E_{M,M^*}=0$。因此,有的经济中很少用外国货币进行国内商品支付②,有的经济中外国货币与本国货币一并广泛用做支付媒介,显然不同经济中的 E_{M,M^*} 可能大小不等。"不完全美元化经济"的定义是本国货币和外国货币一起流通、买卖双方不在乎交易结算币种的经济,在这类特殊经济中 E_{M,M^*} 趋于 -1。③

Handa(1988)认为即使在非常开放但不存在有效美元化的经济中,经济主体也倾向于使用本国货币作为首选支付媒介,而不会轻易转向使用外国货币来支付,原因在于零售支付中存在交易成本④。因此,他将本国货币称为国内支付媒介的"优先配置品种"(preferred habitat)⑤。在这种假设之下,本国货币与一种给定外国货币之间的替代程度取决于后者在国内经济支付中的接受程度或者后者转换为前者的成本和便利。一般而言,将外国货币转换为本国货币存在非常显著的交易成本。这些成本体现为买入和卖出的兑换率差价以及银行佣金。另外,在零售交易中,通常要按照零售商设定的不利汇率来支付外币。于是,优先配置方法的一般假定是外国货币对本国货币的替代弹性很低,只有特定外国货币被广泛接受用于国内经济平价支付的特殊情形才可能是例外。例如,加拿大的卖方经常接受美元,但买方主动支付美元的情形并不常见,因为支付美元的成本在银行设定的外汇兑换比率之下很高。因此,在交易方法下,美元与加拿大元之间的替代程度不需要很高,而且可能很低。⑥ 美国几乎不接受加拿大元,所以在美国经济

---

① M^* 是以外国货币表示的,需要除以汇率 ρ(每单位本币兑换的外币单位数)以转换成本国货币单位。
② 如果商人接受外国货币但要面临相当不利的汇率或者附加交易成本,那么情况也是如此。
③ 完全美元化经济中只有美元作为支付媒介流通,不存在一种不同的本国货币,所以对于这种经济不能研究货币替代。
④ 这些成本包括银行买卖汇率的巨大差价和高额佣金,以及商人索要的高于银行汇率的相当不利的汇率。
⑤ "优先配置"的术语从解释不同期限政府债券之间替代关系的一种理论中借鉴而来,一些经济学家用它来解释"利率期限结构"的术语。
⑥ 虽然加拿大人非常熟悉美国货币,而且美国是加拿大最大的贸易伙伴,但对加拿大元与美元之间货币替代程度的多次重复估计结果都很低,Handa(1988)用优先货币假说来对此加以解释。

中两者是很差的替代品。另外，在加拿大经济中，虽然实践证明加拿大元与美元是很好的替代品，但英镑通常并不被接受，从而是很差的加拿大元的替代品。大多数开放经济往往属于这种类型，所以除了特例之外，优先配置假说意味着我们应该预期即使在相当开放的经济中（开放但国内零售支付中未广泛使用外币），$E_{M,M'}$也可能接近零或者是绝对值很小的负值。

货币替代程度较高的一个特例可能是历史上的殖民地在殖民时期同时使用当地货币和宗主国货币。另一个特例是在不完全美元化经济中美元用做国内交易支付的第二支付媒介①。对于这些经济而言，M和M^*都可以充当支付媒介，对支付媒介的交易需求意味着，在需要融通的交易量或国内生产总值既定的条件下，一种支付媒介的减少必须由另一种支付媒介的对等增加来弥补。因此，不完全美元化经济尤其可能具有等于-1的$E_{M,M'}$或者无限替代弹性②，而非美元化经济的替代弹性则更低。

货币替代的两种广义方法：货币与债券之间的弱可替代性

货币替代文献中的一个隐含假设是四种金融资产（本国货币、外国货币、本国债券和外国债券）与包括商品和闲暇在内的其他物品之间存在弱可分性（见第7章），所以估计这四种资产的需求函数只需要用到四种金融资产的回报以及在其间配置的金额。进一步讲，文献容许两种可能性：

A. 对本国货币和外国货币的偏好与本国债券和外国债券不是弱可分的。也就是说，$U(M, M^*/\rho, B, B^*)$不能弱分离为关于M和M^*/ρ的子函数。货币替代文献中将与这一假设有关的估计称为"未受限方法"。正如后面将讨论的，这一方法更适合于资产组合方法而不是交易方法。在这种方法中，本国货币的需求函数将包括所有四种资产的回报以及诸如尺度变量之类的其他变量。

B. 对本国货币和外国货币的偏好与本国债券和外国债券是弱可分的。也就是说，$U(M, M^*/\rho, B, B^*)$可以弱分离为关于M和M^*/ρ的子函数，于是

$$U(M^*, M^*/\rho, B, B^*) = U(f(M, M^*/\rho), B, B^*)$$

货币替代文献中将与这一假设有关的估计称为"受限方法"。这种方法适用于两种货币充当国内支付媒介时对其需求的估计。它容许本国货币和外国货币在国内经济中都能充当支付媒介，但债券不能充当支付媒介③。若果真如此，那么M和M^*的需求函数可以用包括ρ、M和M^*的收益以及在这两者间配置的金额的函数估计。这种估计与债券收益无关，所以称之为"受限"。

---

① 如果本国货币与外国货币之间进行兑换不存在银行服务和其他交易费用，那么极端情形下两者是完全替代品。

② 完全美元化经济则不是如此。完全美元化经济中美元是唯一的流通支付媒介，不存在一种不同的本国货币，所以无法研究货币替代。

③ 也就是说，实质上投资者将本国货币和外国货币视为与本国债券和外国债券是弱可分的（参见第7章）。此外，如果两种货币与债券是弱可分的，且两种债券与两种货币也是弱可分的，那么它们的偏好函数或效用函数具有以下形式：$U(M^*, M^*/\rho, B, B^*) = U(f(M, M^*/\rho), g(B, B^*))$。

8.9.2 估计程序和问题

估计货币替代有三种常见方法,分别是:
1. 估计替代弹性;
2. 估计货币需求函数;
3. 估计本国货币余额与外国货币余额的比率。

估计替代弹性

这种方法需要沿用第 7 章讲过的切蒂(Chetty)的方法来估计不变(CES)或可变(VES)替代弹性函数的欧拉方程(一阶条件)。在未受限选择框架下,本国货币和外国货币将与本国债券和外国债券一并出现在可变替代弹性的效用函数中。估计方程由欧拉条件推导出(见第 7 章)[①]。这种方法可以估计两种货币之间以及本国货币与两类债券之间的替代弹性。这种情况下的估计方法与第 7 章可变替代弹性(VES)模型的估计方法相类似,这里不再列出。在受限选择框架下,本国货币和外国货币与债券之间弱可分,可变替代弹性函数将只包括两种货币,所以本国居民持有的外国货币余额将对本国货币余额以及它们的"价格"比率进行回归。Miles(1978)和 Handa(1971)的研究即以这一方法为基础。

注意,可变替代弹性模型的一种替代方法是先验地假设资产间替代弹性为 1,并构造具有时变支出份额的迪维西亚或确定性等价指数(参见第 7 章)。这些方法只有在受限选择框架的弱可分性假设之下才适用于 M 和 M^*,在未受限选择框架下则适用于四种金融资产。构造迪维西亚或确定性等价总量时并不需要进行估计。

估计本国货币需求函数

这种估计方法是对货币需求估计方程的扩展,在后者的回归变量中加入了至少一种外国货币的回报以及外国债券资产(有时也包括实物资产)的回报。这是估计货币替代最常见的方法。Bordo 和 Choudhri(1982)、Bana 和 Handa(1987)[②]以及 Handa(1988)用的都是这种方法。

对于未受限选择方法而言,标准货币需求函数经修正后将外国货币和外国债券作为本国货币的替代品,本国货币需求函数通常设定为

$$m^d = \alpha_0 + \alpha_R R + \alpha_y y + \alpha_\epsilon \epsilon^e + \alpha_{R^*} R^* + \mu \tag{64}[③]$$

[①] 这理应包括本国居民在国内或海外持有的通货和存款。然而,外国通货持有额的数据很难得到。另外,本国居民在外国持有外国活期存款的数据通常也不可得。这些遗漏能够显著影响实证结果。

[②] 该研究认为固定汇率与可变汇率的货币替代程度不同,并且发现可变汇率的货币替代程度更高。

[③] 方程(64)中有时会加入名义汇率 ρ 作为解释变量,因为本国货币以本币单位表示,而外国货币和债券以外币单位表示,所以后者需要被转换成本币。如果模型的重点在于货币购买商品的支付媒介角色,那么有些研究则用 ρ^r(实际汇率)来取代 ρ,前者是本国货币与外国商品之间的交换率。依照我们对 ρ 的定义,$\rho^r = \rho P/P^*$。然而,购买力平价(PPP)通常在经验上并不成立,所以不应该假设其成立。

其中，m^d 表示本国货币实际余额；y 表示本国实际国民收入；R 表示本国债券的名义所得（＝本国利率）；R^F 表示外国债券的名义所得（＝外国利率＋外国货币的预期升值）；ρ 表示汇率（每单位外国货币兑换的本国货币）；ε^e 表示外国货币的预期收益；μ 代表干扰项。

（64）式中有三种收益率：ε、R 和 R^*。注意，本国货币和外国货币的收益既包括了非货币收益，即流动性服务等，也包括了相对名义值的变动。虽然流动性和其他非货币服务对于外国货币需求很重要，但有关数据通常并不存在，所以它们几乎被排除在分析之外。这是货币替代经验研究的重要缺陷，因为除了有效美元化经济之外，在其他经济中本币与外币相互兑换的可接受程度以及支付便利程度都会显著不同。

本国货币和外国货币的非货币成本或流动性成本缺乏数据，鉴于此，外国货币的收益用外币对本币的预期升值率来度量①。这一预期升值等于 $(-\partial\rho/\partial t)^e$，其中 ρ 是每单位外币兑换的本币单位数，所以 $(-\partial\rho/\partial t)^e$ 是持有本币而非外币的机会成本。因此，（64）式中的 ε^e 由 $(-\partial\rho/\partial t)^e$ 来度量。在使用季度数据进行的经验估计中，通常用 $(F-S)/S$ 作为 ε^e 的代理变量，其中 F 是 90 天远期汇率，S 是即期汇率。在美国以外国家的经验研究中，外国货币通常取美元。

拥有完全金融市场的开放经济中，本国利率和外国利率通过利率平价（IRP）条件联系在一起：

$$(1+R_t)=(1+R_t^F)(1+\varepsilon_t^e) \tag{65}$$

其中 R^F 是外国债券利率，$\varepsilon^e(=(\partial\rho/\partial t)^e)$ 是本币预期贬值率。（65）式常用的近似式是

$$R_t=R_t^F+\varepsilon_t^e \tag{66}$$

R_t、R_t^F 和 ε_t^e 都是开放经济货币需求函数的变量。（66）式意味着这三个变量中只有两个相互独立，所以货币需求估计方程中应该包括其中任意两个，而不是全部三个。通常选择的两个变量是本国利率和预期汇率升值，直觉上本国货币与外国债券之间的替代程度可能很小，所以许多研究在估计之前就设定 $\alpha_{R^*}=0$。

通常用对数线性形式来估计（64）式，所以系数就代表了弹性。交叉价格弹性 α_R 是本国货币与本国债券之间价格替代②的指标③，交叉价格弹性 α_{R^*} 是本国货币与外国债券之间价格替代的指标，α_ε 是相对于外币收益的交叉价格弹性④，因而能够被用做货币替代的指标。

---

① 预期收益等于预期贬值减去外币持有成本。如果持有或交易外币是非法的，那么这一成本将非常大，但在不受管制的自由金融体系中该成本则很小。

② 注意，本国货币需求对 $(-\partial\rho/\partial t)^e$ 的弹性是一种"价格"弹性，其本身不能直接测度本国货币与外国货币之间的替代弹性。价格弹性与替代弹性之间的关系在第 7 章有关切蒂方法的内容中已经讨论过。

③ 柯廷顿（Cuddington，1983）认为外国债券收益的显著系数是资本流动的证据，而不是货币替代的证据，而货币替代需要 ε 的系数取负号且显著。

④ 交叉收益弹性是针对另一个变量价格（收益）变动的一种交叉弹性。

在四种资产的组合选择分析中，三种交叉弹性 α_ε、α_R 和 α_{R^*} 的符号在理论上都没有设定，可正可负[①]。实证得出的负号被解释为本币和相关资产之间替代的证据。正号有时被解释为互补性的证据。这种解释不一定正确，因为它能够反映出一些其他效应。特别是 α_{R^*} 的符号更有这种可能，稍后我们讨论 M 和 M^* 在支付媒介角色上的替代时就会看到。

资本流动估计

资本流动与货币替代是不同的概念，前者的定义是资金从本国经济中净流出变成外国资产，所以是本国货币和本国债券之和由外国货币和外国债券之和所替代。这就需要估计本国货币和本国债券两个需求方程。因此，货币需求方程的系数不能用做资本流动的指标。[②]

8.9.3 支付媒介函数中 M 与 M^* 的特殊关系

既然本国货币和外国债券都是资产，资产组合选择理论表明外国债券收益相对于本国货币收益（无风险资产零收益）的增加将导致两者之间的替代，这意味着 $\partial M/\partial R^* = \alpha_{R^*} \leqslant 0$。这一效应可以分解为两部分：

$$\frac{\partial M^d}{\partial R^*} = \left[\frac{\partial(M^d)}{\partial R^*}\right]_{M^*=M^{*'}} + \frac{\partial M^d}{\partial(M^*/\rho)}\frac{\partial(M^*/\rho)}{\partial R^*} \tag{67}$$

(67) 式中等号右侧的第一项代表了保持外国货币余额不变的条件下 M 与外国债券之间的直接替代。这种（直接）效应存在的原因是外国债券收益上升增加了持有本国货币而非外国债券的机会成本。等号右侧的第二项是通过 $\partial M^*/\partial R^*$ 发生的间接效应，它存在的原因是 R^* 的上升同样增加了持有外国货币的机会成本。对于公众而言，用以融通支出的全部支付媒介存在合意水平，一旦外国货币余额减少，为了达到这一合意水平就必须增加国内货币余额。

直接效应主要决定于资产组合选择。资产组合选择将本国货币作为一种资产，持有本币的目的是为了获得相对于其他资产的收益。除非本国债券不存在或其安全性备受质疑，否则 R^* 上升引起的资产组合显著调整就可能发生在外国债券与本国债券（而不是本国货币）之间，因为两者都是生息资产。这种调整不可能发生在外国债券与本国货币之间。因此，虽然资产组合选择分析意味着 $(\partial M^d/\partial R^*)|_{\Delta M^*=0} \leqslant 0$，但在正常金融环境中，这种效应可能相当微弱。

(67) 式中的间接效应是 $\partial M^d/\partial(M^*/\rho)$ 和 $(\partial M^*/\rho)/\partial R^*$ 两部分的乘积。就这两项中的第二项而言，资产组合选择和交易需求分析都意味着 $(\partial M^*/\rho)/\partial R^* < 0$。就第一项而言，$\partial M^d/\partial(M^*/\rho)$ 是本国货币与外国货币之间的替代，这构成了货币替代。之前关于这一点的讨论表明 $\partial M^d/(M^*/\rho) \leqslant 0$。因

[①] 两种资产模型中的这一符号将只能取负。
[②] 即使从回归中去掉 ε 也是如此。在这种情形中，估计 M^d 时 $R^*(=R^F+\varepsilon)$ 的系数可能既反映了货币替代，也反映了本国货币与外国债券之间的替代。

此，(67) 式中等号右侧第二项为非负。即

$$\left[\frac{\partial M^d}{\partial R^*}\right]_{M^* = \overline{M^*}} \leqslant 0 \tag{68}$$

$$\frac{\partial M^d}{\partial (M^*/\rho)} \leqslant 0 \text{ 且 } \frac{\partial M^*/\rho}{\partial R^*} \leqslant 0 \tag{68'}$$

所以

$$\frac{\partial M^d}{\partial (M^*/\rho)} \frac{\partial (M^*/\rho)}{\partial R^*} \geqslant 0 \tag{68''}$$

由 (68) 式可知，(67) 式中等号右侧第一项（直接效应）为非正。由 (68'') 式可知，(67) 式中等号右侧第二项（间接效应）为非负。所以 (67) 式中的 $\partial M^d/\partial R^*$ 从而 (64) 中的 α_{R^*} 的符号是不确定的，它将取决于直接效应和间接效应的相对大小。假设资产组合选择中的主要替代不可能发生在国内货币和外国债券之间①，则 (67) 式中的 $(\partial M^d/\partial R^*)|_{\Delta M^* = 0}$ 可能相对较小，所以我们的假设是，对于大多数经济而言，(67) 式中等号右侧的第二项将决定 $\partial M^d/\partial R^*$ 的符号和大小。

现在关注 $\partial M^d/\partial (M^*/\rho)$ 的大小。我们之前讨论过的货币替代效应表明：对于外国货币在国内交易中未广泛用做支付媒介的经济而言，$\partial M^d/\partial (M^*/\rho)$ 将相对微弱②。然而，对于外国货币充当国内支付媒介之一的经济而言，$\partial M^d/\partial (M^*/\rho)$ 将是负且显著的。因此，在 (64) 式的情境中，如果本币和外币在国内经济中都广泛用做支付媒介，且支付媒介的总需求取决于本国国内生产总值，那么外国债券收益上升将导致本国经济中持有的外国货币减少，这需要本国货币余额增加来弥补。也就是说，R^* 上升将导致 M^d 显著增加，所以 (67) 式中的第二项可能起主导作用，并且 (64) 式中的 α_{R^*} 应该为正。

因此，我们对于不完全美元化经济的假设是 α_{R^*} 应该为正且显著。对比之下，对于外国货币未广泛用做支付媒介之一的经济而言，(67) 式中等号右侧的第一项可能起主导作用，所以 (64) 式中的 α_{R^*} 应该不显著或者为负值。

估计 $M/(M^*/\rho)$

估计货币需求函数的第三种方法是估计 M/M^* 或 $M/(M^*/\rho)$。我们已经论述过，由于 M 和 M^* 在国内支付中的相互替代，两者之间存在一种特殊关系。刻画这种关系可以使用弱可分偏好函数（如 Bordo and Choudhri, 1982）或者"货币服务生产函数"（如 Ratti and Jeong, 1994）将 M 和 M^* 包括在内。对于这些函数而言，估计货币替代可以通过估计关于比率 $M/(M^*/\rho)$ 的函数来实现，而不是去估计本国货币需求函数。在一般未受限的情形中，这一比率同样是 (64) 式中解释变量的函数，所以相应的对数线性方程（所有变量都以对数表示）将是

---

① 相反，替代可能发生在本国货币与外国货币、本国货币与本国债券以及外国货币与外国债券之间。

② 对于这些经济而言，Handa (1988) 将本国货币作为国内支付媒介的优先配置品种，外国货币对本国货币的替代程度相对较低。

$$M^{\mathrm{d}}/(M^{*\mathrm{d}}/\rho)=f(\varepsilon^e,R,R^*,Y,\rho)=\beta_0+\beta_\varepsilon\varepsilon^e+\beta_R R+\beta_{R^*}R^*+\beta_Y Y+\beta_\rho\rho \tag{69}$$

正如前面所指出的，利率平价（IRP）假说的近似形式表明，在资本流动程度较高的经济中，ε^e、R 和 R^* 之间线性相关，所以可以从解释变量中删去 ε^e。对于外国货币用做交易支付媒介的经济而言，β_{R^*} 可能是正的。但对于其他经济而言，由于零售商不会按银行的汇率或佣金费率来交易，所以外国货币不能在国内支付中广泛流通，于是我们推测 $\beta_{R^*}\leqslant 0$。

8.9.4　关于货币替代的其他研究

Ratti 和 Jeong（1994）在其关于货币替代的估计方程中主张将"动态货币服务"模型与资产组合配置相结合。他们的模型[①]表明，在购买力平价和利率平价下，$M/(M^*/\rho)$ 的最优比率等于 $(\rho\cdot P/P^*)(R/R^F(1+\varepsilon))$，其对数线性表示形式为

$$M/(M^*/\rho)=\beta_1(\rho\cdot P/P^*)+\beta_2(R/R^F(1+\varepsilon)) \tag{70}$$

其中 P^* 是外国价格水平；$(\rho\cdot P/P^*)$ 是实际汇率，之所以将其包括在内，是因为外国货币余额需要转换为对本国商品的购买力；$R/R^F(1+\varepsilon)$ 是本国债券与外国债券的相对收益率，因为 $R^*\equiv R^F(1+\varepsilon)$。注意，如果绝对购买力平价（PPP）成立，则 $\rho\cdot P/P^*=1$，所以在（70）式中，$M/(M^*/\rho)=(R/R^*(1+\varepsilon))$，这意味着回归中的 β_1 不应该显著异于 0。如果显著异于 0，则拒绝购买力平价假说。但如果利率平价成立，则 $(R/R^F(1+\varepsilon))=1$，所以 $M/(M^*/\rho)=\rho\cdot P/P^*$，意味着 β_2 不应该显著异于 0。如果显著异于 0，则拒绝利率平价。如果购买力平价和利率平价都成立，则 $M/(M^*/\rho)=1$，意味着 β_1 和 β_2 都不应该显著异于 0。如果购买力平价和利率平价都不成立，则（70）式意味着 $\rho\cdot P/P^*$ 和 $R/R^F(1+\varepsilon)$ 的系数都应该等于 1。因此，（70）式似乎代表了一个非常受限的模型，它的价值不在于估计货币替代，而在于检验购买力平价和利率平价是否成立。

对于本国居民获取外国债券的渠道受限或不存在的经济而言，外国债券收益不进入本国货币需求函数，所以预期汇率变动、本国债券收益和外国债券收益之间的多重共线性就不再成为问题。这使得通过预期汇率变动的估计系数来估计货币替代并评估其程度都变得更加可信。在此背景下，De Freitas 和 Veiga（2006）研究了六个拉美经济体中的货币替代[②]。在他们使用的随机动态优化模型中，货币减少了由商品交换摩擦所造成的损失。他们的报告称，哥伦比亚、多米尼加共和国和委内瑞拉存在货币替代的证据，而巴西和智利则不然，巴拉

[①] 关于这一模型的详细情况，读者可以参考 Ratti 和 Jeong（1994）。这一模型没有将货币直接纳入效用函数，而是采用"交易函数"，将交易所需的实际资源设定为由持有本币和外币所提供的"货币服务"。

[②] 这些作者首先采用跨期相对风险厌恶效用函数来考虑不同时期的消费，然后假定每单位消费支出花费的采购时间取决于本币和外币的持有额。

圭的结果则不确定。

结　语

本章考察了用于估计的货币需求函数形式。其中之一使用预期收入作为尺度变量，而另一种使用永久收入。两者都不可观测，所以必须采用一种方法来估计之。理性预期假说用于估计预期收入，而适应性预期假说用于估计永久收入。其中，适应性预期是后向的，且忽略了已经存在的关于未来的信息，但它确实对永久收入提供了一种更好的测度，永久收入是未来收入的平均预期水平，而不是下一期的预期收入。

本章还考察了部分调整模型（PAMs）的应用。这些模型的基础是快速调整货币余额会发生各种成本，这些成本隐含了部分调整模型的特定阶数。一般自回归分布滞后模型嵌套于部分调整模型和适应性预期模型之中。这种模型的一个替代是将预期收入的理性预期估计作为一个单独程序的部分调整模型。

货币需求方程的开放经济形式区分了货币替代（即本国货币与外国货币之间的替代）和资本流动，后者主要是本国债券与外国债券之间的替代。估计货币替代有三种基本方法：估计货币需求函数、估计可变替代弹性函数以及估计持有的本国货币与外国货币之比。

虽然资产组合理论似乎意味着，高度开放的现代经济中的货币替代程度应该十分可观并且日益上升，但经济计量的证据却仍然相当复杂。这可能是因为本国货币余额的作为国内支付媒介的优先配置品种的角色。大多数经济中，外国货币不能普遍流通，因为零售商针对外币支付收取"手续费"（brokerage costs）。然而，在不完全美元化经济中，特定外国货币（通常是美元）的这种成本往往很低，所以这种货币可以充当除了本国货币之外的国内支付媒介。这种情况下，本国货币与外国货币之间应该存在高度替代[①]。需要注意的是，完全美元化经济中不存在一种不同的本国货币。

主要结论

※ 货币需求的适当尺度变量可能是当前收入、预期收入或永久收入，最后一种是财富的一种替代。

※ 理性预期假说比适应性预期假说更适合估计下一期预期收入。在这种假说之下，收入的未预期部分通常由收入减去预期收入的统计估计值来加以

[①] Ko 和 Handa（2006）估计了香港的货币替代，香港是一个不完全美元化经济，港币同几种境外货币（美元、英镑和人民币）一并在境内支付中流通，估计结果报告了一个非常显著的货币替代程度。

估计。

※ 适应性预期方法是更适合估计平均预期未来收入即永久收入的统计方法。

※ 部分调整模型提供了一种方法来描述实际货币余额向合意货币需求的滞后调整。

※ 开放经济中的货币替代也影响本国货币需求。货币替代不同于资本流动。

复习讨论题

1. 实际货币余额向合意货币余额调整或跨期改变余额是否存在显著成本？相对于商品和其他金融资产向其合意水平调整的成本，实际余额向合意余额调整的成本是否相对不显著但会发生调整滞后呢？

2. 讨论货币需求函数中使用永久收入的理由。假设用适应性预期来推导永久收入，请推导货币需求的估计方程。

讨论理性预期对估计永久收入的适用性。

3. 讨论货币需求函数中使用预期收入的理由。假设用理性预期来推导预期收入，请推导货币需求的估计方程。

讨论适应性预期对估计预期收入的适用性。

4. 从一个能得出二阶部分调整模型的成本函数以及用预期收入作为尺度变量的货币需求函数出发，推导货币需求估计方程的适当形式。

5. 从一个能得出二阶部分调整模型的成本函数以及用永久收入作为尺度变量的货币需求函数出发，推导货币需求估计方程的适当形式。

6. 定义货币替代，并将其与资本流动以及本国债券与外国债券之间的替代相区别。外国货币和外国债券的收益如何决定？开放经济货币需求方程会出现哪种多重共线性问题？你会选择如何解决它？

7. 定义弱可分性。讨论它在货币替代的估计方程设定中所起的作用。

8. 描述并讨论对经济中货币替代进行估计的三种主要模式。

参考文献

Arrow, K. "The future and the present in economic life." *Economic Inquiry*, 16, 1978, pp. 157 - 69. Bana, I. M., and Handa, J. "Currency substitution: a multi-currency study for Canada." *International Economic Journal*, 1, 1987, pp. 71 - 86.

Bordo, M. D., and Choudhri, E. U. "Currency substitution and the demand for money: some evidence for Canada." *Journal of Money, Credit and Banking*,

14, 1982, pp. 48-57.

Cuddington, J. "Currency substitution, capital mobility and money demand." *Journal of International Money and Finance*, 2, 1983, 111-133.

Cuthbertson, K. *The Supply and Demand for Money*. London: Blackwell, 1985, Ch. 3.

De Freitas, M. L., and Veiga, F. J. "Currencysubstitution, portfolio diversification, and money demand." *Canadian Journal of Economics*, 39, 2006, pp. 719-743.

Friedman, M. "The quantity theory of money - a restatement." In M. Friedman, ed., *Studies in the Quantity Theory of Money*. Chicago: Chicago University Press, 1956, pp. 3-21.

Giovannani, A., and Turtleboom, B. "Currency substitution." In Frederick van der Ploeg, ed., *The Handbook of International Macroeconomics*. Oxford: Blackwell, 1994.

Handa, J. "An empirical study of financial intermediation in Canada." *Journal of Financial and Quantitative Analysis*, 4, 1971, pp. 583-600.

Handa, J. "Substitution among currencies: a preferred habitat hypothesis." *International Economic Journal*, 2, 1988, pp 41-62.

Kantor, B. "Rational expectations and economic thought." *Journal of Economic Literature*, 17, 1979, pp. 1422-1441.

Ko, K. W., and Handa, J. "Currency substitution in a currency board context: the evidence for Hong Kong." *Journal of Chinese Economic and Business Studies*, 4, 2006, pp. 39-56.

Miles, M. A. "Currency substitution, flexible exchange rates and monetary independence." *American Economic Review*, 68, 1978, pp. 428-436.

Mizen, P., and Pentecost, E. J. "Currency substitution in theory and practise." In P. Mizen, and E. J. Pentecost, eds, *The Macroeconomics of International Currencies*. Cheltenham, UK: Edward Elgar, 1996, pp. 8-43.

Muth, J. F. "Rational expectations and the theory of price movements." *Econometrica*, 29, 1961, pp. 315-335.

Ratti, R. A., and Jeong, B. W. "Variation in the real exchange rate as a source of currency substitution." *Journal of International Money and Finance*, 13, 1994, pp. 537-550.

Sriram, S. S. "Survey of literature on demand for money: theoretical and empirical work with special reference to error-correction models." *International Monetary Fund Working Paper* No. 64, 1999.

第 9 章 货币需求函数：估计问题、技术与发现

本章讲述货币需求函数的估计，介绍适当的经济计量技术，并对有关货币需求的经验发现加以总结。经济计量技术方面主要阐述了带误差修正建模的协整技术，以估计短期和长期的货币需求。

经验证据证实了货币需求取决于尺度变量和利率，但应该使用哪个尺度变量——当前收入、永久收入还是财富——仍是一个悬而未决的问题。

本章引入的关键概念

- ◆ 多重共线性
- ◆ 序列相关
- ◆ 平稳性
- ◆ 单整阶数
- ◆ 单位根
- ◆ 协整
- ◆ 误差修正建模

前面各章详细说明了货币需求的理论分析以及货币需求函数的一般性质。本章考察与货币需求函数估计有关的经济计量问题及技术，并给出了一些相关经验研究的发现。

已经发表的关于货币需求函数的经验研究数量非常之大，即使只对其中最重

要的研究加以综述，或者对我们采纳其结论的那些研究一视同仁地加以讨论的话，也会占用过多的篇幅。关于这些研究的文献综述比较突出的包括卡思伯森（Cuthbertson，1991）、戈德菲尔德（Goldfeld，1973）、菲格和皮尔斯（Feige and Pearce，1977）、贾德和斯卡丁（Judd and Scadding，1982）、戈德菲尔德和西奇尔（Goldfeld and Sichel，1990）、米姚（Miyao，1996）和斯里兰姆（Sriram，1999，2000）的著述。我们只讨论重要问题的一般性研究成果，特别是关于收入弹性、利率弹性和货币总量的适当测度等问题。我们有意识地对使用协整和误差修正分析的研究予以特别关注。

第7章介绍的关于货币总量的经验研究结果是本章的补充材料。特别是，关于迪维西亚总量、确定性等价总量以及简单相加总量的经验发现是在第7章而不是本章来讲述。

第9.1节回顾了货币需求估计及其结果的历史。第9.2节至第9.7节讨论了数据中可能出现的一些经济计量问题，以及协整和误差修正技术。第9.8节对使用这些方法的一些经验研究发现加以说明。第9.9节讨论了因果关系。第9.10节阐述了金融创新引起的收入弹性和利率弹性的变化。第9.11节主要关注对稳定的货币需求函数的搜寻结果。

9.1 货币需求估计的历史回顾

到20世纪60年代末，货币需求函数的基本形式演化为

$$m^d = a_0 + a_R R + a_x x \tag{1}$$

其中，x是尺度变量。这一函数的随机形式，用线性或对数线性的形式进行估计。20世纪60年代，学界主要争论的是：货币应当被定义为M1、M2还是更广义的范围；利率应当是短期利率还是长期利率；尺度变量x应当是收入、永久性收入还是财富。上述用于估计的数据通常是年度数据。

20世纪70年代是一个对金融体系不断放宽管制的时代，金融机构提供各种生息支票账户和可开支票储蓄存款账户。在这10年中，季度数据和第8章所讨论的部分调整模型的使用不断增加。后者证明了在解释变量中使用货币的滞后值的正确性，因而通常的估计货币需求函数的线性或对数线性形式为

$$m_t^d = a_0 + a_r r_t + a_y y_t + (1-\gamma) m_{t-1} + \mu_t \tag{2}$$

其中，γ是调整参数，μ是白噪声扰动项。

为了消除货币需求函数中序列相关性这一普遍问题，或为了与局部调整模型相结合，（2）式经常用其一阶差分形式式进行估计。经验估计还表明了货币需求函数的稳定性，而M1经常（但并不总是）表现得优于M2。（2）式中调整参数γ的值在0.20~0.5之间。所以长期值的完全调整大约需要2~6个季度。有一个低冲击（一个季度）实际收入弹性（大约0.2）和小于1（常常在0.7左右）的长期收入弹性，一个低冲击利率弹性（大约-0.02或以下）和在-0.05~

—0.15之间的长期利率弹性。在加拿大，货币需求的收入和利息弹性的经验研究结果大致相同。

货币需求函数中的收入和财富

20世纪50年代和60年代初，许多国家的管制当局都不允许对活期存款支付利息。而且，储蓄存款的利率也有上限，储蓄存款不能开支票，要把储蓄存款转换为活期存款，通常要求个人亲自前往相关的金融机构。在这些情况下，以M2作为因变量，以财富或永久收入作为尺度变量，解释变量中表现最好的是中长期利率。估计函数一般是稳定的。

利用美国20世纪五六十年代的数据对货币需求进行回归分析，回归方程中可以包括收入和财富，也可以只包含其中一个变量，结果表明：财富引致的货币需求函数比当前收入引致的货币需求函数更稳定，而当两者同时包括在内时，收入变量的系数是不显著的。永久收入同样比当前收入表现得更好。这些结果在货币定义为M2或M3时成立，但当因变量为M1时往往不成立。此外，在使用收入、非人力财富和永久收入的函数中，经验估计表明，使用财富概念的函数比包括当前收入的函数能够更准确地预测广义货币的流通速度。

有关规模经济的研究结果并不一致。使用M1作为因变量的研究发现，收入弹性小于1，一般为0.7~0.8。M2的收入弹性通常更高，有时超过1。这种差异取决于M2中是否包括了生息的储蓄存款。储蓄存款可能比M1更强烈地反映出资产组合需求，所以由于储蓄存款需求与收入和财富正相关，M2的收入弹性比M1的收入弹性在更大程度上反映出财富对储蓄存款的影响。对于那些在样本期内经历财富增长的家庭而言，这种资产组合需求使M2成为"奢侈品"。

与部分调整模型和适应性预期一样，菲格（Feige，1967）利用1915—1963年的美国年度数据，用永久收入作为尺度变量进行研究并报告了即时调整。然而，戈德菲尔德（Goldfeld，1973）利用美国的季度数据发现调整不是即时的。一般而言，在20世纪70年代期间，利用季度数据的研究为适应性预期和部分调整提供了证据。

货币需求函数中的相关利率

经济中有许多利率，比如银行和准银行的储蓄存款利率、短期和长期债券的利率。商业银行的储蓄存款这类准货币资产被证明是M1的相近替代物，因此它们的收益率似乎最适合作为使用M1的利息成本。

但是，如果使用更广义的货币定义，当替代持有M2或M3的是较长期的债券时，中长期债券的利率就变得更为合适，因为广义货币定义的构成中储蓄存款本身就能获得近似于短期债券利率的利率。

估计货币需求时常用的利率有商业银行储蓄存款利率、信用社（比如美国的互助储蓄银行和储蓄贷款协会、加拿大魁北克的储蓄互助社）储蓄存款利率、国库券或短期主要商业票据收益率和长期（比如3~20年）政府或商业债券收益率。这些利率中的每一种都在各类研究中有不错的表现，有时这种较好，有时那种较好。

不论在回归中使用了哪种利率,表现都很好,这就表明各种利率是相关的,它们上升或下降的路径是一致的,因而使用哪种利率并不重要。有关利率期限结构(也就是到期日不同资产的收益率)的预期假说是关于这种一致性的一种理论。我们在第20章针对发达的金融市场设定这种假说,并指出它能很好地解释到期日不同资产的收益差异。利率间的这种关系产生的一种结果是,包括一种以上的利率会导致多重共线性,从而使系数的估计出现偏差。

然而,虽然上述利率是密切相关的,但它们的变化不完全一致,通常要依据经验分折选择一两种利率作为回归因子。对于货币需求是否取决于利率这个更宽泛的问题,有大量的证据表明,在金融发达的国家里,货币需求与利率确实负相关。这也是对许多欠发达国家进行研究的结果。

但是,由于种种原因,对欠发达国家进行的某些研究没有发现明显的利率弹性,原因是在这些国家,利率上下限受到管制,无法充分利用银行和其他金融机构等。在这种情况下,通货膨胀率而非公布的利率数据能产生更好的实证结果。这是因为受管制的利率一般不能准确地反映预期通货膨胀率(发达金融市场的市场利率能够做到这一点),因而土地、存货和其他实际资产(它们的价格更好地反映了通货膨胀率)成为比债券更具有吸引力的现金替代物。

很多实证研究都表明,货币需求的利率弹性是负数且显著,数值在-0.15～-0.5这一区间。

货币需求与预期通货膨胀率

持有货币的一种替代方式是持有商品,它的(预期)收益率等于预期通货膨胀率减去储存和折旧成本。有些商品——比如免税的土地——具有最小的储存和折旧成本,因此商品的(预期)收益率通常可代表预期通货膨胀率。如第2章在讲弗里德曼的货币需求分析时所指出的,除利率外,预期通货膨胀率也是货币需求函数的一个变量。

然而,在完善的金融市场中,受实际利率和预期通胀的影响,名义利率和实际利率的关系如以下的费雪方程所示:

$$R_t = r_t + \pi_t^e \tag{3}$$

其中,R代表名义利率;r代表实际利率;π^e代表预期通货膨胀率。

在显著的通货膨胀率情况下,实际利率的变动在数量上远远小于预期通货膨胀率,因此R_t和π_t^e是紧密相关的。根据这种相关性以及π_t^e和现实通货膨胀率π_t之间的关系,在通货膨胀显著的时期,R和π是密切相关的。因此,在货币需求方程中同时出现R_t和π_t,常常导致多重共线性及其系数的有偏估计。为了避开这些统计学问题,对于具有R_t的可靠数据的发达国家,估计的货币需求方程中通常去掉π_t。然而,经济理论往往要求既包括通货膨胀率也包括利率,因此缺少π_t会导致方程的表述错误。

在金融市场不发达的国家,如欠发达国家,法定支付的利率经常设置上限,所以会同时存在官方利率和自由或黑市利率,因而可能无法获得利率的可靠数据。在此情况下，π_t^e 应当与利率一起保留在估计方程中——有时甚至会把利率排除掉。注意，恰当的变量是 π_t^e，π_t 只是其一个可能的变量。

流动性陷阱

第2章曾经讨论，自凯恩斯以来，货币理论中有关利率的一个问题是，流动性陷阱的在性经验上是否存在。凯恩斯指出这种陷阱可能存在，但他也表示，他不知道有没有实例。

检验流动陷阱的存在性一种可能的方法是，分别估计通行利率不同的各时期的货币需求。如果估计显示，利率较低时期的需求利率弹性倾向于增大，特别是在利率很低时出现明显增大，就可以理解为，流动性陷阱在经验上可能存在。不过，到目前为止的实证研究还没有发现这种情况。每十年分别估计出的流通速度函数，并没有发现比其他年代利率都低的20世纪30年代的货币需求的利率弹性比较高。此外，把20世纪30年代的数据包括进来的回归结果，很好地预测了以后几十年的货币流通速度，这就意味着20世纪30年代的利率弹性与更为一般的情况相比没有什么实质性的不同。因此，对于任何一个重要时期，甚至在20世纪30年代的大萧条时期，流动性陷阱似乎都不曾出现过，更不太可能出现在其他时期。

理论上，当债券的名义收益率变为零时，流动性陷阱就会存在。近年来，日本经济中短期利率接近于零，恰好为流动性陷阱的研究提供了实例。巴依等人（Bae et al., 2006）根据日本1976年1月—2003年4月的季度数据，利用线性和非线性的协整技术对不同的货币需求函数进行了研究。结果发现，不同货币总量（包括M1）的利率越低，利率弹性越高，从而得出结论，流动性陷阱能够存在的情况是利率为零或接近于零时。

货币需求函数的变动

20世纪80年代感受到的金融自由化影响，比70年代所允许的或实现的要大得多。而且，金融部门的技术创新和产品创新非常迅速，计算机也在企业和家庭中普遍使用，使得更有效的资金管理成为可能。到20世纪80年代末，用于电子转账和从活期账户与储蓄账户中取款的自动柜员机已经普及，而且数量比银行分行多得多。许多新的活期和储蓄存款的变体被创造出来，活期存款和储蓄存款间的流动性差异变得很模糊，几乎已经消失，尽管储蓄存款仍然被支付较高的利息，同时也收取较高的费用。放宽管制、创新和技术变化导致对货币需求的季度性的刻画存在缺陷，不论是采用广义的货币定义，还是采用狭义的货币定义。

20世纪80年代的这些发展使得估计出的货币需求函数表现很差，这是因为其具有不稳定的货币需求和高度变化的流通速度。计量经济学检验也变得比早期更加复杂。其中，货币和收入时间序列的计量经济学检验表明，它们不是稳态的。为了解决这个问题，协整分析成为受青睐的技术之一，它证明货币和收入确实是协整的，利率和它们的关系也是如此。

9.2 简述估计中存在的普遍问题

这一节旨在说明，货币需求函数的估计并不是一件能够简单直接地完成的事情，而且运用传统的最小二乘回归分析法并不能得到充分可靠的估计。在本节中，将会对货币需求估计中可能出现的一般问题进行简单处理，当然对一些相关的经济计量问题和技术的介绍也并不严格、充分或深入。这些问题可以参考其他学者编写的计量经济学教材，比如戴维森和麦金农（Davidson and Mackinnon, 1993）的。

在交易、投机、缓冲存货以及预防性分析达到均衡时，需求函数的一般形式如下

$$M^d/P = m^d = m(R_1, \cdots, R_m, \pi^e, y, w) \tag{4}$$

其中，M 代表名义货币余额；m 代表实际货币余额；P 代表价格水平；π^e 代表预期通货膨胀率；R_i 代表第 i 种准货币资产的收益率，$i=1, \cdots, m$；y 代表实际收入或支出；w 代表实际财富。

下一小节考察估计这种货币需求函数可能出现的一些经济计量问题。

9.2.1 单一方程估计和联立方程估计

从一般均衡观点看，每种准货币资产的收益率都受到货币以及风险资产的需求和供给的影响。因此，货币需求的一般经验研究，要联立估计所有金融资产的需求和供给函数，其中第 i 种资产的需求函数为

$$x_i = x_i(R_1, \cdots, R_m, R_{m+1}, \cdots, R_n, \pi^e, y, w) \tag{5}$$

其中，x_i 代表第 i 种货币资产的实际数量，$i=1, \cdots, m$；R_j 代表第 j 种非货币资产的收益率，$j=m+1, \cdots, n$。

注意，从严格的一般均衡角度看，每种资产都应当是同质的。不过，一般均衡研究因此会变成一项极其庞大的任务，并且会从中产生出自己的经济计量问题。货币需求的大多数研究一直是局部性的，由于统计和其他原因，还会使用各种形成的货币总量。它们还经常把解释变量限制为某个利率、收入、支出或财富。然而，不论是否联立估计几种资产的需求函数，都需要注意考察相关理论产生的交叉方程的限制。就像第5章一样，我们用货币和债券间的资产组合情况来说明这一点。

9.2.2 货币和债券组合需求函数的估计限制

第5章表明，资产投机需求函数的一般形式为

$$x_i^d = x_i^d(\boldsymbol{\mu}, \boldsymbol{\sigma}, \boldsymbol{\rho}, W) \quad i = 1, \cdots, n-1 \tag{6}$$

其中，$\boldsymbol{\mu}$、$\boldsymbol{\sigma}$ 和 $\boldsymbol{\rho}$ 分别是资产价值的平均收益、标准差和各种资产价值之间相关系数的向量。(6) 式和资产组合预算约束意味着

$$x_n = W - \sum_i x_i^d(\boldsymbol{\mu}, \boldsymbol{\sigma}, \boldsymbol{\rho}, W) \quad i = 1, \cdots, n-1 \tag{7}$$

所以一种资产的需求函数，一定可以作为一个剩余从其他资产估计需求函数中推导出。或者，如果所有资产的需求函数都是估计出来的，那么对估计方程就必须予以恰当的交叉方程限制。为了说明这一点，(7) 式对货币 (M) 和复合债券 (B) 这两种资产情况加以限制如下。

假定 M 和 B 的估计方程是线性的，如下所示：

$$M = a_0 + a_1 R_m + a_2 R_b + a_3 W \tag{8}$$
$$B = b_0 + b_1 R_m + b_2 R_b + b_3 W \tag{9}$$

其中，R_m 代表货币的名义回报率，R_b 代表债券的名义回报率。

M 和 B 的预算约束为

$$M + B = W \tag{10}$$

把 (8) 式和 (9) 式代入 (10) 式，得到

$$(a_0 + b_0) + (a_1 + b_1)R_m + (a_2 + b_2)R_b + (a_3 + b_3 - 1)W = 0 \tag{11}$$

对于所有变量的可能值，要满足 (11) 式，就必须有

$$a_3 + b_3 = 1 \tag{12}$$
$$a_i + b_i = 0 \quad i = 0, 1, 2 \tag{13}$$

在对两种需求函数进行联立估计时，如果不能对其中估计的系数予以这些限制，由此得到的系数的估计值通常就不能与预算约束条件相一致，因此是无效的。在估计单一需求函数（比如说货币），且它的估计系数看起来很合理的情况下，债券方程的系数值有可能不合理，更别说准确了。举例来说，如果货币需求的估计弹性远远大于 1，这就意味着所有其他金融资产的需求弹性相应要小于 1，这对于所讨论的经济和时期来说是不合理的，从而否决该估计的货币需求函数。因此，如果可行，最好联立估计整个需求方程体系，对系数加以恰当的限制。然而，这有时是不可行的，也不是研究者的兴趣所在，所以大多数研究倾向于只估计货币需求函数。

9.2.3 货币需求函数的潜在易变性

注意，货币需求函数 (8) 式中的系数 $a_i(i=0, 1, 2, 3)$ 取决于资产的预期最终价值的平均值、标准差和相关系数，对于它们来说，所有主观——非客观——预期的未来（而非过去的实际）值都是相关的。如果资产的这些属性改变

了，系数也会改变，货币需求就会变动。在现实生活中，对金融资产的收益和未来值的主观预期由于各种原因而不断变动，从而使资产的主观属性也不断变动。变动的原因分为三种：1. 市场情况的改变引发主观概率估计改变；2. 政策变动导致结果和概率函数改变；3. 交付机制的创新，比如 ATM（自动柜员机）和电子银行服务的出现。

事实上，凯恩斯曾指出，资产收益的预期以及对这些属性的预期是非常易变的。这一论断意味着，货币和其他金融资产的需求函数是不断变动的，它们无法被恰当地预期，或者，即使估计了，也毫无价值——除非这种变动的性质能够得到确认，并据此加以调整。

此外，根据卢卡斯（第 17 章）对用于政策设计的估计函数的批评，如（在货币制度、税收法规、银行和金融机构管制、相关政治态势等方面）政策变动改变了资产收益的属性，需求函数就会改变，以前的估计形式不再有效。因此，需求函数的具体形式在不同的政策框架中是不同的。

这些观点要求我们注意，由于货币需求和供给函数以及其他相关政策函数是不断变动的，而且在数十年间始终如此，所以用长期数据去估计一个系数不变的需求函数，其结果是极其可疑的。特别是在存在不断改变现有资产属性的金融创新、市场中资产种类不断增加的时期，情况更是如此。

9.2.4 多重共线性

局部研究中会遇到的另一个统计学问题是多重共线性问题。假设货币需求与收入和财富有关，但收入和财富本身是高度相关的。那么，对货币余额需求和收入间关系的估计，就会受到收入和财富间关系的影响，反之亦然。因此，估计出的关系可能不是其现实值的准确测度。

同样，各种收益率也是高度相关的。因此，对经济中货币需求函数的收益率系数的估计，也往往出现偏差，必须谨慎对待。

如果在一组变量间有相当高的相关性，多重共线性的一个解决办法是只使用该组变量中的一个变量，把它的估计系数看做该组中所有变量的集合效应。例如，由于利率间的高度相关性，大多数货币需求函数在自变量中只包括一个利率以避免多重共线性。这一般是一个短期利率，比如说国库券利率。然而，有些研究同时包括短期利率和长期利率。就像在当期收入和永久收入之间一样，有些研究只包括当期收入，而另一些只包括永久收入，但是由于这两个变量间的多重共线性，不允许把二者同时包括进来。

9.2.5 序列相关与协整

大多数回归方法假定，误差项不是序列相关的，且具有不变的方差。对于估计方程来说，这是需要检验的。如果估计的误差不能满足这些条件（通常不会如此），估计的系数就是有偏的，必须使用能确保无偏估计的恰当方法。在用来纠正序列相关的方法中，经常使用的是以一阶差分形式估计货币需求函数，或使用具有内在纠正序列相关作用的相关顺序的方法。

在推导货币需求函数时用到的回归分析中，假定变量是呈稳态的。一个变量如果符合序列相关，则没有平稳性。货币需求函数中的许多变量——比如收入和现金存货——都是非稳态的。在这种情况下，传统的最小二乘法、两阶段最小二乘法等回归分析方法，会造成独立变量回归系数的有偏估计。而首选的方法则为协整分析法。

9.3 经济理论与协整分析之间的关系：入门课程

本节对平稳性及协整分析做一个简单的介绍。读者可以参阅一些计量经济学教材对这些问题进行更深入的理解。

9.3.1 均衡与调整至均衡

经济理论往往是为了解释和说明对一个或几个经济变量的实际值的测定。为了更好地进行阐述，我们先从单个经济变量 y 的测定开始。而这个过程将会产生以下三个问题：

1. 自变量 $x(x=x_1, x_2, \cdots)$ 与因变量 y 之间是否存在一种均衡关系？假定存在并且符合以下形式

$$y_t = \alpha_0 x_0 + \alpha_1 x_1 + \alpha_2 x_2 + \cdots + \alpha_n x_n \tag{14}$$

其中，x_0 是恒定常数，y 和 x 可能是变量的水平形式，也可能是其一阶差分变化率，y 和 x 之间的关系可能是线性的也可能是非线性的。在之后的讲解中，假定这种均衡关系存在于变量的水平值（或对数值）之间，并且是线性的。估计方程的右侧包含了因变量 y 和自变量 x 的滞后值，这个方程被称为自回归分布滞后方程，具体的处理过程可参见本章的附录。

如果这个均衡关系中的所有变量都是稳定的，传统的最小二乘法可以得出这些变量回归系数的无偏估计。然而，如果有某些变量不稳定，结果可能就不一样了。而协整估计方法可以得出更精确的结论。为了确定协整方法的合理性，变量的平稳性等特性需要通过稳定性测试。这将在之后讨论到。

2. 这种均衡关系是否唯一？假定关系唯一，并且模型的方程结构确定。

3. y 与 x 之间的关系是否稳定？假设是稳定的，并且从随机的不均衡到确定的均衡关系有动态的调整路径。路径有很多种，选择哪一种依调整过程的具体内容而定。而哪种路径与实证相关通常也不能确定。最普遍的假定是调整过程是线性的（或对数线性的）。整个调整过程的估计和对均衡关系的稳定性的结论将在

之后讲误差修正模型时讨论到。

9.4 变量的平稳性介绍

内生变量 y 与解释变量的向量 x 的均衡关系确定如下：

$$y_t = a_0 x_0 + a_1 x_1 + a_2 x_2 + \cdots + a_n x_n \tag{15}$$

如果用一般的回归分析对这种关系进行估计，需要每个变量都保持平稳性。

定义一个变量 z_i，它与其他变量的平均值、方差和协方差是限定的常数。一般特征如下：

$$E(z_i) = \mu_i$$
$$V(z_i) = \sigma_{ii} = \sigma_i^2$$
$$COV(z_i, z_j) = \sigma_{ij}$$

z_i 的平稳性意味着这几个相关项保持不变，除非有不同的采样周期导致随机误差的出现。反过来说，如果不同的采样周期使得这些特征值的估计值不同，变量很可能是不稳定的。按照这个思路，如果在均衡关系中出现了不稳定的变量，运用最小二乘回归分析法进行估计时，采样周期的不同将会带来估计结果的差异，估计出的结果也就不能准确地反映变量之间真实的关系。

非平稳性的成因

非平稳性出现的可能原因有两个：
1. 数据的趋势造成变量的均值不稳定。
2. 序列相关使得变量与其他变量之间的方差和协方差不稳定。

如果是第二种情况导致的变量不稳定，可以通过两种估计过程来最终判定真正的均衡关系。一种是在估计之前先通过估计序列相关等方式，确保数据序列的平稳性。在这个过程中，为了保证序列（序列相关）的平稳性，必须对每个序列进行至少一次差分，直到得出稳定的序列。或者是，对序列相关进行校正，比如可以使用科克伦—奥克特方法来进行。传统的最小二乘法、两阶段最小二乘法等回归分析方法中，就经常用这个过程来处理不平稳的时间序列。

另一种可选择的方法是利用均衡关系的以下性质。定义 y 为因变量，为了说明清楚，只定义 x_1、x_2 两个自变量。假定变量的水平值（或对数值）之间关系是线性的，符合以下形式：

$$y_t = a_0 + a_1 x_1 + a_2 x_2 \tag{16}$$

也可以写成

$$y_t - a_0 - a_1 x_1 - a_2 x_2 = 0 \tag{17}$$

在上面这个方程中，等号右边是稳定的（恒为零），所以左边的复合变量

($y_t - \alpha_0 - \alpha_1 x_1 - \alpha_2 x_2$)也是稳定的。因此，虽然单个的变量不稳定，(17)式给出的线性组合将会是稳定的。相应合理的线性组合的回归系数应为($1 - \alpha_0 - \alpha_1 - \alpha_2$)。注意，$\alpha_0$是回归的常数项。在这种情况下，因变量的回归系数标准化为1个单位，($1 - \alpha_0 - \alpha_1 - \alpha_2$)被称为协整向量，(17)式称为协整方程。实证分析需要一种能对向量进行无偏估计的过程。以上的关系中有几点需要注意：

- 将每个常量系数相乘得到一个稳定的变量，因此任意协整向量的乘积也是协整向量。
- 将内生变量的回归系数标准化为一个单位是恰当合理的，因此习惯上也这样处理协整向量。
- 在协整向量和方程中，解释变量的系数的符号与均衡关系的符号相反。
- 利用变量的对数结果时，如果均衡关系是线性的，协整向量可以确定出内生变量相对于解释变量的弹性（符号相反）。

接下来主要讨论变量非稳定性的来源，以及判断一个变量是否稳定的估计过程。

趋势项引发的非稳定性均值

数据变量的趋势项会造成它的均值的不稳定。比如以下情况：

$$z_t = \alpha_0 + \alpha_1 t + \mu_t \tag{18}$$

其中，z为要考察的变量，t代表时间，μ是白噪声扰动项。① 在这种情况下，不同采样周期得到的数据样本会产生z的不同均值，因此

$$Ez_t = \alpha_0 + \alpha_1 E_t$$

由趋势项带来的不稳定的变量可以在移除趋势项后转换为稳定的变量。这种变量称为趋势平稳（TS）。

序列相关引发的非稳定性变量和协方差

这种不平稳性将在以下情况中出现：

$$z_t = \alpha_0 + z_{t-1} + \mu_t \tag{19}$$

其中，μ_t是白噪声扰动项，z_t在常数项α_0为零时服从随机游走，在α_0不为零时服从带漂移的随机游走。z_t的值取决于z_{t-1}的值（包括μ_{t-1}的实际值），所以由于数据采集的不同，变量的均值将会有随机变化的趋势。

方程还可以写为

$$\Delta z_t = z_t - z_{t-1} = \alpha_0 + \mu_t \tag{20}$$

其中，$\Delta z_t (= z_t - z_{t-1})$是稳定的。因此，由随机游走而导致的不稳定的变量可以通过一次差分转变成稳定的变量。这样的变量称为差分稳定（DS）。如果差分

---

① μ是稳定扰动项，均值为0，且方差和协方差有限并为常数。

一次使一个序列变得稳定,则称做一阶单整,记为 I(1)。

注意,一个序列 I(1) 经过一次差分后会得到稳定的序列。但是如果这个序列中还存在一个时间趋势项,一次差分后的序列将仍存在趋势项,而不会趋势平稳。估计过程也就必须针对这个趋势项做出调整。

变量值的变动引发的非稳定性

注意,变量的时间序列中某些点的变动,会使得一个本身稳定的变量在样本数据中表现出非稳定性的特征。在这种情况下,传统的最小二乘法仍然可以用到,它可以通过使用虚拟变量来反映这种变动。

9.4.1 单整阶数

在序列相关的情况下,变量会满足以下方程:

$$z_t = \alpha_0 + z_{t-p} + \mu_t \tag{21}$$

在这种情况下,一个 p 阶单整序列,也就是 $I(p)$ 序列需要差分 p 次才能变得稳定。但是,甚至对一阶差分的回归也会消除变量层次间的关系,因此回归不能对估计方程中的因变量和自变量间的长期关系做出估计。所以,使用差分过的数据不是找到这种关系的恰当方法。

注意一个 $I(p)$ 序列需要差分 p 次才能变稳定。但如果序列也有时间趋势项,尽管 p 次差分也会起到效果,但是序列并不保持趋势平稳,需要对估计过程进行一定的调整才行。

9.4.2 非平稳性检验

由于从趋势和序列相关中都可以产生非平稳性,对平稳性的合理检验就必须同时包含这两个因素。下面的内容就此进行讨论。

变量 z 的一种自回归的、非稳态的数据生成程序为

$$z_t = a_0 + a_1 t + a_2 z_{t-1} + \mu_t \tag{22}$$

其中,t 代表时间,μ_t 服从稳态程序。从等式两边分别减去 z_{t-1},得到

$$\Delta z_t = a_0 + a_1 t + (a_2 - 1) z_{t-1} + \mu_t \tag{23}$$

如果 $a_2 = 1$,z_t 就为 I(1)。证明 $a_2 = 1$ 而不是 $a_2 < 1$ 的检验称为单位根检验。比如迪基—富勒(Dickey-Fuller, DF)单位根检验。对这个方程的估计可以得出以下结论:

1. 如果 $\hat{a}_0 = \hat{a}_1 = 0$,$\hat{a}_2 = 1$,$z$ 服从随机游走,序列为 I(1)。
2. 如果 $\hat{a}_0 \neq 0$,$\hat{a}_1 = 0$,$\hat{a}_2 = 1$,z 服从带漂移的随机游走,序列仍是 I(1)。
3. 如果 $\hat{a}_2 = 1$,$\hat{a}_1 \neq 0$,z 有相应趋势并符合趋势平稳。

扩展的迪基—富勒(ADF)单位根检验对非平稳性成因有着更精确的检验。

它考虑了高阶自回归过程，并以对下面这个方程的估计为基础：

$$\Delta z_t = a_0 + a_1 t + (a_2 - 1) z_{t-1} + \sum_{j=1}^{n} b_{ij} \Delta z_{t-j} + \mu_t \tag{24}$$

它考虑到这个变量 n 个滞后值的影响。ADF 单位根检验的原假设是 $a_2=1$ 而不是 $a_2<1$。不能拒绝原假设意味着序列的非稳态。

如果 ADF 和变量数据序列的其他检验显示，其中至少有一些序列为 $I(p)$，$p\geqslant 1$，那么该关系具有非稳态变量，并且如上所述，传统的回归技术（如普通最小二乘法）不能提供该关系的无偏和一致的系数估计。此时恰当的方法是协整。

9.5 简述协整与误差修正

协整技术是基于这样一个假设，变量之间存在均衡关系（线性或对数线性），这意味着两个或多个变量是个别非平稳的，但都以相同的顺序集成为一个低阶的线性组合。因此，如果所有的变量 I(1) 是协整的，那么它们的协整方程将产生一个复合变量 I(0)，即它会是稳定的。正如前面解释讨论平衡关系和协整之间的连接一样，如果在变量 I(1) 中的均衡关系是线性（对数线性）的，那么这样一个线性（对数线性）组合可以被相关理论证明是均衡关系。协整技术尝试估计这样一个组合是否存在，如果存在，协整向量是什么。基于这个向量上的协整方程就被视为对长期均衡关系的估计。

如果这些变量都是 $I(p)$，那么，一旦存在协整向量，协整向量将产生一个变量 $I(p-1)$。

在实践中，如果理论隐含的关系是不同阶的协整，那么使用协整技术分析就会有问题。如果 y 是 I(2)，一些 $x_i (i=1, 2, 3, \cdots, n)$ 是 I(1)，另一些是 I(2)，成功运用于 I(2) 变量的协整技术只会产生一个协整方程，其中 I(1) 是复合变量。该复合变量 I(1) 的估计随后可以随着 I(1) 变量运用到误差修正估计中去，这个稍后再讨论。如果 y 是 I(1)，理论中隐含的变量一部分是 I(0)，另一部分是 I(1)，将必须使用一个与之前类似的程序。

如果因变量是一个比理论隐含的全部或部分解释变量更低阶的协整，那么就不适合使用协整分析了。例如 y 是 I(0)，而部分或全部解释变量是 $I(p)$，$p\geqslant 1$。

如果变量是不同阶的协整，那么估计问题因此而出现。在这种情形下，它可能更适合使用协整过程。Pesaran 等（2001）提供了这样一个过程。

协整结果和经济理论之间的关系

令源于经济理论的关系为这样形式：

$$y_t = \alpha_0 x_0 + \alpha_1 x_1 + \alpha_2 x_2 + \cdots + \alpha_n x_n \tag{25}$$

如果变量 y，x_1，$\cdots$，x_n 都为 I(1)，协整向量（如果发现）的一般形式为

$$f(y, x_1, \cdots, x_n) = 0$$

是对数线性关系还是线性关系取决于数据是否取对数形式。协整方程的形式为

$$y_t - \alpha_0 x_0 - \alpha_1 x_1 - \alpha_2 \alpha_2 - \cdots - \alpha_n x_n = 0 \tag{26}$$

其中，x_0 表示常数项。正如前面提到的，解释变量系数的符号必须转变成原始方程（25）式所要求的。

由于潜在的计量问题，各种计量检验（稍后讨论的）应用到检验估计系数的可接受性上。然而，即使在计量检验的基础上估计是可以接受的，协整向量可能仍然不是均衡经济关系的一个合理估计。从经济理论的角度来看，这种合理性是通过检查协整向量的迹象是否与理论所隐含的一致以及协整方程的估计是否合理来判断的，直觉和估计由其他研究得到。如果不是如此，协整向量估计作为真实均衡关系的估计就会被拒绝。

偏离均衡关系：为调整不均衡建立误差修正假设

前面假设内生变量和解释变量的向量之间的均衡关系是稳定并唯一的。协整文献用协整向量估计来标识这种长期均衡关系。

由于均衡已被认为是稳定的，任何偏离都将通过调整过程来校正。在协整分析中，这一调整过程通常被称为动态调整。协整技术假设动态调整是线性或是对数线性的误差修正过程，而不是其他。这一过程的本质是对每一时期进行部分线性调整。

协整文献称其调整估计技术为"误差修正模型"（ECM）。这一模型认为内生变量 y 的变化是上一期因变量实际值和均衡值之间的差异引起的。其他变量，只要它们是稳定的，也可以在 EMC 中引入。ECM 误差修正元素的线性规范形式为

$$\Delta y_t = \theta(y_{t-1} - y_{t-1}^*) + \cdots \tag{27}$$

其中，$\Delta y_t = y_t - y_{t-1}$，$y^*$ 是均衡值（由估计的协整向量计算出），y 每一时期以上一时期真实值偏离均衡值 y^* 的比例 θ 变化。为了使均衡稳定，我们使 $\theta \leqslant 1$。完整的 ECM 方程将为以下形式

$$\Delta y_t = a_0 - \sum_{i=2}^{p} a_i \Delta y_{t-i} + \sum_{j=1}^{n} \sum_{i=1}^{q} b_{j,t-i} \Delta x_{j,x-i} - \theta \text{ECM}_{t-1} + \eta_t \tag{28}$$

其中，滞后长度 p 和 q 通过最优化技术确定，且

$$\text{ECM}_{t-1} = y_{t-1} - \hat{a}_0 - \sum_{j=1}^{n} \hat{a}_i x_{jt-1} \tag{29}$$

9.5.1 协整技术

确定均衡关系或非平稳变量之间关系的两个流行的协整程序是恩格尔—格兰

杰（Engle and Granger，1987）程序以及约翰森（也叫尤塞勒斯—约翰森）程序（Jonansen and Juselius，1990；Jonhansen，1988，1991）。这些程序常应用在所有变量为 I(1) 时。

恩格尔—格兰杰方法用于简化方程形式

对于估计的协整向量以及其相关的误差修正动态调整方程，恩格尔—格兰杰方法使用了一个两阶段的过程。第一阶段，在给定均衡关系的 I(1) 变量间估计协整向量并检验残差的平稳性。如果这些残差是平稳的，正如当所有变量是 I(1) 时的那样，那么在第二阶段，通过误差修正模型使用这些残差去估计因变量的动态短期反应。

当所有的变量为外生变量时，恩格尔—格兰杰技术是十分合适的。通常，一个模型拥有多个内生变量时，变量之间的均衡关系有多种。在这种情况下，约翰森程序要优于恩格尔—格兰杰程序。

拥有多个内生变量模型的约翰森协整过程

一个模型中拥有多个内生变量时，变量之间将有一种以上的均衡关系。约翰森协整过程是最优的一个，因为在估计过程中它将所有的变量当做内生的，并且试图同时确定它们之间的均衡关系。此外，这一程序提供了协整向量和误差修正模型估计的一个步骤。这些优点在约翰森程序协整文献中更为普遍。

假设所有的变量被认为是 I(1)，约翰森程序假设所有的变量是内生的并且与自回归结构模型（VAR）相联系，对 VAR 模型使用最大似然估计，推导出一组协整变量。协整变量的数量由特征值和跟踪测试决定。独立均衡关系的最大数量，可以存在于内生变量之间，并且比变量数量至少少一个。因此，显著协整向量的数量应当比 VAR 模型中的变量至少少一个。

约翰森程序在变量之间产生几个（显著）协整向量的倾向是一种优势，同时也引出两个棘手的问题。

1. 哪一个向量应当被视为变量之间均衡关系的估计？也就是说，必须在特定经济关系中可用的协整变量之间做出选择。

2. 任何线性组合的估计协整向量也是一个容许协整向量。因此，可以产生无限的组合。

需要说明的是，在一些货币需求估计中应用约翰森技术时，发现没有一个协整向量元素与货币需求函数弹性的先验预期具有一致性。这些问题可能源于有限的样本容量、不准确的数据、变量集的误设以及数据缺口。但是，也有可能是由于协整向量的线性组合依然是协整向量，我们可以尝试在一个合理范围内发现协整向量线性组合元素所需的符号和大小。然而，这相当于"挖掘向量"，所以这些结果很难说服其他研究者。

概括来说，虽然约翰森技术为一组变量存在长期关系提供了计量经济学的证据，从协整向量元素中识别或派生的模型的结构系数仍然是一个很大的问题。

9.6 协整、ECM模型与宏观经济理论

在任何给定的经济变量组之间，通常都有不止一种长期关系。比如在 IS-LM 模型中，货币需求取决于国民收入和利率，而国民收入——像利率一样——取决于货币供给，后者等于均衡状态下的货币需求。假设这三个变量都是 I(1)，经济变量的这种同时决定意味着其间可能最多存在着两组协整向量。一般来说，对于 n 个变量，可能有 $(n-1)$ 组协整向量。这就存在一个问题，协整技术不能识别具有某种特定经济关系的特定协整向量。举例来说，假设在货币、收入和利率间发现了两组协整向量。它本身的经济计量估计无法搞清楚究竟哪一组协整向量能表述货币需求关系。这必须由研究者根据经济学理论对货币需求关系的系数所要求的符号以及根据协整向量中元素数值大小的合理性来决定。选定的协整向量的元素被用来描述各自的线性（或对数线性）货币需求函数的长期系数。

假定存在协整变量，ECM 模型可以用来描述因变量向协整向量所代表的长期均衡所做的调整。ECM 模型有以下特征：

1. 它对长期值的偏离定义为"误差"，用残值来测度，即因变量的实际值与建立在选定的协整向量基础上的估计值之差。

2. 它说明，因变量的一阶差分是该方程滞后一个时期的误差，I(0) 变量和 I(1) 自变量的一阶差分函数。后者恰当的滞后在这一阶段引入。

3. 滞后残值的系数是误差修正系数，测度的是因变量向其长期值调整的速度。

4. 它们的系数测度的是因变量由于自变量的波动而做出的短期运动。

9.7 协整—误差修正模型方法在货币需求估计上的应用

为了说明这种方法，令长期关系为

$$m_t^d = \alpha_0 + a_R R_t + a_y y_t \tag{30}$$

假定 m、R 和 y 的数据序列都是 I(1)。令它们的估计协整向量为 $(1 - \hat{a}_0 - \hat{a}_R - \hat{a}_y)$，其中第二、第三和第四元素的符号与方程右边各自系数的符号相反。令从这种协整向量中估计出的 m^d 的值为 $\hat{m}^d$。也就是说

$$\hat{m}_t^d = \hat{a}_0 + \hat{a}_R R_t + \hat{a}_y y_t$$

于是，误差修正模型可表述为

$$\Delta m_t^d = \alpha z_t + \beta(m_{t-1}^d - \hat{m}_{t-1}^d) + \gamma \Delta x_t + \eta_t \tag{31}$$

其中，$(m_{t-1}^d - \hat{m}_{t-1}^d)$ 是滞后误差，z 是包括常数项和任何 I(0) 变量的向量，x 是包括在协整向量中的自变量 I(1) 的向量。根据我们对于货币需求函数的假设，x 包括 R 和 y，假定它们是 I(1)，出现在理论需求函数中。由于该函数中没有其他自变量，z 中只有常数项。

但是，如果只有 m 和 y 是 I(1)，而 R 是 I(0)，协整就只存在于 m 和 y 之间，如果估计的协整向量满足货币需求函数的理论约束，因而可以接受为长期货币需求函数，那么误差修正方程（31）将用常数项和 R 来描述 z，而 x 只用变量 y 来描述。

总结一下本节内容。只要货币存量和收入（可能还包括货币需求函数中的其他变量）的数据至少有一个是 I(1)，那么使用标准最小二乘回归方法就不适当。这使得协整—误差修正模型方法在估计货币需求函数时大受欢迎。这种方法的一个吸引人的特征是，长期货币需求与其动态短期形式相分离，但对两者可以同时进行经济计量估计。而约翰森协整检验的不足之处是，如果一个或多个变量是 I(0) 但存在结构性突变，将会使它们的序列呈现出 I(1) 的状态。

9.8 货币需求函数的一些协整研究

我们考察一些近期使用协整—误差修正模型的研究。其中，Baba 等（1992）认为，只把利率和收入作为解释变量的标准货币需求函数的形式从几个方面看都是错误的。他们宣称，这些错误包括忽略通货膨胀率、没有完全包括货币本身的收益、可替代资产收益对金融创新的调整不充分、排除了长期资产的风险和收益，以及不恰当的动态表述。对于最后一项，他们认为，种种原因都表明，部分调整模型或序列相关的校正如科克伦—奥克特方法，是不能接受的。

因此，Baba 等人利用协整—误差修正模型方法，估计了美国 1960—1988 年的 M1 需求函数。他们发现了一个与理论相一致的、稳定的协整 M1 需求函数。他们的结论是，误差修正模型能充分说明短期货币需求的变动。他们发现通货膨胀（在利率以外）对 M1 需求有显著的冲击。风险调整后的长期债券收益被包括进来，对于解释流通速度的变化也很显著和重要。但是，代表可替代资产收益的变量，包括金融工具可获得性变化的调整和这些金融工具被完全接受的时间。他们的结论是，如果收益数据不能对这些因素进行恰当的调整，只是将金融资产本身的利率包括在估计方程中，将导致对参数恒定性和稳定性的排斥。

Baba 等人的研究结果指出了协整—误差修正模型方法的有效性，以及在货币需求函数中正确说明变量的必要性。他们还强调，金融创新始终是重要的。除非数据能够正确地描述它，否则它将导致估计函数的不稳定。

米勒（Miller，1991）把名义货币余额需求作为实际收入、名义利率和价格水平的一个函数。他描述的货币包括 M1、M1A、M2 和 M3。用以替代利率的是 4~6 个月的商业票据利率和股息与价格的比率。他的研究基于美国 1959—1987 年的季度数据，并应用恩格尔—格兰杰协整—误差修正模型方法。他发现，在各种货币总量中，只有 M2 与其他变量协整，其余的都没有协整性。

哈弗和詹森（Hafer and Jansen，1991）利用约翰森方法处理美国 1915—1988 年和 1953—1988 年的季度数据。在他们的研究中，有一部分内容使用的变量是实际货币余额、实际收入和商业票据利率，后者是一种短期利率。就 1915—1988 年间的数据，他们发现了一个协整向量，尽管对于 1953—1988 年的数据并非如此，他们还是在两个时期中都发现了 M2 的这种向量。对于 1915—1988 年间的 M1，长期收入弹性是 0.89，长期利率弹性是 -0.36。对于 M2，1915—1988 年的长期收入弹性是 1.08，1953—1988 年的长期收入弹性是 1.06。M2 的长期利率弹性，1915—1988 年是 -0.12，1953—1988 年是 -0.03，两个估计值在统计上都很显著。这些估计值，特别是后者，远低于许多其他研究中 -0.15～-0.5 的相应的估计弹性。

哈弗和詹森用公司债券利率（一种长期利率）取代商业票据利率后，在 1953—1988 年间仍然没有发现 M1 的协整向量。对于 M2，1915—1988 年间也没有，但 1953—1988 年间有一个。后者的收入弹性是 1.13，利率弹性是 -0.09。总的来说，在与收入和利率的长期关系中，两位学者的结论更支持使用 M2 而不是 M1。

米姚（Miyao，1996）用 M2 作为货币变量，估计了各种包含收入、利率和价格水平的线性函数。他的美国季度数据的样本时期是 1959—1988 年、1959—1990 年和 1959—1993 年。对于较早的时期，结果是混合的，协整和不协整并存，但对于 1959—1993 年，根本没有任何协整向量。他总结，20 世纪 90 年代的数据结构发生了变动，因而误差修正模型不适用于 90 年代。此外，他认为，20 世纪 90 年代 M2 和产出间的稳定关系消失了，因而 M2 不再是制定政策的可靠指标或目标。

如前所述，创新已经使货币需求函数因时而变。此外，协整分析要求考察长期的数据。为了适应这些变化和要求，豪格（Haug，2006）运用协整技术对 M0、M1、M2 的需求进行了研究，涵盖了加拿大的几个时期，其中最长阶段是 1972—1997 年。豪格还利用协整技术对稳定性进行了排列，这也是被认可的发现之一。豪格的研究还介绍了通货占货币总供给的比率、流通速度、人均长期收入等变量对制度结构改变的影响。

柯伦和维加（Coenen and Vega，2001）运用协整和误差修正分析了欧元区对 M3 的需求，时间从 1980 年 4 月持续至 1998 年 4 月。结果发现了对 M3 的稳定的长期需求函数。在此研究中，自变量除了实际 GDP 外，还包括短期利率、长期利率以及通货膨胀率。他们估计出的长期收入弹性是 1.13，并将之解释成对货币需求的集合财富效应。

这些不同的结论清楚地表明，就美国近几十年而言，货币需求函数中变量协整的证据不是确凿的和可靠的。据报告，英国（Cuthbertson，1991）和加拿大也有类似的结果。虽然这种向量的存在不能因为货币总量的某些形式和自变量的某些定义而被排斥，但这样的结果取决于特定的定义、特定的时期和特定的协整技术。结论冲突的部分原因是约翰森协整方法对样本规模的敏感性及其糟糕的有限样本性质。但是，从经济理论的角度看，问题也可能来自近几十年来各种类型的创新所引起的货币需求函数的不断变动。这些变动意味着，该时期内没有稳定的长期货币需求关系。因此，协整方法不能产生恰当的协整向量，除非创新的影响首先能够被变量充分描述，就像上文引用的 Baba 等人的研究。即使这样可能也不行，因为创新有许多种类型，它们自身的整体组合也不断在改变。

9.9 因果关系

由于 ECM 模型中等号的右侧包含了自变量和各个因变量的对数结果，它的估计也常被用来判定格兰杰检验的方向。

9.10 创新时期货币需求弹性的说明

表 9—1 根据戈德菲尔德和西奇尔（Goldfeld and Sichel, 1990）的著述，列出了具有滞后因变量货币需求的估计值。本表的一部分源自费尔（Fair, 1987）的著述，他提供了 27 个国家的货币需求估计值。

表 9—1 中的收入弹性

在表 9—1 中，收入变量 y 的系数是季度冲击弹性，范围在 0.039 到 0.118 之间。1 减去滞后因变量 m_{-1} 的系数，再除以冲击弹性，得到长期弹性。当 m_{-1} 的系数接近于 1 时，长期弹性的计算对其微小的变动变得极其敏感。事实上，如果这一系数是 1 或大于 1，部分调整模型会错误地描述其调整机制。就美国从 1952 年第 3 季度到 1979 年第 3 季度来看，这一点表现得很明显，对于 1974 年第 2 季度到 1986 年第 4 季度，几乎也是如此。因此，这些时期的估计值是不可靠的，只要看一看长期收入和利率弹性就知道了。

表 9—1　　　　　　　　　　货币需求估计

国家	样本区间	y	R_1	R_2	π	m_{-1}	长期弹性 收入	长期弹性 利率
美国	1952：3—1974：1	0.131	−0.016	−0.030	−0.771	0.788	0.62	−0.075
	1952：3—1979：3	0.039	−0.013	−0.002	−0.889	1.007	−5.57	1.857
	1974：2—1986：4	0.044	−0.018	0.100	−8.823	0.997	14.67	1.857
加拿大	1962：1—1985：4	0.071	−0.004		−1.66	0.94	1.18	−0.067
英国	1958：1—1986：1	0.118	−0.005		−0.69	0.44	0.21	−0.009

此外，表 9—1 中只有两个长期收入弹性是合理的。它们是美国从 1952 年第 3 季度到 1974 年第 1 季度的 0.62 和加拿大的 1.18。对于美国，其他两个时期的这一弹性估计值不可信，就像上一段中已经讨论过的一样，这些时期的估计方程总体上令人怀疑。而且，戈德菲尔德和西奇尔（Goldfeld and Sichel, 1990）表明，只有第一个时期的估计值在模拟中表现得很好，自 1974 年以后，货币需求函数变动很大，导致以这张表所用的传统形式进行的估计失效。

表 9—1 中的利率弹性

从表 9—1 可知，冲击（第一季度）利率弹性对于加拿大是 -0.004，对于英国是 -0.005，对于美国的第一个时期是 -0.016，不考虑美国的后两个时期。相应的长期利率弹性，加拿大是 -0.067，对于英国是 -0.009，对于美国是 -0.075。为了比较，对于加拿大 1956 年第 1 季度到 1978 年第 4 季度，伯罗兹（Poloz, 1980）认为，M1 的冲击和长期利率弹性分别是 -0.054 和 -0.18。相应的收入弹性的估计是 0.22 和 0.73。这和表 9—1 指出的加拿大的数据有所不同，说明我们应该更关注合理的区间，而不是精确的弹性数值。

表 9—1 还显示出冲击弹性在通货膨胀下也十分显著。由于滞后因变量系数等于 $(1-\lambda)$，第 1 季度的调整，对于美国的第 1 个时期仅为 0.212，对于加拿大为 0.06，对于英国为 0.56。我们已经提到过在美国的后两个时期，货币需求函数是不稳定的。费尔在他的 17 个国家的样本中发现其中 13 个具有不稳定性。

在第 4 章中我们曾讨论过，针对货币需求的鲍莫尔—托宾存货模型意味着，低利率与佣金费用密切相关，此时对经济主体而言，持有债券并不是最优选择，但在高利率的情况下将是最优的，所以交易需求的利率弹性会在 $-1/2 \sim 1$ 之间变化。因此，如马利根和萨拉·伊·马丁（Mulligan and Sala-i-Martin, 2000）所讲，利率弹性是非线性的。他们的发现也验证了利率低使货币需求的利率弹性也很低。

9.11 创新与寻求稳定的货币需求函数

金融创新是经济中常有的事。有些类型的创新改变了现有资产的流动性或代表着新资产的创造，其他类型的创新则出现在支付和银行业务技术中。有些创新来自金融产业试图规避金融管制的尝试，还有一些则是企业、家庭和金融机构采用新的财务管理技术。在过去 30 年间所发生的一切，总的来说可能比以往数十年都来得快。

在美国的新型资产中，支付利息的支票账户首先以可转让提款单（NOW）的形式被引入，然后在 20 世纪 70 年代末 80 年代初出现了超级 NOW 账户。商业银行在 20 世纪 60 年代开始发行小额存款单，在 70 年代末期开始发行货币市场共同基金。这已经超出了 M1 的传统定义。在英国，商业银行和建房互助协会在 20 世纪 80 年代引入了可开支票的生息账户。在每一种情况下，都存在一个公众学习认知的时期，并引起货币需求函数在许多年间发生变动。

如果创新只是改变货币需求函数中的常数项或自变量的系数，我们通过分割时期或使用虚拟常数项和交互变量等方式在估计中比较容易把握。然而，货币需求函数的某些变动很难把握，甚至无法把握，研究者只能做出这样的判断，即货币需求函数变得不稳定了。

努力寻找稳定的货币需求函数

在过去的 30 年里，货币领域出现了大量创新，导致了货币需求估计的停滞，以及研究者在其估计方程和技术方面的大量创新。寻找稳定需求函数的尝试包括货币总量（M1、M2、M3 或与之相对应的迪维西亚总量）作为因变量的变化。其他尝试则围绕着函数变量的变化展开，包括使用当期收入、永久收入、工资收入或财产收入等作为尺度变量，以及使用短期利率、长期利率、通货膨胀率或某种利率复合指数作为利率变量。

还有一些尝试改变了估计方程的形式，从线性到对数线性和半对数线性，或转而采用非线性函数或具有随机系数的非线性函数等。另外一些尝试把重点放在现实货币余额向理想货币余额动态调整的恰当形式上。使用的经济计量技术包括古典回归方法和协整—误差修正模型等。

如此大量的尝试和对标准货币需求方程的偏离，几乎给人以这样的印象：数据挖掘和为了寻找稳定的货币需求函数以支持理论所进行的特殊尝试，主导了这个领域。虽然这听起来是相当尖刻的评价，但它确实提醒我们，在近几十年的不断创新中，寻找稳定的货币需求函数是多么的艰难。

就美国来说，20 世纪 70 年代似乎表现出货币需求函数向下移动，而 80 年代则相反。在 20 世纪 70—90 年代的 30 年里，现实货币持有量明显偏离了大多数货币需求估计模型的预测。在流通速度方面，M1 的流通速度在 20 世纪 70 年代的提高和在 80 年代的降低根本没有被这些模型预测到。

结　语

经验研究结果通常都确认了实际余额需求对价格水平的零阶齐次性，以及相应的名义余额需求的一阶齐次性，参见第 3 章的讨论。实际 M1 对实际收入的收入弹性一般认为小于 1，在长期中也是如此，尽管有些研究表明，实际 M2 的收入弹性甚至略大于 1。后一种情形对于发展中经济体尤其如此。发展中经济体的债券市场和股票市场都不发达，所以储蓄增量大部分以储蓄存款的形式持有。实际余额确实取决于利率，短期利率通常用于估计 M1 的需求，而更长期的利率用于估计 M2 的需求。估计出来的利率弹性通常处于 $-0.15 \sim -0.50$ 的范围。在欠发达国家，通货膨胀率在估计中往往比利率表现得更好，因而常用来替代后者，两种弹性值相当接近。虽然货币替代具有理论可能性，而且一些研究也确实证实了在其数据集中存在这种效应，但经验研究发现它并不总是显著的，从货币需求函数中去掉外汇收益，并不会导致多么糟糕的结果。因此，估计的大多数货币需求函数并不包含这一变量。流动性陷阱并没有得到多少支持,现在的经验研究已经很少研究或提到它了。

M1 的流通速度无论在短期还是长期都不是一个常数。短期中,即使在稳定的经济环境中,它的年度变化也十分显著。对于美国,是 3%～4%,但在更不稳定的经济中则可能高得多。因为 M1 的长期收入弹性可能小于 1,所以其流通速度的长期预期将会增加。

过去三十多年间,经济中的金融部门创新以及非金融经济主体的货币使用方式变革都非常迅速,所以利用包括这一时期在内的数据所估计出的货币需求函数经常不稳定。此外,对于给定国家的给定时期而言,估计函数对狭义和广义的货币定义也很少是稳定的。

开放经济中广泛存在的货币替代可能导致货币当局失去对国内货币供给的控制,并在浮动汇率安排下加剧汇率波动。货币替代会增加固定汇率下的投机压力。在对开放经济的国内货币需求函数进行估计时,普遍发现,汇率的预期变化(即持有外国货币相对于持有本国货币的收益的代理变量)在解释国内货币需求时并不显著。由这一发现中引申出来的结论是,货币替代的水平极低,即使像加拿大这样的国家,公众经常以通货或美元银行存款账户的形式持有美元,也不例外。然而,许多研究也表明,外国债券收益对于决定国内货币需求具有显著正效应。这为货币替代提供了间接证据:如果外国货币余额在国内经济中提供了充当支付媒介的货币服务,那么外国债券回报增加引起外国货币持有额减少,为了维持全部支付媒介的合意持有水平,就必须通过增加本国货币余额来加以补偿。这种效应依赖于本国货币和外国货币在支付媒介角色上的替代,也依赖于外国货币和外国债券在资产配置上的替代。

用以估计货币需求的几个重要变量都不是平稳的。货币总量本身以及收入和财富变量都很可能出现这种情况。至于利率,有的数据集中可能如此,有的数据集中可能不这样,结果致使经典回归技术无法获得无偏和一致的系数。协整分析是适用于这种情形的方法,近些年在货币需求函数的估计中已经变得十分常见。它与误差修正建模方法结合之后具有更多的优点,能够通过估计得到长期及短期需求函数。

协整程序代表了描述长期均衡关系的一种尝试。如果这种关系在样本时期内是稳定的,那么就应该存在一个协整向量。然而,如果长期关系因创新而改变,而且在变量定义或程序应用中并没有消除或以某种方式描述创新的冲击,那么样本数据就不能包含一种稳定的长期关系。

利用协整技术基于最近几十年数据对货币需求进行的研究,提供了关于货币、收入、利率和价格之间存在协整向量的混合证据。这一向量经常是从不同货币定义、不同利率和不同时期的数据中筛选得到。过去几十年见证了大量与货币需求有关的重要创新,因此长期货币需求函数必定已经发生变动。与之对应的是,协整研究与使用标准回归技术的早期研究一样,未能提供令人信服的证据以支持英国、加拿大和美国在过去几十年间存在稳定的长期货币需求函数。

在确定了可接受协整向量的研究中,通常也会估计一个误差修正模型。同预期一样,这些研究表明季度数据的冲击弹性相对较小,远低于长期弹性,意味着货币需求对自变量变动的调整至少需要几个季度的时间。

我们没有对经济的不同组成部分分别估计需求函数,例如家庭、厂商和金融机构。有关于此的研究众多,感兴趣的读者可以深入探讨。家庭的货币需求与厂商(特别是大厂商)的有显著不同。一般而言,前者相对于后者往往更具可预测性。

主要结论

※ M1 需求的收入弹性小于 1。

※ M2 需求的收入弹性大于 M1 需求的收入弹性,并且有时估计值大于 1。

※ 无论货币的定义如何,货币需求具有负的利率弹性,对此已不再有争议。

※ 经验研究没有显示出关于流动性陷阱的令人信服的证据,即使涵盖了 20 世纪 30 年代的数据也是如此。

※ 某些时期,M1 比更广义的货币总量表现更好,而另一些时期则表现更差。近期几项研究都支持使用 M1,而不是 M2 和更广义的货币总量。

※ 部分调整模型对 20 世纪六七十年代的估计经常表明,第一季度的冲击(收入)弹性较低,但长期弹性接近 1,这意味着货币需求向其长期水平的调整缓慢。

※ 过去 30 年间的金融创新使货币需求函数在这一时期变得不稳定。估计方法的大量尝试和创新都未能确定一个形式具体、系数不变、对样本外数据稳定的需求函数。

※ 大多数与货币需求函数有关的变量已被证明是非平稳的。因此,大多数经验研究现在使用带误差修正模型的协整分析。误差修正模型还用于判断货币和产出之间的因果关系。

附 录

自回归分布滞后模型及其协整和误差修正模型的形式

正如第 8 章所解释的,自回归分布滞后(ARDL)模型中的回归元包括因变量的滞后值以及解释变量的当前值和滞后值。包含因变量的 p 阶滞后值以及 n 个解释变量的 q_j 阶($j=1, 2, \cdots, n$)滞后值在内的自回归分布滞后模型记为 ARDL($p, q_1, \cdots, q_n$),其估计方程的形式为

$$\beta(L,p)y_t = \beta_0 x_0 + \sum_{j=1}^{n} \beta_j(L,q)x_{jt} + \mu_t \tag{32}$$

其中，L 是滞后算子，即 $L^i y_i = y_{t-i}$，x_0 是常数，(L, p) 和 (L, q) 是滞后多项式：

$$\alpha(L, p) = 1 - \alpha_1 L^1 - \alpha_2 L^2 - \alpha_p L^p \tag{33}$$

$$\beta(L, q) = 1 - \beta_1 L^1 - \beta_2 L^2 - \alpha_q L^q \tag{33'}$$

长期中，$y_t = y_{t-1} = \cdots = y_{t-p}$ 且 $x_{jt} = x_{jt-1} = \cdots = x_{jt-q}$，所以 $L=1$，$\alpha(1, p) = (1-\alpha_1-\alpha_2-\alpha_p)$ 以及 $\beta(1, q) = (1-\beta_1-\beta_2-\beta_q)$，从而长期关系变成

$$y_t = \beta'_0 + \sum_{j=1}^{n} \beta'_j x'_{jt} + v_t \tag{34}$$

其中，$\alpha'_0 = \alpha_0/(\alpha(1, p)$，$\beta_j = \beta'_j(1, q)/(\alpha(1, p)$，$v_j = \mu_j/(\alpha(1, p)$，这一 ARDL 模型的误差修正方程为

$$\Delta y_t = \Delta \beta'_0 - \sum_{i=2}^{p} \alpha'_i \Delta y_{t-i} + \sum_{j=1}^{n} \beta'_{j0} \Delta x_{it} - \sum_{j=1}^{n} \sum_{i=2}^{q} \beta'_{i,t-j} \Delta x_{j,t-i} \\ - \alpha(1, p) \text{ECM}_{t-1} + \eta_t \tag{35}$$

其中，

$$\text{ECM}_{t-1} = y_{t-1} + \hat{\beta} - \sum_{j=1}^{n} \beta_j x_{jt-1} \tag{36}$$

$\alpha(1, p)$ 测度了调整的速度。

一个示例：简单 ARDL 模型

ARDL 模型的最简单情形是只有一个解释变量 x_1 及其一期滞后，即 ARDL $(1, 1)$。这种情形的估计方程为

$$y_t = \alpha_0 + \alpha_1 y_{t-1} + \beta_0 x_{1t} + \beta_1 x_{1t-1} + \mu_t \tag{37}$$

其中，μ 是白噪声。令 $y_t = y_{t-1}$ 和 $x_t = x_{t-1}$，得到 y 和 x_1 之间的长期关系，于是长期方程为

$$y = \alpha_0/(1-\alpha_1) + \{(\beta_0+\beta_1)/(1-\alpha_1)\} x_{1t} + \{1/1-\alpha_1)\} \mu_t \tag{38}$$

其中 $(\beta_0+\beta_1)/(1-\alpha_1)$ 提供了 y 和 x 之间的长期关系。进一步，用 $(y_{t-1}+\Delta y_t)$ 替换（38）式中的 y_t，用 $(x_{1t-1}+\Delta x_{1t})$ 替换 x_{1t}，得到

$$\Delta y_t = \alpha_0 - (1-\alpha_1) y_{t-1} + \beta_0 \Delta x_{1t} + (\beta_0+\beta_1) x_{1t-1} + v_t \tag{39}$$

这是（37）式的短期误差修正模型表示。

进一步由（37）式可得

$$y_t - \alpha_1 y_{t-1} = \alpha_0 + \beta_0 x_{1t} + \beta_1 x_{1t-1} + \mu_t \\ (1-\alpha_1 L) y_t = \alpha_0 + \beta_0 x_{1t} + \beta_1 x_{1t-1} + \mu_t \tag{40}$$

展开 $\{1/(1-\alpha_1 L)\}$ 可得

$$1/(1-\alpha_1 L) = (1+\alpha_1+\alpha_1^2+\cdots)$$

因此，由公式（40）可得

$$y_t = (1 + \alpha_1 + \alpha_1^2 + \cdots)\alpha_0 + (1 + \alpha_1 + \alpha_1^2 + \cdots)(\beta_0 x_{1t} + \beta_1 x_{1t-1} + \mu_t) \quad (41)$$

这是公式（37）的另一种表示形式。在这种形式中，$(1 + \alpha_1 + \alpha_1^2 + \cdots)(\beta_0 + \beta_1) = (\beta_0 + \beta_1)/(1 - \alpha_1))$ 提供了 y 和 x 的长期关系。

复习讨论题

1. 过去二三十年的货币需求经验研究，对货币需求函数的稳定性提出了质疑。这种不稳定性的主要原因是什么？不稳定性结果是否与所用的特定货币总量有关？还是它对所有的货币总量都是如此？为了找到稳定的货币需求函数，估计方程和变量定义所要进行的主要修正是什么？

2. 说明相关关系，并讨论怎样应用误差修正模型来评价货币与名义收益的因果关系？

3. 说明合理关系，并讨论如何应用协整分析和误差修正估计来判定长期和短期的货币中性？

4. 说明合理关系，并讨论协整分析和误差修正估计是否能将以下问题解释清楚：充分就业水平产生的偏差会不会像现代经典模型断言的那样，是短暂的且自修正的？如果不会，能否表明货币政策在误差修正上可以起到作用？

5. 在一项经验研究中，你如何构建要估计的货币需求函数？评论你所设想的在你的自变量和货币之间存在的先验关系。把你的需求函数与文献中相似的和不同的需求函数做一比较。

6. 你选定一个国家并利用季度数据构建和估计货币需求函数。检查和校正该函数在你研究的时期所发生的变动。尝试考察以下自变量的变化。

（1）预期收入和永久收入作为尺度变量。

（2）两种不同的利率，一个是短期利率，一个是中期利率。

（3）预期汇率变动的代理变量。

（4）利用下列方法完成你的估计：一阶部分调整模型的最小二乘估计、协整—误差修正模型。

（5）讨论你对于货币需求函数的函数形式的选择、所用的变量与计量经济方法的选择，你所面临的数据和经济计量问题。

（6）讨论你的结果和它们的合理性与理论的一致性及其稳健性。

7. 讨论：货币需求函数估计系数的变动，很可能是因为货币政策的变动和货币需求行为的变动。

8. 在货币需求估计中需要使用协整方法的原因是什么？使用普通最小二乘法进行这种估计的缺点是什么？如果两者都用，并得到不同的估计，你会相信哪个，为什么？

9. 协整方法应用于货币需求函数有什么概念上的问题，或者说，从这种方法中得到的估计可靠吗？你如何能肯定估计出的协整向量是货币需求函数，而不是货币供给函数，或者是货币需求和货币供给之间关系的简化形式？

10. 详述泰勒规则，并讨论它的协整分析和误差修正估计，说明你对自变量和因变量的选择。

11. 假定在利率目标机制（相对于货币目标机制）下，利率随货币政策可变，请估计圣路易斯方程，并对恰当的方程进行详细说明与讨论。

12. 沿着前一个问题的研究方向，选择一个国家并做实证研究，讨论关于货币政策通过利率发生作用的有效性。

13. 设计一个研究，判断一个国家的中央银行是否将利率或货币供给作为货币政策的运行目标。研究中你会用到哪些关系和检验？

参考文献

Baba, Y., Hendry, D. F., and Starr, R. M. "The demand for M1 in the U.S.A., 1960–1988." *Review of Economic Studies*, 59, 1992, pp. 25–61.

Bae, Y., Kakkar, V., and Ogaki, M. "Money demand in Japan and nonlinear cointegration." *Journal of Money, Credit and Banking*, 38, 2006, pp. 1659–1667.

Coenen, G., and Vega, J. L. "Thedemand for M3 in the Euro area." *Journal of Applied Econometrics*, 16, 2001, pp. 727–48.

Cuthbertson, K. "Modelling the demand for money." In C. J. Green and D. T. Llewellyn, eds, *Surveys in Monetary Economics*, Vol. 2. Cambridge, MA: Blackwell, 1991.

Davidson, R., and Mackinnon, J. G. *Estimation and Inference in Econometrics*. New York: Oxford University Press, 1993.

Engle, R. F., and Granger, C. W. J. "Cointegration and error-correction: representation, estimation and testing." *Econometrica*, 55, 1987, pp. 251–276.

Fair, R. C. "International evidence on the demand for money." *Review of Economics and Statistics*, 69, 1987, pp. 473–490.

Feige, E. L. "Expectations and adjustments in the monetary sector." *American Economic Review*, 57, 1967, pp. 462–473.

Feige, E. L., and Pearce, D. K. "The substitutability of money and near-monies: a survey of the time-series evidence." *Journal of Economic Literature*, 15, 1977, pp. 439–470.

Goldfeld, S. M. "The demand for money revisited." *Brookings Papers on Economic Activity*, 3, 1973, pp. 576–638.

Goldfeld, S. M., and Sichel, D. E. "The demand for money." In B. M. Friedman and F. H. Hahn, eds, *Handbook of Monetary Economics*. Amsterdam: North-Holland, 1990, Volume 1, Chapter 8, pp. 299–356.

Hafer, R. W., and Jansen, D. W. "The demand for money in the United States: evidence from cointegration tests." *Journal of Money, Credit and Banking*, 23, 1991, pp. 155–168.

Haug, A. A. "Canadian money demand functions: cointegration-rank stability." *The Manchester School*, 74, March 2006, pp. 214–230.

Johansen, S. "Statistical analysis of cointegration vector." *Journal of Economic Dynamics and Control*, 12, 1988, pp. 231–254.

Johansen, S. "Estimation and hypothesis testing of cointegration vectors in Gaussian vector autoregressive models." *Econometrica*, 59, 1991, pp. 1551–1580.

Johansen, S., and Juselius, K. "Maximum likelihood estimation and inference on cointegration with application to the demand for money." *Oxford Bulletin of Economics and Statistics*, 52, 1990, pp. 169–210.

Judd, J. P., and Scadding, J. L. "The search for stable money demand function: a survey of the post-1973 literature." *Journal of Economic Literature*, 20, 1982, pp. 993–1023.

Keynes, J. M. *The General Theory of Employment, Interest and Money*. London and New York: Macmillan, 1936.

Miller, S. M. "Money dynamics: an application of cointegration and error-correction modeling." *Journal of Money, Credit and Banking*, 23, 1991, pp. 139–154.

Miyao, R. "Does a cointegrating M2 demand relation really exist in the United States?" *Journal of Money, Credit and Banking*, 28, 1996, pp. 365–380.

Mulligan, C., and Sala-i-Martin, X. "Extensive margins and the demand for money at low interest rates." *Journal of Political Economy*, 108, 2000, pp. 961–991.

Pesaran, M. H., Shin, Y., and Smith, R. J. "Bounds testing approaches to the analysis of level relationships." *Journal of Applied Econometrics*, 16, 2001, 289–326.

Poloz, S. S. "Simultaneity and the demand for money in Canada." *Canadian Journal of Economics*, 13, 1980, pp. 407–420.

Sriram, S. S. "Survey of literature on demand for money: theoretical and empirical work with special reference to error-correction models." *IMF Working Paper no.* 64, 1999.

Sriram, S. S. "A survey of recent empirical money demand studies." *IMF Staff Papers*, 47, 2000, 334–365.

第四部分

货币政策和中央银行业务

第 10 章 货币供给、利率及货币政策的操作目标

  讨论货币供给与中央银行关系的内容共有三章,本章是其中一章。

  首先,本章将对货币政策目标及货币政策操作目标进行检验。其中,货币政策两个主要的操作目标是货币供给和利率。

  本章重点讨论货币供给的决定。宏观经济模型为了简化通常假定货币供给是外生决定的。然而银行、家庭、企业等私人部门对货币供给的影响也是不可忽略的。

本章引入的关键概念

- 以通货膨胀及对合意的通货膨胀率的偏离为目标
- 以产出及失业率为目标
- 以利率作为操作目标
- 基础货币
- 通货比率
- 活期存款化率
- 自由准备金
- 超额准备金
- 法定准备金
- 贴现或银行利率
- 货币供给机制理论

◆ 货币供给行为理论

介绍中央银行货币政策的内容共有三章，本章是其中一章。首先，本章将理顺货币政策最终目标、中间目标及操作目标之间的关系，并对其中的理论依据及采用各种不同目标所带来的影响进行解释。而后会讨论中央银行将货币供给及利率作为主要货币政策工具的合理性。接着将重点讨论货币供给的决定因素，以对前面章节介绍的货币需求决定理论做进一步延伸。

第10.1节与第10.2节讨论货币政策各目标间的关系。第10.3节至第10.5节将从宏观经济的角度分析检验中央银行经常使用的货币政策操作目标的合理性①。第10.6节至第10.8节介绍货币供给的决定。第10.9节对货币供给进行协整和误差修正模型分析。第10.10节讨论中央银行货币政策操作目标间的抉择。

传统货币政策的最终目标与操作目标

传统货币政策的最终目标与操作目标取决于中央银行的决策以及经济的结构。具体如下：

1. 央行通常有不止一个最终目标和如产出、增长率、通货膨胀、失业率等。

目前，许多国家的中央银行都把降低失业缺口及通胀缺口作为最终目标。在泰勒规则中阐述了这两者的关系。

2. 很多央行都把目标通胀率限定在一个较低的水平，通常在1‰到3‰。

3. 货币政策的操作目标可以是货币总量或利率。直到现在仍有一些国家选取货币总量作为操作目标，而许多发达经济体的中央银行都选择利率作为其首选操作目标。

4. 央行通常不直接控制货币供给，而是运用一些货币政策工具，如基础货币来间接控制货币供给量。

10.1 货币政策目标及工具

货币政策的最终目的是实现特定的国家目标。历史上，国家目标包括充分就业（或低失业率）、充分就业产出（或高产出增长率）、价格稳定（或低通胀率）、汇率稳定（或理想的国际收支水平）等。这些变量被统称做货币政策的"目标"或"最终目标"。然而，央行不能通过直接操控货币政策工具直接实现上述目标。在所有的货币政策工具中，央行可使用的是公开市场操作和调整央行给商业银行及其他机构借款的贴现率或银行利率。在许多国家，央行也通过改变法定存款准备金率改变货币乘数（即基础货币中每美元可产生的货币供给量）。这些措施可以改变经济中的货币供给量。另外一个货币政策工具是储备市场的隔夜拆借利率（在美国被称为联邦基金利率），这一操作会引起经济中各种利率的变化。下一章将继续介绍关于货币政策目标及工具的更多内容。

---

① 学习这部分需要具备关于宏观经济学中的 IS-LM 及 IS-IRT 模型的知识。我们将在13章中复习这些内容。

除了货币政策目标和工具，其他与货币政策相关的概念还有操作目标以及准则。我们可以概括地将目标定义为政策制定者想要改变某个变量的数值。[①] 操作目标指中央银行可以通过货币政策工具直接或基本上直接实现的目标。准则可提供当前或未来的经济状况信息。

介于最终目标和货币政策工具之间的是中间变量。例如，假定中央银行想要降低通货膨胀率，则需要减少经济体中的总需求。总需求的减少需要投资或消费的减少，而这又需要市场利率升高。基于这种分析或讨论，中间变量可以是中间目标、操作目标，甚至是货币政策工具。因为目标变量是中央银行想要影响或控制其数值的变量，因而任何介于最终目标和政策工具之间的中间变量都可能是目标变量。在上述例子中，总需求是中央银行想要通过使用货币供给或利率等中间目标改变的一个中间变量（或目标），而货币供给和利率会反过来因为基础货币和贴现率的改变而改变。注意，目标可以指代中间变量（如货币供给量和市场利率）的理想数值或目标。

基于以上讨论，表10—1对货币政策工具、操作目标、中间目标进行了粗略的分类。

表10—1为各种货币政策变量的分类提供了一些启示，而分类并没有硬性依据。中央银行使用货币政策工具来达到操作目标，目的是通过操纵中间目标来实现最终目标。应当注意，每个过程都存在时滞，且每个过程的时滞与总时滞都会变化。另外，时滞的长短和最终的影响都是不能完全预测到的。

表10—1　　　　　　　　货币政策工具、目标及最终目标

政策工具	操作目标	中间目标	最终目标
公开市场操作	短期利率	货币总量	低失业率
贴现率	储备总量	（M1、M2等）	低通胀率
存款准备金率	（基础货币、储备货币、非借入储备等）	利率（短期、长期） 总需求	金融市场稳定 汇率

10.2　货币政策的最终目标、直接目标和工具之间的关系以及货币政策实施的难点

货币当局在选择货币政策最终目标、中间变量、操作目标及工具的过程中，会遇到以下问题：

[①] 按照这样的定义，目标可以是最终目标（如产出和失业率）、中间目标（货币供给量、利率）或操作目标（基础货币、贴现率）。因为给定的变量可能属于其中任一类，因此在类别间并无严格界限。

1. 最终目标变量、中间目标及操作目标变量间的关系是否具有稳定性、可预测性？

2. 中央银行通过使用货币政策工具能否达到操作目标的理想水平？

3. 这些关系的时滞是多长？如果时滞很长，经济的未来走向还能有把握地预测吗？

为了阐明这些问题，令相关关系为

$$y = f(x; \psi) \tag{1}$$
$$x = g(z; \theta) \tag{2}$$

其中，y 代表最终目标变量；x 代表中间目标；z 代表政策工具或操作目标；ψ，θ 代表外生变量集。

上述方程意味着

$$y = h(z; \psi, \theta) \tag{3}$$

因此，可以利用 z 来获取 y 的理想值。但是，这种做法只有在函数形式 f 和 g 已知，且为稳定的单值函数时才可靠。① 在实践中，由于现实经济结构复杂，现实关系中存在不确定性和滞后性，在做出决策时，常无法准确得知 f、g 和 h 的具体函数形式。另外，这些关系中的系数可能会随机变化。由于经济中时滞的存在，决策者还需要预测系数和外生变量的未来值——这又是一门不精确的艺术。

因此，(3) 式所显示出的精确性和清晰性，对于货币政策的制定及其影响来说，是一种误导。在许多情况下（若非所有情况），多数潜在操作变量的变动对最终目标的影响是不精确的，也是难于预测或（且）不稳定的。这使得货币政策的制定更像是一门艺术，而非一门科学。这同时提醒我们，在把货币政策当做一种精确的调控机制试图"微调"政策目标时，一定要谨慎。

另外一个与目标变量相关的常见问题是，它们是内生的，且它们的值取决于供给、需求两方面因素。因此，对目标变量的外生冲击可能来自于供给变动，也可能来自于需求变动。决策者可能希望抵消这类因素变动的影响，但不是所有情况都如此。因此在制定政策之前，需要了解该变动的来源。

10.3 货币政策的目标

政策制定者通常会被建议选取以下两者作为货币政策的主要操作目标：
1. 货币总量；
2. 利率。

而在近期文献中强调的两个主要操作目标是：

---

① 亦见于第 9 章、第 14 章至第 17 章的相关讨论。

1. 通货膨胀率（或价格水平）[1]，或其与理想水平的偏离；
2. 产出，或其与充分就业水平的偏离。

也有一些其他变量被当做货币政策的中间目标，如总需求（或名义国民收入）以及相对开放经济中的汇率或国际收支等。为简单起见，本章只讨论货币总量及利率作为主要操作目标或操作工具的优劣，同时也将介绍作为货币政策目标的价格水平、通货膨胀率、产出缺口等。

10.4 货币总量和利率作为操作目标的理论分析

学习本部分需要利用 IS-LM 宏观经济模型的知识（见第 13 章）来比较作为货币政策操作目标时，货币供给与利率的优点。对这二者的选择取决于中央银行的政策目标及其所处经济的结构。以下的分析来自于 Poole（1970）[2]，他假定中央银行的政策目标是控制总需求[3]，因为中央银行只能通过操纵总需求影响作为最终目标变量的产出和通货膨胀水平。他进一步假定经济结构可以用 IS-LM 模型进行描述、分析。在该模型中，横轴表示实际总需求，纵轴表示实际利率 r。IS 曲线表示商品市场达到均衡，而 LM 曲线表示货币市场达到均衡。它们的交点决定了在既定价格水平下的实际总需求。

因此，选择货币政策工具的关键在于：IS-LM 框架中哪一种工具可以更好地控制总需求？我们的分析假定资本市场符合费雪方程，且预期通货膨胀率为零，因而名义利率 R 与实际利率 r 相等。

在本书中，截至目前，IS-LM 模型还未有过数学方法的描述。本章也只是将货币供给和利率作为目标进行图形分析，对 IS-LM 模型的数学分析在第 13 章中给出，读者可以此时先行阅读。

10.4.1 货币政策工具选择的图形分析

来自商品市场的冲击

IS 等式和曲线中包含了在实际经济中支出的各变量，如消费、投资、出口、

---

[1] 有时也将价格稳定作为货币政策的首要目标。然而，更准确地说，价格稳定可促使充分就业和产出增长的实现。
[2] 该理论认为，货币政策的目标是总需求而非实际产出。Poole 论证了在价格水平恒定的前提下，这二者是相同的。因此，这个假定是多余且不实际的。我们的讨论建立在将总需求（而非产出）的变动控制在最小的目标的基础之上。
[3] 然而我们注意到，文献没有提到其他的目标变量，如货币供给。选择基础货币还是选择利率，要看在货币供给和货币需求受到冲击的时候，哪个能把变动降到最小。在该分析中，当利率成为货币政策工具且货币供给可满足货币需求时，对货币供给和需求的冲击都会影响货币供给。然而，若把基础货币作为政策工具，则只有对基础货币（货币供给）乘数的冲击才会引起货币供给的波动。因此，控制基础货币可以减轻货币供给的波动。我们认为减少货币供给的波动是一个合适的目标，因而在此不再赘述。

财政赤字等（见第13章）。一些变量是不稳定的，其中投资是最不稳定的。任何一种变量发生变化，都会引起 IS-LM 曲线的变化。

首先，我们分析初始均衡点 a，即坐标 (y_0, r_0)，见图 10—1（a）。假定中央银行以货币供给为目标，并通过公开市场操作或其他工具使之保持不变。对 IS 曲线的冲击①会同时改变 r 和 y。举例来说，如果一次正的冲击将 IS 从 IS_0 位移至 IS_1，总需求将从 y_0 增加到 y_1，利率将从 r_0 上升到 r_1。类似地，假如在下一时期发生一次负的冲击，则 IS 曲线将位移至 IS_2，总需求将降至 y_2，利率将降至 r_2。

如果目标被定为利率，我们来比较同样冲击所产生的影响。如图 10—1（b）所示，假定利率被当局固定在 $\underline{r_0}$（下划线表示由中央银行外生设定），IS 曲线先位移至 IS_1 再位移至 IS_2，这会导致总需求先运动到 y_1' 再运动到 y_2'。

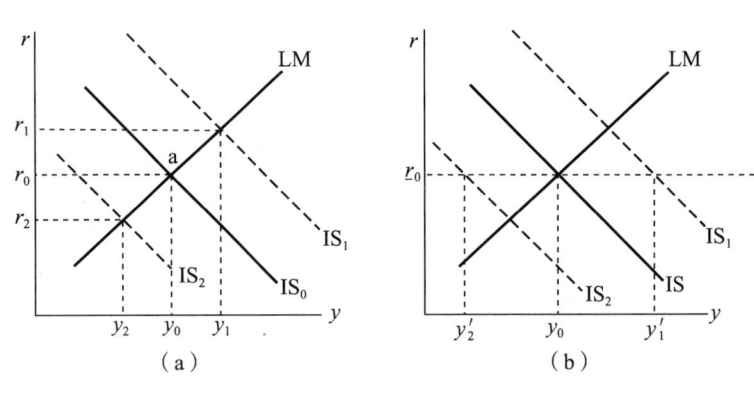

图 10—1

在图 10—1（a）中，y_1' 和 y_2' 间的波动明显大于 y_1 和 y_2 之间的波动。因此如果外生冲击来自商品市场，以利率为目标对总需求造成的波动要比以货币供给为目标大。然而因为货币政策使利率保持不变，这种冲击并不会造成利率的变动。

来自货币市场的冲击

现假定外生冲击只来自货币市场，而商品市场中没有冲击。则 IS 曲线不发生位移。这样的外生冲击或者影响货币需求，或者影响货币供给，从而使 LM 曲线移动。

以货币供给为目标，可以稳定货币供给②（因此不必担心货币供给的波动），但不能稳定货币需求。现假定货币需求减少，则在以货币供给为目标的情况下，货币需求的减少将使图 10—2 中的 LM 曲线向右位移至 LM_1，总需求

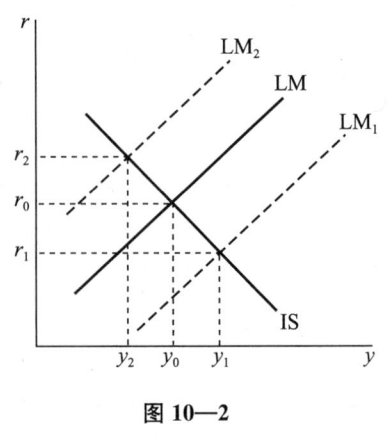

图 10—2

---

① 来自于商品市场的冲击包括对消费、投资、出口和政府支出的冲击。其中，投资被认为最易受冲击。

② 然而，以基础货币为目标则不这样做。

从 y_0 增加至 y_1。假定下一时期对货币需求的冲击使货币需求增加,则使 LM 曲线位移至 LM_2,因此总需求降至 y_2。总需求从 y_1 波动到 y_2,利率从 r_1 波动到 r_2。

对于以利率为目标,假定利率目标被定为 r_0,如图 10—3 和图 10—4 所示。图 10—3 中,名义货币余额的初始需求曲线为 M^d,初始供给曲线为 M^s,初始均衡利率为 r_0,初始货币存量为 M_0。现假定货币需求曲线从 M_0^d 位移至 M_1^d。由于利率被货币当局维持在 r_0,因此货币当局不得不把货币供给从 M_0 增加到 M_1。这样,货币存量通过适应性的货币政策内生地与货币需求变动相适应。

在 IS-LM 曲线(图 10—4)中,货币需求减少将导致 LM 曲线从 LM_0 右移至 LM_1。然而,假定货币当局把利率固定在 r_0,图中的总需求 y_0 将由 IS 曲线目标利率 r_0 决定。这是因为 LM 曲线从 LM_0 向 LM_1 的内生性移动,产生了一个适应性的货币供给减少,把该曲线移回到 LM_0。因此,无论货币需求的外生变动如何,总需求总保持在 y_0(且利率保持在 r_0)。因此,比较图 10—2 与图 10—4 我们可以知道,当外生变动来自于货币市场时,以货币供给为目标比以利率为目标会让总需求变动更大。

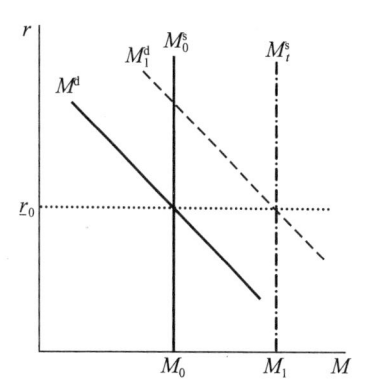

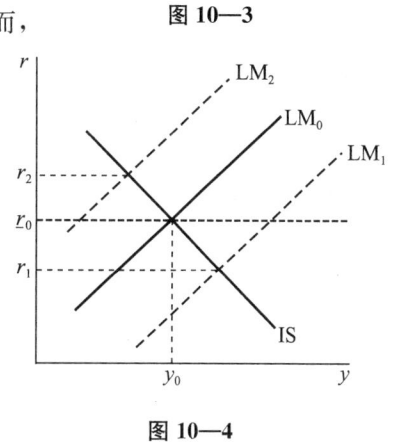

图 10—3

图 10—4

这样的结论给政策制定者提出了一个问题。在现实世界中,两种冲击都存在。因此,货币当局在选择货币供给或利率作为目标之前,就必须确定对经济带来主要冲击的潜在来源。冲击的模式不会在长期内保持不变,因此确定未来的情况并不容易。另外,由于两种冲击都存在,每种政策都将减轻或消除某种特定冲击的影响,而无法消除其他类型冲击的影响。

尽管在 20 世纪 70 年代末和 80 年代初的一段时间中,许多中央银行更倾向于以货币供给为目标,但目前的常见操作是把利率作为目标。

以上分析意味着,货币部门很可能是冲击的主要来源。

10.4.2 供给冲击下操作目标的分析

在对供给冲击下操作目标进行分析之前,我们先将目标函数由总需求的均衡改为价格水平 P 或实际产出 y 的均衡。图 10—5 显示了总需求(AD)曲线和短期总供给曲线(SAS)及长期总供给曲线(LAS)。最初的均衡点在 (y_0, P_0)。

负的永久供给冲击将会使供给曲线从 SAS_0 移动至 SAS_1，使 LAS_0 移动至 LAS_1。首先，考虑供给曲线移动至 SAS_1 的短期影响。此时价格从 P_0 升高至 P_1，同时产出从 y_0 下降至 y_1。价格升高会降低实际货币供给，使得 LM 曲线左移（例如，在图 10—4 中从 LM_0 到 LM_2），因此利率将升高（从 r_0 到 r_2）。以货币供给为目标将使货币供给不变而产生新的均衡 y_1、P_1 和 r_2。

但以利率为目标在将使中央银行增加货币供给来阻止利率上升。这会增加总需求，出现如图 10—5 所示的由 AD 至 AD′ 的变化。这个结果又将导致价格进一步上升，而短期内产出的下降又会被部分或完全地（取决于需求增加的减少）抵消。相关交点在 SAS_1 和 AD′ 上。因此，短期内，以利率为目标比以货币为目标更易引起通胀，但会限制产出的下降。

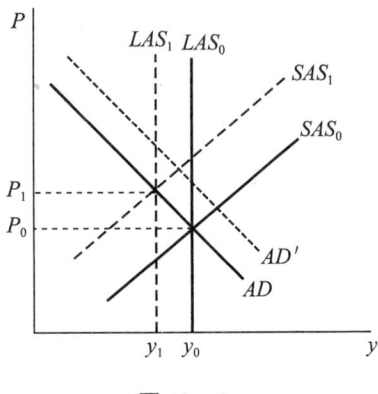

图 10—5

现在分析长期内 LAS 到 LAS_1 的变化。在这个过程中，以利率为目标将引起货币供给和价格水平的不断升高。因此，对于永久的供给冲击，在长期中以货币供给为目标较好，然而以利率为目标则会引发通货膨胀。

货币总量作为目标

米尔顿·弗里德曼和 20 世纪 70 年代的货币主义者（属于圣路易斯学派）认为，由于在货币供给与总支出间存在着直接或间接的传导机制，因而货币供给比利率对经济有更强的掌控力。结果，以此建议为指南的大多数国家，包括美国、英国、加拿大在内，都在 20 世纪 70 年代中期以后把目标转向货币总量（尽管它们在 20 世纪 80 年代早期就放弃了这种做法）。

以货币总量作为目标，是因为认定这种目标和总需求之间存在稳定的关系，且具有一个短期的、可预料的时滞。这是圣路易斯学派的研究成果。20 世纪 70 年代末和 80 年代初期，此成果被美国、加拿大和英国所采用。然而，货币变量和总支出间的函数关系被证明是不稳定的，更不用说与通货膨胀率的关系了。因此，到了 20 世纪 90 年代，上述各国都摒弃了以货币总量作为目标的做法。而造成这种不稳定性的原因之一是近几十年来金融创新和支付技术的变化。[①] 在 20 世纪 70 年代和 80 年代的经济实践中，把货币总量作为直接目标推高了利率，同时也加剧了价格的波动，而价格波动又被很多经济学家认为是经济不稳定的推动因素。曾被作为控制经济的手段——直接控制货币或储备总量，也将利率作为目标控制变量。然而这一手段也在 20 世纪 80 年代被大多数中央银行所摒弃。这并不意味着货币总量不再被监控，货币总量的变化不再作为制定货币政策所要考虑的因素，只是对于大多数中央银行来说，货币总量已经不再是一个主要的操作目标了。

---

① 金融创新包括对支票账户支付利息、M1 与准货币间的替代程度不断提高、准货币、电话、网上银行等。

利率作为目标

货币政策通过作用于利率进而作用于支出,因而在对支出的影响链条中,利率更近一环。相较于货币供给、基础货币这些多变的指标而言,利率是一个更可靠、更准确的行动指示器。同样,在一些诸如美国、加拿大、英国之类的金融发达国家,其中央银行都认为利率是经济状况的指示器,且倾向于将它作为货币政策的准则和操作目标。[①]

可考虑选择的利率有几种,一般选择短期名义利率,而不是长期的或实际利率。历史上,债券利率是一个常见的选择。正如随后将在第11章讨论的,最近美国、英国和加拿大都是用隔夜拆借利率作为操作目标。这些国家拥有发达的金融机构隔夜拆借市场(银行超额准备金交易的市场),如美国的联邦基金市场、加拿大和英国的隔夜拆借市场。这样的利率反映了商业银行准备金的供需状况。中央银行对基础货币的政策操作会立即影响商业银行准备金的供给与需求,进而改变隔夜利率并引发其他利率的连锁反应,通过它们影响经济中的借贷、投资和消费等。较高的利率意味着银行已经无法增加贷款,而较低的利率表明银行有相对较多的自由准备金,可根据自己的意愿增加贷款。

用利率管理经济的问题

我们可以观察到的利率是均衡利率,因此利率的变动或反映需求的变动,或反映供给的变动,或反映两者的共同变动。利率的升高可能是因为可贷资金需求的增加或供给的减少,但中央银行可能只希望对其中的一种情况采取抵消性的操作。例如,利率在经济周期上行期间上涨,中央银行可能既不希望可贷资金供给减少而阻滞经济的上行势头,也不希望由于资金需求增加而抵消了利率的稳定作用。但均衡利率的变化本身不能提供与应当采取的政策行为有关的足够信息。因此,中央银行在制定政策之前,必须利用其他需求和供给状况的信息,补充利率可反映的信息。

使用利率作为操作目标的一个问题是,中央银行可以决定利率的一般水平,但不能决定利率差,例如商业银行的存贷差,以及存款利率和抵押利率差(假设后者可变),利率差额取决于市场力量,而对中央银行的贴现率可能非常不敏感。经济中的金融调节作用,更倾向于调节这种利率差,而非利率水平。因此中央银行通过贴现率和隔夜拆借利率影响金融调节的能力被削弱了。

把利率作为操作目标的另外一个问题是,利率变动对经济中总需求影响的时滞问题。造成这种时滞的原因,包括资本存量和计划消费支出等经济变量的调整成本和利率变动的间接收入效应。时滞包括两个方面:长度和变化。如在美国、英国和加拿大,时滞的长度为六个季度到两年。虽然人们同意时滞的长度可能变化,但时滞是否太长,以至于以维护稳定为目的的调整利率的行为反而引起不稳定,这一点还没有达成共识。在时滞中,利率变动对实际总需求的冲击效应被估计得较低,但长期效应则被认为十分显著。

---

① 此处参见11章关于加拿大银行使用的货币条件指数。

为了稳定而使用利率的举措，通常被认为"太小、太晚"，尽管这通常是由货币政策需求和时滞的不确定性造成的。这就要求无论使用的是哪种操作变量或指示器变量，都需要谨慎。由于时滞的长度和经济在经济周期中所处的位置的不确定性，过去的经验表明，中央银行对利率的变动，通常会比实际所需的晚一些、小一些。因此，利率在第一次变动后，往往在后面连续几个季度中，还有很多次同一方向的变动。

以利率作为目标时的货币供给

在市场经济中，中央银行将利率作为主要的货币政策工具，但这并不意味着可以忽视货币供给。利率是由金融市场决定的，因此如果中央银行想要降低利率而又不增加相应的货币供给，往往会事与愿违。这样，中央银行想要在支出上施加影响的目标也就难以达到了。因此，利率政策必须与适度的货币供给量相适应。这个问题我们将在第13章予以讨论。

10.5 价格水平和通货膨胀率作为目标

价格水平作为目标

现在的讨论常提到将通货膨胀率或价格水平作为货币政策的目标，有时将稳定的价格水平及低的通货膨胀率当做货币政策的最终目标。货币在长期内被认为是中性的。因此货币当局不能改变充分就业产出的水平和路径，而且它也不应该试图这样做，这样做只会产生通货膨胀。依照货币中性的观点，中央银行能做的只是保证货币价值稳定，因此它应该用价格水平或通货膨胀率来设定目标。另外，相当稳定的价格水平将会降低长期金融合同和固定资产投资中的风险，还将带来最佳储蓄及投资，这反过来又将增加就业和产出。相较之下，高通货膨胀率的不稳性会给长期金融合同和投资带来不确定性，从而抑制经济增长。

在以下对把价格水平和通货膨胀率作为货币当局目标的分析中，我们先不考虑货币和利率作为目标的优劣，而重点分析货币当局的控制变量——总需求。同时，假定中央银行采取适当的工具以达到理想的总需求水平。此外，因为我们讨论的是短期的情况，因此我们使用一条有正斜率的短期总供给曲线（不使用垂直的长期总供给曲线）来说明。

图10—6 中，假定有一个正的总需求冲击，使得曲线 AD 移动到 AD′，如果货币当局试图将价格稳定在 P_0，产出仍在 y_0 保持不变。为了实现这一目标，货币当局需要补偿性地减少货币供给或提高利率，使得总需求移回到 AD。在利率目标下，货币当局将提高利率以达到相同的效果。这种货币政策的净收益是，即使有来自货币市场或商品市场的外生冲击，产出和价格水平仍可保持稳定。

图10—7 (a) 中，负的供给冲击使得短期总供给曲线 SAS 从 SAS_0 移动到 SAS_1。这会导致价格水平从 P_0 上升到 P_1，同时使产出从 y_0 下降到 y_1。由于价

格水平不是中央银行可以直接控制的操作变量，因此中央银行将通过减少总需求来实现价格稳定。而这又要求货币供给减少或利率上升，使得 AD 移动到 AD'。这样，由于货币冲击，产出从 P_0 时的 y_0 降低到 P_1 时的 y_1。又由于货币供给减少导致 AD 移动到 AD'，产出进一步降到了 y_1'。因此，货币政策将加剧产出的下降，超过没有实施货币政策时的情况。

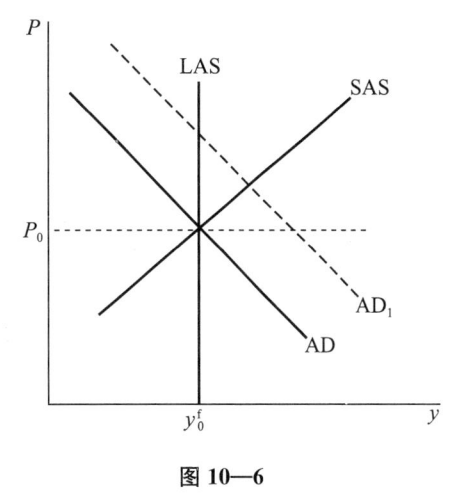

类似地，假定总供给的冲击为正，如图 10—7（b）所示。这将使得 SAS 曲线从 SAS_0 右移至 SAS_2，导致产出从 y_0 增加到 y_2，同时价格从 P_0 下降到 P_2。中央银行可以通过增加总需求来将价格水平稳定在 P_0，但这意味着这是一种扩张性货币政策，会把 AD 移动到 AD'，并使产出进一步增加到 y_2'。因此，维持价格稳定又加剧了产出的波动。

所以，在假定总供给曲线是具有正斜率的短期曲线时，我们可以分析得出在遇到供给的波动时，追求价格稳定的成本就是加剧经济中产出的不稳定性，从而加剧失业率的不稳定性。至于垂直的长期供给曲线情况，我们留给读者自行分析。

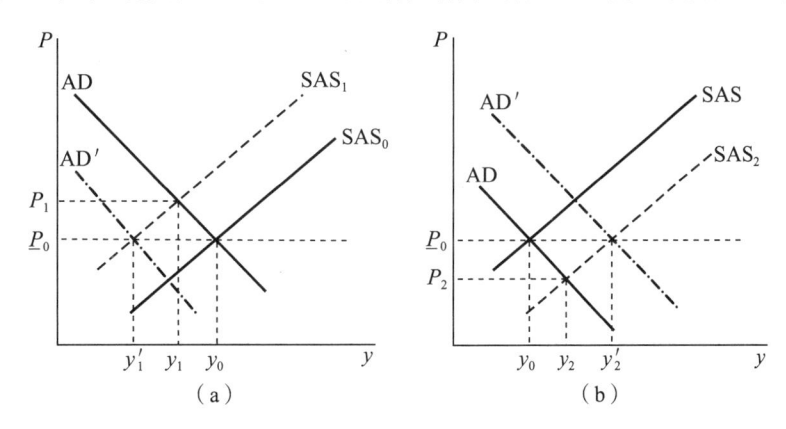

图 10—6

图 10—7

通货膨胀率作为目标

低通货膨胀率（如 1%～3%）下，通常认为价格水平是稳定的，在此通胀率水平范围内，物价水平上升只是反映了现存产品的不断改进和新产品的出现。另外，一个低而非负的通货膨胀率通常被认为是有益于经济的，这尤其体现在劳动力市场。低而非负的通货膨胀率使得企业可以灵活应对不同产品线、不同类型工人的相对需求或供给的变化，还可应对现有工人工作表现的变化。在产能轻微减少时，企业不必以降低工人工资（这通常会引起工人骚乱）来应对，而实际上工人的实际工资已经受通货膨胀影响而下降了。通货膨胀和劳动力生产力上升可以应对社会性的名义工资下降。与通货膨胀所谓的"油脂效应"相比，对通胀的错误预期可能导致在劳动合同中明确或含蓄规定的名义工资在剔除通货膨胀的影响后高于或低于可保证充分就业的工资水平。这种所谓的"沙子效应"是由两阶段的工资谈判和与附加预期的菲利普斯曲线相关的劳动力或产品引发的（见14章）。这种通胀预期的错误不易在低的、预先宣布的、可靠的通胀目标背景下发生。因此，许多中央银行和经济体都相信一个低的、预先宣布的、可靠的通胀目标无论在短期还是长期内都可以促进实际经济的发展。

要注意，通货膨胀率并不是一个操作目标，因为货币当局不能直接改变它。为了维持一个通胀率的目标范围，中央银行会操纵货币总量和利率。这种做法的成败取决于通货膨胀率与其他变量关系的可预测性。

许多国家的中央银行在十多年中都把低通胀率作为目标，因而也积累了数量可观的证据。这些证据表明，将通货膨胀率作为目标通常会使实际通胀率降低。然而，正如在以上对将价格水平作为目标的分析中得到的，将价格水平作为唯一的目标可能会带来产出和失业率的波动。在过去的20年中，这并没有真正发生。也许是因为中央银行的政策都没有把物价稳定或低的通胀率作为单一目标，而是遵循了同时强调通胀缺口与产出缺口的泰勒规则。第11章到第15章也会讨论这个问题。

作为目标的低通货膨胀率和稳定的物价水平

在以价格水平为目标的背景下，如果实际价格水平超出目标范围，未来的政策就需要将其拉回到正常范围。因此，若物价水平上升，就通过紧缩政策来将物价降至目标水平。这样的紧缩政策通常会对产出和失业率产生影响。通过比较，以通胀率作为目标使中央银行可以忽视价格水平的暂时性变动，如间接税率的变化、相对价格的变化或汇率调整等。

另外许多经济学家认为，公众更易相信将低通胀率作为目标，在一段时间内需要由政策来保持通胀率不变；而不是将价格水平作为目标，在冲击出现时，需要通胀、紧缩政策来维持稳定。自从货币政策的透明度和可信度对公众的通胀预期和货币政策的有效程度有重要影响以来，这点就变得越来越重要。因此，中央银行更趋向于使用通货膨胀而非价格水平作为目标。泰勒规则使得通胀比价格水平更适于作为政策目标。发达经济体的通胀目标常定在1%到3%。

10.6 货币供给的决定

无论经济中的货币供给是被如何定义或测度的，货币供给的决定都会涉及如下几个主要参与者。

1. 中央银行。除了实施货币政策外，还决定基础货币、商业银行的法定准备金率以及贴现率。

2. 公众。决定其相对于活期存款的通货持有量。

3. 商业银行。在法定准备金率既定的前提下，决定它们的实际准备金需求以应对活期存款负债。①

此时，我们有必要说说在货币供给变动中起到重要作用的几个因素。菲利普·卡根（Philip Cagan，1965）认为，在美国1877—1954年的18个周期中，通货比率的波动幅度超过了经济周期。货币存量增长率波动的一半左右和基础货币、准备金率波动的四分之一左右都是由此引起的。但从长期来看，引起货币存量的增长的主要原因是基础货币的增长。

因此，在货币供给产生的过程中，在中央银行、公众和商业银行之间存在着非常显著的相互作用。中央银行作为决定经济中所需货币总量的政策主体，应当研究这三者中存在的相互作用，以考虑公众和商业银行对其政策行为的反应。中央银行在货币供给形成中的行为是一个特别的议题，我们将会在本章和随后两章中做出讨论。

10.6.1 公众的通货需求

相对于活期存款持有量而言，公众的通货需求波动是货币供给波动的一个重要来源。通货持有量（C）最相近（且非常相近）的替代物是存款需求（D），因此关于这一问题，大多数研究都集中于二者间比率C/D的决定因素，或通货与总货币存量的比率（$C/M1$）的决定因素，而不是直接研究通货需求的决定因素。

从长期中经济周期的顺周期格局来看，C/D比率的变动都很大。理想的C/D比率取决于个人的偏好，而其偏好又取决于持有通货或活期存款的成本和收益。在这些成本和收益中，有些是货币性的，有些则不是。

非货币性的收益、成本与持有、携带通货的非货币性成本有关（与持有活期存款以及携带支票的非货币性成本相比）。还要考虑硬币和纸币用于支付时与其他支付手段相比的一般可接受性。在金融欠发达的国家中，乡村地区几乎没有银行机构的分支，银行也不向低收入群体开放（或经济达不到开放的条件），甚至在城镇地区，通货也比支票有着更明显的优势。然而，即使在金融发达的国家，几乎所有小额支付都可使用现金，而支票的使用却受限于某些支付中，如在发行者的信誉可以得到认可时，或货物的运送可以在银行结算支票后使用时等。在用于小额支付时，使用现金比开支票方便。随着时间的推移，由于银行系统的扩张、银行业务流程的现代化、城市化的发展、银行业务机器的广泛使用以及贷记卡和借记卡的广泛使用等原因，非货币性成本的这些方面变得越来越有利于银行存款。

在交易中，使用通货确有便利，然而在使用大额通货的过程中却有着遭受盗窃或抢劫的风险，而这除了会造成货币损失之外，还会给货币携带者带来人身伤害。在这类风险很大的国家中，对后者的恐惧往往会使得人们放弃携带大量通货。在大多数国家中情况都如此，结果是大多数个人携带或存放在家里的通货数额都很少。相比之下，在日本——一个盗窃和抢劫发生率非常低的社会——通货

---

① 货币供给的过程还有其他因素。尤其是在开放经济中，一国国际收支盈余（赤字）会增加（减少）货币供给。

需求主要受通货相对于银行存款的便利性影响。其结果就是，在日本几乎没有个人甚至公司需要存款、支票或是汇票，这些方式也不用于发放工资。许多交易，甚至是相当大数额的交易，都通过通货完成。

持有通货相对于拥有活期存款的货币性成本或收益与存款的净名义收益相关，因为通货没有明确的货币性收益或服务费用，而活期存款却具有一种甚至两种收益或服务费用。因此无论在何种情况下，即使是活期存款支付利息，它们的收益也通常还是负数。因为银行要为活期存款支付人力、资本成本，所以一定会收取费用来补偿这些成本。①

第 4 章进行了货币需求的存货分析，该模型同样适用于相对于存款的通货需求。正如第 4 章指出的，这个分析只考虑了使用通货相对存款需求的货币性成本，这在应用时会产生一个问题，即忽略了使用两种方式时的非货币性差异，如特定支付方式的可接受性、遭受盗窃或抢劫的风险等。然而，核心结论仍然成立，通货相对于活期存款的持有量，仍然取决于二者的相对成本和其融通的支出额。因此，假定通货与活期存款都是"正常品"，持有活期存款的净成本的增加，将会增加通货需求，从而提高 C/D 比率。

然而，在时间序列的背景下，这个比率变化的主要原因是购物、支付和银行的创新。由于开支票变得更容易，因此降低了 C/D 比率。另外，盗窃、抢劫的概率——包括由此引起的人身伤害——在许多国家都在上升，从而使得这一比率继续保持在低水平，甚至进一步降低。正如之前指出的，犯罪活动比率较低的日本，是这个法则的一个例外，并说明在纸币面额很大的情况下，使用通货更为方便。

将来，在金融发达的国家，在许多习惯于用通货结算的交易中，"智能卡"很可能成为通货的替代品，因为这种卡比通货更为方便，还不用担心遭受盗窃或抢劫。因此，作为总支出或 M1、M2 一部分的通货需求将很可能在未来继续降低。

上述观点意味着，通货的需求函数可以表述如下：

$$C/D = c(\gamma_D, R^h, R_D, R_T, Y; 支付技术) \tag{4}$$

其中，c 代表通货—活期存款比率；γ_D 代表活期存款的费用；R^h 代表公众投资于债券等的平均收益率；R_D 代表活期存款利率；R_T 代表定期存款利率；Y 代表名义国民收入。

$\partial c/\partial \gamma_D > 0$ 和 $\partial c/\partial R_D < 0$ 是显而易见的。我们预测 $\partial c/\partial Y > 0$，因为 Y 增大将增加交易，这可能使通货需求增加的比例大于活期存款需求增加的比例。这意味着通货比率将在经济好转时上升，而在经济衰退时下降。定期存款和债券的收益增加，可能会同时减少通货和活期存款需求。另外，通货在日常的小额交易中（这类交易往往对利率变动无弹性）是必需的，而有效的现金管理允许减少活

---

① 1970 年活期存款总成本的平均值是美元的 2.4%，定期存款的成本方面，若将利率成本排除，成本为每美元的 0.6%；若将利率成本算在内，则在 5.3%～5.7%。近 70% 与活期存款有关的成本花费在支票处理中，如工资、计算机时间成本等。

期存款。因此随着 R^h 和 R_T 的升高，通货比率也会提高。所以，$\partial c/\partial R^h>0$ 且 $\partial c/\partial T_T>0$。这意味着通货膨胀率和（或）名义利率的提高，通常发生在经济周期上升期，而且会提高通货比率。相反，该比率在经济萧条期下降。因此，我们认为通货比率是顺周期的（在繁荣期提高，在衰退期下降）。

正如上面所强调的，通货比率也取决于环境是否安全以及其他支付方式（如借记卡和贷记卡）是否可用。即将到来的代表电子钱包的智能卡很可能会降低对通货的需求。

家庭不只持有通货和活期存款，还有其他多种形式的定期存款，如储蓄存款、大额定期存单（CDs）等。这些形式都支付利息，我们可以确定一些变量，这些变量产生定期存款或其理想的定期—活期存款比率的公众需求函数。这些函数的推导留给读者自己进行。

10.6.2 商业银行：准备金需求

商业银行持有针对存款的准备金。在准备金中，部分为现金（放在抽屉、自动提款机或银行金库中），另一部分为在中央银行的存款。在一定时期内，如果只从银行取出一小部分存款，银行就没有必要保证准备金和存款相等（即遵循100%的准备金率），而可以通过借出大多数存款来增加收入。由此引出"部分准备金银行制度"，即存款中用做准备金的比率非常小（本章的后面部分将予以讨论）。这个准备金率就是准备金与存款的比率。

中央银行通常要求商业银行满足最低的准备金率①——准备金占存款负债的比率②。第 11 章将介绍几个国家的法定准备金率。1999 年，加拿大和英国的存款准备金率为零。在美国，该比率取决于存款数量，且存款机构的该比率在 3%和 9%之间变动。

银行通常会持有超过法定准备金率所要求的准备金。银行也从其他银行或中央银行借入准备金。超过法定数量的准备金和借入的准备金称为"自由准备金"，即银行可以根据自己的意愿自行处理的准备金。

自由准备金假说

一个银行的自由准备金，是它想要在法定准备金之外额外持有的和借入的准备金。自由准备金必须区别于"超额准备金"。超额准备金是在法定准备金和自由准备金之外实际持有的现金储备，是银行希望立即或逐渐消除的准备金。关于自由准备金决定的假说是"自由准备金假说"。

法定准备金和自由准备金取决于中央银行规定的法定准备金率或差异比率（在第 11 章和第 12 章讨论中央银行行为时将加以讨论）和银行的总存款。这种

---

① 本章关于中央银行的讨论需要很详细的法定准备金率相关知识。现在许多西方国家，法定准备金率已接近于 0%，但美国的该比率为 3%～10%。

② 包括美国在内的一些国家，针对不同的银行负债水平或不同的金融机构，根据其规模和类型有不同的法定准备金率。

法定准备金是根据中央银行规定的公式计算的。①

每家银行在决定其准备金时，都会预期其存款负债。活期存款可根据需要随时提取，因此任何银行的个人活期存款都会随人们的存取行为而剧烈波动。对于某一时期的某一家银行，新的存款总量、取款总量在一定程度可能会相互抵消，这取决于银行的规模，同时取决于存款人的职业、行业分布及其在雇主与雇员间的分布。银行存款平均水平的不确定程度在银行间是不同的。无分行的平均水平通常要比有分行的高，小银行通常比大银行高，垄断程度较低的银行可能比垄断程度较高的银行高。如果将经济中的所有银行放在一起讨论，则它们间的抵消效应要大于个体，因此整个经济中的活期存款总量一般显示出很高的稳定性。

对于银行来说，准备金可作为证券、贷款以外的一种资产。因此准备金需求取决于证券和贷款的收益。准备金通常没有货币性收益。当其他资产收益率上升时，准备金需求会由于替代效应而下降，反之亦然。

在不确定性的前提下，自由准备金假说假定，银行会将其最终财富的期望收益最大化，这对应于第5章讨论的个人投资者的预期效用最大化。因此，第5章提出的资产组合选择理论可以用来解释银行的自由准备金需求。假定银行是风险厌恶者，且不希望最终持有的准备金少于法定准备金，因而它所持有的准备金将总比法定准备金多。超额准备金中的一部分可能被借出，这样，自由准备金的需求将取决于当前的风险、应对风险的反应、借入准备金的成本以及银行资产组合中其他资产的收益。

准备金不足的风险取决于银行体系的结构、银行的规模和基础客户的多样性。加拿大和英国的银行通常都很大，且分支遍布全国。它们有非常多样的基础客户，因此其存款的日常变化相对较低。美国在小城市和乡村地区的银行通常很小，分支数量也有限，依赖于经济中某个特定的部分。这样，它们面对的存款日常变化很大。

准备金不足的风险还有一个重要因素，它与中央银行制定的商业银行应对其存款持有的最低准备金的计算公式有关。② 在某种程度上，这种风险可以被银行在隔夜拆借市场向其他金融机构借入的准备金所抵消。加拿大允许在4~5周内、美国允许在两周内将准备金和存款进行平均。由此可以看出，这些国家的银行的风险要小于英国的银行。

商业银行从中央银行借款

银行从多种渠道借入准备金。银行经常彼此间借入准备金，且通常在有组织的隔夜拆借市场（如美国的联邦基金市场和加拿大的隔夜拆借市场）中进行。根据规则，银行也可以从国外借款来补足准备金。个别银行向体系内部的其他银行借款并不会改变基础货币，因而可以忽略其对货币供给决定的影响。但是，当商

---

① 各国计算法定存款准备金的公式不同，会影响银行的自由准备金及货币政策，进而对银行的行为有重大影响。一个显著的不同是，由银行持有的存款准备金是按当前存款的一定比例，还是按过去一段时间（如几个星期）存款的一定比例来计算？若按前一种方式计算，则会导致准备金数量的不确定，而按后一种方式则不会。

② 更多信息见第11章表11—1。

业银行整体增加它们向中央银行或国外的借款时,则基础货币会增加,而货币供给也将扩大。

在向整个商业银行贷款时,中央银行被认为扮演着最后贷款人的角色。因为银行系统作为一个整体,不能从它内部的借贷中获得额外资金。然而,个别商业银行有时会将中央银行作为它们借款的首选。中央银行贷款的期限和条件影响着银行希望从其借入资金的数量。通常情况下,从中央银行借款,会引发中央银行对借款银行的资产管理和其他做法进行监督。但借款银行并不希望出现这种情况,所以也就抑制了其向中央银行借款的动机。

在美国,贴现率(联邦储备体系向其成员银行贷款的利率)通常会低于三个月期国库券的利率,因此银行倾向于增加其向联邦储备体系的借款。为了限制借款的数量和频率,联邦储备委员会规定了各种各样正式或非正式的关于这类借款的条款。其中一条非正式条款规定,从联邦储备体系借款是联邦储备体系对其成员银行实行的一项优惠措施,而非银行的权利。如果银行想不加区别地使用它,这项优惠就会被削减或受到限制。

加拿大曾试验过两种不同的方法,以确定银行向其特许银行贷款所依照的利率。在1956—1962年和1980—1994年,采用的是固定银行利率制度,银行利率每周自动地定在高于国库券平均利率0.25%的水平。由于它比国库券利率高,因此如果特许银行从加拿大银行借款来融通资金购买国库券,就会遭受损失。这种利率被称为"惩罚利率",且从其性质看,它不鼓励借款。因此,它不需要像美国贴现率那样要求借助其他的借款限制。从1994年起,加拿大银行主要确定隔夜拆借利率,并有50个基本点的操作范围。该利率是银行和货币市场的其他主要参与者在进行隔夜贷款交易时需遵守的。从1996年起,规定银行利率为隔夜拆借利率操作范围的上限,该利率是浮动利率且仍然是一个惩罚利率,与市场利率的日常浮动无关。加拿大银行对银行利率施加影响,通过改变隔夜市场的资金供给或买卖国库券来完成。

在英国,英格兰银行每日决定其贷款给银行的利率,这使其可以控制银行每日向它的借款。它还可以密切控制银行向其客户收取的利率,因为这些利率的基础利率与英格兰银行的每日利率紧密相关。

银行储备金的需求函数

试图解释自由准备金需求的自由准备金假说,必须考虑以上这些不同做法,因而在不同国家和不同时期将得到不同的需求函数。然而,实证研究[①]证实了它的含义:可替代资产的收益会影响持有准备金的数量。另外,从货币政策角度来看,理想准备金与活期存款的比率不能看做一个常数。

以上的分析意味着理想自由储备金的需求函数可以表示如下:

$$FR/D = f(R, R_{BR}, R_{CB}) \tag{5}$$

其中,R代表银行资产的平均利率;R_{BR}代表银行准备金的平均收益;R_{CB}代表中

---

① 参见 DeLeeuw(1965)、Goldfeld(1966)、Frost(1971)。

央银行的贴现率（贷款给商业银行的利率）。

在（5）式中，$\partial f/\partial R<0$，$\partial f/\partial R_{BR}>0$ 且 $\partial f/\partial R_{CB}>0$。我们简化该函数，使其只包括平均利率，而不包括实践中需要考虑的各种利率。

需要注意的是，在（5）式中，R 是国库券、不同到期日债券、抵押贷款和对公众贷款等名义收益的平均值。还需注意，若准备金以现金方式持有，则 R_{BR} 可能为零；若准备金的其他部分以不付息的中央银行存款形式持有，R_{BR} 也可能为零。如果弥补准备金不足的成本 R_{CB} 增加，则银行将增加对自由准备金的持有；如果资金投资的收益 R 上升，则银行将减少自由准备金。另外，如果 R_{BR} 为正且预期增加，则自由准备金也会增加。

10.7 货币供给的机械论：货币供给恒等式

之所以称之为货币供给的机械论，是因为它使用恒等式，而非行为函数来计算货币供给。这种方法得出的货币供给方程，可以根据分析的目的简单化或复杂化。以下，我们将介绍几种这类方程，先从最基本的开始。

基本的活期存款方程

假定银行持有的准备金和活期存款的比率为 ρ，则有

$$BR=\rho D$$

其中，BR 代表银行持有的准备金；D 代表银行的活期存款；ρ 代表准备金率。

如果 ρ 等于中央银行对银行体系规定的法定准备金率，BR 代表外生供给的准备金，利润最大化的银行创造的存款数量为

$$D=(1/\rho)BR \tag{6}$$

该方程是银行在所持有的准备金基础上创造存款的基本存款创造公式。它的问题在于没有考虑银行和公众在存款扩张过程中的行为，因此需要一种更复杂的货币供给方法。

普通货币供给方程

弗里德曼和施瓦茨（Friedman and Schwartz, 1963）使用的货币供给方程，不仅考虑了银行的准备金与存款的比率，还考虑了公众希望的通货与存款的比率。这一比率是从会计恒等式中简单推导得到的：

$$M=C+D \tag{7}$$
$$M0=BR+C \tag{8}$$

其中，D 代表存款；BR 代表银行的准备金；C 代表公众手中的通货；$M0$ 代表基础货币。

弗里德曼和施瓦茨使用的货币供给公式的推导过程如下：

$$M = \frac{M}{M0}M0 \quad (9)$$
$$= \frac{C+D}{BR+C}M0$$
$$= \frac{1+D/C}{BR/C+1}M0$$
$$= \frac{(1+D/C)(D/BR)}{(BR/C+1)(D/BR)}M0$$
$$= \frac{(1+D/C)(D/BR)}{(D/BR+D/C)}M0$$

（9）式把货币存量的基本决定因素分为基础货币的变动和基础货币的"基础货币乘数"[①]的变动。该乘数本身由 D/BR（准备金比率）和 C/D（通货比率）决定。其中，准备金比率反映了法定准备金比率和银行的自由准备金需求，而通货比率反映了公众的通货需求。因此，在（9）式中强调的三个货币存量的决定因素是基础货币、通货和准备金比率。

货币供给方程的另外一种表达形式是：

$$M = \frac{1}{\left(\frac{C}{M}+\frac{BR}{D}-\frac{C}{M}\cdot\frac{BR}{D}\right)}M0 \quad (10)$$

卡根（1965）曾利用这个等式研究了 B、(C/M) 和 (BR/D) 这三个因素在经济周期和长期中对 M2 的贡献。他发现影响货币存量长期增长的决定性因素是基础货币的增长。上述两个比率的变化对 M2 的长期变化几乎没有影响。然而，对于货币存量的周期变化，C/M 比率的变动是最重要的因素，而准备金比率的影响有限，基础货币的变动的影响是无规律的。

通货—活期存款比率受到经济活动变化的强烈影响，尤其是消费支出比率变化的影响。正如我们在之前部分解释的，这个比率和名义国民收入的变化方向一致（因此是顺周期的），所以在经济周期的上升时期，支出的增长增加了通货持有量，降低了货币供给量。

之前给出的货币供给方程没有对存款进行细分，如活期存款、定期存款和储蓄存款、政府存款等，也没有将存款与法定准备金分开。对这些进行区分的方程式如下：

$$M = \left[\frac{1+c}{\rho_D+\rho_T t+\rho_G g+c}\right]M0 \quad (11)$$

其中 $t=T/D$，$g=G/D$，T 和 G 分别代表定期或储蓄存款以及政府在商业银行的存款。

上述的方程式都是恒等式。究竟使用哪一个等式取决于关于准备金比率的法规和条例、统计数据的可获得性以及对行为做出的进一步的假定。在实践中，货币供给理论并未囿于这些恒等式，而是把相关的恒等式纳入行为理论中。

[①] 我们已经指定 $\partial M/\partial M0$ 为基础货币乘数，它反映基础货币的变化在货币供给中的影响。一些其他学者把它称为"货币乘数"。在第 13 章到第 15 章的宏观经济部分中，我们把"乘数"定义为 $\partial Y/\partial M$，其中 Y 是国民收入。

10.8 货币供给的行为理论

货币供给的行为理论必须考虑在货币供给过程中参与者的行为，以便决定所研究变量的经济和非经济决定因素。该理论研究在上述货币供给公式中主要元素的表现，如公众所期望的通货、商业银行期望的准备金、商业银行借入准备金的数量以及中央银行希望提供的基础货币数量等。

根据我们之前对货币供给组成中需求的讨论，可以写出货币供给函数的一般形式：

$$M^s = M^s(R_D, R_T, R_S, R_L, R_d, R_O, R, Y, M0) \qquad (12)$$

其中，R_D 代表活期存款的收费；R_T 代表定期存款的利率；R_S 代表短期利率；R_L 代表长期利率；R_d 代表贴现率（中央银行借款给商业银行的利率）；R_O 代表隔夜拆借利率；RR 代表法定准备金率。

正如在前面的部分中讨论过的，货币供给取决于银行所期望的自由准备金、公众期望的通货和其他因素。自由准备金取决于 R_O、R_d、R_S 和 R_L。因为这些因素决定持有自由准备金的机会成本。类似地，公众对通货的需求是一个关于 R_D 和 R_T 的函数。如前所述，它还取决于名义国民收入 Y 所代表的经济活动水平。最后，货币供给也取决于基础货币 M0。

基础货币在货币当局的控制之下，货币当局也通过对它的操作来抵消其他变量变动对货币供给产生的影响。货币当局可能允许其他变量的波动对货币供给的影响，但其影响程度也不能超过理想范围。因此，基础货币不一定是和（12）式中其他解释变量无关的一个变量。

现在考虑在货币供给函数中可能发生影响的方向。基础货币的增加会增加货币供给；国民收入的增加会引起通货需求的增加以及银行准备金的减少，因此减少货币供给；短期市场利率的提高会提高作为自由准备金相近替代物的资产的盈利性，因此会减少对自由准备金的需求，从而增加货币供给。降低贴现率会有类似的效应。定期存款收益的增加会增加公众对其的需求，因而降低用于活期存款的准备金，进而减少活期存款。

实践中，估计货币供给函数所采用的变量数目通常比（12）式中所描述的少。部分原因是由于各种利率之间具有共线性。

（12）式描述的是货币供给函数，可以应用于 M1 或 M2 或其他货币总量的供给。然而需要注意的是，利率弹性的符号在总量间可能不同。差异主要有三种情况：

1. 如果活期存款利率提高，对其的需求就会增加，但这仅是以减少定期存款为代价的。当 M1 增加时，M2 不会增加。因此，活期存款和 M1 对 R_D 的利率弹性为正，但 M2 对 R_D 的利率弹性可能为正，还可能为零。

2. 因为定期存款不包括在 M1 内，而是持有 M1 的部分机会成本，因此 M1

对定期存款利率 R_T 的弹性可能为负。然而，这些存款是 M2 的一部分，因此当它们的利率升高，定期存款和 M2 的预期数量也将增加，所以，M2 对 R_T 的利率弹性为正。

3. M1 对债券收益的利率弹性为负。但如果定期存款利率随着债券利率上升而上升，M2 的相应利率弹性可能为零。然而，如果定期存款利率不随着债券利率上升而上升，则公众会把部分资金从存款转换到债券上，因此 M2 对 R 的弹性将为负。因此，这一利率弹性取决于 R_T 和 R 的关系。

表 10—2 展示了 M1 和 M2 的利率弹性。该表还包括 M1 和 M2 相对超额储备金收益和借入准备金的中央银行贴现率的弹性，两个弹性都是负数。表中符号在前文都已予以解释了。

表 10—2　　　　　　　　货币供给弹性

利率：	M1	M2
活期存款	＋	？
定期存款	—	＋
债券	—	？
超额准备金	—	—
中央银行贴现率	—	—

货币供给的利率弹性

对于货币供给的经验研究要远少于对于货币需求的经验研究。下面将简要回顾货币供给函数的经验结果，但仅限于该函数的弹性估计。

Rasche（1972）针对 Deleeuw（1965）为 Brookings 模型构建的货币供给函数、戈德菲尔德（1966）为戈德菲尔德模型构建的货币供给函数以及联邦储备银行—麻省理工学院—宾夕法尼亚大学计量经济模型项目为 MPS 模型构建的货币供给函数，计算出了冲击弹性和均衡弹性。这些研究利用了美国 20 世纪 60 年代中期以前的数据。Rasche 计算的这些弹性大致在表 10—3 列出的范围内。[①]

表 10—3[a]　　　　　货币供给函数的利率弹性

	影响[b]	均衡
现金需求		
定期存款利率	－0.012 至 －0.015	－0.136 到 －0.14
债券利率	－0.008 至 0.003 7	－0.07 到 0.026

---

① 这些值包括不同时期、不同研究，只为解释问题使用。

续前表

	影响[b]	均衡
定期存款需求		
债券利率	−0.038 至 −0.15	−0.374 到 −1.4
定期存款利率	0.070 到 0.3	0.683 到 2.9
银行借贷		
债券利率	0.134 到 0.88	0.50 到 −1.4
贴现率	−0.186 到 −0.98	−0.70 到 −2.926
自由准备金		
债券利率	−2.99 到 −3.95	−6.42 到 −8.47
贴现率	3.23 到 3.48	6.93 到 7.46
货币供给		
(不包括定期存款)[c]		
债券利率	0.214（第一个 6 个月均值）	
	0.267（第二个 6 个月均值）	
	0.2438（第三个 6 个月均值）	
货币供给		
(包括定期存款)[d]		
债券利率	0.219（第一个 6 个月均值）	
	0.278（第二个 6 个月均值）	
	0.258（第三个 6 个月均值）	

注：a. 整理自 Rasche (1972)；b. 影响弹性超过一季度，在利率上有变化；c. 来自 Rasche (1972)，表 5；d. 来自 Rasche (1972)，表 5。

要注意的是，自 20 世纪 60 年代以来，美国的金融市场发生了翻天覆地的变化。因此，表 10—3 中列出的弹性范围现在多数只供教学使用。这些弹性值表明，货币供给的主要组成部分（和货币供给本身）不是外生的，而是经济中利率的函数。我们从表 10—3 中可以得出以下结论：

1. 通货需求与定期存款利率负相关，与定期存款正相关。

2. 定期存款持有量与其自身利率正相关，与国库券利率负相关。

3. 国库券利率上升时，银行会增加其向联邦储备银行的借款；贴现率上升时，银行减少从联邦储备银行的借款。需要注意，贴现率是向联邦储备银行借款的成本，而国库券利率代表银行用于投资的资金的收益。因此，国库券利率提高，则激励银行在给定的某一基础货币下增加贷款，也会促使它们在给定某一中央银行规定的贴现率水平下增加借款。正如表 10—3 所示，两个因素都意味着货币供给对国库券利率的弹性为正。

4. 相反，当国库券利率上升时，银行的自由准备金减少；当贴现率提高时，银行的自由准备金增加。国库券利率代表银行因持有自由准备金而损失的数量，因此是自由准备金的机会成本，所以自由准备金随着国库券利率的上升而下降。然而，自由准备金对贴现率的弹性是正的，因为贴现率是自由准备金的"收益"，即，如果银行拥有足够的自由准备金来满足提款要求，银行就可以不必向中央银行借款并支付贴现率。

这些弹性和本章之前的分析一致。虽然自 20 世纪 60 年代以来，金融市场中有非常多的创新，实际弹性的值很可能改变，但其意义并没有变化。

货币供给函数中的时滞

可以得出以下结论：

1. 冲击弹性远低于均衡值，表明调整时长超过一个季度。
2. 在前 18 个月中，每个月货币供给的利率弹性都为正。

这些结论说明金融部门没有在一个季度内将货币供给调整至其充分均衡水平。事实上，第二个结论指出，甚至在六个季度之后，货币供给仍在变化。许多研究都证实了这些结论，货币供给对利率变化的响应的确存在时滞。

10.9 货币供给的协整和误差修正模型

有关货币供给及其组成部分的协整研究寥寥无几。以下研究结果引自 Baghestani 和 Mott（1997）的著述，说明了货币供给经验研究结果的性质，以及在货币政策改变时估计该方程遇到的问题。

Baghestani 和 Mott 利用恩格尔—格兰杰方法对美国三个时期的月度数据进行了协整检验：1971 年 4 月到 1979 年 9 月、1979 年 10 月到 1982 年 9 月以及 1983 年 1 月到 1990 年 6 月。他们选取的变量是 M1 的对数、基础货币（B）的对数和一个利率变量（r）。对利率变量的测度分两种：在前两个时期，用 3 个月的商业票据利率来测度；在第三个时期，由该利率和 1983 年 1 月实行的超级可转让提款单的存款利率之差来测度。另外，贴现率被作为一个确定的趋势变量，因为它在长期恒定不变。联邦储备银行在这三个时期改变了它的操作方法，因此每个时期的数据被分开。

Baghestani 和 Mott 不能拒绝 1971 年 4 月至 1979 年 9 月间指定变量不存在协整的原假设。另外，在 1979 年 10 月到 1982 年 9 月间，M0 和 R 有单位根，而 M1 没有，因此协整方法不适用于该时期。当时间超过 1990 年 6 月，变量间的协整就不存在了。必须谨慎对待这些结果。如第 9 章讲货币需求估计时指出的，协整的目的是揭示长期的关系。因此，为了保证结果的可靠性，选取的数据应该是长期的数据，而不是在几年内频繁观察到的数据（如月度数据）。Baghestani 和 Mott 使用的这三个时期的数据都没有超过十年。

对于 1983 年 1 月到 1990 年 6 月这一时期，Baghestani 和 Mott 利用他们的协整—误差修正模型得出结论：经济通过改变货币供给与利率而非基础货币，来调整长期关系。比较他们得出的三个时期的结果可知，无论从系数看，还是从是否存在长期关系看，中央银行政策（如以货币总量或利率为目标）对货币供给函数的决定都是极其重要的。另外，管制方面的变动，如1980年后允许对支票存款支付利息，也会改变货币供给函数。

10.10 基础货币和利率作为货币工具

中央银行使用基础货币和利率中的一种或同时使用两者来控制经济中的总需求，在已知货币供给和需求函数的前提下，只需使用其中一种即可。为了验证这一结果，假定货币供给函数如下：

$$M = \frac{M0}{\left(\frac{C}{M} + \frac{BR}{D} - \frac{C}{M} \cdot \frac{BR}{D}\right)} \tag{13}$$

(13)式中的符号含义在前文中已经予以解释。货币供给函数可以简化为

$$M = \alpha M0 \tag{14}$$

其中

$$\alpha = \frac{1}{\left(\frac{C}{M} + \frac{BR}{D} - \frac{C}{M} \cdot \frac{BR}{D}\right)}$$

α代表"基础货币乘数"$\partial M/\partial M0$。尽管有些学者称它为"货币乘数"，我们认为货币乘数用$\partial Y/\partial M$表示更为恰当，其中Y代表名义国民收入。

使货币需求函数的一般形式如下：

$$m^d = m^d(y, R) \tag{15}$$

其中，R代表名义利率，y表示预定的实际产出或产出的理想水平。当货币市场均衡时，我们有

$$\alpha \cdot M0 = Pm^d(y, R) \tag{16}$$

在确定性前提下，给定政策目标，将P定在P^*，将y定在y^*，则由(16)式可得出M0和R的关系。中央银行可以通过以下方式实现其目标：将基础货币M0设定在M0*，而R让经济自行决定；或将R设定在R^*，让经济自行决定支持R^*所需要的货币供给。不必追求可以同时设定M0和R的政策。

随机背景下在利率和基础货币间选择操作目标

在发达国家，只有在货币供给函数和货币需求函数存在不确定性或不可预测时①，才能有充分的理由在M0和R之间选出一个理想的货币政策工具。在这样的背景下，政策制定者可能不知道哪种政策工具确实可以使目标值达到y^*和

---

① 要注意，即使两个函数的确定性要素已知，仍需要不可预测的、随机的组成部分。

P^*。通常，在没有任何确切信息的情况下，不确定政策理论指出，风险厌恶型的政策制定者将通过同时使用两种政策工具以保证多样性。然而，正如在本章前面（亦见于13章）的分析指出的，如果对总需求的主要冲击来自于商品市场的波动，则货币供给通常是理想的货币政策工具。但是，如果对总需求的冲击主要来自货币市场，则利率通常是理想的货币政策工具。下一章将对这一论断进行详细检验。

也可以根据经济的性质在两者中选择货币政策工具。金融欠发达的国家通常有高度发达的债券市场，这就使得中央银行无法高效地使用其公开市场操作工具。然而，还有其他改变基础货币的方法，如通过解决财政赤字的方式增加对政府的货币供给。另外，法定准备金的变动可以用来改变既定基础货币前提下的货币供给。这类国家的金融市场通常是分割的，并有着庞大的非正式的金融市场，因此中央银行设定的利率和各种私人金融市场中实行的利率之间不需要有紧密联系。另外，这类国家中的很多投资都可能对市场利率不敏感。因此，总体上说，对于这类国家，要操纵总需求，变动货币供给很可能（尽管不是完全）比变动利率更有效。然而，虽然我们已知两种政策工具都不能完美地控制总需求，但是如果中央银行同时使用两种工具，则对总需求的掌控效果会更好。

结　语

本章考察了货币政策采用不同操作目标的含义。对于大多数中央银行而言，直接目标不再是准备金总量（如借入准备金或非借入准备金）、基础货币或货币总量（M1、M2、M3或M4），因为20世纪八九十年代的经验证明，这些变量与名义国民收入之间不存在稳定的关系。存在这种不稳定的主要原因是，金融创新导致流通速度变化，新型货币资产应运而生，活期存款与其他金融资产之间的替代性增加。

尽管近些年来货币供给的作用被低估了，但它对经济表现仍然至关重要。正因为如此，任何特定经济的货币供给理论都必须首先搞清楚，中央银行能否外生地决定货币供给，从而抵消经济中其他因素引起的所有不合意的货币变动。如果确实如此，货币供给的最终决定因素就是中央银行的行为。然而，如果其他因素对改变货币供给有一定作用，那么对货币供给进行分析就应该将更多因素包括在内，还应该考虑公众和金融机构的行为。

货币供给理论可以具体化为机械论和行为论。实践中，大多数经验研究在推导估计方程时都综合利用了两种方法。这些研究表明，从跨时动态来看，货币基础变动是货币供给变动的主要因素。然而，通货比率和准备金比率的变动在经济周期中也发挥了非常重要的作用，因此它们的决定因素也需要纳入估计方程。这些决定因素包括经济中的各种利率以及国民收入。货币供给函数的估计，特别是关于M1的估计，通常表现出对中央银行贴现率的负弹性以及对国库券利率的正弹性。

协整技术在货币供给及其决定因素中的应用,不如在货币需求函数中的应用普遍。协整要得到可靠的结果,需要长期的数据。由于货币供给主要取决于中央银行的行为,中央银行的操作目标和货币供给规则又随时间变动,所以很难收集足够多的数据以获得可靠的关于货币供给函数的协整结果。然而,货币供给函数的经验研究通常报告的利率弹性符号确实与理论预期一致。

主要结论

※ 与货币总量目标相比,行之有效的利率目标增加了投资、净出口、财政赤字以及商品市场的其他干扰对总需求的影响,同时减少了来自金融部门冲击的影响。

※ 货币总量目标减少了由私人部门引起的货币供给波动的影响,缓和了来自商品市场波动的影响。

※ 公众和银行通过改变通货比率和自由准备金来影响货币供给,所以中央银行要抵消这些影响从而控制经济中的货币供给,就必须能够预测这些比率。

※ 经验研究支持货币供给的行为方法,意味着货币供给取决于经济中的利率。关于货币供给函数的估计受货币政策和目标安排的影响。

复习讨论题

1. 利用图表讨论以下表述:如果货币需求函数的利率弹性极小,那么中央银行采用货币总量而非利率作为操作目标的理由就有所加强,特别是经受随机冲击的经济更是如此。

2. 你所在国家的中央银行如何管理利率?选一个其他国家加以比较。中央银行以利率作为操作目标的话,产出波动的预期后果是什么?

3. 近年来货币部门变得越来越不稳定。这是否意味着货币当局应该坚持追求利率目标,而对货币供给放任不管呢?

4. 注意到衰退的原因可能是总需求减少或总供给减少或两者兼而有之。中央银行应该采取何种操作目标?对于总供给减少和总需求减少,操作目标的最优选择是否相同?

5. "宏观经济模型假设货币供给由中央银行外生给定。若果真如此,货币供给函数的设定和估计就毫无意义。"讨论这一表述。你该如何证明它的正确性?

6. 如果政府通过下列手段为财政赤字融资,那么基础货币和货币供给将如何变动?

(a) 向公众出售债券;

(b) 向商业银行出售债券；

(c) 向中央银行出售债券；

(d) 向外国人出售债券。

如果这种做法导致货币供给变动，那么中央银行应该采取何种政策以抵消这些变动？

7. 下列情况中，基础货币和货币供给如何变动？

(a) 中央银行降低贴现率；

(b) 中央银行降低贴现率，同时又向公众出售债券；

(c) 中央银行禁止隔夜拆借，并取缔隔夜拆借市场。

8. 下列情况中，货币供给如何变动？

(a) 经济进入繁荣期，利率上升；

(b) 非法持有通货的地下经济被取缔；

(c) 厂商对现金支付给予明显折扣，而对信用卡支付则没有；

(d) 信用卡完全被借记卡所取代；

(e) 信用卡和借记卡都被智能卡所取代。

9. 中央银行能否严格控制货币供给？哪些因素削弱了中央银行政策与货币供给变动之间的联系？

10. 中央银行对商业银行规定的法定存款准备金率越高（极限时取100%），它对货币供给的控制是否越强？如果是这样，那么为什么中央银行从未实行过非常高的法定存款准备金率？

11. 如果中央银行开始对商业银行在中央银行的存款付息，比如说按国库券利率支付，那么基础货币和货币供给将如何变动？相比于此类存款不生息的制度安排，这么做的话，货币供给的利率弹性变得更高还是更低？

12. 设定基于行为的货币供给函数，以反映货币供给过程中的中央银行、公众和商业银行的行为。讨论并比较对M1和M2而言，这种供给函数的可能利率弹性。

13. 令 BR（银行准备金）等于：

$$BR = kD + ER$$

假设：$ER = f(R, R_d)D$，$\partial ER/\partial R < 0$，$\partial ER/\partial R_d > 0$

其中，ER 是超额准备金，R 是市场利率，R_d 是中央银行的贴现率，其他符号的含义与本章正文部分相同。又令 $C/D = c$，将货币供给 Ms（$=C+D$）作为 k、c、R、R_d 和 M0（货币基础）的函数推导之，并给出其偏导数的符号。

14. 给定前一个问题的信息：

(1) 若 $k = 0.05$，$ER = 0.01D$，$c = 0.2$，$C + D = 0.03y$，则将 M0 作为 y 的函数以推导之，同样将 C、D 和 BR 作为 y 的函数推导之。

(2) 假设金融创新改变了通货需求，以至于 c 变为 0.1。将货币基础作为 y 的函数推导之。中央银行如何抵消这一通货需求变动对货币供给的影响？讨论之。

15. 用通货比率、准备金比率和货币基础来设定货币供给函数。令实际货币

需求函数为

$$m^d = m^d(y, R) = m_y y - m_R R + FW_0, \partial m^d/\partial y > 0, \partial m^d/\partial R < 0, \partial m^d/\partial W > 0$$

其中，FW_0 是金融财富。

(1) 给定货币市场均衡的需要，说明中央银行如何用 M0 作为货币政策工具来改变 Y（$=Py$）。

(2) 给定货币市场均衡的需要，说明中央银行如何用 R 和 R_d 作为政策工具来改变 Y。

(3) 给定货币市场均衡的需要，当金融财富增加，M_0，R 和 R_d 变动时，股票价格会如何变动？

16. 经验研究中如何设定用于估计的货币供给函数？如何定义你的货币供给变量？你的函数中包括哪些变量？给出每一个变量的理由。评论你的自变量与货币供给之间的预期先验关系。将你的供给函数与文献中的一些其他估计函数进行比较，并且对差异加以评论。

17. 对于选定的一个国家，利用季度数据，设定并估计其货币供给函数。在你的自变量中，至少包括两种不同的利率，一个是贴现率或银行利率，另一个是市场决定的短期利率。检验并修正研究期间货币供给函数的变动。使用以下技术进行你的估计：

(1) 一阶部分调整模型（PAM）的最小二乘估计；

(2) 误差修正模型的协整。

讨论你选择的货币供给函数的函数形式和所用的变量和计量技术，以及你所遇到的数据问题和计量问题。

讨论你的结果的合理性及其与理论的一致性、自身的稳健性。你能根据中央银行的政策变动来解释估计出的函数变动吗？

18. 估计货币供给时需要使用协整技术的原因何在？这类估计中使用普通最小二乘法的缺点是什么？如果用两种方法得到不同估计，那么你应该采信那一种？为什么？

19. 一般而言，协整技术应用于货币供给函数有问题吗？估计的解释有问题吗？这些估计能采信吗？讨论之。

参考文献

Baghestani, H., and Mott, T. "A cointegration analysis of the U. S. money supply process." *Journal of Macroeconomics*, 19, 1997, pp. 269 – 283.

Cagan, P. *Determinants and Effects of Changes in the Stock of Money*, 1875 – 1960. New York: Columbia University Press, 1965.

De Leeuw, F. "A model of financial behaviour." In J. S. Duesenberry *et al.*, eds, *The Brooldngs Quarterly Econometric Model of the United States*. Chicago:

Rand McNally, 1965, Ch. 13.

Friedman, M., and Schwartz, A. J. *A Monetary History of the United States, 1867–1960*. Princeton, NJ: National Bureau of Economic Research, 1963.

Frost, P. A. "Banks' demand for excess reserves." *Journal of Political Economy*, 79, 1971, pp. 805–825.

Goldfeld, S. M. *Commercial Bank Behaviour and Economic Aclivity*. Amsterdam: North-Holland, 1966.

Poole, W. "Optimal choice of monetary policy instnunents in a simple stochastic macro model." *Quarterly Journal of Economics*, 84, 1970, pp. 197–216.

Rasche, R. H. "A review of empirical studies of the money supply mechanism." *The Federal Reserve Bank of St Louis Review*, 54, 1972, pp. 11–19.

第 11 章 中央银行：货币政策的工具与目标

本章侧重于美国、英国以及加拿大（有一些材料来源于新成立的欧洲中央银行体系）在历史以及实践中所采用过的货币政策的目标和手段。这些材料旨在超越对其中任意一个国家个性的探讨并阐述这些中央银行实行的货币政策的异同。

本章引入的关键概念
- 中央银行的授权
- 中央银行目标的潜在多重性
- 公开市场操作
- 法定准备金
- 贴现率/银行利率
- 信用控制
- 道德规劝
- 选择性控制
- 隔夜贷款利率
- 联邦基金利率
- 管理利率
- 货币委员会
- 竞争性的货币供给

经济理论早就提到，货币政策对于大多数重要的宏观经济变量（诸如产出、就业、经济增长以及价格）①的影响。因此，只要有可能，在绝大多数国家，货币供给以及利率的控制往往是委托给中央银行，而不是市场。②

本章着眼于中央银行货币政策的目标以及目标的实践与制度方面，还有诸如金融中介的管制等相关的问题，对美国联邦储备体系、加拿大银行、英国以及欧洲中央银行体系（欧洲中央银行）的货币制度安排加以说明。以这些国家为例，是为了展现这一组国家货币安排的共同之处以及多样性。

第11.1节从历史角度考察了中央银行的多重性目标，第11.2节研究了历史上的目标到当前目标的演变，当前的目标包括充分就业水平下的价格稳定以及产出增长。第11.3节回顾了中央银行实行的政策工具。第11.4节以及第11.5节集中于金融部分以及利率的竞争与管制。第11.6节提供了用于指导货币政策的货币条件指数的信息。第11.7节叙述了中央银行目标向泰勒规则的演进过程。第11.8节附带了对货币委员会的探讨，货币委员会是可以替代中央银行的另一种制度安排。

11.1 中央银行的历史目标

不同国家的中央银行有其各自的不同之处，在其调控上立法当局有着各自不同的目标设置。然而，我们在这一节可以看到，从广义上说，这些目标之间有很高程度的相似性。进一步说，对于特定中央银行的指定性的授权是十分广泛的，以至于使其在实践中目标的选择具有一定的自由度。我们将以美国、加拿大以及英国为例，阐述中央银行经常指定的目标的类型。

美国联邦储备体系的原始授权

美国联邦储备体系（亦称为美联储）是美国的中央银行，它成立于1913年，由一位主席领导管理委员会③。它的货币政策是由联邦公开市场委员会制定，联邦公开市场委员会由管理委员会以及12个地区性的联邦储备银行中的5位主席组成。联邦公开市场委员会制定联邦基金利率，它是各商业银行之间隔夜贷款交易所遵循的利率。

美国联邦储备体系公布其所列出的广泛目标为：

抑制通货膨胀与通货紧缩，创造有利的条件以保持高就业、物价稳定、经济增长以及消费水平的不断提高。

此外，可能还有一个目标，即实现平衡的国际收支状况。一直到20世纪80

---

① 见第2章的有关这方面的前人研究成果以及第13章至第16章的现代观点。
② 然而，有一些属于新货币学派的经济学家认为，货币应该由私人机构竞争性地发行。这种货币发行的情况，在20世纪以前的许多国家中都很常见。
③ 七个管理委员会成员被赋予14年的任职期，这决定了他们独立于政府。美联储由位于不同地区的12个地方性的联邦储备银行组成。

年代，大多数中央银行所列明的目标与上述目标的多重性十分类似。

加拿大银行的原始授权

加拿大银行成立于1934年，它拥有一个理事委员会和一个决定货币政策的管理者。加拿大1934年的《银行法》序文中指出，对于银行的授权是：

> 管制信贷以及货币以维护国家经济生活的最高利益，控制以及确保国际货币单位的对外价值，缓和生产、贸易、价格以及就业的一般水平波动的影响，尽可能地在货币行为的范围内，普遍地提高加拿大的经济与金融福利。

这篇序文要求加拿大银行通过使用货币政策以达到多样化的目标。序文的背后有一个暗示的假设：加拿大银行不仅拥有影响通货膨胀率以及汇率的能力，还能影响实际（而不仅仅是名义上的）变量——产出与就业。对后者而言，这一假设意味着加拿大银行能够影响这些实际变量的短期值并因此影响它们的波动。

英格兰银行的演进以及英国的货币政策

作为一家私有商业银行，英格兰银行成立于1694年[1]。尽管它作为一家私有银行一直延续到1946年，但从一开始，它就是充当政府的银行的角色，按照商业办法，通过购买政府债券的形式为政府提供大量贷款。它在1844年被赋予（未来）纸币发行的垄断权，同时，从商业银行的业务中撤离。它发行的纸币成为了法定货币，并可以以固定的比例兑换成黄金。它通过18世纪和19世纪的惯例与实践而演变成一家中央银行，并逐渐承担起维护货币市场的秩序以及影响其他商业银行的政策与实践的责任。

考虑到其起源于私有银行以及在实践中逐渐成为中央银行的演变过程，对于英格兰银行实施货币政策以达到特定的国家宏观经济目标，并没有明确的法律授权，尽管它与政府有着十分密切的关系。在18世纪和19世纪，它的主要目标似乎是最大化其自身的利润以及保持其自身的偿付能力，这与传统的古典主义思想的要旨是一致的。传统的古典主义思想并不拥有货币政策控制经济的理论，也不支持采取积极的货币政策以稳定经济。

自从1946年英格兰银行国有化以来，英格兰银行与政府（由负责政府财政事务的英国财政大臣所代表）的关系经历了两个不同的阶段。

从1946年至1997年，政府拥有制定货币政策目标和使用货币政策工具的法定权力，尽管日常的运作以及正常的业务还是由银行来决定。银行向拥有目标最终决定权的财政大臣提供建议，并且实施他决定的政策，但在决定实施的时点上有一定的自由权。结果是，通过货币政策所追求的经济目标最终是政府的目标并取决于执政党的偏好。在1997年，银行被赋予货币政策实施的独立运作权，然而决定最终货币政策目标的权力仍然掌握在财政大臣（也就是政府）的手中。

---

[1] 1946年，它的所有权被国有化。

考虑到英格兰银行以及政府的权力划分，使用"货币当局"这个词以包含它们在制定以及实施货币政策中的联合作用是更为恰当的。相比而言，在美国以及加拿大，货币当局仅仅指的是它们各自的中央银行。

实践中，英国货币当局与美国以及加拿大的中央银行的历史目标十分相似。从1946年至20世纪80年代，这些政策基于一系列广泛的目标，包括低失业率、高增长率、低通货膨胀率以及汇率的稳定，其意图是通过货币政策以尽可能地达到一些目标或者至少是在这些目标中进行权衡取舍。

欧洲中央银行的授权

第二次世界大战后欧洲国家逐渐联合起来，它们最终在20世纪90年代组成欧盟，从而使得它们得以实行统一的货币政策，这种货币政策的统一集中体现在1992年的《马斯特里赫特条约》下建立起的欧洲中央银行体系上。总部设在法兰克福的欧洲中央银行体系以联邦制的组织结构，由欧洲中央银行以及各成员国的中央银行组成。货币政策的集中决策主体是欧洲中央银行管理委员会，它由各国中央银行行长①以及欧洲中央银行执行委员会②组成。欧洲中央银行执行委员会除了负责欧洲中央银行的日常运作以外，还负责执行管理委员会的决定以及协调各国中央银行政策的实施。

自欧洲中央银行成立以来，它的授权反映了货币政策的当代思想。它的宪章指出：欧洲中央银行体系的主要目的应该是保持物价的稳定。其宪章还明确指出欧洲中央银行以及各国银行相对于各国政府完全独立，所以它们不必执行各国政府的指令。

欧洲中央银行体系使用改变利率作为货币政策的主要运作工具，同时看重货币供给量的演变，特别是M3，并将其作为货币政策的指导。

欠发达国家中央银行的其他授权

绝大多数欠发达国家不能通过国内的融资支撑起其财政，结果导致了大规模的财政赤字。一些国家通过向外国借款以弥补赤字，但仍然需要通过融资以弥补赤字缺口，相比而言，一些金融发达的较富有的国家通常通过政府发行短期和长期的国债直接向公众借款以弥补赤字，而欠发达国家的金融市场因为太贫瘠而不能为政府的借债提供更多的支持。考虑到这种限制，许多欠发达国家依赖于中央银行增发基础货币或是向中央银行卖出政府债券以直接或间接地融通剩余赤字。

因此，与发达的工业化国家类似的是，欠发达国家对于中央银行的授权也相当广泛，在实践中多了一项授权，就是为财政赤字融资。有些时候，这么做的理由是基于国家利益的考虑。在一些情况下，赤字是与大规模的发展项目相关联的，所以中央银行对于赤字的融资被进一步宣称是对国家的经济发展作出贡献。然而，这样的货币政策将屈从于财政政策，影响到中央银行相对于政府的独立性以及其对通货膨胀的控制力。

---

① 他们中的每一个人拥有至少5年的任期，并且不能被各自的政府开除。
② 欧洲中央银行执行委员会由1名主席和5名成员组成，由欧洲委员会赋予8年的、不可连任的任期。

11.2 中央银行目标的演变

经济理论的修正以及目标所隐含的限制

20 世纪 70 年代是西方国家滞胀与扩张性的货币政策共存的一个时期。这样的共存使人们产生了对于凯恩斯主义政策处方正确性的怀疑，继而为新古典主义的复兴提供了肥沃的土壤。新古典主义早期的复兴源于米尔顿·弗里德曼对菲利普斯曲线的修正，他进而提出了附加预期的菲利普斯曲线。弗里德曼认为，在失业率与通货膨胀率对其预期水平的偏离之间存在着短期的替代关系。但是，在失业与通货膨胀之间没有长期的替代关系。因此，货币政策对失业率的调整十分有限。20 世纪 70 年代还产生了理性预期理论。但卢卡斯、巴罗、萨金特和华莱士（Sargent and Wallace）、凯德兰德（Kydland）、普雷斯科特（Prescott）以及其他 20 世纪七八十年代的学者的研究，为现代古典主义的兴起奠定了基础，将理性预期与系统的货币政策中性作为其核心的要素（详见第 14 章以及第 16 章）。只有随机的货币政策能够影响短期的产出，而这样的政策是毫无意义的。在货币当局与公众信息对称的条件下，货币供给的系统性增加将会被预期到，但不能使就业偏离其均衡水平。

20 世纪 80 年代，在货币政策范围内的理论性修正的影响说服了许多国家的中央银行放弃了多重目标，继而将主要精力有时是全部的精力集中于对通货膨胀的控制上。虽然对于中央银行传统授权的法律修正几乎没有，但在实践中，通过货币政策调整失业与产出的做法还是有相当程度的减少。货币政策的主要目标是低通胀率，它随之成为了以控制通货膨胀为目标的政策之一。自 20 世纪 80 年代以来，控制通货膨胀成为政策目标的长期基础，并伴随着产出与就业增长所获得的成功，这使许多国家的中央银行普遍选择将控制通货膨胀作为其主要的目标。自 2002 年起，以控制通货膨胀为目标的做法已经被 22 个国家采用，其中包括加拿大、新西兰、英国以及美国。然而，由于以通货膨胀为目标和以产出为目标是流行的泰勒规则中调整利率的重要部分，所以确保充分就业的目标并没有消失。

英国货币当局目标的演变

如之前所提到的，1946 年至 20 世纪 80 年代，英国货币当局采用的是多重目标。价格稳定是其中之一，而且到 20 世纪 80 年代越来越受重视。1992 年，英国财政大臣宣布为了实现长期的价格稳定而采用明确的通胀目标（1%～4%），于是控制通胀成为唯一的目标。采用明确的通货膨胀率目标意味着放弃失业率、产出、汇率稳定以及经济周期等其他目标。

英国财政大臣与银行定期设立通货膨胀目标。1995 年，英国财政大臣与英格兰银行达成一致，将官方的通货膨胀目标设定在 2.5%，2008 年时为 2%，并设立了一个允许的浮动范围。当前英国货币政策的主要目标是稳定物价，其次的目标才是就业与经济的增长。自 1997 年以来，诸如设定银行利率等货币政策的实施由银行与其货币政策委员会决定。古德哈特（Goodhart；1989，1995）从英国的角度为中央银行提供了一份杰出的声明。

加拿大银行目标的演变

20 世纪 80 年代后期，加拿大银行行长公开声明银行的授权应该集中于稳定价格。1992 年，加拿大议会采取了这个提议，决定保留 1934 年加拿大《银行法》所规定的银行的授权目标（即多重目标）。然而，20 世纪 80 年代至 90 年代连续几位加拿大银行行长都提倡在实践中仅集中或是只关注稳定价格或是低通胀率的目标。从 1991 年起，加拿大银行宣布明确的目标为 2% 的核心通货膨胀率以及 1%～3% 的变动区间。这些目标是由加拿大银行以及加拿大政府联合制定的。① 能影响当前利率或是未来通货膨胀率的其他因素，如汇率以及资产价格等，也在一定程度上被考虑进去了。当实际通货膨胀率偏离目标水平 2% 时，银行通常会用六到八个季度将通胀引导回目标水平。银行使用货币加权指数（在本章的后面部分会详细介绍）作为操作的指引。货币加权指数是利率以及汇率的加权之和。它将隔夜融资利率作为操作目标，浮动范围为 50 个基点。（向银行其他金融机构贷款的）银行利率现在被设定为目标区间的上限。

新西兰对于价格稳定目标的实验

新西兰是第一个明确将控制通货膨胀作为目标的国家。20 世纪 70 年代至 80 年代，该国经历了漫长的两位数的通货膨胀与令人不满意的增长。在 20 世纪 80 年代中期和 1990 年，该国的货币安排在立法上进行了重大的变动，其中包括赋予中央银行（也就是新西兰储备银行）一定程度的独立性来制定和实施货币政策以保持价格稳定。然而，在制定货币政策的目标时，它要求财政大臣以及银行行长一起确定通胀目标以及实现这一目标时的界限与所用通胀指数，并公布于众。这些协议每隔一段时间就会重新起草，为适应经济条件的变化保有一定的灵活程度。通货膨胀目标浮动区间的变动，1990—1992 年为 3%～5%，1992—1996 年为 0～2%，1996 年以来为 0～3%。在一些特殊的环境下，允许违背已确定的目标，比如自然灾害、间接税的改变以及重要的相关价格冲击。新西兰储备银行使用货币条件指数，该指数最先是由加拿大银行开创的。这个指数是利率与汇率的加权和，被用做货币政策的指南。

在某种程度上，新西兰模式与英国模式是很相似的。它的中央银行拥有操作上的独立性，但在最终的货币政策方面并不具有完全的独立性。其目标受限于法律所确定的稳定物价，且法律要求目标区间必须与政府联合设定。②

美国近期货币政策的目标

20 世纪 80 年代至 90 年代，美联储追求的目标发生了改变，情况类似于上面

---

① 在加拿大，通货膨胀目标每 5 年设定一次。2006 年，加拿大政府以及加拿大银行更新了 2% 的通胀目标，允许浮动范围为 1%～3%。

② 在新西兰，如果未实现公布的通胀目标，不同于其他国家的是，银行行长需要对此负责，并有相应的处罚。

讨论的国家，即从 20 世纪 80 年代以前追求多重目标转变为仅关注价格稳定。美联储与英国和加拿大货币当局的不同之处在于，美联储并没有设立明确的通货膨胀率目标，尽管其追求低通胀率的目标与价格稳定的目标是相一致的，这点毫无疑问并且经常被美国联邦储备委员会提及。泰勒指出，美联储已采用一个有效的货币政策以合并通货膨胀目标。

相对于英格兰银行以及新西兰银行与其政府的关系，美联储与美国总统和政府关系的独立性更加名副其实，不论是在目标的制定上还是在为了达到目标所实施的货币政策上。政府不会对美联储追求的货币政策目标和工具发布正式的指令，也不会要求它向政府汇报其行动，或是因为没有达到价格稳定的目标而对其实施惩罚。

11.3 货币政策工具

中央银行通过一种或是多种工具的使用以达到其所追求的货币政策目标。这些工具的搭配使用取决于国家的经济结构（特别是金融体系）以及债券和股票市场发展的阶段。最常见的工具是调整利率，它通常伴随着公开市场操作。

11.3.1 公开市场操作

公开市场操作①是中央银行通过在金融市场上公开买卖证券以增加或是减少相应的基础货币。② 有着较发达的金融市场以及金融市场上存在着大规模可用于交易的公开债券的国家经常使用公开市场操作，这样的操作是调节货币供给的最重要的工具，通常伴随着政府储蓄在中央银行与商业银行之间的转换。然而，从世界范围来看，公开市场操作并不是最重要的操作工具，因为它需要一定的先决条件。其中最重要的条件有：

1. 一国拥有高度发达的金融市场，大规模的借贷应该在有组织的金融市场中进行。
2. 存在着相对大量的货币当局愿意购买的各式证券，它们通常是政府证券。大规模的公债是必要的。
3. 一国的金融体系与市场相对于其他国家应具有一定的独立性。资本充分流动以及固定利率下的开放经济体不具有这样的独立性。举例来说，一个国家不同的州与地区不能拥有独立的金融体系，也不能独立于国家追求自己的货币

---

① 对于基础货币如此的突出性操作通常是具有一定的防御性质，旨在消除基础货币的非预期变化。
② 通常情况下，美国每年只会使用几次公开市场操作以满足经济的长期流动性要求，并使商业银行从中央银行的借款符合其日常需求。不同国家对于这样短暂性的借贷有不同的要求。在美国，这样的借贷是通过中央银行与借款银行之间的再购买协议实现的。

政策。相似地,固定汇率下,一个货币集团中的成员国也不能独立于这一集团而实施货币政策。这种集团的一个例子就是欧盟,其成员国之间的货币实行固定的汇率。

金融欠发达的国家通常不满足第一个条件。在一个经济或是政治集团中的国家(如欧盟)不能完全满足第三个条件,以至于它们的中央银行不能独立运作,而只能实施由整个集团的中央银行所设立的货币政策。[1] 世界上的许多国家并不属于以上的任一或是任几个类别。即使是美国,在第二次世界大战后也极少优先使用公开市场操作。大多数国家使用货币政策的其他工具来补充或是取代公开市场操作。

政府存款在中央银行与商业银行之间的转化

中央银行几乎总是在扮演"政府的银行"的角色,它持有并管理政府的存款。公众从其商业银行里取出存款向政府支付,会使其在商业银行里的存款减少而在中央银行的存款增加,进而减少基础货币。相反,政府对公众支付的增加使得其在中央银行的存款减少,在商业银行的存款增加,这样会增加基础货币的供给。为了避免向政府支付或是政府收款而引起的基础货币的改变,一个办法是政府持有商业银行的账户,并且使用它们与公众进行交易。随之而产生的政府在商业银行的存款的增加或减少不会改变基础货币,而政府将其在商业银行的存款转向中央银行则会减少基础货币。

在加拿大,它被作为控制基础货币供给的一种方式以及类似于公开市场操作的一种货币政策工具。加拿大银行管理着政府储蓄在加拿大银行以及其特许银行之间的分配,在当前的实践中,这种余额的转换对于短期内改变基础货币供给比公开市场操作更加方便,也更加重要。

11.3.2 法定准备金

法定准备金[2]在历史上始终是在给定的货币基础之上调节货币总量的一种常见的工具。在一些情况下,当市场太过贫瘠而不能实施可行的公开市场操作或是由于某些原因而使得基础货币不能得到控制时,货币当局通常尝试通过要求或是改变对于活期存款或是其他类型的存款的准备金比率限制银行体系的货币创造。这个比率变化的范围为 0 到 100%,但通常是 0 到 20%,法定准备金比率每次变动 0.25% 或是 0.5%。

20 世纪 80 年代以前,美国对其银行有一套复杂的法定准备金制度,在美国联邦储备体系的不同成员银行之间、成员银行与非成员银行之间、大城市银行与其他城市银行之间有着不同的储备金要求。1980 年,美国国会对储蓄机构(包括银行、存储与信贷机构)的要求更加统一。美联储被赋予在 8%~14% 之间设

---

[1] 过去,帝国主义国家的殖民地也是这样。
[2] 在大多数国家,银行所持有的法定准备金必须是通货或是中央银行的存款。这些存款通常不付利息。

立法定储备金率以及在特殊情况下最高调整其到18%的权力，并取消了个人定期存款与储蓄存款的法定准备金要求。1998年，如果银行拥有一定数额以上的支票，则支票存款（也就是活期存款）的准备金率为10%；如果银行所拥有的支票低于这一数量，则法定准备金率为3%。对于不可开支票的定期存款则没有法定准备金要求。

1935—1954年，加拿大特许银行对于活期存款有5%的法定准备金率要求，然而银行通常会持有更高比例的储备（通常超过10%）。从1954年至1967年，法定准备金率的要求为8%，加拿大银行还拥有提升其至12%的权力，尽管这项权力从来没有被使用过。根据1967年《银行法》的要求，活期存款的法定准备金率被提高到12%，加拿大的通知存款准备金率为4%，但银行变更它们的权力被取消。① 1980年，活期存款的法定准备金率被固定在10%，而其他类型的存款则实行较低的准备金比率。1992年年初，处于高度稳定与充分发展的金融体系中的加拿大废除了对于银行的法定准备金制度，让银行自身决定其所希望持有的数额。然而，它们必须保持与中央银行的日常清算余额为非负数，任何负的余额都将向中央银行以银行利率透支来抵消。加拿大商业银行现在的活期存款准备金率低于1%，有时低至0.1%，甚至更低。

1945年以后，英国的清算银行（伦敦清算银行）对其存款保持最低8%的准备金率。准备金率的调整从未被其列入货币政策工具。1971年以后，银行同意将平均1.5%的合法负债（主要是英镑存款）放入英格兰银行的不计息账户。尽管这一要求在1981年被取消，从而使英国法定存款准备金率变为0。1999年，英国和加拿大的法定准备金率相对于美国的差别说明了一些问题。虽然有部分历史上的原因，但还有部分原因在于英国与加拿大银行的性质，它们规模庞大而有全国性，且过去从未破产。这两个国家的银行都展现出了充足的自信心，有足够的偿付能力来取消正的法定准备金率。尽管美国的一些银行位于世界最大的银行之列，但许多（如果不是大多数）美国相对较小的银行受限于一个州或是一个地区，且常有银行倒闭。较高的法定准备金率有助于提高银行的偿付能力和公众对它们的信心。

表11—1显示出了"七国集团"国家在1998年的法定准备金以及平均周期长度。

表11—1			法定准备金（1998年）				
	英国	美国	德国	法国	意大利	日本	加拿大
法定准备金率	0	3%~10%	1.5%~2%	0.5%~1%	15%	0.05%~1.3%	zero
平均周期长度	1天	两周	1个月	1个月	1个月	1个月	4~5周

---

① 从1967年至1992年，银行仍必须满足二级法定准备金要求。这些准备金被定义为超出初级准备金加上短期国库券加上对投资人贷款的部分，加拿大银行被要求对其加拿大元加上居民外币现金存款持有这样的准备金。二级法定准备金要求于1992年6月被废除。

如表11—1所示，法定准备金在这些国家之间存在着一定程度的调整。然而，具有大的寡头垄断银行体系的国家，其法定准备金非常低，几乎为0。所有的国家都允许某种满足法定准备金要求的平均周期，尽管这在英国只有一天。在没有平均周期或是只有一天的情况下，对银行存款的每日冲击以及随之而来的对其流动性的要求导致隔夜利率的剧烈变动，除非中央银行对其实施每日监控并能有效地抵消这些冲击的影响。在许多国家，这样的每日监控不可能做到，而平均几周的监控周期是常态。

在当今的西方国家中，法定准备金率的变动已经不再被作为货币政策的一个工具，在实践中也不再为这一目标而使用。

11.3.3 贴现率/银行利率

在绝大多数国家，货币当局（通常是中央银行）有权力直接或间接地调整经济中的市场利率。① 重要的利率可以通过指令直接向商业银行发布，或是间接地通过中央银行改变对商业银行的贷款利率。在市场导向的经济中，更常见的情况是，市场利率受到中央银行对银行和指定金融机构贷款的贴现率的影响。这是加拿大、英国和美国的传统做法。

之所以将利率作为主要的货币政策工具，是因为其发挥着重要的中介作用，它可以影响投资，进而影响经济中的总需求。另外，一些经济学家称，经济中存在着无数种M1和M2的替代物②，因而通过公开市场操作以及商业银行法定准备金要求控制这些总量只能导致对它们的替代，却不会对投资以及总需求产生重要的影响。③ 除此之外，近些年，由于大量的金融创新，货币需求函数被证明是不稳定的，以至于许多中央银行倾向把利率作为目标，通过贴现率来影响它们，而不是将货币总量目标作为主要的货币政策工具。第10章和第13章对面临来自货币部分而非商品部分的冲击时使用这样的政策以调整总需求的做法进行了说明。

中央银行通过设定和改变贴现率来表明其向商业银行提供贷款的意愿，使商业银行决定其向中央银行借贷的规模，由此改变经济中的基础货币。它关于存款的隔夜拆借利率的目标决定了商业银行之间的借贷利率。任何公布的利率改变都表明了中央银行通过公开市场操作支持未来利率的意图，并因此被作为未来货币

---

① 决定国内利率的权力在封闭的和开放的经济体中不同，且在小型的开放经济体中十分有限。相对于较发达的经济体，这一权力的使用在欠发达国家更常见。

② 这一说法与20世纪50年代后期英国的《拉德克利夫报告》有关。该报告认为，经济中流动性过剩，这种流动性包含了交易贷款以及短期与中期债券，而货币只是其中很小的一部分。对货币供给的限制，只会使其被其他流动资产所替代。自20世纪60年代至70年代货币需求函数被证明较为稳定后，这种观点极端的版本被舍弃了，但不那么极端的版本依然存在。

③ 然而，米尔顿·弗里德曼以及其他的货币主义学家在20世纪60年代宣称，货币需求函数是稳定的，并且比投资乘数更稳定，所以控制货币供给相对于控制利率（或是通过它们控制投资）更可取。20世纪80年代末，有国家曾经尝试以控制货币总量作为目标，但是由于货币需求函数的不稳定性而中止。

政策立场的一项指标。商业银行以及其他金融中介（尽管不总是）随着贴现率和隔夜拆借利率变动的引导改变其各自利率①（如基准利率、个人贷款利率和抵押贷款利率）以及购买或卖出其他市场工具。这种行为模式将引起整个经济体的利率的改变，而市场力量会决定任何两种利率间的利差。相反，当市场利率上升时，中央银行如果不改变贴现率，就会削弱市场利率的作用。

贴现率在加拿大和英国被称为银行利率。如本章前文所述，自1997年以来，通过货币委员会，英格兰银行拥有了设定利率的独立运作权。直到1971年，商业银行之间存在着一系列卡特尔协议，将不同类型银行存款的市场利率与银行利率联系起来。1971年这些卡特尔协议的废除使得市场利率对于市场力量更加敏感，尽管由英格兰银行设立的银行利率仍然是金融市场的核心利率，且银行利率的调整依旧是货币政策的主要操作工具。由于英国的银行在每日结算时需要实现作为整体的平衡，英格兰银行能够确定每日向银行系统提供额外资金的利率。这一利率的改变促使银行调整向其客户贷款的基础利率，进而导致英国各种利率的改变。

在加拿大，银行利率（加拿大银行向商业银行借款的利率）直到1980年都是由加拿大银行设立的。从20世纪80年代到90年代早期，银行利率被固定在高于政府每周拍卖会中91天国债利率0.25%的水平上。由于它高于国债利率，在某种意义上被认为是"惩罚"利率，借款银行会产生净损失，因为它可以通过卖出所持有的国债得到更加便宜的所需资金。银行通过买卖自己所拥有的国债来影响国债利率。从1994年开始，中央银行可以设立浮动范围为50个基点的隔夜拆借利率（也就是买卖准备金的利率）作为一个操作目标。从1996年开始，银行利率被设定在特定的隔夜拆借利率的上限。将银行利率设立在这一上限，使得为获得准备金而向中央银行借贷比向商业银行借贷更加昂贵，这也意味着鼓励商业银行通过在私人市场借入资金来满足储备金要求。但是向中央银行借款被看做银行的权利而非特许优惠。在许多情况下，加拿大的银行认为从中央银行借款就是发出了一个它们有流动性问题的信号，因此他们不愿实行这样的借款。任何的借款都只有几天，通常是隔夜贷款。

在美国，贴现率通常低于市场短期利率。由于银行能够通过向美联储借债购买市场工具而获取利润，所以保持低于市场利率的贴现率向美联储借款对于商业银行而言是一种激励。然而，美联储将向其借款作为一种优惠而非一种权利。经常性地向美联储借款会导致美联储拒绝对其的贷款，并对借款银行的账目与政策实施较为严格的审查。另外，银行将会把其向美联储的借款看做向公众发出的一个信号，即这家银行急需金融救助并且不能合理地运作日常事务，以至于它不得不向美联储借款。②

贴现率的改变作为一种货币政策工具主要表现在三个方面：

---

① 在加拿大、英国及美国，中央银行支持其利率政策的能力是可信的，因此，市场利率能立即调整以反映这种利率的改变。然而，在其他国家，特别是在那些拥有不发达金融市场的国家却不一定是这种情况。

② 考虑到这样的一种态度，2007年8月至9月爆发的次贷危机中，美联储为确保银行等金融机构的流动性以及偿付能力，积极鼓励商业银行向其借贷。

1. 它能影响向中央银行借款的数量，从而改变基础货币与货币供给。

2. 对它的改变（或在预期它改变时而不做改变）将向私人部门发出一个关于中央银行货币政策的信号。

3. 中央银行对于贴现率的控制能够使它对于经济体中的利率有相当程度的控制。

后面两点是其作为一种货币政策工具而得到使用的更加重要的原因。

中央银行作为最后的借款人

以贴现率向中央银行借款是与经济体中将中央银行作为最后借款人的想法相联系的。虽然没有充分储备的商业银行能够向那些有一定盈余储备的银行借款，但整个金融体系中准备金的减少则不能通过这种方式解决，从而迫使经济陷入流动性与信贷的危机。因此，贴现窗口（即向中央银行借款的能力）对于经济而言有重要的安全意义。

贴现窗口对于需要准备金却不愿向私人金融机构贷款的个别银行同样有着重要的安全价值。然而，在美国，向中央银行借贷会招致中央银行对于借款银行日常事务管理的详细审查，并且会抑制向中央银行的频繁借款。另外，银行不能长期使用贴现窗口来满足其流动性需求。①

经济中的贴现率与利率差

中央银行设定贴现率和银行利率的权力没有延伸至经济中各种利率上。特别是银行之间的储蓄利率与短期市场利率（如国债利率与货币市场共同基金利率），仍然不受中央银行的直接控制而取决于市场力量。

从货币理论的角度而言，M1以及其他货币总量的需求的决定对于货币政策的影响有着重要的作用。这些需求将取决于利率的水平与利率之间的差额。由于利率差不在中央银行的影响范围之内，基于货币总量需求的贴现率变化的影响将被降低。

11.3.4 道德规劝

道德规劝（劝说的一种过时的说法）指的是利用中央银行对于商业银行的影响而引导商业银行遵循中央银行的指令与建议，例如实行信贷抑制或是为经济中指定的部门提供贷款。这样的建议没有法律的约束力，但作为这些建议的支持，其背后往往有这样的含义：如果有必要，这些建议将被转变成法律命令。道德规劝在拥有少数大规模银行以及有着长期尊重中央银行的判断和超法律权威传统的

---

① 在英国，贴现银行通常扮演着银行以及英格兰银行的中介角色。需要资金的银行通过向贴现银行出售证券或是借款的方式实现其收支平衡。如果贴现银行需要资金，它们可以以银行利率（也叫交易利率）向英格兰银行借入或是卖出证券，后一种方法在现在更为常见。对于这种从英格兰银行间接地借款的解释是，由一家银行直接地借款可能被视为一种流动性问题，并降低公众对这家银行的信心。

国家普遍有效。英格兰银行以其广泛使用道德规劝而闻名。

然而，道德规劝对于拥有大规模且多样化的银行体系的美国并不适用，尽管它也被时常使用。后者的一个例子发生在1965年，当时总统与美联储都主张限制外国借款的指导方针。这一方针被许多美联储成员银行相对较好地坚持着，但是这一工具在美国却很少被使用。这一术语有时意味着美联储对于频繁向其借款的银行所施加的规定，因而在美国时常与贴现率窗口的使用相关联。

11.3.5　选择性控制

选择性控制是指对经济中特定的部门而非整个经济产生影响的控制。常见的一个例子就是信贷控制。这种控制的原因在于社会利益不同于私人利益。因此，政府希望将资金转向出口、住宅、农业、州和地方政府以及一些被认为是对国民经济发展起重要作用的产业。这包括对于私人商业出口汇票再贴现的特殊优惠。一些中央银行还会通过实施优惠的贴现条款与直接信贷控制来支持住房与农业，这样的支持伴随着中央银行针对商业银行制定的规定与指导方针。然而，在美国、加拿大以及英国，这样的支持通常是财政性的，以税收豁免、政府贷款补贴等形式发放，而不作为货币政策的一个方面。

选择性控制的另一个原因是，为了控制一些特定部门的不稳定性，或是将某些部门的重要地位用于稳定的目的。例如，就前者而言，美联储通过设立最低保证金要求，规定了购买时所要支付的最低限额，用以限制银行以及股票经纪人因购买债券而扩张股票市场信贷。举例来说，这样的要求在1968年对在国家证券交易所登记的股票为70%，以至于购买这样的股票时，购买者最多只能从银行或是股票经纪人那里借贷其购买价格的30%。美联储甚至可以将这样的要求提升至100%。

另一个例子是对于消费信贷的控制。具体指对于指定的耐用消费品在其购买时设立最低预付金以及偿还剩余金额的时长。这样的控制在一些国家经常被使用，并且时常被冠以控制分期付款信贷或是分期付款购买的名义。在美国，美联储在第二次世界大战、1948—1949年的短暂时期中被赋予实施这种控制的权力，但其现在不拥有这样的权力。

11.3.6　借入准备金

商业银行从中央银行借入的资金被称为借入准备金。那些需要通过卖出债券或是通过公众存款而获得的资金是非借入准备金。

借入准备金与非借入准备金的区别非常重要，因为相对于后者，商业银行通常不愿意借入较高比例的前者。这是因为前者为短期借入资金且需要承担贴现率，而贴现率通常高于商业银行的利率。除此之外，它们通常不愿意借入或是频繁地借入，因为这将在公众的心目中形成为了合理地管理日常事务而产生负债的印象。因此，向中央银行借款通常会与这样的印象相联系。频繁的借款同样会招致中央银行以及其他监管当局对于银行投资政策更加严格的监管，而这样的监管被认为是不好的象征。

中央银行可以通过改变贴现率来调整其借出的资金数额。贴现率（涉及市场利率）的降低将增加银行向其借款的吸引力。

与银行向中央银行借入准备金相对应的是，银行可以在隔夜拆借市场以联邦基金利率向另一家银行借入准备金，这在美国被称为联邦基金市场。中央银行控制着它的贴现率以及隔夜拆借利率，通过在准备金市场公开市场操作管理后者。中央银行公开购买市场上债券将会增加交易的准备金，由此降低隔夜拆借利率。

总的来说，个别银行可以在隔夜拆借市场上向其他准备金过剩的银行借入准备金，尽管还要以贴现率与中央银行达成再次购买的协议或是从中央银行借入准备金。

11.3.7　商业银行的监管与改革

除了实施货币政策来控制经济外，中央银行以及其相关的监管当局的主要职责之一就是保持整个金融体系以及银行的持续健康发展。后者包括各种类型的监管，例如对信贷与支付的利息数额的限制①以及对金融机构能够进行的投资种类的限制等。②

11.4　金融部门的效率与竞争：竞争性货币供给

11.4.1　支持私人货币竞争性供给的理由

经济理论的一个主要内容是，在完全竞争市场上以最高的效率进行生产与交换。因此，通过所有部门（包括金融部门）的完全竞争，社会福利可实现最大化。尽管事实上市场达不到充分的竞争，但对于竞争的限制仍会损害效率。这些信条不仅适用于消费品以及投资品市场，同样也适用于资本市场。作为一个推论，一些经济学家认为，如果金融市场能够完全脱离一些金融机构对所提供的产

---

① 直到20世纪80年代早期，美国才对银行存款利息的支付做出了特殊的限制。它们在20世纪80年代早期被逐步停止。

② 在美国，直到20世纪80年代早期，存款与贷款机构被限制发放抵押贷款。20世纪90年代晚期，商业银行被禁止卖出公司债券，投资银行能够这样做但被禁止从商业银行卖出。美联储以及货币监理署设立了银行资产的最小资金要求。为了鼓励存款抵押的信托，联邦存款保险公司在一定的限度内给银行存款投保。

品以及对这些产品定价的行政监管，就能够实现经济产出的最大化。金融部门所提供的产品主要是各种金融中介，包含资产的持有以及金融中介机构债券的发行。价格涉及金融市场的利率以及金融机构所收取的服务费用等。因此，微观经济学认为，不同类型的金融机构应该在金融市场上（如活期存款、储蓄与定期存款、抵押、股票的购买与销售、共同基金、信托管理、养老基金以及保险等）被允许与其他机构竞争。

一些经济学家将这种观点加以延伸，认为货币的发行应该不受监管以及中央银行没有存在的必要①。事实上，拥有货币发行权的中央银行的存在代表着货币权力的垄断，这样的存在以及特许货币的供给降低了社会的福利。与这个观点一致的是，私人的、竞争性的公司应该被允许发行硬币与纸币。还有观点认为，商业银行以活期存款以及其他类似于货币的形式来创造内部货币的能力不应该被任何法定准备金的要求所限制。对银行利率、所有权以及银行进入信托和保险行业等的限制也不应该存在。正如上文我们所提到的，这些建议的基础是将完全竞争下的帕累托最优原理运用到货币以及其他金融产品的供给上。

11.4.2　支持管制货币供给的理由

虽然经济学家普遍接受了促进金融类企业间竞争的观点，但只有少数的经济学家认为应该废除中央银行、取消其发行法定货币的权力，或是取消其为确保金融体系的持续健康发展而实施监控的权力等。这一立场的基本理由是，货币部门的健康与稳定对于宏观经济的繁荣以及运作至关重要。另外，货币供给的改变将会对经济的实体部门产生重要影响。

商业银行体系具有内在的脆弱性，它建立在储户对持有其存款的金融机构的生存能力的信任之上。一个纯粹的没有监管的体系容易引发这种信任程度的波动，因此，储户将对其存款运行的安全性产生担忧。这种担忧有两个基本的原因，银行的部分准备金操作以及其短期和长期的借款政策。由于银行以现金或是中央银行存款的形式持有储备，这相当于其自身只拥有其储备的一小部分，且它们无法在短期内满足储户突然增加的提取现金的要求。这将进一步恶化银行的投资组合政策，而银行投资组合下的大部分资产是以债券、抵押、贷款等形式存在，它们很难在短期内变现或是银行需要为它们的变现承担巨额的损失。个别银行或许会在其损失可承受的范围内从事高风险的投资，而这将降低人们对于该银行的信心，并且伴随着大规模的套现倾向。

考虑到纯粹私有的竞争性银行的内在的脆弱性，为确保公众对于银行体系高水平信心的延续，需要采取一些措施。措施之一是由中央储蓄保险机构对个人存款提供保险，使其达到一个预先设定的上限。另外一个措施就是设立一个中央银行，它通过发行法定货币，稳固经济中私人创造的内部货币的供给，并且根据国

---

① 塞尔金（Selgin, 1988）积极为没有管制的银行系统辩护，驳斥了中央银行控制货币供给的思想所持有的自由发行钞票的商业银行会为了私人的收益过度发行纸币和存款的观点。

家利益控制总货币供给量的变动。除此之外，中央银行通过其对金融中介（特别是商业银行）的监管，确保公众对于金融部门的信心，因为商业银行为经济提供了最多的流动性金融资产并且还是内生货币的创造者。

首先看中央银行的法定货币供给，由中央银行发行法定货币的一个原因在于，它能稳定私人供给的活期以及其他类型的存款，由此控制经济中的货币供给总量。另一个原因来源于因新的货币发行而产生的铸币税（即收益）。中央银行是一个全国性的机构，其利润将纳入财政收入，因此它自然是这种铸币税的获得者。此外，在许多低收入国家，铸币税可以成为国家收入的重要组成部分，并被用于融通政府支出。

11.4.3 符合货币政策的银行监管

从中央银行的角度而言，其活动的一个重要的方面就是在经济体中对金融机构的监管。这样的监管一部分是为了国家宏观经济利益而对货币供给量进行的。另一部分集中于保持一个健全的金融体系以及鼓励（如果有必要）其满足经济中金融需求的增长。这些监管以金融机构的所有权、发行货币的权力、各种资产的持有以及对于这些金融机构的审计等形式实施。从宏观经济的角度而言，如果要保持一个稳定且能满足需求的金融体系，这样的监管意义不大。但监管作为中央银行及其相关机构实质性重要活动的一部分，对于国家金融体系的偿付能力与效率至关重要。

货币经济学集中研究货币当局能够影响经济中流动性（特别是以货币总量反映出）的那些管制。如之前所谈到的，在这些管制中，中央银行经常指定商业银行必须持有活期存款的最小准备金。商业银行从中央银行借贷的利率同样也由中央银行设定，而不是建立在纯粹的市场机制之上。这样的借贷同样还有其他的条件限制。在一些国家，商业银行其自身向各种类型的存款所支付的最大利率也由中央银行决定。或许还有（通常也还有）对于商业银行行为的其他方面的管制。

对于商业银行如此严密的管制其基本原因是基于这样的事实，它们所产生的活期存款，不管如何定义，都是货币供给的主要组成部分。对于商业银行的绝大多数管制主要集中在对其活期存款创造的管制上，目标是使活期存款总量即货币供给总量处在央行的控制下。

在历史上，英国的传统银行业兴起于一系列的操作惯例以及强制性的规定之中，这些惯例限制了商业银行活期以及定期存款负债的创造以及将短期政府国债作为资产持有的能力。银行被限制在只能从事这些高流动性的资产业务，而将抵押、保险、信托、养老基金等市场留给其他专门的金融机构。此外，对于银行对非银行企业的所有权以及非银行企业对银行企业的所有权也存在着一定的限制。

这一模式在20世纪的后半叶从银行的债券发行以及其资产组合两个方面开始改变。[①] 在20世纪80年代至90年代，随着金融机构不断地被允许将业务延伸

---

① 在加拿大，特许银行在20世纪50年代首次被允许持有抵押品。

至传统金融市场之外的其他市场，以及被允许拥有其他金融机构或是加强其与其他金融机构的联系，这种模式的改变越发显著。这些改变使得商业银行能够发行共同基金、为销购股票充当投资经纪人、卖出保险并管理养老基金。结果是，到了20世纪末，在美国、加拿大以及英国的各类金融机构之间的屏障消除了，金融机构并购此起彼伏，规模不断扩大，金融市场上竞争更加激烈。

对银行的限制一方面表现在对银行向存放在它们那里的活期和定期账户支付的利率的管制。这将会抑制对于存款的过于激烈的竞争并确保银行的偿付能力。其中的一个例子就是美国20世纪50至60年代的Q管制条例。该条例下，美联储规定了其成员对储蓄所能支付的利息上限，而其他的许多金融机构不受这样的约束。为了促进银行间的竞争以及消除歧视性的限制，这样的上限被逐渐提高，并在20世纪70年代至80年代间被取消。银行支付利息的上限在金融发达的经济体很少见，在加拿大、英国以及美国根本不存在。然而在一些国家，特别是欠发达的国家还是存在的。

11.5 管制利率与经济运行

将利率作为货币政策的导向或是短期稳定政策的一个方面来管理，与对其进行长期的设定以达到一些长期的目标有很大的不同。这些长期的目标中就包括提高长期的经济增长率。

利率代表着投资的成本，经济中增长的资本存量也是经济产出能力增长的必然要求。因此，可以这么认为，低利率意味着高投资以及高的经济增长率。20世纪下半叶，一些国家特别是欠发达国家，基于这样的原因，把其经济中有组织的市场利率设定为低于不受管制的市场下的利率。这些利率没有对通货膨胀率做出调整，因此通常会低于通货膨胀率，这意味着贷款的实际收益为负数。

利率不仅是用于投资所借入的资金的成本，还是通过金融市场所借出的存款的收益。新古典理论认为，二者之间存在正的相关性，所以低利率意味着低储蓄。然而，储蓄与利率正相关的实践经验很值得怀疑。如果实践中储蓄并不取决于利率而投资取决于利率，那么我们就可以认为，保持低利率将促进经济的增长。

然而，利率同样扮演着在经济中不同项目与部门之间分配资金的角色。如果利率低于出清贷款市场的水平，那么管理机制将把有限的资金进行分配以满足更大的资金需求。这些管理机制包括政府或是中央银行对将要给予贷款的一些部门、项目和公司的监管，银行自身的规章制度以及银行经理的偏好等。在这样的情况下，腐败将经常出现，并成为获得贷款的基础。结果是资金在项目以及公司上的错误分配，使得资金时常得不到最有效率的使用。这样的错误分配不利于经济增长。相反，把利率交由公开的竞争性的贷款市场决定，将促进存款在各种投资中最有效的分配，因此将促进经济的增长。20世纪80年年代至90年代，这在许多欠发达国家导致了利率的"自由化"，也就是取消利率上限并由市场力量决定利率。这样脱离管理控制的自由化利率是更广泛意义上的经济"自由化"的一部分,对汇率、进出口、生产与投资等其他方面减少管制已经引起了那些国家经济增长率的提高。

所有的经济中都存在非正式的金融部门,并通过这个部门而非已建立的受管制的金融中介进行借贷。相对于正式的金融部门,这样的部门在欠发达国家规模更大且更重要。这样的部门不仅超出了中央银行控制与政策管理的范围,其存贷款利率的差额也比正式的金融部门大得多。低存款利率阻碍了储蓄,而高贷款利率则阻碍了用于生产投资的借贷。因此,由于非正式金融部门对于欠发达国家的经济体来说十分重要,在这些经济体中,通过限制正式金融部门而减少储蓄与投资的政策将储蓄者与投资者推向了非正式金融部门。这暗含的建议是,相对非正式金融部门而言,正式的金融部门进行了竞争性的有效扩张,而这不一定要通过对于非正式金融部门的法律限制来实现。

11.6 货币条件指数

1992 年,加拿大银行明确了货币条件指数,也称为 MCI,它是短期利率以及加拿大元的贸易加权汇率的加权平均值。大体上,MCI[①] 可以被表述为

$$\Delta MCI = \Delta R + (1/3)\Delta \rho$$

其中,R 是短期的名义利率,取 90 天的商业票据利率;ρ 是有效汇率,被认为是加拿大元相对于 10 种主要(十国集团)货币的汇率。之所以汇率相对于利率的权重为 1/3,是因为加拿大银行基于其实践研究认为,利率每变动 1% 对加拿大经济总需求的影响将会是相应汇率变动的 3 倍。考虑到 R 与 ρ 的影响是同方向的,这些变量相反方向的变动对经济的影响将彼此抵消。因此,如果汇率的增加以及银行认为相应的 MCI 的增加没有达到理想状态,银行将通过引导利率有效地进行抵消性的减少,来保持 MCI 不变。银行也可以调控利率,虽然一般不这么做。

MCI 被认为是银行政策的准则。加拿大银行对加拿大及其主要贸易国的经济做出预期,决定理想的通货膨胀率和总需求的增长率,并决定能够达到这些目标的 MCI 目标值。货币总量以及其他宏观经济变量被认为是信息变量。银行并不设定 MCI 的目标路径或是汇率的目标路径。MCI 被用做一条操作准则,但其重点是用总需求和价格稳定来界定其目标。

中央银行设定隔夜拆借利率(允许在 50 个基点范围内浮动),作为其为达到理想的 MCI 值的运作目标。它允许金融机构和市场在目标隔夜拆借利率之上决

---

① 实际的公式是:
  MCI=(CP90－7.9)+(100/3)(lnG10－ln0.867 601 4)
其中,CP90 为 90 天的商业票据利率,G10 为加拿大元相对于 10 个主要国家货币的指数,在 1981 年时其准价值被设定为 1。

定实际的货币总量。它通过将隔夜拆借利率设定在一个特定的范围来实现货币市场操作。隔夜拆借利率反过来会影响其他利率以及汇率的变化。

加拿大银行通过改变加拿大支付系统中直接票据流通商（主要是商业银行）的结算余额①来影响隔夜拆借利率。正的结算余额不用支付利息，而任何负的余额则需要以基于银行利率的透支来弥补。虽然结算余额的这种变动可以通过公开市场操作的方式实现，中央银行通常还是会依靠政府存款在中央银行和直接票据流通商之间的转移来实现，使得这样的转移以及由此形成的结算余额供给成为改变基础货币和控制整个经济的主要工具。

加拿大银行认为，不确定性不利于合理的金融市场运作和经济的效率，而货币政策的不确定性则会对经济中的储蓄与投资产生不利的影响。为了减少这样的不确定性，隔夜拆借利率目标变动范围的改变会即刻向公众公布，而银行货币政策的意图会通过银行行长及官员的演讲不断向公众解释。

11.7　通货膨胀目标和泰勒规则

当前，英国、加拿大、美国以及其他国家的中央银行都被认为遵循着"通货膨胀目标"。然而，现实中，它们都采用了一般形式的泰勒规则（1993 年由泰勒提出，见本书第 12 章和第 13 章）：

$$r_t = r_0 + \alpha(y_t - y^f) + \beta(\pi_t - \pi^T) \qquad \alpha, \beta > 0 \tag{1}$$

r 为中央银行设定的实际利率，y 为实际产出，y^f 为充分就业下的产出，π 为实际通货膨胀率，π^T 为货币政策的通货膨胀目标，下标 t 表示 t 时期。π^T 被称为目标通货膨胀率。同样，y^f 为目标产出水平。$(y_t - y^f)$ 为（负的）产出缺口。r_0 为长期实际利率。

泰勒规则包括两个目标：目标利率水平下的通货膨胀稳定和充分就业水平下的产出稳定。平均而言，当通货膨胀率与产出正相关时，它们没有必要进行过多的调整。在这一规则下，如果通货膨胀高于既定目标并且产出高于其在充分就业下的水平，货币政策将提高利率。泰勒政策的一些提案包括其他变量，例如汇率。

值得注意的是，在实践中，中央银行设定名义利率而不是实际利率。所以泰勒规则意味着，如果 $\pi_t - \pi^T > 0$，名义利率将比实际利率上升更多；如果 $\pi_t - \pi^T < 0$，目标实际利率的减少将意味着名义利率比通货膨胀率下降更多。这样的政策是一种"逆风向干预"。对于任何给定的通货膨胀率，β 值越大，实际利率与名义利率的变动就越大，稳定通货膨胀率以达到其目标值的调整

---

①　"结算余额"这一术语现在指的是指定金融机构（也被称为直接票据流通商）在加拿大银行的存款。不需要任何的法定准备金，这些存款由直接票据流通商主动持有，被用于结算彼此间的日常收支差额。这种结算是通过它们在中央银行的账户进行的。

动作也就越大。

虽然货币政策可以通过改变利率、货币总量或是两者的结合来实施，但英国、加拿大、美国以及其他一些国家的中央银行通常使用利率而非货币总量作为货币政策的操作目标。尽管欧洲中央银行也把对货币总量，特别是对 M3 的控制作为货币政策的一部分。通常，由中央银行所决定的利率是市场上为借入准备金设的隔夜拆借利率，它还是中央银行针对商业银行借款的贴现率或银行利率。

泰勒规则中，指定通货膨胀目标的一个主要的好处是，它增强了货币政策的透明度并且能够稳定通货膨胀预期，而通货膨胀预期则是工资需求、投资计划等的导向。自 20 世纪 80 年代以来，中央银行低通胀率目标的实现增强了其目标与政策的可信度，这意味着公众的通货膨胀预期与中央银行通货膨胀目标十分接近（详见第 12 章）。

从实践经验来看，虽然没有哪个中央银行宣布其遵循泰勒规则，声明中也没有这样的承诺，但是这个规则在英国、加拿大、美国和其他一些国家的计量经济学研究中表现得很好。泰勒规则的使用已经实现了通货膨胀从 20 世纪七八十年代的高水平到当前较低水平的下降。它同样成功降低了 20 世纪 80 年代以来的通货膨胀波动。第 13 章和第 15 章将会对泰勒规则进行更进一步的探讨。

11.8 货币委员会

一些国家过去（过去常见而现在很少见）用货币委员会代替中央银行。[①] 利用货币委员会，这些国家保持对某一特定外币的固定汇率，基础货币（即货币委员会的负债）由该种外汇储备支撑。当这些外汇储备增加时，例如通过国际收支盈余，货币委员会将增加基础货币，经济中的货币供给也会增加。相反，当外汇储备下降时，基础货币以及货币供给将减少。此外，货币委员会没有权力改变货币供给或是管理利率，因此，其不能实施国内货币政策。

20 世纪上半叶，货币委员会在帝国主义国家（如英国）的殖民地很常见。它是一个将殖民地的货币和经济与宗主国相联系的渠道。此外，如果宗主国的货币采用金本位制度（即与黄金保持固定汇率），殖民地也会间接地采用金本位制。这样的货币委员会被独立后的中央银行所取代。在其他情况下，独立的国家也会拥有在严格金本位制度下的货币委员会，这意味着国内的货币与黄金保持着一个固定比价。

还应注意到的是，本章的大多数内容，包括货币政策的目标与工具，都不适用于货币委员会。

---

① 1998 年，阿根廷、爱沙尼亚、立陶宛等一些国家都有货币委员会。

结　语

货币部门是现代经济的核心，它的正常运作对于就业水平、产出以及经济增长有着重要的作用。作为对这一重要性的说明，人们普遍认为，货币失控导致了20世纪30年代的经济大萧条（Friedman and Schwartz, 1963）。

中央银行是金融部门健康高效运行的监管者。因此，中央银行所实施的货币政策对于经济的运行有着基础性的作用。本章讲述了中央银行的目标，其所偏好的工具在不同时期以及不同国家有所不同。当前，中央银行的主流观点是，它们能够通过相对稳定的物价，较好地促进产出、就业以及经济的增长。特别是，通过货币政策以持续的或是任意的措施来增加总需求，归根结底不能在较长的一段时间里实现更高的产出并减少经济波动。此外，货币政策在经济中存在一个较长的时滞，以致经济的未来走向很难准确预测，制定合理的货币政策是一门艺术，正因如此，才更容易犯错误。

20世纪90年代，欧盟、加拿大、新西兰、英国、美国以及其他一些国家所追求的主要目标是价格的稳定，通常被理解为保持一个较低的通货膨胀率（1%～3%）。考虑到货币的长期中性，这一目标又被认为是最终目标，有时也被认为是提高经济产出与就业的中间目标。对于加拿大、欧盟、新西兰以及英国而言，通货膨胀率目标被明确公布，但美国不公布（也没有给出预期承诺以达到）一个预先设定的通货膨胀目标。然而，实践研究表明，泰勒规则（见第13章和第15章）在所有这些国家中都运行得很好，以至于中央银行的货币政策并不与通货膨胀目标相矛盾，反而能够调整产出和通货膨胀与其理想的长期水平的偏离。

把利率作为操作目标，不同于长期将其固定在较低水平以促进增长的政策。20世纪七八十年代，许多欠发达的国家都是这样做的。尽管当前的趋势已经偏离了这一做法，利率是贷款的机会成本，为实现经济中资金的合理分配，它应该由公开市场的竞争性力量决定。通过行政手段设定利率或是人为地降低其上限，将会导致一国的金融结构的低效率，不利于达到理想的储蓄水平和实现金融机构在不同部门投资上的最佳资金分配。① 欠发达国家特别倾向于在有组织的金融部门里人为地设定低水平的贷款利率。当利率作为操作目标时，这一做法在发达的经济体中也会使用。②

---

① 在一些国家，这种上限随着市场利率变化而进行的持续性修正，缓和了这种意见。鉴于用行政手段改变利率时不可避免的延迟以及僵化现象，这些利率通常导致经济中一些金融部门的无效率。

② 许多经济学家主张，2002年至2007年期间，美联储把利率保持在过低的水平上，由此导致了较高的总需求、房屋价格泡沫以及经济在2007年的萧条。

主要结论

※ 历史上，大多数中央银行拥有追求多种宏观经济目标的授权，这些目标包括价格稳定、低失业率以及高增长率。要达到多重的目标，除了经济允许这样的可能性存在外，还需要政策制定者拥有足够多的政策工具。

※ 20世纪90年代早期以来，许多经济学家建议（许多中央银行业赞同），把控制通货膨胀作为目标。然而，泰勒规则（具体表现为在通货膨胀和产出预期理想的长期水平之间进行取舍）较好地表述了当前货币政策的追求。

※ 虽然利率在历史上是货币政策的操作目标，但20世纪70年代，在圣路易斯货币主义的影响下，货币政策目标发生了改变。这样的实验在大多数国家不被认为是一项成功的操作。

※ 大多数西方国家将商业银行的法定准备金率降低至接近零的水平，准备金不再被作为货币政策的一项工具。

※ 20世纪90年代早期，在发达国家最常见的货币政策工具是利率，这通过公开市场操作与向中央银行借贷引发的货币供给改变来实现。

复习讨论题

1. 历史上，中央银行被授权的目标有哪些？为什么在近几年，这些授权目标被集中在"控制通货膨胀"上？

2. 中央银行是否能够实现多重目标，抑或只是将目标集中在控制通胀上？泰勒规则所包含的目标有哪些？请讨论。

3. 当代经济中，什么是中央银行的"最后贷款人"制度？认为其存在的理由是什么？商业银行向中央银行借贷应该是一项优惠还是一项权利？请讨论。

4. 美国和加拿大是否应该以英国为例，赋予政府设立最终目标以及货币政策目标的权力，并且让中央银行去实施这些目标？抑或是在这一问题上，英国应该以加拿大和美国为例？请讨论。

5. 中央银行为控制货币供给可以借助的工具有哪些？讨论每一项工具将如何改变货币供给以及其可靠性如何。

6. 为什么西方国家放弃使用改变法定准备金作为货币政策的工具？法定准备金在实质上被取消的原因有哪些？是否存在这样一种情况，其作为货币政策的一项工具重新出现在你生活的国家？又或是在欠发达国家？

7. 中央银行的贴现如何导致货币供应顺周期变化？中央银行应该如何消除这种变化？请讨论。

8. 以税收减免和补贴的形式实施可选择性的财政政策在几乎所有国家都很

常见,但选择性的货币政策的使用在所有金融发达的国家都很罕见,为什么?欠发达国家是否也应该放弃使用选择性的货币政策?

9. 假设对于某特定的经济体而言,实施有效的公开市场操作的条件没有满足。什么样的货币政策工具对于这样的经济体是最有效的?你所推荐的工具应该考虑到未被满足的先决条件。

10. 金融中介机构意味着什么?你们国家有哪些不同的金融中介机构,它们的哪些负债将被你视为货币总量的分量?请讨论。

11. 假设中央银行不对商业银行的活期存款实施法定准备金要求,而实施以下措施:机动车所有者在中央银行存放 500 美元的无息存款。

(1) 价格水平的决定在上述两种安排上有什么不同?

(2) 两种安排的实际结果有什么不同?

(3) 活期存款是否拥有某种特征,或是是否有其他的原因使得其中一种安排优于另一种?

12. "由于近些年来金融部门组织结构的相对激进的变化,活期存款的重要性相对降低,商业银行的角色发生了重大的改变。货币理论以及实践的主流主要集中在活期存款以及商业银行。然而,活期存款只是作为一种流动资产,商业银行也只是中介。选择活期存款和商业银行进行分析是错误的。中央银行对于经济的有效控制需要控制所有类型的流动资产以及所有金融中介的负债。"请讨论。

13. "政府关于定义货币单位的标准化实践是没有必要的,也是不理想的。私人部门在自由竞争的市场应该被鼓励选择其自己的标准(Friedrich Hayek)"。请讨论。

参考文献

Charida, R., Galií, J. and Gertler, M. "Monetary policy rules in practise: some international evidence." *European Economic Review*, 1998, 42, pp. 1033 – 1067.

Friedman, M. "Nobel prize lecture: inflation and unemployment." *Journal of Political Economy*, 85, 1997, pp. 451 – 473.

Friedman, M. and Schwartz, A. J. *A Monetary History of the United States*. Princeton, NJ: Princeton University Press, 1963.

Goodhart, C. A. E. "Central banking." *The New Palgrave Dictionary of Economics: Money*. London: Macmillan, 1989.

Goodhart, C. A. E. *The Central Bank and the Financial System*. Cambridge, MA: MIT Press, 1995.

Moreno, A. and Rey, L. "Inflation targeting in Western Europe." *Topics in Macroecinomics*. Berkeley Electronic Press, 6, 2006, Article 6.

Selgin, G. *The Theory of Free Banking: Money Supply under* Competitive

Note Issue. Totowa, NJ: Rowman and Littlefield, and the Cato Instiute, 1998.

Sims, C. A. "A review of monetary policy rules." *Journal of Economic Literature*, 39, 2000, pp. 562 – 6.

Taylor, J. B. "Discretion versus policy rules in pracitise." *Carnegie-Rochester Conference Series on Public policy*, 39, 1993, pp. 195 – 214.

第 12 章 中央银行：政策的独立性

本章主要分析中央银行的独立性。假定在政策目标之间存在潜在的权衡取舍关系，我们考察在这些目标之间如何进行选择以及货币当局和财政当局之间可能存在的冲突。这个讨论导致了中央银行相对于政府和立法机关的独立性的检验。

本章引入的关键概念
- 目标偏好
- 目标间取舍的经济限制
- 政策制定者之间的冲突
- 中央银行的独立性

本章讨论了几个对中央银行货币政策构想有着重要意义的议题。在这些议题当中，包含货币当局和财政当局为了各自理想的目标发生冲突的可能性。在存在冲突的情况下，中央银行走自己选择的道路的能力就变得重要起来，我们将以中央银行的独立性为题对此进行讨论。

第12.1节讨论了在目标之间做出选择的最优框架。这个分析遵循效用最大化方法，服从于经济目标的制约。第12.2节讨论了两个政策制定者——主管货币政策的中央银行和主管财政政策的政府——以及在执行这些政策时存在的矛盾。第12.3节讲述了中央银行独立于政府的重要问题。

12.1 多重目标的选择

正如上一章所说，20 世纪 80 年代的经济理论和中央银行的宗旨表明货币政策能实现一些目标。为了分析这种可能性，本节假设中央银行有许多的目标。由于能有效达成多重目标的工具有着严格的数量限制和范围限制，并不是所有的目标都能通过货币政策的运用来实现。因此，中央银行必须从它想要达成的目标或其组合中做出选择，集中于首要目标。

假设央行对于目标变量的偏好是一致的、可传递的，那么对于目标变量来说，存在一个序数效用函数。通过图解分析，任何一对给定的这些变量间的无差异曲线都源自这个效用函数。

在通货膨胀和失业之间做出选择

许多中央银行的目标变量包括通货膨胀率和失业率。假设中央银行对这些变量的偏好可以包含在一个客观且实用的效用函数形式中：

$$U=U(\pi,u) \tag{1}$$

其中，π 是通货膨胀率，u 是失业率，且 U_π，$U_u<0$。因此，(π,u) 空间无差异曲线的斜率是负的。此外，我们有理由假定，在其他条件不变的情况下，两者产生的不满足（也就是负效用）会随着其水平的升高而增加，所以 $U_{\pi\pi}$，$U_{uu}<0$。因此，当通货膨胀率上升时，中央银行宁愿接受更高的失业率的边际增长以防止通货膨胀率的进一步攀升，无差异曲线的形状一般是凸向原点的，如图 12—1 中的曲线 I^{CB} 和 I'^{CB} 所示。存在一系列这样的曲线，图中的每一点都有一条曲线穿过。注意，由于较低的曲线比较高的曲线更可取，中央银行将努力处于可获取的最低无差异曲线上。

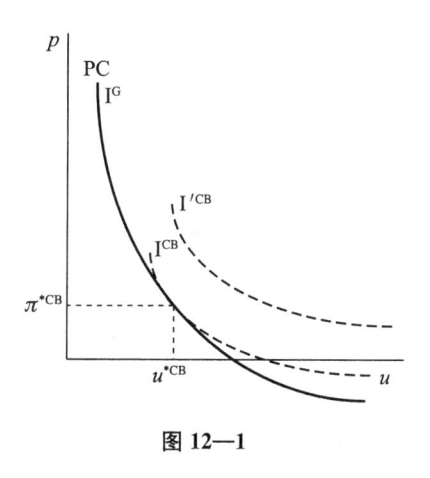

图 12—1

上述目标函数的一个常见变体是

$$U=U(\pi-\pi^*, y-y^f) \qquad U_{\pi\#}, U_{y\#}<0 \tag{2}$$

其中 $\pi^{\#}=\pi-\pi^*$，$y^{\#}=y-y^f$，因此 $\pi^{\#}$ 和 $y^{\#}$ 是 π 和 y 各自实际值和期望值之差。由于中央银行的选择受失业率 u 和通货膨胀率 π 分别为某一具体值的经济所施加的约束限制，因此中央银行的决策问题是服从于这些约束的最优化问题。

前面的讨论依据的是一般效用函数。目前货币和宏观经济理论更喜欢用一个跨时期的即反对短视（一个周期）的效用函数。关于跨时期优化和短视优化之间的选择将稍后在基于时间一致性的争论中进行讨论。第 15 章将对这些问题在讨论菲利普斯曲线和新凯恩斯曲线时进行回顾。

经济中存在权衡时目标选择的一般性分析

之前的效用函数可以推广到有 n 个变量的情况。这种一般情况的正式分析，假定中央银行有效用函数：

$$U=U(x_1,\cdots,x_n) \tag{3}$$

现阶段，我们假设中央银行的选择只服从于一个约束条件：

$$f(x_1,\cdots,x_n;z,\Psi)=0 \tag{4}$$

其中，x_i 代表第 i 个目标变量；z 代表中央银行可用的工具向量；Ψ 代表外生变量向量。

目标变量可以是水平变量，也可以是它们的增长率，甚至也可以是像产出缺口和通胀缺口这样的变量，其中"缺口"是指其实际值与其合意的水平之间的差距。$U(\cdot)$ 表示中央银行对其目标的偏好。这取决于中央银行的组织结构，政策制定者之间的相互影响，他们对社会的目标、经济结构和可能实现的经济结构、政治压力的看法等。方程（4）应该正确地说明这些约束的实际形式。然而，这种形式通常是不为人知的，因此中央银行运用的约束的形式是对它的观察和基于其关于经济结构和政治、社会环境的知识。但是，在经济信息不完全的情况下，中央银行观察到的约束未必甚至通常都不是经济中存在的现实约束。中央银行在满足（4）式的前提下使（3）式最大化，以便在各目标间确定其最佳选择。

对使用偏好函数的基本反对意见是，它在做选择时需要一致性和传递性。中央银行的决定是由许多人做出的，并且它的主要选择要由集体产生。在民主制度下，这样的集体决策不一定具有一致性和传递性。进一步说，中央银行的决策者随时间变化而变化，因此它的偏好也随之变化。因此，在静态效用函数和其暗含的无差异曲线下，我们在对中央银行的目标选择进行解释时必须慎重，尤其是在管理人员发生变动的时候。

尽管有上述反对意见，前述分析还是有助于我们看清目标选择的问题。利用 20 世纪 80 年代以前的数据所进行的经验研究和描述性研究，表明这种分析还是很有效的，并显示出中央银行经常使用基础货币、利率等货币政策工具，以实现其设定的目标水平。

经济供给约束条件下的选择

与 u 和 π 相关的经济供给约束条件有几种形式。在这些形式当中，由菲利普斯在 1958 年提出的菲利普斯曲线（见第 15 章）被作为通货膨胀和失业之间的经济约束。它的一般形式是

$$u=f(\pi) \qquad f'<0 \tag{5}$$

这个约束条件使得中央银行在高通货膨胀和低失业之间进行权衡。效用函数（1）式在约束条件（5）式下最优化时产生 π 和 u 的最佳值，伴随着较高的通货膨胀率和较低的失业率。

随着20世纪60年代和70年代大多数凯恩斯主义者接受了（5）式的另外一些形式作为经济约束，并用于解释中央银行在这些约束下的货币政策，许多经济学家，尤其是新古典主义经济学派，相信经济在长期有一条垂直的菲利普斯曲线。他们的观点随后被弗里德曼和卢卡斯（见第8章、第14章）加以总结提炼。他们宣称经济约束的适当形式是弗里德曼—卢卡斯总供给曲线，也被称为附加预期的菲利普斯曲线。这个约束在理性预期假定下，有如下形式：

$$(u-u_n)=f(\pi-E\pi) \qquad f'<0 \tag{6}$$

由于 $du/dE\pi=0$ 且中央银行使用系统性的货币政策使 π 和 $E\pi$ 在相同程度上发生变化，因此（$\pi-E\pi$）不会发生改变。这个约束属于现代古典分析法（见第1章、第14章）。据此，预期之外的通货膨胀才能使失业与自然率偏离，若是有合理的通货膨胀预期，则偏离需要在随机的货币政策下才能发生。因此，中央银行货币政策系统里的变量之间并没有替代关系，所以中央银行应采用价格稳定目标。20世纪90年代许多国家的中央银行采纳了这种经济框架，并把价格稳定或降低通货膨胀率作为它们唯一的目标变量。进一步说，在20世纪90年代很多中央银行相信高通货膨胀率无益于高产出，只会造成恶性通货膨胀和低产出。同时，负的通货膨胀率被认为不利于充分就业，因为它可能导致经济衰退。根据这些观点，效用最大化的通货膨胀率为零，或接近于零的正值。

根据上面所说，一些经济学家选择使用以下目标函数：

$$U=U(\pi-\pi^*, y-y^f) \qquad U_{\pi\#}, U_{y\#}<0 \tag{7}$$

其中 $\pi^{\#}=\pi-\pi^*$，$y^{\#}=y-y^f$，因此 $\pi^{\#}$ 和 $y^{\#}$ 分别是 π 和 y 实际值和期望值之差。给定这个目标函数，以附加预期的菲利普斯曲线作为约束，并假定中央银行不愿意或不能通过引起预期外的通货膨胀来愚弄群众，这意味着通货膨胀和产出的最优值是 π^* 和 y^f，其中前者可以通过系统性的货币政策实现。后者不会受到货币政策的影响，但是会由经济的长期发展状况决定。

然而，由于不完全竞争和价格稳定性，新兴凯恩斯主义者针对（6）式提出了一个供给约束的新形式（见第15章），因此他们的政策推荐将不同于以上所说。这个形式也被称为新兴凯恩斯主义菲利普斯曲线。

附加预期的菲利普斯曲线和新兴凯恩斯主义菲利普斯曲线的讨论认为经济约束的正确形式还不明确。经济学家之间还存在关于其一般形式和具有确定数值参数的特殊形式的进一步的争论。

12.2 决策者之间的冲突：理论分析

效用方法还可以应用到几个（至少两个）决策者对同一组目标变量的选择上。经济中的不同决策团体很可能有不同的偏好函数，因此任何两个变量间的无差异曲线都是不同的。所以，对两个决策者A和B的正式优化分析如下。

1. 对于决策者 A：

$$\max \quad U^A = U^A(x_1, \cdots, x_n) \tag{8}$$
$$\text{st.} \quad f^A(x_1, \cdots, x_n; z, \Psi) = 0 \tag{9}$$

2. 对于决策者 B：

$$\max \quad U^B = U^B(x_1, \cdots, x_n) \tag{10}$$
$$\text{st.} \quad f^B(x_1, \cdots, x_n; z, \Psi) = 0 \tag{11}$$

其中，上标 A 和 B 表示决策者。由于效用函数和可观察的约束不一样，$x_1^A, \cdots, x_n^A$ 的目标最优值不同于 $x_1^B, \cdots, x_n^B$，因此对于经济中的决策者来说，目的不一致是常见现象而不是稀有事件。这种可能性取决于效用函数的不同，并被决策者关于经济的目前状况和未来走向的看法上的差异所加强。在大多数情况下，这种对经济状况的理解上的冲突，以及财政当局和货币当局对各自所希望的目标之间取舍上的冲突，一般较为温和。但是，它们有时会变得公开化，并在激烈的经济、政治变革和思想观念分歧时期演化为尖锐的公开矛盾。

货币政策和财政政策是调控经济的两大工具。在拥有独立的中央银行的国家，前者由中央银行控制，后者由政府的立法和行政部门控制。财政政策还依靠公众的选举支持，因此同通货膨胀上升相比，更重视失业率的提高，而中央银行则更关注通货膨胀率。按照两种决策者的边际替代率的正规说法是，$\partial \pi / \partial u^{CB} < (\partial \pi / \partial u)^G$，其中 CB 代表中央银行，G 代表财政当局，表示中央银行的无差异曲线比政府的无差异曲线更陡。这意味着对于给定的约束 $f(\pi, u) = 0$，中央银行采用的货币政策所要达到的通货膨胀率比政府希望达到的更低。如图 12—2 所示，中央银行的无差异曲线为 I^{CB}，政府的无差异曲线为 I^G，经济的（一般）约束条件是 PC。中央银行的最佳选择是 (π^{*CB}, u^{*CB})，政府的最佳选择是 (π^{*G}, u^{*G})，表明政府比中央银行更具有扩张性。因此，在这种情况下，中央银行和政府之间就经济中理想的通货膨胀率和失业率问题存在冲突。如果双方都试图运用它们能够控制的工具来实现自己的目标，那么双方的目标都不可能实现。

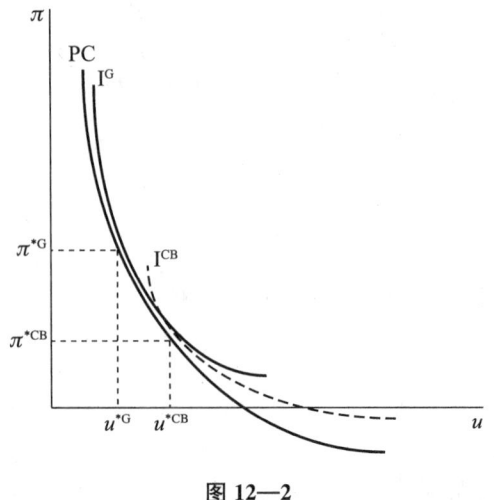

图 12—2

随着时间的推移，政治程序会产生一个狭窄的"一致同意区间"，在此区间内，中央银行和政府有关理想目标的分歧不大，能够比较容易地达成妥协。但经济超出这一区间剧烈变动，或政治过程中政党的目标函数剧烈变动（如选举使一个具有不同意识形态的政党获得了权力），都会在决策者间引发公开的冲突，而这种冲突只能依靠时间来解决。

两个独立决策者间产生冲突的可能性引出了策略问题，其中每一方都试图用计谋打败对方。这种互动关系的恰当理论分析属于博弈论的范畴。这种分析超出了本书的范围。

12.3 中央银行的独立性

正如上述分析和例子所说，只要中央银行能独立于政府自由制定货币政策，而后者又负责财政政策和公共债务管理，就必然存在着冲突的可能性。这种冲突可能是由于充分就业和价格稳定到底谁是最终目标引起的，然而，更多时候与利率或汇率的理想水平等中间目标有关，或是由于引入了公共债务讨息成本或融通财政赤字成本等其他辅助性目标。

虽然潜在冲突能够通过使中央银行隶属于政府来避免，但是中央银行的独立性经常可以保证低通货膨胀率。正如第 11 章所说，美联储是当今世界上独立性最高的中央银行之一。事实上，加拿大中央银行保留了它的独立性，尽管政府主管和财政部长之间关于通货膨胀目标和政策变化之间存在紧密的协商。英国对中央银行独立性的实践随时间的变化而变化，虽然英格兰银行历史上是一家私人银行，独立于政府，但 1946 年将其所有权国有化的银行法案，确认了政府对银行的所有权。它也把选择货币政策目标的权力赋予了代表政府的财政大臣，而英格兰银行起的是建议和执行作用。1997 年，英格兰银行和货币政策委员会被给予了操作独立性，以便实现财政大臣设立的通货膨胀目标。1998 年的《英格兰银行法》把这些安排制定成法律。根据这一法案，财政大臣制定货币政策目标（现在是通货膨胀率的一个目标值），中央银行和货币政策委员会为了实现该目标，有责任制定和实施相关政策。因此，从 1999 年起，英国赋予其中央银行操作的独立性，而不是目标的独立性。在正常水平下，该独立性不同于加拿大和美国的中央银行所具有的独立性，后两者都既具有操作独立性又具有目标独立性。英格兰银行是当今欧盟中央银行联邦体系下的国家银行之一。欧洲中央银行在法律上独立于欧盟政府。

在许多其他国家，包括最不发达国家，中央银行隶属于财政当局的关系十分常见，即使从法律上说中央银行是独立的。

这些缺乏独立性的中央银行构想和实施的货币政策代表着对实施稳定物价货币政策的威胁。事实上，很多对 20 世纪 70 年代和 80 年代的实证研究表明，中央银行实质上独立于政府的国家倾向于低通货膨胀率；相反，中央银行缺乏独立性导致了高通货膨胀率（Alesina and Summers, 1993）。

从 20 世纪 80 年代起,让中央银行拥有更完整的独立性的呼声越来越高。到目前为止,几乎所有的发达经济体都有一个独立的中央银行。

最不发达国家的发展战略、财政赤字融资和中央银行独立性

这一问题说的是一些国家的另一方面,这些国家有大规模的和持续的财政赤字,但没有足够的资本市场,因而不能通过发行新公债来弥补,只能依靠中央银行扩大基础货币。甚至在发达国家,战争时期也经常发生这种情况,但近几十年来,在最不发达国家最为显著。

最不发达国家人均产出低,筹措不到足够的收入来支持其理想水平的公共支出。后者经常出现在这样一些国家:它们的公共项目发展计划或公共事业部门赤字被夸大。此外,它们的国内金融市场非常不发达,不能承受大量的政府借款,其向海外借款的能力也十分有限。因此,许多最不发达国家只能依靠增加基础货币,或者通过直接或间接地强制中央银行销售政府债券。这一方法要求中央银行服从并满足财政当局的需要,从而破坏了中央银行对货币政策的独立控制。

这种安排是否对经济有利是个值得考虑的问题。从积极的方面说,如果不这样做,公共项目和诸如医疗、教育和改善贫困的社会目标的融资将不会实现。从消极方面说,基础货币的增长服从于预算赤字,结果使中央银行失去了对货币政策和经济中总需求与通货膨胀的控制。从价格稳定的方面说,中央银行对货币的独立控制权的丧失严重限制了其控制通货膨胀的能力。很多实证研究表明,拥有独立中央银行且不一定要为财政赤字融资的国家,倾向于低通货膨胀率。这一安排的另一消极方面是,公共项目的借款不是通过竞争性市场按照市场利率得到的。因此,配置效率受到损失,高效率的私人项目遭到排挤。这种效率损失是巨大的,按照许多经济学家的说法,这也是那些曾经严重依赖增加基础货币以融通政府赤字的最不发达国家增长率低下的原因。

虽然 20 世纪 90 年代以前很少有发展中国家的中央银行真正地独立于政府,但是支持独立的经济事实已经开始使许多发展中国家给予它们的中央银行更大的独立性。

中央银行在实践中的独立性

一国可以用法律正式地规定中央银行相对于政府的独立性。但是,它在实践中的独立性还取决于其他因素,例如任命银行董事的模式、任命时间和期限、它们与立法部门和政府的关系、强权政治以及该国遵从法律的精神如何。就这一问题,库克曼等人(Cukierman et al., 1993)曾指出,虽然在工业化国家中央银行的法律独立性是通货膨胀的重要决定因素,具有负系数,但是在发展中国家,通货膨胀率与中央银行行长的更替率而不是法律独立性强正相关。

因此,法律上的独立性并不总能确保事实上的独立性。一般来说,目前中央银行对政府的实际独立性一般取决于主要政党对它的接受程度和公众对它的实质性支持。这种接受程度又取决于该国的法律规定、对中央银行董事的品质和承诺的信任、中央银行以往的记录和其政策透明度。

古德哈特（Goodhart，1994）发现，中央银行的独立性，如果有效的话，有助于使它对价格稳定的承诺更可信，并使低通货膨胀率更容易实现。但是他没有发现任何证据表明能降低失业率或"损失率"，后者的定义是："为了降低一个百分点的通货膨胀率所必须增加的失业人数。"伊芬格和德哈恩（Eijffinger and de lfahn，1996）从经验研究的角度认为，经验证据支持这样的观点，即中央银行独立于政府能减轻通货膨胀。但是，中央银行的独立性似乎无助于就业增加和经济增长。另外，独立的中央银行与较高的而非较低的反通货膨胀成本相联系。

结 语

政策制定者需要在多个目标间做出选择，并且考虑经济对其选择所施加的约束。因为政府与中央银行的目标偏好不同，对约束条件的认知也不同，所以合意的目标水平与适当的政策追求之间存在潜在的冲突。当经济中的通胀率和失业率都高企时，这种潜在冲突往往更严重；当经济中的通胀率和失业率都较低时，这种潜在冲突往往趋于缓和。中央银行与政府之间的这种冲突在20世纪七八十年代的滞胀时期表现得非常明显，之后趋于缓和，其中部分原因是人们认识到高通胀率不存在长期收益。

经验研究已经表明，中央银行的实质独立性越高，经济中的通胀率越低。因此，如果一个经济中低通胀率是社会目标的话，那么就应该维持中央银行的独立性。

在实践层面上，大多数中央银行在经济显著变化时仍然利用相机抉择来调整政策。在不改变其经济目标的情况下，中央银行拥有重新优化的权力以决定各期实行的政策。这就是目前美国、加拿大和英国的实践。当前关于未来经济过程的所知有限，例如对失业和增长率的信息不足，这就要求货币政策谨慎行事。中央银行通常以较小的幅度改变利率（一般是0.25个百分点），为几个月后的调整留出空间，当经济实际状况逐步明确时，可以进一步强化前期政策，也可以不作为，还可以逆转。

主要结论

※ 如果一国允许多重目标间的短期替换（取舍），决策者们很有可能在目标选择和政策实施上经常发生冲突。

※ 如果一国不允许货币政策影响产出和失业，哪怕在短期也是如此，这就是说，货币是中性的，那么，采用价格稳定作为唯一或主导的货币政策目标，对该国来说显然是最佳的。它还会减轻货币政策和财政政策之间的潜在冲突。

※ 中央银行的独立性能降低通货膨胀率。

复习讨论题

1. 谁应当决定国家的经济政策目标——公众民主选举的政府，还是中央银行的董事或行长（后者不是选举出来的，也不直接对公众负责）？

2. 有观点认为中央银行相对于政府和立法机构的独立性会导致一个较低的通货膨胀率。为什么？在什么情况下这种现象更可能发生？

3. 对于预定的目标，理论经济学家可以轻易地描述未来时期的货币政策走向。但问题在于，相关的知识有限，不论是对未来经济的运行及其对政策的反应，还是对所选择政策的实施。就是这种具体情况使得成功地实施货币政策是一门艺术而不是一门科学。请讨论。

4. 中央银行每次变动它的贴现率，经济学家似乎总要对它进行多方批评，有的认为变动不是必需的或变动太大，而有的则认为变动太小。这是经济学家们的人性所致吗？就像公众似乎总是在怀疑一样，还是因为他们所属学科的性质或其他原因？请讨论。

参考文献

Alesina, A., and Summers, L. H. "Central bank independence and macroeconomic performance: some comparative evidence." *Journal of Money, Credit and Banking*, 25, 1993, pp. 151-162.

Ball, L. "How credible is disinflation? The historical evidence." *Federal Reserve Bank of Philadelphia Business Review*, 1993, pp. 17-28.

Ball, L. "Policy rule for open economies." In J. B. Taylor, ed. *Monetary Policy Rules*. Chicago: University of Chicago Press, 1999.

Barro, R. J., and Gordon, D. B. "Rules, discretion and reputation in a model of monetary policy." *Journal of Monetary Economics*, 12, 1983, pp. 102-121.

Blackburn, K., and Christensen, M. "Monetary policy and policy credibility: theories and evidence." *Journal of Economic Literature*, 27, 1989, pp. 1-45.

Boschen, J. F., and Weise, CL. "What starts inflation: evidence from the OECD countries." *Journal of Money, Credit and Banking*, 35, 2003, pp. 323-349.

Brayton, F., and Tinsley, P. "A guide to FRB/US: a macroeconomic model of the United States." *Federal Reserve Board Finance and Economic Discussion Series*, 1996-42, 1996.

Clarida, R., Gali, J. and Gertler, M. "The science of monetary policy: a New Keynesian perspective." *Journal of Economic Literature*, 37, 1999, pp. 1661-1707.

Cukierman, A. , Webb, S. B. and Neyapti, B. "Measuring the independence of central banks and its effects on policy outcomes. " *World Bank Research Review*, 6, 1993, pp. 353–398.

Eijffinger, S. C. W. , and de Hahn, J. *The Political Economy of Central Bank Independence.* Princeton NJ: Princeton University, Special Papers in International Economics, 19, 1996.

Fischer, S. "Rules versus discretion in monetary policy. " In B. M. Friedman, and F. H. Hahn, eds, *Handbook of Monetary Economics*, vol. II. Amsterdam: North—Holland, 1990.

Goodhart, C. A. E. "Central bank independence. " *Journal of International and Comparative Economics*, 3, 1994. Also in his *The Central Bank and the Financial System.* London: Macmillan, 1995.

Kydland, F. E. , and Prescott, E. C. "Rules rather than discretion: the inconsistency of optimal rules. " *Journal of Political Economy*, 85, 1977, pp. 473–493.

Lucas, R. E. , Jr. "Nobel lecture: Monetary neutrality. " *Journal of Political Economy*, 104, 1996, pp. 661–682.

Mankiw, N. G. "The inexorable and mysterious tradeoff between inflation and unemployment. " *Economic Journal*, 111, 2001, pp. C45–C61.

Peek, F. , Rosengren, E. and Tootell, G. "Does the Federal Reserve possess an exploitable information advantage?" *Journal of Monetary Economics*, 50, 2003, pp. 817–839.

Rotemberg, J. , and Woodford, M. "Interest rate rules in an estimated sticky price model. " In J. B. Taylor, ed. , *Monetary Policy Rules*. Chicago: University of Chicago Press, 1999.

Waller, C. J. "Performance contracts for central bankers. " *Federal Reserve Bank of St Louis Review*, 1995, pp. 3–14.

Walsh, C. E. *Monetary Theory and Policy*, 2nd edn. Cambridge, MA: MIT Press, 2003.

Woodford, M. "How important is money in the conduct of monetary policy?" *NBER Working Paper* no. 13325, 2007.

第五部分

货币政策和宏观经济

第 13 章 总需求的推导

本章从商品市场和货币市场分析中导出经济学中的商品总需求。基于央行关于其首要货币工具的选择，货币市场分析存在两种不同的变体。在第一种变体中，央行通过控制货币供给使得货币因素成为经济系统的外生变量。而在第二种变体中，央行通过控制利率使得利率成为经济系统的外生变量。从第一个变体可以引出总需求的 IS-LM 分析，从第二个变体可以引出总需求的 IS-IRT 分析。具体选择何种分析模型取决于如下实证问题：央行是否操纵货币供给或利率使之外生于经济系统？

两个模型都假定货币政策和财政政策在改变总需求上是有效率的。然而，在引入李嘉图等价定理后，两个模型中的总需求都不会因财政政策变动而发生变动。

本章引入的关键概念
- IS 关系/曲线
- LM 关系/曲线
- IS-LM 分析
- 利率目标（IRT）
- 泰勒规则
- IS-IRT 分析
- 总需求关系/曲线
- 李嘉图等价定理

◆ 圣路易斯方程

本章阐明了短期宏观经济分析的主要工具——总需求模型的两个变体。第一个变体是IS-LM模型，该模型假定央行外生地设定货币供给量；第二个变体是IS-IRT模型，该模型假定央行外生地设定利率。

IS-LM模型和IS-IRT模型将经济中的大量物品划分为四类——商品、货币、债券和劳动，以及一种额外的物品，即开放经济下的"外汇"。在这些物品中，货币被定义为支付媒介；债券被定义为"非货币性金融资产"，日常生活中十分常见的债券、贷款、股票都属于非货币性金融资产。宏观经济模型对这些物品的市场展开分析，并进一步导向一般的财政政策和货币政策及这两类政策在短期内对总产出、就业、利率和价格的影响的研究。在本书中，"短期"是指在资本存量、劳动以及技术为外生变量这一假定下的可分析时期（非时序时期）。

假定货币供给为外生变量（而非利率为外生变量），那么IS-LM模型就是最基本的短期宏观经济模型；当假定利率为外生变量（而非货币供给为外生变量）时，IS-IRT模型就是相应的模型。在给定的经济系统下，究竟选择哪一个模型（IS-LM模型、IS-IRT模型）来推导总需求取决于对下面实证问题的回答：货币供给和利率这两个货币政策变量中哪一个是外生的，哪一个是内生的？因此，在进行模型选择前，我们需要明确由央行决定的货币政策的适当的首要操作目标。当适当的操作目标存在差异时，不同经济系统相对应的模型也不一致。

应该注意的是，完全的短期宏观经济模型需要商品的总需求函数和总供给函数来确定价格水平、总产出以及就业。关于总供给的推导将在第14章（古典模型）以及第15章（凯恩斯模型）中进行论述。

13.1 短期宏观经济模型的界限

短期宏观经济模型的一个基本取向是关于一般财政政策和货币政策对总产出和一般价格水平的影响的研究。这些模型假定经济系统中只存在单一商品，因此不试图研究宏观政策对商品相对价格的影响。这些模型进一步假定劳动为一种同质的投入要素。此外，也假定现有资本存量给定，当购买大宗商品使得资本存量（也就是"投资"）增加时，由于设备购买与设备交付使用的间隔，短期内生产性资本存量也不会发生变动。因此，在生产过程中只存在一种可变投入——劳动。资本的不变性是短期模型区别于增长模型的一个特征。

开放经济下有五类基本物品：商品、货币、劳动和外汇。关于这些物品的市场以及"价格"的研究需要分别推导需求、供给及其均衡。比较静态分析贯穿全章，该分析方法聚焦于均衡状态，但也有一些关于失衡调整的讨论。

13.1.1 宏观经济学中短期和长期的定义

短期是指模型中一些变量被假定不变的情况下的可供分析的期间。因此，短期有不同的定义，取决于哪一个变量被假定为不变。

通过判断实物资本存量是否是常数，可以区分短期宏观经济模型和长期宏观经济模型。尽管短期宏观经济模型中存在实物资本存量投资，但隐含假定是这类投资存在充足的时间间隔以至于不能改变经济系统中的生产性资本。但是，在短期内，这类投资实际上会改变经济系统中的总需求。与短期宏观经济模型相反，增长模型（也就是长期宏观经济模型）假定投资能够改变实物资本存量。

不确定性下的预期是短期宏观经济模型中另一类不变量。短期宏观经济模型允许预期价格不同于实际价格。这就需要一种理论来描述预期价格。在理性预期理论下，预期误差是随机的。而长期宏观经济模型的定义包含预期不存在误差这一约束条件。因而，长期宏观经济模型分析既假定存在一定量的可变资本存量，也假定预期价格与实际价格一致。

13.2 开放经济下的外汇部门和浮动利率下汇率的确定

国际收支差额等于伴随商品输出而流入的外汇，资本输入/流入，利息、股息支付以及单边转移相对于商品进口、资本输出等资本流出的净流入。国际收支差额变动会引起一国国内持有外汇数量的相应变动。在浮动汇率下，宏观分析的一个通常假定是名义汇率调整以确保国际收支的持续均衡，因此 $B=\Delta FR=0$。

$$B=\Delta FR=(X_c-Z_c)+(Z_k-X_k)+NR+NT=0 \tag{1}$$

其中，FR 表示外汇储备；B 表示国际收支差额；X_c 表示商品（货物和服务）出口额；X_k 表示（金融）资本输出额；Z_c 表示商品（货物和服务）进口额；Z_k 表示（金融）资本输入额；NR 表示净利息和股息流入额；NT 表示国外对国内经济的单边转移净额（礼物和捐赠）。

进出口取决于真实汇率，可表示为

$$\rho^r=\rho P/P^F$$

其中，ρ 表示名义汇率，是指每单位本国货币能兑换的外国货币数量；ρ^r 表示实际汇率（$=\rho P/P^F$，即每单位本国商品能换取的外国同种商品的数量）；P 表示国内价格水平；P^F 表示外国价格水平。

为了简化模型，我们假定商品进出口的价格弹性都大于1。进而，当国内价格水平上升或 ρ 上升[①]或外国价格水平下降时，国内商品相对于外国商品变得更贵了，实际汇率就会上升，同时名义出口额下降。当外国国民收入上升时，本国商品出口就会增加。类似地，当 ρ^r 上升（即一单位本国商品能换取更多单位外国同种商品，也就是说外国商品变得相对便宜了）或本国国民收入上升时，本国

[①] 在我们对汇率的定义下，以其他货币对美元为例，当 ρ 下降，就表示国内货币美元贬值，这使得本国商品对外国而言变得相对便宜了，本国出口增加。同时外国商品对本国而言变得相对昂贵了，本国进口下降。

名义进口额就会增加。资本流动取决于一系列因素,其中,国内外资产收益率可能是最重要的因素。因此,当本国名义利率上升或外国利率下降时[①],资本输出额就会下降,同时资本进口额上升。将这些思想从形式上纳入(1)式,那么,外汇市场的均衡条件就可以表示为

$$[X_c(\rho^r, y^F) - Z_c(\rho^r, y)] + [Z_k(R, R^F, \rho''^e) - X_k(R, R^F, \rho''^e)] + NR + NT = 0 \quad (2)$$

其中,y 表示国内国民收入;y^F 表示外国国民收入;R 表示国内名义利率;R^F 表示外国名义利率;ρ''^e 表示预期汇率升值。

变量下方的符号代表相应的弹性的方向。NR(净利息流入)和 NT(净转移流入)大部分是外生的,另一部分则取决于商品流动或资本流动账户中可被统计的国民收入和利率。

在本章的导言中,我们就已经假定相比于世界其他国家,国内经济相对不重要,即:变量 p^F、y^F 和 R^F 不受本国商品和资本进出口变动的影响,它们是本国经济的外生变量。忽略(2)式中的变量 y^F 和 R^F(因为它们是外生变量)以及变量 ρ''^e(为求简化),就可以得出等式:

$$[X_c(\rho^r) - Z_c(\rho^r, y)] + [Z_k(R) - X_k(R)] + NR + NT = 0 \quad (3)$$

用 $\rho P/P^F$ 替代(3)式中的 ρ^r,得到

$$[X_c(\rho P/P^F) - Z_c(\rho P/P^F, y)] + [Z_k(R) - X_k(R)] + NR + NT = 0 \quad (4)$$

这一等式——BP(平衡)等式——成为开放经济下宏观经济模型的一部分,用于求名义汇率 ρ 的均衡值 ρ^*:

$$\rho^* = f(P/P^F, y, R; BP \text{ 等式中的其他外生变量和参数}) \quad (5)$$

在一个浮动汇率制国家里,为了方便起见,一个通常的宏观经济分析假设就是:汇率总是均衡值,进而确保在给定 R 和 y 的值的条件下持续实现国际收支平衡。因此,在浮动汇率下,(5)式中的 ρ^* 是对开放经济下 IS 等式中的 ρ 的替代,以推导出 IS 等式和曲线的最终形式。

为了进一步分析商品市场,我们不得不强调 ρ、y 和 R 的关系。假定存在一个很高水平的资本流动性以响应利率差异,那么 R 上升(同时 R^F 保持不变)就会使得净资本流入增加,进而导致 ρ 上升;ρ 上升反过来会减少净出口。净出口的减少则会降低对国内商品的支出以及 y。因而,在开放经济条件下,R 的上升(同时预期通货膨胀率保持不变)会导致实际利率 r 上升以及 y 下降,结果是 $\partial y/\partial r < 0$。这种效应同样适用于封闭经济,也就是 r 的上升会引起投资下降,进而使得 y 下降。因此,开放经济下仍然有 $\partial y/\partial r < 0$,但相对于封闭经济条件下,其绝对值更大。

既然 y 的增加会引起进口的增加,进而导致净出口下降以及 ρ 下降,即

---

① 也可做这样的假定,即从纯粹的比较静态分析看,其他内生变量如收入、价格和汇率不太可能显著地影响资本流动。

$\partial \rho / \partial y < 0$，那么，当 R 下降时，净资本流入就会下降，进而会导致 ρ 下降，因此有 $\partial \rho / \partial R > 0$。

当然，在固定汇率制下，上述分析是不相关的。在这种情况下，ρ 是一个常量。不管怎样，总需求的推导需要商品市场、货币市场以及外汇市场中三个平衡等式的联立解。本章不对固定汇率制下的相关分析进行介绍，仅对浮动汇率制展开分析。

13.3 商品部门

开放经济下的商品市场均衡

开放经济下，实际的商品支出 e 构成了经济系统中所有厂商的总销售收入，可表示为

$$\begin{aligned} e &= (c - z_c/\rho^r) + i + g + x_c \\ &= c + i + g + (x_c - z_c/\rho^r) \end{aligned} \quad (6)$$

其中，所有的变量都扣除了物价因素：

e 表示国内商品（实际）支出；

c 表示总消费支出；

$(c - z_c/\rho^r)$ 表示国内商品的消费支出；

i 表示（预期）投资[①]；

g 表示商品的政府支出[②]；

z_c/ρ^r 表示进口商品的实际支出（扣除国内物价因素）。

出口商品由国内生产，因此按国内不变价格计算。$z_c/\rho^r (= (P^F/\rho P)z_c)$ 表示进口商品的实际支出。对分母 ρ^r 的解释如下：z_c 表示以外国价格 P^F（F 表示外国）计价的进口商品数量，因此 $P^F z_c$ 表示以外国货币计价的进口商品支出。通过除以名义汇率 ρ，这笔支出就转化为以本国货币计价的商品支出，即 $(P^F/\rho)z_c$ 就是以本国货币表示的进口商品支出。这笔以本国货币表示的名义金额需转化为以国内实际价格水平 P 表示的进口商品的实际支出。因此，在上面等式中进口商品的实际价值不只是 z_c，更是 $(P^F/\rho P)z_c$，这等价于 z_c/ρ^r[③]。

在加总国内所有厂商的情况下，厂商的产出等于其在生产要素上支出的总和，两者又共同构成了国民收入 y。国民收入可以用于国内居民的消费支出 c（包括对国内商品和进口商品的消费）、储蓄 s 以及净税收支付 t。因此有

---

① 这种模式定义下的投资排除了"计划外投资"。计划外投资主要由本期生产并用于销售但在期末未能出售的商品组成，因而是实物资本存量的一部分。投资总量是上述定义中的投资与计划外投资之和。

② 注意，此处政府支出不包含补贴和其他公众（包括企业）转移支付。

③ 在 ρ^r 总是等于 1 或短期内 $\rho^r = 1$ 似乎足够可信的假定下，一些学者并不将 z_c 除以 ρ^r。这是基于隐性假设——购买力平价（PPP）不变，使得 ρ^r 等于 1。然而，通常，即使在长达 10 年或 20 年的时期里，购买力平价也并非保持不变，更不必说在以月计的时期内。因此，我们不假定 $\rho^r = 1$。

$$y = c + s + t \tag{7}$$

其中，s 表示（实际）私人储蓄；t 表示（实际）净税收支付（净转移）；开放经济下的均衡条件是

$$e = y \tag{8}$$

在这一均衡下，厂商收入 e 和产出成本 y 相等，因而厂商会保持产量不变。但如果 $e > y$，即厂商收入高于成本，厂商就会倾向于扩大再生产。如果 $e < y$，即厂商收入小于成本，厂商就会倾向于通过缩减生产来减少损失。

从（6）式到（8）式可知商品市场的均衡条件可以表示为

$$i + g + x_c = s + t + z_c / \rho^r \tag{9}$$

$$s = i + (g - t) + (x_c - z_c / \rho^r)$$

储蓄是货币收入减去消费支出以及税收支付后的剩余。这种剩余可能会以投资的形式直接用于未来的生产，如购买债券、现款交易或资本净输出。因此，由于开放经济中存在债券、现金和外国商品，因此即使在均衡条件下，对国内投资的总需求也不可能等于国内储蓄的供应。

商品部门的均衡不总是存在，结果是商品市场中一段时间会出现过多需求或过多供给。这种过多需求或过多供给可能会较快抵消，也可能会持续相当长的时间，总之取决于朝均衡状态调整的速度。

13.3.1 商品市场的行为功能

对商品市场的进一步分析需要说明上述等式中每一个变量的函数。我们将以这些函数的通用形式作为开始，或者为简便起见，将变量函数假定为线性形式。常用的线性函数形式如下：

$$c = c(y_d) = c_0 + c_y(y - t) \qquad 0 \leqslant c_y \leqslant 1 \tag{10}$$

$$i = i(r) = i_0 - i_r r \qquad i_r \geqslant 0 \tag{11}$$

$$t = t_0 + t_y y \qquad 0 \leqslant t_y \leqslant 1 \tag{12}$$

$$g = g_0 \tag{13}$$

$$x_c = x_c(\rho^r) = x_{c0} - x_{c\rho} \rho^r \qquad x_{c0}, x_{c\rho} > 0 \tag{14}$$

$$z_c = x_c(y_d, \rho^r) = z_{c0} + z_{cy} y_d + z_{c\rho} \rho^r \qquad z_{cy}, z_{c\rho} > 0 \tag{15}$$

其中，r 是实际利率，$y_d (= y - t)$ 是可支配收入，等式中外生的外国变量已忽略，有下标的符号是参数。此外，商品市场的均衡条件是

$$e = y \tag{16}$$

跨时期的效用最大化受制于预算约束，这意味着消费与实际利率负相关，因此（10）式应该包含另一个项，如在等式右边添加 $-c_r r$。在短期内，发达经济体通常的利率变动范围里，消费依赖于利率水平这一经验性结论是可疑的，而投

资对利率的依赖则更加可疑。进而,在宏观经济模型中利率的影响与投资对利率的依赖是一致的。因此,我们在消费函数中排除了利率这一项;言下之意是,利率也不会在储蓄函数中出现。①

前面的等式假定消费者和厂商在其消费和投资决策中都不存在价格幻觉。②这是宏观经济模型里的标准假设。此外,先前的消费函数和投资函数是更为复杂的行为的简化。尤其是,它们忽略了消费对消费者信心的依赖以及投资对企业信心的依赖,而信心又是建立在未来收入预期、工作可得性以及预期需求上的。

IS 关系

前面分析中开放经济条件下的商品市场均衡表明:

$$y = \left[\frac{1}{1-c_y+c_y t_y+\frac{1}{\rho^r}z_{cy}(1-t_y)} \right] \cdot$$
$$[\{c_0-c_y t_0+i_0-i_r r+g+x_{c0}-x_{c\rho}\rho^r\}+(1/\rho^r) \cdot \{-z_{c0}+z_{cy}t_0-z_{c\rho}\rho^r\}]$$

(17)③

这就是开放经济条件下的 IS 等式。④ 它是 y 关于 r 和 ρ^r 的函数,其中 $\rho^r = \rho P/P^F$。用 $\rho P/P^F$ 替代 ρ^r 使 y 转换成关于政策、外生变量以及参数以外的 r、ρ、P 以及 P^F 的函数。正如前面关于国际收支均衡部分讨论的,在浮动汇率制下的名义汇率均衡值 ρ^* 是由国际收支均衡决定的。用决定因素 ρ^* 替代 ρ 就得出 IS 等式的最终形式。在这个等式中,y 是一个关于 P、r、财政政策变量、外生的国际变量 P^F、r^F,以及 y^F 的函数。显然这个等式远比 (17) 式代表的 IS 等式的标准形式烦琐⑤,因此,接下来关于产品市场的进一步分析将建立在 (17) 式的基础上,即用 $\rho P/P^F$ 替代 ρ^r 以及用决定因素 ρ^* 替代 ρ。

研究开放经济,无论如何我们都需要导出 $\partial y/\partial r$。在浮动汇率制下,早期的国际收支均衡分析暗含这样一个假设,即在其他变量如 P 和 P^F 中,ρ 是一个关于国内名义利率 R 和国外名义利率 R^F 的函数。ρ 与 R 的关系表明,当 R 上升时,如果 R^F 保持不变,y 将下降;如果预期通货膨胀率保持不变,r 将上升。因此,在开放经济下,$\partial y/\partial r$ 为负,原因在于两点:投资关于 r 呈反方向变动;r 的上升会导致 ρ 升水从而引起净出口下降。然而,尽管开放经济下 $\partial y/\partial r$ 为负,但较之于相应的封闭经济,开放经济下 $\partial y/\partial r$ 的绝对值较大。

在 IS 等式 (17) 式中,分子的 [·] 部分包括两个涉及实际汇率 ρ^r 的项,且这两项前面都是负号,这说明汇率升水将导致国民收入/支出 y 下降。其中,

---

① 如果我们坚信储蓄显著地依赖于利率,可以通过重新定义 $(-i_r)$ 轻松地并入模型以测量利率的边际增量引致的投资的下降以及消费的下降(或者储蓄的增加)。

② 然而,现有的消费和投资理论并不支持这一点,因为这些理论允许当前的消费品购买或投资同将来价格发生变动后的消费品购买或投资进行替换。

③ 这是不考虑李嘉图等价定理下的 IS 等式。

④ 之所以这样表述,是因为它最初是从缺少政府部门的封闭经济模型推导出来的。因此,它代表均衡条件 $i=s$。

⑤ 此外,正如总需求构成一样,国际收支的构成部分通常没有一个普遍接受的线性表达。因此,要表述包含汇率均衡决定因素的开放经济下的 IS 等式就显得十分困难了。

第一项是 $x_{c\rho}\rho^r$，其符号之所以为负，是因为当 ρ^r 上升时，出口将减少，进而导致国内商品的支出下降。① 第二项是 $z_{c\rho}\rho^r$，其符号之所以为负，是因为当 ρ^r 上升时，进口将增加，进而导致国民收入漏损增加（类似于税收支付），用于国内商品消费的可支配收入减少。②

需要强调的是，前面的论述说明了 IS 曲线上的 ρ 不是常量。但沿着 IS 曲线向更低水平的 r 或更高水平的 y 靠近时，ρ 将逐渐下降。原因在于：第一，当 y 增加时，进口将增加，净出口将下降，进而导致 ρ 下降；第二，当 r 下降时，资本流入将下降，进而导致 ρ 下降。

我们用 α 替代上述 IS 等式中的（·），得到

$$y = \alpha[\{c_0 - c_y t_0 + i_0 - i_r r + g_0 + x_{c0} - x_{c\rho}\rho^r\} \\ + (1/\rho^r) \cdot \{-z_{c0} + z_{cy} t_0 - z_{c\rho}\rho^r\}] \tag{18}$$

其中 α 具有以下含义：

$$\alpha = \left[\frac{1}{1 - c_y + c_y t_y + \dfrac{1}{\rho^r} z_{cy}(1 - t_y)}\right] > 0 \tag{19}$$

（18）式说明实际收入的均衡值是利率、价格的函数，因此开放经济下的 IS 等式的一般形式是 $y = y(r, P)$。即使消费取决于收入和利率或投资取决于利率和收入，IS 等式的一般形式也是有效的。③ 然而，在这样的情形下，（18）式中的参数以及下面将涉及的乘数则会发生变动。此时，如果购买力平价成立，且 ρ^r 等于 1 或者其他任何一个常量，那么 IS 等式的一般形式将转变为 $y = y(r)$。然而，即使在长期看来，购买力平价假设的实证效果也是让人怀疑的，更何况是在短期经济模型中。如果经济是封闭型的，这个一般形式也会转变为 $y = y(r)$，因此进出口项将被排除在 IS 等式之外。然而，值得一提的是，大部分现代经济体都在逐步提高开放度，出口（或进口）逐渐成为这些经济体的国内生产总值中很大的一部分并且占据越来越重要的地位。因此，我们不必过于担心 IS 等式一般形式的有效性。

（19）式可以表达为图 13—1 (r, y) 空间里的 IS 曲线。对 IS 曲线为何凸向原点的直观解释如下：横轴方向 y 向右移动（即收入增加）将导致消费和储蓄以及税收收入的增加。此时，要达到一个新的均衡就需要增加投资，而投资的增加需要储蓄和税收收入的联合增加。但只有在利率下降时，实际投资才会真正增加。因此，收入增加的同时必须伴随利率的下降，商品市场的新均衡才能实现。我们还注意到，在开放经济下，IS 曲线决

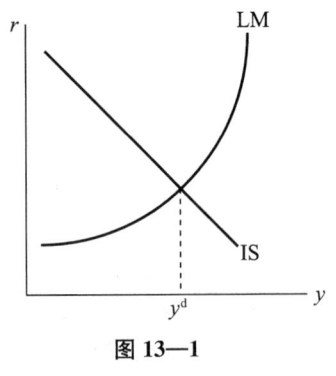

图 13—1

---

① 进而，IS 曲线向左移动，总需求下降。
② 进而，IS 曲线向左移动。
③ 这些函数的一般线性形式是：$c = c(y, r) = c_0 + c_y y - c_r r$，$i = i(r, y) = i_0 - i_r r + i_y y$，其中 $c_y(1 - t_y) + i_y < 1$。

定于实际汇率以及通过实际汇率而间接地决定于国内价格水平和国外价格水平。此外，正如先前所述，当经济向 IS 曲线下方移动时，名义汇率 ρ 下降。但是，国内价格水平的上涨将会使得国内商品相对于国外同种商品较贵从而使得净出口下降，进而国内商品支出下降，IS 曲线在给定的利率水平上向左移动。

商品市场（局部）乘数

从上述的 IS 等式，可以得出如下一些乘数：

$$\frac{\partial y}{\partial i_0}=\alpha=\left(\frac{1}{1-c_y+c_y t_y+\frac{1}{\rho^r}z_{cy}(1-t_y)}\right)>0 \tag{20}$$

$$\frac{\partial y}{\partial g_0}=\alpha=\left(\frac{1}{1-c_y+c_y t_y+\frac{1}{\rho^r}z_{cy}(1-t_y)}\right)>0 \tag{21}$$

$$\frac{\partial y}{\partial t_0}=(-c_y+\frac{1}{\rho^r}z_{cy})\alpha=\left(\frac{-c_y+\frac{1}{\rho^r}z_{cy}}{1-c_y+c_y t_y+\frac{1}{\rho^r}z_{cy}(1-t_y)}\right)<0 \tag{22}$$

我们注意到，对于货币经济而言，投资乘数和财政乘数具有欺骗性甚至是错误的。二者是建立在商品市场基础上的，而商品市场仅是整个经济系统中的一个非常小的部分，而且假如不考虑金融体系，商品市场仅适用于计算经济中的总需求。进一步说，投资乘数和财政乘数忽略了供给方面。适当的乘数应该是基于整个经济部门体系的一般分析而推导出的。因而，上述乘数仅适用于分析导致 IS 曲线移动的决定因素。

13.4 货币部门：确定货币政策的适当操作目标

在给定的经济系统下，对货币部门的说明取决于一国中央银行对其首要货币工具选择的事先确定。本杰明·弗里德曼（1990）就货币政策工具和目标的多样性以及假定目标下适当的工具效果展开了广泛的讨论。中央银行可采取的两个主要工具是货币供给（通常情况下，就是基础货币）和利率。至于其中哪一个是首要工具则取决于中央银行的操作知识（可以从中央银行发布的报告或因果检验看出）。

尽管一些中央银行在发布报告上十分透明，清楚地说明了操作目标，然而，并非每一家中央银行都如此。在后一种情形下，就货币供给（最好是基础货币）和相应利率之间做一个因果检验是十分必要的。相应利率是中央银行贷款给商业银行的贴现率或利率，如中央银行直接操纵的隔夜拆借利率。这种因果关系可以通过格兰杰因果检验测出（见第 7 章）。

面对由于金融创新而导致的货币需求函数的持续变动，一些工业化国家（如美国、加拿大和英国）的中央银行已经明确地表明要将利率作为首要的货币政策工具。然而，许多其他国家则不然。比如，在许多拥有庞大的非正式金融部门的发展中国家，中央银行可能更依赖货币供给这个工具控制整个经济。基于国家之间的这种可能的差异，本章提出了货币市场的两个可选模型。首先，货币供给被视为中央银行设定的外生于多样性货币政策的变量，由此推导出总需求的 IS‐LM 模型；紧接着是第二个模型，其中利率被视为中央银行设定的外生变量，且无需 LM 曲线（Romer，2000），并可推导出总需求的 IS‐IRT 模型。货币市场中的这两个模型都适用于开放经济。

13.5 LM 等式的推导

这一部分的讨论是在中央银行选择货币供给作为首要的货币政策工具以及货币供给由中央银行设定并外生于货币市场模型这一前提下展开的。

货币需求

先前有关章节指出，对货币需求的分析应在实际项而非名义项下，应基于最简单的形式展开。此外，对实际余额的需求 m^d 是实际收入 y 和名义利率 r 的函数。为简化分析，我们假定一个线性关系，则实际均衡状态下的需求为

$$m^d = m^d(y, R, FW_0) = m_y y + (FW_0 - m_R R) \tag{23}$$

其中，m 表示实际货币余额；$m_y y$ 表示实际交易余额；$(FW_0 - m_R R)$ 表示对实际余额的投机/组合需求；$m_R R$ 表示对债券组合的需求；R 表示名利利率；FW_0 表示实际金融财富。

货币需求对利率的依赖源于多个方面，如交易需求（第 4 章）、投机需求（第 5 章）以及预防和缓冲存货需求（第 6 章）。然而，基于凯恩斯关于货币需求的定义，$(FW_0 - m_R R)$ 通常被视为对货币的投机需求。[①]。在本书中，我们主要认定它为利率敏感性货币需求。

对货币供给过程的检验表明货币供给函数应该定义在名义项下，同时如果中央银行允许经济系统本身来决定货币供给，那么在货币供给分析中就应当纳入利率和实际收入；另一种选择是，中央银行可以外生地设定货币供给数量，并通过对基础货币的控制来实现这一目标。根据第二个选择，我们可以将货币供给函数简化为

$$M^s = M \tag{24}$$

其中，M 是外生的货币存量。

货币市场均衡要求

---

① 货币需求函数通常简化为 $m^d = m_y y - m_R R$。然而，正如文中所说，不管货币需求函数是表述为这种形式还是另一种形式[如（23）式所示]，利率敏感性因子也能从第 4 章所示的交易需求中推导出。这一认识是十分重要的，因为第 5 章已经做出了论证，即包含着各种各样无风险资产的现代经济可能不会对投机余额产生积极需求。

$$M = Pm^d \tag{25}$$

因此,实际余额的均衡条件是

$$M/P = m_y y + (FW_0 - m_R R) \tag{26}$$

(26) 式指定了使货币市场保持均衡的 y 和 R 的组合。这被称为 LM 关系,其中 L 表示流动性偏好(也就是对货币的需求),M 表示货币供给。当名义货币存量外生设定并受中央银行操控时,实际货币存量 M^d/P 取决于价格水平 P 以及公众的一体化选择,包括对货币的需求。

LM 关系也可表达为

$$y = \frac{1}{m_y}\left[\frac{M}{P}\right] + \frac{m_R}{m_y}R - \frac{FW_0}{m_y} \tag{27}$$

其中,$1/m_y$ 表示实际余额乘数;实际余额增长一个单位会引起实际收入增长 $1/m_y$ 个单位。

(27) 式可以用图 13—1 的 LM 曲线表现。因为在 (27) 式中,$\partial y/\partial R > 0$,因此 LM 曲线斜率为正,直观解释是:横轴上 y 的增长会导致对货币的交易需求上升,这就要求减少对货币的投机需求 $m_R R$,而当且仅当利率上升时,公众对货币的投机需求才会下降。也就是说,要维持货币市场的均衡,实际收入的增长必须伴随利率的上升。

13.5.1 IS 等式与 LM 等式的关联:建立在利率上的费雪方程

费雪方程主张在完善的资本市场中,名义利率和实际利率的关系可以表达为

$$(1+R) = (1+r)(1+\pi^e) \tag{28}$$

其中,R 是名义利率,r 是实际利率,π^e 是预期通货膨胀率。

假定 r^e 和 π^e 很小,$r^e \pi^e \to 0$,则上述等式变为

$$r^e = R - \pi^e$$

也就是说,投资者预期获得的实际报酬率等于名义利率减去货币余额购买力由于通货膨胀而产生的预期损失。在给定货币供给的比较静态分析中不包括对 π^e 的确定,因此,为简便起见,可设 π^e 为零或者假定 π^e 为外生变量。因此,为求简便,接下来的分析将假定 $R = r$。另一种做法是,如果通货膨胀确实存在并且需要被纳入货币需求函数中,那么我们可以采用费雪方程的简单形式 $R = r + \pi^e$ 将货币需求函数表达为

$$m^d = m^d(y, R) = m_y y + (FW_0 - m_R(r + \pi^e))$$

在这种情形下,LM 等式就变为

$$y = \frac{1}{m_y}\left[\frac{M}{P}\right] + \frac{m_R}{m_y}(r + \pi^e) - \frac{FW_0}{m_y} \tag{27'}$$

对模型的进一步讨论将建立在（27）式而非（27'）式上，因此后续分析隐含了比较静态、零通货膨胀率这一前提。

13.6 IS-LM 模型中的商品总需求

如果只关注支出和货币部门，那么 (y, r) 空间里的 IS-LM 曲线就传递出这样一个信息，即它们足以确定实际收入和利率。这显然也是不正确的。这些市场和曲线确定的仅仅是商品需求。这一需求必须同相对应的供给一起来确定经济中的实际收入或产出以及这一产出进行交易的价格水平。为推进这一分析，我们首先需要从 IS-LM 分析中推导出以价格水平为因变量的产出需求函数。

为此，我们联合 IS 等式和 LM 等式：从 LM 等式（27）式解出 r（或 R），用 y 和 P 表示，然后用于替代 IS 等式（17）式中的 r。结果便是

$$y^d = \left[\frac{1}{1-c_y+c_yt_y+\frac{1}{\rho^r}z_{cy}(1-t_y)+i_r\frac{m_y}{m_R}}\right] \cdot \left(\left\{c_0-c_yt_0+i_0-\frac{i_r}{m_R}FW_0\right.\right.$$
$$\left.\left.+\frac{i_r}{m_r}\frac{M}{P}+g_0+x_{c0}-x_{c\rho}\rho^r\right\}+\frac{1}{\rho^r}\{-z_{c0}+z_{cy}t_0-z_{c\rho}\rho^r\}\right) \quad (29)$$

（29）式描述了与价格水平 P 呈现负相关的商品总需求。（29）式还说明了 (y, P) 组合，这些组合使得支出和货币市场均衡得以维持。图 13—2 将（29）式标绘在 (y, P) 空间上。我们把这一曲线定名为 AD（总需求）曲线。它具有负斜率。

应当注意的是，它是开放经济下的需求函数。总需求函数中 $\rho^r = \rho \cdot P/P^F$，并假定浮动汇率制会使得名义汇率 ρ 因为国际收支均衡条件而具有内生性，因而需要以其函数代替，不过在宏观经济学中并无广泛认可的 ρ 函数形式。IS 等式最终生成的形式将会更加复杂，其可接受性也将低于（29）式。因此，我们不会用这一代替展开分析，而是在时刻谨记 $\rho^r = \rho \cdot P/P^F$ 的同时继续采用（29）式。

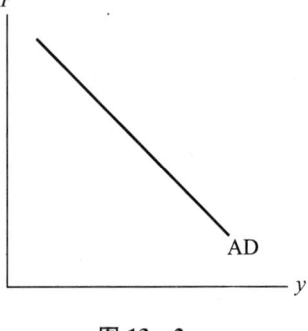

图 13—2

对总需求的投资乘数和财政乘数

对实际总需求的投资乘数和政府支出乘数变为

$$\frac{\partial y^d}{\partial i_0} = \frac{\partial y^d}{\partial g_0} = \left[\frac{1}{1-c_y+c_yt_y+\frac{1}{\rho^r}z_{cy}(1-t_y)+i_r\frac{m_y}{m_R}}\right]$$
$$= \left[\frac{m_R}{m_R-m_Rc_y+m_Rc_yt_y+\frac{1}{\rho^r}m_Rz_{cy}(1-t_y)+i_rm_y}\right] \quad (30)$$

它们显然小于仅考虑支出部门时（20）式和（21）式的结果。对这种变动的直观解释是：自发投资 i_0 的增长会通过乘数效应导致收入增加，而收入的增加将会引起货币交易需求的增加。用于投机目的的、下降了的货币余额供给会使得利率上涨，而利率上涨则会使得引致投资 $i_r r$ 下降。因而，总投资的增长量低于自发投资的初始增加量。如果不存在由投机目的转向交易目的而释放的货币余额（相当于 m_R 为零），那么这一乘数将为零。财政政策将不会对总需求产生影响。

因而，财政政策在增加总需求上的有效性不仅取决于支出部门的参数，也取决于货币部门以及国际贸易部门的参数。尤其是，当 $m_R=0$ 时，财政政策在影响总需求方面无效。也就是说，货币需求（正如货币供给）变得对利率敏感。

对总需求的货币乘数

货币乘数，也就是名义货币供给增加量会引起的总需求的增加量，如下：

$$\frac{\partial y^d}{\partial M} = \left[\frac{1}{1-c_y+c_y t_y+\frac{1}{\rho^r}z_{cy}(1-t_y)+i_r\frac{m_y}{m_R}}\right]\frac{i_r}{m_R}\frac{1}{P}$$

$$= \left[\frac{i_r}{m_R P - m_R P c_y + m_R P c_y t_y + \frac{1}{\rho_r}m_R P z_{cy}(1-t_y)+Pi_r m_y}\right] \quad (31)$$

货币乘数取决于 i_r（投资的利率敏感度）与 m_R（货币需求的利率敏感度）的相对大小。如果 $m_R=0$，货币乘数就是 $1/m_y$；如果 $i_r=0$，则实际货币余额乘数就是零。也就是说，当投资对利率不敏感时（即 $i_r=0$）或货币政策无法使利率发生变动时（即流动性陷阱，也就是说 $m_R \to \infty$），货币供给的变动不会影响总需求。在后一种情形中，任何货币供给的变动都会被流动性陷阱导致的给定利率水平下货币需求的无限弹性所抵消。根据凯恩斯（1936）的论述以及本书第 2 章关于流动性陷阱这一概念的探讨，我们认为，流动性陷阱作为一种极限情形，可以对之进行研究以满足学术好奇心，然而由于它不具备实际相关性，因此在实际的经济分析中可以忽略。①

除了为零的情形（这是极少见的），货币乘数的大小不具重要性。因为，在给定的乘数下，货币供给的适当变动都能够引致总需求的任何预期变动，而且货币供给的不同程度变动几乎不存在成本上的差异，也就是说，在通常的运作范围内，一个更宏大的公开市场操作不会比一个较小的公开市场操作花费更多的成本。

13.6.1　IS-LM 模型中总需求的凯恩斯—新古典主义综合

20 世纪 50 年代以及 60 年代初，关于投资和货币需求的利率弹性的经验性研

---

① 前面的第 2 章对流动性陷阱进行了说明。此处，我们再次注意到，尽管凯恩斯的著作（1936）是在大萧条中期写成的，但凯恩斯并未考虑流动性陷阱的存在性问题。

究和分析成果指向了这样一个认识，即在正常的工业化经济体中，不会出现 $i_r = 0$，也不会出现 $m_R = 0$，进而不会出现 m_R 趋于无穷大的情形。结果是，这些极端情形可以排除在有关的宏观经济学分析之外，因而在分析中可以限定取值范围为 i_r 小于零以及 m_R 在零与正无穷大之间。这些逐渐演变为后来广为人知的"总需求的凯恩斯—新古典主义综合"。其中，可以从先前的总需求等式中明显看出，货币政策和财政政策皆能对总需求产生影响。此外，该模型中的总需求等价于名义国民收入而非产出（即实际国民收入）。

尽管后来这一模型被 Barro（1974）提出的李嘉图等价定理所颠覆，但大多数学者仍旧认定前者，即总需求的凯恩斯—新古典主义综合这一形式。

13.7　李嘉图等价定理以及财政政策对 IS‑LM 模型中总需求的影响

虽然李嘉图等价定理与货币政策影响力并非直接相关，但是却与货币政策、财政政策对名义收入的相对影响力相关。李嘉图等价定理指出，财政赤字（债券融资）仅仅是不改变当期以及未来总需求下的延期税收。在 IS‑LM 图形中，李嘉图等价定理意味着在预算平衡的情况下，财政赤字和财政盈余不会引起 IS 曲线的移动。这一观点显然与本章前面的结论以及财政政策的影响力分析相悖。

李嘉图等价定理建立在以下命题之上，即在完全的资本市场中：

1. 由债券融资型赤字而施加的未来的纳税义务[①]等于当前的赤字数额[②]。这种义务分为债券利率的未来支出以及本金的归还。

2. 政府提供的物品恰好是消费者所需要的，因此政府所提供的物品和私人所需求的物品之间[③]具有完全可替代性（包括消费和生产）。结果是，消费者效用函数的参数不是私人购买的物品而是私人购买以及政府供给物品的总和。

3. 消费者被假定为寿命无限，或者具有代际效用函数以包含自身以及后代的消费。这一跨时期效用函数可以表述为

$$U(\cdot) = U((c^p + c^g)_1, (c^p + c^g)_2, \cdots, (c^p + c^g)_n) \tag{32}$$

其中，n 被设定为任意大以至于包含赤字融资债务最终偿还时期；c_p 表示私人购买的消费品；c^g 表示政府提供的消费品。

4. 在完全预见性和完全的资本市场假设下，个体最大化跨时期效用函数受制于个体的跨时期预算约束。这种跨时期个体预算约束具有以下形式：

[①] 由债券而施加的税收义务是指未来利息支出以及最终到期本金的现值，正如债券的规定一样。
[②] 见本章附录。
[③] 由于经常考虑的是由减税导致的赤字的效应，这一假设在标准的李嘉图等价定理中不明晰。然而，赤字也通常由于政府支出的增加而生成。所以，包含这两种赤字情形的一般性分析要求明确上述假设。

$$\sum_t \Psi_t c_t^p = \sum_t \Psi_t(y_t - T_t) \quad t=1,\cdots,n \tag{33}$$

其中，T 是税收支出/收入，Ψ_t 是 t 时期的贴现因子。（33）式说明私人所购买的货物的现值等于可支配收入的现值。

5. 在无庞氏骗局①的假定下，政府的跨时期预算约束是

$$\sum_t \Psi_t c_t^g = \sum_t \Psi_t T_t \quad t=1,\cdots,n \tag{34}$$

（34）式假设第一期无未偿还债务以及在时间序列上政府提供的物品需要通过税收的形式进行支付。这一约束排除了赤字以货币形式和发行新债券的间接形式来融资的情形。（33）式隐含的所有私人部门的贴现因子同一以及（34）式隐含的政府部门贴现因子同一的假设要求资本市场是完全的、不受管制的，以及私人部门和政府部门具有同一风险溢价。因为我们并未强加 $T_t = c_t^g$ 这一要求，因此时期 t 的赤字可界定为 $(c^g - T)_t$。其中，对于任意特定时期 i，政府财政运行有三种情形：赤字、盈余或者均衡。如果在时期 i 中，政府财政为赤字状态（$c_i^g > T_i$），并且通过以市场利率发行债券来弥补，那么为了赎回债券和支付债券利息，将来就需要收取更高的税收。②

（33）式和（34）式表明：

$$\sum_t \Psi_t (c^p + c^g)_t = \sum_t \Psi_t y_t \tag{35}$$

可见，（35）式并未将政府财政盈余和赤字作为变量；y 代表总收入而非可支配收入。

因此，公众选择可以表述为：找出使得受制于（35）式的（32）式最大化的总消费 $(c_t^p + c_t^g)$，这就得出最佳的消费模式：

$$(c^p + c^g)_t^* = f(\Psi, \text{PDW}) \quad t=1,2,\cdots,n \tag{36}$$

并且

$$\text{PDW} = \sum_t \Psi_t y_t \tag{37}$$

其中，Ψ 是贴现因子向量；PDW 是总收入 y（而不是可支配收入）的现值。因此，最优总消费水平与税收收入、税率或政府支出无关。假设存在内解，并且财政变量的现值具有独立性，如果外生的政府供给的物品在时期 t 有增加（或减少），那么私人部门就会减少（或增加）等量的物品购买，使得 $(c^p + c^g)_t$ 独立于政府供给的物品 c_t^g、税收收入、赤字以及政府债务：

$$\frac{\partial (c^p + c^g)_{t+i}}{\partial x_{t+j}} = 0 \tag{38}$$

---

① 庞氏骗局：借方并不预期最终偿还其借款。
② 考虑到公众对高税率的憎恨以及边际税率上劳动供给依赖性与逃税的普遍认知，在建立李嘉图等价定理假设时，我们需要识别并评估劳动供给函数的隐含假设的有效性。这一假设是：动态的劳动供给决定于跨时期最大化，因此未来的劳动供给并不是未来税率的函数。因为，当期高赤字导致的未来高税率并不会减少未来的劳动力供给。

其中，x 可能是政府支出、税收收入或者财政赤字。这就是李嘉图等价定理。[①]

李嘉图等价定理通常表达为如下命题：国民储蓄是财政赤字的不变量。国民储蓄 S^n：

$$S_t^n = y_t - (c^p + c^g)_t \tag{39}$$

其中，$(c^p + c^g)_t$ 是财政赤字规模的不变量。进一步地，如果假定供给由私人部门向公共部门移动或者相反不会对总需求 y 产生影响，那么，$\partial y_t / \partial x_t = 0$。这一假设意味着公共部门和私人部门的生产效率是一样的（这不一定总是有效的）。因此：

$$\frac{\partial s_{t+i}^n}{\partial x_{t+j}} = 0 \tag{40}$$

因而，S_t^n 是财政支出和赤字的不变量。进一步地，因为国民储蓄是私人储蓄和公共储蓄的总计，其中公共储蓄等于政府预算盈余，私人储蓄的增/减量等于这一盈余/赤字的变动。这是李嘉图等价定理的另一种表述方式。

本章的附录阐述了两个关于政府债务演进的李嘉图等价定理的一般命题。

宏观经济模型下的财政政策、货币政策与李嘉图等价定理

为了将李嘉图等价定理引入 IS-LM（AD）模型，我们需要修正消费函数以与李嘉图等价定理保持一致：用 c'_t 代指 $(c^p + c^g)_t$，同时去掉时间下标 t 以进行短期比较静态分析，那么短期的李嘉图消费函数 $c'(y)$ 就是

$$c' = c'(y) = c'_0 + c'_y y \tag{41}$$

其中，c' 表示私人购买和政府提供的物品的总计，取决于总收入而非仅仅是可支配收入。进而，相比于本章先前的新古典模型，此处消费函数的参数具有不同的含义。在（41）式中，$c'_y = \partial(c^p + c^g) / \partial y$，因此 c'_y 是私人部门和政府部门的边际消费倾向之和。先前的消费函数引入了政府供给的物品后，开放经济下的总支出可以表示为

$$e = c' + i + (x_c - z_c / \rho^r) \tag{42}$$

因为政府支出已经包含在（36）式中，该等式不再包含这一项。在均衡状态下，$e = y$。因此，（41）式和（42）式将开放经济下的 IS 关系修正为

$$y = e = c' + i + (x_c - z_c / \rho^r)$$

[①] 我们对李嘉图等价定理的假设和推导的陈述在某种程度上有别于巴罗（1974）。在后者的分析中，消费者具有时间可分性效用函数：

$$U(c_t, \cdots) = u(c_t) + \sum_{i=t+1}^{\infty} \beta^{-t} u(c_t)$$

这样的消费者有时被称为"统治者"。消费者追求效用最大化，$W_{t-1} = R(W_t - c_t) + y_{t-1} \cdot c_{t+i}$ 是第 $(t+i)$ 期的消费，W 表示财富，y 是劳动收入，R 是代际利率，β 是个体贴现因子。

$$y=\left(\frac{1}{1-c'_y+\frac{1}{\rho^r}z_{cy}}\right)\cdot[\{c'_0+i_0-i_r r+x_{c0}-x_{c\rho}\rho^r\}+(1/\rho^r)\cdot\{-z_{c0}-z_{c\rho}\rho^r\}] \tag{43}$$

开放经济下总需求函数变为

$$y^d=\left(\frac{1}{1-c'_y+\frac{1}{\rho^r}z_{cy}+i_r\frac{m_y}{m_R}}\right)\cdot$$

$$\left((c'_0+i_0-\frac{i_r}{m_R}FW_0+\frac{i_r}{m_R}\frac{M}{P}+x_{c0}-x_{c\rho}\rho^r)+\frac{1}{\rho^r}(-z_{c0}-z_{c\rho}\rho^r)\right) \tag{44}$$

不管是（43）式还是（44）式都没有包含财政变量，因此政府支出、税收和赤字的变动不会使得图 13—1 中的 IS 曲线或者图 13—2 中的 AD 曲线发生移动，进而不会对宏观经济产生影响。也就是说，财政变量不会用于改变经济中的总需求和名义收入，因此无法为宏观经济稳定提供政策工具。此外，我们还注意到，在李嘉图等价定理下，财政政策不能影响利率。

在新古典模型中，货币部门的均衡不会受李嘉图等价定理影响。在李嘉图等价定理下，唯一可用于改变总需求和名义收入的有效政策工具就是货币政策。因而，李嘉图等价定理突出了货币政策在经济中的重要性。[①] 从（44）式可以看出，李嘉图等价定理将货币供给乘数 $\partial y^d/\partial M$ 转变为

$$\frac{\partial y^d}{\partial M}=\left(\frac{1}{1-c'_y+\frac{1}{\rho^r}z_{cy}+i_r\frac{m_y}{m_R}}\right)\cdot\frac{i_r}{m_R}\frac{1}{P}$$

$$=\left(\frac{i_r}{m_R P-m_R Pc'_y+\frac{1}{\rho^r}m_R Pz_{cy}+Pi_r m_y}\right) \tag{45}$$

李嘉图等价定理假设的经验有效性

李嘉图等价定理的成立要求一些十分强健但又似乎不现实的前提假设，因此其效力存在瑕疵，依赖于它的假设、财政变量（尤其是赤字）对总需求的影响以及代际储蓄行为。

财政变量对总需求的影响可以用圣路易斯方程（货币方程）检验。20 世纪 60 年代末到 70 年代初，圣路易斯学院提出了评估名义收入和货币供给两者之间关系的实验方法。以下是近似的简化等式

$$Y_t=\alpha_0+\sum_i a_i M_{t-i}+\sum_j b_j G_{t-j}+\sum_s c_s Z_{t-s}+\mu_t \tag{46}$$

其中，Y 是名义国民收入；M 是适当的货币总量在过去和当前的名义值；G 是财政赤字在过去和当前的值；Z 是其他独立变量；μ 是扰动项。

前面提到的用于检验李嘉图等价定理的圣路易斯方程的适当形式应将名义收

[①] 这与前凯恩斯主义者对货币政策的强调以及对财政赤字作为政策工具的否决一致。

入作为独立变量。最早的检验是圣路易斯联邦储蓄银行的研究员 Andersen 和 Jordan 于 1968 年实施的，他们发现[1]美国财政政策的边际影响在第一年为正，随后变为负值，五个季度后乘数仅达到 0.05。[2]

然而，大量对不同国家和不同时期样本的后续研究却表明赤字对总需求确实具有正向影响。

李嘉图等价定理体现了代际储蓄和遗赠函数的特殊形式，因而其有效性也可以直接依据储蓄和遗赠数据来检验。一些代际储蓄和遗赠行为的研究结果否定了这一效力，Carroll（2000）就是其中之一。Carroll 的研究表明巴罗的家庭消费和代际储蓄动态模型不能很好地描述人口行为，尤其是那些贡献了大量储蓄的富人的行为。

13.8 泰勒规则下 IS-LM 模型中的货币供给

常推荐的用于对中央银行推行的利率政策进行反馈的规则就是泰勒规则（Taylor，1993，1999）。如果这一规则适用于经济中的货币供给，那么货币供给规则将被描述为

$$M_t^s = M_0^s - \lambda_y(y_t - y_t^f) - \lambda_\pi(\pi_t - \pi^T) \qquad \lambda_y, \lambda_\pi > 0 \qquad (47)$$

其中，M_0^s 取决于给定值 y_t^f 和 π^T 下的长期货币需求。对这一规则的运用表明了中央银行的下述认知：货币供给的确会改变总需求和通货膨胀率，尤其是可预见方式下的短期产出（实际产出），因而货币政策能够降低经济运行中的产能过剩和通货膨胀率。

13.9 利率操作目标下的短期宏观模型

泰勒规则

当今，许多中央银行，尤其是发达经济体的中央银行，选择利率而非货币供给作为首要的货币政策工具，而使货币供给成为经济的内生变量。Alvarez 等（2001）将当前在货币政策方面形成的共识总结如下：

---

[1] 另一个发现是，货币政策对名义收入具有强健的、正向和快速的影响，并且这一影响相比于财政政策更加显著。五个季度以后的边际货币收入乘数约等于 5。

[2] 大量研究显示应用圣路斯方程得出的实证结果会因国别差异、时期差异、政策变量定义差异而不同。然而，其他研究确证了：研究者们的基本结论——货币供给变化对经济具有强劲的短期影响——确实相当强健；总体上财政政策不会对总需求产生重要影响这一结论则不然。

> 这些共识（关于货币政策的实施）的核心元素是货币政策的工具应该是短期利率，政策焦点是在短期利率，通货膨胀可以通过提高短期利率来降低。

(Alvarez et al., 2001, p. 219)

极少数中央银行公开地承认遵循一个特定的规则，尽管几个实证研究表明它们好像是这么做的。在这些银行之中，利率作为操作的货币政策工具的使用通常是以泰勒规则的形式被接受的，泰勒规则如下：

$$r_t^T = r_0 + \alpha(y_t - y^f) + \beta(\pi_t - \pi^T) \qquad \alpha, \beta > 0 \tag{48}$$

其中，r^T是中央银行给金融市场设定的实际利率目标，y是实际产出，y^f是完全就业产出，π是实际通货膨胀率，π^T是中央银行预期达到的通货膨胀率，下标t是指在t时期。π^T被称为目标通货膨胀率。类似地，y^f是目标产出水平。$(y_t - y^f)$是产出缺口。泰勒规则是一个反馈规则，它根据通货膨胀和产出这两个指标在经济当中的实际表现的变化来使中央银行改变实际利率目标，在这种反馈规则下，如果相对长期或者是预期水平而言，实际产出（或者对实际产出的需求）太高或者是通货膨胀太高，中央银行将会提高它的目标实际利率。泰勒将α定为0.5，将β定为0.5，而没有估算它们的值。现在的惯例是使用泰勒规则时并不指定这些参数的值，而是根据所研究的国家和时期来估算它们。它们的相对比率将会反映一国中央银行对于产出缺口和通货膨胀与其预期水平的偏离程度的反应。

由于中央银行设定的是名义利率而非实际利率，泰勒规则也可以是下面的形式：

$$R_t^T = \pi_t + r_0 + \alpha(y_t - y^f) + \beta(\pi_t - \pi^T) \qquad \alpha, \beta > 0 \tag{48'}$$

其中，名义利率R由中央银行设定。

泰勒规则当中利率操纵的目标是引导通货膨胀和产出水平回到它们的目标水平，并且通过一个渐进的调整模式来达到这个目的。在泰勒规则下，暗含着货币政策不是用来回应那些不影响产出缺口和通货膨胀与其预期水平的偏离程度的对宏观经济的冲击的，所以这个规则限定了中央银行对于产出缺口和通货膨胀的目标。

在泰勒规则下，正如（48'）式所明确表示的一样，如果π上升并超过了π^T，目标实际利率的上升将会要求名义利率比通货膨胀率上升得更多；如果π下降并低于π^T，目标实际利率的减少将会要求名义利率比通货膨胀率下降得更多。这样的政策有时候被描述成"逆向干预"的一种。对于任意给定的通货膨胀率，β的值越大，实际利率和名义利率的变化就会越大，将经济稳定在目标通货膨胀率的动作就越大。

泰勒规则中隐含的一些条件在以下这些关于利率、产出和通货膨胀之间的通常联系的命题之中：

1. 实际利率的增加减少总需求，总需求的减少会减少通货膨胀，所以实际利率和通货膨胀呈负相关关系。

2. 产出和通货膨胀之间有着密切的正相关关系。在大多数经济体的结构下，当产出处在充分就业的水平时，通常会有一个低的正通货膨胀率（例如，π^{nairu}）；产出上升并超过完全就业水平时，通货膨胀率上升并超过 π^{nairu}，产出下降并低于完全就业水平时，通货膨胀率下降并低于 π^{nairu}。①

泰勒规则之前的一个版本也是在同时期产生的，在那个版本中，当前利率随着当前产出缺口和"通货膨胀缺口"的变化而变化，"通货膨胀缺口"被定义为 $(\pi_t - \pi^T)$。在文献中至少还有三种泰勒规则的版本。这些包括后顾（前瞻）性规则，其中当前利率是基于过去（将来）的产出值和通货膨胀缺口来设定的。第四种版本从中央银行的损失函数的最优化得到泰勒规则。这些版本将在第 15 章关于凯恩斯范式的内容中进行讲解，因为它当前的变体（新凯恩斯模型）吸收了泰勒规则。

我们注意到在长期 $y_t = y^f$，并且 $\pi_t = \pi^T$，$r_t^T = r_0$，所以 r_0 必须等于经济中的长期实际利率。否则，中央银行设定的实际利率和经济体中的实际利率的分歧会导致经济体当中的金融市场的长期失衡，也会给产品市场和劳动市场带来影响，所以无论是 y^f，还是 π^T，都不会被达到。

就经验证据而言，泰勒规则的一些形式②通常表现不错，中央银行对发达的自由市场的经济体的显性或隐性的反应函数（Sims，2001）也表现不错。③ 下面仅引用一个经验研究。Clarida 等（1998）评估了法国、德国、意大利、日本、英国和美国的货币政策。通过采用泰勒规则的前瞻性规则版本，他们发现德国、日本和美国的中央银行暗中运用了通货膨胀目标和产出稳定函数。④

关于泰勒规则的更深入的研究，需积极追寻的一个问题是资产价格和汇率是否应该被包含进这项规则。支持应该被包含的理由是资产价格和汇率的变化会导致总需求的变化。然而，这些变化的一部分通常是产出和通货膨胀变化的结果，所以只有通货膨胀和产出的剩余变化的影响需要通过货币政策来抵消。这么做扩展了泰勒规则的形式。许多经验研究表明使用增广的泰勒规则的某些形式，例如合并财富、房产价格或汇率的变化，会导致经济更加具有稳定性。然而，这些扩展形式在宏观经济模型中都没有得到广泛的应用，所以我们选择不呈现它们，在本章的分析中也不将它们吸收进来。泰勒规则在第 15 章将会被重新检验。

---

① 在实际中，价格水平很少下降。产出稍微低于完全就业水平时的需求不足并不导致价格下降，而是导致通货膨胀率的降低（Ball，1994）。通货膨胀率变化的程度取决于许多变量，例如产出缺口、预期通货膨胀率、进口商品成本的变化、货币供给增长率等。下标"nairu"是指"non-accelerating inflationary rate of unemployment"即非加速性失业增长率。

② 然而，同样的形式对于所有的国家或者是对于一个给定国家的所有时期而言可能表现不佳。并且，系数的值也会随着时间而改变，例如，当中央银行的领导能力发生变化时。

③ 西姆斯指出，尽管简单的泰勒规则表现很好，将利率的变化作为因变量的规则比将利率水平作为因变量的原有的泰勒规则表现得更好。

④ Kahn 和 Parrish（1998）讨论了不同国家的通货膨胀目标框架，包括加拿大、美国和英国，并给出了一个汇总这些信息的表格。
Judd 和 Rudebusch（1998）认为泰勒规则这种类型的反应函数很好地总结了 1970—1997 年这一时期中美国货币政策的关键因素。Levin 等（1999，2001）评估了预估政策规则对模型不确定性的稳定性。他们基于五个宏观模型运用美国的数据得到的估计表明对于美国经济而言，简单的通货膨胀和产出目标规则表现得非常好。而且，该规则对一个预测不超过一年将产生的通货膨胀的反应比预测在更远的将来将产生的通货膨胀的反应做得更好。Wang 和 Handa（2007）发现泰勒规则也可以被有效地运用到中国这样一个发展中国家。

将作为操作货币目标的利率整合到宏观经济模型之中

在接下来的分析中,我们想要开发一个具有 IS-LM 模型的简便性又比得上它的宏观经济模型。在 IS-LM 模型中,中央银行将货币供给定为不变。与之相对应的对作为货币政策工具的利率的假设是中央银行将利率定为不变。所以,在接下来的分析当中,我们采用这样的假设:中央银行将实际利率设定在一个固定水平,r^T,我们把它称为"目标利率",并且在这个假设下用公式表示宏观经济模型。这个模型能够被用来分析这个利率变动的影响,不管这些变化是任意决定的还是依据诸如泰勒规则这样的规则来决定的。

针对货币政策的假设是中央银行成功地将经济的实际利率 r 设为 r_0,并将 r_0 作为目标。也就是说,在这个简单的目标政策下:

$$r = r_0^T \tag{49}$$

在 IS 图中的 (r, y) 区域标出这个利率,我们在目标实际利率上有一条横线。这在图 13—3(a)中被标注为 IRT 的"利率目标曲线"上可以看到。①

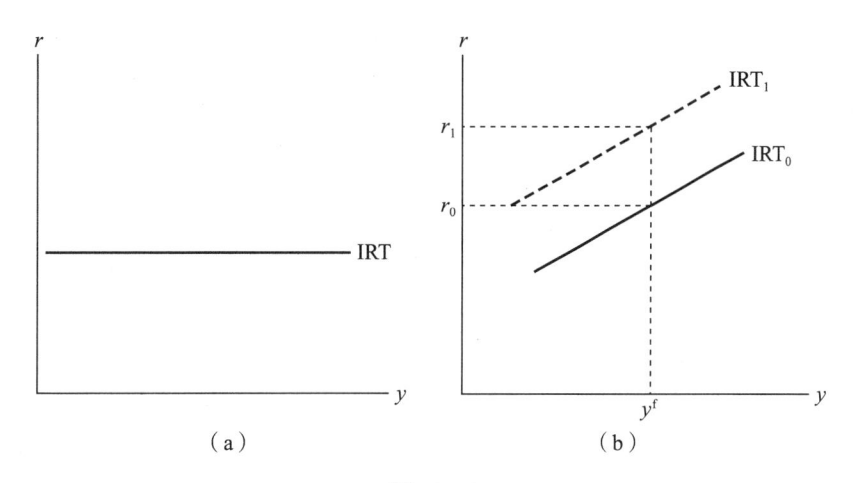

图 13—3

对于上面简单的固定利率规则的假设的一个替代方案是一个简单的反馈规则,如下:

$$r = r_0 + \lambda_y y^d + \lambda_p P \qquad \lambda_y, \lambda_p > 0 \tag{49'}$$

(49′)式也能够被修改为一个泰勒类型的规则,但是它以价格水平而不是通货膨胀为目标,如下:

$$r_t^T = r_0 + \alpha(y_t - y^f) + \beta(P_t - P^T) \qquad \alpha, \beta > 0 \tag{49''}$$

在(49′)式和(49″)式中,总需求的增加使中央银行提高利率,r 和 y^d 是正相关的,所以 IRT 曲线有一个正斜率,如图 13—3(b)中 IRT 曲线所示。P 的增

---

① 我们注意到 IRT 曲线代替了通常的 LM 曲线,LM 曲线基于中央银行将货币供给设定目标的假设。中央银行可以将利率作为政策目标,也可以将货币供给作为目标,但不能同时将利率和货币供给作为目标,所以,LM 曲线在利率目标制下不合适。

加不会改变（49）式中的 IRT 曲线，但是会使（49′）式和（49″）式中的 IRT 曲线向上移动，从 IRT_0 到 IRT_1，这表明在任意给定的 y^d 的水平下 r 的增加。

我们注意到，如下面将要显示的，无论在何种类型的利率目标下，货币供给都会成为货币需求的内生变量，而中央政府通过基础货币的适当变化进行调整以使其适应货币需求。而且，在（49）式中简单的利率目标下，LM 曲线在设定的利率下变成了水平的，因为中央银行完全弹性地向经济中供给货币。然而，在这种情况下 LM 曲线的水平性质并不表明经济正处在流动性陷阱当中。

尽管我们在货币政策上可以选择不同的利率规则，但我们仍将选择它最简单的版本，也就是（49）式中给出的。虽然泰勒规则的一些形式平均而言和在事后描绘中央银行的行为上似乎表现得非常好，中央银行在任何特定的时间里对利率的调整并不是依据事先制定的规则自动发生的，它包括大量的考虑和犹豫。[①] 而且，中央银行对于放在产出和通货膨胀缺口上的权重偏好随着时间而发生改变[②]，正如在过去 30 年间美国这些偏好随着美联储主席的变化而改变一样（Clarida 等，2000）。并且，对实际产出缺口以及当前和未来通货膨胀进程的评估甚至通常都是消极的，退一步说，经常处于争议之中。[③] 所以，采用基本指标分析可能更可取，这种分析可以促进对宏观经济的广泛理解，并且是针对货币政策工具的一般特性的分析，而不是针对泰勒规则的大量特定形式当中的一种而进行的分析。于是，我们继续（49）式中的分析，并且将（49′）式和（49″）式中（或者是泰勒规则的其他形式当中的一种，这些规则将在第 15 章得到进一步的说明）总需求函数的推导留给感兴趣的读者。

13.9.1 简单利率目标制下总需求的决定

产品市场总需求的等式是由产品市场的 IS 等式以及决定利率的货币政策等式共同得到的。前面我们的分析表明 IS 等式如下：

$$y^d = \alpha[\{c_0 - c_y t_0 + i_0 - i_r r + g + x_{c0} - x_{c\rho}\rho^r\} + (1/\rho^r) \cdot \{-z_{c0} + z_{cy}t_0 - z_{c\rho}\rho^r\}] \tag{50}$$

其中

$$\alpha = \left(\frac{1}{1 - c_y + c_y t_y + \frac{1}{\rho^r} z_{cy}(1-t_y)}\right) > 0 \tag{51}$$

[①] 在 2007 年，美国处在次贷危机之中，这两点对于当时的美联储来说都相当地明显。实际上，约翰·泰勒宣称美联储在 2002 年和 2006 年没有遵循他的规则，要是美联储遵循了他的规则的话，它将会更大幅度地提升利率，而不是像它实际做的那样，这本可以防止对于高风险借款人的相当低的利率的抵押贷款的扩张，从而转移 2007 年的次贷危机。

[②] 在美国，这个转变通常是在美联储主席发生变化时发生，例如 2006 年美联储主席由艾伦·格林斯潘变为本·伯南克。当联邦开放市场委员会的组成发生改变时也可能有一些小的变化。

[③] 例如，观察美国的政策规划，2008 年是一个特别低迷的年份。它从疲软的经济信号和一次或更多的降低利率的强烈预期开始。到了年中，由于能源和食品价格的上涨，对于可能上升的通货膨胀的担忧开始增加。然而，对于通货膨胀的评估存在着争议，这种争议不仅在美联储主席和华尔街分析师之间存在，而且，据报道，在美联储政策制定者和他们自己的经济学家职员之间、在联邦公开市场委员会的成员之间也存在。

对于货币政策,为了减少不必要的复杂性,正如上面所讨论的,我们假设简单的货币政策规则:

$$r = r_0^T \tag{52}$$

将(52)式代到(50)中,得到总需求等式:

$$y^d = \alpha[\{c_0 - c_y t_0 + i_0 - i_r r_0^T + g + x_{c0} - x_{c\rho}\rho^r\} + (1/\rho^r) \cdot \{-z_{c0} + z_{cy} t_0 - z_{c\rho}\rho^r\}] \tag{53}$$

这个模型当中的外生政策变量是与财政政策相关的变量 g、t_0 和 t_y,以及与货币政策相关的变量 r_0^T。它们各自的政策乘数分别是 $\partial y^d/\partial g = \alpha$,$\partial y^d/\partial t_0 = [(-c_y + z_{cy}(1/\rho^r))\alpha]$ 和 $\partial y^d/\partial r^T = -i_r\alpha$。所以,财政政策和货币政策这两者在增加总需求上都是有效的。总需求等式和 IS 等式几乎是一样的,所以它的投资和财政政策乘数与 IS 等式独自得出的结果也是一样的。①

AD 曲线的图解推导

在一个经济中,中央银行行为之设定利率的总需求是由 IS 曲线和 IRT 曲线的相交得来的。在图 13—4(a)中,给定利率下的这两条曲线的交点决定了对国内商品的总需求。这个总需求水平由 y^d 表示。并且,在给定的利率下,由于投资、政府支出、出口的增加和上面提到的其他原因导致的 IS 曲线向右移动将会增加总需求。中央银行降低利率也将会增加总需求。②

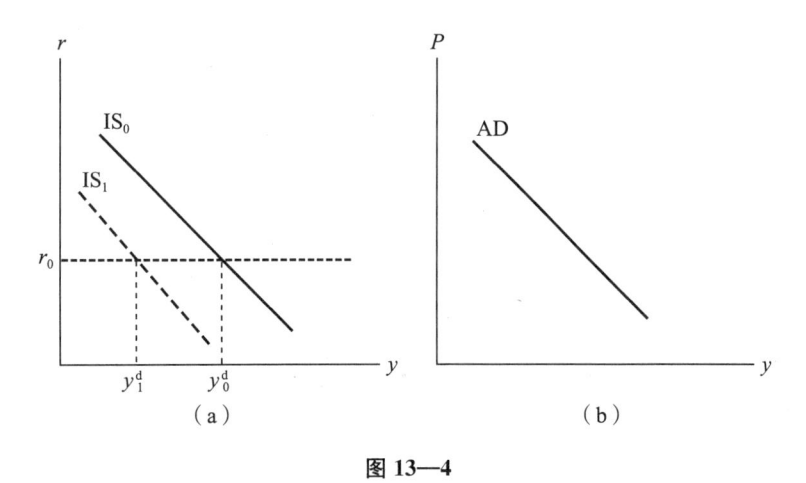

图 13—4

我们注意到货币政策以利率为目标而不是货币供给为目标这个假设,这意味着 LM 曲线在图 13—4(a)中被删掉了,所以它在总需求的决定中并不起直接作用(Romer,2000)。因此,以货币供给作为外生变量的 IS-LM 图形被以利率为目标的 IS-IRT 图形取代了。

---

① 总需求等式和它的乘数在使利率成为 y^d 的正向函数的货币政策规则下会发生改变。由于在定性结果上没有变化,我们采用后一种分析,总需求等式的计算和作为 y 的正向函数的利率的乘数留给感兴趣的读者。

② 这些结论在使利率成为 y^d 的正向函数的泰勒规则下也将成立。

我们从上面的分析中得出结论,在弹性汇率条件下,P 的增加导致 IS 曲线向左移动:由于国内价格水平的增加引起的实际汇率的增加使得国内商品的价格比国外商品的价格昂贵,所以替代效应增加了对进口商品的需求,并减少了净出口。① 在给定的 IRT 下,IS 曲线的向左移动减少了总需求,正如图 13—4(a)中 IS 曲线由 IS_0 移动到 IS_1 所示,由此导致需求由 y_0^d 减少到 y_1^d。相反地,P 的减少导致 IS 曲线向右移动,增加了总需求。所以,图 13—4(b)中的总需求曲线 AD 是向下倾斜的。

我们注意到开放经济条件下的 IS 曲线和 AD 曲线将在名义汇率 ρ 下 y 和 r 变化的影响包含在内,并且通过它,也将出口和进口下 y 和 r 变化的影响包含在内。我们同时也注意到,P 的增加(或者 P^F 的减少)使 IS 曲线向左移动,反之 P 的减少(或者 P^F 的增加)使 IS 曲线向右移动,但是 P 的变化并不影响 AD 曲线。

13.9.2 泰勒规则下的总需求曲线

在简单的利率目标制下的总需求如下:

$$y^d = a[\{c_0 - c_y t_0 + i_0 - i_r r_0^T + g + x_{c0} - x_{c\rho}\rho^r\} + (1/\rho^r) \cdot \{-z_{c0} + z_{cy}t_0 - z_{c\rho}\rho^r\}] \tag{54}$$

现在,假设中央银行遵循泰勒规则:

$$r_t^T = r_0 + \alpha(y_t - y^f) + \beta(\pi_t - \pi^T) \qquad \alpha, \beta > 0 \tag{55}$$

在这种情况下,总需求等式会变成

$$y^d = a[\{c_0 - c_y t_0 + r_0 + \alpha(y_t - y^f) + \beta(\pi_t - \pi^T) - i_r r_0^T + g + x_{c0} - x_{c\rho}\rho^r\} + (1/\rho^r) \cdot \{-z_{c0} + z_{cy}t_0 - z_{c\rho}\rho^r\}] \tag{56}$$

这包含了财政政策和货币政策这两者在改变总需求上的效力,财政赤字的增加增加总需求,利率的增加则会降低总需求。

13.9.3 简单利率目标制和李嘉图等价定理下的总需求

在李嘉图等价定理下的 IS 等式如上面所示:

$$y = \left(\frac{1}{1 - c'_y + \frac{1}{\rho^r}z_{cy}}\right) \cdot [\{c'_0 + i_0 - i_r r + x_{c0} - x_{c\rho}\rho^r\} + (1/\rho^r) \cdot \{-z_{c0} - z_{c\rho}\rho^r\}] \tag{57}$$

---

① 在净出口上的这种减少将会导致名义汇率贬值,但不足以抵消掉实际汇率最初的升值。而且,在资本充分流动的前提下,由于国内和国外利率不会发生变化,故资本流动将不会改变。

所以，李嘉图等价定理和 $r=r^T$ 下的总需求函数是

$$y=\left(\cfrac{1}{1-c'_y+\cfrac{1}{\rho^r}z_{cy}}\right)\cdot[\{c'_0+i_0-i_r r^T+x_{c0}-x_{c\rho}\rho^r\}+ \\ (1/\rho^r)\cdot\{-z_{c0}-z_{c\rho}\rho^r\}] \tag{58}$$

这表明财政政策在改变总需求上是无效的，而货币政策对总需求的影响仍然是存在的。

13.9.4　利率目标制下金融市场失衡的可能性

对货币的需求

20 世纪 60 年代凯恩斯—新古典综合派所设定的实际货币需求如下：

$$m^d=m^d(y,R,FW_0)=m_y y+(FW_0-m_R R) \quad 0<m_y\leqslant 1,0<m_R<\infty \tag{59}$$

为了包含 y^d（总需求）和 y^s（总产出）可能出现不相等的可能性，我们必须规定货币需求等式当中的 y 是 y^d 还是 y^s。由于货币需求取决于计划的商品的购买量，而这需要使用交易媒介进行支付，货币需求应该取决于对商品的总需求而非对商品的总供给。所以，一般的货币需求等式按如下定义更为合适：

$$m^d=m^d(y^d,R)=m_y y^d+(FW_0-m_R R) \quad 0<m_y\leqslant 1,0<m_R<\infty \tag{60}$$

在完善的资本市场中，费雪方程如下：

$$R=r+\pi^e \tag{61}$$

其中，r 被中央银行设定在 r^T 的水平，而 y^d 由总需求方程（52）式决定如下：

$$y^d=\alpha[\{c_0-c_y t_0+i_0-i_r r^T+g+x_{c0}-x_{c\rho}\rho^r\} \\ +(1/\rho^r)\cdot\{-z_{c0}+z_{cy}t_0-z_{c\rho}\rho^r\}] \tag{62}$$

替代掉货币需求方程中的 r^T 和 y^d，我们得到

$$m^d=m_y\alpha[\{c_0-c_y t_0+i_0-i_r r^T+g+x_{c0}-x_{c\rho}\rho^r\} \\ +(1/\rho^r)\cdot\{-z_{c0}+z_{cy}t_0-z_{c\rho}\rho^r\}]-m_R r^T-m_r\pi^e+FW_0 \tag{63}$$

利率目标制下的货币供给

货币市场均衡的条件是

$$M^s/P=m_y\alpha[\{c_0-c_y t_0+i_0-i_r r^T+g+x_{c0}-x_{c\rho}\rho^r\} \\ +(1/\rho^r)\cdot\{-z_{c0}+z_{cy}t_0-z_{c\rho}\rho^r\}]-m_R r^T-m_R\pi^e+FW_0 \tag{64}$$

给定 P 和 π^e，这个等式决定了这个均衡中所需的实际货币需求 M/P。然而，货币市场本身无法改变 P，P 的变动取决于相对于对商品的总供给的对商品的总需求。货币市场也不能改变 M^s（这取决于由中央银行控制的基础货币 M0）和货币

基础乘数（∂M/∂M0）（它取决于支付体系和公众行为）。所以，货币市场没有均衡机制调整 M/P 来使其适应实际货币需求，所以除非中央银行提供货币市场均衡所需要的名义货币供给，否则这个市场上很可能存在失衡。

为了对失衡当中的动态调整进行研究，我们指定 M/P 的值由实际货币需求 $(M/P)^d$ 和现存的名义货币供给 $(M/P)^s$ 以及价格水平来共同决定。采用合理的假设：如果 $(M/P)^d > (M/P)^s$，则公众当中的个体尝试通过出售债券的方式来获得额外的货币余额，这将会降低债券价格，因此给市场利率带来上行压力。相反，如果 $(M/P)^d < (M/P)^s$，则公众当中的个体会将他们持有的额外货币通过购买债券进行投资，这将会提升债券价格，因此给市场利率带来下行压力。

名义利率上的这些变化将会使市场决定的利率偏离目标实际利率加上预期通货膨胀。这种差距迟早会形成一个足够的差异和刺激，使私人贷款者按市场决定的利率而非政府决定的目标利率来收取利息。为了防止这种差距，中央银行需要调整基础货币来保证名义货币供给被合理地调整。对于我们的模型，它应该被设定为

$$M^{s*} = P[m_y\alpha\{(c_0 - c_y t_0 + i_0 - i_r r_0^T + g + x_{c0} - x_{c\rho}\rho^T) \\ + (1/\rho^T) \cdot (-z_{c0} + z_{cy}t_0 - z_{c\rho}\rho^T)\} - m_R r^T - m_R \pi^T + FW_0] \quad (65)$$

其中，P 由商品市场的动态调整来决定，$[\cdot]$ 中的项决定了实际货币需求。M^s 上的 $*$ 表明债券市场要将名义利率维持在 $(r^T + \pi^e)$ 的水平上中央银行需要达到的内生的货币供给的值。

注意，(65) 式替代了传统的 LM 等式，但是它不是真的 LM 等式，因为它现在的作用是内生地决定货币供给，而不是在价格水平或者总需求的决定中充当一个元素。我们将其称为 M^{s*} 等式，$*$ 代表货币市场均衡。

政策问题：提供货币市场均衡所需的货币供给

(65) 式中需要添加另外两个注意事项来决定以下情况下的货币供给，即如果在设定的利率上货币市场的不均衡能够被避免的话中央银行需要保证的货币供给。第一，(65) 式中变量的函数会产生随机项。或者，换一种说法，对商品和货币的需求函数将会是随机的。第二，在货币供给对经济造成影响的时期内，如果这个系统中有时滞，那么，对商品和货币的合适的需求值将会是预期值，而不是当前实际值。这些值将会包含预测误差。简而言之，中央银行预测和提供在货币市场中用来支撑它的设定利率的货币供给将会十分困难。

如果中央银行要达到它的目标通货膨胀率 π^T 并且支持它设定的利率，我们的论证表明货币供给必须是

$$M^{s*} = P[m_y\alpha\{(c_0 - c_y t_0 + i_0 - i_r r_0^T + g + x_{c0} - x_{c\rho}\rho^T\} \\ + (1/\rho^T) \cdot \{-z_{c0} + z_{cy}t_0 - z_{c\rho}\rho^T\}] - m_R r^T - m_R \pi^T + FW_0] + \mu_t \quad (66)$$

μ_t 是货币需求的随机因子。如果要避免金融市场的失衡，在 t 时期内中央银行需要提供的实际货币供给将会与 (65) 式得到的实际值相差 μ_t，中央银行可以控制

货币基础后能够通过公开市场操作和改变法定准备金或/和通过允许银行向其借款提供这一货币供给。

允许商业银行向中央银行借款的情况

前面的分析表明一个将利率作为其首要的货币政策工具的中央银行不能够忽视货币供给。[①] 当然，它必须保证一个合适的货币供给来达到货币市场的均衡。并且，IS 等式和/或货币需求等式的不稳定可能使货币需求不稳定，正如近几十年来的实际情况一样。此外，即使货币需求是稳定的，也有可能存在随机因素。另外，中央银行并不直接控制货币供给。它的操作工具是基础货币，基础货币对货币供给的乘数也有可能是随机的。这些因素单独地或是联合起来会引起合适的货币供给和基础货币的不可预见性。如果中央银行不能够预测和达到使金融市场均衡所需要的数额，它必须提供一个方式，通过这个方式，银行体系能够自发地带来基础货币所需要的变化。商业银行对中央银行的借款提供了这样一个机制，并且它可以作为抵御失衡的安全阀。这个角色与为了抵御个体银行面临的流动性危机而使中央银行作为最后贷款者的角色有点不同。

中央银行在调整货币需求的长期增长中的角色

因为收入在长期的基础上是上升的，并且通货膨胀随着时间的变化提高了价格水平，故在货币需求上存在一个长期的增长。这种长期的增长不能通过商业银行向中央银行借款来进行调整，因为这种借款是短期的人工产品。所以，除非这种借款被允许随着时间的变化而迅速增加（它们从未被允许这样过），否则中央银行需要主动采取公开市场操作来尝试达到需要的基础货币。

关于货币供给的变化的进一步讨论可以在第 11 章关于中央银行的论述中找到。

13.10 利率目标制使货币供给过剩吗？

如果货币供给并非独立于利率对总需求和总产出施加影响，那么被选为货币政策操作目标的利率目标制会使货币供给过剩。Rudebusch 和 Svensson（2002）发现了支持货币供给的这种过剩的证据。他们说，美国 1961 年到 1996 年的数据表明，当利率的变化对产出有显著的影响时，货币的变化对产出没有额外的独立影响。

然而，一些原因使得货币供给作为一个对产出的解释性变量不应该过剩。在这些原因之中，一种可能性是货币供给的变动对长期利率有一个滞后的作用，这影响了投资和总需求，所以货币供给的变动包含了未来产出变动的信息。另一种

[①] 这表明，即使是在利率目标制下，中央银行也需要监测经济当中的货币总量。从另一个角度来看，这么做可以带来收益，参见伍德福德（2007）。

解释是货币供给的变化影响了贷款的数量和成本，在某种程度上独立于它们通过利率产生的影响，而后者对产出有影响（参见第 16 章）。

尼尔森（Nelson，2002）和哈弗等（2007）为解释产出方面货币供给的一些独立影响提供了证据。哈弗和他的同事报告说，美国 1960 年以来的数据表明，货币（M2）对产出的影响在统计上是显著的，即使在考虑到真实利率变化的情况下也是如此；而且内部和外部货币的运动对产出的变化有预测性作用。他们得出结论说，利率目标制在解释产出变化时没有使货币供给过剩。

许多经济体，特别是在最不发达经济体中，有着不完善的金融市场，有着正式或是非正式的金融部门。在这些经济体中，没有先验证据表明货币政策的哪一个目标能够最好地控制总需求。非正式地说，利率似乎在控制正式的金融部门对商品需求的影响上是一个更好的工具，而货币供给似乎在控制被非正式金融部门刺激的对商品的总需求上更加有效。由于两种工具对总需求，特别是对部门需求有着不同的影响，因此，在最不发达国家里最优的货币政策可能用一种不如金融发达的经济体那么协调的方式使用这两个工具。在这种情况下，就因果而言，格兰杰因果检验应该在利率和货币供给之间显示双向因果关系。

我们注意到货币供给不独立于它通过利率产生的影响而对产出施加影响，那么利率不会是唯一有用的货币政策需求的指标，并且不应该成为货币政策唯一的操作目标。

13.11　对总需求的 IS - LM 和 IS - IRT 分析的缺点

依据货币政策的操作目标，IS - LM 模型和 IS - IRT 模型提供了决定商品总需求而不是商品供给、产出和价格水平的不同模型。后者是接下来三章的主要内容。

IS - LM 模型和 IS - IRT 模型有着一些缺点。简要说来，包括以下几个方面：

1. 它们并没有有效地将决定投资的实际利率和决定对货币和债券的需求的名义利率区分开来，而实际利率和名义利率的区别在于预期通货膨胀率，通货膨胀率的决定取决于附带预期理论的决定通货膨胀率的宏观经济模型，通货膨胀率是一个动态变量。将它们融合到 IS - LM 模型和 IS - IRT 模型中并不是那么容易。于是我们需要插入一个简化的假设，也就是预期通货膨胀率是这个模型的外生变量，或者说这个模型是比较静态分析。

2. IS - LM 模型和 IS - IRT 模型仅仅识别出了两种不同的金融资产，即货币和债券，然而在这个基础上再加上一些其他资产将会丰富对这个问题的分析，并且能够解释宏观经济的其他方面。

3. IS - LM 模型和 IS - IRT 模型是短期模型，资本存量、技术和劳动力都是固定的。为了特定类型的分析，例如解释商业周期和增长，必须允许这些变量变化。

4. 标准的 IS 等式、LM 等式以及 IRT 等式中的行为方程应该恰当地从清晰的理性经济主体的最优化分析中得出，而经济主体应该具有前瞻性的预期。这种分析的一些部分将在第 15 章中呈现。

近几十年来宏观经济学的研究内容似乎一直是用一个动态的随机分析模型来替代 IS-LM 模型和 IS-IRT 模型，这个模型包含具有前瞻性预期的追求最优化的经济主体。然而，为了使这种模型易于处理而采取的假设是，没有什么能够对作为总需求的基准模型的标准的 IS-LM 模型和 IS-IRT 模型起支配作用。在任何情况中，我们都需要记住这些模型是用来干什么的：在短期静态而非动态的条件下，对总需求的主要决定因素提供定性的结论。不可否认的是，这是一个相当受限制的内容，但是它在建立宏观经济学的支柱之一（总需求）方面仍然十分重要。我们注意到这一内容不包括任何关于价格水平、产出或者是就业的决定的定性结论，因为任何这种结论也都需要总需求和均衡的决定。

13.12 货币政策的操作目标的最佳选择

在本章中讨论过的货币政策的两个主要的操作目标是：
1. 货币总量；
2. 利率。

第 11 章使用了 IS-LM 的图形分析来展示如果想要使总需求的波动最小化，中央银行在这两种目标之间应该如何选择。我们应该复习一下该章的内容，将它作为接下来的数学分析的一个引导。Fischer（1990）提供了一个更加广泛的讨论，并且对将工具与货币政策目标结合在一起的相关分析进行了评论。Poole（1970）假设价格水平是不变的。这在 20 世纪 60 年代是一个十分普遍的假设，但是在现代宏观经济学的分析中它被认为不再真实或者普遍。Poole 假设中央银行的目标是减少实际产出的变动。由于接下来的分析没有将价格水平假设为不变且中央银行只能够通过总需求和支出来影响产出，因此假定中央银行想要将总需求的变动最小化。

使用先前决定总需求的 IS-LM 模型，在一个封闭的经济体中 IS 等式和 LM 等式的一般随机形式可以被写成

$$\text{IS}: y_t^d = -\alpha_r r_t + \mu_t \tag{67}$$

$$\text{LM}: (M/P)_t = -m_R R_t + m_y y_t^d + \eta_t \tag{68}$$

其中，变量现在被定义为与它们的趋势值的偏差，所以 IS-LM 等式当中的常量现在被省略了。另外，符号的定义与本章中先前定义的一样。μ_t 是商品支出的随机扰动项，η_t 是货币市场的随机扰动项。μ_t 和 η_t 被假定为均值为 0，并且序列不相关，它们相互也不相关。它们被假定是不可预测的并且中央银行被假定为在观察到实际值之前做出决策。(67) 式的右边表示用于商品的支出，α_r 衡量了这些

支出的利率敏感度。(68) 式的右边表示实际的货币需求。

这个 IS-LM 模型需要通过添加 r_t 和 R_t 之间的关系来进行补充。在具有完善资本市场的经济中，费雪等式描述了这个关系：

$$R_t = r_t + \pi_t^e \tag{69}$$

其中，π_t^e 是 t 时期预期的通货膨胀率。为简化分析，假设预期的通货膨胀率恒定不变，从而 R_t 与 r_t 在 IS-LM 模型中可以被同等对待。所以，在 LM 等式中用 r_t 代替 R_t，这个模型变为

$$\text{IS}: y_t^d = -\alpha_r r_t + \mu_t \tag{70}$$

$$\text{LM}: (M/P)_t = -m_R r_t + m_y y_t^d + \eta_t \tag{71}$$

中央银行在决定是使用 M_t 还是使用 r_t 作为政策工具之前观察所有的时期的值（经济受到冲击的时期除外）。它的目标函数是使总需求在其趋势值周围的预期方差最小化。

$$\min E(y_t^d)^2 \tag{72}$$

由于 y 是就与其趋势值的偏差来定义的，我们注意到在没有冲击（$\mu = \eta = 0$）时，y^d 的均衡值会是 0，所以只有 μ 和 η 偏离 0 的时候，它的方差才增加。

当货币存量被作为货币政策工具时，我们需要解出 (70) 式和 (71) 式来求得 y_t^d，这通过下面的式子给出：

$$\text{IS-LM}: y^d = \frac{\alpha_r M/P + m_R \mu - \alpha_r \eta}{\alpha_r m_y + m_R} \tag{73}$$

由于 $E\mu = E\eta = 0$，$E(y^d) = \frac{(\alpha_r M/P)}{(\alpha_r m_y + m_R)}$。我们注意到在当前模型中方差是就与其趋势值的偏差来定义的，以 M 为目标，则 $E(y_t^d) = 0$ 要求 $M/P = 0$。于是就产生了：

$$y^d = \frac{m_R \mu - \alpha_r \eta}{\alpha_r m_y + m_R} \tag{74}$$

所以，在 μ 和 η 不相关且 $\alpha_r P$ 的方差为 0 时，货币供给工具下的总需求的方差如下：

$$E^m(y^d)^2 = \frac{m_R^2 \sigma_\mu^2 + \alpha_r^2 \sigma_\eta^2}{(\alpha_r m_y + m_R)^2} \tag{75}$$

E 的上标 m 表明采用的是货币目标制。

当货币政策工具是实际利率时，只需要解 IS 方程 (70) 式就可以求出 y_t^d。在利率目标制下，设定 r 的水平使得 $E(y_t^d) = 0$，它的方差变为

$$E^r(y^d)^2 = \sigma_\mu^2 \tag{76}$$

其中，E 的上标 r 是表明采用的是利率目标制。如果 (75) 式的值小于 (76) 式的值，则货币目标制优于利率目标制，反之亦然。前者要求

$$\frac{m_R^2\sigma_\mu^2+\alpha_r^2\sigma_\eta^2}{(\alpha_r m_y+m_R)^2}<\sigma_\mu^2 \tag{77}$$

可简化为

$$\sigma_\eta^2<\sigma_\mu^2\left(m_y^2+\frac{2m_y m_R}{\alpha_r}\right) \tag{78}$$

因此，如果只有货币市场冲击而无商品市场冲击（例如 $\sigma_\mu=0$），那么利率目标制就更好，因为以利率为目标能很好地稳定总需求；LM 等式及其干扰项和总需求的决定就无关了。但是如果只有商品市场冲击而无货币市场冲击（例如 $\sigma_\eta=0$），那么货币目标制就更好，因为以货币供给为目标能够减少总需求的波动。在这种情况下，如果货币供给给定，正向的商品市场冲击将提升利率，从而减少利率敏感的支出，由此减少商品需求，所以最初的需求冲击被部分地抵消。

在一般情况下，政策工具的选择将取决于冲击的大小和 IS 曲线（其斜率为 $-1/\alpha_r$）的斜率相对于 LM 曲线的斜率（其斜率为 $1/m_r$）的大小。为了简便，将(78)式右边插入的成分忽略，如果货币市场的随机扰动比商品市场的随机扰动要小，货币目标制就将优于利率目标制。对于货币市场而言，假设中央银行能够精准地控制货币供给但是由于货币需求的不稳定性而不知道货币需求，那么由于货币需求的波动性，σ_η 就会产生。对于商品市场而言，如果我们假设商品需求的不稳定性仅由于投资（尽管消费和进出口也能够变动）的不稳定性而出现，那么由于投资需求的不稳定，σ_μ 就会产生。这些假设提供了经常使用的但是简化的对前面条件的陈述：货币目标制在投资比货币需求更易变动时更好，但是利率目标制在货币需求比投资更易变动时更好。

前面的分析忽视了经济中的几个方面。关于货币供给，中央银行不直接控制货币供给。它控制基础货币，而对于大多数经济体而言，基础货币不能很好地控制货币供给。而且，货币供给和货币需求函数可能是不稳定的，所以它们的参数随时间发生变化，在做决策时，这种变化是不可预测的。关于利率，中央银行可以设定它的贴现率并且管理隔夜拆借利率，但是根据金融市场的结构，这些不需要对市场利率或者它们的差异提供精确的控制。进一步地，在前面的分析中，IS 等式和 LM 等式的形式是相当简单的并且忽略了诸如预期和利率、进出口等与开放经济相关的因素。[①]

其他可能的货币政策的操作目标

货币政策的操作目标除了利率和货币总量，还包括名义收入（或总需求）（参见 McCallum，1985；Ireland，1998）和价格水平（参见 Barro，1986；Ireland，1998）。在给定的公众或者是中央银行的福利目标函数下，这些目标的好坏可以根据它们带来的福利效应来评估。

[①] Walsh（2006）探讨了决定最优政策工具的模型发生变化带来的效果。

结 语

本章中使用的分析技巧在将商品市场和货币市场的关系组合到一个单一的总需求等式中曾经使用过。这个步骤导致当中央银行在遵循简单的货币供给规则时使用 IS-LM 模型,当中央银行遵循简单的利率目标规则时使用 IS-IRT 模型。哪一个规则与给定的经济体相关呢？如果货币需求函数是稳定并且可预测的,而且中央银行能够同样好地控制货币供给和利率,那么中央银行是遵循简单的货币供给规则还是简单的利率规则就不重要了。但是当货币需求函数不稳定时,中央银行的选择就很重要了。在这种情况下,使用利率作为货币政策工具就更好。

加入到宏观经济学模型的假设中的李嘉图等价定理暗示财政政策不能够改变总需求。这在 IS-LM 模型和 IS-IRT 模型中都是一样的。如果财政政策变得无效,那么货币政策作为引起总需求变化的工具就更加重要。

在利率目标制下,利率由中央银行外生设定,本章的分析暗示金融部门在总需求的决定中可以被忽略,其对经济产生的任何影响也可以被忽略。然而,这种暗示是不正确的。为了避免金融市场的混乱,在给定利率下货币供给必须等于货币需求。如若不然,将会导致金融市场产生一个不同的利率,其结果是中央银行会失去对整个经济的利率的控制。如果合理的宏观经济模型包含债券和贷款这两种非货币性资产,金融部门供给贷款,在债券和贷款之间存在着不完全替代关系,那么研究货币供给的另一个原因就出现了。这种情况的分析将会在第 16 章中给出。

附 录

李嘉图等价定理的命题以及公共债务的发展

Ⅰ. 令时期 t 开始时已发行债券的数量为 b_i 且假设 $b_1=0$。时期 i 发行的债券在时期 $i+1$ 获得利息。于是公共债务 b_{i+1} 可表示为

$$b_{i+1} = \sum_{t=1}^{i} \phi_t (c^g_{i-t+1} - T_{i-t+1}) \tag{79}$$

其中,ϕ_t 是复利因子($=(1+r)^t$),它乘以过去的赤字就等于赤字的现值,r 是实际利率。(79)式指出了在不存在违约的假设下公共债务随着时间推移的变化情况。

为了将李嘉图等价定理和公共债务联系起来,我们需要采纳它的假设,也就是政府发行的任何用来弥补当前赤字的债券将在未来的某一时期 n 被赎回,而 n

在代表性个体的消费计划的范围[①]内。由于所有已发行的政府债券都会在时期 n 末被赎回，$b_{n+1}=0$。所以，在（79）式中令 $i=n$：

$$b_{n+1} = \sum_{t=1}^{n} \phi_t (c_{n-t+1}^g - T_{n-t+1}) = 0 \tag{80}$$

所以

$$\sum_{t=1}^{n} \phi_t c_{n-t+1}^g = \sum_{t=1}^{n} \phi_t T_{n-t+1} \tag{81}$$

其中，$\phi_t = (1+r)^t$。将（81）式两边同时乘以 $(1+r)^{-n}$，我们得到

$$\sum_{t=1}^{n} \frac{1}{(1+r)^{n-t}} c_{n-t+1}^g = \sum_{t=1}^{n} \frac{1}{(1+r)^{n-t}} T_{n-t+1} \tag{82}$$

这与下面的式子相同[②]：

$$\sum_{t=1}^{n} \frac{1}{(1+r)^{t-1}} c_t^g = \sum_{t=1}^{n} \frac{1}{(1+r)^{t-1}} T_t \tag{83}$$

（83）式与（34）式在政府跨时期的财政约束上是相同的，在本章前面引出李嘉图等价定理时已经做出过假设。

Ⅱ. 如果支付给债券的利率和贴现率是一样的，李嘉图等价定理包含了这样一种主张：为了弥补赤字而发行的债券产生的未来税收负债[③]的现值等于赤字本身。为了阐明这一点，令赤字 d 通过当前债券 b 的发行来弥补，所以 $d=b$，并且令 PV_b 为未来税收负债的现值。它包含每一期期末支付的利息 R_b 和第 n 期期末对本金 P（$=b$）的偿还，PV_b 被定义如下：

$$PV_b = \sum_{t=1}^{n} \frac{RP}{(1+R)^t} + \frac{P}{(1+R)^n} = P\left(\sum_{t=1}^{n} \frac{R}{(1+R)^t} + \frac{1}{(1+R)^n}\right)$$
$$= P(1) = P \tag{84}[④]$$

其中，R 是名义利率。由于 $P=b=d$，$PV_b=d$，所以来源于债券融资的赤字的未来税收债务的现值等于赤字本身。

主要结论

※ 在确定性条件下，或者说是在一个稳定的和可预测的货币需求环境下，

---

① 这个范围能够比代表性个体预期的死亡日期更远，而且它将涵盖代表性个体意向中的受益人的一生。
② 为了明白这一点，请把前面的等式不带求和符号的形式写出来。
③ 也就是说，债券偿还之前的利率支付以及债券偿还中本金的支付。
④ 我们令 $D=1/(1+R)$，证明使用了下面的数学方程式：

$$\sum_{t=1}^{n} D^t = \sum_{t=0}^{n} D^t - 1 = \frac{1-D^{n+1}}{1-D} - 1$$

中央银行选择货币供给还是利率作为其货币政策的操作目标并不重要。在货币需求函数不确定的情况下,中央银行的选择很重要。

※ 在一个货币供给能够被假设为有效的货币政策工具并且外生地被中央银行决定的经济体中,总需求的合适模型是 IS-LM 模型。

※ 在一个利率能够被假设为有效的货币政策工具并且被外生地被中央银行决定的经济体中,总需求的合适模型是 IS-IRT 模型。

※ 将李嘉图等价定理加诸上述两个模型之上使得总需求对财政政策是不变的,但是从本质上讲它没有影响货币政策的规模和影响。

复习讨论题

1. 在一个小的实行浮动汇率制的开放经济体中,利率的运动不断地保证国际收支的平衡。在 IS-LM 模型(纵轴是利率,横轴是实际收入)中画出当外汇市场均衡存在时的均衡点的轨迹。在这个图形中,除了 IS 曲线和 LM 曲线我们还需要画一条 BP 曲线(标明国际收支平衡点)来分析总需求吗?讨论为什么需要或者为什么不需要。

2. 我们通常说存在一个国民收入恒等式,所以在一个没有政府部门的封闭经济体中,在储蓄和投资之间存在着一个恒等式。通过下面的步骤来探索一下这种说法的含义:

在一个给定的没有政府部门的封闭经济体中,通过储蓄和投资相等这个假设来修改 IS-LM 模型,并回答以下问题:总需求是什么水平?总需求的决定需要 LM 关系吗?在产品市场上存在与均衡一致的利率吗?

现在来讨论以下说法:"为了得到关于货币供给和价格的令人满意的理论,我们不能将 IS 关系作为一个恒等式,所以只有一个国民收入均衡条件。""一个令人满意的宏观经济模型必须包含储蓄和投资之间存在非均衡的可能,甚至是在一个没有政府部门的封闭经济体中。"

3. 假设政府想要增加它的支出 g 并且可以通过提高税收、发行债券和增加基础货币三种选择来获得资金。而且,即使 g 是通过债券或者基础货币来增加的,中央银行也能够采取抵消性的公开市场操作措施。如果有,那么什么样的获得资金方法的组合和公开市场操作将会使得以下目标在 IS-LM 模型中可以实现:

(1) 不改变总需求;

(2) 不改变投资;

(3) 不改变总需求和投资?

4. 依据赤字融资的方法来做出政府赤字对总需求的影响的分析。

同样,在下列情况下分析政府赤字对总需求的影响:

(1) 中央银行遵循货币供给增长稳定的规则;

(2) 政府债务（债券）只出售给中央银行；

(3) 中央银行遵循稳定名义利率的规则。

5. 中央银行决定采取以下货币供给规则：

(a) $M^s = kPy$

(b) $M^s = ky$

其中，$k>0$。指出它们在（1）IS-LM 模型和（2）对货币的投机性需求为 0（例如 $m_R = 0$）的 IS-LM 模型下对总需求的影响。这些政策都可行吗？

6. 20 世纪 60 年代银行业的创新之一是对某些类型的活期储蓄支付利率。假设利率是根据 R_m 来支付的，$R_m = R - x$，x 在名义上是由市场结构和提供存款服务的成本外生决定的。

(1) 使用鲍莫尔—托宾交易需求模型来推导对货币的需求函数。

(2) 将上面的需求函数一般化成 $m^d(y, R, x)$，阐述 x 和 P 变化时 LM 曲线的反应。

(3) 在 IS-LM 模型当中，x 的增加对总需求和价格水平有什么影响？

(4) 假设 r 和 x 都是通过预期通货膨胀率来增加，重做（2）和（3）。

7. "在一个封闭的经济体中，如果中央银行保持货币存量不变，政府赤字的增加对总需求和利率既没有短期影响，也没有长期影响。"在 IS-LM 模型和包含李嘉图等价定理的 IS-LM 模型下分别讨论这种说法。

8. 将本章当中的一般的 IS-LM 模型修改成适合封闭经济体的合适模型。详细说明 IS 等式、LM 等式和总需求等式。什么导致了总需求对价格水平的依赖？

9. 假设中央银行遵循一个简单的利率目标制，将本章中一般的 IS-IRT 模型修改成适合封闭经济体的合适模型。详细说明 IS 等式和总需求等式。在这些等式中价格水平 P 是一个变量吗？画出 IS 曲线和 AD 曲线，讨论它们的斜率的成因。

10. 假设中央银行遵循一个简单的利率目标制，写一篇关于在货币市场和债券市场能够保持均衡的货币供给的决定的论文。讨论在货币需求函数不稳定且不可预测的情况下，中央银行如何确保这种货币供给。

11. 货币政策和财政政策之间能够相互独立吗？如果不能，为什么在 IS-LM 分析和 IS-IRT 分析中假设它们独立？请讨论。

12. "挤出效应"假设是说财政赤字减少投资；在极端情况下，完全的挤出效应意味着投资的减少等于财政赤字。挤出效应在 IS-LM 模型和 IS-IRT 模型中完全或者部分地有效吗？完全的挤出效应在金融发达的经济体和金融落后的经济体当中会发生吗？

13. 在总需求的决定中，在哪种方式或者是原因下财政赤字能够挤出私人支出？在这个讨论中，不要忘记加入李嘉图等价定理。

14. 在 IS-LM 模型中，讨论下列情况分别是如何影响货币政策和财政政策的相对功效的：

(a) 货币需求的利率弹性；

(b) 投资的利率弹性；

(c) 货币需求的收入弹性。

15. "政府支出是通过税收融资还是通过债券融资没有差别。"详细说明这种说法的理论依据。提供至少两种原因解释为什么它站不住脚。

16. 讨论以下论述的基本原理和有效性:"政府支出是通过货币融资还是债券融资没有差别。""如果财政赤字是通过货币而非债券融资,那么它对总需求的影响更大。"

17. 一个实证研究通过估计以下等式检验了李嘉图等价定理:

$$\Delta A_t = a_0 + a_1 \Delta B_t + \mu_t$$

其中,A 是公共净实际金融资产(不包括其持有的政府债券),B 是实际公共债务,μ 是随机项。$a_1=1$ 能够确保李嘉图等价定理成立吗?美国的总量时间序列倾向于 $a_1=0$。这对于李嘉图等价定理的有效性来说意味着什么呢?用公式表示或详细说明至少一种其他估计方程来检验李嘉图等价定理。

18. 假设 IS 和货币需求等式都有一个随机扰动项。而且,假设若不存在不可控制的扰动项 η_t 和 v_t,则中央银行能够控制经济中的利率 r 和货币供给 M^s,所以:

$$r = r^T + \eta_t$$
$$M^s = M + v_t$$

采用 Poole 的分析来导出利率目标制优于货币供给目标制的条件,反过来导出货币目标供给制优于利率目标制的条件。假设中央银行选择利率目标制,推导中央银行为确保货币市场均衡而应提供的货币供给。如果中央银行不提供这一供给数量将会发生什么?请讨论。

19. 在前面的问题中,假设中央银行采取公开市场操作来实现货币供给目标。讨论它允许商业银行自发地向其借款的情况。其理由与通常所说的中央银行最后贷款人的职责一致吗?请讨论。

参考文献

Alvarez, F., Lucas, Jr. R. E. and Weber, W. E. "Interest rates and inflation." *American Economic Review*, 91, 2001, pp. 219-225.

Anderson, L. C., and Jordan, J. L. "Monetary and fiscal actions: a test of their relative importance in economic stabilization." *Federal Reserve Bank of St. Louis Review*, 1968, pp. 11-24.

Ball, L. B. "What determines the sacrifice ratio?" In N. G. Mankiw, ed., *Monetary Policy*. Chicago: University of Chicago Press, 1994.

Barro, R. J. "Are government bonds net wealth?" *Journal of Political Economy*, 82, 1974, pp. 1095-1118.

Barro, R. J. "Recent developments in the theory of rules versus discretion." *Economic Journal*, 96, 1986, pp. 23 – 27.

Carroll, C. D. "Why do the rich save so much?" Chapter 14 in J. B. Slimrod, ed., *Does Atlas Shrug?* Cambridge, MA: Harvard University Press, 2000.

Clarida, R., Gali, J. and Gertler, M. "Monetary policy rules in practise: some international evidence." *European Economic Review*, 1998, 42, pp. 1033 – 1067.

Clarida, R., Gali, J. and Gertler, M. "Monetary policy rules and macroeconomic stability: evidence and some theory." *Quarterly Journal of Economics*, 115, 2000, pp. 147 – 180.

Fischer, S. "Rules versus discretion in monetary policy." In B. M. Friedman and F. H. Hahn, eds, *Handbook of Monetary Economics*, vol. II. Amsterdam: North-Holland, 1990, Ch. 21, pp. 1155 – 1184.

Friedman, B. M. "Targets and instruments of monetary policy." In B. M. Friedman and F. H. Hahn, eds, *Handbook of Monetary Economics*, vol. II. Amsterdam: North-Holland, 1990, Ch. 22, pp. 1185 – 1230.

Hafer, R. W., Haslag, J. H. and Jones, G. "On money and output: Is money redundant?" *Journal of Monetary Economics*, 54, 2007, pp. 945 – 954.

Ireland, P. N. "Alternative nominal anchors." *Canadian Journal of Economics*, 31, 1998, pp. 365 – 384.

Judd, J. P. and Rudebusch, G. "Taylor's rule and the Fed: 1970 – 1997." *Federal Reserve Bank of San Francisco Economic Review*, 1998, 3, pp. 3 – 16.

Kahn, G. A. and Parrish, K. "Conducting monetary policy with inflation targets." *Federal Reserve Bank of Kansas City Economic Review*, 1998, pp. 5 – 32.

Keynes, J. M. *The General Theory of Employment, Interest and Money.* New York: Macmillan, 1936.

Levin, A., Wieland, V. and Williams, J. C. "Robustness of simple monetary policy rules under model uncertainty." In J. B. Taylor, ed., *Monetary Policy Rules*. Chicago: Chicago University Press, 1999, pp. 263 – 299.

Levin, A., Wieland, V. and Williams, J. C. "The performance of forecast-based monetary policy rules under model uncertainty." *Board of Governors of the Federal Reserve System*, Working Paper 2001 – 39, 2001.

McCallum, B. T. "On consequences and criticisms of monetary targeting." *Journal of Money, Credit, and Banking*, 17, 1985, pp. 570 – 597.

Nelson, E. "Direct effects of base money on aggregate demand: theory and evidence." *Journal of Monetary Economics*, 49, 2002, pp. 687 – 708.

Poole, W. "Optimal choice of monetary policy instruments in a simple stochastic macro model." *Quarterly Journal of Economics*, 84, 1970, pp. 197 – 216.

Romer, D. "Keynesian macroeconomics without the LM curve." *Journal of Economic Perspectives*, 14, 2000, pp. 149 – 169.

Rudebusch, G. D. and Svensson, L. E. O. "Eurosystem monetary targeting:

lessons from US data." *European Economic Review*, 46, 2002, pp. 417 – 442.

Sims, C. A. "A review of monetary policy rules." *Journal of Economic Literature*, 39, 2001, pp. 562 – 566.

Taylor, J. B. "Discretion versus policy rules in practise." *Carnegie-Rochester Conference Series on Public Policy*, 39, 1993, pp. 195 – 214.

Taylor, J. B. *Monetary Policy Rules*. Chicago: Chicago University Press, 1999.

Walsh, C. E. *Monetary Theory and Policy*. Cambridge, MA: MIT Press, 2006.

Wang, S. and Handa, J. "Monetary policy rules under a fixed exchange rate regime: empirical evidence from China." *Applied Financial Economics*, 17, 2007, pp. 941 – 950.

Woodford, M. "How important is money in the conduct of monetary policy?" *NBER Working Paper* No. 13325, 2007.

第 14 章 宏观经济学中的古典范式

古典范式代表了短期宏观经济学中最悠久的传统，本章涉及这一范式的多个学派和模型。古典范式的微观经济学基础存在于瓦尔拉斯模型中，第 3 章对此进行过讨论。在长期均衡中，这一范式的模型表明经济中存在充分就业、充分就业产出和货币中性，因此没有必要实施财政政策或货币政策去改善已经完美的经济运行。在短期均衡中，错误的价格信息或通胀预期会导致对充分就业的偏离。这种偏离以及由此带来的与货币中性的背离是暂时的，能够自我修复。

本章以货币、通胀和产出之间关系的典型事实作为开端。宏观经济理论应该对这些事实予以解释，以证实自身的有效性和有用性。

本章引入的关键概念

- ◆ 新古典模型
- ◆ 就业—产出关系/曲线
- ◆ 长期总供给关系/曲线
- ◆ 短期总供给关系/曲线
- ◆ 自然失业率
- ◆ 经济自由主义
- ◆ 自由放任
- ◆ 大萧条
- ◆ 货币主义

- 传统古典方法/理论
- 现代古典方法/理论
- 新的古典模型
- 实际经济周期理论
- 名义的与有效的需求和供给函数
- 李嘉图等价定理
- 庇古和实际余额效应
- 理性预期
- 附加预期的菲利普斯曲线
- 弗里德曼和卢卡斯供给规则

第1章给出了古典范式的简要定义及其组成模型，第2章讨论了货币理论和宏观经济理论的传统，第3章对商品、货币和劳动的需求和供给函数进行了微观经济分析。这些章节还要重温一下。

第13章把总需求的决定作为分析的给定条件，对于本章的内容是一个铺垫。

第1章曾讨论过，短期宏观经济模型存在两大主要范式：古典主义范式和凯恩斯主义范式。古典范式包含传统的古典思想、新古典模型、现代的古典模型和新的古典模型。本章以新古典模型作为开端，回溯探讨另外两个模型作为结尾。

如同前面的章节一样，小写符号通常代表变量的真实值，而大写符号则代表变量的名义值。

货币、价格和产出的典型事实

货币宏观经济学尤其关注货币政策、价格、通胀和产出之间的经验关系。一种宏观经济理论要做到有效和有用，必须合理地解释这些关系。有关这些关系的典型事实有：

1. 在长期，货币供给和通胀之间大体上存在相互对应的关系（McCandless and Weber，1995）。

2. 在长期，通胀和产出增长之间不存在显著的关系，或者即使显著，也不是稳定的（Taylor，1996）①，在货币增长和产出增长之间同样如此（Lucas，1996；Kormendi and Meguire，1984；Geweke，1986；Wong，2000），尽管一些研究显示这些变量之间存在着正相关关系，特别是一些低通胀国家中（McCandless and Weber，1995；Bullard and Keating，1995），而另外一些研究则显示了负相关的关系（Barro，1996）。

3. 在长期，货币增长率和名义利率的相关度很高（约为0.7或更高）（Mishkin，1992；Monnet and Weber，2001），因此利率的变化倾向于反映通胀的变化。

---

① 泰勒（1996，p.186）曾得出与本命题相关的结论，"通货膨胀率和失业率在长期并不存在替代性，这是几乎无人质疑的"。

4. 在长期，货币供给和利率的变化对总需求有较大影响（Anderson and Jordan，1968；Sims，1972）。

5. 在经济周期中，货币增长的变化导致实际产出发生变化（Friedman and Schwartz，1963a，b）。未预期到的货币供给变化影响产出（Barro，1977），如同预期到的情况一样（Mishkin，1982）（参见第 9 章）。相对于正面冲击而言，对货币供给的负面冲击对产出的影响更大（Cover，1992）。

6. 提高（降低）短期利率的货币政策导致产出的降低（增加）（Eichenbaum，1992）。

7. 在短期的货币政策动态变化中，货币冲击对产出带来巨大影响，之后这种影响逐渐消失，因此货币政策对产出的影响呈现"驼峰形状"［参见 Mosser（1992）、Nelson（1998）和 Christiano 等（1999）提供的美国的例证，以及 Sims（1992）提供的其他一些国家的例子］，而这种影响将会滞后一年，甚至两到三年。

8. 作为前述观点的推论，货币冲击对价格的影响要滞后于其对产出的影响，因此货币冲击对产出的影响大都不是在前期价格变动中发生。

9. 在短期，由于通胀对货币政策变动的反应，较之产出对货币政策变动的反应更为缓慢，可预期的通胀对货币政策变动的反应也会更加缓慢。因此，价格和通胀预期的误差并不能提供关于产出对货币政策变动反应的满意解释。

10. 未预期到的价格运动只能解释一小部分关于产出的变动性。未预期到的货币政策变动对实际产出的影响，与预期到的货币政策一样，不需要通过前期价格或者通货膨胀率提高来产生（Lucas，1996，p. 679）。

11. 产出和价格对货币冲击的反应程度随着货币政策类型的不同而改变。相对于扩张性货币政策而言，它们对于紧缩性货币政策的反应更为强烈。

12. 致力于降低通胀的紧缩性货币政策首先大大减少了产出（Ball，1993），这种影响通常长于一年。相比通胀迅速降低时的情况，通胀缓慢降低时，这种产出的代价往往会更大；通胀迅速降低时则相反。如果货币政策具有更大的可信性，那么这种产出的代价还会更低一些（Brayton and Tinsley，1996）。

14.1 短期和长期的定义

模型中的均衡被定义为所有市场达到出清时的情形，因此在均衡时每个市场的需求和供给是相等的。均衡的另一个定义是达到没有任何内在趋势引起变化时的情形。古典范式用的是第一种定义。当满足前一种定义时，也会符合后一种定义。

短期宏观经济模型中的长期，被定义为这样的分析时期：

1. 没有调整成本、惯性、契约或刚性，因此所有对变量的期望值或均衡值的调整都是瞬时达到的。

2. 没有预期误差，因此对变量的预期值都与它们的实际值相同。如果存在确定性，这一条件会很容易满足。

3. 在所有市场中存在长期均衡。

要注意到，这些假设意味着在公司和工人之间没有劳动契约，在公司之间也没有价格契约，所以价格、名义工资和实际工资能够即时调整，并且完全反映市场信息。然而，短期宏观经济模型中的长期仍然假定资本存量、劳动力和技术是恒定的。

基于这些假定，经济的长期就业水平可以说是"充分就业"水平，经济的长期产出可以说是"充分就业产出"，用符号 y^f 表示。注意到，长期产出或者充分就业产出并不是经济体可以在任何时间生产的最大产出，如经济体可以 24 小时不间断使用资源。它也不是经济体在短期内能够达到的均衡产出水平，或者经济体在非均衡状态时可能达到的实际产出。因此，宏观经济学是用一种特殊的方式来描述"充分就业"。它在形式上被定义为在短期宏观经济模型的长期均衡状态下达到的产出和就业水平。直观地看，这与经济体在长期内利用其生产要素和现有技术所能够保持的产出和就业水平是相一致的——考虑到经济体现有的经济、政治和社会结构，以及生产要素所有者的愿望。

相较于长期的定义，在短期宏观经济模型的内容中，短期被定义为，在这样的分析时期中：

1. 一些变量，尤其是资本存量、技术和劳动力是恒定的；

2. 存在如调整价格、工资、就业和产出到期望水平的调整成本，还有一些如惯性、契约或者刚性等的成本；

3. 预期可能出现误差，如预期的价格、通胀、工资和总需求等变量的值与它们的真实值不一样；

4. 非均衡状态会在任何市场或者所有市场中发生；

5. 很多变量的短期均衡值和它们的长期值不一样，特别是短期产出可能高于或者低于充分就业水平。

由于很多原因，经济中的变量值可能有别于它的长期和短期均衡水平。这一般发生在以下情形，即实际经济并不处于短期均衡状态，或者由于价格预期误差而出现与充分就业水平的短期偏离。注意，实际产出发生在具体的年代时期内，而短期和长期是分析的、假设的和构想的。我们通过引用商品产出来阐释这一点，有三个产出概念：实际产出、短期均衡产出和长期均衡（充分就业）产出。

还请注意，术语"短期"和"长期"的意义，不同于它们的对应词"短时期"和"长时期"。前者是分析构造，表明的是在分析中起作用的因素；后者是时间构造，指的是现实的时间期限。在实际生活中，分析性的短期和长期在经济中的任何时点上都同时并存，尽管后者在短时期内显得更加明显。举例来说，人口和资本存量是持续变动的，因此长期增长模型的分析性因素在经济中一定是持续地发挥作用，甚至在第二天、下一个月或者下一个季度。[①] 同时，短期宏观经

[①] 请注意，凯恩斯的名言"在长期我们都死了"在上述的"长期"中并不适用。

济模型的分析性因素也同时在经济中发挥着作用。

14.2 新古典模型中的长期供给方面

生产函数

与农业经济不同,在工业经济中,资本和劳动是生产的主导投入要素,而土地仅扮演一个次要的角色,通常并不包含在宏观经济分析中。在这个假设的基础上,商品生产仅用劳动和资本作为投入物。

于是,经济的生产函数(以某一单个企业的生产函数代表)可以被写为

$$y = y(n, K) \quad y_n, y_K > 0; y_{nn}, y_{KK} < 0 \tag{1}$$

其中,y 代表产出;K 代表资本存量;n 代表雇佣劳动。

在我们分析的短期宏观经济背景下,已假定物质资本存量是不变的,$K = \underline{K}$,其中,下划线表示"不变"或"外生"。因此,我们有

$$y = y(n, \underline{K}) \quad y_n > 0, y_{nn} < 0 \tag{2}$$

做了这项修正之后,劳动就成了唯一的投入变量,与产出和就业正相关。$y_n > 0$ 和 $y_{nn} < 0$ 这一假定表明,劳动的边际生产率是正的,但是是递减的:劳动不断增加所获得的产出增加得越来越少。

长期中的劳动市场

要说明劳动市场,就要说明劳动的需求和供给函数,以及均衡条件。它们的推导过程已经在第3章中介绍过,我们这里讲的是其在标准新古典宏观经济模型中的简化函数,这意味着劳动的需求和供给仅取决于实际工资率。然而,跨期的分析表明,这两个函数同样取决于真实利率和未来工资率。在这个问题上,对劳动需求和供给分析的经验研究显示,在短时期内,这两个变量都没有由于真实利率和未来工资率而出现明显的波动。因此,我们可以用经验发现来决定相关的理论假定,下面的宏观经济模型采用的劳动需求和供给函数仅取决于(当前的)实际工资。

生产分析假定企业追求利润最大化,并且在完全竞争的市场中运行。因此,企业会一直雇用劳动,直到它的边际产品收入等于它的名义工资率为止。用价格水平除这两个变量,对于处于完全竞争中的代表性企业,利润最大化要求其所雇用的劳动达到这样一点,在该点,劳动的边际产品实际值等于它的实际工资率。也就是说

$$y_n(n, \underline{K}) = w \tag{3}$$

其中,y_n 代表劳动的边际产品;w 代表实际工资率。

由于 K 是作为恒定值 $\underline{K}$ 的,因而在后面的分析中 K 将被省略。解(3)式

得到 n，把此值称为企业的劳动需求 n^d：

$$n^d = n^d(w), \partial n^d/\partial w < 0 \tag{4}$$

第 3 章已经根据效用最大化推导出了劳动的供给函数。它在单一商品情况下的简单形式为

$$n^s = n^s(w), \partial n^s/\partial w > 0 \tag{5}$$

其中，n^s 是劳动供给。注意，(5) 式表明，劳动的供给取决于实际工资而不是名义工资。因此，工人没有价格幻觉。价格幻觉是一种扭曲：当货币工资率和商品价格以同样比例上升时，工人们由于只看到名义工资率上升，从而认为自己的境况变好了，尽管工资的购买力依然如故。

就业和产出的长期均衡水平

在上述的分析框架中，调整成本和错误预期是不存在的，因此它能达到的均衡是长期均衡。而短期均衡模型中允许调整成本和错误预期的存在。劳动市场的均衡要求

$$N^d(w) = n^s(w) \tag{6}$$

由于（6）式是一个只有一个变量（w）的方程，对它求解将得到均衡工资率 w^{LR}。把该工资率代入需求函数或供给函数，得到均衡就业水平 n^{LR}。将该就业水平代入生产方程（2），得到该经济的均衡产出水平 y^{LR}。

注意，在均衡工资下，n^{LR} 既等于劳动需求也等于劳动供给。因此，在 n^{LR} 上，所有在现行工资率下寻找工作的工人都找到了工作，企业得到所有它们想雇用的工人。这就是充分就业的定义①，从而均衡就业水平 n^{LR} 代表充分就业，为强调这一性质，我们将其记为 n^f。它相应的均衡产出水平 y^{LR} 是充分就业产出水平 y^f。

劳动市场均衡的结果是

$$n = n^{LR} = n^f \tag{7}$$

根据（2）式和（7）式，我们有

$$y = y^{LR} = y^f \tag{8}$$

新古典模型对产出和就业的图形分析

图 14—1 画出了劳动的需求和供给函数，它们具有需求和供给曲线的一般斜率。均衡点在 (n^{LR}, w^{LR})。图 14—2 画出了生产函数：产出 y 是根据就业 n 画出的，该曲线记为 y（产出）。该曲线的斜率是正的，是凹曲线，表明劳动的边际生产率递减。将图 14—1 决定的均衡就业水平 n^{LR} 放入图 14—2，得到均衡（和利润最大化）产出 y^f。

---

① 充分就业的定义是：所有想工作的工人在现有的工资率上都能找到工作的就业水平，排除那些暂时正在寻找工作的人。

图 14—1

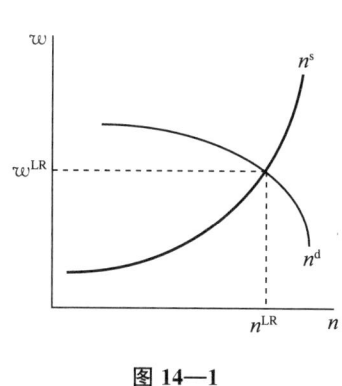

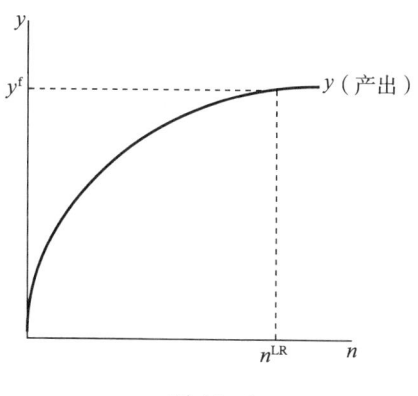

图 14—2

由（7）式和（8）式可知（且如图 14—1 和图 14—2 所示），实际工资率、就业和产出的均衡水平不取决于价格水平，它们被单独决定，特别是它们独立于产出需求。改变这些均衡值 w^{LR}、n^{LR} 和 y^f 的因素是生产函数的变化（它引起劳动需求的变化）和劳动供给的变化。对经济的其他冲击，如果不会引起这些变化的话，就不会改变 w^{LR}、n^{LR} 和 y^f 的均衡值。在这些冲击中，包括政策变量的变动，如货币供给和财政赤字，它们出现在总体宏观经济模型中，但不是生产函数和劳动供给函数的变量。这对于新古典模型的均衡状态有着非常重要的意义。它意味着，像财政货币政策等总需求政策，不能影响经济中的工资、就业和产出的均衡水平。这一含义在后面将更详细地讨论。

总需求对均衡产出和就业的不相关性及其经验效度

由于产出的均衡水平（y^f）独立于经济的需求面，前面的分析意味着：

1. 总需求及其变动不能改变产出、就业、实际工资和其他实际变量的均衡水平。总需求与这些变量的决定是不相关的。

2. 由于模型的结果依赖于均衡状态，它具有一个隐含的假定，即，经济具有足够的和充分迅速地实现均衡的机制，能够不断地或在足够短的时期（不足或过量的需求，不会影响企业的生产和就业决策或家庭的消费和劳动供给决策），迫使总需求 $y^d = y^f$。因此，这种调整过程也可以说成是：通过价格、工资和利率的均衡性变化，"供给的均衡水平创造了自身的需求"①。这是相当强有力的一个假设，不是所有的经济体在所有的经济发展阶段或经济周期阶段都能满足的。②

总需求与产出和失业的决定不相关，意味着能改变总需求的货币和财政政策也与产出和失业的决定不相关，这是新古典模型均衡性质的一个极强的推论。对比本章开头给出的典型事实，这个推论无疑是无效的。因此，在新古典模型的前面部分，要么抛弃均衡假设，要么修改对生产过程或劳动需求与供给的说明。后面将会讨论到，卢卡斯供给分析在生产过程上进行了修改，而弗里德曼的附加预期的分析在劳动需求和供给方面进行了修改。

---

① 这听起来像是萨伊定律，但却比萨伊定律要弱，将在第 17 章中讨论。
② 如果这个假设在经济任何阶段都无法被满足，那么新古典模型的均衡性将无用武之地，取而代之的是非均衡分析。

14.3 一般均衡：总供求分析

在第 13 章和本章中已经说明了商品、货币和劳动市场。外汇市场已经通过汇率的适当改变被引入均衡中。我们还没有说明债券（即非货币金融资产）市场，尽管它是宏观经济模型中的四种物品之一。瓦尔拉斯法则证明这种遗漏是合理的，认为在四种物品的经济中，如果三种物品的市场是均衡的，第四种物品的市场肯定也是均衡的。因此，在上述分析的一般均衡点 (y^{LR}, r^{LR}, P^{LR})，债券市场也处于均衡状态，不必再加以考虑。

对经济的全面考察要求同时考虑所有市场，经济中的一般均衡意味着所有三个部门的均衡方程有联立解。分析这一问题有两种方法，即需求—供给分析和 IS-LM 分析。

需求—供给分析

目前得到的总供给方程是

$$y^s = y^{LR} = y^f \tag{9}$$

总需求方程是从前面章节中的 IS-LM 分析或者 IS-IRT 分析中得到的。由于存在两个可相互替换的总需求方程，我们只取它们的一般形式，记为

$$y^d = y^d(P; g, \theta) \tag{10}$$

其中，g 是财政政策变量的矢量，θ 是相关的货币政策变量。(10) 式假定李嘉图等价定理不发生作用。否则，如前面章节所述，财政政策变量将不会存在于总需求函数中，因此总需求函数将会变成 $y^d(P; \theta)$。而李嘉图等价定理的准确性是有待商榷的，因此我们继续使用总需求函数 $y^d(P; g, \theta)$。

商品市场均衡要求

$$y^s = y^d(P; g, \theta) \tag{11}$$

(9) 式和 (11) 式有两个内生变量：y 和 P。在这两个方程中，方程 (9) 显然决定 y 等于 y^{LR}，甚至不必考虑方程 (10)。因此，总需求方程 (10) 只能决定 P，令在其左边的 y 等于 y^{LR}。

总供求曲线

上述结论可以用图 14—3 来阐释。方程 (9) 描述的是均衡（常称作长期）总供给曲线 LAS，(10) 式描述的是总需求曲线 AD。从该图可以清楚看到，

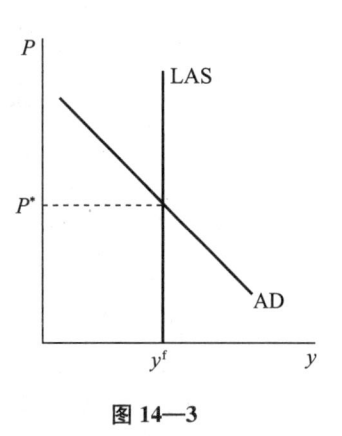

图 14—3

总需求曲线的移动不改变均衡产出，只改变价格水平，而总供给的变化将改变产出和价格水平。这是一个非常强有力的结论，并且在本章和以后三章还会看到，在新古典模型以及有关的现代古典模型和新的古典模型中，该结论都是有关均衡状态下货币政策和财政政策是否无效这一争论的核心。

均衡产出和价格

方程（9）至方程（11）得出产出 y 和价格水平 P 的长期均衡值为

$$y^{LR} = y^f \tag{12}$$
$$P = f(g,\theta;y^{LR}) \tag{13}$$

因此，货币政策和财政政策能够改变总需求和价格水平，但是不能改变长期产出。在李嘉图等价定理中，$P = f(\theta, y^{LR})$，因此货币政策和 y^{LR} 的变动能够改变价格水平，但是财政政策改变不了价格水平。

根据一般均衡新古典模型，方程（12）决定产出，方程（13）决定价格水平。这些方程表明产出的货币乘数和财政乘数为

$$\partial y^{LR}/\partial y^d, \partial P^{LR}/\partial y^d > 0 \tag{14}$$
$$\partial y^{LR}/\partial g = 0, \partial P^{LR}/\partial g \geqslant 0 \tag{15}①$$
$$\partial y^{LR}/\partial \theta = 0, \partial P^{LR}/\partial \theta > 0 \tag{16}$$

这清楚地表明，产出的长期均衡水平并不受货币政策的影响，而价格水平是受这些政策影响的。② 财政政策的情况同样如此，除了李嘉图等价定理中财政政策对总需求、产出和价格水平不发生作用。

供给变动

产出变化对价格水平的影响用 $\partial P/\partial y^{LR}$ 表示，这个值在 IS-LM 模型和 IS-IRT 模型中都是负的，尽管它的大小取决于外生的货币政策变量是货币供给还是利率。产出增长对价格水平产生反向影响的最基本的解释是，产出的增长提高了货币的交易需求，而这需要靠降低价格水平来抵消。至于如何从 IS-LM 模型和 IS-IRT 模型推导出 $\partial P/\partial y$，我们留给有兴趣的读者，可以利用本章和最后一章的相关内容。

14.4 新古典模型的叠代结构

如果在整个问题中，各个部门的最终均衡方程是分别进行考察得到的，就会

---

① 在李嘉图等价定理发生作用的情况下，$\partial P^{LR}/\partial g = 0$。
② 这个模型也可以应用到推导数量论的命题中，在均衡状态下，货币供给的变化能够引起价格水平的成比例变化，因此需要考虑到货币的积极投机需求（尽管新古典模型包含货币需求的利率敏感性）。

有另一种方法来研究经济中所有部门同时处于均衡状态这种情况。下面的方程（17）至方程（22）囊括了所有部门的情况。

生产—就业部门：$y = y^f$ (17)

商品市场 IS 方程：

$$y = y(r, P; g, \theta) = \left(\frac{1}{1 - c_y + c_y t_y + \frac{1}{\rho^r} z_{cy}(1 - t_y)}\right) \cdot$$

$$\left(\{c_0 - c_y t_0 + i_0 - i_r r + g + x_{c0} - x_{c\rho} \rho^r\}\right.$$

$$\left. + \frac{1}{\rho^r} \{-z_{c0} + z_{cy} t_0 - z_{c\rho} \rho^r\}\right) \quad (18)$$

费雪方程：

$$R = (1 + r)(1 + \pi^e) \quad (19)$$

根据就业—产出部门的均衡，我们知道均衡产出水平是 y^f。把该均衡产出水平代入 IS 关系式（18）式中，得到的长期均衡实际利率 r_0^{LR} 为

$$r_0^{LR} = \frac{1}{i_r}\left((c_0 - c_y t_0 + i_0 + g_0 + x_{c0} - x_{c\rho}\rho^r) + \frac{1(-z_{c0} + z_{cy}t_0 - z_{c\rho}\rho^r)}{\rho^r}\right)$$

$$- \frac{\left(1 - c_y + c_y t_y + \frac{1}{\rho^r} z_{cy}(1 - t_y)\right)}{i_r} y^f \quad (20)$$

即便不引入货币供给进行分析，我们也能知道长期均衡利率水平。

货币市场均衡取决于中央银行采用利率还是货币供给作为货币政策的外生变量。相关的方程如下。

IS‐LM 模型中的 LM 方程：

$$\overline{M}/P = m_y y + (FW_0 - m_R R) \quad (21)$$

IS‐IRT 模型中的货币市场均衡条件：

$$M/P = m_y y + (FW_0 - m_R \overline{R}) \quad (22)$$

以下的分析分别论述每一种情况。

货币供给作为外生变量时价格水平的决定

前面的分析结果表明，货币供给数量与产出和利率的长期均衡值的决定不相关。要在 IS‐LM 分析的基础上通过新古典模型得出价格水平，我们从费雪方程开始，通过 $(1 + r_0^{LR})(1 + \pi^e)$ 得到名义利率，因此，在预期通胀率一定的情况下，不同的名义利率取决于 r_0^{LR}。

在以货币供给作为外生变量的 LM 方程中，代入收入的长期均衡水平 y^f 和由费雪方程得到的名义利率［名义利率近似等于 $(r_0^{LR} + \pi^e)$］，得出均衡价格水平：

$$P = \frac{\alpha \cdot i_r \cdot M_0}{mr\left[y^f - \alpha \cdot \left(\left\{c_0 - c_y t_0 + i_0 - \frac{i_r}{m_R}FW_0 + i_r\pi^e + g0 + x_{c0} - x_{c\rho}\rho^r\right\}\right.\right.} \\ \left.\left. + \frac{1}{\rho^r}\{-z_{c0} + z_{cy}t_0 - z_{c\rho}\rho^r\}\right)\right]} \tag{23}$$

其中

$$\alpha = \left(\frac{1}{1 - c_y + c_y t_y + \frac{1}{\rho^r}z_{cy}(1-t_y) + i_r\frac{m_y}{m_R}}\right)$$

注意上述过程的顺序。在（17）式中，生产—就业部门单独决定充分就业产出，不必考虑利率和价格水平；然后，支出部门决定长期均衡利率，不必考虑价格水平或货币部门；但是，价格水平是由经济中的所有部门共同决定的。

在这个特殊的数量论情形中，如果 $m_R = 0$，当 $y = y^f$ 时货币部门条件简化为

$$M/P = m_y y^f$$

经重新整理得到

$$P = \left(\frac{1}{m_y y^f}\right)M \tag{24}$$

其中不包括变量 r 或 R，因此我们只要知道货币供给和产出就能决定价格水平。这可以被看做数量论的现代推导，如同第 2 章中庇古的版本。这里，由于假定货币需求利率敏感性为零和经济实现充分就业产出，价格水平对利率的依赖性消除了。

利率作为外生变量时价格水平的决定（IS-IRT 模型）

在前面章节的 IS-IRT 模型里，假定中央银行设定实际利率，其水平为 r_0^T。总需求 y^d 在给定利率下由商品市场得出。AD 方程为

$$y^d = y(r_0^T, P; g, \theta) = \left(\frac{1}{1 - c_y + c_y t_y + \frac{1}{\rho^r}z_{cy}(1-t_y)}\right) \cdot$$
$$\left(\{c_0 - c_y t_0 + i_0 - i_r r_0^T + g + x_{c0} - x_{c\rho}\rho^r\}\right.$$
$$\left. + \frac{1}{\rho^r}\{-z_{c0} + z_{cy}t_0 - z_{c\rho}\rho^r\}\right) \tag{25}$$

考虑到支出供给为 y^f，实际利率为 r^T，这个方程决定了价格水平 P。

政策含义：财政货币政策在改变产出和就业中的无效性

新古典模型长期均衡中的叠代性质具有重要的政策含义。不管货币政策变量是什么，货币政策和财政政策都不能影响均衡产出，因为它们在（17）式中都没出现过。因此，这些政策对于提高就业的长期均衡水平和降低失业的均衡水平都是没有作用的。然而，当经济处于长期均衡状态时，这些政策不只是无用，而且

没有必要，因为在该模型中长期均衡就业就处于充分就业状态。因此，在长时期内，当局没有必要或余地来实施增加就业或产出的政策，它们都处于充分就业水平上。任何这种企图都是无效的。

货币政策和财政政策与产出和就业是不相关的，如果我们把这些政策含义与典型事实进行比较，那么这些含义明显是无效的。扩张性的货币政策和财政政策确实增加了总产出并且降低了失业，反之亦然。因此，前面的模型要做到有效和有用，就必须进行修改。后面将会提到，古典经济学家通过在模型中引入不确定性、预期误差和幻觉等来进行修改。

14.4.1 失业率和自然失业率

失业水平定义为

$$U = L - n \tag{26}$$

其中，U 代表失业水平；L 代表劳动人口。

由于 $n \leqslant L$，失业总是非负的。假定 L 是外生给定的，为 $\underline{L}$，因而它不随实际工资变动，那么劳动力将是在任何工资水平下能够工作和愿意工作的所有工人之和，是经济中潜在就业的最大数量。但是，如果 $L = L(w)$，那么愿意工作的工人数将随着实际工资率的上升而增加，因而 $L' \geqslant 0$。由于我们对此的分析是非常基本的分析，故我们将做前一种假定。

自然失业率

长期均衡失业水平 U^{LR} 为

$$U^{LR} = L - n^{LR} \tag{27}$$

长期均衡失业率 u^n（上标 n 表明是自然失业率的意思）为

$$u^n = U^{LR}/L = 1 - n^{LR}/L \tag{28}$$

根据（17）式，由于总需求及其决定因素不能改变支出，它们同样也不能改变失业率。因此，由（28）式可知

$$\partial u^n / \partial y^d = \partial u^n / \partial \theta = \partial u^n / \partial g = 0$$

其中，θ 是货币政策变量，g 是财政政策变量。

也就是说，在新古典模型中，由于 n^{LR} 独立于经济的需求面，L 是外生的，所以均衡失业率 u^n 也独立于总需求的变动，因而独立于货币政策和财政政策。注意，$u^n > 0$ 是由于经济中存在结构性失业、摩擦性失业、寻找性失业和季节性失业，阻碍了全部劳动人口的就业，因为其中有些人缺乏技能和教育，居住的地方不合适，或者在当前的经济状态下，要求的工资超过了他们的边际生产率。

鉴于新古典模型中自然失业率的性质，这种失业率不会被货币政策或财政

政策所改变（Friedman，1977）。但是，它确实取决于经济的供给结构（劳动市场关系和生产函数），随供给结构的变化而变化。技术变化、教育和技能要求的变化、劳动力的教育水平、有关工作和工人的信息的可获得性、行业地点等，都可能改变自然失业率。因此，失业率本身是一个变量，尽管它不受经济中需求变动的影响，包括实施货币政策和财政政策。经济中供给面的变动会改变自然失业率。在这些变动中，包括技术变化和由于经济部门间需求结构变化而引起的产业结构的变化。在从工业和农业经济结构转变为其他经济结构的过程中，自然失业率会上升。假定行业 A 衰落并解雇工人，而行业 B 正在扩张它的劳动力。工人转换的过程涉及被解雇工人对新工作的寻找，因此寻找性失业在转变期间增加了。另外，有些被解雇的工人可能没有行业 B 所需要的技能，有可能成为永久性失业。这增加了经济中的结构性失业。也就是说，经济的行业结构的变动导致了自然失业率的过渡性增长，但它也可能意味着自然失业率的长期变化。

14.4.2 新古典模型的 IS-LM 版本：图解

图 14—3 整合了（17）式至（22）式的信息。（18）式到（22）式描述了向下倾斜的 AD 曲线。在（17）式中，由于产出并不取决于 P，总供给（AS）曲线是位于 y^f 的垂直线。该曲线被称为"充分就业（y^f）曲线"。经济体中所有部门的均衡发生在点（P^*，y^f）。

货币供给作为外生变量时的扩张性货币政策（IS-LM 模型）

图 14—4 描述的是（r, y）空间中的 IS-LM 模型。（17）式描述的是在充分就业产出 y^f 处的 LAS 曲线，（18）式给出了 IS 曲线，（19）式和（20）式给出了 LM 曲线。IS 曲线与 LM 曲线的交点决定了总需求水平。商品市场、货币市场和产出部门的一般均衡要求所有这些曲线交在同一点上。这就是图 14—4 所显示的情形。

下面我们用一些例子来说明如何进行 IS-LM 分析和比较静态研究。图 14—5 表示的是货币政策。假定经济起初在 a 点处于总体均衡。货币供给增加，LM 曲线从 LM_0 移动到 LM_1。货币和支出部门间新的均衡用 d 点表示，代表名义总需求。但是，产出—就业部门的产出是 y^f。由于在 d 点的总需求大于产出供给 y^f，价格上升。由于 P 上升，LM 曲线向左移动。然而，P 的上升没有使 IS 和 AS 曲线发生变化。因此，只要产出的总需求超过其供给，价格就会继续上升。LM 曲线由于价格的上升向左上方回移（如从 LM_1 移到 LM_1'），直到它到达起初的均衡点 a 才会停止。总而言之，在均衡状态下，货币供给的增加增大了总需求（但没有影响产出），使价格提高到一个新水平；价格水平的上升与货币供给的增加成正比。利率在新旧均衡状态下保持不变。对比本章开始时提供的典型事实，这些推导和结论对于短期分析是无效的。因此，目前所讨论的模型需要修正。

图 14—4

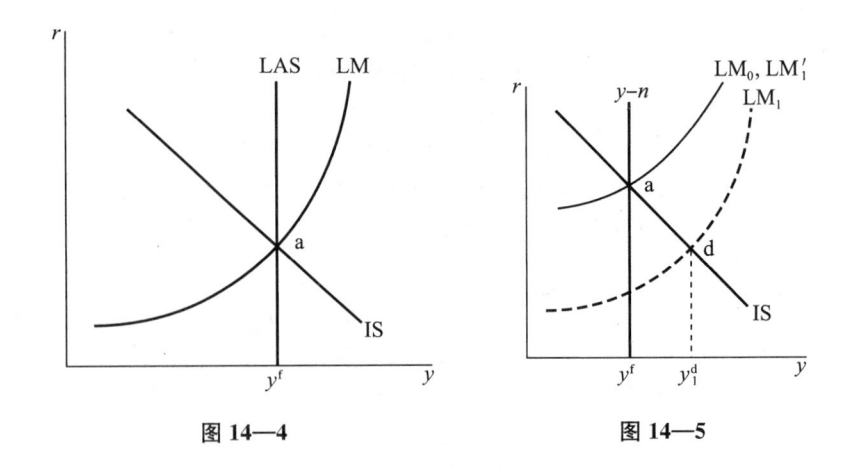

图 14—5

货币供给作为外生变量时的扩张性财政政策

现假定财政政策是扩张性的,政府支出扩大了。这将增加商品的实际总需求,在图 14—6 中,IS 曲线从 IS_0 移动到 IS_1。名义总需求在 d 点(IS_1 曲线和 LM 曲线的交点)超过了产出 y^f。价格上升,最终将 LM 曲线移动到新的总体均衡 b 点,即 LM'。在新的均衡点 b,价格和利率都比初始点 a 要高。因此,财政支出的增加提高了利率和价格的均衡水平。然而,它们并没有改变产出,因此最后这一推论在短期分析中明显是无效的。

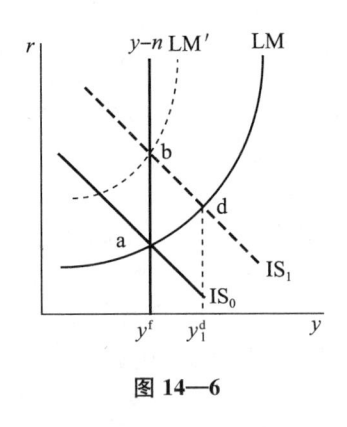

图 14—6

14.5 瓦尔拉斯均衡分析的基本假定

上述分析集中于模型的一般均衡状态,是瓦尔拉斯模型在确定性情形下的一个简明的宏观经济形式。这种均衡分析有五个基本假定。

它们是:

1. 弹性的价格和工资,市场稳定。经济中所有物品的价格都被假定是弹性的,可以在相关市场中调节供求,使之相等。如果存在超额需求,它们就会上升；如果存在超额供给，它们就会下降。这些价格包括工资，即劳动力的价格。名义工资和实际工资都具有弹性。

2. 完全市场假设。① 每个市场都是完全竞争的，并能够持续出清，因此我们可以集中研究经济中的一般均衡及其性质，而在很大程度上不考虑变量的非均衡值。

3. 均衡价格透明。所有经济主体在做出需求和供给决策时都假定，在任何扰动后市场都会迅速出清，并知道或预期到（或被某个机构通知，如"瓦尔拉斯拍卖者"或"市场协调者"）市场出清的价格。另外，所有主体只在这些均衡价格下计划生产、消费、需求货币和供给劳动。②

4. 国民需求和供给函数。假定在均衡价格下，所有经济主体能够买入或卖出任何他们所想要的数量。在这种假定条件下推导出来的需求和供给函数，被称为国民需求和供给函数。

5. 不确定性假定。若模型假定确定性，那么它的结果显示的是经济的长期均衡。包含不确定性情形的模型扩展将会导致对长期均衡的偏离，这个偏离取决于扩展后模型中的不确定性。不确定性情形下的经济均衡与模型的长期均衡不同，这样的均衡特指短期均衡。导致对长期均衡偏离的一个因素是价格预期错误，当然，还有很多因素也会导致这种偏离。

目前以瓦尔拉斯均衡分析为基础的宏观经济模型假定存在理性预期，用一般长期均衡的结果来描述相关变量的理性预期值。

经济的古典均衡分析及其政策建议，要求应用上述基本假定。虽然这些假定彼此相关，但仍是不同的。对于经济中的某个特定阶段或特殊时期，这些假定的一个或多个可能不相关或无效。如上所述，在新古典模型的均衡状态下，货币是中性的，因为货币供给的变动只影响名义变量，而不影响实际变量。因此，新古典模型意味着，在均衡中，货币政策不改变经济中的产出和就业。事实上，当经济处于充分就业状态时，也没有必要实施货币政策。相反，如果上述假定成立，货币供给的变动也不能有损于产出和就业。特别是，货币供给减少不会降低产出和就业，从而迫使经济陷入衰退。在这种情况下，货币政策是无害的。注意，这些都是关于长期均衡分析情形的结论，并不适用于短期均衡或者非均衡状态的情形。

14.6 新古典模型中的非均衡和货币的非中性

注意，新古典模型没有断言均衡必定总是存在——就像一个恒等式一样，因

---

① 在完全竞争和充分有效的情况下，市场是完全的，即市场持续地、迅速地出清。因此，当一个市场是竞争市场，但价格调整速度较慢时，这个市场是无效率的。

② 特别地，如果在设立价格和信息交换时有延迟，那么假设所有的生产和交易在延迟中等待，且这种等待不会给经济机构带来成本。这就是重订契约。

此它允许经济有时处于非均衡状态。此外,如果我们要对非均衡进行有成效的研究,就要相信经济会在相当多的时期里偏离它的充分就业状态。直观地说,持续的一般均衡要求我们相信比如,货币供给增加会马上导致价格水平按比例上升,而货币供给减少不会引起产出和就业的衰退。有大量证据表明,在大多数现实的经济体中,这些要求并不总是(或在大部分时间)能够得到满足,即使是古典和新古典传统的主要支持者也都不会这样认为。休谟、马歇尔、费雪、庇古和弗里德曼等人,都认可非均衡存在于相当多的时期内。然而,当古典经济学家认可非均衡时,他们坚持认为,这种非均衡状态包含某种迫使经济恢复均衡的力量。在这些力量中,有价格变动和庇古效应,包括实际余额效应。这在第 3 章中谈到过,在第 17 章还会进一步研究。我们还是要在下文中(尽管很简要地)把它们再解释一遍,作为讨论新古典模型的补充。

14.6.1 庇古效应和实际余额效应

庇古效应与 A. C. 庇古(20 世纪上半叶就职于英国剑桥大学)在 20 世纪 30 年代传统古典学派和凯恩斯的争论中做出的贡献有关。庇古效应是实际财富(包含所有的金融资产)消费效应的别名,由价格水平的变化所导致。庇古效应可以表示为

$$\text{庇古效应} = [\partial c/\partial w] \cdot [\partial w/\partial P] < 0$$

其中,w 代表实际财富,c 代表消费,P 代表价格,$\partial c/\partial w$ 是正的,$\partial w/\partial P$ 是负的。

庇古效应遵循以下方式发生作用:商品需求不足的非均衡,引起商品价格下跌。由于家庭的财富包括金融资产,所以价格水平的这种下跌会增加家庭的财富,继而会引起消费增加。后者将导致经济中总需求的增加。这一过程会持续下去,直到需求不足被消除(也就是经济恢复均衡)为止。①

实际余额效应与 20 世纪 40 年代和 50 年代唐·帕廷金(Don Patinkin)的贡献有关,代表了新古典模型非均衡分析的更新。该效应表明,价格水平的变化通过货币持有量的实际价值的变化对消费产生影响。它的原理如下:需求不足导致价格下跌,增加了货币持有量的实际价值,从而增加了家庭的财富。这会导致消费的增加,从而增加总需求。实际余额效应将持续下去,直到需求不足及其相关的价格水平下跌被消除为止。实际余额效应可以这样表述:

$$\text{实际余额效应} = [\partial c/\partial (M/P)] \cdot [\partial (M/P)/\partial P] < 0$$

其中,$\partial c/\partial (M/P)$ 是正的,$\partial (M/P)/\partial P$ 是负的。因此,实际余额效应和庇古效应是新古典模型的均衡机制,要求价格有弹性。它们表明,总需求的下降会导

---

① 庇古自己并没有沉迷于如上所述的对庇古效应的经验相关性研究。他关注生产中通货紧缩的物价下降伴随着企业的破产和资产的缩水,这会带来失业的上升和总需求的下降。

致价格下降，而由于庇古效应中所说的金融资产和帕廷金效应中所说的货币余额的真实价值提高，反过来会提高总需求。他们的分析尽管是在其他条件不变的情况下进行的，但其意义是重要的，这毫无疑问。然而，

> （庇古自己）把后来命名的"庇古效应"称为纯粹的玩具，基于"如此严格的不可能的假设"。从来没有在"真实生活的棋盘上"运用过。……它只有在最天真模型的最正式版本中才能发挥作用（因为在外界"其他条件不变"的假定下，总需求还是会下降）……伴随而来的破产和通货紧缩的发生，会使得 LM 和 IS 曲线发生移动，因此总需求函数会向原来的位置回归。其结果更可能是经济萧条，而不是充分就业。
>
> (Pesek, 1988, pp. 6 - 7)

更进一步地，实际余额效应和庇古效应的分析，对于需要多长时间新古典经济才会在这些机制的作用下恢复均衡，它们没有提供任何先验的准则。特别是，实际余额效应可能很弱，新古典经济对需求的外生下降做出的反应，是十分缓慢地向均衡变化，从而会使非均衡状态保持相当长的时期。因此，分析新古典模型的非均衡性质并推导出它的政策含义十分重要。

宏观经济理论通过两条主要传导路径来分析货币供给变化对总需求产生的影响：一条是货币供给变化影响财富和实际余额，从而改变消费支出（直接传导路径）；另一条是货币供给对利率产生影响，从而改变投资支出（间接传导路径）。直接效应在经济周期中的影响非常小，大多数宏观经济模型对此都予以忽略，包括有名的 IS - LM 模型。① 因此，这些模型只对货币政策效应通过利率的间接传导路径进行具体分析。

14.6.2 偏离长期均衡的原因

现实的经济也许并不处于长期均衡，或者只接近于长期均衡。原因如下：

1. 商品市场、劳动市场的错误预期。对这种情形的分析将会在下一部分讨论新古典模型的短期均衡时进行。

2. 价格、工资、就业和支出的调整成本。这些变量将会在下一章对凯恩斯主义范式的讨论中进行分析。

3. 均衡瞬时修复机制的缺失。完全竞争假定没有先验地说明"看不见的竞争之手"在一次冲击后将经济恢复到充分就业均衡所需的时间。② 随着充分就业均衡的瞬时修复机制的缺失，竞争经济中同样也不存在非均衡状态下起作用的瞬时机制来实现新的价格水平，并把产品的新价格信息告知所有的企业和家

---

① 这表明消费独立于货币余额，这就要求物品的效用函数在商品和货币余额之间进行分离。Ireland (2001a) 对美国的数据进行了实证分析，几乎没有找到对不分离的效用函数的支持证据。

② 正因如此，瓦尔拉斯和新古典模型靠瓦尔拉斯拍卖商、喊价和重订契约等的解围才得以支撑，这仅从分析层面上解决了问题，但却逃避了回答相关的问题，即现实世界中的经济会用多久来回归均衡。

户。更进一步地，不存在这样一种担保，使得企业在它们希望的价格上卖掉所有的商品，使得工人能够在失业时得到他们的收入损失。一种貌似合理的可能——企业和家户基于对需求数量和工作的预期，对于非均衡的反应也许会比市场要快，把担保的缺失与这样一种可能性结合起来，就能产生一种偏离均衡的力量，使得经济在相当长的时间内偏离均衡状态。这种情形将会在下一章中进行描述。

4. 企业处在垄断竞争中，并具有黏性价格（参见第15章）。

14.7　货币供给和价格水平的关系：前人的思想

本章有关新古典宏观经济模型的基本比较静态结论，早在几个世纪以前就出现了。下面的引文来自大卫·休谟的著作，他是古典经济学的奠基人之一。

> 货币只是劳动和商品的一种象征，一种评价和估计劳动和商品的方法。如果我们单就一个国家来看，那么，用来计算或用来代表商品的铸币不论多少，都不会产生任何好的或坏的影响，这就像某个商人不用数码少的阿拉伯记数法而用数码多的罗马记数法记账，并不改变他的账款一样……
>
> (Hume, *Of Money*, 1752)

这段引文是货币数量论的基本阐释：货币供给的增加导致价格按比例上升。此外，休谟认为，货币供给的变动无法改变经济中的实际产出，但与记账单位的变动相对应。数量论在第2章中有过讨论。这一理论关于货币存量和价格之间存在比例关系，以及货币和财政当局没有能力控制产出和就业的论断，适用于均衡状态。它们不一定适用于非均衡——从一个均衡向另一个均衡的调整。事实上，从休谟时代直到现在，这一理论的许多支持者都把货币存量的变动看做对产出、就业和调整过程中其他变量的有力影响因素。休谟本人这样描述这一过程：

> 这种说法虽然合乎情理，不过有一点却是肯定的，即自从美洲发现了金银矿，不光矿主，连欧洲各国的生产情绪都普遍高涨。这种劲头的形成，除了别的原因，把它归因于金银的增加，是不过分的。因此我们看到，在货币输入空前激增的各国，一切都有了起色，面貌焕然一新：各行各业朝气蓬勃，干劲十足，商人更加雄心勃勃，力图进取，制造业者更加兢兢业业，精益求精，连农民扶犁也动作轻便格外用心了……
>
> 为了说明这种现象，我们必须考虑，虽然商品价格的上升是金银增加的必然结果，可是这种上升并不紧跟着这种增加而来，而是需要一些时间，直到货币流通到全国并使各界人民都感觉到它的影响。起初，看不出有什么变化，慢慢地，先是一种商品，随后是另一种商品，物价就一步步地上涨了，直到全部商品最终同国内新的货币量达成合适的比例为止。我认为，只有在人们获得货币同物价上涨之间的间隙或中间状态，金银量的不断增加才有利

于生产。

(Hume, *Of Money*, 1752)

休谟关于调整的非均衡路径的意见,提醒我们注意,不要完全依赖比较静态结论。

差不多两个世纪以后,庇古,一位20世纪古典传统经济学家,在他的《货币面纱》(*Money, A Veil*)(1941)一书中表达了类似的观点:

> 货币(货币制度)是极其有价值的社会工具,对经济福利做出了重大的贡献……如果没有广泛接受的货币,许多这类交易将不值得进行,其直接的后果就是,劳动分工将受到阻碍,生产出的物品和服务将减少。这样,从经济福利的角度看,不仅实际收入在各种物品间的分配不能令人满意,而且会使许多种(如果不是全部的话)物品的数量减少……显然,货币不仅仅是面纱、外衣或包装纸。正如物品法和合同法一样,它至少构成了一种非常有用的润滑剂,使得经济机器持续平滑地运转……
>
> 以上说法每个人都会同意。但现在必须说明一个重要的区别。货币制度,如我们所见到的,是增进财富和福利的强有力的工具。但体现在这种工具中的货币单位的数量一般不具有重要性。不论这外衣或面纱是厚还是薄,都没有什么区别。当然,我不是说当其他经济情况发生变化时,货币单位的数量究竟是保持不变,还是以这样或那样的方式变化这一问题不重要。我的意思是,如果在其他条件不变的情况下,在数月或数年中货币存量连续地包含有 $m \times 1, m \times 2, m \times 3$……个单位,那么 m 的数值不论是多少都没有任何差别。m 的值增加一倍,仅仅意味着所有种类的物品的价格增加一倍(当然,利率在这种情况下不被认为是一种价格),所有经济存在的情况和 m 的值减小一半时没有什么两样。原因在于,货币的用途就在于交换其他物品,较大的数量和较小的数量所产生的满意程度是一样的。

(Pigou, 1941, Ch. 4)

在这段引文中,庇古清楚地描述了在货币供给增加时长期均衡的实现。注意到,这一引文丢掉了休谟的关于货币供给在随后而来的调整时期产生影响的结论。然而,在其他著作中,庇古很了解这样的一个调整时期,并且清楚货币供给变化给就业和产出带来的起伏变化。

14.8 古典和新古典传统、经济自由主义与自由放任

本章讲的新古典模型的长期均衡分析暗示,经济在具有充分就业产出的充分就业状态中运行,因此在这种经济中没有货币和财政需求管理政策发挥作用的空间。这一观点是古典经济自由学说的一部分,它可以被宽泛地认为是这样的陈述:经济本身能够以最佳的方式运行,国家不能改善它的运行。通常还有这样的

补充意见：国家干预，即使具有改善经济运行的意图，也只会恶化其运行。这些意见暗示，产品市场和投入市场应当是自由的，自由企业是理想的标准。然而，市场缺陷，比如不完全竞争、寡头垄断、垄断或买方垄断，可能并且经常出现在现实经济中。强式经济自由主义的拥护者认为，即使在这种情况下，经济还是应当按照自己的方式运行，国家不应试图消灭任何缺陷——缺陷是次要的，即使它们是重要的，也不能保证国家干预能取得良好结果，因为它的干预很可能在消除一些缺陷的同时引入其他的缺陷。弱式经济自由主义允许国家干预，通过选择性政策消除市场缺陷，但不需要用一般的财政货币政策。

的确，一般自由主义学说不仅在政治、经济和社会意识形态上有其根据，而且在公众对于现实经济和社会运行的看法和目标上也有其基础。从其一般方法来看，杰里米·边沁（Jeremy Bentham）及其追随者在19世纪上半叶提供了功利主义方法作为自由主义的哲学基础。这一方法的主旨是，为实现其最佳利益（效用和利润最大化）而努力的经济主体（家庭和企业），会确保社会福利最大化。① 因此，经济不应当受到政府和管理机构的干预。这种政策方法被总结为"自由放任"一词。从它的经济方面来说，自由主义学说需要能够证明其经济政策建议合理的经济理论模型。在宏观经济层次上，该模型在前凯恩斯主义时期是传统古典方法，而目前是新古典方法——其中包括现代古典模型和新的古典模型。

伴随着迅速的工业化和城市化，19世纪英国的经济和社会问题显得如此尖锐和明显，逐渐使得政治和经济思想的发展偏离了自由主义和自由放任，在某种意义上具有了社会主义的形式，支持政府对经济进行一定程度的干预。这一思想的发展在19世纪后半叶和20世纪初广为流传。20世纪30年代的大萧条摧毁了公众和经济学家自由放任的信念，因此1936年凯恩斯《通论》的出版，由于它鼓励国家采用货币和财政政策改善不佳的经济运行，及时而轻易地获得了大多数经济学家和公众的认可和接纳。20世纪30年代至70年代，经济自由主义被凯恩斯主义压制了几十年。凯恩斯主义方法是下一章的主题。在经济学中，20世纪40年代至70年代，传统古典主义思想以新古典理论的形式被重新构建和塑造。从70年代开始，这些思想（采用现代古典形式，要求把微观经济学作为宏观经济学的基础）再一次成为了宏观经济学的主流方法。到20世纪70年代，它们向主流地位回归的过程中，曾短暂地经历过货币主义的阶段。现在，它们得到了70年代和80年代发展起来的新的古典方法的支持。

14.8.1 对传统古典方法和新古典方法的一些主要误解

当今一个常见的误解是，认为传统古典和新古典经济学家相信，在大多数时候经济能在充分就业的基础上良好地运转，或在一次扰动或就业下滑后有迅速恢

---

① 英国自由放任经济时期，高贫困率（甚至包括"工作贫困"）和失业率导致了19世纪的社会变革，给经济学贴上了"忧郁科学"的标签，直到今天这个绰号仍然在使用。

复到充分就业的趋势。事实上，他们中的许多人相信，"经济系统是内在不稳定的"①（Patinkin，1969，p.50）。另一个误解是，认为古典和新古典经济学家相信，货币在实际生活和理论中是中性的。事实上，如同19世纪和20世纪初的经济周期文献中所大量阐述的，人们坚信，货币供给的变动是经济衰退的主要来源，伴随着就业和产出的下降以及实际经济活动的泡沫。

在传统古典主义占主导地位的时期（从18世纪中期到1936年），经济泡沫和衰退是常见的现象，有时还很严重。经济学家们观察发现，货币流通速度确实会改变，而且在存在经济泡沫和衰退时也会改变。他们中的许多人相信，可能存在（并且确实存在）由于预期改变而引起的"囤积和抛售的极端变化"（p.50），货币供给及其流通速度的变动是经济波动的主要来源，正如帕廷金（1972）所验证的。此外，他们中的许多人相信，这些波动：

> 因为银行系统的任意行为而加重了，银行在繁荣时扩张信用，在萧条中紧缩信用。

（Patinkin，1969，p.51）

> 货币供给和流通速度变动产生实际效果的原因之一是：成本变动的趋势相比富有弹性的销售价格来说要慢（如企业的成本与最终价格相比具有黏性）。

（Patinkin，1969，p.57）

> 黏性价格特别能抵抗降低的压力。……（总而言之，众所周知）周期和萧条是资本主义的内在特征。这一体系必须利用货币，而货币流通不能自然而然地形成和维持一个均衡水平。它的均衡是模糊的和高度不稳定的。

（Patinkin，1969，pp.63-64）

对于货币政策变量对就业和产出有强烈影响的观点，传统古典经济学家相信，在长期货币是中性的，而不是在短期或者经济周期中。长期中的货币中性更重要的是一种信仰，而不是分析，这有时在萨伊定律的命题中反映出来。（参见第18章）

在政策问题上，基于以上所分析的原因，传统古典学派认为：

> 政府有义务实施反周期政策。这一政策的指导性原则是改变M以便抵消V的变化，从而实现总需求MV下的充分就业水平。
>
> 在现代经济中，一旦通货紧缩来临，如果中央政府没有大胆、审慎地运用财政力量，那么将没有一根明确的底线是下滑的价格不能越过的。

（Patinkin，1969，pp.51，63）

如上述著名新古典经济学家帕廷金的引文所述，货币政策常常被看做和推荐为一种稳定工具。然而，前凯恩斯主义经济学家甚至没有考虑过财政政策的可能性，更没有为其构建分析基础。考虑和建议把它作为一种主要的稳定工具，要归功于凯恩斯和凯恩斯主义者，并且需要以理查德·卡恩（Richard Kahn）在20

---

① 这些引用来自帕廷金（1969），尽管有一些来自他引用的其他人的文章，包括 Henry Simons, Frank Knight 和20世纪上半叶其他一些芝加哥大学的经济学家，推测起来应该是芝加哥传统的古典经济学家的一部分。帕廷金（1972）提供了这些段落中的另一些观点的来源。Parkin（1986）提供了对帕廷金观点的评价。

世纪 30 年代首先提出的投资乘数概念作为基础。相反，巴罗的李嘉图等价定理（Barro，1974；也可参见第 13 章 13.7 节），则试图重新把财政政策从潜在的稳定政策工具中剔除。

14.9 古典范式中的不确定性和预期

目前为止对新古典模型的分析表明，它的很多含义与典型事实是矛盾的。特别是，货币政策和财政政策确实能够改变产出和失业，而这与新古典模型的含义是相悖的。因此，这个模型需要修改。古典经济学家通过在模型中引入不确定性，依靠价格预期错误的理论来完成对模型的修改。它们分别是在劳动市场中基于工资合同和价格错误预期的弗里德曼模型和在商品市场中基于公司错误预期的卢卡斯模型。下面将具体分析不确定性和预期的性质。

经济学中的风险、不确定性和预期的性质

在 20 世纪上半叶，经济学常把在决策时结果未知的事件分为风险事件或不确定性事件。这两个术语的区别在于，风险事件的结果的客观概率存在且已知，而不确定性事件的结果的客观概率不存在或不可知。鉴于经济事件的性质和（或）对于未来结果的普遍不完全知晓，很少有经济决策的客观概率是已知的，因而经济学中的标准情况是不确定性情况。然而，不确定性因素有很多，概率论很难把它们都包括进来。结果，新古典经济学常常放弃上述风险与不确定性的区别，并把后者视为好像真的是风险事件；而凯恩斯（尤其是后凯恩斯）主义经济学则常常把它们明确区分开来。为了相关文献与本章内容的一致性，我们将把不确定性与风险作为同义语使用。

对于不确定性事件，可以有效地假定个人确实会对预期结果形成主观概率，这种概率建立在个人所拥有的或被认为得到就能获益的知识的基础上。这类知识可能会极其不足和不完全，并且预期结果的范围甚至会不同于可能出现的情况，因此主观概率可能是极端错误和多变的[①]，并且在人与人之间也不尽相同。一般来说，新古典经济学忽略了这些涉及主观概率的问题。

宏观经济学的预期假说

经济学在形成变量的预期值时，主要使用两个假说，即适应性预期假说和理性预期假说（REH）。前者是一种统计方法，而后者则是一种有关预期的经济理论。这些方法在第 8 章中用来估计货币需求函数的预期收入和永久

---

① 凯恩斯（1936）强调金融市场中预期的多变性，以及在这些预期基础上的货币投机需求的多变性。这种多变性，反过来影响货币政策对经济的作用。把主观概率当做客观概率一样对待，倾向于忽视前者的模糊性和多变性，并会漏掉它们各自独有的特征及其对经济的影响。凯恩斯主义和后凯恩斯主义者认为这种影响是重要的，而新古典和现代古典经济学家则忽略这种影响。

收入。本章主要运用理性预期理论，估计预期通货膨胀率、预期货币供给或决定实际产出的预期总需求水平。第 8 章有关理性预期假说的内容，在现阶段应该复习一下。

由于古典宏观模型假定，经济要么处于均衡状态，要么会很快恢复均衡，那么产出、失业和价格的理性预期水平，如同所有其他内生变量一样，是它们的长期均衡（充分就业）水平。因此，它们的值能从模型的长期均衡解中得出。这个也许能被致力于变量均衡值的分析模型所接受，但货币政策的实践要求，在政策对变量造成影响时能够预测这些变量的真实值。考虑到货币政策较长的滞后性，即使是政策制定者的相关预期也会出现错误。从名义工资合同的角度来看，经济机构必须能够在契约生效期间预测价格水平。这样的预测往往有所偏颇，因此工人领到的实际工资往往与公司和工人在契约中的预期实际工资不一样。下一步我们将会探讨预期对工资、就业和产出的影响。

14.10 预期和劳动市场：附加预期的菲利普斯曲线

14.10.1 名义工资合同情况下的产出和就业

在工业化国家，企业与其工人之间的名义工资，在企业的产量和就业决策之前，从而在知道现实的价格水平之前就被确定下来（不管是通过明确协议还是隐性安排确定的）。在达成合同的名义工资时，企业和工人必须把其协议建立在预期的实际工资（即名义工资除以预期价格水平）的基础上，而不是基于在雇用和生产时假定的未知的现实实际工资。但是，企业可以根据价格水平的变化不断调整雇佣人数，从而它们的雇佣决策就像它们的劳动需求函数所决定的那样，将取决于现实实际工资——等于已确定的名义工资除以现实价格水平。本节将修正新古典主义和凯恩斯主义对劳动市场的分析以包含这些思想。

首先，考察第 3 章讲过的家庭效用最大化，但现在要加上未来价格水平的不确定性和劳动力对它形成的预期。假定家庭对将来的预期价格水平为 P^{eh}。效用最大化意味着劳动供给函数为

$$n^s = n^s(w^{eh})$$
$$= n^s(W/P^{eh}) \quad n^{s\prime} > 0 \tag{29}$$

其中，n^s 代表劳动供给函数；w^{eh} 代表预期实际工资（同劳动力预期的一样）；W 代表现实名义工资；P^{eh} 代表家庭（工人）对劳动合同期间的预期价格水平。

令 $n^s(\cdot)$ 的反函数为 $h(n)$，从而倒置（29）式并整理可得

$$W^d = P^{eh} \cdot h(n^s) \quad h' > 0 \tag{30}$$

其中，W^d 是工人在协议中所要求的工资。把第 i 个市场生产第 i 种产品的代表性企业指定为第 i 个企业。根据企业理论可知，在完全竞争的情况下，利润最大化

的第 i 个企业对劳动的需求，将使它的边际劳动产品等于预期实际工资（用该企业的预期产品价格衡量），因而

$$n_i^d = n_i^d(w_i^{ef})$$
$$= n_i^d(W/p_i^{ef}) \quad n_i^{d\prime} < 0 \quad (31)$$

其中，w_i^{ef} 代表预期实际工资，基于第 i 个企业对其产品价格的预期；p_i^{ef} 代表预期产品价格，由第 i 个企业所预期。

把所有企业加起来，令 P^{ef} 为所有企业的平均预期价格，n^d 为劳动的总需求。劳动总需求由下式给定：

$$n^d = n^d(W/p^{ef}) \quad n^{d\prime} < 0 \quad (32)$$

令 $n^d(\cdot)$ 的反函数为 $f(n^d)$，企业在工资协议中提出的名义工资 W^o 是

$$W^o = P^{ef} \cdot f(n^d) \quad f^\prime < 0 \quad (33)$$

假定达成协议的工资是市场出清（即 $n^d = n^s = n$）的名义工资，那么基于（30）式和（33）式的工资谈判过程得到的均衡名义工资 W^c 为

$$W^c = P^{eh} \cdot h(n) = P^{ef} \cdot f(n) \quad (33^\prime)$$

其中，上标 c 表明的是工资的合同性质。① 直接解（29）式和（32）式可以得到 W^c，且其一般函数形式为

$$W^c = g(P^{ef}, P^{eh}), \partial g/\partial P^{ef}, \partial g/\partial P^{eh} > 0 \quad (34)$$

对于导数符号的解释是：企业的预期价格水平上升，提高了它同意增加名义工资的意愿；而家庭的预期价格水平上升，使工人要求更高的名义工资；于是，工资合同将规定更高的名义工资。② 进一步假定，W^c 被确定为劳动合同期间的工资，工人将供给企业所需的任意数量的劳动。也就是说，在工资合同期间，预期的劳动供给曲线在分析中暂时不予考虑，看得见的劳动供给曲线在 (W, n) 空间中从 W^c 开始在均衡点附近是水平的。

虽然企业基于其预期的价格水平谈判名义工资，但如（29）式所示，第 i 个企业的利润最大化意味着，它的雇佣人数和生产决策只取决于它自身的预期价格水平 p_i^{ef}，不取决于价格水平 P 或预期价格水平，因而它的雇佣人数取决于 W^c 和 p_i。在生产过程中，第 i 个企业可能知道自己产品的现实价格是其产量和定价决策的综合结果，因而现实的雇佣人数将基于该企业产品的现实价格，而不是企业以前预期的价格。前者的平均值是现实价格水平，因而企业的现实总雇佣人数 n 取决于现实的实际工资 w。在工资合同中，这种现实的实际工资由合同名义工资 W^c 除以现实价格水平 P 给定。③ 也就是说，就业的短期均衡水

---

① 注意到，当工资合同确定协商的名义工资时，并没有确定雇佣人数，企业在雇佣人数方面是可以自由选择的。
② W^c 与 P^{eh} 和 P^{ef} 具有一次齐次性，但不与其中单独一个存在这种关系。
③ 因此，需要考虑的程序分为两步：第一步，确立名义工资；第二步，发生在晚些的时候，企业以确立的名义工资为基础来选择雇佣水平和产品的实际卖出价格。

平 n^* 为

$$n^* = n^d = n^d(W^c/P) \quad n^{d\prime} < 0 \tag{35}$$

由于 W^c 取决于 P^{ef} 和 P^{eh}，我们有

$$n^* = \Theta(W^c(P^{ef}, P^{eh})/P) \tag{36}$$

其中，$\partial n^*/\partial P > 0$，$\partial n^*/\partial P^{ef} < 0$，$\partial n^*/\partial P^{eh} < 0$。这些符号的解释如下：如前所述，在工资谈判期间，企业的预期价格水平和（或）家庭的预期价格水平的上升，使合同名义工资更高。在其他因素相同的情况下，也就是说，在没有伴随价格水平变化的情况下，这使实际工资增加，从而减少就业。但是，对于既定的合同名义工资来说，现实价格水平上升，会降低实际工资，从而增加就业。然而，Θ 对 P^{ef}、P^{eh} 和 P 具有零阶齐次性，所以，预期价格水平和现实价格水平同比例上升，不会改变就业，尽管名义工资同比例上升。

因此，就业取决于工资合同期限，取决于工资协商时企业和家庭的预期价格水平，还取决于雇佣关系产生时的实际价格水平。

从（36）式和生产函数 $y = y(n)$，且 $y_n > 0$，我们得到就业的短期均衡水平 y^* 为

$$y^* = \phi(P^{ef}, P^{eh}, P) \tag{37}$$

其中，$\partial y^*/\partial P > 0$，$\partial y^*/\partial P^{ef} < 0$，$\partial y^*/\partial P^{ef} < 0$。因此，在给定预期的合同名义工资的条件下，有

$$\partial n^*/\partial P > 0, \partial y^*/\partial P > 0$$

对于大多数常用的生产函数和劳动供给函数形式而言，n^* 和 y 对 P^{ef}、P^{eh} 和 P 都具有零阶齐次性。

图解分析

图 14—7（a）代表劳动需求 $n^d(W/P^{ef})$ 曲线和劳动供给 $n^s(W/P^{eh})$ 曲线。请注意，本图的纵轴代表名义工资率 W。协议名义工资确定在均衡水平 W_0^c，此时的预期就业水平为 n_0^{*e}。P^{ef} 上升将使劳动需求曲线向右移动，P^{eh} 上升将使劳动供给曲线向左移动，两种情况都会提高名义工资。然而，前者将提高预期就业水平，而后者则将降低它。如果 P^{ef} 和 P^{eh} 同比例上升，两条曲线将按比例移动，名义工资将按同比例增加而不改变预期就业水平。

现实就业水平不在 14—7（a）中决定，而是在图 14—7（b）中决定；现实的实际工资 w 等于 W/P，位于图 14—7（b）的纵轴上。由图 14—7（a）可知，合同名义工资是 W_0^c，给定价格水平 P_0，则就业水平为 n_0。在合同名义工资仍然是 W_0^c 的情况下，比较高的价格 $P_1(P_1 > P_0)$ 会把合同名义工资的现实实际值降低到 W_0^c/P_1，而就业则增加到 $n_1(n_1 > n_0)$。在图中，隐含的劳动供给曲线是从 W_0^c/P 开始的水平线。

如果预期没有错误，也就是说，如果 $P^{ef} = P^{eh} = P$，那么，现实就业 n^* 等于 n_0^{*e}［如图 14—7（a）决定的］，我们可以把它看做充分就业水平 n^f 或"预期

（长期）均衡"就业水平 n^{LR}。如果 P 比 P^{ef} 和 P^{eh} 都高，则有 $n^* > n_0^{*e}$，反之亦然。因此，就业与其预期水平 n^{*e} 的偏差与预期误差（$P-P^e$）正相关。

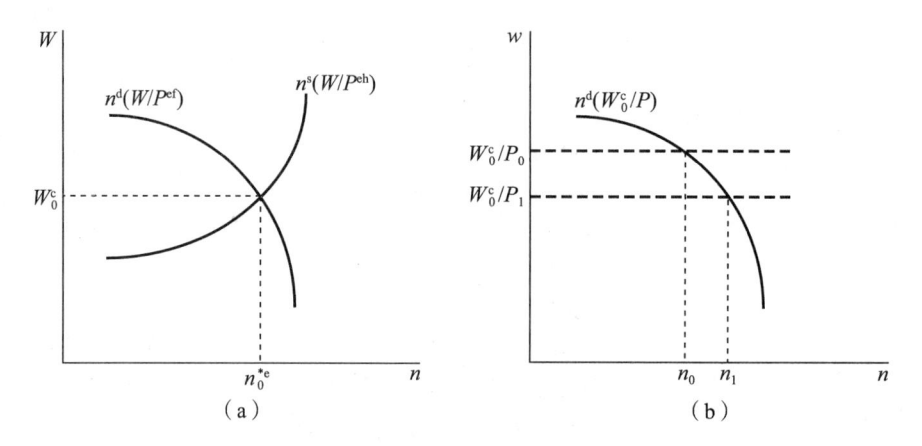

图 14—7

价格预期误差、工资合同期限以及生活费用条款

就业 n^* 同其预期水平 n^{*e} 的偏差只会发生在工资合同的期限内，因为过去的预期误差将在工资合同重新谈判时消除。这常常通过劳动合同中的"赶上"生活成本这一条款来实现。因此，为维持高于 n^{*e} 的就业，就需要有不间断的新的误差。虽然这在有时可能会发生（"人们可以被蒙蔽一时"），但不可能永远这样（"不可能被蒙蔽一世"）。前者通常不得不采取加速的通货膨胀的形式，而后者常以两种形式出现：一是对通货膨胀的未来预期，大大超过过去的（已经历的）通货膨胀率，以反映未来潜在的通货膨胀加速；二是通过缩短工资合同的期限，或在工资合同中增加生活费用条款，来减少或消除因通货膨胀造成的购买力损失。因此，虽然预期误差可能导致就业增加（在加速的通货膨胀期间确实如此），但在现实中这种增加只能是短期的，并不是一个长期现象。特别是，不能指望在长期或在通货膨胀率很高的情况下就业会增加。

一个线性函数形式的简单例子

假定工资谈判时的劳动市场供求函数为

$$n^s = b_1 W/P^{eh}, b_1 > 0 \tag{38}$$

$$n^d = a_0 - a_1 W/P^{ef} \quad a_0, a_1 > 0 \tag{38'}$$

在均衡时有

$$a_0 - a_1 W/P^{ef} = b_1 W/P^{eh} \tag{39}$$

从而合同名义工资将是

$$W^c = a_0 \left[\frac{P^{ef} P^{eh}}{a_1 P^{eh} + b_1 P^{ef}} \right] \tag{40}$$

因此，$\partial W^c/\partial P^{eh}>0$，$\partial W^c/\partial P^{ef}>0$，并且这两种预期的按比例上升将使名义工资率按相同的比例上升。把该方程代入劳动供给函数得到的预期就业水平为

$$n^{*e} = a_0 b_1 \left[\frac{P^{ef}}{a_1 P^{eh} + b_1 P^{ef}}\right] \tag{41}$$

因而这两种预期的按比例上升没有改变 n^{*e}。请注意，就业水平不是在工资合同中确定的，且可以偏离 n^{*e}。

在进行生产时，工资合同规定的名义工资是 W^c，现实实际工资和就业将为

$$w^* = a_0 \left[\frac{P^{ef} P^{eh}}{a_1 P^{eh} + b_1 P^{ef}}\right]\left(\frac{1}{P}\right) \tag{42}$$

$$n^* = n^d = a_0 - a_1 a_0 \left[\frac{P^{eh} P^{ef}}{a_1 P^{eh} + b_1 P^{ef}}\right]\left(\frac{1}{P}\right) \tag{43}$$

w^* 和 n^* 都对 P、P^{eh} 和 P^{ef} 具有零阶齐次性。如果 P 大于它的两个预期值，实际工资最终将低于其工资合同中的预期值，而 n 将大于 n^e，反之亦然。如果预期不存在误差，$P=P^{ef}=P^{eh}$，则 $n=n^f=a_0-a_0 a_1/(a_1+b_1)$。这种预期的均衡就业水平独立于价格水平，因而也独立于古典充分就业水平。注意，预期误差可能使现实就业低于或高于这种充分就业水平。

14.10.2 弗里德曼供给规则

前面的分析类型通常假定

$$P^{ef} = P \tag{44}$$

这种假设常常被如下论点认为是合理的：为了利润最大化，每个企业只需知道自己产品的价格（对此拥有大量的信息）及其自身的要素成本（由合同名义工资代表），但并不一定知晓经济中所有商品的价格。由于（42）式中的平均价格水平 P 只是代表单个商品价格的平均水平，而每一种商品的价格都是由供给该商品的企业确定的，总的来看，企业可能可以相当精确地预测 P。

相比之下，家庭的效用最大化需要知道一般价格水平，以计算名义工资的购买力。要知晓价格水平，就必须知道所有商品的价格，而从某种程度上说，这对于每个家庭来说几乎不可能。因此，可以假定，无论从单个家庭还是从总体平均情况来说，都不可能很精确地预测价格水平，所以 P^{eh} 可能与 P 不同。

在这些假设条件下，就业和产出供给函数可以用更具体的形式表述如下：

$$n^* = \theta(P/P^{eh}) \quad n^{*\prime}>0, \partial n^*/\partial P>0, \partial n^*/\partial P^{eh}<0 \tag{45}$$

$$y^* = \phi(P/P^{eh}) \quad y^{*\prime}>0, \partial y^*/\partial P>0, \partial y^*/\partial P^{eh}<0 \tag{45'}$$

如果 $P>P^{eh}$，则 $w<w^e$，劳动会变得意想不到地便宜，企业将雇用超过其原来预期的雇佣人数。因此，$y^{*\prime}>0$，$\partial y^*/\partial P>0$，$\partial y^*/\partial P^{eh}<0$。（45）式和

($45'$) 式对于 P 和 P^{eh} 具有零阶齐次性。

14.10.3 附加预期的就业和产出函数

由于企业和家庭的预期都与产出 y 负相关，我们可以对符号进行简化，用变量 P^e 取代它们。因此，短期均衡产出函数变为

$$y^* = y(P/P^e) \quad \partial y/\partial P > 0, \partial y/\partial P^e < 0 \tag{46}$$

其中，P^e 现在是企业和家庭的预期价格水平。

当 $P^e = P$ 时，预期不会有任何误差。令家庭的价格预期不存在误差时的就业和产出水平分别为 n^{LR}（或 n^f）和 y^{LR}（或 y^f），这与本章前面的长期分析相一致。由于存在完全的预见性，而不存在价格预期误差，因此，这些就业和产出值是就业和产出的长期均衡水平。

（46）式的对数线性形式为

$$\ln y^* = \ln y^{LR} + \beta(\ln P - \ln P^e) \quad \beta > 0 \tag{47}$$

（47）式是附加预期的产出函数或弗里德曼供给函数。请注意上标 LR 和 * 的不同，前者代表充分就业水平（不存在预期误差），后者代表有预期误差存在的短期均衡水平。相应地，对于就业水平，我们有

$$\ln n^* = \ln n^{LR} + \alpha(\ln P - \ln P^e) \quad \alpha > 0 \tag{48}$$

（48）式是附加预期的就业函数。

请注意，这些方程中的价格预期是指包含在工资合同中的价格预期，而且经济由于这些预期误差而偏离其充分就业水平：与充分就业水平相比，如果 $P > P^e$，产出比较高；如果 $P < P^e$，产出比较低。在前一种情况下，实际工资低于充分就业实际工资，促使企业雇用比没有预期误差的均衡状态下更多的劳动；而后一种情况则正好相反。

把预期均衡定义为不存在预期误差的状态，也就是说，它要求

$$P^e = P \tag{49}$$

根据（47）式和（48）式，在长期预期的均衡中：

$$n = n^{LR} = n^f \tag{50}$$

$$y = y^{LR} = y^f \tag{51}$$

这表明，在预期均衡中，就业和产出水平是充分就业水平，且独立于价格水平。（47）式和（48）式表明，由于存在预期误差，就业和产出水平可能会偏离充分就业水平；正的误差（$P > P^e$）引起产出和就业增加，而负的误差（$P < P^e$）引起产出和就业下降。

14.10.4 短期均衡失业率与弗里德曼的附加预期的菲利普斯曲线

失业量 U 等于 $(L-n)$,而失业率 u 等于 U/L $(=1-n/L)$。因此,u^*、L 和 n^* 的对数值之间的近似关系为

$$\ln u^* = \ln L - \ln n^* \tag{52}$$

根据(48)式和(52)式有

$$\ln u^* = \ln u^n - \alpha(\ln P - \ln P^e) \quad \alpha>0 \tag{53}$$

其中,$\ln u^n (=\ln u^{LR}=\ln L-\ln n^{LR})$ 是自然失业率。u^* 是预期误差存在时的短期均衡失业率。(53)式是附加预期的菲利普斯曲线(EAPC),是弗里德曼(1968)和菲尔普斯(Phelps,1968)修正菲利普斯曲线时提出来的。在动态情形下,菲利普斯曲线方程中的 P 被 π(通货膨胀率)所取代,因此 EAPC 通常被写为

$$\ln u^* = \ln u^n - \alpha(\ln \pi - \ln \pi^e) \quad \alpha>0$$

注意,推导该曲线需要好几个假设条件。其中的一个假定是劳动和商品市场出清,而这正是许多凯恩斯主义者所不能接受的。还需要指出的是,(53)式把对自然失业率的所有可能的偏离,都归咎于工资合同期限内的价格水平预期误差。

附加预期的菲利普斯曲线对于失业波动的含义

前面的争论包含以下三个方面的含义:

1. 现实失业率与自然失业率偏离的根源,是由附加预期的菲利普斯曲线来解释的,而不能归结于预期误差。特别是,凯恩斯主义和新兴凯恩斯主义所考察的多种偏离原因,并没有被考虑进去。[①] 其中,在经济衰退期时,劳动市场不能出清;或者在特定的环境中,如 20 世纪 30 年代的大萧条时期,还会出现持续低于就业均衡的状态。对于新兴凯恩斯主义来说,包含如垄断竞争企业等的市场不完全因素就是一个失败,这是非常重要的(参见第 15 章)。

2. 如果由于劳动合同期限非常短而使预期误差在量上不显著或不重要[②],那么从长期来看,失业的任何波动都必须要用一种自然失业率的波动理论来解释。

3. 在附加预期的菲利普斯曲线中,$u^*<u^n$,要求 $w^*<w^{LR}$,$P^*>P^{LR}$;反之亦然。因此,就业和产出的波动是由于价格水平的变化(即通货膨胀),而不

---

① 这些导致偏离的根源包括劳动市场出清的缺失、商品市场协调的失败、诸如调整滞后等引起的市场失效、企业和劳动一成不变等引起的市场不完全。

② 在具有不稳定和较高通货膨胀率的时期,工人试图通过缩短工资合同期限来保护自身免受明显的预期误差的影响。因此,在相关价格稳定的 20 世纪 50 年代,三年期劳动合同并不罕见。在通胀的 80 年代,三年期和两年期合同变得少见,而一年期合同或在名义工资中包含调整生活费用条款的合同却更加普遍。合同期限缩短的结果,是减少了预期误差的影响,并且使得附加预期的菲利普斯曲线移动到更加垂直的位置。

是由于并未反映在价格（或通胀）中的实际总需求的变化。

鉴于现实经济生活中，失业率在不同的国家以及在经济周期的不同阶段有很大不同，古典理论以从长期来看和各国来看的自然失业率的波动理论作为其预期误差理论的补充。特别是，如果该理论要解释实际发生的失业率，就不能假定自然失业率是不变的。因此，解释失业率的长期变化，需要一种关于自然失业率的长期变化的理论，而解释失业率的周期性变化，则需要一种关于自然失业率的周期变化的理论。

这些论点引出了两种对立的失业理论：

1. 古典理论，无论是在长期还是在经济周期中，自然失业率本身是波动的，伴随着劳动市场的不断出清，预期误差解释了现实失业率与自然失业率的偏离。总需求的变化并没有导致失业率的波动，除非它引起了价格水平事先出现不可预测的变化。

2. 凯恩斯主义失业理论，也允许（但并不要求）自然失业率变化，但强调现实失业率对自然失业率的偏离是商品和劳动的需求变化所致，特别是由于存在预期误差、合同刚性、黏性价格、效率工资等。第15章会详细讨论这些因素。

弗里德曼供给假说的经验有效性：基于劳动市场的价格预期误差

弗里德曼产出模型暗示，可预期的货币政策不会改变产出和失业，这与本章开始时给出的典型事实相矛盾。更进一步，弗里德曼模型表明，不论可预测还是不可预测，货币政策变化的影响都必须通过嵌入合同的价格预期误差和随后的实际工资下降来实现。这与典型事实也是矛盾的：扩张性货币政策会增加产出和降低失业，并不必然会导致价格水平的事先变化或者实际工资的下降。因此，弗里德曼的商品供给短期模型未能提供关于货币政策对产出和失业的短期影响的满意解释。

14.11 价格预期和商品市场：卢卡斯供给函数

附加预期的菲利普斯曲线的基础是，劳动市场中不可预测的价格变化导致实际工资预期误差的可能性。这种侧重于劳动市场的分析，在一定程度上与凯恩斯主义的总体分析更为一致，尽管附加预期的菲利普斯曲线是由米尔顿·弗里德曼提出来的。新古典主义分析更侧重于商品市场及其微观经济的瓦尔拉斯基础，如第3章所述，这表明每一商品的产出取决于其相对价格。卢卡斯（Lucas，1972，1973）、萨金特和华莱士（Sargent and Wallace，1975）修正了微观经济模型的确定性形式，引入了不确定性和企业的相对产品价格预期。本节介绍卢卡斯分析的一种模式。①

---

① 卢卡斯模型的另一种模式可参阅 Walsh（2003，Ch.5）。

卢卡斯供给函数或规则

在上一节假定，企业 i 生产物品 X_i，其产量为 x_i，销售价格为 p_i。该企业购买投入要素，其中，劳动被认为是唯一的可变投入要素。给定名义工资 W，在完全竞争条件下，企业的利润最大化意味着它的供给函数由下式给定：

$$x_i = x_i(p_i/W) \quad x'_i > 0 \tag{54}$$

其中，p_i 由完全竞争市场 i 决定。虽然该企业不直接关注价格水平 P，但卢卡斯的分析假定，名义工资与价格水平按比例变化，因而 P 可以被用做劳动成本的指数。① 因此，用 P 代替 W，可得

$$x_i = x_i(p_i/P) \quad x'_i > 0 \tag{55}$$

为了简化起见，卢卡斯假定在市场 i 中，价格 p_i 偏离 P 的百分比数量为 z_i，它是正态分布，独立于 P 且具有零期望值和方差 η^2。由此有

$$p_i = P + z_i \tag{56}$$

因此，$z_i(=p_i-P)$ 定义了第 i 种产品价格对价格水平的偏离。产品价格 p_i 被叫做"局部价格"，而 $z_i(=p_i/P)$ 被称为"相对价格"，由此第 i 种商品的局部价格变化包含了价格水平及其相对价格的变化。一般价格水平和企业的相对产品价格在任何时候都有可能同时上升。假定第 i 个企业知道其自身产品的价格，但不知道价格水平，只能根据所能获得的信息进行估计。考虑到这种不确定性，把（55）式重新描述为

$$x_{it} = x_i[p_{it}/E(P_t^e \mid I_t(i)) \quad x'_i > 0 \tag{57}$$

其中，x_{it} 代表市场 i 在时期 t 的产出；$E(P_t^e \mid I_t(i))$ 代表市场 i 中的企业根据 $I_t(i)$ 对时期 t 预期的价格水平的平均值（数学期望）；$I_t(i)$ 代表市场 i 在时期 t 可获得的信息。

把（57）式的对数线性形式表述为

$$x_{it} = x_{it}^* + \gamma[p_{it} - E(P_t^e \mid I_t(i))] \quad \gamma > 0 \tag{58}$$

其中，所有变量现在都取对数，x_{it}^* 是第 i 个企业在完全确定或没有预期误差时的产出。γ 是企业对其相对价格上升做出的反应。

卢卡斯（1972，1973）提出了一种具体的方法，用来确定预期相对价格。企业利用可获得的有关总供求变化以及局部价格和一般价格水平的信息，形成它们对当期局部价格和一般价格水平分布的预期。② 也就是说，在本期初，企业掌握

---

① 由于价格水平被作为劳动成本的指数，名义工资率必须按比例地瞬时调整以适应实际价格水平。因此，名义工资必须具有灵活性并能实现瞬时调整，劳动合同不能存在任何刚性且劳动供给函数中不能存在货币幻觉。将其与同属新古典传统的附加预期的菲利普斯曲线对比，后者假定名义工资不能随着实际工资成比例地调整，除非是与可预期的价格水平相关时，因此实际工资不会因为非预期的通胀而发生变化。

② 包含对过去需求和供给发生变动，以及过去局部和一般价格变量的认知，也包含有关未来的任何可获得的信息。

预期价格水平 P^e 的事先分布，均值为 $\underline{P}$，不变方差为 σ^2，而且这种分布的形成先于局部价格的当期观察值。① 在时期 t，企业知道自己的 $\underline{P}$，σ^2，η^2 和观察值 p_i。（第 i 个）企业利用有关局部价格的信息计算 $E(P_t^e \mid I_t(i))$：

$$E(P_t^e \mid I_t(i)) = \underline{P}_t + [\sigma^2/(\eta^2+\sigma^2)][p_{it}-\underline{P}_t] \tag{59}$$

其中，$\underline{P}_t$ 代表预期价格事先分布的均值；σ^2 代表价格水平变量 P 的预期方差；η^2 代表相对价格变量 z_i 的预期方差；$\sigma^2+\eta^2$ 代表局部价格变量 p_i 的预期方差。

（59）式右边的第二项是在可观测的局部价格 p_{it} 的基础上对先前预期价格水平 $\underline{P}_t$ 的修正。

当价格水平不能直接观测时，根据第 i 个市场可获得的信息，（59）式证明是正确的。关于信息性质的这种观点，卢卡斯（1972）将它表述为人们所熟知的"小岛寓言"。该寓言把工人和企业想象成受空间条件限制而分布在小岛（或孤立点）上。企业不知道其他小岛的活动（价格和产出），但必须预测其他小岛的价格水平，以便做出它们的劳动需求和产出供给决策。为了预测价格水平，它们运用历史上自己小岛价格相对于总体的可变性（用 $\eta^2+\sigma^2$ 表示），预测价格水平与先前预期的价格水平的偏离，正如（59）式所说明的。

方程（59）可重写为

$$E(P_t^e \mid I_t(i)) = \alpha \underline{P}_t + (1-\alpha)p_{it} \tag{60}$$

其中，$\alpha = \eta^2/(\sigma^2+\eta^2) \geqslant 0$，因此，$\alpha$ 是相对价格方差与总的局部价格方差的预期比率。

把（60）式代入（58）式，我们有

$$x_{it} = x_{it}^* + \alpha\gamma[p_{it}-\underline{P}_t] \tag{61}$$

求（61）式对所有市场 i 的积分，以 y^s 代表总产出供给，用现实总价格水平 P_t 代替已知的局部价格 p_{it}，有

$$y_t^s = y_t^* + \alpha\gamma[P_t-\underline{P}_t] \tag{62}$$

这就是建立在企业对局部价格和一般价格水平变化的预期基础上的总供给函数。企业对于预期误差的反应包括两个部分：（1）γ，是对预期偏差（$P-P^e$）做出反应的产出变动；（2）α，是 P^e 相对其先期价值 $\underline{P}$ 所做的修正。（62）式通称为卢卡斯供给函数或规则。

如果 $\eta=0$，且 $\alpha=0$，则相对价格预期是稳定的，（62）式变为

$$y_t^s = y_t^f \tag{63}$$

在这种情况下，$\eta=0$，总供给对绝对价格变化从而对总需求变化不做出反应，其结果是在（y, P）空间内总供给函数将是垂直的。但是，如果 $\sigma \to 0$（即价格水平预期是稳定的，从而局部价格变化被看做完全是相对价格变化），那么，总供给函数将会变为

---

① 这些假定使得相对价格的偏离量是随机的。

$$y_t^s = y_t^* + \gamma[P_t - \underline{P}_t]$$

其中，γ 很可能是正的，因为它代表企业对于其相对价格水平上升的反应。

卢卡斯供给函数的另一种解释

（62）式建立在价格错觉上。它与同是卢卡斯提出的另一个方程类似，该方程可根据家庭决策中的跨时工作替代推导出来。在这种跨时效用最大化模型中，对于每时期既定的名义工资和既定的当期价格水平 P_t，如果预期价格水平（P_{t+1}^e）上升，在名义工资既定的情况下，这将降低预期的未来实际工资（W_{t+1}^e）①，而当期实际工资（w_t）不受影响。因此，根据效用最大化，工人将增加当期工作（如通过降低 t 时期内的闲暇时间来提高 n_t^s），替代未来时期的工作（如通过增加 $t+1$ 时期的闲暇而降低 n_{t+1}^s）；反之，如果预期未来价格降低而预期实际工资提高，他们会选择现在工作（和生产）更少。在后一种情况下，这种行为会引起产出的萎缩；而在前一种情况下，这种行为将带来繁荣，从而引起实际经济周期。然而，这种模型的经验显著性是有限的，因为在劳动供给决策中，可观测的跨时工作替代程度太低，不能说明产出在经济周期中有明显变化，故本章不再进一步深入探讨这个问题。

比较弗里德曼和卢卡斯的供给函数

现在存在两种基于预期的菲利普斯曲线关系。一种是弗里德曼的附加预期的菲利普斯曲线，以劳动市场分析的预期误差和合同刚性为基础；一种是卢卡斯供给函数，以商品市场相对价格的预期误差为基础。前者有时被认为是后者的一个特例，其论据是：名义工资是作为劳动供给者的工人的"局部"价格，工人用可观测到的这一价格的增加来形成他们对价格水平和实际工资（劳动的"相对"价格）的预期。然而，这两类供给函数的理论和实证基础是十分不同的②，基于分析因素，最好还是把它们区分开。但它们在某些实质性方面是相似的，因为二者都坚持有关充分就业。请注意，价格预期误差会为现实价格提供信息，因此随着时间推移，它将会被纠正。在现代经济中，现实价格和通货膨胀率的信息滞后期通常为一个月或者数月，从而任何期望误差都将会很快被纠正。因此，预期偏差和短期均衡对充分就业产出的偏离，都会是短暂的和能够自我修复的。

14.12 包含供求函数的卢卡斯模型

前面得到的卢卡斯供给函数为

---

① 注意到，这个未来名义工资刚性的假定在面临预期价格水平上升时是不切实际的。
② 特别地，附加预期的菲利普斯曲线要求名义工资的合同刚性，而卢卡斯供给规则不需要这样的合同刚性。在附加预期的菲利普斯曲线中，如果存在非预期的价格上涨，工人的实际工资会下降，因此是工人发生损失；在卢卡斯模型中，非预期的价格上涨会使企业措手不及，难以应对，使得它们的利润下降。

$$y_t^s = y_t^* + \alpha\gamma[P_t - \bar{P}_t]$$

关于总需求函数，卢卡斯（1972，1973）假定

$$Y_t^d = Y_{t-1}^d + \delta + \mu_t \tag{64}$$

其中，Y^d 代表名义总支出/需求；δ 代表需求的系统（已知的）增加；μ 代表需求的随机变化，$E\mu=0$。

此外，根据名义支出的定义并注意到所有变量都取对数：

$$Y_t = y_t + P_t \tag{65}$$

假定商品市场处于均衡状态，$y^d = y^s = y$，$Y^d = Y^s = Y$，从（62）式至（65）式中消去 y_t。然后，假定如同经典范式所运用的理性预期（即变量的预期水平是它的长期均衡水平），$Ey_t = y_t^{LR}$，$\bar{P} = EP_t$，我们得到

$$P_t = \frac{\alpha\gamma\delta}{1+\alpha\gamma} + \frac{1}{1+\alpha\gamma}Y_t + \frac{\alpha\gamma}{1+\alpha\gamma}Y_{t-1} - y_t^{LR} \quad \alpha \geqslant 0, \gamma > 0 \tag{66}$$

从（65）式开始，用（64）式替代 Y_t，（66）式替代 P_t，得到

$$y_t^* = y_t^{LR} - \frac{\alpha\gamma\delta}{1+\alpha\gamma} + \frac{\alpha\gamma}{1+\alpha\gamma}(Y_t - Y_{t-1}) \quad \alpha \geqslant 0, \gamma > 0 \tag{67}$$

利用（64）式，在均衡状态（$y^d = y^s = y$）下，（67）式简化为

$$y_t^* = y_t^{LR} + \frac{\alpha\gamma}{1+\alpha\gamma}\mu_t \quad \alpha \geqslant 0, \gamma > 0 \tag{68}$$

这个方程构成了现代古典学派的产出理论。它表明，现代古典学派并没有假定充分就业条件或坚持它的持续存在。它确实主张，产出对充分就业水平的偏离是由价格预期误差导致的；然而，在理性预期条件下，任何这种偏离都是短暂的和能够自我修复的。关于现实产出偏离短期均衡的原因，是由构造的分析方法决定的。在这个理论中，只有产出波动（非暂时性以及不能自我修复）是必须由充分就业产出波动导致的，而技术和实物资本、劳动供给和人力资本以及可用资源的变化导致了充分就业产出的波动。实际经济周期理论就是以上述的卢卡斯模型为基础的。

如果企业相信，所有价格变化都是一般价格水平的变化，而且都不是相对价格变化，则 $\eta = 0$，因而 $\alpha = 0$ 且（68）式得到没有误差的产出 y_t^{LR}。也就是说

$$\text{当 } \eta = 0 \text{ 时}, y_t^* = y_t^{LR}$$

从而有 $\partial y_t / \partial \delta = \partial y_t / \partial \mu = 0$。因此，（68）式表明，如果企业预期相对价格不会有任何变化，那么，在确定性之下，总需求的系统性变化和随机变化都不会引起产出偏离其充分就业水平。但是，如果预期相对价格会变化，则 $\eta > 0$，从而 $\alpha > 0$。在这种情况下，需求的随机变化而非系统性变化会有实际影响，因为根据（68）式有

$$\partial y_t^* / \partial \delta = 0 \quad \eta > 0 \tag{69}$$

而

$$\frac{\partial y_t^*}{\partial \mu_t} = \frac{\alpha\gamma}{1+\alpha\gamma} = \frac{\eta^2\gamma}{\sigma^2+\eta^2(1+\gamma)} > 0 \quad \eta > 0 \tag{70}$$

从（70）式可以看到，只有当企业对总需求随机变化对价格水平的影响的认识是错误的，且相信由此导致的价格上升的一部分是相对价格上升时，总需求的随机变化才会引起产出变化。在恶性通货膨胀情况下，一般价格上升的可能性和程度大大高于相对价格的上升，公众的预期很可能是 $\eta=0$，从而即使是总需求的随机变化也不会有任何产出效应。在这一点上，不管是系统性的还是随机的需求增加，都不会改变产出。因此，在恶性通货膨胀情况下，货币对于货币供给的系统性增加和随机增加都很可能是中性的。由此得出的一般结论是，即使货币供给的随机增加也未必引致产出和就业增加。

不对称信息和系统性需求增加对产出的影响

（69）式表明，决策者的系统性需求增加不会改变实际产出。但是，假定决策者确实系统性地〔如通过利用泰勒规则（Taylor rule）〕增加需求，但企业却把它看做随机增加（实际是规则中系数的一次性调整），这就造成了决策者与公众之间的信息不对称。系统性需求增加的这种"隐蔽性或误解性"使其能通过"随机乘数" $\partial y/\partial \mu$ 增加实际产出，其值由（70）式给出。可是，需求增加的系统性迟早会被企业察觉，这将导致两类变化：首先，企业发现获得更好的信息是最优的，从而它们正确地察觉出是系统性需求增加（而非错误地当做随机增加）的可能性会提高。对于这种正确察觉的系统性需求增加，产出将不会改变。其次，企业面对一般价格水平的反复上涨，将修正它们对价格的预期，提高 σ^2 相对于 η^2 的值，从而 $\partial y/\partial \mu$ 将下降。在有限的情况下，如果只存在着由系统引致的价格水平上升，企业就会调整它们的预期以使 $\eta^2/(\sigma^2+\eta^2) \to 0$，从而 $\partial y/\partial \mu$ 将趋向于零。也就是说，隐蔽的或被误解为随机需求增加的系统性需求增加，最终将失去其效力。

卢卡斯模型中失业的含义

为了考察失业对总需求变化的反应，我们从失业的定义 $(L-n)$ 开始，并利用生产函数 $y=y(n)$ $[y'(n)>0]$，建立 y 与 u 之间的关系。（68）式意味着就业 n 是随机需求项 μ_t 而非系统需求项 δ 的函数。所有变量都取对数形式并假定一种对数线性关系，（68）式表明

$$u_t^* = u^n - \beta\mu_t \quad \beta \geq 0 \tag{71}$$

其中，u^* 是短期均衡失业率，β 是 $[\alpha\gamma/(1+\alpha\gamma)]$ 的正函数，因而如果 $\alpha=0$，则 $\beta=0$。首先，我们看到，（71）式和（68）式中都没有 δ，因而 $\partial u_t^*/\partial \delta=0$。其次，注意到（71）式和（68）式中的 α 都是通过 β 存在的，并且，对于 $\alpha>0$ 和 $\gamma>0$，$\beta>0$。对于 $\beta>0$，如果存在总需求的随机增加，那么失业率会下降，因为总需求的随机增加会使单个企业相信，其产品的相对需求和相对价格上升了。也就是说，对于 $\beta>0$，（71）式表明在 (y,u) 空间内有一条负斜率曲线，看起来

像菲利普斯曲线,但并不是菲利普斯曲线①,可称之为"卢卡斯－菲利普斯曲线"。因此,在短期,价格水平上升与产出增加之间似乎存在替换关系(在一般价格上升与相对价格上升的给定预期下)。

然而,(71)式与标准的菲利普斯曲线(参见第 15 章)之间有很大差异。虽然后者被凯恩斯主义者认为是(预期到的和未预期到的)价格上升与失业之间的一种持久的替代关系,但从制定政策角度来看,(71)式不能作为持久的替代关系。在政策上富有意义的需求增加不能是随机的,必须是系统性的,如上述(64)式中的常量 δ,或者也可遵循一些得到公认的规则。根据卢卡斯的分析,任何系统性的需求变化都不能改变实际产出。此外,如上所述,任何被误解为随机增加的系统性需求或价格增加,当其系统性为人所知时迟早会丧失效力。

因此,根据(71)式,决策者不能依赖系统性的总需求增加去引致企业增加产出。正确预期的通货膨胀(就像在通货膨胀率不变或稳定增长的情形下)有一条垂直的卢卡斯—菲利普斯曲线,因而没有持久的负替代关系。虽然这种替代关系可能会因暂时误解通货膨胀性质而在短期数据中观察到,但正如凯恩斯主义者所说,这种替代必须要依赖卢卡斯分析中未包含的理论基础和经验因素。

卢卡斯供给模型的经验有效性:基于商品市场中的价格幻觉

卢卡斯产出模型(Lucas,1972,1973;Sargent and Wallace,1976;参见第 17 章)表明,可预测的货币政策不会改变产出和失业。这很明显与本章开始给出的典型事实相矛盾。此外,卢卡斯模型认为,货币政策改变的效果,不论是可预测的还是不可预测的,都必须通过价格水平的改变和价格预期误差来实现。这与典型事实也是矛盾的:一种扩张性货币政策能够增加产出和降低失业,不需要通过引起价格水平的事先改变,如同卢卡斯(1996)在后来的实验数据评估中总结的一样(参见 14.16 节)。因此,在短期,卢卡斯模型并没有提供关于货币政策对产出和失业产生影响的满意解释。

14.13 对古典范式模型的规定和区分

古典范式的原则是从一些相当不同的来源中演化而来的。最具支配作用的是 19 世纪上半叶的经济和政治自由主义哲学。古典范式的经济分析是对商品、生产要素、货币和债券等单个市场的分析,把竞争比做看不见的手,引导每个市场通过相关价格的调整达到均衡。在这种分析中,所有价格都是弹性的,经过调整使每个市场都处于均衡状态,从而使每个市场都在交易价格上出清。这种单个市

---

① 这并不是菲利普斯曲线或者附加预期的菲利普斯曲线,因为它们都是基于通胀发生时实际工资的下降,而卢卡斯模型并不允许这种下降,他的曲线源于企业的信念,即相对工资会上涨,因此感觉到的通胀率比实际值要低。在我们的假定中,由于名义工资与实际通胀率成比例上涨,企业的相对价格错觉使企业认为是实际工资下降,尽管它并没有下降。这导致的结果是,企业的实际利润会下降,即使它提供了更多的产出——也因此它的产出增加更多是短期的。

场分析的大部分内容都始于下列几大类：由单一商品和劳动市场来决定相对价格、工资、产出和就业；数量论决定价格水平，可贷资金理论决定利息率；以及经济周期理论。这些不同的理论从没有以完整的形式出现过，因此在凯恩斯的《通论》(1936)一书出版以前，没有一位经济学家表述过完整的宏观经济理论或模型。特别是，没有包含消费函数和储蓄函数的完整模型，因此，也没有有关投资乘数和商品市场的总体理论。此外，尽管在风险和不确定性方面有大量的讨论，但上述的传统古典方法并没有很好地吸纳它。这些在凯恩斯《通论》第一章中被称为古典模型，尽管那时的文献中，并不存在已被承认的完整的宏观经济模型。我们把这种前凯恩斯模型称作传统古典模型，以与后来的新古典模型和现代古典模型相区别。

凯恩斯的《通论》史无前例地为经济提供了综合的宏观模型，也彻底改变了短期总量经济学的模型分析方法。在模型中，他赋予商品市场最重要的位置，使用了包含乘数理论和货币需求分析的分析方法。希克斯（John Hicks，1937）把凯恩斯有关商品和货币部门的思想整合到他所谓的 IS-LM 框架中，并以同样的方式表述传统古典模型，以便于相互比较。这样，传统古典模型被以 IS-LM 框架模型的形式重新表述，这一形式被称为新古典模型，而这种方法原本是用来说明凯恩斯的观点的。总需求的 IS-LM 模型与决定产出和价格水平的 AD-AS 模型一起，提供了古典范式的第一个正式的综合宏观经济模型。在 1970 年以前的几十年里，这一模型被不断精炼和发展。本书把增添理性预期（如果存在不确定性）并坚持持续的劳动市场出清思想的新古典经济学称为现代古典模型。[①] 现代古典模型与李嘉图等价定理的结合，被称为新的古典模型。总之，古典范式的这些模型并没有包含不完全市场，也就是偏离完全市场的假设，这在凯恩斯主义经济学中会有重点强调（参见下一章）。

关于如何恰当地划分古典学派或者模型，可能会存在大量的争论。我们在第 1 章中曾介绍过如下的分类方法。尽管有重复的嫌疑，在这里我们还是要详细说明一下。我们不能说这种方法是一种通用方法，或者甚至是主要方法。之所以选择这种方法，是由于它能把模型进行清晰的分类，而不是搁置它们的分歧点，同时它能与经济思想发展史保持一致性。

所有古典范式的学派有一个共同的信念，即研究中的真实世界经济（不仅是模型）在长期中会在充分就业状态下运行，而且长期均衡的一个特点是真实变量对于金融变量具有独立性，从而在这样的均衡中货币是中性的。更进一步，所有学派都相信，对长期均衡的偏离发生在短期，且这种偏离是可以自我修复的，是短暂的。因此，有关低于充分就业的描述，是关于经济继续朝着（而不是反方向）充分就业均衡状态调整过程中的非均衡的描述。这些学派之间主要的不同是，真实世界经济是否能够如此迅速地进行调整，从而拥有持续的均衡；因此，它们不会显示任何非均衡的证据，尽管非均衡在模型中是假想存在的状态。

---

① 注意，现代古典模型与 19 世纪的思想在一些分散的观点上有很大的差异。这些差异包括：包含乘数概念的明确的商品市场分析、货币需求的利率敏感性、货币供给对名义收入直接传导机制的消除、对政府财政赤字及其隐含的未来税收的明确分析、理性预期等。

传统的（或前凯恩斯）古典思想

这一节列出了对前凯恩斯主义经济学家著述的解释和提炼。他们的思想并不是用简洁的模型加以表述或表达的，他们也没有分析支出部门（IS 曲线）和乘数。其普遍的想法是，长期均衡中的产出和就业只取决于实际部门的关系，与货币部门无关。经济中的利率由可贷资金理论决定，这在现代术语中与债券市场理论相一致（参见第 19 章）。此外，有关价格水平决定的数量论，也被应用于均衡状态。但在均衡外，货币供给的变动会改变产出和就业。不仅货币供给会以这种方式影响实物部门，而且经济也被认为在产出和就业上容易产生波动，其中很多都是因为货币供给的冲击或货币供给对实际冲击的反应。特别是，大多数古典经济学家都不相信，经济能够运行得如此之好，总是维持充分就业均衡或在大多数时候维持充分就业均衡。事实上，衰退和危机（其中许多是源于银行部门或金融投机或金融部门对实际冲击的反应模式）在 19 世纪是常见的，这一点已被广泛地意识到。因此，传统古典学派没有假定持续的充分就业或充分就业在大多数时间里都存在。

新古典模型

该模型试图把前凯恩斯古典经济学家的主要思想，都囊括在一个简明的现代宏观经济模型中。这一过程由希克斯在 1937 年开始，他为表达凯恩斯的思想创立了 IS-LM 分析，并使之成为新古典模型不可或缺的一部分。新古典模型继续保有均衡和非均衡两个方面，没有假定迅速的市场出清。在这方面，它比现代古典模型更忠实地代表了凯恩斯之前的古典经济学家的思想。①

现代古典模型和新的古典模型

现代古典模型的确定性变体通过添加持续市场出清的假设（特别是在充分就业水平下的劳动市场），修改了新古典模型。通过这样做，它忽略了新古典模型的非均衡性质和乘数，认为它们与现实无关。这一模型的不确定性变体还添加了理性预期假说。有些经济学家还可能再加入李嘉图等价假定。但是，我们定义的现代古典模型排除了这一假定，仅把它作为新的古典模型的一部分。按照我们的定义，这一区别意味着财政政策在现代古典模型中能改变总需求，在新的古典模型中则不能。

因此，根据我们的说法，现代古典模型的构成为：

1. 添加了经不确定性假定、理性预期假说和持续市场出清假定修正后的新古典模型；

2. 不确定性，由于价格预期误差而出现的产出和就业对其长期均衡值的偏离；

3. 理性预期假说，暗示预期误差是随机的；

---

① 这一现代古典模型在其他方面也不同于传统古典模型。其中之一与现代古典模型中投机性货币余额的存在有关，传统古典模型的数量论中没有这种余额。

4. 持续市场出清（特别是劳动市场和产品市场）。

新的古典模型的构成为：

1. 经李嘉图等价修正后的现代古典模型；
2. 李嘉图等价。

请注意，现代古典模型和新的古典模型，都将货币供给变动作为改变经济中总需求的一种政策工具，但在两者中，只有现代古典模型允许财政政策改变总需求。在长期，这两种模型都暗示在充分就业状态下存在货币中性，因此货币供给的影响和流通速度的改变，只对价格水平产生影响，与实际产出和就业无关。此外，在短期，货币供给和流通速度的不可预测的变化，能够引起产出和就业对其长期值的偏离；然而，考虑到理性预期的条件，随着新的价格信息的运用，这种偏离是短暂的并会自我修复。因此，两者都暗示，使用系统性的货币政策来改变经济中的产出和就业水平，既无必要，也不可能，因此，这种政策不应当被实施。这种思想在第15章和第17章还会进一步探讨。

14.14 实际经济周期理论和货币政策

经济周期是实际经济中（而非理论分析中的）产出和就业的周期波动。其分析涉及短时期，这里的短时期是年代时间概念，而不是理论分析中的短期和长期。

实际经济周期理论是现代古典模型的分支，它认为，经济波动只有在对经济冲击做出反应时发生，而且这种冲击直接影响到长期产出和就业的基础决定因素（如，参见 Prescott，1986；Christiano and Eichenbaum，1992；Romer，1996，Ch.4）。这些决定因素包括决定生产函数和投入需求的技术，以及投入要素的供给。后者主要有偏好，包括劳动供给的偏好，这取决于劳动闲暇的选择和资源储量。生产函数或者投入供给的变动会改变长期均衡产出，也会引起产出的周期波动。实际经济周期理论源于经济周期的基础决定因素，而这来自古典范式的一般宏观经济模型。

明确地说，实际经济周期理论也认为，总需求的变化，无论原因是什么，都不会导致产出和就业的变化，因此也不会导致经济周期波动。因此，消费、投资、出口、货币供给和需求（或者中央银行的利率政策）的变化或财政赤字都不会改变产出和就业。这个排他性命题来自现代古典模型的长期均衡属性。为保证有效性，这个命题要求完全竞争市场条件和经济中长期均衡的持续存在。

实际经济周期理论的政策含义是，如同现代古典模型详细阐述的，系统性的货币政策（和财政政策）不会影响产出和就业，从而它们不能被用来调节经济周期。这个含义的关键基础是弗里德曼—卢卡斯供给方程和理性预期，它们表明，可预测的价格、通胀和货币政策的变化均不会影响产出。因此，泰勒规则（即系统性的货币政策在产出缺口和通胀偏离目标比率的情况下，能够通过改变利率影响总需求），只能用于控制通胀，而不适用于降低产出缺口。根据现代古典学派的观点，由于随机货币政策能够改变总需求，中央银行不能预测且因此不能剔除总需求中个人组成部分的随机波动。总之，在新的古典模型中，货币政策和泰勒规则在调整和缩短经济周期持续时间方面，都扮演不了合乎逻辑的角色。

直观地说，实际经济周期理论在解释衰退方面问题是最明显的。它把衰退归因于劳动供给的减少和（或）闲暇偏好的增加。对这些解释的反对意见可以将其简洁表述为这样的俏皮话：衰退的发生是由于"工人忘记怎么去工作"（或者"失去了一些认知"），和（或）由于他们决定懒惰一段时间，因此导致了产出的衰退！这些解释都是不合乎常理的，因此真实经济周期理论的有效性是高度存疑的。看一下经济周期中的上升阶段，实际经济周期理论把上升阶段归因于生产增加和（或）对工作的偏好大于闲暇。在经济上升阶段的持续时间上，后者完全不合常理，而前者却是貌似合理的。然而，经济周期理论在这里也做出了貌似可信的结论，即总需求增加也不是经济上升阶段的原因，这个结论是高度可疑的。

实际经济周期命题基于这样的假设，即经济中所有市场都可认为是竞争的和有效的（如持续均衡）。这个假设与凯恩斯范式模型是不一致的，因为后者包含了市场不完全和（或）在需求冲击下经济不能立即恢复长期均衡的假定。在这些模型中，不论通过投资或其他私人部门变量的变动还是通过货币和财政政策，总需求的变动都能改变产出，并成为经济周期的来源，或导致经济周期的持续。在货币政策方面更加明确的是，市场不完全能够导致货币非中性，从而货币供给的波动能够加强产出波动。相反，由于来自私人部门的总需求冲击，适当的货币政策能够降低周期波动的剧烈程度。此外，凯恩斯主义并不否定，产出基础决定要素的变动（上面提到过）也能导致产出波动。

因此，关于实际经济周期理论有效性的争论核心，并不是技术和投入要素的冲击是否能够引起周期波动，因为这并不在争论中，而是，对总需求的冲击是否能够引起这样的波动以及货币政策是否能够减轻这些波动。实际经济周期理论和现代古典学派否认它们具有这种能力，或者能在很大程度上做到；而凯恩斯主义则认为它们可以做到。这通过合适的因果关系检验能够很容易地检验出来。通过实验数据达成的共识似乎是，产出波动的大部分（在一些评估中，有70%之多）可以归因于生产力冲击。这证明了实际经济周期理论的正确性，而20世纪40年代到20世纪70年代的凯恩斯主义则把大部分经济周期波动归因于总需求的变动。然而，实验数据却留下了产出波动中的一个非常重要的部分，这部分不能被技术和偏好变动所解释。总的来说，实验数据，包括直觉因素，似乎表明，总需求的波动（除却技术和偏好变动）确实能够引起产出和就业的波动，货币供给的增长与产出的增加正相关。因此，实际经济周期理论并不是严格有效的，货币政策可以在合适的情况下被用于降低产出波动。

实际经济周期理论的解释们也倾向于用校准和仿真模型来检验理论，而不是通过对理论假定进行经济学的检验。前一种方法需要对参数变量的可能取值进行先验的描述，对此会存在疑问和误差。此外，当这些假定取值发生细微变化时，结论可能也会随之改变；或者要与经验观测值相一致，可能需要非常不合常理的取值。因此，这种检验方法以及它得出的结论并没有被广泛接受。

实际经济周期理论似乎有两个主要的贡献：其一，它牢固树立了这样的观点,即技术和偏好的变化确实引起产出周期波动,这也许比总需求波动的作用更重要;其二,实际经济周期日常研究中开创的用于宏观经济建模的方法,也被牢固建立起来。这种方法要求,宏观经济学应建立在长时期内个体经济主体在动态环境中达到最优化的基础上。这种对宏观经济学进行的随机动态跨期分析方法,渗透于目前的宏观经济学模型中,包括新兴凯恩斯主义模型,这将在下一章中提到。实际经济周期理论最主要的缺陷和不切实际的地方是,它否定需求变动在产出波动中的任何作用。

总需求变化对产出影响的经验数据也常常显示出货币政策变化对产出的影响,而货币变化能够影响总需求。这个有影响力的研究是由弗里德曼和施瓦茨在1963年进行的,他们利用美国100多年的数据清楚地证实,货币供给变化导致了实际经济活动的变化,并通过了格兰杰因果检验。然而,内部货币(如银行存款)是货币的主要组成部分。随后其他学者的研究显示,存款会响应宏观经济扰动,因此货币与过去的产出而不是未来产出高度关联,如存款滞后于产出,而不是领先于产出。然而,货币需求,如M2,仍然领先于产出。此外,如果中央银行把利率作为货币政策的操作目标,货币供给对此进行内生的反应,那么数据似乎显示利率变化先于产出。

总之,实验数据显示,实际因素的冲击,如技术和偏好,确实会导致产出发生波动,货币供给和利率等货币政策变量的冲击,也同样会影响产出。现代古典学派和实际经济周期理论的模型对于后者(货币供给和利率等货币政策变量冲击影响产出)并没有提供令人满意的解释。近些年来,新兴凯恩斯主义学派的黏性价格和通胀模型,被尝试用于解释经济波动。Ireland(2001b)提供的研究是这些研究中的一个例子。

14.15 米尔顿·弗里德曼和货币主义

米尔顿·弗里德曼在从凯恩斯主义经济学到新古典和现代古典经济学的反向革命中占据着特殊的地位,尽管和现代思想相比,在许多方面他的思想更接近20世纪60年代至70年代的新古典经济学。在20世纪50年代,弗里德曼认为并通过他的理论和经验成果表明,"货币是重要的",也就是说,货币供给的变动改变了名义国民支出和收入,这是与凯恩斯学派的一般观点针锋相对的,后者认为通过货币政策产生的货币供给变动不会明显地影响经济,或会以意想不到的方式影响经济。① 针对凯恩斯学派,弗里德曼认为并试图通过经验研究表明,货币—收入乘数比投资—收入乘数更稳定,因此货币政策在对名义国民收入的影响上,并不比财政政策更不重要或更不可预测。然而,弗里德曼认为,在1913年联邦准备制度建立前后,美国经济主要的不稳定是(或至少是)因货币的不稳定而加剧的,大部分经济萧条是伴随着货币紧缩的。因此:

---

① 参见第2章对他1956年文章的说明。

  关于货币政策能做什么，历史经验教授的第一课，也是最重要的一课是……货币政策能够阻止自己成为经济扰动的主要来源。（然而，由于）货币政策能够用于平复经济系统中由其他因素引起的主要扰动……我们并不能充分了解以至于识别正在发生的微小扰动，或者精确地预测其会产生的影响……（因此，货币政策应该只用来平复主要的）扰动，当这种扰动带来明确的和现实的威胁时。

（Friedman，1968，pp. 12-14）

  弗里德曼因他的主张而著名，他认为通胀随时随地都是一种货币现象，在长期，货币供给的增加，而不是实际产出的增加会导致通胀。为了重新确立"货币很重要"这一观点，弗里德曼研究工作的另一个方面，是在20世纪50年代和60年代形成的理论中——并通过经验研究——表明，货币需求函数是稳定的。根据这一结论，货币流通速度也是一个稳定的函数。我们在第2章弗里德曼对货币数量论的重新阐述中，已经讨论过其中的一部分成果。这些观点在20世纪60年代初期为学术界所接受，推动了总需求决定从凯恩斯宏观经济学向IS-LM模型所表现的凯恩斯—新古典综合的转变。对于名义变量和经济中实际变量间的关系，20世纪50年代和60年代的凯恩斯主义者曾依赖于菲利普斯曲线，该曲线表明在通货膨胀率和失业率之间存在负向替代关系。弗里德曼认为，自然失业率（从而充分就业）独立于预期通货膨胀率，因此产出和失业率的波动与通货膨胀率对其预期水平的偏离有关。这一关系被称为弗里德曼的附加预期的菲利普斯曲线，包含了他对自然失业率的贡献。

  虽然弗里德曼将通货膨胀率预期的作用引入了对经济中货币政策作用和有效性的讨论，但他并没有提出理性预期理论。理性预期假说当时还没有进入文献，弗里德曼在其经验研究中依靠的是适应性预期。所以，弗里德曼是现代古典学派的先行者，但并不完全属于该学派；该学派也没有全部遵循他的思想。弗里德曼在一个重要的方面比后来的现代古典学派更接近凯恩斯主义者。就像凯恩斯主义者一样，他相信经济不能总是保持充分就业和充分就业产出，也不能总是在自然失业率下运转，尽管后一概念是他分析的核心。因此，政策引致的总需求变动可能引起产出和就业的短期变动。所以，货币的作用可以达到这样的程度，即，在特定的经济周期阶段，它的变动会引起就业和产出的变动。虽然这一观点与凯恩斯主义者一致，但弗里德曼反对凯恩斯主义者将相机抉择的货币政策作为一种稳定工具，特别是用于"微调"经济的工具，因为他相信，货币供给变动对名义收入的影响具有一个漫长且易变的时滞。关于货币政策的外部时滞，他说道：

  货币供给的变化率清楚地显示出它具有与一般经济活动相似的周期，并早于后者一个很长的时期。平均说来，货币供给的变化率到达顶点比一般经济周期到达顶点早16个月，到达谷底……比一般经济周期早12个月……另外，周期与周期间时差很大，自1907年以来，时间间隔最短时货币顶点比商业顶点早13个月，最长时早24个月；相应地，到达谷底的区间为5～21个月。

（Friedman，1958；参见 Friedman，1969，p. 180）

货币供给变动和名义收入间具有这样漫长和易变的时滞，货币当局因而无法确定政策引致的货币供给的增长何时会对经济产生作用。事实上，在衰退期的这一增长可能在其后的繁荣时期增加总需求，从而仅仅提高了那时候的通货膨胀率。因此，弗里德曼认为，以稳定经济为目的的相机抉择的货币政策，可能会造成不稳定。弗里德曼对货币政策的建议是，它应当维持一个低的不变的货币供给增长率。他写道：

> 理论中几乎没有提到这样的规则，即货币供给应该保持以不变的速率增加。真实的情形完全是它应该在实际中确定。具有说服力的大量理论观点都认为，应该改变货币供给增长速度，以平复其他因素。实践中的难点在于，我们不知道什么时候去做以及做到什么程度。因此，在实践中，对于单一规则的偏离是不稳定的，而不是相反。
>
> (Friedman, 1959)[①]

因此，虽然弗里德曼和现代古典经济学家都反对实施相机抉择的货币政策，但他们的理由却很不相同。对于弗里德曼来说，货币供给变动能够改变产出和就业，但其影响所具有的漫长且易变的时滞使得相机抉择政策不可取。它会使经济变得更糟而不是更好。在现代古典经济学家看来，经济能够维持充分就业，因此针对货币供给的系统性的政策变动不会改变产出和就业，只会改变价格水平。此外，对这个学派来说，货币供给的系统变化对名义国民收入影响的时滞并不重要。

关于从货币供给变动到收入变动的传导机制，与凯恩斯主义和IS-LM模型中的间接传导机制（从货币供给到利率再到投资）相比，弗里德曼更支持费雪的直接传导机制（从货币供给变动直接到支出变动）。新古典模型和现代古典模型赞同前者而不是后者。

货币主义者和圣路易斯方程

货币主义和货币主义者的定义方式多种多样。宽泛地说，货币主义是一种认为货币在经济中起作用的观点。从这个意义上讲，弗里德曼、凯恩斯和凯恩斯主义者[②]都是货币主义者，而现代古典学派不太像货币主义者，因为他们不重视货币供给变动对经济中实际变量的影响。从较窄的意义上说，货币主义与货币经济学和宏观经济学中的圣路易斯学派有关。我们将从这一意义上定义货币主义。圣路易斯学派在20世纪60年代末期和70年代初期提出了估计名义收入和货币供给间关系的一种经验方法。下面是这种估计方程的简化形式：

$$Y_t = \alpha_0 + \sum_i a_i M_{t-i} + \sum_j b_j G_{t-j} + \sum_s c_s Z_{t-s} + \mu_t \tag{72}$$

---

① 弗里德曼（1968）对于以上的政策说明有重申。
② 对于20世纪50年代和20世纪60年代流行的很多凯恩斯模型来说，这并不是正确的。其中，一些模型把货币降到不重要的位置上，因为它们认为货币只是经济流动性中的一小部分，经济中的流动性还包括商业信用等；一些模型认为价格水平和通胀率是企业和行会进行相对收入份额斗争的结果；而另外一些模型则认为，企业奉行完全成本价格政策，而货币供给会保持与得到的价格水平相一致，因为央行不愿意看到失业率上升。

其中，Y 代表名义国民收入；M 代表恰当货币总量的过去和现在名义值的向量；G 代表恰当财政总量的过去和现在名义值的向量；Z 代表其他独立变量的向量；μ 代表扰动项。

（72）式被称为圣路易斯货币主义方程，在第 8 章已被讨论过了。虽然它的常见形式使用名义收入作为因变量，但根据研究者的兴趣，因变量可以改变为实际产出、通货膨胀率或某种其他的内生变量。一般来说，圣路易斯方程是短期宏观模型估计方程的一种简化形式，货币总量和财政变量被认为是外生的。

圣路易斯方程是决定财政货币政策对名义国民收入和其他变量影响的流行方法。圣路易斯联邦储备银行的研究者（Andersen and Jordan, 1968）对它的估计显示，货币总量对名义收入具有强烈的、正的和迅速的影响，其影响比财政政策更显著。边际货币—收入乘数在五个季度中大约为 5，而财政政策的边际影响在第一年是正的，然后就变成了负的，在五个季度中乘数仅仅为 0.05。① 这些结果与弗里德曼的立场是一致的，除了一点，即对圣路易斯方程的估计所显示的时滞比弗里德曼发现的更短和更可靠。因此，与弗里德曼的建议相反而与凯恩斯主义相一致，货币主义的立场是，货币政策对于短期稳定可能有用。圣路易斯货币主义者还相信（弗里德曼和凯恩斯主义者都一样），货币供给变动在低于充分就业的状态下，对实际产出具有显著的和正的影响。然而，货币主义者认为（弗里德曼这样认为，但凯恩斯主义者不这样认为），经济在长期会达到充分就业，因此货币供给变动的长期影响只对价格水平起作用。关于传导机制，圣路易斯货币主义者支持直接传导机制，尽管他们的估计方法不足以用来区分这两类机制。在经济学中，凯恩斯主义在 20 世纪 70 年代以前占据主导地位，新古典和现代古典学派在 80 年代和 90 年代占据主导地位，圣路易斯货币主义是其间的一个过渡阶段。在许多方面，它是凯恩斯主义和弗里德曼宏观经济思想的混合体，为古典学说的复兴开辟了道路。由于它的理论基础并没有被继续使用，因此它对于货币政策的影响也被证明更为长久。基于此，它的贡献是提出了货币很重要，货币供给的控制对于控制通货膨胀非常重要，以及通货膨胀的责任在央行这几个观点。

14.16　经验实例

证实古典模型含义的经验有效性的途径之一，是将它的政策含义与本章开始列出的典型事实相比较。在长期，古典模型显示，经济产出和失业是独立于货币供给、价格水平和通胀的，而货币供给和价格水平的关系是成比例的。这两个含义似乎是被长期的数据所证实的（Kormendi and Meguire, 1984；Geweke, 1986；McCandless and Weber, 1995；Taylor, 1996；Lucas, 1996），尽管一些

---

①　圣路易斯方程的无数次应用都表明，它的经验结论在国家、时期和政策变量定义不同时有所不同，但它们的基本结论是，货币供给变动对富有活力的经济具有强烈的短期影响。

研究显示，在一般低通胀的情况下，产出和通胀具有正相关关系（McCandless and Weber，1995），而其他研究显示是负相关关系，尤其是高通货膨胀率的情况下（Barro，1996）。

现代古典模型显示，通过弗里德曼—卢卡斯供给分析可知，在短期，或者受到扩张性货币政策（如扩张性货币供给政策和降低利率的政策）的动态影响，价格和通胀率将会提高。如果这一提高是不可预测的，产出将会增加，失业会减少；如果它是可预测的，产出和失业将不会发生改变。然而，如同典型事实所反映的，产出和失业对于扩张性货币政策的动态响应是驼峰状的：产出首先增加（同时失业降低）几次，然后开始下降（Sims，1992；Ball，1993）。这与现代古典学派认为的反应模式相矛盾。此外，尽管可预测和不可预测的货币政策效果有所不同，但这种不同却未必重要。无论何种情形，可预测的货币政策对产出和失业常会产生重要的影响，而未预期到的价格和通胀变化对发生的产出变化只能起到一小部分作用。更进一步，正如弗里德曼和卢卡斯供给规则所述，货币政策的实际效应并不是通过业已发生的价格和通胀率变化发生的（Lucas，1996）。

因此，不可否认的结论是，现代古典模型确实提供了令人信服的有关货币和产出（或就业）长期关系的解释，但是它对货币和货币政策对产出和失业之影响的短期理论却没能提供令人满意的答案。

本章介绍了在短期宏观经济学中古典范式的分析方法。然而，它在实际情况中效果又如何？对此，我们引述卢卡斯提供的评价。他的观点与现代古典学派相一致，并成为这一学派的主要贡献者。

卢卡斯对货币中性和非中性的看法

作为诺贝尔经济学奖的获得者之一，卢卡斯在诺贝尔获奖发言（1996）中写道：

> 总的说来，由休谟在1752年（和很多其他学者通过不同的方式）提出的长期中货币变动导致价格成比例变动的预言，在很多地方都已经得到了证实。对于货币量变化导致产出朝同一方向变动的观点，在一些数据中也得到了证实，但在其他的数据组中却很难看到。大规模的货币增长的减少可能伴随着大规模的萧条，或者，如果是以一种可信的改革的形式来操作的话，也可能根本不会出现萧条。
>
> （Lucas，1996，p.668）

> 有些时候，如在美国大萧条时，货币增长的减少似乎对生产和就业产生了很大影响。另外一些时候，如在第一次世界大战后欧洲恶性通货膨胀的末期，货币增长的大幅减少似乎是中性的，或者几乎是中性的。这类观察结果似乎意味着，如同凯恩斯—希克斯—莫迪利安尼（Keynes-Hicks-Modigliani）IS-LM模型的理论框架，单一乘数适用于所有货币变化，而不论它们的原因或可预见性如何，这样的理论框架并不适合用于指导实践。
>
> （Lucas，1994，p.153）

应注意到，这段引文说明，在一段相当长的时期内，货币供给变化并不需要一直都是中性的，它也能够（不是必然）产生较大的实际效应。但是古典范式的现代版本并没有提供理论去解释这一货币非中性的重要例子。

卢卡斯对现代古典短期分析之有效性的看法

卢卡斯认为："包含现实的货币非中性的宏观经济学模型还不存在"（Lucas，1994，pp. 153-154）。"……可预测的和不可预测的货币增长变化具有非常不同的效应"（1996，p.679）。然而，对于把这种非中性归结到价格水平中不可预测的或者随机的变化的模型，有证据表明：

只有很少一部分的产出变化，可以由非预期的价格变动来解释。尽管这样的证据似乎表明，货币的意外变化会有实际效应，但它们似乎并非如卢卡斯（1972）所说的会通过价格上升来传导。

（Lucas，1996，p.679）

请注意，这一引文表明，货币供给变化在引起实际产出变化之前，不必首先引起价格的变化。也就是说，产出可能会响应货币政策的变化而发生变化，尽管市场或许没有首先或曾经调整价格。这就意味着，一种扩张性货币政策在体现为通胀之前能够导致产出增长（Mankiw，2001）。在微观经济学和宏观经济学层次上，这对于长期古典范式及其基础假设来说，都是一个强有力的驳斥。长期古典范式认为，需求增加后，价格是市场调节的第一环，而价格是由经济主体的需求量和供给量调整决定的。

卢卡斯对宏观经济理论状态的看法

关于因货币而引起的不稳定，其实际影响的重要性和性质，已毋庸置疑，至少对于第二次世界大战后的美国来说是这样。尽管大家都认同，我们需要经济理论，从而以一种精确的和可操作的方式来掌握货币的非中性影响，然而在很多可用的选择中，无不充满艰难。

（Lucas，1994，p.153）

因此，鉴于卢卡斯的上述评论，可以公平地做出结论，短期现代古典模型（以商品市场价格错觉的卢卡斯模型和工资合同中发生的弗里德曼预期错误为基础）没能提供对货币政策影响产出、就业和失业的经验证据的满意解释。因此，我们必须继续寻找关于这种影响的另外的理论。下一章将会讨论凯恩斯范式的诸多理论，以及它们在这个问题上所取得的成就。

结　语

传统古典模型占据了19世纪至20世纪初期的大部分时间，思想体系有些杂乱无章，比如把充分就业看做长期均衡状态，但非均衡却很有可能存在。货币供给的变动影响就业和产出，导致经济周期波动。传统古典分析主要包括价格的数量论和利率的可贷资金理论，没有明确的就业和产出理论。但传统古典主义者一般相信，在一次货币扰动之后，经济最终会恢复到它的充分就业水平，因而不用投资乘数概念对生产市场进行分析。

新古典模型利用 IS-LM 工具，将传统古典分析重组为一种简明形式，通过 IS 曲线明确地将生产市场分析结合进来。它还用价格水平的一般均衡决定取代数量论。本章阐述的模型避开了新古典模型的许多其他分析，强调了它的均衡（在充分就业水平上）和非均衡分析。特别是，该模型没有假定在应用于现实经济和政策建议上，可以忽略非均衡分析。

我们在界定从新古典学派发展起来的各学派时，增加了理性预期和持续充分就业假设，把新古典模型转变为现代古典模型，由于预期误差的存在而允许对充分就业的短期偏离。再把李嘉图等价学说纳入现代古典模型，就变成了新的古典模型。后者意味着，财政赤字甚至不影响经济中的商品市场均衡或总需求，因此，财政变量不能作为政策工具来使用。然而，货币供给仍然是经济中调节总需求的政策工具。

新古典模型引申出来的含义通常针对它的充分就业均衡状态。在这种状态中，产出也处于充分就业水平。此外，由于新古典经济学家通常假定均衡会在一个合理的或可接受的时期内得到恢复，因此，即使针对非均衡状态，新古典的政策处方仍是：不要干预经济，让它自行达到均衡。货币政策和财政政策不应该被使用。如果被实施，它们不会影响宏观经济变量的实际均衡值，而只会改变名义值。几乎没有经济学家和中央银行接受这些关于货币政策和财政政策的短期影响的命题。大部分的央行，如果不是所有的话，实际上都在实施货币政策来调整经济的短期表现。

新古典模型的均衡部分，在过去一段时间里，为美国的里根经济学和英国的撒切尔主义政治经济学派提供了理论基础。这些政治学说要求货币和财政当局停止改变经济中实际产出和就业的企图，将货币政策局限在价格稳定这一唯一目标上。这些学派不再受欢迎了。

现代古典模型的短期部分，认为不可预测的通货膨胀带来的预期误差会导致产出对充分就业水平的偏离，这很明显是无效的。将这个模型的含义与本章开始时提供的关于可预测的货币政策影响产出的典型事实相比较，就会很清楚地看到。此外，根据卢卡斯（这个模型的主要贡献者之一）所言，"只有很少一部分"对现实的偏离是由于价格预期误差导致的，因此，古典范式并没有解释大部分对充分就业的现实偏离。相应地，附加预期的菲利普斯曲线和弗里德曼—卢卡斯供给规则也没有对失业率对自然失业率的大部分偏离做出解释。坦白地说，在卢卡斯关于经验证据的评论中，古典模型在以下问题的解释中并不是令人满意的：1. 对充分就业产出和充分就业劳动的偏离；2. 货币政策影响产出的方式；3. 货币政策影响产出的程度。这些结论在文献中已经广为接受，因此，弗里德曼—卢卡斯的价格错觉观点（价格和工资弹性模型中不完全信息导致价格错觉）并不被认为是对货币政策短期非中性的合理解释。因此，有必要为这个问题寻求其他的解释。凯恩斯范式为短期货币非中性提供了更多的且明显不同的解释。下一章将会开始研究凯恩斯范式，并评估其经验有效性。

主要结论

※ 经济长期一般均衡中，货币数量是中性的，货币政策不能用于增加或减少产出水平或失业。它只能改变总需求的名义值、价格水平和通货膨胀率。

※ 在短期，弗里德曼和卢卡斯在新古典模型中引入了不确定性和预期，通过价格预期误差，建立了就业和产出有别于长期水平的短期均衡。

※ 有关经验证据的评论表明，在短期，产出和就业确实取决于货币政策和财政政策。

※ 与现代古典模型不同，货币政策可观察到的大部分影响，并不是首先通过改变价格来实现，也不是由于价格预期误差而实现的。

※ 因此，引入价格（或通胀）错觉的模型不能合理解释产出、就业或失业对它们长期水平的短期偏离，也不能解释货币的短期非中性。

复习讨论题

1. 讨论："在现代古典模型框架中，货币增长率是通货膨胀趋势率的唯一决定因素，而财政政策的状态则与之不相关。"

2. 讨论以下陈述在理论分析和经验层次方面的有效性：在满足价格和工资弹性的条件下，庇古效应能够确保充分就业均衡的存在。

3. 假定政府希望增加它的支出 g，可以选择通过增加税收、发行债券或基础货币来融资。另外，当 g 通过债券或货币融通而增加时，中央银行还能采取抵消性的公开市场操作。融资方式和公开市场操作的哪一种组合方式，能在新古典模型中实现下列目标：(1) 价格水平 P 不变；(2) 投资 i 不变；(3) P 和 i 都不变。

4. 分析下列陈述：政府赤字对通货膨胀率、实际产出和失业的影响，取决于赤字的融资方式。在下列情况下，分析上述陈述：(1) 已知中央银行遵循稳定货币供给增长率的规则；(2) 政府债务（债券）只卖给中央银行；(3) 已知中央银行遵循稳定名义利率的规则。

5. 货币当局决定采用下列货币供给规则之一：(a) $M^s = kPy$；(b) $M^s = ky$。其中 $k>0$。说明它们在以下情况下对总需求、价格和产出的含义：(1) 新古典模型；(2) 货币投机需求为零的新古典模型（即 $\partial m/\partial R = 0$）。每一种政策都是切实可行的吗？

6. 20世纪60年代的一项银行业创新是对某种类型的活期存款支付利息。假定对货币支付的利率为 R_m，它等于 $(R-x)$，其中 x 是市场结构和存款服务成本外生决定的名义值。(1) 利用鲍莫尔的交易需求模型推导货币需求函数。(2) 把上述需求函数推广到 $m^d(y, R, x)$，说明当 x 和 P 变化时，LM 曲线的行为。

(3) 在新古典模型中，x 增加对总需求和价格水平的影响是什么？(4) 如果 r 和 x 总是随预期通货膨胀率增加，再做一遍 (2) 和 (3)。

7. "为了使经济具有确定的价格水平和货币具有正值，经济必须有货币需求和限制货币供给的机制。"用（a）数量论、（b）新古典经济学、（c）新的货币经济学的观点来讨论。

8 "在封闭经济中，如果中央银行保持货币存量不变，政府赤字的增加对总需求和经济既没有短期影响也没有长期影响。"用新古典模型和新的古典模型（包含理性预期和李嘉图等价）来讨论。

9. 讨论：经济周期和可观察到的实际变量与货币变量之间的正相关关系的存在，是否意味着现代古典模型对于政策制定既无用也无关。

10. 描述一个只产生实际经济周期的模型。讨论这一模型是否考虑货币和产出之间可观察到的周期性相关。

11. 谈谈新的古典模型（含有理性预期和李嘉图等价）。分析货币政策在该模型中的作用。该模型如何解释 20 世纪 90 年代大多数发达国家发生的严重衰退？在减轻衰退对产出和失业的影响上，哪种货币政策（如果有的话）与该模型一致？

12. 讨论以下命题：如果工资和价格是完全弹性的，不论在短期还是在长期，货币供给增长率的变动都不影响产出和失业。

13. 讨论："货币增长率是总需求和通货膨胀趋势率的唯一决定因素，财政政策的态势与它无关。"

14. "关于对需求冲击的响应，市场对短期价格的调整发生在企业和经济层面的数量调整之前。"讨论此论述背后的相关理论，并在宏观经济层面讨论其经验有效性。

15. 挤出假说认为，投资被财政赤字所挤出。在以下情况中，它是完全有效还是部分有效？(1) IS-LM 模型；(2) 新古典模型；(3) 现代古典方法的长期均衡。作为答案的一部分，讨论：完全的挤出会在下列情况下发生吗？(1) 一个金融发达的经济体；(2) 一个金融欠发达的经济体。

16. 20 世纪 70 年代货币主义和新的古典学派有时被置于同一旗帜下。这些学派如何看待经济中短期失业的存在？各个学派认为应采用什么政策来消除它？从这方面，它们赋予了货币政策什么样的作用？

17. 什么是现代古典学派的主旨？与传统古典学派有何不同？批判性地讨论现代古典学派对于我们理解实现稳定的财政货币政策的作用和局限性的贡献，并将其与新古典模型相比较。

18. 讨论下列情形中现代古典模型含义的经验有效性：(1) 长期；(2) 短期。

19. 由于预期误差的存在，失业和产出会发生短期波动，卢卡斯对短期波动之重要性的经验评论是怎样的？试讨论导致这种波动的其他可能因素。

20. 经济周期中，实际经济周期理论和弗里德曼—卢卡斯供给分析是如何解释失业波动的？在这些模型中，总需求变化对失业产生怎样的影响？如何检验这些理论含义的有效性？

21. 如果央行想要改变产出和失业，但是不能通过系统性的货币供给变化及其导致的可预期的通货膨胀率变化来实现，那么央行是否可以通过不可预期的通货膨胀率变化来实现？如果这样的不可预期的通货膨胀需要一次货币供给的随机变化，央行如何实现它？这样的一次货币供给随机变化对产出和失业的影响是怎样的？对于这样的货币政策的可取性，能够得到什么结论？请讨论。

参考文献

Andersen, L. C., and Jordan, J. L. "Monetary and fiscal actions: a test of their relative importance in economic stabilization." *Federal Reserve Bank of St. Louis Review*, 50, 1968, pp. 11-24.

Ball, L. "How credible is disinflation? The historical evidence." *Federal Reserve Bank of Philadelphia Business Review*, 1993, pp. 17-28.

Barro, R. J. "Are government bonds net wealth?" *Journal of Political Economy*, 82, 1974, pp. 1095-1118.

Barro, R. J. "Unanticipated money growth and unemployment in the United States." *American Economic Review*, 67, 1977, pp. 101-115.

Barro, R. J. "Inflation and growth." *Federal Reserve Bank of St. Louis Review* 78, 1996, pp. 153-169.

Brayton, F., and Tinsley, P. "A guide to FRB/US: a macroeconomic model of the United States."

Federal Reserve Board Finance and Economic Discussion Series, 1996-42, 1996.

Bullard, J., and Keating, J. W. "The long-run relationship between inflation and output in postwar economies." *Journal of Monetary Economics*, 36, 1995, pp. 477-496.

Christiano, L. J., and Eichenbaum, M. "Current real-business-cycle theories and aggregate labour market fluctuations." *American Economic Review*, 82, 1992, pp. 430-450.

Christiano, L. J., Eichenbaum, M., and Evans, C. "Monetary policy shocks: What have we learned and to what end." In J. Taylor and M. Woodford eds, *Handbook of Macroeconomics*, vol. 1A. Amsterdam: Elsevier North-Holland, 1999, pp. 65-148.

Cover, J. P. "Asymmetric effects of positive and negative money supply shocks." *Quarterly Journal of Economics*, 107, 1992, pp. 1261-1282.

Eichenbaum, M. "Comments: interpreting the macroeconomic time series facts: the effects of monetary policy." *European Economic Review*, 36, 1992, pp. 1001-1011.

Friedman, B. M. "The LM curve: a not-so-fond farewell." *NBER Working Paper* no. 10123, 2003.

Friedman, M. "The supply of money and changes in prices and output" (1958). Reprinted in M. Friedman *The Optimum Quantity of Money and Other Essays*. Chicago: Aldine, 1969, pp. 171 – 187.

Friedman, M. *A Program for Monetary Stability*. New York: Fordham University Press, 1959.

Friedman, M. "The role of monetary policy." *American Economic Review*, 58, 1968, pp. 1 – 17.

Reprinted in Milton Friedman, *The Optimum Quantity of Money and Other Essays*. Chicago: Aldine, 1969, pp. 95 – 110.

Friedman, M. "A theoretical framework for monetary analysis." *Journal of Political Economy*, 78, 1970, pp. 193 – 238.

Friedman, M. "Nobel prize lecture: inflation and unemployment." *Journal of Political Economy*, 85, 1977, pp. 451 – 473.

Friedman, M., and Schwartz, A. "A monetary history of the United States, 1867 – 1960." Chicago: University of Chicago Press, 1963a.

Friedman, M., and Schwartz, A. "Money and business cycle." *Review of Economics and Statistics*, 45, 1963b, pp. 32 – 64.

Geweke, J. "The super neutrality of money in the United States: an interpretation of the evidence." *Econometrica*, 54, 1986, pp. 1 – 22.

Hicks, J. R. "Mr. Keynes and the classics: a suggested interpretation." *Econometrica*, 5, 1937, pp. 147 – 159.

Hume, D. *Of Money* (1752). Reprinted in *The Philosophical Works Of David Hume*, 4 volumes. Boston:

Little, Brown, 1954.

Ireland, P. N. "Money's role in the monetary business cycle." *NBER Working Paper* no. 8115, 2001a.

Ireland, P. N. "Sticky-price models of the business cycle: specification and stability." *Journal of Monetary Economics*, 47, 2001b, pp. 3 – 18.

Keynes, J. M. *The General Theory of Employment, Interest and Money*. New York: Macmillan, 1936.

Kormendi, R. C., and Meguire, P. G. "Cross-regime evidence of macroeconomic rationality." *Journal of Political Economy*, 92, 1984, pp. 875 – 908.

Lucas, R. E., Jr. "Expectations and the neutrality of money." *Journal of Economic Theory*, 4, 1972, pp. 103 – 124.

Lucas, R. E., Jr. "Some international evidence on output-inflation tradeoffs." *American Economic Review*, 63, 1973, pp. 326 – 334.

Lucas, R. E., Jr. "Comments on Ball and Mankiw." *Carnegie-Rochester Series on Public Policy*, 41, 1994, pp. 153 – 155.

Lucas, R. E., Jr. "Nobel lecture: monetary neutrality." *Journal of Political Economy*, 104, 1996, pp. 661 – 682.

McCandless, G. T., Jr., and Weber, W. E. "Some monetary facts." *Federal Reserve Bank of Minneapolis Quarterly Review*, 19, 1995, pp. 2–11.

Mankiw, N. G. "The inexorable and mysterious tradeoff between inflation and unemployment." *Economic Journal*, 111, 2001, pp. C45–61.

Mishkin, F. S. "Does anticipated aggregate demand policy matter?" *American Economic Review*, 72, 1982, pp. 788–802.

Mishkin, F. S. "Is the Fisher effect for real? A reexamination of the relationship between inflation and interest rates." *Journal of Monetary Economics*, 30, 1992, pp. 195–215.

Monnet, C., and Weber, W. "Money and interest rates." *Federal Reserve Bank of Minneapolis Quarterly Review*, 25, 2001, pp. 2–13.

Mosser, P. "Changes in monetary policy effectiveness: evidence from large macroeconomic models." *Federal Reserve Board of New York Quarterly Review*, 17, 1992, pp. 36–51.

Nelson E. "Sluggish inflation and optimising models of the business cycle." *Journal of Monetary Economics*, 42, 1998, pp. 302–322.

Parkin, M. "Essays on and in the Chicago tradition." *Journal of Money, Credit and Banking*, 18, 1986, pp. 104–121.

Patinkin, D. *Money, Interest and Prices*. 2nd edn. New York: Harper & Row, 1965.

Patinkin, D. "The Chicago tradition, the quantity theory, and Friedman." *Journal of Money, Credit and Banking*, 1, 1969, pp. 46–70.

Patinkin, D. "Friedman on the quantity theory and Keynesian economics." *Journal of Political Economy*, 80, 1972, pp. 883–905.

Pesek, B. P. *Microeconomics of Money and Banking and Other Essays*. New York: Harvester Wheatsheaf, 1988.

Phelps, E. S. "Money-wage dynamics and labor market equilibrium." *Journal of Political Economy*, 76, 1968, pp. 678–711.

Pigou, A. C. "Money, a veil?" In *The Veil of money*. London: Macmillan, 1941, Ch. 4.

Prescott, E. C. "Theory ahead of business cycle measurement." *Carnegie-Rochester Conference Series on Public Policy*, 25, 1986, pp. 11–44.

Romer, D. *Advanced Macroeconomics*. New York: McGraw-Hill, 1996.

Sargent, T. J., and Wallace, N. "Rational expectations, the optimal monetary instrument, and the optimal money supply rule." *Journal of Political Economy*, 83, 1975, pp. 241–254.

Sargent, T. J., and Wallace, N. "Rational expectations and the theory of economic policy." *Journal of Monetary Economics*, 2, 1976, pp. 169–183.

Sims, C. A "Money, income and causality." *American Economic Review*, 62, 1972, pp. 540–542.

Sims, C. A "Interpreting the time series facts: the effects of monetary policy." *European Economic Review*, 36, 1992, pp. 975 – 1000.

Taylor, J. B. "How should monetary policy respond to shocks while maintaining long-run price stability? - Conceptual issues." In *Achieving Price Stability*, Federal Reserve Bank of Kansas City, 1996, pp. 181 – 195.

Walsh, C. E. *Monetary Theory and Policy*. 2nd edn. Cambridge, MA: MIT Press, 2003.

Wong, K. "Variability in the effects of monetary policy on economic policy." *Journal of Money, Credit, and Banking*, 32, 2000, pp. 179 – 198.

第 15 章 凯恩斯主义范式

凯恩斯传统与古典传统的不同之处在于,它并不假定在一个合理的短期内经济总是处于充分就业均衡或自身会趋向于充分就业(如果处于非均衡状态)。这是凯恩斯在 1936 年出版的《通论》的核心结论,也始终是所有凯恩斯传统模型的核心。由该结论得出的推论是:恰当的宏观经济政策能够改善经济运行。大多数中央银行确实采纳了这个建议。

以 1936 年凯恩斯的贡献为基础形成的凯恩斯主义模型一直处于发展变化之中。它几经演变,在不同的发展阶段,有不同的形式居主导地位,但很多不同形式的模型往往同时并存,而最新的形式是新兴凯恩斯主义模型。

本章引入的关键概念

- ◆ 非自愿失业
- ◆ 菲利普斯曲线
- ◆ 需求不足的凯恩斯主义模型
- ◆ 新凯恩斯主义模型
- ◆ 新兴凯恩斯主义模型
- ◆ 纯理论需求和供给函数
- ◆ 有效需求和供给函数
- ◆ 黏性价格
- ◆ 不稳定的工资合同

- ◆ 隐性就业合同
- ◆ 效率工资
- ◆ 泰勒规则
- ◆ 新兴凯恩斯主义菲利普斯曲线

本章回顾了凯恩斯的短期宏观经济学的思想。首先，应该回顾第1章凯恩斯主义范式的内容。在那里已经证明了凯恩斯主义范式是对宏观经济病理的研究：重点分析经济偏离瓦尔拉斯一般均衡的原因、影响和对策，并认为实施适当的货币政策和财政政策能够减少偏离的程度和（或）缩短偏离的时间。由于这种偏离的原因有多种，恰当的研究需要多种而不是单一的模型，而且并不要求所有模型都是一个主题的变体，而是允许互不相容的模型存在。鉴于此，没有任何一个模型可以宣称自己就是凯恩斯主义模型。本章提供了凯恩斯主义模型多样性的一个小例子。

由于古典模型仅仅暗示经济对充分就业的偏离是暂时的、可自我修复的，它的侧重点倾向于找到其长期关系。而凯恩斯主义范式认为对充分就业的偏离可能并不总是短暂的、可以自我修复的，因此它重在找到其短期动态关系和与之相适应的政策。① 新古典宏观经济学关注长期，凯恩斯本人在他的时代曾对此表达过强烈的反对意见（在现在也是如此）：

> 但是"长期"是对当前事情的误导。在长期我们都已经不存在了。如果在暴雨时节里，经济学家们只能告诉我们当暴风雨过去后海洋会再次恢复平静，那么他们就是给自己设定了一个太容易、太没用的任务。
>
> （Keynes，1923，p. 80）

凯恩斯主义是一种富有生命力的传统思想，随着时间的推移在不断演化和完善，因此凯恩斯主义的方法有各种形式。最初的形式是凯恩斯自己在《通论》（1936）中阐明的思想，随后凯恩斯主义框架不断发展，演变成许多形式②，呈现出一个宽泛的且稍有不同的观点体系。由于一些早期的凯恩斯主义形式仍然是现在体系的组成部分，因此，最近出现的形式（只针对20世纪90年代出现的）被称作新兴凯恩斯主义（the New Keynesian，NK）。鉴于这种多样性，需要把目光聚焦在凯恩斯主义范式的核心主题上，并将其视为一个整体。

广义的凯恩斯主义方法有共同的组成部分，即信赖市场不完全形式，并且关注经济运行，尤其是劳动市场和商品市场。如同凯恩斯《通论》中所述，凯恩斯主义文献中的另外一些主题包括总需求变化对产出和就业的影响、动物精神（经济主体的心理）和信心指数、市场心理、通过乘数以实际收入决定实际消费的消费函数、流动性偏好、金融市场中不确定性和违约可能性的存在（因此不是所有的债券都可被假定为一年期无风险）、金融市场中的道德风险和风险扩散，以及

---

① 因此，在实证分析中使用协整和误差的技术，对古典分析的关注主要是协整向量的性能，而对于凯恩斯范式则关注误差方程的协同。

② 关于凯恩斯模型是否代表了凯恩斯本人的著作引起了相当大的争论。仔细阅读《通论》的第2章和第3章可以发现，它们并没有。因此，区分凯恩斯（主义）模型和凯恩斯本人的分析是恰当的，虽然前者是对后者的解释。

宏观经济的非稳定性而不是稳定性。我们在本书的很多地方都接触过其中一些主题，而大部分有待进行更详细的研究。

凯恩斯主义模型反对劳动市场的完全竞争的运行。一段时间以来，鉴于劳动市场运行的复杂性，凯恩斯主义模型对此做出了各种不同的简化假定。这些假定也许过于简化，其中包括：

1. 名义工资是固定的（20 世纪 40 年代和 50 年代初期）。

2. 名义工资是可变的，但劳动供给由名义工资而非实际工资决定（20 世纪 50 年代和 60 年代）。

3. 劳动市场结构可由菲利普斯曲线取代（20 世纪 50 年代末和 60 年代初期）或由附加预期的菲利普斯曲线（20 世纪 60 年代晚期）取代。

4. 劳动的需求和供给取决于预期实际（而不是名义）工资，但价格预期（需要根据已谈妥的名义工资推导出预期实际工资）在企业和工人之间存在着误差和信息不对称（20 世纪 70 年代和 80 年代）。工资合同是以名义形式签订的，随着时间推移是不稳定的。

5. 凯恩斯分析的焦点是非充分就业的各种状态，因此瓦尔拉斯和新古典主义经济学纯理论的需求和供给函数不再适用。可以继续使用的概念是有效需求和供给，在它们之间发生的均衡（有些人也称之为"暂时均衡"）低于充分就业状态，而且，其动态性质与新古典主义经济学或其非均衡分析不同。这类分析有时以数量约束型模型出现（20 世纪 70 年代和 80 年代）。

6. 在劳动市场，实际工资是一种效率工资，它在短期可能具有刚性。此外，商品价格具有黏性。劳动市场也存在隐性合同和与具体企业相关的特殊技能的问题。在商品市场，价格黏性是由于菜单成本（20 世纪 80 年代和 90 年代）。

7. 经济中拥有有远见的、垄断竞争的企业，这些企业能实现对个体商品价格的跨期的、交错的、不连续调节的最优化。所有这些导致了所谓的 NK 菲利普斯曲线的关系，即价格水平的调整要慢于基于货币中性的瓦尔拉斯经济。此外，在货币政策上，有远见的最优化的中央银行是遵循泰勒规则来设定利率的（在 20 世纪 90 年代中期以后）。

本章目的不在于讨论凯恩斯主义方法的每一种不同形式，而是要通过三种形式来阐明它们对货币和财政政策的一般含义。这些凯恩斯主义思想有一个共同的主题，那就是货币在短期里不是中性的，而总需求管理有助于改善它的作用。用来证明这一点的模型有非均衡或暂时均衡（也称作需求不足）的模型、菲利普斯曲线模型和 NK 模型。我们的介绍将会涵盖以下的模型和观点：

1. 在纯概念意义上，需求函数和供给函数与新古典模型相同，但是劳动市场并不总是出清，或者能够快速出清的。此外，一旦出现非均衡，经济主体往往比市场反应要快。这里用到的模型是包含非自愿失业的有效（不足）需求模型。

2. 劳动市场的个体方程被菲利普斯曲线所替代，以囊括劳动市场的行为和其中的各个变量。

3. 存在不稳定的名义工资合同、隐性合同、效率工资以及菜单成本等各种因素，影响劳动市场和商品市场运行。与综合的宏观经济模型相比较，这些不同的观点，可以组合起来并贴上新凯恩斯主义经济学的标签。

4. 最后要介绍的模型是综合的 NK 方法，包含 NK 价格调整方法（NK 菲利普斯曲线）和确定经济的真实利率的泰勒规则。该方法与前面的有所不同，它用一个包含垄断竞争企业的随机且跨期的一般均衡模型来推导宏观经济学模型的价格调整方程。

介绍中略去的凯恩斯主义模型

特别地，在凯恩斯主义传统思想中包含的在本章中却被省略的模型是：

1. 那些假定劳动供给一定程度上取决于名义工资而不仅仅是实际工资的模型。这个假定的极端形式（即名义工资是具有向下的刚性的）也没有介绍。后者在 20 世纪 40 年代和 50 年代很流行，而前者在 20 世纪 60 年代很普遍。但两者都没能在现在的凯恩斯主义经济学者间流行。

2. 劳动市场出清，但劳动供给取决于预期实际工资，价格预期受到信息不完全和不对称的影响。由于该模型牵涉不确定性和预期，对它的阐述拖后到下一章，在分析附加预期的菲利普斯曲线时便可看到。

3. 20 世纪 50 年代和 60 年代，很多凯恩斯主义者认为通胀是由垄断企业（或工会）的市场力量导致的。在其中一些模型（成本推动模型）里，工会推动高工资，企业遵循完全成本定价政策，中央银行为了不提高失业率而调整货币供给与价格水平相适应。

在产品、货币和债券市场上，直到 20 世纪 90 年代中期，大多数凯恩斯主义者似乎才愿意接受中央银行外生地为经济提供货币的假设，以及对总需求的 IS-LM 模型的凯恩斯—新古典综合（在 20 世纪 60 年代被改进）。后来的（20 世纪 90 年代中后期）NK 模型抛弃了 LM 曲线，假定央行外生地设定利率或者遵循泰勒规则，并与 IS 方程相结合。相关的开放经济中总需求的 IS-LM 模型和 IS-IRT 模型在第 13 章进行了介绍。本章将把它们对总需求的分析作为既定前提。

注意凯恩斯模型的分类

在比较新古典学派和凯恩斯主义学派时，以下的注意事项也许暂时能够提供一些一般性的指导和建议。

1. 凯恩斯主义者一般都会接受古典范式对长期均衡经济的描述和结论。也就是说，在长期均衡中，经济是充分就业的和货币中性的。然而，凯恩斯主义模型在有关短期以及短期经济运行方面的结论与古典范式是不同的。特别地，他们关注那些对长期均衡的偏离，这种偏离并不必然是暂时的和可自我恢复的。

2. 人们通常认为新古典主义学派和凯恩斯主义学派之间的最显著差异是前者假定名义工资和（或）价格具有弹性，而后者则假定它们具有刚性。正如本章即将证明的，名义工资和（或）价格的刚性并不是一些凯恩斯主义模型的必要组成部分。凯恩斯主义模型的分析需要这种刚性的时候，将会明确说明。这并不是说凯恩斯主义模型不能建立在这种假定之上，而是说它们并不一定需要这种假定，并且具有质的区别的凯恩斯主义政策结论可以用弹性价格和名义工资推导出来。

3. 进一步说，凯恩斯主义模型并不一定需要依靠非理性的经济行为（如价格幻觉）或短视的经济行为（如一年期的最大化行为），但考虑到发生在相关市场的条件，可以从经济行为主体的理性需求和供给行为中推导出它们特有的结论。

4. 有时人们认为凯恩斯主义模型研究经济中的非均衡，而古典模型研究经济的均衡性质。然而，虽然一些凯恩斯主义模型确实关注非均衡，但另外的模型，如 NK 模型，则关注一般均衡的要求，并在一般均衡中假定所有的市场都是出清的。

5. 人们也常认为，古典学派的（现有）模型是基于经济主体最优化自身行为这一微观基础的，而凯恩斯主义模型则不具有这样的基础。但并不总是如此，目前 NK 模型的进展是从最优化行为的微观基础上推导宏观关系式的。

第 15.1 节到 15.4 节分析了凯恩斯主义模型的三种主要形式，第 15.5 节推导出产出和货币供给的简化型凯恩斯主义关系式，第 15.6 节介绍了对凯恩斯主义模型有用性的实证评估。

15.1 凯恩斯模型Ⅰ：不包含有效劳动市场的模型

当一个市场不论在需求变动还是供给变动的情况下都能立即恢复均衡时，这个市场是有效率的。相反，一个无效率的市场不能实现瞬时市场出清。在劳动市场环境下，注意到，这个市场确实是非常复杂多样的，它被技能、地点、不同的企业等分割，并且经常具有不稳定的长期合同和局外人交易。这些因素为那些认为劳动市场是无效率市场的人提供了充足的论据，而另外一些人则认为在宏观分析中，劳动市场可以被视为有效市场，或者接近于有效市场。凯恩斯（1936）认为，在货币经济中，通常据以支付给工人的是一个并不能保证其购买力的名义工资率，而雇员或其工会同雇主谈判的也正是名义工资率。一旦名义工资率在显性或隐性的合同中确定下来，在正常的经济环境下雇员或其工会似乎都不愿接受已确定工资率的削减。然而，虽然工人不愿接受名义工资率的削减，但他们好像愿意容忍因货币购买力的变化而带来的名义工资购买力的下降。① 这种名义工资率被假定具有向下刚性的简单形式，就是凯恩斯主义模型的一种早期修正形式（20世纪 40 年代和 50 年代），它在 20 世纪五六十年代被假定名义工资率具有弹性、劳动供给取决于名义工资率的模型所取代。② 然而，这两个模型并非严格地包含

---

① 然而，在现代工业化国家里，这是一个短期现象。如今，工人及其工会都很老练，都会意识到通货膨胀造成的实际收入损失，并试图把协议工资与预期通货膨胀率挂钩。如果现实通货膨胀率高于预期通货膨胀率，工人将竭力在下一轮的工资谈判中争取得到补偿，因而在长期，劳动供给实际上建立在实际工资而非名义工资基础上。本章后面对此还将进行讨论。

② 以上所述显然是一种相当简化的工资谈判情形。如果假定工人把劳动供给建立在预期实际工资率基础上，而且预期可以明确地被建模，就会出现更好的情形。当名义工资率和价格都在上升，并且工人们很难察觉实际工资率的现实变化时，情况尤为如此。后面一节将做详细说明。

在凯恩斯主义学派中，因此在这一版本中将会省略掉。对其阐述仍然感兴趣的读者，可以在 Handa（2000）和帕廷金（1965）中找到关于后者的内容。此外，我们过去注意到，这个模型的假定并未包括名义工资和价格的刚性，也没有隐含这些。这个模型假定市场出清，但是在均衡名义工资而非实际工资上。

认为劳动供给取决于名义工资而非实际工资的假定，隐含了货币幻觉或劳动者的短视，这在任何持续期内在经验方面都是无效的。很多凯恩斯主义者，特别是后凯恩斯主义者，认为凯恩斯的《通论》并没有做出这个假设，但却认同新古典的假设，即工人的劳动供给取决于名义工资的购买力和实际工资率。他们还认为，凯恩斯假定在拥有数量众多的工厂和企业以及存在分散式的工资谈判的现代经济中，并不存在这样一种机制，能够保证劳动市场正常地在均衡实际工资处达到充分就业的均衡状态。因此，这背后的结论是，凯恩斯主义模型和新古典模型之间最大的差别在于，新古典模型把劳动市场均衡假设作为常态，而凯恩斯主义不是这样。也就是说，这种类型的凯恩斯主义模型把劳动市场的需求和供给函数描述为

$$n^d = n^d(w) \quad \partial n^d/\partial w < 0 \tag{1}$$
$$n^s = n^s(w) \quad \partial n^s/\partial w > 0 \tag{2}$$

这些行为函数与新古典主义模型中的相一致。然而，基于劳动市场并不总是处于长期均衡的经验事实，这类凯恩斯模型并没有假定劳动市场均衡。由于企业假定能够雇用到它们所需要的劳动数量，因此新古典模型的市场出清条件（$n = n^f = n^d = n^s$）被下式取代：

$$n = n^d \leqslant n^s \tag{3}$$

注意到，（3）式并未假定经济中充分就业的劳动市场均衡永远不会存在。这个方程隐含地假定，现代资本主义经济并没有足够的机制来保证连续的充分就业均衡，或者在受到冲击后在一个合理的时期内实现充分就业均衡。此外，经济可以停留在低于充分就业的就业水平上，这个水平也可以是均衡状态。[①] 也就是说，凯恩斯主义模型允许存在多种宏观经济均衡的可能性，每一种均衡都有不同的产出和失业水平。充分就业均衡是这些均衡中的一种，因此我们必须区分充分就业均衡和其他低于充分就业的均衡。

非自愿失业的合理性

定义就业的长期均衡水平（充分就业水平）为 n^f，与之相一致的失业率定义为 u^n。u^n 是与经济结构（包括任何工资刚性，诸如特定的技能、最低工资法、工会和工作偏好等）相一致的自然失业率或瓦尔拉斯（充分就业）均衡的失业率。同时，定义短期均衡失业率为 u^*，u^* 由于价格预期误差、价格调整成本、就业和产出等因素而区别于 u^n。将 u^* 的两个组成部分划分为 u'^* 和 u''^*，即 $u^* = u'^* + u''^*$。其中，u'^* 代表预期误差的部分，是短期现代古典模型的内

[①] "均衡"一词在这里的定义是：没有发生改变的内在趋势。对于模型中已确定的一组外生变量值，它决定了该模型所隐含的内生变量的值。

容（参见第 14 章）；u''^* 代表调整成本的部分，有些在很多凯恩斯模型中存在（参见 15.3 节）。

有如下恒等式：

$$u \equiv u^n + (u^* - u^n) + (u - u^*) \tag{4}$$

如果不存在价格预期误差和调整成本，则 u^*（短期均衡失业率）将会等于 u^n（长期均衡失业率）。由于现实的经济不是每时每刻都处在均衡水平，或者如同凯恩斯所言，大部分时间都处在均衡状态，所以 $(u - u^*)$ 并不总是为零。定义 $u^i \equiv u - u^*$，则 u^i 是失业对短期均衡值的偏离。由于 $u^n + (u^* - u^n)$ 为短期均衡失业率，因此 u^i 将是经济未能达到长期或短期均衡的标志。u^i 经常被称为非自愿失业率。它的取值可以是正数、零或者负数，负数值经常会在经济峰值处出现，而正数值通常在经济周期的低谷处出现。从现实经济和政策的角度来看，只有当经济（并不是模型）运行在均衡状态时取值为零。从模型的角度来看，如果在推导结论时短期均衡的分析条件是强制性的，则 u^i 在模型解中会为零。凯恩斯和凯恩斯主义者（不同于新兴凯恩斯主义者）应用前面的观察，认为现实经济常常并不是均衡状态。此外，鉴于他们关注需求不足，而非需求过剩，当需求相对于短期均衡产出水平不足时，他们的分析显示非自愿失业率是正的。

因此，凯恩斯主义者认为当局应当密切关注经济，当总需求不足引起大量非自愿失业时，就应当运用货币和（或）财政政策适度增加需求。假如达到预期目的，经济就会消除这种非自愿失业，在充分就业水平上运行。

符合上述情况的这类模型常被称为"需求不足模型"，尽管它们也允许在充分就业这种限制情况下不存在需求不足。下一部分将提供一个需求不足的分析例子，当然也可能有属于此类的其他形式。

15.1.1 凯恩斯需求不足模型：数量约束型分析

凯恩斯认为，经济并不总是能够产生与充分就业的商品供给相等的总需求。总需求由为数众多的家庭、企业和政府（以及开放经济中的出口）的消费、投资和政府支出组成。总供给由企业提供，企业进行生产来满足预期的销售。没有事先的理由使得两者相等，而有效市场能够通过调整价格到均衡水平，使得两者相等。然而，凯恩斯认为市场不是有效率的（即受到需求或供给冲击时，立即调整价格使得需求等于供给），因此企业和家庭将会根据预期的需求和收入来做生产或消费决策，而不是根据市场价格变化做决定。简而言之，市场在调整方面是迟钝的，而企业和家庭的反应比市场要快。这表明，企业会根据预期需求决定产出和投资，因此，总需求的变化会引起总产出和就业的变化。家庭会根据其预期收入和工作前景（而非仅仅是实际工资率）来决定消费支出，因此其消费，进而总需求，取决于工作前景。由此可见，总需求减少，能够降低产出和就业，而产出和就业的降低又反过来恶化了收入和工作前景，导致消费减少（Clower，1965；

Patinkin, 1965；Leijonhufvud, 1967, 1968)。

在经济大萧条时期所著的论文中，凯恩斯认为，经济经常在低于充分就业的水平下运行。20 世纪 30 年代以来，较大的经济体没有再经历过萧条时期，而所有的经济体都遭受过短期的衰退。凯恩斯对衰退的事实性陈述被普遍认为是正确的。① 对产出低于充分就业水平的最似合理的解释是，总需求下降导致需求不足。为证明之，从经济中的充分就业均衡初始状态出发，假定总需求因为某种原因下降，于是产生了相对于充分就业需求而言的需求不足。按照前一节的思路，假定劳动市场没有即时出清，一些工人由于总需求下降而成为非自愿失业者。这些工人不能得到按照供给曲线出卖劳动所能获得的工资。收入减少迫使他们减少对商品的需求，实际余额低于第 3 章推导出的瓦尔拉斯函数和第 14 章描述的新古典函数所规定的实际余额。因此，在非自愿失业状态下，这些函数不是"有效的"，也就是说，在运算上会遇到问题。它们只有在经济处于充分就业状态、工人在现有工资率下想出卖的劳动都能卖出的情况下才有效。

在假定所有市场都同时出清的情况下推导出的需求和供给函数称为纯理论函数。② 它们是从瓦尔拉斯分析中推导出来并用于新古典主义模型中的。由于非自愿失业意味着至少有一个市场没有出清，所以用纯理论函数分析非自愿失业的存在或不存在显得有些武断和不恰当。更恰当的分析应当设想用有效函数来近似模拟现实的需求和供给函数，其中的限制情形是纯理论函数。

考虑了其他没有出清的任何市场的有效函数也被称为克洛尔（Clower）约束型函数或数量约束型函数，而基于这些函数的宏观经济分析被称为数量约束型分析。这类分析明显属于凯恩斯主义宏观经济模型，并在 20 世纪七八十年代流行起来。

数量约束型分析包含这样一种可能性，即宏观经济模型中的四个市场无须都即时出清。而凯恩斯主义的分析集中于商品市场③和劳动市场没有出清。特别地，这类模型主要的最初冲击来自由于投资、消费、政府支出或货币供给减少引起的商品总需求的下降。

总需求下降后的动态分析

读者可以找一本合适的宏观经济学教科书，看看其中有关有效需求模型的讨论，但我们这里则采用帕廷金（Patinkin, 1965, Ch.13)④的分析方法把这种分析应用于劳动市场，推导出货币政策在这一模型中的作用。假定劳动的需求和供给函数是新古典主义纯理论函数［如图 15—1（b）所示］，并且最初经济处于充分就业 n^f［图 15—1（b）］和充分就业产出 y^f［图 15—1（a）］。现在假定某种冲

---

① 这是业已建立的典型事实，几乎所有的衰退都伴随着总需求和产出的下降，还有通胀率的下降。
② 参阅第 18 章对瓦尔拉斯法则的进一步解释。
③ 这种供求不相等是从纯理论上说的，而就商品市场而言，现实的或有效的供求相等仍然会出现并且会决定价格。就劳动市场而言，这种未出清意味着理论上的劳动供给超过了理论上的劳动需求。
④ 帕廷金是对新古典方法做出最大贡献的学者之一，尽管他对后来的需求不足分析的贡献带有凯恩斯主义经济学的思想。

击使总需求减少至 y_0^d，于是经济中出现了需求不足，企业不能在现行价格水平下出售充分就业产量 y^f。[①] 现实的总需求 y_0^d 可以由 n_0^d 数量的就业工人维持。在图 15—1（b）中，n_0^d 数量的工人的边际劳动产品是 MPL_0，高于充分就业工资 w^f。但是，假如企业雇用超过 n_0^d 的工人，它们不能出售额外的产出，于是边际产品收益为零。因此，假如总需求下降到 y_0^d，企业将把工人数量减至仅为 n_0^d。[②]

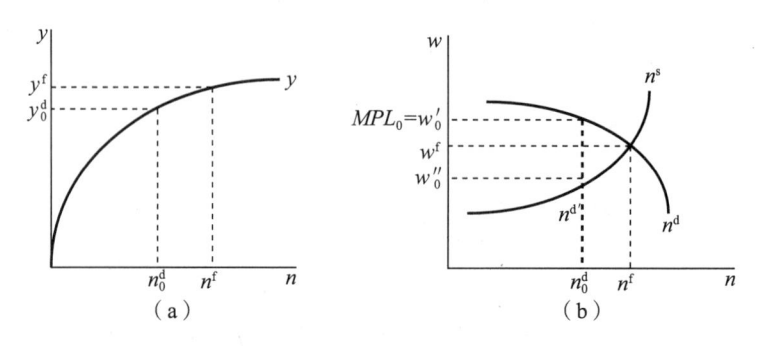

图 15—1

将此论证扩展到图 15—1（b），n_0^d 数量的工人可以得到能随价格水平变化的名义工资，所得到的实际工资位于 w' 和 w'' 之间，并不改变企业雇用 n_0^d 数量的工人，实际工资率会在初始的均衡水平 w^f 上下移动。[③] 因此，就业下降（从 n^f 到 n_0^d）将伴随在职工人实际工资的上升或下降，工资可能会出现顺周期或逆周期的变化格局：有些衰退或某一既定衰退的某些时期可能表现出工资的持续下降，而另一些则可能表现出工资持续上升。假如工资上升，可以认为工资上升是就业下降的原因，而当真正的原因是初始总需求下降时，工资上升实质上只是一个结果。

上述结果仅仅是部分的或初步的。由于失业工人没有任何收入，他们削减了其消费需求。进一步来说，假如工资被削减到低于 w^f 的水平，那么低收入的就业者会减少消费。[④] 由此导致的总需求下降进一步减少了劳动的有效需求[⑤]，会使上一段所分析的衰退更加严重。

---

① 在这一点上，新古典主义的推理过程是：总价格水平将下降，产生实际余额效应，使 LM 曲线右移，进而使收入增加，并引致消费支出增加，于是总需求的下降得以逆转。凯恩斯主义者则认为，这一过程并不会发生，或者会进行得很慢，理由有多条：无法确定需求的下降是暂时的还是会持续一段较长时间；企业会发现，不迅速改变价格是最优的；实际余额效应是无效的，而且在引起需求增加时作用极慢；等等。因此，凯恩斯主义者倾向于认为，在实际分析中，假定价格恒定比假定价格下降要更好一些，从而企业对需求下降所做出的反应是调整生产数量而非产品价格。下面的分析也正是遵循这一凯恩斯主义的分析框架。

② 与这种动态反应相反，新古典经济学认为，面对总需求的下降，企业将削减价格而不是产出；或者，在单个企业通过削减产量做出反应之前，市场将很快采取行动，使所有商品的价格降低到足以使企业卖掉它们想卖的所有商品。对经济的直觉认识趋向于支持凯恩斯主义的反应模式。

③ 如果价格水平的下降快于名义工资，实际工资将上升；如果价格水平下降得比名义工资更慢，实际工资将下降；如果价格和工资以同一比例下降，实际工资将保持不变。

④ 就业下降通常增加在职工人失去现有工作的主观风险，因而这类工人也倾向于削减消费以增加预防性储蓄，以防失业。

⑤ 新的需求曲线不是新古典主义纯理论意义上的 n^d，而是有效的需求曲线，且不能用 n^d 进行分析。

上述分析的重要组成部分是：

1. 经济中的工业和市场结构不能瞬时实现所有市场的出清，因此理性的企业不会做这种假设，而是根据它们认为的新出现的需求条件来调整其生产和劳动需求决策。

2. 当受到需求和供给冲击时，经济中不存在能够立即计算出新的均衡工资、就业、产出和价格的调节机制或者调节结构（如瓦尔拉斯拍卖者一样，在调整至新的均衡时能够不计成本和开放地制定新合同）。市场是竞争性的，新的均衡价值也会出现，但是需要时间，以使得企业和工人做出就业决策。

3. 不存在名义工资或工资刚性。在市场有效，或响应冲击时市场至少比经济主体调整得快时，价格和工资是由市场决定的。

4. 企业和家庭是理性的，在完全市场不存在的情况下，它们根据自己面临的情况做出反应。

有效需求模型中，需求不足出现时经济不会迅速回归到充分就业水平，其重要原因是瞬时调整到均衡状态的完全市场结构的缺失，以及合作机制或机构的缺失（面对需求的紧缩，企业和工人并没有在这个合作机制下等候，而是做出比相对滞后的市场更加迅速的反应）。经济主体的动态响应，关键在于它们对上一时期（一天、一个月、一个季度等）的总需求、价格和就业的理性预期值。它们对于这些期望值的评估通过经济或商业分析指数和消费者信心指数反映出来。

似乎有理由认为，在充分就业的整个过程中，总需求的轻微降低不会影响经济和消费者信心的稳定，并且不会引起产出和就业的衰退。然而，在长期，尤其是过去经历衰退的情况下，总需求的变动会导致这类信心的下降，并会把经济带到非自愿失业水平的动态路径中。这一观点的讽刺意义在于，对致力于使总需求保持在充分就业水平的积极凯恩斯主义政策的刻意追求，导致了维持充分就业的消费者和企业的动态响应；而对经济不做任何干预的政策，如古典经济学家所推崇的政策，却进入到经济偏离充分就业的动态响应中。对此观点的支撑是，在20世纪50年代和60年代的凯恩斯主义时期，西方经济经历了非常轻微和短暂的衰退；而在20世纪80年代和90年代的古典主义经济复活的时期，西方经济却出现了更加长期和严重的衰退。

注意到，20世纪90年代后期的NK模型的变化是增加了如下假设，即经济主体比滞后的市场反应更加迅速，因为它们假定企业处于垄断竞争中，是价格制定者。

凯恩斯需求不足经济中的最优货币政策

为了推导在需求不足经济中货币政策和财政政策的最优角色和影响，假定经济现在处于 n_0^d 的就业水平和 y_0^d 的产出水平，如图15—1（a）和15—1（b）所示，同时假定货币当局采用扩张性货币政策。这会增加经济的总需求，从而使得 n^d 曲线从 n'^d 向着 n^f 的方向移动，使得产出水平增加并超过 y_0^d。由于产出增加是对总需求增加的响应，价格可能会上升，也可能不上升。价格上升与否取决于前期需求的不足程度以及经济容量的超出程度。然而，不论在何种情况下，价格上升都不会与货币供给同比例进行。① 扩张性的货币政策可以在增加经济产出方面奏效。但是一旦经济达到 y^f 的充分就业水平，即并不存在任何需求不足，那么货币供给的进一步扩张将不会增加产出，而只会使得价格水平同比例上涨。当然，此有关需求不足分析的限制性情形，是新古典主义的充分就业的情形，与凯恩斯主义的主张——凯恩斯主义者认为他们的分析是更加一般的分析，并且将新古典充分就业和古典情形作为有限制性的情形囊括了进去——是一致的。

这些争论表明，并不存在货币增加与真实产出（或通胀率与失业率）之间直接的或者线性的关系。它们之间的关系取决于经济的状态和货币政策扩张的程度。此外，货币供给增加对产出的影响路径并不总是需要或者通过价格水平上涨来实现。

经济对超额需求的反应

到目前为止，我们考虑了充分就业水平下需求的动态下降。但是，假定已经存在充分就业以及经济始于自然就业率时，总需求增加。厂商与工人的动态反应模式应该基本一致，尽管沿着相反的方向（由于这两种情况下的决策都是基于其理性响应行为模式做出的），但是经济的约束却非常不同。就前者而言，个体厂商看到它们产品的需求增长，就会通过增加雇员数量、工作时间、工作量，提高工作效率等方式来增加产量。在短期，这些方式都是可行的，不管是增加雇员数量使其超过初始充分就业水平，延长兼职工人的工作时间，还是增加雇员的加班时间等。② 尽管就业与产出的增加高于充分就业水平的情况可能也确实发生，如同漫长的繁荣期所表明的，但它们的范围是受制于经济中这些变量的短期灵活性的。因此，在短期，总需求的增加可以增加产出与就业，并超过充分就业水平（可以低于自然失业率），价格上涨可能要比在应对需求低于充分就业水平时所做出的价格下调更快。

大多数央行现在相信，总需求的变化能够导致经济产出的变化，而经济运行有时低于充分就业，有时又高于充分就业。当前泰勒规则的流行对此提供了证据，它试图通过货币政策对总需求的影响，来缩短实际产出与充分就业产出的差距，以及通货膨胀对目标水平的偏离。

对需求不足分析的评价

以上对需求不足的分析被新的发展所超越，尤其是 NK 模型，这发生在 20 世纪最后 25 年的凯恩斯主义范式流行期间。其中一个原因是，它的理论发展已经走到尽头。此外，它无法挑战现有的精确的数学模型，尤其是宏观经济学动态模型，后者已经主宰了宏观经济学。再有另外的原因是，NK 所采用的在不完全竞争下的跨期一般均衡分析方法（通过对一般均衡本质的假设），排除了需求不足的动态影响。然而，这一聪明的分离与剔除并没有影响到需求不足分析的有效

---

① 实际工资可能上涨或者下降，取决于它之前与 w^f 的关系。

② 然而，他们在一段时期内是不会稳定的（如工人厌倦了工作时间的延长），从而在长期中，不能假定存在这种就业增长。

性，因此需求不足分析成为凯恩斯范式分析的组成部分。

15.2 凯恩斯模型Ⅱ：菲利普斯曲线分析

菲利普斯曲线

基于对英国的统计观察，1958 年 A. W. 菲利普斯提出了名义工资增长率和失业率之间的负相关关系，随后又扩展到描述通货膨胀率和失业率之间的负相关关系，并以"菲利普斯曲线"命名这些关系。在 20 世纪 50 年代末和 60 年代，凯恩斯主义经济学开始采用这一曲线，而且比（1）式至（3）式所包含的劳动市场结构性说明得到优先采用。

菲利普斯描绘了出英国 1861—1957 年几个不同时期的名义工资率与失业率的变化图，结果发现该数据显示为一条向下倾斜的曲线。也就是说，其绘制的关系呈如下形式：

$$\dot{W} = f(u) \tag{5}$$

其中，$\dot{W}$ 是名义工资率增长率且 $f'<0$。对（5）式的一个解释是，失业代表劳动市场的紧缺程度，于是失业水平越高，名义工资增长的幅度越小。

（5）式可立即引申出其反函数，于是就变成如下关系式：

$$u = g(\pi) \tag{6}$$

其中，$g'<0$。这一关系可以表示成图 15—2（a）和 15—2（b）中的 PC 曲线。

从（5）式转变到（6）式源于名义工资率和通货膨胀之间的联系：名义工资是生产成本的主要组成部分，因此名义工资增长会促使企业提高价格；相应地，价格提高引起劳动力要求以工资增加的形式来补偿。于是，$\dot{W}$ 和 π 之间存在正相关关系，把它们代入（5）式后就得到了（6）式。

业已证明，菲利普斯曲线的估计形式凸向原点。为了解释这条曲线的曲度，有人认为名义工资对超额需求的反应是非线性的，而且失业下降引起名义工资连续地更大程度地增加。此外，就业下降引致的工资降低比工作岗位空缺相应增加引起的工资增加要小，因而伴随其他行业就业相应减少的一些行业就业的增加将带来平均名义工资率的净增长。因此，失业水平及其在行业间的差异共同决定了其与菲利普斯曲线的关系。

根据 20 世纪 70 年代前的数据，对包括加拿大和美国在内的许多国家的众多研究，似乎证明了菲利普斯曲线的正确性。即便这种关系看来在不同国家和不同时期内有所不同，但这种关系的一般形式似乎符合 20 世纪 50 年代至 60 年代的情况，并在 20 世纪 60 年代至 70 年代取代了劳动市场结构性关系而成为很多凯恩斯主义模型的支柱。结果，在 20 世纪 60 年代和 70 年代初，很多凯恩斯

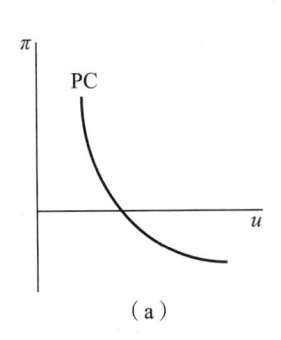

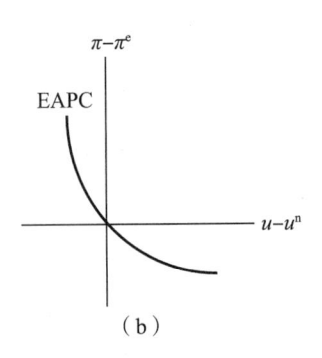

图 15—2

主义经济学家假定菲利普斯曲线是稳定的,并建议货币和财政当局用它作为权衡取舍通货膨胀和失业目标的工具,要求它们采取政策去改变总需求以得到菲利普斯曲线所指明的、与所要求的失业率相伴随的通货膨胀率。在这个意义上说,虽然(6)式是对政策选择的一种约束,但是凯恩斯学派认为它能使当局控制经济中的失业率,只是与之相伴随的通货膨胀率是为了达到目标失业率不得不付出的成本。

菲利普斯曲线提供了经济工具来支持 20 世纪 60 年代至 70 年代凯恩斯学派的经济哲学,凯恩斯学派认为货币和财政部门应该尝试实现更高的产出而非经济的自我调节,尽管这意味着更高的通货膨胀率。[1]

中央银行试图通过菲利普斯曲线来进行权衡的行为所导致的扩张性货币和财政政策确实导致了通货膨胀率的上升。[2] 一旦通货膨胀率到达不可接受的水平,并继续保持强劲势头,中央银行将会诉诸货币紧缩来抵抗这一现象。然而,这时候公众的高通货膨胀预期和与通胀抗争的货币政策将会导致失业率上升,结果会使中央银行再度实行货币扩张政策,由此产生了"停止—执行"的政策模式。

预期的作用被证明对于通货膨胀率变化对产出和失业的影响是至关重要的,这导致菲利普斯曲线调整为附加预期的曲线。

附加预期的菲利普斯曲线[3]

20 世纪 60 年代至 70 年代,米尔顿·弗里德曼和货币主义者对菲利普斯曲线提出了质疑。他们认为,假如通货膨胀可以完全预期到,就会反映在劳动合同上,因而名义工资就会以预期的通货膨胀率增长。因此,预期通货膨胀率不会影响实际工资率、就业或产出。由此,在预期通货膨胀率的基础上,失业率是自然

---

[1] 在那个时代同时存在着凯恩斯学派对中央银行是否能够控制通货膨胀率的质疑,因为它经常诉诸成本推动,或者因为它仅仅可以控制货币供给,货币供给仅仅是经济流动性中很小的一部分。后一观点曾在第 2 章中讨论过。

[2] Boschen 和 Weise (2003) 谈及了从 20 世纪 60 年代到 80 年代期间 OECD 国家的 73 个通货膨胀阶段。他们认为通货膨胀之所以经常发生,是因为对短期菲利普斯曲线的信任,中央银行寻求短期的高增长利益,而没有考虑之后通货紧缩的成本。

[3] 这一曲线的正式衍生过程在 14 章中阐述过,该曲线讨论了不确定性和预期。

失业率,只有未预期到的通货膨胀率才会通过减少劳动或其他投入的实际成本使现实失业率偏离自然失业率。也就是说,按照弗里德曼的观点,u 和 π 之间的正确关系不是(6)式而是如下形式:

$$(u^* - u^n) = f(\pi - \pi^e) \tag{7}$$

其中,$f' < 0$ 且 $f(0) = 0$。u^n 代表长期均衡条件下的失业率,u^* 代表短期均衡条件下的失业率。在这种预期均衡("长期"问题)的限制情况下,$\pi = \pi^e$ 且 $u^* = u^n$。(7)式被称为附加预期的菲利普斯曲线,如图 15—2(b)中的 EAPC 曲线所示。对它的分析和它的政策含义在第 14 章讨论自然失业率时已经说明。

经验研究和 20 世纪 70 年代中后期工业化国家普遍经历的滞胀似乎表明(6)式在不断加速的通货膨胀时期是不稳定的,而(7)式看来在这样的时期表现得更好,尤其在加速的高通货膨胀时期。对于这种分析和论证,20 世纪 70 年代以后的凯恩斯主义模型倾向于不用菲利普斯曲线作为其模型的基本要素,但大多数这类模型只要变换一下形式还是可以看到它的影子。最常见的是 NK 菲利普斯曲线形式,相比研究劳动市场行为的真实菲利普斯曲线,这种形式更符合企业产出与价格的调整方程式。

菲利普斯曲线与附加预期的菲利普斯曲线的关系

为了了解真实菲利普斯曲线与附加预期的菲利普斯曲线的关系,可以先从定义开始:

$$u \equiv u^n + (u^* - u^n) + (u - u^*)$$

其中,u 是真实失业率,u^* 是存在价格预期误差的短期失业率,u^n 是长期均衡失业率。从第 14 章弗里德曼和卢卡斯的分析中,我们可以知道:

$$u^* - u^n = f(\pi - \pi^e)$$

因此

$$u = u^n + f(\pi - \pi^e) + (u - u^*) \tag{8}$$

菲利普斯曲线强调 $(u - u^n)$ 的决定因素,u 与 u^n 之差有很多决定因素。其中一个是价格或者通货膨胀预期。凯恩斯模型提供了几个其他的决定因素,其中只有一个用于需求不足分析。稍后将在本章中讨论的 NK 模型提供了另外一种形式的菲利普斯曲线,它来源于商品市场中的垄断竞争行为和价格调整成本。

关于(8)式,需要强调的一点是,附加预期的菲利普斯曲线是菲利普斯曲线分析的一部分,但是从经验上看可能并不是最重要的部分。然而,从两种曲线的关系来看,如果通胀预期变化了,菲利普斯曲线确实会发生改变。

(6)式或(8)式中显示的菲利普斯曲线也不同于本章稍后将介绍的 NK 菲利普斯曲线。

15.3 新凯恩斯主义经济的组成

我们对20世纪70年代以来经济学理论的发展加以梳理,是为了给凯恩斯主义的"非自愿失业是可以在经济中存在的以及经济中总需求的改变至少在短期内可以影响产出"这一信条提供基础。这些理论可以在很多方面取代本章前些部分介绍的传统凯恩斯模型(名义工资、需求不足以及原始菲利普斯曲线),我们将会介绍其中的三种,它们是效率工资理论(导致真实工资刚性)、以缓慢价格变动为基础的刚性或黏性价格理论,以及导致劳动囤积的隐性契约理论。这些理论将被用在组合中,以引出新凯恩斯主义的结论:货币政策通过总需求影响产出,短期内非中性,尽管长期来说是中性的。

15.3.1 效率工资理论

虽然到目前为止,本书已经介绍过新古典理论和凯恩斯理论,它们都把每一个在职工人付出的努力看做是不变的,但由阿克洛夫提出来的效率工资模型(Yellen, 1984; Shapiro and Stiglitz, 1984)则假定,这种努力是工人工资的函数。它还可能是其他变量的函数,诸如失业率和失业救济金等,它们也影响工作的机会成本。为了考虑工人的可变努力这一概念,企业的生产函数从以下这种常见形式

$$y = f(n, K) \quad f_n > 0, f_{nn} < 0$$

修正为

$$y = f(e(w)n, K) \quad f_e, f_n > 0, f_{ee}, f_{nn} < 0, e_w > 0, e_{ww} < 0 \tag{9}$$

其中,e代表"努力",把它看做一个可测度的变量。对于短期分析,(9)式视资本存量为常量,努力e是实际工资率w的函数。向工人支付超过市场出清的工资,往往能提高他们的生产率,因为这可以减少工人们的偷懒行为,降低工人的人员更替率,提高求职者的平均素质及鼓舞企业的士气。

我们只需考虑一下偷懒行为就可以理解这一点。大多数工作并未硬性强迫工人按预先指定的生产率去工作,而是允许他们在其表现上有一定的自主余地。因此工人们可以在工作中偷懒行为,这就降低了生产率或使企业不得不利用监工督促以杜绝偷懒行为,而这又增加了企业的额外成本。假如仅支付给工人市场工资,并且如果因偷懒而被解雇后,他能以同样的工资获得另一份工作,那么他仅损失重找工作的成本。但若付给他高于市场均衡水平的工资,他就有不偷懒的动力;并且假如他因偷懒而被解雇,他再找到的工作的工资会较低。没有了偷懒,就能够提高工人的努力程度和生产率。因此企业有向工人支付超过市场出清工

的动力。从最优化角度看，支付的工资要使每一效率单位的劳动成本最低——这就是劳动按其效率测度的工资。以 w^* 代表这一最大化效率工资，利润最大化的企业在工人的边际产品等于实际工资之前会增雇工人，用式子表达如下：

$$\partial y/\partial n = e(w^*)f'(e(w^*)n,\underline{K}) = w^*$$
$$f'(e(w^*)n,\underline{K}) = \partial f/\partial(e(w^*)n) > 0 \tag{10}$$

在均衡状态下，所有企业将支付实际工资 w^*，假定它比使劳动者留在企业工作所需支付的工资要高。

效率工资模型采用新古典劳动需求和供给函数，其需求和供给都是实际工资的函数，所以劳动市场可以用图 15—3 表示。在高于市场出清水平的工资 w^* 下，$n_0^d < n^f < n_0^s$，从而在 n^* 点的就业量低于充分就业，此时有等于 $(n^s - n^d)$ 的非自愿失业。这些失业工人愿意接受现行的 w^* 甚至更低一些的工资，但他们对工作岗位的竞争不会减少市场工资，因为这种较低的工资将低于效率工资 w^* 或 w^f，从而会降低企业现有雇员的生产率及企业利润。因此，在长期，劳动市场将维持等于 $(n^s - n^d)$ 的非自愿失业。由于这种非自愿失业是劳动市场的长期特征，所以它可以称为长期非自愿失业。

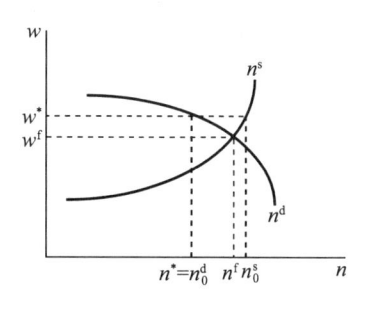

图 15—3

鉴于非自愿失业的这种长期性质，一些经济学家建议把它归为结构性失业，包含在自然失业率中。但是，由于结构性失业和这种长期非自愿失业的决定因素全然不同，我们宁可把它们当做彼此无关的独立概念。我们也不会把这种长期非自愿失业与古典自然失业率概念合并。因此，在讨论效率工资时，长期失业率是古典自然失业率加上以效率为基础的长期非自愿失业。

为解释需求下降对就业的影响，把（10）式改写为

$$p_i e(w^*)f'(e(w^*)n,\underline{K}) = Pw^* = W^* \tag{11}$$

其中，p_i 是企业产品的价格，P 是价格水平，W^* 是名义工资（等于 Pw^*），w^* 仍然是效率实际工资。（11）式又可以重写成

$$e(w^*)f'(e(w^*)n,\underline{K}) = (P/p_i)w^* \tag{12}$$

现在假定对该企业产品的需求下降，以致其产品的相对价格（p_i/P）也下降。这不会改变企业的效率工资 w^*，但它的劳动需求曲线将向下移动，雇佣人数将减少。反之，该企业产品的相对价格上升时，效率实际工资不变，但企业对劳动和就业的需求增加。

现假定所有产品价格成比例地提高，因而我们可以用（10）式或（12）式。这些方程意味着价格水平变化不会带来经济中的效率工资 w^* 的变化，或就业 n^* 的均衡值的变化，或非自愿失业 u^{i*} 的变化。也就是说，这种效率工资理论并不意味着总需求的改变（归因于货币政策或财政政策或其他外生的变化）将改变总就业和产出。对此，我们需要引入新凯恩斯主义的价格黏性理论，这将在下一小

节介绍。

效率工资理论意味着经济中存在长期非自愿失业。它也可用来支持凯恩斯主义的主张：需求下降之后，经济将在一个仍然有较高失业水平的均衡状态下稳定下来。为此，宁愿修改努力函数，使之变得更加现实：$e=e(w, u)$，其中，$\partial e/\partial w \geqslant 0$，且 $\partial e/\partial u \geqslant 0$。这样，当失业上升时，企业能降低使工人尽最大努力所必需的效率工资。在这种情况下，经济中的最优效率工资和失业之间存在一种替换关系。于是，既定的总需求下降，意味着一个具有较高失业水平和较低效率工资的均衡状态。

15.3.2 调整就业的成本：隐性合同和劳动力储藏

新凯恩斯主义还认为，企业和工人订立长期隐性和显性的就业合同是最优的。这类合同对企业是最优的，因为雇用和培训工人要花费成本，企业所需的特殊技能需要工人在工作中去锻炼和学习，所以熟练工人的生产率比新雇的工人要高。

这类合同对工人也是最优的，因为在他目前工作的企业里，生产率高就会得到更高的工资，这比辞职加入别的企业更好。持续就业的互惠意味着企业在其产品需求减少的时期，会尽力挽留熟练工人，而不是立即解雇他们。因此企业发现，与根据需求下降所做的判断相比，解雇比较少的工人是最优的，这于是成为在萧条期间储藏劳动力的一种形式（Okun, 1981）。储藏的劳动力在萧条期间工作没有以前努力，因为只有较少的工作去做或常常转向做诸如维护之类的工作。如果某一个工人被解雇，他也有等待旧雇主重新召回的动机，而不是立即接受另一家生产率和工资都更低的企业的工作。因此，在短期，总需求的减少部分导致劳动力储藏，结果是平均生产率下降；部分导致失业增加，一些被解雇工人自愿等待被召回而不是积极寻找工作。

相反，企业与工人间的隐性协议也意味着，即使工资没有增长，工人们也以更大的努力适应企业产品需求的增加，即使工资不上涨。因此，在经济周期，产出的波动大于就业，经济处于它的长期充分就业状态并不会阻碍短期内产出的增加。

15.3.3 价格黏性[1]

新凯恩斯主义理论假定，虽然经济中的一些商品是同质的并在完全竞争的市场上交易，但企业会使许多物品（尤其是在零售阶段）在某些特征上有所不同。这些差异常常表现在颜色、包装、产地、相关服务或只是在商标上。在实践中，这些差异通常不足以使企业获得垄断地位，但能使它以垄断竞争的方式去行事。

---

[1] 这一方法的详解，请参见 Ball 等 (1988).

垄断竞争企业的利润最大化意味着，它不像完全竞争下的企业那样是价格的接受者，而是价格制定者，其产品的需求曲线向下倾斜。因此，它的价格的上升不会使其销售量减少到零，价格的降低也不能使它获得所在行业的整个市场。作为价格的制定者，该企业制定了利润最大化价格并在此价格下生产并供给与需求一致的产出。

改变定价会增加多种成本，统称为菜单成本。这些成本包括：重印价目表和目录、通知顾客、对商品的重新标价等。虽然这些成本占企业产品价格的比例相当小，但与从价格的微小变化中获得的收益相比还是很大的。此外，即便从需求增加后改变价格而获得净收益这一点，也不一定足以说服企业立即提高它的价格，因为经常调整价格会给企业顾客带来不便和成本，可能会招致不满。因此，企业发现以价格变化对需求改变做出反应并非最优，除非需求改变意味着足够大的价格变化。随着时间推移，需求增加，最优的价格改变会大到足以使企业愿意承受菜单成本，并改变其产品的现实价格。

这些分析意味着垄断竞争企业不经常改变其价格，但会在现行价格下通过改变产量对需求的变化做出反应。

在长期，价格将根据需求调整，但在短期，如果需求增加得足够大，价格调整也会发生。在整个经济中，总需求的增加将促使一些部门和企业（特别是那些处于更具有竞争性的市场中的企业）更快地调整它们的价格，而其他企业则不会很快这么做，但会以改变供给来对需求的变化做出反应。因此，总需求的增加，一部分会引起价格上升，一部分会引起产出增加。

为了满足增加的总需求而出现的总产出增长，要求增加就业。与古典理论不同的效率工资理论意味着，即使经济最初处于其长期状态，在这种长期状态下，也可能存在着工人的非自愿失业，而且这些工人愿意在现行实际工资下接受工作。因此，总需求的增加被就业和产出的增加平衡了，没有必要改变实际工资。

相反，垄断竞争企业的产品需求下降，不一定立即引起它价格的降低，除非隐含的最优降价幅度非常大。再有，若把经济视为完全竞争和垄断竞争企业的混合体，那么总需求的下降会部分导致价格水平降低，部分导致所供给的产出减少。后者引起企业削减其就业。但是，正如效率工资理论所主张的，就业的下降不会导致实际工资的竞争性下降。

价格黏性假设下，宏观经济的波动，有时很大的波动，甚至可能是由微小的菜单成本变动引起的。在这种假设下，由于货币供给的下降，总需求下降，相应地每个企业的需求减少。如果既定企业降价，它将会沿着新的而非旧的需求曲线移动。企业从这种移动中获得的收入是相对比较小的，并且，由于菜单成本的存在，一个较低的价格并不会提升它的收益，因此不会降价。相反，它会降低产出来适应新的低需求但是保持以前的价格。如果每家企业都这么做，那么总产出将会下降。但是，如果所有企业同时降价，价格水平将会降低，经济中真实货币余额会上升，整个经济与企业的需求曲线会返回到它们的初始位置，因此企业或者经济的产出就不会下降。

黏性价格在菜单成本的基础上为向上倾斜的短期总供给曲线提供了一个理由。这个理由不同于菲利普斯曲线或附加预期的菲利普斯曲线的理由，也不同于卢卡斯供给法则的理由。它的极端简化形式是，当需求变化时，没有企业改变价格，因而总价格水平可视为不变。这种形式如图15—4（a）所示，假定价格水平处在初始水平 P_0（由 a 点给定）保持不变。LAS 表示效率工资模型给定的总供给为 y^f。在 P_0，价格是黏性的，因而我们可以描绘出一条短期总供给曲线 SAS，它是在 P_0 上的水平线。总需求从 AD 增至 AD_1，黏性价格 P_0 不变，产出的供给为 y_1。相反，总需求从 AD_0 减至 AD_2，导致产出供给变为 y_2，但黏性价格 P_0 同样没有任何变化。因此，总需求的暂时和微小的变化，只伴随产出的变化和就业的变化。方向相同的累积变化（或很大的总需求变化）将引起价格变化，对这一变化的长期反应是沿着 LAS 曲线移动。

完全竞争（不存在价格黏性）和垄断竞争行业相混合的经济，具有一条向上倾斜的 SAS 曲线，而不是在初始价格水平上的水平曲线。进一步来说，并不是所有拥有黏性价格特性的企业都会在同一时刻经历黏性价格，因此价格的修正随着时间变动是交错的。① 这些证据表明总供给曲线不是水平的，而是有一个正的斜率，但相比没有企业经历黏性价格的情况，这一斜率比较小。这一曲线如图15—4（b）所示。它假定在一个特定范围之外（由变动后的总需求曲线 AD_1 和 AD_2 确定），对于所有企业来说改变价格是有利可图的。但在这一范围之内，有些价格水平保持不变，短期总供给曲线的斜率是正的。

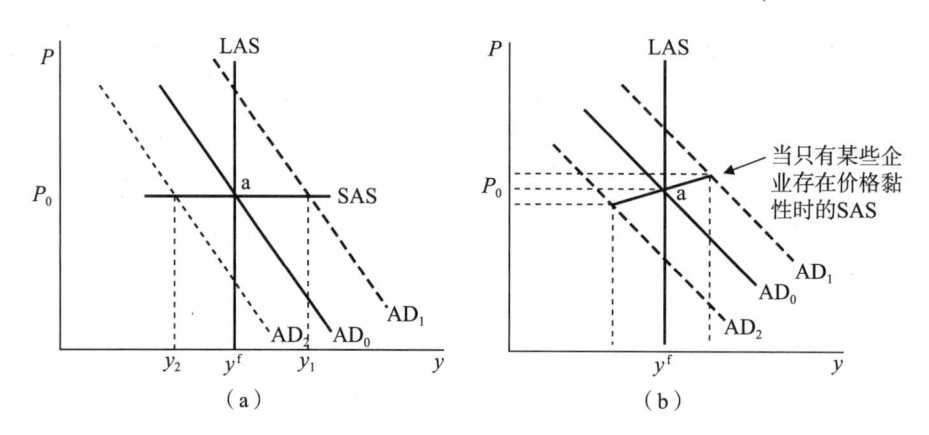

图 15—4

菜单成本代表单个价格变动的微小成本。然而，如上所述，这些微小的成本有可能对货币政策对产出的作用及其对中性的偏离产生巨大影响。这一结果有时被用来解释："微小的名义刚性可能产生巨大的实际影响"。

菜单成本对价格黏性的影响模式为：在菜单成本条件下，企业是否调整自身的价格取决于价格的变动会提高还是降低其利润，需求变动越大，价格调整越快。价格调整越快，总需求增加对真实产出的影响越小。因此，需求的较大变动可能会产生比较小的实际效果，超出特定的点，产出没有增长。在通货膨胀环境

---

① 这一过程的交错性质可以在 Calvo 调整过程（Calvo，1983）中体现出来，在这一过程中，代表性企业会决定：在多大概率（记为 $1-\theta$）下，它将在本期调整价格；在多大概率（记为 θ）下，它将不会这么做。假定这些概率与企业最终调整价格的时间无关，那么代表性企业的价格保持不变的平均时间是 $1/(1-\theta)$。

中，价格黏性也会降低需求增加的真实效果。相对于零通货膨胀或是低通货膨胀环境，在高通货膨胀的环境下，由于价格在提高，价格黏性的企业会认为快速调整价格是比较获利的。这将会降低产出的增长。

新凯恩斯主义理论和 NK 模型认为价格（以及名义工资）调整随时间变动是交错的而非公司决定价格的情况下同步发生的。为了解释这一点，我们从处于均衡状态下等于总供给的实际总需求的初始水平开始。假定在现行价格水平（名义工资）上，扩张性的货币政策增加总需求，因此相对价格（相对和绝对工资）也在其初始水平。总需求的增加提高了对每种商品的需求。进而，假定制定价格的企业其边际成本提升了。总需求增加所引起的结果如下：

1. 如果所有企业同时持续调整价格，所有价格将会在同一时刻提高并且相对价格不会发生改变，因此单个企业不会有动机提高产量。进而，当总需求增加时，价格水平会以相同比例上升，因此，较高价格水平下的总需求将会回到最初的真实值，需求增加对价格的压力同时消除。所以，货币政策是中性的。如果总需求的初始增长导致货币供给增加，货币供给的真实价值将会回到初始水平。如果总需求的初始增长导致中央银行采取行动降低利率，价格水平将会持续上升，直到中央银行停止其行为并且提高利率（详见第 2 章纯信贷经济分析），这将需要投资和消费回到其初始水平。

2. 如果单个价格的调整是交错（而非同步的）不连续的，而非持续性的，如价格黏性理论中所谈及的那样，单个价格①的调整会比较慢，价格水平也是如此，那么总需求的真实水平相对于初始均衡状态，会保持在比较高的水平，企业将会有更多的产出。因此，在调整过程中扩张性的货币政策会导致更多的产出，货币政策不会是中性的。

3. 长期来看，一旦所有调整都完成，所有的价格会被调整。因此相对价格和产出将会保持在初始均衡状态。总需求提高，价格水平将会按比例上升，货币政策是中性的。

4. 对于既定的需求增长，进而对于垄断竞争企业的边际收益，价格水平向长期水平调整的速度取决于边际成本的弹性。对于既定的需求增长，企业的边际成本曲线越平，企业的价格提高越少，产出增加越多，向长期货币中性回归越慢。②

在存在垄断竞争（其本身是对完全竞争经济的"微小偏离"），且边际成本进而企业的相对价格的低弹性被理解为"实际刚性"的情况下，这一点有时被论述为如下命题：为了应对总需求的变化，微小的实际刚性可以产生巨大的价格水平的"名义刚性"，最终引起对货币政策中性的巨大偏离（Blanchard，2000，pp. 1390 – 1391）。

---

① 这一过程可比作链条运动（其成员被链条连接在一起）。通常，链条中成员数目越多（或者链条越短），链条移动越慢。

② 这一论证有时候可以如下解释：对于垄断性企业，边际成本曲线与边际收益曲线的交点（此点实现利润最大化）低于企业价格，因此需求的微小增长将会被产出增加填满，只要边际成本持续保持在低于此价格的水平。然而，需求的大幅度增加会推动边际成本高于此价格，这将导致企业抬高价格，尽管这一过程伴随着产出的相对小的或者说零增长。

注意，上述结论适用于商品市场的垄断竞争。垄断竞争假设对于劳动市场来说比较不实际，对于支持先前结论可能是也可能并不是必要的。然而，劳动市场是异质的，同样偏离完全竞争和"刚性"。至少它们中的一部分包含在凯恩斯关于劳动市场、隐形合同、效率工资理论，以及不确定情况下交错名义工资合同理论的论证中（详见第14章附加预期的菲利普斯曲线理论）。

15.4　NK 宏观经济学

宏观经济学中 NK 学派出现于 20 世纪 90 年代。它的基本理论包含在传统凯恩斯主义理论中，其主要组成部分来源于新凯恩斯主义的观点。然而后者包含诸多全然不同的宏观经济学模型，而 NK 学派则提供了一个较为具体的整合的宏观经济学模型，这一模型整合了新凯恩斯主义的一些思想，例如价格黏性，同时抛弃和忽略了其他一些观点，例如效率工资理论和名义工资理论。在货币政策的形成中，它还采用了泰勒规则（第 13 章）。它对先前凯恩斯主义经济学的偏离主要来自于其方法论。然而早期凯恩斯理论的方法论有些折中并且通常适用于一段时期的相对静态分析，NK 学派采取了随机方法论、跨期最优化和市场出清理论，这是现代古典学派的标志，尤其是它的实际商业周期理论。它同样采用了后者的理性预期假设（REH）。之所以得出了不同结果，是因为 NK 学派认为垄断竞争企业的价格调整是交错的，并假定中央银行决定利率而非货币供给，而且是通过将中央银行的目标函数最优化而得到的前瞻性泰勒规则来设定利率。由此得出的模型就是大家熟知的 NK 模型。在货币供给为内生的情况下，它将利率当做总需求的重要决定因素，这一点恰好符合纯信用经济中维克塞尔模型的传统分析框架（详见第 2 章），因此它有时被称做"新维克塞尔"模型。

如下所述，标准的 NK 模型建立在不完全的商品经济中，它假定非货币金融资产市场是完全的并且运行良好，所有的非货币金融资产有完全的可替代性，因此债券和贷款/信贷之间的差异是无关紧要的。然而，在过去的 20 年中，凯恩斯主义指出了这些金融资产彼此间的替代性并不是完全的，这一创新导致了宏观经济模型的扩展，公司信贷被作为一种不同于货币和债券的资产单独列出来。这两种资产的区别以及其对货币政策的影响将在下章中介绍。

接下来的部分阐释了 NK 关于商品市场和劳动市场以及货币政策的主要观点。关于正式模型，可参见 CGG（Clarida et al., 1999, Ch.5）瓦尔斯（2003）对 NK 模型做了深入的阐释。

15.4.1　NK 的商品市场分析

商品市场中均衡条件下，NK 的封闭经济（预期的）IS 方程为

$$y_t = c_t + i_t + g_t$$

其中，c 是实际消费，i 是实际投资，g 是实际政府购买。在 NK 模型中，家庭和企业都追求跨期最大化并且运用理性预期来预测相关变量的远期价值。家庭的跨期最大化是指当前消费取决于实际利率以及当前和远期的实际产出水平（非长期均衡水平下），如同生命周期理论和消费的永久收入假说。企业的跨期最大化是指当期投资取决于实际利率和未来希望获得的资本存量，后者取决于商品的未来需求。最终，商品的当期需求取决于家庭和企业对商品的未来需求和实际利率。因此，商品市场中 NK IS 方程的一般形式为

$$y_t = f(y_{t+1}, r_g, g_t)$$

其中，g 代表除消费和投资之外的所有支出，以及需求冲击。CGG 的 NK 模型认为，商品市场中均衡状态下的封闭经济的"预期 IS 关系"为

$$x_t = f(x_{t+1}, r_t, g_t)$$

其中，$x_t = y_t - y^f$，所以 x 代表产出缺口。根据理性预期和费雪方程式，CGG 通过对数线性形式近似地表达了前述关系：

$$x_t = E_t(x_{t+1}) - \psi(R_t - E_t \pi_{t+1}) + g_t \tag{13}$$

进而，CGG 假定 g 遵循一阶自回归过程，用式子表达如下：

$$g_t = \alpha g_{t-1} + \mu_t$$

其中，μ 是一个均值为 0 且方差恒定的随机变量。注意，因为消费和投资都只是向前看的并且理性预期假设适用于其远期值，前期的支出水平并不影响其当期的支出水平①，只有对其未来水平的预期才会影响当期的支出水平。因此，IS 方程中必须通过 g 来体现这种持续性（即过去对现在的影响）。

注意，从（13）式可以进一步得出 NK IS 方程：

$$x_t = E_t \Big[\sum_{j=0}^{\infty} - \Psi(R_{t+j} - \pi_{t+1+j} + g_{t+j}) \Big] \tag{14}$$

15.4.2　NK 的价格调整分析

对于价格调整过程，NK 学派假定商品市场是垄断竞争的，每一个企业根据成本以及预期未来价格的调整频度来制定价格，从而实现利润最大化。后者意味着企业按照菜单成本理论（先前讲过的）设定价格，经济中不同的企业在不同的时间对价格进行交错调整。② 然而，NK 理论认为，企业的价格调整采用的是

---

① 消费的习惯持续性不包含在此模型中，过去收入的影响（通过对累积资本存量的影响）也同样如此。
② Fisher 和 Eichenbaum（2007）在他们的不完全竞争模型（允许需求弹性和企业特定资本可变）的修订版中估计，企业的价格再度优化平均为每两个季度而非两年。这就意味着，在未进行这种修正的模型中，价格黏性会更大。他们还发现，Calvo 模型中的阶段性价格调整可以解释美国在第二次世界大战后通货膨胀时期中的经济表现。

1983年Calvo提出的按时间的方式。在这种方式下，代表性企业会决定其在本期内维持价格不变的概率θ，因此可以调整价格的可能性为$1-\theta$。[①] 假定θ与企业最后调整其价格的时间无关，于是本期的调整与过去的调整无关，因此，代表性企业的价格维持不变的平均时间为$1/(1-\theta)$。[②] 但是，θ和当期的价格调整都取决于预期的未来价格调整。

对于制定价格的企业来说，利益最大化价格调整取决于其边际成本。边际成本随着产出水平和投入价格（可由价格水平代表）的上升而增加。因此，代表性企业对于其产品的期望价格p_t^*可以用对数形式表述为

$$p_t^* = P_t + \alpha x_t \tag{15}$$

其中P指价格水平（的对数），用来代表投入成本；x和之前一样，指代表性企业的产出对其充分就业水平的偏离的幅度（的对数）；α代表期望价格对x的反应。然而，由于价格调整是周期性的，企业在时期t将价格调整到p_t，p_t取决于当前和未来预期价格调整的加权平均数，因此

$$p_t = \lambda \sum_{j=0}^{\infty} (1-\lambda)^j E_t p_{t+j}^* \quad 0 < \lambda \leqslant 1 \tag{16}[③]$$

其中，λ代表价格调整时的利率。

价格水平代表经济中所有价格的平均水平，因此它是过去所有调整价格的加权平均数。因此

$$P_t = \lambda \sum_{j=0}^{\infty} (1-\lambda)^j E_t p_{t-j} \tag{17}$$

重新整理（16）式和（17）式得

$$p_t = \lambda p_t^* + (1-\lambda) E_t p_{t+1} \tag{18}$$

$$P_t = \lambda p_t + (1-\lambda) P_{t-1} \tag{19}$$

利用$\pi_t = P_t - P_{t-1}$，结合（15）式、（18）式、（19）式，我们可以得到

$$\pi_t = E_t \pi_{t+1} + [\alpha \lambda^2 / (1-\lambda)] x_t \tag{20}[④]$$

因此，当前通货膨胀是当前产出缺口和下一期预期通货膨胀率的函数。注意λ是价格调整的频度，α代表企业的期望价格对产出水平（相对于充分就业状态下）所做出的反应。(20)式表示较高的未来通货膨胀率会导致当前的通货膨胀率上升。进而，相对于充分就业状态，产出越低，现行通货膨胀率越低。

[①] 或者，可以假定在$(1-\theta)$的概率下，企业可在任何给定的时期内改变其价格，而其他企业的价格保持不变。在这种情况下，每个企业都有同样的概率$(1-\theta)$调整其价格，而与企业最终会在何时调整价格无关。有些经济学家还提出，θ应该是内生决定的，而且是可变的。

[②] 在季度模型中，$\theta=0.75$，意味着价格平均每年调整一次。

[③] 距离现今越远，期望价格的权重越小，因为价格在这个时间之前进行调整的可能性会越大。

[④] 价格调整过程同样可以从以下的直观命题中推导出来。π_t是π_{t+1}^e和mc_t的函数，其中mc是边际成本，由于利益最大化的企业希望边际收益与边际成本相等，因此mc会影响价格调整。未来通货膨胀会影响当前通货膨胀是因为企业平滑了价格变动，以降低价格变化的成本。由于边际成本mc随着产出的增加而增加，它取决于产出缺口x。用x代替mc，我们可以得到$\pi_t = f(\pi_{t+1}^e, x_t)$。

CGG 认为经济的短期供给或者价格/通货膨胀调整方程为

$$\pi_t = \gamma x_t + \beta E_t \pi_{t+1} + z_t \tag{21}$$

其中，x 代表经济产出对充分就业状态下产出的偏离。z_t 代表影响边际成本的冲击，比如对垄断利润的冲击，它有时也被当做通货膨胀率的成本推动因素。γ 是 θ 的递减函数，因此价格保持黏性或者不变的时间越长，通货膨胀对产出缺口的弹性越小。CGG 定义 z_t 为

$$z_t = \rho z_{t-1} + v_t$$

其中 v 是均值为 0 且方差恒定的随机变量①，因此 z_t 遵循随机一阶回归过程。

对于货币政策对通货膨胀的影响，价格将逐渐调整至经济处于充分就业状态下才可能发生的价格水平。如果企业预期未来的货币供给较少，那么它们会预期未来的价格较低。它们的最优应对策略是降低目前的价格，这将导致当期的实际货币供给和产出增加。因此，对于未来货币供给冲击的前瞻性应对是随时间熨平通货膨胀，但是要使当前产出与未来货币供给变动呈负相关。

NK 经济学把价格调整方程（21）作为其菲利普斯曲线，因为它将通货膨胀率和产出缺口联系起来，经常被称为 NK 菲利普斯曲线（NK PC）。然而，原始菲利普斯曲线反映的是劳动市场行为，而通常的 NK 价格调整分析并不包括对劳动市场的明确分析，尽管它也可以附加到 NK 模型中。这是 NK 模型的明显遗漏。由于其分析基础和（20）式的形式是由对需求沿企业边际成本曲线变动的最优反应延伸出来的，而不是从劳动市场中衍生出来的，因此将它称为菲利普斯曲线是名不副实的。② CGG 版本的 NK 模型并没有明确论述劳动需求和供给，并没有阐明名义工资或实际工资的决定过程或变动过程。在这种情况下，价格调整和通货膨胀唯一的明确基础来自于边际成本曲线的正斜率和价格的逐步调节。如同隐形合同和劳动储藏理论中那样，工作努力的变动会导致经济周期内边际成本曲线发生变化，但它也被忽略了。③

进而，注意，给定拥有正斜率的边际成本曲线，除非伴随着价格变化，否则产出不会发生变化。因此，至少有些时候，如果没有价格或通货膨胀的变化，（20）式无法解释货币政策可以影响产出。

以古典经济模型中的劳动市场、生产分析以及凯恩斯主义模型中的传统菲利普斯曲线为基础，描述价格/通货膨胀调整过程的（20）式可以替代 AD - AS 模型中的短期总供给函数。从（21）式可进一步得到

$$\pi_t = E_t \Big[\sum_{j=0}^{\infty} \beta^j (\lambda x_{t+j} + z_{t+j}) \Big] \tag{22}$$

---

① z 代表产出缺口对边际成本的线性影响的偏离，但是它也可以包含其他偏离。参见 Gali 和 Gertler（1999）、Clarida 等（CGG）（1999，page 1667，footnote 15）。

② （20）式也不同于附加预期的菲利普斯曲线（EAPC），因为其右边代表未来期间的预期通货膨胀率，而 EAPC 代表现行通货膨胀率与其预期水平的偏离。

③ 进而，由于通胀的基础在于边际成本曲线的正斜率，因此如果边际成本相对于产出缺口是不变的，那么通货膨胀就不能由产出缺口解释。对于劳动努力和劳动储藏的变化也是如此。

因此，现行通货膨胀率取决于现行和未来的产出缺口：企业根据对未来边际成本的预期来确定现行价格，它会随着未来需求（相对于充分就业状态下的产出）的变动而变动。

NK 模型中的长期供给函数

相对于现代经典模型，NK 模型的长期商品供给函数以完全价格假定和工资灵活性以及成本调整缺失为基础，从企业和消费者/劳动者的跨期最优化行为推导而来。长期商品供给处于充分就业状态下，并独立于总需求及其决定因素，因此产出缺口的长期值 x^{LR} 是 0。另外，在（21）式中，长期分析中随机误差设为 0，$z_t = z_{t-1}$。因此，长期来看，价格调整公式变为

$$\pi_t^{LR} = \beta E_t \pi_{t+1}^{LR} + v_t \tag{23}$$

从这一公式可得出，现行通货膨胀率仅仅是未来预期通货膨胀率的函数，而不是现行总供给和总需求的函数。

15.4.3 价格黏性的其他原因，产出和就业

NK 的黏性信息假设

为了避开以价格黏性为基础的前瞻性 NK PC 的无效性以及引进通货膨胀惯性，Mankiw 和 Reis（2002，2006a，b）提出了以交错的"黏性信息"假设作为价格调整方程的基础。在这一假设下，信息的获取和处理是有成本的，因此它只可以定期更新。这里采用 Calvo 过程，有 λ 比例的企业每期调整它们的信息和价格，然而有 (1−λ) 比例的企业是"失神"的。进行调整的企业是从所有企业中随机挑选的，因此现行价格水平是过去价格的加权平均数，而不是未来预期价格。

$$P_t = \lambda \sum_{j=0}^{\infty} (1-\lambda)^j P_{t-j} \quad 0 < \lambda \leqslant 1 \tag{24}①$$

我们并不对 Mankiw 和 Reis 的模型进行详细阐述，把它留给读者自己。我们可以这样说：（24）式中的价格调整过程是向后的，并且会产生通货膨胀持续性，这一点与价格黏性过程不同。相似的黏性信息可以归因于消费者和劳动者。尽管这一调整过程与传统菲利普斯曲线或者附加静态预期和附加适应性预期的菲利普斯曲线相近，但 Mankiw 和 Reis 认为黏性信息假设在微观经济学最优化上为通货膨胀的惯性提供了比较好的基础。

交错犹豫价格和生产战略的其他原因

为应对供给和需求函数的变动，会出现交错价格和产出调整，原因之一就是

---

① 在现行价格水平的决定过程中，过去的价格水平拥有相对低的权重是因为它们也会被包含在近期价格水平中。

垄断竞争企业面临因价格、产出和就业变动而引起的调整成本。对于上述三个变量中的任何一个，最简单的假设是为变量的调整（相对该变量上一期的水平）指定一个二次成本函数，它的最小化意味着变量在每一期间内会进行部分调整[①]（详见第 8 章以调整成本为基础的分析）。通过汇总这三个变量的调整成本，成本最小化方法可以得出企业产品价格、就业和产出的每阶段部分调整数据，它是上期价格和产出的函数，因此会产生短期持续性，产出、就业和价格的变动会随着时间慢慢变弱。

企业交错价格调整的另一个原因是企业的风险规避和信息流的属性。撇开信息黏性的可能性（上面的分析中考虑了），不仅信息的处理是耗费成本的，而且它还是零散的、交错的，并且通常是不充分的和模糊的，甚至经常包含相互矛盾的信号。对于这些信号，这些信息不仅是不完全的和模糊的，还是"脏的"，意思是不同的部分提供的信号与其他部分提供的是相反的，所以整体信息是不透明的。例如，假定企业需要借助经济中一些有关总需求和总供给水平的先行指标来预测其产品的需求——这也是中央银行和经济分析中用到的方法。通常，在既定时间，一些有关实际产出数据的先行指标可能会暗示总需求和产出未来会下降，其他指标数据则显示会上升，而还有其他很多指标的相关数据是不可用的。因此，总之，信息不仅是不充分的，它给出的整体信号也是模糊和"脏的"，因此，存在"根本不确定性"，而不是可知的、基于风险的信息。[②] 在这种情况下，假定企业对未来季度中经济活动的变化形成了主观可能性分布，其预期均值是负的。由于企业是风险规避的，因此，相比分布的标准差为 0 的情况，企业不会将自己的产出和价格降低相同的幅度。也就是说，确定会下降但是下降的幅度会比较小。进而，在信号模糊且"脏"的情况下[③]，企业将会转向采取可能成本更高的逆转措施。风险规避企业产量的下降并不是通过解雇一定数量的员工来实现的，而是通过降低其劳动强度实现的，如同隐形合同理论中讲到的。而且，降价都是通过打折或提供特别优惠这种变相手段来实现的，而不是公开告之的。如果本季度的信息没有变化且下降的预期更为坚定，那么在下一个季度将有另一轮的降价。但是，如果新信息显示经济活动下降的幅度有小于之前所预期的趋势，它就可能决定不采取新一轮的降价活动。然而，如果信息的变动显示经济活动的上升，从而先前的评估被证明是不正确的，那么企业可以很容易地逆转其价格和产量的下降行为。因此，企业通常的风险规避战略相当于在一段时间内逐步实施交错犹豫的价格和产量的调整策略。给定一系列的企业，这些企业拥有不同的数据来源（如，因为它们属于不同行业），有不同的主观概率分布，那么整体经济将会经历交错的、逐步的价格和产量调整。

[①] 在也用到此假设的其他研究中，Ireland（2001）支持企业面临着价格调整而非通货膨胀调整的二次成本这一假定。

[②] 后凯恩斯主义认为不确定性的根本性质来源于信息的不充分、自我矛盾，以及交错到达。只要出现了一条新的小信息，整体的评价、结论就可能会发生改变。相比之下，现代经典经济学，甚至 NK 模型都假定信息是可知的、内在一致的、充分的。

[③] 因为可获得的信息具有这种性质，所以新闻和谣言可以对预期和决定的变动产生重大的影响。

注意，这些信息和行为模式与中央银行并没有什么不同，甚至在所有信息和数据可自由处理的现代经济中，仍然可以在任何给定的时间点上找到不完全的、模糊的、"脏"的信息。它对政策工具的使用，不管是货币供给量还是利率，通常都是犹豫的、逐步的，且一般会为之后的变动留有余地，不管未来出现以下哪种情况，政策都能随时进行调整：（1）没有进一步的变动；（2）出现了与原来方向相同的其他变动；（3）出现了与原来方向相反的变动。

总之，价格、产出和就业的黏性可以有很多来源。当需求和供给发生变动的时候，经济会通过交错的、逐渐的调整来做出反应，而不是彻底的、迅速的调整，上述各种来源正好为这种渐进调整模式提供了有力的基础。

15.4.4 利率的决定

NK经济学家采用了当前流行的假设，即认为中央银行将利率而非货币供给作为货币政策的主要工具，并且通过泰勒规则决定利率。[①] 利率被作为基本的货币政策工具，中央银行调整基础货币来保证货币和其他金融市场的均衡，因此货币供给变成了内生变量，不再与总需求、产出和通货膨胀水平的决定相关。因此它可以从有关这些变量如何决定的宏观经济分析中剔除。如同第13章所述，货币供给由货币需求内生决定使LM方程式和LM曲线与宏观经济学模型不再相关。

泰勒规则的不同形式

如同第13章所述，泰勒规则是将经济中的利率作为产出缺口和通货膨胀率与目标通货膨胀率之偏差的函数而得到的一种反馈法则，因此利率会对产出和通货膨胀率与其长期值的偏差做出反应。泰勒规则的三种基本形式如下。

同期泰勒规则（泰勒，1993）：

$$r_t^T = r_0 + \alpha x_t + \beta(\pi_t - \pi^T) \quad \alpha, \beta > 0 \tag{25}$$

后顾性泰勒规则：

$$r_t^T = r_0 + \alpha x_t + \beta(\pi_{t-1} - \pi^T) \quad \alpha, \beta > 0 \tag{26}$$

前瞻性泰勒规则：

$$r_t^T = r_0 + \alpha E_t x_{t+1} + \beta(E_t \pi_{t+1} - \pi^T) \quad \alpha, \beta > 0 \tag{27}$$

在这些规则中，r_0代表长期利率。然而，由于中央银行的当前决定通常与前期利率相关，为了平滑利率，一些研究对泰勒规则进行了修改以便包含前期利率[②]，有时候也包含前期利率与其长期均衡水平的偏差Dr_{t-1}。通过上述改变得

[①] 除此之外，泰勒（1993）、Rudebusch（1995）和Clarida等（1999，2000）都支持这一观点。Levin等（1999，2001）通过对美国数据的研究得出，最简版的通胀和目标产出规则非常适合美国经济，而且对一年之内的通胀预期所做出的反应优于对一年以上的通胀预期所做出的反应。

[②] 泰勒规则的简单变动通过引进调整模式公式使利率平滑。

到如下公式。

附有持续性/平滑性的同期泰勒规则：

$$r_t^T = r_{t-1} + \lambda Dr_{t-1} + (1-\lambda)[\alpha x_t + \beta(\pi_t - \pi^T)] \quad \alpha,\beta > 0, 0 \leqslant \lambda \leqslant 1$$
(28)

附有持续性/平滑性的后顾性泰勒规则：

$$r_t^T = r_{t-1} + \lambda Dr_{t-1} + (1-\lambda)[\alpha x_t + \beta(\pi_{t-1} - \pi^T)] \quad \alpha,\beta > 0, 0 \leqslant \lambda \leqslant 1$$
(29)

附有持续性/平滑性的前瞻性泰勒规则：

$$r_t^T = r_{t-1} + \lambda Dr_{t-1} + (1-\lambda)[\alpha E_t x_{t+1} + \beta(E_t \pi_{t+1} - \pi^T)]$$
$$\alpha,\beta > 0, 0 \leqslant \lambda \leqslant 1$$
(30)

在这些法则中，Dr_{t-1} 是上期利率与其长期均衡水平的偏差。后顾性（前瞻性）规则可以扩展至将附加的后顾性（前瞻性）产出和通货膨胀缺口也包含进去。

由于货币政策影响的滞后，前瞻性泰勒规则要优于同期和后顾性泰勒规则。在利率变化与其对通货膨胀和产出缺口的影响之间，时间滞后是经常存在的，对于一些西方国家可能长达六个季度，因此当前货币政策应考虑解决未来的通货膨胀压力。如果通过利率上升来应对当前通货膨胀的状况，当其在一段时间后发挥作用时，可能通货膨胀率也已经不同于当前的通货膨胀率了，因此政策会产生无法预期的效果。尽管准确预测未来的通货膨胀压力是困难的，运用前瞻性泰勒规则仍是比较好的选择。

注意，菲利普斯曲线凸出意味着相对于总需求的降低，对于总需求的增加，通货膨胀会做出更强烈的反应，而产出会做出更微弱的反应；从绝对值来看，需求增加会抬高通货膨胀率，其上升幅度大于需求减少所引起的通货膨胀率降低的幅度。因此，为了使泰勒规则可以反映总需求变动对通货膨胀和产出的非对称影响，泰勒规则也必须是非对称的。

泰勒规则的形式可以是先验的，也可以根据经验数据或者通过中央银行目标函数的最优化来具体化。经验基础取决于估计值，比较倾向于后顾性泰勒规则。然而，同样存在两种其他产生泰勒规则合适形式的方法。一种来源于一个论断，即利率变动对产出和通货膨胀的影响通常好几个季度后才开始，并且这一影响将会持续几个季度。如果中央银行想通过设定当前利率来解决未来产出和通货膨胀缺口，前瞻性泰勒规则是最合适的形式，但是几个季度内会存在分布滞后问题，很有可能大于八个季度。泰勒规则的第二种合适形式由福利损失函数的最优化得来。

NK 对前瞻性泰勒规则的推演

一些 NK 学者（CGG，1999）倾向于从中央银行的目标函数中推导泰勒规则。对此，目标函数被当做跨越当期和未来的产出缺口和通货膨胀的函数，通常认为是二次"损失函数"的相反数，因此其形式如下：

$$-\frac{1}{2}E_t\left\{\sum_{j=0}^{\infty}\beta^j(\gamma x_{t+j}^2+(\pi_{t+j}-\pi^T)^2)\right\} \tag{31}①$$

其中，x 代表产出缺口，因此目标产出水平假定为充分就业水平。π^T 是目标通货膨胀率，β 是中央银行的时间贴现因子②，γ 是产出缺口相对于通货膨胀（或者说"通货膨胀缺口"，具体指实际通货膨胀率与其目标值之差）的权重，是偏好和技术参数的函数。如果目标通货膨胀率产生实际趋势，通货膨胀率缺口也能代表现行通货膨胀率与趋势之间的偏离。

上述目标函数要受到经济中 IS 方程和价格调整方程的线性约束（CGG，1999），中央银行通过最大化这一目标函数（即，使二次损失函数达到最小），以得出最优或者目标实际利率，同时用 $E_t\pi_{t+1}$ 代表对未来通货膨胀的理性预期水平，得出目标利率如下：

$$r_t^T = \alpha + \lambda_x x_t + \lambda_\pi(E_t\pi_{t+1}-\pi^T) \quad \lambda_x,\lambda_y > 0 \tag{32}$$

在推演出的这一中央银行政策法则中，政策针对预期未来通货膨胀率而非当前通货膨胀率做出反应，这与标准泰勒规则对此的处理不同。因此，它是泰勒规则的前瞻性版本，可以被称为 NK 泰勒规则。长期来看，充分就业水平下经济函数 $x^{LR}=0$。进而，长期来看，由于中央银行被看做是有能力实现其目标通货膨胀率的，$(E_t\pi_{t+1}-\pi^T)^{LR}=0$，因此 $\alpha=r^{LR}$。所以，CGG 的前瞻性泰勒规则演变为

$$r_t^T = r^{LR} + \lambda_x X_t + \lambda_\pi(E_t\pi_{t+1}-\pi^T) \quad \lambda_x,\lambda_\pi > 0 \tag{33}$$

其中，r^{LR} 由商品的长期供给函数和 IS 方程（13）式决定。由于假定资本市场是完善的，$\pi^e=\pi^{LR}=\pi^T$，长期名义利率 R^{LR} 由费雪方程式决定：

$$R^{LR}=r^{LR}+\pi^T$$

进而，CGG（1999）中假定由中央银行设定实际利率由此将利率平滑考虑了进去：

$$r_t = \check{\rho}r_{t-1}+(1-\rho)r_{t-1}^T \tag{34}$$

其中 r_{t-1}^T 由滞后一期的（33）式确定。

NK 模型中的货币政策

泰勒规则的 CGG 版本认为，如果对总需求的正向冲击使得通货膨胀率高于其目标水平或者产出高于其充分就业水平，那么中央银行应该提高实际利率。因此，中央银行通常在金融市场中操控名义利率，它应该使名义利率的上升超过通货膨胀率的上升。

对于总商品供给的正向永久性增长，CGG 假定这一政策可以使永久收入和

---

① 作为对比，注意罗滕伯格和伍德福德（1999）的中央银行目标函数以代表性个人的福利函数为基础。在这一函数中，通货膨胀率与其趋势的偏离（而非通货膨胀率本身）具有反向作用，因为这一偏离使得经济代理人更难对消费投资和组合分配进行规划。个人的福利同样取决于产出缺口，因为这一缺口与就业与收入变动相关联。

② 一些研究中将这一贴现因子作为代表性家庭的。

总需求提高同样的幅度，因此产出缺口不会改变，也不会有任何通货膨胀压力。因此，货币政策不必对永久性供给冲击做出反应。然而，要实现这一结果，必须假设总需求增长和总供给增长的时间轨迹是一致的。① 虽然消费不对永久收入做出反应，但从永久收入得出的短期边际消费倾向不等于 1，因此消费的上升幅度小于总供给。如果总需求的其他组成部分没有足够的增长以弥补增长的总供给和增长的消费之间的缺口，那么总需求的增长将会低于总供给。由于这种可能性，产出需求和短期产出将会低于充分就业水平，出现一个负的产出缺口，同时通货膨胀率将降低到目标水平之下。于是，泰勒规则认为不得不降低实际利率，以此作为一种短期措施。与这一趋势相反，伴随着充分就业产出的增长，资本效率增加，这可能使企业增加投资，最终引起总需求增加。

此外，产出的正向冲击有时伴随着消费者信心和商业信心的增强，这会提高股票价格，增加投资和消费，因而增加总需求。因此，并不能保证总供给变化将会或通常会使总需求上升同样的幅度。泰勒规则指导下的短期政策反应并不能先验地预测，而是取决于相对于总供给增加的总需求的实际增长。因此，货币政策不得不以一种适当的方式对供给的变动做出反应。

尽管 NK 模型依赖于价格黏性，就像弗里德曼－卢卡斯供给法则中价格黏性的缺失一样，这就意味着，只要通货膨胀预期的变动幅度与通货膨胀率本身保持一致，那么中央银行就可以不耗费任何产出成本来降低通货膨胀率。后者要求有一个可信的政策，可以足够早地通知企业改变其价格调整策略。如果政策修订（相较过去高通货膨胀率情况下的政策）并非充分可信的或者并没有充足的时间告知企业，通货紧缩将会导致产出下降。

15.4.5 整体 NK 模型的变动

NK 模型有很多版本，它们的共同特征是存在三个方程式：商品市场均衡的 IS 方程、针对利率的泰勒规则以及总供给或者价格调整（NK 菲利普斯曲线）理论。为了说明这些版本，我们下面将阐述 NK 模型的伍德福德（2007）版本。

伍德福德所称的"跨期 IS 关系"是从有关总支出之时间的欧拉方程中推导出来的：

$$\ln(y_t/y_t^f) = E_t[\ln(y_{t+1}/y_{t+1}^f)] - \sigma[R_t - E_t\pi_{t+1} - r_t^n] \tag{35}$$

其中，y 代表实际商品产出，y^f 是长期均衡（充分就业）水平②；R 是无风险资产的一期名义利率；r 是实际利率，r^n 是其长期均衡（充分就业）值；π 是通货膨胀率。变量的未来值都是理性预期值。此方程中存在很重要的跨期因素。通常 IS 方程式左边是 y，与之相比，上面的方程以产出缺口 y_{t+1}/y_{t+1}^f 的形式表达，以

---

① 这让人想起了萨伊定律，该定理认为，充分就业产出的增加会自动使需求增加到同样水平（第 18 章）。凯恩斯对这种自动反应持反对意见，由此确立了其经济学理论的基石，凯恩斯主义者一般也赞同并坚持这一点。无论明里还是暗里，它都不应该成为 NK 经济学的一部分。

② 长期均衡值由外生的实际因素如生产技术、人口和家庭偏好决定。

更容易得出模型的解。

总供给或者价格/通货膨胀调整方程为

$$\pi_t - \pi_t^* = \alpha \ln(y_t/f_t^t) + \beta E_t(\pi_{t+1} - \pi_{t+1}^*) + \mu_t \quad \alpha < 0, 0 < \beta < 1 \quad (36)$$

其中 π_{t+1}^* 是指在时期 t 预期的通货膨胀趋势率。① 干扰项 μ 包含外生成本推动因素。Calvo（1983）将此方程式作为对交错价格动态变化的对数线性估计。在此方程中，如果企业在某一个期间内没有对价格进行重新优化，它们将会在通货膨胀趋势率 π^* 的基础上自动提高价格，因此只能通过重新优化使其相对价格发生改变。

第三个方程式是有关货币政策的，如下：

$$R_t = r_t^* + \pi_t^* + \lambda_\pi(\pi_t - \pi_t^*) + \lambda_y \ln(y_t/y_t^f) \quad (37)$$

其中，π_t^* 是指中央银行在时期 t 的目标通货膨胀率，r_t^* 是指时期 t 银行对经济均衡水平下实际利率的预测值。这两个变量都是外生变量，它们的变化反映了中央银行态度的变化。进一步假定 π_t^* 遵循均值为零的随机游走过程，因此

$$\pi_t^* = \pi_{t-1}^* + v_t^\pi \quad (38)$$

完整模型及其推演和含义详见伍德福德（2007，pp. 3-80）。

15.4.6 NK 模型中的货币供给

NK 模型在任何一个核心方程（三个）中都没有明确包含货币供给，尽管它们决定着价格水平和通货膨胀率。看起来好像它对这些变量的决定是独立于货币供给及其增长率的，因此中央银行可以忽略货币总量和货币需求函数。从价格调整方程（通过使企业利润最大化推导得出）来看，价格水平和通货膨胀率似乎是由企业在设定相对价格时的行为决定的。这些结论对于 NK 模型可能是错误的。

NK 模型中的货币政策是由中央银行通过泰勒规则决定的。第 13 章中曾讲到，如果中央银行想实现（按照泰勒规则或其他规则确定的）目标利率，必须保证经济中的货币供给是适量的。这一货币供给量必须能够保证货币市场均衡，因此货币供给必须等于在设定的利率水平下及其他决定性因素一定的情况下的货币需求。假定货币需求函数为线性形式：

$$m^d = m^d(y^d, R, FW_0) = m_y y^d + (FW_0 - m_r R) + \eta_t \quad (39)$$

其中，$0 < m_y \leqslant 1$，$0 < m_R < \infty$，η_t 是干扰项。此方程以及下述方程中各符号的定义曾在第 13 章中论述过。对于完全资本市场，关于利率的费雪方程式为

$$R = r + \pi^e + v_t \quad (40)$$

---

① 如果经纪代理人预期中央银行可以实现其目标通货膨胀趋势率，那么 π_{t+1}^* 将会等于这一目标趋势率。

其中，v_t 是干扰项。在实际利率规则下，r 由中央银行设定为 r^T，y^d 由总需求方程决定。为了便于说明，此处采用第 13 章中所讲到的开放经济下商品部门线性模型，于是 AD 方程式为

$$y^d = a[\{c_0 - c_y t_0 + i_0 - i_r r^T + g + x_{c0} - x_{c\rho}\rho^\tau\}] \\ + (1/\rho^\tau) \cdot \{-z_{c0} + z_{cy}t_0 - z_{c\rho}\rho^\tau\}] + \mu_t \tag{41}$$

其中，μ_t 是干扰项。在货币需求方程中替换 r^T 和 y^d 的值，我们可以得到

$$m^d = m_y a[\{c_0 - c_y t_0 + i_0 - i_r r^T + g + x_{c0} - x_{c\rho}\rho^\tau\}] \\ + (1/\rho^\tau) \cdot \{-z_{c0} + z_{cy}t_0 - z_{c\rho}\rho^\tau\}] - m_R r^T - m_R \pi^e + FW_0 \\ + m_y \mu_t + \eta_t - m_R v_t \tag{42}$$

如果我们假定 NK 泰勒货币政策函数，r^T 将会被这一函数替代。因为结果并不依赖于政策函数的形式，因此我们避免引入包含这一函数的更为复杂的方程式，而是采用之前的方程。

中央银行的货币市场均衡条件为，金融市场上的利率等于央行所期望的目标利率，用式子表达为

$$M^S/p = m_y a[\{c_0 - c_y t_0 + i_0 - i_r r_0^T + g + x_{c0} - x_{c\rho}\rho^\tau\} \\ + (1/\rho^\tau) \cdot \{-z_{c0} + z_{cy}t_0 - z_{c\rho}\rho^\tau\}] - m_R r^T - m_R \pi^e + FW_0 \\ + m_y \mu_t + \eta_t - m_R v_t \tag{43}$$

对于任意给定的 P 和 π^e，这一方程式决定了货币市场均衡所需要的实际货币供给 M/P。注意，货币市场本身并不能改变 P。P 的变动取决于相对于总供给的商品总需求。货币市场也不能改变货币供给 M^S，它取决于中央银行控制的基础货币 M0 或者是基础货币乘数（$\partial M/\partial M0$），该乘数取决于支付体系和公众行为。货币市场中不存在可以将 M/P 调整为实际货币需求的均衡机制，因此中央银行可以保证经济中货币市场均衡所要求的名义货币供给，否则市场不均衡的可能性很大。在经济决定总需求、价格水平和通货膨胀率的情况下，不均衡意味着中央银行不再对市场利率有决定控制权，因此中央银行可能失去对这些变量的控制。

因此，货币市场的均衡条件和中央银行确定所需货币供给的能力对于 NK 模型是必要的。进而，从 NK 模型中所得出的市场利率、价格水平和通货膨胀率等的值是以中央银行拥有通过控制货币供给来实现货币市场均衡的能力为条件的。[1] 这一能力本身也要依经济的货币需求函数和随机因素而定。

泰勒式的货币供给规则及货币供给的相关性

如果货币需求函数是稳定的并且所有的干扰项为 0，在货币市场均衡条件

---

[1] 近年来欧洲中央银行（ECB）推崇货币政策的两大支柱。其中，一个是经济分析，可以评估短期至中期的价格发展（来自于商品和要素之供给和需求的相互作用）的决定因素；另一个是货币分析，用来评估通货膨胀的中期至长期展望（通过货币与价格之间的长期联系）（Woodford，2007）。然而，其他一些银行并没有很明确地运用货币供给数据。结果，关于货币数据是否有助于制定合适的货币政策，以及 ECB 依赖于货币总量是否是多余的或者错误的在著作中有深入的争论。我们的分析认为，由于银行需要确定合适的货币供给或者要面对设定利率与市场利率的不相符，所以，即使在 NK 模型所描述的经济中，运用货币总量数据也是必要的。

下，利用有关利率的泰勒规则的替代方法，可以得出一个货币供给函数，它本身就是泰勒规则的一种形式。例如，用如下形式的泰勒利率规则：

$$r_t^T = r_0 + \alpha(y_t - y^f) + \beta(\pi_t - \pi^T) \quad \alpha, \beta > 0 \tag{44}$$

代替先前的线性货币需求函数中的利率，得到

$$m^d = m_y y^d + \{FW_0 - m_R \pi^e - m_R(r_0 + \alpha(y_t - y^f) + \beta(\pi_t - \pi^T))\} \tag{45}$$

因此，对于货币市场均衡，货币供给法则为

$$M^S = P[m_y y^d + \{FW_0 - m_R \pi^e - m_R(r_0 + \alpha(y_t - y^f) + \beta(\pi_t - \pi^T))\}] \tag{46}$$

这一方程式提供了货币供给法则，它会给出经济中各内生变量的同样的值，包括利率。由于它将货币供给当做产出和通货膨胀率缺口的函数，因此是一个泰勒式的规则。

然而，如果货币需求函数不是稳定的和可预测的，那么之前的货币供给法则就会有不稳定的和未知的参数（m_y 和 m_r）值，因此中央银行不会知道经济中确切的货币供给量。在金融创新如火如荼的大背景下，近几十年来这种情况已司空见惯，对于控制总需求来说，遵循货币供给法则不如遵循利率规则。

然而，如果货币供给对产出和通货膨胀率的有些影响是独立于利率的，那么这一结论不必然会使货币供给（相对于货币政策）显得多余。就美国来说，Rudebusch 和 Svensson（2002）支持这一命题，Nelson（2002）和 Hafer 等（2007）则反对这一命题，认为即使利率对产出的影响受限，货币仍可以对产出产生影响。第 16 章中对此结论的解释为：货币供给的变化可以影响信贷成本和数量，这将对产出产生影响，而非通过利率。

因此，对于 NK 模型，我们得出结论：尽管货币总量并没有出现在 NK 模型的方程式中，但这一模型对货币政策的运用不仅仅是对有关目标利率的泰勒规则的选择和追求，同样包括了针对相关货币总量的适当政策的追求。[1] 无论货币需求函数是否稳定和可知，都是这样。前者产生了泰勒式的货币供给法则，而后者并没有得出一个有关货币供给或其增长率的确定目标，也没有得出一个关于货币供给如何决定的确定的泰勒式的规则。

我们同样要注意，无论中央银行将货币供给还是利率当做货币政策工具来加以控制，都可以影响通货膨胀率，因而对控制通胀负有责任的政策当局都是格外醒目的。相应地，在两种政策操作目标下，央行对于低通货膨胀率目标的可信承诺与低通货膨胀率目标的实现是同样相关的（伍德福德，2007）。

货币需求函数的不稳定性是如何影响货币供给的？

前述结论认为：中央银行必须通过适当的货币供给来确保经济中的利率等

---

[1] 因此，货币在当前一致认同的宏观经济学模型和货币政策运用中是不起作用的这一结论是错误的。如果中央银行进行一项实验：降低利率而不改变或者降低货币供给，就可以很容易地证明其错误性。在这个实验中，中央银行的目标利率和市场利率的联系不复存在，经济中的总需求会在市场利率的基础上逐步演变。

于预期利率。无论货币需求函数是否稳定，这一结论都是成立的。如果货币需求函数是稳定且已知的，那么这个任务会变得简单点儿，但是，由于货币需求函数（43）式中存在干扰项，这个任务仍然不是很简单。如果如同近些年来西方国家经济中那样，货币需求函数是不稳定和不可测的，那么这个任务会变得更难。进而，如果基础货币乘数（基础货币和货币供给之间）也是不稳定的，那么通过中央银行对基础货币进行控制来实现适当的货币供给会变得更有问题。

中央银行可以试图通过公开市场操作、准备金要求等手段来提供适当的货币供给。尽管这种直接措施将不得不成为满足货币供给要求的主要方式，但第 13 章中讲到，货币需求函数和基础货币乘数的不确定性意味着中央银行不得不通过赋予私人部门一定的自由空间来改变货币供给，例如，当市场利率高于贴现率时，通过借款给商业银行来实现目标。

货币总量数量方程和通货膨胀

NK 模型中的价格水平是由相对于总供给的总需求水平决定的，这一模型中的通货膨胀率是由商品市场中持续的需求和供给压力决定的，因此貌似货币总量与价格水平或通货膨胀率没有关联。进而，货币总供给没有出现在 NK 模型的三大方程中。因此，数量论和货币主义者强调的货币与价格之间的关系，或者货币增长率与通货膨胀率之间的联系，在 NK 模型所描述的经济中似乎不存在了。这些结论是不正确的。

数量方程（见第 2 章）是 NK 模型中必须成立的一个恒等式，正如其他任何理论中一样。该恒等式为

$$P'' \equiv M'' - (y'' - V'') \tag{47}$$

其中，"代表增长率，V 代表货币流通速度。因此，对于给定的 y'' 和 V''，货币经济中通货膨胀率和货币增长之间肯定有紧密的联系。NK 模型没有也不能废除数量方程。它能做且所做的就是使货币存量相对于利率目标和价格水平是内生的，后者由商品的总需求和总供给决定。因此，对于 NK 模型，更富有启发性的数量论形式为

$$M' \equiv P'' + y'' - V'' \tag{48}$$

总之，NK 模型的独特性并不在于它割断了货币总量与价格水平或者通货膨胀率之间的联系。它的独特性仅仅在于它假定由中央银行设定目标利率，这就提供了一条不同于货币供给目标政策的总需求决定路径。这一独特性的相关方面在于，中央银行将利率作为货币政策工具，使得货币供给对于利率、产出和货币需求函数是内生的。然而，中央银行不能就这样忽略货币供给：如果它没有失去对市场利率的控制，那么它就必须确保向经济中注入适当数量的货币。

注意，(48) 式提供了一条中央银行应该提供的更为简单的货币供给路径：货币增长率应该等于通货膨胀率加上产出增长率再减去货币流通速度变化率。

15.4.7　NK 商业周期理论

凯恩斯主义的众多模型都认为，总需求的变动会导致产出变化以及生产函数和劳动力供给的变化，因此它们在解释商业周期的时候，允许将总需求的变动和供给因素都作为商业周期的潜在诱因。因此，从货币政策角度出发，货币政策是商业周期的一个潜在诱因，同时在降低其严重性和持续时间上也是有用的。事实上，绝大多数中央银行习惯性地通过操控货币政策来调节通货膨胀率和产出缺口，因此，这遵循了凯恩斯主义范式，即货币政策可以调节产出和就业波动，同时将通货膨胀率维持在一个可接受的范围内。这一政策实践已经被很多国家多年来对某种形式的泰勒规则的估计证实。

NK 学派以价格黏性和通货膨胀率黏性作为商业周期解释的基础，与实际经济周期理论的灵活价格假设相反（见 14 章）。在 NK 模型中，产出的潜在波动源包括由于投资、消费、出口、财政和货币政策引起的总需求变动。相反，产出波动是由于总需求冲击可以被货币政策改变。进而，新兴凯恩斯主义者通过将泰勒规则运用在货币政策的制定上，使货币政策中嵌入了一种自动稳定机制。因为在此规则下，产出缺口（实际产出在充分就业产出水平之下）引发了利率的扩张性下降。

注意，如果同时考虑引发商业周期波动的需求方面的因素和供给方面的因素，那么这二者的相对重要性很可能因商业周期阶段不同及国家不同而有所差异。关于对经济周期的解释，一种观点是，由信息技术革命导致的技术变革是近年来工业国家实际经济周期变动的决定性因素，而且，尽管总需求变动会影响经济周期，但不是最主要的因素。对于这一论断还有坚实的计量经济学方面的支持。

为了在众多关于这一命题的研究中提供实例，Ireland（2000）利用 1959 年第 1 季度至 1998 年第 4 季度这一时期内美国的经济周期数据，对 NK 动态随机一般均衡模型进行了检验。他的模型包括价格（或通货膨胀）黏性并且采用了名义利率作为货币政策变量，同时引入了另一有关调整实物资本之成本的假设。这一研究认为，此模型在价格调整成本下比在通货膨胀率调整成本下表现更好。他还发现，通货膨胀之所以持续存在更多是因为外来的实际冲击，比如偏好和技术而非较大的调整成本。

15.5　凯恩斯方法和新古典方法中产出和就业的简化方程

凯恩斯模型各种变体的基本含义是，在总需求不足和低于充分就业的情况下，总产出取决于总需求，从而取决于财政支出、税收和货币供给等需求管理政策变量。就货币政策对实际产出的影响而言，凯恩斯主义分析意味着：

1. 这种影响取决于经济中现有的需求不足程度，因而系数不变的实际产出和货币供给之间的线性关系，并没有恰当地表述凯恩斯主义的含义。

2. 预期到和未预期到的货币供给量（还有财政变量）的值同等地影响产出，而新古典主义的观点则是，只有未预期到的变量值才影响产出。

凯恩斯主义的简化方程

包含产出取决于政策变量这一观点的简单线性方程是

$$\mathrm{d}y = \lambda_g(\mathrm{D}y)\mathrm{d}g + \lambda_M(\mathrm{D}y)\mathrm{d}M \quad \lambda_g \geqslant 0 \tag{49}$$

其中，$\mathrm{D}y$ 是指产出缺口（$y^f - y$），λ_g 和 λ_M 是函数符号，M 是相关的货币政策工具。如果这一货币工具为货币供给，那么 λ_M 是非负的；如果这一货币工具是利率，那么 λ_M 是非正的。① 前一节业已证明，λ_g 和 λ_M 取决于经济中现有的需求不足程度②，不能视为常量。

从动态角度来定义，$\mathrm{d}y = y_t - y_{t-1}$，$\mathrm{d}g = g_t - g_{t-1}$，$\mathrm{d}M = M_t - M_{t-1}$，因而（49）式变成

$$y_t = [y_{t-1} - (\lambda_g(\mathrm{D}y_{t-1})g_{t-1} + \lambda_M(\mathrm{D}y_{t-1})M_{t-1})] + \lambda_g(\mathrm{D}y_{t-1})g_t + \lambda_M(\mathrm{D}y_{t-1})M_t \tag{50}$$

与（50）式一致，通常用于凯恩斯模型经验检验的方程是

$$y_t = a_0 + \lambda_g(\mathrm{D}y_{t-1})g_t + \lambda_M(\mathrm{D}y_{t-1})M_t + \mu_t \quad \lambda_g, \lambda_M \geqslant 0 \tag{51}$$

其中，a_0 等于 $[y_{t-1} - (\lambda_g g_{t-1} + \lambda_M M_{t-1})]$，$\mu_t$ 是随机项，所有变量都是对数形式。有时用 αy_{t-1} 的形式代替 a_0，以表示产出的持续状态，y_t 和 y_{t-1} 有时被定义为产出与其充分就业水平的偏离。上述凯恩斯主义方程的另一个表达式用失业率与自然失业率的偏离代替产出缺口，如下：

$$y_t = a_0 + \lambda_g(u_t - u_t^n)g_t + \lambda_M(u_t - u_t^n)M_t + \mu_t \tag{52}$$

其中，u 是失业率，u^n 是自然（或充分就业）失业率，因而 λ_g 和 λ_m 被视为函数符号。$\lambda_g(u_t - u_t^n)$ 和 $\lambda_M(u_t - u_t^n)$ 不一定是线性函数。

NK 模型与现代新古典估计方程的对比

注意，与（52）式对应的现代古典方程是

$$y_t = y^{\mathrm{LR}} + b_g(g_t - g_t^e) + b_M(M_t - M_t^e) + \mu_t \tag{53}$$

其中，$b_g > 0$，$b_M > 0$，上标 e 表示方程中变量的预期值。在 $g_t = g_t^e$ 且 $M_t = M_t^e$ 的预期均衡中，（53）式变为

$$y_t = y^{\mathrm{LR}} + \mu_t \tag{54}$$

---

① 在需求不足的情况下，λ_g 和 λ_M 是非零的，不是常量，然而在长期均衡的状况下，λ_g 和 λ_M 均为零。

② 这使得它们是根据状态来决定的，但 Calvo 的 NK 模型价格调整过程使得它们是根据时间来决定的，因为在这一过程中，公司根据时间安排来调整价格，尽管时间安排是由其所面临的经济环境决定的。

(54) 式表达了以下现代古典结论：假如预期没有错误，围绕充分就业产出发生的偏差必须是随机的。

在现代古典模型中，由于货币供给增加和财政赤字对产出的任何影响，首先必然引起单个价格或价格水平的提高，因此用如下的方程形式来检验新古典模型是更为恰当的：

$$y_t = a_0 + \gamma_1(P - EP_t) + \gamma_P EP_t + \mu_t \tag{55}$$
$$t_t = a_0 + \gamma_1(\pi - E\pi_t) + \gamma_\pi E\pi_t + \mu_t \tag{56}$$

其中 EP 和 $E\pi$ 是理性预期值，新古典模型均衡形式意味着 γ_P 和 γ_π 的估计值是零，所以货币政策的变动是中性的。

15.6 NK 观点的实证有效性

评判 NK 模型实证有效性的一个方法是将其观点和含义与第 1 章和第 14 章中所列出的典型事实（有关货币、通货膨胀率和产出之关系）进行比较。对于长期，NK 模型与现代经典学派一样，都认为货币或通货膨胀率与产出没有关联，因此对于评判它们的相对有效性来说，典型的短期事实是确实有相关性的。关于短期，NK 模型很清晰地解释了更多的典型事实或者说在这方面好于现代古典模型。特别是，它解释了货币性变化对产出影响的驼峰状形态，以及对货币通货膨胀率的影响比对产出的影响的滞后期更长（Nelson，1998；Sims，1992；Christiano et al.，1999）。Wong 发现，长期货币中性和短期价格黏性在美国是成立的。尽管 NK 方法意味着，随着时间的推移，对货币性冲击的脉冲响应是不变的，但 Wong 发现，在不同的时间段，实际的脉冲响应是不同的，而且对负向冲击的脉冲响应要强于正向冲击。

Rudd 和 Whelan（2003）对前瞻性 NK 产出方程进行了检验，认为现行通货膨胀率与未来产出缺口是正相关的。他们认为这一方程式并不太适用于美国的数据：实证表明，现行通货膨胀率与未来产出缺口之间的关系是负的而非正的。其中的一个原因是，通货膨胀具有高度持续性，而这种持续性很大程度上取决于其自身的滞后值（详见 Maria-Dolores and Vazquez，2006）。

NK 学派依赖价格黏性和名义工资假设来解释货币政策对产出的动态影响。Christiano 等（2001）发现，在解释这一动态影响上，工资黏性而非价格黏性似乎是更为相关的因素。然而，Mankiw（2001, p. C52）指出，以价格黏性为基础的 NK 价格调整方程"是与事实完全相左的，尤其是，它在解释货币政策对通货膨胀率和失业率的动态影响时，甚至挨不上边儿"。Mankiw 列举了 NK PC 的三个无效推论。其一，他认为一个完全可信的通货紧缩会提高产出，因为这一通知会导致企业甚至在货币供给增长率降低前就放缓其价格增长。这将会导致实际货币供给的增加，从而导致更高的产出和更低的失业率。这是无效的，因为经济繁荣时通货膨胀率上升，经济衰退时通货膨胀率下降，货币供给下降的显而易见的结果是伴随失业率上升的通货紧缩。其二，在 NK 价格调整过程中，单个价格间歇性调整，因此对于冲击，价格水平调整是缓慢的。然而，由通货膨胀调整衡量的价格变化是很快的，因此这一模型并不能得出通货膨胀具有持续性。事实是，冲击对通货膨胀的影响是逐渐跨越几个季度的，因此通货膨胀具有不可忽略的持续性。其三，NK PC 没有得出，在货币政策冲击下，有关通货膨胀率和失业率的一个合理的脉冲响应函数。实证数据表明，货币政策冲击会在冲击之后一段时间内影响失业率，而这一冲击对通货膨胀有滞后和渐进的影响。Mankiw 最终得出结论：需要用存在通货膨胀惯性的后顾性价格调整过程来解释观察到的通货膨胀现象。

很多实证研究试图为泰勒规则的某些形式寻找支持。然而，Levin 等（1999，2001）指出，他们通过五种宏观经济模型对美国的数据进行了估计，结果显示，对美国来讲通货膨胀率和产出目标规则的简单版本是很适用的。进而，Depalo（2006）对日本的研究也表明，一个简单的利率自回归模型有时比泰勒规则更适用。此外，泰勒规则的估计结果似乎显示，其系数随着中央银行管理的变化而发生改变。这是可信的，因为这些系数反映了中央银行对于通货膨胀率和产出缺口之反应的偏好，如同 NK 推演出的泰勒规则所显示的一样。

注意，为了推演出自己的具有特殊形式的泰勒规则，NK 模型假设中央银行目标函数的真实形式和模型是已知的。但是这些其实是很难知道的，因此相对于简单泰勒规则，一个由特定模型和目标函数演化出来的、特定的、最优的泰勒规则的优越表现是有待商榷的。考虑到未来经济状况的不确定性和预期误差，仅仅确定中央银行的通货膨胀率、产出及其他目标，而使其真实系数随中央银行对环境的变化而定是比较好的。在这种情况下，中央银行只需追求既定目标而非设定某种政策工具规则，如特定的泰勒规则。Svensson（2003）对此问题进行了详细的讨论。这一结论与第 12 章中关于时间一致性和可信度的结论是一致的。那儿的结论是：考虑到经济约束的适当形式及其随着时间的推移具有不确定性，因此对于中央银行来说，相对于采取某种政策规则或者遵循具有确切时间路径的政策的时间一致轨迹，通过跨期再优化来实现既定目标是更好的选择。

结　语

本章介绍了凯恩斯主义模型的三种变体和一个新凯恩斯主义模型，表明凯恩斯主义模型是发展变化的。将来也有可能看到凯恩斯主义一般观点（即，货币在短期不是中性的，而在长期可能且很可能是中性的）的发展演变或新变体。

下面，我们把本章的总结性评论分成几类。

凯恩斯对工资协议和工资刚性的论述

古典思想和凯恩斯思想的一个重要差异表现在劳动市场的性质方面。凯恩斯本人反对古典模型有关劳动市场的假定，这是同古典模型最根本的不同。对此，他是这样表达其思想的：

> 但……更根本性的［对古典模型］的反对意见……来源于我们不同意工资协议可以直接决定实际工资水平这一假设条件。就假设工资协议可以决定实际工资而论，古典学派暗中塞进了这个不恰当的假定。因为，对于劳动者整体而言，可能不存在任何办法来使相当于货币工资之一般水平的工资品等于当前就业量的边际负效用；也可能不存在任何途径，使劳动者全体与雇主们修订货币工资协议来把实际工资降低到某一既定的水平……
>
> 虽然在个人或集体之间这种围绕着货币工资的讨价还价往往被认为可以决定实际工资的一般水平，而事实上这涉及的是一个不同的问题。由于劳动者的流动性不够完善，从而工资不能精确地反映不同职业的真正优劣，所以对于任何个人和集体，如果使他们的货币工资做出相对于其他人的货币工资的削减，那么就会使他们的实际工资相对地下降。这已构成充分的理由来使他们抵抗货币工资的削减。另一方面，由于货币购买力改变会对所有工人产生类似的影响，因此要想抵抗实际工资的每一次下降是不现实的。事实上，这种实际工资的下降一般不会遭受抵抗，除非下降的幅度达到极端的程度……
>
> （Keynes，1936，pp. 12 - 15）

名义工资或实际工资刚性

凯恩斯主义的名义工资模型假定名义工资是刚性的或者劳动力供给取决于名义工资而非实际工资，这一模型在20世纪40年代至50年代作为凯恩斯主义模型是很流行的。然而，Leijonhufvud（1967）认为凯恩斯并没有做如此假定，对于凯恩斯而言，在失业率过高的情况下，通过人为的通货膨胀降低实际工资要优于降低名义工资（这会引起劳动者的不满和产业动荡），因此避免名义工资下降是首选政策。现在普遍接受的看法是：凯恩斯并没有假定名义工资是刚性的，或者把它当做一个先验假设，或者因为企业和劳动者之间的名义工资谈判的特性。进而，凯恩斯没有假定工人将其供给行为建立在名义工资而非实际工资上，并因此产生货币幻觉。

劳动市场的独特性质是凯恩斯主义观点的基本部分。人们从这些观点中得出了菲利普斯曲线，20世纪60年代至80年代的著名的凯恩斯主义经济学家詹姆斯·托宾（James Tobin，1972）在下述引文中解释了菲利普斯曲线。

托宾论工资和失业

> 正如在凯恩斯主义的模型中一样，在该模型中，失业再次被当做一种非均衡现象。每天的货币工资调整不足以快到可以出清所有劳动市场。
>
> 空缺和失业的总体平衡状况由总需求决定，因而原则上受到总体的货币和财政政策控制。更高的总需求意味着更少的超额供给市场和更多的超额需求市场，相应地伴随有更少的失业和更多的空缺……
>
> （Tobin，1972，pp. 9 - 10）

总需求下降时动态分析的重要作用

从动态角度分析需求不足，确实偏离了凯恩斯主义假定价格和名义工资刚性的需要。对于这种分析，在总需求下降一定幅度的情况下，核心问题是：根据客观现实，我们不能假定经济中的众多市场迅速达到宏观经济均衡，那么这时候，面对自身产品需求的下降，单个企业会做何反应？面对被解雇，或者现有的工作朝不保夕，随时有可能失去，工人会做何反应？这将争论从比较静态分析转变到了动态分析。有可能存在着大量的似乎合理的动态路径，对应于任何比较静态宏观经济模型，但并不一定都能达到充分就业或能迅速达到充分就业。这就表明，凯恩斯主义需求管理政策的作用不仅取决于经济状况，还取决于消除需求不足或非自愿失业的预期速度。

我们从这个角度，通过下面两段引文来说明这一核心问题。

Leijonhufvud 论凯恩斯方法

凯恩斯的理论是动态的，而他的模型是静态的。凯恩斯试图借用马歇尔的比较静态分析工具来分析动态过程……对需求下降的最初反应是数量调整……"刚性"工资这种强假设对于解释这种制度行为，不是必需的。只要放弃同样的强假设——瞬时价格调整，就足够了……

(Leijonhufvud，1967，pp. 401-403)

帕廷金论有效需求分析

限定在静态均衡分析中的非自愿失业可能没有任何意义。相反，动态分析的实质是"非自愿性"：它的范围只包括偏离〔理论上〕需求或供给曲线的位置……首先，我们看到，非自愿失业可能存在于完全竞争且工资和价格具有弹性的体系中……其次，我们看到，商品需求不足会引起劳动投入下降而无须事先提高实际工资率……

(Patinkin，1965，pp. 323-24)

同时假定……在具有弹性的情况下，这些〔动态的〕力量将使经济恢复到充分就业状态，这个假定表明……〔充分就业〕均衡位置总是存在并且经济总会趋向它。更具体地说，这个假定是说，正如当实际收入水平允许在试探过程中保持不变时，（新古典模型中的）"市场"可以求解超额需求方程组，当实际收入（进而就业）水平允许变化时，它也可以求解该方程组。

(Patinkin，1965，p328)

这些引文中的观点现在被普遍接受了。凯恩斯主义分析并不是比较静态分析或者瓦尔拉斯均衡分析。瓦尔拉斯均衡分析建立在完全竞争下的自动市场出清价格调整（以对超额需求或超额供给做出反应）的基础之上，而凯恩斯主义分析的重点是当这些条件不存在时企业所做的动态调整。如果瓦尔拉斯趋向均衡的市场价格调整是缓慢的，并且是不明确的，需求下降会导致很长时间内产出和就业的下降。如果市场被频繁出现的新干扰因素所困扰，比如企业管理层和家庭对于未来的悲观或乐观预期，那么不均衡状态将会是一个持续的现象，伴随着不同的就业或产出水平。

新凯恩斯主义经济学和 NK 经济学

面对着在 20 世纪 70 年代人们对凯恩斯模型及其政策处方的信心下降，以及 20 世纪 80 年代至 90 年代古典经济学的复兴，为了重建凯恩斯主义框架，新凯恩斯主义经济学应运而生。新凯恩斯主义经济学并不是一个综合性的宏观经济学模型，而是一些观念和理论的组合。其中之一是效率工资假说，它坚持短期实际工资刚性，反对名义工资刚性，另一个新凯恩斯主义理论是菜单成本理论，它通过垄断竞争条件下的菜单成本假设为短期价格刚性提供了新的基础。其他的理论包括建立在长期合同基础上的隐形合同理论（在存在与企业相关的特定技能的情况下）、劳动力储藏理论以及经济周期内工作努力程度不同理论。

NK 寻求一个综合性的宏观经济框架，它把垄断竞争企业的交错缓慢的价格调整（因为存在菜单成本）作为其主要组成部分。它忽略了或者说淡化了新凯恩斯主义经济学中的效率工资理论和隐性合同理论。NK 模型的第二个组成部分采用了追求货币政策的泰勒规则。然而，NK 模型与新凯恩斯主义模型的根本区别在于其方法论，它的各个方程都是从随机跨期最优化理论、理性预期理论和一般均衡理论等微观经济学基础中推演出来的。这一方法论赋予变量现在值对未来值的影响较大的权重，而赋予变量过去值对未来值的影响较小的权重。通过这样，NK 抛弃了早期凯恩斯主义模型的关键部分，例如劳动市场行为、需求不足分析、非自愿失业和市场无法出清的可能性。NK 模型是一个相对新的模型，其实证有效性仍然存在争议。

Mankiw（2001）将通货膨胀和失业之间关系的证据总结如下：

> 今天几乎所有的经济学家都认为货币政策可以影响失业率，至少在短期内是这样的，并且至少在短期内决定通货膨胀率……价格黏性可以解释为什么社会在通货膨胀率和就业率之间存在短期权衡。
>
> 坏消息是，通货膨胀率和失业率之间的动态关系仍是一个谜团。所谓的"新兴凯恩斯主义菲利普斯曲线从理论上来说是颇具吸引力的，但是最终是失败的"。这与有关货币政策之动态影响的标准典型事实完全不一致，根据后者，货币冲击对通货膨胀率有滞后和渐进的影响。我们可以通过描述通货膨胀率—失业率动态变化的传统后顾性模型解释这些事实，但是这些模型在微观经济学的价格调整理论中缺乏任何基础。

（Mankiw，2001，p. C59）

最后，我们应该相信什么呢？

古典学派和凯恩斯学派对于资本主义经济的动态性质持不同观点。前者认为，资本主义经济始终处于或靠近充分就业均衡，在发生任何偏离后，动态力量具有恢复充分就业的强大趋势。凯恩斯学派承认充分就业可能存在，但认为经济并非经常或大部分时间在充分就业下运行。

从历史来看,人们对这些观点将信将疑。20世纪30年代工业化国家的大萧条摧毁了对古典主义和新古典主义关于经济可以自我调节的信条;虽然在20世纪五六十年代通过实施积极的凯恩斯主义需求管理政策,工业化国家的宏观经济运行相当稳定,但仍有不太严重且短暂的衰退,这首先导致了新古典主义经济学的缓慢复兴(称为凯恩斯—新古典主义综合);由于滞涨,再加上20世纪70年代凯恩斯主义政策的失误,人们又开始信奉新古典主义的一般观点。虽然在20世纪的前30年新古典主义思潮占据主导地位,但是凯恩斯主义学说经过复原和重新改写,在20世纪后期开始重新掌握主导地位。其现在流行的形式是NK模型,它采用了现代古典经济学派的市场出清理论、一般均衡理论和理性预期理论,但是还增加了市场不完全理论和价格或信息黏性理论。

经济学界并没有使所有经济学家都接受某一学派并排斥其他学派的令人信服的经验证据,经济行为表现出一段时间内适合一种范式而其他时间适合其他范式,所以许多经济学家保持思想的开放性,根据经济状况运用其知识。大多数经济学家还保留相当程度的怀疑态度。

考虑到宏观经济实际状况的不确定性和经济学家们对于经济主要推动力之看法的不统一,货币政策实践者和中央银行并不基于特定的模型或者含义遵循不变的策略。如同第12章讲到的,他们仅仅根据目标来采取策略。在政策中,如同凯恩斯的一般建议,他们遵循通过货币供给或者利率的变化来指导产出和就业的短期变动,而信奉古典经济学关于货币政策不能影响长期实际变量的变化的论断。

目前宏观经济学是把它的基础牢牢固定在微观跨期随机一般均衡上。下面的引文表示了对这一点所应持有的审慎态度。

> 经济学家们经常希望我们的准则可以像物理学一样。就像是今天有两种经济学——微观和宏观,同样存在两种物理学:量子理论——阐述物质的细小微粒,以及牛顿力学(由相对论加以修订)——适用于更大的物体。物理学家面临的一个挑战是如何整合这两种理论,就如杰出的数学家Roger Penrose所说,进行整合的方式显然不是将量子理论的规则整个使用到大的物体上。在Roger Penrose的经典案例中,这样做得出的结论是一个篮球可以同时在两个地方。简单地将我们所了解的理性的、追求利润或效用最大化的个体代理人的行为应用于总体经济中,会导致我们所生活的经济世界也出现这种明显的矛盾。
>
> (B. M. Friedman, 2003, p.10)

主要结论

※ 凯恩斯主义的不变主题是,经济不能实现瓦尔拉斯一般均衡,它始于凯

恩斯的《通论》。它的很多模型认为，这在劳动市场中尤为明显，因此非自愿失业在真实世界是常见现象。

※ 早期（20 世纪 40 年代至 50 年代）凯恩斯主义模型是建立在名义货币刚性或者劳动价格幻觉基础上的。

※ 在 20 世纪 60 年代到 70 年代，凯恩斯主义模型经常以菲利普斯曲线为基础。

※ 凯恩斯有效需求模型断定，企业和家庭对需求不足和非自愿失业的理性动态反应并不总能使经济达到充分就业状态或者说在一个可接受的时期内达到这一状态。

※ 新凯恩斯主义理论取决于长期理性行为，导致了隐形合同，交错工资合同、价格黏性、菜单成本等。

※ NK 将其宏观经济学模型建立在对未来持有理性预期、富有前瞻性的、最优的经济代理人，以及经济在一般均衡状态下运行的微观经济学基础上。其与现代古典经济学模型（也采用类似的方法论）的不同在于，它假定企业是垄断竞争的，价格具有黏性，中央银行根据泰勒规则来制定货币政策。

复习讨论题[①]

1. "对于需求冲击，不管是企业还是整个经济，短期数量调整都要早于价格调整"。讨论这一论断背后的相关理论，同时讨论它在宏观经济学中的实证有效性。

2. 用凯恩斯主义模型的有效需求理论和菲利普斯曲线来讨论：不考虑动态效应，当存在非自愿失业时，增加货币存量和降低名义工资实际上具有相同的影响。

3. 用新凯恩斯主义模型和 NK 模型讨论：不考虑动态效应，当存在非自愿失业时，增加货币存量和降低名义工资实际上具有相同的影响。

4. (a) 描述一个简单的价格保持不变的短期宏观经济模型（包含弹性名义工资），并将其与传统市场出清模型相比较。比较它们对货币政策和财政政策效果的预测结果。

(b) 描述一个包含弹性价格但名义工资固定的简单短期宏观经济模型，并将其与传统市场出清模型（包含弹性名义工资）进行比较。比较它们对货币政策和财政政策效果的预测结果。

(c) 描述一个包含固定价格和固定名义工资的简单短期宏观经济模型，并将其与传统市场出清模型进行比较。比较它们对货币政策和财政政策效果的预测结果。

5. 给定如下封闭经济的价格固定的 IS-LM 模型：

---

① 除非问题中对符号加以定义，否则各符号适用正文中的定义。

IS　　$y=c[(1-t_1)(y+b/r), M+b/r]+i(r,y)+g$
LM　　$M=m^d(R, y, M+b/r)$

费雪方程式　外生的指定的预期通货膨胀率为 0。

政府预算约束为

$$dM+db/r=g-t_1(y+b/r)$$

其中，b 是政府债券的数量，每单位债券在每期支付 1 美元，期限为永久。P 被标准化为 1。财富仅以现金或债券形式持有。

（a）解释上述 IS 和 LM 关系与本章和 13 章所使用关系的不同。

（b）解释政府预算约束。

（c）运用 IS-LM 图，推导出用（a）货币创造或（b）债券发行这两种方式融资引起的 g 的永久性增加对产出的短期和长期均衡的影响。在什么条件下这些政策是稳定的？

（d）如果债券不是净财富的组成部分，你的结果会受到怎样的影响？

（e）这一模型是否解释了货币主义者和凯恩斯主义者关于货币政策和财政政策相对效力的不同之处？

6. 假定企业的悲观情绪使投资减少了，以致在非负利率下总需求低于充分就业收入。运用 IS-LM 分析回答下列问题：

（a）在新古典主义模型中，y、r 和 P 有正的均衡水平吗？

（b）在凯恩斯主义固定价格模型中，y、r 和 P 有正的均衡水平吗？在凯恩斯主义名义工资模型（没有固定价格）中呢？经济达到这些水平会经历什么过程？

7. "萨伊和李嘉图时代的古典经济学家教给我们的是：供给创造其自身需求……（而且）个人消费的节俭必然导致……释出的商品……被用于投资……所以个人储蓄行为必然导致与之对等的投资……那些这么想的人被蒙蔽了。他们错误地假定，存在某种联结将从消费中节俭的决定与为未来提供消费的决定结合起来，然而决定后者的动机并未与决定前者的动机联结起来。"（Keynes, 1936, pp. 18-21.）解释这一观点。

如果投资和储蓄取决于不同的因素，那这些因素是什么？如何确保经济中储蓄和投资相等？或者它也是恒等的吗？假如不恒等，简单描述一下消费外生减少后经济中可能出现的调整格局。

8. 假定中央银行通过公开市场操作改变货币供给以钉住价格水平。描述包含货币供给法则的 IS-LM 分析并说明自发消费的外生增加对货币供给、总需求和产出的含义。这种货币供给法则与货币供给外生的情况相比，对利率的影响是小了还是大了？

9. 从新古典主义模型开始并假定它的均衡解是 (y^f, n^f, r^*, P^*)。假定投资减少削减了总需求。讨论下列问题：

（a）如果企业面临不完全竞争并受到其产品需求下降的打击，请用新古典主义模型分析企业的行为。如果这种分析表明就业减少到了低于 n^f，说明家庭在消费上的可能反应。如果企业和家庭的反应是偏离 (y^f, n^f, r^*, P^*)，那么，什么样的机制将发挥作用使经济恢复到（y^f，n^f，r^*，P^*）？你认为何者更强有力且反应更快：经济的均衡机制还是企业和家庭使经济偏离（y^f，n^f，r^*，P^*）的这一（相反的）反应？

(b) 用包含名义工资合同的凯恩斯主义模型再做一遍问题（a）。

(c) 用新凯恩斯主义模型重做问题（1）。

10. "古典主义理论在实践和理论上都支配着这一代政府和学术界的经济思想，正如过去的 100 年那样……［但它］仅适用于特例而不是一般情形，它所假定的只是均衡可能状况中的有限一个。"（Keynes，1936，p.3。）

(a) 传统古典主义（新古典主义和现代古典主义也一样）和凯恩斯主义对均衡的定义是什么？它们之间是什么关系？根据这些定义，它们的模型会存在一个就业不足的均衡吗？

(b) 如果你采用凯恩斯主义的均衡定义，传统古典主义模型是不是凯恩斯主义模型的一个特例？是不是 NK 模型的一个特例？

(c) 新古典主义和现代古典主义模型也是凯恩斯主义模型的特例吗？

11. 凯恩斯认为，经济可能在有大量非自愿失业时处于均衡状态，而其他经济学家认为，有一个重要市场没有出清的均衡状态，是一个用词自相矛盾的说法。解释所涉及的均衡概念、凯恩斯坚持其立场的理由以及其反对派的理由。

12. 区别由需求不足引起的凯恩斯主义失业与因实际工资高于充分就业水平引起的古典主义失业。为了减少这两种失业，货币政策分别能做些什么？

13. 保证名义工资指数化的一种方式是把工资合同规定为

$$W - W_0 = \alpha(P - P_0) \quad 0 < \alpha < 1$$

其中，W_0 和 P_0 分别是协商工资合同时的名义工资和价格水平，所有变量都取对数。$\alpha=1$ 表明完全指数化。在名义工资不变的凯恩斯主义模型中和在弹性名义工资的新古典主义模型中，比较 W 根据 P 进行指数化（$\alpha<1$）时的总供给曲线。$\alpha=1$ 对于产出和价格水平对（a）总需求冲击和（b）总供给冲击的反应意味着什么？在这种情况下，总供给曲线会不同于具有弹性名义工资的总供给曲线吗？

证明：如果 α 比较大，实际产出对货币供给变化的敏感性较小，而价格水平对货币供给变化的敏感性较大。

14. J. R. 希克斯在 1937 年的文章（提出了 IS-LM 分析）中认为，凯恩斯的《通论》并不代表与古典主义传统的大决裂。特别是，他强调《通论》所包含的主要思想就是对萧条或严重衰退期间存在的情况的深刻见解。这种说法正确吗？自凯恩斯的《通论》出版以来，凯恩斯主义者有进一步的贡献吗？上述说法适用于各种凯恩斯主义模型吗？在分析衰退和萧条的经济情况时，现代古典主义方法就足够了还是仍然需要凯恩斯主义方法？

15. "凯恩斯主张工资黏性可能是一件好事，工资和价格弹性会很容易破坏实际经济稳定。他的理由是这样的：在货币经济中，名义利率不可能是负的。因此，实际利率必须至少等于通货膨胀率……如果工资和价格在紧缩性冲击后自由地降低，实际利率就会在错误的时候变得很大，对投资产生不利影响。引致的第二轮紧缩只会使情况变得更糟。"（Solow，1980。）讨论这些论点的正确性。它们也适用于现代古典主义模型吗?

16. 凯恩斯曾经认为,从政策视角看,通过名义工资实现的任何事情都可以通过适当的货币政策更有效地实现。

(a) 在不利冲击对总需求和总劳动生产率产生影响的情况下,这种说法在需求不足的凯恩斯主义模型中成立吗?

(b) 在对总需求和总劳动生产率有不利冲击的情况下,这种说法在 NK 模型中成立吗?

17."就它们的工资假说而言,凯恩斯主义和 NK 根本不一致。凯恩斯主义主张名义工资刚性,而 NK 并不允许名义工资或者实际工资刚性。"请讨论。

18. 20 世纪的前 20 年,很多经济学家相信凯恩斯经济学对于美国(英国或者加拿大)经济现存经济问题的解决起到了很少或者是错误的指导作用。如何评判这些评论?你对于这个问题的观点是什么,如何评判呢?

19. NK 模型与早期的凯恩斯需求不足模型有何区别?与现代古典经济学模型有何区别?哪一种模型可以解释总需求下滑的萧条经济中存在的非自愿失业现象?

20."每一次重要的通货膨胀都是由货币扩张引起的"(Friedman,1968)。这一论断对于 NK 模型(它的方程式甚至不把货币总量作为变量考虑进去)适用吗?

21."由于货币冲击对通货膨胀率有滞后和渐进的影响,每次我们遇到紧缩冲击时,事实上我们已经在经历一场可信的已宣告的通货紧缩了。但是,我们却没有见证 NK 模型中所说的会随之而来的繁荣。这就意味着,该模型存在某些根本性的错误。"讨论这一观点的有效性。对于这一问题,NK 模型有何见解?如果它存在根本性的错误,那么 NK 模型如何进行修正,以合理地解释这些事实?

22."货币紧缩冲击在降低通货膨胀率之前会增加失业率以及对失业率的高峰影响早于对通货膨胀的高峰影响,这一论断是公认的。"讨论(a)现代古典经济学模型;(b)NK 模型;(c)其他凯恩斯主义模型是如何解释这些论断的?

参考文献

Ball, L., Mankiw, N. G. and Romer, D. "The new Keynesian economics and the output-inflation trade-off." *Brookings Papers on Economic Activity*, 19, 1988, pp. 1-65.

Blanchard, O. "What do we know about macroeconomics that Fisher and Wicksell did not?" *Quarterly Journal of Economics*, 65, 2000, pp. 1375-1409.

Boschen, J. F. and Weise, C. L. "What starts inflation: evidence from the OECD countries." *Journal of Money, Credit and Banking*, 35, 2003, pp. 323-349.

Calvo, G. "Staggered prices in a utility maximizing framework." *Journal of Monetary Economics*, 12, 1983, pp. 383-398.

Christiano, L. J., Eichenbaum, M. and Evans, C. "Monetary policy shocks:

what have we learned and to what end?" In J. Taylor and M. Woodford, eds, *Handbook of Macroeconomics*, Vol. 1A. Amsterdam: Elsevier North-Holland, 1999, pp. 65 – 148.

Christiano, L. J. , Eichenbaum, M. and Evans, C. "Nominal rigidities and the dynamic effects of a shock to monetary policy." *NBER Working Paper no.* 8403, 2001.

Clarida, R. , Gali, J. and Gertler, M. "The science of monetary policy: a new Keynesian perspective." *Journal of Economic Literature*, 37, 1999, pp. 1661 – 1707.

Clarida, R. , Gali, J. and Gertler, M. "Monetary policy rules and macroeconomic stability: evidence and some theory." *Quarterly Journal of Economics*, 115, 2000, pp. 147 – 180.

Clower, R. "The Keynesian counter-revolution: a theoretical appraisal." In F. H. Hahn and F. P. R. Brechling, eds, *The Theory of Interest Rates*. London: Macmillan, 1965.

Depalo, D. "Japan: the case for a Taylor rule? A simple approach." *Pacific Economic Review*, 11, 2006, pp. 527 – 546.

Eichenbaum, M. and Fisher, J. D. M. "Estimating the frequency of price re-optimization in Calvo-style models." *Journal of Monetary Economics*, 54, 2007, pp. 2032 – 2047.

Friedman, B. M. "The LM curve: a not-so-fond farewell." *NBER Working Paper* no. 10123, 2003.

Friedman, M. "The role of monetary policy." *American Economic Review*, 58, 1968, pp. 1 – 17. Reprinted in Milton Friedman, *The Optimum Quantity of Money and Other Essays*. Chicago: Aldine Publishing Co. 1969, p. 106.

Gali, J. "New perspectives on monetary policy, inflation and the business cycle." *NBER Working Paper* no. 8767, 2002.

Gali, J. and Gertler, M. "Inflation dynamics: a structural econometric analysis." *Journal of Monetary Economics*, 44, 1999, pp. 195 – 222.

Hafer, R. W. , Haslag, J. H. and Jones, G. "On money and output: Is money redundant?" *Journal of Monetary Economics*, 54, 2007, pp. 945 – 954.

Handa, 1. *Monetary Economics*. London, Routledge, 2000.

Hicks, J. R. "Mr. Keynes and the classics: a suggested interpretation." *Econometrica*, 5, 1937, pp. 147 – 159.

Ireland, P. N. "Sticky-price models of the business cycle: specification and stability." *Journal of Monetary Economics*, 47, 2001, pp. 3 – 18.

Keynes, J. M. *A Tract on Monetary Reform*. London: Macmillan, 1923.

Keynes, J. M. *The General Theory of Employment, Interest and Money*. New York: Macmillan, 1936.

Leijonhufvud, A. "Keynes and the Keynesians." *American Economic Review*,

Papers and Proceedings, 57, May 1967, pp. 401 – 410.

Leijonhufvud, A. *On Keynesian Economics and the Economics of Keynes*. New York: Oxford University Press, 1968.

Levin, A., Wieland, V. and Williams, J. C. "Robustness of simple monetary policy rules under model uncertainty." In J. B. Taylor, ed., *Monetary Policy Rules*. Chicago: University of Chicago Press, 1999, pp. 263 – 299.

Levin, A., Wieland, V. and Williams, J. C. "The performance of forecast-based monetary policy rules under model uncertainty." Working Paper 2001 – 39, *Board of Governors of the Federal Reserve System*, 2001.

Mankiw, N. G. "The inexorable and mysterious tradeoff between inflation and unemployment." *Economic Journal*, 111, 2001, pp. C45 – C61.

Mankiw, N. G. "Pervasive stickiness." *American Economic Review*, 96, 2006a, pp. 164 – 169.

Mankiw, N. G. "Sticky information in general equilibrium." *NBER Working Paper* no. 12605, 2006b.

Mankiw, N. G. and Reis, R. "Sticky information versus sticky prices: a proposal to replace the new Keynesian Phillips curve." *Quarterly Journal of Economics*, 117, 2002, pp. 1295 – 1328.

Maria-Dolores, R. and Vazquez, J. "How does the new Keynesian monetary model fit in the U. S. and the Eurozone? An indirect inference approach." *Topics in Macroeconomics*, 6, 2006, article 9, pp. 1 – 49.

Nelson, E. "Sluggish inflation and optimising models of the business cycle." *Journal of Monetary Economics*, 42, 1998, pp. 302 – 322.

Nelson, E. "DIrect effects of base money on aggregate demand: theory and evidence." *Journal of Monetary Economics*, 49, 2002, pp. 687 – 708.

Okun, A. *Prices and Quantities: A Macroeconomic Analysis*. Washington DC: Brookings Institution, 1981.

Patinkin, D. *Money, Interest and Prices*. New York: Harper and Row, 1965.

Phillips, A. W. "The relation between unemployment and the rate of change of the money wage rates in the U. K. 1861 – 1957." *Economica*, 25, 1958, pp. 283 – 299.

Rotemberg, J. and Woodford, M. "Interest rate rules in an estimated sticky price model." In J. B. Taylor, ed., *Monetary Policy Rules*. Chicago: University of Chicago Press, 1999.

Rudd, J. and Whelan, K. "Can rational expectations sticky price models explain inflation dynamics." at www. federalreserve. gov/pubs/feds/2003/200346, 2003.

Rudebusch, G. D. "Federal reserve interest rate targeting, rational expectations and the term structure." *Journal of Monetary Economics*, 35, 1995, pp. 245 – 274.

Rudebusch, G. D. and Svensson, L. E. O. "Eurosystem monetary targeting:

lessons from US data." *European Economic Review*, 46, 2002, pp. 417 – 442.

Shapiro, C. and Stiglitz, J. E. "Equilibrium unemployment as a worker discipline device." *American Economic Review*, 74, 1984, pp. 433 – 444.

Sims, C. A. "Interpreting the time series facts: the effects of monetary policy." *European Economic Review*, 36, 1992, pp. 975 – 1000.

Solow, R. "On theories of unemployment." *American Economic Review*, 70, 1980, pp. 1 – 11.

Svensson, L. E. O. "What is wrong with Taylor rules? Using judgment in monetary policy through targeting rules." *Journal of Economic Literature*, 41, 2003, pp. 426 – 477.

Taylor, J. B. "Discretion versus policy rules in practise." *Carnegie-Rochester Conference Series on Public Policy*, 39, 1993, pp. 195 – 215.

Tobin, J. "Inflation and unemployment." *American Economic Review*, 62, 1972, pp. 1 – 18.

Walsh, C. *Monetary Theory and Policy*, 2nd edn. Cambridge, MA: MIT Press; 2003.

Wong, K. "Variability in the effects of monetary policy on economic policy." *Journal of Money, Credit, and Banking*, 32, 2000, pp. 179 – 198.

Woodford, M. "How important is money in the conduct of monetary policy?" *NBER Working Paper*. no. 13325, 2007.

Yellen, J. L. "Efficiency wage models of unemployment." *American Economic Review*, 74, 1984, pp. 200 – 205.

第 16 章 宏观经济模型中的货币、债券和信贷

本章区分了短期宏观经济分析中的两种不同的非货币金融资产——债券和信贷，其中债券属于长期金融工具，而信贷属于短期金融资产。信贷的特有属性表现为其存在逆向选择、道德风险以及控制和代理成本的现象，这也构成了信贷数量配给这一问题的基础。本章将信贷视为企业短期运营资本中的可变部分。信贷对经济运行所产生的特有影响被称为信贷渠道。

信贷的一个重要构成因素是银行贷款。通常情况下，银行贷款通过银行贷款渠道对经济行为产生影响。

本章引入的关键概念

- ◆ 逆向选择
- ◆ 道德风险
- ◆ 控制和代理成本
- ◆ 信贷 vs. 债券
- ◆ 信贷配给
- ◆ 信贷市场均衡
- ◆ 银行贷款
- ◆ 运营资本
- ◆ 间接生产函数

IS-LM 模型和 IS-IRT 模型成立的前提条件之一是假设不同的非货币金融

资产之间具有完全替代性，也就是说所有的非货币金融资产之间是完全可替代的，并且不同非货币金融资产各自不同的表现形式之间也是完全可替代的。因此在分析过程中，我们可以不必考虑债券、股票和信贷之间，短期债券和长期债券之间以及政府债券和企业债券之间的差异，并能够将所有的这些资产种类综合成一个合成的金融资产，统称为"债券"（Bonds）。因此，在完全竞争的金融市场的假设条件下，宏观经济模型中只存在两种类型的金融资产和两个金融市场，前者包括货币（具有支付手段的功能）和债券（不具有支付手段的功能），后者包括货币市场和债券市场。① 在由一国中央银行决定货币供给的情况下，货币市场可以通过 LM 方程加以描述（详见第 13 章）。在标准的 IS - LM 模型中，货币供给的扩张会降低债券的利率水平，从而刺激投资和总需求。

将完全竞争市场（即竞争完全、信息完全和市场有效）的假设沿用到非货币金融资产市场，将意味着厂商和家庭的投资组合与债务中金融资产的构成情况将不再重要。在这一假设条件下，莫迪利安尼和米勒（Modigliani and Miller，1958）提出了莫迪利安尼—米勒（Modigliani - Miller）定理。他们认为在完全竞争市场和不考虑税收差别待遇的假设条件下，企业融资组合中债券和股票的构成比重将不会影响其产出和吸收就业的情况，也不会影响其利润水平，利润水平取决于技术水平、生产要素投入和消费者偏好。Fama（1980）进一步指出，公众持有货币、债券或者股票的意愿不会对实际经济运行情况产生影响，实际经济运行情况只取决于技术水平、消费者偏好和资源投入。因此，在完全竞争的金融市场的假设条件下，金融资产以及不同金融资产的特殊属性均不会影响宏观经济中的实际变量，因此没有必要将其细分为货币、债券、股票和贷款等种类。这些研究结果暗含着一个直观的、不现实的假设，即信贷紧缩②和银行恐慌（或者储户集中向银行提取存款）③ 不会对产出和就业水平产生任何影响，但是通常情况下，这一影响在经济衰退周期是客观存在的。④

与完全竞争性市场的假设不同，新凯恩斯主义经济学派和新兴凯恩斯主义经济学派的核心观点均认为市场是不完全的。⑤ 如果将这一假设应用于金融市场，债券、股票和贷款之间所存在的市场不完全性意味着它们各自具有特殊的属性，因此它们之间不能够完全替代。此外，每一类金融资产又包括许多不同类型的次级金融资产。例如，债券被划分为短期债券和长期债券，同时又被划分为政府发

---

① 在极端的情况下，完全市场假设往往与完全竞争和有效市场假设同时出现，这意味着货币和债券是中性的，因此所有的金融资产都不会对产出和就业水平的决定产生任何影响。
② 信贷紧缩是指信贷供给，特别是银行贷款急剧减少的现象。
③ 银行恐慌或者储户集中向银行提取存款现象的特征是，储户所希望的现金/存款比例急剧提高。
④ 关于这一点的阐述源于对经济衰退和经济萧条的解释。在 20 世纪 30 年代大萧条的背景下，实际经济周期理论假设市场是完全竞争的。在这一假设条件下，货币和金融资产结构的变化对实际经济变量不产生任何影响，于是这一次大萧条完全是由实际经济因素造成的。此外，某些宏观经济模型将货币非中性引入分析，但是同时假设所有的非货币金融资产是同质的，其只是从银行体系破产所导致的货币供给减少解释了大萧条产生的货币方面的原因，但是没有考虑到信贷不足的影响。金融市场不完全竞争的假设将货币供给减少以及信贷约束和信贷短缺同时纳入分析框架，解释了大萧条产生及持续的原因。并且，这一主张得到了大量实证研究的证实。
⑤ 信息方面的不完全性使得一些贷款人偏好于特定融资安排，例如采取贷款而不是债券的形式，这表明融资体系的结构决定资金的来源和使用，从而能够影响某一经济的实际产出水平。

行的低风险债券和企业发行的高风险债券。因此,过分强调金融市场的不完全竞争性会使我们不得不考虑大量不同种类的非货币金融资产。

然而,总量分析对于宏观经济学研究是必要的,因此我们需要设定最少数量的合成产品,以能够充分解释某经济中我们所期望理解的那些宏观经济方面。截至20世纪80年代,关于金融资产的构成,经济学家们一致认为,两种合成资产,即货币和债券,足以解释货币政策对产出和价格(或者通货膨胀)水平的影响。但是目前,一些经济学家,特别是新兴凯恩斯主义学派的经济学家认为,由于信息不完全的普遍存在,金融资产的三元或者多元分类法能够解释一些通过二元资产(货币和债券)分类法所无法解释的货币政策效应。本章将在下文中阐述这一观点,并详细介绍包括货币、债券和信贷(包括贷款)这三种金融资产的宏观经济模型。这一宏观经济模型强调,由于金融市场的不完全竞争性,货币政策不仅通过债券利率机制影响总需求,并且还通过信贷途径影响总需求。在某些宏观经济模型分析中,信息不完全性导致了信贷配给(Credit Rationing)问题的发生(Stiglitz and Weiss,1981)。

从直观来看,我们有必要首先介绍经济中存在的非货币金融资产的主要特性。在现实金融市场中,无论是一级市场还是二级市场,债券都是可以交易的,买卖双方共同承担经纪费用(Brokerage Cost)。除企业濒临破产时需要以企业的资产进行担保之外,债券的交易不需要提供任何的担保物,也不需要债券的发行商对所发行的债券进行"一对一"的信用评级。对于债券的收益方面,债券在发行时就规定好了其利息支付(Coupon Payments)和到期日,债券买卖者事先就知道债券到期时候的价格。债券包括长期债券和短期债券,企业发行的短期债权被称为"商业票据"(Commercial Paper)。

通常情况下,信贷被定义为短期负债,包括各种形式的贷款,其需要在一段较短的期限之后进行偿还,因此在短期内其账户可以视为可变的。根据这一定义,商业票据应该与贷款和贸易信贷一并属于信贷的组成部分。为了明确这一定义,本章将"债券"定义为可以交易的债务工具,而不包括企业发行的商业票据,并且所有的债券都由政府发行。在信贷的构成中,银行贷款(包括信贷的最高限额)直接(相对于市场)由金融机构(本章将其定义为"银行")[1]向其客户提供;贸易信贷由企业直接向其客户提供。与债券相比较,贷款和贸易信贷的提供取决于提供者对其客户的信用能力的直接评价(相对于市场),这不仅取决于每个客户的情况,而且取决于金融市场和整体经济运行的情况。

从总体上来看,通过信贷方式筹措的贷款能够立即获得,也正是因为此,某些信贷可以随时从借款方那里得到偿还,或者贷款方随时可以收回某些信贷。[2]通常情况下,对于银行贷款和贸易信贷,贷款方能够对信贷利率进行调整,即使是在贷款有效期内。短期商业票据的息票利率(Coupon Rate)只能在票据到期的时候(在其签发后较短的时期之后)进行调整。与这种短期的可变性相比,中长期债券的息票利息在到期之前不能够进行调整,而到期日往往在发行之后很

---

[1] Kashyap 和 Stein (1994) 指出,美国的银行控制着贷款融资以及中小型企业的融资。
[2] 正是因为这一点,借款人可以随时对贷款接受者的信用能力进行重估,据此减少或者撤销贷款,或者要求贷款人提供额外的担保。

久。因此，人们对中长期债券的需求相对较少，但是息票利息的不可变性能够增加中长期债券在债券交易市场上的收益，但是通常情况下，其发行商所承诺的息票利率的预设时间模式和发行商可以进行调整的幅度只有在债券到期之后才能进行调整。

为了明确债券和信贷在经济分析意义上的区别，本章假设关于债券息票利息以及通过发行债券所能够筹措到的资金规模的调整只有在长期内才能发生，而短期内不能够发生，因此在短期宏观经济分析中，企业通过发行债券所能够筹措到的资金是既定不变的。为了进行比较，我们假设企业通过信贷所能筹措到的信贷数量和信贷利率在短期内是可变的。在债券和信贷之间的这种明确的经济意义上的区分方法为现实金融体系中存在的不同种类的债券的重新分类提供了一定的指导。由于我们集中考虑向私人部门提供信贷的情况，因此短期企业债券①（"商业票据"，包括"金融票据"）应该归到"信贷"这一类，其与银行向企业直接提供的贷款相同，因为二者都是向企业提供的短期融资支持，并且它们的发行者所承担的利率成本是可以频繁调整的。据此，我们区别信贷和债券的标准是其向私人部门提供资金的数量和利率在短期内是否是可变的，而并不是是否具有市场可交易性；商业票据具有市场可交易性，而贷款不具有市场可交易性，但是二者都被归为信贷。因此，我们所指的经济分析意义上的信贷包括贷款和短期企业债券，但是不包括长期企业债券和政府债券。这意味着我们所指的经济分析意义上的债券只包括在市场上发行的中长期企业债券和所有的政府债券。

现在我们来看股票的情况。在现实金融市场上，股票不具有到期日，并且多数种类的股票并不承诺进行任何息票支付。已发行的股票只能按照一定的价格在股票交易市场（二级市场）上进行交易，并且这一价格是不断波动的。股票的价格取决于买方对其未来不确定的分红的预期，这又取决于股票发行企业的未来的不确定的获利情况，而债券具有事先确定的息票支付和到期日，因此股票的收益通常比债券具有更大的不确定性。然而，与贷款不同而与债券相同的是，股票的发行不需要事前提供任何的担保，也不需要对股票发行商的信用能力进行"一对一"的审核。

鉴于不同金融资产之间存在的这些差异，任何两种金融资产之间都不存在完全可替代性，因此我们在进行宏观经济模型分析时，应该将货币、信贷、债券和股票作为不同的金融资产区别对待，那么总体的宏观经济模型应该包括三种非货币资产，相应地存在三种收益率。然而，这样做将会使得宏观经济分析的复杂性远远超过 IS-LM 和 IS-IRT 模型的简化程度。在 IS-LM 和 IS-IRT 模型的分析中，只涉及一种非货币金融资产和一种相应的收益率。因此，要想说明同时将债券、贷款和股票三种非货币资产纳入宏观经济模型分析的做法是合理的，我们就必须明确地给出债券、贷款和股票市场的变动对经济发展产生相对影响的令人信服的证据。

沿袭先前研究的做法，本章假设金融市场具有不完全性，并据此将金融资产

---

① 这种类型的某些债券（资产支持的债券，Asset-backed Bonds）需要有其他有价证券的支持，即需要用其他有价证券作为担保，这通常也是贷款所必需的。

划分为三类,即货币、债券和信贷,其中股票被归入债券之中,从而构建一个同时包括这三种金融资产的简单的宏观经济模型。关于信贷渠道的研究中,伯南克(1992—1993),Kashyap 和 Stein(1993,1997),Hubbard(1995),伯南克等(1999)和 Walsh(2003,第 7 章)较具有代表性。

我们发现,按照瓦尔拉斯法则,可以将这些金融市场中的其中一个从详尽的分析中剔除出去。遵照 IS-LM 和 IS-IRT 分析中的通常做法,本章的宏观经济模型不对债券市场进行详细分析,而只对货币市场和信贷市场进行详细考察。

关于宏观经济模型中的总需求,本章采用伯南克和布林德(1998)所论述的可贷资金的供给模型。① 关于产品的总供给,和通常教材中所论述的 AS-AD 模型一样,本章引用非直接生产函数,其中运营资本如同劳动和实物资本一样被视为生产投入要素,并且假设运营资本如同实物资本一样在短期内是既定不变的。在货币经济中,运营资本为购买生产投入要素(包括劳动、原材料和中间产品)和销售收入延迟回流公司提供便利,从而起到生产投入要素的作用。本章合理地假设,运营资本在短期内是可变的。由于在非直接生产函数中,运营资本作为投入要素而存在,其数量的减少将会减少劳动和其他生产投入要素的购买量,继而削减产出。②

运营资本

运营资本包括企业为购买生产投入要素、生产产品和销售产品提供便利的所有资金。企业可以通过留存收益、发行股票、发行债券、贷款(包括运用透支或者信贷限额)获得运营资本,或者通过贸易信贷安排减少对运营资本的需求。在长期内,企业可以对运营资本的任何来源途径进行调整。但是,在短期内,企业通过其留存收益和发行债券(包括股票)事先筹措到的运营资本数量被视为是事先规定好的③,不能进行调整。因此,在本章的宏观经济模型分析过程中,运营成本构成中只有通过信贷渠道筹措到的那部分是可变的。④

将信贷市场纳入分析框架

如果假设货币和非货币金融资产是中性的,那么货币和金融市场将不会影响到产出、就业和其他实际经济变量的决定。所有宏观经济模型的长期均衡分析都暗含了这一假设,但是短期均衡分析中却不存在这一假设,尤其是市场中存在不确定性、协调成本和不完全竞争的情况下。实际上,经济中的短期行为往往是比较清晰的,因此公众、经济学家、中央银行行长和政府通常会根据货币和信贷的

---

① 伯南克和布林德构建了一个包括货币、债券和贷款三种金融资产的通用的宏观经济模型。但是,他们的分析只集中在总需求方面。Kiyotaki 和 Moore(1997)提出了另外一种基于贷款的模型,试图对信贷周期做出解释。Walsh(2003)中的第 7 章对这两种模型以及其他宏观经济模型进行了概括总结。

② 2007 年发生在美国的资产抵押商业票据风险非常好地说明了运营资本的这一作用。在金融市场上,企业能够筹措到的运营资本的减少意味着信贷出现了严重紧缩,继而导致生产的急剧萎缩。

③ 在此需要记住的是,在我们的宏观经济模型中,作为短期内补充营运资本工具的债券中不包括商业票据。

④ Kashyap 等(1993)、Gertler 和 Gichrist(1994)研究发现,在信贷紧缩的时期,大规模企业的商业票据发行量趋于增加,而小型企业的商业票据发行量趋于减少,这意味着贷款方倾向于"资本逃险"(Flight to Quality)(即倾向于低风险贷款项目)。

短期变动情况，而不是单纯的对未来情况的预期来调整产出和就业决策。这一点能够在现实经济中得到证实，如多数中央银行往往非常积极地通过采取货币政策保证产出水平沿着经济增长的长期路径波动，并且货币、信贷和汇率危机会导致产出水平的下降和失业率的攀升。① 因此，在短期内，货币和信贷非中性的特征是确定无疑的。② 因此，我们需要将货币和信贷市场纳入宏观经济模型分析。至少 IS-LM 和 IS-IRT 模型没有考虑到这一点，我们应该对其进行修正，从而使其能够更加真实地描绘信贷短缺对产出的影响。在此，信贷的效应主要表现在其总量的变化而非其内部结构的变化上。

关于信贷和贷款的定义

如果我们接受信贷完全不同于债券的观点，那么我们在宏观经济分析中应该如何对其进行定义呢？我们是应该完全将其视为银行贷款呢，还是应该参考相关文献中的定义呢？在此，我们将其定义为向私人部门所提供的可交易以及不可交易的所有短期贷款。由此，其主要构成包括：贸易信贷（产品卖方向买方提供）、短期公司债券以及银行和其他贷款方所提供的贷款。因此，根据我们对信贷的定义，贷款只是信贷的不同种类之一。

我们将信贷而不仅仅是贷款作为一种单独的非货币金融资产的原因在于：第一，我们主要强调信贷是企业运营资本中在短期内可变的部分及其变动对产品生产的影响；第二，将贷款作为一种具有代表性的金融资产时通常假设信息是不完全的（将在接下来的部分进行阐述），但是我们认为在现实经济中，信息不完全性对所有金融资产，包括贸易信贷、短期债券和长期债券产生影响，而不仅仅对贷款产生影响。一般情况下，当某一银行单独向客户提供贷款时，的确会面临信息不对称的问题，而这一信息不对称与整体金融市场的信息不对称是不同的。但是我们认为，相对于用以区分短期和长期效应的短期可变性（对于所有形式的信贷）和不可变性（对于债券）之间的差异来说，上述差异并不重要。此外，市场不完全性对贸易信贷和银行贷款的影响方式是同质的。还需要提及的是，将银行贷款、贸易信贷和商业票据统一归为信贷的做法的优点在于，其中一种信贷形式的增减在一定程度上能够通过其他信贷形式的变动加以抵消，因此我们的宏观经济分析使用的是信贷变化的净值。③

在任何情况下，我们可以用贷款代替本章中的信贷，并且不会改变分析结果。

信贷与经济行为之间的关系以及信贷与货币政策之间的关系：宏观经济分析从 2007 年次贷危机中吸取的教训

2007 年，美国的次级资产抵押信贷市场爆发了危机，并逐渐波及美国乃至

---

① 2007 年金融市场次贷危机爆发期间，关于这一危机对实体经济的影响，出现了大量以"撞击岩石：金融混乱将会吞噬世界经济吗？"等为标题的演讲和报告。

② 2007 年美国发生的次级抵押贷款危机充分地说明了货币和信贷的非中性特征，当时投资者通过对抵押债券风险进行重估，减少了对金融机构发行的短期债券的购买，并且担心营运资本的短缺会进一步导致生产萎缩以及美国经济乃至世界经济的衰退。

③ 一些研究发现，银行信贷收紧会导致大型企业增发商业票据。

全球的房地产市场和实体经济运行。这说明了银行信贷扩张是如何影响实体经济的,以及货币供给扩张又是如何影响银行信贷扩张的,因此在实体经济运行中,信贷和货币都不是中性的。2001—2006年,美国房地产价格持续飙升,并逐渐导致房地产泡沫。2001—2002年,互联网股票崩盘导致股票市场价格暴跌之后,投资出现大规模转移,并且2001—2006年美国长期采取了超低的利率政策,这都助推了房产价格的上涨。随着房地产价格的不断上涨,抵押供给者不断放松获得抵押品的条件限制:有些抵押品的价值高达房地产购买价格的100%,甚至向没有任何收入来源的客户提供按月分期支付的按揭贷款,这进一步刺激了公众对房地产的需求。如果房地产价格继续以足够快的速度上涨,这并不会导致严重的问题,因为价格上涨能够使房地产买卖双方都获利。然而,自2006年开始,美国房地产价格开始停止上涨并转而下跌,同时美国的利率水平开始上升,导致了抵押贷款违约的增加和抵押风险的急剧提高。

由初始抵押和其他信贷形式所构成的信贷组合,诸如针对车辆购买的分期信贷,属于可交易的有价证券,其中初始抵押是其他信贷形式的担保物。有价证券的有效期限通常为30天到60天,与国库券的期限相同,通常也被称为资产抵押的商业票据。由于有价证券的收益率高于国库券,并且似乎是流动性和安全性都较强的投资方式,因此吸引了许多投资者将其作为投资组合的一部分。有价证券的购买者通常包括(生产性)企业、商业银行和投资银行等。一旦美国房地产价格开始下降,并且抵押贷款违约的风险开始提高,这种资产抵押的商业票据的风险就会发生,最终流动性也会减弱,因此买方的需求就会急剧收缩,但是其利率却大幅提高了。由于这些债券的发行者无法实现资金的循环流通,债券市场的违约风险明显加剧。为此,企业能够通过债券的形式筹集到的运营资本随之减少,这进一步影响了其生产。同时,债券市场的违约风险还会降低这些有价证券的流动性和获利能力,从而影响其持有人的利益。因为许多美国的银行和企业以及其他国家的银行和企业都持有这些有价证券,所以次贷(高风险)市场危机迅速蔓延并最终导致了整个金融系统的危机,这又会反过来减少了企业从事生产经营活动所必需的运营资本,进而使美国和全球经济陷入衰退。

美国次级贷款危机可以被看做大部分持有抵押担保的有价证券的金融机构的一种短期流动性危机,而不属于长期偿还能力的危机。为了在一定程度上遏制次贷危机的蔓延,美国、欧洲和其他备受危机影响的国家或地区的中央银行都纷纷推行了积极的扩张性货币政策,通过公开市场操作、降低贴现率和公开要求商业银行按照要求从中央银行借款等手段增加货币供给。在美国,联邦储备银行大幅度增加了货币供给,将贴现率降低了1个百分点(并且公开鼓励银行在这一利率水平增加贷款),继而将联邦基金利率降低了0.5个百分点,并逐渐进行后续降低。尽管许多国家的中央银行采取了积极的应对措施,但是长期以来次贷危机对实体经济的负面波及效应仍然存在不确定性:面对世界经济实际增长率的预期水平的下调,乐观主义者认为这是微不足道的,而悲观主义者则认为这是极其严重的,并且后者预期世界经济将会陷入严重的衰退。但是,实际情况很快变得明朗起来,次贷危机导致企业运营资本不断削减,从而导致了产出的萎缩,并且各国所采取的积极的扩张性货币政策在一定程度上缓和了危机的影响,但是并没有彻底消除危机对产出衰退的影响。危机期间，各国中央银行和经济分析家们每天和每周都发布公告，也强调了经济对货币需求程度具有极大的不确定性，且制定及时、合理、有效的经济政策是非常困难的。

简而言之，企业的生产经营活动惯性地依赖于信贷，因此信贷危机的爆发减少了企业能够获取的信贷量，从而在短期内可能导致产出下降。如果信贷市场没有及时地提供经济所需要的足够规模的流动性，信贷危机就会演化成为经济危机，从而导致经济陷入衰退。标准的 IS-LM 和 AD-AS 模型没有分析信贷和生产之间的关联关系，因此无法对次贷危机做出解释。本章试图构建一个宏观经济模型，以同时反映信贷与企业生产活动之间的关联关系以及信贷与货币供给之间的关联关系。

16.1 信贷区别于债券的特征

16.1.1 金融市场的信息不完全性

金融市场上的借贷双方进行交易时所获取的信息和借款方改变其违约风险的能力在很大程度上影响着信贷合同的签订、信贷市场平衡借贷双方利益的能力以及利率和信贷配额在借款方之间配置信贷的过程中所起的作用。当某一借款方存在违约风险时，风险厌恶型贷款方根据其预期收益进行贷款决策，而借款方只需根据其必须支付的利息进行借款决策。但是，贷款合同条款通常只保证借款方的利益，而不能够保证借款方不违约。按照信贷配额模型，贷款方不会将利率提高到他们的预期收益开始下降的这一点，即使一些借款方（高风险人群）愿意支付较高的利率（Jaffee and Russell，1976；Stiglitz and Weiss，1981）。在这种情况下，当信贷市场实现"均衡"时，存在对信贷的超额需求，因此除了通过利率进行价格配额之外，还会出现信贷的数量配额（通过贷款额度的形式）。

在现行利率水平上，如果贷款方所提供的信贷数量小于借款方意愿获得的数量，市场上就会出现"信贷配额"的现象。此外，在愿意接受现行利率水平的借款方中，一些人能够获得信贷，而另一些得不到信贷。实际上，得不到贷款的那些人可能愿意支付更高的利率，但是可能仍然得不到贷款。因此，市场中存在得不到满足的信贷需求，而这一超额需求没有通过利率的提高而得以消除。结果导致信贷市场的均衡具有两个特征，即均衡利率水平和信贷配额（Jaffee and Stiglitz，1990；Stiglitz and Weiss，1981）。

逆向选择、道德风险、控制和代理成本以及某些国家存在的不发达而且市场被分割的金融部门导致了金融市场信息的不完全性。[①] 在存在不确定性的情况

[①] 阿克洛夫（1970）以旧车市场为例阐述了信息不完全所产生的影响，他假设旧车的出售者了解旧车的质量，而购买者不了解旧车的质量情况。购买者认为，如果出售者制定了较低的价格，那么旧车的质量肯定不好，因此降低价格不能够刺激需求。因此，在旧车市场上，超额供给不能够通过降低价格来得以消除。实际上，现实经济中可能并不存在供求相等的价格。

下，不同的借款方偿还贷款（与违约相对）的概率会存在差异。如果贷款方能够了解这些差异，并且这些差异不受贷款决策的影响，那么贷款方就能够准确地根据其预期收益对借款方进行排序，并将贷款贷给那些能够为其带来最大预期收益的借款方。事实上，贷款方不能够准确地了解到借款方按时偿还贷款的概率，也不能将借款方偿还的概率视为不变。为了说明这一点，我们假设信贷市场在当前的预期收益水平上实现初始均衡，并且在这一均衡水平上，信贷市场存在没有得到满足的贷款需求。假设在均衡利率水平上贷款的超额需求是既定的，我们推测贷款方会提高利率水平。在较高的利率水平上，一些借款方，包括那些从事低风险项目的借款方可能将认为贷款不再是有利可图的，而那些从事高风险项目的借款方可能仍然愿意贷款。随着利率水平的提高，借款方的债务偿还概率会发生变化，从贷款方的立场来看，就会出现"逆向选择"的问题。① 贷款不断向还款概率较低的那些借款方手中转移的过程，会降低贷款方的预期收益，尽管信贷利率提高了；当贷款利率不断提高并超过其临界值②时，即使市场上仍然存在没有得到满足的信贷需求，贷款方也不能够再通过提高利率或者增加信贷来增加收益。但是，贷款方会根据某些标准在借款方之间进行信贷分配，其中这些标准包括借款方是否拥有足够的、可以接受的、流动性较强的附属抵押物，以及借款方的资产负债表状况，而不仅仅是借款人愿意支付现行利率的意愿。为此，即使在存在信贷配额的情况下，信贷利率也能够达到均衡利率水平。因此，借款方的异质性和逆向选择的问题导致信贷市场在均衡信贷利率水平上存在信贷配额，因为在这一点上，贷款方意识到，即使在市场上存在贷款的超额需求的情况下，进一步提高贷款利率也是无利可图的。

当借款方能够在风险不同的项目之间进行选择，而贷款方无法控制这一选择时，就会出现"道德风险"的问题。较高的贷款利率水平能够诱使借款方将贷款资金用于高风险项目，而高风险项目会降低贷款方的预期收益。与逆向选择的情况相类似，道德风险会导致信贷市场在均衡利率水平上存在信贷配额。

此外，在贷款方所能够获得的信息不充分的情况下，其贷款计划一旦出台以后，借款方可能会故意地少报贷款项目的收益，有些借款方甚至可能故意拖欠贷款。为了遏制这一趋势，减少逆向选择和道德风险所带来的风险，贷款方可以亲自或者委托其代理人对贷款标的项目进行控制和管理。然而，这样做会产生一些成本，这些成本被称为"控制和代理成本"。贷款方向借款方提供贷款时，控制和代理成本会减少贷款方从中获取的收益和预期收益，但是借款方所承担的贷款成本仍然维持在利率水平上。当借款方向贷款方所支付的报酬与贷款项目的收益成正比时，借款方更有动机低报项目的收益，此时控制和代理成本更容易发生。③ 控制和代理成本只产生于企业对外借款的情况，而不产生于使用内部资金

---

① 在阿克洛夫（1970）所运用的旧车市场的案例中，随着价格的下降，与高质量旧车的销售者相比，低质量旧车（"柠檬"）的销售者更加愿意销售产品，因此旧车市场上就会出现销售者在旧车质量方面的逆向选择的问题。

② 在这一利率的临界水平上，如果贷款利率继续上升，那么借款者偿债概率的下降幅度将会大于其贷款利率的上升幅度。因此，在临界贷款利率水平上，贷款者的预期收益函数实现最大化。

③ 关于信贷市场的逆向选择、道德风险以及控制和代理成本的效应分析，可以参考 Jaffee 和 Russell（1976）、Jaffee 和 Stiglitz（1990）、Stiglitz 和 Weiss（1981）、伯南克和 Gertler（1989）。

的情况，因此会增加企业使用外部资金的相对成本，继而导致企业成本因内外部资金比例的变化而出现差异。在本次全球金融危机爆发之后，经济衰退恶化了企业的资产负债表，同时降低了企业内部资金的可得性，增加了控制和代理成本，从而缩减了企业投资，进一步加剧了经济衰退。因此，信贷市场的信息不完全性会扩大外部冲击对经济的影响。

在实际操作中，从借款方的立场来看，信息不完全性和交易成本所产生的影响意味着，一些企业或者不能够通过债券市场筹措到资金，或者它们发现与通过债券市场筹集资金的方式相比，通过银行（接下来，银行包括除银行机构以外的其他信贷的提供者）贷款的方式获取资金的成本更低，因此它们不得不全部或者部分地依赖于通过贷款和贸易信贷的方式来满足其借款的需求。事实上，当所有企业都在一定程度上依赖于信贷方式满足其短期融资需求时，中小型企业以及家庭用户会在更大程度上需要通过信贷的方式获得它们所需要的小额资金。由于债券发行的成本高昂，中小型企业以及家庭用户往往难以通过债券市场筹集到资金。债券市场交易通常要求贷款方事先直接估算控制和管理成本，因此企业也会因为高额的控制和管理成本而无法进入债券市场。因此，这些企业不得不求助于贷款和贸易信贷来进行外部融资。对于信贷市场的贷款方来说，作为贷款和贸易信贷的供给者，在通过"一对一"评估和控制借款方的信用能力方面优于债券市场。① 同时，在提供小额贷款方面，其拥有成本优势。在任何情况下，信贷市场的贷款方能够以低于债券市场的成本向不同类型的借款方，尤其是小型和高风险企业提供贷款并获益。这也同样适用于购买耐用产品的消费者的消费贷款的情况。

总之，信息不完全性对信贷市场和债券市场都产生明显的影响，其中对信贷市场的影响更强一些，因为信贷属于短期融资方式，需要经常更新。这进一步增大了债券和信贷之间的差异（不仅仅表现在是否具有可交易性这一方面），并且也为债券和信贷在宏观经济分析方面的差异提供了合理的解释。这些差异与信息的不完全程度呈正比，小型企业之间的差异程度要大于大型企业之间的差异。并且一般情况下，在金融不发达的经济体，这一差异程度要大于金融发达的经济体，因此前一经济体的生产企业更多地依赖于内部融资方式（通常来自于所有者的储蓄和亲朋好友），即使它们通过外部融资方式进行融资，也较多地通过非正式的贷款安排而不是通过（市场化的）发行债券的形式获取小额贷款和贸易信贷。

货币政策对企业资产负债表和借款方信用能力的影响

货币政策直接或间接地影响企业的融资境地，进而影响其获得外部资金的能力。② 通常情况下，企业拥有一些可变利率的信贷资产，货币政策收紧会提高利率水平，从而增加企业的利息支出。此外，利率水平的上升还可能导致其资产价格的下跌和贷款担保物价值的缩水。货币政策变动对企业的资产负债表除了产生这些

---

① 随着时间的推移，向特定企业提供贷款的银行会相对于其他银行来说拥有信息优势，而其他贷款人处于信息劣势，因此这个企业会更加依赖于这一家银行的贷款。

② 实证分析表明，内部融资的成本低于外部融资的成本，并且目前企业资产负债表制度不断趋于完善（Bernanke，1992—1993）。

直接效应之外,还会产生间接效应,因为货币政策收紧将会削减市场对企业最终产品的需求,进而减少其经营收入。因此,紧缩性的货币政策所产生的直接和间接效应都会降低借款方的信用能力。

上述分析为我们分析信贷市场对实体经济的效应提供了两条思路:

- 单纯的信贷渠道。在借款方信用能力既定的条件下,信贷渠道会影响信贷供给量,进而影响企业的利息成本,纯粹的信贷渠道的一个构成部分是银行贷款渠道,其强调了银行信贷的特殊性和银行在经济中的特殊作用。
- 企业的资产负债表渠道。其影响信贷的需求方面和借款方的信用能力。①

市场不完全性和银行贷款渠道

货币政策会影响银行的贷款供给以及银行对短期企业票据的需求。银行的资金大部分来源于储蓄存款。紧缩性的货币政策会削减银行的储蓄存款。目前,银行能够直接在金融市场上发行可转让债务如存款证明和短期债券来筹措资金,但是这些可转让债务不能够完全替代储蓄存款,因为它们的利率高于银行储蓄存款,并且市场对这些可转让债务的需求不具有完全弹性。

从"商业银行"(在此用这一词来表示各种类型的金融机构)的投资组合来看,两种最主要的资产类型为银行储备和银行所持有的债券和信贷(根据我们对信贷的定义,其包括贷款和商业票据)。一般情况下,商业银行不持有股票。中小型企业和消费者通常会选择那些专业从事监督和执行合同的银行逐项申请贷款,因为对其来说,这种"一对一"的贷款方式的成本要低于通过债券和股票市场获得贷款的成本,因此银行贷款中的很大比例通常提供给了中小型企业和消费者。大型企业通常情况下也通过短期融资票据筹集一部分运营资本,其利率低于长期债券的利率。

因此,银行贷款渠道的核心方面是在银行资产负债表的负债项目中缺乏与储蓄存款近似替代的资金项目,借款方缺乏与信贷(银行贷款和短期票据)近似替代的融资产品。由于前者,一国政府收缩性的公开市场操作会削减银行的储蓄基础。如果银行努力通过债券和股票市场筹集资金来弥补其储蓄存款的缺口,将会增加其资金的相对成本。因此,储蓄存款基础削弱之后,银行会削减可贷资金的供给,提高贷款利率水平。对于借款方来说,根据上述分析的资产负债表原理,资产负债表情况的恶化意味着一些借款方会被挤出信贷市场,另一些借款方不得不支付较高的利率来获得贷款。

在决定是否将信贷市场明确地分离出来,并纳入宏观经济模型分析时,信贷和债券的相对数量和相对重要性是需要考虑的一个因素。从实证分析的角度来看,对于债券和股票市场欠发达的国家来说,通过贷款而不是发行债券来筹措资金的方式尤为重要。一些经济学家主张,即使是在债券和股票市场较发达的国家,贷款的规模足够大,并且其对宏观经济的影响足够重要,我们也应该将其明确地与债券市场区分开来,并纳入模型分析(Kashyap and Stein,1993,2000),

---

① 经济衰退会削减企业的销售额,恶化其资产负债表。即使是在债券利率趋于下滑的情况下,恶化的资产负债表也会降低企业进入信贷市场获得贷款的能力,并提高贷款的成本。

尽管通常情况下，对于拥有发达的债券和股票市场的国家的宏观经济分析并不这样做，而是采用了 IS-LM 模型或者 IS-IRT 模型。

正常情况下，从宏观经济角度来看，如果债券和信贷的借款方和贷款方相同，就没有必要对债券和信贷进行明确区分，只有当贷款和其他类型的信贷根据信贷成本以外的标准进行数量限制①（即配额），以及/或者信贷的收益率/利息率不等于债券利率并且与债券利率不完全相关的情况下，才有必要将债券和信贷进行区分，并分别纳入分析框架。信贷收益率/利息率与债券利率之间的差异越大，信贷的配额限制越严重，那么就越需要对信贷市场进行单独分析。如果金融市场被分割（在金融市场不发达的国家或者金融受到管制的国家通常存在），银行的贷款配额以及信贷和债券之间的利率差可能会更大。关于金融管制的例子是一国针对经济体中的特定部门的信贷，进行利率水平的法律限制②以及贷款数量控制或者占银行贷款比例的限制。许多经济学家认为，在金融体系的竞争性和有效性较强的经济体中，在信贷的供给方面，进而在银行在贷款中的作用方面，信贷渠道相对于债券渠道的重要性不明显，但是在需求方面，进而在借款方的信用能力方面，信贷渠道相对于债券渠道的重要性却较为明显。也就是说，在信贷渠道的供给方面，尤其是贷款方方面的重要性并不显著，而借款方方面的重要性较为明显。③

为了将信贷作为单独的金融资产纳入分析并构建简单的分析模型，我们根据上述观点进行以下假设。由于不同企业筹措运营资本时对信贷的依赖程度是不同的，我们将以代表性企业通过信贷方式筹集的资金作为所有企业的平均水平。因此，这一代表性企业的运营资本一部分源于银行信贷，另一部分来源于企业留存收益或者通过债券（包括股票）市场筹集，但是其运营资本的短期变动只来自于信贷部分。为了简化分析，即使对于银行信贷，我们也不考虑贸易信贷短期波动的影响。在我们的宏观经济分析框架中，对短期分析的定义和假设如下：

● "银行"是指零售银行，包括发放贷款的人以及其他提供贷款的金融机构，贷款通常是"一对一"的。在短期分析中，我们假设银行的投资组合中不包括债券和股票，或者假设其持有的债券和股票数量在短期内不变，但是在长期内是可变的。

● 信贷与企业的运营资本之间成正比关系，信贷的减少将会削减企业运营资本的数量。

● 当企业的运营资本中包括企业的债券和留存收益时，企业通过债券和留存收益而增加的运营成本的数量在短期内是不变的，但是在长期内是可变的。

---

① 在贷款市场上，如果银行在任一利率水平上都放出不同数量的贷款，那么将会存在有效率的贷款配额。在完全竞争市场上，这种贷款的数量配额不会出现，但是在贷款市场上，随着时间的推移，银行和借款者之间逐渐建立起"一对一"的贷款项目和某种客户垄断关系，那么就有可能在短期内实现有效的数量配额。

② 历史上，首次对此进行阐述的是美国的"Q 条例"，其将贷款利率限制在银行能够负担得起储蓄存款的水平上。20世纪 70 年代，这一利率限制条例被废除。但是，这一做法在许多欠发达国家仍然存在。

③ Ashcroft（2006）用银行控股公司的附属机构数目近似地表示金融限制程度，研究了美国银行的行为。研究结果显示，小型银行对于货币政策的变化做出强烈反应，但是其行为被其他银行的行为所抵消，因此总体上来看，货币政策通过银行贷款渠道所产生的效应并不显著。Ashcroft 和 Campello（2007）考察了在美国不同地区经营的银行控股公司的小型附属银行向当地小型企业提供贷款的情况。他们发现，截面变化与银行贷款对货币政策的反应无关，而是取决于借款方的信用能力。因此，这一研究结论证实了资产负债表是除银行信贷之外的另一个货币政策影响的传递渠道。

- 在代表性企业的间接生产函数中，运营资本是一个讨论的因素，并且产出是运营资本的增函数。

16.2 产品供给和信贷需求

代表性企业从事生产经营活动，并且必须在销售产品之前购买并支付其所需要的投入产品，包括劳动力和服务。① 企业用于这部分支付的资金就属于"运营资本"。② 如果一家企业所拥有的资金不足以支付所需要的成本，就不得不减少投入要素的购买，继而减少产出。如果通过施加预付款这一限制条件来处理这一问题，我们将选择一种不同的方法将运营资本纳入间接生产函数（详见本章后面的附录B）。③ 如附录B所示，除了劳动力和实物资本之外，运营资本也是决定产出的一个因素，因此代表性企业的间接生产函数可以表示为

$$y = y(n, \overline{K}, k^w) \tag{1}$$

我们假设这一生产函数是二阶可微的，且其一阶导数为正，二阶导数为负。n 表示劳动力数量，k^w 表示实际运营资本，$\overline{K}$ 表示外生给定（对于短期分析）的实物资本存量。因此，在不考虑 $\overline{K}$ 的情况下，间接生产函数变为

$$y = y(n, k^w) \tag{2}$$

根据上述假设，部分运营资本是通过债券、企业留存收益和贷款之间的某种组合筹集的，因为运营资本的使用是用于支付劳动力的工资（以及其他投入要素的报酬），因此企业的利润最大化目标意味着，对运营资本的需求取决于实际工资率以及为此筹集资金所支付的实际利率水平。④ 因此，运营资本的需求函数可以表示为

$$k^{w,d} = k^{w,d}(w, r^L) \tag{3}$$

其中，r^L 表示作为运营资本中短期可变部分的信贷的利率水平。变量下方的符号表示变量各自的偏导数的符号。因为工资率的上升会减少对劳动的雇用，从而减少企业对运营资本的需求，因此 $\partial k^{w,d}/\partial w$ 为负。r^L 表示通过信贷方式筹集到的运营资本的利息成本，因此 $\partial k^{w,d}/\partial r^L$ 的符号为负。

以上公式化的假设条件之一是，在短期内，债券的供给和/或需求的变化不影响企业可以获得的资金数量，也不影响企业事先发行的债券的利息成本，因此在短期分析中，企业债券的利息成本是企业固定成本的一部分。因此，短期生产分析只需要考虑信贷的实际成本而无须考虑债券的利息率，从而，产出、劳动需

---

① 在接下来的分析中，我们用企业所雇用的劳动力数量近似地表示所有的投入要素，并且用工资率近似地表示总成本。
② 在研究文献中，运营资本的概念并不陌生。为了对这一概念进行说明，凯恩斯（1937）用贷款作为企业进行投资的约束条件。在某些研究中，运营资本被当做生产函数的一个内生变量。
③ 这一做法的理论依据是，如果运营资本不足，企业就不得不把一些工人调离生产，并派遣他们去协助投入要素的采购和产品的销售工作。
④ 附录B展开论述了生产函数中的运营资本的本质、作用及其成本。

求、实际运营资本和信贷均是实际工资率和实际信贷利率的函数。

产品的供给函数

对于短期的间接生产函数（2）式，根据企业利润最大化的欧拉定理，劳动力需求可表示为 $n^d = n^d(w, r^L)$。假设简单的劳动供给函数的表达式为 $n^s = n^s(w)$，那么劳动市场实现均衡时，$n = n(r^L)$。将 $n = n(r^L)$ 代入生产函数，从而得到产出的供给函数，即

$$y^s = y^s(r^L) \qquad (4)$$

r^L 的增加会减少企业对运营资本的需求，从而在间接生产函数既定的情况下进一步削减产出水平，因此 $\partial y^s / \partial r^L \leq 0$。如果企业持有的运营资本超过其购买劳动和其他投入要素所需要的最大资金水平，那么 $\partial y^s / \partial r^L = 0$。本章后面的附录 A 详细阐述了企业购买劳动和其他投入要素所需资金的最大化水平。

信贷的需求函数

在短期分析中，如附录 B 所示，假设短期生产方程不变，企业的利润最大化目标意味着，我们也可以不把债券利率放到贷款的需求方程中，因此

$$L^d / P = \psi(\underline{y}, R^L) \qquad (5)$$

其中 L^d 和 $\psi(w, R^L)$ 分别表示名义信贷需求和实际信贷需求。在本章中，我们不打算将劳动市场纳入分析模型，因此我们用产出来代替工资率。鉴于 w 和 y 之间的逆相关关系，方程（5）可以改写为

$$L^d / P = \psi(\underset{+}{y}, \underset{-}{R^L}) \qquad (6)$$

我们发现，如附录 A 所示，企业对信贷的需求有一个上限，这一上限取决于其购买投入要素所需要的总资金。然而，企业对信贷的实际需求低于此上限，因为营运资本可能已经事先通过其他资金来源，如债券和留存收益筹集到了。

16.3 将信贷作为单独资产的总需求分析[①]

16.3.1 产品市场分析

在开放的宏观经济模型中，我们对产品市场进行了常规性的描述，即涉及标

[①] 伯南克和布林德（Bernanke and Blinder, 1988）详细阐述了产品市场和货币市场的基本结构，以及银行贷款供给的情况。他们指出，标准的 IS－LM 模型对银行债务和资产两方面的处理是不对称的。通过可支取的存款账户，IS－LM 模型将银行债务纳入分析框架，但是忽视了银行资产。他们的模型对宏观经济模型的 IS－LM 部分进行了完善，而并没有对其模型中的产出供给分析进行完善。

准的 IS 方程和曲线。根据我们所熟悉的关于开放宏观经济中的 IS 市场分析，IS 方程的一般表示形式为

$$y = y(\underset{-}{r}, \underset{-}{r^L}, \underset{+}{P}) \tag{7}$$

其中 P 表示国内价格水平。在此方程中，因变量 y 不仅取决于 r 的变动，而且受到 r^L 变动的影响，因为 r 和 r^L 分别表示企业筹集投资和运营资本的资金所花费的实际成本，其分别由代表性企业分别通过债券（其比重也可以被视为运用留存收益时所产生的机会成本）和信贷的形式筹集到的资金所占的比重来表示。① 在开放经济条件下，因变量 y 取决于 P 的变化，因为国内外产品之间存在替代关系（详见第 13 章）。② (7) 式所表示的 IS 曲线具有负的斜率，r 或者 r^L 表示纵轴，并且 IS 曲线随着 P 的变动而发生位移变化。

16.3.2 货币市场分析

货币市场均衡

我们假设家庭和（生产）企业（与银行和放债者相对应）无权放贷③，但是可以持有贷款，在其资产组合中，债券（包括储蓄存款、货币市场互助基金、股票等）是持有货币之外的另一种选择。按照通常的做法，我们假设外生既定的金融财富 FW_0 包括货币和债券两种形式。根据关于实际货币需求（m^d）的标准分析，我们将货币需求函数（详见第 13 章）表示如下：

$$m^d = m^d(\underset{+}{y}, \underset{-}{R}; \underset{+}{FW_0}) \tag{8}$$

其中 m^d 表示实际货币需求，y 表示实际国民收入，R 表示名义债券利率。在资本市场完全竞争的条件下，R 和 r 之间的关系可以通过费雪方程加以描述，即

$$(1+R) = (1+r)(1+\pi^e) \tag{9}$$

其中 π^e 表示预期的通货膨胀率。考虑到我们进行的是相对静态分析，假设 π^e 是外生决定的（为了简化分析，假设为 0）或者不对其进行分析，继而 $(1+\pi^e)$ 项不再存在。因此，R 和 r 相等（Bernanke and Blinder, 1988）。由此，前面的货币需求函数变为

$$M^s = P \cdot m^d(y, r; FW_0) \tag{10}$$

在给定的货币供给水平（M^s）下，货币市场的均衡通常通过 LM 曲线来描述，即

$$M^s = P \cdot m^d(y, R; FW_0) \tag{11}$$

---

① 如果在信贷市场上，除了征收贷款利率之外，还存在数量配额，那么在既定的利率水平上银行的贷款数量也会不同，进而会影响到企业投资和居民消费，因此贷款数量应额外纳入 IS 函数的分析中。
② 当宏观经济模型不采用购买力平价（PPP）时，这种情况就会发生。即使是长期，购买力平价也很少成立，而且经济向购买力平价的回归也极其缓慢。在短期内，购买力平价的假设是不合理的。
③ 当经济中存在大量非正式的金融市场时，这一假设不成立。

在此，我们将 M^s 简单定义为社会公众持有的现金 C 和银行存款 D 二者的总和，即 $M^s \equiv C+D$。但是，同时 $M0 \equiv C+(RR+FR)$，其中 $M0$ 表示基础货币。由此，货币供给的决定（详见第 10 章）方程为

$$M^s \equiv \frac{M0}{\left[\dfrac{C}{M}+\dfrac{(RR+FR)}{D}-\dfrac{C}{M}\cdot\dfrac{(RR+FR)}{D}\right]} \tag{12}$$

其中，C/M 表示现金比率，RR/D 表示法定准备金率，FR/D 表示自由准备金率，$(RR+FR)/D$ 表示（实际）准备金率。由此，LM 方程比外生的货币供给更适合用于制定货币政策，即

$$\frac{M0}{\left[\dfrac{C}{M}+\dfrac{(RR+FR)}{D}-\dfrac{C}{M}\cdot\dfrac{(RR+FR)}{D}\right]} = P\cdot m^d(y,r) \tag{13}$$

中央银行控制着基础货币 $M0$ 和法定准备金率 RR/D，但是社会公众可以决定现金比率 C/M，商业银行可以决定自由准备金率 FR/D。

银行贷款的供给

在短期内，信贷（贷款、短期商业票据、贸易信贷等）有多种来源：金融机构的资金供给、短期企业债券市场和产品的买卖双方。其中，银行的信贷供给更容易被纳入模型分析，因此宏观经济模型通常将银行的可贷资金供给作为信贷的供给。除了其他小额项目，银行资产负债表的资产项目还包括银行持有的法定准备金（RR）、自由准备金（FR）、债券（B）和信贷（包括贷款）L，同时负债项目包括储蓄存款 D，因此，银行的资产负债表可以表示为

$$B^d + L^s + FR \equiv (1-\gamma)D$$

其中 γ 表示法定准备金率 RR/D，上标 d 和 S 分别指需求和供给。根据我们上述的定义，B 指长期债券，L（信贷）包括贷款和短期商业票据。在既定的基础货币 $M0$ 水平上，银行法定准备金的增加或者现金/需求这一储蓄比率的提高将会减少银行分配到信贷和债券上的资金数量，从而提高贷款和债券的利率水平。基础货币的增加会增加货币供给、银行准备金、债券需求和信贷供给，进而会减少这些资产的收益。如前文所示，债券和信贷之间的资金配置比率取决于二者之间的相对风险，而这一相对风险又取决于借款方的信用能力。信贷的相对风险一旦提高，例如经济衰退或者其他负面经济冲击对借款方资产负债表产生影响，银行的信贷供给数量将会下降，而债券的供给将会增加，即所谓的"资本逃险"。

鉴于上面所论及的银行资产负债表的情况，货币政策对银行资产项目的影响取决于货币政策对银行预算约束的影响，而后者又取决于银行的不同类型债务之间相互替代的能力。银行负债包括来自社会公众的资金往来需要和储蓄存款，以及银行发行的其他短期债务（例如可转让的存款证明）。如果银行能够实现其债务的保值，并免受货币政策收紧的影响，例如通过在国内外增加可转让债务的销售来抵消政策引致的基础货币和信贷收缩，那么它们就能够避免货币政策对其信贷供给的影响，并避免其通过银行贷款渠道进一步影响信贷利率水平。这种情况在

金融市场发达的经济体更容易发生。对于此，我们的假设，即使是金融系统发达的经济体的银行也不能够做到这一点，因此紧缩性货币政策将会减少银行的储蓄存款和信贷供给，继而提升信贷利率。

16.3.3 信贷市场分析

信贷供给

从吸收储蓄存款的银行的投资组合决策行为来看，银行持有的自由储备、信贷和债券的数量取决于债券的名义收益率 R、信贷的名义收益率 R^L 以及债券和信贷的"标度变量"(Scale Variable) $(1-\gamma)D$，因此银行信贷的供给方程可以表示为

$$L^{S,B} = \lambda(R^L, R)(1-\gamma)(D) \tag{14}$$

其中，$L^{S,B}$ 表示一国商业银行在信贷市场上的资金供给。

在现实经济中，所有经济体的金融体系结构都是非常复杂的、多层次的，其中一些金融机构从其他金融机构那里借款，后者又从其他金融机构那里借款。如果我们将从公众手里吸收存款的商业银行置于金融体系金字塔结构的最顶端①，那么我们就可以把那些从上一层金融机构借款的金融机构顺次放到下层。前面我们所分析的导致逆向选择、道德风险以及控制和代理成本的市场不完全性，也适用于低层次金融机构向高层次金融机构借款的情况，因此不同层次金融机构之间的信贷分配也同时面临信贷利率和信贷配额两个特征。信贷在不同层次金融机构之间的配置也同样取决于贷款单位的净值和对外贷款的预期风险，这反过来又会取决于这些金融机构资产的投资组合构成情况。位于金字塔结构底层的金融机构的资产主要贷给生产型企业和家庭用户，因此向这些金融机构提供信贷的风险将取决于向企业和家庭用户提供信贷的风险。因此，对金融机构信贷供给的分析不能单纯地从商业银行资产负债表的角度进行，即使基础货币不发生变化，信贷供给也会随着不同层次金融机构的信贷风险的变化而变化。

在一定程度上，不同层次金融机构之间的差异是由信贷本身的多层次性结构所决定的。在发达的金融体系中，风险知识较丰富并且能够熟练控制风险的商业性金融机构更愿意提供信贷而不是贷款。初始信贷或者贷款可以通过不同的方式进行发放，并且能够作为可转让有价证券进行再出售，因此其隐含的风险变得更加隐蔽，甚至其他金融机构也无法意识到这些风险。并且，由此产生的可转让有价证券反过来会被贷款方作为抵押物进行对外借款，从而通过多层次信贷结构产生银行储蓄创造过程所无法掌握的信贷创造乘数，并且使得风险更加隐蔽。正如本章前文所论述的，1970 年源于美国并蔓延至许多其他发达国家的资产抵押商业票据风险验证了信贷创造乘数的作用机理，并且伴随着信贷体系多层次结构所隐蔽的风险的增加。

---

① 在中央银行作为"最后贷款人"的金融体系中，中央银行位于金字塔结构的顶端。

因此，信贷供给并非贷款银行自身将贷款提供给最终借款方，并且能够合理正确地评估其所承担的风险的简单的问题。由于多层次信贷供给存在隐蔽的风险，借款方信用风险能力的变化会通过信贷供给链条及其对信贷利率和不同层次的信贷数量（有时候后者更甚）的影响而发生逆转，并最终改变金融机构向生产企业和家庭用户的信贷配额。因此，我们将信贷供给描述为

$$L^S = L^S(\lambda(R^L, R)(1-\gamma)D, \rho) \tag{15}$$

其中，L^S 表示信贷市场上资金的总供给，ρ 是表示风险、信贷配额和信贷系统结构的近似指标（非常简单的做法），因此 ρ 所面临的冲击源于对任何上述因素所产生的冲击。如果 ρ 维持不变，信贷供给的变动则主要反映银行贷款供给的波动。

信贷需求

在早期，信贷名义值 L^d 的需求函数来源于生产分析，即

$$L^d = P \cdot \psi(R^L, y) \tag{16}$$

如前文所述，在信息不完全的情况下，贷款方在对其贷款收益进行预期时，除了要考虑借款方支付贷款利率的承诺之外，借款方的信用能力也是一个重要考虑因素（正如前文所述的资产负债表渠道里所体现的那样）。尽管信用能力也取决于预期的未来产出水平，但是为了简化分析，我们用当期产出 y 近似地表示信用能力，因此在信贷需求方程中不再对信用能力进行额外讨论。

信贷市场均衡

根据以上分析，信贷市场实现均衡的条件可以表示为

$$P \cdot \psi(R, y) = L^S[\lambda(R^L, R)(1-\gamma)D, \rho] \tag{17}$$

我们把信贷市场的这一均衡方程叫做 CC 方程。① 因为前文中我们已经假设预期收益率是外生决定的，并且为了便于分析，假设它为零，即 $R^L = r^L$，$R = r$。由此，CC 方程可以改写为

$$P \cdot \psi(r^L, y) = L^S[\lambda(r^L, r)(1-\gamma)D, \rho] \tag{17'}$$

需要注意的是，这一均衡方程表面上看来，只把握了在信贷风险和信贷数量既定这一前提条件下的银行贷款渠道的情况，但是 ρ 中还隐含了信贷市场的许多其他重要方面。

16.3.4 总需求的决定

在比较静态分析中，IS 方程（7）式、LM 方程（13）式和贷款市场 CC 方程

---

① 伯南克和布林德（Bernanke and Blinder, 1988）并没有推导贷款需求函数，而是将贷款需求函数事先假设为 $L^d = L^d(R, R^L, y)$。因此他们的贷款市场均衡条件为 $L^d(r, r^L, y) = \lambda(R^L, R)(1-\gamma)D$。

(17) 式分别表示了推导总需求函数所需要的三个方程。[①] 在假定货币政策变量 γ 和 M^s 以及财政政策变量既定的情况下，我们可以解出 ρ，r（或者 π^e 既定的情况下求得 R）和总需求 y^d。

为此，我们首先将 IS 方程和信贷市场均衡方程合并，从而消除 R^L 项，并推导出"IS-CC 方程"，其通常的形式为

$$y^d = y^d(r, P, (1-\gamma)D; g, \rho) \tag{18}$$

其中 g 表示财政政策变量。在（18）式中，根据 IS 曲线，r 的增加会抑制投资，即 $\partial r/\partial y < 0$，因此在 r 和 y 所构成的坐标系中，IS-CC 曲线的斜率为负。但是，需要注意的是，当 IS 曲线独立于货币市场时，IS-CC 曲线会随着基础货币 $M0$、现金比率 C/D 和法定准备金率 γ 的变化（同时决定 D）而发生位移。IS-CC 曲线也会随着 $M0$ 和 ρ 的移动而发生位移。

如果不论对于借款方还是对于贷款方来说，信贷和债券之间是完全可替代的[②]，那么 $R^L = R$，并且信贷供给的分配只取决于银行的收益率，或者，如果产品需求不依赖于贷款利率，那么 IS-CC 方程就简化为 IS 方程，因此其与 LM 方程一起构成决定总需求的标准 IS-LM 曲线。然而，对于经济的直观和实践信息表明，在金融系统发达的经济体，这些前提条件不可能被满足[③]，对于金融系统欠发达的经济体，则更不能够得到满足。此外，在我们的宏观经济模型中，信贷和债券对生产部门的短期作用是不同的，因此它们之间不可能完全替代。

16.4 产出水平的决定

在伯南克和布林德（Bernanke and Blinder, 1988）的分析中，总需求的变动不能够改变产出水平，除非经济中的价格调整是不充分的，诸如不管债券和信贷之间是否存在完全可替代的关系，价格都呈刚性。但是如果经济中的价格调整是不完全的，并且债券和信贷之间是不完全替代的，那么伯南克和布林德的模型对货币政策对总需求的影响继而对产出的影响的分析不同于 IS-LM 模型的情况。这也同样适用于我们所构建的宏观经济模型。

在我们的比较静态分析假设条件（即 $\pi^e = 0$，$R^L = r^L$ 且 $R = r$）下，前述三个方程中包括四个内生变量，即 y，P，r 和 r^L。将 IS、LM 和 CC 方程进行合并，会消除 r 和 r^L 两项，从而得到总需求函数

$$y^d = y^d(\underline{P}; m, g, \rho) \tag{19}$$

[①] 如果将信贷定义为银行贷款，并且不考虑数量配额以及信贷和金融机构的多层次结构（由 ρ 加以表示）的情况，那么这一总需求模型与伯南克和布林德的模型非常相似。

[②] Kashyap 和 Stein（1994）对这一点进行了评价，认为贷款和债券之间是不完全替代的。

[③] 关于实证分析的评价，可以参考 Kashyap 和 Stein（1994）。

其中，m 表示货币政策变量（货币供给和/或利率），g 表示财政政策变量。在我们的宏观经济模型中，产品供给方面存在一个生产部门，并且在这个生产部门中信贷和债券的作用存在差异：信贷的变化会改变企业的运营资本。根据前文关于这一点的分析，我们得出产品的供给函数：

$$y^S = y^S(r^L, \rho) \tag{20}$$

因此，当产品市场达到均衡时，我们可以得到产出方程，即

$$y = y^d(P; m, g, \rho) = y^S(r^L, \rho) \tag{21}$$

在前文中我们推导出了信贷市场实现均衡的条件，即

$$P \cdot L^d(r^L, y) = L^S[\lambda(r^L, r)(1-\gamma)D, \rho] \tag{22}$$

产出方程（21）式、CC 条件方程（22）式和 LM 条件方程（13）式相结合能够消除 r 和 r^L 两项，从而得到均衡产出的表达式，即

$$y = y((1-\gamma)D; g, \rho) \quad \partial y/\partial((1-\gamma)D) > 0 \tag{23}$$

需要注意的是，在我们的宏观经济模型中，货币政策变量决定贷款供给，而贷款供给作为运营资本的一个组成部分被纳入间接生产函数。由此，y 和 $(1-\gamma)D$ 之间存在正相关关系，因此扩张性（紧缩性）货币政策会增加（减少）产出。[①] 产出水平还取决于 ρ，即信贷风险和数量的近似指数。如果我们把 ρ 的提高视为信贷配额的放松，那么 ρ 将对 y 产生正的影响。

16.5 货币政策和财政政策的影响

货币政策对信贷条件的影响

首先，我们来考虑紧缩性货币政策的影响。其提高债券和信贷的利率水平，继而减少投资和产品的总需求。在标准的 IS-LM 分析中，这一对总需求的影响也会发生。此外，在我们的宏观经济模型中，总需求的下降会恶化企业的经营状况，继而减少其净财富，增加其信贷风险，因此银行会减少它们所愿意提供的信贷在其投资组合中的比重。这将会进一步减少信贷供给，继而提高信贷利率水平。然而，随着银行不断倾向于债券投资，当其投资组合中的债券数量足够多时，银行会停止对债券需求的增加，因此对债券利率所产生的净影响是负的。[②] 债券需求发生微小变化时，债券利率还会提高，但是提高速度减缓了。因此，在

[①] 如果扩张性货币政策增加了运营资本的供给，并超过了产出增加所需要的最大数量，那么货币政策对经济的扩张效应是有限的。

[②] 伯南克和布林德（Bernanke and Blinder, 1988）选取 1980 年 3 月到 7 月为样本期间，在这一样本期间内，美国紧缩性的货币政策降低了政府债券利率。伯南克（Bernanke, 1983）将大萧条的持续归因于贷款供给的削减。而当时，贷款供给削减的原因在于贷款风险增加，以及由于自身经济所需资金的增加，银行对流动性/储备金的需求减少。

我们的货币－债券－信贷（M－B－C）模型中，紧缩性货币政策将会导致债券利率的小幅度提高或者下降，但是信贷利率会大幅度提高。在任何情况下，信贷利率和债券利率之间的差异将会扩大。

紧缩性货币政策通过两种途径影响短期产出水平。一种途径是抑制总需求。如果市场中存在新兴凯恩斯主义所提出的市场不完全性（详见第15章），那么对总需求的抑制将进一步减少产出，降低价格；但是如果市场是完全竞争性的，那么对总需求的抑制将只会降低价格水平。另一种途径是政策对运营资本的影响。紧缩性货币政策会减少企业可以获得的信贷数量，削减其运营资本，这将进一步减少产出。因此，不管市场是否是完全竞争性的，紧缩性货币政策都会降低短期产出水平，但是如果市场是不完全性的，由此导致的产出的下降程度更大。

扩张性货币政策价格会通过增加总需求和销售额而改善企业的经营状况。这将进一步降低银行向企业提供信贷的风险，并诱使银行将投资组合的构成向信贷和债券倾斜。扩张性货币政策会同时降低信贷和债券利率，并且银行投资组合构成的调整会进一步降低信贷利率，缓和债券利率的下降。在新兴凯恩斯主义经济学所论述的市场不完全竞争条件下，这将会增加经济中的总需求，但是会降低产出水平。此外，除非此时的运营资本已经超出了目前产出水平所需要的最大数量，否则企业可获得的信贷数量的增加会扩充其运营资本，这将会增加产出。

财政政策的影响

在通常形式的 IS-LM 和 AD-AS 模型分析中，扩张性财政政策（通过发行债券弥补财政赤字）会增加总需求。如果市场是不完全的，那么总需求的增加会扩大产出。扩张性财政政策也会提高债券利率，从而促使银行再次调整其投资组合，例如削减其信贷供给。这将会产生两种效应：第一种效应是提高信贷利率，投资组合从债券向信贷转移，会进一步提高债券利率，从而缓和信贷利率的提高；第二种效应是信贷供给的减少和信贷利率的提高会减少企业的运营资本，从而降低产出水平。因此，扩张性财政政策产生两种相反的效应：在市场不完全的情况下，总需求的增加会提高产出水平，但是运营资本的减少又会导致产出水平下降，其净效应是不确定的。然而，在市场完全竞争的情况下，扩张性财政政策的净效应是负的，即会降低产出水平。紧缩性财政政策的影响机理与扩张性财政政策正好相反。

导致信贷供给或信贷需求变动的其他因素的影响

假设负面的经济冲击（如同经济衰退）导致风险增加，从而会恶化企业偿还其贷款的能力。这将会削减银行的信贷供给，因此在银行存款既定的情况下，银行对债券的需求会增加。[①] 信贷供给的减少会提高信贷利率，但是债券需求的增加会降低债券利率。如在 IS-LM 模型的分析中，债券利率的下降会增加总需求，从而增加产出（如果存在新兴凯恩斯主义所阐述的市场经济不完全性）。然而，信贷的减少会削减企业的运营资本和产出。因此，在市场不完全竞争的情况

---

① 银行对自由准备金的需求也有可能会增加，尽管许多现代经济学家认为，自由准备金的变动是极其不明显的。

下，负面的经济冲击的净效应是不确定的；在市场完全竞争的情况下，净效应为负。

负面的生产力冲击将会降低生产力和对劳动与运营资本的需求。这同样会影响企业偿还银行贷款和通过短期公司票据借款的能力，因此将会增加企业的贷款风险。因而，由于生产力冲击对短期信贷供给产生影响，其在短期内对产出的削减程度要比长期严重。

对小型企业和大型企业影响的相对大小

根据我们的宏观经济模型，信贷供给和信贷利率与运营资本（可能的情况下也包括物质资本）相关，进而与其短期的产品生产或者产出水平相关。在此基础上，我们假设信贷供给的减少会削减需要借款的小型企业的运营资本及其生产水平，并且其削减程度要甚于大型企业的情况，因为大型企业能够在短期的初始点通过发行债券和留存收益的形式事先安排好其所需要的运营资本。并且，当信贷供给下降时，大型企业还会存在安全投资转移（低风险贷款）的可能性，因此受信贷供给减少的影响是不同的。对于对信贷依赖程度更高的中小型企业来说，这一影响会更加严重。

如果在某一经济中，通过信贷的方式为生产提供资金的企业数量非常多，那么信贷供给的减少将会降低借款企业的产出，继而使整个经济陷入衰退。债券需求的相应减少在短期内不会产生同样的影响，因为这不会减少事先通过发行债券而筹集的资金数量，因此不会减少企业的运营资本。然而，这会影响到企业在将来通过增发债券筹集资金的能力和成本。因此，在短期内，与债券利率下降或者债券需求减少相比较，信贷利率下降和/或信贷供给减少对产出和就业的影响会更严重，并且影响的传递速度更快。

16.6 货币和信贷市场的不稳定性与货币政策

中央银行对信贷供给的可控性

假设信贷市场是影响实际产出的一个重要的独立因素，从中央银行政策这一角度出发，有关信贷市场的问题是，中央银行能否通过特定方式控制信贷的供求或者控制信贷利率水平。因为信贷的三种形式即银行贷款、贸易信贷和短期商业票据之间存在替代性，并且贸易信贷富有一定的弹性，温和的限制性货币政策在削减银行贷款的同时，可能会被贸易信贷的扩张正好抵消，从而对企业的运营资本不产生任何影响。这会削减紧缩性宏观经济政策对产出供给的直接效应，从而导致只有货币政策的需求渠道才是有效的。与之相比较，当货币政策的紧缩程度较严重并足以削减整体的运营资本时，政策能够同时对供给和需求两方面产生影响。这意味着货币政策对产出的影响是非线性的。扩张性货币政策的效果与紧缩性货币政策的效果大致是相反的。

一些国家如美国和加拿大的中央银行，通过改变基础货币或/和债券利率来实施货币政策,而不是采取直接影响信贷供给或者信贷利率的货币政策。中央银行通过公开市场操作改变基础货币,从而影响商业银行的储蓄存款数量,进而间接地控制商业银行的信贷供给。有时候银行会通过在债券市场上借入资金,如向公众销售其自身的短期债券(如美国的存款证明)来抵消基础货币的削减对银行存款的影响,在这种情况下,中央银行通过改变基础货币来对商业银行的贷款供给进行控制的效果将被削弱。

总体的货币政策对信贷和债券市场均会产生不同的影响,影响方式取决于一国的经济情况和借款方的投资组合决策。货币政策不能够选择性地单独将信贷市场作为影响目标。因此,在控制信贷供给和/或信贷利率方面,货币政策的目标在一定程度上是非歧视性的。但是,许多国家的中央银行的确采取了一些单独影响信贷市场的政策。这些政策是具有选择性的,通常会规定信贷利率水平,或者规定银行资产组合的分配,或者规定向特定部门(如农业部门、出口部门和房地产部门)增加特定数量的信贷。例如,对于消费者通过分期付款的方式购买耐用消费品的情况[1],一些中央银行会事先规定贷款的首付金额和偿还期限。

凯恩斯模型和新古典模型的长短期效应

前面的分析都是短期分析。在短期内,信贷变动会影响企业的运营资本,从而影响产出和就业水平。同时,信贷变动还会影响信贷利率和债券利率,从而影响投资和消费,并最终影响总需求。在凯恩斯假定的经济情况下,非完全竞争性企业能够在一定程度上控制价格,从而产生特定的价格刚性(例如,Calvo 型调整机制下的菜单成本所产生的价格刚性),因此需求变动会同时影响产出和价格(Vlarida et al., 1999)。由此,在凯恩斯主义经济框架中,信贷供给的变动会通过两种途径同时影响产出水平。但是,在新古典主义经济框架中,所有市场都被假设为是完全竞争的,从而需求变动只会影响价格水平,因此信贷供给的调整只会通过其对企业运营资本的影响而改变产出水平。因此,根据凯恩斯主义和新古典主义经济分析框架,在短期内,紧缩性货币政策都会导致产出的下降,但是凯恩斯主义经济分析框架下产出下降的幅度更大。

在长期内,信贷只是运营资本调整的一种方式,因为此时企业的留存收益和债券也可以转化为运营资本。在这种情况下,经济中存在实现充分就业水平所需要的运营资本数量,信贷供给的变化不会影响产出水平。此外,在长期内,凯恩斯主义模型所推导出的短期价格和名义工资刚性将不复存在,因此总需求变化对产出的短期影响与充分就业水平下的情况相同。因此,如同货币供给一样,贷款具有长期中性的特征,即信贷供给变化的影响与是凯恩斯主义模型还是新古典主义模型,以及对信贷和债券如何进行区分均无关。

关于金融不稳定的假设

沿袭其他后凯恩斯主义经济学家的观点,Hyman Minsky(1986)认为,金

---

[1] 这种情况被称为租购控制或者分期付款控制。

融部门具有天生的不稳定性以及破坏实体经济的可能性。接下来我们列举一些支持这一观点的看法。当经济景气的时候，企业会增加其投资支出。为了筹集到投资资金，企业会增加负债，从而提高负债与营业收入的相对比率，并且其信贷工具的投机性也日益增强。经济景气时期，金融市场会不断吸收这些来自企业的贷款，因为企业此时的利润不断增加，并且金融市场到处充满着欣欣向荣的景象和"低息贷款"（Easy Money），持有债券的风险相对较低。并且，金融市场的牛市会降低贷款方对风险的厌恶程度。由此，借款方不计风险的行为导致信贷的扩张，其中有些贷款的风险极高，从而使金融部门对各种经济冲击较为敏感[1]，并且有些经济冲击会引发金融危机。在金融危机过程中，企业会对债券和信贷的风险进行重估，并提高风险厌恶程度，从而导致信贷市场上资金供给减少，融资成本增加。结果会导致信贷紧缩，一些企业将根本无法获得贷款，一些企业获得的贷款数量将会减少。这会迫使在运营资本和短期投资融资（如存货）方面严重依赖于银行贷款的企业做出调整。金融危机也可能导致消费支出的削减，继而导致整体经济中生产和投资削减，由此所带来的企业利润下降会进一步加剧信贷紧缩和投资成本增加。因此，在经济景气时期的金融牛市转而陷入充满消极观望和恐慌的恶性循环。

金融市场中存在的"羊群效应"（Chari and Keloe，2002）能够进一步说明上述情况。当某些银行无法掌握借款方未来的获利情况或者偿债能力的确切信息时（其他贷款方能够掌握），会提高对风险的警惕性，从而导致其他贷款方对风险做出同样的重估，因此借款方能够获得的资金总量将会减少，进而导致产出水平下降。相反，部分金融机构降低对风险的警惕性并增加贷款总体规模时，也会激发其他金融机构进行相同的调整，蜂拥发放低息贷款，导致产出增加。此时，商业和消费者对未来经济发展趋势的信心、总需求和就业前景也极易产生"羊群效应"。

16.7 债券利率作为外生货币政策工具时的信贷渠道

第 13 章讨论了一国中央银行通常将利率作为最主要的货币政策工具，并遵循泰勒规则。这改变了先前研究中将货币供给视为外生变量的分析。在这种情况下，我们假设中央银行通过降低债券利率来实施扩张性的货币政策。这一政策会产生两个即时效应：一是为了维持金融市场的均衡，中央银行不得不通过增加基础货币来确保足够的货币供给数量；二是债券利率的下降使信贷在银行投资组合中变得更加具有吸引力，从而使银行在既定的货币供给条件下增加信贷供给。这一用信贷代替债券的操作会降低信贷利率，从而诱使企业增加贷款。因此，扩张性货币政策会增加经济中的信贷数量，进而增加企业的运营资本。由此，通过降

---

[1] 这一类经济冲击的例子包括中央银行为了抑制通货膨胀压力而提高利率、无法预期到的部分借款人的违约行为、企业所实现的利润水平低于预期水平等。

低债券利率的方式所实施的扩张性货币政策的效果，与前文所分析的货币供给扩张所带来的效果相同。

然而，需要注意的是，与利率变动的手段相比较，通过调整货币供给的方式实施货币政策对运营资本的影响更加直接。

16.8 非正式金融部门与金融发展不充分

在所有经济体中，都存在着非正式的金融部门。在非正式的金融市场上，借款方通常无法从正式的金融组织机构（如银行、债券和股票市场等）那里获得信贷，从而不得不从"放贷人"那里筹措资金。非正式金融部门的许多特征与主要由银行经营的"有组织的贷款市场"所具有的特征相似：通常情况下，某一借款方能够从一个或者多个贷款方那里得到资金，信贷主要基于贷款方对借款方个人的了解，并且贷款方能够根据需要随时通知借款方还款。因此，在我们的分析中，在贷款市场上，信贷的供给方同时包括正式的金融组织机构和非正式的金融部门。对于拥有大量非正式金融部门的经济体，将来自非正式金融部门的信贷纳入分析使得信贷市场在经济中的地位更加重要。

当信贷市场中存在数量配额时，信贷数量和货币供给之间的相关性要强于信贷利率和债券利率之间的相关性。这一点在金融发展不充分的经济体中表现得尤为突出，因为其非金融部门所收取的利率与正式的金融市场上的债券利率之间的相关关系可能并不紧密。在这种情况下，最优的货币政策工具更有可能是货币供给而非利率。因此，尽管在发达经济体，利率被证明是更加合理的政策工具，但是根据关于泰勒规则的一些实证估计（详见第13章），发展中国家的情况并非如此。

16.9 银行挤兑和信贷危机

金融系统具有若干特殊属性，其中包括"传染"和"挤兑"，这会产生资产价格和流动性的"连锁反应"。

"传染"是指相同的情绪在金融机构和金融工具之间的扩散。例如，在金融机构方面，认为一家银行将要破产的看法的广泛传播会使人们怀疑某些其他银行的稳健性。在金融资产方面，例如，特定产业中的某一企业的股票价格出现下跌，将会导致其他企业股价的下跌。因此，"传染"会导致整个金融体系中的金融机构和金融工具之间的"连锁反应"，并且实证分析能够验证资产价格下降过程中的自我强化的特征。这还会导致"羊群效应"，即交易者和个人投资者为了规避风险一窝蜂地出售其手中持有的资产。

当金融机构所持有资产的期限明显比其债务期限长时，会发生"挤兑"现象。对于银行，其债务主要表现为根据需要对储蓄存款的提取，其资产主要由短期债券、贷款、抵押品等构成。当突然出现大规模储蓄存款的提取，而银行资产不能迅速变现以满足存款提取的需要时，如果银行通过临时通知进行资产变现，将会遭受很大的损失，甚至导致银行破产。此外，一家银行的"挤兑"会迅速"传染"到其他银行。其他金融机构也会遭遇同样的问题。

随着金融体系的演进，应对"挤兑"和"传染"的许多机制已经形成并逐渐完善，其中包括进行隔夜拆借的交易储备市场（美国的联邦储备市场）、中央银行作为"最后贷款人"的功能（详见第 11 章）、银行存款保险以及确保金融操作合理性的银行监管等。但是，这些机制虽然能够降低"挤兑"发生的概率，但是即使是在金融发达的经济体中，"挤兑"仍然存在。

金融机构之间发生"挤兑"和"传染"的信贷渠道是指，它们的发生会影响经济体中信贷的可获得性和成本，从而对经济产生实际影响。因此，中央银行的功能之一是防止"挤兑"和"传染"的发生，如果它们确实发生了，应该抑制其对金融系统和实体经济的影响。

16.10 实证研究结果

如第 2 章所述，货币政策会通过一系列的传导途径或传导机制影响总需求。其中，直接传导途径体现为超额货币余额支付对产品的直接影响，间接途径体现为利率的变化对投资的影响。间接传导机制体现在 IS - LM 分析框架中。一些学者将货币通过直接途径和间接途径对产出的影响称作"货币观"（Money View），以区分于信贷渠道。在开放的宏观经济分析中，货币政策还会影响国际收支平衡，而国际收支平衡又会影响国内支出和产出的变动。

在先前文献中，Oliner 和 Rudebusch（1996）、Driscoll（2004）并没有发现贷款渠道对产出产生显著的独立影响。Driscoll（2004）用美国各州的面板数据考察了银行贷款对产出的影响，发现货币需求的改变对银行贷款供给有较大的影响，并且在统计上是显著的，因此货币政策能够对银行贷款供给产生影响。但是，银行贷款对产出的效应较小，并且在统计上并不显著。因此，银行贷款不是货币政策影响产出的显著的独立的渠道。需要注意的是，这些研究结果大部分只是针对银行贷款对产出的影响，而不是信贷总体对产出的影响。本章的分析结果显示，总体信贷供给的变化影响产出水平。如果银行贷款的变化被其他种类的信贷（贸易信贷和短期商业票据）的响应变化所抵消，那么银行贷款的变化不会影响产出水平。

此外，通过产出对货币供给的回归分析能够得到货币供给变化对产出总效应的估计值。因为货币供给和信贷通常是同时变化的，在产出对货币供给的回归分析中，货币供给的回归系数会包括（至少部分地包括）信贷变化对产出的影响。当进一步把信贷变量当做解释变量纳入回归方程时，回归方程预测能力的边际增加并不明显。对于银行信贷，这一点尤为突出，因为银行信贷和银行存款反映银行资产负债表中的不同项目,二者同时变动。因此,我们除了能够估计货币供给的影响之外,很难单独估计银行贷款的影响(King,1986;Romer and Romer,1990;Raney,1993;Walsh,2003,Ch.7)。但是,如同2007年美国资产抵押有价证券风险所表现的那样,信贷风险、风险感知以及信贷供给的变化对产出产生了明显不同的影响。这种类型的明显变化很少发生,因此其影响可能在信贷变动与货币供给相分离的背景下的具体案例分析中更容易发现。

关于这一个问题,伯南克和布林德(Bernanke and Blinder,1988)对美国(名义和实际)GNP增长率和货币供给之间的相关系数与GNP和信贷[1]之间的相关系数进行了比较分析。结果发现,从1953年第1季度到1973年第4季度,GNP与货币供给之间的相关系数高于GNP和信贷之间的相关系数,但是从1979年第4季度到1985年第4季度,GNP与货币供给之间的相关系数低于GNP和信贷之间的相关系数。他们还引入局部调整模型,并用简单的最小二乘法估计了货币和信贷需求方程。尽管他们没能对参数进行非稳定性检验,但与信贷需求方程相比较,货币需求方程残差的协方差在1974年第1季度到1979年第3季度这一期间内较低,而在1979年第4季度到1985年第4季度这一期间内较高。他们得出结论:20世纪80年代,货币需求冲击变得更大。虽然这些发现只是建议性而非决定性的,并且没有建立变量之间的因果关系方向,但是伯南克和布林德指出,中央银行将信贷供给作为政策目标可能会好于将货币供给作为政策目标。

在之前对单独的贷款渠道的研究中,Kashyap和Stein(1993,2000)[2]证明了贷款和债券之间存在明显的差异,并指出对于银行和企业,二者都是有区别的。因此,贷款利率或者贷款供给的变化对总需求产生的影响会不同于债券利率和债券需求的相应变动对总需求所产生的影响。此外,本章的分析将信贷视为中小企业运营资本的提供者。相对于其自身的需求,小企业可以获得的信贷数量的减少会导致其运营资本的减少,继而导致产出的收缩,因此信贷对经济中的总需求和总供给均产生独立的影响。伯南克(Bernanke,1986)研究发现,贷款冲击会对总需求产生大规模的影响。伯南克和布林德(Bernanke and Blinder,1992)指出,当银行根据货币冲击进行信贷调整时,信贷供给的减少会抑制产出增长。其他的许多研究,如Gertler和Gilchrist(1994)指出,美联储紧缩银根,如提高利率,通常会导致银行对小企业贷款的减少,因此小企业的存货投资对货币供给的变化尤为敏感。

但是,尽管信贷是一个内生变量,并且其变化对于货币供给量或者债券利率的变化来说也不足以是外生的,但经济中的信贷结构决定着实体经济行为对货币政策的动态反应,因此信贷仍然会通过金融冲击在整个经济中的传递而发挥重要作用。从直观上来说,经济中不同产业、企业和消费者的支出结构一定会取决于信贷和债券的结构。我们可以通过考察作为对货币政策冲击的反应,

---

[1] 货币通过M1进行衡量。信贷等于家庭和企业的借贷的总和,数据源于美联储资金流量表。

[2] Kashyap和Stein(2000)证明了,小银行的贷款对货币政策相对比较敏感。但是,Ashcraft(2006)以及Ashcraft和Campello(2007)认为,货币政策对不同银行的贷款的平均影响在统计上并不显著,而借款人信用能力的变化以及由此导致的资产负债表渠道,会对银行贷款对货币政策的反应产生影响。

不同产业和企业的经济行为所发生的结构变化，来构建信贷渠道的结构相关性，并且这一方法得到了许多实证研究的支持（可参考 Kashyap et al., 1993；Gertler and Gilchrist, 1994；Lang and Nkamura, 1995；Ludvigson, 1998）。其中，Ludvigson（1998）指出，货币政策的收紧会减少银行的消费贷款，从而减少实际消费支出，进而影响总支出结构的变化。[①]

在不同的经济体，尤其是金融系统较发达的经济体和金融系统不发达的经济体之间，债券和信贷结构存在差异，通过货币政策对产出的总体影响的国际比较分析，一些迹象显示了信贷渠道的相对重要性，但是这些迹象是间接的。要想获得更直接的迹象，我们必须对不同产业、企业和消费者之间的货币政策的结构性影响进行分析。不同国家之间，货币政策的结构性影响是不同的，这种差异在金融发达经济体和金融不发达经济体之间表现得最为明显。

结　语

近年来，随着对宏观经济模型中市场不完全性关注的不断增多，市场不完全性对金融市场的影响也逐渐备受关注。信贷市场的不完全性源于逆向选择、道德风险、控制和代理成本以及金融市场发展不充分。因此，债券和信贷（包括贷款）之间不是完全可替代的。我们可以对金融资产进行三元分类：货币、债券和信贷，而不是像 IS-LM 和 IS-IRT 模型中所采取的二元分类法（货币和信贷），以更好地考察债券和信贷之间的差异。通过将信息不完全性和信贷纳入宏观经济模型，我们能够解释金融市场所具有的更多的特性及其对实体经济的影响。

本章对总需求的 IS-LM 和 IS-IRT 模型做出了两方面的创新。其一，根据信息不完全性来区分债券（包括有价证券）和信贷。其二，引入间接生产函数，其中包括作为投入要素的运营资本，其主要用于在产品生产和销售之前购买生产投入要素（劳动力、原材料和中间产品）。运营资本通常来自企业的留存收益、债券（包括股票）和信贷（包括贷款）。对此，本章的宏观经济模型为了简化分析，假设企业通过留存收益和债券的形式所获取的运营资本在短期内是固定不变的，但是在长期内企业可以对其进行调整。

在我们的分析模型中，扩张性的货币政策和扩张性的财政政策对产出的影响存在某些差异。其中，扩张性货币政策增加信贷供给，降低信贷利率，并增加总需求。在存在市场不完全性的新兴凯恩斯主义模型中，扩张性财政政策增加产出，而在新古典主义模型（不存在市场不完全性）中，扩张性财政政策不影响产出。在我们的分析模型（不是新兴凯恩斯主义模型，也不是新古典主义模型）中，扩张性货币政策增加运营资本和产出。因此，扩张性（紧缩性）货币政策对产出的影响是确定的，并且会增加（减少）产出。

---

① 需要注意的是，关于结构性影响的实证分析并没有对信贷渠道在货币政策对产出的总体影响中的重要性给出量化结果。

金融市场的不完全性意味着，在出现金融恐慌和"挤兑"的情况下，信贷供给减少会加强货币供给任何水平的下降对产出的影响。这一逻辑说明，20世纪30年代大萧条时期，金融部门对经济所产生的抑制性影响不仅来源于货币供给的减少，而且源于信贷配额的极度收缩，这进一步恶化了产出水平的下降，从而延长了大萧条的持续时间。

需要注意的是，在我们的分析框架中，贷款供给者包括银行之间的货币放贷人。在发展中国家，较大部分的企业通过信贷而不是发行债券的形式筹集其所需要的运营资本。并且，发展中国家拥有相对较大规模的非正式金融部门。我们的分析表明，发展中国家贷款供给的收缩对生产的影响似乎比发达国家的情况更加严重和迅速。

货币供给的变动与信贷数量和成本之间呈正向相关关系，因此信贷渠道会加剧货币政策对总需求的影响，并且其效果要超过"货币观"的效果，即通过债券利率实现对总需求的货币传递效应。此外，在这种情况下，货币供给对产出的总效应除了包括通过总需求产生的效应之外，还包括运营资本渠道，因为信贷而不是货币本身被纳入了短期生产函数。

信贷提供机构是垂直的、多层次的。货币供给和这些多层次的信贷之间的关联是不确定的，因此货币政策不能够对信贷供给进行准确的控制。因此，中央银行实施扩张性货币政策可能只能够缓和，而不能完全抵消信贷危机（由过高估计金融市场上向借款方提供贷款的风险导致的）对产出和就业的影响。因此，信贷渠道能够削弱中央银行对经济的控制，尤其是在信用恐慌和信用膨胀的情况下。

附录 A

在一个简化的公式化模型中，既定生产水平下的营运资本需求

为了阐述企业对运营资本的需求，及其与企业所持有货币之间的差异，我们采用鲍莫尔（1952）所提出的在存在备选金融资产的情况下，货币需求作为支付媒介的存货分析。在接下来的分析中，两种金融资产为货币和贷款或者信贷。我们假设企业购买投入要素（劳动力、原材料和中间投入品），并在生产周期内均匀地支付其采购成本。这一支付发生在生产和销售之前，并假设产品销售只有在生产周期结束时才能实现。为了简化分析，我们假设采购成本和销售收入相等。在生产周期的起点时刻，企业以透支的形式通过银行贷款来筹集采购资金。在生产周期的期末，企业用最终实现的销售收入来偿还银行贷款。

假设企业的投入总成本（和销售收入）为 Y。在整个生产周期内，企业根据购买投入要素的需要均匀地提取透支额度，每次提取的数量为 z，提取的次数为 q 并且等于 Y/z。在生产周期的初始期，企业从银行提取 z，再过 $1/q$ 个时期之后再提取 z，再过 $1/q$ 个时期之后再提取 z，直到提取完为止。企业平均提取的数量和平均采购成本为

$$k^{w,d} = z + z(q-1)/q + z(q-2)/q + \cdots + z/q$$
$$= (q+1)z/2 = (1/2)Y + (1/2)z \tag{24}$$

因为 $qz=Y$，企业的平均货币余额等于 $M/2$，因此

$$k^{w,d} = (1/2)Y + M \tag{25}$$

由此，企业所需要的运营资本大于货币余额。扣除物价因素之后，企业的运营资本变为

$$K^{w,d}/P = (1/2)y + m \tag{26}$$

其中，$y=Y/P$，$m=M/P$。

(25) 式表示了企业为购买特定数量的投入要素所需要筹集的运营资本的最大数量。企业可以通过削减产出或/和转移部分劳动力来节省运营资本。在运营资本的最大需求给定的情况下，企业还能够通过贷款的方式代替部分贸易信贷，但是这也通常会伴随着在投入产品供给者和最终产品购买者之间进行劳动力转移，以调整其贸易信贷安排。这种可能的情况将在附录 B 中进行阐述。

在长期内，企业可以通过债券、留存收益、贸易信贷和贷款来满足运营资本的需求。本章假设在短期内，这些运营资本来源中只有信贷是可变的。

附录 B

附加运营资本的间接生产函数

企业对运营资本的需求是指企业意愿持有的、用以购买劳动服务以及其他投入要素（原材料和中间产品）的"资金"的平均值。接下来我们将分析将运营资本纳入生产函数的理论依据，以及在企业利润最大化目标下，运营资本最优数量的决定过程。

假设企业的产出水平取决于其实物资本以及直接被作为生产投入要素的劳动力。但是，企业必须派遣部分其雇用的劳动者从事交易性业务，包括投入要素的采购和产品销售。如果企业所拥有的运营资本相对不足，那么它必须雇用劳动力来巧妙地配置有限的运营资本，从而完成投入要素采购和产品销售这两项交易业务。通常情况下，企业同时运用贸易信贷和其自身的运营资本，并进行不同比例的组合。[①] 但是，在制定贸易信贷计划并具体运用贸易信贷的情况下，企业需要花费比拥有足够运营资本时更多的劳动时间。因此，使用运营资本可以使企业更多地节约其必须转移并用于收付款程序的劳动力成本。

根据以上分析，我们得出代表性企业的生产函数，即

---

① Guariglia 和 Mateut（2006）指出，在英国，贸易信贷和银行贷款之间在微观层面上存在替代关系，并且这一替代性会削弱银行贷款渠道的作用。

$$y = y(n_1) \quad \partial y/\partial n_1 > 0, \partial^2 y/\partial n_1^2 < 0 \tag{27}$$

其中，y 表示企业的产出，n_1 表示生产中的劳动力数量。企业生产过程中的劳动雇佣总量为 $n_1 + n_2$，其中 n_2 代表被派去从事付款和收款的劳动力数量，即

$$n_1 = n - n_2 \tag{28}$$

其中，n 表示企业的总雇佣水平。在既定的总雇佣水平（n）下，$\partial n_1 / \partial n_2 < 0$。

对于从事付款和收款的劳动力，我们用企业的产出 y 近似地表示购买投入要素过程中所发生的交易数量，那么 n_2 所表示的劳动使用函数可以表示为

$$n_2 = n_2(k^w, y) \tag{29}$$

其中，$k^w(=k^w/P)$ 表示企业的实际运营资本，并且 $\partial n_2/\partial k^w \leqslant 0$，$\partial n_2/\partial y > 0$。表达式 $n_2(\cdot)$ 的具体形式取决于经济中的贸易和支付技术，并且随着这些技术的变化而发生位移。金融系统中的创新，如银行通过电子转账系统，将社会白领阶层的直接储蓄存款用来支付企业体力劳动者的工资，以及向投入要素的供应商进行货款支付，将会降低企业在既定产出水平上对实际交易余额的需求，从而改变交易技术函数。这也受到贸易贷款的可得性和灵活性的影响。

根据（27）式至（29）式，我们可知

$$\frac{\partial y}{\partial k^w} = \frac{\partial y}{\partial n_1} \frac{\partial n_1}{\partial n_2} \frac{\partial n_2}{\partial k^w} \geqslant 0$$

（29）式的一种具体形式是一个比例项的表达式，即

$$n_2/y = \phi(k^w/y) \tag{30}$$

其中，$\phi' = \partial \phi/\partial(k^w/y) \leqslant 0$。在这个方程中，当 $\phi' = 0$ 时，剔除价格因素的影响之后，企业达到"饱和"状态，此时企业持有最大数量的运营资本，如附录 A 所示。根据（27）式至（30）式可知

$$y = y(n - y \cdot \phi(k^w/y)) \tag{31}$$

其可以被改写为间接生产函数，即

$$y = f(n, k^w) \tag{32}$$

其中 $\partial y/\partial k^w \geqslant 0$。因此，增加运营资本的使用量会增加企业的产出，其边际产出递增，并在点 $k^{w,\max}$ 达到饱和。当达到饱和点时，企业可以通过使用运营资本来减少为进行收付款业务而转移的劳动数量，从而增加直接进行生产活动的劳动数量，进而在既定的雇佣水平上增加企业的产出。

利润最大化和运营资本的最优需求

假设企业在完全竞争市场（包括要素市场和产品市场）的条件下从事经营活动，并且以实现利润最大化为最终目标。其利润可表示为

$$\Pi = PF(n, k^w) - Wn - R^L \cdot Pk^w - F_0 \tag{33}$$

其中，Π 表示企业利润，P 表示价格水平。F_0 表示企业的固定成本，包括企业

承诺对既有债券所支付的利息成本。n 表示雇佣水平，W 表示名义工资率，k^w 表示企业所使用的实际运营资本数量。

当企业实现利润最大化目标时，n 和 k^w 的一阶条件分别为

$$P \cdot \partial F/\partial n - W = 0 \tag{34}$$
$$P \cdot \partial F/\partial k^w - P \cdot R^L = 0 \tag{35}$$

联立（34）式和（35）式求解，便可以得出需求方程：

$$n^d = n^d(w, R^L) \tag{36}$$
$$k^{w,d} = k^{w,d}(w, R^L) \tag{37}$$

其中 $w = W/P$。将（36）式和（37）式代入间接生产函数（32）式，我们将得到生产供给函数，即

$$y = f(w, R^L) \tag{38}$$

如果 $\pi^e = 0$，产出供给函数变形为 $y = f(w, R^L)$。

信贷需求

信贷的短期名义需求函数表示为

$$L^d = Pk^{w,d}(w, R^L) - K^{W\#} \tag{39}$$

其中，$K^{W\#}$ 表示通过发行债券和留存收益事先筹集的名义运营资本。因此，$Pk^{w,d}$ 的短期变动将会导致贷款需求的相应短期变动，因此

$$L^d/P = \psi(w, R^L; K^{W\#}) \tag{40}$$

主要结论

※ 逆向选择、道德风险以及控制和代理成本意味着，除了存在利率对信贷的配置之外，还存在着信贷数量的配额。

※ 金融市场的不完全性导致了债券和信贷之间的差异。

※ 企业需要利用运营资本为投入产品的购买和产品的销售提供便利，因此它属于间接生产函数应该讨论的问题。

※ 假设通过发行债券（包括股票）的方式筹集的资金在短期内是既定的，而通过信贷（特别是贸易信贷和银行贷款）的方式筹集的资金在短期内是可变的，那么货币政策的变动会影响企业的运营资本及其筹资成本，因此直接地对经济中的产品供给产生影响。

※ 信贷是决定货币政策对产出影响的程度和滞后情况的许多渠道中的一种。

※ 我们很难对贷款渠道对货币和产出之间的经济关系的边际影响进行实证估计。然而，可以通过其对小企业和大企业之间、企业和家庭之间以及不同产业的产出之间的合成支出所产生的影响进行估计，以此来代替它。

※ 相对于金融发达的国家来说，在金融欠发达的国家，信贷渠道的作用相对更重要。

复习讨论题

1. 讨论在现实金融市场中，货币、债券、信贷和股票的主要特征。在宏观经济模型中，只涉及两种金融资产即货币和债券（包括信贷和股票）的做法的优缺点是什么？
2. 讨论信贷市场存在不完全性的根源所在，以及它在数量配额和利率配置过程中的作用。
3. 构造包括货币、债券和信贷三种金融资产的总需求模型。
4. 假设你的总需求模型中涉及货币、债券和信贷三种金融资产，生产函数为传统的标准函数，那么贷款市场的冲击是否能够改变产出和就业水平呢？你的回答应该用这一模型来描述产出和就业的决定过程。
5. 假设你的总需求模型中涉及货币、债券和信贷三种金融资产，试描述新兴凯恩斯主义模型是如何解释信贷市场对产出和就业水平的影响的。
6. 什么是运营资本？试将其纳入到生产函数中，并说明运营资本的减少是如何影响短期产出和就业水平的。
7. 假设你的总需求模型中涉及三种金融资产（货币、债券和信贷），间接生产函数中包括运营资本（但是不包括新兴凯恩斯主义菲利普斯曲线），那么货币政策如何增加短期产出和就业呢？货币政策能够增加长期产出和就业吗？试加以讨论。
8. 假设你的总需求模型中涉及三种金融资产（货币、债券和信贷），间接生产函数中包括运营资本和新兴凯恩斯主义菲利普斯曲线，那么紧缩性货币政策将如何影响短期产出和就业水平？其对产出和就业的长期影响又如何呢？试加以讨论。
9. 试讨论为什么信贷渠道对于金融不发达的经济体的作用强于金融发达国家的情况，并讨论其对于选择将货币供给还是利率作为最佳货币政策手段的政策含义。
10. 试讨论信贷渠道在改变总需求和总产出方面的作用。如果把附加预期的菲利普斯曲线纳入分析，将会对上述作用产生限制，那么这些限制是什么？如果把短期货币中性纳入模型，将会对这一作用产生限制，那么这些限制是什么？

参考文献

Alerlof, G. "The market for 'lemons': quality and the market mechanism." *Quarterly Journal of Economics*, 84, 1970, pp. 488 – 500.

Ashcraft, A. B. "New evidence on the lending channel." *Journal of Money, Credit and Banking*, 38, 2006, pp. 751 – 775.

Ashcraft, A. B. and Capello, M. "Firm balance sheets and monetary policy transmission." *Journal of Monetary Economics*, 54, 2007, pp. 1515–1528.

Baumol, W. J. "The transactions demand for cash: an inventory theoretic approach." *Quarterly Journal of Economics*, 66, 1952, pp. 546–556.

Bernanke, B. S. "Nonmonetary effects of the financial crisis in the propagation of the Great Depression." *American Economic Review*, 73, 1983, pp. 157–276.

Bernanke, B. S. "Alternative explanations of the money-income correlation." *Carnegie-Rchester Conference Series on Public Policy*, 25, 1986, pp. 49–99.

Bernanke, B. S. "Credit in the macroeconomy." *Federal Reserve Bank of New York Quarterly Review*, 18, 1982—1983, pp. 50–70.

Bernanke, B. S. and Blinder A. S. "Credit, money, and aggregate demand." *American Economic Review Papers and Proceedings*, 78, 1988, pp. 901–921.

Bernanke, B. S. and Gertler M. "Agency cost, net worth, and business fluctuations." *American Economic Review*, 79, 1989, pp. 14–31.

Bernanke, B. S., Gertler M. and Gilchrist, S. "The financial accelerator in a quantitative business cycle framework." In J. B. Taylor and M. Woodford, eds, *Handbook of Macroeconomics*, vol. 1C. Amsterdam: Elsevier North-Holland, 1999, pp. 1341–1393.

Chari, V. V. and Kehoe, P. J. "On the robustness of herds." *Federal Reserve Bank of Minneapolis Working Paper* no. 622, 2002.

Clarida, R. Gali, J. and Gertler, M. "The science of monetary policy: a new Keynesian perspective." *Journal of Economic Literature*, 37, 1999, pp. 1661–1707.

Driscoll, J. C. "Does bank lending affect output? Evidence from the U.S. states." *Journal of Monetary Economics*, 51, 2004, pp. 451–471.

Fama, E. "Banking in the theory of finance." *Journal of Monetary Economics*, 27, 1980, pp. 39–57.

Gertler, M. and Gilchrist, S. "Monetary policy, business cycles and the behavior of small manufacturing firms." *Quarterly Journal of Economics*, 109, 1994, pp. 309–340.

Guariglia, A. and Meteut, S. "Credit channel, trade credit channel, and inventory investment: evidence from a panel of UK firms." *Journal of Banking and Finance*, 30, 2006, pp. 2835–2856.

Hubbbard, R. G. "Is there a credit channel for monetary policy?" *Federal Reserve Bank of St. Louis Review*, 77, 1995, pp. 63–77.

Jaffee, D. and Russell, T. "Imperfect information, uncertainty and credit rationing." *Quarterly Journal of Economics*, 90, Nov. 1976, pp. 651–666.

Jaffee, D. and Stiglitz, J. E. "Credit rationing." In B. Friedman and F. Hahn, eds, *The Handbook of Monetary Economics*, Vol. II. Amsterdam: North-Holland, 1990, pp. 837–888.

Kashyap, A. K. and Stein, J. C. "Monetary policy and bank lending." In N.

G. Mankiw, eds, *Monetary Policy*. Chicago: University of Chicago Press, 1994, pp. 221 – 256.

Kashyap, A. K. and Stein, J. C. "The role of banks in monetary policy: A survey with implication for the European monetary union." *FRB of Chicago Economic Perspective*, 21, 1997.

Kashyap, A. K. and Stein, J. C. "What do one million observation on banks have to say about the transmission of monetary policy?" *American Economic Review*, 90, 2000, pp. 407 – 428.

Kashyap, A. K., Stein, J. C. and Wilcox, D. W. "Monetary policy and credit conditions: evidence from the composition of external finance." *American Economic Review*, 93, 1993, pp. 78 – 98.

Keynes, J. M. "Alternative theories of the rate of interest." *Economic Journal*, 47, 1937, pp. 241 – 252.

King, S. R. "Monetary transmission through bank lending or bank liabilities." *Journal of Money*, Credit and Banking, 18, 1986, pp. 290 – 303.

Kiyotaki, N, and Moore, J. "Credit cycles." *Journal of Political Economy*, 105, 1997, pp. 211 – 248.

Land, W. W. and Nakamura, L. I. "Flight to quality" in bank lending and economic activity." *Journal of Monetary Economics*, 36, 1995, pp. 145 – 164.

Ludvigson, S. "The channel of monetary transmission to demand: evidence from the market for automobile credit." *Journal of Money, Credit and Banking*, 30, 1998, pp. 365 – 383.

Minsky, H. P. *Stabilising an Unstable Economy*. New Heven, CT: Yale University Press, 1986.

Modigliani, F. and Miller, M. H. "The cost of capital, corporate finance, and the theory of investment." *American Economic Review*, 48, 1958, pp. 261 – 297.

Oliner, S. D. and Ruderbusch, G. D. "Is there a broad credit channel for monetary policy?" *Federal Reserve Bank of San Francisco Economic Review*, 1, 1996, pp. 300 – 309.

Ramey, V. "How important is the credit channel in the transmission of monetary policy?" *Carnegie-Rochester Conference Series on Public Policy*, 39, 1993, pp. 1 – 45.

Romer, C. D. and Romer, D. H. "New evidence on the monetary transmission mechanism." *Brookings Papers on Economic Activity*, 1, 1990, pp. 149 – 198.

Stiglitz, J. and Weiss, A. "Credit rationing in models with imperfect information." *American Economic Review*, 71, 1981, pp. 393 – 410.

Walsh, C. E. *Monetary Theory and Policy*, 2nd edn. Cambridge, MA: MIT Press, 2003.

Williamson, S. D. "Costly monitoring, loan contracts and equilibrium credit rationing." *Quarterly Journal of Economics*, 102, 1987, pp. 135 – 145.

第 17 章 宏观经济模型和货币中性的观点

本章继续讨论货币政策有效性的问题。首先，我们介绍了紧凑形式（Compact Form）的卢卡斯—萨金特—华莱士模型（Lucas-Sargent-Wallace model，LSW），它是现代古典主义经济学中被广泛接受的理论基础，也是用来分析货币政策有效性的理论框架。然后，本章考察了流行的凯恩斯主义和新兴凯恩斯主义的紧凑形式的模型。本章重点阐述了来自不同经济学派的可测的、紧凑形式的宏观经济模型及其各自的政策思想。本章的结语部分介绍了经济学家们和中央银行对于货币政策的重要性和效应的考虑。

本章引入的关键概念
- 货币政策无效性命题
- 货币中性
- 卢卡斯—萨金特—华莱士模型
- 估计方程的"卢卡斯批判"
- 凯恩斯主义供给规则
- 新兴凯恩斯主义泰勒规则
- 新兴凯恩斯主义 IS 方程
- 新兴凯恩斯主义模型
- 货币政策效应的时滞

在宏观经济文献中，运用紧凑形式的模型来考察货币政策的宏观经济效应是通常的做法。本章将考察若干不同的紧凑形式的宏观经济模型。其中，在现代古典主义经济模型中，我们选择了萨金特—华莱士（Sargent and Wallace，1976）模型；凯恩斯主义和新兴凯恩斯主义经济模型中，我们同时选择了 Gali（1992）、Clarida 等（1999）和 Levin 等（2001）所介绍的封闭经济条件下的模型和 Ball（1999，2000）提出的开放经济条件下的模型。

第 17.1 节和第 17.2 节将分析卢卡斯—萨金特—华莱士模型中，系统性的和未预期到的货币供给变化对产出和价格的影响。第 17.3 节将阐述"卢卡斯批判"在卢卡斯—萨金特—华莱士模型中的有效性。第 17.4 节到第 17.7 节将回顾有关货币中性问题的实证研究。第 17.8 节和第 17.9 节将介绍新兴凯恩斯主义模型的紧凑形式，并考察其有效性。第 17.10 节将对有关货币中性的实证研究进行归纳总结。第 17.11 节建议我们应该摒弃教条主义的束缚。第 17.12 节将简要评论在长期货币中性的条件下，货币政策效应的时滞问题。本章结语部分将介绍在关于货币政策中性的争论中一些主要人物的观点。

17.1 古典范式的卢卡斯—萨金特—华莱士（LSW）分析

第 14 章中所介绍的卢卡斯（Lucas，1972，1973）模型可以用来表示古典范式的潜在供给行为。在这一供给规则的假设条件下，萨金特—华莱士模型（Sargent and Wallace，1976）及其变形是推导现代古典主义模型的含义以及对其进行检验的最常用的模型。因为萨金特—华莱士模型是以卢卡斯（Lucas，1972，1973）模型为基础的，同时又引入了卢卡斯供给函数，因此我们将其称为卢卡斯—萨金特—华莱士（LSW）模型。它明确地描绘了商品和货币市场的情况，并假设这些市场都处于均衡状态。然而，此模型中没有明确地引入对劳动市场的分析，而是连同生产函数一并由弗里德曼—卢卡斯供给函数代替了。

为了说明卢卡斯—萨金特—华莱士模型，我们运用附加预期误差的卢卡斯供给函数或规则[①]将商品供给的变化表述为

$$\mathrm{D}y_t^s = \alpha \mathrm{D}y_{t-1} + \beta(p_t - p_t^e) + \mu_t \quad 0 \leqslant \alpha \leqslant 1, \beta > 0 \tag{1}$$

其中，所有用小写字母表示的变量都是取对数后的形式，上标 s 和 d 分别代表供给与需求，同时，y 代表产出；y^f 代表充分就业水平的产出；$\mathrm{D}y_t = y_t - y_t^f$，代表 t 期产出对充分就业水平产出的偏离；p 代表价格水平；p^e 代表预期价格水平，其中预期是对下一期的预测；μ 表示随机扰动项。

在此需要注意的是，$\mathrm{D}y$ 代表的是第 t 期产出对充分就业产出水平的偏离，而不是对上一期产出水平的偏离；本章中所涉及的 μ 和其他随机扰动项的期望值均为零，并且均与模型中的其他变量不相关。（1）式包含产出的滞后项（$\alpha>0$），这不同于我们在第 14 章所推导出的弗里德曼—卢卡斯供给规则。这样做为的是

[①] 在本章中，我们假设卢卡斯供给函数包括附加预期的菲利普斯曲线。

能够把握现实经济中实际存在的产出的时变序列相关性。供给规则的这一变化可以通过就业的引致调整成本来加以解释,从而劳动的边际产品既取决于本期产出水平,也取决于上一期的产出水平。① 此外,(1)式还假设,即使不存在价格预期误差,也仍然存在产出缺口,即如果在未来一期存在产出缺口,那么当前的产出水平对充分就业产出水平也存在偏离,这一点也不同于弗里德曼—卢卡斯供给规则。但是,产出缺口是以每期 α 的比率逐渐递减的。(1)式还假设,不同时期的充分就业产出水平是不同的。正如在第 13 章中所看到的,通过附加预期的菲利普斯曲线可以证明 y_t^s 取决于 $(p_t - p_t^e)$ 是合理的。在菲利普斯曲线中,名义工资或者在整个劳动合同期间内是固定不变的,或者具有充分弹性,但是相关的价格水平信息是不完全的,并且可观测到的相对价格存在预期误差。②

产出需求函数可以表述为

$$y_t^d = \theta(m_t - p_t) + \eta_t \qquad \theta > 0 \tag{2}$$

其中,y^d 代表总需求;m 代表名义货币供给;η 代表随机扰动项。

在此,所有的变量也都是取对数后的形式。(2)式代表总需求函数,是从 IS-LM 模型中推导出来的简化方程。总需求函数并没有考虑财政政策因素,原因有两个:一是在 IS-LM 模型中,货币扩张和财政扩张的经济效果是相似的,所以为了简化模型分析,仅保留一个政策变量。从这个意义上说,财政政策的确会影响总需求,并通过(2)式中的 m_t 项来加以表示。另一个原因是,上述第 13 章所介绍的包含罗伯特·巴罗(Barro,1977)所提出的"李嘉图等价定理"的新古典主义模型指出,财政赤字并不改变总需求。只有货币供给增加才会改变总需求,因此,(2)式是表示总需求函数的准确形式,无须考虑财政政策因素。

(2)式不同于第 14 章中所讲的卢卡斯模型中的总需求函数,其进一步明确了名义货币供给在总需求决定中的作用。但是,我们还有必要对货币供给函数进行说明,其由货币政策规则来决定,即

$$m_t = m_0 + \gamma D y_{t-1} + \xi_t \qquad \gamma < 0 \tag{3}$$

(3)式做出了如下似乎合理的假设:如果 $Dy_{t-1} < 0$,也就是说,如果上一期的产出低于充分就业水平,货币当局就会增加货币供给。

商品市场的均衡条件为

$$y_t = y_t^d = y_t^s \tag{4}$$

它也可转换成

$$Dy_t = Dy_t^d = Dy_t^s$$

---

① 对于古典宏观经济模型,引入这一滞后项是必要的。因为如果不引入这一滞后项,产出水平对于充分就业产出水平的偏离只取决于预期误差。因为标准的古典模型还包含了理性预期的假设,其中预期误差是随机的,因此(1)式中所包含的有关理性预期的假设意味着,尽管商业周期显示产出之间存在序列相关,但随着时间的推移,产出的变动也只能是随机的。

② 罗伯特·卢卡斯(Lucas,1973)认为,产出发生在所谓的"卢卡斯孤岛寓言"的孤岛上,这一孤岛上的销售价格是已知的,但是其他小岛上的价格是未知的。劳动需求是以孤岛价格表示的实际工资的函数,其中所有小岛的价格平均水平等于实际价格水平;劳动供给是以所有小岛的预期价格水平所表示的预期实际工资的函数。

在上述模型中，我们必须加入预期假说。在理性预期的假设条件下，我们可以得到

$$p_t^e = \mathrm{E}p_t \tag{5}$$

其中，$\mathrm{E}p_t$ 代表以在 t 期开始时可以获得的信息为条件的预期价格，$(p_t - \mathrm{E}p_t)$ 为随机变量并且其均值为零。特别地，p_{t-1} 是该信息集中的一部分。

在本章中，我们把完整的卢卡斯—萨金特—华莱士模型标注为 LSW 模型 I，包括（1）式到（5）式，其中所有的变量均取对数形式。由此，卢卡斯—萨金特—华莱士模型 I 可以表示为

$$\mathrm{D}y_t^s = \alpha \mathrm{D}y_{t-1} + \beta(p_t - p_t^e) + \mu_t \quad \alpha, \beta > 0 \tag{1}$$

$$y_t^d = \theta(m_t - p_t) + \eta_t \quad \theta > 0 \tag{2}$$

$$m_t = m_0 + \gamma \mathrm{D}y_{t-1} + \xi_t \quad \gamma < 0 \tag{3}$$

$$y_t = y_t^d = y_t^s \tag{4}$$

$$p_t^e = \mathrm{E}p_t \tag{5}$$

我们想用该模型研究的基本问题是，货币政策能否用来增加产出。更明确地说，我们要研究在（3）式中是否存在 m_0 和 γ 的特定值，能够使 y_t 实现最优化。为回答这一问题，我们需要推导出 y_t 的简化方程。根据（1）式、（4）式和（5）式，以及 y_t 的期望值，我们可以得到

$$\begin{aligned}\mathrm{E}\mathrm{D}y_t &= \alpha \mathrm{E}\mathrm{D}y_{t-1} + \beta[\mathrm{E}p_t - \mathrm{E}(\mathrm{E}p_t)] + \mathrm{E}\mu_t \\ &= \alpha \mathrm{D}y_{t-1}\end{aligned} \tag{6}$$

把（4）式代入（2）式，并取其期望值，其中 $\mathrm{E}\eta_t = 0$，我们可以得到

$$\begin{aligned}\mathrm{E}y_t &= \theta(\mathrm{E}m_t - \mathrm{E}p_t) + \mathrm{E}\eta_t \\ &= \theta(\mathrm{E}m_t - \mathrm{E}p_t)\end{aligned} \tag{7}$$

从（2）式中减去（7）式，可以得到

$$y_t - \mathrm{E}y_t = \theta(m_t - \mathrm{E}m_t) - \theta(p_t - \mathrm{E}p_t) + \eta_t \tag{8}$$

从式（8）两边同时减去 y_{t-1}^f，我们得到

$$\mathrm{D}y_t = \mathrm{E}\mathrm{D}y_t + \theta(m_t - \mathrm{E}m_t) - \theta(p_t - \mathrm{E}p_t) + \eta_t \tag{8'}$$

其中，根据（3）式，我们可知

$$\mathrm{E}m_t = m_0 + \gamma \mathrm{D}y_{t-1} \tag{9}$$

从而

$$m_t - \mathrm{E}m_t = \xi_t \tag{10}$$

根据（1）式、（4）式和（5）式，我们得到

$$p_t - \mathrm{E}p_t = (1/\beta)(\mathrm{D}y_t - \alpha \mathrm{D}y_{t-1}) - (1/\beta)\mu_t \tag{11}$$

用（6）式、（10）式和（11）式分别代替（8'）式右边的相关项，得出

$$Dy_t = \alpha Dy_{t-1} + \frac{\theta\mu_t + \beta\theta\xi_t + \beta\eta_t}{\beta+\theta}$$
$$= \alpha Dy_{t-1} + \Psi_t \tag{12}$$

其中

$$\Psi_t = \frac{\theta\mu_t + \beta\theta\xi_t + \beta\eta_t}{\beta+\theta}$$

因此，当前产出缺口可以通过最近一期产出缺口乘以 α 加上一个新的扰动项来加以修正。(12) 式表示了卢卡斯—萨金特—华莱士模型关于产出决定的核心内涵。

有关货币政策的卢卡斯—萨金特—华莱士模型的无效性命题

在 (12) 式中，系统性政策参数 m_0 和 γ 都不存在，因此政策当局不能运用系统性的货币政策来改变 y_t。由于 ξ_t 出现在 (12) 式中，因此货币供给的预测误差确实影响 y_t，但是如果货币当局要扩大这一误差，就只会增加 y_t 的方差，而不会提高产出水平，因此并非明智之举。因此，在该模型中不存在最优的货币政策。尽管产出水平会偏离充分就业的产出水平，但是非随机政策对实际产出不具有任何长期甚至是短期的影响；它既不能引起经济繁荣或衰退，也不能改善或恶化经济繁荣或衰退。这些结果类似于第 14 章中卢卡斯模型所推导出的结果，其含义是系统性的货币供给变化不能改变产出（以及就业和失业），这被称为"需求政策的无效论"或"需求政策的不相关论"。即使是在当前产出低于充分就业的产出水平的条件下，这一结论也是成立的。因此，在卢卡斯—萨金特—华莱士模型中，货币政策不具有稳定宏观经济的功能。值得注意的是，正如系统性的货币供给变化能改变总需求但不能改变产出和就业一样，投资、消费、净出口等的系统性外生增加，也不能通过它们对总需求的影响来改变产出和就业。但是，它们的随机变动能做到这一点。

上述模型不支持凯恩斯主义学派关于通过使用货币政策减少当期产出对充分就业产出的偏离程度的政策建议。但是，这并不难理解，因为该模型并不属于凯恩斯主义模型。特别是，它的供给方程 (1) 是弗里德曼—卢卡斯供给规则，在理性预期的假设条件下，它体现了货币供给的系统性变化的中性特征。

卢卡斯—萨金特—华莱士模型中的价格水平

在卢卡斯—萨金特—华莱士模型中，我们可以通过把 (12) 式①代入 (2) 式而得到 p_t 的简化表达式，即

$$p_t = m_t - \frac{1}{\theta}y_t^f - \frac{\alpha}{\theta}Dy_{t-1} - \frac{1}{\theta}\Psi_t + \frac{1}{\theta}\eta_t \tag{13}$$

(13) 式表明，$\partial p_t / \partial m_t = 1$。因此，由于变量 p 和 m 都取对数形式，不管是因为系统性因素 m_0 和 γ 的变化还是因为随机变动因素 ξ_t 的变化，价格上涨与名义货币供给的总体增加成正比。

---

① 要进行代换，首先需要用 $y_t - y_t^f$ 代替 Dy_t。

由于 $p_t^e = E(p_t)$，要求得 p_t^e，我们需要将（13）式变为其理性预期的形式，即

$$p_t^e = E(m_t) - (1/\theta)y_t^f - (\alpha/\theta)Dy_{t-1} \tag{14}$$

根据（14）式和（9）式，我们得到

$$p_t^e = m_0 - (1/\theta)y_t^f + \{\gamma - (\alpha/\theta)\}Dy_{t-1} \tag{15}$$

在（14）式和（15）式中，$\partial p_t^e / \partial Em_t = 1$，因而在同一时期，预期价格水平与名义货币供给中的系统性部分成正比上升，并对政策参数 m_0 和 γ 做出反应，而不是对货币供给中的随机部分 ξ_t 做出反应。因此，系统性货币供给增加和系统性需求增加，使价格水平和预期价格水平按正比变化，但不会引起产出变化；而货币供给的随机变化，会改变价格水平和产出，但不改变预期价格水平。

卢卡斯—萨金特—华莱士模型中关于产出和价格水平的图解

图 17—1 描绘了在卢卡斯—萨金特—华莱士模型中，系统性货币供给增加的效应。根据（2）式可知，总需求曲线 AD 的斜率为负，并且随着货币政策不断扩张，它从 AD_0 向右位移到 AD_1。由（1）式可知，（短期）总供给曲线 SAS 的斜率为正，当预期价格水平提高时，它从 SAS_0 向左位移到 SAS_1。由（14）式可知，由于预期价格水平与政策引致的货币扩张成正比增加，这种货币扩张会导致两条曲线成正比移动，经济均衡点直接从 a 点变为 c 点，中间并不伴随产出的增加。但是，货币供给的随机增加不能被预期到，故预期价格水平没有因此而上升，供给曲线也没有发生位移。但是，需求曲线从 AD_0 向右位移到 AD_1，并产生了一个新的经济均衡点 b，使得价格和产出水平均上升。因此，货币供给的系统性增加不会导致产出的增加，但是未被预期到的货币供给变化能够增加产出。①

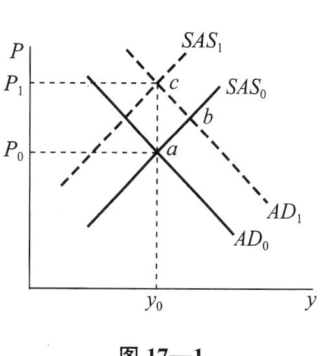

图 17—1

17.2 卢卡斯—萨金特—华莱士模型的紧凑形式（模型Ⅱ）

由于价格水平是货币供给的函数，预期价格水平是预期货币供给的函数，故上述附加理性预期的卢卡斯—萨金特—华莱士模型通常可以改写为如下紧凑形式，我们将其称为 LSM 模型Ⅱ。

---

① 如果我们进行进一步的分析，当前价格水平未被预期到的提高将会在接下来的时期内变得可以被预期到，因此阻碍引发总需求和总供给曲线发生位移的新动力的产生，经济将会在当期结束之后在点 c 实现均衡。因此，产出的增加可能只在短期内出现，其持续性取决于公众修正错误的价格预期所需要的时间。

卢卡斯供给规则：
$$Dy_t = \alpha Dy_{t-1} + \beta(m_t - m_t^e) + \mu_t \quad \alpha, \beta > 0 \tag{16}$$

货币供给规则：
$$m_t = m_0 + \gamma Dy_{t-1} + \xi_t \quad \gamma < 0 \tag{17}$$

理性预期方程：
$$m_t^e = Em_t \tag{18}$$

在此需要注意的是，商品市场的均衡假设已被纳入（16）式中。由（17）式和（18）式可知

$$m_t - m_t^e = \xi_t \tag{19}$$

因此，由（16）式和（19）式可知

$$Dy_t = \alpha Dy_{t-1} + \beta \xi_t + \mu_t \tag{20}$$

其中，Dy_t 仍然独立于系统性货币政策参数 m_0 和 γ，因而这些政策参数的变化不会影响 y_t。因此，在卢卡斯—萨金特—华莱士模型 II 中，政策无效性的结论依然成立。在此需要注意的是，这是一个明显的并且令人惊奇的结论：货币政策不能够修正因模型中存在的持久性而产生的产出缺口。即使 $y_t < y_t^f$，扩张性的系统性货币政策不能够收缩产出缺口，也不能够增加产出缺口。此外，导致产出缺口产生的根源还包括模型具有持久性、充分就业的产出水平的波动是随机的、实际产出滞后于充分就业的产出水平。这构成了实际商业周期（RBC）理论的基础。假设 $0 < \alpha < 1$，那么实际产出对充分就业产出水平的偏离是随着时间的推移而自我修复的。

对于上述模型采取另一种（尽管容易使人误解的）推导模式，根据（17）式我们可以得到

$$Em_t = m_0 + \gamma Dy_{t-1} \tag{21}$$

从而从（16）式、（18）式和（21）式得知

$$\begin{aligned}Dy_t &= \alpha Dy_{t-1} + \beta m_t - \beta(m_0 + \gamma Dy_{t-1}) + \mu_t \\ &= (\alpha - \beta\gamma)Dy_{t-1} - \beta m_0 + \beta m_t + \mu_t \end{aligned} \tag{22}$$

在（22）式中，Dy_t 取决于政策参数 m_0 和 γ，因而我们得到的印象是：产出将取决于系统性的货币供给变化。然而，这是错误的，因为把（17）式代入（21）式消去 m_t，又会得到（20）式，进而仍然得到政策无关性的结论。

17.3 关于估计方程中政策工具的"卢卡斯批判"

假设经济学学者将（20）式作为 LSM 模型的紧凑形式的估计方程，即

$$y_t = a_0 + a_1 \Delta Y_t + \xi_t \quad a_1 \geqslant 0 \tag{23}$$

其中，y 代表产出水平，Y 表示名义总需求，ξ 为白噪声过程。我们会发现 a_1 的估计值为正，即 $\hat{a}_1>0$。如前文所述，如果一国决策者增加总需求的幅度大于样本期间内实际发生的情况，那么 a_1 将发生位移变化，因此 $\hat{a}_1$ 的大小将不再与修正的需求政策相关。由此，需求扩张的持续位移不能够使所估计的政策系数保持不变。这就是众所周知的卢卡斯—菲利普斯曲线的估计方程中的"卢卡斯批判"。如果经济的潜在模型正如卢卡斯所描述的那样，那么当政策进行调整时，估计方程［如（23）式］中的政策参数并非是固定不变的。

基于大量国家的截面数据，卢卡斯（1973）对（23）式的一种变形进行了估计，结果发现在通货膨胀率较低的国家（如 20 世纪五六十年代的美国），产出水平和需求扩张之间存在正向的相关关系，而在通货膨胀率较高的国家（如 20 世纪五六十年代的阿根廷），二者之间不存在正相关关系。因此，卢卡斯得出结论：随着通货膨胀的加剧，产出水平和需求扩张之间的相关关系会发生变化，并且如果通货膨胀长期维持在高水平上时，菲利普斯曲线所描述的权衡替代关系将不再成立。

类似地，如果将失业作为被解释变量，那么估计方程为

$$u_t = b_0 + b_1 \Delta Y_t + \xi_t \quad b_1 \leqslant 0 \tag{24}$$

在此需要注意的是，因为（24）式的估计方程没有对附加预期的菲利普斯曲线和卢卡斯供给规则进行区分，而前者是基于劳动市场上价格水平预期误差的，后者是基于相对商品价格的，因此估计系数将会同时体现两种类型误差的影响。先前的研究通过采用不同国家的样本和不同期间的样本，对以产出水平作为被解释变量的估计方程（23）式和以失业水平作为被解释变量的估计方程（24）式进行了大量实证估计。这些实证分析进一步证实了卢卡斯的结论，即当需求政策变化时，（23）式和（24）式通常是不稳定的。[①] 但是，卢卡斯的另一个结论是，系统性的需求扩张不会影响实际产出和就业水平，但是正如第 14 章开始部分所论述的货币和产出的典型事实那样，实证检验结果并不支持这一结论。

卢卡斯—萨金特—华莱士模型中的"卢卡斯批判"

为了验证"卢卡斯批判"在由（16）式到（18）式所构成的卢卡斯—萨金特—华莱士模型中的适用性，我们把（22）式重新表述为以下紧凑形式：

$$y_t = a_0 + a_1 y_{t-1} + a_2 m_t + \mu_t \tag{25}$$

其中，$a_0 = y_t^f - (\alpha - \beta\gamma) y_{t-1}^f - \beta m_0$，$a_1 = (\alpha - \beta\gamma)$，$a_2 = \beta$。如果估计出（25）式，我们就可以得到 a_1 和 a_2 的估计值，即分别为 $\hat{a}_1$ 和 $\hat{a}_2$。如果 $\hat{a}_2>0$，那么就可以说政策当局可以通过增加货币供给来提高产出水平。然而，正如我们在第 17.2 节中所阐明的那样，这可能不是一个有效的结论。货币供给规则中的政策变化，可能意味着 m_0 和（或）γ 值的变化。但是，随着 m_0 和 γ 的值发生变化，（25）

---

① 另一方面，先前的研究和"卢卡斯批判"均指出，理性的经济人通常会"边干边学"，因此他们会根据政策的调整而不断调整预期。这又回到了理性预期假设和"边干边学"的问题。先前的研究中提出了许多学习机制。但是，这些问题超出了本书的讨论范围，在此不做详细阐述。

式中的 a_1 和 a_2 的值也将发生变化,这一点只要看一下 (22) 式就知道,而 (25) 式只是 (22) 式的紧凑形式。因此,我们不能假设 a_1 和 a_2 对于政策变化是固定不变的。"卢卡斯批判"适用于 (25) 式,因而 (25) 式不能作为政策制定所依据的一种权衡关系。此外,(25) 式不能用于各种政策措施之间的回归估计,因为它的前提假设条件是参数是固定不变的。①

17.4 验证货币政策的有效性:基于卢卡斯和弗里德曼的供给模型的估计

弗里德曼—卢卡斯供给函数可以通过将产出、就业、失业或者其他实际经济变量如实际利率作为被解释变量,将绝对价格的预期误差、总需求误差或者货币供给作为解释变量来加以描述。从货币政策的角度出发,弗里德曼—卢卡斯供给函数通常通过以下方程加以检验:

$$y_t = a_0 + a_1(M_t - M_t^e) + \sum_j a'_j z_{jt} + \mu_t \quad a_1 > 0 \tag{26}$$

其中,M 表示名义货币供给;M^e 表示预期的名义货币供给;z_j 表示其他外生变量;μ 表示随机扰动项。

(26) 式将货币供给作为决定总需求的唯一的政策变量。在理性预期的假设条件下:

$$M_t^e = \mathrm{E}M_t \tag{27}$$

其中,$\mathrm{E}M_t$ 可以通过其估计值近似地表示,即 $\mathrm{E}M_t = \hat{M}_t$。类似地,我们可以根据需要,用 (26) 式中的其他变量的估计值来对 (26) 式进行修正,但是我们在此不做详细论述。因此,(26) 式的估计形式也可以表示为

$$y_t = a_0 + a_1(M_t - \hat{M}_t) + \sum_j a'_j z_{jt} + \mu_t \quad a_1 > 0 \tag{28}$$

(28) 式是描述短期的现代古典主义范式的产出函数的常用形式。在长期,$M = \hat{M}$,因此货币供给变动不会对 y 产生任何影响。

17.4.1 将货币供给变化分解为被预期到的部分和未被预期到的部分的过程

要想估计 (28) 式,我们需要事先知道 M_t^e 的值。通常情况下,M_t^e 的值是理

---

① 为了得到一致性和无偏性的估计值,我们采用特定政策措施(即保持 m_0 和 γ 的真实值固定不变)的数据来估计 (21) 式和 (25) 式。在 (24) 式和 (26) 式中包括五个简化形式的系数(a_0、a_1、a_2、m_0 和 γ),而在 (16) 式至 (18) 式中只有四个结构形式的系数(m_0、γ、α 和 β),因此我们必须对 (25) 式施加跨方程的约束条件,并采用联立方程的系统估计方法。

性预期假设的一种表述形式，它是理性的经济人所能够获得的所有信息的函数。我们假设中央银行控制一国的货币供给，那么相关的信息包括公众对中央银行行为以及中央银行所遵循的政策规则的了解。将这些纳入货币供给函数，则我们可以得到

$$M_t = \sum_i \alpha_i x_{it} \tag{29}$$

其中，x_t 表示由一系列外生变量和先决变量所构成的集合。在此基础上附加一个随机扰动项 η，我们会得到货币供给规则的函数方程，即

$$M_t = \sum_i \alpha_i x_{it} + \eta_t \tag{30}$$

在理性预期假设条件下，公众完全了解政策当局的政策函数（29）式，并且运用（30）式所得到的估计值 $\hat{\alpha}_i$ 来计算估计值 $\hat{M}_t$，其中 $\hat{M}_t$ 近似地表示货币供给中被预期到的部分的理性预期值，因此

$$\hat{\eta}_t = M_t - \hat{M}_t \tag{31}$$

在理性预期的假设条件下，$\hat{\eta}_t$ 表示货币供给中未被预期到的部分。

卢卡斯模型的嵌套形式

（28）式和（26）式的嵌套形式同时包括 $\hat{\eta}_t$ 和 $\hat{M}$，其线性形式（或者对数线性形式）的估计方程可以表示为

$$y_t = \beta_0 + \beta_1 \hat{M}_t + \beta_2 \hat{\eta}_t + \sum_j \gamma_j z_{jt} + \mu_t \tag{32}$$

如果 $\hat{\beta}_1 = 0$，货币供给中被预期到的部分不会影响实际产出，那么这一结论与现代古典主义学派的观点相一致；但是如果 $\hat{\beta}_1 > 0$，现代古典主义学派的观点就是不成立的。①

巴罗对卢卡斯模型的检验：对货币中性和理性预期的联合检验

在将理性预期假设应用于弗里德曼—卢卡斯供给规则的早期研究中，巴罗

---

① $\beta_1 < 0$ 意味着货币供给的增加是影响一国产出的决定因素，因为货币供给的增加会增加不确定性程度，减少投资或者导致资源被转移到经济中的低效用途。

米什金（Mishkin, 1982）指出，这一模型的简化形式会导致错误的结果。我们来考虑一下简化模型：

$$y_t = a_1 \hat{M}_t + \sum_j g_j z_{jt} + \theta_t \quad (1)$$

$$M_t = b_1 y_{t-1} + \psi_t \quad (2)$$

由此我们可以得到

$$y_t = a_1 b_1 y_{t-1} + \sum_j g_j z_{jt} + \theta_t \quad (3)$$

在方程（3）中，$\hat{M}_t$ 不作为解释变量出现，因此当凯恩斯主义的假设条件是方程（1）所表示的原始模型的一部分时，方程（3）有可能会拒绝凯恩斯主义学派的观点。这一有疑问的结论的产生是因为方程（2）只将 y 的滞后项作为解释变量，因此通过简化方程（3）并不能够识别方程（1）和方程（2），继而我们不能够通过方程（3）来判断货币供给中被预期到的部分是否会影响实际产出水平。因此，对方程（3）进行估计无法区别现代古典主义学派的观点和凯恩斯主义学派的观点。

(Barro, 1977) 采用两阶段最小二乘法联合检验了理性预期和货币中性。在第一阶段分析中，巴罗运用 OLS 对货币供给的预测方程进行了估计。在理性预期的假设条件下，我们用第一阶段 OLS 估计所得到的货币供给估计值来近似地表示被预期到的部分的值，并将其残差作为未被预期到的部分的值。第二阶段的 OLS 估计考察了两种类型的货币供给对实际变量［在巴罗（Barro, 1977）的分析中指的是失业水平］的影响。据此，巴罗（Barro, 1977）运用 1946—1973 年美国的年度数据进行了估计，并给出了以下估计结果：

$$\ln[U/(1-U)]_t = -3.07 - 5.8 DMR_t - 12.1 DMR_{t-1} - 4.2 DMR_{t-2} \\ - 4.7 MIL_t + 0.95 MINW_t \tag{33}$$

$$\hat{DM}_t = 0.087 + 0.24 DM_{t-1} + 0.35 DM_{t-2} + 0.082 \ln FEDV_t \\ + 0.027 \ln[U/(1-U)]_{t-1} \tag{34}$$

其中，DM 表示货币供给的增长率；$\hat{DM}_t$ 表示货币供给增长率的估计值；DMR 表示未被预期到的货币供给增长率（$= DM - \hat{DM}_t$）；MIL 表示军事规模；MINW 表示最低工资水平；FEDV 表示联邦政府的支出与其名义水平的比值；U 表示失业率。

方程（33）是弗里德曼—卢卡斯供给规则的一种表示形式，方程（34）表示货币供给规则。巴罗（Barro, 1977）的实证检验表明，未被预期到的货币供给增长率对当前失业率的影响是显著的。并且，当用货币总供给、当前货币供给、一期滞后货币供给和两期滞后货币供给来代替方程（33）中的未被预期到的货币供给项时，它们的系数是不显著的。由此，巴罗（Barro, 1977）得出结论：其实证检验支持了以卢卡斯（1972, 1973）为基础的现代古典主义学派的观点，但不支持凯恩斯主义学派的观点。

17.4.2 将货币中性从理性预期中分离出来：米什金对卢卡斯模型的检验

米什金（Mishkin, 1982）对巴罗（Barro, 1977）所采用的估计方法提出了质疑，他认为两阶段最小二乘法估计方法只对货币中性和理性预期进行了联合检验，并没有对两种假设分别进行估计。①为了理解米什金（Mishkin, 1982）对巴罗（Barro, 1977）的质疑，我们需要明确巴罗的估计方程组形式，即

$$M_t = \sum_i \alpha_i x_{it} + \eta_t \tag{35}$$

$$y_t = \beta_0 + \sum_{j=0}^n \beta_j (M_{t-j} - \sum_i \alpha_i x_{i,t-j}) + \mu_t \tag{36}$$

其中，x_{it} 表示决定货币供给的一系列外生变量和先决变量所构成的集合。产出决

---

① 米什金（Mishkin, 1982）还指出，两阶段最小二乘法估计方法能够得到一致性的参数估计值，但是不能够得到有效的 F 检验统计值，因此会产生参数的标准差和检验统计值（它们不服从事先假设的 F 分布）的不一致性估计值。他采用充分信息的最大似然估计方法对其方程组进行了另一种形式的非线性联合检验。

定方程（36）式同时体现了货币中性和理性预期两个假说，并且纳入了未被预期到的货币供给部分的滞后影响。为了简化分析，这一方程忽略了产出的决定因素而不是货币供给的决定因素。货币供给决定方程（35）式与（30）式本质上是相同的，而（36）式是通过将由（30）式得到的 M_t 的估计值代入（18）式而得到的。这一方程组采用了理性预期的假设，因为货币供给决定（35）式中的 α_i 也同样在产出决定（37）式中出现。（36）式中引入了货币中性假设，因为 EM_t 的系数被先验地设定为零。

为了分别检验理性预期和货币中性，我们应该将被估计的方程组调整为

$$M_t = \sum_i \alpha_i x_{it} + \eta_t \tag{37}$$

$$y_t = \beta_0 + \sum_{j=0}^n \beta_j (M_{t-j} - \sum_i \alpha_i^* x_{i,t-j}) + \sum_{j=0}^n \gamma_j \alpha_{i,t-j}^* x_{i,t-j} + \mu_t \tag{38}$$

其中方程（38）为嵌套方程（32）的一种变形。理性预期假设要求 $\alpha_i^* = \alpha_i$，而货币中性特征要求 $\gamma_j = 0$。

因此，如果保持理性预期的假设，即 $\alpha_i = \alpha_i^*$ 不变，而放松货币中性的假设，那么检验方程组将变为

$$M_t = \sum_i \alpha_i^* x_{it} + \eta_t \tag{39}$$

$$y_t = \beta_0 + \sum_{j=0}^n \beta_j (M_{t-j} - \sum_i \alpha_i x_{i,t-j}) + \sum_{j=0}^n \gamma_j \alpha_{i,t-j} x_{i,t-j} + \mu_t \tag{40}$$

通过比较由方程（39）和方程（40）所构成的方程组和由方程（35）和方程（36）所构成的方程组的估计结果，我们可以检验货币中性的零假设，即 $\gamma_j = 0$。如果维持货币中性假设不变，那么检验理性预期需要估计以下方程组：

$$M_t = \sum_i \alpha_i x_{it} + \eta_t \tag{41}$$

$$y_t = \beta_0 + \sum_{j=0}^n \beta_j (M_{t-j} - \sum_i \alpha_i^* x_{i,t-j}) + \mu_t \tag{42}$$

通过比较对由方程（41）和方程（42）所构成的方程组的估计与对由方程（35）和方程（36）所构成的方程组的估计，我们可以检验理性预期的零假设，即 $\alpha_i^* = \alpha_i$。

米什金（Mishkin, 1982）将失业率和产出水平作为被解释变量，将名义GNP和通货膨胀率作为解释变量，对1954—1976年美国的季度数据进行了检验。结果发现，我们不能够拒绝理性预期假设，但是能够拒绝货币中性的假设。此外，被预期到的和未被预期到的需求变量的系数估计值的大小相似。因此，米什金（Mishkin, 1982）的结果支持了凯恩斯主义学派的观点而拒绝了现代古典主义学派的核心观点，即被预期到的总需求和需求管理政策的中性假设。这些研究结果没有拒绝理性预期的假设。这只是将预期纳入模型的一种方法，正如前文所提到的，理性预期并非先验地与凯恩斯主义学派的观点或者现代古典主义学派的观点不一致。

在若干其他研究中，Frydman 和 Rappoport（1987）通过考察货币供给增长率对产出水平的影响，检验了被预期到的货币政策和未被预期到的货币政策的影

响之间的差异。他们的研究结果拒绝了二者在短期内对产出水平的决定存在差异的假设，并且这一拒绝的显著性不会因为对理性预期和产出的就业水平描述的不同而减弱。

因此，我们得出结论：截至目前，大量研究表明，被预期到的货币政策和未被预期到的货币政策的影响之间的差异是无效的，并且被预期到的货币政策并非中性的，至少在短期内是这样的。根据第14章开头部分所列举的典型事实，这些研究结果也不奇怪。因此，卢卡斯—萨金特—华莱士模型的多种变形并不会为我们的宏观经济分析和决策提供有益的依据。

17.5 区分正负向货币供给冲击的不同影响

通常情况下，人们会认为货币供给的减少要比货币供给的增加产生更大的影响。这取决于多种因素，其中包括：

1. 货币供给的减少表明经济中的信贷规模紧缩，因此借款人被迫减少其经济行为，继而抑制经济中总产出的增加。与之相反，货币供给的增加意味着金融机构提供贷款的意愿更强。

2. 当经济进入充分就业的繁荣时期时，投资需求旺盛，额外增加的借贷不断扩张，政策当局通常会采取紧缩性的宏观经济政策，而当经济进入萧条时期时，企业通常会面临产品需求疲软的困境，产能过剩，并且无意增加投资和贷款，由此决策者会采取扩张性的经济政策。也就是说，两种类型的经济政策的效果也取决于与二者相对应的经济周期波动的阶段。

3. 在一定程度上，经济中价格和名义工资的下降可能存在刚性，而价格和名义工资上升时较为灵活。货币供给的收缩也存在下滑刚性的问题，并且产生实际效应的可能性更大，而货币供给增加所产生的大部分或者全部效应只作用于价格和名义产出，对产出的实际值不产生影响。

我们可以通过对巴罗（Barro，1977）和米什金（Mishkin，1982）所进行的检验加以修正，以检验正负向货币供给冲击的不同影响。为此，我们对弗里德曼—卢卡斯供给函数加以修正，即

$$y_t = a_0 + a_1^+ M_t^u + \sum_j a_j' z_{jt} + \mu_t \tag{43}$$

其嵌套式方程（32）可以改写为

$$y_t = a_0 + a_1^+ M_t^{u+} + a_1^- M_t^{u-} + \beta_1^+ M_t^{e+} + \beta_1^- M_t^{e-} + \sum_j \alpha_j z_{jt} + \mu_t \tag{44}$$

其中，M^{u+} 表示货币供给增加中未被预期到的部分；M^{u-} 表示货币供给减少中未被预期到的部分；M^{e+} 表示货币供给增加中被预期到的部分；M^{e-} 表示货币供给减少中被预期到的部分；z_j 表示决定产出水平的其他变量。巴罗（Barro，1977）和米什金（Mishkin，1982）所采用的估计方法的其他方面维持不变。特别是，真实的估计应该纳入变量的滞后项以及其他自变量。前文提到的米什金（Mishkin, 1982) 所采用的估计方法通过调整之后可以用于检验货币中性、理性预期和不对称性效应。

一些实证研究证明了货币政策的非对称性效应和非中性特征。我们前文的讨论也指出，货币供给的负面冲击所产生的影响程度可能大于正面冲击的影响。例如，沿用米什金（Mishkin，1982）的估计方法，Cover（1992）对美国的季度数据进行了研究，并发现，M1 的正向冲击对产出不产生任何影响，但是其负面冲击对产出产生影响。Ratti 和 Chu（1997）进一步证实，在日本，货币供给的正负冲击也会产生不对称性的影响。他们还进一步指出，广义货币供给未被预期到的变化对日本的产出水平不产生显著的影响。

17.6 包括泰勒利率规则的卢卡斯—萨金特—华莱士模型

如第 13 章所述，近几十年间，许多中央银行选择通过调整利率而不是改变货币供给来进行经济调控。假设一国中央银行按照钉住价格水平[①]的标准泰勒规则设定利率水平，其表达式为

$$r_t^T = r_0 + \lambda_y(y_t - y^f) + \lambda_P(P_t - P^T) \quad \lambda_y, \lambda_P > 0 \tag{45}$$

将泰勒规则纳入卢卡斯—萨金特—华莱士分析框架有两种方法：一种方法是用货币需求函数推导出实现金融市场均衡的内生性货币供给函数（详见第 13 章），然后将推导出的货币供给函数用于接下来的卢卡斯—萨金特—华莱士模型；另一种方法是用泰勒规则替换原始卢卡斯—萨金特—华莱士模型中的货币供给函数，并对总需求方程进行相应的调整。我们接下来介绍第二种方法的推导过程。

对于不同函数的线性形式，第 13 章中所推导出的开放经济条件下的 IS 方程为

$$\begin{aligned} y^d = \alpha [&\{c_0 - c_y t_0 + i_0 - i_r r + g + x_{c0} - x_{c\rho}\rho^r\} \\ &+ (1/\rho^r) \cdot \{-z_{c0} + z_{cy} t_0 - z_{c\rho}\rho^r\}] \end{aligned} \tag{46}$$

其中

$$\alpha = \left(\frac{1}{1 - c_y + c_y t_y + \frac{1}{\rho^r} z_{cy}(1 - t_y)}\right) > 0$$

并且 $\rho^r = \rho P/P^F$。关于公式中符号的含义，请参考第 13 章。为了简化分析，我们假设 IS 方程的一般形式为

$$y_t^d = y_0 - \theta_1 r^T - \theta_2 P_t \tag{47}$$

根据上述 IS 方程的随机形式、泰勒规则以及所有变量的对数形式，我们可以构

[①] 这样做是为了避免在我们的模型中，有些方程式中使用价格水平，而在另一些方程式中使用通货膨胀率。P 是价格水平的对数形式，T 表示目标值。

造以下卢卡斯—萨金特—华莱士模型：

$$Dy_t^s = \alpha Dy_{t-1} + \beta(P_t - P_t^e) + \mu_t \qquad \alpha, \beta > 0 \tag{48}$$

$$y_t^d = \theta_0 - \theta_1 r_t - \theta_2 P_t + \nu_t \qquad \theta_1, \theta_2 > 0 \tag{49}$$

$$r_t = r_t^T + \eta_{1t} \tag{50}$$

$$r_t^T = r_0 + \lambda_y Dy_t + \lambda_P(P_t - P^T) + \eta_{2t} \quad \lambda_y, \lambda_P > 0 \tag{51}$$

$$y_t = y_t^d = y_t^s \tag{52}$$

$$P_t^e = EP_t \tag{53}$$

其中，$Dy = y_t - y^f$，μ 表示供给冲击，ν 表示 IS 冲击，η_2 表示货币政策冲击，η_1 表示中央银行对一国经济中利率水平的控制力量的随机减弱程度。假设所有的扰动项均服从白噪声过程。

对总供给方程（48）进行理性预期，我们可以得到

$$EDy_t^s = \alpha EDy_{t-1} + \beta[EP_t - E(EP_t)] + E\mu_t = \alpha Dy_{t-1} \tag{54}$$

因此

$$Dy_t^s - EDy_t^s = \beta(P_t - EP_t) + \mu_t \tag{55}$$

此外，根据（48）式和（53）式，我们可以得到

$$P_t - EP_t = (1/\beta)(Dy_t - \alpha Dy_{t-1}) - (1/\beta)\mu_t \tag{56}$$

现在，对 IS 方程（49）式进行理性预期，可以得到

$$Ey_t^d = \theta_0 - \theta_1 Er_t - \theta_2 EP_t \tag{57}$$

从（49）式中减去（57）式，我们得到

$$y_t^d - Ey_t^d = -\theta_1(r_t - Er_t) - \theta_2(P_t - EP_t) + \nu_t \tag{58}$$

其中 r_t 的表达式为

$$r_t = r_0 + \lambda_y Dy_t + \lambda_P(P_t - P^T) + \eta_{2t} + \eta_{1t} \tag{59}$$

因此

$$Er_t = r_0 + \lambda_y EDy_t + \lambda_P(EP_t - P^T) \tag{60}$$

由此

$$r_t - Er_t = \lambda_y(Dy_t - EDy_t) + \lambda_P(P_t - EP_t) + \eta_{2t} + \eta_{1t} \tag{61}$$

将（61）式代入（58）式，根据均衡条件，$y_t = y_t^d = y_t^s$，并且 $Dy_t = Dy_t^d = Dy_t^s$，由此可知

$$y_t - Ey_t = -\theta_1\{\lambda_y(Dy_t - EDy_t) + \lambda_P(P_t - EP_t) + \eta_t\} - \theta_2(P_t - EP_t) + \nu_t \tag{62}$$

其中，$\eta_t = \eta_{1t} + \eta_{2t}$。因为 $y_t - Ey_t = Dy_t - EDy_t$，其中 $Dy = y - y^f$，那么（62）式可以改写为

$$Dy_t = EDy_t - \theta_1\lambda_y Dy_t + \theta_1\lambda_y EDy_t - \theta_1\lambda_P(P_t - EP_t)$$

$$-\theta_1\eta_t - \theta_2(P_t - \mathrm{E}P_t) + \nu_t \tag{63}$$

$$(1+\theta_1\lambda_y)\mathrm{D}y_t = (1+\theta_1\lambda_y)\mathrm{ED}y_t - (\theta_1\lambda_P + \theta_2)(P_t - \mathrm{E}P_t) - \theta_1\eta_t + \nu_t$$
$$= (1+\theta_1\lambda_y)\alpha\mathrm{D}y_{t-1} - (1/\beta)(\theta_1\lambda_P + \theta_2)\{(\mathrm{D}y_t - \alpha\mathrm{D}y_{t-1}) - \mu_t\}$$
$$-\theta_1\eta_t + \nu_t$$

$$\{(1+\theta_1\lambda_y) + (1/\beta)(\theta_1\lambda_P + \theta_2)\}\mathrm{D}y_t = \{(1+\theta_1\lambda_y) + (1/\beta)(\theta_1\lambda_P + \theta_2)\}\alpha\mathrm{D}y_{t-1}$$
$$-\{(1/\beta)(\theta_1\lambda_P + \theta_2)\}\mu_t - \theta_1\eta_t + \nu_t \tag{64}$$

用 a_1 和 a_2 分别代替 $\{(1+\theta_1\lambda_y)+(1/\beta)(\theta_1\lambda_P+\theta_2)\}$ 和 $\{(1/\beta)(\theta_1\lambda_P+\theta_2)\}$，得

$$\mathrm{D}y_t = \alpha\mathrm{D}y_{t-1} - (a_2/a_1)\mu_t - (1/a_1)\theta_1\eta_t + (1/a_1)\nu_t \tag{65}$$

其中，α 是一个分数，表示一国经济自身对当期产出缺口的调整与上一期产出缺口调整的比值，其不受泰勒规则所包含的系统性政策参数 λ_y 和 λ_P 的影响。但是，源自 IS 的随机冲击（μ）、货币部门冲击（η_1）和政策冲击（η_2）确实会对产出缺口产生影响，这一影响是各参数，包括政策参数的函数。这一结论与前文中所推导的包括货币供给函数的卢卡斯—萨金特—华莱士模型的推导结果相同。特别是，在两个模型中，系统性政策参数均不影响产出水平。这一点在明确地以弥补产出缺口为目标的附加泰勒规则的卢卡斯—萨金特—华莱士模型中尤为令人惊奇。这一结果强调了，在附加泰勒规则的卢卡斯—萨金特—华莱士模型中，产出的决定因素取决于产出供给规则和预期假设的特征，而不取决于决定系统性货币政策的货币政策规则。在卢卡斯—萨金特—华莱士模型中，这一产出供给规则指的是卢卡斯规则。用凯恩斯主义供给函数或者 NK 供给函数取代卢卡斯规则是体现系统性政策在改变产出缺口方面有效性的关键。

在此需要注意的是，政策参数确实会影响各扰动项对产出的影响。

17.7　检验货币政策的有效性：凯恩斯主义模型的估计

17.7.1　使用包括凯恩斯主义供给函数的卢卡斯—萨金特—华莱士模型

凯恩斯供给函数在很多方面不同于卢卡斯供给函数。其一，凯恩斯供给函数假设被预期到的和未被预期到的货币供给变化都会影响产出水平。其二，如第 15 章所述，货币供给变化对产出的效应取决于一国的经济状况以及非自愿失业的严重程度。其三，在凯恩斯主义模型中，货币供给变化对产出的影响无须通过价格水平的先行变动，因此，以货币供给为解释变量的 LSW 模型 II 优于以价格水平为解释变量的 LSW 模型。此外，需要注意的是，在凯恩斯主义模型中，y_t 受到 y_{t-1} 的影响，因为凯恩斯模型假设劳动合同的期限以及产出对于经济冲击的逐步调整过程往往会超过一期。

通过用总货币供给 m_t 代替未被预期到的货币供给（$m_t - m_t^e$），我们可以将弗里德曼—卢卡斯供给函数应用于凯恩斯主义分析框架，从而得到

$$Dy_t = \alpha y_{t-1} + \beta_t m_t + \mu_t \quad \alpha, \beta > 0 \tag{66}①$$

其中各符号的含义如前文所述。在此需要提醒的是，小写字母表示变量的对数形式，Dy 表示当前产出对充分就业产出水平的偏离，而不是相对于前一期产出水平的变化。在凯恩斯主义模型中，由于货币乘数取决于一国的经济状况，因此 β_t 应该是产出缺口的函数。

如果完整的模型由货币供给方程（17）式和凯恩斯主义供给函数（66）式构成，那么我们将会发现

$$Dy_t = (\alpha + \beta_t \gamma) Dy_{t-1} + \beta_t m_0 + \mu_t + \beta_t \xi_t \tag{67}$$

其中，Dy_t 取决于政策参数 m_0 和 γ（政策参数可以用来实现意愿的 y_t 目标）的变化，以及货币乘数 β_t 的变化，还取决于前一期产出对充分就业的产出水平的偏离程度。

方程（67）并非凯恩斯供给函数的最优表达形式。一个更好的表达形式似乎是产出对充分就业产出水平的偏离不是取决于货币供给而是取决于货币供给的变化情况。符合这种情况的产出供给函数表示为

$$Dy_t = \alpha Dy_{t-1} + \beta_t (m_t - m_{t-1}) + \mu_t \quad \alpha, \beta > 0 \tag{68}$$

据此，卢卡斯—萨金特—华莱士货币供给规则方程（17）式也可以被改写为

$$m_t - m_{t-1} = \gamma_1(y_{t-1} - y_{t-2}) - \gamma_2(y_{t-1}^f - y_{t-2}^f) + (\xi_t - \xi_{t-1}) \quad \gamma_1, \gamma_2 < 0 \tag{69}$$

卢卡斯—萨金特—华莱士货币供给规则方程的这一变形能够区分货币供给对实际产出变化的反应与其对充分就业的产出水平变动的反应之间的差异。由于 $\gamma_1, \gamma_2 < 0$，如果上一期的实际产出增加了，货币当局就会减少货币供给；如果充分就业的产出水平提高了，货币当局就会增加货币供给。

由方程（68）和方程（69）可以得到

$$Dy_t = \alpha Dy_{t-1} + \beta_t \gamma_1(y_{t-1} - y_{t-2}) - \beta_t \gamma_2(y_{t-1}^f - y_{t-2}^f) + \mu_t + \beta_t(\xi_t - \xi_{t-1}) \tag{70}$$

这意味着货币当局能够通过改变政策参数 γ_1 和 γ_2 来影响产出相对于充分就业水平的偏离。因此，在任何形式的理性预期假设条件下，凯恩斯主义模型中不会出现政策无效性的现象。但是，"卢卡斯批判"仍然有效，因为（70）式中的 y_{t-1} 的系数受到货币政策参数 γ_1 和 γ_2 的影响，而政策参数 γ_1 和 γ_2 会随着政策的调整而发生变化。

17.7.2　包括外生货币供给的凯恩斯主义模型的 Gali 版本

第15章讨论了米什金（Mishkin，1982）关于凯恩斯主义简化形式方程的检验结果，其中假设货币非中性，但是理性预期假设仍有效。

---

① 在真正的凯恩斯主义模型中，严格意义上讲，系数 β 并非一个常数，而是产出对充分就业产出水平的偏离的函数。但是，萨金特和华莱士（1976）主张将 $Dy_t = \alpha Dy_{t-1} + \beta m_t + \mu_t$ 作为凯恩斯主义方程的简化形式，其中，β 被假设为常数，并且这一做法得到了广泛的应用。

Gali（1992）采用了包括菲利普斯曲线的凯恩斯主义结构模型。在其模型中，所有变量取都对数的形式，包括以下四个方程。

IS 方程：

$$y_t = \mu_t^s + \alpha - \sigma(R_t - E\Delta p_{t-1}) + \mu_t^{IS} \tag{71}$$

LM 方程：

$$m_t - p_t = \phi y_t - \lambda R_t + \mu_t^{md} \tag{72}$$

货币供给函数：

$$\Delta m_t = \mu_t^{ms} \tag{73}$$

菲利普斯曲线：

$$\Delta p_t = \Delta p_{t-1} + \beta(y_t - \mu_t^s) \tag{74}$$

其中，字母表示相应变量的对数形式，R 除外（其表示名义利率水平）。μ^s、μ^{IS}、μ^{md} 和 μ^{ms} 分别表示产出供给、支出、货币需求和货币供给的随机扰动项。IS 和 LM 方程与卢卡斯模型中的形式一致，只是包含了更加详细的信息。凯恩斯主义模型和卢卡斯—萨金特—华莱士模型之间最主要的差异在于产出供给函数。Gali（1992）用菲利普斯曲线表示了产出供给函数，因此不同样本期间通货膨胀率的变化是决定产出对均衡水平的偏离程度 μ^s 的因素，而卢卡斯—萨金特—华莱士模型用相对价格错觉来解释这一偏离程度。在 Gali（1992）的分析模型中，产出水平会受到由 μ^s 所产生的供给冲击的影响，或者因受到 μ^{IS}、μ^{md} 和 μ^{ms} 所产生的需求冲击的影响而变动。正向的需求冲击会增加产出，提高价格水平，而正向的供给冲击会在增加产出的同时降低价格。货币冲击只通过利率途径影响实体经济部门。

要把经济体所经历的总冲击分解成前述四种不同的类型，我们必须对各种冲击的来源或者影响分别做出特殊的假设。Gali（1992）通过假设供给冲击对产出产生长期效应，而需求冲击对产出不产生长期效应，将供给冲击从需求冲击中分离出来。货币市场冲击导致利率变动，影响投资，进而对总需求产生影响，因此他通过假设货币市场冲击在同一季度不对总需求产生当期影响，将 IS 冲击与货币市场冲击分离开来。货币需求冲击和货币供给冲击的分离基于三项其他的假设，在此我们不做详细说明。

Gali（1992）对从 1955 年第 1 季度到 1987 年第 4 季度这一期间美国的季度数据进行了考察。他用 M1 衡量货币流通总量，用三个月期限的短期国库券利率代表利率水平。其研究结果支持了凯恩斯主义学派关于需求冲击导致产出变动的观点，但是否定了凯恩斯主义理论中关于需求冲击而不是供给冲击是影响产出波动的主要原因的观点。实际上，供给冲击会产生大规模的通货紧缩效应，并且在整个商业周期中，供给冲击对产出波动的影响高达 70%。但是，供给冲击对名义利率的影响不明显。M1 的增加会促进产出增加，并且这一效果在大约四个季度之内达到顶峰，同时伴随着通货膨胀和名义利率的提高以及实际利率的下降。名义利率和实际利率的短期波动在很大程度上都源于货币供给冲击，并且整个商业周期的产出波动也在一定程度上源于货币供给冲击,但是,货币供给冲击不对产出和实际利率产生长期影响(尽管这一结果源于事先的假定),而只对通货膨胀率产生长期影响。货币需求变动对价格水平的影响要快于货币供给变动的情况,并对实际余额产生显著影响,但是对产出波动或者实际利率的影响不明显。

IS 冲击在当期内对产出产生影响(很明显,这是前提假设所导致的),并且这一影响在冲击发生后的两个季度达到最大,但是四个季度之后,大部分影响就消失了。然而,IS 冲击对货币增加、通货膨胀和名义利率的影响是永久性的。在提高名义利率的情况下,IS 冲击首先提高实际利率(因为它对通货膨胀产生影响),继而迅速导致实际利率下降,并在冲击发生后约两年的时间内恢复到初始水平。IS 冲击在很大程度上影响商业周期的波动。

因此,Gali(1992)的研究结果证实了凯恩斯主义学派关于需求冲击的确导致产出波动的结论。此外,货币供给冲击对产出影响的持续性要久于 IS 冲击。但是,产出波动主要源于供给冲击而非需求冲击。需求冲击不会对产出和实际利率水平产生长期效应。[①] Gali(1992)没有对正负向的货币供给冲击加以区分,也没有讨论二者所产生的影响的不对称性,很明显我们可以对此进行进一步的完善。

在另一项研究中,Bullard 和 Keating(1995)通过对大量样本国家的考察,采用向量自回归的分析方法考察了通货膨胀对产出的影响。在其实证分析中,他们分别识别了通货膨胀变动中的长期部分和短期部分,并将前者归因于货币供给增长率的长期变动,将后者归因于影响产出的外生冲击。其研究结果表明,在大多数国家,通货膨胀的长期波动不会对产出水平的提高产生永久性的影响,但是在一些低通胀国家,通货膨胀的长期冲击会对产出水平的提高产生永久性的影响。总之,据估计,在低通胀国家,通货膨胀对产出的效应为正,而在高通胀国家,通货膨胀对产出的效应较低或为负。这些研究结果表明,货币是非中性的。通货膨胀对产出的这种效应似乎反映了大多数货币主义经济学派的观点。

17.8 封闭经济条件下新兴凯恩斯主义模型的紧凑形式

根据第 15 章的讨论(Bernanke and Woodford,1997;Clarida et al.(Clarida,Gali and Gertler,CGG),1999;Levin et al.,1999,2001),我们接下来构造一个新兴凯恩斯主义模型的紧凑形式,包括三个核心方程:IS 方程、产出供给方程和货币政策规则。

IS 方程

$$x_t = E_t(x_{t+1}) - \psi(R_t - E\pi_{t+1}) + g_t \tag{75}$$

[①] 在此需要注意的是,这些研究结果因分离经济冲击的假设条件而异,因此,这些前提假设的任何失误都会导致错误的结果。例如,如果总需求变化的确会导致产出的长期变动,那么将这一影响归因于供给因素就是错误的。

其中，$x=y-y^f$，r 和 R 分别表示实际利率和名义利率，π 表示通货膨胀水平，g 代表所有的支出项目（例如政府财政赤字）而不是投资。IS 方程的推导过程中包括了具有前瞻性的消费者和企业的最优化决策、完全流动资本市场的费雪方程（因此 $r_t = R_t - E\pi_{t+1}$）以及理性预期假设。

价格调整过程（"新兴凯恩斯主义菲利普斯曲线"）

$$\pi_t = \alpha x_t + \beta E_t \pi_{t+1} + \nu_t \tag{76}$$

其中，x 表示产出缺口，近似地表示边际成本，其随着产出的增加而提高。企业能够对未来的通货膨胀水平做出合理的预期，并且能够完全消除价格调整的影响。$\nu_t = \rho\nu_{t-1} + \eta_t$，其中 η 为随机变量，其均值为零，方差为常数。除了经济波动的其他来源，η 还能够囊括产出缺口对边际成本的线性影响的所有偏差。[①]

前述价格调整方程可以改写为产出供给函数的形式，即

$$x_t = (1/\alpha)\pi_t - (\beta/\alpha)E_t\pi_{t+1} - (1/\alpha)\nu_t \tag{77}$$

在此方程中，产出缺口同时取决于当前通胀水平和未来通胀水平。

中央银行的货币政策规则

中央银行通过使二次损失函数（是通货膨胀和产出缺口的函数）最小化来确定最优的利率水平。由此，中央银行确定实际利率的规则为

$$r_t^T = r^{LR} + \lambda x_t + \beta(E_t\pi_{t+1} - \pi^T) \quad \lambda, \beta > 0 \tag{78}$$

其中，r^T 表示目标利率，r^{LR} 表示长期利率水平。

封闭经济条件下新兴凯恩斯主义模型的紧凑形式包括（75）式、（77）式和（78）式，很明显，这一模型不具有货币政策的短期中性特征。中央银行改变利率水平会影响到 IS 方程中的总需求，总需求的变化会影响通货膨胀率，通胀水平的变化又反过来影响产出缺口。因为企业根据需求的变化同时决定其产出水平和价格，所以对影响发生顺序的另一种解释为：中央银行改变利率水平会影响 IS 方程中的总需求，企业据此调整其产出和边际成本，继而影响其产品的价格，并进一步影响产出缺口和通货膨胀水平。

长期产出和通货膨胀

在长期，产出会达到其充分就业的水平。根据定义，充分就业水平的产出就是产出的长期均衡水平。因此，根据长期假设条件，产出缺口 $x^{LR} = 0$，由此长期价格调整方程可改写为

$$\pi_t^{LR} = \beta E_t\pi_{t+1}^{LR} + \nu_t \tag{79}$$

在此需要注意的是，长期产出水平总是等于其充分就业的产出水平，而不受总需求以及总需求决定因素的影响，也不会因货币政策的变化而波动。因此，货币政

---

① 详情请参考 Gali 和 Gertler（1999），Clarida 等（1999，p. 1667，fn15）。

策只会影响通货膨胀率,并通过对未来通货膨胀率的预期影响当期的通货膨胀率,这取决于货币政策本身以及货币政策的可信度。尤其是,以 π^T 为目标通胀水平的可以信赖的货币政策将会确保未来通胀处于这一水平。①

17.8.1 新兴凯恩斯主义模型的实证研究结果

第 15 章已经讨论了新兴凯恩斯主义模型及其三个构成部分在实证分析中的有效性。接下来我们对此加以补充,并分别讨论各构成部分的情况。

关于泰勒规则的实证研究结果

泰勒利率规则的实证有效性取决于中央银行所采用的主要货币政策工具。第 13 章已经讨论过,我们不能先验地认为中央银行是将改变货币供给还是将改变利率水平作为理所当然的政策工具。有些国家的中央银行采取其中的一种货币政策工具,而其他国家的中央银行可能采取另一种货币政策工具。对于那些将改变利率作为政策工具的中央银行,截至目前,大量研究表明它们遵循了泰勒规则的某种形式(尽管通常含有时变系数),即使它们并没有明确地对外宣布要遵循某种泰勒规则(详见第 15 章第 15.6 节)。总之,对于试图通过利率手段稳定总需求和控制通胀的中央银行来说,其被证明遵循泰勒规则的可能性非常高。但是,因为泰勒规则的系数取决于中央银行的偏好和经济条件约束,因此在不同国家之间,甚至在特定国家的不同货币政策措施(例如,中央银行更换了掌门人)之间,泰勒规则的估计系数也是不同的。

在任何情况下,中央银行不会明确地公布其所遵循的泰勒规则的具体形式,也不会关外公布泰勒规则中关于产出缺口以及通货膨胀率对目标通胀水平的偏离的系数,因此需要通过"事后"数据对其进行估计。当某些泰勒规则的形式的确非常适合进行实证分析时,要想与新兴凯恩斯主义模型保持一致性,我们就需要采用前瞻性的泰勒规则。Levin 等(1999,2000)列举了若干实证研究对泰勒规则的系数估计值,在这些研究中,估计系数以及泰勒规则本身(有些情况下)存在明显的差异。他们总结认为,对于美国经济,以通货膨胀和产出为目标的简单泰勒规则运行良好,并给出了强有力的政策规则,包括对通货膨胀的短期预测(不超过一年)和对当前产出缺口的反应。此外,他们发现存在很大程度的政策惯性。

Maria-Dolores 和 Vazquez(2006)对四种类型的泰勒规则(当期泰勒规则、后顾性泰勒规则、先验前瞻性泰勒规则和通过中央银行损失函数的最优化而推导出的前瞻性泰勒规则)的运行情况进行了比较分析。研究结果发现,在新兴凯恩斯主义模型中,由中央银行行为的最优化而推导出来的泰勒规则的运行情况远不如后顾性规则和简单的先验前瞻性规则。并且,Depalo(2006)指出,在日本,

---

① 长期内,要实现通货膨胀率的长期稳定,当期通货膨胀率和未来通货膨胀率在总体上应该相等,即需要满足 $\beta=1$ 这一条件。

利率的简单自回归模型有时候优于泰勒规则。

关于新兴凯恩斯主义价格调整方程的实证检验结果

Rudd 和 Whelan（2003）检验了前瞻性新兴凯恩斯主义产出函数的一般形式，即

$$\pi_t = \lambda x_t + \beta E_t \pi_{t+1} + \nu_t \tag{80}$$

其中，x 可以被描述为产出缺口或者实际失业率对自然失业率的偏离程度。Rudd 和 Whelan（2003）指出，这一方程对美国的数据拟合程度非常差。根据实证分析结果，当前的通货膨胀率与未来产出缺口之间存在负相关关系而非正相关关系。根据直觉，我们往往将通货膨胀率作为未来产出水平的负向领先指标。得出这一结论的原因可能是：第一，他们所使用的用以近似表示充分就业产出的指标是不合理的。第二，由于边际成本是不可观测的，于是他们用新兴凯恩斯主义菲利普斯曲线中的产出缺口来近似地表示实际的边际成本（即边际成本与价格的比率），但是这可能是一个很差的做法。近似地表示实际边际成本的另一个可供选择的指标是收入中的劳动报酬份额（Gali and Gertler，1999），但是这一做法也没有改善实证检验结果。

运用新兴凯恩斯主义菲利普斯曲线进行实证分析所得到的结果并不理想的第三个原因可能是，通货膨胀存在很高程度的持续性，这在很大程度上取决于其自身滞后项的大小（Rudd and Whelan，2003；Maria-Dolores and Vazquez，2006）。为了把握通货膨胀的这一持续性，一种可行的做法是用混合规则来代替新兴凯恩斯主义菲利普斯曲线，表达式如下：

$$\pi_t = \delta_1 + \sum_{i=1}^{n} \pi_{t-i} + \alpha \sum_{j=0}^{\infty} \beta^j E_t x_{t+j} \tag{81}$$

我们可以采用（81）式的一种简化形式，其中通货膨胀的滞后项只包括前一期的通货膨胀率。但是，对于新兴凯恩斯主义菲利普斯曲线，后顾性模型而非前瞻性模型被认为是合理的，（81）式右边的通货膨胀项是有问题的：首先，将（81）式作为（80）式的一种变形会否定理性预期的假设；其次，由于通货膨胀的持续性在很大程度上影响通胀水平的变化，系数 α 的估计值可能并不显著，因此（81）式只是静态预期假设的一种形式。但是，即使 α 的估计值被证明是显著的，未来产出缺口的影响的估计值也可能比较小。此外，（81）式中系数的估计值可能会随着政策变化而变化，因此"卢卡斯批判"是有效的。

此外，正如第 15 章所提到的那样，Mankiw（2001）列举了价格黏性调整方程和通货膨胀与失业之间的关系的典型事实在三方面所存在的不一致性。其一表现在：作为对货币冲击的反应，黏性价格的调整过程并没有产生通货膨胀的持续性，但是在通货膨胀和失业方面却产生了似乎不太合乎情理的动态调整。Mankiw（2001）指出，通货膨胀和失业之间最符合实际情况的关系应该是后顾性的，即

$$\pi_t = \beta \pi_{t-1} + \alpha(u_t - u^n) + \nu_t \tag{82}$$

（82）式比较接近于传统的菲利普斯曲线，或者接近于包括静态预期和适应性预

期的菲利普斯曲线。为了增强实证分析的理论基础的合理性，按照新兴凯恩斯主义经济学中的跨期替代弹性最优化理论，Mankiw 和 Reis（2002；2006a，b）用黏性信息价格代替了黏性价格。黏性信息价格意味着一个会产生通货膨胀持续性的后顾性通货膨胀过程，因此在菲利普斯曲线中，黏性价格调整过程和黏性信息调整过程之间存在明显的差异。

17.8.2　包括泰勒规则的小国开放凯恩斯主义模型的 Ball 版本

Ball（1999，2000）给出了以下开放型小国经济条件下的凯恩斯主义模型的紧凑形式，其中所有的变量都取对数的形式。

IS 方程：

$$y_t = -\beta r_{t-1} + \delta e_{t-1} + \lambda y_{t-1} + \varepsilon_t \tag{83}$$

菲利普斯曲线方程：

$$\pi_t = \pi_{t-1} + \alpha y_{t-1} + \gamma(e_{t-1} - e_{t-2}) + \eta_t \tag{84}$$

汇率决定方程：

$$e_t = \theta r_t + \nu_t \tag{85}$$

在以上方程中，y 是产出的对数，r 表示实际利率，e 是实际汇率的对数[①]（较高的 e 意味着本国货币的升值），π 表示当期通货膨胀率，ε、η 和 ν 均为扰动项，均服从白噪声过程。我们预期所有参数的符号为正。（83）式为开放经济条件下的 IS 方程，产品需求由实际利率（滞后项）和实际汇率决定。（84）式为开放经济条件下的后顾性价格/通货膨胀调整关系，通货膨胀率变动是产出的滞后项和利率变动的滞后项的函数。汇率波动通过进口影响通货膨胀水平，因为本国货币贬值会提高进口产品的价格，进而提高本国国内的价格水平。（85）式表示利率和汇率之间存在负相关关系，本国利率水平的提高会吸引资本大量涌入本国市场，进而导致本国货币升值（即汇率上升）。这一开放型小国经济条件下的凯恩斯主义模型的紧凑形式清晰地体现了总需求以及货币政策的短期非中性特征，这与凯恩斯主义的黏性价格假设是一致的。

上述开放型小国经济条件下的凯恩斯主义模型的紧凑形式遗漏了表示货币市场的方程。我们可以用在外生货币供给或者特定利率政策规则（如泰勒规则）假设条件下的 LM 方程来表示货币市场的情况。Ball（1999，2000）假设一国中央银行设定实际利率的规则为

$$r_t = a_0 r_{t-1} + a_\pi [\mathrm{E}(\pi_{t+4} | I_t) - \pi_t^*] + a_y y\mathrm{gap}_t + \mu_t \tag{86}$$

其中，$\pi_t^* = \pi_t - \gamma e_{t-1}$，即中央银行通过过滤掉滞后汇率波动对当前通货膨胀率的

[①] 相关文献表明，在小型开放经济体，中央银行的政策方程除了包括通货膨胀和产出的变量之外，还应该纳入汇率变量（可参考 Ball，1999，2000），尽管在剔除汇率的情况下经济模型的模拟效果似乎更好。

影响，来使长期通货膨胀率在汇率变动的情况下能够稳定在意愿的水平上。①ygap 表示产出缺口，是指当期产出对充分就业产出水平的偏离程度。

17.9 其他实证检验结果

　　大量实证研究反复证明了货币中性的假设是不成立的。在此，我们不打算回顾更多的先前的研究，但是一种不同类型的研究结果是值得一提的。不同于前述 Ball（1999，2000）、米什金（Mishkin，1982）、Gali（1992）以及 Bullard 和 Keating（1995）使用简化模型的紧凑形式（小国）的做法，Mosser（1992）使用了一个包括四个方程的结构性宏观经济模型（这一模型在 20 世纪 80 年代末和 90 年代得到完善）。②这一模型估计了实际产出、实际利率和其他实际变量相对货币变量（如 M1 和银行持有的不用于借款的准备金）的弹性。估计结果显示，大部分实际变量的弹性估计值不仅在第一年（四个季度）是显著的，而且在超过 12 个季度的更久的期间内也是显著的。对于实际产出，弹性系数为正，呈递增趋势，并且持续 12 个季度之久，甚至在第 40 个季度仍然是显著的（或为正或为负）。因此，货币变量不仅是非中性的，其滞后影响还是非常持久的。

17.10 对关于货币中性和理性预期的实证分析的归纳

　　与巴罗（Barro，1977）的研究结论相反，米什金（Mishkin，1982）、Gali（1992）、Mosser（1992）以及 Ball（1999，2000）的研究结果支持了凯恩斯主义经济学派的观点，而对现代古典主义学派的观点提出了质疑。这两个派别的主要分歧在于是否承认被预期到的货币供给变动的中性假设和所有市场的持续出清假设。这意味着包含被预期到的货币供给变动具有中性特征这一假设的弗里德曼—卢卡斯供给规则是不成立的。总体上来看，尽管现代古典宏观经济模型拥有最好的微观经济基础和思想魅力，但还没有得到实证检验结果的良好支持。

　　关于货币中性模型，我们需要注意的另一方面是，被用以表示系统性货币政策的中性（古典主义模型）和非中性（凯恩斯主义模型）的供给函数。但是，实证研究结果表明，系统性货币政策有时候是中性的，有时候是非中性的，并且"非中性程度"可以作为中间情况的变量，尽管中间情况很难事先从这些情况中

---

① 为了阐述中国的情况，Wang and Handa（2007）运用联立方程组的估计方法对方程（83）和方程（85）进行了估计，同时运用协整和误差修正模型对泰勒方程（86）式进行了估计。他们的研究结果显示，泰勒规则和上述开放型小国经济条件下的凯恩斯主义模型适用于作为发展中经济体的中国的情况。
② 这种结构性宏观经济模型包括美国经济分析局模型、数据来源公司（Data Sources Inc.）模型、联邦储备局/边际储蓄倾向模型和沃顿计量经济预测社（Wharton Econometric Forecasting Associates）模型。

被分离出来（Lucas，1994，1996）。我们无须对这些研究结果感到意外，第14章和第15章中所阐述的不同经济理论表明，导致一国经济中出现货币非中性有很多原因，包括工资合同错位以及名义工资对价格调整的滞后，新古典主义模型中存在的不平衡因素，凯恩斯主义模型中的需求不足，卢卡斯模型中的相对价格误差，特定市场中存在的价格黏性、信息黏性和养老金以及其他先决收入来源的黏性等。因此，如果我们的实证方程中只包括中性和非中性这两种截然不同的情况，当其中部分数据来源于中性样本，部分数据来源于非中性样本时，我们可能会得到混合的实证结果，并且研究结果会随着总体样本中两种类型数据的相对比重的不同而发生变化。

总体上来看，当混合的实证研究在一定程度上偏向于中性假说或者非中性假说时，研究结果通常会倾向于支持短期货币非中性而不是货币中性。研究结果还能够证实，被合理预期到的货币供给变动的影响与未被预期到的价格变动的影响之间存在差异，但是二者都对实际产出产生短期效应。

与之相反，关于预期理性的实证研究结果基本上没有拒绝理性预期的假设。在任何情况下，理性的经济人一定会充分考虑所有的可以获得的信息而不仅仅依赖于过去的信息，这似乎是不容置疑的。但是，在具体实施层面上，理性预期假设是否能够对将接下来的几个季度或者几年的预期值作为长期均衡的现代古典主义模型做出合理的解释仍存在很大的疑问。这一假设似乎能够对凯恩斯主义理论模型做出较为接近实际情况的解释：理性预期值与实际未来值是相关的，这取决于经济的实际运行情况（不一定实现充分就业的状态）以及经济周期的发展阶段。

17.11 摒弃教条主义

卢卡斯—萨金特—华莱士模型暗含着完全竞争市场和有效市场的假设，产出的变动只源于价格的波动。如同有些经济模型讨论的那样，在竞争性市场上，当受到经济冲击时，价格水平不一定会立即恢复到其均衡水平。如果在需求或者供给冲击发生的情况下，市场调整较为缓慢，而理性的经济人能够做出较快的反应，那么经济人可能会在价格和工资还没有优先进行调整（或者完全调整）的情况下，改变自身的产出、就业、消费和投资决策。在价格和供给调整滞后的假设条件下，合理的经济模型还必须要考虑厂商对实际和预期需求变动的反应以及工人对预期和实际就业变动的反应。在这种情况下，政策措施可能会对产出和就业产生影响，并且不包括这些政策优先通过价格变动而产生的影响。第14章通过引用卢卡斯的原话阐述了这一观点，在此我们有必要再次引用这段原话：

> 有些时候，如美国大萧条时期，货币供给增加的收缩似乎对生产和就业产生很大的影响。在其他情况下，如第一次世界大战后欧洲的超级通货膨胀时期，货币供给增加的急剧减少似乎是中性的，或者接近于中性。

(Lucas，1994，p.153)

货币供给增加的被预期到的变化和未被预期到的变化会产生非常不同的影响。[但是,根据将货币非中性归因于价格水平的未被预期到的变化或者随机变化的经济模型,我们得出]只有一小部分的产出波动与未被预期到的价格变动有关。尽管研究结果表明货币冲击似乎会产生实际效应,但是这一效应不会通过价格上升这一途径得到传递,这一结论与卢卡斯(Lucas, 1972)的研究结果是一致的。

(Lucas, 1996, p.679)

第14章的开头部分对这些观点进行了引用,并阐述了弗里德曼—卢卡斯货币供给方程与程式化实际情况的不一致性,这有力地证明了弗里德曼—卢卡斯货币供给方程对于大部分或者所有现代经济都是无效的。

17.11.1 对产出函数的再考察

我们可以通过以下方程式来描述我们在前文中的讨论以及对先前实证检验的评价:

$$y \equiv y^f + (y^* - y^f) + (y - y^*) \tag{87}$$

其中,y 表示实际产出水平,y^f 表示不存在预期误差情况下的长期产出,y^* 表示存在预期误差情况下在短期均衡失业水平上的产出。根据弗里德曼—卢卡斯的货币供给分析(可参考第14章),我们可知

$$y^* - y^f = f(P - P^e) \tag{88}$$

因此

$$y = y^f + f(P - P^e) + [(y - y^*) | \Delta Y / \Delta P] \tag{89}$$

其中,$[(y-y^*)|\Delta Y/\Delta P]$ 表示实际产出对短期均衡产出水平的偏离程度,这种偏离源于对劳动市场和商品市场价格的预期误差。因此实际产出偏离充分就业产出水平有两个方面的原因。其一是源于价格变动。根据弗里德曼—卢卡斯的货币供给分析,在完全竞争市场和理性经济人的假设条件下,是价格水平对其预期值的偏差而不是价格变动本身,影响着实际产出对充分就业产出水平的偏离程度。其二是源于没有通过价格波动这一途径传导的总需求或者总供给的变动,这一影响由(89)式中的 $[(y-y^*)|\Delta Y/\Delta P]$ 进行表示,其发生存在许多潜在的原因,并且可能只发生在经济发展的某些阶段。如果在特定的情况下,这一原因不发生作用,那么 $[(y-y^*)|\Delta Y/\Delta P]$ 将等于零。由被预期到的货币和财政政策所引致的被预期到的需求变动不会对产出产生任何影响。但是,如凯恩斯主义经济学家所述,在任何潜在的情况下,$[(y-y^*)|\Delta Y/\Delta P]$ 没有必要一定为零。因此,扩张性货币和财政政策可能会改变价格水平,但是其对产出的影响不一定完全通过价格波动这一种途径来传导。根据卢卡斯的讨论,价格波动渠道只反映了一小部分的产出变动,因此货币冲击变动对产出影响的大部分是通过 $[(y-y^*)|\Delta Y/\Delta P]$ 这一项来传导的。在此,我们需要明确

$[(y-y^*)|\Delta Y/\Delta P]$ 的决定因素,凯恩斯主义理论列举了一些原因,但是还包括其他方面的原因。

在凯恩斯主义模型中,假设 t 期的产出和通货膨胀之间的关系取决于未来的 ($t+1$ 期等)预期通货膨胀率,但是并没有明确解释当期预期误差 ($P_t - P_t^e$) 或者 ($\pi_t - \pi_t^e$) 的决定因素及其影响。古典主义经济模型对这一点进行了描述,但是却没有对 $[(y-y^*)|\Delta Y/\Delta P]$ 这一项的决定因素和影响进行阐述。解决单个经济模型的这些缺点将有助于我们解决前文所提到的现存宏观经济模型中的"卢卡斯批判"问题:并不存在一种能够同时反映以下两种情况的被普遍接受的模型,即货币供给减少有时候"似乎对产出和就业产生很大影响",有时候"货币供给大幅下降似乎是中性的,或者是接近于中性的"(Lucas,1994,pp.153-154)。

17.11.2 对菲利普斯曲线的再考察

为了对可以预测的失业水平做出解释,前述讨论暗含着菲利普斯曲线的合理形式可以通过以下方程推导出来:

$$u \equiv u^n + (u^* - u^n) + (u - u^*) \tag{90}$$

其中 u^n 和 u^* 分别表示自然失业率和存在价格预期误差情况下的短期均衡失业率。根据弗里德曼—卢卡斯的分析,我们可知

$$(u^* - u^n) = g(\pi - \pi^e) \tag{91}$$

因此

$$u = u^n + g(\pi - \pi^e) + [(u - u^*)|\Delta Y/\Delta P] \tag{92}$$

其中 $[(u-u^*)|\Delta Y/\Delta P]$ 表示 $(u-u^*)$ 是以总需求的变化为前提条件的。如果价格变动确实能够完全反映名义总需求的变动,那么实际总需求将固定不变,由此 $[(u-u^*)|\Delta Y/\Delta P]$ 将等于零。但是,如果实际总需求是可变的,失业率也将发生变化。扩张性货币政策对总需求的影响(并非通过价格波动传导)将会改变实际失业率。新兴凯恩斯主义经济学派认为(90)式右边的第三项[即$(u-u^*)$]没有必要一定等于零,并给出了理由。

(90)式右边的第二项[即 $(u^* - u^n)$]表示简单的菲利普斯曲线[$u=f(\pi)$],意味着如果 t 期的预期通货膨胀率发生变化,那么 t 期的菲利普斯曲线也会发生位移。新兴凯恩斯主义模型考虑了未来通胀水平对当前通胀水平和当前产出水平之间的关系的影响,但是没有考虑到 t 期实际通货膨胀率和 t 期预期通胀率之间的偏差的影响。卢卡斯—萨金特—华莱士的古典主义经济模型考虑了这一偏差,但是却没有考虑(90)式右边的第三项[即$(u-u^*)$]。因此我们得出结论:合理的菲利普斯曲线应该同时考虑现代古典主义分析和凯恩斯主义分析,要弥补这一理论空缺可能需要对这两派理论进行重新考察,并做出大量完善,也可能会催生一些新理论。

17.12 长期产出函数和就业函数的滞后现象

新兴凯恩斯主义和现代古典主义经济学一致认为，长期就业和产出不受通货膨胀水平和总需求的影响，也不受短期经济运行情况的影响。这暗含着不存在滞后现象这一假设。在此，滞后现象通常被定义为短期波动对长期经济运行的影响。虽然在经济分析中，不存在滞后现象被认为是理所当然的，并且难以进行实证检验，但是一些研究结果表明，在长期（至少是较长时期）内，就业取决于经济繁荣和经济衰退持续时间的长短，继而取决于短期总需求因素的变动。[①]

结　语

对于适用于描述特定经济情况的潜在宏观经济模型，目前仍存在大量的争议。弗里德曼—卢卡斯货币供给规则针对产出与货币供给之间的关系给出了经典结论，即产出水平不会受被预期到的通货膨胀和被预期到的货币供给的影响，但是会受到这些变量的没有被预期到的变化的影响。到目前为止，大量研究证明，被预期到的货币政策是非中性的，至少在短期内是这样的。这一对现代古典主义学派核心教条的否定，为20世纪90年代凯恩斯主义经济学派的复兴开辟了道路，并最终形成了新兴凯恩斯主义学派，并且盛行至今。新兴凯恩斯主义学派继承了现代古典主义学派的一些观点，即宏观经济理论必须以包括理性预期假设的微观经济理论为基础。新兴凯恩斯主义经济学的核心理论是前瞻性价格调整方程和决定利率的泰勒规则。不幸的是，当将后顾性价格调整方程和决定利率的泰勒规则纳入新兴凯恩斯主义经济模型分析时，新兴凯恩斯主义经济学的上述核心理论均被证明是无效的。

本章还指出，产出和就业函数应该包括其各自偏离充分就业水平的若干原因。原因之一是现代古典主义模型中所包括的预期误差，同时还涉及许多其他原因，其中一些包含在凯恩斯主义和新兴凯恩斯主义模型分析中。此外，除了货币政策的影响是非中性的这一事实之外，货币政策对产出和就业影响的很大一部分并非通过价格波动这一途径传导。

关于中央银行选择外生决定变量（货币供给或者利率）的评价

我们从来没有抛弃过货币供给，是货币供给抛弃了我们。

（Gerald Bouey，加拿大银行高管，20世纪80年代末）

[①] 例如，Mankiw（2001）指出，长期失业率是实际短期失业率的函数。

专业人士对货币中性和相机抉择的货币政策的评价

弗里德曼和施瓦茨（1963）在对货币变化对产出所产生的影响进行归纳时写道：

> 与物理学中类似，自联邦储备系统建立以来，货币记录历史上也出现了三次这样的关键实验。在这三种情况下，联邦储备系统都谨慎地采取了重大政策措施，这不能被视为当期货币收入和价格所带来的必然或者不可避免的经济后果。正如物理学家所从事的关键实验一样，三种情况的政策结果是如此地一致和明智，以至于没有人对这些政策的解释提出质疑。这三个时期分别为1920年1月—6月，1931年10月和1936年7月—1937年1月。这三个时期……当联邦储备系统实施紧急的经济限制性法案时……每个时期都出现了工业生产的严重萎缩……在12个月内，分别下降了30%（1920年）、25%（1931年）和34%（1937年）。
>
> (Friedman and Schwartz, 1963, pp. 699-689)

这些案例的实际效应是触目惊心的。为了避免人们认为只有货币供给收缩才能产生实际影响，弗里德曼和施瓦茨（1963, p.690）还引用了关于联邦储备系统所实施的货币扩张政策导致工业生产大幅度增加的非常有代表性的三个案例。

Ball和Mankiw（1994）是凯恩斯主义学派的两位非常著名的代表人，他们指出：

> 我们认为货币政策会对实际经济行为产生影响。其依据在于历史的验证，尤其是历史上所出现的货币紧缩易于导致经济衰退的大量案例……货币紧缩是美国经济周期波动的主要原因之一。
>
> (Ball and Mankiw, 1994, pp. 128-129)

> ［凯恩斯主义之前的］古典主义经济学家们从没有认为货币在短期内是中性的，［但是他们的确认为］关键的观点在于……货币在长期内是中性的。
>
> (Ball and Mankiw, 1994, p. 132)

> 我们认为，价格黏性是对货币非中性最好的解释……许多价格的波动是不频繁的……（尽管）经济中的许多（其他）价格是非常敏感的……但是，其他经济学家们承认货币非中性，而不承认价格黏性的假设。并且他们最终构建了包括灵活价格在内的货币非中性模型。
>
> (Ball and Mankiw, 1994, pp. 131, 134-135)

关于货币政策的影响以及中央银行的作用，Ball和Mankiw做出了以下论断

> 联邦储备系统是控制经济的强有力的机构……决策者和报刊媒体相信货币政策会加速或者减缓实际经济的运行。
>
> (Ball and Mankiw, 1994, pp. 132-133)

关于新兴凯恩斯主义模型

在宏观经济学的发展历程中，新兴凯恩斯主义模型是最近出现的宏观经济模

型。它不同于早期的凯恩斯主义经济模型,明确纳入了微观经济基础和跨期分析以及理性预期假设。同时,新兴凯恩斯主义理论还沿袭了现代古典主义学派的一些观点,但是它也不同于现代古典主义模型,主要体现在其附加了市场出清和价格黏性的假设。例如,Mankiw(2001)指出:

> [从大卫·休谟(David Hume)的时代开始,就已经众所周知的是]货币注入首先会增加产出,加剧通货膨胀,继而提高价格水平。
>
> (Mankiw, 2001, p. C46)

> 从理论层面来看,所谓的"新兴凯恩斯主义菲利普斯曲线"是非常具有吸引力的,但是其最终被证明是无效的。"新兴凯恩斯主义菲利普斯曲线"并不完全反映货币政策的标准动态效应,因为货币冲击对通货膨胀的影响是滞后的、渐进的。我们可以采用传统的后顾性通货膨胀—失业(原始的菲利普斯曲线)动态模型来说明这一经济事实,但是这些模型均缺乏价格调整的微观经济理论基础。
>
> (Mankiw, 2001, p. C52)

此外,在新兴凯恩斯主义学派对货币政策规则有效性进行推导的过程中,前瞻性泰勒规则的形式并不优于后顾性泰勒规则。

凯恩斯主义学派的以上观点如何与卢卡斯(Lucas, 1994)的前述观点进行比较呢?哪个学派与现代古典主义学派的观点一致,并且哪种观点为古典主义学派观点的形成奠定了基础呢?卢卡斯(Lucas, 1994)的一些观点如下。

关于货币的可变中性和非中性

> 某些时候,例如在美国的大萧条时期,货币增长的减少似乎对生产和就业有很大影响。在其他时期,例如在第一次世界大战后欧洲恶性通货膨胀的末期,货币增长的急剧削减似乎是中性的,或近似于中性的。这类观察结果意味着,像凯恩斯—希克斯—莫迪利亚尼(Keynes-Hicks-Modigliani)IS-LM 模型这样的理论框架(其中单一的乘数适用于所有货币变化,而不管它们的原因或可预见性如何),不足以指导实践。
>
> (Lucas, 1994, p. 153)

关于货币的可变非中性的知识不足和理论空白

> 关于货币不稳定性之实际效应的重要性和性质,尚无公认的观点,至少对美国战后期间是这样。虽然大家都认为,我们需要一种准确且可操作的经济理论来确定货币的非中性效应,但是现有的经济理论都存在一些难以解决的问题。
>
> (Lucas, 1994, p. 153)

> 现实的货币非中性的宏观经济模型还不存在(Lucas, 1994, pp. 153 - 154)……预期到和未预期到的货币增长变化具有非常不同的效应(Lucas, 1996, p. 679)。
>
> [然而,在把这种非中性归因于价格水平的未预期到的或随机的变化的

模型中，有证据表明，]产出变化当中，只有一小部分能用未预期到的价格变化加以解释。虽然从证据上看，货币的意外变化具有实际效应，但它们似乎并非是像卢卡斯（Lucas，1972）所说的那样通过价格上升来传导的。

（Lucas，1996，p.679）

在诺贝尔经济学奖的获奖演讲中，卢卡斯（Lucas，1996）补充说：

> 总而言之，休谟（Hume）在1752年[以及以后的其他理论家通过不同的途径]推导出的结论是：在长期中，价格与货币同比变化，这已得到来自许多样本期间和样本主体数据的充分（我可以说是决定性的）证实。一些数据集合证实了货币供给变化引致产出同方向变化的观测结果，但在其他数据集合中却没有证实这一点。货币增长的大规模减少可能会伴随着大规模的经济衰退，或者，如果能伴以行之有效的改革，也可能不出现衰退迹象。

（Lucas，1996，p.668）

一位中央银行行长关于货币中性、货币政策的时滞和艺术的观点

在现实中，作为货币政策的实践者，中央银行的行长们相信什么和做些什么呢？1997年，加拿大和美国的中央银行公布了它们的政策目的，即积极实现价格稳定。它们都将利率而非货币总量作为政策目标和工具变量。从它们的政策动态角度来看，加拿大银行行长在1997年10月7日的讲话中表达了银行的政策立场：

> 太多的货币刺激会导致经济活动出现令人振奋的暂时暴涨。但几乎可以肯定的是，它也会导致有关通货膨胀的扭曲，并且在长期内，会削弱货币扩张，降低经济效率。过去的经验表明，过度货币供给最终会导致高利率、惩罚性的债务负担、衰退和更严重的失业。
>
> 更为复杂的情形，经济对货币刺激做出完全的反应，要花费一到一年半的时间……你必须看清前面的路，你要早一些采取行动……这就是为什么货币政策必须着眼于未来而非现在，为什么加拿大银行必须以前瞻性的、先发制人的方式采取行动。

（Gordon Thiessen，加拿大银行高管，1997）[1]

总而言之，上述凯恩斯主义和古典传统经济学家以及一位中央银行行长的评价，在相当大的程度上一致认为，在短期，货币可能是非中性的，且非中性的可能性比中性大得多。然而，同样有广泛一致的意见和充足的证据表明，在长期，产出增长独立于货币供给的增长。[2] 虽然与不同学派的正式模型所得到的最终结论相比，这些结论的分歧比较小，但对于潜在的短期非中性的来源几乎没有达成一致意见。导致非中性的可能原因有若干，这在本结语的开头部分已经讨论过，同时，非中性的原因和程度在不同时期和不同国家可能都是不同的。

---

[1] "Challenges Ahead for Monetary Policy", *Remarks to the Vancouver Board of Trade*, 7 October 1997.

[2] 这并不意味着产出增长率不受金融创新的影响。关于此，详见第24章。

主要结论

※ 在许多经济中,中央银行对利率进行控制,并将其作为货币政策的变量,这为经济中的需求管理提供了有用的工具。

※ 卢卡斯—萨金特—华莱士模型包含了弗里德曼—卢卡斯供给函数和理性预期的假设,其常被用做短期宏观经济学的现代古典主义模型的紧凑形式。它的政策建议是,中央银行不应企图通过采用改变货币供给的办法改变经济中的产出和就业水平。

※ 虽然在卢卡斯—萨金特—华莱士模型中,失业率和通货膨胀率之间呈负相关关系,但是它的系数对于货币政策的变化并非是固定不变的。"卢卡斯批判"适用于二者之间的关系。

※ 凯恩斯主义供给方程以及新兴凯恩斯主义模型对卢卡斯—萨金特—华莱士模型进行了修正,使得系统性的货币政策能够改变经济中的产出和失业水平。

※ 截至目前,普遍认为货币政策在短期内是非中性的。

※ 但是,针对货币政策短期非中性出现的原因仍存在广泛争论。

复习讨论题

1. 要想确认货币供给变化是否是名义收入变化的主要原因,需要哪些证据?你能用什么方法确定货币供给和收入变化之间因果关系的方向?

2. 解释自然失业率假说和理性预期假说。讨论二者之间的逻辑与历史关系。

3. 讨论从20世纪70年代货币主义学派的主张"只有货币政策才是有效的"到现代古典主义学派的思想"未被预期到的货币政策是有效的"和"系统性的货币政策是无效的"的演变。弗里德曼会赞同这些主张吗?

4. 通货膨胀和失业是公众关注的两大经济问题。有无可能在没有另一个的情况下解释其中一个?至少用一种理论来解释二者彼此独立,并用一种理论确立它们的相互依赖关系。这些理论之间存在真正的差异,还是说在其决定因素的外生变化所引起的短期效应和长期效应之间存在差异呢?

5. 请给出包括理性预期假设和弗里德曼—卢卡斯供给函数的宏观经济分析模型。如果决策者和公众掌握着相同的信息,那么在随机情况下,稳定性政策能够在短期内和长期内影响总需求和产出吗?

6. 请给出包括理性预期假设和新兴凯恩斯主义供给函数的宏观经济分析模型。如果决策者和公众掌握着相同的信息,那么在随机情况下,稳定性政策能够在短期内和长期内影响总需求和产出吗?

7. 为什么含有理性预期的模型难以解释产出偏离其长期趋势和失业偏离自

然失业率的持续性呢？导致这种持续性的原因有哪些？如果将这种持续性包含在这些宏观经济模型中，它们对货币政策有效性的含义是什么？积极的货币政策能够实现产出和失业率的稳定吗？请用一个包含这种持续性的具体模型加以阐述。

8. 概述失业和通货膨胀之间权衡关系的理论的发展和现状。

9. "20 世纪 30 年代到 90 年代，宏观经济理论几经周折，兜了个圈。盛行于 20 世纪 20 年代的古典主义学派的观点被三四十年代兴起的凯恩斯主义学派的观点所代替，但是后来凯恩斯主义学派的观点逐渐被侵蚀，到 20 世纪 80 年代主流经济学理论又重新回归到古典主义经济学派的一种形式。"试对此加以讨论。

10. 在过去的 40 年里，宏观经济理论几经周折，兜了个圈。20 世纪 70 年代中期，古典主义经济学派盛行，而凯恩斯主义学派的观点被抛弃；但是后来古典主义学派的观点逐渐被侵蚀，并且主流经济学理论又重新回归到凯恩斯主义经济学派的一种形式。"试对此加以讨论。

11. 现代古典主义宏观经济学认为，预期到的货币政策不产生实际效应。新古典主义宏观经济学认为，预期到的财政政策也不产生实际效应。将这两种假设明确地纳入卢卡斯—萨金特—华莱士模型的分析。根据该模型，对于预期到的债券融通的赤字效应、预期到的货币融通的赤字效应，你将得到什么结论呢？详细说明用来检验你的结论的有效性的方法和估计方程。

12. 考察包括以下结构的经济情况。

总需求：$y_t = M_t - P_t + \mu_t$ （数量论式的方程）

总供给：$y_t = y_t^f + \gamma(P_t - P_t^e) + \eta_t$

其中，各符号具有通常的含义并取对数形式，μ 和 η 是随机误差。

预期以如下某种可供选择的方式形成。

(a) 理性预期：$P_t^e = E_{t-1} P_t$

(b) 适应性预期：$P_t^e - P_{t-1}^e = (1-\lambda)(P_{t-1} - P_{t-1}^e)$

(1) 理性预期假定下，解出 P_t 和 y_t（以货币供给和随机冲击等表示）。

(2) 适应性预期假定下，解出 P_t 和 y_t（以货币供给等表示）。

(3) 对这两种预期假说，推导出价格水平对单位货币供给变化做出反应的时间路径。

(4) 对这两种预期假说，推导出实际产出对单位货币供给变化做出反应的时间路径。

(5) 讨论这两种假说关于货币政策对实际产出和价格影响的不同含义。

13. 考察如下模型。

总供给：$y_t = \gamma(P_t - E_{t-1} P_t) + \gamma(P_t - E_{t-2} P_t)$

总需求：$y_t = M_t - P_t + \mu_t$

$\mu_t = \mu_{t-1} + \eta_t$

其中，y、P 和 M 都具有通常的含义并取对数形式；η 是均值为零且方差为 σ^2 的序列不相关误差项。

(1) 你如何证明上述总供给函数是合理的，它与卢卡斯供给函数有何区别？

(2) 假设中央银行在安排货币供给时能观察到 μ_{t-1} 但观察不到 μ_t。此时系统性货币政策有效吗？

(3) 考虑到（2）的情况，假设中央银行要安排货币供给以实现其产出对其充分就业水平的方差 $E_{t-1}(y_t-y^f)^2$ 最小化，它将会实施怎样的货币政策呢？

(4) 如果（3）中的货币政策经常被采用，有什么能够运用计量经济证据的方法，把这一经济模型中的时间路径与包括卢卡斯供给函数的经济模型的时间路径区分开来呢？

14. 假设经济情况如下所述。

总供给函数：$y_t = y^f$

总需求和财政政策函数：

$$y_t = \alpha_0 + \alpha_1(M_t - P_t) + \alpha_2 E_{t-1}(P_{t+1} - P_t) + \alpha_3 z_t + \mu_t \quad \alpha_1, \alpha_2, \alpha_3 > 0$$

$$z_t = \gamma_0 + \gamma_1 z_{t-1} + \eta_t$$

货币供给函数：$M_t = M_0 + \nu_t$

其中所有的变量都取对数的形式。μ，η 和 ν 表示随机扰动项，y，M 和 P 表示通常的含义，z 为实际财政变量。

请求得 y_t 和 P_t 之间的均衡解。名义货币供给 M_0 的系统性变化或者被预期到的变化是如何影响 y_t 和 P_t 的？未被预期到的名义货币供给 M_0 的变化如何影响 y_t 和 P_t？被预期到的和未被预期到的财政变量的变化如何影响 y_t 和 P_t？

15. 假设复习讨论题 14 中所描述的经济模型中的产出供给并没有达到充分就业的水平，而是取决于需求的变动。据此，重新回答复习讨论题 14 中的问题。

16. 假设复习讨论题 14 中所描述的经济模型中的供给函数变为以下形式：

$$y_t = y^f + \gamma(P_t - E_{t-1}P_t) \quad \gamma > 0$$

据此，重新回答复习讨论题 14 中的问题。

17. 假设复习讨论题 14 中所描述的经济模型中的价格固定在 $\underline{P}$ 水平上（为模型加入固定价格因素，将其与前文所述的变动价格模型进行比较）。据此，重新回答复习讨论题 14 中的问题。

18. 详细描述泰勒规则的三种形式（后顾性规则、当期规则和前瞻性规则），并分别讨论其有效性。为什么新兴凯恩斯主义模型中所包含的前瞻性规则形式的有效性要差于其他规则形式，尤其是差于后顾性规则形式呢？

19. 假设包含价格黏性的新兴凯恩斯主义菲利普斯曲线的一般动态形式为

$$\pi_t = \beta E_t \pi_{t+1} + \alpha(u_t - u^n) + \nu_t$$

其中，π 表示通货膨胀率，u 表示失业率，u^n 表示自然失业率，$\nu_t = \rho \nu_{t-1} + \eta_t$，$\eta$ 是随机变量，其均值为零，方差为常数。Mankiw（2001）认为，通货膨胀和失业之间的这种关系是无效的，二者之间有效关系的一般形式应该使用后顾性通货膨胀率，其相应的表达式变为

$$\pi_t = \beta \pi_{t-1} + \alpha(u_t - u^n) + \nu_t$$

这一表达式与原始菲利普斯曲线一致吗？运用包含黏性信息的模型对此进行理论意义上的解释，并对其理论贡献进行客观评价。

20. 假设新兴凯恩斯主义模型所包含的泰勒规则和菲利普斯曲线的前瞻性形

式的有效性普遍较差，尤其是相对于其后顾性简化形式，试讨论新兴凯恩斯主义对凯恩斯主义理论进行的改革是否被证明是失败的呢。如果是这样的，新兴凯恩斯主义理论中的某些要素是否需要进行进一步的深入研究呢？

参考文献

Ball, L. "Policy rules for open economies." In J. B. Taylor, ed., *Monetary Policy Rules*. Chicago: Chicago University Press, 1999.

Ball, L. "Policy rules and external shocks." *NBER Working Paper* No. 7910, 2000.

Ball, L., and Mankiw N. G. "A Sticky-Price Manifesto." *Carnegie Rochester Series on Public Policy*, 41, 1994, pp. 127 – 151.

Barro, R. J. "Unanticipated Money Growth and Unemployment in the United States." *American Economic Review*, 67, 1977, pp. 101 – 116.

Bernanke, B. S., and Woodford, M. "Inflation forecasts and monetary policy." *Journal of Money, Credit and Banking*, 29, 1997, pp. 653 – 684.

Bullard, J. and Keating, J. W. "The long-run relationship between inflation and output in postwar economies." *Journal of Monetary Economics*, 36, 1995, pp. 477 – 496.

Chu, J., and Ratti, R. A. "Effects of unanticipated monetary policy on aggregate Japanese output: the role of positive and negative shocks." *Canadian Journal of Economics*, 30, 1997, PP. 722 – 741.

Clarida, R., Gali, J. and Gertler, M. "The science of monetary policy: a new Keynesian perspective." *Journal of Economic Literature*, 37, 1999, pp. 1661 – 1707.

Cover, J. P. "Asymmetric effects of positive and negative money shocks." *Quarterly Journal of Economics*, 107, 1992, pp. 1261 – 1282.

Depalo, D. "Japan: the case for a Taylor rule? A simple approach." *Pacific Economic Review*, 11, 2006, pp. 527 – 546.

Friedman, M. and Schwartz, A. J. *A Monetary History of the United States, 1867 – 1960*. Princeton, NJ: Princeton University Press, 1963.

Frydman, R., and Rappoport, P. "Is the distinction between anticipated and unanticipated growth relevant in explaining aggregate output?" *American Economic Review*, 77, 1987, pp. 693 – 703.

Gali, J. "How well does the IS – LM model fir post-war U. S. data?" *Quarterly Journal of Economics*, 107, 1992, pp. 709 – 738.

Gali, J. and Gertler, M. "Inflation dynamics: a structural econometric analysis." *Journal of Monetary Economics*, 44, 1999, pp. 195 – 222.

Levin, A. T., Wieland, T. V. and Williams, J. C. "Robustness of simple monetary policy rules under model uncertainty." In J. B. Taylor, ed. , *Monetary Policy Rules*. Chicago: University of Chicago, 1999, pp. 263 – 299.

Levin, A. T. , Wieland, T. V. and Williams, J. C. "The performance of forecast-based monetary policy rules under model uncertainty." *Federal Reserve System Working Paper* no. 2001 – 39, 2001.

Lucas, R. E. , Jr. "Expectations and the Neutrality of Money." *Journal of Economic Theory*, 4, 1972, pp. 103 – 124.

Lucas, R. E. , Jr. "Some International Evidence on Output-Inflation Tradeoffs." *American Economic Review*, 63, June 1973, pp. 326 – 334.

Lucas, R. E. , Jr. "Comments on Ball and Mankiw." *Carnegie-Rochester Series on Public Policy*, 41, 1994, pp. 153 – 155.

Lucas, R. E. , Jr. "Nobel Lecture: Monetary Neutrality." *Journal of Political Economy*, 104, August 1996, pp. 661 – 682.

Mankiw, N. G. "The inexorable and mysterious tradeoff between inflation and unemployment." *Economic Journal*, 111, 2001, pp. C45 – C61.

Mankiw, N. G. , and Reis, R. "Sticky information versus sticky prices: a proposal to replace the new Keynesian Phillips curve." *Quarterly Journal of Economics*, 117, 2003, pp. 1295 – 1328.

Mankiw, N. G. , and Reis, R. "Pervasive stickiness." *American Economic Review*, 96, 2006a, pp. 164 – 169.

Mankiw, N. G. , and Reis, R. "Sticky information in general equilibrium." *NBER Working Paper* no. 12605, 2006b.

Maria-Dolores, R. and Vazquez, J. "How does the new Keynesian monetary model fit in the U. S. and the Eurozone? An indirect inference approach." *Topics in Macroeconomics*, 6, 2006, article 9, pp. 1 – 49.

Mishkin, F. S. "Does Anticipated Aggregate Demand Policy Matter? Some Fur ther Econometric Results." *American Economic Review*, 72, September 1982, pp. 788 – 802.

Mosser, P. "Changes in Monetary Policy Effectiveness: Evidence from Large Macroeconomic Models." *Federal Reserve Board of New York Quarterly Review*, 17, Spring 1992, pp. 36 – 51.

Dudd, J. , and Whelan, K. "Can rational expectations sticky prices models explain inflation dynamics?" At www. Federalreserve. gov/pubs/feds/2003/200346, 2003.

Sargent, J. , and Wallace N. "Rational Expectations and the Theory of Economic Policy." *Journal of Monetary Economics*, 2, April 1976, pp. 169 – 183.

Wang, S. , and Handa, J. "Monetary policy under a fixed exchange rate regime: empirical evidence from China." *Applied Financial Economics*, 17, 2007, pp. 941 – 950.

第18章　瓦尔拉斯法则与各种市场之间的相互作用

　　瓦尔拉斯法则是宏观经济分析的基础，也是表述IS-LM模型的基础，本章将集中对其进行讨论。IS-LM模型涉及四种商品，即产品、货币、债券和劳动，但只明确分析了其中的三种。本章详细考察了瓦尔拉斯法则（以及萨伊定律）的理论基础及其在市场非均衡中的有效性。随后，我们分析了，瓦尔拉斯法则和萨伊定律对实体经济部门和货币经济部门之间二分法的联合影响以及货币中性问题。

　　庇古效应和实际余额效应讨论了价格波动、金融资产价值和实际余额价值的变动对产品需求分别产生的影响。在关于低于充分就业水平的经济运行能否恢复充分就业的均衡状态的学术争论中，庇古效应和实际余额效应起到了关键的作用。本章考察了它们的特征及其相关的实证研究。

　　在此基础上，本章分析了有效的克洛尔（Clower）和德雷兹（Drèze）供求函数以及理论意义上的供求函数。

本章引入的关键概念

- ◆ 法则或定律与均衡条件
- ◆ 瓦尔拉斯法则
- ◆ 萨伊定律
- ◆ 实物部门与货币部门之间的二分法
- ◆ 庇古效应
- ◆ 实际余额效应
- ◆ 理论意义上的供求函数

◆ 克洛尔（Clower）有效供求函数
◆ 德雷兹（Drèze）函数

到目前为止，经济学中只有很少的命题可以毫无争议地被称为"法则"（或"定律"），其中就有瓦尔拉斯法则和萨伊定律。前者说明的是对经济中所有商品的约束，后者说明的只是对产品市场的约束。本章将考察封闭经济条件下的瓦尔拉斯法则，但是这些论点可以很容易地被扩展到开放经济。

经济学中值得被称为"法则"（或"定律"）的陈述必然要多于行为关系或均衡条件（它们在某一国家的某一时间不一定成立），否则，就没有特别的理由赋予其"法则"这种带有强制性内涵的特殊术语了。因此，虽然经济学中可能存在许多定义什么是法则的方法，但是我们对法则的定义是指，在任何条件下都成立的陈述（因此具有一致性），或者即使放宽一些，它也必须是接近这种应用程度的陈述。微观经济学中具有这种性质的陈述可谓凤毛麟角，更不用说宏观经济学或货币经济学了。① 古典主义经济学派坚称，瓦尔拉斯法则是这一极端选定组中的一个。但是，正如我们在后面的第18.8节所要讨论的那样，人们对是否能够将瓦尔拉斯法则称为一项"法则"（或"定律"）仍存在诸多犀利的、有理有据的争论。尤其是，当瓦尔拉斯法则用于经济的一般均衡状态时，其关于价格、工资和利率的动态分析的含义不一定总是有效的。因此，我们得出结论：瓦尔拉斯法则并不是一个恒等式，因此，并不能被称之为"法则"（或"定律"）。

萨伊定律认为，产品供给创造与之相等的产品需求。本章的讨论显示，在包括金融资产的现代经济模型中，萨伊定律的恒等式并不成立，因此它很明显不能成为现代经济的一个"法则"（或"定律"）。因此，我们不能将萨伊定律视为任何一个现代宏观经济分析的一部分。

第18.1节至第18.3节介绍了瓦尔拉斯法则的推导过程及其含义。第18.4节考察了萨伊定律并发现它并不适用于货币经济。第18.5节讨论了瓦尔拉斯法则和萨伊定律共同假设货币中性以及采取实体部门和货币部门二分法的意义。第18.6节和第18.7节介绍了财富效应和实际余额效应，这两个概念在第3章中关于经济的瓦尔拉斯一般均衡模型的讨论中已经提到过。第18.8节至第18.12节考察了瓦尔拉斯法则不成立的条件，以及这一法则不成立的政策含义。

18.1 瓦尔拉斯法则

瓦尔拉斯法则是指对于任何经济，在任一既定时期内，被需求的所有商品的

---

① 另一个有时被建议称为"法则"（或"定律"）的是"一价定律"，其是指在国际贸易中，不同国家之间的绝对购买力平价。但是，"一价定律"经常通不过实证检验，因此它不能真正地被称为"法则"（或"定律"）。还有一个经常被标榜为"法则"（或"定律"）的是"产品的需求曲线向下方倾斜"。但是，其不适用于许多产品，例如对富裕阶层具有吸引力的产品（如高档、稀奇或进口产品）的需求曲线是向上方倾斜的。因此，这一主张并非是恒等式，不能真正地被称为"法则"（或"定律"）。

市场价值总额必须等于被供给的所有商品的市场价值总额。就封闭经济而言①，我们在本章中对"商品"的定义与以前章节的定义一样，即指产品、货币、劳动（或闲暇）以及非货币金融资产（债券）。

为直观地解释纯交换经济中的瓦尔拉斯法则，我们首先讨论个人对商品需求的约束条件。假定个人最初持有一些产品、货币和债券②，并且这些商品的按当期市场价格计算的总名义值表示他所拥有的名义财富 ψ。他还想供给一些劳动，按当期工资率计算的名义劳动收入等于 Y。假定他用这些收入换取他想在当期持有或使用的产品、货币和债券③，那么他最初持有的商品总值 ψ 加上劳动收入 Y 必须等于他用于产品、货币和债券的总支出。由于个人购买产品、货币和债券的总支出一定等于 $[\psi+Y]$，故对这三种商品中的某一种的需求，可以通过从 $[\psi+Y]$ 中减去他对另外两种商品的支出而得到。

现在我们把经济中的所有个人加总，那么商品（包括劳动）的最初持有总量加上当期国民产出就等于这些商品的供给，而花费在这些商品上的总支出就是需求量的价值。此外，被需求的所有商品的总价值必须等于被供给的所有商品的总价值。这就是瓦尔拉斯法则，也是从总量角度上讲的个人预算约束。该法则通常被简化为如下陈述：经济中所有商品的供给必须等于所有商品的需求。

推导包括五种商品的经济的瓦尔拉斯法则

在此，我们证明包括政府部门在内的涉及五种商品（产品、货币、债券、股票和劳动）的封闭经济条件下的瓦尔拉斯法则。④ 瓦尔拉斯法则的基本假定是：所有商品都没有"闲置的"（即理性的经济人不会置它们于不管），因而生产出来的或者过去留下来的商品要么被消费掉，要么被需求并用于一些其他用途（诸如以产品的形式进行储藏以备将来之需），要么用于换取货币或者债券。假定封闭型经济中包括三个经济主体——家庭、企业和政府（包括中央银行），因而在分析中要考虑几个预算约束。接下来，我们首先分别描述预算约束的情况，然后逐一解释预算约束方程中的字母所代表的含义。

1. 家庭的预算约束。

家庭的预算约束是指家庭用于所购买的所有商品（产品、货币、债券和股票）的支出必须等于其可获得的资金，包括初始商品禀赋、劳动收入以及从企业已分配利润中得到的收益。因此其表达式为

$$p_c c^{dh} + p_c m^{dh} + p_b b^d + p_e e^d \equiv p_c \underline{c}^s + \underline{M}^h + p_b \underline{b}^s + p_e \underline{e}^s + Wn^s + \pi^{dis} \quad (1)$$

2. 企业的预算约束。

企业面临着三个预算约束。第一个预算约束是指，企业通过产品销售（或者

---

① 在开放经济中，还存在另一种商品，即由私人部门和公共部门所持有的外汇。
② 债券持有量可能是正的（使个人成为净贷款人），也可能是负的（使个人成为净借款人）。
③ 我们已经做出假设，个人是劳动服务的供给者，企业是劳动服务的购买者。
④ 在接下来的分析中，我们假设商品中包括货币、债券和股票三种金融产品，用以说明对于股票的不同处理方式并不会违背瓦尔拉斯法则。在此需要注意的是，在本书后面的部分以及货币经济学中，"债券"通常包括所有的非货币资产，因此也包括股票。

卖给家庭用于消费，或者卖给其他企业用于投资，或者卖给政府）和新发行股票所获得的资金必须等于其用于雇佣劳动和企业投资基金、货币持有或者利润分配的资金之和。第二个预算约束是指，企业的总利润可以进行分配，也可以作为留存收益/未分配利润。第三个预算约束是指，企业用于投资的基金必须来自留存收益和新发行的股票收益。企业的三个预算约束可分别表示为

$$p_c(c^{sh}+i+g)+p_e(e^s-\underline{e}^s)+\underline{M}^f \equiv Wn^d+p_c i+p_c m^{df}+\pi^{dis} \tag{2}$$

$$\pi \equiv \pi^{dis}+\pi^{undis} \tag{3}$$

$$p_c i \equiv \pi^{undis}+p_e(e^s-\underline{e}^s) \tag{4}$$

3. 政府的预算约束。

政府的预算约束是指，政府必须通过增发货币和发行债券的方式来弥补财政赤字或者消化财政盈余，其表达式为

$$p_c(g-t) \equiv (M^s-\underline{M}^s)+p_b(b^s-\underline{b}^s) \tag{5}$$

上述五个方程中的字母所代表的含义如下：

p_c 代表产品的价格；

p_b 代表政府债券的价格；

p_e 代表股票的价格；

W 代表名义工资率（＝劳动的租金价格）；

c^{sh}代表面向家庭的产品供给

c^{sf}代表企业的产品总供给（$\equiv c^{sh}+i+g$）；

m 代表实际货币余额；

M 代表名义货币存量；

b 代表债券的数量；

e 代表股票的数量；

n 代表工人（劳动力）的数量；

$\underline{c}$ 代表现有的产品存量（由家庭持有）；

$\underline{M}$ 代表现有的名义货币存量（由家庭和企业持有）；

$\underline{b}$ 代表现有的债券存量（由政府发行，家庭持有）；

$\underline{e}$ 代表现有的股票存量（由企业发行，家庭持有）；

g 代表政府对产品的实际支出；

t 代表政府的税收收入；

i 代表企业的实际投资；

π 代表企业的名义利润总额；

π^{dis}代表企业的名义分配利润额；

π^{undis}代表企业的名义保留（未分配）利润额。

上标 d 和 s 分别表示需求和供给，上标 h 和 f 分别表示家庭和企业。下划线表明变量的值是外生给定的或是由过去留下来的。在此需要注意，$c^d \equiv c^{dh}+i+g$, $c^s \equiv c^{sf}+\underline{c}^s$，并且 $\underline{M} \equiv \underline{M}^h+\underline{M}^f$。为了简化分析，对于方程（1）到方程（5），我们设定通常的假设条件，即只有企业发行股票，并且只有政府发行债券。

需要注意的是，方程（1）到方程（5）均为恒等式，并且以符号"≡"表示。根据假设我们可知，由于理性经济人的假设，因此经济中不允许存在任何浪费，因为这么做是不理性的。这意味着

$$p_c(c^d - c^s) + (M^d - M^s) + p_b(b^d - b^s) + p_e(e^d - e^s) + W(n^d - n^s) \equiv 0 \tag{6}$$

其中，左边是对产品、货币、债券、股票和劳动的名义超额需求之和。方程（6）是瓦尔拉斯法则的一种表述方法：经济中所有商品的名义超额需求总和必须等于零。方程（6）可以用超额需求重新表述为

$$E_c^d + E_m^d + E_b^d + E_e^d + E_n^d \equiv 0 \tag{7}$$

其中，E_k^d 表示商品 k 的超额名义需求，$k=c, m, b, e, n$。

瓦尔拉斯法则和瓦尔拉斯一般均衡模型之间的区别

瓦尔拉斯一般均衡模型假设均衡存在于所有的市场中，并且所有的市场都是完全的，即完全竞争的和有效率的，因此它们总是出清的。瓦尔拉斯法则并没有体现完全竞争市场的假设，也没有体现任何一个市场或者所有的市场都是均衡的。此外，瓦尔拉斯一般均衡模型对于均衡状态的描述不是恒等式，而瓦尔拉斯法则的相应描述是恒等式。因此，瓦尔拉斯法则和瓦尔拉斯一般均衡模型的概念是完全不同的。但是瓦尔拉斯法则是所有瓦尔拉斯一般均衡模型的必要条件，也是经济中其他模型的必要条件，但是瓦尔拉斯一般均衡并非瓦尔拉斯法则的必要条件。

18.1.1 包括四种商品的宏观经济模型的瓦尔拉斯法则

在前文中，我们对债券和股票进行了区分，为的是能以更接近现实的方式去描述经济中的金融结构，并证明瓦尔拉斯法则对于这种结构的有效性。从总体上来看，我们证明了瓦尔拉斯法则适用于所有的经济情况，不受我们如何对商品进行分类的影响。由于宏观经济理论通常把企业股票和政府债券看做复合商品"债券"（详见第 13 章），在此我们也沿用这一处理方法来简化（6）式的分析。对于这种较为简单的包括四种商品的封闭经济，瓦尔拉斯法则可以用以下两种不同的方式表述：

1. $E_c^d + E_m^d + E_b^d + E_n^d \equiv 0 \tag{8}$

其中，b（债券）在此表示经济中所有非货币金融资产。方程（8）表明，四种商品的超额需求总和恒等于零。

2. 方程（8）可以改写为

$$p_c c^d + M^d + p_b b^d + W n^d \equiv p_c c^s + M^s + p_b b^s + W n^s \tag{9}$$

方程（9）表示，经济中所有商品的名义需求总和恒等于所有商品的名义供给总和。

对于包括 K 个市场的一般情况，（8）式和（9）式可以被归纳为

$$\sum_{k=1}^{K} E_k^{d} \equiv 0 \tag{10}$$

$$\sum_{k=1}^{K} x_k^{d} = \sum_{k=1}^{K} x_k^{s} \tag{10'}$$

其中，x_k 表示第 k 种商品的数量，并且经济中总共存在 K 种商品。方程（10）或方程（10′）是瓦尔拉斯法则的一般表述形式。

减缓商品的需求和（或）供给的调整速度会使短期值偏离于长期值，从而产生调整成本（Adjustment Costs），而这一调整成本不会改变瓦尔拉斯法则的推导或应用，并且将不确定性和理性预期的假设引入模型也不会影响瓦尔拉斯法则的推导或应用。然而，如果劳动市场和产品市场不是连续出清的，瓦尔拉斯法则的动态分析的有效性就会遭受质疑。我们将在第 18.8 节和第 18.10 节考察这个问题。

18.1.2 瓦尔拉斯法则对特定市场的含义

瓦尔拉斯法则本身并不是说每个市场或者任何特定市场都能实现均衡，而是说经济中的所有市场能够同时实现均衡。（10）式意味着

$$E_K^{d} \equiv -\sum_{k=1}^{K-1} E_k^{d} \tag{11}$$

其中，E_K^d 表示第 K 个市场的超额需求。（11）式表示，第 K 个市场的超额名义需求等于其他（$K-1$）个市场的超额名义需求之和的相反数，在此我们可以将任何特定商品市场指定为第 K 个市场。根据（11）式，我们可知

$$\text{如果 } E_k^{d}=0, k=1,\cdots,K-1, \text{那么 } E_K^{d}=0 \tag{12}$$

也就是说，如果 $K-1$ 个市场实现了均衡，那么第 K 个市场也能够实现均衡。（12）式有时候也被视为表示瓦尔拉斯法则的一种形式。在一般均衡分析中，（11）式和（12）式允许我们可以不用对经济中所有市场中的一个进行明确的分析。然而，在此需要注意的是，这一被忽略的市场仍然是客观存在并运行着的，但是我们把对它的分析置于了隐含的状态。并且，经济中所包括的三个市场中任何一个市场中关于三个价格（P，p_b 和 W）的解应该是相等的，而与哪个市场没有被明确纳入分析无关。此外，经济中实际变量，诸如产出、就业、消费等的一般均衡值也是相同的。

18.2 瓦尔拉斯法则与特定经济模型中的市场选择

瓦尔拉斯法则对于一般均衡分析的含义

如前文所述，根据瓦尔拉斯法则，在封闭宏观经济模型中，我们可以对四个

商品市场中的任意三个商品市场的一般均衡条件进行明确分析,从而求得整体经济的均衡解。因此,完整的宏观经济模型可以明确地给出以下四个市场组合中的任一组合的表达方程:

（Ⅰ）产品市场、货币市场和劳动市场；

（Ⅱ）债券市场、货币市场和劳动市场；

（Ⅲ）产品市场、债券市场和劳动市场；

（Ⅳ）产品市场、货币市场和债券市场。

凯恩斯采用的是市场组合（Ⅰ）,并演变为现代宏观经济学分析中常用的标准市场组合。新古典主义经济模型和现代古典主义经济模型也沿用了这一标准的市场组合。正如将在第19章进行详细阐述的,凯恩斯之前的传统古典主义经济学家们通常偏好于市场组合（Ⅱ）,其中假设债券市场取决于可贷资金理论中的利率水平;货币市场取决于数量论中的价格水平;劳动市场取决于就业水平,同时通过生产函数取决于产出水平。根据瓦尔拉斯法则,上述市场组合中的任何一个都能够得出其中所包含的内生变量的相同的一般均衡解,尽管这些市场组合中所包括的三个市场是不一样的。

瓦尔拉斯法则对于市场动态分析的含义

当不同的市场组合所得到的相关变量的一般均衡值一致时,经济分析的一般形式会使得每个市场的"价格"变量趋于一致。因此,价格水平是指所有商品的"价格",并且微观经济学分析指出,这一"价格"水平取决于商品的供求关系。其中,利率等于贷款（或者债券）的一期"价格",根据微观经济学理论,其取决于贷款（或者债券）市场的供求情况。工资率是指劳动的租金价格,根据微观经济学理论,其取决于劳动市场的供求情况。因此,没有一种"价格"来表示货币的价格,因此也就不存在单独取决于货币供给关系的价格变量。事实上,在货币经济中,可以不存在这一单独的价格变量,因为货币本身是衡量其他商品（产品、债券和劳动）价格的商品。因此,人们有时候用$1/P$来表示货币的价值（以产品单位表示）,有时候将利率作为货币的机会成本,并且凯恩斯之前的许多经济学家将货币的价值（以劳动单位表示）定义为$1/Pw$。

根据这一推导逻辑,如果要想把握现实经济中的价格、工资和利率的动态波动特征,那么经济模型必须考虑进行实证分析的可行性,即特殊产品价格的初始波动只对这一产品市场的超额需求做出反应。这一产品的价格不对其他产品的超额需求做出反应,除非这些产品的需求对这一特定产品的超额需求产生溢出效应。因此,在动态分析中,合理的假设条件应该是

$$\partial P_t/\partial t = f(E_a^d)$$
$$\partial R_t/\partial t = f(E_b^d)$$
$$\partial W_t/\partial t = f(E_n^d)$$

其中,R表示债券的名义收益。这些动态函数似乎与有关市场中价格调整的一般直观感受和经济传闻相一致。近年来,有关价格水平和利率的动态分析的多数研

究都遵循了这种模式,也就是说,价格水平波动是商品市场非均衡的函数,利率波动是债券市场非均衡的函数。① 因此,就动态分析而言,理想的总体宏观经济模型应该把产品市场、劳动市场和债券市场纳入分析框架,而将货币余额市场排除在外。②

18.3 瓦尔拉斯法则和连续性充分就业的假设

如果假定劳动市场持续(总是)处在均衡状态,因而 $n^d = n^s = n^f$,其中 n^f 表示充分就业,因此(8)式可以改写为

$$E_c^d + E_m^d + E_b^d \equiv 0 \tag{13}$$

(13)式所暗含的基本假设是,劳动市场的均衡是连续的(因此 $E_n^d = 0$),而商品市场、货币市场和债券市场的均衡是不连续的。实际上,在金融市场发达的经济中,最合理的假设似乎是:货币市场和债券市场能以最快的速度做出调整,从而能够消除任何非均衡的状态。对于产品市场和劳动市场,劳动市场的调整速度最慢,因为劳动市场有一个特点,即企业和雇员之间签有长期的显性或隐性合同。实际上,劳动市场能否在合理的较短时期内达到出清,就构成了凯恩斯主义和现代古典主义两大经济学派争论的主要焦点,更不用说市场是否持续出清。

因此,(13)式中的基本假设——劳动市场连续出清(而商品市场、货币市场和债券市场不连续出清),作为宏观经济分析的基础是很有问题的。不过,虽然该假定能否成立值得商榷,但却经常被使用,第14章中的现代古典主义模型对此进行了说明。

18.4 萨伊定律

萨伊定律是萨伊(Jean-Baptiste Say)在19世纪前25年的研究成果③,其被认为是传统(前凯恩斯主义)古典主义宏观经济模型的一大支柱。它通常被表述为"供给创造其自身的需求"。④ 由于这一表述仅指经济中的产品而非其他商品,并且只适用于所有商品的总量分析,所以它可以被更准确地表述为:商品的总供

---

① 可参考 Shaller(1983)。Shaller(1983)关于价格和利率的动态分析将价格和利率的波动归因于产品市场方程和债券市场的失衡,而不是产品市场和货币市场的失衡。
② 第19章中关于利率水平决定的讨论中还会对这一点进行阐述。
③ 鲍莫尔(1999)指出,"萨伊定律"这一名称出现于20世纪初期,针对的是萨伊作为一个宣言者的思想,但是这些思想不是萨伊的首创思想。并且,萨伊和拥护这些思想的其他作者从来没有将其称为"定律"。
④ 鲍莫尔(1999)指出,是凯恩斯提出了这一表述方式,并且指出"充其量凯恩斯没有对其做出完全正确的表述(p.195)"。鲍莫尔(1999)将关于萨伊定律的表述归功于 Oskar Lange(1942)。

给创造其自身的总需求。

在许多传统古典主义模型的阐述中,都可找到萨伊定律的影子。它不仅可在萨伊的著作中找到,而且也可在18世纪末期的亚当·斯密(Adam Smith)[①]、李嘉图(David Ricardo)、密尔(John Stuart Mill)、马歇尔(Alfred Marshall)以及其他经济学家的著述里找到。我们在第1章中对萨伊定律[②]进行了一些讨论,在此我们有必要对其进行一下回顾。萨伊定律的一般含义是,在封闭经济中,既不存在对商品的超额需求,也不存在对商品的超额供给。萨伊定律的核心推理过程是,全部的储蓄都被转化成投资而不是转化为货币的持有,因为投资能够产生正的收益而货币持有不会带来正的收益。[③]

"商品的供给创造了其自身的需求"这一表述包括两个组成部分:一个是从供给到需求的因果关系,另一个是它们的数量相等。就前者而言,推理过程如下:商品的供给创造了收入,收入的接受者又必定把这些收入花费在商品上,于是商品总供给的任何增加,都会创造出对这些商品总需求的相应增加。在包括商品市场、货币市场和债券市场的经济中,这一推理过程是不成立的,因为收入增加中一部分或全部被用于货币或债券持有量的增加,因此商品总供给的增加只能创造出较少数量总需求的增加。相反,如果理性经济人选择减少货币或债券的持有量,以增加他们对商品的需求,那么,商品总需求的增加将会在没有相应的供给预先增加的情况下出现。因此,在现代经济中,萨伊定律背后所隐含的因果推理过程是不成立的。

如前所述,经济学不用"法则"(或"定律")这一词来描述均衡条件,否则债券市场、货币市场和劳动市场的均衡条件就都被称为"法则"(或"定律")了。实际上,这些市场均衡条件从来没有被称为"法则"(或"定律")。类似地,将萨伊定律解释为一种均衡条件不足以将其称之为"法则"(或"定律")。因此,我们接下来将萨伊定律视为一种恒等式。也就是说,萨伊定律可以被解释为:在总量水平上,产品总需求总是等于其总供给,因果关系只适用于从供给到需求的情况,而不适用于从需求到供给的情况。

在只存在产品交换的原始(物物交换)经济中,关于瓦尔拉斯法则的阐述可以被简化为:用于产品购买的总支出必须等于产品销售的总收入。也就是说,在这种经济情况下,瓦尔拉斯法则意味着,产品的供求总是相等的,这与萨伊定律是一致的。因此,在这一原始经济中,萨伊定律可以从经济的总预算约束中推导出来,推导方法是把所有经济单位的预算约束加总。在此需要注意的是,根据假设,金融资产被排除在这种经济之外,因而商品与任何金融资产(货币和债券)

[①] 例如,李嘉图写道:"每年储蓄的部分正是通常所消费的部分,也正是每年的支出部分,并且几乎发生在同一时期……个人储蓄几乎被他自己或者其他个人迅速用做资本……消费是同质的,但是消费者是异质的。"

[②] 目前,关于萨伊定律的归属问题以及萨伊定律是否准确地反映了萨伊及其他后继作者的观点,仍存在争论。在本教材中,我们关注的不是萨伊定律的历史归属问题,也不是该定律是否准确地反映了萨伊及其同期作者的观点,而是考察其政策含义和有效性。

[③] 根据第5章关于投机性需求以及第6章关于货币的调节性存货储备的讨论,这一推理过程对于货币经济是不成立的。

之间的替代也就被排除在外了。

相反，如果在某经济中，金融资产和商品同时存在，并且在二者之间存在一定程度的替代性，那么萨伊定律是不成立的。因此，萨伊定律不能有效地用于现代经济分析，因为现代经济所有交换的商品中都少不了货币和债券。①

萨伊定律的一些无效含义

由于萨伊定律不适用于货币经济，因此如果把它强行应用于货币经济的分析，将会导致一些对于货币经济来说是可疑的和不合理的结论。接下来我们列举一些此类结论。

1. 根据萨伊定律，无论产品的价格水平如何，产品市场总是出清的，所以我们可知

$$y^d(P_0) \equiv y^s(P_0)$$

以及

$$y^d(\lambda p_0) = y^s(\lambda p_0)$$

对于任意 $\lambda > 0$ 都是成立的。因此，就商品部门来说，价格水平变得不确定了：在 p_0 所表示的价格水平上，商品市场实现均衡状态，并且超额需求为零，在 λp_0 所表示的任何价格水平上也是如此。因此，要决定价格水平，还必须有额外的信息。②

2. 萨伊定律指出，无论价格水平如何，产品的总需求总是等于其总供给。那么，价格水平不受产品市场波动的影响。例如，投资、出口、财政赤字等的增加会导致总需求增加，但是不会提高价格水平，这有悖于我们的直觉以及几乎任何一个宏观经济模型的政策含义。

3. 萨伊定律指出，产品的总需求总是等于其总供给，而与经济中的利率和收入水平无关。因此，在 IS - LM 模型中，IS 函数（曲线）会横跨整个 (r, y) 空间，而不仅仅是一条斜率为负的曲线。③ 在这种形状的 IS 曲线的假设条件之下，IS - LM 分析或者 IS - IRT 分析可能没有任何意义。实际上，在这种情况下，大多数现代宏观经济理论都将被排除在外。

总之，有许多理由可以反对将萨伊定律的强形式（即将萨伊定律视为恒等式）应用于货币经济。

---

① 有些经济学家将萨伊定律的弱形式定义为：在市场均衡中，商品的总需求等于它们的总供给。这种将萨伊定律定义为一种均衡条件的说法是不严格的，而且只说明了宏观经济分析中的 IS 函数方面。因为它仅仅是一个均衡条件，因此当它不满足时，市场就会存在非均衡的可能性。在商品市场失衡的情况下，经济中有时（但不是通常）可能会出现商品的总需求等于其总供给的情况。按这种方式解释，萨伊定律不应被称为"定律"，因为我们并没有把货币市场、债券市场、劳动市场或外汇市场（或者诸如苹果之类的微观经济市场）的均衡条件称为"定律"或"法则"。

② 传统的古典主义学派遵循了这一决定过程，并运用数量论描述了价格水平的决定。为此，它对萨伊定律做了一些补充，即 $M = P \cdot m^d = P \cdot m_y y = m_y Y$，其中 y 表示充分就业的产出水平。因此，瓦尔拉斯法则、萨伊定律和数量论之间在逻辑上是一致的，如果这种一致性不存在，就会影响它们各自的有效性和作为集合存在的有效性。

③ 此外，如果经济中只存在一种产品——货币，那么如前所述，根据瓦尔拉斯法则和萨伊定律，无论利率水平和收入水平如何，货币需求也总是等于其供给。因此，在这种情况下，LM 曲线也将横跨整个 (r, y) 空间。

18.5 瓦尔拉斯法则、萨伊定律以及实体部门与货币部门之间的二分法

如果实体部门的供求函数不受名义变量，诸如价格水平、通货膨胀、名义利率以及超额货币和债券市场需求等的影响，实体部门（产品）和金融部门（货币和债券）之间就存在二分法（分离）。在这种情况下，名义变量的任何变化都不会影响实际变量的波动。

单独的萨伊定律意味着，产品的需求总是等于其供给，并且与货币和债券的数量以及价格水平无关。经济中的"实物"体系，只涉及产品的供求情况以及相对价格，而与金融现象无关。于是，在这种经济中，实体部门与金融部门之间就存在二分法（分离）。第3章曾经在宏观经济模型的一般均衡分析中对这种二分法进行了推导，其假设条件是，供求函数是理论意义上的，并且在任何价格水平下都具有零阶齐次性，而不是在任何价格水平和初始禀赋条件下都具有零阶齐次性。这里的二分法推导与前文的推导过程有关，但是视角不同，萨伊定律本身体现了产品供求函数在任何价格水平下都具有零阶齐次性。如第3章所示，这种二分法不存在于包括货币和债券的现代金融经济中。

此外，又如第3章所述，根据财富效应和实际余额效应，价格水平变化改变个人的实际金融财富（包括债券和货币余额），不仅能改变其对实际货币余额和债券的需求，还会改变其对产品的需求。当价格水平不变，但是货币供给增加影响到个人和整个经济（私人部分）的财富的情况下，也会产生这些效应。因此，通过财富效应和实际余额效应传导机制，产品部门和货币现象之间彼此相互作用，因此实物部门与货币部门之间也就不存在二分法。尽管第13章和第14章对财富效应和实际余额效应进行了阐述，但我们在此还要再次对其进行简要说明。

18.6 财富效应

财富实际价值的变化会对家庭的产品需求产生财富效应，因为个人的需求取决于其初始禀赋（即财富）的情况。这一初始禀赋包括家庭和企业所持有的货币余额和债券，其初始价值是名义的，因此产品价格的变动会改变初始禀赋的实际价值。

在20世纪四五十年代的凯恩斯主义学派与其批评者的争论过程中，庇古提出了财富效应。他认为，如果总需求低于充分就业的产出水平，价格就会下降并增加财富的实际值，继而会增加消费，从而增加总需求，最终使经济实现充分就业的均衡。这种价格波动对财富实际价值的影响，以及财富实际价值变化对消费

的影响就是所谓的庇古效应。① 庇古效应的运行原理如下：如果经济中存在需求不足的现象，那么价格将会下降，从而增加家庭财富的实际价值，这又会增加消费，继而增加总需求，这一过程一直持续到需求不足的现象彻底消除为止。在宏观经济模型框架中，庇古效应的成立在很大程度上要求其他的经济条件保持不变，而这一点在需求不足的经济中通常是不存在的。实际上，在他的后期作品中，庇古指出，总需求的下降不仅导致价格水平的下降，还可能同时导致企业破产和通货紧缩，从而导致实际财富缩水而不是增加，因此总需求将会下降而非增加。② 由此，原始的需求不足更有可能导致经济衰退，而不是恢复到充分就业的均衡水平。因而，当我们将庇古效应作为一种分析工具时，其作为一种工具而使需求不足的经济情况恢复到充分就业的均衡水平的实际重要性和有效性是值得怀疑的。

一般来说，当经济主体持有资产的名义价值发生变化或者其价格相对于其他产品价格发生变化时，这些资产的实际价值会发生变动，从而产生财富效应。当前利率或者未来预期利率发生变化时，资产的名义价值和价格会发生波动。由于价格水平的波动往往伴随着（或者引发）利率水平的波动，因此货币供给和价格水平的变化会直接和间接地影响财富的实际价值。因此，货币供给和价格水平的变化都应该被纳入短期宏观经济分析。但是，产品价格波动和债券、股票和实体资产价格波动之间并不存在稳定的和可以预测的关系。目前，对于这一关系的假设充其量是非常简单的，并且反映了我们对于这一问题的严重的知识匮乏。

18.7　实际余额效应

实际余额效应是帕廷金（Don Patinkin，1965）在20世纪40年代到60年代的研究成果，我们已经在第3章和第14章对其进行了讨论。实际余额效应只是财富效应的一部分，考虑的只是由于货币余额的实际值变化所引起的实际财富变化。根据第3章的讨论，实际余额效应是指，商品总需求的变化是由个人所持有的实际货币余额变化所导致的，实际货币余额的变化则是由于价格水平变化或货币存量的外生变化所导致的。实际余额的这种变化被视为个人财富因价格变动而发生的变化的一部分。实际余额效应是商品市场和货币市场之间相互作用的结果之一，导致货币在短期中是非中性的。③ 然而，"实际余额效应"只适用于外部

---

① 可参考第3和第14章关于庇古效应的讨论。
② 第14章指出，庇古自己认为，以其名字命名的这一效应是不具有实证显著性的单纯的"玩具"。我们也采用了他的观点：产品需求的削减不仅会导致价格下降（这会增加需求），而且会更加显著地导致或者加剧企业破产，继而导致生产萎缩。因此，最终的结果可能是经济萧条，而不是恢复充分就业的均衡。
③ 很显然，实际余额效应与经济是否能够实现低于充分就业水平的均衡这一问题相关。实际余额效应是新古典主义学派经济学家和凯恩斯主义学派经济学家有关是否存在低于充分就业的市场均衡的争论的一个方面，其中新古典主义学派认为，低于充分就业的均衡是非均衡的一种形式，在这种情况下，价格会下降，从而通过实际余额效应影响总需求和产出水平。

货币（即 M_0）而不是适于内部货币（即银行储蓄存款）。实证分析表明，此效应并不显著。

18.8 瓦尔拉斯法则真的是一种法则吗？什么情况下它不成立？

本章把经济学中的"法则"（或"定律"）描述为像恒等式一样的真实存在。它必须适用于所有的经济情况，不论是最原始的经济形态还是最发达的经济形态，不论是在衰退时期还是在繁荣时期，不管在正常时期还是在动乱时期。因为瓦尔拉斯法则是一项"法则"（或"定律"），我们应该不能够举出任何不服从瓦尔拉斯法则的经济状态的案例，不管其在现实中是普遍的还是罕见的。在第 18.1 节中，瓦尔拉斯法则是根据经济主体的预算约束推导出来的。可是，如果经济中还存在其他约束，情况将会怎样？特殊形式的额外约束会损害瓦尔拉斯法则的有效性吗？本章以下部分将考察经济中的需求对企业能售出的现实产品数量、家庭能售出的现实劳动数量以及家庭购买的产品实际数量的约束的政策含义。

18.8.1 直觉：经济衰退期会违背瓦尔拉斯法则

目前，在金融市场发达的经济体，货币和债券市场是非常有效率的，从而在金融市场开放的条件下，货币和债券市场的调整是连续的（每时每刻），因此为了进行分析，我们假设货币和债券市场存在持续的均衡。也就是说，会连续地实现 $E_m^d = E_b^d = 0$。因此根据（8）式我们可以得到

$$E_c^d + E_n^d = 0 \tag{14}$$

由此

$$E_c^d = -E_n^d \tag{15}$$

因此，不论什么时候，只要市场中存在劳动的超额供给，就一定会存在正的产品超额需求。从实际意义上来说，（15）式表明，在经济萧条时期，失业会增加，因此有 $E_n^d < 0$。但是，在经济周期的萧条阶段，企业的确会抱怨，其产品需求不断下降，因此对其产品的需求不足以使就业维持在萧条之前的水平，因此 $E_c^d < 0$。也就是说，在萧条时期，劳动和产品的超额供给会同时发生，因此有 $E_c^d + E_n^d < 0$。这一结果与（14）式相冲突，因此瓦尔拉斯法则在是否应该被称为一项"法则"（或"定律"）方面遭到质疑，并且其在经济萧条时期，对于金融发达市场经济体的有效性也遭到质疑。这是对瓦尔拉斯法则的一项强有力的反驳，我们接下来将进一步考察其推理过程。

我们运用凯恩斯主义理论中的两种情况（Clower，1965，1969；Leijonhufvud，1967，1968），来考察当产品市场和劳动市场存在超额供给时，瓦尔拉斯法则的有效性。这两种情况均假设经济中存在有效率的金融市场，因此在封闭经济

条件下，货币市场和债券市场上存在持续的均衡。

劳动市场中的失业

就 Leijonhufvud 的论证来看，其分析始于，当有效的金融市场能够确保货币市场和债券市场中存在持续均衡时，瓦尔拉斯法则的以下表达式：

$$E_c^d = -E_n^d \tag{16}$$

现假定经济冲击导致非自愿失业的出现。这意味着市场中存在着超额劳动供给，即 $E_n^s > 0$（也即 $E_n^d < 0$），因此根据瓦尔拉斯法则，产品市场中必定存在正的超额供给。也就是说，企业对失业率上升所做出的反应是扩大生产或者提高其产品价格。这是违背现实情况的，根据经济学家们通常的解释，失业率的上升是经济萧条或者潜在萧条的一个指标，因此他们预测企业的生产会趋于萎缩。

接下来让我们凭直觉对合理的和理性的家庭和企业的微观行为进行常规分析。由于与 E_n^s 相对应的失业工人没有任何收入，如果他们是理性的，那么他们的支出就会低于他们被雇用时的支出水平。假设消费支出水平的这一下降是既定不变的，商品市场就会存在超额产品供给，如果企业能够销售完所有它们所愿意销售的产品数量，那么产品的超额供给将取决于企业愿意提供的产品数量。在这种可能发生的情况下，我们有

$$E_c^d < 0 \text{ 和 } E_n^d < 0$$

因而

$$E_c^d + E_n^d < 0 \tag{17}$$

(17)式与瓦尔拉斯法则的政策含义是相矛盾的，因为按照瓦尔拉斯法则，在货币市场和债券市场均有效，并且进行持续调整从而实现均衡的条件下，我们一定能够得到 $E_c^d + E_n^d \equiv 0$。如果我们认为上述情况是合理的，经济中存在劳动超额供给，但是任何市场上都没有相应的超额需求出现，那么这就违背了瓦尔拉斯法则。因此，瓦尔拉斯法则并非一个恒等式，也就不能被称为一个法则：当所有市场都实现均衡状态时它是成立的，而当劳动市场中存在失衡现象时它是不成立的。

在这种情况下，我们要修正瓦尔拉斯法则需要什么条件呢？修正瓦尔拉斯法则所需要的假定是，失业工人继续按照他们被雇用时所获得的实际收入来进行消费。但是，家庭的这种行为是不合情理的，也是非理性的，并且违背理性预期的假设前提。① 或者，瓦尔拉斯法则的修正要求假设，企业继续向停止雇用的工人支付工资。但是，这种假定对于企业来说，同样不合情理，也是非理性的，并且违背适用于企业的理性预期的假设前提。

表18—1总结了前面所讨论的结论，这些结论都是基于货币市场和债券市场均是有效率的这一前提假设条件，因此，货币市场和债券市场的超额需求和非自愿失业均连续为零。

---

① 理性预期假设要求，理性经济人根据所有可以获得的信息进行决策。在目前的情况下，工人知道他们在失业的情况下不会有任何工资收入，因此他们不得不削减他们的消费支出。

表 18—1　　　　　　　　瓦尔拉斯法则与劳动超额供给

	E_n^d	E_c^d	E_m^d	E_b^d	$\sum_i E_i^d$
瓦尔拉斯法则	$<0 \Rightarrow$	$E_c^d = -E_n^d$ $E_c^d > 0$	0	0	0
接近于现实经济和理性预期的经济萧条时期	$<0 \Rightarrow$	$E_c^d < 0$ $E_c^d \neq -E_n^d$	0	0	<0

在表 18—1 中，尽管瓦尔拉斯法则是从 E_n^d 的引申含义中推导出 E_c^d 的，但在现实经济中，E_c^d 和 E_n^d 之间的行为函数取决于在经济结构和工资收入预期既定的条件下理性经济人的最优化行为。

产品市场中的超额供给

就第二种情况而言，我们从帕廷金（Patinkin，1965）的所有市场均衡出发，因此存在充分就业的产出水平。在此，我们再次假定货币市场和债券市场是有效率的，因此处于连续均衡状态。现在，我们假设投资下降减少了总需求，从而导致商品市场上出现超额供给（即 $E_c^d < 0$）。面对没有销售出去的产出①，企业开始削减产量和裁员，并一直持续到产品的产量等于它们的需求为止。企业通过削减产量，使之等于低于充分就业的商品需求，从而恢复产品市场的均衡，但是同时这也把就业降低到了充分就业水平以下，因此劳动市场中会出现超额供给的现象。在需求不足的既定条件下，企业没有理由把就业增加到初始的充分就业状态，因而经济中会持续地存在劳动超额供给。因此，经济在一个市场存在超额供给的情况下，另一个市场并没有相应的超额需求。据此，在某一经济中，一个市场存在超额供给，而任何一个市场不存在与之相对应的超额需求。这是违背瓦尔拉斯法则的。

表 18—2 讨论了当产品市场存在超额供给时，瓦尔拉斯法则与合理的现实情况之间相冲突的情况。

表 18—2　　　　　　　　瓦尔拉斯法则与产品超额供给

	E_c^d	E_n^d	E_m^d	E_b^d	$\sum_i E_i^d$
瓦尔拉斯法则	$<0 \Rightarrow$	$E_n^d = -E_c^d$ $E_n^d > 0$	0	0	0
接近于现实经济和理性预期的经济萧条时期	$<0 \Rightarrow$	$E_n^d < 0$ $E_n^d \neq -E_c^d$	0	0	<0

---

① 在完全竞争的产品市场的假设条件下，价格会迅速做出调整，从而消除产品超额供给。但是，瓦尔拉斯法则并没有假设产品市场是完全竞争的，尽管瓦尔拉斯一般均衡模型进行了这样的假设。瓦尔拉斯法则要想成为一个恒等式，它必须对市场是否是完全竞争的做出假设。

在表 18—2 中，尽管瓦尔拉斯法则是从 E_c^d 的引申含义中推导出 E_n^d 的，但在现实经济中，E_n^d 和 E_c^d 之间的行为函数取决于在经济结构和工资收入预期既定的条件下理性经济人的最优化行为。

18.8.2 存在产品超额需求条件下的瓦尔拉斯法则

在本部分的讨论中，我们再次假设货币市场和债券市场都是有效率的，并且存在连续的均衡状态。接下来我们将考察导致出现产品超额需求的经济冲击的影响。

产品超额需求的影响

假设正向的需求冲击，如对消费、投资、财政赤字和进口所产生的正向冲击，会导致产品超额需求的出现。通常情况下，经济对产品需求的增加将如何做出反应呢？合理的答案是，企业通常会调整其价格和产出，并且产出的反应通常先于价格的反应而出现，因此总需求的增加首先会导致总产出的扩张，之后才会导致通货膨胀。产出的增加源于对资本和劳动的更集中的使用，根据隐形合同理论，这也会伴随着就业的增加。据此，产品的超额需求导致劳动超额需求（增加就业）的出现。因此，导致 $E_c^d>0$ 的经济冲击也使得 $E_n^d>0$，从而有

$$E_c^d + E_n^d > 0 \tag{18}$$

$E_c^d>0$ 导致 $E_n^d>0$ 的情况不仅是合理的，而且是被广泛认可的：中央银行和经济分析家通过产品需求（例如工厂订单）增加的情况来预测生产的扩张和失业率的下降。

在货币市场和债券市场都是有效率的，并且向均衡状态连续调整的假设条件下，按照（18）式，我们可知 $E_c^d + E_m^d + E_b^d + E_n^d > 0$。这与瓦尔拉斯法则是相违背的，因为根据瓦尔拉斯法则，$E_c^d + E_m^d + E_b^d + E_n^d \equiv 0$。

18.8.3 瓦尔拉斯法则的修正

根据前面的分析，我们可知瓦尔拉斯法则的无效性不仅出现在紧缩性总需求冲击的情况下，此时会导致 $E_c^d<0$ 和经济萧条，还出现在扩张性总需求冲击的情况下，此时会导致 $E_c^d>0$ 和经济繁荣。简言之，在某一经济中，如果经济数据显示 $E_c^d<0$，那么就可以合理地预测失业率会上升（$E_n^d<0$）；而如果经济数据显示 $E_c^d>0$，那么就可以合理地预测失业率会下降（$E_n^d>0$）。这一预测规则通常被中央银行和经济分析家们所用，但是这是与瓦尔拉斯法则的预测规则相冲突的。根据瓦尔拉斯法则，如果经济数据显示总需求"高涨"（即 $E_c^d>0$），那么就可以合理地预测失业率会下降（$E_n^d>0$），而如果经济数据显示总需求不振（即 $E_c^d<0$），那么就可以合理地预测失业率会上升（$E_n^d<0$）。

在这种非均衡的状态，瓦尔拉斯法则不成立[①]，因此它不是真正的"法则"（或者"定律"），而只是一种关于一般均衡的描述。如果在非均衡情况下瓦尔拉斯法则不成立，那么将其用于动态分析将会导致误导性的结果。但是，此法则仍然可以被用于长期均衡分析，因为长期均衡分析假设所有市场都是均衡的。我们的讨论意味着，对于瓦尔拉斯法则的正确表述应该是

(1) 在一般均衡状态，$\sum_{k=1}^{K} E_k^d = 0$。但是，这并不重要，因为在一般均衡中，对于所有的 k 都有 $E_k^d = 0$。

(2) 在非均衡状态，$\sum_{k=1}^{K} E_k^d$ 可为正（在经济繁荣时期），也可为负（在经济萧条时期）。

18.9 古典主义经济学中理论意义上的供求函数

要让瓦尔拉斯法则在上述两例中成立，那就必须满足：只要存在劳动的超额供给，就必然会存在产出的超额需求，反之亦然。因此，就瓦尔拉斯法则而言，我们需要所有市场都是实际出清的，或者，如果有些市场没有处于均衡状态，我们需要的假定行为模式是，所有经济行为主体就好像所有市场实现了出清那样行动，即便事实并非如此。瓦尔拉斯法则要想成为一个恒等式，必须采取这一不现实的假设。结果，瓦尔拉斯法则要求，（1）式到（5）式所表示的供求函数必须是"理论意义上的"函数，其中如果理性经济人像所有其他市场都出清那样从事经济行为，那么商品 i 的需求函数或供给函数就被称为是理论意义上的。如果这个条件在实践中不成立，运行方程就是有效函数，其以实际收入和支出为基础，并不假设所有其他市场都是出清的。因此，有效函数不同于理论意义上的函数，至今为止所讨论的瓦尔拉斯法则不适宜用这些有效函数。因此，瓦尔拉斯法则不是有效函数的恒等式，严格地说不配被称为一项"法则"（或"定律"）。

18.10 再评价瓦尔拉斯法则

18.10.1 瓦尔拉斯法则不成立的根本原因

根据本章前面部分的讨论，在产品市场和劳动市场实现均衡而债券市场和货

[①] 在此需要注意的是，因为瓦尔拉斯法则是一个恒等式，因此我们不能够通过加入诸如完全竞争市场的特殊条件，来捍卫它的成立。无论如何，完全竞争市场的假设都不是瓦尔拉斯法则的一个前提条件。

币市场不均衡的假设条件下，瓦尔拉斯法则是成立的。但是，在债券市场和货币市场连续均衡而产品市场和劳动市场不均衡的假设条件下，瓦尔拉斯法则是不成立的。为什么经济会出现这种不对称的结果呢？原因在于，产品和劳动之间存在的两种正向关系。第一种关系源于经济中的供给方面，也就是说，源于生产函数，在此生产函数表示为 $y^s = y^s(n)$，因此产品生产的增加（或减少）会伴随着就业的增加（或减少）。第二种关系源于经济中的需求方面，需求函数可以被概括为 $y^d = y^d(n)$ 的形式，其中就业的增加会带来较高的收入和较多的产品需求。这两种关系的单独作用以及共同作用都意味着，产品的产出和劳动的雇用之间存在一种较强的正相关关系，因此对产出的额外正需求必然会伴随着对劳动的额外正需求，反之亦然。瓦尔拉斯法则没有考虑到这些基本的行为关系，而这些行为关系的运行规则与瓦尔拉斯法则是冲突的，从而导致瓦尔拉斯法则不成立。

18.10.2 瓦尔拉斯法则背后的经济行为假设的不合理性

总结一下前述讨论，在债券市场和货币市场持续出清的初始假设条件下，瓦尔拉斯法则要求劳动市场和商品市场同时出清。如果它们没有出清，该法则假定下列两种情况必发生其中之一：

1. 如果经济对企业所生产的产品的需求不足，那么企业会继续按照充分就业的产出水平进行生产，或者至少会继续向工人支付全额工资，即使在工人被解雇之后。

2. 家庭如同劳动市场在充分就业水平实现了出清那样从事经济行为，即使这意味着失业的工人所花的收入是他们根本就没有得到的。

如果劳动市场和商品市场不出清，企业和家庭在其现实（预算）约束条件下不能够实现其利润/效用最大化，那么从这个意义上说，上述两种情况都是不理性的，并且在实证意义上也都不成立。

18.11 重构瓦尔拉斯法则：克洛尔和德雷兹的有效供求函数

18.11.1 克洛尔有效函数

克洛尔（Clower，1965，1969）认为，在有些市场不能出清的条件下，相关供求函数不是理论意义上的函数，而必须考虑其他市场的非均衡状态。例如，如果有些工人不能出售他们的劳动而成了非自愿失业者，那么他们在购买产品、货币和债券方面的预算约束就必须考虑到由此所导致的劳动收入的减少，因此他们对这些商品的实际需求会低于他们理论意义上的需求。也就是说，他们的相关需求函数包含劳动市场非均衡的溢出效应。然而，相关劳动供给函数却仍然是理论意义上的函数，因为工人仍能购买任意他们想要的其他商品数量。

至于另一个例子，如果企业面临着产品需求的不足（也就是说，它们不能售出所意愿生产的所有产品），那么它们对劳动的有效需求会低于其理论意义上的需求水平。可是，如果假定除产品市场之外，企业不再面临着市场的非均衡，那么它们仍然可以把产品的理论意义上的供给函数当做其有效供给函数。包含其他市场非均衡影响的供求函数被称为克洛尔有效供求函数。在微观经济分析中，个人在市场 i 的有效需求或供给，可以根据其效用函数的最大化推导出来，并且满足他的预算约束和他在所有其他市场 $k(k\neq i)$ 所能察觉到的预算约束。同样，企业在市场 i 的需求或供给，可以根据它的利润最大化推导出来，并且满足它在所有其他市场 $k(k\neq i)$ 所能够察觉到的预算约束。

克洛尔（Clower，1965，1969）和 Leijonhufvud（1967，1968）合理地宣称，克洛尔有效供求函数（不是理论意义上的函数）是适合于凯恩斯主义分析（强调偏离于充分就业）的函数，而理论意义上的函数则适用于古典主义分析。[①]

18.11.2 根据克洛尔有效函数修正瓦尔拉斯法则

假设某一经济冲击导致就业下降到低于充分就业的水平，并且我们所面临的预算约束条件的形式为 $n=n^d \leqslant n^s$，那么方程（1）可以被修正为以下不等式的形式：

$$p_c c^{dh} + p_m m^{dh} + p_b b^d + p_e e^d \leqslant p_c \underline{c}^s + \underline{M}^h + p_b \underline{b}^s + p_e e^s + Wn + \pi^{dis} \tag{19}$$

其中 $Wn \leqslant Wn^s$。我们把不等式（19）与等式（2）至等式（5）相结合，可以得到以下不等式：

$$E_c^{d\#} + E_m^{d\#} + E_b^{d\#} + E_e^{d\#} + E_n^{d\#} \leqslant 0 \tag{20}$$

其中，上标 # 表示有效函数[②]，在此需要注意的是，在 $Wn = Wn^s$ 的情况下，这些有效方程变为理论意义上的方程，并且不等式（20）变为等式。克洛尔认为，对瓦尔拉斯法则的正确描述应该是不等式（20），也就是说，经济中所有超额需求的总和是非正的。在关于瓦尔拉斯法则的这一表达式中，在我们所假定的非自愿失业情况下，产品（而非劳动）的超额需求都是有效的，而劳动需求是理论意义上的。相应地，需要注意的是，如果企业所察觉到的预算约束是商品需求的不足，也就是说，$y^d < y^s$，那么，产品的超额需求将是理论意义上的，而其他商品的超额需求则是有效的。

不等式（20）的一个结果是，我们不能用它来推导以下情况：$K-1$ 个市场的均衡就意味着第 K 个市场也是均衡的，因为需求等于供给的 $K-1$ 个市场，可

[①] 如果所有的市场都是均衡的，那么二者是一致的。

[②] 在这些函数中，市场 k 可能是有效出清的（即 $E_k^{d\#}=0$），不管有或者没有理论意义上的市场出清（即 $E_k^d=0$）。

能拥有有效供求函数,而第 K 个市场则可能是一个非均衡市场,其非均衡条件是由理论意义上的供求函数所构成的不等式。

18.11.3 德雷兹有效函数和瓦尔拉斯法则

在存在非自愿失业的情况下,德雷兹(Drèze,1975)建议通过使劳动供给等于由比较小的劳动需求所决定的有效供给来重新构造瓦尔拉斯法则。也就是说,令 $n_D^s = \bar{n}^d$,其中,n_D^s 是德雷兹劳动供给,其目的是施加在经济中起作用的所有约束条件。在一般情况下,对于不存在被察觉到的预算约束的所有市场 i,这就演变为克洛尔需求或供给函数,但是在存在约束的 k 个市场中,德雷兹需求或供给函数由约束本身确定。根据由这一方式重新定义的供求概念,(1)式至(5)式再一次表述了瓦尔拉斯法则,但这是从德雷兹有效(而非理论意义上的)的意义上说的。超额需求也以相应的方式重新定义,并且所有此类(德雷兹)超额需求的总和还是等于零。

在此需要注意的是,我们说一个无预算约束的市场达到均衡状态,是从该市场中克洛尔供求相等并由此决定其价格这个意义上说的。但是,我们不能把一个存在预算约束的市场中的德雷兹供求相等视为这一市场的均衡状态,也不能用该等式作为决定其价格的基础。此外,我们对德雷兹预算约束 $n_D^s = \bar{n}^d$ 是非常陌生的:其描述了由劳动需求所决定的劳动供给。德雷兹预算约束中不存在如同克洛尔预算约束那样的直观的合理性。需要注意的是,克洛尔把瓦尔拉斯法则重新描述为一个不等式,德雷兹用德雷兹函数修正瓦尔拉斯法则,这都限制了这一法则的有用性。

18.12 瓦尔拉斯法则不成立对货币政策的意义

如前文所述,在非均衡状态下瓦尔拉斯法则不成立,这将会对货币理论和政策产生什么影响呢?其中哪些内容将是本教材所要考察的呢?

本章已经指出,在瓦尔拉斯法则不成立的非均衡经济状态,导致产品总需求不足(超额供给)的经济冲击,通常会伴随着劳动的超额供给(失业)。我们所列举的使这种非均衡状态恢复到均衡状态的机制包括实际余额效应和庇古效应。其作用机理为:需求不足导致价格下降,继而提高实际余额和债券的价值,从而导致消费的财富效应,经济中的总需求增加。这一过程最终会消除需求不足的现象。但是,尽管这一机制的确会发生作用,但是其作用过程极其缓慢,并且要消除严重的需求不足可能需要花费数十年的时间。这一滞后性正是中央银行努力将这一作用过程的持续时间缩减到较短期间的原因。要做到这一点,中央银行可以采取扩张性的货币政策。扩张性的货币政策能够降低利率,或者增加货币供给,并且通常情况下是"双管齐下"的。实际上，用于货币政策决策的泰勒规则体现了对需求不足的这一应对。

在非均衡状态下瓦尔拉斯法则的不成立对现实货币政策的意义在于，经济中产出和价格水平波动的相关动态分析应该以有效超额需求函数为基础，而不应以理论意义上的超额需求函数为基础。实际上，这正是中央银行和经济分析家们在预测产出和价格的波动以及是否需要采取积极的货币政策时所遵循的原则。在此需要说明的是，泰勒规则中的产出缺口是指有效产出（不是理论意义上的）对其充分就业水平产出的偏离。

结　语

瓦尔拉斯法则是阐述宏观经济模型中的各种关系的关键。按照古典主义和凯恩斯主义宏观经济模型的通常做法，分析中被隐含的市场通常是债券市场，当然也可能是任何其他的市场。

准确地说，萨伊定律是商品供给和需求之间的恒等式。但是，其对包含货币和债券的经济不成立，因为在这种经济中，金融资产和产品之间具有替代性，由此货币部门和商品部门之间会相互作用，至少在非均衡状态下是这样的。

瓦尔拉斯法则和萨伊定律意味着，实体部门和货币部门之间存在二分法，并且货币是中性的。该二分法在货币经济中是肯定不成立的。货币中性在短期内的有效性取决于经济结构，因为它要求工资和价格富有弹性、市场持续出清以及在均衡中不存在实际余额效应。几乎没有任何一个经济能在短时期内满足这些严格的条件。

在理论意义上的供求函数条件下，瓦尔拉斯法则是一个恒等式，然而在克洛尔供求函数条件下，此规则变为不等式。德雷兹函数的运用使瓦尔拉斯法则重新恢复为等式关系，但是是以削弱其有用性为代价的。凯恩斯主义分析通常是以克洛尔有效函数为基础的。

庇古效应和实际余额效应分别描述了金融财富和实际余额变化对产品总需求的影响。因此，它们是将产品市场和金融市场相互联系起来的因素，并且在关于实体部门和金融部门之间两分法的历史讨论中发挥了非常关键的作用。在短期内，这两个效应清晰地存在，但是其实践关联性较为有限。如果考虑通货紧缩对利率以及负债累累、濒临破产的企业的影响，庇古效应更加令人怀疑。

主要结论

※ 瓦尔拉斯法则是以经济中存在的多种经济行为主体的预算约束为基础的，并且它可能是经济学中我们所能得到的最接近恒等式的一个法则。

※ 萨伊定律不适用于货币经济。

※ 瓦尔拉斯法则可用来推导债券的超额需求函数。债券被纳入宏观经济框架之中,尽管它的供求函数在 IS-LM 分析中常常不予说明。

※ 实际余额效应和庇古效应是货币市场和商品市场之间的重要的理论关联,但是它们在现代经济中的实践意义是有限的。

※ 新古典和现代古典分析用的是理论意义上的供求函数,并依赖于作为恒等式的瓦尔拉斯法则。

※ 凯恩斯主义对需求不足和非自愿失业的分析,采用的是有效供求函数,并把瓦尔拉斯法则修正为一个不等式。

※ 在没有实现一般均衡的经济中,克洛尔供求函数和德雷兹供求函数比理论意义上的供求函数更有效。

复习讨论题

1. 瓦尔拉斯法则是根据经济中所有经济行为主体的预算约束推导出来的。萨伊定律也是类似地根据预算约束推导出来的吗?利用相关约束说明这种推导所需的额外假设条件。评价这些假设条件的有效性。

2. 如果将瓦尔拉斯法则和萨伊定律都纳入 IS-LM 模型分析,那么其对货币政策会有何影响?评价这些影响的有效性。如果它们看起来似乎是无效的,那么这两个法则中哪一个应该被放弃?推导余下的那个法则被纳入 IS-LM 模型分析之后对货币政策的影响。

3. 现代古典学派和新古典学派有效地把萨伊定律恢复为其学说的组成部分了吗?如果是,它们应当如何明确地对其进行描述?试加以讨论。

4. 在商品—货币(没有债券和劳动)经济中,推导瓦尔拉斯法则和萨伊定律共同决定商品的绝对价格和相对价格的意义。在这种价格决定中,实际余额效应(短期和长期)的作用是什么?

5. 面临商品总需求下降时,家庭和企业最可能的反应是什么,简要谈谈你的认识。它们所察觉到的持续期重要吗?如果经济下滑导致需求下降,并且这一影响在程度和时间上都很显著,试讨论瓦尔拉斯法则在这种情况下是否仍然成立。如果不成立,在 IS-LM 模型中商品和债券的超额需求会发生什么情况?在衰退时期,瓦尔拉斯法则成立吗?

6. 根据你对你们国家经济运行的理解和认识,四个市场(商品、货币、债券和劳动)中哪个市场能在每天、每周或者每月都是出清的?哪个市场至少在经济冲击发生的 30 天、6 个月或者 1 年内不会出清呢?

如果有些市场出清了,而另一些市场未出清,这是否会支持 Leijonhufvud(1967,1968)和克洛尔(Clower,1965,1969)关于当某些市场处于非均衡状态时,瓦尔拉斯法则并非一个恒等式的观点?

7. 试根据你们国家的经济在过去五年中任何一年的相关变量的情况,估计当价格水平下降5%时，实际余额效应的重要性。

8. 在古典主义宏观经济学中，实体部门和货币部门之间的二分法是指什么？这种二分法如何出现在瓦尔拉斯一般均衡体系中呢？帕廷金的实际余额效应对这一争论的贡献是什么？

9. 在现代古典主义经济学中，实体部门和货币部门之间的二分法成立吗？对于现代金融发达的经济来说，这种二分法成立吗？

10. 凯恩斯攻击萨伊定律和传统古典主义的二分法的论据是什么？从经济学说史，特别是从宏观经济学重新回归（反改革！）到（现代形式的）古典主义模型的这一过程的角度，评价凯恩斯攻击的成功之处。

11. 凯恩斯认为，经济会在存在大量非自愿失业的情况下实现均衡状态，而其他经济学家不同意这一点，并反驳说，其中一个重要的市场没有达到出清的状态属于一种非均衡状态。对这里所提到的均衡和非均衡（失衡）这两个概念进行解释，并阐述凯恩斯为自己的观点进行辩护所提出的理由及其反对者的理由。实际余额效应或财富效应否认凯恩斯的观点吗？

12. 讨论：实际余额效应为经济从一种均衡状态向另一种均衡状态的调整提供了一种可能的动态解释，有效地证明了凯恩斯主义学派所持有的低于充分就业的市场均衡的断言。但对于数量论或新古典主义经济学的比较静态命题，它并非必要条件。"

13. 讨论："利用瓦尔拉斯法则，从其他市场的超额需求函数中推导出债券的超额需求函数的做法，不仅深入地了解了债券的性质，也指出了一些其他市场的超额供求函数通常所使用的、非常明显的不成立的假设条件"。以 IS-LM 分析为例，试加以说明。

14. 罗伯特·克洛尔指出："不是瓦尔拉斯法则与凯恩斯主义经济学不相容，就是凯恩斯基本上没有给传统经济理论添加新东西。"瓦尔拉斯法则与不断演变的凯恩斯主义和新凯恩斯主义模型不相容吗？

15. 定义理论意义上的、克洛尔的和德雷兹的供求函数。证明瓦尔拉斯法则是否适用于这三类函数中的每一个函数，以及在何种意义上适用。

参考文献

Baumol, W. J. "Say's Law." *Journal of Economic Perspectives*, 13, 1999, pp. 195–204.

Clower, R. "The Keynesian Counter-revolution: A Theoretical Appraisal." In F. H. Hahn and F. P. R. Brechling, eds, *The Theory of Interest Rates*. London: Macmillan, 1965. Also in Clower, Robert W., eds, *Monetary Theory, Selected Readings*. London: Penguin, 1969.

Drèze, J. H. "Existence of an Exchange Equilibrium under Price Rigidities." *International Economic Review*, 16, June 1975, pp. 301–320.

Lange, O. "Say's Law: A Restatement and Criticism." *Studies in Mathematical Economics and Econometrics: In Memory of Henry Schultz*. Chicago: University of Chicago Press, 1942.

Leijonhufvud, A. "Keynes and the Keynesians." *American Economic Review Papers and Proceedings*, 57, May 1976, pp. 401–410.

Leijonhufvud, A. *On Keynesian Economics and the Economics of Keynes*. New York: Oxford University Press, 1968.

Patinkin, D. *Money, Interest and Prices*, 2nd edn. New York: Harper & Row, 1965.

Shaller, D. R. "Working Capital Finance Considerations in National Income Theory." *American Economic Review*, 73, March 1983, pp. 156–165.

第六部分

经济中的利率

第 19 章　关于利率的宏观经济理论

利率在凯恩斯主义和古典主义模型里是一个内生变量，所以它作为这些模型完整形式的一部分，在第 13 章和第 15 章已经得到适当分析。

本章挑出有关利率决定的一些有争议的观点，重点放在它们的差异和有效性上。本章还强调了利率的比较静态决定与动态决定的重要差异。

本章引入的关键概念

- ◆ 费雪名义利率方程
- ◆ 资金的流量与存量
- ◆ 可贷资金理论
- ◆ 流动性偏好理论
- ◆ 债券的超额需求函数
- ◆ 利率决定的动态过程
- ◆ 货币中性与实际利率下的通货膨胀

如本书第 13 章至第 15 章中所述，近年来直至现在，宏观经济学和货币分析理论假设有两种特定的金融资产——货币及非货币金融资产，这些统称为"债券"、"信贷"以及"可贷资金"，在后续章节中这几个术语都是同义词，传统古典经济学家（1936 年之前）偏爱"可贷资金"这一形式，而在现代分析中，如本书第 13 章，则偏爱用"债券"这一形式指代所有非货币性资产。本章将穿插使用这些指代名词，就像第 13 章至第 15 章中所表述的，而非仅有两种非货币性金融资产表现形式（债券及信贷或贷款），或者仅仅遵循 16 章中宏观经济分析的特定用语。

利率是债券（所有的非货币性金融资产）的回报，但是截至目前，我们并没有在本书中明确规定债券的供给和需求函数，或超额需求函数。要得到这些函数，有两种方法：一种方式是使用瓦尔拉斯法则，在宏观经济学模型中从其他三种物品（商品、货币和劳动）的供求角度来得出对债券的需求；另一种方式是直接从经济主体的行为角度得出对债券的供给和需求。我们将在此章中对这两种方法进行阐述。

在本章中，债券包括一种单一同质的非货币性金融资产。进一步地，为了避开到期债券所引发的问题以及在债券名义价格 P_b 和名义利率 R 之间建立一种简单的联系，这种（同质的）债券通常被称为无偿还期债券（具有永久性），此债券可保证一个持续的永久的 1 美元债券收益，对于这种无偿还期债券，$Pb=1/R$。

本章将学习封闭经济中宏观经济利率决定的比较静态分析和动态分析，在思想领域，理论上确定利率的有两种理论，分别是传统古典可贷资金理论和凯恩斯流动性偏好理论。可贷资金理论认为债券市场决定利率，而流动性偏好理论坚持货币市场决定利率。这两种理论的涵盖范围及其有效性是本章中一个重要的部分。

本章考察完一般的或基本的宏观经济利率决定之后，下一章将研究经济中各种利率间相互作用的时间问题。下一章的重点是利率的期限结构。

第 19.1 节回顾了实际利率与名义利率间的费雪关系以及通货膨胀对利率的影响。第 19.2 节至第 19.6 节讲述了瓦尔拉斯法则对利率确定的影响以及债券超额需求函数的推导。第 19.7 节介绍了可贷资金理论中利率的现代及历史解释。第 19.9 节静态比较分析了可贷资金理论和流动性偏好理论，并阐释了这两种典型的比较静态理论对利率的影响，然而它们的动态分析则显示出不同的影响，因此需要在这两种理论中做出选择。第 19.10 节讨论了实际利率下货币的中性问题，第 19.12 节和第 19.13 节则展现了费雪方程和可贷资金理论及流动性偏好理论的实证结果。

19.1 名义利率和实际利率

费雪方程对利率的解释

如本书第 2 章所述，费雪方程如下：

$$(1+r^e) = (1+R)/(1+\pi^e) \tag{1}$$

其中，R 代表名义利率；r 代表实际利率；r^e 代表预期的实际利率；π^e 代表预期通货膨胀率。

如果同时存在实际债券（即，承诺每期支付实际报酬率 r）和名义债券（即，承诺每期支付名义报酬率 R），那么在完全市场中这两者的关系是

$$(1+R)=(1+r)(1+\pi^e) \tag{1'}$$

如果 r^e 和 π^e 都趋向最小值，那么 $r^e\pi^e$ 趋向于 0，因此费雪方程经常被简化为

$$r^e = R - \pi^e \tag{1''}$$

预期通货膨胀对实际利率的蒙代尔—托宾效应

在（1）式中，就实际利率与外生货币供给情况下预期通货膨胀率的相互作用而言，蒙代尔（Mundell, 1963）认为，预期通货膨胀率上升会引起实际余额需求减少，实际利率降低，正如利用 IS-LM 分析所能看到的那样，这被称为蒙代尔效应。托宾（Tobin, 1965）则认为，在实物资本存量可变的一般宏观经济模型中，实际余额的这种减少（因为蒙代尔效应）会增加对实物资本的需求①，结果会降低它的生产率和实际利率，这被称为托宾效应。② 更高的预期通货膨胀率对实际利率的影响，通常称为蒙代尔－托宾效应。属于 IS-LM 类型的许多短期宏观经济模型，并没有区分不同的利率概念。对于一次性价格变化的分析，这些模型属于比较静态模型：只比较价格变化前后变量的均衡值，而不比较通货膨胀（价格变化率）发生过程中变量的均衡值。

请注意，为了包含非零预期通货膨胀率的影响，IS-LM 模型可以通过如下假定进行修改：关系到储蓄和投资决策的利率是预期实际利率，而关系到是持有货币还是债券之决策的利率是名义利率。还要注意到，货币供给的变化对名义利率的影响，是通过它对实际利率和预期通货膨胀率的影响实现的。货币供给的增加会降低实际利率（比如在 IS-LM 分析中，LM 曲线向右位移），但它也会引起通货膨胀（通过预期的形成产生预期通货膨胀，提高名义利率）。在极低的预期通货膨胀率情况下，货币创造的净效应常常是降低名义利率，至少在一段时间内是如此，但是，高且持久的通货膨胀率总是伴随着高名义利率。

19.2 IS-LM 模型中瓦尔拉斯法则的应用——对债券的超额需求

19.2.1 瓦尔拉斯法则

在第 18 章中我们已经对瓦尔拉斯法则进行了推导。对宏观经济模型中有紧

---

① 生产函数中包含劳动、货币余额和资本，由此标准的假设意味着，货币余额的减少将导致对劳动和资本的需求增加。
② 在短期，托宾效应在实证上的重要性可能是微不足道的，在长期也是如此。它的存在有赖于短期模型中实物资本的可变性。

密联系的四种物品（商品、货币、债券、劳动），瓦尔拉斯法则认为，在封闭经济中，所有物品的名义超额需求的总和一定是零，公式如下：

$$E_c^d + E_m^d + E_b^d + E_n^d \equiv 0 \tag{2}$$

其中，E_k^d 代表物品 k 的超额名义需求，$k=c, m, b, n$。c 指消费，m 指实际余额，b 指债券，n 指劳动。具体说来，（2）式是指：

$$P(c^d - c^s) + P \cdot (m^d - m^s) + Pb(b^d - b^s) + W(n^d - n^s) \equiv 0 \tag{3}$$

其中，上标 d 和 s 分别代表需求和供给；

$P=$商品价格（价格水平）；

$Pb=$债券价格；

$W=$名义工资水平（每期的劳动租用价格）；

$c=$商品数量；

$m=$真实货币余额（$=M/P$）；

$M=$名义货币余额；

$b=$债券数量；

$n=$劳动力数量。

瓦尔拉斯法则对特定市场的含义

从（3）式可推出

$$E_K^d \equiv -\sum_{k=1}^{K-1} E_k^d \tag{4}$$

其中，$E_k^d=$第 k 个市场中的超额名义需求；$E_K^d=$第 K 个市场中的超额名义需求。

（4）式中的第 K 个市场的超额名义需求可以从其他 $K-1$ 个市场的超额名义需求推导出来，我们可以指定任何特定的产品市场作为第 K 个市场。从（4）式推出：

$$如果 \sum_{k=1}^{K-1} E_k^d = 0, 那么 E_K^d = 0 \tag{5}$$

这意味着：如果在 $K-1$ 个市场中存在均衡，那么在第 K 个市场也同样存在均衡。在比较静态分析中，（4）式允许在分析中不对经济中某一市场做明确处理。然而，这一被省略的市场将继续存在并发挥作用，只是这种处理将处于隐蔽状态。一个市场是否将被忽略取决于习惯、便利性及当时的目的。

瓦尔拉斯法则对均衡价格解的含义

如（3）式所明确表示的，上述包含四种商品的经济仅存在三种价格。这些价格是：作为商品价格的价格水平 P，债券价格 Pb（或利率）以及作为劳动价格的名义工资率 W。既然瓦尔拉斯法则指出三种市场的均衡可以保证第四种市场的均衡，那么通过求解任意三种市场的均衡条件就可以找到这三种均衡价格。计算出来的均衡价格与模型中选择哪三种市场来构建均衡条件方程是无关的。

瓦尔拉斯法则与宏观经济和货币中的不同市场分组

前面的分析指出，如果不改变三种价格的均衡解，那么我们的宏观经济模型的明确阐述中只能包括：

Ⅰ．货币，债券和劳动市场；
Ⅱ．商品，货币和劳动市场；
Ⅲ．商品，货币和债券市场；
Ⅳ．商品，劳动和债券市场。①

上述选择取决于习惯、便利性及当时的目的。

传统古典经济学家（凯恩斯之前的）选择第一组，他们将数量论作为货币市场理论，将可贷资金理论作为债券市场理论，将劳动市场作为雇佣的决定因素。他们并不为商品的总需求和供给构建理论，在他们的分析中也不明确包括商品市场。② 相比之下，凯恩斯学派追随凯恩斯，选择第二组市场，他们明确分析商品市场、货币市场和劳动市场，但是不包含债券市场，新古典经济学派和现代古典学派也遵循这一模式。但是，如上述所讨论的，只要宏观经济学的结构方程是相同的，瓦尔拉斯法则就可以保证这三种内源性价格的均衡值在模型中是相同的，如同其他实际变量，如价格、产量、投资、消费等。因此，对于比较静态分析（仅仅解出或比较一般均衡值），在明确分析过程中对这三种市场的选择是无关紧要的，无论采用哪种市场组合，其对经济的代表性都没有实质性差异。

现代古典经济学通常假设劳动市场是持续均衡的，因此，从瓦尔拉斯法则可以推出

$$E_c^d + E_m^d + E_b^d = 0 \tag{6}$$

然而，从实证上说，（6）式赖以成立的基本前提假设——劳动市场是持续出清的——是受到高度质疑的，因为产品市场、货币市场和债券市场可能并不是持续出清的。

19.3　一般债券超额需求函数的推导

第 13 章具体阐释了开放经济下 IS 方程中商品需求函数的一般形式：

$$y^d = y^d(r, P; \lambda) \tag{7}$$

其中，λ 代表财政政策变量，尤其是财政赤字。第 14 章中对不存在不确定性的古典范式中的劳动市场所做的分析得出劳动市场的均衡条件为

$$n^d(w) = n^s(w) \tag{8}$$

---

① 注意，以Ⅲ和Ⅳ市场组为基础的宏观经济分析是很少见的。
② 这并不奇怪，因为分析中并没有包含消费函数和乘数的概念。

这决定了均衡实际工资 w，在劳动需求函数中决定了充分就业水平 n 和 n^f，在如下生产函数中将后者进行替代：

$$y = y(n) \tag{9}$$

由此得出商品供给 $y^s = y^f$，y^f 取决于劳动供给和技术，但是与此模型中的其他变量无关，因此不存在不确定性①的古典范式中的供给函数可以写成

$$y^s = y^f \tag{10}$$

然而，凯恩斯范式假设商品市场不完全，并通过价格/数量调整函数确定商品供给函数，它的两种版本分别是菲利普斯曲线和新兴凯恩斯主义菲利普斯曲线（见第 15 章）。对于一个比较静态模型，规定凯恩斯主义产出供给函数的一般形式为

$$y^s = y(P) \tag{11}$$

因此，给定商品需求函数（7）式，不考虑我们使用的是经典的商品供给函数还是凯恩斯范式的商品供给函数，商品超额需求函数 $e_c^d (= y^d - y^s)$ 的一般形式为

$$E_c^d = P \cdot e_c^d(r, P; \lambda) \tag{12}$$

其中，e_c^d 指真实条件下的商品超额需求，E_c^d 是它的名义值，λ 代表财政政策变量。

由第 13 章得知，实际余额 e_m^d 的超额需求函数一般为

$$E_m^d = P \cdot e_m^d(y, R, P; \theta \cdot M0, FW_0) \tag{13}$$

其中 $\theta \cdot M0$ 指货币供给，$M0$ 是基础货币，而 θ 是基础货币对货币供给的乘数，FW_0 代表初始金融财富。②

第 14 章中对劳动市场的分析推出劳动 e_n^d 的超额需求函数为

$$E_n^d = W \cdot e_n^d(w) \tag{14}$$

因此，如同（4）式中瓦尔拉斯法则所指出的，债券的超额真实需求函数 e_b^d 为

$$Pb \cdot e_b^d = -P \cdot e_c^d(r, P; \lambda) - P \cdot e_m^d(y, R, P; \theta \cdot M0, FW_0) - W \cdot e_n^d(w) \tag{15}$$

因此债券超额名义需求（E_b^d）的一般形式为

$$E_b^d = E_b^d(R, P, w; \lambda, \theta \cdot M0, FW_0, \pi^e) \tag{16}$$

上式中省去了 y，因为在这个模型中 y 等于 $w \cdot n$。因为费雪方程，此处将 π^e 作为一项纳入。另外，w 可以被省略并用 y 替代。这样做意味着债券的超额名义需求函数可以写为

---

① 如第 14 章中所阐述的，考虑不确定性对 y^s 的影响，可以得到短期总供给曲线。

② FW 一般不会作为货币需求函数中的一项。但是，如果把它省去的话，就意味着对债券的超额需求不取决于金融财富，而这显然是无效的，也是我们在分析过程中不希望出现的。

$$E_b^d = E_b^d(R, P, y; \lambda, \theta \cdot M0, FW_0, \pi^e) \tag{17}$$

19.4 直觉：债券供求与利率决定

由于 R 指债券的名义回报率，因此其均衡值由以下公式决定：

$$b^d(R, \cdots) = b^s(R, \cdots) \tag{18}$$

其中，b 代表（同质的）债券数量。我们假设债券的需求和供给取决于名义利率。无论是债券需求还是供给都有流量和存量这两个难度。

流量和存量

对于一定期限内的流量，债券需求相当于可贷资金流入的数量或者不同利率水平下借入市场的资金数额。类似地，债券的供给相当于这段时期内那些想要借入资金的人对可贷资金的需求。然而，在当期内可用做贷款的资金流量只占经济中总借贷资金的一小部分。这个总量就像是一个水库，是可贷资金的存量。可贷资金的存量可以在任何时间点上提供供给，包含所有的未偿还贷款和每种利率水平下的可贷资金净增加流量供给。短期来说，信贷需求很像已经借出的资金总量加上那些借出者在每种利率水平下愿意借出的净增加量。在现代经济中，这一需求的很大一部分经常来自于现已存在的公共债务。

在有长期合同的市场中，一些资金借入和借出者已经在之前确定了特定利率下的贷款。在这种情况下，决定当前利率的适当市场是流量市场，流量市场是任何给定期间内债券的实际可操作市场，是债券卖出和买入者进行资金借贷的场所。然而，业已存在的债券存量确实会对流量需求和供给产生重大的影响，因为借款人和贷款人都知道，有一部分债券存量迟早会到期，随着时间的流逝，它们又会成为流量，可重新进行协商议价。

资金的流量供给可理解为重新协商的那部分存量资金加上本期增加的资金。在任何时期 t，向信贷市场新供给的资金有两个来源：

1. 经济中本期的（私人）储蓄。

2. 可用于贷款的超额货币供给，这是公众理想余额的变化或货币供给变化所产生的超额供给。货币供给取决于基础货币与金融中介机构创造的内部货币。

时期 t 的资金供给是上述两个来源的纯新供给加上：

3. 在 t 期到期的由贷款转化而来的可供利用的资金。

贷款的流量需求来自新借款人以及那些希望延长贷款期限的人。对贷款的纯新需求来自：

4. 经济中的本期投资。

5. 通过债券来融资的政府赤字。[①]

[①] 对于预算盈余，这一项将为负数。

t 期的贷款流量需求来自第四项和第五项以及：

6. 贷款已到期的人对信贷的需求。

假定第三项和第六项相等，流量角度下的可贷资金理论把可贷资金的实际供（f^s）求（f^d）函数表述为

$$f^s = s(r,\cdots) + (\theta \cdot M0^s/P - m^d(R,\cdots)) \tag{19}$$
$$f^d = i(r,\cdots) + (g-t) \tag{20}$$

其中，f^s 代表可贷资金的实际流量供给（债券的需求）；f^d 代表可贷资金的实际流量需求（债券的供给）；s 代表实际储蓄；i 代表实际投资；g 代表实际政府支出；t 代表实际政府收入；$M0^s$ 代表名义基础货币供给；θ 代表基础货币供给乘数（$=\partial M^s/\partial M0$）；$m^d$ 代表实际余额需求；P 代表价格水平。

我们已假定赤字（$g-t$）完全通过债券来融资，而且费雪方程把 r 与 R 联系到一起了。在局部均衡分析中，市场利率的均衡值由如下式子决定：

$$s(r,\cdots) + (\theta \cdot M0^s/P - m^d(R,\cdots)) = i(r,\cdots) + (g-t) \tag{21}$$

注意，（21）式的左边表示的是债券的需求，右边表示的是债券的供给。（21）式表达的是这样一种思想：利率是由债券市场流量部分的均衡决定的。

长期利率的决定

（21）式说明了短期利率的决定。它表明，尽管利率是由可贷资金的超额需求决定的，但它也依赖于货币的超额需求①：超额货币需求抬高利率，而超额货币供给则降低利率。然而，只有当货币市场存在非均衡时，货币供求才卷入利率的决定。

长期来看，货币市场将会达到一般均衡，因此（21）式左边代表的超额货币需求是 0。因此，债券市场的长期分析范式如下：

$$s(r,\cdots) = i(r,\cdots) + (g-t) \tag{22}$$

或

$$s^n(r,\cdots) = i(r,\cdots)$$

其中，s^n 代表国家储蓄（$=s+(t-g)$）。在封闭经济中，（22）式也代表商品经济部门的均衡状态。

19.5　直觉：利率的动态决定

我们首先从商品市场开始，阐明我们进一步讨论的性质。假定某一特定市

---

① 注意，在（15）式至（20）式中，劳动市场并不明确出现，但是劳动市场中收入的决定很明显是经济中储蓄的一个决定因素，因此劳动市场明确包括在可贷资金利率的决定过程中。

场（例如花生市场）并没有保持均衡状态。花生的超额需求可以表示为价格及其替代品和互补品的价格的函数，并且花生的价格会随花生的超额需求的变化而改变。此外，一般说来，超额需求越大，价格变化越快。然而，花生价格的这种调整，并没有受其他产品市场非均衡的存在及程度的直接影响①，即使按瓦尔拉斯法则所有市场都是相关的。如果花生的相近替代品（例如说炸薯片）市场处于非均衡状态，这种非均衡将产生对花生的需求，造成花生市场的非均衡，影响花生的价格。但是，花生价格的这种变化不是炸薯片市场非均衡对花生价格的直接影响，而是来自于溢出效应的间接影响，因为溢出效应通过替代效应产生对花生的需求，而该需求取决于溢出效应的大小。也就是说，从动态角度来看，一种物品的价格直接对该物品的超额需求做出反应，而说到它们首先影响的那种物品的超额需求，要么与其他物品的超额需求状态无关，要么只是间接有关。

利率是一种价格。但是，从动态角度来看，它应当是哪一种物品的价格呢？流动性偏好理论对此做了解释，之后将详细介绍。这种理论把这种物品与"货币"这一物品等同，把利率 R 的动态变化表示为货币超额需求 E_{mt}^d 的函数，于是 $\partial R_t / \partial t = f(E_{mt}^d)$。另一种理论为可贷资金理论，这种理论则把相关物品看做"债券"，把利率的动态变化表示为债券的超额需求 E_{bt}^d 的函数，于是 $\partial R_t / \partial t = f(E_{bt}^d)$。这两种方法得到了不同的利率变化率。从实践角度来看，传统的古典利率论和凯恩斯主义利率论之间的争论，归根到底就是从动态角度看哪种理论有更好的经验证据。但在这个问题上并没有公认的经验证据，因而我们不应当忽略我们对此的直觉。我们对经济中正常运转的市场的直觉在第 18 章讲过，并按如下思路进行分析。在货币经济中，商品总是按照用货币这种特殊物品所衡量的价格进行买卖。因此，存在着正常运转的商品市场（或者在单一商品模型中存在该商品的一个正常运转的市场），于是在商品市场中均衡变量就是商品价格（价格水平）。在货币经济中，贷款也总是以货币这种特殊商品进行交易的，利率是借款人（债券的卖方）与放款人（债券的买方）之间商定的。于是，它是债券市场上贷款的"价格"。因此，存在一个可贷资金（债券）的正常运转市场，利率就是均衡变量。

请注意，现实中，没有将货币总是按一种特殊物品进行买卖的市场。如果个人想减少他的货币余额，那就要么在商品市场购买商品，要么在信贷市场贷出款项，在做这项决定时不同的人会选择不同的购买比例。这些论据使我们有了如下的假设：经济学家所说的货币余额市场是一个用来分析的概念，现实中没有这样一个运转的市场。假设的货币市场只因瓦尔拉斯法则而出现，它是一个比较静态概念，而且是其他市场的综合反映。因此，货币余额市场只能用于比较静态分析，不能用于动态非均衡情况下利率决定的动态分析。所以，像可贷资金理论那样，在动态情况下，利率的恰当分析是通过债券市场而不是像流动性偏好理论那样通过货币市场来进行的。

---

① 也就是说，花生的价格并不直接是其他商品的超额需求的函数，这些商品包括杏仁、苹果或者椅子，尽管花生的超额需求可以通过适当的替代品间接地成为其他商品的超额需求的函数。

上述论点可以得到货币的缓冲存货作用的支持。从前面的第 6 章得知，缓冲存货概念基于如下观念，即个人要做出的基本决策是何时改变对商品和债券的购买。这些决策导致货币的被动持有。相反，"主动"的决策不是何时去买入或卖出"货币"。

19.6 债券市场的 IS-LM 图解

本节将使用瓦尔拉斯法则来推断存在债券市场均衡的 IS-LM 图中点的轨迹。图 19—1 描绘了 IS-LM 曲线。为了简化，假定这样一种经济：在充分就业下，劳动市场持续均衡。在这种简化的假设条件下，劳动市场的均衡曲线从图中省略掉。

此图也假定外生给定的预期通货膨胀率为 0，因此 $r=R$。

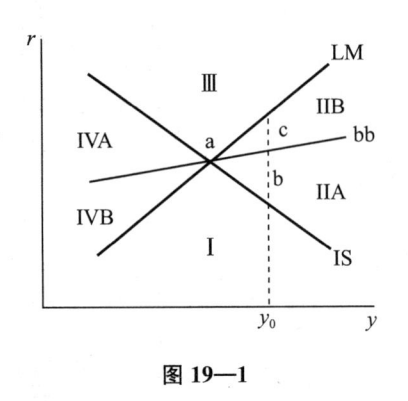

图 19—1

图 19—1 中的 bb 曲线表明的是维持债券市场均衡的 (r, y) 组合，因而在该曲线的所有点上，E_b 是零。根据瓦尔拉斯法则，IS 曲线和 LM 曲线在 a 点相交决定的商品市场和货币市场均衡，能确保债券市场在 a 点处于均衡状态。因此，bb 曲线必定经过 IS 曲线和 LM 曲线的相交点，所以三条曲线都经过共同点 a。

图 19—1 和图 19—2 中的 IS-LM 曲线被划分为四个象限。在第 I 象限，存在商品的超额需求，因为在收入既定的情况下，利率低于 IS 曲线所确定的利率，所以投资高于均衡状态下所要求的水平，也就是说，$E_c>0$。第 I 象限还存在着货币的超额供给，因为利率低于 LM 曲线所确定的水平，于是货币的投机需求大大高于均衡状态下所需的水平，也就是说，$E_m>0$。就我们假定的经济而言，根据瓦尔拉斯法则，$E_c>0$，$E_m>0$，必有 $E_b<0$。也就是说，在第 I 象限的所有点，都存在债券的超额供给。因此，bb 曲线（根据定义，在该曲线上的每一点都有 $E_b=0$）不可能经过第 I 象限。根据同样的推理，可以证明，在第 III 象限，$E_c<0$，$E_m<0$，因而根据瓦尔拉斯法则，我们必有 $E_b>0$。因此，bb 曲线也不可能经过第 III 象限。

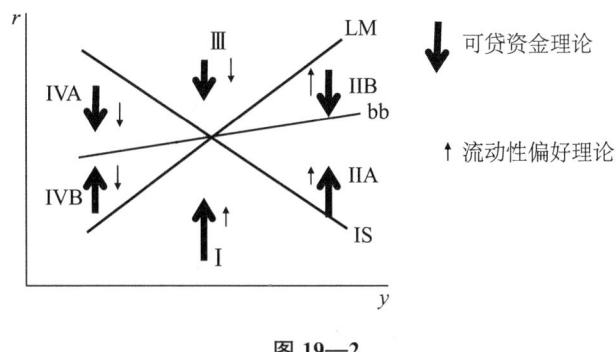

图 19—2

总之，第 I、III 象限的超额需求函数是

I：$E_c>0$，$E_m>0$，$E_b<0$

III：$E_c<0$，$E_m<0$，$E_b>0$

由于 bb 曲线 $E_b=0$ 不可能经过第 I、III 象限，就必然穿过第 II、IV 象限。根据所描绘的 bb 曲线的位置，后者可进一步分成区域 II A 和 II B、IV A 和 IV B。为了说明在区域 II A 和 II B 会发生什么情况，我们首先以 b 点为例。在 b 点，利率对于债券市场的均衡来说太低，因而现行债券价格太高，在这种低于均衡的利率水平下债券的需求不足（超额供给）。在区域 II B 的 c 点，对于债券市场的均衡来说，利率太高，债券价格太低，因而在这种高于均衡的利率水平下债券的需求过多（正的超额需求）。类似的推理可用于区域 IV A 和 IV B。第 II、IV 象限的超额需求函数是

II A：$E_c<0$，$E_m>0$ 且 $E_b<0$

II B：$E_c<0$，$E_m>0$ 但 $E_b>0$

IV A：$E_c>0$，$E_m<0$ 且 $E_b>0$

IV B：$E_c>0$，$E_m<0$ 但 $E_b<0$

由于 II A 有 $E_b<0$，而 II B 有 $E_b>0$，它们之间的分割区域必然有 $E_b=0$。这正是对 bb 曲线上的点的要求，因此 bb 曲线把区域 II 区分为两个明显不同的部分。类似地，IV A 和 IV B 也由 $E_b=0$ 的点的轨迹来划分。因此，bb 曲线经过第 II、IV 象限，但不经过第 I、III 象限。这一论证并未明确在 (r, y) 空间里 bb 曲线的斜率是正是负，尽管我们在图中描述了一条正斜率的曲线。斜率的大小和性质取决于 IS 方程和 LM 方程的系数，见（21）式。

现在我们可以分析外生变量和模型参数的变化对 bb 曲线的影响，我们也可仅就财政赤字和货币供给这两个政策变量的变化来分析。从图 19—1 的财政赤字增加开始，这将使 IS 曲线向右位移。在 LM 曲线被视为与财政赤字无关的情况下，根据瓦尔拉斯法则，bb 曲线必然移动，经过新的 IS 曲线与初始 LM 曲线的交点。因此，bb 曲线也将向上位移。直观的原因和赤字的债券融通有关，这会增加经济中政府债券的供给。要产生相应的债券需求增加，要么增加收入，要么提高利率。

但我们假定另一种情况，即货币供给增加，这会使 LM 曲线向右位移。瓦尔拉斯法则表明，bb 曲线必然移动，经过初始 IS 曲线与新 LM 曲线的交点。因此，bb 曲线向下移动。其直观的原因是，增加的货币供给被公众用于交换债券，由此增加了债券的需求。这就抬高了债券的价格，降低了利率。

从（21）式也可以很清楚地看出，bb 曲线取决于 IS 曲线和 LM 曲线的移动。这表明，债券的超额需求取决于财政赤字和货币供给。因此，在 IS-LM 模型中，债券市场把 IS 曲线和 LM 曲线隐含地联系在一起。

在充分就业（因而实际产出不变）的假设条件下，我们推导出 bb 曲线。如果劳动市场也处在非均衡状态，那么瓦尔拉斯法则允许参数的变动而非 bb 曲线的更改。进而，在一般均衡状态下，劳动市场会出清，从而 bb 曲线仍然要经过 IS 曲线与 LM 曲线的交点。

19.6.1 利率动态变化的图解

可贷资金理论认为利率的动态变动是由债券的超额需求决定的，而流动性偏好理论认为利率的动态变动是由货币的超额需求决定的。图 19—2 中用箭头标明了流动性偏好理论所隐含的利率变化，流动性偏好理论认为 $\partial R/\partial(E_m^d)>0$，可贷资金理论认为 $\partial R/\partial(E_b^d)<0$。流动性偏好理论所隐含的利率变化以细箭头表示变化方向，而可贷资金理论所隐含的利率变化则以粗箭头表示变化的方向。在第 Ⅰ 象限，两种理论都预期利率上升，而在第 Ⅲ 象限，两种理论都预期利率下降。此外，在区域 ⅡA，两种理论都预期利率上升；在区域 ⅣA，两种理论都预期利率下降。然而，请注意，它们隐含的利率变化的程度可能不同。

特别令人感兴趣的区域是 ⅡB 和 ⅣB。区域 ⅡB 有 $E_m>0$ 和 $E_b>0$，因此，流动性偏好理论预期利率上升，而可贷资金理论则预期利率下降；在区域 ⅣB，$E_m<0$ 且 $E_b<0$，于是流动性偏好理论预期利率下降，而可贷资金理论则预期利率上升。所以，即使是在经济中利率变化的方向上，这两种理论也是针锋相对的。

这个争论即使在象限 Ⅰ、Ⅲ 和区域 ⅡA、ⅣA 也是很重要的：虽然此时它们预测的利率变化方向类似，但由于利率变化的动态速度对现实关系较为敏感，由此可能出现差异。因此，在进行动态分析而非比较静态分析时，我们必须在这两种理论之间做出选择。

19.7 传承古典：可贷资金理论中的利率

传统古典经济学家（凯恩斯之前）一般偏爱债券市场、货币市场和劳动市场的整体均衡，他们认为劳动市场决定就业，生产函数决定产出，债券市场决定利率，货币市场决定价格水平。他们认为利率的决定理论为可贷资金理论。这一理论认为利率由债券市场中可贷资金的供求均衡决定，"可贷资金"是我们本章中所说的"债券"的同义词。

考虑到本章目前的讨论，我们可以区分可贷资金理论的如下三个方面：

1. 短期局部均衡的利率决定；
2. 长期一般均衡的利率决定；
3. 利率的动态变化。

传统古典经济学家并没有区分名义利率和实际利率（直到费雪方程的出现），因此他们通常把市场利率 R 当做投资和储蓄的决定因素。按照他们的分析模式，我们可以将投资函数设为 $i(R)$，而不是我们通用的 $i(r)$。[①] 他们也没有设定一个存在大量国债预算赤字的政府部门。[②] 进而，金融媒介和基础货币的作用就无法在货币创造过程中被充分理解。[③]

考虑到这些简化，可贷资金理论的供求函数可以表达成如下式子：

$$Pf^s = Ps(R, y) + [M^s - M^d]$$
$$Pf^d = Pi(R)$$

因此，按照可贷资金理论，（局部均衡）短期利率决定可简化为

$$s(R, y) + (1/P)[M^s - M^d] = i(R) \tag{23}$$

因此

$$R = \varphi(P, y; (M - M^d)) \tag{24}$$

在上式中，商品市场和货币市场都可以发生变化，从而引起利率的变化。

可贷资金长期理论假设经济中存在一般均衡。因此，在这一理论中，$M - M^d = 0$，从而长期可贷资金理论变为

$$i(R) = s(R, y) \tag{25}$$

进而，商品市场和劳动市场的长期均衡可以保证产出在充分就业水平（y^f），因此方程（25）变成

$$i(R) = s(R, y^f) \tag{26}$$

也就是说，长期利率是由充分就业产出水平下投资和储蓄的相等决定的，因此利率的主要决定因素是储蓄倾向、经济的生产能力和投资。尤其是，这个利率并不因货币需求或者供给的变化而改变。

对于利率的动态变化，当经济中出现不均衡时，可贷资金理论认为利率是由可贷资金的超额需求或者供给决定的：如果存在对可贷资金的超额需求，利率就

[①] 如果预期通货膨胀率为 0，那么在费雪方程下这也是正确的。

[②] 可贷资金理论是在政府规模相对较小的时期形成的。在任何情况下，规范的债券市场都不能充分满足政府的购买行为，常态下，政府的借债行为是通过个人银行和私人融资者的私人安排实现的。

[③] 传统古典理论也是在正规金融部门发展相对不充分的时代形成的。直至第二次世界大战时期，借贷市场都是由融资的企业（最终借款人）和借出资金的储蓄者（最终贷款人）来主导的，因此金融媒介的作用被忽视或者没有被适当地融入利率理论中，这都是很常见的。

下降（债券价格上升）；如果存在对可贷资金的超额供给，利率就上升（债券价格下降）。因此，这一理论关于利率动态变化的函数如下：

$$R = f(E_b^d) \quad \partial R/\partial(E_b^d) < 0 \tag{27}$$

注意，因为货币供求的改变会导致债券的超额需求发生变化，因此也同样会影响利率的动态轨迹。

总之，对于超额货币供给与名义利率变动的相关性，只有长期可贷资金理论认为它与利率的决定是不相关的。然而，尽管是长期可贷资金理论认为利率由充分就业水平下的储蓄和投资决定，但这一论断通常情况下却被认为是可贷资金理论的观点。

为了对可贷资金理论进行调整，使其适合现代经济，需要将政府部门、中央银行和金融部门引入这一理论的混合函数中，就像本章先前提到的一样。

19.7.1 现代古典方法中的可贷资金理论

近年来，古典学派的现代模型重新主张劳动市场就像其他市场一样出清，并根据其理性预期假定，进一步认为任何市场的非均衡状态（由于预期错误）最多只是一种极短的状态。也就是说，当劳动市场和货币市场持续出清时，经济中存在充分就业，货币市场的超额需求也将等于零。因此，在现代古典学派看来，利息理论回复到传统可贷资金理论的长期模式，它们之间的区别是，就系统的或者预期到的货币供给变化而言，现在它不仅被看做利率的长期理论，而且也被看做利率的短期理论。① 然而，这一短期理论仍旧可以从长期理论中推导出来，因为短期内随机影响会在经济中发生作用。这些不能被理性预期到，会导致短期利率与长期利率的差异。

因此，可贷资金理论的现代古典主义范式，扩展了传统的古典主义范式，并且与之在许多方面有所不同。不同之处主要表现在以下几方面：

1. 金融中介机构的作用，如上所述。
2. 在完全资本市场中，费雪方程说明了实际利率和名义利率的关系。
3. 现代范式中相关变量预期到的和未预期到的数值之间的区别，这些变量包括货币供给、总需求的其他决定因素以及通货膨胀率。预期到的货币供给增加引起预期到的通货膨胀而不改变实际利率，从而使名义利率按预期到的通货膨胀率上升，就像费雪方程所指出的。未预期到的货币供给增长降低实际利率，也将降低市场利率。
4. 李嘉图等价使得国民储蓄独立于（预期到的）财政赤字，从而可以把该赤字从可贷资金供求的决定因素中去掉。因此，预期到的赤字不影响利率。
5. 在短期，在货币供给变化及其对储蓄的影响下，传统古典主义经济学允许偏离充分就业。现代古典主义经济学则只有在发生未预期到的货币供给变化的

---

① 后者是与传统古典经济学的分离，下节中将会引用休谟的著作，清楚地将其与现代古典学派加以比较。

情况下才允许这种偏离。因此,在预期到的货币供给变化情况下,产出对其充分就业水平的短期偏离,在短期按可贷资金理论的传统范式可能会影响利率,而按现代范式则不会。

注意,从长期一般均衡分析之外来看,利率不只是对推迟消费的补偿,也是借出资金的收益,借出资金是放弃流动性(即不持有货币)的行为。后者是凯恩斯的主要论点,也是凯恩斯主义信条的基本组成部分。

19.7.2 大卫·休谟的利率理论

大卫·休谟在利率的宏观经济理论中占据特殊地位,因为他详细论述了上述传统古典主义利率理论早期发展阶段的主要内容。他在1752年出版的《论利息》中详细论述了传统的古典主义短期与长期理论的基本内容。他在长期理论中是这样说的:

> 假设由于奇迹每个英国人在一夜之间都在衣袋里发现有五个金币,这就会比全国现有的货币翻一番还多,然而绝不会就在第二天或过些天以后,放贷者便增多了,或利息就有了变动。又假设这个国家只有地主和农民两种人,那么这货币无论怎么多,也绝不会积聚成大笔的款项,只不过使样样东西都涨价,如此而已。挥霍成性的地主一拿到钱立刻就花光,而一贫如洗的农民,除了要求维持最起码的温饱外,别无奢望,他们既没有这般资财,也不存这种非分之想。借贷者多于放贷者的情况依然如旧,利息也就不会下降。上述情况还有赖于另一原理,而且必须在勤俭成风、技艺和贸易有所发展的条件下才会出现。
>
> 一个国家货币量的多寡对利息没有影响。然而由于人们付出利息借入货币,借的实际上就是劳动和商品,所以劳动和商品储备的多少,对于利息必定有重大影响。
>
> (Hume,*Of Interest*,1752)

因此,对于长期理论,休谟坚持认为货币供给的变化不会对长期利率产生影响,决定长期利率的是劳动供给的真实状况、投资的生产力以及储蓄。对于短期理论,如果增加的货币供给应用在商品上而非储蓄上,那么同样不会对利率产生影响。休谟接下来对于货币供给的动态变化表述如下:

> 在有关低利息的原因这一问题上,这种错误见解之所以流行,看来还有另一点理由,即存在着某些国家的实例:在采取国外征服的手段,突然掳掠到一批钱币或金银之后,只要这批钱币一旦扩散并逐渐渗入每个角落,则不但在这些国家本身,而且还在其周围的各国里,利息都将下降。可以设想,这批新获得的钱币会落入少数人之手,并聚集成大宗现金,为谋求有保障的收入,或者置地,或者生息,不久,与工商业大发展时相同的结果就接踵而至,放贷者的增加超过了借贷者,使利息下跌。如果那些获得大笔现款的人,在国内找不到工业或商业,除了放债生息,再找不到别的办法来使用自

己的钱币的话，那利息的下跌就越发快了。这样，用不了多久，情况就又恢复原状。这全部货币可能仍在国内，并且通过物价的上涨让人感觉到它的存在，只是不再积聚成大宗金额或库存，借贷者与放贷者之间的比例失调还像先前一样，结果造成利息的回升。

(Hume, *Of Interest*, 1752)

这段引文可用现代术语归纳为：

1. 长期均衡利率由充分就业产出下的储蓄和投资生产率决定。
2. 长期利率不随货币供给的变化而变化，利率的长期下降是由投资生产率的下降而非货币供给的增加引起的。
3. 然而，短期来说，经济中可贷资金供给的增加引起货币供给的增加，导致真实利率下降（产出增加），如同在间接传导机制中那样。非均衡利率不受不能增加经济中可贷资金供给的货币供给变化的影响，如同在直接传导机制中那样。经济的结构与额外货币余额进入经济的模式决定着哪种机制是有效的以及利率的下降将会持续多久。

注意，休谟唯一没有说的是真实利率和名义利率的区别，休谟并没有使用20世纪提出的费雪方程，该方程把名义利率与预期通货膨胀率联系在一起。

19.8　传承凯恩斯主义：流动性偏好理论的利率决定

凯恩斯的《通论》（1936年）向可贷资金理论提出了挑战，其理由是，利率与其说是储蓄的报酬，倒不如说是对放弃流动性的鼓励。他对其观点总结如下：

一旦个人对收入做出是消费还是储蓄的决策，他还必须做出另一个决策，即，他以何种形式来持有对将来的消费的支配权，不管他的这种未来消费的权利是源自其当期收入还是前期储蓄。他是否准备把将来消费以具有瞬息流动性的支配权方式（即货币或类似货币的东西）加以保持，或者他是否准备在一定的期限和非固定的期间内放弃这个支配权的瞬息流动性，而听任将来市场情况来决定：在必要的时候，他能以何种比例来把他对某些物品的延期支配权转换成对一般物品具有瞬息流动性的支配权。

显然，利息率不可能是储蓄的报酬或被称为等待的报酬。因为，如果一人把他的储蓄以现款的形式储藏起来，虽然他的储蓄量和不以此方式保存的储蓄量完全相同，他却赚取不到任何利息。恰恰相反……利息率是在一个特定期间内放弃流动性的报酬。

由此可见，由于利息率是放弃流动性的报酬，所以在任何时期的利息率都能衡量持有货币的人不愿意放弃流动性的程度。利息率并不是能使对投资资金的需求量和自愿放弃的目前的消费量趋于均衡的"价格"，而是能使以现金形式持有财富的愿望和现有的现金数量平衡的"价格"……假使这种解释是正确的，那么，货币数量便是另一个和流动性偏好一起决定在限定条件下的利息率的因素。

(Keynes，1936，p. 166 - 168)

首先，用利率是放弃流动性的报酬这一观念来考察凯恩斯的观点。在存在不确定性的情况下，的确是这样。储蓄者对于以何种形式持有他们的储蓄可以进行选择，他们能以货币形式持有或出借它。如果利率水平决定他们的储蓄在货币余额和贷款之间的分配，那么利率可被称为借出资金过程中放弃流动性的报酬。然而，如果利率也影响储蓄水平，那么，它也可以被称为对延期消费的报酬。这两种情况在现实中都适用。①

现在用货币部门的均衡关系正式考察凯恩斯的观点。在前面的第2章，凯恩斯的货币市场均衡下外生给定的货币供给 M 的函数被表述为

$$M = kPy + L(R) \tag{28}$$

如果假定 P 和 y 是外生给定的，那么方程（28）就决定了 R。一般说来，这对凯恩斯主义模型和凯恩斯本人的思想来说都是不正确的。在他的理论中，产出、利息和价格都是同时确定的，因而 R 并不仅仅由（28）式决定，它也受支出部门的储蓄和投资决策以及劳动市场结构的影响。

因此，利率不只是对放弃流动性的补偿，即使这似乎是最接近或最相关的原因。

流动性偏好理论的动态变化

根据凯恩斯的流动性偏好理论，利率的动态变化取决于对货币的超额需求。因此，流动性偏好理论认为

$$R = f(E_m^d) \quad \partial R / \partial (E_m^d) > 0 \tag{29}$$

从而

$$\partial R / \partial (M^d - M^s) > 0 \tag{30}$$

这一论断背后的原理如下：根据凯恩斯的理论，个人的货币超额需求会促使人们卖出手中的债券去获得他们想要的更多的货币余额，而卖出债券会降低债券价格，提升利率水平。

19.9 比较利率的流动性偏好理论和可贷资金理论

在20世纪50年代和20世纪60年代初期爆发了一场旷日持久的关于传统古典可贷资金理论和凯恩斯流动性偏好理论是否一致的争论。分析至今，这个问题可以由单独的一般均衡和动态分析解答。

---

① 但是，有好几项实证研究都表明，利率对储蓄的影响是微不足道的。

一般均衡分析

我们先前的分析表明，根据瓦尔拉斯法则，无论宏观经济模型中的一般均衡解是来自于包含货币市场、债券市场和劳动市场的传统古典主义经济学，还是来自包含商品市场、货币市场和劳动市场的凯恩斯主义经济学，都是不重要的。每一种理论都会对所有内生变量得出同样的一般均衡值，尽管这两种理论的基础表面上看上去是相当不同的。

注意，关于宏观经济学模型的当前做法是为了规定一个包括商品市场、货币市场和劳动市场的完整模型。选择省略债券部门的原因，部分归于凯恩斯在《通论》中确立的传统（被希克斯用 IS - LM 模型解释凯恩斯理论时强化了），部分是因为大多数国家并未公布有关经济中债券（贷款）的总量和类型的充分和可靠的数据。比较起来，关于产出、货币和就业（及其相关变量）的数据，通常都能详尽地得到，且在时间上大体还算一致。

动态分析

对于利率的动态变动，选择哪些部门决定利率是高度相关的。这已经在很多地方说明过了，接下来将会进行一个整合。

流动性偏好理论的动态模式是：利率的变化由货币的超额需求决定，二者之间是正相关关系，也就是说，

$$\begin{aligned} \mathrm{d}R/\mathrm{d}t &= \Psi(E_{mt}) \qquad \Psi' > 0 \\ &= \Psi(M_t^d - M_t^s) \end{aligned} \qquad (31)$$

可贷资金理论的动态模式是：利率的变化由债券的超额需求决定，二者之间是逆相关关系，即

$$\begin{aligned} \mathrm{d}R/\mathrm{d}t &= \phi(E_{lt}) \qquad \phi' < 0 \\ &= \phi(P\{i(R) - s(R)\} - \{M_t^d - M_t^s\}) \end{aligned} \qquad (32)$$

由（31）式和（32）式可以看出，利率产生了不同的时间路径。举一个极端的例子，如果货币市场处在均衡状态而债券市场处在非均衡状态，流动性偏好理论（31）式就会有 $E_{mt}=0$，意味着利率不变，而可贷资金理论（32）式则表明商品和债券的超额需求不为 0，因此意味着利率是变化的。

进一步说，在特定的经济状态下，这两种理论所描述的利率变化的符号不同。如果用图解的话，我们首先要在 (r, y) 空间里画出债券市场的均衡关系，这是下一节的内容。

19.10 货币供给对实际利率的中性与非中性

货币供给内生情况下的货币中性

实际利率是一个实际变量。现代古典主义分析（第 14 章）表明，在没有价

格（或通货膨胀）预期误差的长期一般均衡中，实际利率将不随（名义）货币供给的变化而变化，因为这种货币供给变化会造成价格水平按比例变化，而不改变实际货币供给。因此，在现代古典主义分析中，货币供给变化不改变长期实际利率。

然而，在短期中，现代古典主义学派允许预期误差改变实际利率。这一影响可由卢卡斯产出供给函数变动对利率的决定来表明，如下：

$$r_t = r^* + \gamma(M_t - EM_t) \quad \gamma < 0 \tag{33}$$

其中，r^* 是实际利率的长期值。因此，在现代古典主义模型中，在短期中，货币供给的非预期增长不是中性的，会降低实际利率，但是货币供给的预期增长并不会导致利率发生变化并且是中性的。

新兴凯恩斯主义模型包含几个元素，例如不完全信息和黏性价格，这会导致货币关于产出和就业的非中性，对实际利率也同样产生作用。

泰勒利率规则的货币政策中性

第13章表明了泰勒利率规则的一般形式如下：

$$r_t^T = r^{LR} + \alpha(y_t - y^f) + \beta(\pi_t - \pi^T) \quad \alpha, \beta > 0 \tag{34}$$

其中，r^T 代表实际利率目标，y 代表实际产出，y^f 代表充分就业产出，π 代表实际通货膨胀率，π^T 代表央行要求的通货膨胀率，下标 t 代表时期。π^T 被称为目标通货膨胀率。如第14章所显示的，长期而言，$y_t = y^f$ 并且 $\pi_t = \pi^T$，所以 $r = r^{LR}$。因此，即使中央银行设定利率，长期利率对于货币政策仍然是不变的。然而，短期而言，金融市场的实际利率取决于央行的设定利率，因此考虑到货币政策对真实债券利率的影响，货币政策不是中性的。

货币供给对利率决定作用的图解分析

在图19—3（a）中，长期均衡利率是 r_0^{LR}。在长期中，货币供给增加使LM曲线向外移动到LM′，使需求增加到b点，从而引起长期价格上升［图19—3（b）中从 P_0 到 P_1^*］，足以使图19—3（a）中的LM曲线从LM′返回到LM，一般均衡利率也返回到 r_0^{LR}。因此，长期均衡实际利率和产出不随名义货币供给的增加而改变。

但是，在短期，假定货币市场调整迅速，而商品市场的调整相对缓慢，经济最初使实际利率降低到 r_1。如果经济继续沿着短期供给曲线SAS运行——不管是凯恩斯主义原因还是现代古典主义原因（有相对价格预期误差），货币扩张将使需求曲线移动到图19—3（b）中的AD′，导致价格从 P_0 上升到 P_1（而不是到 P_1^*）。这意味着在图19—3（a）中，LM曲线从LM′向上移动，只能达到LM″（而不是回到LM），产生一个短期利率 r_s。因此，货币供给增加对经济中的利率具有即刻影响（从 r_0^{LR} 到 r_1）和短期影响（从 r_s 到 r_0^{LR}），但在长期没有影响。

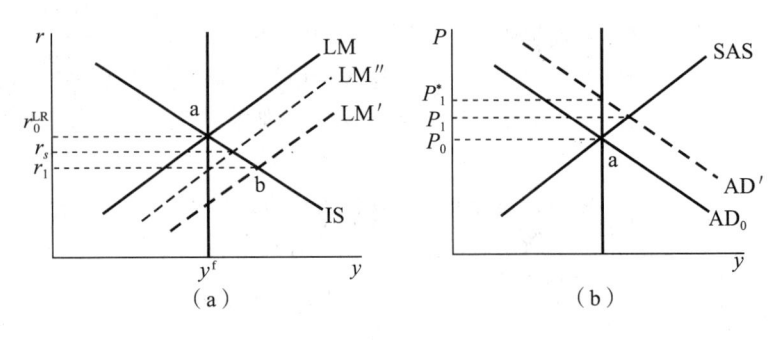

图 19—3

19.11 长期（自然）实际利率与财政政策非中性的决定因素

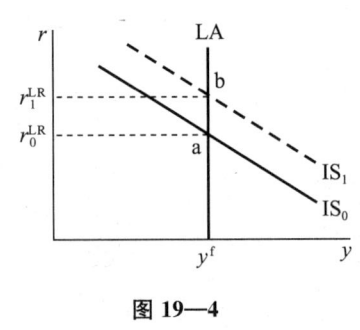

我们现在考察能改变长期实际利率的因素。图 19—4 说明了长期实际利率 r^{LR} 的决定，即由 IS 曲线与长期总供给曲线 LAS 的交点给定。这两条曲线中任何一条曲线移动都会改变经济中的长期利率。因此，在经济中，无论是生产力的变化，还是投资和储蓄行为的变化，都将使长期实际利率发生变化。在标准的 IS - LM 模型中，政府支出和税率的变化也有同样的效果，因为该模型中的赤字会使 IS 曲线向右位移。这一效应在图 19—4 中表现为，预算赤字致使 IS 曲线向右位移到 IS_1，结果长期利率从 r_0^{LR} 上升到 r_1^{LR}。也就是说，在长期，赤字增加会抬高实际利率，消除赤字会降低实际利率。LM 曲线与长期实际利率的决定无关，所以没有在图 19—4 中画出来。我们由图 19—4 得出的结论是，对于封闭经济，在生产函数既定的情况下，长期实际利率由投资和国民储蓄相等来决定，其中后者等于私人储蓄减去财政赤字。国民储蓄的下降减少了可用于投资的可贷资金并提高了实际利率。

图 19—4

然而，如第 13 章、第 14 章所表明的，把李嘉图等价假说加入 IS - LM 分析框架，意味着私人储蓄会以赤字的数量增加，于是国民储蓄并不因为有赤字而改变。因此，预算赤字不会引起 IS 曲线移动，在图 19—4 中，长期实际利率将保持在 r_0^{LR}，与财政赤字无关。因此，考虑到李嘉图等价假说，长期实际利率与财政政策和货币政策都无关。关于这个结论的一个警示性说明是必要的：如果李嘉图等价假说无效（对于其经验有效性的怀疑详见第 14 章），那么财政赤字确实会改变长期实际利率。

长期实际利率的其他决定因素

长期实际利率的其他决定因素如下：

1. 金融中介和金融创新的有效性，因为这些将影响到投资项目吸收和分配储蓄的效率。
2. 创新和经济中的技术变化率，这将影响到产出的增长。
3. 本国经济对世界市场和国际资本现金流的开放程度，因为这些现金流会弥补储蓄－投资的缺口。

19.12 经验证据：费雪方程检验

对于名义利率的费雪方程检验，请注意，货币供给的增加降低短期实际利率，从而倾向于降低名义利率，而由此产生的通货膨胀（通过预期）会引起名义利率上升。此外，蒙代尔－托宾效应意味着，预期通货膨胀率对实际利率的影响是负的，因为前者是持有货币和减少实际余额需求的机会成本。

克劳德和霍夫曼（Crowder and Hoffman，1996）对费雪方程进行了检验。克劳德和霍夫曼认为，由于通货膨胀导致的利率上升会增加从利息收入中缴纳的税收，费雪方程的经验估计应当对通货膨胀率有一个 1.3～1.5 的估计系数，而不是像没有税收的费雪方程所表明的那样是 1，尽管许多研究发现这个系数小于 1。由于名义利率和通货膨胀的数据是不平稳的，所以克劳德和霍夫曼使用了詹森的协整技术。他们的估计方程以广义形式的费雪方程为基础，而后者又是从满足预算约束的跨时效用最大化推导出来的，其具体形式如下：

$$R_t(1-\tau_t)=r_t+E_t\Delta p_{t+1}+0.5\text{var}_t\Delta p_{t+1}-\gamma\text{cov}_t(\Delta c_{t+1},\cdots,\Delta p_{t+1}) \quad (35)$$

其中，p 是价格水平的对数，c 是消费的对数，E_t 是取决于时期 t 所获得的信息的预期算子，R 是名义利率，r 是实际利率，τ 是税率，γ 是相对风险厌恶系数。在这项研究中，预期通货膨胀率的估计系数为 1.34～1.37，根据税率调整之后，其范围是 0.97～1.01，因此他们的研究支持费雪效应。

把费雪效应纳入利率期限结构理论，就可以根据收益曲线估计预期通货膨胀率。下一章将讨论其推导过程。

19.13 检验流动性偏好理论和可贷资金理论

寻找一种实证检验技术来区分流动性偏好理论和可贷资金理论确实是一个问题。这两种理论的显著区别只有在假设和分析经济中的长期一般均衡状态时才会出现，但这在实证中是极其难以检验的，因为很难在现实经济中找到这一状态下的相关数据来进行检验。因此这些检验只存在于这些理论的短期分析中。但是这两种理论的短期行为分析都说明超额货币供给确实会对利率产生影响。为了揭示这个问题的本质，可贷资金理论（LF）认为

$$\text{LF}: R = f(E_b) \tag{36}$$

运用瓦尔拉斯法则的劳动市场出清的假设,(36)式变为

$$\text{LF}: R = f(-E_c - E_m) \tag{37}$$

流动性偏好理论(LP)认为

$$\text{LP}: R = f(E_m) \tag{38}$$

因此,E_m 在两种理论中都作为利率的决定因素存在。

运用瓦尔拉斯法则,以 $(-E_c - E_b)$ 替代 E_m,我们得到

$$\text{LF}: R = f(E_b) \tag{39}$$
$$\text{LP}: R = f(-E_c - E_b) \tag{40}$$

在这种情况下,E_b 在两种理论中都是利率 R 的决定因素。

因此,原打算对可贷资金理论和流动性偏好理论进行区分的估计就出现问题了,因为 E_b 和 E_m 在两种理论中均会对利率造成影响。

实证结果

费尔德斯坦和埃克斯坦(Feldstein and Eckstein,1970)把流动性偏好理论与表明名义利率和预期通货膨胀率之间关系的费雪方程结合在一起,对流动性偏好理论进行了应用性研究。流动性偏好理论认为,在短期,利率取决于货币的超额需求。由于货币需求取决于收入,所以,货币的超额需求可以用解释变量中的基础货币和国民收入来表示,前者反映的是货币供给增加的效应,其预期系数是负的,后者反映增加货币需求所带来的影响,其预期系数是正的。预期通货膨胀率由一个分布滞后自回归模型刻画。他们公布的结果如下:

$$R_t = -11.27 - 6.76 \ln M0_t + 6.03 \ln y_t + 0.275 \pi_t + \sum_j \alpha_j \pi_{t-j} \tag{41}$$

其中,$j = 1, 2, \cdots, 23$,$\sum_j \alpha_j = 3.41$,$\alpha_1 = 0.289$,$\alpha_{23} = 0.020$,$R^2 = 0.982$。

在(41)式中,R 是公司债券利率(穆迪美国汽车协会工业债券的季度收益),M0 是实际人均基础货币,y 是实际人均 GDP。(41)式中的所有系数都是显著的,通货膨胀对利率影响的平均滞后期是 8.14 个季度。这些结果都与流动性偏好理论一致。

费尔德斯坦和埃克斯坦扩展了(41)式,使之包括私人持有的联邦政府债券,其估计方程是

$$R_t = -16.68 - 9.08 \ln M0_t + 8.24 \ln y_t + 2.78 D_t + 0.27 \pi_t + \sum_j \alpha_j \pi_{t-j} \tag{42}$$

其中,$\sum_j \alpha_j = 3.93$,$j = 1, 2, \cdots, 23$,$R^2 = 0.985$,通货膨胀影响的平均时滞为 7.90 个季度,D 是私人人均实际持有的政府债券。(42)式中,政府债券的系数是正的,其原因如前面可贷资金理论所解释的,经济中债券供给(也就是可贷资

金的需求)的增加将提高利率。在(41)式和(42)式中,通货膨胀对利率影响的平均时滞大约为 8 个季度,显然是很长的。另外,虽然基础货币的增加直接降低了名义利率,但它对通货膨胀的间接影响是提高利率。计算出来的这些系数表明,对于实际利率,不存在短期货币中性(至少在 8 个季度内是如此)。(41)式说明了流动性偏好理论,而(42)式把流动性偏好理论与可贷资金理论综合在一起,这主要是通过将政府债券纳入模型实现的。

由于基础货币和政府债券的系数都是显著的,故上述估计支持利率决定的一般模式(该模式是由包含瓦尔拉斯法则的更宽泛的商品—货币—债券模型给定的),而没有拒绝任一理论。费尔德斯坦和埃克斯坦(1970)的一般结论是,1954—1965 年间的利率上升主要归因于流动性下降,而不是通货膨胀,但是 1965—1969 年,通货膨胀这一原因更加重要。这一时期公债的相对缓慢增长抑制了利率的上升。此外,基础货币和政府债券的变化对利率的直接影响在一个季度内发生,因此这些效应并无显著时滞,而通货膨胀的影响超过 23 个季度,平均时滞大约为 8 个季度。这么长的时滞是来自名义利率对预期通货膨胀率的调整时滞,还是来自预期通货膨胀率调整为实际通货膨胀率的时滞,目前尚不清楚。但是,从这项研究可以看清楚的是,利率和通货膨胀率之间的费雪关系在估计名义利率时不能忽略,即使是基于流动性偏好方法的研究也是如此。萨金特(Sargent,1969)、埃科尔斯和艾略特(Echols and Elliot, 1976)[①] 都对可贷资金理论进行了应用性研究。萨金特(Sargent,1969)从以下恒等式开始:

$$R \equiv r^* + (r - r^*) + (R - r) \tag{43}[②]$$

其中,R 是名义利率(持有时期的债券收益)。r 是实际利率(持有时期内名义利率减去预期通货膨胀率),萨金特称之为市场实际利率。r^* 是使投资和储蓄相等的利率,对应于第 2 章解释的维克塞尔的"正常利率"。正如维克塞尔分析的那样,它是投资超过储蓄的部分的函数。萨金特用它的目的是使之能描述可贷资金理论。$(r - r^*)$ 是市场实际利率对正常利率的偏离。同维克塞尔的分析一样,这一偏离依赖于银行业务创造的货币超额供给,而银行业务使贷款供给的增加超过储蓄增加。根据费雪方程,$(R - r)$ 等于商品价格的预期通货膨胀率。萨金特用一个分布滞后模型刻画预期。

正常利率 r^* 是贷款超额需求的函数,贷款超额需求等于意愿(计划)实际投资减去意愿(计划)实际储蓄。投资是该利率和 ΔX 的函数,而储蓄又是该利率和 X 的函数,这里的 X 是实际产出。下面列举一些估计结果[③],十年期债券收益率的估计结果是

$$R_t = 7.133\,8 + 0.009\,9\Delta X_t - 0.045\,6 X_t - 2.015\,1(\Delta m_t^* / m_{t-1}^*)$$
$$+ 3.876\,4 \sum_i 0.97^{i-1}(\Delta p_{t-i}/p_{t-i-1}) - 1.984\,9(0.97)^t \tag{44}$$

---

① 这一研究所采用的方法及得出的结果将在第 20 章有关利率的期限结构中进行讨论。
② 为了与本章的字母和符号一致,本方程中的字母及符号进行了更改。
③ 序列相关性通过区间搜索法(Hildreth-Lu 法)来进行纠正。

调整的 $R^2=0.9298, i=1,2,\cdots,t-1$

其中，R 是十年期债券收益率，X 是实际 GDP，m^* 是实际货币供给，p 是商品价格指数。除 ΔX_t 外的所有系数都是显著的，符号与假定的一致。实际货币供给的增加降低了实际利率，当实际货币供给增加 10% 时，名义利率下降 20 个基本点。

一年期债券收益率的估计结果是

$$R_t = 1.4396 + 0.0182\Delta X_t - 0.0405 X_t - 6.0260(\Delta m_t^*/m_{t-1}^*)$$
$$+ 6.4716 \sum_i (0.98)^{i-1}(\Delta p_{t-i}/P_{t-i-1}) + 4.4933(0.98)^t \quad (45)$$

调整的 $R^2=0.9298, i=1,2,\cdots,t-1$

在（45）式中，产出水平、货币供给的变化和预期变量都是显著的且有预期的符号。产出的变化率在（44）式和（45）式中都不显著。使用这个变量的意图是描述通过投资产生的可贷资金需求。

（44）式和（45）式表明，货币供给和通货膨胀率对一年期利率都比对十年期利率的影响更大。它们都表明，通货膨胀率对利率的影响的时滞相当长，原因可能是预期形成过程的时滞比较长，但也有可能是由于使用分布滞后函数而非理性预期函数来描述预期所致。

两个方程都包括货币供给的变化，它是流动性偏好理论的一个要素。此外，纳入产出能找出货币需求的决定因素。因此，不能说这些方程排除了流动性偏好的内容。但是，它们也包括了传统的古典主义可贷资金理论的内容。正如我们对（41）式和（42）式所做的那样，我们一般把它们看做与包含瓦尔拉斯法则的一般宏观经济模型相一致，因而与利率对货币市场和债券市场非均衡的反应相一致。

结　语

本章主要研究了经济中的基本利率问题，有关利率的期限与风险结构问题留待下一章考察。关于这种基本利率，有两种主要理论。可贷资金理论与传统的古典主义经济学相联系，主张利率是在可贷资金（在现代宏观经济模型中是债券或信贷）市场中决定的。流动性偏好理论与凯恩斯和凯恩斯主义经济学相联系，主张利率是由货币市场均衡决定的。

在完整的宏观经济模型中，货币市场和债券市场只是经济中的两个市场，其他还有商品市场和劳动市场。这种模型的相互依赖结构意味着，利率是由模型中其他内生变量共同决定的，其中包括产出和价格水平。对于这种模型，瓦尔拉斯法则表明，其中有一个市场可以在详细分析中省略。可贷资金理论省略的是货币市场，流动性偏好理论省略的是债券市场。不过，在其他条件相同的情况下，这两种选择使所有内生变量都得到相同的均衡值，其中也包括利率。因此，在既定的宏观经济模型中，不管采用这两种理论中的哪一种，对于比较静态分析而言都无关紧要。

在动态情况下，采纳哪一种理论则很重要。就分析利率的动态变化而言，我们偏向选择基于债券市场超额需求的理论。但是，货币和债券的超额需求在解释利率变化时都获得了经验研究的支持。这种利率经验决定的基本要求是包含费雪方程。虽然本章列举的经验研究用的是预期分布滞后模型，并且发现时滞很长，但更新的研究倾向于用理性预期。不管使用哪种预期建模，大多数研究表明，货币供给增加会降低利率，并且就名义利率和实际利率来看，货币在短期并不是中性的。

主要结论

※ 传统的古典可贷资金理论表明，实际利率由经济中充分就业下的储蓄和投资决定。

※ 凯恩斯认为，储蓄与投资之间没有直接关系。他的流动性偏好理论坚称，利率由货币的供求决定。现代古典主义理论把传统古典主义的可贷资金理论改成如下说法：实际利率由债券的供求决定。现代古典主义方法表明，一般均衡（也称为长期）实际利率不随货币供给和通货膨胀预期的变化而变化。因此，对于实际利率，货币和通货膨胀的预期变化是中性的。

※ 新兴凯恩斯主义范式认为，货币政策可以改变实际利率。

※ 瓦尔拉斯法则表明，在一般均衡中，货币市场还是债券市场是利率的直接决定因素无关紧要，利率将完全一样。但是，动态分析表明，这对于利率变化的程度（有时还有符号）至关重要，不管这种变化是货币超额需求函数还是债券超额需求函数。

※ 在现代金融发达的国家，债券超额需求似乎是利率变化的更恰当的直接决定因素。货币或债券的超额需求变化通过改变债券的超额需求引起利率变化。

复习讨论题

1. 解释货币因素和实际因素如何成为短期和长期的利率决定因素。

2. 比较利率的流动性偏好理论与可贷资金理论。讨论它们对旨在维持充分就业的货币政策的含义。

3. 凯恩斯认为，不存在非货币利率理论这类事情，利率由货币的供求唯一地决定。解释凯恩斯持这一观点的原因。将这一观点与传统古典主义和现代古典主义的观点加以比较。

4. 讨论（a）通过公开市场操作的货币供给变化、（b）中央银行贴现率的降低，导致经济中利率的最终变化而可能出现的调整过程。

5. 中央银行能通过改变它的贴现率（银行利率）来改变经济中的利率吗？

请对根据你们国家的情况得出的答案进行分析并给出相关的理论。

6. 货币理论隐含地假定，利率与货币存量是一一对应的，因此其中一个变化就会引起另一个变化，故中央银行选择其中的哪一个并不重要。这种判断需要什么假设条件？从制定政策的角度来看，这些假设条件现实吗？

7. 本章相当不寻常地断言，现实经济中并没有明确的货币市场，货币市场是通过其他市场反映出来的。你赞成还是反对？说明理由。如果（a）所有市场都处于一般均衡中，（b）经济处在非均衡中，那么，对于与利率决定相关的理论，你的答案意味着什么？

8. 第6章货币需求的缓冲存货分析表明，货币在经济主体需要调整它们的其他物品（商品、债券和劳动）存量以实现最优水平时充当了缓冲器，而这类调整在短期要比货币余额的调整成本更大。如果所有市场处在一般均衡，这对于利率的决定意味着什么？在受到一种改变其他物品意愿需求的冲击之后，货币的缓冲存货持有量对利率的动态决定意味着什么？

9. （a）缓冲存货货币持有与（b）在现实经济中没有明确的货币市场，货币市场是其他市场的反映这两种论断有无某种联系？请讨论。

10. 动态调整发生在非均衡中，但如果商品市场和劳动市场存在非均衡，那么第18章中就对瓦尔拉斯法则的适用性提出了质疑。在这种情况下，利率的动态分析是否应当用纯理论或有效超额需求函数来处理？请记住，我们的目的在于说明动态的、非均衡的利率决定。

11. "现代古典经济学假定，在充分就业下，劳动市场持续出清，这意味着我们可以把实际利率分析限定在一般均衡状态下，不考虑它在非均衡状态下的性质。因此，是用可贷资金理论还是用流动性偏好理论无关紧要。根据瓦尔拉斯法则，它们意味着利率是相同的。"从不同角度讨论这一论断。

12. 金融中介机构的存在与运作对利率有何影响？如果有影响，它们在短期宏观经济模型中是否得到了充分反映？是以何种方式得到反映的？

13. "实际利率是一个实际变量。在理性预期情况下，它不随货币供给或价格水平的系统变化而变化。但是，这些名义变量的未预期到的变化能改变实际利率。"用新古典主义模型讨论这一观点，并说明其所隐含的用于实际利率决定的卢卡斯式的方程。它对货币政策的实施有何含义？

14. 是否存在"自然"利率？它意味着什么？决定它的因素是什么？对于实际利率，有没有像菲利普斯曲线那样的曲线？请讨论。

15. 为什么实际利率随经济周期而波动？货币因素能改变它吗？请讨论。

16. 可贷资金理论和流动性偏好理论中的利率与利率目标和泰勒规则是一致的吗？如果不是，怎样可以具备一致性？

参考文献

Crowder, W. J., and Hoffman, D. L. "The long-run relationship between nominal interest rates and inflation: the Fisher equation revisited." *Journal of Money, Credit and Banking*, 28, 1996, pp. 102 – 118.

Echols, M. E., and Elliot, J. W. "Rational expectations in a disequilibrium model of the term structure." *American Economic Review*, 66, 1976, pp. 28 – 44.

Feldstein, M., and Eckstein, O. "The fundamental determinants of the interest rate." *Review of Economics and Statistics*, 52, 1970, pp. 363 – 375.

Hume, D. *Of Interest*. 1752. Reprinted in *The Philosophical Works of David Hume*. 4 vols. Boston: Little, Brown and Co., 1854. [Also available at: cepa. newschool. edu/het/profiles/hume. htm].

Keynes, J. M. *The General Theory of Employment, Interest and Money*. New York: Macmillan, 1936.

Mundell, R. A. "Inflation and real interest." *Journal of Political Economy*, 71, 1963, pp. 280 – 283.

Sargent, T. J. "Commodity price expectations and the interest rate." *Quarterly Journal of Economics*, 83, 1969, pp. 127 – 140.

Tobin, J. "Money and economic growth." *Econometrica*, 33, 1965, pp. 671 – 684.

第 20 章 利率结构

本章把单一宏观经济利率的决定扩展到经济中的多种利率的决定。

利率不同的原因主要有两个：一是期限不同，二是风险不同。为了解释前者，重要的是假定在期限不同的资产之间，债券的风险保持不变。这可以通过比较不同期限的政府债券并研究它们的收益曲线来做到。解释利率期限结构的主要理论是预期假说。

本章引入的关键概念

- ◆ 收益曲线
- ◆ 短期利率
- ◆ 长期利率
- ◆ 利率的预期假说
- ◆ 流动性溢价
- ◆ 市场分割假说
- ◆ 习惯性偏好假说
- ◆ 随机游走假说

第 13 章至第 15 章的短期宏观经济模型的内容包括单一利率，如同前面几章分析的一样，但经济中并非只有一种利率，也并非只有一种债券。依据定义，经济学家所说的某种资产的利率，就是指这种资产在任何既定时期内的收益率，包括预期的资本利得和损失。因此，经济中每一种不同的资产都有一个利率。本书

第 16 章中对此做了举例，例如，包含两种利率，一种是债券利率，一种是借贷利率。

资产的各方面或特征是有差异的，有些差异比较重要，包括它们的可交易性、风险和到期期限。如果资产所具有的每一特征的程度不同，资产的收益率就很可能不同。如果所有利率以固定的比例或固定的差异彼此相关，那么，仅分析一种利率的宏观经济模式是完全可以接受的。实证分析表明，它们确实有很强的正相关性。利率期限结构理论说明了不同期限资产的价格和收益率之间的关系。这些理论以及以此为基础的经验研究是本章分析的重点。

第 20.1 节界定即期利率、远期利率和长期利率。第 20.2 节阐释利率期限结构的相关理论。在这些理论中，对于发达的金融市场而言，最重要的一个理论是预期假说。第 20.3 节简单探讨资产价格与收益之间的关系，以及基于资产价格期限结构的检验。第 20.4 节和第 20.5 节介绍有关利率期限结构的一些经验研究成果。第 20.6 节讨论随机游走假说，该假说与预期假说相关，并利用理性预期假说形成预期。第 20.7 节利用期限结构来估计预期通货膨胀率。

关于预期风险与收益之间的关系，我们通常用夏普（Sharpe，1964）提出来的资本资产定价模型来解释，并以第 5 章形成的预期效用假说为基础。但是，这些分析通常并不包含在货币经济学的教材中，为了简便，我们在本书中也没有包含这一部分。

请注意，利率的风险结构和期限结构理论，只解释利率因风险或期限的不同所造成的差异，而不解释经济中的基本利率，那是第 19 章的主题。

符号

不幸的是，本章使用的符号不得不相当繁杂，故对其一般形式做些说明有好处。首先，请注意本章所有的利率都是名义利率。短期（名义、一期）利率用 r[①] 表示，当期用 t 表示。假定在 $t+j$ 时期签订的一期贷款合同，贷款时期为 $t+i$，利率为 r，$j \leqslant i$。这可以写成 $_{t+j}r_{t+i}$，其中，左下标表明签订合同的时期，右下标表明贷款的时期。如果未来的利率是预期利率，我们可把相应的利率写成 $_{t+j}r^e_{t+i}$，它的理性预期可写成 $E_{t+j\,t+j}r_{t+i}$，这里的预期 E_{t+j} 建立在 $t+j$ 时期可获得的信息之上。

长期利率用大写字母 R 表示。假定这些合同总是在当期 t 签订的。$_tR_{t+i}$ 代表贷款 i 期合同的长期利率。由于该利率在当期是已知的，故它是一个现实的而非预期的利率。

20.1 利率的一些概念

债券的短期市场上有即期利率、远期利率和长期利率。这些术语的含义如下。

[①] 注意小写字母 r 代表短期名义利率，在前些章里，名义利率由大写字母 R 代表。然而，在本章里，R 代表长期名义利率。

（当期）即期利率

（当期）即期利率 $_tr_t$（或简写为 r_t），是当期 t 的贷款按年计算的收益率，该贷款是在时期 t 开始时贷出的。

未来即期利率

未来即期利率是在未来时期（$t+i$）贷款的收益，其中，$i>0$，该贷款是在该时期开始时贷出的，它用 $_{t+i}r_{t+i}$ 或 r_{t+i} 表示。因此左下标是隐含的，因为 r_{t+i} 是一个未来即期利率，它的预期值是 r^e_{t+i}，它在时期 t 的理性预期可以被写成 $E_t r_{t+i}$ 或 $E_t{}_{t+i}r_{t+i}$。

未来短期利率

未来短期利率是一期贷款在未来一段时期（$t+i$，$i>0$）的回报率，该贷款是在 $t+j$ 期开始时贷出的，$j\leqslant i$。这一利率表示为 $_{t+j}r_{t+i}$。

远期短期利率

远期短期利率 r^f_{t+i} 是（$t+i$）期的一期贷款按年计算的利率，该贷款的合同是在 t 期签订的。请注意已经插入上标 f 来代表远期，它与未来即期利率 $_{t+i}r_{t+i}$ 或 r_{t+i} 不同，对于后者，时期（$t+i$）的一期贷款合同是在（$t+i$）时期签订的。在不完全的金融市场中，r^f_{t+i} 可能不存在，但只要有即期市场，$_{t+i}r_{t+i}$ 就会存在。然而，如果前者（此处有符号）存在，它在当期 t 将是已知的，而后者（此处有符号）在 t 期不可能被知晓，虽然对它的值的预期可能在 t 期形成。

长期利率

长期利率 $_tR_{t+i}$（$i=0$，1，$\cdots$，n），是（$i+1$）期的贷款按年计算的收益率，贷款在 t 期贷出，在（$i+1$）期后归还本金和累计的利息。

当期即期利率 $_tr_t$ 和一期长期利率 $_tR_t$ 是相同的。为了使符号简化，$_tr_{t+i}$ 有时写成 r_i，而 R_{t+i} 则写成 R_i，下标 t 隐含其中，或者在当期被视为零。

20.2 利率的期限结构

20.2.1 收益率曲线

不同期限（偿还日期）的资产在收益上的变化状况称为利率的期限结构，而这里的资产除了它们的期限之外所有其他方面都假定是相同的。这些要求通常只有政府发行的债券才能满足，于是人们常通过研究政府债券的收益率来揭示收益率随着期限延长而发生的变化。

把政府债券的名义收益率 r 标在纵轴上，债券的到期时间标在横轴上，债券收益率的变化就可用图20—1来描绘，所形成的曲线通常称为收益率曲线。

收益率曲线通常从左到右向上倾斜，期限越长，收益率越高，如图20—1的曲线A所示。但是，它可以有多种形状。在紧缩银根时期，短期利率上升并逐渐超过长期利率，如图中的曲线B所示。当通货膨胀高企但是被预期为短期经济问题时也可能出现这种情况，此时短期债券名义收益的通货膨胀溢价比长期债券的要大。在有些情况下，曲线也可能隆起，如曲线C所示。此时有些中期债券的收益率最高，其原因通常是预期在中期会出现最高的通货膨胀率。

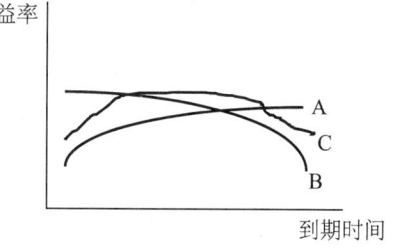

实践中决定收益率曲线形状的主要有两个因素，即预期通货膨胀率的时间结构和现在所处的经济周期阶段。就前者而言，如同前些章中所揭示的那样，名义收益率与预期通货膨胀率之间的费雪关系式为

$$(1+r_t) = (1+r_t^r) + (1+\pi_t^e)$$

其中，r 是名义短期收益率，r^r 是实际收益率，π^e 是预期通货膨胀率。预期通货膨胀率越高，预期通货膨胀的时间结构对收益率曲线形状的决定作用越大。

收益率曲线的形状随经济周期阶段的不同而改变。长期收益率通常高于短期收益率，主要原因是长期债务比短期债务的流动性差，且更易于受价格不确定性的影响。但短期收益率更多变，在经济扩张时期比长期收益率上升的速度更快，上升的幅度也更大，而在衰退时期则下降得更迅速。短期收益率的波动幅度很大，中期收益率的波动要小一些，而长期收益率的变化就相当小了，这些波动引起收益率曲线的形状随经济周期的阶段而变化。

因为对短期贷款的强烈需求、货币政策对信贷供给的约束效应以及投资者预期处在变化中等各种因素的共同作用，短期利率的暴涨往往在经济扩张的顶峰附近出现。收益率曲线的形状是比较平缓，还是稍微向下倾斜，或者有明显的负斜率，要取决于上述各种力量的强度。由于在随后的经济下滑时期，短期收益率不论从绝对角度看还是从相对角度（相对于长期收益率）看都下降了，因此，收益率曲线恢复了其正的斜率，在靠近经济周期的低谷时最陡。随着经济复苏，经济活动加速，短期收益率又比长期收益率上升得快，收益率曲线的形状比较适中。

由于收益率曲线描绘的是名义利率而非实际利率，而前者包括预期通货膨胀率，决定收益率曲线形状和移动情况的因素常常是预期通货膨胀率的期限结构。

关于利率的期限结构有三种基本的理论支持，它们是：

1. 由欧文·费雪首先阐述的预期假说。这一理论与金融发达市场是相关的，并且被大多数实证研究所支持。
2. 市场分割理论。卡伯特森（Culbertson）是其主要倡导者。
3. 习惯性偏好假说。

20.2.2 （纯粹）预期假说

费雪在《利息论》（Fisher，1930，pp.399-451）中只在期限上考虑了证券的收益率或回报率，他的方法假定：

1. 所有借款者和贷款者都有完全的预见性，能够确知未来的利率和资产价格，因而不存在风险。可供选择的另一假定是：虽然收益存在不确定性，但借款者和贷款者是风险中性的，会对未来的短期利率形成理性预期。
2. 货币转化为证券没有转换成本，反之亦然。
3. 金融市场是有效率的。

如果市场能即时出清，如供求均衡，而且价格反映所有可利用的信息，那么该市场就是有效率的。在这类市场中，任何获取超额利润的机会都被即刻消除。比较来看，完全市场假定存在交易者的完全竞争和市场有效率。费雪假定只说了市场有效率，不需要完全竞争，因此市场不一定是完全的。

假定投资者在相关约束下使其预期效用最大化，但是在假定1之下，这是投资者使其资产组合的预期收益最大化的代名词。在假定1和假定2之下，只要两种情况的总体收益相同，则希望放贷 n 期的贷款者在一个 n 期贷款和连续 n 个一期贷款之间无差异。在假定3下，所有投资者的行为都以此为基础，市场收益将足以确保这种无差异。

预期假说、完全市场和远期利率

假定金融部门的市场是完全的，因此，所有可能期限的长期贷款市场以及即期和远期的一期贷款市场都存在。当期从 t 开始，$(i+1)$ 期贷款的（每期）收益率用 $_tR_{t+i}$ 表示，而第 $(i+1)$ 期的一期贷款收益率则为 $_tr^f_{t+i}$（$i=0, 1, \cdots, n$），其中的 $(n+1)$ 是市场上最长的期限。因此，$_tr_t$ 是第1期贷款的（即期）收益；$_tr^f_{t+1}$ 是第2期贷款的远期收益，依此类推。$(i+1)$ 期的1美元贷款在第 $(i+1)$ 期期末要支付给贷款者 $(1+{_tR_{t+i}})^{i+1}$ 美元。本金为1美元的、每次一期的 $(i+1)$ 期贷款序列，在第 $(i+1)$ 期期末预期要向贷款者支付 $[(1+{_tr_t})(1+{_tr^f_{t+1}})\cdots(1+{_tr^f_{t+i}})]$ 美元。在上述三个假设条件之下，只要在 $n+1$ 期后得到的收益总额相同，贷款者在这两类贷款之间就是无差异的。

当所有投资者都表现出这种行为时，在确定情况下的有效市场就能够保证：

$$(1+{_tR_{t+i}})^{i+1} = (1+{_tr_t})(1+{_tr^f_{t+1}})(1+{_tr^f_{t+2}})\cdots(1+{_tr^f_{t+i}}) \tag{1}$$

(1) 式对于每一个 i（$i=0, \cdots, n$）都成立，其中，$n+1$ 是市场中最长的期限，因而

$$(1+{_tR_t}) = (1+{_tr_t})$$
$$(1+{_tR_{t+1}})^2 = (1+{_tr_t})(1+{_tr^f_{t+1}})$$
$$(1+{_tR_{t+2}})^3 = (1+{_tr_t})(1+{_tr^f_{t+1}})(1+{_tr^f_{t+2}})$$
......

$$(1+{}_tR_{t+n})^{n+1} = (1+{}_tr_t)(1+{}_tr^f_{t+1})(1+{}_tr^f_{t+2})\cdots(1+{}_tr^f_{t+n}) \qquad (2)$$

在完全市场的假定下，t 期远期利率是已知而不只是预期的。但是目前，即使是非常发达的金融市场，也没有所有未来时期的远期市场，因此，（2）式不能适用于所有到期日。

预期假说与预期的未来即期利率

由于随时间的推移总会有即期市场，故把在 t 期预期的 $(t+i)$ 期的即期利率表示为 ${}_tr^e_{t+i}$。其中左下标 t 与上标 e 表示在 t 期形成的 $t+i$ [①] 期的预期即期利率。投资者于是有这样的选择：在长期利率 R_{t+i} 已知的情况下，投资 $(t+i)$ 期；或者在已知即期市场的即期利率的情况下，在一系列即期市场上不断地投资。在实践中，由于这些未来的即期利率可能与现实的即期利率不同，故采取后一种策略有风险。如果投资者是风险中性的，并且他们预期的收益相同，那么，他们对于这两种策略是无差异的。因此，用预期未来利率表示，预期假说成为

$$(1+{}_tR_{t+i})^{i+1} = (1+{}_tr_t)(1+{}_tr^e_{t+1})(1+{}_tr^e_{t+2})\cdots(1+{}_tr^e_{t+i}) \qquad (3)$$

请注意，（3）式不同于（1）式，因为（3）式涉及预期的未来即期利率，而（1）式涉及相应的远期利率，这在 t 期是已知的。对很多投资者来说，即使是相对小的组合，预期假设在某种程度上也是不现实的。无论是证券的买入还是卖出都存在交易费用，并且缺乏对未来的完美远见（或者说风险冷漠）。前者说明 n 个一期贷款比单个 n 期贷款包含更多的成本和困难。后者说明不同到期日的贷款包含不同的风险，因此对于风险规避者来说，高风险是由高收益来补偿的。对很多大型交易商（通常是指金融机构）来说，交易成本是可以被忽略的，因此（3）式即使不是准确无误的，大体上也是成立的。

在理性预期假设下，r^e 被 $E_t r$ 替代，从而公式（3）变为

$$(1+{}_tR_{t+i})^{i+1} = (1+{}_tr_t)(1+E_{tt}r_{t+1})(1+E_{tt}r_{t+2})\cdots(1+E_{tt}r_{t+i}) \qquad (3')$$

如果（1）式和（3）式左右两边的市场出现差异，那么通过套利行为可以获利，这种行为的发生使这两个式子相等。本章的其余部分用（3）式或（3′）式而不是（1）式进行分析。虽然即使是在发达经济体的金融市场中也很少有大量的远期市场，但通常有很多不同期限的政府债券市场，长期利率就是按这些证券的利率确定的，因此它们每期的值都可以知道。通过利用下面所列出的（3）式的叠代表达式，可以计算预期的短期利率：

$$E_{tt}r_{t+1} = (1+{}_tR_{t+1})^2/(1+{}_tr_t)-1$$
$$E_{tt}r_{t+2} = (1+{}_tR_{t+2})^3/[(1+{}_tr_t)(1+E_{tt}r_{t+2})]-1 \qquad (4)$$

依此类推。

如果市场根据预期的未来短期利率形成预期，那么由上述方程的短期利率可以决定长期利率。一些经济学家假定，投资者的预期是根据对未来时期一系列短

[①] 注意 ${}_tr^f_{t+i}$ 是 t 期签订的 $t+i$ 时点上的一期贷款的远期利率，然而 ${}_tr^e_{t+i}$ 是在 t 期预期的 $t+i$ 期的即期利率。

期利率的预期形成的，而其他经济学家则假定，投资者关注的是现在市场中资产的价格，这些价格可用来计算长期利率。因此，(3)式可以从右到左地使用，也可以从左到右地使用。

长期利率是短期利率的几何平均数

根据(3)式，长期利率是短期利率的几何平均数。这有如下含义：
1. 如果预期短期利率是相同的，长期利率将等于短期利率。
2. 如果预期短期利率上升，长期利率将高于现在的短期利率。
3. 如果预期短期利率下降，长期利率将低于现在的短期利率。
4. 作为短期利率几何平均数的长期利率，其波动幅度小于短期利率。

从原理上说，预期的未来短期利率的任何模式，都可能伴随着如下结果：有些长期利率可能低于现在的即期利率，有些长期利率可能高于现在的即期利率。因此，收益率曲线可能有各种各样的形式。

对于市场中的所有主体（包括家庭和企业）来说，预期假说的假设条件未必总是成立。不过，发达的金融经济往往是竞争的和有效的。因此，如果信贷市场有足够多的参与者，他们按照完全预见性假定（或按照理性预期和风险中性）行事，而且证券与货币之间的转化成本为零，那么，理性预期假说将成立。这些假设条件至少对于发达国家的大多数金融机构来说是有根据的。所以，对于发达的金融市场而言，预期假说或多或少是有效的。

一旦市场按照(1)式或(3)式确立了短期或长期利率结构，市场中长期和短期债券的供求函数就会变得不确定：第 i 期期末到期的长期债券和具有相应期限组合的各短期和长期债券的组合对于投资者来说无差异。

20.2.3 预期假说的流动性偏好形式

n 期贷款和 n 个一期贷款都有风险，尽管风险类别可能不同。n 个一期贷款有这样的可能性：未来的即期利率最终会低于预期的远期利率或 n 期长期贷款利率，这是一种收入损失。但是，n 期贷款（也就是说，购买 n 期后到期的债券）有如下可能性：贷款者也许很快就需要资金，不得不在债券到期之前卖掉。这会发生资本损失，在没有二级贷款市场的情况下尤其如此。还有这样的可能性，即如果资金已经用于长期贷款，即便有更有利可图的机会，也不得不放弃。

资本损失的可能性比利息损失的可能性对贷款者决策的影响或许更大，因为资本损失在数量上肯定比利息损失更大。此外，如果这笔资金是预防性储蓄，那么个人可能喜欢流动性更强（期限较短）而不是流动性较差（期限较长）的资产。希克斯（Hicks，1946，pp.151-182）认为，贷款者希望通过投资更短时期而非更长时期来规避资本损失的风险，因此，由于远期收益的不确定性，必须由长期贷款的较高收益来补偿。反之，借款者（通常是为长期投资借款的企业）宁可借长期贷款，也不愿借短期贷款，它们愿意为长期贷款支付一个溢价。贷款者与借款者双方都有这种风险规避行为，表明相对于短期贷款，长期贷款有一个溢

价。因此，债券的收益率随着期限的延长而增加，因而方程（3）将修改为

$$(1+_tR_{t+n})^{n+1} > (1+_tr_t)(1+_tr^e_{t+1})\cdots(1+_tr^e_{t+n}) \quad n \geq 1 \qquad (5)$$

方程（5）通称为收益率曲线的流动性偏好假说。为了更具体地描述流动性偏好假说，用 $_t\gamma_{t+n}$ 代表流动性溢价，我们有

$$(1+_tR_{t+n})^{n+1} = (1+_tr_t)(1+_tr^e_{t+1})\cdots(1+_tr^e_{t+n})_t\gamma_{t+n}(n;\rho) \quad n \geq 1 \qquad (6)$$

由于流动性溢价，这里的 $\partial \gamma n/\partial n \geq 0$。式中，$\gamma$ 代表流动性溢价，ρ 代表风险厌恶程度。n 代表到期限。基于两个可供选择的流动性溢价假设，我们可把（6）式分为两种形式，具体如下。

1. 流动性溢价在每期固定不变，故 $_t\gamma_{t+i} = i\gamma$，其中 γ 是常数。虽然这一假定在直观上看不出有什么特别的理由，但它在分析上比较方便，而且正如本章后面所述，在许多经验研究中也是这样假定的。它使（6）式简化为

$$(1+_tR_{t+n})^{n+1} = (1+_tr_t)(1+_tr^e_{t+1})\cdots(1+_tr^e_{t+n})n\gamma \quad n \geq 1 \qquad (7)$$

（7）式具有每期不变的风险溢价，有时被称为流动性溢价预期假说的强形式。

2. 每期流动性溢价随着期限的长短而变化，而且还有可能随时间推移（例如经济周期）而改变，因而（6）式不能简化为（7）式。这有时被称为流动性溢价预期假说的弱形式，这种形式的估计需要指定流动性溢价的决定因素。

与弱形式和强形式的预期假说相比，该假说的最初形式（3）式没有流动性溢价，故被称为预期假说的纯粹形式。

20.2.4 市场分割假说

如果贷款市场的不确定性极为严重，或者如果借款者和贷款者有极高的风险厌恶程度，那么，每一个贷款者都想在他有闲置资金之时放贷，而每一个借款者都想在他需要资金之时借款。在这种极端的情况下，整个信贷市场按贷款期限将被分割成一系列零碎的或分开的市场，不同市场之间的借款者或贷款者没有任何替代。因此，任一既定期限市场的收益不能影响另一期限市场的收益。因此，长短期利率之间不会存在诸如（3）式或（6）式那样的特定关系，收益率曲线可能具有任意形状。这就是市场分割理论的基本内容——市场被分割成一系列单独的市场。卡伯特森（Culbertson，1957）强调，这种可能性是利率期限结构的一个主要的但不是唯一的决定因素。

卡伯特森还认为，贷款者事先几乎并不确知他将何时需要资金，故宁愿放出较短期而不是较长期的贷款，因为前者的流动性更大一些。如果在利率等于长期利率时短期债务工具的供给不足以满足这种流动性需求，那么，短期利率将低于长期利率。此外，短期债务工具的供给一般受限制，因为贷款者不会用短期借款为长期投资融资。因此，在其他条件相同的情况下，短期收益将低于长期收益。

在缺乏发达的金融市场（包括二级证券市场）和富有经验的投资者的情况下，市场分割假说更有可能适用。因此，从某种程度上说，它可能对发展中国家

而不是发达国家更有效。

20.2.5 习惯性偏好假说

习惯性偏好假说由莫迪利安尼和萨奇（Modigliani and Sutch，1966，1967）提出，是介于完全替代性预期假说与替代性为零的市场分割假说之间的一种折中。莫迪利安尼和萨奇认为，贷款者愿意在有闲置资金之时贷款，借款者则愿意在需要资金之时借款。不过，每一方都愿意在不同期限间进行替代，这取决于他们愿意冒险的程度以及市场决定的在不同期限之间转换的容易程度。期限接近的债券通常是相当好的替代品，并有类似的风险溢价，对于有较长期限的债券尤为如此。因此，在发达的金融市场中，不同期限债券间可能存在着高度的替代性，但不一定是完全替代。所以，虽然不同期限债券的收益在很大程度上彼此关联，但不同期限债券间的收益也持续存在一些差异。

20.2.6 利率期限结构假说对货币政策的含义

对于公债管理和货币政策实施来说，预期假说和市场分割假说的含义明显不同。预期假说表明，不同期限债券之间的市场替代程度是如此之高，以至于政府从短期借款到长期借款的转变不会影响收益率曲线的形状。市场分割假说则表明，短期债券的大量购买（销售）会降低（提高）短期利率，而长期债券的销售（购买）将提高（降低）长期利率，因而这类政策会改变收益率曲线。习惯性偏好假说的含义介于预期假说和市场分割假说之间，更接近于哪一种假说要取决于金融市场的发展阶段以及金融市场上经济主体的特征。

对于金融市场发达的经济体，经验证据到目前为止一般有利于预期假说或习惯性偏好假说中接近于预期假说的某一观点。直观地看，这类经济体的信贷市场并没有被严重分割，因为借款者和贷款者在不同期限的资产之间通常有很强的替代性。① 对美国和加拿大的许多研究已经证实了一般水平下的预期假说，但也有一些经验研究否认它的更具体的表述形式，我们将在稍后章节予以讨论。

20.3 金融资产价格

人们持有金融资产，一般不是为了直接消费它们，而是为了获得收益。可是，收益常常是不确定的，人们要对预期的收益和可能出现的风险进行权衡。这

---

① Meiselman 1962 年的早期研究支持预期假说。他同时还发现，并没有充分的理由来支持流动性溢价假设。

是资产组合选择理论的基本方法，这些理论侧重于资产的收益而不是资产的价格。

任何资产的价格仅与其收益相关，并可根据如下关系式计算出来。在任何时期 t，对于一种资产 j 有

$$r_{jt} = (_tp^e_{jt+1} - p_{jt}) + x_{jt} \tag{8}$$

其中，r_{jt} 代表第 j 种资产在 t 期的预期收益；p_{jt} 代表第 j 种资产在 t 期的价格；$_tp^e_{jt+1}$ 代表第 j 种资产在 $t+1$ 期的（预期）价格，预期是在 t 期做出的；x_{jt} 代表第 j 种资产在 t 期的息票利率。

也就是说

$$_tp^e_{jt+1} = p_{jt} + r_{jt} - x_{jt} \tag{9}$$

因此，利率理论也是金融资产价格理论，或者说，资产的收益可以用资产价格理论来解释。从微观经济学角度来看，这种理论可能要考虑每一资产市场，并利用每一资产的供求函数找到该资产的均衡价格。从宏观经济学角度来看，这种理论可能着重于用宏观经济供求函数找到金融资产的平均价格。这些供求函数可能以资产价格作为相关变量。这就意味着有两种结构性方法。其中一种在价格方面规定金融资产的供求函数，另外一种从利率的角度来说明这一函数。第一种将会得出不同到期日的金融资产的价格，之后将被用来计算短期和长期利率。后一种方法将会得出均衡状态下的短期和长期利率，之后用来计算不同到期日的资产价格。在本书中无法明确找到这些方法，但是我们在本书的第一版（2000）中有叙述。以这些结构性方法为基础的实证研究包括弗里德曼（1977）、费尔德斯坦和埃克斯坦（1970）、萨金特（1969）和埃科尔斯和艾略特（Echols and Elliot，1976）。

埃科尔斯和艾略特（1976）对这些研究的争论和结果做了解释，他们扩展了萨金特（1969）的分析并检验了远期利率的决定因素，在解释变量中使用了实际 GNP、政府赤字、净出口余额、实际货币供给、未清偿的政府债券存量、银行和保险公司投资在政府债券上的基金以及通货膨胀预期等。他们用美国的数据估计了远期利率，发现解释变量的系数是显著的，其符号与可贷资金方法所得出的一致。在他们的结论中，流动性溢价是显著的，同时机构（银行和保险公司）对不同限期债券的需求和长短期政府债券的供给也是显著的，从而支持了习惯性偏好假说。[①] 例如，相对于保险公司而言，银行持有的投资比例增加会降低远期利率。但是，这些机构的持有量与供给因素在解释 12 年期的政府债券和国库券之间的收益差异时并未被证明是显著的，因此并不清楚政府通过债务管理政策能否改变收益率曲线——例如相对于长期政府债券而言增发短期政府债券。

相较于这些结构性方法，那些被用来检验利率期限结构理论的方法是简化的方法，这些方法建立在预期假说基础上并且将在下文详细叙述。

---

① 埃科尔斯和艾略特（1976）的研究结果应该与佩桑多（Pesando，1978）的研究相对比，这些将在本章稍后章节予以讨论。

20.4 经验估计和检验

20.4.1 收益率期限结构估计的简化方法

如前所述，通过添加流动性偏好项而得以修正的预期假说可以推导出（6）式，即

$$(1+{}_tR_{t+n})^{n+1} = [(1+{}_tr_t)(1+{}_tr^e_{t+1})\cdots(1+{}_tr^e_{t+n})]_t\gamma_{t+n}(n;\rho) \quad n\geqslant 1 \quad (10)$$

其中，t 代表当期，预期指在当期 t 内形成的预期，γ 代表流动性溢价，它取决于到期日 n 和风险溢价。现在，用符号 R 和 r 代表毛收益率而非净收益率的对数值，（10）式变成

$$_tR_{t+n} = \{1/(n+1)\}[{}_tr_t + {}_tr^e_{t+1} + \cdots + {}_tr^e_{t+n} + {}_t\gamma_{t+n}(n;\rho)] + \eta_t \quad n\geqslant 1 \tag{11}$$

式中所有收益率变量都是毛收益率并且所有的符号都表示对数值。本章其余部分都遵循这一点。

为了检验（11）式，我们需要一个能产生远期短期利率预期值的假说。在有效市场假设的前提下，与预期假说构成一体的自然是第 8 章和第 14 章阐释的理性预期假说，它表明

$$_tr^e_{t+i} = E_t r_{t+i} \tag{12}$$

其中，$E_t r_{t+i}$ 是 r_{t+i} 的理性预期值，是根据在 t 期可获得的所有关于 $t+i$ 期的信息得到的。其中的必要信息包括现实中决定 r_{t+i} 的"相关理论"的信息及其决定因素之值的信息，这又回到了第 $(t+i)$ 期的资产供求函数问题上来。或者，如果我们能假定该理论和解释变量的值都是已知的，我们就能估计（11）式的随机形式。

为了说明这一点，假定"相关理论"就是带有随机项的简单自回归关系：

$$r_{t+i+1} = a_1 r_{t+i} + a_2 r_{t+i-1} + \mu_{t+i+1} \quad i=0,1,2,\cdots,n \tag{13}$$

其中，μ_t 是随机误差，它的均值为零，方差不变。根据理性预期假说可知

$$E_t r_{t+i+1} = a_1 E_t r_{t+i} + a_2 E_t r_{t+i-1} \tag{14}$$

其中，$E_t r_{t+i}$ 是对即期利率 r_{t+i} 的理性预期，是在 t 期形成的。经过叠代，$E_t r_{t+i}$ 可以表示为 r_t 和 r_{t-1} 的函数，在 t 期这些变量的值都是已知的。这与期限结构的预期假说一起，就可以得到 $E_t r_{t+i}$（对于所有 i）。

举例来说，对于 $i=2$（即第 3 期），（11）式就变为

$$_tR_{t+2} = (1/3)[r_t + {}_tr^e_{t+1} + {}_tr^e_{t+2} + {}_t\gamma_{t+2}] + \eta_t \tag{15}$$

把 (15) 式与理性预期假说相结合，我们得到

$$E_t R_{t+2} = (1/3)[r_t + E_t r_{t+1} + E_t r_{t+2} + {}_t\gamma_{t+2}] \tag{16}$$

其中，$E_t R_{t+2}$ 是在 t 期长期利率从 t 期到 $t+2$ 期的数学期望。根据 (16) 式和"相关理论" (14) 式可知

$$\begin{aligned} E_t R_{t+2} &= (1/3)[r_t + (a_1 r_t + a_2 r_{t-1}) + (a_1^2 + a_2)r_t + a_1 a_2 r_{t-1}] + {}_t\gamma_{t+2} \\ &= \alpha_1 r_t + \alpha_2 r_{t-1} + (1/3){}_t\gamma_{t+2} \end{aligned} \tag{17}$$

其中，$\alpha_1 = (1/3)(1 + a_1 + a_2 + a_1^2)$；$\alpha_2 = (1/3)(a_2 + a_1 a_2)$

由于理性预期假说意味着

$$_t R_{t+2} = E_t R_{t+2} + \eta_t \tag{18}$$

其中 η 是随机干扰项，因而根据 (17) 式和 (18) 式有

$$_t R_{t+2} = \alpha_1 r_t + \alpha_2 r_{t-1} + (1/3){}_t\gamma_{t+2} + \eta_t \tag{19}$$

(19) 式是在预期假说、理性预期假说和 (13) 式所设定的"相关理论"下所得出的估计方程。它的一般形式为

$$_t R_{t+i} = \alpha'_1 r_t + \alpha'_2 r_{t-1} + (1/(i+1)){}_t\gamma_{t+i} + \eta_t \tag{20}$$

这需要根据 a_i 对 α'_1、α'_2 做出恰当的定义，它们的估计值可能会反映出三种基本假说的影响。不过，需要注意的是，(20) 式所需的有关风险/流动性溢价 ${}_t\gamma_{t+i}$ 的数据是不可观测的，因而有关它的假设要在 (20) 式被估计出之前做出说明。${}_t\gamma_{t+i}$ 的常规假设将会在下文叙述。

有关风险溢价的两个常见假设

关于风险/流动性溢价 ${}_t\gamma_{t+i}$ 的最简单的可能假设是：

1. ${}_t\gamma_{t+i}$ 每期都不变，因而 ${}_t\gamma_{t+i} = i\gamma$；$(i+1)$ 期的流动性溢价仅包含 i 期（本期之后的）的流动性溢价。在这种情况下，此项在 (20) 式中是不变的。

2. ${}_t\gamma_{t+i}$ 是随机的，因而 ${}_t\gamma_{t+i} = \xi_{t+i}$。在这种情况下，此项将成为 (20) 式的随机项。在 (20) 式的估计中，假设 1 是更为常用的假设，下节就用到了该假设。

20.5 在固定溢价和理性预期情况下预期假说的检验

假定流动性溢价是常量并没有特别的根据，但做出这样的假定便于构建预期假说的实证检验，下面的两种检验依据的就是这个假定。这些检验利用了预期假说的如下含义：不同期限的相关债券的预期（持有期）收益的差异仅表现在代表流动性溢价的常量上。

把现实长期收益与预期方程 (1) 右边所示的平均收益之间的差额定义为长期债券的超额收益。根据 (11) 式，持有长期债券和一系列短期债券在收益上的

现实差额，是流动性溢价和预期误差之和。在溢价不变和理性预期的假设条件下，超额收益的其余变化就只能归因于随机波动。这继而意味着超额收益与溢价之间的差额将只能归因于预期的随机误差，不可能用预期形成之时已知的信息来预测。

20.5.1 斜率敏感性检验

对于此检验，从以下非预期的两时期长期利率开始：

$$2_t R_{t+1} = {}_t r_t + {}_{t+1} r_{t+1}^e + {}_t \gamma_{t+1} \quad t = 0, 1, \cdots \tag{21}$$

提请注意的是，（21）式中的所有变量都取对数形式，利率变量指的是毛利率。假定流动性溢价每期保持不变，两期贷款只是在第二期才有流动性溢价，令

$$_t \gamma_{t+1} = \gamma \tag{22}$$

（21）式可重新表述为

$$_{t+1} r_{t+1}^e - {}_t r_t = 2[{}_t R_{t+1} - {}_t r_t] - \gamma \tag{23}$$

假定理性预期假说

$$_{t+1} r_{t+1}^e = E_t {}_{t+1} r_{t+1} \tag{24}$$

以及

$$_{t+1} r_{t+1} = E_t {}_{t+1} r_{t+1} + \mu_{t+1} \tag{25}$$

其中，μ_t 是随机误差，$E_t(\mu_{t+1} \mid I_t) = 0$，$I_t$ 是在 t 期可获得的信息。因此，根据（23）式至（25）式，可得

$$_{t+1} r_{t+1} - {}_t r_t = \alpha + \beta({}_t R_{t+1} - {}_t r_t) - \mu_{t+1} \tag{26}$$

其中，$\alpha = -\gamma$，$\beta = 2$。由于（26）式中的每一个变量（除了随机项外）都是可以观测的，故此式能用适当的回归技术来估计。该方程表明，从本期到下一期的一期即期利率随时间的变化将取决于本期两期长期利率与本期一期即期利率之间的差异，常数项和随机项除外。下一期出现的新情况也将随机地取决于这一差异。如果上述方程回归得到的估计与对 α、β 和 μ 的这些限制相一致，该理论将不会被这些数据所拒绝。

（26）式是三个假设（预期假说、理性预期假说和每期固定流动性溢价）的联合检验。由于该检验的原假设是：β 的估计值并不显著地偏离 2，故它有时被称为斜率敏感性检验。

斜率敏感性检验是用于检验预期假说的比较常见的一种检验。为说明它的应用，Mankiw 和 Miron（1986）等使用过这种检验。他们运用美国 1890—1979 年 5 个区间的 3 个月和 6 个月数据检验了（26）式，除了 1915 年美联储成立之前那一段最早的时期以外，原假设（$\beta = 2$）都被拒绝了。也就是说，在美联储开始稳定运作之前，短期和长期利率的利差是利率路径的良好指示器，但以后就不是这

样了，1915 年以后即期利率出现随机游走。因此，这两位作者得出的结论是，中央银行的利率稳定政策使即期利率出现随机游走，拒绝了预期假说。一般说来，当一国并不实行利率稳定政策时，(26) 式似乎更能得到经验证据的支持。

20.5.2 有效和理性信息使用检验

对上述联合假说的另一种检验是基于以下对 (23) 式的重新表述：

$$_t\phi_{t+1}^e \equiv 2_tR_{t+1} - _{t+1}r_{t+1}^e - _tr_t = \gamma \tag{27}$$

其中，$_t\phi_{t+1}^e$ 是两期的超额收益，在固定流动性溢价的预期假说下它等于 γ。假定理性预期假说成立，那么

$$E_{t\,t}\phi_{t+1} = 2_tR_{t+1} - E_{t\,t+1}r_{t+1} - _tr_t = \gamma \tag{28}$$

该方程的随机形式是

$$_t\phi_{t+1} = 2_tR_{t+1} - _{t+1}r_{t+1} - _tr_t + \mu_{t+1} = \gamma + \mu_{t+1} \tag{29}$$

其中，μ_{t+1} 是一个随机项，$E_t(\mu_{t+1} \mid I_t) = 0$，$I_t$ 是在 t 期可利用的信息。如果超额收益对 t 期已知信息（诸如价格、产出、失业，以及通过在 t 期的信息一般可获得的其他变量）的回归得到了这类变量的显著系数，那么，联合假说将被数据拒绝。根据 (29) 式，该回归方程可表述如下：

$$_t\phi_{t+1} = \alpha + \boldsymbol{b}\boldsymbol{X}_t + \mu_{t+1} \tag{30}$$

其中，$\alpha = \gamma$，$\boldsymbol{X}_t$ 是 t 期一般可知变量的向量，$\boldsymbol{b}$ 是相应的系数向量。向量 $\boldsymbol{X}$ 的变量中包括超额收益本身的滞后值。如果 $\boldsymbol{b}$ 中的任一估计系数显著不为零，那么，所支持的假说就会遭到拒绝。

换一个角度来说，根据 (29) 式，定义

$$_t\phi_{t+1}' = 2_tR_{t+1} - _{t+1}r_{t+1}^e \tag{31}$$

并把回归方程表述为

$$_t\phi_{t+1}' = \alpha + \beta_t r_t + \boldsymbol{b}\boldsymbol{X}_t + \mu_{t+1} \tag{32}$$

其中 $\beta = 1$。如果 β 的估计值显著不为 1 和（或）$\boldsymbol{b}$ 中的任一估计系数显著不为零，那么，联合假说就会遭到拒绝。琼斯和罗利（Jones and Roley, 1983）用 1970—1979 年美国国库券的季度数据检验了 (32) 式。结果表明，$\boldsymbol{X}_t$ 变量的一些系数是显著的，所以联合假说被拒绝。[①]

许多研究都想用已有信息来检验期限结构变化情况下的联合假说，得到的结果都趋向于拒绝它，拒绝联合假说可能是因拒绝预期假说、固定流动性溢价假设、理性预期假说、预期通货膨胀率的代理变量，或者拒绝它们的任何组合。因此，预期假说本身是否是错误的尚不清楚，因为拒绝联合假说有时被认为是拒绝

[①] 然而，佩桑多（Pesando, 1978）利用加拿大的数据却发现支持这一假说，我们在下一节讨论这项研究。

固定风险溢价假设，有时被认为是拒绝理性预期假说，而有时则被认为是拒绝预期通货膨胀率的代理变量。

拒绝每期流动性溢价固定不变这一假设意味着这种溢价可能随时间而变化。这对于中长期债券来说并非不合理，但并无特殊理由假定流动性溢价在短至一周或一两个月的时间内会有显著变化。由于拒绝联合假说的多数情况都是发生在仅使用国库券收益数据的时候，故拒绝联合假说很可能是由于拒绝理性预期假说或预期假说本身所致。进而言之，如果流动性溢价不是固定的，该理论就需要说明它们的决定因素，而这是很难做到的。

20.6 长期利率的随机游走假说

由于 R 和 r 现在被重新定义为总利率，由方程（10）可得到

$$_tR_{t+n} = (1/(n+1))[r_t +_t r^e_{t+1} +_t r^e_{t+2} + \cdots +_t r^e_{t+n}] \\ + (1/(n+1))_t\gamma_{t+n}(n;\rho) \quad n \geqslant 1 \tag{33}$$

（33）式滞后一期为

$$_{t-1}R_{t+n-1} = (1/(n+1))[r_{t-1} +_{t-1} r^e_t +_{t-1} r^e_{t+1} + \cdots +_{t-1} r^e_{t+n-1}] \\ + (1/(n+1))_{t-1}\gamma_{t+n-1}(n;\rho) \tag{34}$$

从（33）式中减去（34）式，并把理性预期假说纳入所得到的方程，得

$$_tR_{t+n} -_{t-1}R_{t+n-1} = (1/(n+1))[(r_t - E_{t-1}r_t) + (E_t r_{t+1} - E_{t-1}r_{t+1})] + \cdots \\ + (E_t r_{t+n-1}) - E_{t-1}r_{t+n-1})] + (1/(n+1))[E_t r_{t+n} - r_{t-1}] \\ + (1/(n+1))[_t\gamma_{t+n}(n;\rho) -_{t-1}\gamma_{t+n-1}(n,\rho)] \tag{35}$$

假定在 t 期没有可获得的新信息，也就是说，$I_t = I_{t-1}$，其中 I_t 是在 t 期可以获得的信息，我们有

$$E_t r_{t+i} - E_{t-1}r_{t+i} = \mu_{t+i} \quad i = 0, 1, \cdots, n-1 \tag{36}$$

其中，μ_{t+i} 是预测随机误差，其均值为零且独立分布。这就是说，修正后的预期是均值为零的独立随机变量。进一步说，当 $n \rightarrow \infty$ 时，有

$$(1/(n+1))[(E_t r_{t+n} - r_{t-1})] \rightarrow 0 \tag{37}$$

因而，如果 n 很大，对于通常可观测到和预期到的利率值的范围，这一项可能大致为零。因此，如果右边的流动性溢价项也是一个随机项，或者如果它等于零，那么 $[R_{t+n} -_{t-1}R_{t+n-1}]$ 将随机变动。注意（35）式右边最后一项是 t 期与 $t-1$ 期之间的 n 期流动性溢价差额，流动性溢价不随时间变化（即不随新情况而改变）这一假定会使此项等于零。或者，也可以假定如果没有任何新情况，那么（35）式的最后一项也是服从随机分布的。

因此，在上述所有假设条件下，（35）式右边将是一个随机变量。该式于是就可重写为

$$_tR_{t+n} = {}_{t-1}R_{t+n-1} + \varepsilon_t \tag{38}$$

其中，ε_t 是随机误差，由相关的随机误差集构成，$E(\varepsilon_t \mid I_{t-1}) = 0$。（38）式表明，如果 n 的值很大，长期利率就会出现随机游走，这便形成了长期利率的随机游走假说（RWH）。注意，该假说只有在 n 值很大且在 t 期与 $t-1$ 期之间没有可获得的新信息时才可能成立。

由于在 t 期实施的有规则的货币政策在 $t-1$ 期能被预期到，（38）式意味着它不能影响 $t+n$ 期与 $t+n-1$ 期之间的长期利率变化。只有未预期到的货币政策（也就是说，改变 ε 值的政策冲击）才能改变该差额，移动收益曲线。因此，长期利率的随机游走假说意味着有规则的货币政策不能移动收益曲线，只有未预期到的货币政策才能做到这一点。

然而，由于我们需要用（37）式得到（38）式，所以提请注意的是，如果 n 值很小，那么长期利率的随机游走假说不成立。为了说明这一点，假定一个确定的体系，从而 $\mu_{t+i} = 0$ 并且 $_t\gamma_{t+i} = i\gamma$。另外，假定基本因素有变（变化因子 β 在 $t-1$ 期已知），从而

$$r_{t+1} = \cdots = r_{t+n} = r_t + \beta \tag{39}$$

其中，β 代表变动的幅度。给定假设条件（39）式和（35）式，对于 $n=1$，意味着两期债券的长期利率变化由下式给定：

$$_tR_{t+1} - {}_{t-1}R_t = (1/2)(r_t + \beta - r_t) = (1/2)\beta \tag{40}$$

我们还有

$$_tR_{t+2} - {}_{t-1}R_{t+1} = (1/3)\beta \tag{41}$$

依此类推得到

$$_tR_{t+n} - {}_{t-1}R_{t+n-1} = (1/(n+1))\beta \tag{42}$$

只有当 $n \to \infty$ 时，右式才趋向于零，因而随机游走假说成立的前提要么是 n 值非常大，要么假定长期利率的基本决定因素或系统决定因素不变（$\beta = 0$）。

在流动性溢价项不随时间变化的假设条件下，佩桑多（Pesando, 1978）用基于 $t-1$ 期信息的理性预期长期收益（$E_{t-1}R_{t+n} \mid I_{t-1}$）与长期收益 $_{t-1}R_{t+n-1}$ 之间的差额检验了随机游走假说。他选择的因变量是 $[(E_{t-1}R_{t+n} \mid I_{t-1}) - {}_{t-1}R_{t+n-1}]$，这从联合假说角度来说是随机的，而且与该期伊始可获得的信息无关。他用这个变量对许多变量进行了回归，如投资和储蓄、政府赤字、国际收支经常项目逆差[1]、实际基础货币与实际 GNP，以及基础货币的本期变化。[2] 佩桑多依据加拿大 1961 年第 1 季度到 1971 年第 2 季度和 1961 年第 1 季度到 1976 年第 4 季度这两个时期的十年期债券收益数据所做的检验表明，这些变量不显著和（或）变量系数的符号不正确，因而他不能拒绝长期债券收益变化是随机变量并呈现鞅序列这一假

---

[1] 这些变量也同样包含在埃科尔斯和艾略特（1976）的研究中。
[2] 这些变量是流动性偏好理论的一部分，并且同样包含在费尔德斯坦和埃克斯坦（1970）的研究中，这些已经讨论过了。

说。佩桑多利用他的加拿大数据集检验了萨金特（Sargent，1969）、埃科尔斯和艾略特（Echols and Elliot，1976）以及费尔德斯坦和埃克斯坦（Feldstein and Eckstein，1970）所用的模型，结果是拒绝这些模型。这些结果也否定了这样的观念，即长期收益包含这些变量决定的周期项溢价，从而支持了溢价不随时间变化的假说。此外，他的检验否定了用预期通货膨胀率建模的自回归方法。佩桑多还否定了莫迪利安尼和萨奇的习惯性偏好模型，因为这个模型要求流动性溢价是随时间变化的。

上述随机游走假说的另一种替代假设是长期收益的变化取决于经济变量。

20.7 预期通货膨胀率期限结构的信息量

在有效市场中，名义利率与实际利率的费雪关系式可以表述为

$$_t r^f_{t+i} = {_t r^{re}_{t+i}} + {_t \pi^e_{t+i}} \tag{43}$$

其中，$_t r^f_{t+i}$ 代表远期 $t+i$ 期预期市场（名义）利率；$_t r^{re}_{t+i}$ 代表 $t+i$ 期预期实际利率；$_t \pi^e_{t+i}$ 代表 $t+i$ 期预期通货膨胀率。

把（43）式移项得到

$$_t \pi^e_{t+i} = {_t r^f_{t+i}} - {_t r^{re}_{t+i}} \tag{44}$$

现在用理性预期假说来表述下列关系：

$$_t r^{re}_{t+i} = r^r_{t+i} - \eta_{t+i} \tag{45}$$

$$_t \pi^e_{t+i} = E_t \pi_{t+i} \tag{46}$$

（44）式现在可以重写成

$$E_t {_t \pi_{t+i}} = {_t r^f_{t+i}} - {_t r^r_{t+i}} + \eta_{t+i} \tag{47}$$

它又可以重新表述为

$$E_t {_t \pi_{t+i}} = {_t r^f_{t+i}} - E_t r^r_{t+i} \tag{48}$$

（48）式利用实际利率的已知名义远期值和理性预期值的信息（假定后者为已知或已被估计），可推导出未来时期预期通货膨胀率的期限结构。

有关实际利率的常见假说

（47）式和（48）式需要远期实际利率 r^r_{t+i} 的数据或估计值。这里的选择范围通常有：

1. 可以获得其市场数据，例如，如果经济中有足够多的通货膨胀指数化债券。

2. 其市场数据得不到，但可以合理地假定它不变，或它的变化相对于通货膨胀率的变化来说非常小。

3. 其不变性假设不合理,但它是少量决定因素的函数,该函数可以估计出来。例如,第 19 章讨论的可贷资金或流动性偏好理论或更为一般的 IS - LM 方法可用来界定实际利率的决定因素。IS - LM 方法意味着,实际货币供给和实际财政赤字是实际利率的两个短期决定因素。实际利率的适当函数可以设定,也可以估计出来,然后把估计值代入(47)式或(48)式。用这种方法研究实际利率的有萨金特(Sargent,1969)、埃科尔斯和艾略特(Echols and Elliot,1976)、费尔德斯坦和埃克斯坦(Feldstein and Eckstein,1970)以及佩桑多(Pesando,1978)等。或者,实际利率可能假设由中央银行按照泰勒规则设定。

假说 2 的一个例证是,Walsh(2003,p. 498)报告了 1996 年 Buttiglione、Del Giovane 和 Tristani 的研究结果。这一研究检验了由于货币政策对未来实际利率不产生影响,因此远期实际利率可以看做是不变的这一假设下,货币政策对长期利率的影响。因此,在未来期间内,长期利率的变化可以被用来估计预期通货膨胀率。Walsh 对 Buttiglione 等(1996)的研究报告如下:对于低水平的平均通货膨胀率的国家,紧缩性的货币政策会提高短期利率但是不一定会降低远期利率;然而,对于高水平的平均通货膨胀率的国家,短期利率的提高并不一定降低远期利率。Walsh 指出,假设国家的限制性货币政策被看做降低通货膨胀率的可信政策,那么对那些具有低平均通货膨胀率的国家的研究结果与此是一致的。因此,货币政策对长期利率的影响不仅取决于所实行的货币政策,还取决于公众对于该货币政策对通货膨胀率之影响的预判。

经验结果的一个例证

米什金(Mishkin,1990)研究了美国 1~5 年期债券收益率中隐含的通货膨胀率,他使用的是 1953—1987 年的月度数据。他的估计方程是

$$_t\pi_{t+i} - {_t\pi_t} = \alpha_{t+i} + \beta_{t+i}({_tR_{t+i}} - {_tR_t}) + \mu_{t+i} \tag{49}$$

其中,$t+i$ 年内的年均通货膨胀率之差("通货膨胀利差")对相应的名义长期利率间的利差进行了回归。米什金认为,拒绝 $\beta_{t+i}=0$ 意味着期限结构包含有关通货膨胀利差的信息,而拒绝 $\beta_{t+i}=1$ 则意味着实际利率的利差随时间而变化,因而利率的名义利差反映了实际利差的情况。他的估计表明,对于比较长的期限来说,名义利率的利差包含了通货膨胀利差的大量信息,但关于实际利率利差的信息极少。与许多其他研究结果相比,对于 6 个月或更短期限来说,二者的结果相反。对此的解释是,期限结构并未包含通货膨胀未来变化的任何信息,但确实意味着有关实际利率期限结构的信息量相当大。

Barr 和 Campbell(1997)提供了由长期利率数据得出来的预期未来通货膨胀率会上升的例子,对于英国,他们用指数收益(举例说明,用名义利率上升来补偿通货膨胀率)和政府债券来估计预期通货膨胀率。他们的研究结果是,大约 80% 的长期名义利率的变化反映了预期长期通货膨胀率。

请注意,短期和长期债券的利率、商业票据以及国库券等的利率都具有预测性作用,不仅能预测预期通货膨胀率,还能预测未来产出变化,如斯托克和沃森(Stock and Watson,1989)及弗里德曼和库特纳(Friedman and Kuttner,1992)

所报告的。

结　语

显而易见，在完善的金融市场上，单个资产的市场是紧密相关的。对于这类市场，虽然风险溢价可能在一个狭窄范围内变化，但不同期限的政府债券市场被十分明显地分割的可能性看来很小。因此，对于高度一体化的市场而言，利率期限结构的预期假说还是靠得住的。它假定，不同期限（具有风险保持不变等其他特征）的债券之间的替代性很强，市场是有效的，交易成本并不高（至少相对于金融市场中的主要经济主体而言）。

如果市场不发达，就像欠发达经济体那样，那么，不同期限证券间的替代很可能要受到限制。因此，市场中现存的替代程度主要是一国经济发展阶段和金融发展阶段的函数。

对预期假说的经验检验通常是一个合成或联合假说，包括预期假说、固定流动性溢价假设和理性预期假说。这些检验常常使用不同期限收益或其利差的简化方程。大多数这类研究结果不利于联合假说，也有一些支持它，但预期假说本身是否靠得住并不清楚。问题可能在于固定流动性溢价假设或理性预期假说。

联合假说的许多检验使用了国库券利率数据，而这些数据中不太可能包含很多流动性溢价变化。一般说来，理性预期假说的检验也未提供明确支持它的证据。

另一种假说（市场按偿还期限分割）的检验通常使用结构性供求方程组。如果这种市场分割假说或习惯性偏好假说是正确的，那么政府的债务管理政策就应当能改变收益曲线。然而，经验研究并未支持债务管理政策变化导致收益曲线明显变动的结论。

因此，就发达的金融市场而言，虽然更严格和详尽的检验常常拒绝联合假说，但无足够的证据支持流动性溢价具有显著变化，也无证据对市场分割假说或习惯性偏好假说提供足够支持。不过，它们的影响可能很小，但如果预期稍微偏离理性预期，二者相结合就会足以拒绝联合假说。从相反的角度看，大量的证据表明，长期利率的大多数变化都能用预期未来即期利率的变化来解释。由于后者与相关时期的预期通货膨胀率密切相关，故长期利率常常作为预期通货膨胀率的良好（尽管并非完美）指示器。

主要结论

※ 虽然收益曲线可以有任何形状，但当期和预期的通货膨胀率为零时，它的形状通常是向上倾斜的。

※ 长期利率是当期和远期即期利率的几何平均数。

※ 收益曲线的主要理论是预期理论。该理论假定债券市场是有效率的，并且交易成本为零。

※ 从利率期限结构角度出发，流动性偏好断定，期限较长债券的利率包含的溢价高于期限较短债券的利率，作为对期限较长债券缺乏流动性的补偿。

※ 市场分割假说和习惯性偏好假说假定，借款者和贷款者对特定期限具有显著的偏好，并非对期限长短的偏好无差异或差异不大。

※ 在特定的假设条件下，预期假说和理性预期假说暗含着长期利率变化的随机游走假说。

※ 金融资产收益的不同，不仅是由于它们的偿还期限有别，而且也因为它们的风险各异。资本资产定价模型是用来分析后者的最常见的理论。

※ 收益曲线可以用来估计未来时期的预期通货膨胀率。

复习讨论题

1. 收益率曲线表明了不同期限的高（资信）等级证券收益之间的关系。该曲线有时上升，有时下降，有时还是扁平的。说明形状不同的主要原因。

2. 从近期的经验研究来看，有效市场和理性预期条件下的预期假说似乎并没有解释利率的期限结构，请讨论。至少指出一个这样的研究结果并且讨论这种失败的潜在原因。

3. 通过改变（a）政府债券的期限结构和（b）货币总量随时间的变化，中央银行能改变收益率曲线的形状吗？请讨论。

4. 请问你们国家目前的收益率曲线形状如何？请解释这种形状。

5. 假定收益率曲线的预期理论是正确的，根据你的收益率曲线数据推导出以后 12 个月的预期未来即期利率。如果你们国家这个时期有远期市场，请把远期即期利率与你得到的预期未来即期利率进行比较，解释其差异的原因。

6. 用你的收益率曲线数据推导出以后 12 个月的月度预期通货膨胀率和以后 5 年的年度预期通货膨胀率。为此，你需要做出哪些假设？如果现实通货膨胀率与你计算出来的通货膨胀率不同，你会对此差异做何解释？

7. 不能确立实际利率的收益率曲线如何影响根据名义利率推导未来预期通货膨胀率？流动性溢价期限结构的存在是否也有相应的问题？

8. 就根据收益率曲线推导预期未来通货膨胀率而言，假定每期的（a）实际利率不变，（b）流动性溢价不变，是否真的有效？举出一些这样做的研究实例，告诉我们这些研究的结果。实际利率和流动性溢价的决定因素是什么？预期的财政或货币政策态势影响这些变量吗？

9. "资产组合选择理论对于解释货币需求没有多大裨益。它实际上与债券和股票的收益和价格理论有关。"讨论这一观点，说明它如何用来解释这些收益和价格。

10. 对于两期债券，证明预期假说近似地意味着：

$$R_2 = 1/2r_1 + 1/2r_1r_2^e$$

其中，R 和 r 是相应毛利率的对数。

有时人们认为长期利率对于当期短期利率的反应过度，因为金融市场是"短视的"。请你解释一下你对此时的"短视"的理解。如果把这种短视考虑进来，你将如何修正上述方程？你将如何检验由此产生的假说？

参考文献

Barr, D. G., and Campbell, J. Y. "Inflation, real interest rates, and the bond market: a study of UK nominal and index-linked government bond prices." *Journal of Monetary Economics*, 39, 1997, pp. 361–383.

Buttiglione, L., Del Giovane, P. and Tristani, O. "Monetary policy actions and the terms structure of interest rates: a cross-section analysis," Paper presented at the Banca d'Italia, IGIER and Centro Paolo Baffi workshop, *Monetary Policy and the Term Structure of Interest Rates*, Universita Bocconi, Milan, June 1996.

Culbertson, J. M. "The term structure of interest rates." *Quarterly Journal of Economics*, 71, 1957, pp. 485–517.

Echols, M. E., and Elliot, J. W. "Rational expectations in a disequilibrium model of the term structure." *American Economic Review*, 66, 1976, pp. 28–44.

Feldstein, M., and Eckstein, O. "The fundamental determinants of the interest rate." *Review of Economics and Statistics*, 52, 1970, pp. 363–375.

Fisher, I. *The Theory of Interest*. New York: Macmillan, 1930.

Friedman, B. M. "Financial flow variables and the short-run determination of long-term interest rates." *Journal of Political Economy*, 85, 1977, pp. 661–690.

Friedman, B. M., and Kuttner, K. N. "Money, income, prices and interest rates." *American Economic Review*, 82, 1992, pp. 472–492.

Hicks, J. R. *Value and Capital*. Oxford: Oxford University Press, 1946.

Jagannathan, R., and McGrattan, E. R. "The CAPM debate." *Federal Reserve Bank of Minneapolis Quarterly Review*, 1995, pp. 2–17.

Jones, D. S., and Roley, V. V. "Rational expectations and the expectations model of the term structure: a test using weekly data." *Journal of Monetary Economics*, 12, 1983, pp. 453–465.

Mankiw, N. G., and Miron, J. A. "The changing behavior of the term structure of interest rates." *Quarterly Journal of Economics*, 60, 1986, pp. 211–228.

Meiselman, D. *The Term Structure of Interest Rates*. Englewood Cliffs, NJ: Prentice-Hall, 1962.

Mishkin, F. S. "What does the term structure tell us about future inflation?" *Quarterly Journal of Economics*, 105, 1990, pp. 815–828.

Modigliani, F., and Sutch, R. "Innovations in interest rate policy." *American Economic Review Papers and Proceedings*, 56, 1966, pp. 178–197.

Modigliani, F., and Sutch, R. "Debt management and the term structure of interest rates: an empirical analysis of recent experience." *Journal of Politica Economy*, 75, 1967, pp. 568–589.

Pesando, J. E. "On the efficiency of the bond market: some Canadian evidence." *Journal of Political Economy*, 86, 1978, pp. 1057–1076.

Sargent, T. J. "Commodity price expectations and the interest rate." *Quarterly Journal of Economics*, 83, 1969, pp. 127–140.

Sharpe, W. F. "Capital asset prices: a theory of market equilibrium under conditions of risk." *Journal of Finance*, 19, 1964, pp. 425–442.

Stock, J. H., and Watson, M. W. "Interpreting the evidence on money-income causality." *Journal of Econometrics*, 40, 1989, pp. 161–181.

Walsh, C. E. *Monetary Theory and Policy*. Cambridge, MA: MIT Press, 2003.

第七部分

货币的叠代模型

第 21 章 法定货币的基本叠代模型

有些经济学家提出，货币的叠代模型（OLG）可以取代本书第 3 章所讲的效用函数中的货币（MIUF）模型和生产函数中的货币（MIPF）模型。但是，有些经济学家并不认为标准形式的货币叠代模型对于模拟货币在经济中的现实作用是有效的或有用的。

从本章开始的三章内容，以叠代框架构建货币在经济中的作用模型。本章和下一章都是对叠代模型的描述，第 3 章试图把现金先行（Cash-in-advance）、MIUF 和 MIPF 这些概念纳入叠代模型。

本章引入的关键概念
- 法定货币
- 叠代
- 内在无用性货币
- 不可兑换法定货币
- 市场基准
- 黑子
- 泡沫
- 引导路径

本章和接下来的两章阐述了货币的叠代模型。这些模型可以取代在第 3 章中提到并且已经应用于本书前几章的 MIUF 模型和 MIPF 模型。由于现在有两组相互冲突的模型，我们需要建立一套从两者之间进行遴选的准则。如果说经济学作为一门科学，其任务是解释现实世界观察到的现象，那么这两组相互冲突的模型能够解释关于货币在现代经济中的典型事实的程度就应是选择标准的基础。

到目前为止，本书介绍的模型都是解释由个人持有货币并且经济处于一个周期（即不受时间影响）的情况。本章和接下来的两章将会把人的一生分成两个（或者更多）生命阶段，在经济体中有两代（或者更多）人同时存在，并且两代人之间存在交易关系。这样的模型叫做叠代模型。

萨缪尔森（Samuelson, 1958）[①] 将叠代模型用于分析经济中的货币，后来主要由华莱士（Wallace, 1980, 1981）和萨金特（Sargent, 1987）等人予以扩展，除此之外，坎普（Champ）和弗里曼（Freeman, 1994）将这一方法应用到了教科书中。OLG 模型的标准形式假设经济中的个人一生分成两个时期（或者说分成"年轻"和"年老"两个生命阶段，每一阶段持续一个时期），在每一时期经济中都有两代人。其中，老一代人出生在上一时期，年轻一代人出生在本期之初。每一时期都有一代老年人和下一代年轻人相重叠，因此把利用这一框架的模型叫做"叠代模型"。

叠代模型框架被用来替代那种假设代表性经济主体存活无数个时期的无穷期界的框架。叠代模型必须与其他假设结合起来构造一个有意义的模型。本章阐述了基于叠代模型框架和关于货币、捐赠等假设的基准模型。这一模型基于华莱士（Wallace, 1980, 1981）的相关研究成果，并且在本章及下面两章作为基本的、标准的货币叠代模型。本章将给出模型的基本形式及其含义。

第 21.1 节将阐述典型事实，那些与现代经济中的货币有关的模型，其含义的有效性都要依据这些典型事实来进行评判。第 21.2 节论述一般货币叠代模型中有关货币的常见问题。第 21.3 节到第 21.6 节阐述基本的货币叠代模型。第 21.7 节及第 21.8 节将说明货币扩张在此种模型中的无效性，即使这样的扩张是保证物价稳定所必需的。第 21.9 节和第 21.10 节推导时间偏好率为正并且存在好几种法定货币时的货币需求。第 21.11 将解释有关黑子、泡沫、市场基本面的问题。

21.1 关于现代经济中的货币的典型事实

为了衡量本章、第 22 章及第 23 章讨论的叠代模型的有效性问题，先来看看关于货币的典型事实：

1. 货币比其他的金融资产（债券）和商品更具有流动性，因为其在支付过程中的交易成本要比后者低。

[①] 萨缪尔森提出了三时期（和简化的两时期）叠代模型，强调的是利率。在三时期模型中，人们在头两个时期工作并挣取收入，在第三时期退休。问题是允许在第三时期有正的消费，而这时的收入为零，商品也不能长期储存。萨缪尔森还说明了该经济如何通过法定货币这一社会发明（带来一种"生物利率"）来实现这种消费格局。

2. 货币包括内部货币（私人部门的负债）和外部货币（基础货币）。只有后者是法定货币。因此，法定货币和私人的法定货币替代品在经济中同时存在并流通。

3. 每一个经济主体在任何时段都持有货币，不考虑任何时段储蓄为正、负或者是零。如果我们把人的一生分成三个阶段，工作前①、参加工作和退休后，那么一生中的三个阶段都将持有货币。

4. 决定货币需求的主要因素是现有的收入或财富（或者其永久收入）。特别地，家庭的货币需求同它们的消费支出有着紧密的联系，而同它们现有的储蓄水平关联不大。

5. 经济体中的价格水平是由与国家收入或产出相关联的货币供给决定的，而不是和现有储蓄相关的货币供给决定的。

6. 货币的流通速度通常要大于1并且随着时间波动。

7. 货币经济在稳定的情形下不起作用，通常在产出、价格、预期价格等持续发生变化时起作用。

8. 货币在存在通货膨胀侵蚀其价值的情况下依然有正价值。特别地，货币在恶性通货膨胀的情况下依然有正价值，尽管那时货币的价值下降得非常快。

9. 即使在经济体中有回报大于零的无风险债券（例如国库券）存在，货币需求依然为正，尽管货币不支付利息。

无穷期界框架下的 MIUF 模型和 MIPF 模型得到了与经济中有关货币的典型事实相一致的含义。本章将阐述货币叠代基准模型的含义，并通过与以上典型事实的对比来衡量其真实性。

21.2 叠代模型中有关货币的常见问题

21.2.1 法定货币具有内在无用性和不可兑换性

货币叠代模型赋予法定货币两个基本特征：其一，它具有内在无用性，也就是说，不能直接地用于生产或消费②；其二，它具有不可兑换性③，也就是说，发行者不做出它能兑换商品的承诺。进而言之，假定法定货币的生产、储藏和转

---

① 工作前及退休后通常没有劳动收入。退休时期通常是消耗之前的存款（存款是负的），因此资产是不断减少的。工作前通常没有任何资产收入，花费的来源主要依靠父母的支持。

② "内在无用性"概念用于经济分析是否具有固有的缺陷尚不清楚，因为即使可能也很难界定什么是和什么不是"直接用于消费或生产"。比如，钻石、香烟、药品天然就是有用的吗？它们的价值是由它们固有的有用性决定的吗？从需求角度上说，什么使其具有"有用性"？因为债券不是在消费和生产中使用，它们也是天然无用的。

③ 这个概念对个人的有效性也值得怀疑。个人并不关心甚至通常不知道中央银行（法定货币的发行者）是否最终将钞票兑换成商品，只要他想从其购买商品的那些人愿意这么做。也就是说，个人只要求法定货币与商品在私人市场上具有可兑换性。注意，统一公债也是不可兑换的，因为发放债券的中央银行没有承诺去兑现它。

运都没有成本,且不向持有者支付利息。常见的法定货币是中央银行发行的钞票。在大多数现代经济中,中央银行并没有做出承诺说这类钞票可以兑换成金币、金条或其他任何商品。假定法定货币的天然属性的重点是内在无用性,标准的叠代模型假定货币不会出现在公用事业和生产过程中。为了简略起见,我们定义叠代模型暗含这一特征。

21.2.2 法定货币的正价值

法定货币(对其他的物品也成立)拥有正的市场价值的必要条件之一即,法定货币本身或者其近似替代品的供应是有限的并且是严格遵守法规的,或者其生产过程包含某些成本。因此货币的叠代模型假设,尽管生产无需成本,但法定货币的供应是有限的;这就反过来要求,法定货币不能够轻易和无成本地被仿造,并且假冒品在任何重要的情况[1]下都不能进入流通。此外,私人部门不能无成本地创造近似替代品或者准货币并把它们投入流通环节。[2]

此外,在法定货币具有无用性和不可兑换性的条件下,所有货币模型(不管是叠代模型、效用函数中的货币模型还是其他模型)的一个特征是,只有当其他人愿意以商品换取它时,法定货币才在交换中具有价值。鉴于叠代模型强调代际关系,它把这个条件简化为:只有当预计下一时期的人愿意以商品换取法定货币时,法定货币才会在任何既定时期的交换中具有价值。这要求,如果经济中的货币现在具有正价值,就必定认为它能无限地持续到未来,因而假设的模型不得具有有限期界。[3]

虽然所有货币模型都意味着关于未来货币价值的预期是其现在价值的决定因素之一,但叠代模型则意味着一个较强的条件,即如果下一时期货币价值为零,那么它现在的价值也必定是零。推而广之,如果预期法定货币在未来的任何时期 T 是无价值的,那么,它在现在和直至时期 T 的所有时期的价值都为零。与叠代模型的这一结论相反,MIUF 模型不要求无限期界,也没有说货币不能具有正价值(由其现在交换中的有用性决定),即使它的价值在未来某时期为零。

21.2.3 法定货币作为持有储蓄的媒介

在叠代模型中,法定货币在当期具有正价值的必要条件是:目前有这样一些

---

[1] 换言之,仿造货币的成本必须超过交换中货币的价值。
[2] 虽然现代经济允许国家具有发行通货的垄断权,伪造货币是非法的,但准货币的创造还是允许的,私人金融中介创造了多种货币替代物。私人部门创造的货币替代物包括信用卡、借记卡、自动柜员机、电子转账存款等,它们提高了货币流通速度。私人部门的这些活动限制了标准叠代模型的适用性。
[3] 在有限期界情况下,货币在终止期的期末将是无用的。为避免 100% 的资本损失,到了终止期,人们不想得到和持有货币,因而使其对于早一期以至更早时期得到并持有至终止期的人们来说毫无用处,这便使得所有时期的货币需求为零。

人，他们想用法定货币把购买力从现在转移到未来。这要求，他们打算在未来（当他们年老时）消费的商品比未来所能得到的商品多，为此，他们在年轻生命阶段要有储蓄（也就是说，得到的商品多于其消费量），同时要求货币是一个有吸引力的储蓄工具。为了确保前者，叠代模型假设在第一（或年轻）生命阶段得到的商品多于他们的最优消费量，因此，人们在第一生命阶段必须有正的储蓄，转用于第二（或年老）生命阶段的消费。

储蓄也可以是商品的形式。如果商品的留存没有成本，或者未来消费能通过商品的某种设计而以低于使用法定货币的成本得到融资，那么，法定货币就不会被使用，也就不会有正价值。① 因此，常见的叠代模型假设法定货币没有储藏或转运成本，而商品却有这类成本。在有些情况下，假定商品易腐坏。

21.2.4　包含法定货币的叠代模型的基本假设与含义

货币的标准叠代模型的假设如下：

1. 债券是一种生息资产，能够用以将购买力从现在转移到将来，在模型②中不存在债券。

2. 法定货币比商品及其他任何资产更受人偏好，作为媒介将储蓄"携带"到下一阶段。

3. 在生命的第一阶段有净（正的）储蓄。

4. 未来时期不会宣布废除法定货币或实行使法定货币无价值的政策。

5. 叠代模型所假定的经济拥有无穷期界，尽管处于经济中的个人有有限期界（两阶段）。

在这些假定之下，法定货币的叠代模型探讨了货币与商品具有不同的增长率、人口增长、公开市场业务等情况下的货币价值。

叠代模型有许多令人感兴趣的特征，比如：(1) 在特定的路径上，它们对内在无价值的法定货币③（法律上未规定可兑换商品）赋予了正价值；(2) 时间和一生收入格局的特点以某种"必要"方式结合在一起。④ 而且，它们还考虑到经济主体在出生时是相同的（从而能研究稳定状态），生活在经济中任何时期的经济主体具有一定程度的异质性，也允许该经济体无限地持续到未来。

如前所述，如果未来某一时期货币的预期价值是零，叠代模型就会得到本期的货币价值为零的结论。这是"引导"或"泡沫"路径的一个特征，在这些

---

① 因此，扣除任何风险溢价和储藏产生的贬值后的商品收益必须小于货币的收益。如果假定商品是易腐坏的，情况就更是这样，此时商品的收益是−100%。

② 叠代模型中的法定货币实际上是一种零息债券。在通常情况下，其并不被视为能够在同一代的个人之间作为支付的媒介，因为它们本就假设为是相同的。

③ 我们已经讨论过，内部无用性的定义在经济中是有保留地被应用。更进一步地，在对内部无价值的商品建立正的价值时，叠代模型并不是唯一的。法定货币在所有理论（包括 MIUF 和 MIPF）中所起的作用，就如同它在决定钻石、香烟等的价格时所起的作用。

④ 这些性质没有一个是叠代模型所独有的，MIUF 和其他货币模型也可以包含它们。

路径上，变量值取决于未来的任意预期值，而且随着未来预期值的改变而变化。许多这类均衡都是脆弱的，这意味着它们并不是建立在整个体系的基本面上。① 不过，叠代模型并非集中分析这类"引导"或"泡沫"路径，它们的含义通常用来分析经济的稳定状态，假定预期值等于稳定状态值或等于理性预期假说②所隐含的值。

21.3 基本叠代模型

在标准的叠代模型中，人们的一生仅分为两个时期（即经历两个生命阶段）。第一生命阶段称为"年轻"阶段，第二生命阶段称为"年老"阶段，分别用上标 y 和 o 表示个人相应的生命阶段。

对于经济而言，时期是 $t+i(i=0, 1, 2, \cdots)$。本期 t 是分析的初始期，该经济的老一代人称为"初始老一代人"，这些人出生在 $t-1$ 时期。在时期 0，1，2，…出生的各代人称为"未来各代人"，他们被称为"个人"。叠代模型一开始就赋予了初始老一代人初始货币存量。此外，就本章的基本叠代模型来说，假定在任何给定时期，货币存量的任何增加都作为一种一次总付性转移支付无偿给予该时期的老一代人。基于这一假设，下一章研究这样一种情况，即来自货币创造的铸币税都用来买进商品，然后将这些商品销毁，导致经济中用于消费的商品净减少。

在时期 t 出生的人数是 N_t。在本章的前半部分，人数假定是固定的 N，不随时间的推移而改变。根据这一假设，在每一时期 t，总人口为 $2N$，由 N 个年轻人和 N 个老年人构成。

假定每个人在年轻生命阶段的商品禀赋为 w^y，在年老生命阶段的商品禀赋为 w^o。w^y 和 w^o 的单位数量由单一消费品来测度，在该基本模型中，假定它们是不可储藏的（易腐坏）。③ 叠代模型的某些表述假设 w^o 为零，但这种假设对于叠代模型而言并非必要。不过，如果法定货币有价值，还是有必要假定年老时的最优消费水平高于 w^o。④ 这一点通常由以下假设来保证，即在每一生命阶段，消费都是相同的，且 $w^o<w^y$，因而个人必须在年轻时储蓄从而为第二生命阶段提供额外消费。⑤ 这一假设将贯穿全章。

---

① 经济的基础是偏好、生产技术与人口。
② 因此，泡沫的决定因素和性质在这样的模型里不做分析。
③ 这个假设在许多修正的叠代框架中可以放宽。本章从头至尾都是这样，但下一章利用叠代模型讨论有关公开市场业务的莫迪利安尼—米勒定理则不是这样。
④ 文献中另一种（且常见的）假设集是：个人在年轻生命阶段供给数量为 n^s 的劳动力，在年老生命阶段则不提供劳动力；消费只发生在年老阶段且数量为 c，跨时效用函数是 $[u(c)-v(n)]$，生产函数属于规模收益不变函数，1 单位的劳动生产 1 单位的消费品。如果在第一生命阶段有净储蓄，那么这些假设的定性含义就与劳动供给和消费在两个时期里都发生的假设相似。前者与我们正文中的假设相符。
⑤ 两时期中的禀赋可以被认为是工作能力和相应的工作。在这种解释中，第一生命阶段可以被认为是个人的工作生涯，有来自工作的收入；第二阶段是退休生活，这时没有劳动收入，但可能有一些来自社会保障和其他公共来源的外部收入。

21.3.1 微观经济行为：个人储蓄与货币需求

年轻人的跨时预算约束

在年轻生命阶段，典型的个人把他的商品禀赋用于消费 c^y，持有货币 m。他的第一生命阶段的预算约束是

$$p_t c_t^y + m_t^y = p_t w_t^y \qquad c_t^y < w_t^y \tag{1}①$$

在 $t+1$ 期伊始，个人拥有的剩余货币余额为 m_t（不付利息），得到的商品禀赋为 w_{t+1}，因此他在年老生命阶段的预算约束为

$$p_{t+1} c_{t+1}^o = p_{t+1} w_{t+1} + m_{t+1}^o \tag{2}②$$

其中，年轻时购买的货币余额 m_t^y 变成了年老时继承的 m_{t+1}^o，因而 $m_t^y = m_{t+1}^o = m_t$。注意，这个模型中无明确的利率，因为商品是易腐坏的，而且模型中无生息资产。唯一的资产是货币，它不支生利息，故利率并不进入（2）式。还要注意，假定人们能完全预见到变量的未来值。根据（2）式可知

$$m_t^o = p_{t+1} c_{t+1}^o - p_{t+1} w_{t+1}^o \tag{2'}$$

注意到 $m_{t+1}^o = m_t^y$，把（2'）式代入（1）式，得到个人一生的预算约束：

$$p_t c_t^y + p_{t+1} c_{t+1}^o = p_t w_t^y + p_{t+1} w_{t+1}^o \tag{3}$$

把个人的实际一生财富 W_t 定义为

$$W_t = w_t^y + (p_{t+1}/p_t) w_{t+1}^o$$

上面的式子中使用的符号定义如下：

C_t^y 代表年轻一代人在 t 期的消费；

C_t^o 代表年老一代人在 t 期的消费；

P_t 代表 t 期的商品价格；

w_t^y 代表年轻一代人在 t 期的外部收入；

w_t^o 代表年老一代人在 t 期的外部收入；

W_t 代表 t 期的一生财富；

N_t 代表 t 期出生的人数；

$N_{t-1} + N_t$ 代表 t 期的人口总数；

m_t^y 代表年轻一代人在 t 期对名义余额的人均需求；

m_t^o 代表每一个老年人在 t 期的货币禀赋；

---

① 对于理性的年轻人，我们已将该约束设定为一个等式，因为他要么消费掉他的所有禀赋，要么把储蓄转换成货币 m 以备未来所用。

② 由于个人从 $t+1$ 期期末剩下未花费的货币余额或未消费的商品中得不到效用，因此效用最大化意味着年老阶段的约束是一个等式。

M_t 代表 t 期法定货币总量（$= N_t^o m_t^o$）。

注意本章和第 22 章、第 23 章把 m 定义为名义而非实际人均余额，这与本书其他地方的用法不同。

依据假设，由于 $c_t^y < w_t^y$，所以年轻人想要把商品留给以后的自己，但模型假定商品不可储存，他们无法直接这么做——假如可以的话，他们自己就会在年轻和年老的两时期间进行物物交换（通过储存）。此外，瓦尔拉斯一般均衡模型的拍卖者或其他无成本出清机制被排除在叠代模型之外，政府推行的代际间强制交换就是这样。叠代模型只允许不同代的人之间以货币作为媒介通过贸易进行商品交换。

普通货币模型（以及我们在第 1 章至第 20 章的分析）允许使用其正收益比法定货币高的债券充当代际商品交换的中介工具。但是，基本的叠代模型假设，不存在像债券这样的、收益率高于法定货币的其他资产充当价值储藏手段。结果，在基本模型[①]中没有私人（或公共）借贷，也就没有债券和明确的利率。下一章将介绍包含货币和债券的叠代模型。

年轻人的效用最大化

在 t 期出生的人，其跨时效用函数是

$$U(c_t^y, c_{t+1}^o)$$

其中，$U(\cdot)$ 假定是一个具有连续一阶和二阶偏导数的新古典序数效用函数。年轻人使该跨期的或一生的效用函数最大化，满足一生的预算约束方程（3）式。也就是说，年轻人的最优化问题是

$$\max \quad U(c_t^y, c_{t+1}^o) \tag{4}$$
$$\text{st.} \quad p_t c_t^y + p_{t+1} c_{t+1}^o = p_t w_t^y + p_{t+1} w_{t+1}^o$$

这意味着最优消费数量 c_t^y，C_{t+1} 分别为

$$c_t^y = c_t^y(p_{t+1}/p_t, w_t^y, w_{t+1}^o) \tag{5}$$
$$c_{t+1}^o = c_{t+1}^o(p_{t+1}/p_t, w_t^y, w_{t+1}^o) \tag{6}$$

根据假设，在 $w_t^y > w_{t+1}^o$ 的情况下有

$$c_t^y < w_t^y$$
$$c_{t+1}^o > w_{t+1}^o$$

在年老生命阶段，净负储蓄是因为把年轻生命阶段转移过来的货币余额花掉了。t 期的最理想储蓄 s_t^y 为

$$s_t^y = w_t^y - c_t^y$$
$$= s_t^y(p_{t+1}/p_t, w_t^y, w_{t+1}^o) \tag{7}$$

并且，等于名义储蓄的货币需求为

---

① 在将一生分为两阶段的模型中，私人但非谈判的借款（如以借据或者债券的方式）是被排除在外的，是因为任何给定的借方和贷方只会在一段时间相见，此后永不再见，所以他们可以见面共同安排贷款的问题却不能见面解决偿还的问题。

$$m_t^y = p_t s_t^y = p_t s_t^y(p_{t+1}/p_t, w_t^y, w_{t+1}^o) \tag{8}$$

直观来看，在 t 期，年轻人能获得的消费品比他打算消费的要多，但由于消费品易腐坏，又不能储存多余的消费品。只要年轻人预期能够以其持有的法定货币在 $t+1$ 期交换消费品，他就会把多余的消费品卖给初始老年人以获得法定货币。

初始老年人的效用最大化

从初始期 t 期的初始老年人的角度看，他们获得一些消费品。进而言之，虽然他们得到了法定货币，但它的消费效用是零，所以他们愿意用它换取一定量的消费品。从形式上看，初始老年人的效用函数和预算约束分别为

$$U_t^o = U(c_t^o) \tag{9'}$$
$$p_t c_t^o = p_t w_t^o + m_t^o \tag{9''}$$

每一位初始老年人通过最大化 c_t^o 而使其效用最大化，这意味着他要尽量以 m_t^o 换取到他所能获取的最大数量的消费品。

21.3.2　宏观经济分析：价格水平与货币价值

在这个模型中仅有两种物品，即商品和货币，故宏观经济分析只需考虑货币市场和商品市场。进一步说，根据瓦尔拉斯法则，这两个市场之中的任一市场的均衡都能保证另一市场的均衡。所以我们需要做仅针对一个市场的分析。我们明确地侧重于货币市场做进一步的分析。

货币市场与价格水平的决定

对于 t 期的经济，名义余额 M_t^d 的总需求等于年轻人打算交换的消费品的名义价值，并由下式给定：

$$M_t^d = N_t [p_t(w_t^y - c_t^y)] \tag{10}$$

经济中货币供给量 M_t 由老年人（在 $t-1$ 期出生，人数为 N_{t-1}）所持有的并打算用于交换的货币余额给定：

$$M_t = N_{t-1}[m_t^o] \tag{11}$$

因而货币市场出清（即货币需求等于货币供给），意味着

$$N_t[p_t(w_t^y - c_t^y)] = M_t \tag{12}$$

因此

$$p_t = M_t/[N_t(w_t^y - c_t^y)] \tag{13}$$

根据（5）式，（12）式右边的 c_t^y 取决于 p_{t+1}/p_t、w_t^y 和 w_{t+1}^o，故而

$$p_t = M_t/[N_t(w_t^y - c_t^y(p_{t+1}/p_t, w_t^y, w_{t+1}^o))] \tag{13'}$$

因此，在其他条件都相同的情况下，价格水平 p_t 同货币供给量 M_t 成比例变化，这是货币数量论的结论。进而，要注意到 p_t 取决于跨时价格比率 p_{t+1}/p_t。

根据（13）式，每单位货币的价值 v_t（等于 $1/p_t$）由下式给定：

$$v_t = [(w_t^y - c_t^y)]N_t/(N_{t-1}m_t^o)$$
$$= [(w_t^y - c_t^y)N_t]/M_t \tag{14}$$

其中，$c_t^y = c_t^y(p_{t+1}/p_t, w_t^y, w_{t+1}^o)$，因此货币的价值是正的，且与货币供给的变化方向相反。它也与总储蓄 $[(w_t^y - c_t^y)N_t]$ 成比例变化。

请注意，如（5）式所示，由于 p_t 和 v_t 都是 c_t^y 的函数，所以它们也是未来预期价格水平 p_{t+1} 的函数。由于后者是 p_{t+2} 的函数，依此类推，p_t 和 v_t 是未来时期消费品预期价格的函数。这对于价格泡沫和价格不确定性的含义将在后面分析。

商品市场

注意，由于本模型中只有两种物品（商品和货币），根据瓦尔拉斯法则，货币市场出清也意味着商品市场出清。因此，由（13）式给定的价格水平也使商品市场出清，无须推导商品市场的供求函数。

21.3.3 稳定状态

假设经济有稳定的人口、商品禀赋①和货币供给。对于这样一种经济，我们想要找到这样一种路径：沿着它，所有内生变量如价格水平、消费等都不会随着时间而变化。我们将这一路径定义为稳定状态。这一模型有两种稳定状态：1. 有交换（在年轻一代和年老一代之间）存在的稳定状态，2. 没有交换的稳定状态。我们从有交换的稳定状态开始分析。对于下面的等式，注意，对稳定状态来说，变量中的下标 t 可以去掉。

货币和商品之间进行交换的稳定状态下的价格水平

对于有货币和商品进行交换的稳定状态，（13）式变为

$$N[p(w^y - c^y)] = M \tag{15}$$

因而稳定状态的价格水平是

$$p = M/[N(w^y - c^y)] \tag{16}$$

因此，由于等式右边的所有变量都假设是稳定的，所以价格水平 p 也应该是稳定的。由（16）式可得到稳定状态下每单位货币的价值 v 为

$$v = 1/p = [N(w^y - c^y)]/M \quad v > 0 \tag{17}$$

---

① 在稳定状态下，不同代人之间的商品禀赋是相同的，但是在任何一代人的不同生命阶段中是不同的，事实上，不同生命阶段的商品禀赋假设为 $w_t^y < w_{t+1}^o$。

其中，$c_t^y = c_t^y(p_{t+1}/p_t, w_t^y, w_{t+1}^o)$。稳定状态下 v 的值应该为正，因为 $(w^y - c^y) > 0$。

由（13）式可得出货币的实际毛收益率[①] r_t 如下：

$$r_t = v_{t+1}/v_t = p_t/p_{t+1} \tag{18}$$

故在稳定状态下有

$$r_t = r = 1$$

因此，实际余额的净收益率（即不包括贷款本金的收益）为零。

货币与商品之间不进行变换的稳定状态

另一种稳定状态是货币与商品之间不进行交换的状态。这种状态即经济独立的情况。在这种状态下，年轻一代与年老一代不会通过货币进行交易，因此年轻一代只会消费属于他们的资源禀赋，而年老一代的消费也会限制在属于他们的资源禀赋的范围内。货币和价格不存在于经济独立的情况中。

经济独立的状态能够在经济中出现是因为货币还没有被发明或者其存在的先决条件，例如信任，还没有被建立起来。如在本章早些时候讨论的，没有交易的情形也会在法定货币的叠代模型中出现，如果这一模型有有限期界的话。

如果有一种预期存在，即在将来的某个时段货币的价值会为零，那么独立经济（没有货币）情形下的法定货币叠代模型也会出现。在（14）式中，v_t 取决于货币未来价值的预期值。也就是说，现阶段货币的价值取决于年轻一代的信念——如果他们接受在 t 时期以价格 p_t 进行货币与商品的交换，当他们年老的时候，他们依然能够在 $t+1$ 时期用持有的货币以 p_{t+1}^e 的价格换取商品。假设 $t+i$（i 可以取任意值）时期的年轻一代产生了一种相反的想法[②]，即他们持有的货币不能在 $t+i+1$ 时期换取商品，他们持有的货币将毫无价值。于是他们在 $t+i$ 时期将不愿接受任何价格的货币与商品的交换，法定货币在 $t+i$ 时期的价值将为零，年轻一代与年老一代之间将不会通过法定货币这种媒介进行任何交换。那么倒推一下，这一结果也将出现在 $t+1$ 时期的任何时段上。

经济独立情形（不存在货币）次于有货币存在的稳定状态，因为后者使得个人可以基于效用最大化对其一生的消费进行重新分配，而经济独立情形（不存在货币）下，个人只能根据拥有的商品禀赋在生命的各阶段享有有限的禀赋。因此，货币的出现增加了财富，具有积极的社会意义。

21.3.4 价格水平和法定货币价值的不确定性

预期的作用与不稳定状态

现假设 $t+i$ 期的年轻人预期到价格 p'_{t+i+1}，不同于经适当修正后的（13）式

[①] 一段时间内的毛收益率或者说利息指的是 1 美元的投资从开始到结束会获得的资金总量（本金加利息）。

[②] 这里的相反是指与（13）式所得出的价值相反。

决定的 p_{t+i+i}；这将决定 $t+i$ 期的价格 p'_{t+i}，它继而又决定 $t+i-1$ 期的价格，依此类推。因此，在未来预期价格 p_{t+i} 与零之间有无数均衡价格，在相应的均衡货币价值上，法定货币将被用于交换商品。

法定货币的叠代模型有两个稳态解。其中之一即货币价值为零、货币未被使用、人与人之间没有交换情况下的稳态解，这是无交换或独立解；另一个稳态解即货币具有正价值、货币被使用、商品与货币的交换存在情况下的稳态解。货币的叠代模型研究的重点显然在于后者。在这种情况下，货币的价值由（13）式给出。

价格、泡沫和脆弱均衡的基本解

我们把由系统的基本因素（如偏好、禀赋和货币供给）产生的价格和货币价值路径称为基本路径，如（13）式所示。稳定状态分析就属于这一类。

由于本期价格取决于未来价格，而后者经常变化，因此对基本价格的偏离被看做基本价格路径上的"泡沫"。如（13）式和（5）式所示，本期价格对未来价格的这种依赖被称为"引导"：本期价格是预期未来价格的函数；从极限角度来说，如果后者是零，前者也会是零。叠代模型的这一特征产生了有价格水平泡沫的无数引导路径，其中货币价值路径取决于将来某一天任意规定的预期货币价值。

给定叠代模型中货币价值路径的引导性质，只要未来货币预期价值出现预期到的短暂冲击，这些路径中就没有一个能保持稳定。一些经济学家指出，这一性质反映了法定货币的实质，即它具有内在无用性，而且本期个人愿意为货币付出的商品数量主要取决于他预期未来货币能给他带来的价值。在叠代模型中，货币均衡的不确定性和不稳定性导致这些模型中的货币均衡被认为是脆弱的。

在非稳定状态下，由于货币的价值不一定是常量，它的毛收益率也不一定随着时间的推移而保持不变。但是，这种状态不可能是稳定的，也许会有价格水平泡沫的引导路径。有关叠代模型的研究通常不研究非稳定状态，尽管现实经济中普遍看到的是价格、货币价值和货币收益率不断变化的非稳定状态。

21.3.5 货币的竞争性发行

（13）式表明，法定货币的均衡价值与其数量呈反向变化，所以该值只有当货币供给有限时才是正的。由于这类货币（例如钞票）可以无成本地生产，法定货币的竞争性发行使得法定货币的该值为零。因此，对于具有正价值的均衡，叠代模型排除了政府竞争性发行法定货币，也排除了几乎没有生产成本的法定货币之完全替代品的私人发行。

21.4 考虑人口不断增长的基本叠代模型[①]

为了把不断增长的人口纳入上述叠代模型，假设

---

① 下面的分析可以很容易地稍加调整，从而使其适合人口数量不变但是人均资源禀赋以恒定的速率增加的情况。

$$N_{t+1}/N_t = n \tag{19}$$

其中，N_t 是 t 期出生的人口数，n 是毛出生增长率。因此，该经济中人口的毛增长率由下式给定：

$$[N_{t+2}+N_{t+1}]/[N_{t+1}+N_t]=[(n^2+n)N_t]/[(n+1)N_t]=n$$

因而人口的毛增长率也是 n。现假设该经济中每一个年轻人都在出生时获得 w^y 数量的免费商品①，因而获得的商品总量与人口呈正比增加。根据（13）式，在既定的货币供给等于 M_t 的情况下，该经济中的价格水平是

$$p_t = M_t/[N_t(w_t^y - c_t^y)] \tag{20}$$

当该经济中货币供给（$M_t = M_{t+1} = m_t^o N_t$）不变并且人均恒定的资源禀赋为 $(w^y - c^y)$ 时，价格水平的变化可表述为

$$p_{t+1}/p_t = N_t/N_{t+1} = 1/n \tag{21}$$

因此，商品的价格将随着时间的推移而下降。

当人口增长时名义余额的收益率

根据（21）式，货币价值的毛增长率为

$$v_{t+1}/v_t = N_{t+1}/N_t = n \tag{22}$$

名义余额的毛收益率 r 即货币价值的增长率，由下式给定：

$$r = n$$

因此，名义余额的收益率是正的，毛收益率等于 n，净收益率等于 $(n-1)$，由人口增长率决定。换言之，在没有生产的禀赋经济中并且在每单位资本的禀赋是恒定水平的情况下，该模型中唯一的资产——货币——的收益率或"利率"由生物增长率②决定。如果将这一模型扩展到每单位资本的禀赋也以速率 η 增长，那么生物增长率就应该等于 $(n \cdot \eta)$，货币的毛收益率应该等于 $(n \cdot \eta)$。③

21.5 基本叠代模型中的福利

初始老年人的福利

在叠代模型中，有两组十分不同的人（老年人和年轻人），我们必须研究每

---

① 相应的假设是，在每个工人的边际产品不变和充分就业的情况下，每个工人只供给 1 单位劳动，因而商品产量与人口的增长率相同。

② 该收益率也称为利率，尽管在该模型中没有贷款，该利息也不代表明确的支付。注意，由于叠代模型针对价格水平路径有多重解，故它们对于利率也有多重解。其中之一（在以物易物情况下）是利率为零。但是，生物学决定的利率将是最优的。货币这一社会发明使该利率通过市场交换来完成（Samuelson，1958）。注意到在这个简单的模型中没有资本，所以无法定义资本的边际生产率。

③ 如果经济的资源禀赋总额是恒定的但是人口以速率 n 增长，那么每单位资本禀赋将以净速率 $(n-1)$ 下降。

一组人的福利。初始老年人得到新创造的法定货币,他们在任何时候都不必出让任何商品以得到货币余额,而是免费获得。他们用法定货币这种手段进行交换,从年轻人那里换取商品。因此,初始老年人用法定货币进行交换可获得净收益。

初始年轻人的福利

比较两种稳定状态(交换和经济独立)的解,可发现年轻人(包括在 t 期及其后出生的)受益于以法定货币为媒介的交换——当他可以按偏好安排消费而不必遵循无交换的独立经济的模式消费其商品时,其所能获得的总效用增加了。对于人口增长、货币存量既定、价格比率由市场决定并可从(21)式中推导出来等条件下的稳态均衡,我们可以证明这一点。

在每一时期,该经济的约束条件是,该时期消费的商品总量不能超过商品的总存量。也就是说,在时期 t 有

$$N_t c_t^y + N_{t-1} c_t^o \leq N_t w_t^y + N_{t-1} w_t^o \tag{23}$$

两边同除以 N_t 得到

$$c_t^y + (1/n) c_t^o \leq w_t^y + (1/n) w_t^o \tag{24}$$

在稳定状态下,去掉下标 t,把(24)式重新写成一个集中表述该经济的可行消费边界的等式,我们有

$$c^y + (1/n) c^o = w^y + (1/n) w^o \tag{25}$$

(25)式是用人均形式表述的该经济的约束条件,表明在稳定状态下该经济的交换边界或 c^y 与 c^o 之间从全社会来看可行的消费替代。这可以用图 21—1 中的 $W^y W^o$ 线表示。也就是说,在横轴表示 c^y 的情况下,当 c^o 为零时,c^y 将等于 W^y,其中

$$W^y = w^y + (1/n) w^o \tag{26}$$

同样,当 $c^y = 0$ 时,c^o 等于 W^o,其中

$$W^o = n(w^y + (1/n) w^o) \tag{27}$$

根据(25)式,对于社会来说可行的年轻和年老时消费的替代关系的斜率是

$$\partial c^o / \partial c^y = -n \tag{28}$$

现在我们来看年轻生命阶段中每个人的个人预算约束,即

$$c_t^y + (p_{t+1}/p_t) c_{t+1}^o = w_t^y + (p_{t+1}/p_t) w_{t+1}^o \tag{29}$$

根据(21)式,在有交换的稳定均衡情况下,对于货币供给稳定、人口增长率为 n 的情况,该经济产生的价格比率是 $1/n$。因此,我们根据(21)式和(29)式有

$$c_t^y + (1/n) c_{t+1}^o = w_t^y + (1/n) w_{t+1}^o \tag{30}$$

在有交换的稳定状态下,$c_{t+1}^o = c_t^o$,$w_{t+1}^o = w_t^o$,去掉时间下标,(30)式变成

$$c^y+(1/n)c^o=w^y+(1/n)w^o \tag{31}$$

(31) 式和 (25) 式是等同的，所以年轻人的预算约束等同于该经济的每单位资本约束。因此，对两者而言，在年轻一代与年老一代之间的交易由图 21—1 中的 $W^y W^o$ 线给定。这条个人预算线 $W^y W^o$ 的斜率（$\partial c^o / \partial c^y$）是 $-n$，意味着由于价格按毛比率 n 下降，年轻时交换到的 1 单位货币在年老时可买到 n 单位的商品。图 21—1 还画出了个人无差异曲线 I、I′ 和 I″，它们是由个人效用函数（4）式给定的。年轻人通过位于与预算线 $W^y W^o$ 相切的无差异曲线上，使一生效用最大化。最优消费数量由 B 点给定，年轻时的消费为 c^{y*}，年老时的消费为 c^{o*}。

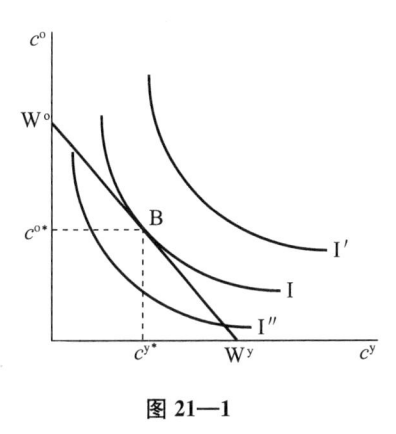

图 21—1

由于预算线与经济中的每单位资本约束是等同的，所以 B 点的消费是可行的且能使年轻一代人的社会福利最大化。B 点的效用水平高于年轻人从以下两方面获得的效用水平：一是从原始禀赋 W^y 和 W^o①的独立（无交换）消费获得的，二是从经济交换边界 $W^y W^o$ 上任意一点的交换模式中获得的。因此，按（22）式给定的均衡货币价值进行的交换，使得 t 期年轻人的跨时效用函数（以及以后各代人的效用函数）最大化。②因此，B 点给定的交换和消费是帕累托最优，这里的帕累托最优被定义为所有各代人（初始老年人除外，他们有自己的特殊效用函数）的跨时效用最大化。

21.6　考虑货币供给增加和人口增长的基本叠代模型

假设货币供给以毛比率 θ 增加（净比率为 $\theta-1$），人口按毛比率 n 增长。因此，货币供给增加可表述为

$$M_t/M_{t-1}=\theta \tag{32}$$

每期经济中新供给的货币被视为免费的一次性总给付，等量地给予每一位老年人。因此，在每一时期，每位老年人拥有的货币数量等于他们在上期用商品交换的货币加上新创造货币的一次性总给付，每位老年人的货币余额的变化是

$$[M_t-M_{t-1}]/N_t^o =(\theta-1)M_{t-1}/N_{t-1}$$
$$=(\theta-1)m_{t-1} \tag{33}$$

---

①　如果 $p_{t+1}=0$，年轻人会发现持有货币并把货币带到下一生命阶段不值得，所以我们可能有一个仅由 W^o 点和 W^y 点组成的社会可行边界。

②　注意，这不会使任一代老年人（在他们的年老时期）的效用最大化。该效用的最大化就意味着年老时期的消费最大化，他们年轻时的消费是过去的消费，故年轻生命阶段与年老生命阶段之间的消费没有任何替代性。

其中，每位出生于 $t-1$ 期的年轻人（即每位在 t 期的老人）的货币余额等于 m_{t-1}，$(\theta-1)$ 是货币供给的净增长率。

商品价格的决定

根据（13）式，时期 t 和时期 $t+1$ 的均衡价格水平分别为

$$p_t = M_t / [N_t(w_t^y - c_t^y)] \tag{34}$$

$$p_{t+1} = M_{t+1} / [N_{t+1}(w_{t+1}^y - c_{t+1}^y)] \tag{35}$$

在稳定的实际均衡中，$w_{t+1}^y = w_t^y$，$c_{t+1}^y = c_t^y$，所以（35）式可重新写为

$$p_{t+1} = M_{t+1} / [N_{t+1}(w_t^y - c_t^y)] \tag{36}$$

因此，根据（32）式、（34）式和（36）式，商品价格的毛变化率是

$$p_{t+1}/p_t = [M_{t+1}/M_t]/[N_{t+1}/N_t] = \theta/n \tag{37}①$$

货币扩张的增长经济中名义余额的收益率

根据（37）式，货币价值的毛变化率为

$$r_t = v_{t+1}/v_t = n/\theta \tag{38}$$

因此，当 n 和 θ 为正值时，（38）式有以下三种情形：

1. 如果 $\theta = n$，货币供给的毛增长率就与人口、商品总供给的毛增长率相同，每单位货币的实际价值将保持不变。在这种情况下，货币供给总量的实际价值将按比率 θ 增加。

2. 如果 $\theta > n$，通货膨胀率将为 $(\theta/n - 1)$，货币供给的实际价值将按毛比率 n/θ 下降。如果 $n=1$（人口零增长）且 $\theta > 1$（货币扩张），人口、商品供给、储蓄都将不变，但是货币存量将按比率 θ 增加。价格水平将按毛比率 θ 上升，与货币存量的毛增长率相同，这意味着虽然（每单位）货币的实际价值将按毛比率 $1/\theta$ 下降，但货币供给总量的实际价值将长期保持不变。

3. 如果 $\theta < n$，那么货币扩张的速率将小于人口和商品的增长率，届时经济将遇到速率为 $(1-\theta/n)$ 的通货紧缩。货币供给的真正价值将随着时间以速率 n/θ 增长。

上述结论与数量论一致。

21.7 货币扩张的无效率（货币转让情况下）

我们曾用图 21—1 考察了人口按比率 n 增长情况下货币供给不变的效率，本

---

① 注意，在（37）式中，n 不仅是人口增长率，而且也是产出和储蓄的增长率。因此，储蓄增长率 n 和名义货币（以储蓄形式持有）增长率 θ 会使价格按比率 θ/n 提高。

节阐述叠代模型中货币增加（或下降）的无效率。按目前的假设，货币增加是通过向老年人的免费的一次性总给付实现的，所以这种情况同第 22 章后半部分分析的其他情况相比，称为货币转让情况。本节的分析仍然属于稳定状态分析。

经济中可获得的商品不受货币创造的影响，所以稳定状态下的 c^o 与 c^y 之间的对社会来说可行的替代（从人均角度来说）不受货币供给增加的影响，如 (25) 式所示，即

$$c^y+(1/n)c^o=w^y+(1/n)w^o$$

这种替代用图 21—2 中的 W^yW^o 线表示，它与图 21—1 中的 W^yW^o 线相同。注意，货币供给的增长率并没有加进去，因此其变化不会影响经济消费边界。

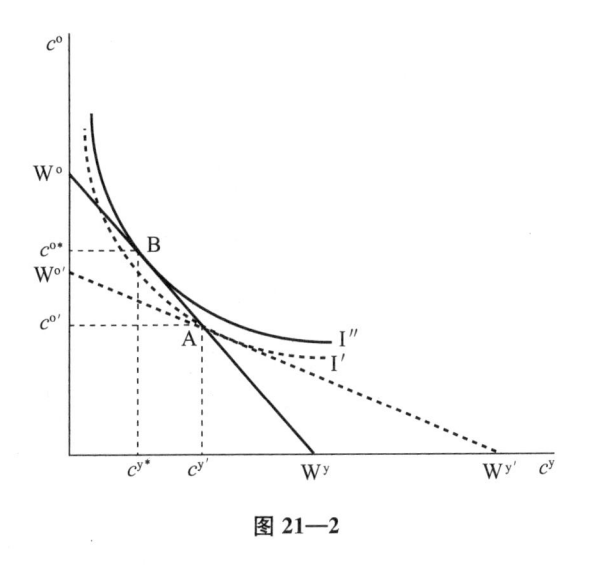

图 21—2

现在假设，随着时间的推移，货币供给按毛比率 $\theta(\theta>1)$ 增加。第 t 期和第 $t+1$ 期的个人预算约束变为

$$p_tc_t^y+m_t=p_tw_t^y \tag{39}$$

$$p_{t+1}c_{t+1}^o=p_{t+1}w_{t+1}^o+m_t+[M_{t+1}-M_t]/N_{t+1}^o \tag{40}$$

(40) 式中，右边的第二项 m_t 是个人以货币余额持有的储蓄额，右边的最后一项是 $(t+1)$ 期所得到的新创造货币的免费的一次性总给付量。把 (39) 式代入 (40) 式消去 m_t，得到个人的一生预算约束：

$$c_t^y+(p_{t+1}/p_t)c_{t+1}^o=w_t^y+(p_{t+1}/p_t)w_{t+1}^o+(1/p_t)[M_{t+1}-M_t]/N_{t+1}^o \tag{41}$$

在这种经济中，$M_{t+1}/M_t=\theta$，$N_{t+1}^o/N_t=n$，$M_t/N_t=m_t$，并且由 (37) 式知 $p_{t+1}/p_t=\theta/n$。因此，(41) 式可以重新表述为

$$c_t^y+(\theta/n)c_{t+1}^o=w_t^y+(\theta/n)w_{t+1}^o+(1/p_t)[(\theta-1)(M_t/N_t)]$$
$$w_t^y+(\theta/n)w_{t+1}^o+(1/p_t)[(\theta-1)m_t] \tag{42}$$

在稳定状态下，将下标去掉后，年轻一代的个人预算约束变为

$$c^y+(\theta/n)c^o=w^y+(\theta/n)w^o+(1/p)[(\theta-1)m] \tag{43}$$

从（43）式右边可知，图 21—2 中的个人跨时预算线是 $W^{y'}W^{o'}$：

$$W^{y'}=w^y+(\theta/n)w^o+(1/p)[(\theta-1)m] \tag{44}$$

$$W^{o'}=(n/\theta)[w^y+(\theta/n)w^o+(1/p)(\theta-1)m] \tag{45}$$

其中，W^y 和 W^o 是在年轻生命阶段和年老生命阶段分别消费的最大数量。与 $\theta=1$ 时的情况相比，对于 $\theta>1$，年轻人的最大可能消费将增加，因为预期在年老时会免费得到货币；而在年老生命阶段的最大可能消费会下降，因为所得到的新创造货币引起的通货膨胀率，会使必须以货币形式持有的储蓄损失购买力。

根据（43）式，图 21—2 中年轻一代的个人的预算线 $W^{y'}W^{o'}$ 的斜率是

$$\partial c^o/\partial c^y=-n/\theta \tag{46}$$

该经济的人均消费边界［(25) 式］给定的 c^o 和 c^y 的可行组合是图 21—2 中的 W^yW^o，其斜率为

$$\partial c^o/\partial c^y=-n \tag{47}$$

因此，对于 $\theta>1$，在图 21—2 中，社会可行替代线要比预算线陡。

令图 21—2 中的预算线与社会可行替代集相交于 A 点。年轻人的最优化需要在预算线上选择一点，它应是预算线与其最高无差异曲线相切的点。总的来看，年轻人不可能选择线段 AW^y 上的点（A 点除外），因为该线段上的所有点都在社会可行替代集之外，是不可达到的点。效用最大化点只能在 AW^o 段上（包括 A 点），从整个经济的视角来看，这是可行的。

现在考察 AW^o 段上的点。除 A 点之外，AW^o 上的所有点都不如 AW^o 上的点：无论是对于年轻人还是老年人，AW^o 上的点所代表的消费更多，因此在 AW^o 上选择一点就会有福利损失。

假定效用最大化点是 A 点，即图中预算线和无差异曲线 I' 的切点，无差异曲线的斜率为 $-n/\theta$。该斜率小于社会可行替代线 W^yW^o 的斜率，因而 I' 必然有一部分低于 AW^o，也就有一条更高的无差异曲线（比如 I''）与 W^yW^o（在 B 点）相切，年轻人的跨时效用更大（他们的无差异曲线如 I' 和 I''）。B 点是线段 AW^o 上的点，使得年轻人的效用水平更高。比较 A 点（$\theta>1$）和 B 点（$\theta=1$），A 点表明在年轻时消费得太多，在 B 点表明为年老时储蓄得太少。

进而言之，从 AW^o 上任何一点向 AW^o 上的任何一点移动，初始老年人也会受益，因为他们会获得更高的消费水平。

因此，鉴于预算线和社会可行替代线的偏离，年轻人和老年人都蒙受了福利损失。对于 $\theta>1$，我们已经证明了这一点，但对于 $\theta<1$，这种情况也会发生。就货币紧缩情况（$\theta<1$）而言（并未用图示说明），预算线会比社会可行替代线更陡，其原因与 $\theta>1$ 的情况类似，与货币稳定的情形相比，将存在福利损失。在这种情况下，相对于 $\theta=1$ 的情况而言，年轻时消费得太少，为年老时储蓄得太多。

货币供给变化导致的福利损失

总的来说，如果经济中的货币供给不变，θ 就会是 1。在这种情况下，预算

线与可行替代集相同，个人的预算线就是社会可行替代线 W^yW^o。个人会在某一点比如说 B 点使其效用最大化，它不同于 A 点，位于 AW^o 线段上，比 A 点提供的效用更大。由于 AW^o 线段提供的社会可行消费机会对于 $\theta>1$ 这种情况来说是不能获得的，所以个人在 $\theta=1$ 情况下比在 $\theta>1$ 情况下获得的效用水平更高。因此，个人在货币扩张时比货币稳定时的境况差[①]，货币扩张（或紧缩）对每个人来说从而对整个经济来说意味着福利损失。

对于货币扩张下的 $\theta>1$ 的情况，可以通过直观地比较图 21—2 中的 A 点和 B 点的消费束看出，年轻时消费得太多，年老时消费得太少。年老生命阶段的消费比较低，原因在于其相对成本比在货币稳定情况下的高。货币扩张情况下的相对成本是 θ/n，而货币稳定情况下的则是 $1/n$。

从另一个角度来看，货币扩张使 c^y 与 c^o 之间的社会交换率与个人交换率产生了差异。从社会可行替代角度来说，c^y 与 c^o 之间的社会交换率 c^y/c^o 是 $1/n$。可是，在货币扩张情况下，个人能在市场进行交易的私人交换率是 θ/n。由于 $\theta>1$，后者比较高，所以货币扩张使私人交换率提高到社会交换率之上，使得个人老年时消费太少，年轻时消费太多。通过使持有的货币贬值就可以做到这一点，与货币稳定的情况相比，货币价值的损失比例为 θ。

注意在本模型中，在每单位资本的基础上，一生中可获得的商品及消费总量保持不变。因此，货币扩张的福利损失并不是因为消费总量减少，而是由于消费模式无效率。在货币扩张的情况下，年老阶段的消费太少，是因为随着时间推移货币购买力发生隐含损失所致，而增加年老阶段的消费就要求增加货币购买力，但对于年轻阶段的消费并不要求增加货币购买力。

货币流通速度发生变化导致的福利损失

除了货币扩张之外，货币流通速度的提高也会产生类似的作用。在本模型中，货币流通速度是不变的，为 1。所以，本模型没有考虑可能会改变流通速度的各种支付机制创新。但是，如果经济中的货币是公共（政府供给的）法定货币 M 加上私人法定货币 M'，在比如说后者是由前者决定的（$M'=\alpha M$）的情况下，α 的提高可能会加快法定货币的流通速度。由于这相当于货币总量（$M+M'$）的增加，所以，公共法定货币流通速度的提高将意味着福利损失。

21.8 货币扩张和人口增长情况下价格稳定的无效率

给定人口增长率为 n，通过令 θ 等于 n 的货币供给规则可以实现价格的稳定性。在这种规则下，价格可能是稳定的，但货币扩张仍然会造成配置的无效率和福利损失。就稳定状态而言，为了看清这一点，我们依旧从（25）式给定的货币

[①] 在货币供给增加的情况下，初始老年人的境况也会恶化，因为他们可能买到的商品只能是 c^o（在 A 点）而不是没有货币扩张时的 c^{o*}（在 B 点）。

转让情况下的人均社会可行替代关系开始,即

$$c_t^y+(1/n)c_t^o=w_t^y+(1/n)w_t^o$$

在 $\theta=n$ 确保的价格稳定情况下,根据(43)式得到的一生预算约束是

$$c_t^y+c_t^o=w_t^y+w_{t+1}^o+(1/p)[(\theta-1)m] \tag{48}$$

因而当 $\theta>1$ 时,个人预算线还是比社会可行替代线平坦。与前面运用图 22—2 所做的类似分析得到的结论一样,年轻人选择的消费模式可能是无效率的,而且无论是对于年轻人还是老年人都会存在配置上的福利损失。

因此,配置无效率是货币扩张(或紧缩)的无效率而不是通货膨胀(或通货紧缩)的无效率。这种无效率又是源自货币扩张产生的 c^o 和 c^y 之间的社会交换率与私人交换率之间的差异所致。人口增长使该交换率为 n(因而 n 单位的 c^y 可换取 1 单位的 c^o),而 $\theta=n$ 这种货币供给规则又使其为 1。

当人口增长率为负,即 $n<1$(人口数量减少)的情况,但是货币供给稳定时,将会引起通货膨胀但是不会损失福利,我们将这一情形交由读者自己去推导。

21.9 时间偏好率为正的情况下叠代模型中的货币需求

到目前为止,我们一直没有讨论跨时效用函数的设定,尽管我们在(46)式中推导出如下结果,即 c^y 和 c^o 之间的个人均衡跨时替代率可能是 $-n/\theta$。本节把这一分析扩展至正时间偏好率情况下的时间可分效用函数。这样做可推导出公式中的 c^y、c^o、s 和 m^d。

有关跨时效用函数之形式的通常假设是,时期效用函数是时间可分的,且时期效用是该时期消费的对数,亦即

$$U(c_t^y,c_{t+1}^o)=u(c_t^y)+\delta u(c_{t+1}^o) \tag{49}$$
$$=\ln c_t^y+\delta\ln c_{t+1}^o \tag{50}$$

其中,$U(·)$ 代表跨时效用函数;$u(·)$ 代表时期效用函数;δ 为毛主观折现因子(等于 1 除以毛时间偏好率)。

注意到假设的效用函数无论是直接还是间接都没有将货币持有问题作为讨论点,因此符合法定货币基准叠代模型的要求,即货币具有"内在无用性"。

在人口增长率为 n、货币增长率为 θ 的情况下,由(42)式给定的恰当的一生预算约束为

$$c_t^y+(\theta/n)c_{t+1}^o=w_t^y+(\theta/n)w_{t+1}^o+(1/p_t)[(\theta-1)m_t]$$

该约束式的右边可以被指定为本期财富 W_t,所以:

$$W_t=[w_t^y+(\theta/n)w_{t+1}^o+(1/p_t)(\theta-1)m_t]$$

以(42)式为约束条件,最大化(50)式得到的最优消费模式为

$$c_t^y = [1/(1+\delta)]W_t \qquad (51)$$
$$c_{t+1}^o = (\delta n/\theta)c_t^y = [\delta n/(\theta(1+\delta))]W_t \qquad (52)$$

t 期的个人储蓄是

$$\begin{aligned} s_t &= w_t^y - c_t^y \\ &= w_t^y - [1/(1+\delta)]W_t \end{aligned} \qquad (53)$$

叠代模型中的货币需求

个人对实际余额 m_t^d/p_t 的需求只是在年轻生命阶段为正值,而且以结转储蓄的方式发生。它等于个人的储蓄且由下式给定:

$$m_t^{dy}/p_t = w_t^y - [1/(1+\delta)]W_t$$

或者

$$m_t^{dy}/p_t = w_t^y - [1/(1+\delta)][w_t^y + (\theta/n)w_{t+1}^o + (1/p_t)(\theta-1)m_t] \qquad (54)$$

注意,在老年阶段,个人储蓄为负,那么他的货币需求为 0。① 同时注意,因为 $m_t^d = m_t^{dy} + m_t^{do}$,并且 $m_t^{do} = 0$,$m_t^d = m_t^{dy}$,因此所有货币需求来源于年轻阶段。更进一步地,$m_t^{dy} = s_t^y$。因此,货币需求仅由年轻时候的储蓄决定。

在价格稳定的情况下 ($\theta = n$),我们得到

$$c_{t+1}^o = \delta c_t^y \qquad (55)$$
$$m_t^d/p_t = w_t^y - c_t^y = w_t^y - [1/(1+\delta)]W_t \qquad (56)$$

因此,实际余额需求(以及储蓄)与本期收入 w_t^y 和毛主观折现因子 δ 正相关,与未来收入 w_{t+1}^o 负相关。

我们把推导上述价格水平的任务交给读者去完成,同时还要说明货币交换相比物物交换的优越性,以及货币增长的无效性。

21.10 存在多种法定货币的情况

在前面所谈的包含一种法定货币的叠代模型中,个人使用法定货币在其生命阶段之间转移购买力。如前所述,在人口增长率为 n、货币增长率为 θ 的情况下,法定货币的毛收益率为 n/θ。该收益表现为价格水平随时间变化而产生的"股息"或"税收",尽管法定货币本身并没有明确的利息支付。

如果经济中同时存在可利用的多种法定货币,而且每种法定货币都只能起价值储藏作用,那么,具有最高收益(息票加上实际价值增长率)的那种法定货币

---

① 当然,这一说法在以下情形下是无效的:在货币经济中,如果每个人(包括那些生命只剩最后一年的人)都希望用货币来换取一些商品,因此每个人会在他们一生的时段中均匀地持有一些货币,而不考虑这一时段他们的储蓄为正、负还是零。

将为储蓄者所偏爱，而收益率低的法定货币将不被持有。反之，如果若干法定货币的收益率都相同，储蓄者在它们之间将是无差异的，货币扩张率将是把所有这类法定货币放在一起的扩张率。

把这些结果放在国际背景下——有许多国家的通货、通货间兑换的交易成本为零的开放经济，要么只有一种通货具有正的需求和正的价值（不存在有利于本币的法律限制或抵触），要么所有国家的通货彼此间都是完全可替代的。在后一种情况下，各国通货的铸币税属于本国，追求利润或铸币税最大化的政府就会搞法定货币的竞争性发行，直至所有法定货币的价值为零为止。因此，在不存在抵触的叠代模型中，完全可替代的和通过竞争性方式发行的国家法定货币毫无意义。换句话说，如果现实中存在许多这类货币，那么，叠代模型对于它们是无效的，或者由于对使用外币的法律和其他限制，对法定货币会有需求。

在现实中，即使与外币的通货膨胀率和收益率不同，各国货币在其本国范围内通常都是最常用的法定货币。叠代模型表明，这种国内使用必定是由于法律限制或其他抵触，切断了本国法定货币与外国法定货币之间的完全替代关系，从而产生了每种货币居主导的特殊地位或市场分割。本国对本币的需求是由抵触和限制的性质与程度决定的，而它们本身通常无法设定或包含在叠代模型中。用一个具体的例子来说，在加拿大，相对于加拿大通货而言，对于使用美国通货不存在任何法律障碍，二者可自由流通，在很多商店，可用任一种通货支付，也可用任一种通货在银行存款，诸如此类。在1980—2003年，美元相对于加元升值的预期常常持续数月。然而，加拿大通货并没有从流通中消失，在使用中仍是加拿大居支配地位的通货。相较于1980—2003年，美元相对于加元更有升值空间，但是人们对于美元并没有格外偏爱。2003—2005年时，加元相对于美元更加强势，但这一情况也没有什么重大的改变。

21.11 叠代模型分析中的黑子、泡沫和市场基准

据说，赋予法定货币正价值的叠代模型中出现了"黑子"活动。"黑子"是那些不在经济的基本变量之列但无疑会影响经济的变量。文献中OLG模型的基本变量通常有禀赋、偏好、技术和市场结构。黑子的一个例子是对一变量未来价值的市场预期，它会影响该变量的现值。正如本章所说，预期对于叠代模型中法定货币的价值就起到了这样的作用，因而叠代模型中很容易出现黑子活动。将这类模型分析局限于稳定均衡状态就是避免黑子的一种方法。在这种稳定状态下，货币的价值由经济中的基本因素决定，而且理性预期形成的预期货币价值只能是稳定状态值。

与黑子有关的一个概念是资产价格中的泡沫。如果一项资产的市场价值不同于其预期收益的贴现值，该资产就有价格泡沫。预期收益的贴现值被指定为资产的市场基准。由于叠代模型中的法定货币没有给其持有者带来任何隐性收益（如效用）或显性收益，其市场基准是零。由于它在这些模型中可能有正值，其市场

价格可能与其市场基准不同,所以正价值的货币有泡沫。这类泡沫可能是由黑子造成的。此外,无论从名义还是实际角度来看,资产泡沫都可能对模型中的其他变量有影响。在叠代模型中,法定货币价值的现实泡沫对消费和储蓄的长期路径有影响。

黑子、泡沫的定义是与基于市场准则的结果相关的,市场准则在叠代模型文献中又被定义为资源禀赋、技术和偏好。但是,这一名单中并没有包含经济中的金融结构,这对货币经济来说是不正确的。金融系统是经济结构中重要的一环,和其他部门如能源、交通等一样重要。金融系统应用资源获得产出,它的效率对于其他行业的生产水平和社会财富至关重要。对于货币经济来说,它不是货币经济的表面反映,而是需要列为市场基准的一环并认真对待。因此,货币的正价值实际上并非像基本叠代模型所说的为其"基本"价值的黑子或泡沫。事实上,货币具有正的价值正是货币经济当中非常典型的事实之一,而不是经济中的怪事。货币的基本角色和经济中的金融系统将在第24章货币增长理论中进行进一步的论述。

结　语

在货币需求建模上,叠代框架可以取代 MIUF 理论和 MIPF 理论(在这一理论中,经济主体有有限期界)。对于那些认为因货币不能直接用于消费或作为生产要素,因而不能作为效用函数和生产函数的一个变量的人来说,它们特别具有吸引力。叠代模型不仅如此,还能产生法定货币的需求和正价值,尽管法定货币的创造在本质上是无成本的。不过,为确保货币具有正的价值,必须对货币供给进行限制,所以叠代模型排除了法定货币的竞争性供给。

同用无穷期界的经济主体进行的分析相比较,对于生命期界有限但在永恒的经济中工作的个人来说,叠代框架是分析个人把资源跨时重新配置于未来的工具。它提供了一个替代跨代社会契约的具有吸引力的市场机制(向不再具有生产性但年轻时有类似转让的老年人提供商品转让)。隐含的社会契约的有限因素仍然存在:坚定地持有这样的信念(或预期),即未来没有一代人会在以前的货币不能兑换成新货币的情况下,用一种新的替代货币直接或间接地使法定货币不能转换成商品。

进而言之,法定货币的现在价值取决于未来各代人预期要保持什么,因而叠代模型证明法定货币的价值有多重均衡。其中,在稳定状态下,只有两种均衡,即无交换(独立)均衡和货币有正价值均衡。

由于法定货币余额是一种耐久品或资本品,在任何时期,这种货币的价值都取决于它在下一时期的价值,而下一时期的价值又取决于再下一个时期的价值,依此类推。一般情况下,货币在未来任何时期价值的预期变化都会改变其以前所有时期的价值。因此,经济中的货币的当期价值和当期价格水平若即若离,货币价值可能会出现泡沫。虽然对于大多数跨时理论(包括 MIUF 理论)来说都是如此，但叠代模型还是坚持认为，如果这些未来价值中有的被预期是零，那么，所有以前的货币价值也都将是零。这不足为奇，因为叠代理论的基本假设是法定货币，它唯一的用途是储藏价值把购买力转移到未来——如果它的预期未来价值是零，它也就全无用处了。

在叠代模型中货币需求与储蓄的关系突出了其不足之处：货币不提供作为支付媒介的手段，正如托宾（Tobin, 1980）和麦克卡莱姆（McCallum, 1983）强调的。

主要结论

※ 叠代模型把货币需求与储蓄而非本期消费支出紧密地联系在一起。

※ 叠代模型表明价格水平和货币收益存在多重均衡，但只有两个稳定均衡，其中之一是货币不用于交易的无交换独立状态，另一种情形是使用货币并且其有正的价值。

※ 法定货币的正价值是一种泡沫，因为法定货币的创造是无成本的。

※ 根据基本叠代模型，同货币供给不变的情况相比，货币扩张或紧缩使得年轻生命阶段和年老生命阶段的消费配置不甚理想。

※ 根据基本叠代模型，虽然由货币扩张引起的通货膨胀（或由货币紧缩引起的通货紧缩）会产生福利损失，因为这是货币扩张的结果，但是，在货币供给不变的情况下，由商品禀赋或人口减少引起的通货膨胀不会产生福利损失。

※ 根据基本叠代模型，在人口增长的情况下，同货币供给不变时的价格下降情况相比，通过货币扩张实现的价格稳定是无效率的。

※ 关于货币在经济中的作用，基本的叠代模型与典型事实并未能够很好地保持一致。

复习讨论题

1. 关注并讨论货币在经济中的典型事实，至少列出五点。

2. 利用叠代模型证明并讨论确保价格稳定的货币扩张与导致通货紧缩的货币稳定的福利含义。

3. 给定典型年轻人的效用函数为

$$U(\cdot)=\ln c_t^y+\delta\ln c_{t+1}^o$$

给定两时期的人口和商品禀赋，利用叠代模型推导稳定状态下的商品的需求函数、价格水平和名义余额收益率。

4. 在叠代框架中，假设经济中每一时期出生 N 个人，每个人生活两个时期，每一年轻人供给 1 单位的劳动力并把收入的一定比例储蓄。老年人不供给劳动力也不储蓄。在每一时期，经济中的储蓄可以表现为物质资本——可以在年轻生命阶段末购买并仅持续 1 期（即持续到年老生命阶段），也可以是法定货币。该经济的生产函数是

$$y = f(k) = Ak^\alpha \quad 0 < \alpha < 1$$

其中，k 是资本—劳动比率。推导该经济的稳定状态的产出、储蓄、资本存量和货币需求函数（说明你所需要的任何其他假设）。在这个模型中货币是中性的吗？

5. 经验表明，在现实中，多种法定货币（如在加拿大的加拿大元和美元）可以在经济中共存，都具有正价值，即使在对彼此的使用没有法律限制的情况下也是如此。进一步说，每一种法定货币都有其自身决定的、与其他法定货币截然不同的需求函数。你如何使这种经验事实与本章的叠代模型分析相一致？还是如果该模型没有根本性改动，它们就是不可调和的？

6. 就你们国家的法定货币而言，根据本章的叠代模型与你对本国经济的认识和相关的经验文献，其需求函数的偏导数值和符号是什么？

7. 利用叠代框架，假定（一种商品）经济中的收入是由典型私人企业以商品形式支付给工人，且该经济处于充分就业状态。假定每个工人生产 1 单位商品（无需物质资本）。设定你所需要的任何假设，根据下列情况推导出对价格、货币的收益、货币扩张的效率及最优货币扩张率的含义：

(1) 劳动力不变；

(2) 劳动力按比例 n 增长；

(3) 劳动力不变，但平均劳动生产率长期按固定比例 τ 提高。

8. 许多（但不是全部）宏观经济学模型都假设，企业没有储蓄，每期借入（通过发行一期债券）它们用于投资的资金。在该假设下，如果法定货币对企业而言具有内在无用性，那么，依据叠代模型，企业对法定货币的需求将是零。问题是：在叠代模型中，企业对货币的使用是如何产生且需求为正的？

9. 讨论如下说法：如果经济有一个终止日期，货币将没有价值。

10. 讨论如下说法：要在货币的叠代模型中完全预见货币均衡的唯一性，需要满足某些不合理的条件。

11. 在叠代模型框架下讨论弗里德曼货币供给规则的有效性：最好的货币政策是以稳定的低比率增加货币供给的政策。

12. 给定货币在经济中的一些典型的经验事实，讨论基本叠代模型的有效性。如果它的含义与典型的经验事实完全不符，这一模型还应该保留吗？如果可以保留的话，基于什么样的背景呢？

参考文献

Champ, B., and Freeman, S. *Modeling Monetary Economies*. New York: John

Wiley and Sons, 1994, Chs. 1 – 3, 5, 6.

McCallum, B. T. "The role of overlapping generations models in monetary economics." *Carnegie—Rochester Series on Public Policy*, 18, 1983, pp. 9 – 44.

Samuelson, P. A. "An exact consumption — loan model of interest with or without the social contrivance of money." *Journal of Political Economy*, 66, 1958, pp. 467 – 482.

Sargent, T. J. *Dynamic Economic Theory*. Boston: Harvard University Press, 1987, Ch. 7.

Tobin, J. "Discussion." In J. H. Karekan, and N. Wallace, eds, *Models of Monetary Economics*. Federal Reserve Bank of Minneapolis, 1980, pp. 83 – 90.

Wallace, N. "The overlapping generations model of fiat money." In J. H. Karekan, and N. Wallace, eds, *Models of Monetary Economics*. Federal Reserve Bank of Minneapolis, 1980, pp. 49 – 82.

Wallace, N. "A Modigliani-Miller theorem for open market operations." *American Economic Review*, 71, 1981, pp. 267 – 274.

第 22 章 叠代模型：铸币税、债券和法定货币中性

本章进一步分析货币的叠代模型，使之包括债券，然后研究诸如铸币税、公开市场业务和货币中性等政策问题。

在本章的叠代模型中，增加货币供给的方式之间有明显差异：在基本叠代模型中，公开市场业务对经济没有影响，即使将范围拓宽到价格水平不变这一在现代经济中明显不合理的现象。不过，有劳动力供给或生产的叠代模型经常表明货币的非中性。

本章还从经验角度考察了叠代模型的重要含义，特别是着重货币需求，并否定了其合理性。

本章引入的关键概念

◆ 作为一种税收工具的铸币税
◆ 叠代模型中的公开市场业务
◆ 关于公开市场业务的华莱士—莫迪利安尼—米勒（Wallace-Modigliani-Miller）定理

本章继续探讨货币基本叠代模型的各个方面。该模型的假设以及所使用的符号定义都与前一章相同。在评价本章所讲的模型时应该牢记第 21 章中论述的典型事实。第 22.1 节考察了货币扩张带来的铸币税，把铸币税作为一种税收工具。第 22.2 节把债券引入叠代模型，第 22.3 节介绍了华莱士（Wallace, 1980）对公开市场业务的莫迪利安尼—米勒（Modigliani-Miller）定理在有货币的叠代模型中的叙

述。本章和下一章所谓的华莱士—莫迪利安尼—米勒（W-M-M）定理认为，法定货币通过公开市场业务而发生的供给变化不会对其他经济变量有任何影响，其中包括价格水平和名义国民收入，更不用说对产出和失业等实际变量的影响了。

第22.4节提出了一个包含货币和生产的解释性OLG模型，用来探讨资本存量、产出、价格和货币价值的决定，在该模型中货币不是中性的。第22.5节用一个稍有不同的模型重新考察了货币的中性和非中性，并证明中性或非中性取决于经济的结构和有关货币是如何纳入经济的假设。

对于任何经济学理论，是接受它还是拒绝它，都需要进行检验（这被看成实证科学），检验其解释所观察到的行为关系的能力。第22.6节的目的在于解决如下基本问题：包含法定货币的基本叠代模型是否解释了货币需求函数的估计形式以及货币经济的其他主要方面？因为这个问题的答案是否定的，所以本章推断，需要对这一模型进行实质性的修改，以包含货币的支付媒介的角色，同时要包含符合现实行为的付息债券。下一章将会解决这些问题。

22.1 法定货币产生的铸币税及其用途

这一部分假设政府用新创造的货币从私人部门购买商品，所以现在货币创造能够产生铸币税。注意，这一假设与前一章不同，前一章假设新创造的货币都无偿地转移给了老年一代，所以政府并没有从货币创造中获得铸币税。货币扩张产生的收入称为铸币税。① 在 t 期，货币扩张（按比率 θ）所产生的人均铸币税的名义价值是

$$G_t = [M_t - M_{t-1}]/N_t = (1 - 1/\theta)M_t/N_t = (1-\theta)m_t \tag{1}$$

其中，G_t 是在 t 期出生的人的人均铸币税的名义价值，$M_{t-1}/M_t = 1/\theta$ 且 $m_t = M_t/N_t$。$(1-1/\theta)$ 被视为"税率"，M_t/N_t 被视为人均"税基"。定义 g_t 等于 G_t/p_t，所以 g_t 是经济中每个年轻人的实际铸币税数量。用此数量能够买到的商品数量也是 g_t，其中的 g_t 为

$$g_t = (1-1/\theta)m_t/p_t \tag{2}$$

政府把获得的铸币税用不同的方式予以配置，其中有两种特殊形式：

1. 政府把铸币税以货币转让的形式分配给每一代的老年人，是从公共部门到私人部门的免费的转移。这是第21章使用的假设。

2. 政府用铸币税在公开市场上从私人部门购买商品，但并不把商品无偿地归还给私人部门。② 这是本章所做的假设。

---

① 从实证的角度说明铸币税的关联性，对从货币创造获得的铸币税的估计通常小于GDP的2%，但是实际上可以达到10%甚至更多，这取决于货币创造的程度和通货膨胀。作为政府支出的一部分，对于大多数国家来说，这一估计小于10%，但对另一些国家来说要高得多，参见 Click (1998)。

② 现代政府通常通过中央银行进行铸币税转移来支撑支出，这些支出通常用于政府服务或公共品购买。这一过程使得形式1比形式2更现实一些。

进一步假定，在每一时期，政府用铸币税购买商品并予以销毁，或作为礼物单方面赠与外国人（本经济体之外的经济单位），这样的行动不会对该经济产生任何福利。① 这种假设的有效性值得怀疑，而且很明显是非理性的。在这类模型中，这种假设的目的是要把创造铸币税的效应与不管是以货币转让还是以商品转让形式把铸币税的价值分配给所有人或部分人所产生的效应分离开来，并把这些效应与取代铸币税的一次性总付税的效应进行比较。②

22.1.1 征收铸币税、销毁政府购买的商品情况下的货币价值

在针对这种情况的上述假设条件之下，该经济体在时期 t 商品减少了 $g_t N_t$。此时，时期 t 的商品市场在第 21 章的经济约束（23）式修改为

$$N_t c_t^y + N_{t-1} c_t^o = N_t w_t^y + N_{t-1} w_t^o - N_t g_t$$

其中，$N_t/N_{t-1}=n$，如第 21 章所述，人口以毛增长率 n 增长，将前一等式除以 N_{t-1}，得到

$$c_t^y + (1/n) c_t^o = w_t^y + (1/n) w_t^o - g_t \tag{3}$$

实际余额要求来源于年轻一代将购买力保持到下一阶段即当他们年老的时候。年轻一代的储蓄等于他们的资源禀赋减去其消费。因此，人均实际余额需求 m_t^d/p_t 由下式给出：

$$m_t^d/p_t = w_t^y - c_t^y - g_t \tag{4}$$

名义货币供给是

$$M_t^s = M_t \tag{5}$$

货币市场均衡要求

$$p_t [N_t (w_t^y - c_t^y - g_t)] = M_t \tag{6}$$

因而

$$p_t = M_t / [N_t (w_t^y - c_t^y - g_t)] \tag{7}$$

（7）式表明铸币税 g 的增加使得价格上升。

由于 w^y、c^y 和 g 在稳定状态下是固定的，而 M_t 和 N_t 是不断增长的，（7）式意味着在稳定状态下有

$$p_{t+1}/p_t = \theta/n \tag{8}$$

根据（7）式，货币的价值是

---

① 政府购买的商品和服务，通常是用于向经济提供公共物品。这不同于这里所做的假设。
② 诚然，在这种两资产（商品和货币）经济中两者是密不可分的，所以通过假定销毁等于铸币税的商品来分清它们，在一定程度上使这种分析具有非理性和不现实性。

$$v_t = [N_t(w_t^y - c_t^y - g_t)]/M_t \tag{9}$$

根据（8）式得到的货币收益率为

$$v_{t+1}/v_t = n/\theta \tag{10}$$

把（7）式与第 21 章的（34）式相比较表明，同第 21 章的货币转让情况相比，在政府销毁所得商品的情况下，价格水平上升了，可获得的商品减少了。但是，把（8）式和（10）式与第 21 章的（37）式和（38）式相比表明，在这两种情况下，跨时价格比率和收益率都一样。

22.1.2 铸币税作为一种税收工具的情况下货币扩张的无效率

请记住，在这种情况下，假定政府销毁价值等于铸币税的商品，并没有像第 21 章讨论的货币转让情况那样转让给老年人。由于销毁商品减少了该经济可利用的商品数量，在此情况下的社会福利必定低于货币转让政策下的社会福利。再者，由于后者不如稳定货币的情况，销毁商品情况下的货币扩张也必定意味着比稳定货币情况的福利损失更大。下面我们正式地证明这一点。

我们打算在这一点上推导出货币扩张、商品销毁情况的个人预算约束。在这种情况下，由于不存在向个人的货币转让，故在两个生命阶段的货币创造都不影响个人预算约束，销毁由政府通过铸币税获得的商品，其影响也是如此。这些个人前期约束与没有货币扩张时的约束一样，它们是

$$p_t c_t^y + m_t = p_t w_t^y \tag{11}$$

$$p_{t+1} c_{t+1}^o = p_{t+1} w_{t+1}^o + m_t \tag{12}①$$

把（11）式代入（12）式，消去 m_t，得到个人一生预算约束：

$$c_t^y + (p_{t+1}/p_t) c_{t+1}^o = w_t^y + (p_{t+1}/p_t) w_{t+1}^o \tag{13}$$

由于 $p_{t+1}/p_t = \theta/n$，（13）式变成

$$c_t^y + (\theta/n) c_{t+1}^o = w_t^y + (\theta/n) w_{t+1}^o \tag{14}$$

因此，在稳定均衡中有

$$c^y + (\theta/n) c^o = w^y + (\theta/n) w^o \tag{15}$$

在图 22—1 中个人预算线是 $W^y W^o$，且

$$W^y = w^y + (\theta/n) w^o \tag{16}$$

$$W^o = (n/\theta)[w^y + (\theta/n) w^o] \tag{16'}$$

由于来自货币扩张的铸币税现在不再返回给人们，根据（15）式得到的个人预算线处在根据第 22 章（43）式得到的预算线之内（图 22—1 未标明），因而在

---

① 注意(12)式与第 21 章中(40)式的区别，尽管它们都包含相同的货币扩张。

销毁商品情况下的福利低于货币转让情况下的福利，虽然两者的斜率（$-n/\theta$）相同。因此，商品销毁政策不如将货币或商品返还给公众的政策。

进而言之，图 22—1 说明了年轻人做出的选择，通过比较年轻人的个人预算线 $W^yW^{o'}$ 和该经济中的人均预算线 W^yW^o 可知，当 $n, \theta>1$ 时，前者的斜率为（$-n/\theta$），比后者的平缓，后者的斜率为 $-n$，这是根据（3）式得到的。令这些线的交点为 X。与我们前面第 21 章关于货币转让情况的论点相似，$XW^{o'}$ 线段（不包括 X 点）是不可行的，因为它处在该经济的约束之外，故代表性的年轻人的效用最大化点将处在个人预算线的 $XW^{o''}$ 线段上。但是，如第 21 章的图 21—2 所示，该线段上的任一点所代表的效用都不如该经济约束的 XW^o 线段上的某些点，后者提供的 c^y 和 c^o 更多。由于在货币稳定（如 $\theta=1$）情况下年轻人可得到 XW^o 线段，故货币扩张（$\theta>1$）会降低年轻人的福利。再者，如果年轻人要在该经济约束的 XW^o 线段上进行选择，那么老年人的消费和福利也会比较高。因此，铸币税会导致社会福利损失。

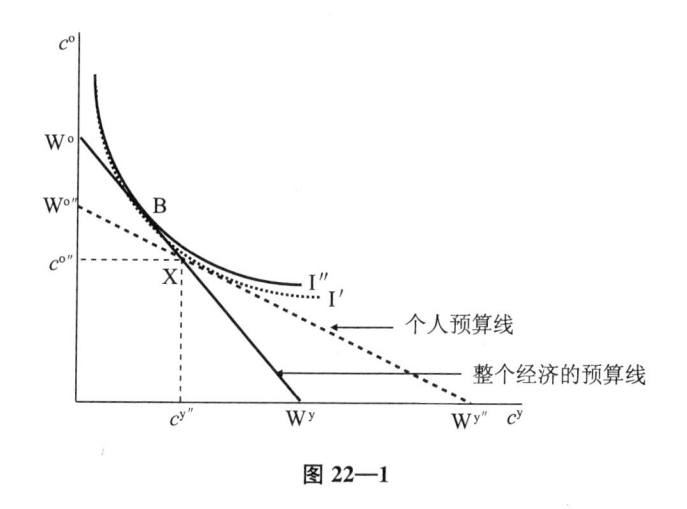

图 22—1

总之，在货币转让给老年人的情况下，货币稳定优于货币扩张；货币转让给老年人情况下的货币扩张又优于销毁用铸币税购买的商品情况下的货币扩张。

22.1.3 货币扩张率下的铸币税变化

根据（2）式，从经济中筹措上来的人均铸币税的实际价值是

$$g_t = (1-\theta^{-1})M_t/(p_tN_t) = (1-\theta^{-1})m_t/p_t \tag{17}$$

其中，M_t/p_t 代表实际税基（即据以征税的数量），$(1-\theta^{-1})$ 代表对货币持有的实际价值课征的税率，由（17）式可得

$$\frac{\partial g_t}{\partial \theta} = \left\{\theta^{-2}\frac{m_t}{p_t}\right\} + (1-\theta^{-1})\frac{\partial(m_t/p_t)}{\partial \theta} \tag{18}$$

因为随着 θ 增大，持有实际余额的机会成本就会增大，因此 $\partial(m_t/p_t)/\partial\theta<0$。从

而，当 $\theta>1$ 时，(18) 式右侧的第一项是正的而第二项是负的。随着 θ 增大第一项会引起铸币税的增加而第二项则由于税基的缩水而减少。如果我们假设第二个效应本来很弱但随着 θ 的提高而逐渐增强，那么作为 θ 的函数的铸币税数量会先增加而后减少。[①]

22.1.4　货币扩张率下一生消费模式的变化

从 (11) 式知，$c_t^y = w_t^y - m_t/p_t$。注意到 $\partial(m_t/p_t)/\partial\theta < 0$，有

$$\frac{\partial c_t^y}{\partial \theta} = -\frac{\partial(m_t/p_t)}{\partial \theta} > 0 \tag{19}$$

根据 (12) 式，$c_t^o = w_t^o + (m_t/p_t)(p_t/p_{t+1})$，此处 $(p_t/p_{t+1}) = n/\theta$，因此

$$\frac{\partial c_t^o}{\partial \theta} = \frac{n}{\theta}\frac{\partial(m_t/p_t)}{\partial \theta} - \frac{m_t}{p_t}n\theta^{-2} < 0 \tag{19'}$$

直观地来看，θ 的增加将会使年轻一代手中持有的储蓄余额的税率增加。这会减少储蓄，从而会使消费在年轻阶段增加而在年老阶段减少。结果就是，增加货币扩张率使得消费从年老阶段向年轻阶段倾斜。

22.1.5　对比货币扩张与一次性总付的铸币税

为了在上述框架下比较作为税收工具的货币扩张与一次性总付税的相对优点，假定在后一种情况下，在时期 t 对每一位年轻人[②]课征等于 g_t 的一次性总付税[③]，货币供给保持不变。请注意，将用来自货币的铸币税或用税收 g_t 购买的商品予以销毁这一基本假设。在这种情况下，该经济的约束如 (3) 式所设定，个人的一生预算约束是 (14) 式的修正版，此时 $\theta=1$ 且 g_t 从 (14) 式右边减去了。也就是说，个人预算约束变为

$$c_t^y + (1/n)c_{t+1}^o = w_t^y + (1/n)w_{t+1}^o - g_t \tag{20}$$

(20) 式与该经济的约束方程 (3) 式相同，因此个人选择的消费模式 (c^y, c^o) 也是该经济的福利最大化消费模式。所以，一次性总付税是一个有效率的税收工具，而来自货币扩张的铸币税不是一个有效率的税收工具。

---

① $\partial^2 g/\partial\theta^2$ 可以为正或零或负。

② 对每位年轻人和老年人征收 g 的一次性总付税将意味着一生税额为 $2g$。对年轻人课征税额等于 g 的税收的另一种做法是，对每一时期的年轻人和老年人课征一次性总付税，使其年轻生命阶段的现值为 g。

③ 一次性总付税是一种不改变经济中相对价格比率的税。一次总付税的常见例子是人头税，要求经济中的每个人缴纳某一特定数额（在上文中为 g）。

22.1.6 作为征税工具的铸币税

在比较上述两种收入形式时,假定二者的征收管理成本是一样的,不过一次性总付税更优,当然这在现实中几乎是不可能的。通过印刷更多钞票进行货币扩张的成本可以忽略不计,经济在货币市场上通过跨时价格变化管理铸币税不会给政府带来直接的征收成本。相比之下,征收一次性总付税(也适用于收入)所需的官僚机构、对公众征税的可见性以及公众在付税时的怨恨,降低了社会福利,无论从总额来看还是从净额(减去征收成本)来看都减少了实际征收上来的数量。在特定的经济体中,这些成本可能太高,以至于货币扩张给经济造成的福利损失可能最小,故而可能是比较好的政策。① 考虑到这些方面,在很多国家,除了直接税和间接税之外,通过铸币税筹措收入受到政府的青睐。但是,与铸币税作为一种税收工具的优点相比,货币扩张和通货膨胀还有其他成本(诸如不确定性下的通货膨胀易变性、"皮鞋成本"和"菜单成本"等)并没有包括在上述模型中。这些成本被认为与低通货膨胀率不怎么相关,因此应用铸币税而不是应用较低的货币增长率作为税率课税很可能会获得净收益。

如上所述,政府获得的铸币税的实际价值取决于法定货币的扩张率和法定货币的实际数量。对于较低的法定货币增长率和通货膨胀率来说,该数量占持有的法定货币余额的比例很小,因而占 M1 的比例也就很小,占 M2 的比例会更小。由于在大多数经济体中,M1 和 M2 本身占 GDP 的比例就很小,因而来自货币创造的铸币税占 GDP 的比例充其量只是几个百分点。该数量在货币增长率足以引起恶性通货膨胀时也许比较大,但前提是这种恶性通货膨胀不能像往常那样大幅度降低持有的法定货币的实际价值。

克里克(Click,1998)报告了从 1971 年到 1990 年间对 90 个国家的铸币税的估计。铸币税占 GDP 的比率从 0.38% 到 14.8% 不等。样本国家中超过半数的国家的这一比率小于 1.7%,大约 75% 的国家小于 2.5%。铸币税作为政府支出的比率从 1% 到 20% 以上不等,还有 10 个国家的这一比率比这还要高。平均而言,铸币税大概占 GDP 的 2.5% 并为政府支出提供大约 10% 的融资。

22.2 叠代模型框架下的法定货币与债券

在上述的叠代模型中,法定货币只起到价值储藏的作用,而每期支付正利率的债券也同样能很好地起到这一作用。债券被定义为一种每段时间支付正利率的融资工具。如果债券(付息)也能起到价值储藏的作用,我们就必须假定债券可

---

① 这也可能适用于许多其他形式的、需要法律和征收机构的直接税和间接税。进一步说,这类形式的税收通过改变经济中的某些相对价格而产生额外的福利损失。

以直接与商品相交换,无需货币媒介,也没有佣金或其他交易费用,在交易过程中也无任何时滞。在这些假设条件下(也适用于法定货币),作为一种储蓄工具,货币与债券是完全替代的,除非债券具有更高的收益率。因此,由公众会偏爱收益率更高的资产,人们只会使用债券而不用法定货币,法定货币的价值将是零。

在有生息债券的情况下,为了使法定货币具有正的需求,我们必须对法定货币设置一个机制,按与债券相同的利率支付利息。为此,我们现在设计出一种方案。假设商业银行向其所有法定货币存款支付的利率等于债券的利率,公众把他们持有的法定货币存入商业银行[①],商业银行又把这些法定货币再存入中央银行,中央银行对此支付的利率与其存款利率相同。商业银行在公众与中央银行[②]之间只是起转手的金融媒介作用。收益最大化的公众把所有法定货币都存入商业银行,不再持有任何法定货币(正规术语是通货)。至于法定货币与商品之间的交易,公众会只通过使用其存款账户的支票来完成。这样在流通环节中将不存在任何法定货币。

由于银行存款和债券具有同样的收益率,因此作为储蓄手段,它们对于公众是无差异的,是可以完全替代的。因此,存款(来自法定货币)和债券在经济中的作用是等同的。要说它们有差异,那也只是表现在一个是银行账簿上的账户(存款),另一个则是公众持有的几张纸(债券)。由于它们是完全替代的,故只有它们的总量对于价格水平、货币和债券价值的决定是重要的。

货币与债券完全可替代的情况下价格水平的决定

请注意,在货币与债券完全可替代的情况下,各自的需求是无法确定的,只有它们的合成实际需求才能确定,根据本章及前一章中关于叠代模型的内容,这一联合需求等于储蓄。因此,个人与经济体的人均货币与债券需求由下式给出:

$$(m_t^d + b_t^d)/p_t = s_t$$

其中,b_t^d 是该经济中人均债券的名义价值。由于 $s_t = (w_t^y - c_t^y)$,根据(10)式,这两种资产的总需求是

$$M_t^d + B_t^d = N_t[p_t(w_t^y - c_t^y)] \tag{21}$$

经济中的货币和债券的总供给,由老年人(出生在 $t-1$ 期,人数为 N_{t-1})所持有和打算进行交易的数量给定。它等于

$$M_t^s + B_t^s = N_{t-1}[m_t^o + b_t^o] \tag{22}$$

从而市场出清(金融资产的联合需求等于其供给)意味着

$$N_t[p_t(w_t^y - c_t^y)] = N_{t-1}[m_t^o + b_t^o] \tag{23}$$

因此

---

① 假定银行在存款服务上成本为零。
② 这与维克塞尔的纯信用经济类似。

$$p_t = (M_t + B_t)/[N_t(w_t^y - c_t^y)] \qquad (24)$$

由于（24）式右边的 c_t^y 取决于 p_{t+1}/p_t，我们有

$$p_t = (M_t + B_t)/[N_t(w_t^y - c_t^y(p_{t+1}/p_t, w_t^y, w_t^o, w_{t+1}^o))] \qquad (24')$$

因此，现行价格水平取决于跨时价格比率 p_{t+1}/p_t，并在其他条件不变的情况下与货币和债券的合成供给成比例变化。所以，债券供给的增加将提高价格水平。更进一步地，货币与债券之间的公开市场操作不会改变它们的总和，因此这样的操作对价格水平来讲没有任何影响。这与 IS-LM 模型的含义正好相反。

本模型中债券供给变化的无效率

上一章已阐明货币增长的无效率。由于在本章前面的分析中货币与债券是完全替代的，出于类似的理由也能证明，对于既定的货币数量，由于跨时消费格局的配置无效率，债券发行也产生了福利损失。使得货币和债券的总和不变但是各自按比例变化的公开市场操作是有效的。

现实经济中货币和债券的不同作用

在现代经济中，货币（不管是法定货币还是银行存款）和债券具有不同的作用。在日常生活中，货币起支付手段作用，而债券则并没有这种作用，尽管两者都能作为持有储蓄的工具。前面的假设和分析（以及标准的叠代模型）并未考虑这种差异，也没有区分货币和债券在经济中所起的不同作用。下一章以两种不同的方法考虑这种差异，并在修正的叠代模型框架内探讨这种差异的含义。

22.3 关于公开市场业务的华莱士—莫迪利安尼—米勒（W-M-M）定理

W-M-M 定理是莫迪利安尼—米勒定理（1958）的扩展。W-M-M 定理首先由华莱士（Wallace, 1981）提出，我们的讨论就取自于他的表述。公开市场业务的定义是，在政府消费保持不变的情况下政府以货币购买（或销售）一项资产。为了在叠代框架下研究公开市场业务，我们需要有货币和另一种资产，二者可同时由公众持有，也能同时由政府持有。该定理是说，在政府消费保持不变的情况下，货币与另一种资产之间的公开市场业务不会有任何实际效应（比如对消费和储蓄），甚至不会改变价格水平和变量的名义值。对 W-M-M 理论的直观解释如下，在所假设的情形中，由于个人对持有货币与另一种资产（因为它们功用相同，回报相同）的比例无差异，由政策引起的、公众持有它们的相对数量的变化对于经济没有任何影响。我们用两种模型阐述这一定理：(1) 有商品储存

但没有债券的模型；(2) 有债券的模型。

22.3.1 有商品储存的情况下公开市场业务的 W-M-M 定理

我们首先用无债券、两期生命阶段基本模型阐释该定理，然后修正该模型使之考虑单一商品储存。有了这种修正模型，商品和货币就充当储蓄手段，而根据假设，在这种修正的叠代模型中不存在债券。为了使储存商品和货币同时具有正的需求，华莱士假设在 t 期储存商品有一个随机的实际毛收益率 ρ_t，它服从一个期望大于1且方差为正值的平稳分布。对于 ρ_t 的某些分布，风险厌恶的个人愿意部分以货币、部分以储存商品持有储蓄，$E(\rho_t-1)$ 恰好补偿储存商品的收益风险。如果经济中商品储存的收益在考虑了其风险与风险厌恶程度之后仍十分有利可图，商品储存就会对法定货币产生决定性影响，法定货币就不会再被需求。① 因此，货币需求将对收益分布变化和风险厌恶程度极其敏感。由于我们需要同时设定个人对法定货币和储存商品同时具有正的需求，故我们假设（虽然应该承认这很不真实）商品储存的收益在确保这种正需求的水平上保持精确的平衡，而不管禀赋、消费和储蓄、法定货币的储存和供给变化多大。

个人预算约束最初是

$$p_t c_t^y + m_t + p_t k_t = p_t w_t^y \tag{25}$$

$$p_{t+1} c_{t+1}^o = p_{t+1} w_{t+1}^o + m_t + p_{t+1} \rho_t k_t \tag{26}$$

其中，k_t 代表私人每单位资本在 t 期持有的实际储存商品量；ρ_t 代表 k_t 的毛实际收益率。

假设政府向年轻一代购买的储存商品为 dk_t，支付的货币量为 dm_t，等于 $p_t dk_t$。进一步，为了使政府的存量保持在 k_t^g 不变，政府在 $t+1$ 期把净收益作为一次性总转移支付转让给个人，与个人持有的货币或债券数量无关。该净收益等于储存商品的增加减去通货紧缩引起的损失（或加上通货膨胀的收益），由 $\rho_t - p_t/p_{t+1}$ 给定。因此，从政府获得的商品总数等于 $(\rho_t - p_t/p_{t+1}) dk_t^g$。

政府公开市场买入 dk_t 的商品花费 dm_t 的资金的行为将两个个人预算约束改写为

$$p_t c_t^y + (m_t + dm_t) + p_t (k_t - dk_t) = p_t w_t^y \quad m_t > 0, k_t - dk_t \geqslant 0 \tag{27}$$

$$p_{t+1} c_{t+1}^o = p_{t+1} w_{t+1}^o + (m_t + dm_t) + p_{t+1} \rho_t (k_t - dk_t)$$
$$+ p_{t+1} (\rho_t - p_t/p_{t+1}) dk_t^g \tag{28}$$

其中，k_t^g 是 t 期人均政府持有的储存商品数量，毛回报率为 k_t^g。(27) 式中，年轻一代保留 $(m_t + dm_t)$ 的货币，同时持有 $(k_t - dk_t)$ 的商品。在 (28) 式中，

---

① 注意，对于任何既定的储存收益的分配，如果经济中的个人具有不同的风险厌恶程度，那么有些人就需要法定货币，而另外一些人则不需要。

年老一代拥有 (m_t+dm_t) 的货币，他们还有 (k_t-dk_t) 的商品及其产生的净回报。这两者加起来价值等于 $p_{t+1}\rho_t(k_t-dk_t)$。此外，他们还从政府获得价值为 $p_{t+1}(\rho_t-p_t/p_{t+1})dk_t^g$ 的一次性总转移支付。

公开市场业务设定的方程为

$$dm_t = p_t dk_t = p_t dk_t^g \tag{29}$$

把（29）式代入（27）式和（28）式得到的方程与（25）式和（26）式相同，因此该时期个人约束没有变化，跨时约束也没有改变。由于公开市场业务没有改变个人的效用函数，所以我们认为最优消费和储蓄路径没有因公开市场业务而改变。

现在转向货币需求。根据（27）式，实际余额的需求由部分实际储蓄给定，这部分实际储蓄是个人打算以实际余额形式结转的部分。令公开市场业务之后的人均名义余额需求和供给分别为 m_t^{d*} 和 m_t^{s*}，而公开市场业务之前的用不带 * 号的相应符号表示。m_t^{d*} 由下式给定：

$$m_t^{d*}/p_t = s_t^y - (k_t - dk_t) = (s_t^y - k_t) + dk_t \tag{30}$$

由（21）式可得 $(s_t^y - k_t) = m_t^d/p_t$，由（29）式可得 $dk_t = dm_t/p_t$，（30）式则变成

$$\begin{aligned} m_t^{d*}/p_t &= m_t^d/p_t + dm_t/p_t \\ m_t^{d*} &= m_t^d + dm_t \end{aligned} \tag{31}$$

因此，公开市场操作的货币需求增长到 dm_t。更进一步地，公开市场操作也将货币供给提高到 dm_t，所以

$$m_t^{s*} = m_t^s + dm_t \tag{32}$$

因而在现行价格之下，货币余额的名义和实际需求正好与其供给的数量同增。因此，价格水平不受公开市场业务的影响，公开市场业务也不会改变名义收入（禀赋乘以价格）。

因此，我们有 W-M-M 定理：公开市场业务导致的个人持有两种资产（货币和储存商品）的比例的变化对个人的消费和储蓄路径没有影响，或者对价格水平没有影响。唯一变化的是个人持有的两种资产的比例。公开市场业务导致的该比例的变化是公众在现行价格下愿意接受的。

在既定的假设之下，这个结果不足为奇。因为货币和储存商品都只起到暂留购买力的作用，两者都有同等程度的流动性，都具有扣除风险溢价后的相同收益①，个人在现行收益率下对持有它们的现实数量多少无差异。公开市场业务机制改变了个人储存的商品数量，但其实际一生商品禀赋没有改变，消费和储蓄路径也未变化。为补偿其储存商品的减少，理性的个人打算通过实际余额持有量的相应增加结转总储蓄的初始数量，无需价格变化。②

---

① 在补偿了储存商品收益的风险之后，储存商品的毛收益率将等于 p_t/p_{t+1}，这是无风险资产货币的毛收益率。
② 在商品市场的微观经济分析中，有一个例子可以说明这一点。设定某个人买了 10 个红苹果用于消费。买红苹果还是青苹果对他来说没什么本质差异，对他来说只是颜色的不同，完全是表面上的差异。如果另一个人迫使或要求他用一些红苹果换取一些青苹果，他将采取无所谓的态度，不会返回到商店购买更多的红苹果。没有这种行动，红苹果的需求和价格也就不会有变化。

在 IS-LM 分析框架下评价 W-M-M 定理

由于在 W-M-M 定理中价格和名义收入的不变性与第 13 章至第 16 章中宏观经济模型的结论不一致,所以我们在 IS-LM 分析框架下阐明它的推导过程。在 IS-LM 框架中,通过公开市场业务这一途径增加的货币供给将使 LM 曲线向右位移,但货币需求的增加将使它向左位移。如 (31) 式和 (32) 式所示,当公开市场业务使货币供给和货币需求等量增加时,LM 曲线不会有任何移动,IS 曲线和供给曲线也没有变化。① 所以当 IS-LM 模型中的任一曲线都没有移动,并且商品供给不变时,如果经济最初在价格水平 P_0 上处于均衡状态,公开市场业务就不会改变价格水平,也不会改变消费和储蓄。

22.3.2 货币—债券叠代模型中公开市场业务的 W-M-M 定理

为了使 W-M-M 定理适用于有债券的经济,考虑这样一种经济:在该经济中,中央银行代理政府,且能像公众一样有效率地储存商品。通过购买并储存商品,中央银行以法定货币和债券的形式把其负债投入流通。中央银行在这类储存上挣取的毛收益率为 ρ,用它向商业银行存款和债券支付利息。同先前的允许储存商品的分析相比,ρ 是随机的并且与之前的分析有同样的性质。特别是,$(\rho-1)$ 恰巧补偿了债券收益的变动。注意,在这些假设之下,该收益率与债券的收益率和商业银行在中央银行的存款的收益率相同。公众把其法定货币存入商业银行,商业银行对此支付的收益率为 ρ,同时商业银行把公众的存款又存入中央银行。② 公众持有存款和债券,可能持有也可能不持有商品。这种情况是对前一节情况的调整,只是中央银行现在持有商品并获取收益率 ρ。

由于法定货币(或与其等价的银行存款)和债券从其都是储蓄媒介并支付同样的收益率上说是等价的,因而它们对于公众来说是无差异的。货币和债券的总需求(用于结转储蓄)相对于总供给的状况将决定商品价格和货币价值,而这种总量的构成则无关紧要。因此,法定货币与债券间的公开市场业务对商品价格和货币价值没有影响。这些和经济的实际变量都不会由于公开市场业务而改变,所以 W-M-M 定理对于货币—债券经济也成立。这可以通过重复上一节的分析证明,但在 (25) 式至 (29) 式中要用 b 代替 k(由读者完成),或者只是修正 (24) 式使之包含 t 期进行的公开市场业务。这些公开市场业务使经济中的货币供给增加 dM_t,使债券供给减少 dB_t,故而金融部门的均衡意味着对 (24) 式做如下修改:

$$p_t = (M_t + dM_t + B_t - dB_t)/[N_t(w_t^v - c_t^y)] \tag{33}$$

当 $dM_t = dB_t$ 时,则

---

① 在 IS-LM 的分析中,公开市场业务改变了货币供给但没有改变货币需求;不过 W-M-M 理论的分析中,公开市场业务可以同时改变货币供给和需求。

② 在这样的假设下,经济体中不会有法定货币流通。

$$p_t = (M_t + B_t)/[N_t(w_t^y - c_t^y)] \tag{34}$$

故（34）式等同于（24）式，公开市场业务将不改变价格水平和货币价值。

W-M-M 定理、货币中性与 IS-LM 分析

对于包含货币、债券和（或）商品储存的经济来说，W-M-M 定理比货币中性概念更牢靠。后者是指经济变量的实际值不随货币数量的改变而变化，但价格水平和这些变量的名义值受货币数量变化的影响。W-M-M 定理认为，经济变量（包括价格水平）的名义值和实际值不随货币供给的改变而变化。该结论与 IS-LM 分析以及很多其他宏观经济模型的基本含义相抵触，因为不管是新古典主义、古典主义还是凯恩斯主义都认为，公开市场业务导致的货币供给增加将提高名义国民收入和价格，在凯恩斯主义模型里甚至可能增加实际产出。在这些模型中，与 W-M-M 模型对债券的设定相比，债券是不流动的，而货币是流动的，所以货币供给增加（债券数量相应减少）会提高经济的流动性，流动性的提高引起价格上升、名义收入增加。因此，有关货币和债券性质的基本假设在 IS-LM 模型和叠代模型之间是不同的，从而使这些模型的结论不同。同这些结论一致，麦克卡莱姆（McCallum, 1983）断言，叠代模型之所以有不同的含义是由于其没有把货币作为支付媒介。

货币和债券的流动性差异与 W-M-M 定理

在现实经济中，债券的本质是什么？与货币的本质有何不同？货币是交换媒介，是最具流动性的资产。债券，甚至是国库券，在商品交换中都不会被接受。尽管某些类型的债券也可能有很强的流动性，但中长期债券的流动性不足以充当支付手段或准货币。如果接受这个经验结论，那么债券建模必定不同于 W-M-M 模型。在现实世界中，债券支付正的（预期的）净回报，对于一些类型的债券来讲，如国库券，其回报不是随机的。这种有着正的净回报的无风险资产主导着作为价值储藏而不是交换媒介的无息货币。

如前所述，W-M-M 定理的前提是在它假设的条件下货币与债券是完全替代的，同样扮演着支付媒介的角色，但现实中并没有表现出这种完全替代性。在 IS-LM 模型中，货币和债券的作用不同，它们之间的替代是有限的，这种情况可以纳入用现金先行购买或间接 MIUF 模型扩展的叠代模型中。在此背景下，W-M-M 定理的适用性将在下一章继续研究。

22.4 货币简化叠代模型分析的扩展

22.4.1 例证 I：包含货币、资本和生产的叠代模型

这一部分运用叠代模型分析包含资本、特定效用和没有货币的生产函数的具

体模型。尽管如此，货币还是存在于这些模型中，因为它可以作为储蓄中持有的资产。

假设

同以前一样，假设个人的生活经历两个生命阶段，每个生命阶段持续一个时期。每个人在年轻时拥有 1 单位的劳动禀赋，在年老时没有。这 1 单位的劳动可以租给企业使用，作为回报，实际工资等于边际劳动产品，在年轻生命阶段的期末以商品形式支付。

储蓄或以货币形式持有，或以企业的资本（如公司发行的股票①）所有权形式持有；资本用商品单位度量，且等于借给企业用于进一步生产的商品存货。货币是法定货币，且不用支付任何利息。公司为在 t 期向消费者借入的资本在 $t+1$ 期支付的总利率 r_t^K，等于在 t 期的总边际产品。年轻人在出生时既没有货币禀赋，也没有资本禀赋。该经济的生产函数是

$$X_t = AL_t^\alpha K_t^\beta \qquad \alpha+\beta=1 \tag{35}$$

其中，X 是产出，L 是劳动力，K 是资本。

每个人的效用函数是

$$U(c^y, c^o) = u(c^y) + \delta u(c^o) \tag{36}$$

其中，u 代表某一段时期的效用，$u(c)=\ln c$。

在该经济中，人口增长率为 n，在 t 期出生的人数为 N_t，货币供给 M 的毛增长率为 θ。m 如以前一样，是年轻生命阶段购买的人均货币余额。增加的货币供给作为一种赠与，按人均以一次性总付的方式分配给每位老年人，故老年人在第二生命阶段伊始拥有的人均货币余额为 θm②，在接下来的几小节中我们将考虑经济体中的一些问题。

价格与货币价值增长率

由于个人在 t 期有收入 w_t，而在 $t+1$ 期没有，同时增加的货币供给作为一次性总给付分配给老年人③，故该时期的约束是：

$$p_t c_t^y + m_t + p_t k_t = p_t w_t^y \tag{37}$$
$$p_{t+1} c_{t+1}^o = r_t^K p_{t+1} k_t + m_t + (\theta-1) M_t/N_t \tag{38}$$

其中，小写字母如以前一样，代表变量的人均值。r^K 是货币的总回报率，等于 1 加上资本的边际生产率。在（38）式中，m_t 是从 t 期结转过来的余额数量，最后一项是新创造货币的一次性总付收入。在（37）式中，个人以名义余额 m_t 的形式或以贷给企业（或股票方式）（等于资本 k_t）的形式结转他的储蓄。根据（37）

---

① 换句话说，资本可以被私人所有，他们把钱借给银行，换回债券（IOUs）。
② 注意，给老年人的赠与与其先前持有的货币不成比例。
③ 在本书中从货币创造中获得的铸币税是 $\frac{\partial g_1}{\partial \theta} = \{-\theta \frac{m_1}{p_1}\} + (1-\theta)\frac{\partial (m_1/p_1)}{\partial \theta}$

式，人均实际余额需求由下式给出：

$$m_t^d/p_t = w_t^y - c_t^y - k_t \qquad (39)$$

因此，总的名义货币需求是

$$M_t^d = p_t[N_t(w_t^y - c_t^y - k_t)] \qquad (40)$$

该经济的名义货币供给是

$$M_t^s = M_t \qquad (41)$$

由（39）式和（40）式，货币市场均衡要求

$$M_t = p_t[N_t(w_t^y - c_t^y - k_t)] \qquad (42)$$

得到

$$p_t = M_t/[N_t(w_t^y - c_t^y - k_t)] \qquad (43)$$

如果货币供给与人口分别以 θ 和 n 的速率增长，由于 $M_{t+i} = \theta^i M_t$ 且 $N_{t+i} = n^i N_t$，在 w^y、c^y、k 的值不变的稳定状态下，（43）式意味着价格比率是

$$p_{t+i}/p_t = \theta^i/n^i \qquad (44)$$

货币价值的毛增长率是

$$v_{t+i}/v_t = p_t/p_{t+i} = n^i/\theta^i \qquad (45)$$

经济中的利率和实际工资

假设该经济拥有的生产技术是

$$X_t = AL_t^\alpha K_t^\beta \qquad \alpha + \beta = 1 \qquad (46)$$

由于 K 的净回报率为 $(r^K - 1)$，等于净边际资本产品 X_K，于是

$$\begin{aligned} r_t^K - 1 &= X_{Kt} = \beta A L_t^\alpha K_t^{\beta-1} \\ &= \beta X_t/K_t \end{aligned} \qquad (47)$$

因而，如果个人按净收益率 X_{Kt} 贷款 K_t 给企业，那么他将在 $t+1$ 期得到 $(1 + X_{Kt})K_t$。

在实际工资等于边际劳动产品 X_L、（充分就业的）劳动力等于 N_t 的情况下，实际工资率由下式给定：

$$\begin{aligned} w_t &= X_{Lt} = \alpha \beta A N_t^{\alpha-1} K_t^\beta \\ &= \alpha X_t/N_t \end{aligned} \qquad (48)$$

货币和资本的需求同时为正需满足的条件

如果收益相同，年轻人就会愿意同时持有货币余额和资本。货币的毛收益率 r^m 是其价值的增加并由（45）式给定：

$$r_t^m = v_{t+1}/v_t = p_t/p_{t+1} = n/\theta$$

同时持有货币和资本的条件是

$$r_t^m = r_t^K$$

这就要求

$$n/\theta = 1 + \beta X_t/K_t \tag{49}$$

得到所要求产生的价格增长率为

$$p_{t+1}/p_t = [1 + \beta X_t/K_t]^{-1} \tag{50}$$

经济中的资本与产出

已知 θ 和 n，(49) 式给定的经济中持有的资本数量为

$$K_t = (n/\theta - 1)^{-1} \beta X_t \tag{51}①$$

从而等于年轻人持有的人均资本数量的典型个人的资本需求和持有量为

$$k_t = K_t/N_t = (n/\theta - 1)^{-1} \beta x_t \tag{52}$$

其中，$x = X/N$。t 期的典型个人将结转的名义余额和实际资本分别为 m_t 和 k_t。注意，资本数量随着货币增长率的提高而增加（这使得结转货币余额缺乏吸引力），随着人口增长率的下降而减少（使得结转货币余额更具吸引力）。

在 (51) 式给定的 K_t 的情况下，经济中的产出由 (35) 式和 (51) 式给定为

$$\begin{aligned}X_t &= A N_t^\alpha \{(n/\theta - 1)^{-1} \beta X_t\}^\beta \\ &= [A N_t^\alpha \{(n/\theta - 1)^{-1} \beta\}^\beta]^{1/(1-\beta)}\end{aligned} \tag{53}$$

其中，$\partial X_t/\partial \theta > 0$ 且 $\partial X_t/\partial n < 0$，因而随着人口增长率的下降和货币增长率的上升②，产出会增加。因此，货币增长不是中性的，而且通过使持有货币余额缺乏吸引力而对资本和产出产生正的影响。很明显，在这一模型中 W-M-M 理论不成立。

包含货币的交易均衡中帕累托解与独立解相比占优

对于前一个模型来讲，每一时期个人预算约束为

$$p_t c_t^y + m_t + p_t k_t = p_t w_t^y \tag{54}$$

$$P_{t+1} c_{t+1}^o = r_t^K p_{t+1} k_t + m_t + (\theta - 1) M_t/N_t \tag{55}$$

结合以上方程，消去结转的货币余额，得到个人生命预算约束为

$$c_t^y + (p_{t+1}/p_t) c_{t+1}^o = w_t^y + \{(p_{t+1}/p_t) r_t^K - 1\} k_t + (\theta - 1) m_t/p_t \qquad \text{所以}(56)$$

---

① 在关系式 $\partial K_t/\partial \theta > 0$ 和 $\partial K_t/\partial n < 0$ 中，后者的原因如下：当 n 增加时，资源禀赋以更快的速度增加，这会增加通货紧缩的速率。以上会引起货币回报的增加，因此对于给定的储蓄，当资本持有的数额减少时货币会被更多地持有。

② 这是一个相当奇怪的结果，解释如下：人口增长会引起价格水平的下降，因此货币价值增加。如此，对于给定的储蓄，货币持有得更多同时资本持有得更少。当资本更少时，生产函数得到更低的产出。

由 (44) 式得 $p_{t+1}/p_t = \theta/n$，于是 (56) 式变为

$$c_t^y + (\theta/n)c_{t+1}^o = w_t^y + \{(\theta/n)r_t^K - 1\}k_t + (\theta - 1)m_t/p_t \tag{57}$$

对于这一模型来说，效用函数假设为

$$U(c^y, c^o) = u(c^y) + \delta u(c^o) \tag{58}$$

在使用货币的情况下，满足预算约束 (57) 式，最大化效用函数 (58) 式得到的最优消费模式为

$$c_{t+1}^o = (\delta n/\theta)c_t^y \tag{59}$$

以及

$$c_t^y = (1+\delta)^{-1}W_t \tag{60}$$

其中，W_t 等于 (57) 式的右边。令该最优消费模式为 c_t^{y*} 和 c_{t+1}^{o*}，把这些代入效用函数表明，这些值比独立解得到的效用更高，而且将是帕累托最优的。

22.4.2 例证 II：线性生产函数下先前的叠代模型

不使用 (35) 式给出的柯布—道格拉斯技术，我们假设经济中的生产技术是如下形式的线性生产技术：

$$X_t = aL_t + bK_t \tag{61}$$

在这里，我们就会有 $(r_t^K - 1) = X_{Kt} = b$，货币和资本的收益相等的条件是 $n/\theta = b$。可以看出，如果这个条件得到满足，资本存量（以及该经济的产出）就不会被唯一地决定。但是，如果假设 θ、n 和 b 被独立决定，那么对于任何经济体（更不用说对于大多数经济体），这个条件即使得到满足，也只是偶然的，最有可能的情况是它不会得到满足。如果它得不到满足，并且如果 $(n/\theta - 1) > b$，那么只有货币被持有；如果 $(n/\theta - 1) < b$，那么只有资本被持有。

因此，拥有线性生产函数的模型表明，货币增长率将是非中性的，因为对于 θ 的某些值，资本的均衡数量将是零，而对于 θ 的其他（更高）值，它将是正的。所以，后一种情况的产出高于前者。W-M-M 理论因此不包含在有线性生产函数的模型中，也不包含在之前的有柯布—道格拉斯技术的模型中。

22.5　模型 III：货币非中性的卢卡斯叠代模型[①]

前一节的特定叠代模型显示，叠代模型中的货币不一定是中性的。在这些模

---

① 本节取自卢卡斯 (Lucas, 1996) 的分析。

型中，生产技术是特定的，资本是可变的，劳动的供给是外生的。本节在经济的结构稍微不同的情况下讨论这一问题。① 经济中劳动的供给随着工资的变化而不同。

假设，仍在两生命阶段的叠代框架下，人口不变，每个年轻人供给 h 单位的劳动，但在年轻生命阶段不消费，而在年老时，他开始消费但不供给劳动。劳动供给和消费的组合是 (h^y, c^o)。令一生偏好函数为

$$U(h^y, c^o) = -h^y + u(c^o) \tag{62}$$

其中劳动具有负效用，$U(\cdot)$ 是时期效用函数。进一步假设，生产技术是很简单的，即一单位劳动生产一单位消费品。在年轻阶段零消费，年轻阶段的产出转化为货币并持有到下一时期。

本节如以前各节一样，假设货币供给以不变的毛比率 θ 增长，新货币作为一次性总付转移支付给老年人。

年轻一代支付 h 单位的劳动并得到 h 单位的商品，但没有任何消费。老年一代不工作但能得到免费的一次性总转移支付的新创造货币。在这些假设下，生命预算约束由下式给出：

$$c_{t+1}^o = \{p_t h_t + (\theta - 1)m_t\}/p_{t+1} \tag{63}$$

将其代入到个人的一生效用函数中，得到

$$U(h_t, c_{t+1}^o) = u\left(\frac{p_t h_t + (\theta - 1)m_t}{p_{t+1}}\right) - h_t \tag{64}$$

对于 h_t，最大化（64）式得到一阶条件为

$$u'(\cdot)(p_t/p_{t+1}) - 1 = 0$$

这意味着

$$u'\left(\frac{p_t h_t + (\theta - 1)m_t}{p_{t+1}}\right) = \frac{p_{t+1}}{p_t} \tag{65}$$

假设该方程的解是 h_t^*。在 h_t^* 固定为 h^* 且人口不变的稳定状态下，产出将是平稳的，而货币供给则以毛比率 θ 增长。结果，价格也将以毛比率 θ 上升，故（65）式意味着

$$u'(\cdot) = \theta \tag{66}$$

（66）式要求 θ 的增长需要由边际效用的增长来实现，这就要求 h 降低。因此，h^*（从而产出和储蓄）将是通货膨胀率和货币增长的减函数，其结果如上一节一样，货币增长率还是非中性的。不过，货币增长率的提高在前两节的模型中增加了产出，但在本节却减少了产出。后者的原因是，较快的货币增长率减少了储蓄收益，而储蓄收益又等于来自年轻一代劳动供给的收入，因此更快的货币增长率的结果就是增加了对劳动收入课征的通货膨胀税，减少了劳动供给。

---

① 故意提出这种模型变体，目的在于更多地展示叠代框架可用的模型类型。

对先前模型的修正

如果货币供给的增加不是按一次性总付方式支付给年老一代，而是按货币持有的比例（等于 $p_t h_t$）来分配，那么，对货币供给课征的通货膨胀税就会消除。在此情形下，一生预算约束变成

$$c_{t+1}^o = \{p_t h_t + (\theta-1)p_t h_t\}/p_{t+1}$$
$$= h_t(\theta p_t/p_{t+1}) \tag{67}$$

在人口不变的稳定状态下，$\theta P_t/P_{t+1}=1$，(67) 式变成

$$c_{t+1}^o = h_t \tag{68}$$

所以个人的终生效用函数变为

$$U(h_t^y, c_{t+1}^o) = -h_t + u(h_t) \tag{69}$$

对于 h_t，最大化 (69) 式意味着

$$u'(h_t) = 1 \tag{70}$$

所以劳动供给（以及产出和储蓄）与货币增长率无关，使货币具有中性［与 (65) 式相比，(65) 式表明货币具有非中性］，其对基于产出增长的货币增长有负影响。因此，来自货币创造的铸币税的分配方式对于货币中性至关重要。

卢卡斯（Lucas, 1996）认为，进一步改造上述模型也能证明货币增长具有正的过渡效应。卢卡斯提出，如果相对价格变化存在预期误差，后一种情况就会发生（见第14章）。

注意，货币中性（是指货币供给的变化会对价格和名义变量产生影响，但是不会对产出和就业产生影响）与货币非中性（是指货币供给的变化会对价格和名义变量产生影响，同时对产出和就业也有影响）都与之前的 W-M-M 理论不一致，W-M-M 理论强调货币供给的增加不会产生任何影响，即使是对价格或者名义变量来说。但是，该定理与前三个模型不同，它假设存在完全替代货币的债券（或储存的商品）、货币供给通过公开市场转让而增加，所以通过公开市场操作个人的财富保持不变。因此，该模型的精确假设和货币供给变化的机制，对于货币对经济的影响及其中性的结论至关重要。总之，叠代框架本身并不含有 W-M-M 理论或者货币中性的含义，这些含义来自于模型的其他假设。

22.6 叠代模型是否解释了货币经济的主要方面？

对于叠代模型能否作为货币经济中的货币建模的一种方法，提出的质疑抑或反对意见主要与货币作为交换媒介的作用有关。在标准的叠代模型中，法定货币显然是充当价值储存工具或起暂留购买力的作用。它与商品进行交易并使各代人之间能进行多边商品交换，所以它的使用在长期能提高商品消费的配置效率。这

些性质看起来都是交换媒介作用的表现，许多叠代模型的支持者（如 Wallace，1980，p77）认为，在这些模型中，货币的确具有支付手段的功能，因为在简单的叠代模型中，它的使用是年轻人和老年人能够进行交易的唯一方法。① 叠代模型的支持者进一步认为，货币不适合放在效用函数中，并且这类函数不应当直接或间接地纳入更为复杂的叠代模型中。② 于是，有人提议用叠代范式取代 MIUF 模型或 MIPF 模型或现金先行约束模型，而且其中有人认为，叠代范式是描述现代经济中货币的可行的最好的范式（Wallace，1980，p50）。

货币的交换（支付）媒介作用

叠代模型的批评者反驳认为，虽然货币确实具有价值储藏作用，但在储蓄未被任何一方认定是不可缺少的组成部分的交易中，它没有真正起到交换媒介作用，而这个作用正是现代经济中货币的本质特征。③ 直观来看，在叠代模型中，货币在年轻一代与年老一代的交换中并不充当任何角色，也不在年老一代对年轻一代的支付中充当任何角色。不过在货币经济中这些角色是经常存在的。货币在便于各代间多边交换方面的其他作用完全可以由其他资产来实现，而这些资产显然不是交换媒介。例如，如果商品储存的收益比法定货币高，后者就不会用于交易，从年轻生命阶段向年老生命阶段的消费推迟可直接由商品来完成，而商品显然不是起交换媒介作用。由于商品储存在所有经济体中都是一个可利用的选择，其收益会随着储存的商品和经济环境的变化而波动，故而叠代模型预测，在长期，经济中的法定货币需求会在零与一个正值之间波动。另外，如果储存技术的不同造成商品储存收益在个人间的变化很大，那么一些人就会持有法定货币，而另一些人则不会持有。特别地，叠代模型指出，负储蓄者是不会持有货币的，他们大多是年老一代。这些预测结果与现实观察相抵触：在现代经济中，个人持有货币是一种普遍现象，而且是长期如此。

货币与不同收益率债券的同时存在

不过，在现代经济中，债券种类繁多，收益率各异。在它们当中，有些债券（如货币市场工具）扣除风险溢价后的收益率的确高于法定货币，但法定货币仍然在这种经济中用于交易。如果债券存在于叠代经济中，且收益率最高，那么法定货币还是不被使用。叠代模型也不能令人满意地解释这类条件下的货币需求。

还需要注意的是，在叠代模型中，同债券和储存商品的使用相比，除了配置效率外，货币的实际使用并没有比那两种资产多提供任何额外的利益，这与

---

① 注意，这种作用只是现实中货币交易作用的很有限的一部分，在现实中，商品和货币之间的大多数交易都属于当期交换，并不涉及任何意愿储蓄。

② 例如，华莱士（Wallace，1980，p49）对 MIUF 模型中的方法持批评态度，认为这样做"回避了太多的问题［如哪种货币出现在效用函数中以及为什么］……［并且］放弃内在无用性的理论几乎没有意义"。

③ 托宾（Tobin，1980，p.83）主张"'消费贷款'比喻是有价值的且具有指导意义，但不应把它严格地作为货币存在于人类社会的一个解释……人们可以把本模型中的法定价值储藏叫做货币，但它与货币的一般说法或经济学家和政策制定者所争论的货币没有多大相似之处。他对叠代模型还有许多批评，比如，"认为典型主体把货币作为资产平均持有 25 年（比如说 40～65 岁）不可笑吗？1 美元活期存款的平均持有期大约为 2 天"（p84）。

通常公认的货币经济优于以物易物经济相矛盾。其中,最重要的是,在其他条件相同的情况下,除债券媒介实现的跨时交换的配置效率外,劳动和资本投入既定的货币经济生产出来的商品产量大大高于以物易物经济。如果同以物易物经济相比,货币经济因产出的配置更佳、产出更大而使产出和社会福利大大增加,那么在当期交换(有别于长期跨时交换)中货币的使用在质的意义上就相当"重要"①。第 24 章将研究货币贡献的来源及金融部门对产出增长的影响。

在恶性通货膨胀情况下货币的持续使用

货币经济学的另一个得到确认的事实是:在货币供给以持续且高比率增加的条件下,甚至在(某些)商品易于储存且价值随着时间的推移而净增加的条件下,即使在还有实际利率为正的债券时,货币也依然被持续地使用。标准叠代模型表明,在这些条件下,法定货币的收益可能是负的,货币不如商品和债券,所以在这类情形下它不会被需求和使用。这个含义显然与事实相反。实际上,即使在恶性通货膨胀情况下,货币仍然继续用于交易,尽管人人皆知它的购买力会迅速丧失。换言之,对于标准叠代模型所说的情况而言,在经济中,货币的使用并非像叠代模型所说的那么脆弱,经济也不会周期性地从货币经济向非货币经济(自给自足、以物易物或有债券但没有不付息货币的交换经济)转换。

即使在价格稳定的情况下货币扩张也会减少福利吗?

叠代模型的一个中心含义是,相对于货币稳定而言,货币扩张无效率,即使货币扩张的确能保证价格稳定。这与许多西方国家的中央银行传说的信条相抵触,即从增加社会福利角度来说,价格稳定或低通货膨胀率优于货币稳定。进而言之,如第 11 章和第 12 章有关中央银行的讨论,中央银行和经济学家通常都坚信,货币政策的最终目标应当是合意的通货膨胀率而不是货币总量增长率,后者是为实现预先决定的最终目标而设立的中间目标。

货币、流通速度、准货币和支付体系的创新

货币经济始终表明,法定货币的流通速度大于 1。其中的缘由是存在准货币,这是由私人创造的,国家无法严格控制准货币的创造。不断创新导致的常见结果是:要么产生出法定货币的相近替代物,要么减少这类货币的使用。叠代模型似乎并不能处理这一过程,也不能设置严格的条件限制私人创造准货币的作用和支付过程的创新,限制不了流通速度的变化。

包含货币的叠代模型、短期 IS-LM 模型和经济周期

货币经济中的货币市场是在标准的 IS-LM 模型中处理的,利用的是 LM 曲线的概念,该曲线的位移是由公开市场业务导致的实际货币供给的变化(或价格水平的变化)所致。W-M-M 定理表明,公开市场业务不能移动 LM 曲线,对

---

① 要使货币的使用产生更多的产出,货币余额就必须是生产函数的一个因素,或它的使用必须节省其他投入。叠代模型的支持者往往回避这两种可能性,这些可能性将在下一章的混合叠代模型框架下予以考察。

总需求、价格水平或利率或产出也没有影响。对此，无论是经验研究，还是有关 LM 曲线的讨论所反映出来的观点以及中央银行的看法，都不支持这个定理。

许多货币模型尤其是叠代模型都有充分就业假定。然而，这并非是所有货币经济的常态，它们也要经历衰退与繁荣。因此，对于现代宏观经济，严谨的货币模型必须能够分析非均衡状态（表现为非自愿失业或高于长期均衡水平的偏离充分就业状态）和货币供给变化对失业的影响。换言之，比较缜密的货币模型必须能够讨论包括衰退和繁荣问题的真实环境以及这种状态下货币供给的影响，但目前的叠代模型并非如此。叠代模型如何扩展到非均衡状态及其含义是否与该主题的大量数据和经验研究相一致，都有待进一步观察。看来，对未来某一时刻能否实现这种一致性的质疑确实有一定的理由。

为叠代模型辩护

应当认识到，包含货币的叠代模型是取代现有的 MIUF 模型和现金先行模型的一种令人感兴趣的范式，对货币在经济中的作用提出了新的观念。进一步说，叠代模型相对较新，似乎有很大余地予以扩展和修正。倘若我们不必是纯粹主义者，那么，一个使人感兴趣的可能性是，把货币的交换媒介作用这一因素（就像把货币直接或间接地纳入效用函数或现金先行模型那样）纳入叠代模型，这将是下一章的内容。

结　语

在第一生命阶段有正储蓄的稳定状态的叠代模型中，只要货币的收益率不明显低于其他价值储藏形式的收益率，货币就有正的需求。为了同时产生对货币和其他资产的需求，将其他资产纳入叠代模型的方式有时是这样的：个人对持有法定货币还是持有其他资产（不管它们是储存商品还是债券）无差异。因此，就有关经济结构的一组特定假设和注入经济的货币供给增加方式而言，这些资产之间的公开市场业务对经济没有影响，从而形成公开市场业务的 W-M-M 定理。这导致如下出人意料的含义：许多国家引人注目的巨额公债没有改变这些国家的价格水平。这与经济学家根深蒂固的观念相抵触。

本章还阐述了其他的叠代模型，在这些模型中，货币供给增加确实会导致价格和名义收入提高，而对实际产出和其他实际变量的影响是中性或非中性的。然而，模型仍然要有如下假设，即货币与其他资产的流动性一样，且货币的唯一作用是把全部或部分储蓄带到未来。

在发达的货币经济中，一个月或一个季度（更不用说更长时期）内的活期储蓄和累积的财富不会完全以货币余额的形式持有。在没有交易成本的情况下，一个人的大多数财富都会转换为收益率更高的其他金融资产。叠代模型并未适当反映货币与债券持有的这种格局，尽管这种格局是现代金融体系的核心。在货币经济中，货币作为交换媒介的使用与影响没有被这些模型很令人满意地解释出来，模型中很多独特的含义来源于对交换媒介的忽略（McCallum，1983）。

从更广的视角看，法定货币是一种社会发明，可能有其他发明取而代之，起熨平消费的作用。[①] 其中一种传统的制度即是扩展的家庭系统，在这一情形下，家族里的年老一代由年轻一代赡养。现在不同代人之间的普遍的社会发明是社会保障制度，例如政府养老金计划，这一计划使得个人在工作期间交税，而当他们退休后政府将向其发放养老金。从更广的范围来讲，政府计划（如社会保险计划、国家医疗保健计划、失业保障、社会福利）减少了应对退休或紧急情况的储蓄。在叠代模型中，减少储蓄可以减少对货币的需求。不过，现实中尽管这些计划减少了储蓄，但没能同等地减少货币需求。

纯粹的叠代模型作为实证理论能否解释和预测货币需求与价格水平，经济学家们的意见不一。华莱士（Wallace，1980）认为，叠代模型包括了作为一个良好的货币理论所必需的内容，它是最好的可利用的法定货币模型（p.50）。然而，其他许多经济学家认为，叠代模型不适用于现代经济中的货币建模。他们得到的结论是：叠代框架"不应当严格地作为对货币存在于人类社会的解释"（Tobin，1980，p.83）。

标准叠代模型的含义被本章开始列出的货币在经济中的典型事实这一实证论据驳倒了。这些辩驳包括：货币需求函数是基于储蓄而非基于总收入或总支出的函数；每期的货币流通速度都为1；公开市场操作对价格水平、利率、名义国民收入、真实产出、失业率等没有影响（即使在非均衡情况下）。

主要结论

※ 在假定没有征收成本的情况下，作为税收工具的铸币税不如一次性总付税。

※ 如果货币和债券是完全替代的，那么价格水平取决于二者的总额而不单单是货币的数量。进而言之，W-M-M定理也适用于它们之间的公开市场业务，因此货币供给的变化不改变价格水平。

※ 货币的叠代模型中不一定有货币中性，这取决于该模型的设定。

※ 法定货币的叠代模型的许多含义都没有经验证据。特别是，货币需求的最重要的尺度变量是储蓄，而不是商品支出。

复习讨论题

1. 在现实经济中，M1有什么作用？债券又有什么作用？对于普通人来说，

---

① 通过商品将购买力由工作阶段转移到退休阶段的最重要的私人发明是住宅所有权。

它们为什么不是完全替代的？讨论有哪些方法能对叠代模型进行修正，使该模型中引入与 M1 不完全替代的债券，并理解和阐述 M1 和债券的作用。

2. 比较货币叠代模型和 IS-LM、AD-AS 模型中的货币、储蓄和债券之间的关系。

3. 在叠代模型中，私人商业银行竞争性地创造法定货币替代物的影响是什么？像自动柜员机（ATMs）之类的银行技术创新的影响是什么？

4. 在第 22.4 节设定的生产函数和效用函数以及人口（等于劳动力）增长率为零的情况下，分析严重通货紧缩对平均劳动生产率、就业和产出的影响。货币是中性的吗？

5. 根据前一个问题的有关情况，该经济总能维持充分就业（在正的实际工资条件下）吗？如果不能，推导出作为货币增长率之函数的失业率。

6. 根据下列条件，比较本章的叠代模型与 IS-LM 模型和 AD-AS 模型的假设和含义：(a) 在分析中商品禀赋是外生给定的且明确没有劳动；(b) 劳动市场和生产函数类型是 IS-LM 模型和 AD-AS 模型所通常假设的。

7. 给定充分就业，W-M-M 定理在 IS-LM 模型和 AD-AS 模型中成立吗？请讨论。

参考文献

Click, R. W. "Seigniorage in a cross-section of countries." *Journal of Money, Credit and Banking*, 301998, pp. 154 – 71.

Lucas, Robert E. "Nobel lecture: monetary neutrality." *Journal of Political Economy*, 104, 1996, pp. 661 – 82.

MaCallum, B. T. "The role of overlapping generations models in monetary economics." *Carnegie-Rochester Series on Public Policy*, 18, 1983, pp. 9 – 44.

Modigliani, F., and Miller, M. H. "The cost of capital, corporate finance, and the theory of investment." *American Economic Review*, 48, 1958, pp. 261 – 297.

Tobin, J. "Discussion." In J. H. Karekan, and N. Wallace, eds, *Models of Monetary Economics*. Federal Reserve Bank of Minneapolis, 1980, pp. 83 – 90.

Wallace, N. "The overlapping generations model of fiat money." In J. H. Karekan, and N. Wallace, eds, *Models of Monetary Economics*. Federal Reserve Bank of Minneapolis, 1980, pp. 49 – 82.

Wallace, N. "A Modigliani-Miller theorem for open market operations." *American Economic Review*, 71, 1981, pp. 267 – 74.

第23章 货币的叠代模型：使之更加现实

本章阐述对第21章提出的标准的货币叠代模型的各种修正与偏离，但总体框架仍然是叠代框架。这样做的目的是模拟货币在经济中的现实作用方式，从而构建货币的叠代模型，使之更加接近现实，并推导出与货币需求函数的经验结果更为接近的含义。这些修正使得货币和债券之间的区别更加明显。债券比货币支付更高的回报但是流动性弱些。

现在假定每代人生活 T 期，在每一时期都与其他 ($T-1$) 代人相交叠。

在叠代模型的一种修正模型中，需要有现金先行用于支付所有商品和债券的购买。在第二种修正模型中，货币会节省从事购买活动的交易时间，从而被间接纳入效用函数和生产函数。

本章引入的关键概念

- ◆ T 期（$T>2$）生命期
- ◆ 交易的现金先行
- ◆ T 期叠代模型中流动性偏好和利率期限结构
- ◆ 货币与债券的流动性不同的情况下公开市场业务的 W-M-M 定理
- ◆ 间接效用函数中的货币
- ◆ 间接生产函数中的货币

前两章介绍了基本叠代模型及其分析。在金融体系十分发达的现代经济中，基本叠代模型的许多含义似乎不合情理。它们与第21章开始提出的关于货币的典型事实不符。它独特的含义来源于对两期期界的应用或者对货币的支付媒介这一作用的忽略（McCallum，1983）。本章探讨的问题是，把叠代模型从两期扩展到 T 期，或者把它与现金先行概念、MIUF 和 MIPF 概念融合在一起，是否会更适当。① 我们现在将下列几点加入到第 21 章提到的 9 个典型实证事实中。

10. 对于给定的实际工资与人口，工人对货币的使用增加了他们对于商品生产的劳动供给。

11. 公司对于货币的使用增加了其产品产出，即使给定了劳动数量。

在这里，我们想重申货币经济的基本方面，正如第 21 章所指出的那样，在货币经济中，商品、债券和劳动是与货币进行交换的而不是与其他的商品、债券或者劳动进行交换。对于货币分析来说，这一经验事实构成了现代经济环境，因此对于现代经济的任何分析都必须基于这一环境。

叠代模型是在与传统的 MIUF-MIPF 方法关于货币在经济中作用的争论中发展起来的。因此，首先把叠代模型与现金先行模型相融合，决定由它们的含义（从经验适用性角度来看）是否能提供一个取代 MIUF 模型的具有吸引力的模型，这样做可能是适当的。第 23.1 节讨论在 T 期模型背景下的这种融合。如所证实的那样，它仍然有若干不合情理的含义，比如，有关储蓄和货币需求之间的密切关系。

正如第 3 章所讨论的，把货币纳入间接效用函数的一个理由是，在货币经济中，货币余额减少了购物或其他交易的时间。在这种情况下，虽然直接效用函数中只有消费与闲暇，但闲暇的数量因交易活动要花费时间而减少，所以持有货币会增加闲暇并间接产生正效用。MIUF 的这种理由强调，在货币经济中，正是这种环境使得个人直接或间接地增加了货币余额的效用。在 MIUF 方法的直接和间接形式中，交易时间形式似乎与叠代模型的抵触不大。因此，它是本章采纳的与叠代模型相融合的形式，见 23.2 节的内容。

正如第 3 章所阐述的，货币可以直接或间接地引入到 MIPF 的方法中。本章运用间接的 MIPF 方法，这一方法假定持有足够的货币余额用于收支，从而减少了劳动和资本的运用。间接 MIPF 方法在第 23.3 节进行了详细的论述。第 23.4 节将间接 MIUF 方法与 MIPF 方法进行融合，形成了基本的两阶段叠代模型。

有关货币与债券之间或者货币与储存商品之间的公开市场业务的 W-M-M 定理，在具有现金先行或直接和间接 MIUF 和 MIPF 特征的叠代模型中不再成立。特别是，这种公开市场业务能影响价格水平。此外，实际余额的需求不再与储蓄紧密相关。因此，修改后模型的含义与货币的典型事实相一致。

本章使用的大多数符号、定义都是以前讨论叠代模型时使用过的，本章只是对新出现的符号加以定义。

---

① 布罗克（Brock，1990）对相关问题进行了很好的阐述。

23.1 T期现金先行货币—债券模型

在存在收益较高债券的情况下，为了使货币具有正需求和正价值，我们需要增加假设，使法定货币的流动性比债券的流动性更高。以下是我们给出的这样一组可能的假设：

1. 个人的一生现在划分为 $0 \sim T$ 共 $T+1$ 个（$T>0$）生命阶段；
2. 购买商品或债券需要先拥有货币；
3. 债券的最低期限为一期，到期之前不能兑换成现金；
4. 商品与债券仅与货币进行交易，而不会相互之间进行交易；
5. 在一个时期内①，商品与货币或者债券与货币之间只能进行一次交易。

货币与债券之间的区别

上述假设意味着，从货币在获取后的时期里可用于购买商品而债券则不能如此使用的意义上说，货币具有更强的流动性；债券在获取后的时期里不能兑换成现金，只能用一期后获得的资金购买商品。直观地，在建立起的模型中，在相当短的一段时期内，对货币的优先持有可以没有延迟地用来购买商品（债券），但是对债券的优先持有若想购买商品则需要至少延迟一段时间。现阶段需要将债券先换成货币，下一阶段才能用货币购买商品。因此，货币比债券更具有流动性，所以之前的假设支持了我们想把债券和货币之间的流动性差异引入到经济分析中的目标。人们必须用货币（现金）购买商品和债券的这种要求被称为现金先行或克洛尔约束（Clower Constraint），这也是货币经济的一个基本要求。我们把它纳入叠代框架的方法只是一种可能的方法，但这种方法的确能达到我们的目的，即区分经济中的货币与债券之间的流动性差异。

T期的长短和变量的大小

在这个扩展的模型中，假定每个人生活从 t 期到 $t+T$ 期（含此期）的 $T+1$ 个时期。如果假定一生为70年，每期等于1年，那么 $T+1$ 就是70；若每期为1个季度，$T+1$ 就是280，如此等等。T 越大，按时间顺序排列的等价时期就会越短。某个人的一生会与他以外的 T 代人的一生重叠。出生人数、消费、储蓄、利率和其他流量的大小将取决于每期的长短；时期越短，每个变量的数值就越小。

扩展模型中的储蓄、货币和债券

两生命阶段叠代模型的基本特征是，年轻生命阶段有（正）储蓄，年老生命阶段则动用储蓄，持有的货币是把储蓄从前者转移到后者的工具。扩展模型所做

---

① 这意味着，商品不能交换为债券，反之亦然；在同一时间段两者可以交换为更优的货币持有。

的相应假设是，在生命的早年有储蓄和正的财富积累，而在晚年①则动用储蓄。在没有遗产的情况下，T 期留有的财富数量花费在该期的商品上。

在该扩展模型中，假定货币是唯一的交换媒介和支付手段，债券和商品被排除在这一模型外。也就是说，在不同时期的商品之间、不同时期的债券之间以及商品和债券之间，货币是交换媒介和支付手段。因此，来自商品禀赋的正储蓄必须首先交换成货币，货币是在一段时间被持有的，然后才能交换成债券。同样，债券所有者在债券到期时收到的是货币而不是商品。如此获得的货币会被持有一段时间。

我们曾经假定，每期只能进行一种类型的交易。也就是说，如果在既定的时期 t 销售债券或商品获得了货币，那么它只能在下一期 $[(t+1)$ 期$]$ 用于交换商品或债券。如果当时 $[$在 $(t+1)$ 期$]$ 购买了一期债券，那么这些债券必须在 $(t+1)$ 期被持有，在 $(t+2)$ 期才能兑换成现金。在 $(t+2)$ 期所获得的现金在 $(t+2)$ 期不能用于购买商品或其他债券，但可以在 $(t+3)$ 期用于购买商品或其他债券。因此，货币在每一期都可用于购买商品或债券，债券和商品则不能，所以在模型中货币是唯一具有完全流动性的（可互换的）物品。

债券的期限结构、到期收益和流动性偏好

可能有各种各样的私人债券或公共债券，每种债券的到期日都不同于其他债券（货币），但约束条件是债券必须在发行者的生命周期内到期。由于最低期限是一期（$t=0, 1, \cdots, T$），债券可能有 $T-1$ 类，每类都有自身的息票率和到期日。像利率期限结构的预期理论（包含流动性偏好）所假定的那样，假设存在贷款者偏好较短的期限、借款者偏好较长的期限这种希克斯流动性偏好（见第 21 章的解释），就会有 $T-1$ 个息票率随着期限的延长而提高。法定货币具有零息票率。

从时期 1 开始，假设个人在时期 1 有正储蓄，在时期 2、3 和 4 有负储蓄。他打算在时期 2、3、4 消费时期 1 的储蓄。② 在我们的假设条件下，为了给后者融资，他必须从时期 1 开始用货币持有时期 2、3 的负储蓄；如果他要投资于一期债券，他只能在时期 2 购买它们，从时期 2 持有到时期 3，在时期 3 兑换成现金，在时期 4 用货币动用储蓄（即购买商品）。因此，期限为 τ 年的债券要求持有等于其一期初始值和一期到期值的货币，而且不能用于不到 $(\tau+3)$ 期的消费。这是根据如下假设得出的：在货币经济中，商品与货币而不是与债券交换，债券与货币而不是与商品交换，而且每期只有一次交换。

假如息票率随着期限延长而提高，一个储蓄 τ 期的储蓄者——也就是说，在 $(t+i)$ 期有净储蓄，而后在 $(t+i+\tau+1)$ 期有相应数量的负储蓄，可能愿意购买 $(\tau-2)$ 期的债券。他不会购买一系列短期债券，因为这些债券给他带来的总收益比较小（在"休闲"时期，必须持有不生息货币以实现从一种债券到另一种债券③的转化），因而即使市场短期利率是恒定的（意味着收益率曲线是水平的），购买 $\tau-2$ 期债券与短期债券的任何组合相比，个人的 τ 期储蓄的每期净收

---

① 这正是这一说法，即在至少两段时间内，消费必须与资源禀赋不同，早期有正储蓄，而后期有负储蓄。
② $i=0$ 为时期 1，$i=1$ 为时期 2，依此类推。
③ 这是因为空闲时间对短期债券比长期债券更有利。

益率仍然要高。因此,即使每期支付的息票率是相同的,个人的有效收益率也会随着期限的延长而提高,同时,债券市场会按期限长短而分割。有效收益曲线将向上倾斜并为凹曲线。

23.1.1 现金先行货币模型与一期债券

前面的假设使得许多期限不同的债券存在于叠代模型之中,但我们以后通过如下假设使之简化:只有一期债券并且能够立即以新债券代替旧债券,也就是说,不会出现它们若首先转换成货币或转换成新的债券(但不转成商品)而发生的一个时期的耽搁。对于初始期比如 t 期,个人在 $(t+1)$ 期或 $(t+2)$ 期不能通过持有债券为动用储蓄融资:他在 t 期的商品储蓄在 t 期交换成货币;如果它在 $(t+1)$ 期从货币转化为债券,它将在 $(t+2)$ 期到期并以货币偿还,这只能在 $(t+3)$ 期而不能在 $(t+2)$ 期花费在商品上。显然,具有这种模式的叠代模型至少要有 4 个时期。

23.1.2 扩展的多时期叠代现金先行货币—债券模型分析

假设个人从 t 期开始生活 $T+1$ 个时期,故他有 $T+1$ 个生命阶段,在每一生命阶段得到一些商品。这一禀赋路径与生命周期消费理论一样假定是凹曲线,收入在早期生命阶段逐渐增长但最终会下降。退休阶段的禀赋为零,禀赋的最高"收入"出现在退休之前的某个时间。必不可少的假设是,储蓄在早期生命阶段是正值,在退休生命阶段为负值,并且在除最后生命阶段之外的每个生命阶段末都有正的累积财富。

重申一下,关于债券的假设是:只有一期债券,每种债券的名义值为 1 美元,每期按毛利率 r 支付利息。货币是唯一的交换媒介,故商品只能以货币而不能以债券为交换对象,债券只能交换成货币而不能交换成商品。每期只有一次交换(除了一期债券的延期),所以对于在 t 期投资于债券的净储蓄,在 t 期要先把商品转换为货币,从 t 期到 $t+1$ 期持有货币,然后它再转换为债券。相反的过程同样需要两个时期把债券转换为货币,再从货币转换为商品。在获取债券或商品时没有交易成本(除购买价格以外)。资源禀赋仅以商品的形式接受,而不能以货币或债券的形式。

所涉及的符号已在第 22 章和第 23 章定义过。b 是债券数量,每一债券的名义值为 1 美元。m 和 b 都是名义值,它们的实际值分别是 m/p 和 b/p,c 是实际消费,s 是实际储蓄。下面我们假设,按不变毛利率 r 计算的债券利息以货币的形式收到,在所收到的时期可用于购买商品。① 在生命分为 $T+1$ 个阶段的情况下,自决策期 t 期起,个人的约束条件如下。

---

① 我们可以做另一种假设,即这种利息收入只能在一期之后花费。我们所有结果都不取决于这个假设。

对于生命阶段 t：

$$p_t c_t + m_t = p_t w_t \qquad c_t < w_t \tag{1}$$

对于生命阶段 $t+1$：

$$p_{t+1} c_{t+1} + m_{t+1} + b_{t+1} = p_{t+1} w_{t+1} + m_t \tag{2}$$

$$b_{t+1} \leqslant m_t \tag{3}$$

对于生命阶段 $t+i$ $(1 < i < T-1)$：

$$p_{t+1} c_{t+i} + m_{t+i} + b_{t+i} = p_{t+i} w_{t+i} + m_{t+i-1} + r b_{t+i-1} \tag{4}$$

$$p_{t+i} c_{t+i} \leqslant p_{t+i} w_{t+i} + m_{t+i-1} + (r-1) b_{t+i-1} \tag{5}$$

$$b_{t+i} \leqslant r b_{t+i-1} + m_{t+i-1} \tag{6}$$

现在，来看最后两个生命阶段，对于生命阶段 $t+T-1$，我们有

$$p_{t+T-1} c_{t+T-1} + m_{t+T-1} = p_{t+T-1} w_{t+T-1} + m_{t+T-2} + r b_{t+T-2} \tag{7}$$

$$p_{t+T-1} c_{t+T-1} \leqslant p_{t+T-1} w_{t+T-1} + m_{t+T-2} + (r-1) b_{t+T-2} \tag{8}$$

对于生命阶段 $t+T$：

$$p_{t+T} c_{t+T} = p_{t+T} w_{t+T} + m_{t+T-1} \tag{9}$$

货币和债券的需求函数

在两生命阶段叠代模型中，货币需求仅在年轻生命阶段是正的，且等于该生命阶段的储蓄，这也是以后生命阶段的意愿负储蓄的数量。在 $T+1$ 生命阶段模型中，实际余额的需求只在初始生命阶段 t 才等同于正储蓄〔见方程（1）〕，在倒数第二生命阶段（$t+T-1$）才等同于意愿负储蓄〔见方程（8）〕。在 $t+i$ 生命阶段（$1<i<t+T-1$），真正的货币需求等于该生命阶段的储蓄或下一生命阶段（$t+i+1$）的意愿负储蓄。在生命最后阶段 T 不存在对货币或债券的需求。

对于任意生命阶段 $t+i$，任何既定个人的实际余额需求都将是下列两种情况的较大者：在有正储蓄的时期里，当期生命阶段的储蓄；下一生命阶段的预期负储蓄。亦即

$$m_{t+i}^d / p_{t+i} = \max(s_{t+i} | s_{t+i+1}) \qquad s_{t+i} > 0, s_{t+i+1} < 0 \tag{10}$$

其中，s 代表储蓄。在生命阶段 $t+i$，债券的需求等于此人在生命阶段 $t+i$ 的实际累积资产 a_{t+i} 减去他对实际余额的需求。亦即

$$b_{t+i}^d / p_{t+i} = a_{t+i} - m_{t+i}^d / p_{t+i} \qquad a_{t+i} = \sum_{j=0}^{i} s_{t+j} \tag{11}$$

暂且不管"补充的"约束条件（即预算约束以外的约束），为便于分析而假设任何生命阶段 $t+i$ 的意愿消费总是小于 $t+i$ 期的禀赋和 $t+i$ 期（$i=0, 1, \cdots, T-1$）累积储蓄的总量。根据这一假设，个人除了在最后生命阶段 $t+T$ 外总有正的净财富，个人无须借款来动用储蓄，也不会发行债券。因此，如果经济中的所有人除最后生命阶段之外的所有生命阶段都有正的净财富，就不会有家庭发行

的私人债券。债券同法定货币一样，必由政府外生地创造，或由企业发行债券以筹集资本。

生命周期消费假说（LCCH）意味着，消费是一生禀赋 W_t 折现值的固定比例并设定为

$$c_{t+i}=k(\cdot)W_t \tag{12}$$

其中，$k(\cdot)$ 是来自 W_t 的年金率（kW_t 是收入），W_t 不是 $k(\cdot)$ 中的一个项。因此，储蓄 s_{t+i} 将是

$$s_{t+i}=w_{t+i}-k(\cdot)W_t \tag{13}$$

由（10）式和（13）式，有

$$m^d_{t+i}/p_{t+i}=\max(w_{t+i}-k(\cdot)W_t,|w_{t+i+1}-k(\cdot)W_t|) \quad s_{t+i}>0, s_{t+i+1}<0 \tag{14}$$

货币总需求

在生命阶段 $t+i$，实际余额的总需求是两群体实际余额需求的总和，一个群体是在 $t+i$ 期有正的储蓄，该储蓄高于 $t+i+1$ 期的预期负储蓄，另一个群体是在 $t+i+1$ 期有较高的预期负储蓄。因此，这个总需求取决于一生禀赋的时间路径、人口的年龄结构、每期禀赋在人口中的分配、长期价格路径以及利率。所以，在时期 $t+i$，货币的名义总需求函数 M^d 的一般形式为

$$M^d_{t+i}/p_{t+i}=m^d(p_t,p_{t+1},\cdots,p_{t+T},r,w_{t+i},\eta_{t+i}) \tag{15}$$

其中，w_{t+i} 是生活在该经济 $t+i$ 期的所有人的过去、现在和未来禀赋的向量，η_{t+i} 是生活在 $t+i$ 期的每一群人的规模向量。r 是债券的票面利率。（15）式在所有价格上都是零阶齐次的。

在时期 $t+i$，债券总需求等于经济的累积财富减去实际余额的总需求。

货币与债券的共存

注意，在前述模型中货币与债券并非完全替代品——货币而非债券可以直接与商品进行交易。如果消费被延后的时间少于三个时间段的话，债券将不被持有，而货币必须被持有。

一般情况下，实际余额和债券的总需求在每个时期 $t+i$ 都是正的，因为有些人在以后时期可能有储蓄或预期动用储蓄，这一情形中人们持有货币，而有些人可能有储蓄或把用于若干时期消费的累积债券结转到未来，这一情形中人们持有债券，货币与债券在经济中可能共存，因为货币具有完全流动性并且可以充当购买力的暂时载体，而债券不具有流动性，是一种长期的价值储存工具并可以获得正的净利息率。[①]

[①] 如果债券不支付正的利息率，货币将会因为其流动性强而优于债券，因此人们将不会持有债券。反过来讲，如果债券具有和货币一样的流动性，商品将可直接同债券进行交易或者间接通过货币这一媒介进行交易，但不同的是，前者不存在交易成本。在此情形下，付息债券将会优于货币（其不支付利息），因此货币将不再被人们持有。

根据上述正的货币需求的推导以及货币对经济的正的有限供给，商品的价格可能是非零的，对于每一时期 $t+i$，货币的价值可能是正的。推导具体的供求函数从而推导出扩展模型的货币价值的时间路径并不是我们的目的，我们的目的是阐明（如所做的那样）在一般情况下货币与债券的共存性以及货币的正价值。

评价隐含的货币需求函数

同两时期模型一样，前述扩展的 $T+1$ 期叠代模型有一个缺陷，即储蓄或负储蓄与货币需求之间存在密切关系，而这是明显不现实的。然而，在货币作为支付手段的比较现实的模型中（参见第 21 章开篇的典型事实），模型应当表明货币需求与消费者支出或总支出之间的密切关系。进一步说，叠代模型的货币需求与储蓄或负储蓄之间的密切关系，在金融发达的经济中尤其值得怀疑，在这种经济中，储蓄不以现金、活期存款和储蓄存款的形式持有，而可能以各种可流通的、具有高流动性的"债券"形式持有。

23.1.3　扩展的叠代现金先行货币—债券模型中的 W-M-M 定理

第 22 章 W-M-M 定理的证明，是在以下技术背景下进行的：实际余额和储存商品或债券在收益率完全相同的情况下是完全替代的。但是，上一小节建立的包含货币和债券的扩展的 $T+1$ 期叠代模型采用了另一极端的技术条件：货币能与商品交换，而债券则不能直接与商品交换，而且每期只有一次必要的交易。因此，对于少于 3 期的消费延迟，在个人的资产组合中，债券不能替代货币。进一步，对于超过 3 期的消费延迟，将选择一个货币与债券的最优分散化资产组合，该组合的收益率高于只有货币或债券的资产组合，也高于货币与债券的其他组合。① 这种最优组合将取决于交换的技术以及债券收益与货币收益的相对大小。

为了在包含货币和债券的扩展的 $T+1$ 期模型框架下研究 W-M-M 定理的适用性，我们在此模型中假设商品不能储存，或者可以储存但其收益率低于货币或债券的收益率，所以没有人储存它。此外，为了货币与债券之间可以进行公开市场操作，还假设，中央银行与公众在任何时期都能够以债券交换货币，故个人用货币购买债券和中央银行从个人手中回购部分债券可以在同时期完成。

该扩展模型的突出之处在于它的现金先行约束，故个人在其生命的第一个阶段 t 不能购买债券。在此模型中，他在生命阶段 $T-1$ 和 T 的债券需求也是零。他在生命阶段 t、$T-1$ 和 T 的货币需求等于他的储蓄或负储蓄。个人将在其他生命阶段持有债券或/和货币，这取决于他的储蓄和负储蓄状况。对于该扩展模型，中央银行与个人的公开市场交易将受这些限制条件的约束。

为简化论证，假设 $t=0$ 且 $T=3$（即有 0～3 共 4 个生命阶段），同时债券的净收益率是正的，货币的收益率为零。进一步假设在生命阶段 1、2 和 3 有净储

---

① 假设债券的毛（无风险）收益率高于货币，且对于从 t 期到 $t+i(i>3)$ 期的 1 单位消费所希望的 i 期延迟，这 1 单位消费从 $t+1$ 期直到（但并不包括）$t+i-1$ 期将以债券形式持有，在 t 期和 $t+i-1$ 期以货币形式持有。

蓄，在生命阶段 4 则有相应数量的负储蓄。现在个人在生命阶段 2 购买的债券等于生命阶段 1 的储蓄，并从生命阶段 2 持有到生命阶段 3。现在假定在生命阶段 2，中央银行用名义余额 dm_2 从个人手中购买这些债券的一部分（数量为 db_2）。为保持政府消费和个人一生收入不变，还假定在生命阶段 3 这些债券到期时，中央银行持有的这些债券的利息作为一次性总转移支付返给个人。在这种情况下，W-M-M 定理还成立吗？

公开市场业务前后的需求、供给和价格的符号分别用没有 * 号和有 * 号的符号表示。由于公开市场业务在生命阶段 2 进行，所以我们只明确分析这一阶段。在上述假设条件下，生命阶段 2 的货币和债券的实际需求是①

$$b_2^d / p_1 = s_1 \tag{16}$$
$$m_2^d / p_2 = s_2 \tag{17}$$

假设在经济的初始均衡状态下，货币与债券持有者的人均供求等于上述需求，我们有

$$b_2^s / p_1 = s_1 \tag{18}$$
$$m_2^s = p_2 s_2 \tag{19}$$

从（19）式可知，生命阶段 2 的价格水平 p_2 等于 m_2^s / s_2，其中 m_2^s 是外生给定的人均法定货币供给。在生命阶段 2，中央银行用 dm_2 的货币从个人手中购买 db_2 的债券，此公开市场操作将这些供给改变为

$$b_2^{s*} = b_2^s - db_2 \tag{20}$$
$$m_2^{s*} = m_2^s + dm_2 \tag{21}$$

其中，$db_2 = dm_2$。这些供给成为个人的货币与债券持有量。问题在于，个人是愿意继续持有它们，还是舍弃一种资产的一些数量以换得另一资产。对于以下论证，请注意，个人在生命阶段 3 将以一次性总转移支付的方式获得 db_2 的利息，但不会把它作为货币收益的增加，所以他没有认识到其持有的原始货币或原始货币持有增加会得到任何利息支付。

由于债券支付利息而货币不支付利息，所以个人在公开市场上立即把 dm_2 的货币（从央行的公开市场操作中获得）再投资于债券而获益。也就是说，在生命阶段 2，他对债券和货币的需求函数不变。因此

$$b_2^{d*} / p_1 = s_1 \tag{16'}$$
$$m_2^{d*} / p_2^* = s_2 \tag{17'}$$

所以，对于生命阶段 2 的货币市场均衡，（21）式和（17'）式意味着

$$m_2^s + dm_2 = p_2^* s_2 \tag{22}$$

这又隐含着

$$p_2^* = (m_2^s + dm_2) / s_2 \tag{23}$$

---

① 在下文中我们省略下标 t，因为它在本节的分析中是不必要的。

对于 $dm_2>0$，$p_2^*>p_2$。或者说，由于在生命阶段 2 有一个不变的由储蓄产生的实际货币需求集，而货币供给增加，所以在生命阶段 2，商品价格将上升，货币价值将下降。比较（16′）式与（20）式，由于债券供给下降但实际需求不变，在生命阶段 2 债券价格将上升。① 因此，扩张性的公开市场操作将会引起价格水平与债券价格的上升。这与 W-M-M 理论的论断相反，即任何公开市场操作都不会改变价格水平与债券价格，即使不费心去研究生命阶段 2 后的可能效应，我们也已证明，W-M-M 定理在我们扩展的现金先行叠代模型中不成立。

另一个现金先行模型

对前述模型的一种扩展是将劳动引入其中。因此我们现在假设资源禀赋仅以劳动的形式存在。这些资源禀赋在个人的一生中的年轻阶段或工作阶段为正，在退休之后为零。每一阶段每个年轻个人支付一单位的劳动并在同样的时间内获得货币形式的报酬。他可以在同一时期购买消费品或者为了保持购买力到下一阶段而购买债券。

我们将对个人对货币和债券的需求的分析留给读者。很明显，个人的货币需求与其消费支出关系更紧密，而债券需求则与其储蓄关系更加密切。同时，我们也把探索针对公开市场业务的 W-M-M 模型的含义的任务留给读者。

重新评价 W-M-M 定理

前面论述的现金先行叠代模型使得我们得出结论，针对公开市场业务的 W-M-M 定理取决于对是否存在取代货币的资产所做的特定假设。从这个角度上说，在现代经济中，在我们的扩展模型中针对债券的公开市场业务似乎比在没有现金先行约束的标准叠代模型中针对储存商品或债券的公开市场业务更加现实。扩展模型与 W-M-M 定理的结论的分歧取决于前者的现金先行约束，而现金先行约束又是叠代框架的许多支持者所不能接受的。这种约束是否应当附属于叠代模型是一个有待讨论的问题，但叠代模型似乎无可置疑地需要变得更加现实。在这一过程中，一个必不可少的要求是，它们必须包含法定货币（或商业银行的存款）与债券间的流动性差异，这可以通过现金先行约束（就像扩展模型所做的那样）来实现，也可以通过把 MIUF 概念直接或间接地引入叠代框架的效用函数（正如下一节所做的那样）来实现。在对叠代框架的这些修正中，无论哪一种修正都会把 W-M-M 定理从修正模型中剔除。在叠代框架的许多支持者看来，没有一个可以接受。

23.2 包含消费者支付时间和间接 MIUF 的扩展叠代模型

货币包含在效用函数中吗？

MIUF 模型强调货币的交换媒介作用，在现代经济中它的储蓄储存作用（暂

---

① 进一步说，由于债券的收益与其价格反向变化，所以它将在生命阶段 2 下降，原因是公开市场业务导致债券供给减少。

留购买力）只是一个辅助功能。这些模型及其理论依据在第 3 章已做了详细阐述，这里我们简要回顾一下把货币纳入效用函数的一些理由。最简单的一个理由是，个人的效用函数包括"多比少好"或反过来"少比多好"的物品。在宏观经济、社会、法律和其他环境方面既定的条件下，这些偏好代表了个人的主观决定。进一步说，偏好理论中的"效用"一词并不意味着"满足"。对于一个吸烟者而言，香烟（即便知道有害健康且没有任何实际好处）包含在效用函数中。更进一步地，环境因素对于决定处在这一环境下的个人效用函数起着重要的作用。在一种把吸烟视为正常，甚至理所当然的社会环境中，相比一种对吸烟深感不悦的环境，将会有更多的人将吸烟纳入他们的效用函数中。空气被污染（物理的）的环境决定了处于其中的居民是否将清洁的空气纳入效用函数中。对于特别的形状、服饰、设计等的偏好通常取决于"社会"或"时尚"环境。因此，对于效用函数中包括哪些项以及个人会将哪些效用纳入这些项里，环境是一个主要的决定因素。同样，在一种货币环境中，如果各种不同的商品及货币只能通过货币进行交换，那么在其他条件都相同的情况下，想要交易的个人将倾向于持有更多货币余额而不是更少。

前述讨论提出了一个问题：如果货币就像叠代框架的支持者所主张的那样具有内在无用性（就直接用做消费品而言），那么它如何仍然产生效用？上述基于 MIUF 方法的论点接受货币的这种内在无用性，就像现实经济中许多需求和价格大于零的商品一样。尽管如此，他们仍指出货币具有效用（这里重申，这只是指对于多持有货币而不是少持有货币的偏好），在这样一种经济环境下，用货币购买商品和债券比用商品和债券相互交易要更加方便和愉快。[①] 这种货币与经济环境被认为是社会的一部分，所以货币经常被称为社会创造。更进一步地，这一社会的一部分在每种社会和经济中都是特有的，因此不同的经济中通常有不同的物品作为支付的媒介。举例来说，加拿大的经济环境是加元为通货，而不是印度卢比，那么加拿大的支付媒介使得加元（而不是卢比）包含在加拿大居民的效用函数里。反过来，这一论点也适用于卢比在印度的作用。

总结来说，当决定一项特定的物品是否包含在个人效用函数中的时候，直接消费中的物品的内在有用性和内在无用性与物理、社会和经济环境比起来，其相关性更弱些。因此，货币内在无用性的概念只是转移注意力的东西而已——应该被抛弃。

23.2.1 货币间接纳入效用函数（MIUF）的扩展叠代模型

使用叠代模型的一个主要理由是，货币没有直接给个人带来消费服务，不应作为一个变量出现在效用函数中。基于这一立场，这一部分以不包括货币的效用

---

① 例如，19 世纪 90 年代的女士流行服装会在 19 世纪 90 年代女士的效用函数中，但现在不流行了，它不大可能在 20 世纪 90 年代女士的效用函数中。类似的讨论适用于钻石、身体文身、假发、女士帽子等。它们中的某一些是内部有用的吗？必须包含在效用函数中吗？它们中有哪些是内部无用的，不是必须包含在效用函数中的？

函数开始。简要来讲，本节回到两阶段叠代框架，无须明确使用现金先行约束。把第3章介绍的下列观念引入叠代框架中，即货币的使用节约了个人进行交易的时间，而且个人认为闲暇具有正效用。同时还假设存在一期债券，其具有正的毛息票率 r（$r>1$），而货币的毛收益率等于1。

在前面的分析中，我们的模型有一个相当不现实的假设，即商品、货币和债券之间每期只有一次交易。现在我们将放弃这个假设，代之以假设商品可以销售获得货币，货币在同一时期又可用于购买债券。现在我们假设经济体中有大量的、异质的商品。

在这些假设之下，个人的两生命阶段跨时效用函数将是

$$U(\cdot)=U(c_t^y, h_t'^y, c_{t+1}^o, h_{t+1}'^o) \tag{24}$$

每一生命阶段的时间约束是

$$h'_{t+i}+n^\sigma_{t+i}=h_0 \qquad i=0,1 \tag{25}①$$

其中，h' 代表闲暇；n^σ 代表交易时间，即进行交易支付所需的时间；h_0 代表每期总的可利用时间（小时）的外生约束。

假定交易支付需要时间和减少闲暇的理由是显而易见的，可参阅第3章。这些假设说明消费与闲暇有正的边际效用，但是交易支付所需的时间具有负的边际效用。② 在货币经济中，当买方有货币可用于支付时，花费在支付上的时间是非常短的而且几乎难以被注意到。不过，假设买方没有足够的货币余额（或者是可接受的信用卡）来支付所有的消费，从而想向卖方支付一些商品，或者用债券或可接受的信用卡来支付其余下的消费。那么，卖方可能需要一些时间来决定是接受还是拒绝这一请求。为成功支付所购买的消费而花费的时间构成了 n^σ。一般公众认为时间用在这一方面是令人不愉快的，这样的时间越短越好。在花费在成功支付购买物品上的时间的负边际效用方面，我们的模型与这一态度相符合。

此外，第3章假设的交易时间（如购买的支付时间）函数的一般形式是

$$n^\sigma_{t+i}=n^\sigma(m_{t+i}/p_{t+i}, c_{t+i}) \tag{26}$$

其中，对第一个变量的偏导数是负的，对第二个变量的偏导数是正的。对于给定数量的购买，持有更多的货币余额以应对购买商品的所有成本将会减少花费在支付上的时间。根据（24）式至（26）式有

$$U(\cdot)=U(c_t^y, h_0-n^\sigma(m_t^y/p_t, c_t^y), c_{t+1}^o, h_0-n^\sigma(m_{t+1}^o/p_{t+1}, c_{t+1}^o)) \tag{27}$$

此时的（27）式是间接跨时效用函数。真正的余额在两生命阶段的效用函数中都

---

① 由于资源禀赋是外部赋予个人的，这里我们已经假设没有时间花费在工作上。这是一个不常见的假设，但引入劳动供给不会改变结果，不过会要求引入工资率。在这一问题上，这是一个不必要的障碍。

② 这一时间不是指用于购物的时间，即那些花费在选择商品上的时间。多年以前，我的一个学生指出，购物，包括看橱窗，都是一种开心的花费时间的方式。我们的模型没有明确指出包括购物时间，但是可以进行这样的修改，即除了用于休闲和工作的时间之外，还把购物时间也考虑进去。

出现。由于个人在第二生命阶段结束时死亡，他那时仍然持有的任何货币余额对于他都没有价值，所以我们假设他在第二生命阶段①向别人租到货币余额（的使用权）。由于货币的替代资产是毛息票率为 r 的不流动资产债券，在完全竞争和有效率的市场上这种货币的租金率将是每期 $(r-1)$，没有交易成本。他也可以在第一生命阶段出租货币余额②（但是我们假设在此生命阶段直接拥有它们会使其获利），因为他需要通过持有它们以把购买力结转到第二生命阶段。因此，除了在最后一期仅作为支付媒介之外，货币余额在所有各期都起交易和储蓄的作用。在生命的最后阶段，个人将不会再持有货币或债券，因为在生命最后阶段留有的数额对他来讲已经没有用处了。

因此，假设条件是，第一生命阶段的储蓄大于或等于此间的货币需求，第一生命阶段的货币余额被直接拥有，但在第二生命阶段被出租。我们也像早期对标准叠代模型所做的假设那样，假设第一生命阶段的禀赋超过它的最优消费。

由于货币和债券现在可以在第一生命阶段购买，第一生命阶段的预算约束变为

$$p c_t^y + m_t^y + b_t^y = p_t w_t^y \tag{28}$$

第二生命阶段的预算约束为

$$p_{t+1} c_{t+1}^o + (r-1) m_{t+1}^o = p_{t+1} w_{t+1}^o + m_t^y + r b_t^y \tag{29}$$

这里，货币在两生命阶段都被持有，但债券只在第一生命阶段被持有。此外，货币在第一生命阶段被直接拥有的成本为 1，但在第二生命阶段被出租的租赁成本为 $(r-1)$。根据 (29) 式有

$$r b_t^y = p_{t+1} c_{t+1}^o + (r-1) m_{t+1}^o - p_{t+1} w_{t+1}^o - m_t^y \tag{30}$$

把 (30) 式代入 (28) 式，消去 b_t^y，得到个人的一生预算约束为

$$p_t c_t^y + (p_{t+1}/r) c_{t+1}^o + (1 - 1/r) m_t^y + ((r-1)/r) m_{t+1}^o = p_t w_t^y + (p_{t+1}/r) w_{t+1}^o \tag{31}$$

个人的实际一生财富 W_t（例，一生资源禀赋的贴现价值）现在是

$$W_t = w_t^y + (p_{t+1}/p_t)(1/r) w_{t+1}^o \tag{32}$$

在满足约束条件 (31) 式的情况下，求 (27) 式关于 c_t、c_{t+1}、m_t 和 m_{t+1} 的跨时效用最大化，得到下列形式的人均实际余额需求函数：

$$m_t/p_t = \phi_t(p_t/p_{t+1}, r, W_t) \quad i = 0, 1 \tag{33}$$

实际人均债券需求是

$$b_t^y/p_t = w_t^y - c_t^y - m_t^y/p_t = w_t^y - c_t^y - \phi_t(p_t/p_{t+1}, r, W_t)$$
$$= \Theta_t(p_t/p_{t+1}, r, W_t, w_t^y) \tag{34}$$

---

① 如果一个人的生命无限长，则这一假设不是必需的。
② 货币服务只是用于出租这种假设只对最后那个时期是必要的。在一个 T 期生命阶段模型里，这个假设只对时期 T 是必要的。第 7 章对此有更详细的讨论。

$$b_{t+1}^o = 0$$

请注意，在这种两阶段模型中，现在的第二生命阶段的债券需求（不是货币需求）为零。

两生命阶段的储蓄是

$$p_t s_t^y = p_t w_t^y - p_t c_t^y = m_t + b_t > 0 \tag{35}$$
$$s_{t+1}^o = 0$$

因此，在一般情况下，实际余额的需求在两个生命阶段都可能是正的，债券的需求只在第一阶段是正的，且实际余额的需求与储蓄的需求可能不同。特别地，当 $b_t^y > 0$ 时，实际余额的需求在第一生命阶段可能低于储蓄；当 $m_{t+1}^o > 0$ 但 $s_t^y = 0$ 时，实际余额的需求在第二生命阶段可能大于储蓄。因此，这个模型比基本的叠代模型的现实性稍微强一些，因为在后一模型中，货币只是储蓄的媒介，实际余额的需求必须等于储蓄，而且在上述假设下货币与债券不能同时有正的需求。

我们不会像对标准叠代模型所做的那样，把这种分析深入到探讨货币的价值、货币稳定性或货币增长的效率等方面。然而，通过将本节的上述分析与标准叠代模型分析相比较，应当清楚地看到，货币需求函数现在受货币的交易作用而非储蓄媒介作用所主宰[①]，就像在第二阶段，在这种情况下生息债券通常对货币起决定性影响。进而言之，即使当个人的储蓄为零时，货币的需求也是正的——正如在第二生命阶段那样。

对整个经济来说，每期交易对货币的正需求意味着，尽管货币的当期价值取决于未来价格，但即使货币的价值在未来某一日期预期为零，当前货币的价值也会是正的。因此，即便在极端的恶性通货膨胀情况下，货币经济中的货币也会被继续使用——为了购买商品时可以更便利并减少交易时间，就不断需要货币。

一个例证

上述分析可以用一个跨时效用函数的对数线性形式来说明。即令

$$U(\cdot) = u_t^y + \delta u_{t+1}^o \tag{36}$$

设定时期效用函数为

$$\begin{aligned} u_{t+i} &= \ln c_{t+i}^o \cdot h_{t+i}^{\prime \gamma} \quad i = 0, 1 \\ &= \ln c_{t+i}^o \cdot (h_0 - n^\sigma (m_{t+i}/p_{t+i}, c_{t+i}))^\gamma \end{aligned} \tag{37}$$

其中，$U(\cdot)$ 代表跨时效用函数；$u(\cdot)$ 代表时期效用函数；$\delta = 1/r$；r 代表毛时间偏好率（毛主观折现因子）。

假设时间禀赋为 h，交易技术是柯布—道格拉斯型，这样可用于闲暇的时间 h_t'（即，除去交易时间）[②] 是

[①] 随着商品数量的增加及持有债券的最少时间的减少，这一主宰程度很有可能会提高。
[②] 请注意，在这个拥有商品禀赋但没有生产和就业的经济中，闲暇等于可利用的总时间减去交易时间。

$$h'_t = h_0 - n^\sigma(m_t^y/p_t, c_t) = k(m_t/p_t)^\alpha c_t^{-\beta} \qquad k \geq 0 \tag{38}$$

因此

$$u_{t+i} = \ln[kc_{t+i}^{(\rho-\gamma\beta)} \cdot (m_{t+i}/p_{t+i})^{\gamma\alpha}] \qquad i = 0, 1 \tag{39}$$

由（36）式和（39）式知

$$U(\cdot) = \ln[kc_t^{(\rho-\gamma\beta)} \cdot (m_t/p_t)^{\gamma\alpha}] + \delta\ln[kc_{t+1}^{(\rho-\gamma\beta)} \cdot (m_{t+1}/p_{t+1})^{\gamma\alpha}]$$

得到

$$U(\cdot) = [\ln k + (\rho - \gamma\beta)\ln c_t + \gamma\alpha\ln(m_t/p_t)]$$
$$+ \delta[\ln k + (\rho - \gamma\beta)\ln c_{t+1} + \gamma\alpha\ln(m_{t+1}/p_{t+1})] \tag{40}$$

假设个人在满足预算约束（31）式的条件下，求（40）式关于 c_t、c_{t+1}、$m_t^r(=m_t/p_t)$ 和 $m_{t+1}^r(=m_{t+1}/p_{t+1})$ 的最大化，其中，m^r 表示个人持有的实际余额。注意，在该方程组中，债券不是变量，尽管它们包含在时期预算约束（28）式和（29）式中，因而每一生命阶段的最优债券需求都可从这些有关推导消费和实际余额最优值的约束条件中推导出来。

在满足条件（31）式的情况下，（40）式的拉格朗日函数是

$$L = [\ln k + (\rho - \gamma\beta)\ln c_t + \gamma\alpha\ln(m_t^r)] + \delta[\ln k + (\rho - \gamma\beta)\ln c_{t+1} + \gamma\alpha\ln(m_{t+1}^r)]$$
$$- \lambda[c_t^y + \{p_{t+1}/p_t r\}c_{t+1}^o + (1 - 1/r)m_t^r + \{(r-1)/r\}m_{t+1}^r$$
$$- w_t^y - \{p_{t+1}/p_t r\}w_{t+1}^o]$$

其中，λ 是拉格朗日乘数。使该函数关于 c_t、c_{t+1}、m_t^r、m_{t+1}^r 和 λ 最大化，将得到欧拉条件，这可用于求解这些变量的最优值。我们把这些工作留给感兴趣的读者。这些最优值意味着

$$m_t^r < s_t$$
$$m_{t+1}^r > s_{t+1}$$

进一步地，我们可以推导出 p_{t+i} 和 v_{t+i} $(i=1, 2)$。同样可以得到每一时期①债券的需求函数。

该模型及其所隐含的需求函数更接近于构成 IS-LM 宏观经济模型基础的商品、货币和债券的需求函数。在更一般的情形下，预算和时间约束可以进行修改以便能够应用于工作、闲暇和交易支付。根据假设的函数的形式，这一扩展指出家庭使用货币将增加它们的劳动供给②，并因此而增加经济中的产出。但是，它们仍然没有考虑货币的持有对企业商品生产的影响，下一节试图解决这个问题。

---

① 在生命的每一阶段都对实际余额有正需求，包括生命的最后阶段，在生命的第一阶段对债券有正需求而在第二阶段（最后阶段）对债券的需求为零。由于在各个时期用于交易目的的货币需求为正，因此各个时期货币的价值不会是零，即使在将来其预期价值为零。相对于由基本叠代模型产生的货币，这明显是一个更实际的结果。

② 这是使用货币的一大重要作用。我们将以下问题留给读者自己去证明：充足的货币持有相对于不充足的来说将会使在工厂中进行生产活动的劳动增加，从而使得经济中的产出增加。第3章提供了相应的分析。

23.3 包含间接 MIPF 的企业扩展叠代模型

23.3.1 将实际余额纳入生产函数的理由

上一章指出，标准叠代模型的主要缺陷是，把货币纳入叠代模型虽然提高了既定禀赋路径消费的配置效率，但并未使该路径上的产出和可用于消费的产品增加。这就违反了货币经济的主要典型事实：货币经济比以物易物或自给自足经济生产的产出更多。由叠代模型得出这种结果的一种方式是把生产部门纳入其中，这要求引入追求利润最大化的企业，生产中起码要有劳动投入。

就最简单的包含生产的两生命阶段叠代模型而言，假设每个人的禀赋不是商品而是劳动时间，他把劳动时间出售给生产商品的企业。无论是劳动还是商品都不能储存，企业使用劳动以生产商品，没有其他投入。特别地，企业的实际余额在这种生产函数中并不是一项投入。

在以物易物制度下，工人获得的（实际）工资表现为他们生产出来的商品。如果工人在第一生命阶段的工资超过其最优消费，那么在包含货币的标准叠代模型的假设条件下，任何储蓄都会以货币的形式结转到第二生命阶段。由于上述以物易物情况不允许典型企业在使用货币时获得利益，企业就不会持有货币，这种余额也就不会增加它的产出。这是与事实相悖的，我们需要进一步修正叠代模型以使其符合现实。有如下假设条件的模型是不现实的：企业用工人生产的商品支付工人的工资，不这样做就会减少工人对它的劳动供给、它自身的雇佣人数和产出。

由于叠代模型的支持者一般都反对把货币直接纳入消费者的效用函数，也反对把货币直接纳入企业的生产函数，其理由是法定货币具有内在无用性，不是一种生产投入，因而对生产没有直接的贡献。与这种观点相一致，我们上面已假设，货币不直接进入生产函数。然而，即使我们接受这一点，在货币经济中，就算所有投入的供给者都愿意接受货币以交换他们的投入供给，他们也不会都愿意用他们的投入所生产的商品进行交换。更进一步，在货币经济中，即使所有消费者都愿意用货币支付其购买，任何给定的消费者在寻找某些合适的供给者时也是困难的，这些供给者必须恰好需要消费者所能提供的投入，并且数量也相当。

孤岛寓言

"孤岛寓言"用于描述上述存在很多异质商品、公司和消费者的情况。"孤岛寓言"内容如下：有 n 种商品和 n 个公司，每一个公司都生产特定的商品并且坐落于各自独立的岛上。每一个岛都有工人或消费者，每个岛上的工人需要消费特定的商品。如果企业既不愿意以货币支付工资，又不愿意接受以货币形式销售商品,那它就必须派出使者去寻找愿意接受以其商品作为工资的工人所在的岛屿,反过来,还要寻找愿意以他们的劳动支付所购买商品的消费者所在的岛屿。假定到达进行有效交换的恰当岛屿的概率是随机分布的。当有 n 种商品和 n 个岛屿时,一个使者在一天或一段时间里遇上符合要求的岛屿的概率是 $1/n$。如果企业每天只派出一个使者,那么,在他不成功的 $(n-1)/n$ 的日子里,该企业不能得到任何投入,也不能生产任何产出。进而言之,没有被联系上但在合乎要求的岛屿上的工人将不能出卖他的劳动服务,也就得不到任何工资支付,这就减少了他的跨时商品消费。

现在假设,不持有货币的企业通过雇用大量的使者尽力减少停工或商品变质的风险。派出两个寻找合适工人的使者把因缺乏工人而停工的概率降低到 $(n-2)/n$,三个这样的使者把该概率降低到 $(n-3)/n$,依此类推。与这种收益相比,存在的问题是,各自独立的多个使者最终可能会雇用过多的工人,多余的工人即使没有工作也要支付工资,企业会遭受损失。

与上面这种情况相比,考虑另一种情况,即所有经济主体都使用货币并在劳动和商品交换中愿意接受它。不过,公司仍然需要派出销售人员去寻找想要购买其产品的消费者。寻找工人的使者能从他所抵达的第一个岛屿雇用到所需要的工人,承诺以货币支付工资;有商品要销售的销售人员能在他抵达的第一个岛屿出售商品,该岛的消费者以货币形式支付。后者带回来的货币在本期末以工资形式支付给工人,工人在下一期用货币购买所需要的商品和用于储蓄。根据"有效需求"——它是雇用的销售人员的数量和愿意以货币作为支付方式的消费者的数量的函数,企业在每期都拥有了所需的工人,因而无须停工一段时间,因此,除了销售人员和使者,使用货币的公司的劳动雇佣量和产出应该更高些,并且总体来讲,当与那些非货币经济中的公司或是其消费者没有足够的货币余额的公司相比,对于货币经济中所有的公司来说,其预期雇佣量和产出更高。

货币在生产函数中的实证研究

我们前面的讨论已经对为什么公司的产出会随着其货币持有量的变化而变化提供了理论与直观的原因。为了说明,我们这里举一个实证的例子来支持这一论点。尽管一些研究结果对在生产函数中纳入货币持相反意见,但芬顿(Sephton,1988)指出,应用美国 1938—1978 年的年度数据,发现公司的实际余额是 CES(替代弹性不变)生产函数中的有效投入(见第 7 章关于此函数的详细形式)。

23.3.2 企业的利润最大化与货币需求

很明显,在货币经济中,追求利润最大化的企业要在它使用的货币数量与必须保留的使者数量之间做出权衡。如果它保留了较多的货币余额,投入到出使上面的劳动就会减少,释放出的劳动可用于生产更多的产出。为了把这种权衡替代关系纳入对代表性企业的分析中,假设一种生产技术,在这种技术下劳动是唯一的投入，其中典型工人的时间 n' 被典型企业用于生产，n'' 用于交换（作为使者寻找愿意以自己的劳动换取企业的商品的工人，并卖出企业的产出）。在生产和销售产出 x 的过程中，企业使用的工人时间总量为 $n'+n''$。假设从每个工人角度来说企业的生产函数由下式给定：

$$x=f(n') \qquad \partial x/\partial n'>0 \tag{41}$$

进一步假设，就企业经营所处的货币经济而言，支付技术由下式给定：

$$n''=\phi(m^f/p,x) \tag{42}$$

其中，$\partial n''/\partial(m^f/p)<0$ 且 $\partial n''/\partial x>0$，$\phi$ 是支付技术函数。各符号的含义如下：

x 代表企业的产出；

n' 代表每个工人直接用于生产的时间；

n'' 代表每个工人充当使者的时间；

m^f/p 代表企业使用的人均实际余额；

p 代表公司产品的价格。

令企业使用的总工人时间为 $\underline{n}$。由（41）式和（42）式可知

$$x=f(\underline{n}-\phi(m^f/p,x)) \tag{43}$$

其中，$\phi x/\partial(m^f/p)=-(\partial f/\partial n')\{\partial\phi/\partial(m^f/p)\}\geqslant 0$，所以如果企业使用比较多的实际余额，它的产出就比较高。（43）式是一个间接生产函数，实际余额被间接地引入该函数，且可以重新写成

$$x=x(\underline{n},m^f/p) \qquad \partial x/\partial(m^f/p)\geqslant 0$$

此处 $x(\underline{n},m^f/p)$ 是公司的间接生产函数。

企业使其利润 π 最大化，其中，对于既定的就业水平 $\underline{n}$ 有

$$\pi=pf(\underline{n}-\phi(\cdot))-W\underline{n}-\rho_m m \tag{44}$$

这里 ρ_m 是名义余额的使用成本，W 是名义工资率。（44）式意味着，企业产出的供给函数及其实际余额的需求函数由下式给定：

$$x^s=x^s(W/p,\rho_m;\underline{n}) \tag{45}$$

$$m^{fd}/p=\psi(W/p,\rho_m;\underline{n}) \tag{46}$$

注意，支付系统不是静态的。它的改进使得实际余额在用于交易时更具效率，因而比使用使者更具吸引力，所以对于既定的 $\underline{n}$，它减少了 n''，从而增加了 n' 和 x。因此，在劳动量既定的情况下，更先进的支付系统会使经济的产出增加。

除了直接用于生产的工人，如果公司的产出仅取决于直接用于生产的资本存量（但不是用于支付其"使者"的部分，例如"在岛屿之间行动的划艇"），那么实际余额的使用也可能会减少后者使用的资本，留出更多的资本（总量是既定的）直接用于生产，从而有助于增加企业的产出。

第23.2节通过假设这种交易技术的柯布—道格拉斯函数，阐明了如何把间

接 MIUF 方法纳入两生命阶段的叠代模型。这类函数还可以用于阐明间接 MIPF，并假设劳动、资本和实际余额间存在单位替代弹性。给定这种生产函数，企业利润最大化意味着一个正的（直到某一点）但递减的实际余额边际生产率，因而该企业可能会有一个正的实际余额需求。总体来说，拥有这类企业的经济因为有正的实际余额，而这又便于劳动力雇用和产出销售，故产出会更高。我们把数学阐释留给读者去完成。

23.3.3 直观的经验证据

大多数经济体早已有稳固的货币交换制度，所以在交换中很容易忽略源于货币媒介的好处。我们所提供的经验证据是对某些现实情况的描述，其中货币不能用于这类交换或只能逐渐形成。在这些描述中，有一种是由雷德福德（Radford，1945）给出的。他描述了第二次世界大战期间的战俘营式的经济。这基本上是一种交换经济，该经济中的禀赋就是监狱的定量配给和红十字会包裹，以及各种消费品（如香烟、罐装牛奶、饼干、衣服等）。香烟作为一种货币以及最终纸币（由营地的餐馆和商店发行）的出现方便了交易。因此，货币具有两个用途：一是交易用途，货币的使用比外生禀赋的使用能获得更好的消费安排；二是货币的使用通过以货币形式持有储蓄而改变跨时消费安排。货币的叠代模型包含了货币的第二个用途，但并未包括第一个用途。实际上，雷德福德的文章表明，如果第一个用途没有产生，第二个用途永远也不会形成，而且大多数交易都是针对第一个用途的。

战俘们常常在集中营之间转移，时常是一通知就走。进一步说，战俘营中的一般预期是战争迟早会结束，所有的战俘迟早会被释放。因此，这个经济完全可以预期是具有有限生命的。在该经济的生命末期，战俘的纸币将变得毫无用处、价值为零。叠代模型预言，在这些情况下，纸币在所有时期都会具有零价值，永远不会存在。监狱中的这一演变说明，纸币的使用与价值同叠代模型的含义相矛盾。

下述例证 A 给出了我们的第二个描述性证据。它描述的是这样一种情况，即货币不能用于交易，尽管生产技术与物质资本不变。这一事例显示，当企业不能支付员工货币工资时，大量工人（包括他们的家庭成员）时间的大部分必须从劳动供给和闲暇转向交易活动。因此，用于生产（包括市场生产和家庭生产）的劳动就要减少，该经济的产出也会下降。此外，闲暇的减少和其他方面（感到"丢脸"）将导致相当大的效用损失。

此外，该企业在原材料的获得方面也会有麻烦，因为供给商想要"实际的货币"而不是将企业的产出用于以物易物。在没有货币用于原材料的交换时，该工厂不得不暂时停工，从而减少了它的产出。

因此，来自例证 A 的结论是，企业和工人使用货币会增加其产量和效用。例证 A 的结论也证明了我们的论点，即，是货币与经济环境——在该环境下，当有大量的异质产品时，与他人交易的需求——创造了货币的生产率及其效用。对"货币内在无用性"观念的否认在物物交换经济中是合理的。对于货币经济来说，叠代模型的论断——货币是无用的——是错误的，并且与货币经济中内在无用性的事实相矛盾。

例证 A：现实中的一项实验[①]

货币经济学家几乎不可能用现实实验来检验他们的理论。苏联中央集权制向俄罗斯资本主义制度的转变，为货币制度向以物易物制度的转变提供了许多例证。在上述转变中，至少在一定时间里生产技术和物质资本保持不变，但工人和其他投入的支付方式从货币支付向实物支付转变。这种转变的结果是什么？

这种转变的一个例子出现在 1997 年俄罗斯 Gus-Khurstalny 的一家玻璃和水晶工厂。该工厂把红丹作为一种投入，其来源以前在苏联境内，但现在不在俄罗斯境内。其供给商要求用货币支付，不同意用该工厂的产品支付或某种其他多边以物易物安排。由于该工厂没有货币用来支付，它不能得到足够的红丹供给，不得不定期停产。

但是，工人愿意接受用玻璃和水晶支付工资（因此同意工厂用生产的产品以物易物换取他们的劳动服务），因为该地区的工作机会相当稀缺。这就意味着工人必须带着适当的交通工具到工厂，必须想办法销售他们的"实物工资"或者用它换取他们所需要的产品。

工人及其家庭成员常常要在路边设立货摊以设法"出售"实物工资，有时可能以物易物交换到一些水果和蔬菜，有时可能以物易物交换到诸如衬衣、裤子和浴衣之类的该地区其他工厂的产品，也有可能偶尔卖给持有货币的旅游者。但是，这些交易除了需要相当多的劳动时间之外，还有许多不愉快的事，比如向地痞支付"保护费"，忍受灰尘、不舒适、嘲弄和羞辱等。通常，工人在摊位上售卖一天并不能把他一天的实物工资都换成货币，因此交易要比生产花费更多时间。

在货币短缺的情况下，工厂也很难以现金形式向市镇交钱，所以也需要某种形式的以物易物安排。在这些安排下，市镇把失业工人和其他人直接送到工厂，给予救济（以玻璃和水晶进行支付），接受者再把它们卖掉或换取所需的商品。

23.4 包含 MIUF 和 MIPF 的基本叠代模型

为了把基于间接 MIUF 和 MIPF 的技术与叠代模型结合在一起，请注意，每个工人在每期都分配到一个外生的时间禀赋 h_0。集中考察未被闲暇 h^l 用尽的净时间数量，这个时间中的一部分是被工人用来寻找工作和用于交易的 n^p，其余的

[①] 下列内容取材自 1997 年 2 月 7 日《蒙特利尔报》（*Montreal Gazette*）上的一篇文章。

作为劳动供给 n 提供给企业。但是，如果企业是用其商品而不是货币支付工人提供劳动的报酬，工人必须花费一部分时间（比如例证 A 中的在路边练摊）把这种商品交换成他所需的消费品，由此减少了他出售给企业的劳动时间。实际上，他的小时生产率和实际工资因花时间练摊而降低，这就是他在以物易物经济中就业的一种结果。虽然在例证 A 中这是一个很重要的因素，但我们为简化论证而予以忽略。

假设充分就业，n 中的 n' 被企业用于使者，只有剩下的 n'' 才可用于生产，故 $n=n'+n''$ 且 $h_0=h'+n^\sigma+n'+n''$，其中，h_0 是每个工人可利用的总时间，h' 是闲暇时间，n^σ 是花费在交易支付上的时间，n'' 是企业为便于交易而在派出使者等方面所花费的时间，只有 n' 才是直接用于生产的时间。把时间下标引入两阶段叠代模型，n^σ_{t+i} 取决于 $(m^h/p)_{t+i}$，而 n''_{t+i} 则取决于 $(m^f/p)_{t+i}$，其中，m^h/p 是工人自有的实际交易余额，m^f/p 是企业的实际交易余额。

令 n'_{t+i} 生产的产出是 w_{t+i}，并假设它完全用于工资支付。因此，工人在两生命阶段的收入/产出将是

$$w^y_t = \Psi(n'^y_t) = \psi(h_0 - h'^y_t - n^{\sigma y}_t - n''^y_t)$$
$$= \Psi(h_0 - h'^y_t, m^{hy}_t/p_t, m^{fy}_t/p_t) \tag{47}$$
$$w^o_{t+1} = \Psi(n'^y_{t+1}) = \Psi(h_0 - h'^y_{t+1} - n^{\sigma y}_{t+1} - n''^y_{t+1})$$
$$= \Psi(h_0 - h'^o_{t+1}, m^{ho}_{t+1}/p_{t+1}, m^{fo}_{t+1}/p_{t+1}) \tag{48}$$

对于 $i=0,1$，$\partial w_{t+i}/\partial(m^h_{t+i}/p_{t+i})>0$ 且 $\partial w_{t+i}/\partial(m^f_{t+i}/p_{t+i})>0$。因此，包含间接 MIUF 和 MIPF 的叠代经济每期的产出更多，因为：第一，工人对于货币的使用增加了劳动的供给，因为使用货币减少了工人花费在交易支付上的时间，因而增加了雇佣劳动数量；第二，公司使用货币增加了直接用于生产的劳动投入数量。

在均衡中，工人和企业持有的实际余额都是最优数量，该经济的人均名义余额需求由下式给定：

$$m^d_{t+i} = m^h_{t+i} + m^f_{t+i} + f(p_{t+i}s_{t+i}) \tag{49}$$

其中，$f(\cdot)$ 是叠代框架中对实际余额的储蓄媒介（也就是价值储藏）需求。为了简化，假设 $f(\cdot)$ 是可以添加到货币需求的另外两种组成成分中的。这种对实际余额（一部分由工人持有、一部分由企业持有）的总需求，除了特殊条件下的巧合外，将不会等于每期的储蓄，从而消除了基本叠代模型的一个不理想的含义。这就是储蓄和实际余额需求之间的紧密（通常是相等的）联系。实际上，根据（49）式，企业和家庭的实际余额交易需求将与消费和产出（而非储蓄）相关，尽管也有一个部分与储蓄有关。

更先进的支付系统可能降低或增加对实际余额的需求，通过节约工人用于交易的时间和减少使者，它将增加可用于直接生产的时间，从而增加每期的产出和工人在每一生命阶段的收入。一般地，这将使典型工人的福利和社会福利都增加。

因此，个人和企业的储蓄和实际余额需求将取决于货币的支付使用、它的成

本和支付系统的发展阶段以及货币的一揽子需求（例如以货币持有储蓄的愿望）。进而言之，由于货币不仅在各期间具有价值储藏作用，而且在每期还发挥支付手段作用并因此而部分地被持有，但债券并不具备这种作用，所以对于叠代模型中的法定货币，货币与债券之间的公开市场业务将会在叠代模型的法定货币方面拒绝 W-M-M 模型。类似地，由于货币能履行这种支付手段作用而储存商品则不具有这种作用，故货币与储存商品之间的公开市场业务也不能验证这个定理。特别是，对于这类公开市场业务，价格水平也不是保持不变的。

结　语

本章通过以下两种方式对叠代框架进行了修正：一是通过现金先行约束将支付媒介的作用纳入其中；二是间接地将货币代入效用与生产函数。在修正的现金先行模型中，法定货币可以与支付正利息率的债券共存。作为购买力的暂时载体（从一个阶段到下一阶段），货币由于其流动性强而优于债券，但在长期价值储存方面债券优于货币。不过，个人在任意时期 i 对于货币的需求等同于 i 时期的储蓄或者是 $i+1$ 时期的支出（仅就它们的绝对值而言）。这一说法对于现代金融高度发达的经济是不切实际的，因为在这样的经济中，实际余额与储蓄的各个不同变量之间并没有太大的关联。

叠代框架的第二个扩展在异质商品多样性的背景下引入了交易时间假说，并且将货币放在间接效用模型中。货币现在不仅被用做储蓄的可能工具，而且在每期内被用于购买商品。这就允许引入不流动的债券，它不能直接用于交换商品，但能作为储蓄的工具，这样就能获取比货币更高的收益。货币的交易用途使个人在每期节约交易时间，增加闲暇与效用，这一用途也增加了整个经济的社会福利。虽然债券的使用仅限于储蓄的长期结转，但它允许个人挣得比货币更高的收益率，从而使个人福利增加。在这种情况下，个人的货币需求与个人的储蓄和负储蓄不同，是由他的流动性需求决定的。这比不包含直接或间接 MIUF 的叠代模型的含义更现实。

基本叠代框架引入间接 MIUF 假说不会改变经济中每个雇佣工人的产出水平，因此不能解释为什么货币经济比非货币经济的每个工人有更高的产出。为解释这一点，我们要在模型中引入生产。货币的应用使得与购买支付相关的劳动解放出来。因此，释放出的劳动可以用于生产，提高整个经济的生产能力。此外，货币的应用增加了市场规模与生产的精细化，因此货币的应用形成了规模经济，使得人均劳动生产率提高。

虽然间接 MIUF 和 MIPF 假说与叠代假说的"合并"得到了似乎更合理的结果——这一点可通过与典型事实的对比看出，但这种"合并"（或说它是一种"接管"?）不可能被许多支持包含货币的标准叠代模型的人所接受。进一步说，这种合并的含义类似于 MIUF 和 MIPF 模型的含义，叠代框架也就没有什么特色了。但是，那些 MIUF 和 MIPF 传统的支持者可能很容易接受这种合并，因为他们把叠代框架看做把 MIUF 和 MIPF 观念扩展到跨时背景下的一种方法。

主要结论

※ 现金先行交易模型区分了货币和债券的流动性，货币是更具流动性的资产，并提出了一个不同的货币和债券需求模型。

※ 消费者使用货币使他们减少了在出售劳动和购买商品上花费的时间，并使他们增加了对企业的劳动供给。

※ 企业使用货币减少了必须用于产品销售和投入雇佣上的劳动和资本投入，并由此提高了直接用于生产的雇员比例。

※ 在整个经济层面上，消费者和企业对货币的使用增加了工人的闲暇时间和劳动供给以及经济中的产出，因此，经济中货币的使用不仅增加了消费者的福利，还增加了企业的利润。

※ 包含 MIUF 函数（或 MIIUF）和 MIPF 函数（或 MIIPF）的叠代模型对典型事实解释得更好，相对于不包含这些函数的模型而言。

复习讨论题

1. 在下列货币需求理论中，你更偏爱哪一种？为什么？（a）MIUF；（b）间接 MIUF；（c）现金先行模型；（d）叠代模型。

2. 有些经济学家认为，法定货币叠代模型包含了较好的货币理论所需的内容，它应当是一个最好的模型。针对下列问题，列一个答案清单：（a）你认为好的货币理论所需的必要条件；（b）叠代模型的政策含义。评价（b）在多大程度上满足（a）。

3. 根据第 21 章提出的典型事实，（1）没有时间和叠代的 MIUF 方法在多大程度上满足你在上一题（a）中所列出的各项条件？（2）有叠代的 MIUF 方法在多大程度上满足你在上一题（a）中所列出的各项条件？在回答问题（1）时，如果需要，你可以运用第 3 章的 IS-LM 分析或者 IS-IRT 框架使 MIUF 方法具体化。

4. 微观经济理论中效用的含义是什么？在回答这个问题时考虑如下情况：对人们身心福利似乎有害的物品为什么放入效用函数？因吸引富有顾客而具有向上倾斜的需求函数（即 $\partial q_i^d/\partial p_i > 0$）的物品为什么具有那样的边际效用？环境（自然的、经济的、社会的、政治的等）作为个人偏好的决定因素，其意义是什么？

5. 为什么 W-M-M 定理在第 22 章的分析中成立而在本章的分析中不成立？改变这个结果的假设条件有何重要差异？对它们的合理性你有何评价？在现代发达的经济中，W-M-M 定理是否成立？在金融市场欠发达国家情况如何？

请讨论。

6. 如果通货（一种法定货币）对于企业和家庭具有内在无用性，那么活期/支票存款对于它们也具有内在无用性吗？当存在其他诸如储蓄存款和货币市场共同基金（MMMF）等比活期存款的收益率高的高流动性资产时，它们为什么还要持有活期/支票存款？如果对支票存款的需求只是为了持有储蓄，正如在货币的叠代模型里一样，那么银行为什么不只是提供储蓄和定期存款账户而还要提供这种支票账户？为什么它们选择后者而不是使自己适应MMMF呢？

7. 讨论以下陈述："就现代经济而言，货币的投机需求理论得到如下结论，即不再有对M1的资产需求，对它的任何需求都只是为了便于当期交易。可是，叠代模型却断定有对法定货币（也可能有对M1）的资产需求，不包括交易需求和交易需求的存货模型。因此，货币的叠代模型包含了一个过时的且当期不存在的持有M1的动机。"

8. 建立一个两生命阶段的叠代模型，其中有不包含货币的效用函数和为完成商品交易而做支付的柯布—道格拉斯函数交易技术。可以设定你需要的任何假设。对于这一模型，推导出代表性工人的劳动供给函数。讨论工人的劳动供给与其持有的实际货币余额间的关系。

9. 建立一个两生命阶段的叠代模型，该模型中含有一个不包括货币但包括资本和劳动的柯布—道格拉斯生产函数，以及某种柯布—道格拉斯交易技术（既可以用资本也可以用劳动来对购买投入、销售产品等交易进行支付）。可以设定你需要的任何假设。对于这一模型，推导出代表性企业的产品供给函数。讨论公司的产出与其持有的实际货币余额间的关系。

10. 建立一个两生命阶段的叠代模型，其中包含间接MIUF方法（含有柯布—道格拉斯生产技术），以及间接MIPF方法（劳动、资本和实际余额之间的替代弹性为1）。可以设定你需要的任何假设。对于这一模型，推导代表性企业对实际余额的需求函数。在生命的任一阶段这一需求与储蓄相等或者取决于那一生命阶段的储蓄吗？

参考文献

Brock, W. A. "Overlapping generations models with money and transactions costs." In B. M. Friedman and F. H. Hahn, eds, *Handbook of Monetary Economics*, vol. I. Amsterdam: North-Holland, 1990.

McCallum, B. T. "The role of overlapping generations models in monetary economics." *Carnegie-Rochester Series on Public Policy*, 18, 1983, pp. 9–44.

Radford, R. A. "The economic organisation of a P. O. W. camp." *Economica*, 12, 1945, pp. 189–201.

Sephton, P. S. "Money in the production function revisited." *Applied Economics*, 20, 1988, pp. 853–60.

第八部分

增长理论中的货币和金融机构

第 24 章 货币增长理论

本章是在之前讨论过的索洛增长模型和内生增长理论的假定下展开论述的。

就货币增长分析而言,把银行体系中作为通货和余额的货币数量与金融机构和支付机制区分开来十分重要,因为它们会对经济的增长产生不同的影响。

本章还试图把内生技术进步的一些观点运用于金融中介机构。这是一个比较新的课题,本章的讨论只是初步解释而非盖棺定论。

正如文献中对这一主题的讨论一样,本章对货币或金融中介对增长的作用到底有多大,也没有得到明确的结论。不过,的确有些经验证据表明,金融发展是经济增长的一个贡献因素。

本章引入的关键概念

- 商品货币
- 法定货币
- 内部货币
- 稳定状态下的通货膨胀率
- 货币使用与交换中支付/交易时间的减少
- 金融服务作为一种中介物品
- 交换中的货币作为利用金融中介机构服务的一种机制
- 金融部门的发明和创新
- 内生增长理论

在宏观经济学中,标准的新古典增长模型(Solow,1956)并未包括货币或金融部门，本章将首先分步修正新古典增长模型，使之包含货币。这里将考虑三类货币：第一类是商品货币；第二类是无成本供给的法定货币；第三类则是由私人金融中介机构供给的内部货币。内部货币的供给涉及劳动和资本的使用，所以在考虑内部货币时，我们把注意力从名义或实际余额转向作为一个产业的金融中介机构，此时实际余额象征着对金融部门服务的使用。

与货币对经济增长和发展的重要性有关的文献可以分为好几大类：

第一类研究认为货币对一国的人均产出贡献为零或微不足道。

第二类研究认为金融发展是对经济增长的一种内生反应，金融部门通过扩大服务的数量和种类以应对其他部门对金融服务的需求。因此，从因果关系来看，经济的发展必然带来金融的发展。[①]

第三类研究认为货币和金融机构对国家的繁荣非常重要，因此它们对人均产出及其增长作出了巨大贡献，并且这种情况会出现在一国发展的任何一个阶段，尤其是发展的初期。

第四类研究比第二类研究走得更远。它们认为，在稳定状态中货币和金融机构对人均产出的贡献可能只有水平效应，或对人均产出也有增长效应；有些研究（可能是大多数）主张只有前一种效应，而另一些研究则持后一观点，即同时具有水平效应和增长效应。

增长理论中的货币方法

增长分析的货币方法主要在三个方面有差异，它们是：

1. 用货币的名义数量特别是法定货币的名义数量来考察[②]，与把该名义数量作为对金融部门服务的"要求权"来考察，并把对金融部门的分析重点放在其效率和创新上。前一观点被讽刺性地描述为把货币视为一层"面纱"，它只影响实际变量（如国民产出及其增长率）的外表而不是数量。后一观点认为，金融部门对经济中所有生产和交换的效率和绩效至关重要，因而对经济的产出和增长十分关键。[③]

2. 在静态经济中或在技术进步只存在于商品生产的经济中考察法定货币和金融机构的作用，与在经济中金融、生产和交换部门相互影响的创新、增长和发展的动态背景下考察其作用。

3. 考察一个未受管制的、竞争的和有效率的金融部门的作用，与考察金融部门受管制、无效率和缺乏竞争给经济带来的成本。这在讨论以下问题时尤为重要：有些国家为什么比其他国家发展得快，即使它们享有相同的商品生产技术知识？

这些差异使得货币在引入增长理论的方式上形成了二分法：一种是只把货币当做法定货币引入（上一章介绍的）新古典增长理论，并不去明确地考察金融部

---

① Robinson（1952）为此观点提供了早期的例证。卢卡斯（1988）把金融的发展称为经济的"附带事件"（sideshow）。
② 第21章和第22章的叠代模型就属于这种模式。
③ 第3章货币在生产函数中的作用就属于这种模式。

门,下面的第24.2节至第24.4节就是这样做的;另一种是把重点放在作为投入之使用者的金融部门,它提供像物品交换、投入的使用与支付、动员和配置储蓄、投资项目的有效筹资等服务,它还常常在所供给的这些服务上有创新。后者要求在一般的内生增长模型中考察金融部门,包括债券和股票交易的有序市场,它并无公认的模型,甚至连公认的框架都没有,所以在第24.5节和第24.6节只对这种方法做了大概的介绍。

第24.1节给出了一种商品充当货币的基本模型,第24.2节至第24.4节依次介绍为包含法定货币而对有关外生技术进步的基本新古典增长模型的各种修正。不过,现实经济中的主要货币形式并不是法定货币,主要货币形式(还有其他流动性资产)是由金融中介提供的,它们使用劳动和资本提供货币服务。金融机构的作用将在第24.5至第24.9节中涉及。第24.10节提供金融部门对经济增长的重要性的实证证据。第24.11节利用内生技术进步文献中的论点分析货币对人均收入和增长的贡献。第24.12节将投资、金融中介和经济发展联系起来讨论。

有关货币在产出增长中的重要性的典型事实

我们将从本章建立的模型中看到,新古典货币增长模型表明,货币经济同相应的以物易物(非货币)经济相比,产出可能或高或低。为了在这些含义之间做出判断并有选择地利用而又不明显地违反事实,我们需要建立某些有关货币经济增长的典型事实。我们把其中的两种典型事实表述如下:

1. 有关货币在经济中的贡献争议最小的典型事实是,货币经济比以物易物经济的人均产出和工人人均产出高。

2. 另一个典型事实是,给定资本—劳动比率,货币经济比以物易物经济的增长率高,尽管这种较高的增长率在稳定状态中是否存在争议比较大。

在解释和应用这些说法时,存在的问题是有关其中的"其他条件相同"条款的性质和范围问题。货币经济随着时间的推移而发展起来的生产和交换技术与在它们之前的以物易物经济所具有的生产和交换技术截然不同。与以物易物相比,货币交换促进了技能、商品生产、本地贸易、区域贸易和国际贸易等的专业化。货币经济与以物易物经济根本不同的一个例子是,现代的大型公司根本不可能存在于以物易物经济中,也不会存在于基于互联网的交换交易中。从这个意义上说,货币绝不只是覆盖在实体经济表面上的一层面纱,它形成和改变了经济的结构,扩大了经济的规模。

因此,从长期来看货币的历史作用,只有考虑到货币的使用导致的生产和经济结构的变化才能做出符合实际的评价。可是,很难准确确定技术和交换模式变化的哪一部分是因使用货币所致,哪些同样容易出现在非货币经济和比较原始的金融经济中。这也不可能用经验确定。考虑到这种困难和经济学家有限的分析工具,常用的"其他条件相同"条款——它的"即使在长期以物易物经济和货币经济之间、在比较原始的金融中介经济和发达的金融中介经济之间技术也不变"的假设——通常在建模时被使用,影响了许多从货币增长模型中得到的结果。因此,在运用基于这种"其他条件相同"条款的结果时,必须小心谨慎。

24.1 商品货币、实际余额和增长理论

本节利用索洛模型的生产技术描述基本新古典货币增长模型，其中有一种商品充当支付媒介从而起货币的作用。假设使用这种商品货币没有成本，它是耐用品，并且不进入效用函数和生产函数。总体情况实际上就变成了多边交换的以物易物经济，一部分产出用于消费和生产，一部分产出用做货币。

假设该经济的人均商品产出为 y，构成每一时期的人均可支配收入。和索洛（1956）中一样，假定它的人均消费 c 和人均储蓄 s 由下式给出：

$$c=(1-\sigma)y$$
$$s=\sigma y \tag{1}$$

储蓄的一部分用于增加实际余额，增量共为 m'，余下的 s_k 用来增加用于生产的物质资本存量，所以

$$s_k=\sigma y-m' \tag{2}$$

其中，s_k 是人均物质资本的变化，m 是人均实际余额，m' 则是 m 的变化量。σ 是边际/平均收入储蓄倾向。

假设法定货币的实际余额需求 m^d 是产出 y 的一个比例[①]λ，所以

$$m^d=\lambda y \tag{3}$$

假设通过价格水平的瞬时调整，货币市场达到均衡，有

$$m=m^d=\lambda y \tag{4}$$

这意味着 $m'=\lambda y'$，$m''=y''$，其中 "'" 代表变化，"''" 代表增长率。注意，如果 $\lambda=0$，那就表示没有货币并处于一个以物易物的经济体中。

因为 $y''=y'/y$，$y'=y''y$，所以人均实际余额的增加 m' 是

$$m'=\lambda y'' y \tag{5}$$

因此，由（2）式和（5）式有

$$s_k=\sigma y-\lambda y''y \tag{6}$$

从而我们有如下的稳定状态条件：

$$k'=s_k-nk=0 \tag{7}$$

其中，k 代表资本—劳动（K/L）比率；k' 代表 k 的变化；s_k 代表可用于物质资本投资的人均储蓄（$=k'$）；n 代表劳动供给 L 的增长率；nk 代表以现有资本密集

---

① 这个比例可以被看做是不变的或是依赖于持有实际余额的机会成本。这个机会成本等于有形资本的实际回报率（相当于实际利率）加上预期的通货膨胀率。

度装备增加的工人所需的工人人均资本。

由于 $y=f(k)$，其中 $f(k)$ 是生产函数，$f'>0$ 且 $f''<0$，我们由（6）式和（7）式得到

$$f(k)[\sigma-\lambda y'']-nk=0 \qquad (8)$$

因此，这种假设的经济的稳定状态条件是

$$f(k)[\sigma-\lambda y'']=nk \qquad (9)$$

我们用图 24—1 来说明（8）式，k 用横轴表示。① $f(k)[\sigma-\lambda y'']$ 用 X′ 这条曲线表示，它是一条是凹曲线且低于 $\sigma f(k)$，后者是代表以物易物经济（$m\equiv\lambda\equiv 0$）的曲线。如图 24—1 所示，货币经济的稳定状态值 k_1^* 小于以物易物经济的稳态值 k_0^*。但在 k_1^* 时，k 是不变的，所以 y 也是不变的。因此，资本 K 和产出 Y 的稳定状态增长率由下式给定：

$$K''=Y''=n$$

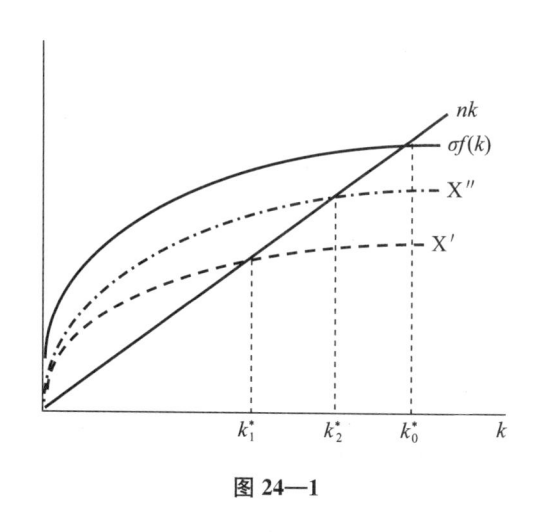

图 24—1

这与没有货币时的增长率相同。因此，在此模型中，商品—货币经济和以物易物经济将具有相同的稳定状态增长率（y'' 和 Y''），但货币经济的稳定状态值 y^* 和 k^* 将比较低，而根据假设，它与以物易物经济的生产函数相同。所以，在商品—货币经济中，人均收入和生活水平将比较低。进而言之，商品—货币引入索洛模型会产生稳定状态水平效应，但不会产生稳定状态增长效应。

可是，在前稳定状态，对于任何既定的资本—劳动比率，商品—货币经济确实产生比较低的增长率，这可以从如下论证中看到。对于生产函数 $f(k)$，与索洛模型（1956）一样，y'' 和 k'' 之间的关系为

$$y''=\alpha'k''$$

---

① 我们还没有为这幅图设定竖轴的标签。它的单位是产出的单位。凹形曲线代表人均储蓄，直线 nk 代表新的工人为了维持现存的资本/劳动比率而需要的投资。

其中，$a'=y_k k/y$，所以 a' 是资本的产出份额。由于商品—货币经济中的 k'' 要为增加实际余额提供一些储蓄，因而会减少，故 k'' 在把某种商品当做货币的经济中比在以物易物的经济中小，y'' 也一样比较小。

上述分析的含义是：
1. 稳定状态人均收入 y 在商品—货币经济中比在以物易物经济中小。
2. 稳定状态增长率是相同的。

含义 1 显然与我们在本章开始时讨论的货币和增长的典型事实相矛盾。

24.2 可支配收入中的法定货币余额与增长

本节修正上一节的分析，用法定货币取代商品—货币，这是货币演进的一般历史模式。本节描述的模型基于利维哈里和帕廷金（Levhari and Patinkin, 1968）的分析，他们结合并扩展了托宾（Tobin, 1965）和约翰逊（Johnson, 1967）的分析。在这种基本的货币模型中，货币是由政府发行的法定货币，因而是"外部货币"。假设这种法定货币的生产、引入、使用和持有都没有成本；新创造的法定货币无偿且直接地转让给公众。或者，在货币资金的财政赤字下，政府利用来自货币创造的铸币税购买物品，然后免费提供给公众，在这两种可供选择的情况下，经济中的商品收入并未因法定货币被引入到经济中而减少。因此，公众的可支配收入由两部分构成，一部分是该经济的产出，另一部分是该经济的实际余额的增加：

$$y_d = y + m' \tag{10}$$

其中，y_d 是人均实际可支配收入。如之前推导出的，$m' = \lambda y'' y$。因此，由（5）式和（10）式有

$$y_d = y + \lambda y'' y \tag{10'}$$

同以前一样，假设平均消费倾向固定在 $(1-\sigma)$，故

$$c = (1-\sigma)[y + \lambda y'' y] \tag{11}$$

来自人均产出 y 的人均储蓄 s 则为

$$\begin{aligned} s &= y - c \\ &= \sigma y - (1-\sigma)\lambda y'' y \\ &= y[\sigma - (1-\sigma)\lambda y''] \end{aligned} \tag{12}$$

由于法定货币没有使用任何商品，所有的 s 都用来增加物质资本存量，故而 $s_k = s$。因此，索洛增长方程变为

$$k' = f(k)[\sigma - (1-\sigma)\lambda y''] - nk \tag{13}$$

因此，在稳定状态下有

$$f(k)[\sigma-(1-\sigma)\lambda y'']=nk \tag{14}$$

（14）式左边表述的凹曲线用图24—1中的X″描述。X″将处在$\sigma f(k)$（以物易物经济）之下。因此，X″意味着存在法定货币时，k的稳态值k_2^*小于以物易物经济的稳态值k_0^*。但是，比较（9）式和（14）式，由于$0<\sigma<1$，X″（法定货币情形）将高于X′（商品—货币情形），因此，$k_2^*>k_1^*$。这表明，相比商品—货币情形，法定货币情形下y^*和k^*的稳态值更高，所以，从水平角度上说，从商品—货币转向法定货币使该经济变好了，尽管它仍然比以物易物情形的境况差。注意，在所有情形中稳定状态增长率$y^{*''}$和$k^{*''}$都是相同的。因此，犹如把商品—货币引入经济中一样，把法定货币引入经济只产生稳定状态水平效应，不会产生稳定状态增长效应。

然而，与以物易物经济相比，在法定货币情形的前稳定状态均衡中，因商品消费增加而导致的（表现为商品形式的）储蓄减少将降低k''，这意味着y''也会下降。也就是说，前稳定状态增长率下降。产出增长率的这种降低比商品—货币情形下要小。

24.2.1 稳定状态下的通货膨胀率

到目前为止，我们只考察了资本的稳定状态条件。由于现在模型中还有另一种资产——实际余额，它的稳定状态条件是

$$m'=0$$

其中，$m=M/PL$，因而，

$$m'=m''m=(M'-P''-L'')m \tag{15}$$

因此，稳定状态条件是

$$(M'-P''-L'')m=0 \tag{16}$$

令$M'=\theta$，$P''=\pi$，$L''=n$。因此，对于$m>0$，（16）式意味着

$$\theta-\pi=n$$

稳定状态通货膨胀率π^*由下式给定：

$$\pi^*=\theta-n \tag{17}$$

这意味着稳态条件下的通货膨胀率等于货币增长率和劳动增长率之差。

24.2.2 模型预测

在对现实的预测中，上述模型意味着：
1. 法定货币经济和商品—货币经济中的稳定状态人均产出以及资本密集度

都比以物易物经济中的要低；

2. 在稳定状态之外给定资本—劳动比率的情况下，增长率也比较低；

3. 稳定状态增长率是相同的。

这些预测表明，在不使用货币的情况下，经济的状况会更好。这与事实相悖，因为如果理性经济主体更喜欢以物易物经济而非货币经济，那么以物易物经济就不会演变为货币经济，但事实上已经演变成货币经济（Radford, 1945）。进而言之，我们的典型事实表明，货币经济总是比以物易物经济具有更高的人均产出。因此，上述模型遗漏了货币在经济中作用的重要因素，必须予以修正，以推导出更加现实的含义。对此，下一节试图把实际余额引入生产函数。

24.3 静态生产函数中的实际法定货币余额

在资本和劳动水平既定的情况下，我们把货币在经济中的使用能使经济生产得更多看做既定事实。为此，有两种方法来修正上述模型：一是重新定义产出，把交换和生产中的货币服务包括其中①；二是假定这些服务通过把实际余额放入生产函数来反映，且实际余额具有正的边际产品（Levhari and Patinkin, 1968）。我们将用后一种方法，并沿用利维哈尔和帕廷金的分析。

为把这种想法纳入上一节的法定货币模型，我们把典型企业的生产函数重新定义为

$$y = g(k, m^f) \quad g_k, g_m > 0; g_{kk}, g_{mm} < 0 \tag{18}$$

其中，m^f 是由企业持有的实际余额。在做了这种修正之后，（14）式中单位资本的实际余额增加会使可支配收入和消费增加，但储蓄减少，此时的稳定状态条件变为

$$g(k, m^f)[\sigma - (1-\sigma)\lambda y''] = nk \tag{19}$$

（19）式的左边是可用于物质资本投资的储蓄。对于既定的 k，由 （18）式可知，实际余额的存在会增加该经济的产出从而增加储蓄。但是，铸币税转让给公众增加了公众的可支配收入，通过收入效应又增加消费、减少储蓄，这些相反影响对可用于投资的储蓄的最终影响可能是不确定的。因此，如果我们要用图 24—1 中的曲线 X'''（实际并未画出）描绘（19）式的左边，X''' 可能处在以物易物经济的曲线 σy 之上或之下，但它无疑在 X' 和 X'' 之上。所以，k 的稳定状态值比在非货币经济中的或高或低，但肯定比货币不在生产函数中时要高。

因此，这一模型的含义是：

1. 货币经济比非货币经济的工人人均稳定状态产出或高或低；

2. 两种经济的稳定状态增长率可能都是 n。

---

① 如果货币不是无成本地供给并且法定货币的使用并非无成本，而是需要劳动和资本才能发挥其作用，那么仅仅当对金融服务生产中的一些资本和劳动力进行再分配并获得产出的净增益时，其使用才能增加产出。

但是，我们在本章的导言中曾指出，货币经济生产的产出实际上比非货币经济生产的产出高。为了在（19）式和图 24—1 中得到这一结果，我们必须在分析中增加专门的假设，即就愿意持有的实际余额而言，对 k 的任意取值，使用货币的净效应是储蓄增加。这要求因产出增加而产生的储蓄增加要大于创造新货币造成的储蓄减少。然而，把这一假设作为一般情况并无经验证据的支持，所以我们并不打算对储蓄倾向的这种变化进行分析。

24.4 将货币包含在静态生产函数和效用函数中的新古典模型的重新表述

24.4.1 将货币包含在效用函数（MIUF）和静态生产函数（MIPF）中的稳定状态

为确定可用于投资的储蓄，我们首先要推导出家庭的实际余额需求。一种推导方式是把实际余额包含在效用函数中，这正是第 3 章的效用函数中的货币（MIUF）方法，是锡德拉斯基（Sidrauski，1967）在讨论货币增长理论时提出的。下面的模型就是基于他的分析。这一方法假设：

$$U=U(c,m^h) \tag{20}①$$

其中，$U(\cdot)$ 代表家庭的效用函数；c 代表工人人均消费；m^h 代表家庭持有的工人人均实际余额。

锡德拉斯基认为，由于实际余额的服务产生效用，这些服务的估算价值就应当加到商品产出 y 和来自货币创造的铸币税 m' 上，以便计算出家庭的总收入。在均衡状态中，1 单位实际余额服务的实际价值将等于市场利率 r_m，继而等于实际收益率 r^r 加上通货膨胀率 π。② 因此，家庭的人均可支配收入 y_d 现在被修正为

$$y_d=y+m'+r_m m^h$$

其中，$r_m=r^r+\pi$，因而

$$y_d=y+m'+(r^r+\pi)m^h$$

与（15）式一样，$m'^h=M^h/PN$，$m'=(\theta-\pi-n)m^h$，因此

$$y_d=y+(\theta-\pi-n)m^h+(r^r+\pi)m^h \tag{21}$$

其中，y 是来自商品的实际收入，与在（16）式中一样，$[(\theta-\pi-n)m^h]$ 是增加的实际余额，从而也是增加的铸币税的实际价值，$[(r^r+\pi)m^h]$ 是来自持有货币

---

① 为了简化分析,我们使用了一个无时间框架的而不是比较复杂的(Sidrauski,1967)中所用的跨时效用函数。
② 我们这里假设通货膨胀完全预期得到，则预期通货膨胀率等于现实通货膨胀率。这实际上是一个有关确定性或完全预见性的假设，这类假设在增长理论中很常见且比不确定性下的理性预期假设强。

的服务的实际价值。(21) 式简化为

$$y_d = y + (\theta + r^r - n)m^h \tag{22}$$

家庭在 (22) 式的约束下最大化 (20) 式（对于 c 和 m^h）。同以前一样，假设不变的平均边际消费倾向是 $(1-\sigma)$，则有

$$c = y_d - s = (1-\sigma)\{y + (\theta + r^r - n)m^h\} \tag{23}$$

其中，c 是人均消费，$[(r^r + \pi)m]$ 被花费在实际余额服务的使用上，其余（即 $[c-(r^r+\pi)m^h]$）被花费在商品购买上。可用于物质资本投资的人均储蓄 s_k 是

$$s_k = y - \{c - (r^r + \pi)m^h\} \tag{24}$$
$$= y - [(1-\sigma)\{y + (\theta + r^r - n)m\} - (r^r + \pi)m^h]$$
$$= \sigma y - (1-\sigma)(\theta + r^r - n)m^h - (r^r + \pi)m^h \tag{25}$$
$$= \sigma y - \{(1-\sigma)(\theta + r^r - n) - (r^r + \pi)\}m^h \tag{26}$$

其中，实际余额 m^h 对 s_k 的影响是不明确的：如果 $\{\cdot\}$ 项是负的，那么 $s_k > \sigma y$；但如果 $\{\cdot\}$ 是正的，则 $s_k < \sigma y$。相对于 π 而言，θ 越高，前一种情况越有可能。注意，$\pi = \theta$ 并不一定使 s_k 等于或大于 σy。

在稳定状态中，$s_k = nk$，所以 (26) 式隐含的稳定状态条件是

$$\sigma g(k, m^f) - \{(1-\sigma)(\theta + r^r - n) - (r^r + \pi)\}m^h = nk \tag{27}$$

注意，企业持有的实际余额是在生产函数 $g(k, m^f)$ 中。

就稳定状态增长效应而言，由于稳定状态要求 $k' = 0$，在目前的这个模型中，资本和产出的稳定状态增长率都仍然是 n。因此，将货币纳入效用函数和生产函数并没有改变稳定状态增长率。

就稳定状态水平效应而言，如果我们要忽略生产函数中 m^f 的贡献，那么根据 (26) 式的讨论，由于使用实际余额，s_k 可能增加也可能减少，所以在这个货币模型中，工人人均稳定状态资本和产出可能比在相应的以物易物模型中高或低。要使货币模型中的这些变量明确增加，在货币经济中货币使用对产出的正效应就必须很大，这表明生产函数中的 m^f 在 (27) 式中的作用非常大。

就 k 值小于稳定状态值的前稳定状态分析而言，如果 (27) 式左边大于 $\sigma y(k)$（以物易物经济），那么对于任何既定的 k 值，增长率在货币化之后都会更大，但在相反的非货币化情形下则会变小。后一含义再次强调了货币对生产技术的关键作用。

24.4.2 稳定状态中的实际余额和通货膨胀

对于 MIUF 方法中的家庭实际余额需求，效用最大化得到的家庭实际余额需求 m^{hd} 为

$$m^{hd} = m^{hd}(r^r + \pi, y_d) \tag{28}$$

对于 MIPF 方法中的企业实际余额持有，企业的利润最大化意味着，如果企业的净收益相同，则持有资本还是实际余额对企业来说没有差异。资本的净收益是其边际产品 $g_k(k,m)$，而实际余额的净收益则是其边际产品减去通货膨胀率，后者是由于持有实际余额而遭受的通货膨胀损失。因此，企业的资产组合均衡条件是

$$g_m(k,m^f)-\pi=g_k(k,m^f) \tag{29}$$

其中，m^f 是企业持有的实际余额。(29) 式得到的企业实际余额需求 m^{fd} 为

$$m^{fd}=m^{fd}(\pi,k) \tag{30}$$

因此，实际余额的均衡条件（m 为人均实际余额供给）是

$$m=m^d=m^{hd}(r^r+\pi)+m^{fd}(\pi,k) \tag{31}$$

为推导出稳定状态实际余额增长率和通货膨胀率，注意稳定状态要求 $m'=0$。也就是说，与（16）式一样，对于稳定状态有

$$m'=(M''-P''-L'')m=(\theta-\pi-n)m=0 \tag{32}$$

对于 $m>0$，这意味着

$$\theta-\pi=n$$

所以稳定状态下的通货膨胀率 π^* 也由下式给定：

$$\pi^*=\theta-n \tag{33}$$

因此，在稳定状态中，实际余额（M/P）按劳动增长率 n 增长，而稳定状态通货膨胀率 π^* 成为常数（$\theta-n$）。进而言之，如果 k 和 m^f 的稳定状态值在生产函数中是常数，那么稳定状态的实际利率 $r^{r*}(=f_k(k,m^f))$ 也是一个常数。而且，稳定状态的名义利率 r 可能是不变的，恒为 $(r^r+\pi^*)$。

24.4.3 货币经济导致生产中的劳动力参与率增加

下一节对货币的使用如何为生产作出贡献这一问题所做的分析将展示它的主要影响之一：非常显著地增加了生产中劳动力的参与率。因此，为了将货币经济与以物易物经济做一个适当的比较，之前的模型需要做一些调整，即在生产中加入大幅提高的劳动力参与率。人口规模一旦给定，生产中更高的劳动力参与率将会提高人均产出（不是每个工人的产出）衡量的生活水平，因此货币经济将比以物易物经济拥有更高的生活水平。但是，将生产中劳动力参与率在稳态中是常数的假设加入模型中，也不会改变稳态增长率的结论。

在货币经济中，对支付系统的效率做前述调整就如同释放了更多的劳动力来投入生产，因此这种调整将会进一步提高生活水平。

24.5 货币为何以及如何有助于人均产出及其增长率的提高

上述增长模型不能说明货币经济的工人人均产出（更不用说产出增长率了）确实比以物易物经济的工人人均产出增加了，这的确令人失望。我们把这一缺陷看做该模型不适用于货币经济的证据，因为它不能说明货币在经济中的现实作用，但这种作用确实存在。

我们用以下比喻来说明我们对货币在经济中的作用的观点。比如，考虑人造（非人力和非牲畜）能源尤其是电力在经济中的使用。在生产中只使用人力和牲畜的经济与主要依赖人造能源的经济之间，它们的生产结构和经济繁荣程度具有根本性差异。然而，后者对经济的影响可以用模型阐释的唯一方式是通过人造能源使用形式的创新和发展使经济的商品生产函数发生一次性变动或周期性变动。作为一种中间物品，电力的影响包括两种相反的力量：发电要用一些劳动和资本，从而减少了用于生产最终产品的劳动和资本的数量；而电力作为中间物品的使用，则提高了最终产品的产出。因此，在不知道最终产品的生产函数因电力的使用而发生的实际变动时，不可能先验地确定转为使用电力是增加还是减少最终产出。

从另一个角度看，电力的最优产量以及分配给电力的劳动和资本的最优数量，可能是使最终商品产出最大化的数量。经济理论表明，在完全竞争、没有外部性等情况下，电力生产和使用的现实数量就是最优数量，所以电力使用量为正值的竞争经济显然包含资源转用于电力生产确实增加人均产出的证据。然而，请注意，这是中间物品发明和广泛使用的正的水平效应的论据，而不是增长效应的论据。或许也有增长效应，但要证明这种效应将需要额外的特殊论据，比如，相对于经济的平均程度来看，本行业具有更大的技术进步。

依我们之见，货币就像人造能源一样，是消费和生产的中间物品。如同能源的情况一样，如果没有具体说明经济的商品生产函数在货币和金融中介创新和发展的影响下是如何变动和演化的，那么货币对人均产出和产出增长的贡献就无法得到评估。这种论点的一个含义是，商品生产函数在货币的创新和广泛使用前后是不同的，就像在人造能源的创新和大规模生产前后的情况一样。因此，我们认为，增长理论错误地假定商品生产函数在以物易物经济中与在货币经济中是一样的，基于这种假设的货币增长理论有多大价值是令人怀疑的。这种论点的另一个含义是，货币增长理论不仅必须把实际余额包含在商品生产函数中，而且必须明确地对金融中介在经济中以及在支付制度中的创新作用建模。下一节将对此做一些尝试。

此外，就像能源那样，金融中介的产出未必位于商品生产的最优水平上。请注意，在任何既定的经济中，这些部门的现实生产可能是非最优的：要么低于最优数量，要么高于最优数量，这取决于产业结构、外部性和刚性、政府政策和管制、可获得的投资资金等。然而，就上述货币增长模型而言，该模型也与大多数这类模型一样，隐含地假设金融部门和其他部门一样，其行为是竞争性的且不受管制，而且其服务市场通过价格调整而保持均衡。但是，许多国家有时长期死死地管制它们的金融部门，规定利率，分配贷款，设置其他限制条件。在这类情况下（尤其在发展中国家的背景下）通常遇到的一个问题是，金融部门的自由化和扩张是否会提高生活水平和经济增长率。这与本章到目前为止所考察的问题不同，是从不同的视角看待经济中的货币的。我们在下一节把这个问题作为对金融中介的更广泛的考察的一部分来研究。

24.6 货币的使用如何改变用于生产的劳动供给

第3章和第23章介绍了个人效用函数中支付/交易时间的概念，所以工人必须安排购买商品所需的额外交易时间，用于购买商品的收入来自劳动供给。所需的交易时间是劳动供给（挣取收入以支付购物支出）的附加成本，所以劳动供给是其附加交易时间的减函数。如果不存在双方在需要上的巧合，这种交易时间在货币经济中比在以物易物经济中要短得多。① 实际上，从以物易物经济转变到货币经济会使交换中使用的劳动数量急剧减少，提供给企业市场生产和家庭内部生产的劳动大量增加。第23章引用的苏联解体后货币安排的崩溃就很好地说明了这一点。货币安排崩溃之后，劳动力不得不大大增加用于交换（比如在路边摆摊）的时间数量，减少提供给市场和家庭生产的时间。

因此，从以物易物经济向货币经济的转变导致用于生产的劳动供给大增，而用于商品购销上的时间减少。劳动供给增加意味着经济中的产出大量增加。还有其他一些效应，如伴随着经济的货币化一同出现的专业化、市场规模扩大等。

总而言之，生产函数和劳动供给函数在货币经济中与在以物易物经济中很可能有很大不同。在稳定状态中，这些改变是否只产生水平效应，或也产生增长效应，仍然有待讨论。

24.7 内部货币和外部货币的区别

内部货币是货币资产，也是私人部门内个人和企业（如银行）的一种负债。如果采用加总私人部门的所有资产和负债以计算其净值的会计方法，那么，内部

---

① 在以物易物经济中，生产者可利用时间的很大一部分必须用于将其产出向最终消费者的直接销售上。可以想象，他带着他的产品（小麦、蔬菜、工具等）在农场四处走动以寻找需要这些东西的消费者需要时间，生产1单位物品与销售它需要时间，特别是如果他想要通过交换获得自己需要的东西更需要时间。

货币所代表的资产完全被它代表的负债所抵消，故私人部门的净值不包括内部货币。活期存款和储蓄存款是家庭和企业的资产，但也是银行的负债。因此，由于银行是私人部门的组成单位，活期存款和储蓄存款不在私人部门净值会计核算之列。①

外部货币是私人部门的一项资产，也是政府部门（包括中央银行）的一种负债。就此而论，私人部门净值的会计核算将包括外部货币。基础货币是由私人部门（包括商业银行）持有的一项资产，但不是私人部门的负债。因此，基础货币是私人部门净值的一部分。作为政府的一项负债，它是外部货币。

内部货币与外部货币的另一区别是，前者需要使用资本和劳动，而基础货币（它是法定货币）的提供则不需要。这个区别（不是指它们当中谁是谁不是私人部门净值的一部分）与本章后面的讨论有关。

24.8 增长和发展过程中的金融中介

上述详细说明货币增长理论的方法基于在新古典增长理论的各要点上对法定货币的实际余额的介绍，这些要点有：
1. 可支配收入的定义；
2. 储蓄在资本和实际余额上的配置；
3. 实际余额纳入效用函数和生产函数中。

这些模型中的货币概念是法定货币，在它的生产和使用中，没有使用经济的任何劳动和资本，而是无成本地创造出来的。然而，流通中的法定货币——由消费者和企业而非金融中介持有的通货（纸币和硬币）构成——在现代经济中只是现实货币性或流动性的一个非常小的部分。此外，通货的使用也会给使用者带来成本：通货通常要从金融中介（对家庭来说）或者从客户（对企业来说）那里获得，这就有一些劳动时间和资本的支出；它的使用也要在安全保管、清点和转给他人等行为上投入劳动和资本成本。这些成本大得足以使家庭和企业宁愿要私人部门创造的各种货币，尽管它们的创造和使用也需要劳动和资本支出从而也会有使用成本。

虽然实际余额的使用会占用经济中的一些储蓄，但对它们过度管制可能会给经济中的消费和生产部门带来更高的成本。基本原因是，如果所有家庭和企业的运转都用货币（与以物易物相比），并且如果家庭和企业拥有足够的余额正常地从事交易，消费或生产的效率会更高。这一论点的例证是使用货币的好处就像使用电力（或汽车）的好处。对于所有这些，当经济中没有其他人使用它们时，单个企业或家庭使用它们的成本是极高的，而收益甚微，因为发电站（及汽车生产厂和道路）的建设是不经济的从而不会存在。因此，在这些情况下，整个经济范围内对所有这些东西的使用具有相当大的外部性。

---

① 但要注意，文献中关于内部货币是否应当包括在经济的净值计算中以及如何计算这个经济净值是有争议的。

进而言之,可观的效率是从竞争性地创造法定货币的替代品中获得的。有研究认为恰当地讨论货币,应当把重点放在金融中介服务的提供与获取上,同时还要考虑金融中介部门使用的劳动和资本。银行是这个部门的一部分,类似的还有准银行、投资经纪人、保险公司、养老基金等,它们都提供各种有差异的产品。

24.9 金融系统

金融系统包括:
1. 金融工具;
2. 金融市场;
3. 中央银行;
4. 规范金融工具、金融机构和金融市场的会计和法律体系。

金融工具可以分为若干类,与我们关于增长的讨论联系最紧密的是结算或支付工具如货币、支票、作为支付媒介的借记卡,和投资工具如股票、债券和期货。结算工具减少了交易成本,促进了生产和交易的专业化。交易成本的减少以及专业化程度的提高不仅仅出现在由以物易物经济向货币经济转型的阶段,而且还出现在支付工具的进一步创新阶段,所以支付工具的创新会继续促进产出的增长。

投资中介主要是集中和输送资金进行投资,这些资金源自储蓄和其他方式。在信息完全和合同全面实施的完全竞争市场中,贷款会以完全反映借款者个人风险的利率借到,并且会根据借款者的违约风险进行分类。然而,正如第16章对信用的分析中指出的,市场的不完全广泛存在于信用市场中。由于逆向选择、道德风险以及监督和代理成本的存在,信贷配给制度要借助数量和价格(如利率)以及贷款中所需的抵押品才能建立起来。债券市场的发展减少了它们的影响,而且产生了比没有它们时明显更多的对外贷款。充足的资金通过银行和金融市场一起运作,这对于现代化的经济活动的成就和增长是十分必要的。

银行、其他金融中介和金融发展

金融的发展程度可以用金融中介的数量和种类、债券和股票市场的规模和成熟度、规章制度的有效性、财政金融实践以及经济中企业的实践来衡量。Meltzer(1969)提供了将货币、金融中介和增长联系起来的早期研究的综述;Greenwood 和 Smith(1997)构建了将金融发展和经济增长联系起来的模型;Diamond(1997)提供了一个金融部门发展的模型,该模型考虑了银行和金融市场的结构和市场份额的变化。Rajan 和 Zingales(1998)的实证研究认为金融发展有助于强化长期增长。

尽管从事银行业的企业是金融部门的基石,但它们也只是其中的一部分。该部门还包括其他机构,诸如股票和债券市场、经纪人公司、养老基金、保险公司、共同基金等。[①] 这些机构和市场受管理金融体系的规章制度和惯例所左右,其中包括会计和披露要求、监管、企业(包括金融中介)信息的证明和公布、反欺诈和内部交易的措施等。这些因素影响企业从外部筹集资本的成本,而且在竞争体系中,减少这类资本(不管是直接从银行或其他金融机构贷款还是通过股票和债券的公开发行融资)的成本。健全有效的金融市场使企业能以竞争的方式依赖外部来源为其投资融资。对于储蓄者来说,这些市场中的这种高度流动性投资相对于储藏钱财和私人的非流动性投资更具吸引力。

因此,我们可以区分金融体系中银行业和其他部门对产出增长的贡献,但一般的分析很少这样做,本章也不打算这么做。然而,在实证研究中这些贡献可以被分开,这将在本章的后面讨论。

实际余额和银行业服务

从金融中介的角度看,内部货币的实际余额可视为使用银行服务的凭证。但是,非银行公众对这些凭证的持有和使用要求银行付出劳动和资本,比如银行的建筑物(这是物质资本的使用)、与银行职员谈判交易(这是劳动的使用)。因此,银行和其他金融中介可以视为生产向实际余额所有者所提供的服务的企业,这些服务具有中间产品而非最终产品的特征,并且要向这些服务的购买者收费。实际余额只是允许获取银行服务的凭证。

金融部门纳入经济生产中的基本原理

分析金融中介对增长贡献的一个重要方法是把金融中介行业作为一个向消费者和其他行业提供服务的行业加以分析。如上所述,这些服务借助劳动和资本生产出来,按某一价格在市场上出售,这与前几节讨论的新古典增长理论中无成本提供和无成本使用的法定货币很不同。我们现在撇开该理论并假设,货币和其他金融资产或由政府或由私人部门提供,但它们不提供服务,除非通过金融中介,而金融中介在生产这些服务时有成本。这些服务是金融中介的产品,它们要向这类服务的使用者收费。

用 z 代表金融部门及其工人的人均实际产出,Z 代表金融部门的总产出。注意,即使金融部门界定为与银行同义,它的产出也不同于经济中实际余额的数量,甚至当实际余额被广泛地定义为包括全部银行存款时也是如此。

金融部门的简单新古典型生产函数可表述为

$$z = z(k_z) \qquad z_k > 0, \; z_{kk} < 0 \qquad (34)$$

其中,z 代表金融部门的工人人均实际产出;k_z 代表金融部门的资本—劳动比率。

最终商品(不包括金融部门服务)产出的新古典型生产函数可类似地表述为以下形式:

[①] 通常来说,随着金融和经济的发展,银行业务在金融部门中所占的比例会逐步减少,因此它在发达国家中相对较少。尽管在发达国家中银行和非银行部门规模都更大并更加活跃,股票市场在发展程度较高的国家中会相对更活跃和有效。

$$x = x(k_x, z) \qquad x_k, x_z > 0; x_{kk}, x_{zz} < 0 \tag{35}$$

其中，x 代表最终商品的工人人均实际产出；k_x 代表商品部门的资本—劳动比率。

我们增加以下似乎合理的假设，即从 $x_{kz} > 0$ 和 $x_{zk} > 0$ 的意义上说，k_x 和 z 是"合作的"，因此金融服务 z 的增加会提高资本的边际产品，反之亦然。但在推导任何给定的 x 值时，它们仍然是可替代的。

在现实中，金融部门的产出，有些是用于消费的中间物品，有些是用于商品生产的中间物品。为了简化，假设经济中生产出来的所有金融中介服务都被企业用在商品的生产上，金融部门的所有产出都只作为生产中的中间物品使用，都不计入经济的最终产出。经济的最终产出记为 Y，它等于 $L_x x$，其中的 L_x 是商品生产所雇用的劳动数量，x 是工人人均商品产出。

z 在商品生产函数中的性质需要加以说明。（34）式表明了各金融服务的合成产出 z，但没有说明以最低成本提供这一产出的实际资产。在该合成产出之中，不同类型金融中介资产的生产（数量为 z_i）取决于金融中介的技术、对 z_i 的需求和生产 z_i 的相对成本。例如，随着时间的推移，现金或活期存款或储蓄存款等的相对数量随着工人人均产出和资本数量的变化而改变，这取决于这些资产的特征和相对成本，还取决于诸如使用出纳员还是自动柜员机之类的生产技术。① 从这个意义上说，金融中介的服务就像那些交通或能源部门的服务，对它们的需求随着经济中生产的增加而提高，但是买来以提供所需服务的特殊产品随技术、生产水平、资本—劳动比率和投入成本的变化而改变。

金融中介与能源交通部门以另一种方式相比较也是贴切的。通过管制或在生产中加进无效率的因素来限制能源交通部门的生产，实质上会影响经济中所有部门的产出，也会强迫经济结构发生变化。最终结果可能是不仅总产出减少，其构成也发生变化。同样的结果也适用于金融中介管理引起的无效率。② 反之，金融中介的效率提高可使其以更低的成本向其他部门提供更多元化的服务，从而使它们的生产增加，经济的总产出也会增加。

如果在经济的劳动和资本数量既定的情况下，金融中介的存在（或从边际角度上说它的增加）提高了商品的总产出 Y，那么，经济将从中受益。情况不一定总是如此，因为金融中介部门的产出在经济中具有两种相反的作用：由（34）式可知，它在中间产品的生产中用掉了一些资本和劳动；而根据（35）式，这种物品在商品生产中的使用提高了后者的劳动和资本的生产率。因此，在经济中的劳动和资本水平既定的情况下，金融部门扩张对商品产出的最终影响是不确定的。不过，经济主体是否使用金融服务可以自由决策，并且只有当金融服务对它们有好处时才会使用。此外，如本章导言所说，历史经验是货币经济可比以物易物经济生产出更大的人均产出。因此，对于长期分析，一个似乎合理的假定是，在一个

---

① 例如，在工人人均产出和资本的水平很低时，通货似乎是用于交易的最方便和成本最小的资产，而随着工人人均产出和资本水平的提高，通货则不如活期存款。

② 为继续我们的类比，限定经济中的所有交易只使用通货和活期存款，就像限定经济中的所有运输只能使用一种小汽车和一种卡车一样。这两种运输工具明显造成运输的无效率，大大减少了经济中其他部门的产出。

有效市场经济中，部门产出的增加，在金融中介生产的可观测到的范围内，将使经济的商品产出净增加。[①] 因此，我们假设，在长期，$\partial y/\partial z>0$ 且 $\partial^2 y/\partial z^2<0$。在这些假设条件下，金融部门产出的增加会使经济的人均产出增加。

从增长理论来看，另一个相关的问题是，金融中介部门的效率和产出的提高是否也使经济增长率提高，进而是否提高经济的稳定状态增长率？经济学界在这个问题上并未达成一致，尽管历史经验表明，有效和不断增长的金融中介部门似乎的确是快速的经济增长必不可少的。

简单修正（34）式，把技术进步包含在生产和金融部门中：

$$z=z(\beta(t)k_z) \quad z_k>0, z_{kk}<0 \tag{36}$$

其中，$\beta(t)$ 衡量的是金融服务生产中资本和劳动的效率。

同样简单修正（35）式，把技术进步包含在生产和金融部门中：

$$x=x(a(t)k_x, b(t)z) \quad x_k, x_z>0; x_{kk}, x_{zz}<0 \tag{37}$$

其中，$a(t)$ 和 $b(t)$ 代表工人人均资本使用的效率和商品生产中金融部门产出的效率。因为 $b(t)$ 的决定因素包括金融部门产出的种类、流动性和其他特征，所以 $b(t)$ 的变动会因生产部门或金融部门的创新而增加。该经济的金融发展导致 $\beta(t)$ 或 $b(t)$ 或二者都增加。

关于金融发展作用的争论现在可以阐述如下：$\beta(t)$ 和 $b(t)$ 是完全由 $a(t)$ 引起的还是它们至少在一定程度上是独立出现的？在前一种情况下，金融发展完全是由生产部门的技术进步引起的；在后一种情况下，金融部门增长的独立因素能使生产部门的产出比没有这种增长时的产出更大。虽然这两种情况在理论上都有可能，但有关金融发展对经济增长贡献的争论都围绕着长时期的现实经验展开，只能通过经验研究来解决。

(36) 式和 (37) 式隐含地假设，技术进步是外生的且只是时间的函数。但是，这种技术进步可能也有内生的因素。我们在下一节考察这种可能性。

24.10 货币和金融部门促进增长的重要性：经验证据

我们从经济史和计量经济研究的角度简要且有选择地考察这一问题的一些证据。与本章的理论分析模式相一致，我们需要研究两个独立问题的经验证据：金融结构既定的情况下货币数量增加的效应和金融结构的效应，以及金融结构变动的效应。就金融结构而言，银行提供的服务与股票市场是不同的，它们各自会对经济增长产生独立的影响。更广泛地说，银行仅仅是发达金融部门中的一个子集，在现代经济中，发达金融部门的其他部分对于增长也是非常重要的。

另一个值得关注的问题是金融部门对于增长率的贡献至少是部分通过经济的工业结构的动态特征实现的，尤其是对于新企业和新产品的外部融资而言。这一

[①] 然而，在短期中，这不一定是正确的。

观点与新内生技术变化理论中强调的创新和变化相呼应。

货币数量、通货膨胀和增长的经验证据

货币数量变化对增长的影响可以用两种方式进行研究。一种方式是用货币供给的数据直接估计这种影响；另一种方式是通过研究通货膨胀对产出增长率的影响（因为货币供给增长率通常与通货膨胀率有关）间接估计这种影响。有关的理论结果可以归纳如下：

1. 货币数量在长期是中性的。
2. 长期增长率与货币供给增长率和通货膨胀率无关。
3. 第24.1节至第24.3节分析的中性偏离是次要的（其重要性排序是第二或第三位，从数据上看不出来或者在不同时期或不同国家是不同的）。
4. 一些研究通货膨胀—增长问题的文献认为，高通货膨胀率不利于增长，因为它们造成经济中的扭曲和无效率。这类文献还认为，价格稳定提高经济的确定性，促进投资，有益于增长。[①] 因此，增长率与通货膨胀率负相关。[②]

这些研究包括 Bruno 和 Easterly（1996），卢卡斯（1996）以及 McCandless 和 Weber（1995）。卢卡斯认为增长率与货币增长率和通货膨胀率无关，他描绘了 100 个国家 30 年的平均产出增长率与 M2 增长率之间的关系，认为图形表明前者与后者无关。[③] 卢卡斯的结论是，在长期，货币对产出增长率是中性的。

McCandless 和 Weber（1995）运用 110 个国家的时间序列数据和 30 年几何平均增长率数据得到的结果是，通货膨胀与产出增长之间不相关。更一般地说，货币增长率（用 M0、M1 和 M2 度量）与实际产出之间不相关。[④] 例外的情况是 OECD 国家子样本，该子样本的这些变量之间是正相关的。

虽然一些经验研究都认为增长率与通货膨胀率（或货币增长率）之间存在某种相关性（有的说是负相关[⑤]，有的说是正相关[⑥]），但估计出的关系通常是微弱的，并且在数据集发生改变或包含增长的其他可能决定因素时并不是那么有力。[⑦] 结果，货币经济学中继续存在一种含糊的一致意见，即产出增长与通货膨胀率和货币增长率无关。

金融部门在增长中作用的经验证据：从经济史推断的一些结论

关于金融部门与增长之间关系的一类证据来自以产业创新著称的国家早期工业化的经济史。卡梅伦（Cameron，1967）对此的评价是，金融创新与技术创新

---

① 但是，一般认为这种效应不会很大。
② 应当牢记的是，根据数量方程，通货膨胀率和产出增长率负相关，故它们之间观察到的负相关不能作为从通货膨胀到增长的因果联系的真实证据。
③ 卢卡斯进一步指出，M2 增长率与通货膨胀率之间的相关系数（110 个国家 30 年平均数据）为 0.95。
④ 货币供给增长率与通货膨胀率之间的相关性"几乎是 1"。
⑤ 例如，巴罗（Barro，1996）的研究结果表明，产出增长率与通货膨胀率负相关且统计上显著。弹性是 -0.025，降低 10% 的通货膨胀率将使增长率提高大约 0.25%。
⑥ 例如，McCandless 和 Weber（1995）的研究结果表明，对于 OECD 国家是弱正相关。
⑦ 参见 Levine 和 Renelt（1992）。

的差异毕竟不是很大。前者对于后者的实现通常是必需的。

> 虽然银行很少直接向新的、没有经验的商人或发明者进行的全新生产技术的实验阶段供给资金……但银行家已普遍向成功地引进创新的企业所进行的扩张提供资金，也向模仿者对创新的采用提供资金。
>
> (Cameron, 1967, p.12—13)

作为技术进步（用现在的术语是内生技术进步）对发展的重要性的早期支持者，熊彼特的评价是：

> 信用的本质功能……在于能通过激发对生产资料的需求，使企业家从原先的使用中撤出他所需的生产资料，从而使经济体系进入新的通道。
>
> (Schumpeter, 1934, p.106)

这些引文指出了金融部门在创新和重建过程中的关键作用，而创新和重建过程又是任何技术进步（包括内生技术进步）和经济发展的要素。①

金融部门在增长中的作用：近期的经验证据

Rousseau（2003）的实证研究为金融导致增长的假说提供了支持，他对微观经济联系的研究包含案例研究，如阿姆斯特丹（1640—1794年）、英国（1720—1850年）、美国（1790—1850年）以及日本明治时期（1880—1913年）。这一观点最早是由卡梅伦和熊彼特从经济史里有关早期商业和工业发展的阶段中推断出来的。这个研究发现正是由于银行和其他的金融中介通过生成信息、积累资金、为支付提供便利和提供营运资金等方式促进了投资和商业活动，才使得金融在经济快速发展时期被用来进行重要资源的调度。在每一个案例中，金融机构促进了贸易和工业的外部融资，使得金融约束对企业经济扩张的限制变小。Rousseau 在研究中对大西洋沿岸17个国家（大西洋经济体）在1850—1929年和1850—1997年期间平均超过五年或十年的数据进行横截面回归，发现早期发展阶段（1850—1929年）的金融深度的变化要比"成熟"阶段更显著。他认为这个发现与 King 和 Levine（1993）对80个国家早期发展阶段的研究是一致的。因此，发展阶段可以解释金融的发展与经济增长之间有因果联系。

在通货膨胀、金融法规和经济增长的关系的问题上，Chari 等（1995）通过对88国的横截面数据的分析，发现通货膨胀本身对增长率没有多大影响。但通货膨胀率与法定准备金率高度相关，而法定准备金率与增长率具有高度非线性负相关关系。他们的结论是，金融管制和存在于通货膨胀与管制之间的相互作用对增长有很大的负效应。由此我们可以得出推论，即高效且发达的金融体系对增长是有益的。

Rajan 和 Zingales（1998）的经验研究从经济史的角度支持了上述结论。他们根据各国的横截面数据进行计量经济分析后认为，在拥有比较发达的金融部门的国家，相对更加依赖外部融资的产业发展得较快。不同产业对外部融资的需要

---

① 与这些主张相比，卢卡斯（Lucas, 1988）认为经济学家们"错误地过分强调"金融体系的作用。其他经济学家认为，金融部门被动地对生产部门的增长做出反应。

不同，而且取决于初始项目规模、酝酿周期、通过保留收益获得的内部积累以及进一步投资所需数额等因素。金融发展降低了外部融资的成本，从而促进了依赖这类融资的现有企业和产业的增长，同时也促进了新企业和产业的出现，而这通常体现了新思想、创新和突破。[1] 金融发展还弥补了金融市场的缺陷，相对于新企业而言，这通常有利于现有企业的内部融资和增长[2]，因此，外部融资的成本较低和比较容易获得提供了一种机制，通过这种机制，金融发展影响经济的进步和增长，在上述作者看来，这是金融发展与增长具有因果关系的证据。他们还认为，从国家层面来看，拥有比较发达的金融市场的国家同其他国家相比具有比较优势。

Levine 和 Zervos（1998）进一步研究并区分了银行业发展与股票市场的流动性，并以"周转率"衡量股票市场的流动性。该周转率的定义是：本国股票交易所的本国股票交易价值除以本国上市股票的价值或除以"交易价值"，"交易价值"即上述交易的价值除以本国 GDP。[3] 因此，股票市场的流动性是指本国股票交易的容易程度。银行业的发展用银行对私人企业的贷款除以 GDP 来衡量。Levine 和 Zervos 根据对 47 个国家 1976—1993 年间的横截面数据所做的分析得到的结论是，银行业发展和股票市场的流动性的初始水平分别与以后的增长率、资本形成和生产率的提高正相关。[4] 这种效应十分显著，并且表明金融发展与经济增长有因果关系。此外，他们还指出，这些变量对增长的主要影响是通过生产率的提高而非资本形成产生的（Levine and Zervos，1998；Temple，1999）。关于后者，Levine 和 Zervos 并没有发现私人储蓄与金融发展的任何变量之间有明显关联，也没有证明本国私人储蓄与国际金融之间有很强的联系。

近期的实证研究倾向于用大量的变量代为描述金融发展。这些变量有金融中介的流动负债和利用它们度量的信贷扩张（通常是占 GDP 的比重）。增长的代理变量包括人均 GDP 增长率、人均股本和全要素生产率。King 和 Levine（1993）的全部发现是基于研究中所有 80 个国家的这些变量的长期均值，显示出金融发展的平均水平与人均 GDP 增长是密切相关的。金融发展通过增加资本积累和提高生产效率促进了增长进而证实了他们的观点，金融的发展带来了人均 GDP 的增长。[5] Demetriades 和 Hussein（1996）用更适当的平稳性检验和协整分析考察了人均实际 GDP 和金融发展的代理变量间是否存在稳定而长期的关系。这些代理变量有银行存款负债占名义 GDP 的比率和银行对私人部门的债券占名义 GDP

---

[1] 在有些情况下，经济中差不多有 2/3 的总产出增长来自新企业，故它们的数量和发展是增长的一个主要因素。Rajan 和 Zingales（1998）证实，金融发展对新企业增长率的影响几乎是对现有企业影响的两倍。

[2] 金融发展也促进了会计标准的提高，这减少了获得外部资金的成本。

[3] Levine 和 Zervos（1998）把该变量与股票市场的规模（用上市股票价值占 GDP 的比率衡量）区分开来。该规模并没有被证明是可靠的增长预测指标。这些作者还考察了国际一体化的测度。

[4] 他们的研究结果是，对于增长很重要的变量是股票市场流动性（即交易股票的能力）而非股票市场规模（即有多少公司上市）。这里面的一个原因是，较高的流动性提高了投资者投资新的长期工商企业的意愿，而新的工商企业有很高的风险且很多年没有股息，但投资者如果愿意的话，可以在没有很大成本的情况下出售他们持有的股票。

[5] 然而，他们的跨国 OLS 回归分析并没有检验数据序列的平稳性或使用协整技术来得出某种长期关系。而且，他们的横截面分析隐含地假设了金融—增长关系平均说来对于所有国家（或者国家组）是一样的，如 Demetriades 和 Hussein（1996）讨论并提出的，金融部门在一些国家中会领先于实体部门，但在其他国家中会落后于实体部门。

的比率。他们的研究对象是 16 个"非高度发达"的国家。他们发现很少或几乎没有证据能证明金融对 GDP 增长有单向的因果联系。而且，这种关系因国家而不同。

Macri 和 Sinha（2001）对数据不平稳的变量进行差分，直到这些数据是平稳的，并运用了 OLS 回归分析和多元因果关系检验而不是协整分析。其研究中用包含外部货币在内的各种变量来描述金融发展。他们发现样本中的 8 个国家里，仅有一半的亚洲经济体的金融变量和收入间存在显著正相关关系。因果关系的结果相当复杂，一些经济体显示出金融发展导致了增长，一些经济体显示出增长导致了金融发展，还有一些显示出这种因果关系的双向性。总之，这些发现似乎证实了 Demetriades 和 Hussein（1996）的结论。

近期的实证研究致力于探索超出银行中介之外的整个金融业对经济增长的影响。其中，Rajan 和 Zingales（1998）、Levine（2003）、Beck 和 Levine（2002）试图分析股票市场流动性对经济增长的影响。Rajan 和 Zingales 发现对外部金融有很大需求的工业在包含股票市场的发达金融体制下发展最快。Levine 和 Zervos 用"周转率"（国内股票市场的国内股票交易值占 GDP 的比率）作为"股票市场流动性"的代理变量。他们的结论是高收入国家要比发展中国家拥有更高水平的股票市场流动性，增加的流动性会刺激经济增长。这个观点被 Levine（2003）[①] 进一步探讨和论证。

总之，在发展的早期，金融发展与经济增长的因果关系较为明显。相比于宏观经济数据，这一观点的证据似乎更多来自历史和微观经济学的案例研究。而且，相比于经济中货币的数量，这一因果关系与企业的外部资金来源有更明显的相关性。无论在增长的初期还是后期，生产中的新技术都需要筹集资金，在经济和金融发展的早期阶段，银行比金融市场重要，然而对于发达经济体而言，金融市场的作用比银行大。在本章的前面我们讨论了金融部门和经济的其余部分在发展中可能是具有同期的因果关系。格兰杰因果检验依靠提前和滞后来判断因果关系，所以它不会披露出同期因果关系的程度。然而，同期因果关系类似于双向因果关系而不是单向因果关系，所以双向因果关系更有可能存在于同期因果关系中。

24.11 包含金融部门的简化的内生技术进步增长模型[②]

不受管制和有效率的金融部门能持续地促进经济增长的一个原因可以从内生增长理论中看出来。即使在稳定状态下，知识和创新的内生增长也是增长率提高

[①] Handa 和 Khan（2008）用协整分析对不同发展阶段的 13 个国家 1960—2002 年期间的横截面数据进行了格兰杰因果关系检验，并检验了四个假设：从经济增长到金融发展的单向关系；从金融发展到经济增长的单向关系；它们之间是双向关系；或无任何类型的因果关系。总之，对于被检验的国家，没有证据证明从金融发展到经济增长的单向格兰杰因果关系（不考虑它们经济发展的不同阶段），但是有证据支持双向因果关系（主要是发达经济体，包括英国、美国和日本）或者仅仅是从经济增长到金融发展的因果关系（主要是欠发达经济体）。然而，它们的外部融资数据要比欠发达经济体更有限。

[②] 这一部分是解释性说明，用于描述一个完整的模型。

和人均产出正增长率的引擎。

现在,我们引入关于增长的文献中内生增长的变量,并对它们做些修正以便把前一节的变量考虑进来。为了考虑金融部门在经济中的作用,把相应的商品生产函数改写为以下形式:

$$x_{ij} = [A^j k_{xij}^{\alpha'} k_{xij}^{\alpha''} \phi(k_j, \cdot)] z_{ij}^{\beta'} z_j^{\beta''} \qquad 0 < \alpha', \alpha'', \beta', \beta'' < 1 \tag{38}$$

在(38)式中,下标 x 指商品(最终物品)部门,i 指企业,j 指国家。$\varphi(\cdot)$ 由企业知识差异对企业生产的贡献决定,且与世界各国的最高资本密集度相关。① $z_{ij}^{\beta'}$ 代表第 i 个企业使用实际余额得到的好处。企业还得益于整个经济广泛使用实际余额的外部性,用 $z_j^{\beta''}$ 项表示,因而货币在生产技术中的社会作用可以明显看出来。关于经济的人均生产函数,假设所有企业都相同,我们有

$$x_j = A_j k_{xj}^\alpha \phi(\cdot) z_j^\beta \tag{39}$$

其中,$\alpha = \alpha' + \alpha''$ 且 $\beta = \beta' + \beta''$,β 或大或小于 1。资本生产率现在是

$$\partial x_j / \partial k_{xj} = \alpha A_j k_{xj}^{\alpha-1} \phi(\cdot) z_j^\beta \tag{40}$$

所以资本生产率在货币经济中比在以物易物经济中高,而且如果金融部门有更大的产出,资本生产率还会更高。因此,有效率的金融中介鼓励商品部门的物质资本投资。反过来,对于生产企业来说,金融部门服务的边际生产率是

$$\partial x_j / \partial z_j = \beta A_j k_{xj}^\alpha \phi(\cdot) z_j^{\beta-1} \tag{41}$$

这在资本密集度更大的经济中更高,从而对资本密集度较大的经济比对资本密集度较小的经济使用更多的金融中介产生了一种激励。由(38)式至(41)式也可很明显地看出,在既定的经济中,具有较高资本—劳动比率或较高 A 和 α 值的部门(因而其劳动和资本的生产率较高),实际余额生产率更高,对实际余额的需求更大。

(40)式和(41)式指出了有效率的金融部门在经济中的重要性。金融中介与生产部门的需要联系得越紧密,金融中介提供的服务越便宜,金融机构被使用的数量将越大,资本的收益、人均产出以及稳定状态前产出增长率越高。稳定状态增长率是否更高可能取决于 β 是否小于 1。②

24.12 投资、金融中介和经济发展

在大多数经济体中,资本增加与有效率的金融中介之间似乎存在着一种特殊联系,导致商品部门的投资更高。我们在(40)式中已经看到了,该式表明,资

---

① 在本小节中内生增长理论的资本被定义为既包括有形资本也包括人力资本。
② 注意,为了分析现实产出增长率,必须考虑生产函数和金融中介使用的劳动和资本。

本的边际生产率与金融中介同增。但是，似乎还有另一种关系。对于这一点，我们必须摆脱新古典增长模型中的消极投资概念，即投资对可用于增加物质资本的储蓄被动地做出反应。[①] 在现实中，大多数企业并不能通过它们的自有资源获得足够的资本来为所需的所有设备或所有投资提供资金，任何投资都需要额外资金，不通过这样或那样的金融中介，直接从经济中的最终储蓄者获得这些资金可能会有困难或常常需要极高的成本。对金融中介过程的限制导致流向投资的资金流出现梗阻、减少和无效率，从而减少投资。

对于发展中的经济体，麦金农（McKinnon，1973）等曾强调过金融中介对投资水平和投资效率的重要性。他认为，发展中的经济体因存在众多的借款约束而分割了市场，使投资总量减少，还把可利用的资金引向生产率低的用途，因而不受管制且有效率的金融中介对这类经济的增长至关重要。为证明这一论点，令

$$i_x = i_x(s - s_z, z') \qquad \partial i_x / \partial z' > 0 \tag{42}[②]$$

其中，i_x代表商品部门的投资；z'代表z的增加；s_z代表用于金融中介部门扩张的储蓄。

与本节对金融部门的强调相一致，z'不被视为新法定货币的创造，而是被看做伴随经济增长所需的现实服务变化的金融部门扩张。z的扩张直接地刺激投资i_x以使$\partial i_x / \partial z' > 0$，但是用于$z$扩张的储蓄削减了$i_x$。然而，储蓄向投资项目和经济部门的有效配置得到了改进，故而生产函数中投资的边际生产率和资本存量的边际生产率也得到了提高，于是增加了经济中的人均产出，提高了增长率。

因此，金融中介对资本的影响有两类：一是如（40）式所示，在总资本存量既定的情况下，通过增加它的边际产品而产生的影响；二是如（42）式所示，金融中介部门扩张对投资量的直接影响。许多经济学家认为，对于在其他方面相同但拥有更高效率和更强竞争力的金融部门的经济体，这些效应会使人均收入和稳定状态前的增长率提高；对于这两种经济体的稳定状态来说，这些效应的结果也很可能是如此。

虽然这些论点有说服力——无效率且过多管制的金融部门可能减少人均产出、降低稳定状态前的增长率，但这种分析并没有使我们能对有效率和竞争力的金融部门的扩张是否将提高经济体的稳定状态增长率做出判断，货币经济学对这一问题没有提供结论性的评价。

结　语

产出增长对货币供给增长率的很长时期的经验回归没有表明这些变量之间具

---

① 有关货币和增长的凯恩斯主义观点，参阅托宾（Tobin，1965）的著述。
② 注意，本函数与新古典主义假设（投资是由可利用的储蓄唯一决定的）不同。

有明显的关系，这些长期数据也没有表明产出增长与通货膨胀率之间有显著关系。这些结果意味着产出的长期增长率与货币供给增长率和通货膨胀率无关。

与上述研究结果相比，本章的论点是，货币经济和以物易物经济相比，具有更多的工人人均资本和产出。第二个论点是更有效率的金融中介将进一步增加工人人均资本和产出。这些论点不一定与有关货币供给增长率和产出之间关系的经验研究结果不一致，反而突出了我们应当把银行和金融中介机构放在增长理论中进行思考的方式，即不是用经济中的名义货币数量而是用金融中介提供的实际服务和该部门与经济的其他部门之间的相互作用来分析。

包含法定货币的标准新古典增长理论说明的只是货币的名义数量，不一定表明货币对产出有正的影响，这是因为实际余额的引入减少了可用于物质资本增长的储蓄。其中储蓄减少有两个原因：实际余额增加提高了可支配收入从而增加商品的消费，而储蓄则必须部分地被配置到实际余额的增加上。

货币对经济更现实的影响的必要前提是要认清下列基本事实：货币经济中的生产函数与非货币经济中的生产函数不同，前者具有更高的资本边际产品和劳动边际产品。货币使得企业的专业化、交易和扩张规模达到了以物易物经济和不成熟货币体系经济根本无法达到的水平。此外，随着交易技术从以物易物到使用货币的转变，交易时间的减少使得劳动供给发生变化（增加）。再者，有效率的金融部门不仅使储蓄得到积累，而且还更有效地把储蓄配置到投资项目上，从而促进该经济的资本增长。

适用于现代经济的货币增长理论要摆脱对法定（外部）货币的强调，要把注意力放在整个金融部门。该部门不仅包括商业银行，还包括投资中介和股票市场、保险和抵押公司以及养老基金等。虽然金融中介在中间物品生产中使用了一些经济资源，但这种中间物品在最终生产中的使用获益会更大。金融服务在经济中的最优生产和使用要求金融部门有效率。进一步说，该部门的技术要随整个经济的技术发展而发展，与此同时，与更高端的最终物品生产和交易技术相适应的特定金融资产的比例也会随着技术的变化而变化。因此，既定货币资产的数量并非总是金融部门最终产出的良好指标。

货币制度不断演进的发展中经济体为研究金融对生产、贸易、投资和资本密集度的影响提供了某种实验室。大量经验研究支持如下结论：有效且不断发展的金融部门对经济增长和发展作出了重要贡献。这一结论的论据是它在经济生产和交换部门的效率、对储蓄积累及其在项目与部门之间的有效配置、对资金分配与创新和风险承担、资本增长等方面的贡献很大。[1]

金融部门与经济的其他部门之间具有双向关系。后者的交换和生产效率取决于前者，前者的创新对经济其他部门产生独立的影响。反过来，后者为前者提供了一些投入，主要表现为资本设备、知识和信息技术、雇员的教育和技能等。金融部门的效率像其他部门一样，也取决于管制、技术进步和经济环境的其他方面。

与那些提供的服务被经济中所有其他部门需要和使用，同时也使用源自其他

---

[1] 参见 Levine（1997）对此的回顾。

部门的投入和知识的主要部门一样，有效率的和竞争性的金融部门与经济的其他部门之间存在着一种共生关系。这就使得是金融部门的效率来源于经济的其他部门，还是有效的金融部门为其他部门的效率作出了贡献这一问题中的因果关系的界定变得十分困难。对于一个已经有效率的金融部门的扩张对经济增长（尤其是在稳定状态中）作出的动态贡献这一问题，学术界的意见分歧很大。本章所说的经验证据表明，金融发展有助于提高人均增长率，这更多是通过生产率的增长而非资本积累实现的。

近年来的经验研究已经开始区分产出增长率与货币供给（或通货膨胀）之间的关系，以及产出增长与金融部门的效率和发展之间的关系。就前一组变量来说，一般的研究结果是不存在有关系的证据，或者这种关系是不强烈的或略呈负值。就后一组变量而言，研究结果通常是具有显著的正相关关系。因此，这些经验结果的货币政策含义是，货币政策应当支持金融部门提高效率和更快发展。

主要结论

※ 强调货币数量而非货币和其他金融机构的货币增长理论通常假设，商品生产函数在货币经济中与在以物易物经济中是相同的。按照该理论的通常假设，该理论并没有明确地说使用货币的经济要比非货币（以物易物）经济的稳定状态生活水平更高。

※ 货币的使用是一项对商品生产和交换具有明显外部性的发明：它扩大了市场规模，促进了专业化和贸易，大大扩展了商品生产边界，增加了对企业的劳动供给。

※ 现代经济中的货币部门应当只被看做金融部门的一个组成部分。货币增长理论强调的应当是金融部门的效率和结构而不是货币数量的变化。

※ 在稳定状态之前的阶段，金融部门的创新有助于产出增长率提高，对于稳定状态，情况可能也是这样。

※ 金融和经济发展之间存在着一种高度同期的因果联系。在格兰杰因果关系的检验方法中，大部分研究倾向于刻画经济发展对金融发展的单向或双向的统计因果关系。

复习讨论题

1. 在包含货币的传统新古典增长理论中，货币增长率对于经济的稳定状态和前稳定状态是中性的吗？请解释你的答案。

2. 在包含货币的内生增长理论中，货币增长率对于经济的稳定状态和前稳定状态是中性的吗？请解释你的答案。

3. 在包含货币的传统新古典增长理论中，有考察金融部门的结构和效率变化的余地吗？如果有，你会怎样修正标准模型以适应这种变化？它们对经济的稳定状态和稳定状态前的增长率具有什么含义？

4. "货币存量的快速增加引起通货膨胀，通货膨胀又提高利率，所以投资因货币存量的快速增加而减少。结果，高货币增长率降低了经济增长率。"在货币增长理论背景下讨论这一陈述。在传统的和内生增长理论中能得到这种推理思路吗？为什么？如果不能，它是否反映了货币增长理论的缺陷？

5. "假定储蓄与利率正相关，通货膨胀率提高将使利率上升，则该经济的储蓄和增长率将与通货膨胀率和货币增长率正相关。"请用货币增长理论予以讨论。

6. "我们在把货币数量与金融部门的规模和效率区分开来时，理解货币对增长的贡献是至关重要的。"请讨论。

7. 要正确分析增长理论中的货币，就应当区分由中央银行提供的法定货币与由私人商业银行提供的内部货币吗？请解释你的答案。

8. 关于（a）货币数量和（b）金融部门对增长之贡献的经验证据是什么？每一证据至少引证一项研究。比较它们的结果并解释结果不同的原因。

9. 你如何检验（a）货币数量和（b）金融部门对部分国家增长的贡献？详细说明你所使用的变量、估计方程和数据频率。对此进行检验并解释你的结果。

10. "央行通过实施低通货膨胀率的政策会提高经济的长期增长率。"说出与这一论断相关的理论和实证证据。

11. 欠发达国家有时求助于高货币增长率为其发展措施融资，试图提高它们的增长率。支持这种政策的理论分析是什么？事后看来，这是错误的吗？如果是，为什么？

12. "业已证明，在一些欠发达国家，银行业的无效率和对银行部门及利率的过度管制对它们的增长率极其有害。"这可以用货币增长理论来解释吗？引证有关该主题的文献，并把它与货币增长理论的论点联系起来。

参考文献

Barro, R. "Inflation and economic growth." *Federal Reserve Bank of St. Louis Review*, 78, 1996, pp. 153 – 169.

Beck, T., and Levine, R. "Stock markets, banks and growth: panel evidence." *NBER Working Paper* no. 9082, 2002.

Bruno, M., and Easterly, W. "Inflation and growth: in search of a stable relationship." *Federal Reserve Bank of St. Louis Review*, 78, 1996, pp. 139 – 151.

Cameron, R. *Banking in the Early Stages of Industrialization*. New York: Oxford University Press, 1967.

Chari, V. V., Jones, L. E. and Manuelli, R. E. "The growth effects of monetary policy." *Federal Reserve Bank of Minneapolis Quarterly Review*, 19, 1995, pp. 18–32.

Demetriades, P., and Hussein, K. "Does financial development cause economic growth? Time-series evidence from 16 countries." *Journal of Development Economics*, 51, 1996, pp. 387–411.

Demirguc-Kunt, A., and Levine, R. *Financial Structure and Economic Growth*. Cambridge, MA: MIT Press, 2001, pp. 81–141.

Diamond, D. W. "Liquidity, banks and financial markets." *Journal of Political Economy*, 105, 1997, pp. 928–956.

Greenwood, J., and Smith, B. "Financial markets in development and the development of financial markets." *Journal of Economic Dynamics and Control*, 21, 1997, pp. 145–181.

Handa, J., and Khan, S. R. "Financial development and economic growth: a symbiotic relationship." *Applied Financial Economics*, 18, 2008, pp. 1033–1049.

Johnson, H. G. "Money in a neoclassical one sector growth model." In H. Johnson, *Essays in Monetary Economics*. London: Allen and Unwin, 1967.

King, R., and Levine, R. "Finance and growth, Schumpeter might be right." *Quarterly Journal of Economics*, 108 (3), 1993, pp. 717–737.

Levhari, D., and Patinkin, D. "The role of money in a simple growth model." *American Economic Review*, 55, 1968, pp. 713–753.

Levine, R. "Financial development and economic growth: view and agenda." *Journal of Economic Literature*, 35, 1997, pp. 688–726.

Levine, R. "Stock market liquidity and economic growth: theory and evidence." *Finance, Research, Education and Growth*, 2003, pp. 1–24

Levine, R., and Renelt, D. "A sensitivity analysis of cross-country growth regressions." *American Economic Review*, 82, 1992, pp. 942–963.

Levine, R., and Zervos, S. "Stock markets, banks and economic growth." *American Economic Review Papers and Proceedings*, 88, 1998, pp. 537–558.

Lucas, R. E. "On the mechanics of economic development." *Journal of Monetary Economics*, 22, 1988, pp. 3–42.

Lucas, R. E., Jr. "Nobel lecture: monetary neutrality." *Journal of Political Economy*, 104, 1996, pp. 661–682.

McCandless, G. T., Jr, and Weber, W. E. "Some monetary facts." *Federal Reserve Bank of Minneapolis Quarterly Review*, 19, 1995, pp. 2–11.

McKinnon, R. I. *Money and Capital in Economic Development*. Washington, DC: The Brookings Institution, 1973.

Macri, J., and Sinha, D. "Financial development and economic growth: the case for eight Asian countries." *Economia Internazionale*, 55, 2001, pp. 219–237.

Metzler, A. H. "Money, intermediation and growth." *Journal of Economic Literature*, 7, 1969, pp. 27–56.

Page, S., ed. *Monetary Policy in Developing Countries*. London: Routledge, 1993, Ch. 16.

Radford, R. A. "The economic organisation of a P. O. W. camp." *Economica*, 12, 1945, pp. 189–201.

Rajan, R. G., and Zingales, L. "Financial dependence and growth." *American Economic Review*, 88, 1998, pp. 559–586.

Robinson, J. *The Rate of Interest and Other Essays*. London: MacMillan, 1952.

Rousseau, P. L. "Historical perspectives on financial development and economic growth." *Federal Reserve Bank of St. Louis Review*, 85, 2003, pp. 81–105.

Schumpeter, J. A. *The Theory of Economic Development*. Cambridge, MA: Harvard University Press, Sidrauski, M. "Rational growth and patterns of growth in a monetary economy." *American Economic Review*, 57, 1967, pp. 534–544.

Solow, R. M. "A contribution to the theory of economic growth." *Quarterly Journal of Economics*, 70, February 1956, pp. 65–94.

Temple, J. "The new growth evidence." *Journal of Economic Literature*, 37, 1999, pp. 112–156.

Tobin, J. "Money and economic growth." *Econometrica*, 33, 1965, pp. 671–684.

翻译说明

翻译图书是个艰苦的过程,一本几十万甚至上百万的英文书译成中文至少需要一两年或者更长的时间,并且需要经过许多环节,这期间需要许多人的不懈努力才能完成,不管是教材还是学术著作的翻译都是一个艰难的过程,也是对一个人意志的磨炼,许多译者感叹道,之所以还愿意默默无闻地在翻译田野里耕耘着(翻译周期长,报酬低),是因为喜欢这图书,这应该是大多数译者的境界,这些年来,许多译者参加了《经济科学译库》、《当代世界学术名著》、《行为与实验经济学经典译丛》多部图书的推荐工作,这里要感谢的有:周业安、贺京同、姚开建、贾根良、杨斌、赵英军、王忠玉、陈彦斌、李军林、张友仁、柳茂森、李辉文、马志英、覃福晓、李凤华、江挺、王志标等,许多译者不辞辛苦参加了多部图书翻译或校译工作,这里要感谢的有:顾晓波、冯丽君、马幕远、胡安荣、曾景、王晓、孙晖、程诗、付欢、王小芽、马慕禹、张伟、李军、王建昌、王晓东、李一凡、刘燕平、刘蕊、范阳阳、秦升、程悦、徐秋慧、钟红英、赵文荣、杨威、崔学峰、王博、刘伟琳、周尧、刘奇、李君、彭超、张小军、徐志浩、李朝气、马二排、罗宇、潘碧玥、王杰彪、秦旭、胡善斌、刘兴坤、蔡彤娟、邓娟、张宏宇、王宝来、陈月兰、刘立文、赵旭东、张华、唐海波、于欣、杭鑫、唐仁、杨介棒、王新荣、李非、段顾、杨嫒、徐晨、周尧、李冬蕾、曾小楚、李陶亚、冯凌秉、胡棋智、张略钊、许飞虎、姚东旻、米超、罗建平、侯锦慎、肖璇、王行焘、何富彩、李昊、周嘉舟、高梦沉、林榕、施芳凝、宗旋、洪蓓芸、陆洪、高东明、吕志华、吕辉、刘志彬、牛筱颖、黄海思、彭博、李昕、张鹏龙、崔尔南、赵彤彤、李果、张岩、周鑫遥、周莉、艾文卫、蒋东霖、史可心、刘霁、林燕丽、孙琳、陈梅紫、赵丹、程婧、郭婧雅,此外,赵燕伟、杨林林、黄立伟、韩裕平、郭媛媛、周斌、张小芳、朱军、胡京利、苗玮参加了多部图书的校对工作(一校、二校),他们付出了艰辛的劳动,在此表示感谢。

Monetary Economics, 2nd Edition by Jagdish Handa
ISBN: 978-0-415-77210-5
Copyright © 2000, 2009 Jagdish Handa

Authorized translation from the English language edition published by Routledge, a member of the Taylor & Francis Group. All Rights Reserved. 本书原版由Taylor & Francis出版集团旗下Routledge公司出版,并经其授权翻译出版。版权所有,侵权必究。

China Renmin University Press is authorized to publish and distribute exclusively the Chinese (simplified Characters) language edition. This edition is authorized for sale throughout Mainland of China. No Part of the publication may be reproduced or distributed by any means, or stored in a database or retrieval system, without the prior written permission of the publisher. 本书中文简体翻译版权授权由中国人民大学出版社独家出版并仅限在中国大陆地区销售。未经出版者书面许可,不得以任何方式复制或发行本书的任何部分。

Copies of this book sold without a Taylor & Francis Sticker on the cover are unauthorized and illegal.
本书封面贴有Taylor & Francis公司防伪标签,无标签者不得销售。
北京市版权局著作权合同登记号:01-2009-1232

图书在版编目（CIP）数据

货币经济学/汉达著；彭志文等译. —2版. —北京：中国人民大学出版社，2013.10
（经济科学译丛）
ISBN 978-7-300-18350-3

Ⅰ.①货… Ⅱ.①汉… ②彭… Ⅲ.①货币和银行经济学 Ⅳ.①F820

中国版本图书馆 CIP 数据核字（2013）第 258501 号

"十一五"国家重点图书出版规划项目
经济科学译丛
货币经济学（第二版）
杰格迪什·汉达（Jagdish Handa） 著
彭志文 张 伟 孙云杰 梁婧姝 秦丹萍 刘兴坤 译
Huobi Jingjixue

出版发行	中国人民大学出版社			
社　　址	北京中关村大街 31 号		邮政编码	100080
电　　话	010－62511242（总编室）		010－62511398（质管部）	
	010－82501766（邮购部）		010－62514148（门市部）	
	010－62515195（发行公司）		010－62515275（盗版举报）	
网　　址	http://www.crup.com.cn			
	http://www.ttrnet.com（人大教研网）			
经　　销	新华书店			
印　　刷	涿州市星河印刷有限公司			
规　　格	185 mm×260 mm 16 开本		版　次	2013 年 10 月第 1 版
印　　张	47 插页 3		印　次	2013 年 10 月第 1 次印刷
字　　数	981 000		定　价	98.00 元

版权所有　侵权必究　印装差错　负责调换